2025
김중일 국제법
기출문제집

김중일 편저

마이패스 북스

PREFACE

외무영사직렬이라는 목표 아래, 수험생 여러분과 함께 험난한 여정을 걸어온 지도 어느덧 10년이 넘었습니다. 그동안 수많은 수험생들과 함께 울고 웃으며 국제법이라는 과목이 지닌 특유의 휘발성과 난이도에 맞서 왔습니다.

국제법은 단기간에 성과를 보기 어려운 과목입니다. 따라서 가장 먼저 해야 할 일은 국제법의 기본 이론을 여러 차례에 걸쳐 반복 숙독하며, 탄탄한 기초를 다지는 것입니다. 이러한 기초가 어느 정도 완성된 이후에는, 기출문제를 통해 출제 경향을 파악하고 실전 감각을 익히는 과정이 뒤따라야 합니다.

기출문제 학습은 어떻게 보면 당연하고 중요한 커리큘럼입니다. 그럼에도 불구하고 많은 수험생들이 기출문제를 단 한 번 풀고 덮어버리는 경우가 많습니다. 그러나 기출문제는 단순히 정답을 확인하는 도구를 넘어, 앞으로의 출제 방향을 예측하고, 자신의 취약한 부분을 보완할 수 있는 가장 중요한 학습 자료입니다.

이러한 현실 속에서, 보다 실질적인 도움이 되는 교재를 만들기 위해 고민을 거듭했습니다. 본 교재는 기출문제를 중심으로 관련 자료를 충실히 반영하고, 기본서와 연계된 내용을 다시 복습할 수 있도록 유사한 유형의 문제를 함께 배치하였습니다.

즉, **기출문제 · 기본서와의 연계 학습 · 유형 문제 연습**이라는 세 흐름을 하나의 교재 안에 통합하고자 했습니다.

물론, 이 교재에도 부족한 점이 있을 수 있습니다. 하지만 오랜 시간 동안 수험생 여러분과 함께 쌓아온 경험과 고민의 결과물인 만큼 이 교재가 여러분의 고충을 조금이나마 덜어드리고, 외무영사직이라는 꿈에 한 걸음 더 가까워지는 데 도움이 되기를 진심으로 바랍니다.

2025년 4월
김중일 씀

CONTENTS

◆ 2013년도 기출문제　　/　　006

◆ 2014년도 기출문제　　/　　052

◆ 2015년도 기출문제　　/　　096

◆ 2016년도 기출문제　　/　　143

◆ 2017년도 기출문제　　/　　187

◆ 2018년도 기출문제　　/　　224

◆ 2019년도 기출문제　　/　　268

◆ 2020년도 기출문제　　/　　306

◆ 2021년도 기출문제　　/　　352

◆ 2022년도 기출문제　　/　　407

◆ 2023년도 기출문제　　/　　464

◆ 2024년도 기출문제　　/　　520

INTERNATIONAL LAW

김중일 국제법
기출문제집

2013년도 기출문제

01

국가에 대한 묵시적 승인으로만 나열된 것은?

① 상주 외교사절의 교환, 독립을 획득한 신국가에게 축하메시지를 보내는 것
② 상대국의 여권 인정, 상주외교사절의 교환
③ 장기간의 양국회담, 독립을 획득한 신국가에게 축하메시지를 보내는 것
④ 상주외교사절의 교환, 통상대표부의 설치 허가

정답 ①

해설 묵시적 승인에 해당하는 것에 상주 외교사절 교환, 독립한 신국가에게 축하메시지 전송 등이 있었고, 묵시적 승인이 아닌 것에는 상대국의 여권 인정, 장기간 양국회담, 통상대표부 설치 허가 등이 있다.

관련 이론

승인의 방법

정부의 승인의 방법은 대체로 국가의 승인의 방법과 동일하며 명시적 승인과 묵시적 승인, 개별적 승인과 공동적 승인, 무조건 승인과 조건 승인 등이 있다. 또 정부의 승인도 정식승인을 하기전에 사실상의 승인을 하는 경우가 있으며 이또한 국가의 사실상 승인의 경우와 같다.

1. 명시적 승인과 묵시적 승인
   명시적 승인은 승인을 하는 국가가 승인의 의사를 직접 표시하는 것이며, 성명·통고 등에 의하는 것이 그 예이다. 묵시적 승인은 승인을 하는 국가가 승인의 의사를 직접 명시하지는 않으나 승인하였다고 추정할 만한 행위를 함으로써 간접적으로 이를 표시하는 것이다.

2. 개별적 승인과 공동적 승인
   개별적 승인은 각국가가 개별적으로 승인하는 것이고 공동적 승인은 여러 국가가 조약에서의 규정 또는 국제회의에서의 공동선언 등으로써 공동적으로 승인하는것이다.

3. 무조건 승인과 조건승인
   승인에 조건을 붙여하는 것이므로 조건승인이다. 그러나 이러한 조건의 이행여부는 승인의 효력과는 무관하며 단지 의무위반의 문제만이 발생한다.

4. 사실상의 승인
   사정부의 승인에 있어서도 정식승인을 하기전에 사실상의 승인을 하는 경우가 있으며, 사실상의 승인을 받은 정부는 국제법상에 있어서 정식으로 그 국가를 대표하는 것이 아니고 다만 비공식협정의 체결 또는 비공식대표자에 의한 교섭을 할 수 있을 뿐이다. 그리고 사실상의 승인은 철회할 수 있다.

유사 문제

01 다음 중 국가승인에 대한 설명으로 옳지 <u>않은</u> 것은?

① 승인이 곧 외교관계 수립을 의미하지는 아니한다.
② 외교관계 단절이 곧 승인의 철회를 의미하지는 아니한다.
③ 사실상의 승인은 잠정적 효과를 가지므로 철회할 수 있다.
④ 국가승인은 묵시적 승인은 인정되지 않는다.

정답 ④
해설 국가승인은 묵시적 승인도 인정된다.

02 국가승인에 대한 설명으로 옳지 <u>않은</u> 것은?

① 영사인가장의 발급은 묵시적인 국가승인이다.
② 조건부 승인 시 조건이 성취되지 않으면 승인의 효력은 무효이다.
③ 국가승인은 승인한 국가와 승인받는 국가 사이에만 효력이 있다.
④ 에스트라다주의는 국가승인의 선언적 효과설과 관련이 있다.

정답 ②
해설 조건부 승인 시 조건이 성취되지 않아도 승인의 효력은 유효하다.

02

1969년 조약법에 관한 비엔나협약이 규정하고 있는 강행규범(jus cogens)에 대한 설명으로 옳은 것은 모두 몇 개인가?

> ㄱ. 일반국제법의 새로운 강행규범이 출현하는 경우에 그 규범과 충돌하는 현행조약은 소급하여 무효이다.
> ㄴ. 강행규범은 전체로서의 국제공동사회가 수락하고 인정하는 규범이다.
> ㄷ. 강행규범은 그 이탈이 허용되지 않는 규범이다.
> ㄹ. 강행규범은 동일한 성질을 가진 일반 국제법의 추후 규범에 의해서만 변경될 수 있다.

① 1개 ② 2개
③ 3개 ④ 4개

정답 ③

해설 ㄱ. 1969년 비엔나조약법 협약 제64조는 새로운 강행규범이 출현하여 기존 조약과 충돌하는 경우 기존조약은 종료된다. 종료의 효력은 장래효로서 종료된 시점부터 효력을 상실한다.

관련 이론

강행규범의 의의

1. 국제공동체는 각 국가와 그 국민 그리고 가장 기본적인 인간적 가치의 존속에대한 용인할 수 없는 위협을 차단시키기 위하여 구성원에 의한 엄격한 준수가 요구되는 국제적 공공질서를 반드시 필요로 한다. 결국 이러한 공공질서 유지를 위한규범은 국제공동체가 가장 근본적인 가치를 지니고 있다고 판단하는 의무를 국제공동체 구성원들에게 전반적으로 부여하게 된다. 이러한 규범 중 국제법상의 절대적규범 즉, 강행규범은 국제공동체를 구성하고 있는 어떠한 국가도 이를 위반할 수 없고 그것으로부터 벗어날 수 없는 가장 근본적이며 핵심적인 원칙을 의미한다.
2. 강행규범의 개념은 20세기 중반까지도 국제법적 차원에서 공식적으로 인정되지 않았지만, 국제법에 이러한 규범이 존재한다는 인식은 완전하게 사라지지 않았으며 학계는 강제적 규범의 존재를 지속적으로 인정하였다. 그 결과 강제적 규범 즉, 강행규범은 1969년 '조약법에 관한 비엔나협약'에서 명문의 규정으로 성문화되기에 이르렀다.
3. 이에 반해 국제사법재판소는 판결 과정에서 강행규범을 원용할 기회가 많았음에도 불구하고 그 동안 이를 회피한 것이 사실이다. 그러나 1960년대부터 국제사법재판소의 일부 재판관들은 계쟁사건에서 개별의견 및 반대의견을 통하여 국제인권법 및 국제인도법적 규범의 강행규범적 성질을 확인하였으며, 최근 동 재판소는 Case Concerning Armed Activities on the Territory of the Congo (Democratic Republic of Congo v. Rwanda)에서 집단살해의 금지를 비롯한 국제인권법적 강행규범의 존재를 최초로 명시적으로 인정하게 되었다. 아울러 미주인권재판소를 비롯한 지역적 인권재판소와 구유고 국제형사재판소 및 르완다 국제형사재판소를 포함한 국제인도법에 관한 임시 국제법정들이 국제법의 상위 규범을 묘사하기 위하여 '강행규범'이라는 표현을 지속적으로 사용하고 있다는 사실은 매우 주목할 만한 현상이라 할 수 있다.
4. 이러한 강행규범은 국제공동체에 의하여 보편적으로 인정되는 일반 국제법상의 규범 즉, 소위 국제재판소 관할권에의 동의의 원칙을 넘어설 수 없다는 한계를 지니고 있다. 또한 강행규범은 관련 사건에서 원용될 때 기타의 규범을 비롯한 모든 것을 무효화시킬 수 있는 지나친 절대적 효력을 가지고 있지는 못하다. 그러나 현재 국제공동체 이익 체제는 국제인권법 및 국제인도법을 위반한 자에 대한 기소 및 그에 대한 판결과 같이 인간의 이익 혹은 공동체적 이익을 점점 더 폭넓게 아우르고 있다. 이러한 이익의 궁극적 수혜자는 인간이며 인류가 된다. 결국 강행규범의 역할은 확대될 것이고, 인간 더 나아가 인류의 사법적 이익을 보호하려는 국제재판에서 긍정적인 역할을 할 것으로 판단된다.

03

국가가 자국의 영토이용으로 인하여 타국에 환경적 피해를 주지 말아야 한다는 월경피해방지의 원칙을 확인한 국제판례는?

① 트레일 제련소 사건(Trail Smelter Case)
② 새우-바다거북 사건(Shrimp-Turtle Case)
③ 프랑스 핵실험 사건(Nuclear Tests Case)
④ 나우르 인산염지대 관련 사건(Certain Phosphate Lands in Nauru Case)

정답 ①

해설 **새우-바다거북 사건(Shrimp-Turtle Case) 판례 설명**

미국이 바다거북 보호를 이유로 새우 금수조치를 내렸었다. 바다거북은 멸종위기종으로 CITES라는 국제협약하에 보호를 받고 있었다. 미국은 자국법을 통해 어선의 바다거북탈출장치(TED) 사용을 의무화하였고 이후 추가입법을 통해 새우 포획 과정에서 바다거북에 영향을 미치면 특별한 경우 외엔 그렇게 잡힌 새우 수입을 금지하기로 했다. 새우잡이 과정에서 혼획(bycatch)에 희생되는 바다거북을 보호하기 위한 '사회적 가치' 추구 성격의 정책이었다. 그러나 이 결정이 '보호무역' 성격으로 '자유무역'의 '경제적 가치'에 반한다며 인도와 말레이시아, 태국과 파키스탄은 WTO에 미국을 제소한다.

인도 등 제소국들은 미국의 조치가 인위적 수입량 제한에 해당해 WTO협정에 위반된다고 주장했는데 이는 미국도 인정했다. 다만 미국은 자국 결정이 GATT 제20조 (b), (g)항에 의거해 동물 생명 보호, 유한 천연자원 보전조치로 예외적 정당화가 가능하다고 봤다.

1심 패널은 제20조의 이층(two-tier)구조에 대해 ① 우선 조항 맨 위 전문(chapeau)1)의 위반 여부를 판단하고, 만약 전문 위반이 아닌 경우 더 나아가 ② 하부 (b), (g)항에 대한 해당 여부를 판단하기로 했다. 패널은 전문에 따른 자유무역에 대한 제20조상 예외적 차별이 '다자무역체제에 위협을 가하지 않는 범위 내'에서 허용되는데 미국 조치는 타 국가들의 유사 조치 도입을 촉진할 수 있는 만큼 다자무역체제에 위협이 될 것으로 판단했다. (b), (g)항을 통한 예외성 인정 여부까지 가기 전에 전문 위반으로 1심에서 패소하게 된 것이다. 상소기구 2심은 이러한 패널의 접근법을 지적하며 (b), (g)항에 대한 검토가 전문보다 선행돼야 한다고 했다. 상소기구는 미국의 주장대로 바다거북이 (g)항에 해당하는 유한한 천연자원이라고 확인했고, 미국의 조치 역시 그 보호를 위한 것이라고 인정했다. 그러나 전문에 대한 검토 결과, 미국의 조치가 지나치게 보수적이며 사실상 수출국들의 미국 기준에 대한 종속 효과를 발생시킨다고 봤다. 미국의 바다거북 보호 노력이 다자적으로 충분하지 않았다고도 지적했다. 종합적으로 미국의 조치는 부당한 차별로 판단됐다. 1994GATT 제11조 수량제한 금지원칙 위반과 1994GATT 제20조에 의한 정당화 여부가 문제가 되었다.

프랑스 핵실험 사건(Nuclear Tests Case) 판례 해설

이 사건은 호주와 뉴질랜드가 남서 태평양에서 행해지는 프랑스의 대기 중 핵실험이 국제법에 위반되며 더 이상의 핵실험을 금지하여 줄 것을 ICJ에 제소하였으나 정식 심리가 개시되기 전에 프랑스가 차후 대기중 핵실험을 시행하지 않겠다고 선언하자 재판부가 판결을 내릴 필요가 없다고 확인한 사건이다. 남서 태평양 프랑스령 폴리네시아 중 Mururoa 환초(環礁)는 프랑스의 핵실험장으로 사용되었다. 프랑스는 1966년부터 매년 이 곳에서 대기중 핵실험을 시행하여 왔으며 호주는 방사능 낙진 피해를 근거로 그 중단을 요청하여 왔다. 프랑스는 6,000km 이상 이격되어 있으므로 낙진이 설사 발생한다 하여도 매우 미미한 수준이며 실질적인 피해를 야기하지 못한다고 반박하여 왔다.

호주는 1973년 5월 9일 ICJ 에 재판을 청구하여 호주의 대기중 핵실험이 국제법 위반이며 추가적인 핵실험 중지를 명령하여 줄 것을 요청하였다. 호주가 ICJ에 프랑스를 제소할 수 있었던 것은 두 국가가 모두 가입하고 있는 1928년 국제 분쟁의 평화적 해결에 관한 일반 협약 17 조에 체약국간 분쟁은 PCIJ 에 회부한다고 규정되어 있었기 때문이며 호주는 보충적으로 자신과 프랑스가 모두 ICJ 헌장 36(2)조 규정에 의거하여 ICJ의 강제 관할권을 수용한 점을 근거로 제시하였다.

프랑스는 국제연맹이 이미 해산되어 1928년 협약이 유효하지 않다는 요지의 ICJ 관할권을 부인하는 서한을 1973년 5월 16일 제출하였고 이후의 재판 절차에 참석하지 않았다. 그런데 프랑스는 이 사건 재판 절차가 본격 개시되기 전인 1974년 6월 대통령을 필두로 외교부 장관, 국방부 장관이 계속하여 더 이상의 대기중 핵실험을 시행하지 않겠다는 방침을 천명하였다. 재판부는 프랑스의 관할권 부재 시비를 심리하기에 앞서 호주의 재판 청구 목적이 프랑스의 핵실험 중단 선언으로 인해 이미 달성된 것은 아닌지 그러하다면 굳이 재판부가 판결을 내릴 필요가 있는지에 대해 검토하였다.

나우르 인산염지대 관련 사건(Certain Phosphate Lands in Nauru Case) 판례 해설

이 사건은 나우루가 호주에 대해 신탁통치국으로서의 의무를 이행하지 않았다고 재판을 청구한데 대해 호주가 관할권 항변을 제기하였으나 기각된 사건이다.

나우루는 전체가 새의 배설물이 굳어서 형성된 인광석으로 덮여 있는 20km2 규모의 남태평양상의 작은 섬이다. 1914 년 호주가 점령한 이후 호주, 뉴질랜드, 영국이 관장하는 국제연맹의 신탁통치 지역이 되었고 1919년 7월 이들 3개국은 신탁통치 시행과 인광석 채굴 관리 및 수익 분배에 관한 3자 약정(나우루 섬 약정)을 체결하고 호주가 사실상 시정 전반을 관장하였다. 1947년 11월 1일 나우루는 3국이 관할하는 국제연합의 신탁통치 지역이 되었으며 1968년 1월 30일 독립할 때까지 이전과 마찬가지로 호주가 사실상 통치하였다.

나우루의 인광석 채굴 및 판매를 위해 호주, 뉴질랜드, 영국은 1919년 약정에 따라 British Phosphate Commission을 설립하여 인광석을 독점 채굴하였다. 인광석 채굴로 인해 섬 전체의 1/3 지역이 황폐화되었고 판매 수익 분배와 鑛床 복원을 둘러싸고 신탁통치 당국과 나우루 주민은 반목하였다. 오랜 협의 끝에 독립 직전인 1967년 7월 1일에야 BPC는 나우루人 자치 기구인 행정 위원회에 인광석 광상 관리권을 이전하였다(이하 1967년 移轉 약정). 1987 년 2 월 9 일 호주, 뉴질랜드, 영국은 BPC를 청산하고 잔여 자산을 나누어 가졌다. 독립 이후 나우루 정부는 광상 복원을 호주 등에 지속적으로 요구하였으나 성과가 없었으며 BPC 잔여 자산 배분 요구에도 응하지 않자 나우루는 1989년 5월 19일 신탁통치 주책임국인 호주를 ICJ에 제소하였다.

UN 헌장의 신탁통치 조항과 나우루 신탁통치 협정 상의 의무를 전반적으로 위반하였으며 인광석 수익 배분 의무가 있음을 확인하여 달라는 청구였다. 나우루와 호주는 모두 ICJ 헌장 강제 관할권을 수용하고 있었다. 호주는 신탁통치 주민과의 분쟁은 UN 관할이며 신탁통치약정 종료로 인해 제반 분쟁은 이미 해결된 것으로 보아야 한다고 주장하였다. 또한 ICJ 이외의 평화적인 방법으로 해결키로 합의한 분쟁은 ICJ 강제 관할권 적용 대상에서 제외한다는 자신의 ICJ 강제 관할권 수용 선언의 유보 조항 및 기타 사항에 따라 ICJ 는 이 사건에 대한 관할권이 없다고 항변하였다.

관련 이론

월경성 오염에 대한 국가책임의 성립요소

유엔국제법위원회(ILC)의 '국제위법행위에 대한 국가책임규정초안'에서 간명하게 찾을 수 있다. 초안에 따르면, 국가의 모든 국제위법행위는 그 국가의 국제책임을 수반한다. 국제법상 국가책임은 국제위법행위의 결과이다. 따라서 청구국이 국가책임을 묻기 위해서는 다른 국가의 '국제위법행위'를 지적할 수 있어야 한다. 국제위법행위는 국가로 귀속되는 행위가 국제의무를 위반한 경우에 성립한다. 즉 국제위법행위의 성립 요건은 두 가지 요소, 즉 행위의 국가귀속성과 국제의무위반이다. 월경성 오염에 대해 국가책임을 청구하기 위해서는 그 원인행위가 피고국에게 귀속되어야 하고 그런 행위가 국제의무를 위반한 것이어야 한다. 국가책임규정초안의 국가책임 성립요소를 기초로 월경성 오염행위로 인해 국가책임이 성립하기 위한 두 가지 요소는

1. 오염행위의 국가귀속

국가로 귀속되는 행위는 모든 국가기관의 행위이다. 그러므로 모든 국가기관의 월경성 오염행위는 국가로 귀속된다. 그리고 국가기관의 행위에는 작위(action)와 부작위(omission)를 포함한다. 따라서 국제법상 요구된 행위를 하지 않는 경우에도 국가책임은 성립한다. 예를 들면, 국제환경협약의 당사국이 의무 이행에 필요한 국내 법률을 제정하지 않아 다른 국가에 환경피해를 야기한 경우에 국가책임이 성립한다. 그리고 중앙정부의 기관의 행위뿐만 아니라 지방자치단체의 행위 및 연방국가의 구성국의 행위도 당해 국가에 귀속된다. 또한 국가기관은 아니지만 당해 국가의 국내법에 의하여 공권력을 행사할 권한을 부여받은 개인 또는 단체가 그 같은 자격으로 행동하였다면 그 행위는 국제법상 그 국가의 행위로 간주된다. 그리고 사법인(私法人)이 국내법에 의해 특정의 임무를 부여받은 경우 그러한 사법인이 그 수임범위 내에서 행한 행위도 당연히 국가에 귀속된다고 보아야 할 것이다. 따라서 사기업이 국가로부터 권한을 위임받아 산업활동을 하다가 환경오염사고를 유발하여 인접국가에 손해를 미친다면 그 사기업에 권한을 위임한 국가가 국제책임을 부담하여야 할 것이다.

2. 환경과 관련한 국제의무위반

국제위법행위의 두 번째 요소는 국제의무위반이다. 국가책임은 국제의무위반의 결과로 제기된다. 따라서 국가책임은 먼저 국제의무가 존재하는지 그리고 그 범위를 확정할 필요가 있다. 일반적으로 조약상 어떤 국제의무가 존재하는지를 확인하는 것은 대체로

간단하다. 예를 들면, 어떤 국가가 조약상의 당사자라면 그 조약에서 부과하고 있는 국제의무를 확인하는 것은 그리 어려운 일이 아니다. 이와는 달리 조약상의 의무는 없지만 국제관습법상의 의무가 있는지 여부를 판단해야 하는 경우에는 국제의무의 존재 여부를 확인하는 것은 매우 예리한 논쟁거리이다. 더구나 월경성 오염에 대하여 국가책임이 성립하는지를 판단하기 위하여 두 번째 요소를 적용하는 데는 더 큰 여러 난관이 있다. 예를 들면, 미세먼지를 직접 다루고 있는 현존하는 조약이 없기 때문에 월경성 미세먼지에 적용할 수 있는 국제관습법상의 의무가 존재하는지 확인해야 그 다음 단계로 국가책임의 성립 여부를 결정할 수 있는데, 국제관습법상 월경성 미세먼지를 방지할 의무가 있는지 그리고 그 범위가 어디까지인지를 확인하는 것이 어려운 일이다.

유사 문제

01 1979년 대기오염의 장거리 국경이동에 관한 제네바 협약에 대한 설명으로 타당하지 <u>않은</u> 것은?

① 협약은 대기오염원이 될 수 있는 물질이 먼 거리까지 이동할 수 있다는 점을 고려하여, 환경보호 분야 특히 대기오염 분야에서의 상호협력 강화에 중점을 두고 있다.
② 협약은 전문에서 각 국가의 자원개발 주권과 이로 인한 다른 국가 또는 국가관할권 밖의 환경피해 금지에 대해 규정하고 있는 1972년 스톡홀름 선언 원칙 21호의 중요성을 언급하고 있다.
③ 국가주권을 고려하지 않고 국가 영역밖에 환경적 피해를 미쳐서는 안된다는 점을 강조하고 있다.
④ 먼 거리 대기오염에 중대한 변화를 일으킬 수 있는 정책 또는 산업개발 계획안의 변동사항이 있는 경우에도 다른 당사국에 통보해야 한다.

정답 ③
해설 국가주권을 인정하되 국가 영역밖에 환경적 피해를 미쳐서는 안된다는 점을 강조하는 것이다.

02 1989년 바젤 협약에 대한 설명으로 타당하지 <u>않은</u> 것은?

① 협약은 규제대상이 되는 유해폐기물을 크게 4가지로 나누어 분류하고 있으며, 여기에는 각 국가의 국내법에 따라 규제되는 유해폐기물도 그 대상으로 포함시키고 있다.
② 협약에 따라 규정된 유해폐기물에 대해 각 회원국은 일반적인 의무를 부담한다.
③ 일정한 경우의 유해폐기물에 대해서는 수출에 한하여 금지하도록 하고 있다.
④ 예외적으로 수출이 허용되는 경우가 있으며, 수출국이 처분능력을 갖지 않거나, 수입국에서 재생을 위해 필요로 하는 폐기물, 그리고 기타 회원국에서 정한 기준에 합치하는 경우에는 수출이 허용된다.

정답 ③
해설 일정한 경우의 유해폐기물에 대해서는 수출 또는 수입을 금지하도록 하고 있다.

04
1969년 조약법에 관한 비엔나협약 상 조약의 유보에 대한 설명으로 옳은 것을 모두 고른 것은?

ㄱ. 유보는 조약의 일부 규정의 법적 효과를 배제하거나 변경하기 위한 것이다.
ㄴ. 유보는 그 조약의 대상 및 목적과 양립해야 한다.
ㄷ. 유보는 조약의 적용을 받는 국가를 확대하기 위하여 인정된 제도이다.
ㄹ. 유보는 타방 당사국의 동의가 있어야만 효력을 갖는다.
ㅁ. 조약이 달리 규정하지 아니하는 한 유보는 언제든지 철회될 수 있으며 또한 그 철회를 위해서는 동 유보를 수락한 국가의 동의가 필요하다.

① ㄱ, ㄴ
② ㄱ, ㄴ, ㄷ
③ ㄱ, ㄴ, ㄷ, ㄹ
④ ㄱ, ㄴ, ㄷ, ㅁ

정답 ②

해설
ㄹ. 조약에 의하여 명시적으로 인정된 유보는 다른 체약국에 의한 추후의 수락이 필요한 것으로 그 조약이 규정하지 아니하는 한 그러한 추후의 수락을 필요로 하지 아니한다.
ㅁ. 철회시 유보 수락국의 동의를 요하지 않는다.

관련 이론

1969년 비엔나조약법 협약 제2절 유보

제19조(유보의 형성) 국가는 다음의 경우에 해당하지 아니하는 한 조약에 서명·비준·수락승인 또는 가입할 때에 유보를 형성할 수 있다.
(a) 그 조약에 의하여 유보가 금지된 경우
(b) 문제의 유보를 포함하지 아니하는 특정의 유보만을 행할 수 있음을 그 조약이 규정하는 경우 또는
(c) 상기 세항 (a) 및 (b)에 해당되지 아니하는 경우에는 그 유보가 그 조약의 대상 및 목적과 양립하지 아니하는 경우

제20조(유보의 수락 및 유보에 대한 이의)
1. 조약에 의하여 명시적으로 인정된 유보는 다른 체약국에 의한 추후의 수락이 필요한 것으로 그 조약이 규정하지 아니하는 한 그러한 추후의 수락을 필요로 하지 아니한다.
4. 상기 제 조항에 해당되지 아니하는 경우로서 조약이 달리 규정하지 아니하는 한 다음의 규칙이 적용된다.
    (a) 다른 체약국에 의한 유보의 수락은 그 조약이 유보국과 다른 유보 수락국에 대하여 유효한 경우에 또한 유효한 기간 동안 유보국이 그 다른 유보 수락국과의 관계에 있어서 조약의 당사국이 되도록 한다.
    (b) 유보에 다른 체약국의 이의는 이의 제기국이 확정적으로 반대의사를 표시하지 아니하는 한 이의 제기국과 유보국간에 있어서의 조약의 발효를 배제하지 아니한다.
    (c) 조약에 대한 국가의 기속적 동의를 표시하며 또한 유보를 포함하는 행위는 적어도 하나의 다른 체약국이 그 유보를 수락한 경우에 유효하다.
5. 상기 2항 및 4항의 목적상 또는 조약이 달리 규정하지 아니하는 한 국가가 유보의 통고를 받은 후 12개월의 기간이 끝날 때까지나 또는 그 조약에 대한 그 국가의 기속적 동의를 표시한 일자까지 중 어느 것이든 나중의 시기까지 그 유보에 대하여 이의를 제기하지 아니한 경우에는 유보가 그 국가에 의하여 수락된 것으로 간주된다.

제21조(유보 및 유보에 대한 이의의 법적 효과)
1. 제19조, 제20조 및 제23조에 따라 다른 당사국에 대하여 성립된 유보는 다음의 법적효과를 가진다.
    (a) 유보국과 그 다른 당사국과의 관계에 있어서 유보국에 대해서는 그 유보에 관련되는 조약규정을 그 유보의 범위내에서 변경한다.
    (b) 다른 당사국과 유보국과의 관계에 있어서 그 다른 당사국에 대해서는 그러한 조약규정을 동일한 범위내에서 변경한다.

2. 유보는 「일정 국가간의」 조약에 대한 다른 당사국에 대하여 그 조약규정을 수정하지 아니한다.
3. 유보에 대하여 이의를 제기하는 국가가 동 이의제기국과 유보국간의 조약의 발효에 반대하지 아니하는 경우에 유보에 관련되는 규정은 그 유보의 범위내에서 양국간에 적용되지 아니한다.

제22조(유보 및 유보에 대한 이의의 철회)
1. 조약이 달리 규정하지 아니하는 한 유보는 언제든지 철회될 수 있으며 또한 그 철회를 위해서는 동 유보를 수락한 국가의 동의가 필요하지 아니하다.
2. 조약이 달리 규정하지 아니하는 한 유보에 대한 이의는 언제든지 철회될 수 있다.

제23조(유보에 관한 절차)
1. 유보, 유보의 명시적 수락 및 유보에 대한 이의는 서면으로 형성되어야 하며 또한 체약국 및 조약의 당사국이 될 수 있는 권리를 가진 국가에 통고되어야 한다.
2. 유보가 비준·수락 또는 승인에 따를 것으로 하여 조약에 서명한 때에 형성된 경우에는 유보국이 그 조약에 대한 기속적 동의를 표시하는 때에 유보국에 의하여 정식으로 확인되어야 한다. 그러한 경우에 유보는 그 확인일자에 형성된 것으로 간주된다.
3. 유보의 확인이전에 형성된 유보의 명시적 수락 또는 유보에 대한 이의는 그 자체확인을 필요로 하지 아니한다.
4. 유보 또는 유보에 대한 이의의 철회는 서면으로 형성되어야 한다.

유사 문제

01 다음 중 비엔나조약법협약상 유보에 대한 설명으로 옳지 않은 것은?

① 조약에 의하여 명시적으로 인정된 유보는 다른 체약국에 의한 추후의 수락이 필요한 것으로 그 조약이 규정하지 아니하는 한 그러한 추후의 수락을 필요로 하지 아니한다.
② 유보국과 그 다른 당사국과의 관계에 있어서 유보국에 대해서는 그 유보에 관련되는 조약규정을 그 유보의 범위내에서 변경한다.
③ 조약이 달리 규정하지 아니하는 한 유보는 언제든지 철회될 수 있으며 또한 그 철회를 위해서는 동 유보를 수락한 국가의 동의가 필요하다.
④ 유보에 대하여 이의를 제기하는 국가가 동 이의제기국과 유보국간의 조약의 발효에 반대하지 아니하는 경우에 유보에 관련되는 규정은 그 유보의 범위내에서 양국간에 적용되지 아니한다.

정답 ③
해설 조약이 달리 규정하지 아니하는 한 유보는 언제든지 철회될 수 있으며 또한 그 철회를 위해서는 동 유보를 수락한 국가의 동의가 필요하지 아니하다.

02 1969년 비엔나조약법협약상 유보에 대한 설명으로 옳지 않은 것은?

① 유보, 유보의 명시적 수락 및 유보에 대한 이의는 서면으로 형성되어야 하며 또한 체약국 및 조약의 당사국이 될 수 있는 권리를 가진 국가에 통고되어야 한다.
② 유보가 비준·수락 또는 승인에 따를 것으로 하여 조약에 서명한 때에 형성된 경우에는 유보국이 그 조약에 대한 기속적 동의를 표시하는 때에 유보국에 의하여 정식으로 확인되어야 한다. 그러한 경우에 유보는 그 확인일자에 형성된 것으로 간주된다.
③ 유보의 확인이전에 형성된 유보의 명시적 수락 또는 유보에 대한 이의는 그 자체 확인을 필요로 하지 아니한다.
④ 유보 또는 유보에 대한 이의의 철회는 서면 또는 구두로 할 수 있다.

정답 ④
해설 유보 또는 유보에 대한 이의의 철회는 서면으로 형성되어야 한다.

05

UN에 대한 설명으로 옳지 않은 것은?

① 중요한 문제에 관한 총회의 결정은 출석하여 투표하는 구성국의 3분의 2의 다수로 한다.
② 안전보장이사회가 어떠한 분쟁 또는 사태에 대하여 헌장 상의 임무를 수행하고 있는 동안에는 총회는 어떤 경우에도 이들 문제와 관련하여 여하한 권고도 할 수 없다.
③ 안전보장이사회의 각 이사국은 1개의 투표권을 가진다.
④ 절차사항에 관한 안전보장이사회의 결정은 9개 이사국의 찬성투표로써 한다.

정답 ②

해설 안보리의 승인을 얻어 회원국이나 안보리 또는 그 양자에게 권고할 수 있다.

관련 이론

안보리의 기능 및 권한

1. 안보리는 국제평화 및 안전유지에 대한 일차적 책임을 지며, 유엔회원국에 대해 구속력을 갖는 결정을 할 수 있는 유일한 기관
2. 주요기능 및 권한은 다음과 같음
   - 국제적 마찰을 야기시킬 수 있는 분쟁 또는 사태에 관한 조사 및 분쟁의 조정방법 또는 해결조건 권고
   - 평화에 대한 위협, 평화의 파괴 또는 침략행위의 존재여부를 결정하고, 국제평화와 안전의 유지 및 회복을 위하여 권고 또는 강제조치 집행
     - 회원국에 대해 경제제재 소지를 포함한 군사적 강제조치의 실시를 요청
     - 군사적 강제조치 집행(이와 관련, 모든 회원국은 안보리와 특별협정을 체결하여 동 협정에 따라 병력지원과 시설 등을 안보리에 제공하게 되어 있으나, 아직까지 동 협정은 체결된 사례가 없음
   - 군비 통제안의 수립
   - 전략지역(Strategic Area)에 신탁통치 기능 수행
   - 신회원국의 가입 권고
   - 사무총장의 임명 권고 및 총회와 함께 국제사법재판소 판사 선출

유사 문제

01 국제연합 안정보장이사회에 대한 설명으로 옳지 <u>않은</u> 것은?

① 안보리 통과 조건은 상임이사국 5개국 중에서 거부권 행사 국가가 없어야 하며 상임·비상임 총 15개국 중 9개국 이상이 찬성해야 한다.
② 안전보장이사회는 경제사회이사회와 더불어 상임이사국과 비상임이사국 모두를 가진 UN기구이다.
③ 처음에는 6개국이었다가 1965년에 10개국으로 확대된 비상임이사국들은 2년 임기로 선출되고, 안전보장이사회의 모든 업무에 참여한다.
④ 비상임이사국은 총회에서의 선출 기준은 국제연합 목적에 대한 공헌도와 형평을 고려한 지리적 배분으로 나누어진다.

정답 ②
해설 안전보장이사회는 상임이사국과 비상임이사국 모두를 가진 유일한 UN기구이다.

02 국제연합 안정보장이사회에 대한 설명으로 옳지 <u>않은</u> 것은?

① 어떤 문제가 거부권이 적용되지 않는 절차문제인지 아닌지의 결정에는 거부권이 적용되기 때문에, 상임이사회는 첫 번째의 거부권으로 어떤 문제가 절차사항이라는 결정을 방해할 수 있으며, 두 번째의 거부권으로 그 안건에 관한 안보이사회의 결정을 방해할 수 있다
② 헌장의 분쟁의 평화적 해결에 의거한 결정에 대해서는, 비록 상임이사국이라 할지라도 분쟁당사국은 기권을 해야 하며 또한 안보이사회의 실천사항에 대한 상임이사국의 기권은 거부권의 행사로 인정하고 있다.
③ 비상임이사국은 연임할 수 없으며 비상임이사국 중 5석은 아프리카와 아시아가 차지하고, 라틴아메리카와 서유럽국가들이 각각 2석을, 동유럽 국가들이 한 자리를 차지한다.
④ 비절차 사항의 경우 상임이사국이 반대투표를 하면 결의가 성립하지 않아 이를 거부권이라 하지만, 반대로 유효하게 결정(강제조치)되면 모든 가맹국에 대하여 구속력을 가진다.

정답 ②
해설 헌장 6장(분쟁의 평화적 해결)과 52조 3항(지역적 협정 또는 기구에 분쟁의 평화적 해결을 의뢰)에 의거한 결정에 대해서는, 비록 상임이사국이라 할지라도 분쟁당사국을 기권을 해야 하며 또한 안보이사회의 실천사항에 대한 상임이사국의 기권은 거부권의 행사로 인정할 수 없다는 관례가 성립되어 있다.

06

1969년 조약법에 관한 비엔나협약에 대한 설명으로 옳지 않은 것은?

① 모든 국가는 조약을 체결하는 능력을 가진다.
② 국가원수, 정부수반, 외무부장관과 외교공관장은 전권위임장을 제시하지 않아도 조약의 체결에 관련된 모든 행위를 수행할 수 있다.
③ 비준하여야 하는 조약에 서명한 국가는 그 조약의 당사국이 되지 아니하고자 하는 의사를 명백히 표시할 때까지 그 조약의 대상과 목적을 저해하게 되는 행위를 삼가야 한다.
④ 조약이 달리 규정하지 아니하는 한, 다자조약은 그 당사국 수가 그 발효에 필요한 수 이하로 감소하는 사실만을 이유로 종료하지 아니한다.

정답 ②

해설 국가원수, 정부수반, 외무부장관과는 달리 외교공관장은 조약문의 채택시까지 전권위임장을 요하지 않는다.

관련 이론

국제조약

1. **우리나라의 규정** : 대한민국이 체결, 공포한 조약은 국내법과 동일한 효력을 가진다고 〈헌법〉에 규정하고 있는데, 조약의 체결은 대통령의 권한에 속한다. 그러나 사전에 국무회의의 심의를 거쳐야 하며, 특히 상호원조 또는 안전보장 등에 관한 조약은 국회의 동의를 얻어야 한다.
2. **명칭 및 분류** : 조약에는 여러 명칭이 있는데, 조약·협약·협정·약정·결정서·의정서·선언·규정·규약·헌장·합의의사록·각서·교환공문·잠정협정·공동선언 등이다. 어떤 명칭을 사용하든지 효력에는 차이가 없고 다같이 당사국을 구속한다. 그리고 조약은 여러 표준에 따라 분류할 수 있는데, 조약당사국의 수를 표준으로 해서 보편조약·일반조약 및 특별조약이 있고, 조약의 성질을 표준으로 해서 입법조약과 계약조약, 조약에의 가입 가부를 표준으로 개방조약과 폐쇄조약이 있다. 조약의 내용을 표준으로 해서 처분조약과 영속조약으로 분류된다.
3. **조약법** : 조약의 성립·효력·해석·변경·정지·소멸 등을 규율하는 법인데 종래에는 관습법이었다. 국제연합 국제법위원회가 1949년 여러 학자의 안을 검토하여 최종보고서를 작성하고 이를 검토하기 위해 1968년과 1969년에 국제연합 주최로 빈에서 개최된 국제회의에서 1969년 5월 22일 〈조약법에 관한 빈 협약 Vienna Convention on the Law Traties〉이 채택되고 1980년 1월 28일 발효되었다. 우리 나라는 1977년 4월 27일 비준서를 기탁하였다.
4. **조약의 성립요건** : 조약의 성립요건이란 조약이 성립하기 위해 구비하여야 하는 최소한의 형식적 요건이다. 조약의 성립요건에는 일반적으로, ① 당사국, ② 목적, ③ 의사표시, ④ 조약성립절차의 경유 등 네 가지가 있다.
5. **효력** : 조약의 성립요건을 충족하여 성립하였다 하더라도 조약이 유효하기 위하여서는 다시 효력요건을 충족시켜야 한다. 따라서, 효력요건을 충족시키지 못하면 그 조약은 무효가 된다. 조약의 효력요건이 충족되면 조약의 법적 구속력이 발생하며 조약당사국은 법적으로 구속된다. 조약의 효력요건으로는, ① 당사자에게 조약을 체결할 수 있는 능력이 있을 것, ② 조약을 체결하는 기관에 조약체결권이 있을 것, ③ 조약체결권자의 의사표시에 하자가 없을 것, ④ 조약의 목적이 실현가능하고 적법할 것 등이다.
6. **무효** : 조약이 성립요건을 갖추어 일단 성립하였다 하더라도 효력요건을 충족하지 못한 경우 조약은 무효이다. 조약의 무효에 대해서 조약법협약은, ① 조약체결권한에 관한 국내법규정위반, ② 국가동의의 의사표시권한에 대한 제한위반, ③ 착오, ④ 사기, ⑤ 국가대표의 부패, ⑥ 국가대표에 대한 강박, ⑦ 국가에 대한 강박, ⑧ 기존 국제강행규범에의 위반 등의 경우에 조약은 무효가 된다.
7. **해석** : 조약의 해석이란 일반적·추상적으로 기술된 조약의 제조항을 구체적으로 명확하게 하는 행위를 말한다. 국가는 조약을 시행, 적용하려면 우선 조약을 해석해야 한다. 조약 해석의 주체는 1차적으로 조약당사국이지만 당사국의 해석이 다른 경우에는 상호합의하에 국제법원에 해석을 구할 수 있다. 국제조직도 조약이나 법률문제에 관하여 국제사법재판소의 권고적 의견을 구할 수 있다.

8. **변경** : 유효하게 체결된 조약의 내용 또는 당사국을 변동하는 행위를 말한다. 조약의 변경 원인은, ① 개정, ② 당사국의 변경으로 대별되며, 후자는 다시 가입과 이탈로 구분된다. 개정은 유효하게 체결된 조약규정의 내용을 당사국간의 합의에 따라 원칙적으로 모든 당사국에 대해 변경하는 행위를 말하며, 당사국의 변경이란 조약에 서명하지 않는 국가가 그 조약의 당사국이 되는 행위를 말한다.
9. **정지** : 조약이 법규범으로 계속 존재하면서 다만 일정한 사유에 따라 일시적으로 그 적용이 중단되는 것을 말한다. 정지사유가 없어지면 다시 그 조약이 적용된다는 점에서 조약의 소멸과는 구별된다. 정지사유로는, ① 조약의 규정, ② 당사국의 합의, ③ 중대한 조약의무위반, ④ 중대한 사정변경, ⑤ 전쟁발생 등에 따라 정지된다.
10. **소멸** : 유효하게 성립한 조약이 국제법상 일정한 사유에 의해서 그의 실시력과 구속력이 상실됨을 말한다. 조약은 조약상의 사유는 물론 기타 사유로 소멸한다. 조약의 소멸사유는, ① 당사국의 합의에 의한 소멸, ② 일방당사국의 의사에 의한 소멸, ③ 당사국의 의사에 의하지 않는 소멸의 경우로 대별할 수 있다.
11. **유보** : 표현명칭 여하를 불문하고 조약의 서명·비준·수락·승인 또는 가입시에 국가가 자국에 대하여 조약의 일부조항의 효력을 배제 또는 변경하기 위하여 행하는 일방적 선언을 말한다. 유보는 특별조약에서는 별로 중요하지 않고 다자조약(多者條約)에서 그 의의가 크다. 양자조약(兩者條約)에서의 유보는 조약에 대한 새로운 제안으로 인정된다.

유사 문제

01 1969년 비엔나조약법협약에 대한 설명으로 틀린 것은?

① 부분 비준이나 (유보의 첨부가 아닌 한) 조건부 비준은 허용되지 않으며, 만일 그렇다면 비준의 거절 또는 새로운 조약 내용의 제안으로 간주되어야 한다.
② 조약의 일부에 대한 국가의 기속적 동의는 그 조약이 이를 인정하는 경우에 한하여 유효하다.
③ 미등록조약의 일방당사국이 UN기관에서 그 조약의 원용에 반대하는 경우에만 적용되며, UN기관들이 직권으로(ex officio) 문제를 제기하지 않는다.
④ 이전에 등록된 조약이 당사자, 조건, 범위 혹은 적용의 변화를 초래하는 추후의 행위들(개정 또는 종료 포함)은 등록될 수 있고, 모협정을 변경하는 '새' 문서는 등록되어야 한다.

정답 ②
해설 조약의 일부에 대한 국가의 기속적 동의는 그 조약이 이를 인정하거나 또는 다른 체약국이 이에 동의하는 경우에만 유효하다.

02 1969년 비엔나조약법협약에 대한 설명으로 틀린 것은?

① 조약체결을 목적으로 국가를 대표하기 위하여 권한을 부여받은 것으로 간주될 수 없는 자가 행한 조약체결에 관한 행위는 그 국가에 의하여 추후 확인되지 아니하는 한 법적 효과를 가지지 아니한다.
② 어느 조약에 대한 국가의 기속적 동의를 표시하는 대표의 권한이 특정의 제한에 따를 것으로 하여 부여된 경우에 그 대표가 그 제한을 준수하지 아니한 것은 그러한 동의를 표시하기 전에 그 제한을 다른 교섭국에 통고하지 아니한 한 그 대표가 표시한 동의를 부적법화하는 것으로 원용될 수 없다.
③ 추후 조약이 등록되기 위해서는 관련 '전' 조약의 등록 유무는 전제되지 아니한다.
④ 조약여부에 논란이 있는 경우, 일방의 등록에 대한 타방의 항의부재가 문서의 조약적 성격에 대한 묵시적 수락으로 해석되지 않는다.

정답 ③
해설 추후 조약이 등록되기 위해서는 관련 '전' 조약은 이미 등록되어야 한다.

07

우리나라의 범죄인 인도법에 의할 때 절대적 인도거절사유가 아닌 것은?

① 범죄인이 대한민국 국민인 경우
② 청구국의 법률에 따라 인도범죄에 관한 형의 시효가 완성된 경우
③ 대한민국 법률에 따라 인도범죄에 관한 공소시효가 완성된 경우
④ 인도범죄에 관하여 대한민국 법원에서 재판이 확정된 경우

정답 ①

해설 자국민불인도원칙은 우리나라범죄인인도법 상 임의적 인도거절사유에 해당한다.

관련 이론

범죄인 인도법[시행 2010. 3. 31.] [법률 제10202호, 2010. 3. 31. 일부 개정]

제6조(인도범죄) 대한민국과 청구국의 법률에 따라 인도범죄가 사형, 무기징역, 무기금고, 장기(長期) 1년 이상의 징역 또는 금고에 해당하는 경우에만 범죄인을 인도할 수 있다.

제7조(절대적 인도거절 사유) 다음 각 호의 어느 하나에 해당하는 경우에는 범죄인을 인도하여서는 아니 된다.
1. 대한민국 또는 청구국의 법률에 따라 인도범죄에 관한 공소시효 또는 형의 시효가 완성된 경우
2. 인도범죄에 관하여 대한민국 법원에서 재판이 계속(係屬) 중이거나 재판이 확정된 경우
3. 범죄인이 인도범죄를 범하였다고 의심할 만한 상당한 이유가 없는 경우. 다만, 인도범죄에 관하여 청구국에서 유죄의 재판이 있는 경우는 제외한다.
4. 범죄인이 인종, 종교, 국적, 성별, 정치적 신념 또는 특정 사회단체에 속한 것 등을 이유로 처벌되거나 그 밖의 불리한 처분을 받을 염려가 있다고 인정되는 경우[전문개정 2010. 3. 31.]

제8조(정치적 성격을 지닌 범죄 등의 인도거절) ① 인도범죄가 정치적 성격을 지닌 범죄이거나 그와 관련된 범죄인 경우에는 범죄인을 인도하여서는 아니 된다. 다만, 인도범죄가 다음 각 호의 어느 하나에 해당하는 경우에는 그러하지 아니하다.
1. 국가원수(國家元首)·정부수반(政府首班) 또는 그 가족의 생명·신체를 침해하거나 위협하는 범죄
2. 다자간 조약에 따라 대한민국이 범죄인에 대하여 재판권을 행사하거나 범죄인을 인도할 의무를 부담하고 있는 범죄
3. 여러 사람의 생명·신체를 침해·위협하거나 이에 대한 위험을 발생시키는 범죄
② 인도청구가 범죄인이 범한 정치적 성격을 지닌 다른 범죄에 대하여 재판을 하거나 그러한 범죄에 대하여 이미 확정된 형을 집행할 목적으로 행하여진 것이라고 인정되는 경우에는 범죄인을 인도하여서는 아니 된다.

제9조(임의적 인도거절 사유) 다음 각 호의 어느 하나에 해당하는 경우에는 범죄인을 인도하지 아니할 수 있다.
1. 범죄인이 대한민국 국민인 경우
2. 인도범죄의 전부 또는 일부가 대한민국 영역에서 범한 것인 경우
3. 범죄인의 인도범죄 외의 범죄에 관하여 대한민국 법원에 재판이 계속 중인 경우 또는 범죄인이 형을 선고받고 그 집행이 끝나지 아니하거나 면제되지 아니한 경우
4. 범죄인이 인도범죄에 관하여 제3국(청구국이 아닌 외국을 말한다. 이하 같다)에서 재판을 받고 처벌되었거나 처벌받지 아니하기로 확정된 경우
5. 인도범죄의 성격과 범죄인이 처한 환경 등에 비추어 범죄인을 인도하는 것이 비인도적(非人道的)이라고 인정되는 경우[전문개정 2010. 3. 31.]

유사 문제

01 다음 중 범죄인 인도 조약에 대한 설명으로 옳지 <u>않은</u> 것은?

① 범죄인 인도의 청구 및 피청구 주체는 피해자 개인이나 사적 단체와 국가이다.
② 인도를 청구할 수 있는 국가는 범죄행위지국, 법익피해국, 피해자 국적국, 범죄인 국적국 등이다.
③ 피청구국은 해당 범죄인이 소재하는 국가이다.
④ 청구국의 범죄인 인도요청에 피청구국이 응해야 할 국제법상 의무는 없다.

정답 ①
해설 범죄인 인도의 청구 및 피청구 주체는 피해자 개인이나 사적 단체가 아니라 국가이다.

02 국제 범죄인 인도에 대한 설명으로 틀린 것은?

① 국제의무화 하기 위해 오늘날은 대체로 국제관습법의 형태로 범죄인인도조약을 체결하고 있다.
② 쌍방가벌성(double criminality)의 원칙은 인도의 대상이 되는 범죄는 대체로 인도청구시 청구국과 피청구국 쌍방에서 범죄를 구성할 것을 전제로 하여 일정한 기준 이상의 중대한 범죄에 국한되고 있다.
③ 범죄특정의 원칙(principle of speciality)은 이는 범죄인을 인도받아 인도 이전의 범죄에 대하여 재판할 때, 인도 청구시의 범죄에 대해서만 처벌할 수 있다는 원칙을 말한다.
④ 정치범불인도의 원칙은 정치범을 인도대상에서 제외시킨 최초의 국내법은 1833년 벨기에의 범죄인 인도법이며, 정치범을 인도대상에서 제외시킨 최초의 조약은 1834년 벨기에·프랑스의 범죄인인도조약이다.

정답 ①
해설 국제의무화 하기 위해 오늘날은 대체로 양자조약(bilateral treaty)의 형태로 범죄인인도조약을 체결하고 있다.

08

국제사법재판소(ICJ)규정 제38조 제1항에서 규정하고 있는 법의 일반원칙에 대한 설명으로 옳지 않은 것은?

① 법의 일반원칙은 ICJ의 재판준칙 중 하나로 통설의 입장에 따르면 국내법의 일반원칙을 그 내용으로 한다.
② ICJ는 상설국제사법재판소(PCIJ)에 비하여 법의 일반원칙을 덜 원용하고 있다.
③ 프레비히어 사원 사건(Temple of Preah Vihear Case)에서 ICJ는 금반언의 원칙을 법의 일반원칙으로 원용하였다.
④ 법의 일반원칙은 ICJ규정에 처음 도입된 개념이다.

정답 ④

해설 법의 일반원칙은 국제사법재판소보다 상설국제사법재판소(PCIJ)규정에 처음 도입되었다.

관련 이론

법의 일반원칙의 개념

국제법상 법의 일반원칙은 국제사법재판소규정(ICJ) 제38조 1항에 의해 국제법의 법원으로서 인정되고 있다. 즉, 조약과 국제관습법에 이어 국제법의 세 번째 법원으로서 국제사법재판소규정 제38조 1항은 "문명국이 인정한 법의 일반원칙"을 규정하고 있다. 그러나, 국제관습법의 경우와 마찬가지로 무엇이 법의 일반원칙인지를 명확히 정의한 조약이나 국제적 문서는 존재하지 않는다. 따라서, 무엇이 법의 일반원칙인지에 대하여 학자간에 여러 의견이 제기되고 학설의 대립이 있어왔다. 특히 형평과 선과 법의 일반원칙과의 관계는 상당히 모호한 측면이 존재하며 이에 대해서 필자는 형평과 선은 법의 일반원칙으로 인정되지 않은 자연적 정의(natural justice)나 자연법을 의미하는 것이며, 법의 일반원칙과 달리 그 자체가 국제법의 법원은 아니라는 의견이 있다. 법의 일반원칙은 국제소송을 수행함에 있어서 조약, 국제관습법과 함께 매우 중요한 역할을 할 수 있다는 점을 유념하여 법의 일반원칙을 발견하고 원용하는 노력을 계속하여야 할 것으로 판단된다.

유사 문제

01 국제사법재판소(ICJ)의 재판관에 대한 설명으로 옳지 <u>않은</u> 것은?

① 재판소는 총회와 안전보장이사회에 의하여 선출된 각기 다른 국적 15명의 판사로 구성된다.
② 재판소 판사로 선출되기 위해서는 각국에서 최고위 법관직에 임명될 수 있는 자격 구비 필요하다.
③ 재판관의 임기는 9년이며, 재선 불가능하다.
④ 재판관은 3년마다 15명의 판사 중 5명을 개선하고 재판소는 법관 중에서 3년 임기의 재판소장 및 부소장을 선출한다.

정답 ③
해설 재판관의 임기는 9년이며, 재선 가능하다.

02 국제사법재판소(ICJ)규정에 대한 설명으로 옳지 <u>않은</u> 것은?

① 재판소에 제소되는 사건의 당사자는 국가에 한하고 국제기구나 개인은 당사자가 될 수 없다.
② 재판소의 관할은 당사자가 재판소에 부탁하는 모든 사건 및 특히 헌장 또는 현행 조약 및 협약에 규정된 모든 사항을 포함한다.
③ 재판소에 제소는 원칙상 임의적이나 재판소 규정 제36조 2항의 의무적 관할 조항을 수락한 경우, 조약의 해석, 국제법상의 문제, 확인된 경우 국제의무의 위반이 되는 사실의 존재 여부, 국제의무 위반에 대한 배상의 성질 및 범위에 사항에 관한 모든 법률적 분쟁에 대한 재판소의 관할은 선택적으로 동일한 의무를 수락하는 다른 국가에 대한 관계에 있어서, 당연히 또 특별한 합의 없이도, 의무적인 것이 된다.
④ 재판소는 총회, 안보리 또는 기타 유엔기관 및 전문기관의 요청에 의해 그 활동범위 내에서 발생하는 법률적 문제에 대해 권고적 의견을 제시할 수 있는데, 권고적 의견은 법적 구속력이 없다는 점에서 판결과 다르나 판결에 상응하는 법적, 정치적 권위 보유한다.

정답 ③
해설 재판소에 제소는 원칙상 임의적이나 재판소 규정 제36조 2항의 의무적 관할조항을 수락한 경우, 조약의 해석, 국제법상의 문제, 확인된 경우 국제의무의 위반이 되는 사실의 존재 여부, 국제의무 위반에 대한 배상의 성질 및 범위에 사항에 관한 모든 법률적 분쟁에 대한 재판소의 관할은 **동일한 의무를 모두 수락하는 다른 국가**에 대한 관계에 있어서, 당연히 또 특별한 합의 없이도, 의무적인 것이 된다.

유사 문제

01 국제사법재판소(ICJ)의 재판관에 대한 설명으로 옳지 않은 것은?

① 재판소는 총회와 안전보장이사회에 의하여 선출된 각기 다른 국적 15명의 판사로 구성된다.
② 재판소 판사로 선출되기 위해서는 각국에서 최고위 법관직에 임명될 수 있는 자격 구비 필요하다.
③ 재판관의 임기는 9년이며, 재선 불가능하다.
④ 재판관은 3년마다 15명의 판사 중 5명을 개선하고 재판소는 법관 중에서 3년 임기의 재판소장 및 부소장을 선출한다.

정답 ③
해설 재판관의 임기는 9년이며, 재선 가능하다.

02 국제사법재판소(ICJ)규정에 대한 설명으로 옳지 않은 것은?

① 재판소에 제소되는 사건의 당사자는 국가에 한하고 국제기구나 개인은 당사자가 될 수 없다.
② 재판소의 관할은 당사자가 재판소에 부탁하는 모든 사건 및 특히 헌장 또는 현행 조약 및 협약에 규정된 모든 사항을 포함한다.
③ 재판소에 제소는 원칙상 임의적이나 재판소 규정 제36조 2항의 의무적 관할 조항을 수락한 경우, 조약의 해석, 국제법상의 문제, 확인된 경우 국제의무의 위반이 되는 사실의 존재 여부, 국제의무 위반에 대한 배상의 성질 및 범위에 사항에 관한 모든 법률적 분쟁에 대한 재판소의 관할은 선택적으로 동일한 의무를 수락하는 다른 국가에 대한 관계에 있어서, 당연히 또 특별한 합의 없이도, 의무적인 것이 된다.
④ 재판소는 총회, 안보리 또는 기타 유엔기관 및 전문기관의 요청에 의해 그 활동범위 내에서 발생하는 법률적 문제에 대해 권고적 의견을 제시할 수 있는데, 권고적 의견은 법적 구속력이 없다는 점에서 판결과 다르나 판결에 상응하는 법적, 정치적 권위 보유한다.

정답 ③
해설 재판소에 제소는 원칙상 임의적이나 재판소 규정 제36조 2항의 의무적 관할조항을 수락한 경우, 조약의 해석, 국제법상의 문제, 확인된 경우 국제의무의 위반이 되는 사실의 존재 여부, 국제의무 위반에 대한 배상의 성질 및 범위에 사항에 관한 모든 법률적 분쟁에 대한 재판소의 관할은 **동일한 의무를 모두 수락하는 다른 국가**에 대한 관계에 있어서, 당연히 또 특별한 합의 없이도, 의무적인 것이 된다.

09

1982년 UN해양법협약 상 영해에 대한 설명으로 옳지 않은 것은?

① 모든 국가는 이 협약에 따라 결정된 기선으로부터 12해리를 넘지 아니하는 범위에서 영해의 폭을 설정할 권리를 가진다.
② 연안국은 군사훈련을 포함하여 자국의 안전보호 상 긴요한 경우에는 어떠한 공표도 없이 영해의 지정된 수역에서 외국선박의 무해통항을 일시적으로 정지시킬 수 있다.
③ 영해에서 무해통항하는 외국의 잠수함은 해면 위로 부상하여 국기를 게양하고 항행하여야 한다.
④ 해안굴곡이 심하거나 해안에 아주 가까이 섬이 산재한 경우 영해기선을 설정함에 있어서 직선기선의 방법이 사용될 수 있다.

정답 ②

해설 1982년 UN해양법협약 상 영해에서 연안국의 보호권(일시정지권)행사를 위해서는 사전공표, 비차별, 일시적 제한 등의 요건을 준수해야 한다.

관련 이론

해역의 개념

1. 영해의 폭에 대한 결정

전통적 해양법에서는 그것이 영해제도와 공해제도의 2원적 구조에 입각한 것이었음에도 불구하고 이 양자간의 한계에 대한 확정된 규칙이 없어 이것이 해양법 질서를 불안하게 하는 최대 원인이 되었다. 이 결과 제네바 회의에서는 이것이 핵심문제로서 거론되었으나 해양자원에 대한 연안국의 권리 및 국제항행용 해협에서의 통과권과 얽혀 합의에 이르지 못하였다. 그러나 새 협약에서는 이 두 가지 문제가 영해의 폭과 분리되어 합리적인 해결에 이르게 되었고 영해 바깥에 배타적 경제수역을 설치할 수 있을 뿐만 아니라, 국제항행용 해협에서는 통과통항권이 인정되었다. 그 결과 모든 국가는 기선에서 12해리를 초과하지 않는 범위 내에서 자유로이 영해의 폭을 결정할 수 있게 되었는데, 이것은 국제법의 역사상 획기적인 성과라고 할 수 있다. 또한 군도국가에 대해서도 영역이 될 수 있는 해역의 범위와 그 해역 내에서의 통항권을 합리적으로 조정하는 새로운 국제제도가 창설되었다.

2. 배타적 경제수역 제도의 설정

새 협약에서는 해양자원에 대한 연안국의 요구를 만족시키기 위하여 영해 바깥의 기선에서 200해리에 이르는 배타적 경제수역을 설치할 수 있도록 하였다. 연안국은 그 안에서 생물 및 비생물자원의 탐사개발과 수역의 경제적 개발에 관한 주권적 권리를 행사하고 또한 인공도나 해상구축물의 설치와 이용, 해양오염의 방지 및 해양의 과학적 조사에 대하여 관할권을 가지도록 하고 있다. 그 결과 이 수역 안에서는 전통적인 어업 자유가 부인되고, 연안국이 전면적으로 어업활동을 관리하게 되었다. 한편, 배타적 경제수역에서는 모든 국가가 항행의 자유, 상공비행의 자유, 해저전선 및 도관부설의 자유, 그리고 이들 자유와 관련된 해양사용의 자유를 향유하며, 또한 수역의 제도와 상충하지 않는 한, 전통적인 공해제도가 이 수역에서도 적용되게 되었다. 따라서 새 협약은 전통적 해양법에서의 공해도 아니고 영해도 아닌 전혀 새로운 법적 지위를 갖는 제3의 수역을 영해와 공해의 중간에 인정하게 되었다.

3. 영해제도의 다원화

전통적 해양법에서는 영해 내에서 외국선박이 무해통항권을 갖도록 되어 있었는데 영해의 확대와 더불어 지금까지 공해로서 자유로운 통항이 가능했던 해협의 대부분이 영해에 편입되게 됨으로써 국제교통에 막대한 지장을 초래하는 결과가 되었다. 그래서 새 협약은 국제항행용 해협에서 군함 및 군용기를 포함한 모든 선박과 항공기는 방해받지 않는 통과통항권을 갖도록 하고 있다. 이것은 영해 내에서의 무해통항제도와는 별도로 특정한 조건을 갖춘 국제항행용 해협에 있어서는 새로운 통항제도가 설정되었음을 의미하는 것이다. 또한 군도국가에 대해서는 군도의 외단을 연결하는 군도기선을 인정하며, 이 기선에서 바깥쪽을 향하여 영해, 배타적 경제수역, 대륙붕을 설정할 수 있게 함과 도시에 기선 내부의 수역은 내수로서가 아니라 새로운 법적 지위를 가지는 군도수역으로 하고 있다. 이 수역에서는 외국선박이 영해에서와 동일한 무해통항권을 가지며, 또한 수역 내의 국제교통에 통상적으로 사용되는 항로대에서는 모든 선박과 항공기가 국제항행용 해협에서의 통과통항권과 동일한 군도항로대 통항권을 갖도록 하고 있다.

4. 심해저제도에 관한 설정

새 협약은 대륙붕 바깥쪽의 해저에 새로운 심해저제도를 설정하였기 때문에 연안국이 자원개발에 있어 주권적 권리를 향유하는 대륙붕의 한계를 명확히 해야 할 필요가 생겼다. 그러므로 대륙붕의 범위에 대해서는 연안국 영토의 자연적 연장에 좇아 대륙 주변부의 외단까지 연장되어 있는 해저, 또는 그 외단이 기선으로부터 200해리 이내에서 끝나는 경우에는 200해리까지의 해저로 한다는 새로운 정의를 도입하고 있다. 또한 대륙붕 바깥쪽의 해저에 적용되는 심해저제도는 국제해저기구의 관리하에 자원개발을 행하고 그 개발이익을 국제사회에 형평하게 분배한다는 국제제도를 도입하고 있다. 이와 같이 전통적인 해양법에서는 일률적으로 취급되어 온 공해의 해저에 대해 먼저 영해에 인접하는 부분에 대륙붕제도를 설정하고 대륙붕 바깥쪽의 모든 해저에 심해저제도가 설정되어 상부수역과는 다른 법적 지위가 인정되었다.

유사 문제

01 1982년 UN해양법협약 상 영해에 대한 설명으로 옳지 않은 것은?

① 국내수역을 넘어서 일정 범위까지의 수역으로, 국제법에 정해진 조건에 따라 연안국이 영토 관할권에 준하는 배타적 관할권을 행사하는 수역이다.
② 영해의 배타적 관할권에는 경찰권·관세권·보건위생권·안보권 등 광범위한 권한이 포함된다.
③ 영해의 법적 지위에 관하여는 이론과 실정법이 약간 성격을 달리하고 있는데, 이론적으로는 영해에 대한 연안국의 권한은 국내수역의 경우보다 무해통항권 등 제3자의 권리를 폭넓게 인정하고 있어서 공해의 요소를 어느 정도 포함하고 있는 것으로 보지만 실정법이나 국가들의 관행은 영해상에서 영토관할권을 행사하는 것으로 여겨진다.
④ 1958년 영해와 접속수역에 관한 협약 제1~2조 및 1982년 유엔해양법협약 제2조는 국가의 주권이 국내수역을 넘어서 영해와 그 상공·해저 및 하층토에까지 미친다고 하고, 다만 그 행사조건은 국내법 규칙에 따라 결정된다고 하였다.

정답 ④

해설 1958년 영해와 접속수역에 관한 협약 제1~2조 및 1982년 유엔해양법협약 제2조는 국가의 주권이 국내수역을 넘어서 영해와 그 상공·해저 및 하층토에까지 미친다고 하고, 다만 그 행사조건은 **국제법 규칙**에 따라 결정된다고 하였다.

02 1982년 UN해양법협약 상 영해의 기선에 대한 설명으로 옳지 않은 것은?

① 환초상에 위치한 섬 또는 가장자리에 암초를 가진 섬의 경우, 영해의 폭을 측정하기 위한 기선은 연안국이 공인한 해도상에 적절한 기호로 표시된 암초의 바다쪽 저조선으로 한다.
② 해안선이 깊게 굴곡이 지거나 잘려 들어간 지역, 또는 해안을 따라 아주 가까이 섬이 흩어져 있는 지역에서는 영해기선을 설정함에 있어서 적절한 지점을 연결하는 직선기선의 방법이 사용될 수 있다.
③ 삼각주가 있거나 그 밖의 자연조건으로 인하여 해안선이 매우 불안정한 곳에서는, 바다쪽 가장 바깥 저조선을 따라 적절한 지점을 선택할 수 있으며, 그 후 저조선이 후퇴하면 직선기선은 이 협약에 따라 즉시 수정되어 재조정한다.
④ 직선기선은 해안의 일반적 방향으로부터 현저히 벗어나게 설정할 수 없으며, 직선기선 안에 있는 해역은 내수제도에 의하여 규율될 수 있을 만큼 육지와 충분히 밀접하게 관련되어야 한다.

정답 ③

해설 삼각주가 있거나 그 밖의 자연조건으로 인하여 해안선이 매우 불안정한 곳에서는, 바다쪽 가장 바깥 저조선을 따라 적절한 지점을 선택할 수 있으며, 그 후 저조선이 후퇴하더라도 직선기선은 이 협약에 따라 연안국에 의하여 수정될 때까지 유효하다.

10

1946년 UN의 특권과 면제에 관한 협약 상 UN 및 UN직원의 특권과 면제에 대한 설명으로 옳지 않은 것은?

① UN과 UN재산은 모든 소송으로부터 면제된다.
② UN의 공관, 재산, 문서는 불가침이다.
③ UN의 모든 직원에게는 국제법에 따라 외교관과 동일한 재판관할권의 면제가 부여된다.
④ UN의 출판물의 경우 관세 및 수출입상의 금지와 제한으로부터 면제된다.

정답 ③

해설 UN의 특권과 면제에 관한 협약 상 UN사무총장과 사무차장들은 국제법에 따라 외교사절에게 주어지는 재판관할권의 면제를 향유하나, 다른 UN직원은 공적행위에 대해서만 면제를 향유한다.

관련 이론

유엔의 활동에는 평화유지군의 교통사고에서 스레브레니차 유엔 안전구역의 보호에 실패한 사례까지 임무 수행에 크고 작은 대사인적 위험이 따른다. 그래서 유엔 총회는 1946년 유엔 활동의 독립성을 위하여 "국제연합의 특권과 면제에 관한 협약"을 채택하였고 현재까지 162개국이 동 협약에 가입해 유엔의 기본적인 특권과 면제를 인정하고 있다. 이는 협정에 따라 부여된 특권과 면제로 주권 국가의 국가면제(state immunity)가 국제관습법에 따라 인정되고 발전해 온 것과는 다소 다르다. 동 협약의 제2조 제2절에 따르면 국제연합이 명시적으로 면제를 포기한 경우를 제외하고는 국제연합과 그 재산 및 자산은 소재지 및 보유 주체에 관계없이 모든 형태의 법적 절차로부터의 면제를 누린다(The United Nations, its property and assets wherever located and by whomsoever held, shall enjoy immunity from every form of legal process except insofar as in any particular case it has expressly waived its immunity). 미 법원들이 인정한 것처럼 국제연합은 각국의 재판작용으로부터의 절대적인 면제를 향유하는 것인데, 결국 국제연합에는 국가의 재판권이 미치지 않아 피해자들은 유엔의 손해배상 책임을 국내 법원에서는 물을 수 없게 된다.

"국제연합의 특권과 면제에 관한 협약" 제8조 제29절은 사인과의 관계에서 발생할 수 있는 분쟁에 관하여 계약으로부터 발생하는 분쟁 또는 국제연합이 당사자인 사법적 성격의 그 밖의 분쟁을 위해 유엔이 분쟁의 적절한 해결방식에 관한 규정을 정하도록 하고 있다(The United Nations shall make provisions for appropriate modes of settlement of : (a) disputes arising out of contracts or other disputes of a private law character to which the United Nations is a party···). 한편, 이 협약은 가장 기초적인 특권, 면제만을 정하고 있기 때문에 유엔은 특정국에 주재할 때 해당국 정부와 특권 및 면제에 관한 개별 협약을 맺는 것이 확립된 관행이다. 대표적인 예로 평화유지군의 경우 군대의 지위에 관한 협정(status of forces agreements, SOFA)을, 특별정치임무단(special political mission)의 경우 임무단의 지위에 관한 협정(status of mission agreements, SOMA)을, 사무소나 컨퍼런스의 경우 주재국 협정(host country agreements)을 각 체결하는 것이 그것이다. 각 협정은 분쟁해결 방식을 별도로 정하고 있는데, 그 내용에 따라 임시재판소(ad hoc tribunal)나 상설청구위원회(standing claims commission), 중재재판소 등을 구성할 수 있도록 하고 있다. 예를 들어, 군대의 지위에 관한 협정상 상설청구위원회는 "국제연합의 특권과 면제에 관한 협약" 제29절의 사법적 분쟁만을 해결하기 위해 유엔과 주재국 정부의 합의로 설립되는 기구인데, 위 아이티의 사례를 포함해 현재까지 상설청구위원회가 만들어진 사례는 없었다.

다만, 평화유지군이나 특별정치 임무단의 경우에는 내부적으로 청구 검토단이 설립되어 충분한 소명이 있는 손해에 대하여는 그에 관한 청구를 자체적으로 검토하고 그 결과에 따라 손해배상금 지급을 권고하고 있다. 대다수의 SOFA 및 SOMA도 유엔 내부 절차에 따라 협상이 되지 않는 제3자 청구에 관한 분쟁해결 절차를 규정함으로써(Third-party claims for property loss or damage and for personal injury, illness or death···, which cannot be settled through the internal procedures of the United Nations···) 이에 관한 근거를 제공하고 있다. 평화유지군이 아닌 사무국의 책임이 문제되는 경우에도 내부적인 검토와 협상이 주된 통로가 되고 법률실이 직접 협상안을 검토하고 교섭한다. 이 경우 계약상의 분쟁이 있다면 보통 해당 계약에 따라 국제중재의 통로가 열려 있으나, 유엔의 공식적인 임무수행에 관한 평가를 내려야 하는 경우라면 법적인 청구를 하기는 대단히 어렵다. 레바논 특별 재판소의 한 재판관이 Ayyash et al.

사건에서 유엔의 책임을 방론으로 다룬 바 있는데, 이처럼 일상적인 손해가 발생한 경우가 아니라면 비공식적 교섭을 통해 내부적인 검토를 촉구하는 것이 사실상 유일한 수단이다.

결국 개별 청구인이 협약 제29절에 따른 청구를 할 수 없는 경우에는 국가의 정치적, 외교적 도움이 필요하다. "국제연합의 특권과 면제에 관한 협약" 제8조 제30절은 협약의 해석 또는 적용으로부터 발생하는 모든 다툼을 국제사법재판소에 회부된다고 하고 국제연합과 회원국 사이에 불일치가 발생하는 경우에는 국제사법재판소의 권고적 의견을 요청하도록 하고 있으므로(All differences arising out of the interpretation or application of the present convention shall be referred to the International Court of Justice, unless in any case it is agreed by the parties to have recourse to another mode of settlement. If a difference arises between the United Nations on the one hand and a Member on the other hand, a request shall be made for an advisory opinion on any legal question involved in accordance with Article 96 of the Charter and Article 65 of the Statute of the Court.), 회원국의 개입이 있다면 국제사법재판소를 통한 분쟁해결을 도모할 수 있고, 그 국가가 유엔과 SOFA 또는 SOMA를 체결한 당사국이라면 동 협정의 해석 또는 적용에 관한 분쟁으로서도 임시재판소를 구성해 문제를 제기할 수 있을 것이다. 다만, 이를 위한 분명한 한계는 당국의 정무적 판단이 반드시 수반될 수밖에 없을 것이라는 점이다.

UN의 특권과 면제에 관한 협약(1992.4.9.)

1. 유엔총회, 유엔의 특권과 면제에 관한 협약 채택(1946.2.13.)
    유엔총회는 유엔의 목적과 기능의 원활한 수행을 위하여 유엔회의에 참가하는 회원국 대표, 유엔의 직원, 유엔의 임무를 수행하는 전문가에게 일정한 특권과 면제를 부여하는 유엔의 특권과 면제에 관한 협약을 채택함
2. 한국 정부, 유엔과 양자협정 체결(1978.6.6.)
    정부는 유엔 비회원국이었던 1978년에 유엔과 양자협정을 체결하여 상기 협약의 규정을 한국에 적용하도록 함
3. 한국 정부, 유엔의 특권과 면제에 관한 협약 가입(1992.4.9.)
    정부는 1991.9.17. 유엔의 정식회원국이 됨으로써 한국에서의 유엔활동과 한국의 유엔 참여활동이 원활히 수행될 수 있도록 1992.4.9. 유엔의 특권과 면제에 관한 협약 가입서를 유엔사무총장에게 기탁하였으며, 동일자로 발효됨(조약 제1085호).
4. 연관 개념
    2010년 반기문 사무총장 재임 당시 아이티 지진 피해 이후 복구를 위하여 파견된 국제연합의 평화유지군이 콜레라 전염병을 전파한 사례로 많은 비판을 받은 적이 있다. 아이티의 콜레라 피해자들은 미국 법원에 유엔을 상대로 손해배상 책임을 제기하였으나, 미 법원들은 "국제연합의 특권과 면제에 관한 협약(1946 Convention on the Privileges and Immunities of the United Nations)"에 따라 국제연합은 모든 법적절차로부터의 면제를 향유한다는 이유로 청구를 모두 각하하였고, 미 연방 대법원은 2019년 이와 관련된 Laventure et al. v. United Nations et al. 사건의 상소를 검토하지 않기로 결정함으로써 사건을 종결하였다.

유사 문제

01 UN의 특권과 면제에 관한 협약에 관한 설명으로 옳지 <u>않은</u> 것은?
① 국제연합이 예외 없이 절대적으로 국제연합과 그 재산 및 자산은 소재지 및 보유 주체에 관계없이 모든 형태의 법적 절차로부터의 면제를 누린다.
② 미 법원들이 인정한 것처럼 국제연합은 각국의 재판작용으로부터의 절대적인 면제를 향유하는 것인데, 결국 국제연합에는 국가의 재판권이 미치지 않아 피해자들은 유엔의 손해배상 책임을 국내 법원에서는 물을 수 없게 된다.
③ "국제연합의 특권과 면제에 관한 협약" 제8조 제29절은 사인과의 관계에서 발생할 수 있는 분쟁에 관하여 계약으로부터 발생하는 분쟁 또는 국제연합이 당사자인 사법적 성격의 그 밖의 분쟁을 위해 유엔이 분쟁의 적절한 해결방식에 관한 규정을 정하도록 하고 있다.
④ 협약은 가장 기초적인 특권, 면제만을 정하고 있기 때문에 유엔은 특정국에 주재할 때 해당국 정부와 특권 및 면제에 관한 개별 협약을 맺는 것이 확립된 관행이다.

정답 ①
해설 국제연합이 **명시적으로 면제를 포기한 경우를 제외하고는** 국제연합과 그 재산 및 자산은 소재지 및 보유 주체에 관계없이 모든 형태의 법적 절차로부터의 면제를 누린다.

02 UN의 특권과 면제에 관한 협약에 대한 설명으로 틀린 것은?
① 면제는 UN과 UN재산은 모든 소송으로부터 면제로 절대적 면제가 적용된다.
② UN사무총장과 사무차장들은 외교사절에게 주어지는 재판관할권의 면제를 향유하며, 그 배우자와 미성년의 자녀는 같은 면제가 부여된다.
③ 다른 UN직원은 공적 자격으로 행한 구두 또는 서면에 의한 진술 및 모든 행동과 사적 행위에 대해서의 소송으로부터 면제된다.
④ 전문가는 그 임무에 관련되는 여행에 드는 시간을 포함하여 임무 기간 중 직무를 독립적으로 수행하기 위하여 필요한 면제가 주어진다.

정답 ③
해설 다른 UN직원은 공적 자격으로 행한 구두 또는 서면에 의한 진술 및 모든 행동에 관해서만 소송으로부터 면제된다.
* 임무수행 중에 행한 구두 또는 서면에 의한 진술과 행동에 관한 면제는 UN임무를 수행하지 않더라도 유지한다.

11

1963년 영사관계에 관한 비엔나 협약 상 영사의 직무에 해당되는 것은 모두 몇 개인가?

> ㄱ. 접수국 내에서 파견국과 그 국민의 이익보호
> ㄴ. 파견국과 접수국 간의 조약 체결
> ㄷ. 파견국과 접수국 간의 통상 및 우호관계의 촉진
> ㄹ. 자국민에 대한 여권 발급 및 타국민에 대한 입국사증 발급
> ㅁ. 접수국 사정을 조사하여 이를 본국 정부에 보고하고 정보를 제공

① 2개　　　　　　　　　　　② 3개
③ 4개　　　　　　　　　　　④ 5개

정답 ③

해설 ㄴ. 파견국과 접수국 간의 조약체결은 외교공관장에게 제한적으로 주어지는 직무이기 때문에 영사의 직무와는 관련이 없다.

관련 이론

영사의 면제 · 특권 개념

지방 대도시에서 총영사관 차량이 교통 사고 · 사건에 관련되었다든지 도심 외통수 도로에서 음주운전 단속을 하는 도중 총영사관 차량이 교통경찰의 요구에 불응하고 심지어 무단 진행 · 현장 이탈하려는 상황을 상상해보기로 한다. 대략 총영사관 차량 관련 영사의 특권면제 언론보도는 이러한 사건사고단속 현장에 관해서 이루어질 것이다.

특권면제의 근거는 어디까지나 영사 개인의 행위가 파견국 대표(사절)로서 행한 국가행위로 간주(의제)되고, 국가의 훈령 지시에 입각한 영사 본연의 직무수행이라는 뜻에서 정당화될 수 있다고 하는 기능설에 입각하여 영사 특권면제 내용을 묘사하고, 국가면제 · 외교면제 등과 비교해볼 수 있다.

영사에게 일반 외국인보다 우대하는 특권면제를 부여하는 근거에 관하여 국가 대표설, 기능적 필요설이 있으며 과거 한때 치외법권설이 있었다. 영사 특권면제의 목적과 근거를 명확히 하려는 까닭은 영사의 지위와 대우는 인(人) 즉 자연인(human being) 신분 · 계급에 부착된 것이 아니며, 그 시점 영사가 담당하는 일 · 직무 · 기능 즉 자리(post)에 부착되어 있음을 확실히 하려는 것이다. 각국이 외교부와 영사부를 통합하고, 외교관과 영사가 외교직 공무원으로서 본부 · 대사관 · 총영사관을 순환 근무하는 오늘날 현실에서 본부 근무시점, 대사관 근무시점, 총영사관 근무시점의 지위와 대우는 그때마다 달라지는 법이다.

특별하게 총영사관의 교통수단 즉 총영사관 번호판이 부착된 차량은 접수국 징발(requisition)으로부터 면제되며 징발이란 국가수용(expropriation)과 동의어이다(제31조 4항). 영사 신체에 부착된 특권면제 관련 영사 신체 자유와 위엄을 보호할 접수국 의무(제40조), 영사의 신체 불가침으로서 재판회부 전 체포 · 구금 면제(제41조) 등이 있겠다.

제도로서 영사와 외교관은 출발부터 달랐으며, 수백 년 기간 동안 관습법 시대 지위와 특권면제에 관한 규율의 광협 내용에 차이가 있었고 이러한 연혁과 역사가 영사관계 비엔나협약과 외교관계 비엔나협약으로 성문화 작업 때 반영되었다.

특권면제에 관해 영사관계 비엔나협약 특혜 내용이 외교관계 비엔나협약 특혜에 비해 미달한다고 요약할 수 있다. 영사와 외교관이 비슷비슷한 만큼 영사 특권면제 내용을 외교 특권면제에 비교 및 대비하여 정리하면 "미달"되는 특징이 있다고 본다.

영사 차량 관련 사건사고에서 접수국으로서 가장 바람직한 국제법은 영사 특권면제를 파견국이 포기하고(영사 비엔나협약 제45조) 접수국 보통시민과 같은 지위에서 사건사고 내지 교통 당국의 단속 · 조치 내용의 실체적 진실 · 진상을 밝히는데 협조하는 절차법적 상호협력 법규일 것이다.

문제는 영사 특권면제를 적극 주장하는 상황이다. 접수국 외교 당국이 일방적으로 취할 수 있는 가장 강력하고 실효적인 조치는 해당 영사에 대한 PNG 선언일 것이다. 통상 48시간 전후의 촉박한 시한을 주고 또한 불만스러운 인물(PNG) 결정의 이유를 밝힘이 없이 출국 · 사실상 추방이 가능한 것이다. 영사의 관점에서는 큰 불이익이 수반되는 조치가 될 것이다.

외교관의 경우 접수국의 형사재판 관할권에서 무조건 면제되며, 공적직무상 행동에 대한 민사재판에서도 면제된다. (외교 비엔나협약 제31조) 영사의 경우는 형사재판·민사재판을 막론하고 "영사 직무"의 "수행 중"이라는 조건에서만 면제된다(영사 비엔나협약 제43조). 먼저 영사 직무는 영사 비엔나협약상 11개 영사 직무는 어디까지나 제한적 열거이며 유추해석·확대해석이 허용되지 않는다. 총영사관 차량 손수 운전행위는 영사직무가 아니다. 따라서 영사 차량 관련 사건사고·단속에 따른 형사재판·민사재판의 제소 및 법원계류는 법적으로 가능하다.

차량 교통 사건사고의 경우 우선적으로 보험으로 처리·해결될 것이다. 상대방인 접수국 국민이 보험으로는 만족하지 못하고 정식 민사재판을 제기할 경우에 법원으로서는 영사 특권면제와 국가(주권)면제 법리를 따지게 될 것이다.

형사재판의 절차법적 관할권 부분은 ① 교통 사건사고 현장에서는 교통경찰(행정경찰)과 사법경찰에 대해 영사의 물리적·인적 불가침이 관철된다. ② 수사(형사 입건)이후 기소 단계로 나아가면, 경찰본부 또는 검찰이 (검사가 청구하고 영장판사가 발부하는) 체포·구금 영장이 있으면 구속 상태로, 아니면 불구속 상태로 형사 관할권의 절차적 진행이 가능하다. ③ 검찰이 기소하면 법원에 형사 재판으로 성립·수리·계류되어 재판을 진행한다. 법원의 (영장)결정에 따라 구속 재판 또는 불구속 재판한다.

자동차 교통과 관련한 영사 차량 및 영사 개인의 특권면제 논의의 시작과 끝은 접수국과 파견국 간의 국익과 존엄(체면)의 탄젠트 접점을 찾기 위한 국가급 판단과 수단인 것이다.

영사 특권면제에 관한 국제조약이 복잡하며, 각론으로 영사 지위 부분과 영사 차량 지위 부분이 대사관 근무 외교관 지위와 대사관 차량 지위에 비해 미달하면서 더욱 복잡해진다.

강조하고자 하는 특권면제 측면은 기능설 근거 즉 현직주의에 있다. 총영사관 교통수단의 특권면제는 접수국 징발(강제수용) 면제뿐이라고 조약에 규정되어 있다. 접수국 수도에 위치한 대사관 교통수단이 물리적·법적 강제조치 일체로부터 면제를 정한 것과 비교하면, 접수국 지방도시에 위치한 총영사관 교통수단은 지위 면에서도 특권면제 내용상으로도 차이가 크다.

순환근무로서 대사관 근무 중 외교관 시점과 총영사관 근무 중 영사 시점과의 지위 면에서 차이가 있음을 착각하여, 내가 누군데? 특권면제 해당된다?라고 지위를 오해하면 안 될 것이다.

유사 문제

01 1961년 외교관계에 관한 비엔나 협약의 설명으로 옳지 않은 것은?

① "공관장"이라 함은 파견국이 그러한 자격으로 행동할 임무를 부여한 자를 말한다.
② "공관원"이라 공관장과 공관직원을 말하며, "공관직원"이라 함은 공관의 외교직원, 행정 및 기능직원 그리고 노무직원을 말한다.
③ "공관지역"이라 함은 소유자 여하를 불문하고, 공관장의 주거를 포함하여 공관의 목적으로 사용되는 건물과 건물의 부분 및 부속토지를 말한다.
④ "개인 사용인"이라 함은 공관장의 가사에 종사하며 파견국의 피고용인이 아닌 자를 말한다.

정답 ④
해설 "개인 사용인"이라 함은 공관직원의 가사에 종사하며 파견국의 피고용인이 아닌 자를 말한다.

02 1963년 영사관계에 관한 비엔나 협약의 설명으로 옳지 않은 것은?

① "영사기관"이라 함은 총영사관, 영사관, 부영사관, 또는 영사대리사무소를 의미한다.
② "영사관할구역"이라 함은 영사기능의 수행을 위하여 영사기관에 지정된 지역을 의미한다.
③ "영사기관장"이라 함은 그러한 자격으로 행동하는 임무를 맡은 자를 의미하며, "영사관원"이라 함은 영사기관장을 포함하여 그러한 자격으로 영사직무의 수행을 위임받은 자를 의미한다.
④ 협약의 규정은 직업영사관원을 장으로 하는 영사기관에 적용되며, 명예영사관원은 협약에 명문화되어 있지 아니하다.

정답 ④
해설 협약의 규정은 직업영사관원을 장으로 하는 영사기관에 적용되며, 또다른 규정은 명예영사관원을 장으로 하는 영사기관을 규율한다.

12

세계무역기구(WTO) 회원 중에는 자국에서 제작된 영화필름에 대해서는 연간 최저 상영 일수를 규정하여 동 일수 이상의 기간 동안 의무 상영을 보장하도록 하는 소위 스크린쿼터를 시행하고 있다. WTO 협정 상 이러한 스크린쿼터의 직접적인 허용 근거는?

① GATT 제20조 (a)호 상 공중도덕을 보호하기 위해 필요한 조치
② GATT 제12조 상 국제수지의 보호를 위한 제한
③ GATT 제11조 제2항 상 수량제한의 일반적 철폐에 대한 예외
④ GATT 제3조 제10항 상 내국민대우에 대한 예외

정답 ④

해설 1994년 GATT 체제의 제3조는 내국민대우원칙을 규정하면서 이에 대한 예외로서 생산보조금, 정부조달, 스크린쿼터를 명시하고 있다.

관련 이론

내국민 대우의 원칙

1. 내국세와 관련하여 WTO회원국은 수입품에 대하여 동종의 국내상품이나 부과하는 것보다 높은 내국세, 기타 과징금을 어떠한 경우에도 수입상품에 대하여 적용하여서는 안된다.

    정부의 내국세와 관련한 특정조치가 표면적으로는 비차별적으로 보이지만 실제 적용상 국내상품과 비교하면 수입상품의 판매 조건에 불리한 결과를 가져올 수 있는데, 이런 경우에는 국내상품을 보호하기 위한 위장된 또는 사실상(de facto)의 차별로 해석될 수 있다. 특히 위장된 차별에 대하여 강하게 비판받은 대표적인 국가는 일본인 것 같다. 미국 등의 통상장벽 보고서에 따르면 일본의 경우 법 규정상으로는 국산품과 외국제품 또는 내외기업들간에 동등한 대우를 규정하고 있으나, 실제적인 운용에 있어서는 보이지 않는 차별이 심하다고 한다.

2. 수입품의 판매, 구입, 운송, 분배 또는 사용에 영향을 미치는 법령 및 요건에 관하여 국내상품의 경우보다 더 불리하게 취급하여서는 안된다.

    물론 개인이나 사기업이 수입품에 대하여 제한적인 조치를 취하였다고 하더라도 예를 들어 한국의 운송회사가 수입품에 대한 불리한 운임을 적용할 경우, WTO는 정부간의 문제를 규율하는 협정이기 때문에 민간부문의 조치에 대해서는 직접적으로 규율할 수 없다고 할 것이다.

    다만 이런 경우 차별대우를 한 사기업에 대하여 엄격한 경쟁법을 적용시키지 않을 경우, WTO의 경쟁라운드가 타결되면 WTO의 경쟁협정에 따라 규율할 수 있을 것이다. 그러나 사기업이라도 독과점적 지위를 가지는 한국전력주식회사가 납품기업을 공개입찰등의 방식으로 선정하는 과정에서 내외국기업을 차별하였다면 이는 내국민대우의 원칙을 위반하게 된다.

3. 혼합상품에 대한 수량규칙과 관련하여 특정한 상품을 혼합, 가공 또는 사용 하는데 있어서 자국산을 일정한 수량 또는 비율로 사용해야 할 의무를 부과하여서는 아니되며, 특정한 수량 또는 비율을 외부의 공급원 사이에 할당해서도 안된다.

    예를 들어, 한국정부가 외국기업에게 직접투자에 의한 생산공장의 설립을 허가하면서 완제품 생산에 들어가는 원자재중 일정한 비율은 반드시 국산원자재를 사용해야 한다는 조건을 부여하면 이는 내국민대우의 원칙에 반하게 된다.

4. 정부조달제도에 있어서도 내국민대우원칙이 적용되고 있다. 즉 WTO 이전의 GATT체제하에서부터 상업적 재판매 또는 상업적 판매를 위한 상품생산에 사용하기 위한 것이 아니고 최종소비자가 정부용으로서 구입하는 상품은 정부기관에 의해 조달할 수 있도록 허용하고, 이 경우 국내상품을 우선적으로 구입할 수 있도록 하여 왔다.

    그러나 정부조달부분이 각국의 GNP에서 차지하는 비중이 높아짐에 따라 정부의 국내생산자 우대경향은 국제무역에 있어 심각한 무역장애로 등장하게 되었고 WTO협정에서는 정부조달부문에 있어서도 내국민대우원칙이 적용되는 범위를 보다 확대하였다.

내국민대우원칙에 대한 예외로서 WTO협정에서는 공중도덕, 인간 및 동식물의 생명·건강이나 천연부존자원의 보호 등과 같은 일반적 예외와 안전보장을 위한 예외이외에 국내제작영화의 상영시간을 할당할 수 있는 이른바 스크린쿼터(screen quota)를 인정하고 있는데, 영화필름에 대한 규제는 경제·통상적 측면보다는 국내문화정책과 밀접한 관계가 있기 때문에 내국민대우원칙에 대한 예외로 규정하고 있다.

일본의 차별적 관세의 부과가 내국민대우의 원칙을 위반하였던 사례가 있다. 유럽연합, 미국, 캐나다 등은 일본이 자국의 주세법에 근거하여 자국산 소주에 비해 위스키/브랜디, 꼬냑, 백색화주(white spirits) 등 외국산 화주류(spirits)에 차별적으로 높은 세금을 부과함으로써 내국민대우의 원칙을 위배하였고 그들 국가의 이익이 무효화 또는 침해되었다는 이유로, 1995년 WTO에 제소하였다.

당해사건에서는 GATT 1994의 내국민대우의 원칙과 관련하여, 동종물품 및 직접적으로 경쟁적이거나 대체가능한 물품의 의미, 수입물품이 그와 같은 물품들에 비하여 차별적으로 높은 세금 또는 불리한 세금이 부과되었는지의 여부, 그리고 그와 같은 과세조치가 일본의 국내생산을 보호하기 위한 목적으로 적용되었는지의 여부가 관련국가간에 주요쟁점이 되었다.

패널은 문제의 수입주류중 보드카는 소주와 동종물품이고 소주에 비해 높은 과세를 하였으므로 GATT 1994의 내국민 대우의 원칙에 위배되며, 여타의 주류는 소주와 다른 세율로 과세되었고 그와 같은 과세가 국내생산을 보호하기 위한 목적으로 부과되어 위장된 무역제한 수단으로 활용되었다는 결론을 내렸다.

이 분쟁은 각 국간의 주세분쟁에 많은 시사점을 제공하고 있는데, 한국의 경우에도 한국산 소주와 양주에 대한 세율을 달리하는 경우 동일한 판정을 WTO로부터 초래할 가능성이 있다.

여기서 한가지 생각해 볼 수 있는 것은 한국정부가 만일 소주와 양주간에 차별적인 세금을 부과하는 대신에 알코올의 농도에 따라서, 예로 알코올의 비율이 50%이상인 주류에 대하여만 국내외산제품을 불문하고 차별적으로 높은 세율을 적용시키고 있다고 하자.

그런데 수입양주 중에는 알코올 성분이 50% 이상인 주류가 전체중에 50% 이상이고 국산주류중에는 10% 미만으로 구성되어 있다면, 내외국산에 무차별적으로 세율이 적용된다고 하더라도, 내외국산간의 실질적 차별대우 또는 위장된 무역제한으로 해석될 소지가 충분히 있다.

유사 문제

01 1994년 GATT상의 내국민 대우의 원칙에 대한 설명으로 옳지 않은 것은?

① 원칙은 수입품이 국내 시장에 들어온 이후 국산품과 수입품을 차별대우해서는 안 된다는 내용이다.
② 표면적으로는 비차별적으로 보일지라도 수입품의 판매조건이 국산품과 비교해서 사실상(de facto) 또는 위장된(disguised) 차별을 당하는 경우도 금지하고 있다.
③ 전반적으로 내국민대우 원칙은 국산품에 대한 보호주의적 목적을 가진 정책이나 법, 각종 제도를 금지하는데 목적이 있다.
④ 일반적으로 무역과 관련이 없는 국내 정책이나 제도는 포함되지 아니한다.

정답 ④
해설 ① 원칙은 수입품이 국내 시장에 들어온 이후 국산품과 수입품을 차별대우해서는 안 된다는 내용이다. 예를 들면 국산품을 보호하기 위한 목적으로 수입품에는 10%의 부가가치세를 적용하고 국산품에는 3%의 세율을 적용해서 수입품에 불리한 대우를 해서는 안 된다는 것이다.
② 표면적으로는 비차별적으로 보일지라도 수입품의 판매조건이 국산품과 비교해서 사실상(de facto) 또는 위장된(disguised) 차별을 당하는 경우도 금지하고 있다.
③ 전반적으로 내국민대우 원칙은 국산품에 대한 보호주의적 목적을 가진 정책이나 법, 각종 제도를 금지하는데 목적이 있다. 따라서 내국민대우의 적용범위는 상당히 광범위하다.
④ 일반적으로 무역과 관련이 없는 국내 정책이나 제도까지도 포함될 수 있다. 이 때문에 내국민대우 적용 범위와 관련해서 국가 간 분쟁이 더러 발생하기도 한다.

02 1994년 GATT상의 내국민 대우의 원칙에 대한 설명으로 틀린 것은?

① 내국민대우 원칙에 대한 예외로 GATT 제20조에 의한 예외에는 공중도덕, 인간 및 동식물의 생명, 건강, 스크린쿼터제 등의 보호를 위한 일반예외 조항이 있다.
② 내국민대우 의무는 가맹국정부의 조치에 직접적으로 영향을 주기 때문에 다른 GATT의무에 비해 내국정치문제와 쉽게 마찰을 일으키는 경우가 많으며 그래서 내국민대우 의무에 위배되는 사례가 자주 발견되고 있다.
③ GATT 제3조 1항은 이런 내국민 대우에 대한 일반적인 원칙을 설명하고 있고, 더 구체적으로 제3조 2항은 재정적 조치(세금, 내국과징금)의 차별을 금지하고 있으며, 제3조 4항은 비재정적 조치(법률, 규정, 요건)의 차별을 금지하고 있다.
④ 2005년 대법원은 국산품과 외국상품을 차별하는 '전라북도 학교급식 조례'가 GATT 협정을 위반했다고 판결 내린 바 있다.

정답 ①
해설 내국민대우 원칙에 대한 예외로 GATT 제20조에 의한 예외(공중도덕, 인간 및 동식물의 생명, 건강 등의 보호를 위한 일반예외조항) 외에도 스크린쿼터제 등이 있다.

13

2001년 UN국제법위원회(ILC)가 채택한 국제위법행위에 대한 국가책임 규정초안 상 위법성 조각사유에 해당하는 것은 모두 몇 개인가?

> ㄱ. 긴급피난
> ㄴ. 불가항력
> ㄷ. 무력복구
> ㄹ. 피해국의 동의
> ㅁ. 인도적 간섭
> ㅂ. UN헌장에 합치되는 합법적인 자위조치

① 3개   ② 4개
③ 5개   ④ 6개

정답 ②

해설 위법성 조각사유는 피해국의 동의, 자위권발동, 대항조치, 불가항력, 조난, 긴급피난 등 총 6가지가 열거되어 있다. 그러나 복구(대항조치)는 위법성 조각사유에 해당하나, 무력복구는 허용되지 아니한다. 인도적 간섭은 일국이 타국의 대규모 인권침해 문제에 무력개입하는 것을 의미하나, 안보리의 허가에 기초한 경우를 제외하고는 그 적법성에 대해 학설대립이 있다.

관련 이론

국가책임 초안상 위법성 조각사유 중 긴급피난 개념

국가책임법상의 위법성 조각사유의 하나인 긴급피난이 성공적으로 원용된 경우 그로 인해 피해를 입은 무고한 제3자가 보상을 받아야 하는가에 대해 국제관습법은 확실한 해답을 제공하고 있지 않은 것으로 보인다. 국제관습법의 모호한 태도는 "(긴급피난을 포함한) 위법성 조각사유의 원용은 문제의 행위에 의하여 야기된 그 어떤 실질적 손실(손해)에 대한 보상의 문제(the question of compensation)를 해하지 아니한다"고 규정하고 있는 ILC국가책임초안 제27조에도 잘 반영되어 있다. 제27조의 "해하지 아니한다"는 표현은 특히 긴급피난의 경우에 보상의무가 있을 수 있다는 가능성을 열어 두고 있을 따름이다. 그렇다면 긴급피난에 해당하는 행위라 하더라도 영향받은 당사자에게 보상의무를 동반하는 경우도 있을 수 있고 그 반대인 경우도 있을 수 있을 것이며, 나아가 비슷하거나 같은 사안에 대해 국제재판소마다 다른 결론에 이를 가능성이 있어 보인다. CMS와 LG&E 사건이 이를 잘 보여주었는데, 이들 두 사건은 모두 아르헨티나-미국 BIT에 근거하여 모두 아르헨티나를 피고로 하여 제기한 것으로, 청구인들은 모두 아르헨티나에 투자한 미국회사들이다. 이 두 사건 중에서 LG&E 사건에서 재판소는 긴급피난의 항변을 수락하였고, 이와 함께 피고국을 투자자가 위기 기간중 입은 손실에 대하여 보상을 지급할 의무로부터 면제시켜 주었다. 이에 반해, CMS (및 Enron, Sempra Energy) 사건에서 각 재판소는 피고국을 긴급사태 기간 중의 책임으로부터 면제시켜 주지는 않았지만, 그럼에도 불구하고 배상액을 산정할 때 위기의 경제적 충격을 고려하였던 것이다.

유사 문제

01 2001년 UN국제법위원회(ILC)가 채택한 국제위법행위에 대한 국가책임 규정초안 상 위법성 조각사유에 대한 설명으로 틀린 것은?

① 국제법상 국가 책임이 성립하기 위해서는 국제의무에 의해 요구되는 바와 합치되지 않는 국가의 행위 즉 국가의 국제의무 위반이 있어야 하며 이는 해당 국가에 귀속되어야 한다.
② 초안은 1차 규범에 해당하므로 국제의무 위반에 해당한다면 해당 행위의 기원이나 성격은 중요하다.
③ 일단 완료된 국가행위는 효과가 계속되고 있을지라도 행위가 수행된 시점에서 발생하였다고 취급되며, 그 자체가 지속적 성격을 지니고 있는 일정 위법 행위는 행위가 계속되는 전 기간 동안 지속된다고 취급한다.
④ 제노사이드, 아파르트헤이트, 인도에 반하는 죄 등 일련의 작위 또는 부작위가 섞여 총체적으로 국제의무 위반을 구성하는 경우 위법행위를 구성하기에 충분할 정도로 작위 또는 부작위가 발생했을 때 국제의무 위반이 성립한다고 본다.

정답 ②
해설 초안은 1차 규범이 아닌 2차 규범에 해당하므로 국제의무 위반에 해당한다면 해당 행위의 기원이나 성격은 문제되지 않는다.

02 2001년 UN국제법위원회(ILC)가 채택한 국제위법행위에 대한 국가책임 규정초안 상 위법성 조각사유의 설명으로 틀린 것은?

① 행위의 동의가 있다고 하더라도 동의국은 상대국에게 국가책임을 청구할 권리가 있다.
② UN 헌장 제7장 51조에서 명시된 자위권은 어떠한 형태의 무력 사용도 금지하는(제2조 제4항) 현 UN 체제에서 안보리의 무력 사용 행사와 함께 몇 안 되는 합법적 무력 사용의 경우이다.
③ 대응조치는 해당 행위 그 자체만 보면 위법이지만, 유책국의 선행된 위법행위를 중단시키고 피해배상을 받기 위한 범위 내에서의 비무력적 대응조치는 위법성 조각사유로 정당화된다.
④ 불가항력이 성립하기 위해서는 "국가 입장에서 해당 행위가 저항할 수 없는 힘으로 인해, 혹은 예상하지 못한 사건에 의해 발생하게 된 경우"이며, "해당국의 통제를 벗어난 행위"이며, "그 결과 국제의무의 이행이 실질적으로 불가능한 결과가 초래된 경우"여야 한다.

정답 ①
해설 행위의 사후라도 동의가 있게 된다면 동의국은 상대국에게 국가책임을 청구할 권리를 상실하게 된다.

14

1982년 UN해양법협약 상 공해상에서의 군함의 임검권에 대한 설명으로 옳지 않은 것은?

① 공해상의 위법행위를 방지하기 위하여 군함은 일정한 범죄혐의의 외국 선박을 검문할 수 있다.
② 공해상에서 군함은 해적행위, 노예무역과 무국적선의 혐의가 있는 외국 선박을 임검과 수색할 수 있다.
③ 선박은 혐의의 근거가 없고 그 혐의를 입증할 어떠한 행위도 행하지 아니한 경우 입은 손실이나 피해에 대해 보상을 받는다.
④ 군함 이외의 군용항공기와 정부 공용선박은 임검권을 행사할 수 없다.

정답 ④

해설 군용항공기도 임검권을 갖지만, 정부 공용선박이 임검권을 부여받는 경우에 한하여 임검권의 주체가 될 수 있다.

관련 이론

유엔 해양법협약 중 공해

1982년 UN해양법협약 제86조에 의하면 공해는 영해와 내수는 물론이고 접속수역, 배타적 경제수역이 아닌 수역을 의미하므로 기존의 공해였던 부분이 상당히 연안국 관할권 하에 놓이게 되었다. 이와 같은 공해의 상공비행과 관련된 국제법에 관한 사항으로 다음과 같은 결론을 얻을 수 있다.

1. 항공기의 국적에 관하여 1944년 시카고협약 제17조에 의하면 항공기는 등록한 국가의 국적을 갖는다. 여기서 항공법이 해양법과 구별되는 측면이 있는데, 선박에는 통용되는 '편의치적'(flags of convenience)이 항공기에는 적용되지 않기 때문에 항공기에 대한 실질적 소유와 효과적 통제가 유지된다.
2. UN해양법협약 제95조는 공해상 군함의 면제권에 대하여 설명하고 있는데, 공해에 있는 군함은 기국외의 어떠한 국가의 관할권으로부터도 완전히 면제된다고 규정하고 있다. 따라서 군용항공기(또는 군용기)의 경우도 이에 준하는 면책권을 향유한다고 해석할 수 있다.
3. UN해양법협약은 해적에 관한 정의를 제101조에 명시하고 있는데, 해적행위가 공해상의 선박에 대하여 행해 질 경우, 공해상의 선박 뿐만 아니라 항공기에 의해서도 행해질 수 있음을 분명히 하고 있다.
4. UN해양법협약 제111조는 추적권에 관하여 상세하게 규정하고 있는데 이러한 추적권은 군함이나 군용항공기 또는 기타 정부역무에 종사함이 명백히 표시되고 식별되며 이에 대한 권한이 부여된 선박이나 항공기에 의해서만 행사되어질 수 있음을 명시하여 선박 뿐 아니라 항공기에 의해서 추적이 행사될 수 있음을 규정하고 있다.
5. UN해양법협약 제110조는 임검권(right of approach)에 관하여 설명하고 있는데, 외국선박을 공해에서 만난 군함은 일정 혐의를 가지고 있다는 합리적 근거가 있는 한 그 선박을 임검하는 것은 정당화되는데, 이러한 규정은 군용항공기에도 준용되고, 이러한 규정은 또한 정부 업무에 사용 중인 것으로 명백히 표시되어 식별이 가능하며 정당하게 권한이 부여된 그 밖의 모든 선박이나 항공기에도 적용된다.
6. 1982년 UN해양법협약은 해양오염과 항공기의 관계를 규정하고 있는데, 제212조는 대기에 의한 또는 대기를 통한 오염을 규정하고, 제222조는 대기에 의한 또는 대기를 통한 오염관련 법령집행을 규정하고 있고, UN해양법협약은 제1항에서 '투기'(dumping)에 의한 오염을 규정하고 있는데 각 조항은 자국기를 게양하고 있는 선박 또는 자국에 등록된 선박뿐만 아니라 항공기에도 적용되는 법령을 채택한다고 규정하고 있다.
7. 공해상공에서 발생한 범죄에 관하여 국제민간항공기구(ICAO)의 주관 하에 1963년 도쿄에서 개최된 회의에서 이러한 문제를 종합적으로 해결한 협약인 도쿄협약이 제정되었다. 또한 ICAO의 주관 하에 하이재킹문제를 해결하기 위하여 1970년 12월 16일 헤이그협약이 체결되었으며, 사보타지문제를 해결하기 위하여 ICAO에 의해서 1971년 9월 23일 몬트리올협약이 체결되었다. 도쿄협약, 헤이그협약, 몬트리올협약 모두 공해상에서 발생한 범죄에 대하여 항공기의 기국관할권(flag State jurisdiction)을 인정하고 있다.

8. 공해상에서 연안국의 영토에 진입하지 않고 실시하는 정찰행위는 국제법 위반행위가 아니다. 이는 관련항공기의 공해상 정찰행위는 연안국 영토를 침범하지 않고 행해지는 것으로 공해상공비행의 자유가 우선적으로 적용되기 때문이다.
9. 연안국에 의한 공해상 설치된 '방공식별구역'(또는 방공확인구역, Air Defence Identification Zone : ADIZ)이 국제법상 합법적인가 하는 문제가 있는데, 이에 관하여 합의된 결론은 없고, 실제로 실행국가의 국내법에 따라 규율되고 있다.
10. 북극해는 얼어있는 바다가 대부분이므로 북극해의 상공비행은 공해의 상공비행과 유사하다. 20세기후반부터 아시아, 북아메리카, 유럽을 잇는 항공로가 북극을 경유하도록 고안되었는데, 매우 추운 지방임에도 불구하고 지금까지 북극 항공노선에서 사고가 발생한 경우는 없다. 그러나 최근 기후온난화로 얼음이 녹기시작하면서 북극을 이용한 선박의 해로가 개발되면서 북극에 대한 자원개방을 둘러싼 연안국가들의 관할권주장이 열기를 띠고 있으므로 배타적 경제수역(EEZ)과 같은 연안국들의 해역선포는 북극해 비행에 지대한 영향을 미칠 수 있을 것이다.

유사 문제

01 1982년 UN해양법협약 상 공해에 대한 설명으로 틀린 것은?

① 공해는 바다의 상부 수역만을 말하며 해저는 포함되지 않는데, 해저는 심해저(深海底)라는 별도의 법체계가 적용되기 때문이다.
② 공해의 법적 성질에 대해서는 무주물 · 공공물 · 불용통물 또는 국제공역 등의 설이 있으나, 유력한 학설은 국제공역설이다.
③ 공해는 '공해자유의 원칙'이 적용되며, 공해의 법제도는 1958년의 '공해에 관한 조약'에 따라 일반적인 형태로 규정되어 있고, 항행, 해저전선의 부설, 어업 등 각각의 문제에 대하여도 역시 공해 조약에 규정되어 있다.
④ 공해의 자유는 소극적으로 '귀속으로부터의 자유'를 의미하는 경우와 적극적으로 '공해사용의 자유'를 의미하는 경우가 있다.

정답 ③
해설 공해는 '공해자유의 원칙'이 적용되며, 공해의 법제도는 1958년의 '공해에 관한 조약'에 따라 일반적인 형태로 규정되어 있으나, 항행, 해저전선의 부설, 어업 등 각각의 문제에 대하여는 특별한 조약이 체결되어 있다.

02 1982년 UN해양법협약 상 공해에 대한 설명으로 옳지 않은 것은?

① 항행의 자유로 공해를 항해하는 선박은 그 게양하는 국가의 국가관할권하에 있으며, 원칙적으로 기국 이외의 나라로부터 간섭을 받는 일 없이 자유롭게 항해하는 것을 말한다.
② 공해에 있는 어장에서 여러 나라가 공동으로 어업을 행하는 경우 어선간에 생기기 쉬운 분쟁을 방지하는 조처와 어업자원을 보존하기 위한 규제조처를 취할 수 있는데, 종래 이와 같은 조처는 관계국의 합의에 따라 체결, 규제되어 왔다.
③ 공해의 상공을 비행할 자유로 공해의 상공을 공공(公空)이라 하는데, 공공도 공해와 마찬가지로 모든 나라가 사용할 수 있는 자유를 갖고 있으며 공공을 비행하는 항공기는 그 소속국의 관할 하에 놓인다.
④ 모든 국가는 공해상에서 자유롭게 인공도나 기타 시설을 건설할 수 있으며 다른 나라의 대륙붕상에 건설할 경우, 역시 공해와 같은 자유를 누린다.

정답 ④
해설 인공도 및 기타 시설 건설의 자유로 모든 국가는 공해상에서 자유롭게 인공도나 기타 시설을 건설할 수 있으나 다른 나라의 대륙붕상에 건설할 경우, 연안국이 설정한 조건에 따라야 한다.

15

1961년 외교관계에 관한 비엔나협약 상 외교공관의 불가침에 대한 설명으로 옳은 것은?

① 외교공관에는 불가침권이 인정되지만 외교사절의 주거는 불가침권이 인정되지 않는다.
② 접수국의 관헌은 화재 등으로 인하여 진정으로 긴급을 요하는 경우에는 외교사절의 동의가 없더라도 외교공관에 출입할 수 있다.
③ 외교공관 불가침의 대상은 공관의 건물 뿐 아니라 건물의 부지도 포함한다.
④ 외교공관 내의 비품류나 기타 재산은 수색, 징발, 압류로부터 면제되나 강제집행으로부터 면제되지 아니한다.

[정답] ③

[해설]
① 영사의 주거와 달리 외교사절의 주거는 외교공관의 범위에 포함되므로 불가침권의 대상이다.
② 비엔나 협약상 외교공관의 불가침은 절대적 불가침으로 해석됨에 따라서, 공관장의 동의가 없는 경우 출입할 수 없다.
④ 외교공관 내의 재산은 수색, 징발, 압류, 강제집행으로부터 면제된다.

관련 이론

외교 특권 및 면제 케이스 설명

외교관 신체 및 공관의 불가침은 예로부터 어디서나 인정되어왔다. 외교사절 업무의 효율적 수행을 보장하기 위한 외교관계의 핵심요건이기 때문이다. 그러므로 접수국 관헌은 공관장의 동의 없이 외국공관에 들어가 공적 활동을 수행할 수 없다. 외교공관의 불가침이 가장 중요한 외교특권으로 확립되어 있음에도 불구하고 역사상 외교공관은 테러와 공격의 대상이 되었다. 예컨대, 1979년 이란 혁명 과정에서 이란 무장시위대가 테헤란 주재 미국 대사관에 난입하여 미국 외교관들을 1년 넘게 인질로 억류한 바 있다. 1980년 과테말라 독재정권은 스페인 대사관을 공격하여 전직 부통령을 포함하여 수명의 망명 신청자를 살해하였으며, 1976년 우루과이 군사정부는 베네수엘라 대사관에 군대를 진입시켜 망명 신청자를 체포하였다.

ICJ는 공관 내 망명(신청)자의 접수국에 대한 인도 여부는 당사국 간의 교섭에 의해 결정하도록 판시한 바 있다. 그러므로 에콰도르 정부로서는 멕시코 대사관의 외교적 비호권을 인정하지 않고 동인에 대한 안전통행증(safe conduct) 발급을 거부하여 출국을 봉쇄하면서 멕시코 정부와의 교섭을 진행했어야 했다. 물론 이 경우 외교교섭이 타결되지 않아 글라스 전 부통령이 멕시코 대사관에 장기간 체류하는 경우가 발생할 수도 있다. 이는 외교공관의 불가침 원칙에 따른 반사적 효과로써 사실상의 비호(de facto asylum) 효과가 발생하는 경우에 해당된다. 전술한 비호권 사건에서 망명자 토레는 5년간이나 콜롬비아 대사관에서 은거하다가 페루와 콜롬비아 양국 간 정치적 타협으로 파리에 망명하였다. 1989년 6월 중국 천안문 사태 관련, 주중 미국대사관에 피신한 중국의 반체제 물리학자 方勵之(Fang Lizhi) 부부도 미·중 간 외교교섭에 의해 미국에 망명할 때까지 외교공관의 불가침에 따른 반사적 이익을 향유한 바 있다.

위키리크스 창업자 줄리안 어산지는 주영국 에콰도르대사관에서 7년 동안이나 비호를 받았다. 영국 경찰의 대사관 진입 위협에 대해 에콰도르 정부는 국제법과 외교관계에 관한 비엔나협약을 근거로 맞섰다. 그런 에콰도르 정부가 국제법을 위반하여 멕시코대사관에 진입한 것은 역사의 아이러니다. 에콰도르 정부는 국내적 필요를 이유로 국제규범을 위반함으로써 외교적 비난과 국제적 고립을 피할 수 없게 되었다. 범죄와의 전쟁을 수행하는 데 필요한 국제적 지원의 확보에도 차질이 불가피하게 되었다.

한편, 유사 사건이 우리의 해외공관에 발생할 경우 이 사건은 유용한 참고가 될 것이다. 예컨대 탈북자가 우리 대사관에 들어와 한국행을 요구할 경우에 공관 접수국은 공관장의 동의가 없는 경우 어떠한 경우에도 망명 신청자의 신병확보를 이유로 공관에 들어올 수 없다. 또한 대사관은 접수국의 신병인도 요구에 응할 법적 의무도 없다. 이러한 국제법 원칙을 전제로 접수국과의 외교 교섭을 통해 신병 처리 방안에 대해 협의하여야 한다. 황장엽 사건의 경우, 중국 외교부 관계자가 주중 대사관 내에서 동인을 면담하여 본인 의사를 확인한 바 있으며, 황장엽 씨는 양국 정부 간 합의에 의해 제3국을 거쳐 한국에 입국하였다.

유사 문제

01 1961년 외교관계에 관한 비엔나협약에 대한 설명으로 틀린 것은?

① 문서의 불가침이란, 외교사절의 공문서, 서류, 전도, 공용통신 등은 때와 장소를 불문하고 불가침의 것이며 접수국은 이를 검열, 압수할 수 없다.
② 외교사절은 접수국에서 통신상 암호, 부호 등을 사용할 수 없다.
③ 신체 및 명예의 불가침은 외교사절에 대한 국제규범 중 가장 중요한 원칙 중 하나로 외교사절은 접수국의 강제를 받을 수 없도록 되어있다.
④ 접수국으로부터 추방이 되거나 범죄인으로 인도될 때에도 외교사절의 생명과 건강에 대해서는 일체의 위협이 되는 행위를 할 수 없다.

정답 ②
해설 외교사절은 통신상 암호, 부호 등을 사용할 수 있으며 접수국은 이를 해독할 수 없도록 규정되어 있다.

02 1961년 외교관계에 관한 비엔나협약에 대한 설명으로 틀린 것은?

① 불가피한 경우의 정당방위는 인정이 되고, 또한 접수국에서는 외교사절에 대해 경우에 따라 소환, 퇴거를 명할 수는 있고 경우에 따라 자국 국내법으로 처벌할 수는 있다.
② 공관의 불가침(주거의 불가침)이란, 외교사절의 요구나 동의없이는 공관에 들어갈 수 없으며 접수국은 공관을 특별히 보호해야 할 의무가 있음을 말한다.
③ 외교사절단은 파견국의 대표로서 접수국에서 국내법과 질서를 존중하며 원활한 외교활동을 해야하는 책임이 있다.
④ 제도적인 장치로서 "자기완결적 제도(Self-contained regime)"를 통해 예외의 경우 외교사절에 대해 국가가 강제조치를 취할 수 있도록 한다.

정답 ①
해설 불가피한 경우의 정당방위는 인정이 되고, 또한 접수국에서는 외교사절에 대해 경우에 따라 소환, 퇴거를 명할 수는 있지만 어떠한 경우에도 자국 국내법으로 처벌할 수는 없다.

16

국제사법재판소(ICJ)와 국제포획재판소(IPC)에 대한 설명으로 옳지 않은 것은?

① UN안전보장이사회는 어떠한 법적 문제에 관하여도 권고적 의견을 줄 것을 ICJ에 요청할 수 있다.
② 모든 UN회원국은 ICJ규정의 당연 당사국이다.
③ IPC는 중립국과 교전국 간의 중대한 마찰의 주요 원인을 없애려고 하였다.
④ IPC 창설에 관한 협약 상 이 재판소에는 국가만이 제소를 할 수 있었다.

[정답] ④
[해설] 국제포획재판소(IPC)는 국가뿐이 아닌 개인의 제소권을 인정하였다.

관련 이론

국제포획재판소(IPC) 개요

포획심판소의 설치는 전시에 교전국 및 중립국들 간에 발생할 수 있는 해상포획에 관한 분쟁을 전문기관의 신중한 판단에 의하여 해결하여야 한다는 취지에서 일찍부터 확립되어온 국제관습이다. 포획심판소는 각국마다 국내법에 따라 설치하므로 그 구성이 다르고, 포획의 범위에 관한 통일된 국제법이 없다.

우리나라는 1952년 10월 조약과 일반적으로 승인된 국제법규에 따라 포획사건을 심판할 2심제의 포획심판소를 법무부 소속하에 설치하고, 부산에 제1심인 부산포획심판소를, 서울에 상소심인 고등포획심판소를 개설하였다.

제1심포획심판소와 고등포획심판소에는 소장 1명, 심판관 6명, 검찰관 3, 4명 및 서기국이 있으며, 소장과 심판관은 일정기간 이상 판사·검사 또는 변호사로 있던 자 중에서 임명한다.

검찰관은 검사 중에서 대통령이 임명하되, 심판관은 해군장교·3급 또는 2급 이상의 외무공무원 또는 국제관계에 관한 학식과 경험이 풍부한 자 중에서도 임명할 수 있고, 공무원을 겸직시킬 수도 있다.

포획심판절차는 함선의 지휘관이 나포한 선박에 관한 나포조서나 기타 일체의 서류를 포획심판소에 제출함으로써 개시되며, 이를 접수한 소장이 지명한 검찰관은 나포선박임검 및 기타 필요한 조사를 한 뒤 즉시석방 또는 포획에 관한 의견서를 포획심판소에 제출하고, 포획심판소는 이해관계인의 소원을 받아 구두변론을 거친 뒤 즉시석방 또는 포획의 심판을 한다.

이에 불복한 자는 고등포획심판소에 항의할 수 있고, 고등포획심판소는 서면심리한 뒤 심판한다. 각 심판소의 심판은 심판관 3명 이상의 합의부에서 행하고 확정된 심판요지는 관보에 게재하며, 검찰관이 이를 집행한다.

포획확정된 물건은 국고에 귀속한다. 석방심판이 확정되면 불법나포로 직접손해를 입은 자는 30일 이내에 당해 포획심판소 소재지를 관할하는 지방법원에 국가를 상대로 손해배상청구소송을 제기할 수 있다.

유사 문제

01 국제사법재판소(ICJ)의 재판절차에 대한 설명으로 틀린 것은?

① 공소의 제기는 ICJ 사무처장(Registrar)에 대하여 특별합의 통고(Notification of the Special Agreement) 또는 서면신청(Written Application)을 행함으로써 이루어진다.
② 재판소 사무처장은 공소제기가 ICJ 규정에 따라 적법하게 제출되었음을 확인한 후, 이를 유엔사무총장, 회원국 및 재판소에서 재판을 받을 수 있는 국가에 통고한다.
③ 모든 문제는 11명 이상의 판사가 출석하여 과반수 찬성으로 결정하며 가부동수인 경우에는 재판장이 결정권을 가진다.
④ 사건의 당사국은 자국적 판사가 재판부에 없을 경우 동 사건에 한하여 특별 또는 자국의 판사를 선임할 권한이 있으며 이렇게 선임된 판사는 다른 판사들과 평등한 조건에서 판결에 참여하며, 이를 국적 판사(Judge Ad Hoc)라고 한다.

정답 ③
해설 모든 문제는 9명 이상의 판사가 출석하여 과반수 찬성으로 결정하며 가부동수인 경우에는 재판장이 결정권을 가진다.

02 국제사법재판소에 대한 설명으로 틀린 것은?

① 국제사법재판소의 잠정조치 명령의 법적 구속력은 라그랑 사건 본안 판결을 통하여 그 법적 구속력을 인정하여 주었다.
② 법적 구속력 인정은 잠정조치 명령 이행에도 영향을 끼쳤으며 국가들은 법적 구속력 불비를 이유로 잠정조치 명령 이행을 거절할 수 없게 되었다.
③ 판결의 강제집행에 관한 유엔헌장 제94조 제2항은 잠정조치와 같은 명령 형태의 사법결정에도 적용된다.
④ 잠정조치 명령을 강제할수 있는 수단이 존재하고 있지만 안전보장이사회의 잠정조치 명령 통지수령권, 국제사법재판소의 잠정조치 명령의 재지시, 정보요청권 및 사전주의권 등의 수단은 자발적인 당사자의 잠정조치 이행을 강제할 수 있을 뿐이다.

정답 ③
해설 판결의 강제집행에 관한 유엔헌장 제94조 제2항은 잠정조치와 같은 명령 형태의 사법결정에는 적용되지 않는다. 이러한 상황에서 잠정조치 명령 위반에대하여 국가책임을 성립시킨 국제사법재판소의 판례는 매우 중요한 의미를 갖는다. 국제사법재판소는 라그랑 사건 을 통하여 잠정조치 명령 불이행 여부를 본안에서 심사하여 미국이 잠정조치를 이행하지 않았음을 판결에서 확인해주었다. 또한 제노사이드 사건 에서는 잠정조치 명령 불이행에 대하여 국가책임 성립과 손해배상을 인정하여 주었다. 잠정조치 위반에 대하여 국가책임성립을 인정했다는 것은 앞으로 소송의 당사자가 될 국가들에게 잠정조치 명령에 대한 이행압박으로 작용하게 될 것이다. 이는 잠정조치 명령이라는 소송체제에 있어서 뿐만 아니라 국제법 체제 전반에 있어서 국제법 체제가 그 규범력을 확보하는 방향으로 발전하고 있음을 보여주는 것으로 국제법에 의한법의 지배 확보에 있어서 상당히 중요한 의의를 갖는다고 하겠다.

17

세계무역기구(WTO)의 분쟁해결제도에 대한 설명으로 옳지 않은 것은?

① 협의요청 접수일로부터 60일 이내에 협의를 통한 분쟁해결에 실패하는 경우, 제소국은 패널의 설치를 요청할 수 있다.
② 패널은 분쟁당사자가 패널설치일로부터 10일 이내에 5인의 패널위원으로 구성하는 데 합의하지 아니하는 한, 3인의 패널위원으로 구성된다.
③ 패널은 일정한 자격을 갖춘 정부인사로 구성되며, 패널위원은 자국 정부의 대표로서 활동한다.
④ 패널보고서에 표명된 개별 패널위원의 의견은 익명으로 처리된다.

> **정답** ③
> **해설** 패널의 자격은 정부인사도 참여 가능하나, 다만 활동은 개인자격으로 임무를 수행할 뿐이다.

관련 이론

WTO 분쟁해결규칙 및 절차에 관한 양해

Ⅰ. 협상배경
1. 현행 GATT상에서 제22조 및 제23조 등 분쟁해결 절차가 규정되어 있으나, 일부 경제대국의 경우, GATT 규정에 따르기 보다는 강한 경제력 행사를 통해 GATT 밖에서 해결책을 모색하는 사례가 빈발
2. GATT 규정에 의한 분쟁해결 절차를 취하는 경우에도 분쟁처리 기간의 지연, 패널보고서의 채택 및 동 보고서의 효과적 집행의 어려움등으로 GATT의 분쟁해결 기능이 약화
3. 따라서 세계무역의 다자간 원칙을 준수하고 국가간 각종 비관세 조치에 따른 무역분쟁의 증가에 대처하기 위해 분쟁해결 절차의 전반적 개선이 필요하다는 인식에서 "보다 효과적이고 실시가능한 GATT 규칙과 규율의 제정을 위하여 분쟁해결 규칙과 절차의 개선 강화"를 위한 협상에 착수

Ⅱ. 주요 내용
1. 협정문의 구성 : 총 27개조 및 4개의 부록으로 구성
2. 적용범위 (제1조 및 부록 1, 2)
   ① WTO 설립 협정 및 이에 부속된 다자간 무역협정상의 모든 분쟁해결에 적용
   ② 반덤핑, TBT, 보조금 및 상계조치 협정등에 별도로 규정된 분쟁해결 절차는 본 분쟁해결 양해에 의한 분쟁해결 절차의 특별규정적 성격
   ③ 복수국간 무역협정의 경우 동 협정회원국들이 분쟁해결절차를 결정
   ④ 동 결정에 의하여 WTO 분쟁해결절차의 적용도 가능
3. 분쟁해결기구(Dispute Settlement Body)의 설치 (제2조)
   ① DSB는 패널설치, 패널 및 상소기구 보고서의 채택, 판정 및 권고의 이행 상황 감독, 보복조치에 대한 허가등의 권한을 보유 (* 실질적으로는 WTO 일반이사회가 DSB로 기능)
   ② 의사결정은 컨센서스에 의함
4. 일반규정 (제3조)
   ① 분쟁해결 제도의 목표는 분쟁에 대한 긍정적 해결책의 확보, 따라서 상호 수락할 수 있는 해결책이 선호되어야 함
   ② 상호 합의된 해결책이 없을 경우 협정에 부합하지 않는 조치의 철회가 분쟁해결제도의 첫번째 목표, 그러한 조치의 즉각적인 철회가 어려울 경우 잠정조치로서 보상을 제공. 관련 협상상의 양허나 기타의무의 정지는 최후의 구제수단
   ③ 본 양해는 세계무역기구의 발효일 이후에 이루어진 새로운 협의 요청에 대해서만 적용
   ④ 세계무역기구 발효일 이전에 협의요청이 이루어진 분쟁의 경우 과거의 분쟁해결절차 적용

5. 협의 (제4조)
   ① 협의 요청이 있을때는 10일이내에 동 요청에 답변하고 30일이내에 협의 개시
   ② 타방의 협의거부 또는 60일이내 분쟁해결 실패시 패널 설치 요구가능
   ③ 제3국이 협의참여 희망시 10일이내에 동 의사를 협의당사국 및 DSB에 통고
6. 주선, 조정 및 중개 (good offices, conciliation and mediation) (제5조)
   주선, 조정 및 중개는 분쟁당사국이 합의할 경우 시간에 구애됨이 없이 분쟁해결절차의 전기간에 걸쳐 자발적으로 개시·종료 가능
7. 패널 (제6조~제16조)
   ① 패널의 설치
   ② DSB에 패널 설치요청이 상정되면 패널설치가 consensus에 의해 부결되지 않는 한 패널설치
   ③ 패널은 5인으로 구성키로 합의되지 않는한 3인으로 구성
      ㉠ 사무국이 패널위원의 지명을 제안하며, 분쟁 당사국은 불가피한 사유(compelling reasons)가 없는 한 동 지명 수락의무
      ㉡ 선진국과 개도국간 분쟁시 개도국이 요청하는 경우 패널위원중 적어도 1인은 개도국 인사를 포함
   ④ 패널 설치후 20일이내에 패널 위임사항(terms of reference) 설정
   ⑤ 이해관계가 있는 제3국은 패널에 참여, 의견을 제시할 기회를 보유
   ⑥ 제소국이 다수일 경우에도 단일패널 설치 가능
   ⑦ 패널절차
      ㉠ 분쟁당사자가 상호 만족할만한 해결책을 강구하는 데 실패하는 경우, 패널은 조사결과를 서면보고서로 분쟁해결기구에 제출
      ㉡ 패널조사는 패널 구성 및 위임 사항등에 관한 합의시점으로부터 최종보고서가 분쟁당사국에 제시되는 시점까지 원칙적으로 6개월 초과 불가
      ㉢ 긴급한 경우 3개월내에 완료되어야 하며, 불가피하게 연기되는 경우에도 9개월 초과 불가
      ㉣ 패널조사 과정에서 과학적·기술적 사안에 관한 검토를 위해 전문가 검토 그룹의 보고 청취
      ㉤ 패널심의는 비공개로 함
      ㉥ 패널은 최종보고서 제출이전 분쟁당사국에 잠정 보고서를 제시, 일정기간내 견해 표명기회를 부여 (잠정 검토단계 설정)
   ⑧ 패널 보고서의 채택
      ㉠ DSB는 회원국에 패널 최종보고서를 배부하고 20일이상 검토기간 부여
      ㉡ 일방 당사국이 DBS에 공식적으로 상소의사를 통보하거나 DSB가 consensus에 의해 패널 보고서를 채택하지 않기로 결정하지 않는 한, 동 보고서는 배부일로부터 60일이내에 자동 채택
8. 상소심의 (제17~19조)
   ① 상소 업무를 관장하는 상설 상소기구(Appellate Body)를 설치
      7인으로 구성하며, 그중 3인이 특정사안을 심의
   ② 제3국이 아닌 분쟁당사국 일방만이 패널의 결정에 대해 상소 가능
   ③ 상소는 패널보고서상의 법률문제 및 패널에서 제기된 법률 해석에만 국한
   ④ 일반 당사국에 의한 상소의사의 공식 통보일로부터 상소기구에 의한 판정일까지는 원칙적으로 60일을 초과할 수 없으며, 어떠한 경우에도 90일 초과 불가
   ⑤ 상소기구 보고서는 DSB가 채택하지 않을 것을 consensus에 의해 결정하지 않는 한 회원국들에게 배포된 후 30일이내에 자동 채택(분쟁당사국은 동 보고서를 무조건 수락해야 함
9. 분쟁해결기구의 결정시한 (제20조)
   원칙적으로 패널설치일로부터 패널 또는 상소보고서의 채택을 심의하기 까지는 상소하지 않는 경우 9개월, 상소하는 경우에는 12개월 초과 불과
10. 권고 및 판정의 이행 (제21조)
    ① DSB의 패널·상소기구 보고서 채택후 30일이내에 분쟁당사국은 권고 및 결정의 이행의사를 통보, 필요시 합리적 이행기간의 제시는 가능하나 패널 설치일로 부터 이행기간 종결까지 원칙적으로 15개월 초과 불가
    ② DSB는 채택된 권고나 결정의 이행을 계속해서 감시할 의무 부담

11. 보복조치 (보상 및 양허의 정지) (제22조)
    ① 보상 및 양허나 기타 의무의 정지는 권고 및 결정사항이 이행되지 않을 경우 DSB의 승인을 받아 취할 수 있는 임시조치
    ② DSB는 제소국의 요청을 기각할 것을 consensus에 의해 결정하지 않는 한 합리적 이행기간의 종료후 30일이내에 이를 승인할 의무 부담
    ③ 보복은 동일한 분야에 우선적으로 적용하고 침해수준과 동등한 수준으로 적용, 동일분야 적용이 비현실적이거나 효과적이지 못한 경우 여타 분야에도 적용 가능 (cross retaliation 허용)
12. 다자간체제의 강화 (제23조)
    회원국이 관련 협정상의 의무위반이나 이익침해등의 행위를 시정하고자 할때 본 양해상의 분쟁해결 규칙과 절차를 따를 것을 의무화(회원국의 일방적 조치의 억제)
13. 중재(Arbitration) (제25조)
    분쟁당사국의 상호 합의하에 중재의뢰 허용
14. 협정상의 규정을 위반하지 않은 사안에 대한 분쟁 (제26조)
    협정상의 규정을 위배하지 않은 특정조치로 인한 분쟁의 경우 패널이나 상소 기구는 관련 회원국에게 상호만족할 만한 조정 (mutually satisfactory adjustment)을 하도록 권고
15. 최빈 개도국에 대한 특별절차 (제24조)
    분쟁해결 절차의 모든 단계에서 최빈 개도국의 특수상황을 특별히 고려하고 제소국은 보상, 양허의 정지, 기타 의무적용의 정지요청을 자제

Ⅲ. 평가
1. WTO 협정의 실질적인 이행을 보장할 수 있는 준사법적 분쟁해결 절차가 도입됨으로써 신속하고 효율적인 법적 구제수단 확보 가능. UR 협상의 가장 중요한 성과중의 하나임. 특히 아래 사항이 긍정적인 협상 결과로 평가
    ① WTO/다자간 무역협정하에서 발생하는 모든 분쟁을 관할
    ② 분쟁해결 절차의 단계별 시한을 설정함으로써 신속하고 효율적인 패널진행 및 판정에 따른 권고의 신속한 이행 확보
    ③ 패널보고서의 자동 채택으로 절차진행 방해를 목적으로 하는 지연 행위를 봉쇄하되, 상소제도를 도입하여 패널보고서의 자동 채택으로 인한 패소국의 권익 보호
    ④ 일방적 조치가 억제됨으로써 주요강대국의 일방적 보복수단을 쌍무간 협상 압력수단으로 활용할 여지를 축소
2. 기존 GATT 협정상 산재되어 있는 분쟁해결 절차 규정이 통일되어 통합분쟁해결절차가 마련됨으로써 패널 관할권 결정문제로 발생되는 forum shopping (해당 패널 선정을 위한 불필요한 노력) 폐해를 방지하게 되었으며, 상설적인 분쟁해결기구가 신설됨으로써 분쟁 해결의 모든 절차를 원활히 수행하고 패널보고서를 효과적으로 집행 가능

유사 문제

01 WTO 분쟁해결 절차에 대한 설명으로 틀린 것은?
① 협의 과정은 법적기관에 분쟁해결을 본격적으로 요구하기 전에 분쟁당사국들 끼리 대화를 통해 문제를 해결하려고 노력하는 기간이다.
② 당사국들 사이에 합의가 이뤄지면 그대로 분쟁이 해결되는 것이겠지만 만약 합의를 보지 못한다면 패널, 즉 1심 절차를 밟게 된다.
③ 패널은 분쟁당사국의 국민이 아닌 세 명의 전문가로 구성되는 것이 보통인데, 패널보고서 그 자체는 법적 구속력을 갖지 못하지만 DSB가 패널보고서를 채택한다면 법적 효력을 발휘한다.
④ 분쟁당사국이 패널보고서에 만족하지 못한다고 해도 DSB가 패널보고서를 채택하기로 최종적으로 결정되는데 이는 종국심을 의미한다.

정답 ④
해설 분쟁당사국이 패널보고서에 만족하지 못한다면 DSB가 패널보고서를 채택하기 전에 상소기관(Appellate Vody)에 상소함으로써 2심 상소 절차가 진행됨에 따라 DSB가 상소보고서를 채택된다면 이제 분쟁을 어떻게 해결할지 최종적으로 결정된 것이다. 만약 패널 또는 상소보고서가 채택된 후 30일 이내에 분쟁당사국 중 패소국은 DSB의 권고와 결정을 어떻게 이행할지에 대한 의사를 통고해야 한다.

02 WTO 분쟁해결 절차에 대한 설명으로 틀린 것은?
① 합리적인 기간 내에 패소국이 DSB의 결정을 이행하지 않는다면 분쟁당사국끼리 상호 수락할 수 있는 보상을 위해 협상을 해야 한다.
② 패소국이 만약 국내적 상황으로 인해서 기간 내에 이행이 어렵다면 이런 경우 잠정적으로 보상을 하고 보고서 이행을 유예받을 수 있는데, 보상의 유형은 정해진 바가 없어서 추가적인 시장개방이나 금전 보상 등 합의만 된다면 다양한 방법이 가능하다.
③ 보상에 대한 합의조차 이뤄지지 않는다면 소를 제기한 국가가 자신의 관세 양허나 다른 의무를 정지하겠다는 허가를 DSB에 요청할 수 있는데, 이를 보복조치라고 하며, 원칙적으로 보복조치는 분쟁대상 분야에 한정해서 이뤄져야 한다.
④ 만약 원칙적인 보복이 실현 가능하지 않거나 상황이 심각해서 효과적인 보복이지 못하다고 판단될 경우라도 더이상 조치를 취할 수 없다.

정답 ④
해설 만약 원칙적인 보복이 실현 가능하지 않거나 상황이 심각해서 효과적인 보복이지 못하다고 판단될 경우 교차보복(cross retaliation), 즉 보복 대상이 분쟁분야와 일치하지 않아도 조치를 취할 수 있다.
이러한 보복조치는 언제나 잠정적, 즉 패소국이 이행을 재개하거나 다른 해결책이 결정되는 경우 중단되어야 한다.

18

1982년 UN해양법협약 상 무해통항과 통과통항에 대한 설명으로 옳은 것은?

① 연안국은 자국의 영해를 무해통항하는 외국 선박에 대하여 국적에 따른 차별 없이 항상 통행세를 부과할 수 있다.
② 해양과학조사선과 수로측량선을 포함한 외국 선박은 통과통항 중 해협연안국의 사전허가 없이 어떠한 조사활동이나 측량활동도 수행할 수 없다.
③ UN해양법협약은 연안국 영해를 항행하는 군함의 무해통항권을 명시적으로 부인하고 있다.
④ 해협연안국은 해협의 통과통항에 관한 법령을 제정할 수 없다.

정답 ②

해설
① 무해통항에 있어 이를 항해하는 국가는 고유의 선박에 대한 권리이므로 통행세를 부과할 수 없다.
③ 1982년 UN해양법협약에서는 군함의 무해통항권에 대해서는 명문조항이 없다.
④ 해협의 법령제정권은 연안국의 고유권한이다.

관련 이론

1. 무해통항권
외국선박이 연안국의 평화, 질서, 안전 등을 해치는 일 없이, 연안국의 영해를 통항할 수 있는 권리
① 무해통항에 대한 외국선박의 의무
  ㉠ (의무) 연안국의 국내법령 및 국제법 등을 준수하여 항행해야 한다.
  ㉡ (의무) 잠수함은 반드시 부상하여 자국의 국기를 게양하고 항행해야 한다.
② 무해통항에 대한 연안국의 권리와 의무
  ㉠ (의무) 선박의 항행 안전에 필요한 각종 정보를 적절히 공표해야 한다.
  ㉡ (권리) 자국의 안전보호상 필요한 경우 무해통항을 일시적으로 중지시킬 수 있다.
    * 최근 남북관계가 악화되면서, 우리나라는 북한상선(북 연계선박, 북 편의치적선박, 북기항선박 등)에 대해 우리 영해로 진입하여 항행하지 못하도록 제제를 하고 있다.
③ 우리나라는 영해 및 접속수역법에 따라 외국선박의 무해통항을 인정하고 있으며, 외국선박이 국내법을 위반하는 경우에는 정선, 검색, 나포 등 적절한 조치를 취할 수 있다.
④ 외국군함이 우리나라 영해를 통항할 경우 통항 3일 이전에 외교부장관에게 운항에 관한 사항을 통고해야 한다.
⑤ 외국군함이 우리나라 영해내에서 국내법을 위반할 경우 외국군함 등에 관한 특례에 따라 나포 및 처벌을 할 수는 없지만, 시정 요구 및 영해로부터 퇴거 요구를 할 수 있다.

2. 통과통항권
국제해협에서만 인정되는 것으로 선박의 항행 및 항공기의 상공비행의 자유가 계속적이고 신속한 통과를 위한 경우 인정되는 권리
* 유엔해양법협약(UNCLOS)의 발효에 따라, 영해가 12해리로 확대되면서 폭이 좁은 해협이 연안국의 영해로 되면서, 외국 선박에 대한 통항권 문제가 제기되었다. 이에 따라 외국선박의 통항권을 보장하기 위한 것이 통과통항권이다.
① 국제해협 : 국제항행에 이용되는 해협
② 대한해협 : 외교부에 문의해본 결과, 대한해협의 경우 우리나라가 공식적으로 국제해협이라고 인정한 사실은 없다.
③ 무해통항권과 통과통항권의 차이
  ㉠ 잠수함 : 무해통항권에서는 잠수함은 반드시 부상하여 자국의 국기를 게양하고 항해를 해야하며, 통과통항권에서는 별도 규정된 사항이 없으며, 해석에 따라 안전상 문제가 없으면 잠항이 가능하다.
  ㉡ 항공기 : 무해통항권에서는 항공기의 상공비행은 인정되지 않으며, 통과통항권에서는 항공기의 상공비행이 인정된다.
  ㉢ 연안국의 권리 : 무해통항권에서는 연안국의 안전을 위해 무해통항을 일시적으로 중지시킬 수 있으나, 통과통항권에서는 어떠한 경우에도 통과통항을 중지시킬 수 없다.

④ 군도항로대통항권 : 필리핀, 인도네시아 등 군도국가에서만 인정되는 것으로 군도수역 내에서 외국선박의 통항권을 인정하기 위해 군도국가에서 지정한 통항로를 통항할 수 있는 권리이다. 군도국가는 크고 작은 많은 섬들로 이루어져있으며, 국제법상 섬과 섬사이의 수역(군도수역)은 통상 군도국가의 영해로 보고 있다. 따라서, 군도항로대를 설정하여 통항권을 인정하고 있다.

3. 긴급피난

선박이 불가항력이나 조난을 피하기 위해 부득이 외국의 영해 및 내수로 들어가는 것을 말하며, 이 경우 영해침범이 아닌 무해통항으로 인정된다.

① 긴급피난 선박의 의무
  ㉠ 긴급피난은 허가나 사전통보를 필요로 하지 않으나, 중국 및 일본 어선의 경우에는 협정에 따라 사전통보를 해야한다.
  ㉡ 긴급피난 중인 선박은 '영해 및 접속수역법', '출입국관리법', '해양환경관리법', '관세법' 을 준수해야 한다.
② 긴급피난 관련 해양경찰의 임무
  ㉠ 외국선박에 의해 발생하는 불법행위를 감시하고, 위반시 관련법령에 따라 조치한다.
  ㉡ 긴급피난 요건을 갖추지 않은 선박에 대해 퇴거를 요구한다.

유사 문제

01 1982년 UN해양법협약 상 무해통항에 대한 설명으로 틀린 것은?

① '외국선박의 통항'은 외국선박이 영해를 횡단할 목적, 내수를 향하여 또는 내수로부터 항진할 목적, 정박지나 항구시설에 기항할 목적을 위하여 영해를 지나서 항행하는 일체의 경우를 의미한다.
② 통항은 진행 중이고 목적이 있어야 한다.
③ 영해 내 외국선박의 항행이 '통항'에 해당하지 아니하는 경우, 영해 내 외국선박의 항행이 '통항'에는 해당하나 '무해성'을 충족하지 못한 경우, 그리고 외국선박이 무해통항권의 행사가 일시적으로 정지된 수역을 항행한 경우를 처벌 대상으로 삼고 있다고 해석된다.
④ '무해성'이란 통항이 연안국의 평화·공공질서 또는 안전보장을 해치지 아니하는 것을 의미한다.

정답 ②
해설 통항은 계속적이고 신속하여야(continuous and expeditious) 한다.

02 1982년 UN해양법협약 상 통과통항에 대한 설명으로 옳지 않은 것은?

① 해협연안국의 본토와 그의 섬 사이에 형성되어 있는 국제해협 단, 당해 섬 외측으로 유사한 편의의 공해 또는 EEZ 통과항로가 존재하지 않음을 전제로 성립한다.
② 통과통항은 통항로의 양 입구가 모두 공해 또는 EEZ로 연결되고 그리고 오로지 영해로 구성되는 국제해협에서만 허용됨에 따라서 통항로의 한쪽 입구가 외국영해로 연결되는 해협에서는 당해 해협이 오로지 영해로 구성되더라도 단지 무해통항만이 인정되며, 이 무해통항은 정지시킬 수 없다.
③ 해협 내의 내수에서는 무해통항과 통과통항이 인정되지 않지만, 종래 내수가 아니었던 수역이 직선기선의 채택으로 내수가 된 수역에서는 통과통항과 무해통항이 보장된다.
④ 통항로의 양 입구가 모두 EEZ인 국제해협에서 동 해협을 관통하는 공해가 있는 경우 동 해협 내 공해 수역은 무해통항이다.

정답 ④
해설 통항로의 양 입구가 모두 EEZ인 국제해협에서 동 해협을 관통하는 공해가 있는 경우 동 해협 내 공해 수역은 자유통항이다.

19

국제형사재판소(ICC)의 관할권에 대한 설명으로 옳지 않은 것은?

① ICC는 범행 당시 18세 미만자에 대하여 관할권을 가지지 아니한다.
② ICC의 관할범죄에 대하여는 어떠한 시효도 적용되지 않는다.
③ ICC에 의하여 유죄판결을 받은 자는 ICC규정에 따라서만 처벌될 수 있다.
④ ICC규정에 의한 처벌은 일사부재리원칙이 적용되지 않는다.

정답 ④

해설 국제형사재판소인 ICC는 일사부재리 원칙이 인정됨에 따라 국내재판소나 다른 국제재판소에서 처벌받은 자는 국제형사재판소에서 처벌받지 아니한다.

관련 이론

국제형사재판소 개괄

1. 설립 배경

    전통적으로 국제법 의무위반에 대한 책임은 국가에 한정되었으며 개인은 형사책임을 부담하지 않았다. 그러나 제1, 2차 세계대전의 참상을 거치면서 심각하고 중대한 국제범죄를 저지른 개인의 형사책임을 물을 상설 국제형사재판소 설립의 필요성이 증대되었다. 1998년 7월 17일 국제형사재판소(ICC : International Criminal Court) 설립을 위한 로마규정(Rome Statute)이 채택되었고, 2002년 7월 1일 로마규정이 발효함에 따라 ICC가 출범하였다. 재판소는 네덜란드 헤이그에 소재하고 있다.

2. 관할권 행사

    ICC가 관할하는 범죄는 집단살해죄(crime of genocide), 반인도범죄(crimes against humanity), 전쟁범죄(war crimes), 침략범죄(crime of aggression) 등 총 네 가지이다. 이 가운데 집단살해죄, 반인도범죄, 전쟁범죄는 1998년 로마규정 채택 당시 범죄에 대한 정의와 관할권 행사 조건이 로마규정에 명시되었지만 침략범죄의 경우 정의와 관할권 행사조건에 대한 합의에 도달하지 못했다. 결국 2010년 6월 11일 로마규정 재검토회의에서 침략범죄의 정의와 관할권 행사 조건이 최종적으로 합의되었다.
    ICC는 로마규정이 발효한 2002년 7월 1일 이후 발생한 범죄에 대해 범행 당시 18세 이상의 자연인에 대해서만 관할권 행사가 가능하다. 다시 말해 법인이나 단체, 국가에 대하여는 관할권 행사가 불가능하다. 또한 국내재판소가 관할권을 행사하여 재판을 진행하면 ICC는 관할권 행사가 원칙적으로 불가능한 데 이를 일반적으로 '보충성의 원칙'이라고 한다.

3. 회부 절차

    ICC는 당해 행위가 발생한 영역국(만약 범죄가 선박이나 항공기에서 발생한 경우에는 그 선박이나 항공기의 등록국), 범죄혐의자의 국적국 중 1개국 이상의 로마규정 당사국 또는 ICC의 관할권을 수락한 국가가 소추관에게 관련 상황을 회부하거나 소추관이 독자적으로 수사를 개시하는 경우에 관할권 행사가 가능하다.
    그러나 로마규정의 당사국이거나 ICC의 관할권을 수락한 국가가 아니라고 하더라도 유엔 안전보장이사회가 관련 상황을 소추관에게 회부한 경우에는 관할권 행사가 가능하다. 다만, 유엔 안전보장이사회의 ICC 회부는 5개 상임이사국을 포함한 9개 이사국의 찬성이 필요하며, 상임이사국이 거부권을 행사하는 경우에는 회부를 할 수 없다.

유사 문제

01 국제형사재판소 중 전쟁범죄에 대한 설명으로 옳지 않은 것은?
① 국가행위로 범해진 개인책임이 처음으로 문제된 것은 제1차 대전 이후이다.
② 교전자격자뿐만 아니라 평화적 인민도 전쟁범죄인이 될 수 있다.
③ 간첩행위가 국제법상 금지된 행위는 아니나 오직 적에게 체포되면 포로대우조차 받지 못하고 처벌될 뿐이다.
④ 간첩행위는 민간인만 할 수 있다.

정답 ④
해설 간첩행위는 군인뿐만 아니라 민간인도 할 수 있으며 간첩행위는 허용된 전투수단이지만 간첩은 적에게 체포되면 전쟁범죄인으로 처벌받음에 따라서 간첩은 포로의 대우를 받지 못하며 체포국의 국내법에 의해 처벌된다.

02 국제형사재판소(ICC)의 관할권에 대한 설명으로 옳지 않은 것은?
① 국제형사재판소가 관할권을 행사하기 위해서는 범죄발생지국 또는 피고인 국적국이 로마규정 당사국인 경우 이해관계국의 동의여부에 관계없이 자동적으로 성립된다(Automatic Jurisdiction).
② 동 범죄에 대해 관할권을 가지는 국가의 국내법원이 우선적으로 관할권을 가지며, 당해 국가가 해당범죄를 처리할 능력 또는 의사가 없는 경우에 한하여 국제형사재판소가 보충적으로 관할권을 행사한다.
③ 재판부는 18인의 판사로 구성되는데, 각국 최고 법원의 판사 자격을 갖춘 사람으로서 형사재판 실무 경험이 있는 사람, 국제법 관련 실무 경험자들만 후보 자격이 있고, 당사국 총회에서 비밀투표로 선출되며 ICC 판사의 임기는 9년으로 중임할 수 없다.
④ ICC는 로마규정이 발효한 2002년 7월 1일 이후 발생한 범죄에 대해 범행 당시 18세 이상의 자연인에 대해서만 관할권 행사가 가능하다.

정답 ④
해설 ICC는 로마규정이 발효한 2002년 7월 1일 이후 발생한 범죄에 대해 범행 당시 18세 이상의 자연인에 대해서만 관할권 행사가 가능하다.

20

국제사법재판소(ICJ)에 대한 설명으로 옳지 않은 것은?

① ICJ가 관할권을 가지는지의 여부에 관하여 분쟁이 있는 경우에는, 그 문제는 재판소의 결정에 의하여 해결된다.
② ICJ의 모든 재판관은 재판소의 업무에 종사하는 동안 외교특권 및 면제를 향유한다.
③ 선택조항을 수락한 국가는 모든 국가와의 관계에서 ICJ의 강제 관할권의 적용을 받는다.
④ ICJ는 사정에 의하여 필요하다고 인정하는 때에는 각 당사자의 각각의 권리를 보전하기 위하여 취하여져야 할 잠정조치를 제시할 권한을 가진다.

> **정답** ③
> **해설** 강제관할권은 선택조항을 수락한 국가 국가 상호간에만 적용될 수 있다.

관련 이론

국제사법재판소 (Int'l Court of Justice)의 개요

1. 연혁
   ① 1944.10 덤바튼 오크스 회담에서는 상설사법기관 설치의 필요성을 강조
   ② 1945.4. 44개국 대표가 참여한 법률가위원회(Committee of Jurists)에서 상설국제사법재판소(Permanent Court of International Justice) 규정을 기초로 하여 새로운 법원 설립방안에 관하여 논의
   ③ 1945.4 샌프란시스코 회의에서 총회, 안보리, 경사리, 신탁통치이사회 및 사무국과 더불어 유엔의 주요 기관으로 새로운 사법기관 설치를 최종 결정
2. 구성
   ① 재판소는 총회와 안전보장이사회에 의하여 선출된 각기 다른 국적 15명의 판사로 구성
   ② 재판소 판사로 선출되기 위해서는 각국에서 최고위 법관직에 임명될 수 있는 자격 구비 필요
      ㉠ 판사의 임기는 9년이며, 재선 가능
      ㉡ 3년마다 15명의 판사 중 5명을 개선
      ㉢ 재판소는 법관 중에서 3년 임기의 재판소장 및 부소장을 선출
3. 당사국
   ① 유엔회원국은 당연히 국제사법재판소 규정 당사국
   ② 유엔비회원국은 안전보장이사회의 권고에 입각하여 총회가 개별적으로 정하는 아래 조건에 따라 규정당사국이 될 수 있음
      ㉠ ICJ 규정을 수락할 것
      ㉡ 헌장 제94조에 따른 의무를 수락할 것
      ㉢ 재판소 경비 분담금을 납부할 것
   ③ 재판소는 1946.10.15 안전보장이사회 결의에 따라 규정당사국이 아닌 국가들에게도 개방
4. 관할권
   ① 당사국에 대한 관할
      ㉠ 재판소에 제소되는 사건의 당사자는 국가에 한하고 국제기구나 개인은 당사자가 될 수 없음
      ㉡ 개인은 그 소속 국가를 통하여 국가의 권리로서 재판소에 제소 가능
   ② 분쟁에 대한 관할
      ㉠ 국제사법재판소에 분쟁을 제소할 수 있는 것은 분쟁 당사국간에 합의가 있는 경우에 한함
      ㉡ 재판소의 관할은 당사자가 재판소에 부탁하는 모든 사건 및 특히 헌장 또는 현행 조약 및 협약에 규정된 모든 사항을 포함

ⓒ 재판소에 제소는 원칙상 임의적이나 재판소 규정 제36조 2항의 의무적 관할조항을 수락한 경우, 아래사항에 관한 모든 법률적 분쟁에 대한 재판소의 관할은 동일한 의무를 수락하는 다른 국가에 대한 관계에 있어서, 당연히 또 특별한 합의 없이도 의무적인 것이 됨
- 조약의 해석
- 국제법상의 문제
- 확인된 경우 국제의무의 위반이 되는 사실의 존재 여부
- 국제의무 위반에 대한 배상의 성질 및 범위

5 권고적 의견(Advisory Opinion)
① 재판소는 총회, 안보리 또는 기타 유엔기관 및 전문기관의 요청에 의해 그 활동범위 내에서 발생하는 법률적 문제에 대해 권고적 의견을 제시할 수 있음
② 권고적 의견은 법적 구속력이 없다는 점에서 판결과 다르나 판결에 상응하는 법적 정치적 권위 보유

6. 재판준칙
규정 제38조에 따라 재판소는 (1) 국제협약 (2) 국제관습 (3) 문명국에 의하여 일반적으로 인정된 법의 일반원칙 (4) 판례 및 국제법학자의 학설을 적용함. 또한 분쟁당사국이 합의한 경우에는 재판소는 형평의 원칙에 따라 사건을 판결할 수 있음

7. 재판절차
① 공소의 제기는 ICJ 사무처장(Registrar)에 대하여 특별합의 통고(Notification of the Special Agreement) 또는 서면신청(Written Application)을 행함으로써 이루어짐
② 재판소 사무처장은 공소제기가 ICJ 규정에 따라 적법하게 제출되었음을 확인한 후, 이를 유엔사무총장, 회원국 및 재판소에서 재판을 받을 수 있는 국가에 통고
③ 모든 문제는 9명 이상의 판사가 출석하여 과반수 찬성으로 결정하며 가부동수인 경우에는 재판장이 결정권을 가짐
④ 사건의 당사국은 자국적 판사가 재판부에 없을 경우 동 사건에 한하여 특별 또는 자국의 판사를 선임할 권한이 있으며 이렇게 선임된 판사는 다른 판사들과 평등한 조건에서 판결에 참여함. 이를 국적판사(Judge Ad Hoc)라고 함
⑤ 분쟁의 타방당사국이 판결상 의무를 이행하지 않을 경우 분쟁의 일방당사국은 동 판결의 집행을 위한 조치를 취하여 주도록 안전보장이사회의 소집을 요청할 수 있음

유사 문제

01 국제사법재판소에 대한 설명으로 옳지 <u>않은</u> 것은?

① 재판소규정의 당사국이지만 국제연합의 비회원국인 국가가 재판소의 재판관 선거에 참가할 수 있는 조건은, 안전보장 이사회가 정한다.
② 어떠한 국별재판관단도 4인을 초과하여 후보자를 지명할 수 없으며, 그중 3인 이상이 자국국적의 소유자이어서도 아니된다. 어떠한 경우에도 하나의 국별재판관단이 지명하는 후보자의
③ 총회 및 안전보장이사회에서 '절대다수표(absolute majority)'를 얻은 후보자는 당선된 것으로 본다.
④ 총회 및 안전보장이사회에서의 표결시 '절대다수'의 의미에 대해 총회와 안보리는 재적과반수로 해석하여 행동하고 있다.

정답 ①
해설 재판소규정의 당사국이지만 국제연합의 비회원국인 국가가 재판소의 재판관 선거에 참가할 수 있는 조건은, 특별한 협정이 없는 경우에는, 안전보장 이사회의 권고에 따라 총회가 정한다.

02 국제사법재판소의 제3자의 참여조건에 대한 설명으로 옳지 <u>않은</u> 것은?

① 규칙에 따르면, 제3자의 신청시기는 '가능한 한 빨라야' 하며 최소한 서면심리절차의 종결 이전에 마쳐야 할 것을 요구하고 있다.
② 소송'참가자'가 소송'당사자'가 되기 위해서는 국제사법재판소의 동의가 필요하다.
③ ICJ규정 제62조에 따른 소송참가가 허용될 수 있는 국가가 모두 '필수적 당사국'은 아니라고 보고 있다.
④ 소송참가국은 판결의 결과를 원 소송당사국에게 법적 근거로 요구할 수 없다.

정답 ②
해설 소송'참가자'가 소송'당사자'가 되기 위해서는 기존 당사국들의 동의가 필요하다.

2014년도 기출문제

01

1933년 국가의 권리와 의무에 관한 몬테비데오조약에 따른 국가의 성립 요건에 대한 설명으로 옳지 않은 것은?

① 국가는 민족자결권에 기초하여 수립되어야 한다.
② 국가는 항구적 인구를 보유하여야 한다.
③ 국가는 일정한 영토를 보유하여야 한다.
④ 국가는 실효적인 주권을 행사할 수 있는 정부를 보유하여야 한다.

정답 ①

해설 1933년 국가의 권리와 의무에 관한 몬테비데오조약에서의 국가의 성립 요건은 ① 항구적 인민, ② 한정된 영토, ③ 정부, ④ 다른 국가와 관계를 맺을 수 있는 능력을 구비하여야 함 등이다. 그러므로, 민족자결권에 따른 국가 수립은 동 협약상의 요건은 아니다.

관련 이론

국가승인을 위한 요건

1. 어떤 영토적 실체가 국가로서 승인받기 위해서는 3가지 객관적 구성요소 즉 영토 · 국민 · 정부를 구비하여야 함
2. 1933년의 "국가의 권리와 의무에 관한 몬테비데오 협약(Montevideo Convention on the Rights and Duties of States) 제1조에 의하면, 국가는 ① 항구적 인민, ② 한정된 영토, ③ 정부, ④ 다른 국가와 관계를 맺을 수 있는 능력을 구비하여야 함
3. 승인은 외교정책수단의 하나로 가능하기 때문에 국가에 따라서는 상기 객관적 요건 이외에 특정한 요건을 추가로 구비할 것을 요구하기도 함
4. 1976년 미국무성이 제시한 국가승인의 요건에는 상기 객관적 요건 이외에 "외교관계를 수행하고 국제의무를 이행하기 위해 실효적으로 행동할 능력"을 들고 있음
5. 유럽공동체의 1991년 "Guidelines on the Recognition of new States in Eastern Europe and in the Soviet Union" 및 "EC Declaration on Yugoslavia"는 상기 객관적 요건이외에 민주주의 · 국제의무 수락 · 소수민족 보호 · 국경의 불가침성 존중 · 국가상속 문제 및 지역분쟁의 합의에 의한 해결 등의요건을 들고 있음
6. 이러한 요건들은 법적요건이라기 보다 국가승인을 위한 정치적인 조건으로 간주되며, 실제에 있어서도 국가승인을 위한 법적요건 충족 여부보다는 국가승인 또는 비승인시 초래될 정치적 결과가 국가승인 부여 결정에 있어서의 핵심적 역할을 하고 있음

유사 문제

01 국가의 성립요건 중 주권에 해당하지 <u>않은</u> 것은?

① 국가의사를 결정하는 최고의 원동력으로 사용된다.
② 통치권 내지 현실적인 국가권력 그 자체로 사용된다.
③ 국가권력의 최고성·독립성으로 사용된다.
④ 주권이 국가의사로 사용되는 경우는 국가가 법인격을 부정한다.

정답 ④

해설 주권이 국가의사로 사용되는 경우는 국가가 국유재산을 소유하거나 외국과 조약을 체결하는 경우처럼 국가가 법인격을 가짐을 의미하거나 주권의 단일불가분성을 의미하는 경우이다.

02 국가의 3요소 중 영역의 변경에 대한 설명으로 옳지 <u>않은</u> 것은?

① 법적 효과로 국가병합일 경우 병합국의 국적을 취득한다.
② 일부 할양일 경우 할양조약에 의하여 결정되는데, 일반적 관습상으로 정부가 결정권을 주는 것이 보통이다.
③ 할양지의 법에 관한 효과로 할양지의 법은 신법에 의하여 변경될 때까지 효력을 가지는 것이 원칙이다.
④ 자연적 원인이나 국제조약(병합, 할양)에 의하여 변경이 생길 수 있다.

정답 ②

해설 일부 할양일 경우 할양조약에 의하여 결정되는데, 일반적 관습상으로 주민에게 국적 선택권을 주는 것이 보통이다.

02

국내문제 불간섭 의무에 관한 설명으로 옳지 않은 것은?

① 국내문제는 고정된 것이 아니며 국제사회의 발달에 따라 가변적이다.
② 본질적으로 국내 관할권에 속한 사항에 대하여는 UN도 간섭할 수 없다.
③ 국제사법재판소(ICJ)의 판결에 따르면 자발적 경제원조의 중단은 불간섭원칙을 위반한 것이다.
④ 국내문제로 발생한 사건이 국제평화와 안전을 파괴하거나 위협하는 경우에는 UN의 강제조치가 적용될 수 있다.

정답 ③

해설 1983년 니카라과 사건에 관한 내용에서 경제원조는 경제지원국의 일방적 혜택이기 때문에 취소 역시 국내문제에 대한 위법한 간섭은 아니라고 판시하였다.

관련 이론

불간섭 의무

1. 의의
   불간섭 의무란 타국의 국내문제에 간섭해서는 안 된다는 의무이다. 여기서 말하는 간섭이란 어떤 국가가 일정한 상태를 유지 또는 변경시키기 위하여 그의 의사를 상대국에 대하여 강제적으로 개입시키는 것을 뜻하며 이는 일반적으로 국제법상 위법한 것으로 인정된다.

2. 대상
   불간섭 의무의 대상이 국가의 대내문제에 국한되는가에 대해서 논란이 있다. 우선 대내문제에 대해서 불간섭 의무가 존재한다는 것에는 이론이 없으나, 다수설은 불간섭의무의 대상이 대내문제에만 국한되지 않고 대외문제까지도 미치는 것으로 보고 있다. 이는 일반국제법상 국내문제라고 인정되는 것도 국제사회의 사정의 변화에 의하여 국내문제로 간주되지 않게 되는 경우가 많기 때문이다.

3. 예외
   위와 같은 불간섭의무는 반드시 절대적인 것은 아니다. 예외적으로, ① 조약에 의한 간섭, ② 권리의 남용에 대한 간섭, ③ 국제법규의 위반에 대한 간섭, ④ 정통정부의 요청에 의한 간섭, ⑤ 인도를 위한 간섭, ⑥ 자위권에 의한 간섭, ⑦ 국제연합에 의한 평화를 위한 간섭은 적법한 간섭으로 조약이나 국제관습법에 의하여 인정되고 있는 경우도 있다. 적법한 간섭은 반드시 절차에 따라 이루어져야 함은 물론이다.

유사 문제

01 국내문제 불간섭 의무에 관한 설명으로 옳지 않은 것은?

① 국가간의 내정 간섭 금지는 유엔 헌장 제2조 1항의 주권평등 원칙에 기초하고, 유엔의 회원국에 대한 내정간섭금지는 유엔 헌장 제2조 7항에 기초한다.
② 이와 관련된 유명한 유엔 총회 결의로 1970년 우호관계선언이 있으며, 유명한 재판으로는 1986년 니카라과 사건이 있다.
③ 니카라과 사건에서 국제사법재판소는 우호관계선언을 국제관습법으로 판시했기 때문에, 국내문제불간섭원칙을 명문화 한 문서는 우호관계선언이 존재한다고 볼 수 있다.
④ 내정 불간섭의 의무는 정부기관, 개인, 민간회사, 비정부 시민단체(NGO)에 의해 지켜져야 하는 의무이다.

정답 ④
해설 내정 불간섭의 의무는 정부기관에만 부여되는 의무이며, 개인, 민간회사, 비정부 시민단체(NGO)는 내정간섭을 해도 된다.

02 국내문제 불간섭 의무에 관한 설명으로 틀린 것은?

① 국내문제란 국제법에 의해 직접 규율되지 않음으로써, 이는 영토적 개념이다.
② 국내문제 개념은 유동적 상대적이다
③ 오늘날, 국제법의 영역확대와 더불어 국내문제가 대체로 축소되고 있는데, 특히 자국민에 대한 인권탄압에 대한 제3국의 간섭, 인도적 간섭이 증가하고 있다.
④ 간섭 또는 개입(intervention)이란 하나 이상의 국가가 국제법상 근거 없이 타국의 국내 문제에 그 의사에 반해 무력적, 정치적, 경제적 압력의 방법으로 자국의 의사를 강요하는 것을 말한다.

정답 ①
해설 국내문제란 국제법에 의해 직접 규율되지 않음으로써, 일국이 타국의 간섭없이 단독 임의로 처리할 수 있는 사항을 말하는데, 이는 영토적 개념이 아니다.

03

1959년 남극조약에 대한 설명으로 옳은 것은?

① 남극조약은 남극에 군사기지 설치를 허용한다.
② 남극조약은 남극에서 기존 영토주권에 대한 청구권(claim)확대 주장을 허용한다.
③ 남극조약의 적용 대상은 남위 60도 이남의 남극대륙으로서 빙산은 적용 대상이 아니다.
④ 남극조약은 과학적 연구나 평화적 목적을 위한 군의 요원 또는 장비 사용을 허용한다.

정답 ④

해설
① 남극에 군사기지를 설치하는 행위는 남극의 평화적 이용의무에 반한다.
② 남극조약에서는 당사국들의 청구권을 '동결'하였다.
③ 남극조약의 적용대상은 남위 60도 이남의 전 지역을 포괄하므로 빙산도 해당된다.

관련 이론

남극조약

제1조
1. 남극지역은 평화적 목적을 위하여서만 이용된다. 특히, 군사기지와 방비시설의 설치, 어떠한 형태의 무기실험 및 군사훈련의 시행과 같은 군사적 성격의 조치는 금지된다.
2. 이 조약은 과학적 연구를 위하거나 또는 기타 평화적 목적을 위하여 군의 요원 또는 장비를 사용하는 것을 금하지 아니한다.

제2조 국제지구관측년 동안 적용되었던 바와 같은, 남극지역에서의 과학적 조사의 자유와 그러한 목적을 위한 협력은 이 조약의 제 규정에 따를 것을 조건으로 계속된다.

제3조
1. 이 조약의 제2조에 규정된 바와 같이 남극지역에서의 과학적 조사에 관한 국제협력을 증진시키기 위하여, 체약당사국은 아래 사항을 최대한 실현가능하도록 할 것에 합의한다.
   (a) 남극지역에서의 과학적 계획을 가장 경제적이고 능률적으로 실시할 수 있도록 하기 위하여 그 계획에 관한 정보를 교환함
   (b) 남극지역에서 탐험대 및 기지간에 과학요원을 교환함
   (c) 남극지역으로부터의 과학적 관측 및 결과를 교환하고 자유로이 이용할 수 있도록 함
2. 이 조를 실시함에 있어서 남극지역에 과학적 또는 기술적 관심을 가지고 있는 국제연합의 전문기구 및 기타 국제기구와 협조적인 업무관계를 설정하는 것이 모든 방법으로 장려된다.

제4조
1. 이 조약의 어떠한 규정도 다음과 같이 해석되지 아니한다.
   (a) 어느 체약당사국이 종전에 주장한 바 있는 남극지역에서의 영토주권 또는 영토에 관한 청구권을 포기하는 것
   (b) 어느 체약당사국이 남극지역에서의 그 국가의 활동 또는 그 국민의 활동의 결과 또는 기타의 결과로서 가지고 있는 남극지역의 영토주권에 관한 청구권의 근거를 포기하는 것 또는 감소시키는 것
   (c) 남극지역에서의 타국의 영토주권, 영토주권에 관한 청구권 또는 그 청구권의 근거를 승인하거나 또는 승인하지 않는 것에 관하여 어느 체약당사국의 입장을 손상하는 것
2. 이 조약의 발효중에 발생하는 여하한 행위 또는 활동도 남극지역에서의 영토주권에 관한 청구권을 주장하거나 지지하거나 또는 부인하기 위한 근거가 되지 아니하며, 또한 남극지역에서의 어떠한 주권적 권리도 설정하지 아니한다. 이 조약의 발효중에는 남극지역에서의 영토주권에 관한 새로운 청구권 또는 기존 청구권의 확대를 주장할 수 없다.

제5조
1. 남극지역에서의 모든 핵폭발과 방사선 폐기물의 동 지역에서의 처분은 금지된다.
2. 핵폭발과 방사선 폐기물의 처분을 포함하는 핵에너지의 이용에 관한 국제협정이 체결되고, 제9조에 규정된 회의에 대표를 참가시킬 권리를 가지는 모든 체약당사국이 동 협정의 당사국일 경우, 그러한 협정에 따라 정해진 규칙은 남극지역에 적용된다.

제6조 이 조약의 제규정은 모든 빙산을 포함하여 남위 60도 이남의 지역에 적용된다. 그러나 이 조약의 어떠한 규정도 동 지역내의 공해에 관한 국제법상의 어느 국가의 권리 또는 권리의 행사를 침해하거나 또는 어떠한 방법으로도 동 권리 또는 동 권리의 행사에 영향을 미치지 아니한다.

제7조
1. 이 조약의 목적을 증진하고, 또한 이 조약의 제규정의 준수를 확보하기 위하여 이 조약의 제9조에 언급된 회의에 대표를 참가시킬 권리를 가지는 각 체약당사국은 이 조에 규정된 조사를 행할 감시원을 지명할 권리를 가진다. 감시원은 그를 지명하는 체약당사국의 국민이어야 한다. 감시원의 이름은 감시원을 지명할 권리를 가지는 다른 모든 체약당사국에게 통보되며, 또한 그들의 임명의 종료에 관하여도 똑같이 통고된다.
2. 이 조 제1항의 규정에 따라 지명된 각 감시원은 남극지역의 어느 지역 또는 모든 지역에 언제든지 접근할 완전한 자유를 가진다.
3. 남극지역내의 모든 기지, 시설 및 장비와 남극지역에서 화물 또는 사람의 양륙 또는 적재지점의 모든 선박과 항공기를 포함하여 남극지역의 모든 지역은 이 제1항에 따라 지명된 감시원에 의한 조사를 위하여 언제든지 개방된다.
4. 감시원을 지명할 권리를 가지는 어느 체약당사국도 남극지역의 어느 지역 또는 모든 지역에 대한 공중감시를 언제든지 행할 수 있다.
5. 각 체약당사국은 이 조약이 자국에 대하여 발효할 때 다른 당사국에게 아래사항을 통보하고, 그 이후에도 사전에 통고한다.
    (a) 자국의 선박 또는 국민이 참가하는 남극지역을 향한, 또는 남극지역내에서의 모든 탐험대 및 자국의 영역내에서 조직되거나 또는 자국의 영역으로부터 출발하는 남극지역을 향한 모든 탐험대
    (b) 자국의 국민이 점거하는 남극지역에서의 모든 기지 및
    (c) 이 조약 제1조 제2항에 규정된 조건에 따라 남극지역에 들어가게 될 군의 요원 또는 장비

제8조
1. 이 조약 제7조 제1항에 따라 지명된 감시원과 제3조 제1항(b)에 따라 교환된 과학요원 및 그러한 사람을 동행하는 직원은, 이 조약에 따른 자기의 임무의 수행을 용이하게 하기 위하여, 남극지역에서의 모든 사람에 대한 관할권에 관한 체약당사국의 각자 입장을 침해함이 없이, 남극지역에 있는 동안 자기의 임무를 수행할 목적으로 행하는 모든 작위 또는 부작위에 대하여 그들의 국적국인 체약당사국의 관할권에만 복종한다.
2. 남극지역에서의 관할권의 행사에 관한 분쟁에 관계된 체약당사국은 이 조 제1항의 규정을 침해하지 않고, 제9조 제1항(e)에 따른 조치가 채택될 때까지 상호 수락할 만한 해결에 도달하기 위하여 즉시 서로 협의하여야 한다.

제9조
1. 이 조약의 전문에 명시된 체약당사국의 대표는 정보를 교환하고, 남극지역에 관한 공동관심사항에 관하여 협의하고, 아래 사항에 관한 조치를 포함하여 이 조약의 원칙과 목적을 조장하는 조치를 입안하고, 심의하고, 각자의 정부에 권고하기 위하여 이 조약의 발효후 2개월이내에 캔버라시에서, 그 이후에는 적당한 간격을 두어 적당한 장소에서 회합한다.
    (a) 남극지역을 평화적 목적을 위하여서만 이용하는 것
    (b) 남극지역에서의 과학적 연구를 용이하게 하는 것
    (c) 남극지역에서의 국제적 과학협력을 용이하게 하는 것
    (d) 이 조약 제7조에 규정된 조사권의 행사를 용이하게 하는 것
    (e) 남극지역에서의 관할권의 행사에 관한 문제
    (f) 남극지역에서 생물자원을 보존하는 것
2. 제13조에 따른 가입에 의하여 이 조약의 당사국이 된 각 체약당사국은 과학기지의 설치 또는 과학탐험대의 파견과 같은 남극지역에서 실질적인 과학적 연구활동을 행함으로써 남극지역에 대한 자국의 관심을 표명하는 동안, 이 조 제1항에 언급된 회의에 참가할 대표를 임명할 권리를 가진다.
3. 이 조약의 제7조에 언급된 감시원으로부터의 보고는 이 조 제1항에 언급된 회의에 참가하는 체약당사국의 대표에게 전달된다.
4. 이 조 제1항에 언급된 조치는 그 조치를 심의하기 위하여 개최되는 회의에 대표를 참가시킬 권리를 가지는 모든 체약당사국이 승인하였을 때에 효력을 발생한다.
5. 이 조약에서 설정된 어느 권리 또는 모든 권리는 이 조에 규정된 바에 따라 그러한 권리의 행사를 용이하게 하는 어떠한 조치가 제안되었거나 심의되었거나 또는 승인되었는지의 여부에 관계없이 이 조약의 발효일자로부터 행사될 수 있다.

제10조 각 체약당사국은 어느 누구도 남극지역에서 이 조약의 원칙 또는 목적에 반대되는 어떠한 활동에 종사하지 않도록 하기 위하여 국제연합헌장에 따른 적절한 노력을 경주할 것을 약속한다.

제11조
1. 이 조약의 해석 또는 적용에 관하여 둘이상의 체약당사국간에 분쟁이 발생할 경우, 동 체약당사국은 교섭, 심사, 중개, 조정, 중재, 사법적 해결 또는 그들이 선택하는 다른 평화적 수단에 의하여 분쟁을 해결하기 위하여 그들 상호간에 협의하여야 한다.
2. 위에 따라 해결되지 않는 상기와 같은 성격의 분쟁은, 각각의 경우에 모든 분쟁당사국의 동의를 얻어 국제사법재판소에서 해결하도록 회부되어야 한다. 그러나 분쟁당사국은 국제사법재판소에 회부하는 일에 대하여 합의에 도달하지 못한 경우에도 이 조 제1항에 언급된 평화적 수단중 어느 것에 의하여 분쟁을 해결하도록 계속 노력할 책임을 면하지 못한다.

제12조
1. (a) 이 조약은 제9조에 규정된 회의에 대표를 참가시킬 권리를 가지는 체약당사국의 일치된 합의에 의하여 언제든지 수정 또는 개정될 수 있다. 그러나 수정 또는 개정은 수탁국 정부가 전기한 모든 체약당사국으로부터 그것을 비준하였다는 통고를 접수한 때에 발효한다.
   (b) 그 이후의 그러한 수정 또는 개정은 수탁국 정부가 다른 체약당사국으로부터 비준하였다는 통고를 접수한 때에 다른 체약당사국에 대하여 발효한다. 다른 체약당사국중 이 조 제1항(a)의 규정에 따라 수정 또는 개정의 발효일자로부터 2년의 기간내에 비준통고가 접수되지 않은 국가는 동 기간의 만료일자에 이 조약으로부터 탈퇴한 것으로 간주된다.
2. (a) 이 조약의 발효일자로부터 30년이 경과한 후, 제9조에 규정된 회의에 대표를 참가시킬 권리를 가지는 어느 체약당사국이 수탁국 정부에 대한 통보에 의하여 요청할 경우, 이 조약의 운영을 재검토하기 위한 모든 체약당사국회의가 될 수 있는 한 조속히 개최된다.
   (b) 상기 회의에서 제9조에 규정된 회의에 대표를 참가시킬 권리를 가지는 체약당사국의 과반수를 포함하여, 그 회의에 참가한 체약당사국의 과반수에 의하여 승인된 이 조약의 수정 또는 개정은 회의종료 즉시 수탁국 정부에 의하여 모든 체약당사국에 통보되고, 또한 이 조 제1항의 규정에 따라 발효한다.
   (c) 위와 같은 수정 또는 개정이 모든 체약당사국에 통보된 일자로부터 2년의 기간이내에 이 조 제1항(a)의 규정에 따라 발효하지 않을 경우, 어느 체약당사국도 동기간의 만료후 언제든지 수탁국 정부에게 이 조약으로부터의 탈퇴를 통고할 수 있으며, 이러한 탈퇴는 수탁국 정부가 통고를 접수한 2년후에 발효한다.

제13조
1. 이 조약은 서 명국 에 의하여 비준되어야 한다. 이 조약은 국제연합회원국 또는 이 조약 제9조에 규정된 회의에 대표를 참가시킬 권리를 가지는 모든 체약당사국의 동의를 얻어 이 조약에 가입하도록 초청받은 다른 국가에 의한 가입을 위하여 개방된다.
2. 이 조약의 비준 또는 가입은 각국이 그 헌법절차에 따라 행한다.
3. 비준서 및 가입서는 이 조약에서 수탁국 정부로 지정된 미합중국 정부에 기탁된다.
4. 수탁국 정부는 모든 서명국 및 가입국에 대하여 각 비준서 또는 가입서의 기탁일자 및 이 조약의 발효일자와 조약의 수정 또는 개정의 발효일자를 통보한다.
5. 이 조약은 모든 서명국 이 비준서를 기탁한 때에 그들 국가 및 가입서를 기탁한 국가에 대하여 발효한다. 그 이후 이 조약은 어느 가입국이 가입서를 기탁한 때에 그 가입국에 대하여 발효한다.
6. 이 조약은 국제연합헌장 제102조에 따라 수탁국 정부에 의하여 등록된다.

제14조 이 조약은 영어, 불어, 러시아어 및 서반아어본이 동등히 정본이며, 미합중국정부 기록보존소에 기탁된다. 미합중국정부는 서명국 정부 및 가입국 정부에게 이 조약의 인증등본을 송부한다.

유사 문제

01 다음 중 남극조약에 대한 설명으로 타당하지 <u>않은</u> 것은?

① 남극조약 제6조는 공해에 대해 규정하였지만 공해의 정의와 범위가 분명히 규정된 것이 없고, 이것은 해저와 하층토에 대해서도 마찬가지로 규정이 없다.
② 지리적 정의(6조)에 따라 남위 60도 남쪽의 땅과 하늘과 바다가 조약 대상으로 정해졌다.
③ 특정 국가가 이를 독차지하면 안 된다는 공감대 속에 트루먼 미국 대통령이 남극 중립화를 위한 협상을 제안했다.
④ 1959년 6월 1일 미국 워싱턴DC에서 12개국 대표가 첫 회담을 연 뒤 6개월 만에 합의에 이르렀고 1961년 6월 23일 남극조약이 발효됐다.

정답 ③

해설 특정 국가가 이를 독차지하면 안 된다는 공감대 속에 1958년 5월 아이젠하워 미국 대통령이 남극 중립화를 위한 협상을 제안했다.

02 다음 중 남극조약에 대한 설명으로 옳지 <u>않은</u> 것은?

① 환경보호에 관한 남극조약 의정서(일명 마드리드 의정서)가 1991년 체결됨에 따라 1998년 발효 후 50년간 자원 개발을 금지하기로 했다.
② 조약은 남극의 평화적 이용, 과학적 탐사의 자유, 영유권 주장, 핵실험 금지를 명문화 하고 있으며 추가로 생태계 보전 관련 내용도 명문화 되었다.
③ 남극 조약 자문 회의(Antarctic Treaty Consultative Meeting)를 통해 남극 지역의 운영과 관리를 논의하고 있으며 남극조약 가입 47개 나라 중 28개 나라가 이 회의에 참석할 수 있는 권한을 가지고 있다.
④ 조약 발효 중에 영유권의 확대나 신규 선포는 금지되지만 조약 발효 전에 선포된 영유권을 포기(renunciation)하는 건 아니라는 조항이 있다.

정답 ②

해설 조약은 남극의 평화적 이용, 과학적 탐사의 자유, **영유권의 동결**, 핵실험 금지를 명문화 하고 있으며 추가로 생태계 보전 관련 내용도 명문화 되었다.

04

1982년 UN 해양법협약상 해적 행위와 관련된 관할권의 행사에 대한 설명으로 옳지 않은 것은?

① 해적 선박을 나포한 국가의 법원은 부과될 형벌을 결정할 수 있다.
② 모든 국가는 해적에 의하여 탈취된 선박도 나포할 수 있다.
③ 모든 국가는 해적에 의하여 탈취된 선박 내에 있는 재산을 압수할 수 있다.
④ 모든 국가는 공해상의 해적 선박과 해적 항공기에 대하여 관할권을 행사하여야 한다.

정답 ④

해설 공해상의 해적행위는 보편관할권의 적용대상이나, 임의적 보편관할권으로 국가에게 관할권 행사의 '권리'를 부여한 것으로 보며, 해적행위 처벌의 '의무'를 부과한 것은 아니다.

관련 이론

유엔해양법협약 제101조(해적행위의 정의) 해적행위라 함은 다음 행위를 말한다.
(a) 민간선박 또는 민간항공기의 승무원이나 승객이 사적 목적으로 다음에 대하여 범하는 불법적 폭력행위, 억류 또는 약탈 행위
  (i) 공해상의 다른 선박이나 항공기 또는 그 선박이나 항공기내의 사람이나 재산
  (ii) 국가 관할권에 속하지 아니하는 곳에 있는 선박·항공기·사람이나 재산
(b) 어느 선박 또는 항공기가 해적선 또는 해적항공기가 되는 활동을 하고 있다는 사실을 알고서도 자발적으로 그러한 활동에 참여하는 모든 행위
(c) (a)와 (b)에 규정된 행위를 교사하거나 고의적으로 방조하는 모든 행위

해적행위의 주체

해적행위의 주체의 경우 민간 선박이나 항공기의 승무원이나 승객이어야 한다. 따라서 정부 소속인 공적 선박이 해양에서 범죄를 저질렀을 경우, 이 범죄는 해적행위에 포괄되지 않는다고 한다.

해적행위의 공간

해적행위가 이루어지는 공간의 경우에는 공해나 국가관할권에 속하지 않는 장소여야 한다.

해양법협약 제58조 제2항

제88조부터 제115조까지의 조문은 EEZ에도 적용된다고 하였기 때문에, 해적행위의 지리적 범위에는 모든 국가의 배타적경제수역(EEZ)도 포함이 된다. 하지만 특정 국가의 영해 내에서 이루어지는 범죄 행위의 경우 해적 행위로 보지 않는다고 한다.
또한 선박이나 항공기가 다른 선박이나 항공기의 사람이나 재산에 대해 행하는 불법적 폭력, 억류, 약탈 행위 등 불법적 행위라는 조건을 충족하여야 한다. 따라서 한 선박 안에서 이루어지는 선상반란의 경우에는 해적행위가 될 수 없다고 한다.

해적행위의 목적

해적행위의 목적은 재물 약탈 등 사적 목적에 국한된다. 따라서 정부를 전복하는 등 정치적인 목적을 가진다면 이는 해적행위에 포함되지 않는다고 한다.

유사 문제

01 1982년 UN 해양법협약상 공해에 대한 설명으로 옳지 <u>않은</u> 것은?

① 공해는 특정국가 또는 각 국가의 영역에 속하지 않으며 어떤 국가도 배타적으로 관할이 허용되는 수역이다.
② 공해사용의 자유는 모든 국가는 타국에 대하여 부당한 손해를 끼치지 않는 범위 내에서 공해를 자유로이 사용할 수 있는 것을 말한다.
③ 항행의 자유가 인정되는데, 모든 국가의 선박, 항공기는 자유로이 공해를 항행할 수 있지 만, 항행에 관한 국제법상의 규칙을 준수해야 한다.
④ 국제법이 허용하는 인공도 및 기타 시설을 설치하는 자유가 인정된다.

정답 ①
해설 공해는 특정국가 또는 각 국가의 영역에 속하지 않으며 어떤 국가도 배타적으로 관할할 수 없는 특수한 수역이다.

02 1982년 UN 해양법협약상 해적 행위와 관련된 관할권의 행사에 대한 설명으로 틀린 것은?

① 사유의 선박 또는 항공기의 승무원이나 승객이 사적인 목적을 위하여 공해상에서나 기타 국가 관할권 이외의 지역에서 타 선박, 항공기 또는 그 선박 내의 인원이나 재산에 대해 행하는 불법적인 폭력 행위, 압류 및 탈취행위를 말한다.
② 국제법상 해적행위가 되기 위해서는 공적 목적의 행위일 것, 공해상에서 발생할 것, 해적선과 피해적선이라는 두 선박이 있을 것 등을 충족해야 한다.
③ 요건을 충족시키지 않으면 국제법상 해적이 아니므로, 국가들은 보편적 관할권을 행사할 수가 없다.
④ 유엔 안보리는 소말리아 과도정부의 동의를 얻은 후 제한적으로 외국 군함의 소말리아 영해 진입을 허용하였다.

정답 ②
해설 국제법상 해적행위가 되기 위해서는 **사적 목적**의 행위일 것, 공해상에서 발생할 것, 해적선과 피해적선이라는 두 선박이 있을 것 등을 충족해야 한다.

05

국제분쟁의 해결 방식인 중재재판과 사법재판에 관한 설명으로 옳지 않은 것은?

① 중재재판의 판정과 사법재판의 판결은 분쟁당사국에 대하여 구속력을 갖는다.
② 중재재판에는 국제사법재판소(ICJ) 재판과 달리 상급심에 상소가 인정된다.
③ 중재재판의 당사국 사이에 합의만 성립되면 어떠한 분쟁도 중재재판에 회부될 수 있다.
④ 중재재판부의 구성과 재판의 준칙은 국제사법재판소(ICJ)와 달리 당사자의 합의로 결정한다.

정답 ②

해설 국제재판소의 재판과정에서 중재재판과 ICJ 사법재판은 모두 단심제이다.

관련 이론

국제상설중재재판소의 개요

국제상설중재재판소는 평화적인 문제해결을 추구하는 만큼, 네덜란드 헤이그 평화궁에 위치해있다. 본 재판소의 영어 명칭은 Permanent Court of Arbitration로, 그 약자를 따 PCA라고 불린다. PCA는 1899년 '제1회 헤이그 평화 회의'에서 체결된 '국제 분쟁의 특정한 처리 방법을 위한 조약'에 의거해 1899년 설립되었고, 이는 국가 간 분쟁 해결을 위한 재판소 중 가장 오래된 국제기구이다.

또한, 이 재판소는 전통적인 의미의 헌법 재판소라기보다는, 특별한 국가 간 분쟁을 해결하기 위해 분쟁 해결의 장을 제공하는 동시에, 국제법에 기초한 현대적이고 다면적인 중재기관으로 운영되고 있다. 그렇기 때문에, 국제사법재판소 (International Court of Justice)와 같이 고정된 법관이 있는 것이 아니라, 사건이 없는 경우에는 법관 명단만 존재하다가, 신청하는 국가들의 동의와 중재 재판의 허가가 나면 헤이그 평화궁 (Peace Palace, Vredespaleis)에서 재판을 시작한다. 하지만 PCA가 오직 국가 간의 분쟁 해결을 하는 기구는 아니다. 국가 간의 분쟁뿐만 아니라, 범정부적 기구 간의 분쟁이나 국제 조약에 따른 개인 정당 간의 분쟁을 해결하기도 한다. PCA가 재판을 다루는 범위는 영토분쟁, EEZ (Exclusive Economic Zone, 배타적 경제 수역)과 같은 해양 경계선, 주권 (Sovereignty), 인권, 국제 투자, 그리고 국제 및 지역 간 무역까지 다루는 만큼 다양하다.

또한 PCA는 비정부기구(Non-governmental organization)가 아니기 때문에, PCA에서 일하는 위원분들도 사건마다 급여를 받는다. 국제사법재판소 (International Court of Justice)와는 다르게, PCA는 UN산하 기구가 아니기 때문에 UN에서 따로 지급되는 운영비는 없다고 한다. 그렇기에 PCA의 운영을 위해서 PCA 같은 경우는 사건마다 받는 금액을 정하고 중재 재판을 시작한다고 한다.

1. 1928년, 국제상설중재재판소는 팔마스 섬 (Palmas / Miangas)을 놓고 분쟁을 하던 미국과 네덜란드의 사건을 두고 네덜란드의 영토로 인정해주었다. 물론, 당시에는 식민지 시대여서 그랬던 것이고, 지금은 인도네시아 영토이다.
2. 1998년, 예멘과 에리트레아가 하니쉬 섬(Hanish Islands)의 실효적 지배를 두고 분쟁할 때, 국제상설중재재판소는 예멘의 손을 들어줬다. 하니쉬 섬은 홍해에 위치한 섬이다. 이 분쟁에선 실제로 총격전도 오고 갔다 이는 약 1995년 12월 15일부터 17일까지 3일간 일어난 사건이었다.
3. 2006년에는 바베이도스와 트리니다드 토바고 간의 해양 경계를 정하는데 있어서 분쟁이 있었다. 두 국가는 모두 카리브해에 위치한 섬 국가들이기 때문에 그만큼 해양 경계선이라는 것이 중요했다. 이 문제는 UNCLOS (United Nations Convention on the Law of the Sea)의 지원으로 PCA에서 해결되었다.
4. 남중국해에 있어서 중국이 아닌 필리핀의 영유권을 인정해줬다. 필리핀이 먼저 UNCLOS의 권유 아래, PCA에 문제 해결을 요청하였지만, 중국은 남중국해 문제가 주권과 관련되어있기 때문에, PCA의 결정은 효력이 없다고 주장하였다.

유사 문제

01 국제분쟁의 중재재판에 대한 설명으로 타당하지 <u>않은</u> 것은?

① "중재"란 분쟁 당사자 간의 합의로 법원의 재판이 아닌 당사자들이 제3자를 중재인으로 선정해 중재인의 판정에 의하여 분쟁을 해결하는 제도이다.
② 중재를 통해서 진행 중인 사건 자체에 대해서는 별도로 소송을 제기할 수 없으며, 중재 성립 시 법원의 확정판결과 동일한 효력이 발생한다.
③ 중재합의는 분쟁에 대한 법원의 관할권을 배제하는 약속이므로 중재제도는 국가의 법원이 아닌 민간인에 의한 자주적 분쟁해결 방법, 또는 다른 표현으로 사적 재판이다.
④ 법원의 재판에 비하여 중재제도는 2심제이기 때문에 분쟁이 신중하게 해결된다.

정답 ④
해설 법원의 재판에 비하여 중재제도는 단심제이기 때문에 분쟁이 신속히 해결된다.

02 국제분쟁의 상설중재재판(PCA)에 대한 설명으로 타당하지 <u>않은</u> 것은?

① 국제사법재판소는 국제연합(UN)의 산하 기구로 국제연합 조직의 일부지만 상설중재재판소는 국제연합과는 완전히 별개인 국제기구이다.
② 국제사법재판소는 국가와 국가 간의 분쟁을 다루는 것과 마찬가지로, 상설중재재판소는 국가 간의 분쟁만을 맡고 있다.
③ 15명의 판사로 구성된 재판부가 늘 있는 국제사법재판소와는 달리 상설중재재판소는 소송이 제기될 때마다 그때그때 재판소가 구성된다.
④ 국제사법재판소의 규범과 재판 절차 등은 가입국들이 합의한 조약에 준거하는 반면, 상설중재재판소는 각 소송마다 분쟁당사자 간의 합의를 통해 규범이나 절차가 만들어 진다.

정답 ②
해설 국제사법재판소는 국가와 국가 간의 분쟁만 다루는 반면, 상설중재재판소는 국가 간의 분쟁은 물론, 국제기구나 기업, 개인과 나라 간의 분쟁도 맡고 있다.

06

국제형사재판소(ICC)에 대한 설명으로 옳지 않은 것은?

① ICC는 UN과 별개의 국제법인격을 갖는 독립된 국제기구이다.
② ICC는 UN 안전보장이사회 결의에 의하여 회부된 국제범죄사건을 다룰 수 없다.
③ ICC는 ICC 로마규정이 발효된 2002년 이후의 국제범죄에 대해서만 관할권을 갖는다.
④ ICC 로마규정의 당사국이 된 국가는 ICC의 관할범죄에 대한 재판관할권을 수락한 것이 된다.

[정답] ②

[해설] ICC설치를 위한 로마협약에 따르면, 안보리는 세 종류의 제소장치 중 하나이다. 이에 따라서 안전보장이사회도 UN헌장 제7장의 적용을 조건으로 ICC 관할대상범죄에 대해 제소할 수 있다.

관련 이론

국제형사재판소(ICC) 개요

국제형사재판소(ICC)는 2002년 로마규정이라는 조약에 의해 설립된 상설 국제 재판소이다. 국제형사재판소는 전적으로 독립된 주체로, 유엔에 소속되어 있지는 않으나 합의에 의해 유엔과 관계를 맺고 있다. 국제형사재판소는 집단살해죄, 전쟁범죄, 반인도범죄 및 침략범죄와 같은 국제 범죄로 개인을 소추할 수 있다. 국제형사재판소는 2002년 이후 발생한 범죄에 대해서만 관할권이 있다. 국제형사재판소의 범죄에 대한 관할권은 범죄가 국제형사재판소 당사국 영토 내에서 발생하거나, 피의자가 당사국 국적자인 경우에 적용된다. 또한 관련 국가가 국제형사 재판소 당사국이 아닌 경우에도 유엔 안전보장이사회는 해당국 상황을 국제형사재판소에 회부하여 조사하도록 요청할 수 있다.

로마규정을 비준한 국가는 2022년 기준 123개국이다. 대한민국과 일본은 로마규정을 비준했으나, 중국, 북한, 러시아, 미국은 비준하지 않았다. 북한 내 인권 상황에 관한 조사위원회는 2014년 보고서에서 안전보장이사회가 북한 상황을 국제형사재판소에 회부할 것을 권고했으나, 아직 안전보장 이사회는 해당 상황을 회부하지 않았다.

유사 문제

01 국제형사재판소에 대한 설명으로 옳지 <u>않은</u> 것은?

① 2010년 6월 11일 로마규정 재검토회의에서 침략 범죄의 정의와 관할권 행사 조건이 최종적으로 합의되었다.
② 로마규정이 발효한 2002년 7월 1일 이후 발생한 범죄에 대해 범행 당시 18세 이상의 자연인에 대해서만 관할권 행사가 가능하다.
③ 개인과 법인이나 단체와 달리 국가에 대하여는 관할권 행사가 불가능하다.
④ 국내 재판소가 관할권을 행사하여 재판을 진행하면 ICC는 관할권 행사가 원칙적으로 불가능한 데 이를 일반적으로 '보충성의 원칙'이라고 한다.

정답 ③
해설 법인이나 단체, 국가에 대하여는 관할권 행사가 불가능하다.

02 국제형사재판소(ICC)에 대한 설명으로 옳지 <u>않은</u> 것은?

① ICC는 당해 행위가 발생한 영역국(만약 범죄가 선박이나 항공기에서 발생한 경우에는 그 선박이나 항공기의 등록국), 범죄 혐의자의 국적국 중 1개국 이상의 로마규정 당사국 또는 ICC의 관할권을 수락한 국가가 소추관에게 관련 상황을 회부하거나 소추관이 독자적으로 수사를 개시하는 경우에 관할권 행사가 가능하다.
② 로마규정의 당사국이거나 ICC의 관할권을 수락한 국가가 아니라고 하더라도 유엔 안전보장이사회가 관련 상황을 소추관에게 회부한 경우에는 관할권 행사가 가능하다.
③ 유엔 안전보장이사회의 ICC 회부는 거부권 없는 9개 이사국의 찬성이 필요하다.
④ 당사국은 재판소 관할권에 속하는 하나 또는 그 이상의 범죄의 범행에 대하여 1인 또는 그 이상의 특정인이 책임이 있는지 여부를 결정하기 위하여 그러한 범죄가 범하여진 것으로 보이는 사태를 수사하도록 소추관에게 요청하여, 재판소 관할권에 속하는 하나 또는 그 이상의 범죄가 범하여진 것으로 보이는 사태를 소추관에게 회부할 수 있다.

정답 ③
해설 유엔 안전보장이사회의 ICC 회부는 5개 상임이사국을 포함한 9개 이사국의 찬성이 필요하며, 상임이사국이 거부권을 행사하는 경우에는 회부를 할 수 없다.

07

국제법과 국내법의 관계에 관한 설명으로 옳지 않은 것은?

① 이원론에 의할 때 조약은 원칙적으로 직접적인 국내적 효력을 갖지 않는다.
② 조약 당사국은 조약 불이행에 대한 정당화의 사유로 자국 국내법을 원용할 수 없다.
③ 미국 연방헌법에 의할 때 조약은 미연방을 구성하는 각 주의 법률보다 우위이나 주의 헌법보다는 하위의 효력을 갖는다.
④ 영국의 판례는 일부 판례를 제외하면 국제관습법에 대하여 수용이론을 적용하고 있다.

정답 ③

해설 미국 연방헌법에서 연방의 모든 법률은 주의 헌법이나 법률보다는 상위법이다. 조약은 연방 법률과 동등한 효력이 있으므로 주의 법률이나 헌법보다 상위규범으로 평가된다.

관련 이론

국제법과 국내법의 관계가 실정법상의 문제로 대두되면서 이론적 검토가 이루어진 것은 다분히 근대적 현상이며, 권력분립제도와 성문헌법의 제정이 늘어나면서 국제법과 국내법의 접촉 및 충돌이 빈번해진다. 전통적으로 국제법과 국내법의 관계를 설명하는 이론은 크게 일원론과 이원론으로 대비되어 왔는데, 이러한 이론의 틀에 집착하기보다는 국제법이란 개별 국가의 국내법 질서를 통해 구현된다는 인식에 기반한 실용적 접근이 이루어지고 있다.

국제법의 국내적 적용에 관해서는 통일된 국제규범이 존재하지 않으며 이는 개별 국가가 자국 헌법질서 속에서 해결해야 할 문제로 인식되는 바, 일목요연한 논리나 법이론으로 설명하기 어려운 것이 현실이다. 이러한 배경하에서 이론적으로는 '변형이론'과 '수용이론'이 분석의 틀을 제공하고 있으며, 현실적으로는 이 두 가지 이론이 상호 복합적인 양상으로 구현되고 있다. 즉, 대표적 이원론 국가인 영국, 조약의 국내적 효력을 자기집행적 조약과 비자기집행적 조약으로 구분하는 미국, 조약의 국내적 효력과 직접 적용성의 개념을 구별하는 일본 등 다양한 형태를 시현하고 있다.

한편, 우리나라는 일원론에 기반하여 수용방식을 채택하고 있으며 우리 법원도 이러한 해석에 기반하여 판결을 내리고 있다. 이원론을 취하는 경우 원칙적으로 국제법의 국내적 효력이 부인되기 때문에 국제법과 국내법 간 직접적인 충돌, 양자간 우선순위 문제는 발생하지 아니한다. 반면, 일원론에 입각한 국가에서는 거의 필연적으로 국제법과 국내법의 충돌 문제가 발생한다. 이에 일원론 국가에서는 우선적으로 국내 법령의 개정이나 조약에 유보를 붙이는 등 예방적 수단에 의한 충돌 방지를 모색한다. 예방적 수단에 의한 충돌 방지가 여의치 않아 종국적으로 국내법 체계 내에서 국제법과 국내법의 충돌이 발생할 경우에는, 국내법 규정 간 충돌 시 이를 해결하는 일반 원칙인 '특별법 우선의 원칙(lex specialis derogat leges generales)'과 '신법 우선의 원칙(lex posteori rule)'이 적용된다.

이러한 방법 외에도 국제법을 국내법과 합치되도록 또는 국내법을 국제법과 합치되게 해석함으로써 양자간 충돌을 회피하거나 조정하기도 한다. 특히 국내 법원이 국제법을 해석함에 있어 두 가지 이상의 국내법 해석 가능성이 있는 경우에는, 국제법과 일치되는 해석을 채용하여야 한다는 '국내법의 국제법 합치해석'이 시행되고 있다.

유사 문제

01 국제법과 국내법의 관계에 관한 설명으로 옳지 <u>않은</u> 것은?
① 국제법과 국내법이 하나의 법체계를 형성하고 있다.
② 국제법은 국내법에 대해 위임의 우위를 형성하고 있다.
③ 국제법은 국내법보다 상위이고 국제법에 위반되는 국내법이 당연 무효이다.
④ 국제법에 반하는 국내법이 바로 무효가 되는 것은 아니기 때문이다.

정답 ③
해설 국제법은 국내법 상위이고 국제법에 위반되는 국내법이 무효가 되나 이러한 주장은 국제법 현실과는 거리가 멀다.

02 국제법과 국내법의 관계에 관한 설명으로 옳지 <u>않은</u> 것은?
① 국제법에 반하는 국내법이 무효라고 판정한다.
② 국내판결을 이유로 국제법을 위반할 수 없다고 본다.
③ 국내법을 이유로 국제법을 위반할 수 없다.
④ 이원론에 따르면, 국제법은 국제관계에 적용되는 법규범으로 그 자체로는 국내적으로 효력을 갖지 아니한다.

정답 ①
해설 국제법에 반하는 국내법이 무효라고 판정하지 아니한다.

08

1972년 우주 물체에 의하여 발생한 손해에 대한 국제책임에 관한 협약에 따른 책임문제의 설명으로 옳은 것은?

① UN 헌장과 1967년의 우주조약을 포함한 국제법과 일치하지 않는 발사국의 활동 결과로 야기된 손해에 대해서는 피해국의 과실 여부에 관계없이 발사국이 절대책임을 진다.
② 우주 물체가 지구 표면의 사람에 끼친 손해에 대해서 발사국은 피해자의 중대한 과실 유무의 입증에 관계없이 절대책임을 진다.
③ 지구 표면 이외의 영역에서 발사국의 우주 물체가 다른 발사국의 우주 물체에 대해 손해를 끼친 경우에 발사국은 피해국의 과실 유무에 상관없이 배상책임을 진다.
④ 손해는 달과 기타 천체를 포함한 외기권, 대기권에서 발생한 손해를 의미하고 지구 표면에서 일어난 손해는 제외한다.

[정답] ①

[해설]
② 가해자의 고의나 과실을 요구하지 않는 무과실 책임 또는 절대책임이 규정되어 있다.
③ 지구표면 이외의 경우 피해국은 가해국의 고의 또는 과실을 입증할 책임이 있다. 즉, 이 경우는 과실책임이 원칙이다.
④ 지구표면이나 비행중인 항공기에 대한 손해를 포함하는 개념이다.

관련 이론

우주조약의 유형

1. 우주조약

1967년 발효된 우주 관련 최초의 조약으로서, 평화로운 우주활동에 관한 프레임워크 역할을 한다. 우주의 헌법이라고 할 수 있으며 달과 다른 천체를 포함한 우주의 비전유원칙을 선언함으로써 우주에 대한 영유권 문제를 종식시켰다는 점에서 의미가 있다.
정식명칭은 '달과 기타 천체를 포함한 외기권(외우주)의 탐색과 이용에 있어서의 국가활동을 규율하는 원칙에 관한 조약(Treaty on Principles Governing the Activities of States in the Exploration and Use of Outer Space, including the Moon and the Other Celestial Bodies)'이며, 단축해서 우주조약(Space Treaty) 또는 외우주조약(Outer Space Treaty)라고 부른다.
1967. 1. 27. 미국, 영국, 소련 3국의 주도로 워싱턴 D.C., 런던 및 모스크바에서 조약문을 작성했고, 107개국이 참여했다. 발효는 1967. 10. 10. 되었으며, 우리나라는 10. 13. 서명하면서 조약에 참여하였다. 2024년 6월 현재 115개 당사국이 있으며, 23개국이 서명했지만 아직 비준을 완료하지 않았다.
우주조약은 우주(외기권)의 자유롭고 평화로운 탐색 및 이용, 우주 무기의 설치 금지, 한 국가의 소유 또는 전용 금지, 우주인에 대한 원조 제공, 발사 물체에 대한 국가의 손해배상 책임 등의 내용을 담고 있다.
당시로서는 우주개발은 국가 또는 주권의 개념 하에서 상정되었지만, 지금은 민간(예컨대 스타링크 네트워크, 스페이스 엑스 등)에 의한 우주 개발이나 이주자의 자유나 인권까지도 고려해야 하므로 이런 측면에서 실효성 문제를 제기하는 견해도 있다.
나아가 사유영역을 가질 수 없다는 조항 때문에 우주 개척이나 투자 유치에 장애물이 되거나 분쟁의 원인을 제공할 수 있다는 우려도 있고, 다른 사람이 자신의 공간에 들어와도 이를 금지할 수 없다는 우려도 있다.
법적으로는 소유금지 조항은 사유재산을 긍정하는 유엔인권선언과도 충돌하고 있다는 지적이 있으나 우주에서 사유재산을 인정하게 되면 결국 강대국에 의한 과거의 식민지 경쟁을 반복하는 결과가 될 수 있다는 반론도 있다.

2. 우주구조반환협정

1967년 우주조약의 세부조약으로서 1968. 5. 9. 뉴욕에서 체결되었다. 정식명칭은 'Agreement on the Rescue of Astronauts, the Return of Astronauts and the Return of Objects Launched into Outer Space(우주비행사의 구조 및 반환 그리고 우주에 발사된 물체

의 반환에 관한 협정'이다. 우리나라도 가입하였다(1969. 4. 4. 조약 제296호). 협정에 서명한 국가의 지역에 사고 등으로 긴급 착륙을 한 우주비행사의 구조를 돕고, 발사물체가 낙하한 경우 이를 거두어 반환한다는 내용이 포함되어 있다.

3. 우주손해책임협약

1967년 우주조약의 세부조약으로서, 1972. 3. 29. 워싱턴, 런던, 모스코바에서 체결되었다. 정식명칭은 'Convention on International Liability for Damage Caused by Space Objects(우주물체에 의하여 발생한 손해애 대한 국제책임에 관한 협약)'로서 우주 물체에 대한 국가의 절대적 책임을 규정한 조약이다. 그러나 민간기업에 의하여 발생한 손해에 대해서는 책임 소재를 밝히지 않고 있다. 우리나라도 가입하였다(1980. 1. 14. 조약 제702호).

관련하여 우리나라는 2007. 우주손해배상법을 제정했으나 상호주의 원칙을 취하고 있다는 점에서 우주손해책임협약과는 상이한 체계를 가지고 있다.

4. 우주물체등록협약

1967년 우주조약의 세부조약으로서 1975. 1. 14. 뉴욕에서 체결되었다. 정식명칭은 'Convention on Registration of Objects Launched into Outer Space(우주에 발사된 물체의 등록에 관한 협약)'이다. 우리나라도 가입하였다(1981. 10. 15. 조약 제761호). 이는 외기권 발사물체에 대한 등록 및 관리, 외기권 발사물체에 대한 확인 절차 등을 포함하고 있다.

우리 정부는 우주개발진흥법 제8조(국내등록) 및 제9조(국제등록) 등 관련 법규 및 국제 조약에 따라 우주공간에서 사용하는 것을 목적으로 설계, 제작된 인공우주물체의 체계적 관리 등을 위해 '국내외 우주물체 등록제'를 운영중에 있는데, 이 등록제에 의하면 인공우주물체(우주발사체 제외)를 발사하려는 경우 발사 예정일로부터 180일 전까지 과학기술정보통신부장관에게 예비등록해야 하고, 그 인공우주물체가 위성궤도에 진입한 날부터 90일 이내에 과학기술정보통신부장관에게 등록해야 한다.

5. 달협정

1979. 12. 18. 체결된 협정이다. 정식명칭은 '달 및 기타 천체의 국가 활동을 관리하는 협정(Agreement Governing the Activities of States on the Moon and Other Celestial Bodies)'이며 간단하게 달협정 또는 달 조약(Moon Treaty)이라고 부른다. 2022년 1월 기준 18개 국가가 조약 당사국으로 참여했으나 2023. 1. 5. 사우디아라비아가 탈퇴한 이후 아르테미스 협정을 체결하였고, 미국과 러시아, 중국, 영국을 비롯한 선진우주개발국들은 가입하지 않았고, 우리나라는 아직 가입하지 않고 있다. 따라서 우주 개발국가에 의하여 외면당하고 있다는 평가를 받고 있다.

달협정의 핵심은 달과 그것의 천연자원은 '인류공동의 유산'이라고 명시하고 있는 제11조 제1항이다. 나아가 제11조 제2항은 우주조약 제2조와 동일하게 주권의 주장 금지, 국가 전유의 금지를 확인하고 있다. 나아가 제11조 제3항은 달의 천연자원은 그 누구의 재산이 될 수 없으며 달에 대한 소유권 주장을 금지하고 있다.

6. 기타

UN 가이드라인으로서, '우주활동의 장기 지속가능성을 위한 가이드라인', '우주폐기물 감축 가이드라인', '우주에서 핵연료 사용에 관한 원칙' 등이 존재한다. 참고로 UN 소속 UNOOSA(United Nations Office for Outer Space Affairs)에서 담당을 하고 있다.

아르테미스 약정(Artemis Accords)

아르테미스 계획은 21세기 미국의 달 탐사 계획으로서, 달에 유인탐사와 우주정거장 건설 등을 목표로 하는 프로젝트이다. 과거 미국의 아폴로 계획의 후속 사업으로 보면 된다. 아르테미스 계획은 2017. 12. 11. 당시 대통령이던 트럼프의 우주정책명령 제1호 서명으로 시작되었다.

아르테미스 약정은 아르테미스 계획을 진전시키기 위한 정부간 국제 조약으로서, 1967년 제정된 우주조약에 근거하여 평화로운 목적의 우주 개발을 주요 골자로 하고 있고, 2020년 10월 13일 처음에는 미국을 포함한 8개국(미국, 호주, 캐나다, 이탈리아, 일본, 룩셈부르크, 영국, UAE)이 약정에 참여하고 있고, 우리나라도 2021년 이 약정에 10번째로 서명했다. 현재는 전세계 36개국이 서명한 상태이나, 중국, 러시아, 중국 등은 참여하지 않고 있다.

우주자원의 탐사, 이용, 채굴과 관련한 여덟번째 원칙에 대하여 논란이 많은데, 미국의 경우 1967년 우주조약은 영토주권을 통한 전유금지라는 점에서 우주자원의 전유금지와는 관련이 없다고 주장하고 있다. 이러한 주장은 달 협정의 내용과도 충돌하고 있는데, 참고로 미국은 달 협정에 가입되지 않은 상태이다. 이처럼 우주자원의 사유 등을 놓고 국제적인 갈등이 발생하고 있다.

유사 문제

01 우주조약에 대한 설명으로 타당하지 않은 것은?

① 우주의 군사적 이용은 국가의 군사체계에 인공위성을 활용하는 우주의 군사화(space militarization)와 우주에 실용무기체계 그 자체를 도입하는 우주의 무기화(space weponisation)로 규정된다.
② 1967년 우주조약이 지구 주변 궤도에 핵무기를 탑재한 대량파괴무기의 배치만을 금지하고 있다.
③ 1972년에 발효한 우주손해책임협약은 우주조약의 원칙을 확장하여 98개국(대한민국은 포함)이 비준한 협약으로, 우주 물체에 의해 지구의 표면이나 항공기에 발생한 피해에 대한 절대적 책임을 규정한 조약이다.
④ 우주손해책임협약은 발사 주체와 상관없이, 한 국가의 영토에서 또는 그 국가의 주도 아래 발사가 이루어진 경우 해당 국가는 그로 인한 손해에 대한 전적인 책임을 부담한다.

정답 ③
해설 1972년에 발효한 우주손해책임협약은 우주조약의 원칙을 확장하여 98개국(대한민국은 제외)이 비준한 협약으로, 우주 물체에 의해 지구의 표면이나 항공기에 발생한 피해에 대한 절대적 책임을 규정한 조약이다.

02 우주조약에 대한 설명으로 타당하지 않은 것은?

① 달과 기타 천체를 포함한 외기권 우주가 모든 인류의 영역(province of all mankind)으로서 모든 국가가 자유롭게 탐색하고 이용할 수 있다.
② 책임협약에서 손해배상 청구권자는 국가가 되지만 자연인 또는 법인도 책임협약을 원용하여 발사국을 상대로 직접 청구할 수는 있다.
③ 책임협약은 '피해자 중심주의'(victim-oriented)를 내세워, 우주손해피해자에게 충분하고 형평성 있는 배상이 신속히 행하여지도록, 실체 면과 절차 면에서 비교적 상세하게 규정한 협약이다.
④ 우주물체에 의해 생긴 손해에 관한 배상청구와 관련하여, 외교적 보호권 행사의 요건인 "국내적 구제절차의 완료"(exhaustion of local remedies)의 원칙이 완화된 특징을 보여주고 있다.

정답 ②
해설 책임협약에서 손해배상 청구권자는 국가가 되기 때문에 자연인 또는 법인이 책임협약을 원용하여 발사국을 상대로 직접 청구할 수는 없으며 피해를 입은 자연인 또는 법인의 국적국이 피해국으로서 책임협약을 근거로 손해배상을 청구하는 것이다.

09

1969년 조약법에 관한 비엔나협약이 규정하고 있는 조약에 관한 설명으로 옳지 않은 것은?

① 조약에 대한 유보는 협약에서 달리 규정하지 않는 한 언제든지 철회가 가능하나 그 철회를 위해서는 동 유보를 수락한 국가의 동의가 필요하다.
② 누구든지 적절한 전권위임장을 제시하는 경우 조약에 대한 국가의 기속적 동의를 표시하기 위한 목적으로 그 국가를 대표하는 것으로 간주된다.
③ 조약에 대한 국가의 기속적 동의는 비준 이외에도 서명, 문서의 교환, 수락, 승인, 가입 등의 방법으로 표시될 수 있다.
④ 체약국이라 함은 조약의 효력 발생 여부와 상관없이 그 조약에 대한 기속적 동의를 부여한 국가를 의미한다.

정답 ①

해설 1969년 비엔나 조약법협약에서 유보의 철회에는 별도의 유보 수락국의 동의를 요하지 아니한다. 유보에 대한 반대의 철회 역시 언제든지 할 수 있으며, 이 경우에도 유보국의 동의를 요하지 않는다.

관련 이론

1969년 비엔나조약법 협약 용어

제2조(용어의 사용)
① 이 협약의 목적상,
 (a) "조약"이라 함은 단일의 문서에 또는 2 또는 그 이상의 관련문서에 구현되고 있는가에 관계없이 또한 그 특정의 명칭에 관계없이, 서면형식으로 국가간에 체결되며 또한 국제법에 의하여 규율되는 국제적 합의를 의미한다.
 (b) "비준" "수락" "승인" 및 "가입"이라 함은, 국가가 국제적 측면에서 조약에 대한 국가의 기속적 동의를 확정하는 경우에, 각 경우마다 그렇게 불리는 국제적 행위를 의미한다.
 (c) "전권위임장"이라 함은, 조약문을 교섭·채택 또는 정본인증하기 위한 목적으로 또는 조약에 대한 국가의 기속적 동의를 표시하기 위한 목적으로 또는 조약에 관한 기타의 행위를 달성하기 위한 목적으로, 국가를 대표하기 위하여 국가의 권한있는 당국이 1 또는 수명을 지정하는 문서를 의미한다.
 (d) "유보"라 함은, 자구 또는 명칭에 관계없이, 조약의 서명·비준·수락·승인 또는 가입시에, 국가가 그 조약의 일부 규정을 자국에 적용함에 있어서 그 조약의 일부 규정의 법적효과를 배제하거나 또는 변경시키고자 의도하는 경우에, 그 국가가 행하는 일방적 성명을 의미한다.
 (e) "교섭국"이라 함은 조약문의 작성 및 채택에 참가한 국가를 의미한다.
 (f) "체약국"이라 함은, 조약이 효력을 발생하였는지의 여부에 관계없이, 그 조약에 대한 기속적 동의를 부여한 국가를 의미한다.
 (g) "당사국"이라 함은 조약에 대한 기속적동의를 부여하였으며 또한 그에 대하여 그 조약이 발효하고 있는 국가를 의미한다.
 (h) "제3국"이라 함은 조약의 당사국이 아닌 국가를 의미한다.
 (i) "국제기구"라 함은 정부간 기구를 의미한다.
② 이 협약에 있어서 용어의 사용에 관한 상기 1항의 규정은 어느 국가의 국내법상 그러한 용어의 사용 또는 그러한 용어에 부여될 수 있는 의미를 침해하지 아니한다.

유사 문제

01 1969년 조약법에 관한 비엔나협약이 규정하고 있는 조약의 등록에 관한 설명으로 옳지 않은 것은?

① 미등록조약의 일방당사국이 UN기관에서 그 조약의 원용에 반대하는 경우에 적용되며, UN기관들이 직권으로(ex officio) 문제를 제기할 수 있다.
② 미등록된 조약의 당사국들에게만 적용되므로 제3국은 그 조약을 언제든지 원용할 수 있는데, 단 당사국들이 UN기관에서 조약을 단순히 언급한 것을 원용(invoke)이라고 하지는 않는다.
③ 1946년 UN총회 결의인 조약등록과 공포에 관한 규칙(Regulation)에서 등록의무는 제1항상의 '체결하는'이라는 규정과는 달리 조약이 "발효해야" 발생한다.
④ 이전에 등록된 조약이 당사자, 조건, 범위 혹은 적용의 변화를 초래하는 추후의 행위들(개정 또는 종료 포함)은 등록될 수 있고, 모협정을 변경하는 '새' 문서는 등록되어야 한다.

정답 ①
해설 미등록조약의 일방당사국이 UN기관에서 그 조약의 원용에 반대하는 경우에만 적용되며, UN기관들이 직권으로(ex officio) 문제를 제기하지 않는다.

02 1969년 조약법에 관한 비엔나협약이 규정하고 있는 유보에 관한 설명으로 옳지 않은 것은?

① 유보반대는 유보의 허용가능성(permissibility)에 따라 결정된다.
② 다른 체약국에 의한 유보의 수락은 그 조약이 유보국과 다른 유보 수락국에 대하여 유효한 경우에 또한 유효한 기간 동안 유보국이 그 다른 유보 수락국과의 관계에 있어서 조약의 당사국이 되도록 한다.
③ 유보에 다른 체약국의 이의는 이의 제기국이 확정적으로 반대의사를 표시하지 아니하는 한, 이의 제기국과 유보국간에 있어서의 조약의 발효를 배제하지 아니한다.
④ 조약에 대한 국가의 기속적 동의를 표시하며 또한 유보를 포함하는 행위는 적어도 하나의 다른 체약국이 그 유보를 수락한 경우에 유효하다.

정답 ①
해설 유보반대는 유보의 허용가능성(permissibility)에 관계없이 가능하다.

10
세계무역기구(WTO)협정에 따른 최혜국 대우 의무의 정당한 예외 사유가 아닌 것은?

① 개발도상국으로부터 수입되는 물품에 대해서만 특혜 관세를 부여하는 경우
② 문화적 다양성의 보호를 이유로 외국 영화의 상영관 수를 제한한 경우
③ 국제평화와 안보의 유지 그리고 자국의 국가안보를 위해 필요한 경우
④ 자유무역협정 체약국에서 생산된 수입 물품에 대해서만 무관세 대우를 부여하는 경우

> **정답** ②
> **해설** GATT 제4조의 스크린쿼터에 대한 설명인데 스크린 쿼터는 내국민대우원칙에 대한 예외에 해당한다.

관련 이론

최혜국대우(Most Favored Nation Treatment) 원칙

최혜국대우(Most Favored Nation Treatment) 원칙은 GATT 제1조 제1항에 명시되어 있다. 최혜국대우 원칙은 상품이 어느 나라로부터 수입되든지 간에 동일한 제품(like products)이라면 서로 차별하지 않아야 한다는 규정이다. 예를 들면 A라는 나라가 B국으로부터 TV를 수입할 때 10%의 관세를 부과하고 있다면, C국으로부터 수입되는 TV에 대해서도 똑같이 10%의 관세를 부과해야 하며 그 이상의 관세를 부과해서는 안 된다는 것이다. 관세 외에도 통관이나 수출입 절차 등 무역을 하는데 있어서도 특정 국가에만 특별한 대우를 해서는 안 된다는 것이다. 이는 A라는 나라에 수출을 하는 국가들(B국, C국 등)에 대해서 동일한 기회를 보장하고 불리한 대우를 받지 않도록 하기 위한 핵심 원칙이다.

그러나, 특별한 경우에 한해서 최혜국대우에 대한 예외를 허용하고 있다. 예를 들면 공중도덕, 인간 및 동식물의 생명, 건강, 천연자원의 보호를 위해 필요한 경우에는 최혜국대우 원칙에 대한 예외를 인정한다. 또한 GATT 출범 이전부터 역사적으로 존재해 오던 특혜관세제도도 예외적으로 인정해 주고 있다. 예를 들면 영연방국가 간 특혜, 미국과 필리핀 간 특혜 등이 이에 해당한다. 그 밖에도 개도국에 대한 특혜 관세제도를 예외로 인정해 준다. 자유무역협정(FTA)이나 관세동맹(CU)을 체결한 국가들도 최혜국대우 원칙의 예외를 인정받을 수 있다. 예를 들면 냉장고를 수입하는데 모든 무역상대국들에 대해 동일하게 10%의 관세를 적용하나, FTA를 체결한 국가에 대해서는 무관세 혜택이나 더 낮은 관세율을 부여하는 것이 가능하다.

내국민대우(National Treatment) 원칙

최혜국대우와 더불어 GATT의 중요한 핵심원칙으로 내국민대우(National Treatment) 원칙이 있다. GATT 제3조에 규정되어 있는 이 원칙은 수입품이 국내 시장에 들어온 이후 국산품과 수입품을 차별대우해서는 안 된다는 내용이다. 예를 들면 국산품을 보호하기 위한 목적으로 수입품에는 10%의 부가가치세를 적용하고 국산품에는 3%의 세율을 적용해서 수입품에 불리한 대우를 해서는 안 된다는 것이다.

또한 표면적으로는 비차별적으로 보일지라도 수입품의 판매조건이 국산품과 비교해서 사실상(de facto) 또는 위장된(disguised) 차별을 당하는 경우도 금지하고 있다. 전반적으로 내국민대우 원칙은 국산품에 대한 보호주의적 목적을 가진 정책이나 법, 각종 제도를 금지하는데 목적이 있다. 따라서 내국민대우의 적용범위는 상당히 광범위하다. 일반적으로 무역과 관련이 없는 국내 정책이나 제도까지도 포함될 수 있다. 이 때문에 내국민대우 적용 범위와 관련해서 국가 간 분쟁이 더러 발생하기도 한다.

내국민대우 원칙에 대한 예외로 GATT 제20조에 의한 예외(공중도덕, 인간 및 동식물의 생명, 건강 등의 보호를 위한 일반예외조항) 외에도 스크린쿼터제 등이 있다. 영화산업은 경제적인 측면 외에도 국내문화정책을 고려해야 한다는 점에서 내국민대우에 대한 예외를 인정하고 있다. GATT 제4조를 보면, 영화필름에 대한 규제는 스크린쿼터제의 형태를 띠어야 하며 이 제도를 운영하는데 있어서 최혜국대우 원칙은 준수되어야 한다는 점이 명시되어 있다.

한 마디로 요약하면, 최혜국대우 원칙이 여러 수입품들을 차별하지 않고 동등하게 대우해야 한다는 원칙이라면, 내국민대우 원칙은 국산품과 수입품 간에 공정한 경쟁을 보장해야 한다는 원칙이다. 최혜국대우와 내국민대우 원칙 덕분에 세계 무역이 비교우위원칙(comparative advantage)에 따라 공정하게 이루어질 수 있다. 가장 경쟁력 있는 제품이 국제 시장에서 팔릴 수 있는 환경을 보장함으로써 자원의 효율적인 분배가 가능해진다.

또한 특정 국가에 대해 관세를 낮추면 다른 국가에 대해서도 동일하게 관세를 낮추고, 수입품에 대해서 국산품과 동일한 대우를 해야 하기 때문에 무역자유화를 촉진시키는 기능도 하게 된다. 국제무역에 있어서 '차별'과 '불공정'이라는 요소를 없앰으로써 국가 간 분쟁의 소지를 줄일 수도 있다. 수입국 입장에서는 정책이나 규정의 적용이 투명하고 단순해져 행정비용을 최소화할 수 있다는 장점도 있다. 이는 WTO가 최혜국대우와 내국민대우 원칙을 국제무역 시스템의 가장 근간이 되는 원칙으로 내세우고 있는 이유이기도 하다.

유사 문제

01 세계무역기구(WTO)협정에 따른 최혜국 대우 의무에 대한 설명으로 틀린 것은?

① 동종물품의 '수입과 수출'에 적용한다.
② '동종물품'에 대한 협정상 규정 없다.
③ 수출입관세, 수출입과징금, 관세·과징금의 징수방법, 수출입에 관한 규칙과 절차 등을 두고 있다.
④ 수입품의 통관시점에만 적용되는 원칙이다.

정답 ④
해설 수입품의 통관시점 뿐만 아니라 통관 후 운송, 판매, 사용시점에서도 적용된다.

02 세계무역기구(WTO)협정에 따른 최혜국 대우 의무에 대한 설명으로 틀린 것은?

① 최혜국 대우 의무는 즉시, 무조건적으로 적용한다.
② 원산지에 근거한 명백한 법적(de jure) 차별 이외에 원산지에 근거하지 않아도 객관적 상황에서 특정국 제품에만 유리한 혜택을 부여하는 사실상(de facto) 차별도 금지된다.
③ GATS상 정부기능 수행상 제공되는 서비스 등도 적용한다.
④ 인접국간 접경지대에 국한된 서비스 교환 촉진을 위한 특별부여 등의 예외를 두고 있다.

정답 ③
해설 GATS상 예외로 정부기능 수행상 제공되는 서비스 등에 적용한다.

11

국제법의 연원에 관한 설명으로 옳지 않은 것은?

① 일반관행이 국제관습법이 되기 위해서는 국가들에 의하여 법적 구속력 있는 것으로 수락되어야 한다.
② 법의 일반원칙의 내용은 점차 조약과 국제관습법으로 흡수되어 독립적인 재판의 준칙으로 자주 원용되지 않고 있다.
③ 국제사법재판소(ICJ)는 부탁된 사건에 대하여 당사국의 합의여부와 관계없이 형평과 선(ex aequo et bono)을 적용하여 재판한다.
④ UN 사무국에 등록되지 않은 조약도 당사국에 대하여 효력이 발생한다.

정답 ③

해설 형평과 선의 적용을 위해서는 당사국의 합의를 요한다.

관련 이론

형평과 선의 개념

형평과 선은 정의나 자연법과 동의어로 사용된다. 형평과 선은 영미법상의 형평법(equity)의 개념과 완전히 동일한 것은 아니지만 상당히 관련되어 있다. 영미법에서 형평의 요소는 법규칙의 도덕적 근거를 구성한다. 영미법의 형평법 중에서 일부는 법의 일반원칙으로서 국제법으로 인정된 것도 있으나, 일부는 형평과 선으로서 남아 있는 경우도 있다. 즉, 형평과선은 법의일반원칙으로 인정되지 않은 자연적 정의(natural justice)나 자연법을 의미하는 것이며, 법의일반원칙과 달리 그 자체가 국제법의 법원은 아니라고 할 수 있다. 16, 17세기에는 자연법이 국제법의 주요 법원이었으나, 국제법률 실증주의가 주도적인 오늘날은 ICJ 규정 제38조 2항이 규정하는 바와 같이 "당사자가 합의하는 경우에 한하여" 형평과 선에 의해(ex aequo et bono) 재판할 수 있을 뿐이다. 이에 비하여, 국제사법재판소가 법의 일반원칙으로 인정된 형평의 원칙을 적용할 때는 분쟁당사자의 특별한 합의가 필요하지 않다고 보아야 한다. 왜냐하면, 법의 일반원칙은 국제법의 법원으로서 국제사법재판소가 제38조 1항에 의해 재판의 규범으로 사용할 수 있기 때문이다. 한편, 국제사법재판소는 지금까지 한 번도 제38조 2항에 따른 판결을 내리지 않았다. 중재재판이나 기타의 재판소에서도 때때로 형평과 선에 의해 입각하여 재판할 권리가 부여되고 있다. 그러나, 명시적으로 그러한 수권이 없는 한에서는 조약, 국제관습법, 법의 일반원칙을 무시하고 형평과 선에 입각하여 판결을 내릴 수는 없다고 보아야 한다.

유사 문제

01 국제법의 연원 중 국제관습법에 관한 설명으로 옳지 <u>않은</u> 것은?

① 관행은 일정기간 동안 지속적으로 반복됨으로써 그 내용이 명확해지고 특히 특별한 이해관계국이 반응할 기회가 제공된다.
② 오랜 기간 동안 아무 반응을 하지 않으면 최소한 거절이나 반대의 의사로 해석될 수 있다.
③ 설사 모순되는 실행이 있어도 곧바로 다수 국가에 의해 기존 관행이 다시 복원된다면 계속성은 재확인되고 강화된다.
④ 법적 확신 여부에 대해 국가간 첨예한 대립이 있다면 법적 확신의 불성립을 의미한다.

정답 ②
해설 오랜 기간 동안 아무 반응을 하지 않으면 최소한 묵인의 의사로 해석될 수 있다.

02 강행규범에 관한 설명으로 옳지 <u>않은</u> 것은?

① 1966 서남아프리카 사건 (ICJ)에서 ICJ가 비록 국제법상의 민중적 쟁송의 개념은 부인하였으나 대세적 의무의 존재 가능성은 인정하였다는 것도 이해되어야 한다.
② 바로셀로나 사건 판결에서 강행규범의 의무를 근거하면서 침략의 금지의무, 집단살해금지의무, 노예매매 및 인종차별의 금지 등을 예시했다.
③ 1976년 국가책임법 잠정 초안에서 침략금지의무와 같이 국제평화와 안전의 유지를 위해 본질적으로 중요한 국제의무의 중대한 위반을 근거했다.
④ 1979년 테헤란 외교·영사직원사건 (ICJ)에서 법적 의무의 강행적 성격이라는 표현이 있지만 이는 이란의 위반행위의 중대성을 부각시키려는 것일 뿐이며, 당해 의무가 대세적임을 강조하려는 것은 아니다.

정답 ②
해설 바로셀로나 사건 판결에서 대세적 의무를 근거하면서 침략의 금지의무, 집단살해금지의무, 노예매매 및 인종차별의 금지 등을 예시했다.

12

UN의 권한으로 UN 헌장에 명시되지 <u>않은</u> 것은?

① 평화파괴국에 대한 비군사적 강제조치
② 침략국에 대한 군사적 강제조치
③ 평화유지군의 파견을 통한 강제조치
④ 지역적 기관을 이용한 강제조치

정답 ③

해설 PKO(평화유지활동)은 국제연합 헌장에 명시적 규정을 두지 않고 있으며, 이는 단순히 UN관행상 실행되고 있다.

관련 이론

유엔 평화유지활동(UN Peacekeeping Operations) 개요

1. 설치경과
    ① 동서 냉전체제하에서 유엔헌장의 집단 안전보장조치가 현실적으로 불가능해짐에 따라, 대체수단으로 도입
    ② 분쟁의 확산방지를 통해 분쟁해결의 유리한 여건조성에 국한되는 소극적 개념으로 출발
    ③ 최근 분쟁성격의 다양화 및 유엔의 개입범위 확대로 평화조성, 평화강제를 포함하는 적극적 개념으로 발전중
2. 기능
    ① '90년대까지는 정전감시, 병력철수 감시 등 분쟁해결을 위한 여건조성 및 재발 방지에 중점을 두는 소극적 개념
    ② '00년대 이후 전투병력의 무장해제 및 사회적응, 치안유지, 민주화 지원, 난민귀환, 법제도 정착 등 적극적이고 다양한 범위로 확대
3. 구성형태
    ① 비무장 소규모의 장교들로 구성되는 군사감시단과 경무장, 대규모의 장교·사병들로 구성되는 평화유지군(평화유지 활동, 무력불사용원칙)으로 분류
    ② 유엔승인 다국적군-강제행사(무력사용)를 포함한 평화유지임무 수행, 접수국의 동의와 유엔승인에 의해 설치되나 독자적인 연합사령부 구성 및 독자경비 지출
4. 운영방안
    ① 안보리, 사무총장에게 PKO설치 여부 보고서 제출요청
    ② 사무총장, PKO활동계획서 안보리에 제출
    ③ 안보리 PKO계획서 심의(임무 및 활동기간 명시)
    ④ 사무총장, PKO참여대상국과 비공식 교섭 시행
    ⑤ 사무총장, 총회에 PKO 소요예산 승인요청 및 총회, 예산 승인
    ⑥ 사무총장, 접수국(분쟁당사국)과 「유엔 PKO 지위에 관한 협정(SOFA)」체결
    ⑦ 사무총장, PKO 인원현지 비치 및 결과보고, 안보리, 필요시 PKO임무기간 연장결정
5. 재정
    ① '00년 제55차 총회를 통해 분담금 제도 개편, 소득기준에 따라 10개 분담금 그룹으로 분류
    ② A그룹(안보리 상임 이사국)부터 J그룹(최빈국, 48개국)까지 10개 그룹이며 한국은 5년에 걸쳐 B그룹(선진25개국)으로 이전
    ③ UN의 PKO 경비는 '00년 25억 달러였으며 꾸준히 증가하여 '08년 현재 71억 달러
6. 주요 활동
    ① 분쟁당사국의 PKO 활동 동의, 분쟁당사자 간 중립성 유지, 자위적 목적 하에서만 군사행동 허용원칙
    ② PKO는 '48년 이래 총 63개 설치, '08.7월 현재 22개 119개국에서 약8만8천명 활동중
    ③ 유엔승인 다국적군은 1990년 걸프전 이후 총 13개 설치, '08.7월 현재 아프가니스탄, 이라크 다국적군 활동
7. 한국과의 관계
    ① '93년 소말리아 공병부대 파병을 시작으로 앙골라, 동티모르, 사이프러스, 서부사하라, 부룬디 등에서 평화유지활동 완수
    ② '08.6월 현재 인도·파키스탄, 그루지아, 라이베리아 등 8개의 PKO에 403명 참여 중

유사 문제

01 국제연합의 권한에 대한 설명으로 타당하지 않은 것은?

① UN이 국제관계의 중심을 제도적으로 뒷받침하기 위해 제2조5항(UN이 취하는 조치에 대한 회원국 원조의무), 제25조(안보리 결정에 대한 회원국의 수락과 이행), 제49조(회원국의 안보리 조치에 대한 상호 원조), 제103조(헌장상 의무의 우선) 등이 있다.
② '평화를 위한 단결 결의'상 '평화파괴'와 '침략행위'시 총회는 회원국에게 무력 사용을 포함한 집단적 조치를 권고 가능하다.
③ 안보리는 제12장과 제13장에 의하여 부과된 국제신탁통치제도에 관한 임무를 수행한다.
④ 어떠한 분쟁도 그의 계속이 국제평화와 안전의 유지를 위태롭게 할 우려가 있는 것일 경우, 그 분쟁의 당사자는 우선 교섭·심사(enquiry)·중개(mediation)·조정(conciliation)·중재재판·사법적 해결·지역적기관 또는 지역적협정의 이용 또는 당사자가 선택하는 다른 평화적 수단에 의한 해결을 구한다.

정답 ③
해설 총회는 제12장과 제13장에 의하여 부과된 국제신탁통치제도에 관한 임무를 수행한다.

02 국제연합의 권한에 대한 설명으로 타당하지 않은 것은?

① 안전보장이사회는 필요하다고 인정하는 경우 당사자에 대하여 그 분쟁을 그러한 수단에 의하여 해결하도록 요청한다.
② 안전보장이사회는 제33조에 규정된 성격의 분쟁 또는 유사한 성격의 사태의 어떠한 단계에 있어서도 적절한 조정절차 또는 조정방법을 권고할 수 있다.
③ 안전보장이사회는 어떠한 '분쟁'에 관하여도 분쟁의 모든 당사자가 요청하는 경우 그 분쟁의 평화적 해결(pacific settlement)을 위하여 당사자들에게 조치할 수 있다.
④ 경제사회이사회는 안전보장이사회에 정보를 제공할 수 있으며, 안전보장이사회의 요청이 있을 때에는 이를 원조한다.

정답 ③
해설 안전보장이사회는 어떠한 '분쟁'에 관하여도 분쟁의 모든 당사자가 요청하는 경우 그 분쟁의 평화적 해결(pacific settlement)을 위하여 당사자들에게 권고할 수 있다.

13

2001년 UN 국제법위원회(ILC)의 국제위법행위에 대한 국가책임 초안에 따르면 국가의 행위로 귀속될 수 없는 경우는?

① 지방자치단체가 해외 투자를 유치하는 행위
② 국가기관이 자신의 권한을 초과하거나 지시를 위반하는 행위
③ 민간단체가 국가의 위임을 받아 교도소를 운영하는 행위
④ 타국에 파견된 공무원이 사인의 자격에서 하는 행위

[정답] ④

[해설] 국가책임 초안에서 아무리 공무원의 행위라 하더라도 직무수행이 아닌 사적 행위는 사인의 행위에 불과하기 때문에 원칙적으로 국가의 행위로 인정되지 않는다.

관련 이론

2001년 UN 국제법위원회(ILC)의 국제위법행위에 대한 국가책임 초안

제2장 행위의 국가로의 귀속

제4조(국가기관의 행위)
1. 모든 국가기관의 행위는 국제법상 그 국가의 행위로 간주된다. 이는 그 기관이 입법, 행정, 사법 또는 기타 다른 기능을 수행하는지 여부, 그 기관이 국가조직상 어떠한 위치를 차지하고 있는지 여부, 그 기관의 성격이 중앙정부기관 또는 지방정부기관인지를 불문한다.
2. 기관은 당해 국가의 국내법에 따라 그 같은 지위를 가진 모든 개인 또는 단체를 포함한다.

제5조(정부권력 요소를 행사하는 개인 또는 실체의 행위) 제4조에 의한 국가기관은 아니지만 당해 국가의 법에 의하여 정부권한(공권력)을 행사할 권한을 부여받은 개인 또는 실체의 행위는 국제법상 당해 국가의 행위로 간주된다. 다만, 이는 그 개인 또는 실체가 구체적 경우에 있어서 그러한 자격으로 행동하는 경우에 한한다.

제6조(타국에 의하여 한 국가의 통제 하에 놓여진 기관의 행위) 타국에 의하여 한 국가의 통제 하에 놓여진 기관의 행위는, 그 기관이 자신이 그 통제에 놓여진 국가의 정부권한(공권력)의 행사로서 행동하는 경우, 국제법상 통제국의 행위로 간주된다.

제7조(권한초과 또는 지시위반) 국가기관 또는 정부권한(공권력)을 행사하도록 권한을 위임받은 개인 또는 실체의 행위는 그 기관, 개인 또는 실체가 그 자격으로 행동하는 경우, 그 행위자가 자신의 권한을 넘어서거나 또는 지시를 위반한다 하더라도, 국제법상 그 국가의 행위로 간주된다.

제8조(국가에 의하여 감독되거나 통제된 행위) 개인 또는 집단의 행위는 그들이 그 행위를 수행함에 있어서 사실상 한 국가의 지시를 받거나 그 지시 또는 통제 하에서 행동하는 경우 국제법상 그 국가의 행위로 간주된다.

제9조(공적기관의 부재 또는 직무수행이 불가능한 상태에서 수행된 행위) 개인 또는 집단이 공적기관의 부재 또는 직무수행이 불가능한 때, 정부권한(공권력)의 행사가 요구되는 상황에서 사실상 그러한 권한을 행사하는 경우, 그러한 사인 또는 사인단체의 행위는 국제법상 국가의 행위로 간주된다.

제10조(반란단체 또는 다른 단체의 행위)
1. 한 국가의 신정부를 구성하게 되는 반란단체의 행위는 국제법상 그 국가의 행위로 본다.
2. 기존 국가의 영토의 일부 또는 그 국가의 관할하의 영토에서 신생국 수립에 성공한 반란단체 또는 기타 단체의 행위는 국제법상 그 신생국의 행위로 본다.
3. 본 조는 문제된 단체의 행위와 어떻게 관련되었든, 제4조 내지 제9조에 의하여 그 국가의 행위로 간주될 수 있는 모든 행위가 국가로 귀속되는 것에 영향을 미치지 않는다.

제11조(국가에 의하여 자국의 행위로 인정되고 수락된 행위) 전조들에 의하여 국가로 귀속될 수 없는 행위일지라도 국가가 문제의 행위를 자국의 행위로 인정하고 수락하는 경우, 그 범위 내에서는 국제법상 그 국가의 행위로 본다.

유사 문제

01 국가책임 초안상 국가의 귀속성에 대한 설명으로 타당하지 않은 것은?

① 국가에 의한 어떠한 의무의 어떠한 위반에 대해 기원이 무엇이든 간에 즉, 연원과 내용에 관계없이 국가책임을 성립시킨다.
② 국제인도법 분야, 유엔 해양법협약 분야, 위험한 결과에 대한 책임 분야에 대해서는 객관적 책임이론이 적용된다.
③ 국가책임법은 자기완비적체제이다.
④ 국가의 모든 국제위법행위는 국가기관의 고의 또는 과실에 기인하며, 고의 또는 과실이 있음으로써 위법행위가 성립한다.

정답 ②
해설 국제인도법 분야, 우주물체 배상책임 분야, 위험한 결과에 대한 책임 분야에 대해서는 객관적 책임이론이 적용된다.

02 국가책임 초안상 국가의 귀속성에 대한 설명으로 타당하지 않은 것은?

① 혼합청구 경우 현지구제절차는 국제청구, 혹은 청구와 관련된 선언적 판결을 요구하는 것이 국민이나 초안 규정 제8조에 언급된 다른 사람(타국민)의 피해에 기초하여 압도적으로 제기된 경우에는 완료되어야 한다.
② 국가책임은 국가의 행위가 상업적인 것으로 혹은 비권력적 행위(acta jure gestionis)가 될 수 있는 것과는 연계된다.
③ 일부 연방국의 헌법상 그 구성국들에게 독자 조약체결권이 부여된 경우(스위스 연방헌법 제56조 3항), 협정 위반의 책임을 당 구성국에게만 묻기로 합의하였다면 연방의 책임은 없다.
④ 개인 또는 집단이 "그 행위를 수행함에 있어서"(in carrying out the conduct) 사실상 한 국가의 지시(instructions)에 의하거나 그 지휘(direction 지도) 또는 통제(control)에 따라 행동한 경우에는 그 개인 또는 집단의 행위는 '국제법상' 그 국가의 행위로 간주된다.

정답 ②
해설 국가책임은 국가의 행위가 상업적인 것으로 혹은 비권력적 행위(acta jure gestionis)가 될 수 있는 것과는 상관없다.

14

1982년 UN 해양법협약에 관한 설명으로 옳지 않은 것은?

① 배타적 경제수역(EEZ)에서 연안국은 해양과학조사 및 해양환경보호에 대한 관할권을 갖는다.
② 타국의 영해를 통항하는 핵물질 또는 유독 물질을 운반 중인 선박은 무해통항권 자체가 인정되지 않는다.
③ 영해의 경계를 획정할 때 항만체계와 불가분의 일체를 이루는 가장 바깥의 영구적인 항만시설은 해안의 일부를 구성한다.
④ 자국의 EEZ에서 불법 조업을 하던 타국 어선을 해양경찰선박이 추적하여 공해상에서 나포한 것은 정당한 추적권의 행사이다.

정답 ②

해설 핵물질 운반 선박이나 핵추진 선박은 적절한 조건을 갖춘 경우 원칙적으로 무해통항권이 인정된다.

관련 이론

「해양법에 관한 국제연합협약 (United Nations Convention on the Law of the Sea, hereunder 'UNCLOS」 제17조는 "연안국이거나 내륙국이거나 관계없이 모든 국가의 선박은 이 협약에 따라, 영해에서 무해통항권을 향유한다."고 규정하고 있다. 한편 「영해 및 접속수역법, 이하 영해법이라고 함」 제5조 제1항은 "외국 선박은 대한민국의 평화·공공질서 또는 안전보장을 해치지 아니하는 범위에서 대한민국의 영해를 무해통항할 수 있다."고 규정하고 있는데, 위 조항은 UNCLOS 제17조를 국내 입법한 것으로 그 의의와 내용이 UNCLOS 제17조가 규정하는 외국선박의 '무해통항권(The right of innocent passage)'과 동일하다. 그런데 대한민국 헌법 제6조 제1항은 "헌법에 의하여 체결·공포된 조약과 일반적으로 승인된 국제법규는 국내법과 같은 효력을 가진다."고 규정하고 있으므로, 대한민국이 적법하게 체결·공포한 조약인 UNCLOS는 대한민국의 국내법과 동일한 효력을 가진다고 보아야 한다. 나아가 UNCLOS의 국내법적 효력과 관련해서는, UNCLOS의 규제 대상과 내용 등이 입법에 관한 사항에 관한 것이라는 점을 감안하면, UNCLOS는 대한민국 법률인 영해법과 동일한 지위를 가진다고 할 것이다. 이에 따라 동일한 법률로서의 지위를 가지는 UNCLOS와 영해법의 적용의 순위 등이 문제될 수 있다. 그러나 영해법은 UNCLOS의 규정 중 영해와 접속수역에 관한 부분만을 규정하고 있고, 그 내용도 UNCLOS 그것과 완전히 동일하지는 않을 뿐만 아니라, 위 법률 제7조는 "대한민국의 영해 및 접속수역과 관련하여 이 법에서 규정하지 아니한 사항에 관하여는 헌법에 의하여 체결·공포된 조약이나 일반적으로 승인된 국제법규에 따른다."는 명문규정을 두고 있으므로, 대한민국 영해의 통항방법에 관해서는 영해법이 우선적으로 적용되어야 한다. 영해의 통항방법에 관해 영해법 제5조 제1항은 외국선박에 대한 원칙적 무해통항을 인정하면서도, 제2항에서는 일정한 경우에는 외국선박의 무해통항권을 부정하고 있다. 특히 영해법 제5조 제2항에서 규정하고 있는 13가지의 행위는 대한민국의 평화·공공질서 또는 안전보장을 해치는 것으로 간주되는데, 위 조항에서 규정하는 무해통항에서 제외되는 사유들은 UNCLOS 제19조에서 규정하는 무해통항에서 제외되는 사유들과 거의 동일하다. 그런데 영해법 제5조의 규정에도 불구하고, 실무상 영해법의 해석 및 적용에 있어서는 특정 선박의 행위가 영해법 제5조에서 규정하는 무해한 것인지 여부가 항상 명확하지는 않다. 영해법 제5조 제2항은 동 조에서 유해한 통항으로 간주하는 사유의 경우에도, 일정한 사유에 대해서는 대한민국 관계 당국의 허가·승인 또는 동의를 받은 경우에는 유해한 통항으로 간주하지 않고 있는데, 외국 선박의 특정한 행위가 영해법 제5조 제2항 단서에서 규정하는 예외사유에 해당하는지 여부가 문제가 될 수 있다. 특히 영해법 제5조는 외국선박의 대한민국 영해 내에서의 무해통항권을 인정하면서도, 동 법 제8조 제1항에서는 외국선박이 영해법 제5조 제2항을 위반한 때에는 외국선박의 승무원이나 그 밖의 승선자는 5년 이하의 징역 또는 3억 원 이하의 벌금에 처하고, 정상을 고려하여 필요할 때에는 해당 선박, 기재(器材), 채포물(採捕物) 또는 그 밖의 위반물품을 몰수할 수 있도록 규정하고 있다.

유사 문제

01 1982년 UN 해양법협약에 관한 설명으로 옳지 <u>않은</u> 것은?

① 해안이 한 국가에 속하는 만에 한하여 적용한다.
② 만의 자연적 입구 양쪽의 저조지점간의 거리가 24해리를 넘지 아니하는 경우, 폐쇄선(closing line)을 두 저조지점간에 그을 수 있으며, 이 안에 포함된 수역은 내수로 본다.
③ 근해시설(off-shore installations)과 인공섬은 영구적인 항만시설로 본다.
④ 직선기선은 간조노출지"까지" 또는 간조노출지"로부터" 설정할 수 없다.

정답 ③

해설 근해시설(off-shore installations)과 인공섬은 영구적인 항만시설로 보지 아니한다.

02 1982년 UN 해양법협약에 관한 설명으로 틀린 것은?

① 항로대를 지정·대체하거나 통항분리방식을 설정·대체함에 있어 군도국가는 권한 있는 국제기구에 제안을 회부하여 채택되도록 한다.
② 그 국제기구는 군도국가가 동의한 항로대와 통항분리방식만을 채택할 수 있으며, 그 후 군도국가는 이를 지정·설정 또는 대체할 수 있다.
③ 군도기선을 적용하려는 국가는 논리적으로 먼저 자신이 군도국가임을 선언해야 하는데, 군도국가에게 군도직선기선을 그을 '의무'가 있다.
④ 해양과학조사선과 수로측량선을 포함한 외국선박은 통과통항중 해협연안국의 사전허가 없이 어떠한 조사활동이나 측량활동도 수행할 수 없다.

정답 ③

해설 군도기선을 적용하려는 국가는 논리적으로 먼저 자신이 군도국가임을 선언해야 한다. 물론 군도국가에게 군도직선기선을 그을 '의무'가 있는 것은 아니다.

15
국제사법재판소(ICJ)의 권고적 의견(advisory opinion)에 대한 설명으로 옳지 <u>않은</u> 것은?

① ICJ 당사국은 자국이 관련된 법률적 문제에 대하여 ICJ의 권고적 의견을 요청할 권리가 없다.
② ICJ는 UN 총회로부터 허락받은 UN 전문기구에 대하여 법적 자문을 제공하기 위해 권고적 의견을 줄 수 있다.
③ UN 총회와 안전보장이사회는 ICJ에 그 어떤 법적 문제에 대해서도 권고적 의견을 요구할 수 있다.
④ ICJ는 권고적 관할권을 행사함에 있어 계쟁사건에 적용되는 ICJ 규정과 규칙의 관련 사항을 따르지 않을 수 있다.

[정답] ④

[해설] ICJ는 권고적 관할권을 행사함에 있어 계쟁사건에 적용되는 ICJ 규정과 규칙의 관련 사항을 권고적 관할권에 대해서도 계쟁사건 관련 규칙은 원칙적으로 적용된다. 즉, 임시재판관제도는 계쟁사건에 대한 제도이나, 권고적사건에서도 적용된다.

관련 이론

국제사법재판소(ICJ) 케이스 현황

국제사법재판소(ICJ)는 권고적 의견을 요청받는 경우, 그 요청된 법적 문제에 대한 의견을 제공할 권한(관할권)이 있는지를 우선 확인하고, 만일 관할권이 존재한다고 결론 내리면 그러한 관할권의 존재에도 불구하고 이 관할권 행사를 재량적으로 거부해야 할 사유가 있는지를 살펴본다. ICJ는 총회나 안보리 등이 요청한 권고적 의견을 반드시 제공해야 할 의무가 있는 것은 아니며 ICJ의 재량권이 인정되기 때문이다. ICJ는 유엔의 주요 사법기관으로서 본연의 역할에 비추어 적절하지 않은 권고적 의견 부여는 재량적으로 거부해야 한다는 입장을 정립해왔다. 단, ICJ는 오직 "강력한(긴요한) 사유"가 있는 경우에만 권고적 의견을 거부할 수 있다고 보고 있다. ICJ는 아직 재량권에 근거하여 권고적 의견요청을 거부한 적이 없으나, 국가들은 그간 여러 권고적 의견 사건의 심리과정에서 다양한 종류의 강력한 사유를 제시해왔다. 그중 특히 분쟁의 사법적 해결에 대한 동의의 원칙을 회피하고자 하는 경우에 권고적 의견 부여가 부적절하다는 점이 지속 제기되어왔다. 현재 ICJ는 현재 유엔총회의 요청에 따라 차고스(Chagos) 군도를 둘러싼 영국과 모리셔스 간 영토분쟁을 배경으로 1965년에 차고스 군도를 모리셔스로부터 분리한 것의 법적 결과에 대한 권고적 의견을 심리하고 있다. 차고스 군도 권고적 의견 요청에서 가장 문제가 되는 선결적 쟁점도 바로 이 동의 원칙의 문제라고 할 수 있다. ICJ는 권고적 의견 부여가 분쟁을 사법적으로 해결하는 실질적 결과를 가져오는 경우에는 이를 거부해야 함을 인정하면서, 권고적 의견 부여가 동의관할권 원칙을 회피해서는 아니 된다고 판시해왔다. 다만, ICJ는 이 원칙의 실제 적용에 있어서는 극히 소극적인 입장을 보이고 있다. 해당 사안이 유엔에 있어서 직접적이고 첨예한 관심사라면 단지 이 문제가 양자간 분쟁 사안이라는 사유만으로 권고적 의견 부여를 거부할 수 없다고 보기 때문이다.

차고스 군도 권고적 의견 심리과정에서 영국은 차고스 군도를 둘러싼 영국과 모리셔스간 영토주권 분쟁이 존재하며 영국이 이 분쟁의 재판회부에 동의하지 않고 있다는 점이 권고적 의견 요청을 거부해야 할 강력한 사유가 된다고 주장한다. 이에 반해 모리셔스는 유엔총회의 직접적 관심사인 탈식민 문제를 다루는 데 필요한 법적 지침 제공이 목적이며, 단지 양국간 분쟁 사안이라는 이유만으로 권고적 의견 요청을 거부할 수는 없다고 지적하면서 동의 원칙이 우회되었다고 볼 수 없다는 논리를 제시한다. 한국 정부가 제출한 서면의견은 동의 원칙과 관련하여 권고적 의견 요청을 거부해야 할 강력한 사유가 존재한다고 볼 수 있는 세 가지의 예시적 기준을 제안하고 있다. 첫째는 권고적 의견의 목적(object), 둘째는 핵심쟁점 또는 핵심사안(subject matter), 셋째는 배타적 권리 문제에 대한 법원 고유의 사법적 기능(inherent judicial function)에 대한 것이다. 한국 서면의견이 제시한 예시적 기준은 유엔 활동에 대한 법적 자문 제공이라는 권고적 의견 제도의 본래 목적과 사법기관으로서 ICJ의 고유 기능 간에 적절한 균형을 찾기 위한 현실적 고려에 근거하여, 국제사법체제의 신뢰 제고에 도움을 줄 수 있는 실용적 가이드로서 제시되었다. 이 서면 의견은 한국 정부가 ICJ의 절차에 참여하여 제출한 사상 최초의 법적 의견서라는 점에서 의미가 있다. 향후 ICJ가 차고스 군도 권고적 의견 요청에 대해 어떤 식으로든 최종적 결론을 내리게 된다면 이는 현대 국제법의 발전에 다양한 함의를 갖게 될 것으로 예상되는 바, 이 사건에 계속 관심을 갖고 다양한 후속 연구를 통해 토의해 보아야 할 것으로 생각된다.

유사 문제

01 국제사법재판소(ICJ)에 대한 설명으로 옳지 않은 것은?

① 업무의 신속한 처리를 위하여 재판소는, 당사자의 요청이 있는 경우 간이소송절차로 사건을 심리하고 결정할 수 있는, 5인의 재판관으로 구성되는 소재판부를 매년 설치한다.
② 재판소를 다른 국가(other States)에 대하여 개방하기 위한 조건은 "발효 중인 각 조약의(in treaties in force)" 특별한 규정에 따를 것을 조건으로 국제사법재판소가 정한다.
③ 일방당사자가 재판소에 출석하지 아니하거나 또는 그 사건을 방어하지 아니하는 때에는 타방당사자는 자기의 청구에 유리하게(in favor of its claim) 결정할 것을 재판소에 요청할 수 있다.
④ 재판소는, 그렇게 결정하기 전에, 제36조 및 제37조에 따라 재판소가 관할권을 가지고 있을 뿐만 아니라 그 청구가 사실 및 법에 충분히 근거하고 있음을 확인하여야 한다.

정답 ②
해설 재판소를 다른 국가(other States)에 대하여 개방하기 위한 조건은 "발효 중인 각 조약의(in treaties in force)" 특별한 규정에 따를 것을 조건으로 안전보장이사회가 정한다.

02 국제사법재판소(ICJ)에 대한 설명으로 옳지 않은 것은?

① ICJ는 최소 9명이 출석해야 개정할 수 있다.
② 어떤 국가가 ICJ규정의 당사국인가의 문제는 ICJ'規程'이 아닌 UN'헌장' 자체에서 규정하고 있다.
③ ICJ는 '두 당사국들(the two parties)은 문제를 ICJ에 회부할 수 있다'라고 한 카타르와 바레인간의 합의는 '특별협정에 의한 공동제소'만을 허용한다는 이른바 '바레인 공식'인 바레인의 주장을 인정한다고 판시하였다.
④ 조약의 해석, 국제법상의 문제, 국제의무에 위반되는 사실의 존부, 국제의무에 대해 행할 배상의 성질 또는 범위 등 4가지 [법적 분쟁]에 한해 수락되며, 이중 일부만 수락선언을 할 수는 없으며, 만일 분쟁이 이에 해당되는지의 여부가 논란이 되면 재판소의 재판으로 결정한다.

정답 ③
해설 ICJ는 '두 당사국들(the two parties)은 문제를 ICJ에 회부할 수 있다'라고 한 카타르와 바레인간의 합의는 '특별협정에 의한 공동제소'만을 허용한다('바레인 공식')는 바레인의 주장을 배척하고, 이는 일방적 제소(unilateral seisin of the Court)를 허용한다고 판시하였다.

16

외교면제와 특권에 관한 설명으로 옳지 않은 것은?

① 행정·기술 직원의 관세 면제는 최초 부임 시 가져오는 물품에 대해서만 적용된다.
② 접수국의 국민이 아닌 개인적 사용인은 봉급에 대한 세금에서 면제되지 않는다.
③ 외교관의 세대를 구성하는 가족 중 접수국의 국민이 아닌 자는 접수국의 형사재판 관할권으로부터 면제된다.
④ 접수국의 국민이나 영주자가 아닌 역무직원은 봉급에 대한 세금 면제와 사회보장규정의 적용에 대한 면제를 향유한다.

정답 ②

해설 접수국의 국민이 아닌 개인적 사용인의 경우 봉급에 대한 세금에서는 면제를 향유하며, 그 밖의 사안에 대해서는 접수국의 재량권에 따른다.

관련 이론

외교면제와 특권

1. 특권과 면제의 인적범위
    ① 사무 및 기술직
        ㉠ 재판권의 면제는 공적인 행위에만 적용
        ㉡ 관세는 부임시 의 물품에만 면제
        ㉢ 사무 및 기술직원의 가족도 접수국의 국민이 아니거나 접수국에 영구히 거주하지 않는 한 같은 특권이 인정
    ② 역무직원
        ㉠ 공무수행중의 행위에 대한 재판권의 면제
        ㉡ 보수에 대한 조세면제
        ㉢ 사회보장규정으로부터의 면제
    ③ 사절단 구성원의 가족
        외교관의 세대에 속하는 가족은 접수국의 국민이 아닌 한 외교관과 같은 특권인정
    ④ 사절단 구성원의 개인적인 사용인
        ㉠ 접수국국민이거나 그곳에 상주하지 않는 한 보수에 대한 조세면제
        ㉡ 접수국이 인정하는 한도 내에서 특권과 면제인정
    ⑤ 접수국 국민인 직원
        ㉠ 외교관일 경우 공적행위인 경우에만 불가침권과 재판권면제가 인정
        ㉡ 외교관 이외에는 접수국이 인정하는 범위 내에서만 특권향유
2. 특권과 면제의 시간적 범위
    ① 특권, 면제의 향유시기
        ㉠ 부임을 위하여 접수국에 들어갔을때 부터
        ㉡ 이미 접수국 내에 있을때에는 임명사실이 접수국 외무당국에 통고된 때부터
    ② 직무종료와 특권, 면제의 종료
        ㉠ 접수국을 떠나는데 필요한 상당한 기간내에는 특권과 면제가 인정
        ㉡ 무력분쟁이 발생했을 경우라도 조속한 퇴거를 위한 편의 제공과 퇴거시 까지의 특권, 면제, 파견국 이익보호 등의 특권을 인정
        ㉢ 직무수행상 행한 행위는 특권과 면제의 종료후에도 계속 재판관할권에서 면제

3. 특권과 면제의 장소적 범위(제3국에서의 특권과 면제)
   ① 외교관 : 부임, 귀임, 귀국 중 제3국은 불가침과 확실한 귀환을 위한 면제부여
   ② 외교관 가족 : 외교관을 찾아가는 경우와 외교관 동행시 외교관과 동일한 특권과 면제
   ③ 사무기술직원, 역무직원과 그들의 가족 : 외교관과 동일
   ④ 외교전서사와 외교행낭 : 접수국에서와 동일
   ⑤ 불가항력으로 제3국에 들어갔을 때 : 정식 절차에 따라 입국한 때와 동일

유사 문제

01 외교 면제와 특권에 관한 설명으로 옳지 않은 것은?
   ① 파견국은 관계접수국들에게 적절한 통고를 행한 후 접수국 중 어느 국가의 명백한 반대가 없는 한, 사정에 따라서 1개국 이상의 국가에 1인의 공관장을 파견하거나 외교직원을 임명할 수 있다.
   ② 2개국 또는 그 이상의 국가는 동일한 자를 공관장으로 타국에 파견할 수 없다.
   ③ 2개 이상의 국가는 접수국의 동의를 받아 동일인을 동 접수국내의 영사관원으로 임명할 수 있다.
   ④ 외교관으로서 영사직무를 수행하는 자의 명단이 접수국 외무당국에 통고되어야 한다.

   정답 ②
   해설 2개국 또는 그 이상의 국가는 접수국의 반대가 없는 한, 동일한 자를 공관장으로 타국에 파견할 수 있다.

02 영사 면제와 특권에 관한 설명으로 옳지 않은 것은?
   ① 외교관이 영사직무를 수행하는 경우 영사관계 비엔나 협약이 적용되지만, 외교 특권면제를 향유한다.
   ② persona non grata에 의해 출국 후 다시 재입국할 수 없다.
   ③ 영사가 접수국의 동의로 외교활동을 하더라도 외교특권면제를 요구할 수 없다.
   ④ 영사관원은 접수국에 통고한 후 정부간 국제기구에 대한 파견국의 대표로서 활동할 수 있다.

   정답 ②
   해설 persona non grata에 의해 출국 후 다시 재입국 여부는 당사국의 재량이다.

17

범죄인인도에 관한 설명으로 옳지 않은 것은?

① 특정성의 원칙에 의해서 범죄인 및 범죄 내용이 특정되어야 인도 절차가 개시된다.
② 인도 요청국과 피요청국 사이에 범죄인인도조약이 없더라도 범죄인을 인도할 수 있다.
③ 해외에서 범죄를 저지른 자국민을 인도하지 않는 것은 국제관습법을 위반하는 것이 아니다.
④ 범죄인인도조약이 체결되어 있지 않은 국가 간의 범죄인인도 의무는 국제관습법상 확립되어 있지 않다.

정답 ①

해설 범죄특정성의 원칙이란 인도청구한 범죄에 대해서만 처벌할 수 있다는 원칙을 말한다.

관련 이론

범죄인 인도 원칙

범죄인인도와 관련한 몇 가지 원칙이 적용된다. 먼저 쌍방가벌성(double criminality)의 원칙이다. 인도의 대상이 되는 범죄는 대체로 인도청구시 청구국과 피청구국 쌍방에서 범죄를 구성할 것을 전제로 하여 일정한 기준 이상의 중대한 범죄에 국한되고 있다. 다음은 범죄특정의 원칙(principle of speciality)이다. 이는 범죄인을 인도받아 인도 이전의 범죄에 대하여 재판할 때, 인도 청구시의 범죄에 대해서만 처벌할 수 있다는 원칙을 말한다. 이는 범죄인의 인권을 위해서이다. 또 정치범불인도의 원칙이 적용된다. 정치범을 인도대상에서 제외시킨 최초의 국내법은 1833년 벨기에의 범죄인인도법이며, 정치범을 인도대상에서 제외시킨 최초의 조약은 1834년 벨기에·프랑스의 범죄인인도조약이다. 오늘날 대부분의 범죄인인도조약은 정치범죄를 인도대상에서 제외시키고 있다. 그리고 인도대상에 자국민도 포함시킬 것인지 아닌지에 대해서는 법체계에 따라 입장 차이를 보이고 있다. 대륙법계 국가는 자국민불인도의 원칙을 적용하고 있으나 영미법계 국가는 자국민인 경우에도 인도를 허용하는 입장이다.

유사 문제

01 범죄인인도에 관한 설명으로 옳지 않은 것은?

① 범죄인 인도의 청구 및 피청구 주체는 피해자 개인이나 사적 단체가 아니라 국가이다.
② 인도를 청구할 수 있는 국가는 범죄행위지국, 법익피해국, 피해자 국적국, 범죄인 국적국 등이다.
③ 청구국의 범죄인 인도요청에 피청구국이 응해야 할 국제법상 의무가 있다.
④ 피청구국은 해당 범죄인이 소재하는 국가이다.

정답 ③
해설 청구국의 범죄인 인도요청에 피청구국이 응해야 할 국제법상 의무는 없다.

02 국제법상 범죄인인도의 제도에 관한 설명으로 옳지 않은 것은?

① 범죄인 인도가 국제예양 차원에서 이루어지는 것을 넘어 서서 국제의무화 하기 위해 오늘날은 대체로 양자조약(bilateral treaty)의 형태로 범죄인인도조약을 체결하고 있다.
② 인도의 대상이 되는 범죄는 대체로 인도청구시 청구국과 피청구국 쌍방에서 범죄를 구성할 것을 전제로 하여 일정한 기준 이상의 중대한 범죄에 국한되고 있다.
③ 범죄인을 인도받아 인도 이전의 범죄에 대하여 재판할 때, 인도 청구시의 범죄 외에도 처벌할 수 있다.
④ 정치범을 인도대상에서 제외시킨 최초의 국내법은 1833년 벨기에의 범죄인인도법이며, 정치범을 인도대상에서 제외시킨 최초의 조약은 1834년 벨기에·프랑스의 범죄인인도조약이다.

정답 ③
해설 범죄인을 인도받아 인도 이전의 범죄에 대하여 재판할 때, 인도 청구시의 범죄에 대해서만 처벌할 수 있다.

18

환경 관련 국제협약의 내용에 대한 설명으로 옳은 것은?

① 1972년 런던덤핑협약은 지구온난화 방지를 위한 온실가스배출권의 거래를 제한하고 있다.
② 1985년 오존층보호협약에 따르면 협약 당사국은 개도국에 대체 기술을 신속히 이전할 의무를 부담한다.
③ 1987년 오존층 파괴물질에 관한 의정서는 비당사국들과 통제물질을 교역하는 것을 금지함으로써 환경과 무역을 연계시키고 있다.
④ 1999년 바젤책임배상의정서는 국경을 넘는 대기오염에 있어서의 지역적 협력을 의무화하고 있다.

정답 ③

해설
① 1972년 런던덤핑협약은 대기에 관한 지구온난화가 아닌 해상투기오염을 규제하는 조약이다.
② 1985년 오존층보호협약에서 기술이전 의무 규정은 존재하지 않는다.
④ 1999년 바젤책임배상의정서는 유해폐기물의 국경간 이동을 규제하는 조약이다.

관련 이론

국제 환경법상 대기오염 관련 협약내용 분석

1. 협약의 주요 내용

각 국가는 해양환경의 오염을 방지, 경감 및 규제하기 위한 모든 조치를 취해야 하며 이를 자국 정책과 조화시키도록 노력해야 한다. 이러한 조치는 모든 해양오염원에 대해 취해지도록 되어 있으며, 대기로부터, 그리고 대기를 통하여 유독·유해하거나 해로운 지속성물질의 배출을 가능한 한 최소화하기 위한 조치도 여기에 포함된다. 각 국가는 이러한 조치를 취함에 있어서 다른 국가가 이 협약 상의 권리 행사나 의무 이행과 관련하여 수행하는 활동을 방해하지 않도록 되어 있다(제194조 1,2,3(a),4).

각 국가는 대기를 통한 해양환경오염을 방지, 경감 및 규제하기 위하여 국내법규를 제정하고 필요한 조치를 취해야 하며, 이들 법규와 조치는 국제법규와 기준을 고려해야 한다. 대기오염을 규제하는 각 국의 국내법은 그들 국가의 주권 하에 있는 대기권이나 그들 국가의 국기를 단 선박과 항공기에 적용된다. 또한 각 국가는 관계국제기구 또는 외교회의를 통하여 대기오염을 방지, 경감 및 규제하기 위한 전지구적, 지역적 국제법규와 기준을 확립하도록 노력하여야 한다(제212조). 각 국가는 자국 영공 내에서, 그리고 자국 선박과 항공기에 대해 이 협약 규정에 따라 제정된 자국 법령을 집행한다. 또한 대기에 의한 또는 대기를 통한 해양환경 오염을 방지, 경감 및 규제하기 위하여 관련 국제기구나 외교회의를 통해 수립된 국제규칙과 기준을 시행하기 위한 국내법령을 제정하고 필요한 조치를 취해야 한다(제222조).

2. 연안국의 권리·의무

① 연안국가의 권리

㉠ 입법권

연안국가는 대기를 통한 오염을 규제하기 위해 입법권을 행사할 수 있다. 해양법협약에 따르면 연안국가는 대기로부터 또는 대기를 통한 해양환경 오염을 방지, 경감 및 규제하기 위해 자국 영공과 자국 선박 또는 항공기에 적용되는 법령을 채택하도록 규정되어 있다. 이때 제정되는 법령은 국제적으로 합의된 법규, 기준, 권고된 관행·절차 및 항공 안전을 고려해야 한다(제212조 1항). 해양법협약은 대기를 통한 오염에 대해서는 다른 형태의 환경오염과는 달리 국제법규와 기준을 고려한 국내법을 채택하여 적용하도록 규정하고 있을 뿐 별다른 제한규정을 두지 않고 있다.

㉡ 집행권

연안국가는 대기를 통한 오염과 관련하여 제정한 자국 법령을 집행할 권한을 갖는다. 해양법협약은 연안국가가 자국 관할권하의 영공에서, 그리고 자국 선박이나 항공기에 대해 대기를 통한 오염과 관련하여 제정된 자국의 법령을 집행할 권한을 보유함을 명시하고 있다. 또한 각 국가는 대기를 통한 오염을 규제하기 위해 수립된 국제법규와 기준을 시행하는 국내법령을 제정하고 필요한 조치를 취하도록 되어 있다(제222조). 이는 국제법규 및 기준을 국내법에 수용하여 집행하는 권한을 의미한다.

② 연안국가의 의무
  ㉠ 일반적 의무
    각 국가는 해양환경을 보호하고 보존해야 할 의무가 있으며(제192조), 이를 이행하기 위해 해양환경오염을 예방, 감소, 통제하기 위해 필요한 모든 조치를 취하도록 되어 있다. 이에 따라 대기를 통한 해양오염을 예방, 감소, 통제하는 조치를 취해야 하며, 특히 유독·유해하거나 해로운 지속성 물질을 배출하는 행위를 가능한 한 최소화하기 위한 조치를 취하도록 되어 있다. 이 조치는 다른 국가가 이 협약에 의한 권리 행사나 의무 이행과 관련하여 수행하는 활동을 부당하게 방해해서는 안 된다(제194조 (1)(3)(4)).
  ㉡ 국제법규 및 기준 확립 의무
    각국은 특히 관련 국제기구나 외교회의를 통하여 대기를 통한 오염을 예방, 감소, 통제하기 위한 전지구적·지역적 규칙과 기준 및 권고된 관행과 절차를 확립하도록 노력해야 한다(제212조 2항). 이 조항은 대기를 통한 오염을 규제하기 위한 국제법규의 확립을 위해 국제사회 전체가 노력할 것을 요구하는 규정으로, 연안국, 비연안국을 가리지 않고 이행해야 할 의무이다.

유사 문제

01 국제 환경법상 대기에 대한 설명이 잘못된 것은?

① 국경을 이동하는 대기오염을 규제하기 위한 기존의 국제법규범의 판례로서는 트레일 스멜터 사건(Trail Smelter case)에 관한 중재법원의 판결이 있지만, 장거리 대기오염의 경우에 보편적으로 적용되는 일반적인 관습법규칙은 없다.

② 중재법원이 국경이동 대기오염의무를 위반하는 국가책임의 전제조건으로 내세운 것은 "명백하고 확실한 피해의 증거"였는데, 즉 심각한 환경오염 결과가 발생하고 동시에 명백하고 확실한 피해의 증거가 있는 경우에 대해 국제책임을 져야 한다는 것이다.

③ 1972년 스톡홀름 선언 원칙 제21호는 자원개발활동으로 다른 국가나 국가관할권 밖의 지역에 환경적 피해를 미치지 않을 의무를 부담한다고 규정하고 있는데 이 원칙은 전통적 국제법이론에 따르는 오염발생 후의 책임뿐만 아니라 예방적 의무까지 포함시키고 있다.

④ 1980년 국제법위원회(ILC)가 작성한 국가책임초안과 예비보고서에 따르면 국가의 국제적 불법행위에 대한 사후 국제책임 보상에 역점을 두되 국제법에서 금지하지 않은 행위로 인한 위험한 결과 발생에 대한 관련국가의 책임을 인정하며, 아울러 이러한 결과 발생을 막기 위해 관련 국가의 협의의무, 감축의무 내지 보상의무를 명시하고 있다.

정답 ①

해설 국경을 이동하는 대기오염을 규제하기 위한 기존의 국제법규범의 판례로서는 트레일 스멜터 사건(Trail Smelter case)에 관한 중재법원의 판결이 있으며, 이는 장거리 대기오염의 경우에 보편적으로 적용되는 일반적인 관습법규칙이다.

02 국제 환경법 1989년 바젤 협약상 설명이 잘못된 것은?

① 협약의 정식 명칭은 유해폐기물의 국가간 이동 및 처분 규제에 관한 바젤 협약으로, 인류의 건강과 환경에 대한 유해폐기물의 피해를 방지하기 위한 목적에서 체결되었다.
② 협약은 유해폐기물이 국가간에 이동함으로서 이로 인한 환경적 위협이 확산되지 않도록 각 국가에 대해 일정한 의무를 부과하고, 국경이동시 사전통고를 하며, 불법거래를 제한하는 것 등을 내용으로 하고 있다.
③ 협약은 규제대상이 되는 유해폐기물을 크게 4가지로 나누어 분류하고 있으며, 여기에는 각 국가의 국내법에 따라 규제되는 유해폐기물은 그 대상으로 포함시키지 않고 있다.
④ 협약에 따라 규정된 유해폐기물에 대해 각 회원국은 일반적인 의무를 부담하는데, 일정한 경우의 유해폐기물에 대해서는 수출 또는 수입을 금지하도록 하고 있다.

정답 ③

해설 협약은 규제대상이 되는 유해폐기물을 크게 4가지로 나누어 분류하고 있으며, 여기에는 각 국가의 국내법에 따라 규제되는 유해폐기물도 그 대상으로 포함시키고 있다. 유해폐기물의 종류는 부속서 Ⅰ, Ⅱ, Ⅲ과 Ⅳ에 각각 열거되어 있다. 즉, 유해폐기물의 수입을 금지하는 회원국, 수입금지를 하고 있는 국제기관에 속한 회원국, 그리고 회원국회의에서 정한 기준에 적합하지 않은 이동에 대해서는 수출 또는 수입을 금지한다. 다만 예외적으로 수출이 허용되는 경우가 있으며, 수출국이 처분능력을 갖지 않거나, 수입국에서 재생을 위해 필요로 하는 폐기물, 그리고 기타 회원국에서 정한 기준에 합치하는 경우에는 수출이 허용된다. 이동이 허용되는 경우에 회원국은 관계국가에 이동계획을 사전통고할 의무가 있으며, 이에 대해 상대국은 회답을 해야 한다. 이때 수입국은 서면에 의한 동의를 해야 하며, 환경상 건전한 처리를 명시하는 계약서에 의한 서면확인을 하는 등 수출허가요건을 충족시켜야 한다. 또한 관계국가는 유해폐기물 등의 발생을 최소화하거나 적정한 이동, 처리를 하도록 확보해야 한다.

적정한 이동허가를 얻은 경우라도 계약대로 완료되지 않고, 정해진 기간 내에 다른 대체조치에 의한 적정처분도 할 수 없는 경우에는 수출업자에게 그 폐기물을 재수입할 의무를 부과한다. 폐기물의 불법거래는 금지되며, 무통보, 무동의, 위조 등에 의한 동의, 서류와의 중대한 불일치 등에 의해 불법적인 이동이 있는 경우 관련자에 대해서 일정한 의무를 부과한다. 즉 수출자 또는 발생자에 책임이 있는 경우 재인수 의무 또는 적정처분 의무를 부과하며, 수입자 또는 처분자에게 책임이 있는 경우 적정처분 의무를 부과한다. 또한 아무에게도 책임을 부담시킬 수 없는 경우에는 회원국의 협력에 의해 적정처분을 하도록 한다.

19

세계무역기구(WTO) 분쟁해결제도에 대한 설명으로 옳지 않은 것은?

① 패널에서의 변론 절차와 상소 절차는 공개회의로 진행된다.
② 사무총장이 직권으로 패널위원을 임명해야 하는 경우 분쟁해결기구의 장 등과 협의하여야 한다.
③ WTO 상소기구의 검토 범위는 패널보고서에서 다루어진 법률문제 및 패널이 행한 법률 해석에 국한된다.
④ 패널보고서의 이행과 관련하여 당사국 간에 만족할 만한 보상합의가 이루어지지 않는 경우 제소국은 협정상의 양허나 다른 의무를 정지시킬 수 있다.

정답 ①

해설 세계무역기구(WTO) 분쟁해결제도에서 패널 및 상소심은 비공개로 진행된다.

관련 이론

WTO 분쟁해결제도

1. WTO 협정의 실질적인 이행을 보장할 수 있는 준사법적 분쟁해결 절차가 도입됨으로써 신속하고 효율적인 법적 구제수단 확보 가능 (UR 협상의 가장 중요한 성과중의 하나)
2. 특히 아래 사항이 긍정적인 협상 결과로 평가
   ① WTO/다자간 무역협정하에서 발생하는 모든 분쟁을 관할
   ② 분쟁해결 절차의 단계별 시한을 설정함으로써 신속하고 효율적인 패널진행 및 판정에 따른 권고의 신속한 이행 확보
   ③ 패널보고서의 자동 채택으로 절차진행 방해를 목적으로 하는 지연 행위를 봉쇄하되, 상소제도를 도입하여 패널보고서의 자동 채택으로 인한 패소국의 권익 보호
   ④ 일방적 조치가 억제됨으로써 주요강대국의 일방적 보복수단을 쌍무간 협상 압력수단으로 활용할 여지를 축소
3. 기존 GATT 협정상 산재되어 있는 분쟁해결 절차 규정이 통일되어 통합분쟁해결절차가 마련됨으로써 패널 관할권 결정문제로 발생되는 forum shopping (해당 패널 선정을 위한 불필요한 노력) 폐해를 방지하게 되었으며, 상설적인 분쟁해결기구가 신설됨으로써 분쟁 해결의 모든 절차를 원활히 수행하고 패널보고서를 효과적으로 집행 가능

유사 문제

01 세계무역기구(WTO) 분쟁해결제도에 대한 설명으로 옳지 <u>않은</u> 것은?

① DSU의 제3조를 포함한 어떤 규정도 패널설치 요청의 전제조건으로 당사국이 '법적 이해'를 가져야 한다는 명시적 요건을 포함하고 있지 아니한다.
② DSU 절차에 제3당사국으로 참여하려면 당 분쟁에 '실질적인 무역이해'를 가질 필요는 없다.
③ WTO 분쟁해결절차는 국가 대 국가의 분쟁을 다루기 때문에 사인 그 자체는 설령 분쟁의 원인이 되고 있어도 WTO절차에는 직접 관여하지 않는다.
④ 사인에 의한 피소국에서의 국내적 구제는 WTO절차와는 다른 차원의 문제로서, 국내적 구제절차 완료는 WTO절차의 전제요건이 되지 않는다.

정답 ②
해설 DSU 절차에 제3당사국으로 참여하려면 당 분쟁에 '실질적인 무역이해'를 가져야 한다.

02 세계무역기구(WTO) DSU(분쟁해결제도)에 대한 설명으로 틀린 것은?

① 일반국제법상 일국이 타국을 무력침략하면 침략국에 대해 국제법위반을 이유로 분쟁해결절차가 개시되지만(원칙 ; 임의관할권), GATT/WTO에서는 타국의 조치와 상태가 국가의 무역상 이익에 손실을 끼치거나 협정 목적을 저해하는 경우에 제소가 이루어질 수 있다.
② 분쟁해결기구의 권고와 판정은 대상협정에 규정된 권리와 의무를 증가시키거나 축소시킬 수 있다.
③ 대상협정에 따라 부담해야 하는 의무에 대한 위반이 있는 경우, 이러한 행위는 일견(prima facie) 명백한 무효화 또는 침해 사례를 구성하는 것으로 간주된다.
④ 일반적으로 WTO분쟁해결절차가 개시되었다는 것은 제소국이 피제소국을 상대로 제4조에 따라 협의를 요청하였다는 것을 의미한다.

정답 ②
해설 분쟁해결기구의 권고와 판정은 대상협정에 규정된 권리와 의무를 증가시키거나 축소시킬 수 없다.

20

UN 안전보장이사회의 권한에 대한 설명으로 옳지 않은 것은?

① 안전보장이사회는 국제평화와 안전의 유지를 위한 1차적 책임을 부담한다.
② 안전보장이사회는 회원국에 대하여 구속력 있는 결정을 내릴 수 있다.
③ 평화에 대한 위협과 관련한 안전보장이사회의 결의에 따른 의무는 회원국에 대하여 다른 조약상의 의무보다 우선한다.
④ 안전보장이사회는 어떠한 분쟁에 관하여 분쟁당사국의 요청여부와 관계없이 분쟁당사국에 그 분쟁의 평화적 해결을 위한 권고를 할 수 있다.

정답 ④

해설 국제연합(UN) 헌장 제38조
안전보장이사회는 어떠한 분쟁에 관하여도 모든 당사자가 요청하는 경우 그 분쟁의 평화적 해결을 위하여 그 당사자에게 권고할 수 있다고 규정하고 있다. 이에 따라서 이 경우 모든 분쟁당사국의 요청이 있어야 한다.

관련 이론

안보리의 기능 및 권한

1. 안보리는 국제평화 및 안전유지에 대한 일차적 책임을 지며, 유엔회원국에 대해 구속력을 갖는 결정을 할 수 있는 유일한 기관
2. 주요기능 및 권한은 다음과 같음
    ① 국제적 마찰을 야기시킬 수 있는 분쟁 또는 사태에 관한 조사 및 분쟁의 조정방법 또는 해결조건 권고
    ② 평화에 대한 위협, 평화의 파괴 또는 침략행위의 존재여부를 결정하고, 국제평화와 안전의 유지 및 회복을 위하여 권고 또는 강제조치 집행
        ㉠ 회원국에 대해 경제제재 조치를 포함한 군사적 강제조치의 실시를 요청
        ㉡ 군사적 강제조치 집행(이와 관련, 모든 회원국은 안보리와 특별협정을 체결하여 동 협정에 따라 병력지원과 시설 등을 안보리에 제공하게 되어 있으나, 아직까지 동 협정은 체결된 사례가 없음.)
    ③ 군비 통제안의 수립
    ④ 전략지역(Strategic Area)에 신탁통치 기능 수행
    ⑤ 신회원국의 가입 권고
    ⑥ 사무총장의 임명 권고 및 총회와 함께 국제사법재판소 판사 선출

유사 문제

01 UN 안전보장이사회의 권한에 대한 설명으로 옳지 <u>않은</u> 것은?

① 안보리 결의의 구속력 여부는 각 경우마다 다르다.
② 안보리의 결의는 대부분 권고지만, 이는 당사국을 법적으로 구속하는 효력은 있다.
③ 권고를 수락하지 않은 경우 그 자체가 평화에 대한 위협, 평화의 파괴, 침략행위로 인정되어 제7장상의 강제조치의 대상으로 인정될 가능성은 있다.
④ 안보리는 회원국들의 동의없이는 군사조치를 담은 안보리 결의를 실행에 옮기도록 구속할 수는 없다.

정답 ②
해설 안보리의 결의는 대부분 권고이며, 이는 당사국을 법적으로 구속하는 효력은 없다.

02 UN의 주요기관인 안전보장이사회의 권한에 대한 설명으로 옳지 <u>않은</u> 것은?

① 안보리의 군사적 강제조치 결정은 표적 국가를 포함한 모든 회원국에게 법적 의무를 부과한다. 안보리의 경우 비이사국뿐만 아니라 비회원국에 대해서도 투표권없이 참여하는 것이 인정되어 있으나 경사리의 경우는 회원국인 비이사국에 대해서만 인정되고 비회원국에 대해서는 인정되지 않는다.
② 유엔 헌장 7장만으로는 모든 회원국에게 법적 의무 부과는 아니며 25장까지 동원되어야 모든 회원국에게 법적 의무가 부과된다.
③ 안보리 결정은 해당 국가는 자위권 원용, 무력사용에 이르지 않는 복구 호소, 안보리 수권에 의거한 무력사용국에 대한 배상청구가 금지된다.
④ 팔레스타인 장벽건설 사건에서 이스라엘이 자신의 장벽건설을 정당화하기 위해 9.11테러에 대한 안보리 결의 1368과 1373을 원용하였으며 ICJ는 테러위협은 안보리 결의들을 원용할 수 있다고 하였다.

정답 ④
해설 팔레스타인 장벽건설 사건에서 이스라엘이 자신의 장벽건설을 정당화하기 위해 9.11테러에 대한 안보리 결의 1368과 1373을 원용하였으나 ICJ는 테러위협은 이스라엘 스스로 진술한 바와 같이 "이 지역 내부에서 오는 것이지 그 외부에서 오는 것이 아니기 때문에"(within, and not outside) 이스라엘은 이 안보리 결의들을 원용할 수 없다고 하였다.

2015년도 기출문제

01

1948년 집단살해죄의 방지와 처벌에 관한 협약의 내용에 대한 설명으로 옳지 않은 것은?

① 집단살해는 평시가 아닌 전시에 적용되는 국제법상 범죄이다.
② 집단살해가 성립되기 위해서는 국민적, 인종적, 민족적 또는 종교적 집단을 전부 또는 일부 파괴할 의도로서 그 구성원의 살해 등이 행하여져야 한다.
③ 집단의 아동을 강제적으로 타 집단으로 이동시키는 것은 집단살해에 해당한다.
④ 협약의 해석, 적용 또는 이행에 관한 체약국간의 분쟁은 분쟁 당사국의 요구에 의하여 국제사법재판소(ICJ)에 부탁되어야 한다.

정답 ①

해설 1948년 집단살해죄의 방지와 처벌에 관한 협약의 체약국은 제노사이드가 평시에 행하여졌든가 전시에 행하여졌던가를 불문하고 이것을 방지하고 처벌할 것을 약속하는 국제법상의 범죄임을 확인한다. 또한 협약의 2조에 집단살해라 함은 국민적, 인종적, 민족적 또는 종교적 집단을 전부 또는 일부 파괴할 의도로서 행하여진 행위를 말한다고 규정되어 있다.

관련 이론

1948년 집단살해죄의 방지와 처벌에 관한 협약 개요

새로운 국제법 규범에 따라 제3차 UN 총회는 1948년 12월 9일「집단학살죄의 방지와 처벌에관한 협약」(Genocide 협약)을 체결하였다. 이에 의하면 체약국들은 평시·전시를 가리지 않고 집단학살을 방지하고, 처벌하도록 되어 있다. 한국도 6.25전쟁의 참화를 겪으면서 1950년10월14일 동 조약에 가입하였고 이 조약은 1951년 12월 12일부터 국내법과 동일한 효력을 발생하며 오늘에 이르고 있다.
한편 뉘른베르크 국제 전범재판 이후 국제사회는 UN을 중심으로 상설 국제형사재판소 개설 필요성에 합의했고 마침내 1998년 7월17일 로마에서「국제형사재판소(ICC) 설립을 위한 로마규정」(이하 '로마규정'이라 함)이 채택되어 이 조약은 2002년 7월 1일부터 발효되고 있다.
이 조약의 관할 대상범죄는 집단 학살죄·인도에 反한 범죄·전쟁 범죄·침략죄 등으로서 집단학살죄 만을 규율하고 있는 Genocide 조약보다 범위가 넓다. 한편 국제형사재판소는 로마규정의 효력발생 후인 2002.7.1 이후에 발생한 범죄에 대해서만 관할권을 가지며, 추후 가입국에 대해서는 가입 이후의 범죄에 대해서만 관할권을 가지도록 하였다. 그러나 이 조약은 자국민 보호를 이유로 미국과 중국, 러시아, 일본 등 강대국이 비준하지 않음으로써 실효성의 확보라는 점에서 문제점을 안고 있다. 우리나라는 2002년 11월 13일 로마규정을 비준하였고, 동 조약이 규정한 보충성의 원칙에 따라 국내 형사절차에서 집단학살죄, 전쟁범죄, 인도에 반한 죄 및 침략범죄 등을 공소시효 없이 처벌할 수 있도록 하기 위한 '국제 형사재판소 관할 범죄의 처벌 등에 관한 법률안'을 제정한 상태이다.
Genocide 협약은 제1조에서 체약국들이「집단학살죄가 평시 또는 전시를 불문하고 행해졌으면 반드시 이를 방지하고 처벌할 것을 약속하는 국제법상 범죄임을 확인하고 있고, 제2조는, 집단살해의 정의를 국민적·인종적·민족적 또는 종교적 집단을 전부 또는 일부 파괴할 의도로서 행해지는 집단구성원에 대한 살해, 집단구성원에 대하여 육체적 또는 정신적 위해를 가하는 것 등을 말한다고 규정하였고, 제3조는 집단학살죄의 처벌대상으로 집단살해의 정범, 공모자, 교사범, 미수범과 공범을 규정하였으며, 제4조에서는 제3조상의 죄를 범한 자는 헌법상으로 책임 있는 통치자이거나 또는 사인이거나를 불문하고 처벌한다고 규정하여 면책특권을 배제하였다. 또한 동 조약 제5조는, 조약국은 각자의 헌법에 따라서 본 협약의 규정을 실시하기 위하여 특히 집단학살 또는 제3조에 열거된 기타 행위의 어떤 것에 대하여도 죄가 있는 자에 대한 유효한 형벌을 규정하기 위하여 필요한 입법을 제정할 것을 약속한다고 규정하고 있다.

유사 문제

01 다음 중 1948년 집단살해죄의 방지와 처벌에 관한 협약상 보기의 내용에 해당하지 <u>않는</u> 것은?

> 집단살해라 함은 국민적, 인종적, 민족적 또는 종교적 집단의 전체 또는 일부를 파괴할 의도로 행하여진 이하의 행위

① 집단의 구성원을 살해하는 것
② 집단의 구성원에 대하여 중대한 육체적 것에 한하여 위해를 가하는 것
③ 전체적 또는 부분적으로 육체적 파괴를 초래할 목적으로 의도된 생활조건을 집단에게 고의로 부과하는 것
④ 집단 내 출생을 방지하기 위하여 의도된 조치를 부과하는 것

정답 ②
해설 집단의 구성원에 대하여 중대한 육체적 또는 정신적 위해를 가하는 것

02 1948년 집단살해죄의 방지와 처벌에 관한 협약에 대한 설명으로 옳지 <u>않은</u> 것은?

① 협약은 집단살해죄에 관한 직접적인 처벌규정은 두고 있지 않지만, 체약국으로 하여금 집단살해를 방지하고 처벌할 의무를 지우고 있다.
② 체약국이 유엔 기관에 대하여 집단살해를 방지 또는 진압하기 위한 조치를 취할 것을 요구할 수 있도록 규정하고 있다.
③ 본 협약, ICTY 및 ICTR 규정, ICC의 로마규정은 집단살해에 관하여 모두 동일하게 정의하고 있다.
④ 집단살해죄의 보호 대상이 되는 집단은 '국민적, 인종적, 민족적, 사회적 또는 종교적' 집단으로 집단의 정체성은 제한적으로 열거된 것이다.

정답 ④
해설 집단살해죄의 보호 대상이 되는 집단은 '국민적, 인종적, 민족적, 또는 종교적' 집단으로 집단의 정체성은 제한적으로 열거된 것이다.
예컨대 사회적(social) 또는 문화적(cultural) 집단은 집단살해죄의 보호 대상이 아니다. 그렇기 때문에, 크메르 루주(Khmer rouges)의 만행 당시에 지식계급도 대대적으로 살해당했으나, 캄보디아 특별재판소(ECCC)는 베트남인(人) 또는 무슬림에 대한 학살 부분만 집단살해로 인정하고, 지식계급 등에 대한 학살은 인도에 반한 죄(crime against humanity)로 처벌하였을 뿐이다.

02

국제법상 외국인의 지위에 대한 설명으로 옳지 않은 것은?

① 외국인에는 무국적자와 외국국적자가 포함된다.
② 외국인의 입국 허용 여부는, 달리 정한 조약이 없는 한, 국가의 재량에 속한다.
③ 일단 입국한 외국인에게는 출국의 자유가 없다.
④ 국가는 합법적으로 입국한 외국인을 자의적으로 추방할 수 없다.

정답 ③

해설 일단 입국한 외국인에게 원칙적으로 출국의 자유를 보장해야 한다. 국내법상 국내질서 교란 등의 사유로 외국인에 대해 추방할 수 있으나, 적법 절차에 따라 이뤄져야 하고, 정당한 이유가 있어야 한다.

관련 이론

국제법상의 외국인

1. 외국인의 권리·의무

외국인이 향유할 수 있는 권리에 관하여 국제법상 일반적으로 확립된 원칙은 없지만, 내국인의 권리에 비하여 여러가지 차별을 두는 것이 대부분 국가의 관행이었다. 보통은 외국인에 대하여 공법상의 권리를 인정하여 주지않는 것이 그 예이다. 사법상의 권리에 있어서도 국가의 안전, 공공의 질서등에 관련되는 재산권 및 직업의 향유를 허락치 않았는데, 외국인의 선박, 항공기의 소유권, 광업권 등을 인정하지 않거나, 선장·공증인과 같은 직업을 허락하지 않는 것이 그 예이다. 그러나 두 국가 간의 통상항해조약이나 국제협력에 관한 일반조약으로 상호간의 권리를 인정한 경우, 또 내국민대우, 최혜국대우를 규정한 경우에는 이러한 조약으로 보장된 외국인의 인권이 보장되어야 한다. 그리고 대부분의 국가는 상호주의적으로 외국인의 권리를 보호하는 것이다. 오늘날 국제인권법의 발달은 내외국민의 차별을 극소화시켜, 과거 외국인이란 것만으로 차별의 이유가 된 것에 반하여, 오늘날 단순히 외국인이라는 사실뿐 아니라 그 차별의 합리적 이유까지 요구하고 있다. 의무의 면에 있어서도 외국인은 원칙적으로 재유국의 법하에 서며 국민과 거의 같은 의무를 부담한다. 사법권,경찰,납세에 관하여는 거의 완전히 그렇다. 그러나 국가와의 특수한 유대를 전제로 하는 신분상, 공법상의 의무, 예를 들면 병역의무와 같은 것은 외국인에게 부여되지 않는 것이 원칙이다. 다만 수해, 화재, 유행병, 폭동의 발생의 경우에 비상경찰적인 의무, 전시의 방공활동의 의무 등은 국민과 같이 부과된다. 또한 외국인등록과 같이 특별한 의무가 부과되기도 한다.

2. 외국인의 보호

외국인은 일반국제법상 신체,재산에 대하여 재유국의 보호를 받을 권리가 있고, 재유국은 그것을 보호할 의무가 있다. 보호의 방법으로는 행정상의 조치와 사법상의 조치가 있다. 보호의 정도가 문제되는데, 이에는 외국인에 대하여 내국인에 대한 것과 동등의 보호를 부여하면 족하다는 국내적 표준주의와 문명국이 그 국내에 부여하고 있는 것과 동등한 보호를 부여해야 한다는 국제적 표준주의 또는 문명국표준주의가 대립하고 있다. 국내적 표준주의의 주장이유는 국제적 표준주의를 따르면 후진국의 경우 외국인을 내국인보다 더 대우해야 되며 국제표준주의는 과거 종종 약소국에 대한 강대국의 무력개입의 구실이 되었고, 국가경제의 운영상 많은 부분에 외국인에 대한 통제가 필요하고, 국제표준주의는 과거 선진국 학자들의 너무도 이상적 기준을 주장하여 후진국으로서는 능력상 달성하기 어렵다는 것이다. 이러한 주장과 함께 한나라의 경제출혈을 요구하는 국제표준주의를 강요하기 어렵다고 볼때 국내표준주의가 타당하다고 본다. 외국인 보호, 특히 그 재산보호에 있어 최근 빈번히 문제가 되고 있는 것은 국유화의 경우이다. 각국은 자국 영역내에 있는 외국인의 재산에 대한 주권적 행사로서 그것을 국유화할 권한이 있다는데 이론이 없다. 그러나 그러한 국유화가 불공정한 절차를 통해 이루어졌다든가, 필요한 보상을 지불하지 않았을 경우 문제가 된다. 서구의 법학자들은 외국인 재산의 국유화에는 다음 조건이 갖추어져야 한다고 주장한다. 수용대상이 되는 재산이 수용국의 관할권내에 있을 것, 순수한 사회적,경제적 동기에 의해 국유화가 이루어질것, 국유화되는 재산이나 그 소유자에 대해 차별없이 동일한 국유화방침을 적용시킬것, 충분하고 효과적이고 신속한 보상을 지불할 것 등이다. 반면에 다수의 신생국가와 사회주의국가에서는 보상은 내외국인을 차별하지 않는한 유효하다는 반론을 펴고 있다. 그 이유로 대규모의 일반적 국유화의 경우 충분, 효과, 신속한 보상은 국가의 부담능력을 초과한다는 것이며, 해외투자는 어느정도의 위험부담을 당연히 예상하면서 운용되고 있음을 들고 있다. 1962년 UN총회에서의 "천연의 부와 자원에 대한 영구주권 선언"이 모든 국가는 그와 같은 내용은 각종 국제문서의 반복적으로 수록되었고, 국유화의 경우 적당한(JUST) 보상을 지급한다고 선언하였다. 이것은 "충분, 효과, 신속"의 조건을 완화한 개념이다. 과거의 전례로 보아도 선진국의 자국국민의 해외재산국유화에 있어 타국으로부터 충분, 유효, 신속한 보상을 받은 예는 없다. 왜냐하면 수용국의 재정형편이 그와 같은 보상을 해줄 입장에 서있지 못했기 때문이다. 따라서 오늘날 적어도 '신속한'이라는 요건은 요구하고 기대하기는 어려운 조건이라고 인정되고 있다.

유사 문제

01 대한민국의 법률상 외국인의 대우에 대한 내용으로 옳지 않은 것은?

① 대한민국이 가입하거나 체결한 조약에 따라 외국인의 권리를 보호하는 규정도 상호주의 태도를 취한 것으로 분류할 수 있다.
② 원칙적으로 상호주의를 채택하면서도 허가·신고 등의 일정한 절차를 거치도록 규정하는 경우가 있다.
③ 참정권은 국민에게 인정되는 기본권이다.
④ 경제활동 분야에서는 기본적으로 외국인에게 내국인과 동등한 권리 등을 인정하면서 일정한 제한을 가할 수 없다.

정답 ④
해설 경제활동 분야에서는 기본적으로 외국인에게 내국인과 동등한 권리 등을 인정하면서 일정한 제한을 가하는 경우가 있다. 외국인에 대해 주식취득의 제한을 할 수 있도록 법률에서 허용한 경우가 그러한 예이다.
③ 선거권 및 피선거권과 정당의 당원이 될 수 있는 자격 등은 외국인에게 인정되지 않는다(「공직선거법」 제15조 및 제16조, 「정당법」 제22조 제2항). 다만, 영주권을 취득하고 일정한 요건을 갖춘 외국인에 대해서는 지방의회 의원과 지방자치단체장의 선거권을 인정하고 있고(「공직선거법」 제15조 제2항제3호), 출입국관리 관계 법령의 규정에 따라 대한민국에 계속 거주할 수 있는 자격을 갖춘 외국인으로서 지방자치단체의 조례가 정하는 사람에 대해서는 주민투표권을 허용하고 있다.)

02 한국의 법적인 외국인의 대우에 대한 내용으로 틀린 것은?

① '외국인'이란 대한민국의 국민이 아닌 자로서, 외국 국적자만을 의미한다.
② 헌법은 "외국인은 국제법과 조약이 정하는 바에 의하여 그 지위가 보장된다"고 규정하고 있으며(제6조 제2항) 이러한 헌법의 정신에 따라 여러 법령에서 외국인을 내국인과 동등하게 대우하고 있다.
③ 우리 국민에게만 인정되는 참정권 분야나 국가 중요 정책상 필요한 특정 분야에서는 외국인을 우리 국민과 달리 대우하는 경우가 있다.
④ 외국인의 권리를 인정하는 범위는 국가와 시대에 따라 다르나, 경제활동과 사회문화적 활동이 세계적 규모로 활발해짐에 따라 외국인에게 내국인과 동등한 권리를 인정하는 방향으로 변천해 왔다.

정답 ①
해설 '외국인'이란 대한민국의 국민이 아닌 자(「국적법」 제3조)로서, 외국 국적자와 무국적자를 말한다.
외국인의 권리를 인정하는 범위는 국가와 시대에 따라 다르나, 경제활동과 사회문화적 활동이 세계적 규모로 활발해짐에 따라 외국인에게 내국인과 동등한 권리를 인정하는 방향으로 변천해 왔다. 현대 문명국가는 내외국인 평등주의를 지향하지만 완전한 평등주의를 채택하고 있지는 않다. 평등주의를 원칙으로 하면서도 그 나라의 정치적·경제적 사정을 고려하여 외국인에 대해 일정한 제한을 두거나 상호주의를 채택하고 있다.
③ 현대 문명국가는 내외국인 평등주의를 지향하지만 완전한 평등주의를 채택하고 있지는 않다. 평등주의를 원칙으로 하면서도 그 나라의 정치적·경제적 사정을 고려하여 외국인에 대해 일정한 제한을 두거나 상호주의를 채택하고 있다.

03

세계무역기구(WTO) 분쟁해결 절차 중 패널 구성에 대한 설명으로 옳지 않은 것은?

① 자기 나라 정부가 분쟁 당사자인 회원국의 국민은, 분쟁 당사자가 달리 합의하지 아니하는 한, 그 분쟁을 담당하는 패널의 위원이 되지 아니한다.
② 패널 위원은 정부 대표나 기구 대표가 아닌 개인 자격으로 임무를 수행한다.
③ 패널 설치일로부터 20일 이내에 패널 위원 구성에 대해 합의하지 못하면 분쟁해결기구 의장이 패널 위원을 임명한다.
④ 선진국 회원국과 개발도상국 회원국 간의 분쟁시 개발도상국 회원국이 요청하는 경우, 패널 위원 중 적어도 1인은 개발도상국 회원국의 인사를 포함하여야 한다.

정답 ③

해설 패널 설치일로부터 20일 이내에 패널 구성에 관한 합의가 성립하지 않는 경우 당사자의 요청에 의하여 WTO사무총장이 DSB의장과 협의한 후에 임명한다.

관련 이론

분쟁해결기구(DSB) 주요내용

1. 협정문의 구성 : 총 27개조 및 4개의 부록으로 구성
2. 적용범위 (제1조 및 부록1, 2)
   ① WTO 설립 협정 및 이에 부속된 다자간 무역협정상의 모든 분쟁해결에 적용
   ② 반덤핑, TBT, 보조금 및 상계조치 협정등에 별도로 규정된 분쟁해결 절차는 본 분쟁해결 양해에 의한 분쟁해결 절차의 특별규정적 성격
   ③ 복수국간 무역협정의 경우 동 협정회원국들이 분쟁해결절차를 결정
   ④ 동 결정에 의하여 WTO 분쟁해결절차의 적용도 가능
3. 분쟁해결기구(Dispute Settlement Body)의 설치 (제2조)
   ① DSB는 패널설치, 패널 및 상소기구 보고서의 채택, 판정 및 권고의 이행 상황 감독, 보복조치에 대한 허가등의 권한을 보유
      * 실질적으로는 WTO 일반이사회가 DSB로 기능
   ② 의사결정은 컨센서스에 의함
4. 일반규정 (제3조)
   ① 분쟁해결 제도의 목표는 분쟁에 대한 긍정적 해결책의 확보 → 상호 수락할 수 있는 해결책이 선호되어야 함
   ② 상호 합의된 해결책이 없을 경우 협정에 부합하지 않는 조치의 철회가 분쟁해결제도의 첫번째 목표
      ㉠ 그러한 조치의 즉각적인 철회가 어려울 경우 잠정조치로서 보상을 제공
      ㉡ 관련 협정상의 양허나 기타의무의 정지는 최후의 구제수단
   ③ 본 양해는 세계무역기구의 발효일 이후에 이루어진 새로운 협의 요청에 대해서만 적용
   ④ 세계무역기구 발효일 이전에 협의요청이 이루어진 분쟁의 경우 과거의 분쟁해결절차 적용
5. 협의(제4조)
   ① 협의 요청이 있을때는 10일이내에 동 요청에 답변하고 30일이내에 협의 개시
   ② 타방의 협의거부 또는 60일이내 분쟁해결 실패시 패널 설치 요구가능
   ③ 제3국이 협의참여 희망시 10일이내에 동 의사를 협의당사국 및 DSB에 통고
6. 주선, 조정 및 중개 (good offices, conciliation and mediation) (제5조)
   주선, 조정 및 중개는 분쟁당사국이 합의할 경우 시간에 구애됨이 없이 분쟁해결절차의 전기간에 걸쳐 자발적으로 개시·종료 가능

7. 패널 (제6조~제16조)
   ① 패널의 설치
      ㉠ DSB에 패널 설치요청이 상정되면 패널설치가 consensus에 의해 부결되지 않는 한 패널설치
      ㉡ 패널은 5인으로 구성키로 합의되지 않는한 3인으로 구성
         - 사무국이 패널위원의 지명을 제안하며, 분쟁 당사국은 불가피한 사유(compelling reasons)가 없는 한 동 지명 수락의무
         - 선진국과 개도국간 분쟁시 개도국이 요청하는 경우 패널위원중 적어도 1인은 개도국 인사를 포함
      ㉢ 패널 설치후 20일이내에 패널 위임사항(terms of reference) 설정
      ㉣ 이해관계가 있는 제3국은 패널에 참여, 의견을 제시할 기회를 보유
      ㉤ 제소국이 다수일 경우에도 단일패널 설치 가능
   ② 패널절차
      ㉠ 분쟁당사자가 상호 만족할만한 해결책을 강구하는 데 실패하는 경우, 패널은 조사결과를 서면보고서로 분쟁해결기구에 제출
      ㉡ 패널조사는 패널 구성 및 위임 사항에 관한 합의시점으로부터 최종보고서가 분쟁당사국에 제시되는 시점까지 원칙적으로 6개월 초과 불가, 긴급한 경우 3개월내에 완료되어야 하며 불가피하게 연기되는 경우에도 9개월 초과 불가
      ㉢ 패널조사 과정에서 과학적.기술적 사안에 관한 검토를 위해 전문가 검토 그룹의 보고 청취
      ㉣ 패널심의는 비공개로 함
      ㉤ 패널은 최종보고서 제출이전 분쟁당사국에 잠정 보고서를 제시, 일정기간내 견해 표명기회를 부여 (잠정 검토단계 설정)
   ③ 패널 보고서의 채택
      ㉠ DSB는 회원국에 패널 최종보고서를 배부하고 20일이상 검토기간 부여
      ㉡ 일방 당사국이 DBS에 공식적으로 상소의사를 통보하거나 DSB가 consensus에 의해 패널 보고서를 채택하지 않기로 결정하지 않는 한, 동 보고서는 배부일로부터 60일이내에 자동 채택
8. 상소심의 (제17조~제19조)
   ① 상소 업무를 관장하는 상설 상소기구(Appellate Body)를 설치 → 7인으로 구성하며, 그 중 3인이 특정 사안을 심의
   ② 제3국이 아닌 분쟁당사국 일방만이 패널의 결정에 대해 상소 가능
   ③ 상소는 패널보고서상의 법률문제 및 패널에서 제기된 법률 해석에만 국한
   ③ 일반 당사국에 의한 상소의사의 공식 통보일로부터 상소기구에 의한 판정일까지는 원칙적으로 60일을 초과할 수 없으며, 어떠한 경우에도 90일 초과 불가
   ④ 상소기구 보고서는 DSB가 채택하지 않을 것을 consensus에 의해 결정하지 않는 한 회원국들에게 배포된 후 30일이내에 자동 채택 → 분쟁당사국은 동 보고서를 무조건 수락해야 함
9. 분쟁해결기구의 결정시한 (제20조)
   원칙적으로 패널설치일로부터 패널 또는 상소보고서의 채택을 심의하기 까지는 상소하지 않는 경우 9개월, 상소하는 경우에는 12개월 초과 불과
10. 권고 및 판정의 이행 (제21조)
    ① DSB의 패널.상소기구 보고서 채택후 30일이내에 분쟁당사국은 권고 및 결정의 이행의사를 통보 → 필요시 합리적 이행기간의 제시는 가능하나 패널 설치일로 부터 이행기간 종결까지 원칙적으로 15개월 초과 불가
    ② DSB는 채택된 권고나 결정의 이행을 계속해서 감시할 의무 부담
11. 보복조치 (보상 및 양허의 정지) (제22조)
    ① 보상 및 양허나 기타 의무의 정지는 권고 및 결정사항이 이행되지 않을 경우 DSB의 승인을 받아 취할 수 있는 임시조치
    ② DSB는 제소국의 요청을 기각할 것을 consensus에 의해 결정하지 않는 한 합리적 이행기간의 종료후 30일이내에 이를 승인할 의무 부담
    ③ 보복은 동일한 분야에 우선적으로 적용하고 침해수준과 동등한 수준으로 적용 ⇨ 동일분야 적용이 비현실적이거나 효과적이지 못한 경우 여타 분야에도 적용 가능 (cross retaliation 허용)
12. 다자간체제의 강화 (제23조)
    회원국이 관련 협정상의 의무위반이나 이익침해등의 행위를 시정하고자 할때 본 양해상의 분쟁해결 규칙과 절차를 따를 것을 의무화(회원국의 일방적 조치의 억제)

13. 중재(Arbitration) (제25조)
    분쟁당사국의 상호 합의하에 중재의뢰 허용
14. 협정상의 규정을 위반하지 않은 사안에 대한 분쟁 (제26조)
    협정상의 규정을 위배하지 않은 특정조치로 인한 분쟁의 경우 패널이나 상소 기구는 관련 회원국에게 상호만족할 만한 조정(mutually satisfactory adjustment)을 하도록 권고
15. 최빈 개도국에 대한 특별절차 (제24조)
    분쟁해결 절차의 모든 단계에서 최빈 개도국의 특수상황을 특별히 고려하고 제소국은 보상, 양허의 정지, 기타 의무적용의 정지요청을 자제

유사 문제

01 WTO 분쟁해결에 대한 설명으로 옳지 않은 것은?

① 실질적인 이해관계가 있음을 분쟁해결기구에 통지한 제3자는 상소기구에 구두로 입장을 제출하고 상소기구에서 자신의 입장을 개진할 기회를 가질 수 있다.
② 분쟁당사자가 달리 합의하지 아니하는 한, 일반적으로 분쟁해결기구가 패널을 설치한 날로부터 패널 또는 상소보고서의 채택을 심의하는 날까지의 기간은 패널보고서에 대하여 상소를 제기하지 아니한 경우는 9월을, 상소를 제기한 경우에는 12월을 초과하지 아니한다.
③ 패널 또는 상소보고서가 채택된 날로부터 30일 이내에 개최되는 분쟁해결기구 회의에서 관련 회원국은 분쟁해결기구의 권고 및 판정의 이행에 대한 자기나라의 입장을 분쟁해결기구에 통보한다.
④ 권고 및 판정의 즉각적인 준수가 실현불가능한 경우, 관련 회원국은 준수를 위한 합리적인 기간을 부여받는다.

정답 ①

해설 실질적인 이해관계가 있음을 분쟁해결기구에 통지한 제3자는 상소기구에 서면 입장을 제출하고 상소기구에서 자신의 입장을 개진할 기회를 가질 수 있다.

02 WTO 분쟁해결기구(DSB)에 대한 설명으로 옳지 않은 것은?

① 합리적인 기간이 패널 또는 상소기구보고서가 채택된 날로부터 15월을 초과하지 아니하여야 한다.
② 분쟁해결기구가 패널을 설치한 날로부터 합리적인 기간 확정일까지의 기간은 분쟁당사자가 달리 합의하지 아니하는 한 15월을 초과하지 아니한다.
③ 권고 및 판정의 준수를 위한 조치가 취해지고 있는 지 여부 또는 동 조치가 대상협정에 합치하는 지 여부에 대하여 의견이 일치하지 아니하는 경우, 이러한 분쟁은 가능한 한 원패널에 회부하는 것을 포함하여 이러한 분쟁해결절차의 이용을 통하여 결정되는데, 패널은 사안이 회부된 날로부터 90일 이내에 보고서를 배포한다.
④ 해당 분쟁회원국은 권고 또는 판정이 채택된 후 언제라도 그 이행문제를 분쟁해결기구에 제기할 수 있다.

정답 ④

해설 모든 회원국은 권고 또는 판정이 채택된 후 언제라도 그 이행문제를 분쟁해결기구에 제기할 수 있다.

04

1982년 UN 해양법협약상 배타적경제수역과 공해에 대한 설명으로 옳지 않은 것은?

① 공해 또는 배타적경제수역의 일부와 외국 영해와의 사이에 있는 국제항행에 이용되는 해협에는 무해통항이 적용된다.
② 배타적 경제수역은 영해기선으로부터 200해리를 넘을 수 없다.
③ 배타적 경제수역에서 연안국은 인공섬, 시설 및 구조물의 설치와 사용에 대한 배타적 관할권을 행사할 수 없다.
④ 선박은 어느 한 국가의 국기만을 게양하고 항행하며 공해에서 그 국가의 배타적 관할권에 속한다.

정답 ③

해설 배타적 경제수역에서 연안국은 인공섬, 시설 및 구조물의 설치와 사용에 관한 배타적 관할권을 가지며, 반경 500M의 안전수역을 설치할 수 있다.

관련 이론

유엔 해양법 협약상 배타적 경제수역 개요

1. 지리적 범위

    배타적 경제수역은 영해기선으로부터 최대 200해리까지 영해를 제외한 해역에 대하여 연안국이 선포할 수 있다. 배타적 경제수역은 수괴, 즉 물덩어리만을 지칭하며, 배타적 경제수역 밑 해저(seabed), 해상(ocean floor) 및 하층토(subsoil)는 대부분 연안국의 대륙붕(Continental Shelf)이다.

2. 연안국의 권리

    협약에 따르면 연안국은 배타적 경제수역에서 다음 사항에 대하여 주권적 권리 및 관할권을 가진다(협약 제56조 제1항).
    ① 주권적 권리
        ㉠ 해저의 상부수역, 해저 및 그 하층토의 생물이나 무생물등 천연자원의 탐사, 개발, 보존 및 관리를 목적으로 하는 주권적 권리
        ㉡ 해수, 해류 및 해풍을 이용한 에너지생산과 같은 이 수역의 경제적 개발과 탐사를 위한 그 밖의 활동에 관한 주권적 권리
    ② 관할권
        ㉠ 인공섬, 시설 및 구조물의 설치와 사용
        ㉡ 해양과학조사
        ㉢ 해양환경의 보호와 보전
        ㉣ 이 협약에 규정된 그 밖의 권리와 의무

3. 경계획정 문제

    복잡한 해안선의 문제나 섬 등 영해·접속수역·대륙붕과 배타적 경제수역 획정이 되는 영해기선 설정 문제부터 시작해서, 결정적으로 인접국간 해양의 폭이 400해리 이하가 되는 경우에는 이해당사국 상호간 더 많은 해역에 대한 권리를 차지하기 위해 각국마다 인접한 해양의 섬에 대한 영유권을 주장하려는 움직임이 생기게 된다. 다시 말해서 해양경계획정에 대한 분쟁의 원인이 된다.
    특히 동아시아, 동남아시아의 경우 해안선이 상대국에 인접한 경우가 많고 섬이 많은 지역이라 이러한 경우가 비일비재하며, 스프래틀리 군도 분쟁과 센카쿠 열도 분쟁, 해양은 다르지만 포클랜드 제도 분쟁이 여기에서 기인한다.

유사 문제

01 유엔 해양법협약상 배타적 경제수역에 대한 설명으로 타당하지 않은 것은?

① 배타적 경제수역에서 연안국은 인공섬과 시설, 구조물을 건설하고, 이에 관한 건설·운용 및 사용을 허가하고 규제하는 배타적 권리를 가진다.
② 연안국은 이러한 인공섬, 시설 및 구조물에 대하여 관세·재정·위생·안전 및 출입국관리 법령에 관한 관할권을 포함한 배타적 관할권을 가진다.
③ 1974년 영국과 아이슬란드간의 어업관할권(Fisheries Jurisdiction) 사건에서 ICJ는 12해리까지의 배타적 어업수역(Exclusive Fishery Zone)을 관습법상 확립된 제도로 인정하지 않았다.
④ 1977년에는 미국·소련·영국·일본 등이 해양대국들이 200해리 수역을 선포했다.

정답 ③

해설 1974년 영국과 아이슬란드간의 어업관할권(Fisheries Jurisdiction) 사건에서 ICJ는 12해리까지의 배타적 어업수역(Exclusive Fishery Zone)을 관습법상 확립된 제도로 인정하고 그 이원의 인접수역에 대해 '우선적(preferential) 권리'를 부여한 것이 시발점이 되었다.

02 국제연합 해양법협약상 배타적 경제수역에 대한 설명으로 타당하지 않은 것은?

① ICJ는 1982년 튀니지-리비아간 대륙붕 사건과 1985년 리비아-몰타 간의 대륙붕 사건을 통해 배타적 경제수역 제도가 1982년 협약 발효 이전에 이미 국제관습법상 확립된 것으로 인정하게 되었다.
② 배타적 경제수역은 어업자원 수요의 급증에 따른 남획방지의 필요성, 자국 연안자원의 확보에 대한 개도국의 요구, 선진국의 우월적 바다 이용에 관한 개도국의 반발, 해양오염방지의 필요성 등을 배경으로 위의 과정을 거쳐 관습법으로 확립되어 3차 해양법 협약에 성문화된 것이다.
③ 1986년 프랑스와 캐나다간 어업 중재사건에서 중재재판소는 EEZ내에서 어류 가공(fish processing)은 연안국이 EEZ내에서 향유하는 관할권에 속하기 때문에 연안국의 관할권에 종속된다고 판결하였다.
④ M/V Saiga호 사건(ITLOS)에서 EEZ 내 선박에 대한 선박유 공급 행위는 연안국 관세법 적용 안됨. 단, 선박유 공급 행위 자체에 대한 위법성 여부는 판단하지 않았다.

정답 ③

해설 1986년 프랑스와 캐나다간 어업 중재사건에서 중재재판소는 EEZ내에서 어류 가공(fish processing)은 연안국이 EEZ내에서 향유하는 관할권에 속하지 않기 때문에 연안국의 관할권에 종속되지 않는다고 판결하였다.

05

환경문제의 특성에 따라 국제환경법의 연원과 이행에서 나타나는 특징에 대한 설명으로 옳지 않은 것은?

① 국제환경법의 이행과 준수는 주로 상호주의에 의해 뒷받침되고 있다.
② 국제환경조약의 체결에 있어서는 먼저 기본협약을 만들고 그 후에 의정서를 추가하는 방식의 유용성이 크다.
③ 환경보호를 위한 법은 국제법이 먼저 정립되고 이를 국내법이 수용하여 이행하는 방식으로 발전하였다.
④ 국제환경조약의 체결과정에서는 상대적으로 비국가행위자(non-state actor)의 참여가 활발하다.

정답 ①

해설 원칙적으로 상호주의가 아닌 공동체주의 관점에서 이행과 준수가 요구되는데, 이는 국제환경 보호를 목적으로 하는 것으로서, 환경문제의 성격상 상호주의를 적용하는 것은 목적 달성에 충분하지 못한다.

관련 이론

국제환경법의 의의

국제환경법은 환경을 보호하기 위해 체결되는 국제협약이다. 지구적 차원의 환경을 보전하기 위해 국가별로 지켜야할 의무나 노력을 규정하고 있다. 환경문제는 이제 지구 전체의 문제로 인식되고 있다. 대표적인 지구 환경문제를 오존층의 파괴, 온실효과로 인한 기후변화, 생물 다양성 파괴 등이 있다. 이에 따라 국제환경분쟁이 많이 발생했으며, 이를 해결하고자 많은 국제환경협약이 맺어지고 있다. 특히 국가 간 무역에서 환경 문제가 새로운 무역 장벽으로 대두되면서 국제 환경법에 관한 관심이 높아지고 있다. 전통적으로 국제환경법의 주된 연원은 조약과 관습법이다. 조약은 조약을 체결한 국가 간 상호 구속력을 갖겠다는 대표적인 국제법의 유형으로서, 국제환경법 영역에서도 가장 보편적으로 이용되는 것이다. 대표적으로 제네바 협약, 유엔 해양법 등이 있다. 관습법은 조약에 비해 절차가 단순하며, 국제 사회의 보편적인 동의를 쉽게 얻을 수 있어 환경문제에 빠르게 대처할 수 있는 장점이 있다. 조약과 마찬가지로 환경문제의 국제적 해결을 위한 국제 관습법이 형성되어 왔다. 하지만, 전통적 국제 환경법은 국가 간 힘의 논리에 의해 좌우되는 경우가 많았고, 중앙정부의 부재, 분쟁해결기관의 부족 등 국제법이 공통적으로 갖고 있는 한계점을 가질 수 밖에 없었다. 이에 국제 환경법 질서의 개편이 필요하였고 그 해결책으로서 국제 환경법의 연성법적 측면을 강화하였다. 연성법은 권고, 결의안, 지침 등의 여러가지 형태로 되어 있다. 이들의 특징은 조약과 관습법에 비해 구속력과 강제력이 약하고, 당사자에 따른 해석의 차이가 존재할 수 있고 법 규정을 준수하는 시기와 방법도 당사자가 선택하도록 하고 있다. 연성법이 새로운 질서가 될 수 있었던 이유는 환경분야가 과학적 불확실성을 내포하고 있고 환경법의 규제로 인한 경제적 부담이 크기 때문에 국가들이 경성법에 해당하는 강도의 구속을 받지 않으려는 경향을 보이기 때문이다. 이미 국제환경법의 시작부터 연성법은 많은 부분에서 활용되어 왔으며, 대표적으로 현 국제 환경법의 시작이라고 할 수 있는 스톡홀름 선언과 리우 선언 등이 있다. 사전주의원칙은 어떠한 의사 결정, 특히 환경에 손해를 끼치는 행위와 관련된 의사결정에 있어 고려되어야 하는 원칙이다. 주로 국제 무역규범과 환경보호를 위한 조치가 충돌할 경우에 무역법은 환경적 조치에 대하여 과학적 근거를 요구한다. 하지만 일어날 수 있는 환경문제에 대하여 정확한 과학적 근거를 가지고 입증하기는 어렵다. 사전주의 원칙은 이러한 과학적 입증의 한계에 대한 인식에서 출발하여, 과학적 입증이 어려운 경우라도 어떤 의사 결정으로 인해 환경에 가해지는 위협의 정도가 크다면, 위험에 대한 입증이 완전치 않더라도 환경 보호조치를 취할 수 있도록 하는 원칙이다. 이는 환경파괴나 환경에 가해지는 부정적 영향에 대해 기다리거나 지켜보는 것이 아니라 사전적 혹은 예방적으로 대응할 것임을 드러내고 있는 것이다. 사전주의원칙은 환경과 관련된 다양한 조약에 규정되어 있다. 또한 각 조약이 담고 있는 사전주의에 대한 발동조건과 내용은 조금 다르다. 예를 들어 법적 구속력이 없는 리우 선언 제15원칙은 "심각하거나 회복할 수 없는 손해의 위험"이 있을 경우에 사전주의 원칙이 발동될 수 있다고 정하고 있으며, 기후변화협약 제3조 제3항은 리우선언에서와 마찬가지로 심각하거나 회복할 수 없는 손해의 위험이라는 표현을 사용하지만 과학적 확실성의 결여가 있을 때, 환경에 끼치는 영향을 최소화하여 지구적 이익을 도모할 수 있도록 비용 효율적 사전주의를 이야기하고 있다. 국제 환경법이 더 발전하고 명확해지려면, 각 조약 내에 담겨있는 사전주의 원칙의 의미를 하나의 구체적인 원칙으로 정할 필요성이 있다고 본다.

유사 문제

01 국제환경법 중 1985년 오존층 보호를 위한 비엔나 협약에 대한 설명으로 타당하지 <u>않은</u> 것은?

① 비엔나 협약은 오존층 파괴에서 발생하는 영향으로부터 인류의 건강과 환경을 보호하기 위해 당사국에게 적절한 조치를 취할 의무를 부과하고 있다.
② 비엔나 협약은 인간활동이 오존층에 미치는 영향과 그로 인한 환경적 결과를 이해하고 평가하기 위해 체계적 관찰, 연구와 정보교환을 하도록 당사국에게 국제협력의무를 부과하고 있다.
③ 비엔나 협약은 당사국들에게 실질적인 기술이전의무를 부과하고 있다.
④ 비엔나 협약은 이해국가그룹간의 갈등으로 오존층 파괴를 예방하기 위한 보다 상세한 통제조치를 마련하지 못하였고, 선진국의 입장에 치중한 정보교환규정 등 형식적인 내용만을 담고 있어 큰 의의를 지니지 못한 것으로 평가되고 있다.

정답 ③
해설 비엔나 협약은 당사국들에게 실질적인 기술이전의무를 부과하고 있다고 보기 어렵다.
비엔나 협약은 오존층 파괴에서 발생하는 영향으로부터 인류의 건강과 환경을 보호하기 위해 당사국에게 적절한 조치를 취할 의무를 부과하고 있다. 그러나 여기에서 당사국에게 부과된 '적절한 조치'가 구체적으로 어떤 조치를 의미하는 지에 대해서 협약은 명확하게 밝히지 않고 있다. 또한 이러한 조치가 적용되는 화학물질에 대해서도 상세히 규정하지 않고 있으며, 부속서에서 오존층 파괴물질로 추정되는 물질들을 나열하고 있을 뿐이다.
비엔나 협약은 인간활동이 오존층에 미치는 영향과 그로 인한 환경적 결과를 이해하고 평가하기 위해 체계적 관찰, 연구와 정보교환을 하도록 당사국에게 국제협력의무를 부과하고 있다. 또한 오존층보호를 위해 당사국이 법률, 과학, 기술분야에서 정보를 상호교환하도록 고무하고 있다.

02 국제환경법상 1973년 멸종위기에 있는 야생동식물의 국제교역에 관한 협약(CITES)에 대한 적절한 설명이 아닌 것은?

① 1973년 멸종위기에 있는 야생동식물의 국제교역에 관한 협약은 멸종위기에 처해 있는 야생동식물의 국제교역을 규제하기 위해 체결된 협약이다.
② 협약에 따르면, 규제되어야 할 야생동식물의 종류를 크게 세 가지 범주로 나누어 멸종위기에 처한 동식물, 교역을 규제하지 않으면 멸종할 위험이 있는 동식물, 각국이 교역에 의한 규제를 위해 국제협력을 요구하는 동식물로 분류하고 있다.
③ 범주에 속하는 동식물에 대해서는 각 국가가 수출입을 절대 금지하고 있다.
④ 수출국가는 특정한 종의 수출이 국내법에 의해 합법적으로 인정되는 경우에 동식물을 학대하지 않는 방법으로 운반해야 하며, 수입국가는 이를 상업적 목적으로 이용하지 않고, 적합한 생활환경을 보장해 주어야 한다.

정답 ③
해설 범주에 속하는 동식물에 대해서는 각 국가가 수출입을 허가하도록 되어 있으며, 특정한 종의 수출입이 생존을 위협하지 않는 경우에만 허가가 가능하다.

06

국가면제와 관련된 국제재판소 및 국내법원의 태도에 대한 설명으로 옳은 것은?

① 국제법상 강행규범을 위반하는 경우에는 국가면제를 부여하지 않는 것이 각국 국내법원에 의해 통일적으로 확립된 사법관행이다.
② 대한민국 법원은 주권적 행위와 상업적 행위를 구분하지 않고 국가면제를 인정하고 있다.
③ 국제사법재판소(ICJ)는 국가의 관할권 면제(Jurisdictional Immunities of the State) 사건에서 문제의 행위가 강행규범 위반이더라도 국내법원에 의한 국가면제 적용 여부에 영향을 미치지 아니한다고 밝혔다.
④ 유럽인권재판소(ECHR)는 알 아자니(Al Adsani) 사건에서 국내법원이 고문 관련 민사소송에서 국가면제 주장을 받아 들임으로써 공정한 재판에 대한 피해자의 권리를 침해하였다고 밝혔다.

[정답] ③

[해설]
① 강행규범 위반 분쟁이라는 이유로 면제를 제한하는 관행은 통일되어 있지 않다.
② 대한민국 대법원은 대림기업사건이나 주한미군 고용계약 사건에서 제한적 면제론을 도입하였다.
④ 유럽인권재판소(ECHR)는 알 아자니(Al Adsani) 사건에서 먼저 아자니가 쿠웨이트를 상대로 영국법원에 제소하였으며, 영국은 법정지 밖에서 발생한 사건으로 보아 면제를 인정하였다. 이어 원고가 유럽인권법원에 제소하였으나, 유럽인권법원은 영국이 국가면제와 관련된 국제법을 적법하게 이행하였으므로 유럽인권협약상 아자니의 재판청구권을 침해한 것은 아니라고 판시하였다.

관련 이론

이탈리아 페리니 강제노역 사건 진행 경과

대표적인 국가면제관련 사건은 2차 세계대전 당시 독일군에 체포되어 군수공장에서 강제노역 당한 이탈리아인 Ferrini가 1998.9.23. 독일국을 상대로 Arezzo 지방법원에 제기한 손해배상청구 사건 {Ferrini v Germany, Appeal decision, no 5044/4; ILDC 19 (IT 2004)} 이다.
Arezzo 지방법원은 2000.11.3. 독일의 행위는 국가면제를 원용할수 있는 권력적 행위에 해당한다면서 소를 각하하였고, 2002.1.14. Firenze 항소심 또한 항소를 기각하였다. 그런데 이탈리아 대법원은 2004.3.11. 독일의 행위는 주권적 행위이고 인권보호는 불가침성이며 강행규범을 위반하는 국제범죄국가의 행위에는 국가면제를 적용할 수 없다며 원심 파기하였다(Decision of Italian Court of Cassation, Ferrini v. Federal Republic of Germany, Judgment No. 5044, 11 March 2004.). 이에 독일은 2008.12.23. 이탈리아 국내법원의 판결은 국가면제 원칙에 위반된다는 이유로 국제사법재판소(ICJ)에 제소하였다.
ICJ는 2012.2.3. 15인 재판관중 12인 다수의견은 이탈리아 법원이 국가면제를 부인하고 민사소송을 허용한 것은 국가면제권을 존중할 의무를 위반한 것이라면서, 각국의 입법례 및 판결을 검토해보더라도 국가 간 무력 충돌 과정에서 다른 국가의 영토 내에서 자신의 무장병력과 국가 기관들에 의해 저질러진 군사행위에 대하여도 국가면제를 부여하는 국제관습법은 여전히 유효하고, 국가면제는 절차와 관련된 문제이고, 강행규범 준수는 실체법적인 문제이므로 국가면제 적용을 고려함에 있어 실체법적으로 강행규범을 준수하였는지는 무관하다는 취지로 판시(GERMANY v ITALY : GREECE intervening, JUDGMENT OF 3 FEBRUARY 2012)하였다.
이에 대하여, 반대의견을 밝힌 3인 중 Cancado Trindade 재판관은 국제범죄, 인권의 중대한 위반, 국제인도법의 중대한 위반에 대해서는 국가면제가 인정되어서는 안 된다고 보았으며, Adbulqawi Ahmed Yusuf 재판관은 다른 구제 수단이 존재하지 않는 상황에서 국가 면제가 피해자 보상 의무를 회피하기 위한 장벽으로 이용돼서는 안 된다는 의견을 개진하였다. 아울러 Giorgio Gaja 재판관은 불법행위가 이탈리아 영역 내에서 행해진 사건에 관해서는 그와 같은 국제관습법의 존재가 부인되어야 한다고 주장하였다.
결국 이탈리아 국회는 2013.1.1.4 UN헌장 및 ICJ 제59조, 제60조에 따라 ICJ 판결을 국내법으로 수용하기 위해 동종 사건이 계류하는 법원에 직권으로 관할권 배제를 선언할 것을 의무화하고 확정 판결의 재심사유에 관할권 배제를 추가하는 법률(2013. 1. 14. 법률 제5호)을 제정하였는데, 이탈리아 Firenze 지방법원은 2014.1.21. 위 법률에 대해 위헌심판을 제청하였다.

유사 문제

01 국가 및 그 재산의 관할권 면제에 관한 국제연합 협약(2004)상 국가면제와 관련된 내용에 대한 설명으로 옳지 않은 것은?

① 협약은 국가가 외교사절, 영사, 특별사절, 국제기구주재 사절, 국제기구 기관 또는 국제회의에 파견된 대표, 그리고 이들의 수행인들의 직무수행과 관련하여 국제법상 향유하는 특권과 면제를 저해하지 아니한다.
② 상업적 거래라 함은 상품의 판매 또는 용역의 공급을 위한 모든 상업적 계약 및 거래, 차관 및 기타 금전적 성격의 거래를 위한 모든 계약을 의미한다.
③ 타국이 소송의 당사자로 거명된 경우에도, 국가의 법정에 제기된 소송은 타국을 상대로 제기된 것으로 간주하지 아니한다.
④ 국가는 그 국가 스스로 소를 제기한 경우, 또는 그 국가 스스로 소송에 참가하거나 본안과 관련하여 여타의 행동을 취한 경우, 타국 법정에서의 소송에 있어서 관할권 면제를 주장할 수 없다.

정답 ③
해설 타국이 소송의 당사자로 거명된 경우, 국가의 법정에 제기된 소송은 타국을 상대로 제기된 것으로 간주한다.

02 국가 및 그 재산의 관할권 면제에 관한 국제연합 협약(2004)상 제한된 면제와 관련된 내용에 대한 설명으로 옳지 않은 것은?

① 국가가 외국의 자연인 또는 법인과의 상업적 거래에 참가하고 있는 경우, 그 국가는 그 상업적 거래로부터 제기되는 소송에서 그 관할권으로부터의 면제를 주장할 수 없다.
② 국가는 타국의 영토상에서 전체적으로 또는 부분적으로 수행되었거나 또는 수행될 사업을 위해 그 국가와 개인 간에 체결된 고용계약과 관련된 소송에 있어서 권한 있는 그 타국의 법정에서 관할권 면제를 주장할 수 있다.
③ 국가는 타국의 권한 있는 법정에서 자국에게 귀속되는 것으로 주장되는 작위 또는 부작위로 인한 사망 기타 인적 피해 또는 유형의 재산상의 피해에 대한 금전적 배상에 관한 소송에 있어서 관할권 면제를 원용할 수 없다.
④ 국가는 타국의 권한 있는 법정에서 법정지국에 소재하는 부동산에 대한 국가의 여하한 권리 또는 이익, 그 소유 또는 사용, 혹은 그러한 이익 또는 그 소유 또는 사용으로부터 발생되는 국가의 여하한 의무 등의 사안들에 대한 결정과 관계된 소송에 있어서 관할권 면제를 원용할 수 없다.

정답 ②
해설 국가는 타국의 영토상에서 전체적으로 또는 부분적으로 수행되었거나 또는 수행될 사업을 위해 그 국가와 개인 간에 체결된 고용계약과 관련된 소송에 있어서 권한 있는 그 타국의 법정에서 관할권 면제를 주장할 수 없다.

07

1969년 조약법 협약상 조약의 무효에 대한 설명으로 옳지 <u>않은</u> 것은?

① 국가는 조약체결권 관련 국내법 규정의 위반이 명백하고 근본적으로 중요한 국내법 규칙과 관련되지 아니하는 한, 조약의 구속을 받겠다는 자국의 동의를 부적법화하기 위하여 그 동의의 표시가 그러한 국내법 규정 위반이라는 사실을 원용할 수 없다.
② 국가는 조약체결 당시 존재하고 조약의 구속을 받겠다는 동의의 본질적 기초를 구성하는 사실 또는 사태에 대한 착오를 원용하여 그 동의를 부적법화시킬 수 있다.
③ 조약의 구속을 받겠다는 국가의 동의 표시가 직접적 또는 간접적으로 그 국가대표의 부정을 통해 이루어진 경우에 그 동의는 법적 효력을 갖지 않는다.
④ 조약의 구속을 받겠다는 국가의 동의 표시가 그 국가대표에게 가해진 행동 또는 위협을 통하여 그 대표에 대한 강제에 의하여 이루어진 경우에 그 동의는 법적 효력을 갖지 않는다.

정답 ③

해설 법적 효력을 갖지 않는다는 절대적 무효에 해당하며 국가대표의 부정은 '상대적 무효 사유'이므로, 국가대표의 부정을 무효 사유로 원용할 수 있을 뿐이다. 따라서 부정을 통한 기속적 동의가 법적 효력을 갖지 않는 것이 아니다.

관련 이론

조약의 무효

1. 의의
   이는 조약체결의 기초가 되는 국가의 동의에 중대한 하자가 있는 경우, 체결 당시로 소급해 무효가 됨을 의미한다(제69조 1항). 조약의 무효 사유는 본 협약에 한해서만 인정되고(제42조 1항), 이는 예시규정이 아닌 열거규정이다.
2. 절대적 무효사유와 상대적 무효사유의 구별
   전자(제51–53조)는 원용(invoke) 없이도 당연히 무효가 되어 당사국의 추인도 허용되지 않는 것이고, 후자(제47–50조)는 침해를 받은 국가의 원용이 있어야 무효가 된다는 것이다.
   다만 조약 체제의 법적 안정성을 위해 두 경우 모두 상대방에게 무효의 주장을 통고(notification)할 의무를 부과해, 이의제기의 기회를 제공하고 있다.
3-1. 국가대표에 대한 강박(제51조) ⇨ 절대적 무효사유
3-2. 국가에 대한 강박(제52조) ⇨ 절대적 무효사유
   ① UN헌장에 구현되어 있는 국제법의 제원칙
      이는 UN헌장 제2조 4항에 의해, 현재 국제관습법으로도 확립된 무력사용금지를 의미한다. 그러므로, UN헌장에 합치하는 무력에 의한 강박은 무효 사유가 아니다.
   ② 힘(force)의 의미
      이에 대해 i) 1969. 조약체결에 있어서 군사적/정치적/경제적 강박의 금지에 관한 선언이 비엔나협의에서 채택된 바 있고, 이는 협약 제31조 2항 a호의 '합의'에 해당한다는 견해가 있지만, ii) 제31조 1항의 문언주의에 기해 문언적 해석에 따라 이를 무력에 의한 강박으로 좁게 해석함이 타당하다.
3-3. 기존 국제 강행규범 위반(제53조) ⇨ 절대적 무효사유, 노예제금지 등

3-4. 조약체결권한에 관한 국내법규정위반(제46조) ⇨ 상대적 무효사유
　① 성립요건
　　이는 i) 조약체결권에 관한 국내법상 법규정의 위반, ii) 그 위반이 근본적으로 중요할 것, iii) 그 위반이 명백할 것을 요한다. 위의 법규정은 성문법/불문법 여부 및 실체법/절차법 여부를 불문하고, 조약의 내용이 국내법에 위반되는 경우를 포함하진 않는다.
　② 위반의 명백성
　　통상 관행에 의거하고, 성실하게 행동하는 어느 국가에 대하여도 위반이 객관적으로 분명한 경우, 그 위반은 명백한 것이 된다(제46조 2항). ICJ는 Land and Maritime Boundary between Cameroon and Nigeria 사건(2002)에서, i) 국가를 위해 조약에 서명할 권한에 관한 규칙은 근본적으로 중요한 헌법규칙이지만, ii) 국가원수의 자격에 대한 제한은 적어도 적절히 공표되지 않는 한 제46조 2항의 명백한 것이 아니며, iii) 다른 국가에서 일어나는 입법적/헌법적 변화를 알고 있어야 할 일반적 법적 의무는 없다 봤다. ⇨ 주로 조약체결권자와 한계 문제

3-5. 국가동의의 표시권한에 대한 제한위반(제47조) ⇨ 상대적 무효사유
　전권위임대표가 권한을 유월해 구속적 동의표시를 부여한 경우에도 제46조와 비슷한 논리가 적용되어야 한다. 제47조는 제46조와 달리 '통고'라는 절차적 요건을 규정하고 있는바, '통고'가 없었으므로 무효원용을 할 수 없다.

3-6. 착오(errors)(제48조) ⇨ 상대적 무효사유
　① 성립요건
　　이는 i) 조약 체결 당시에 존재한 사실에 대한 착오, ii) 구속적 동의표시의 본질적 기초를 구성하는 중대한 사실에 대한 착오일 것을 요한다. 여기서의 착오는 '사실'의 착오만을 포함하고, 조약문을 제대로 이해하지 못해 발생한 법률상 착오는 포함되지 않는다.
　② 원용의 제한
　　사실의 중대한 착오가 존재해도 과실이 있는 국가는 원용할 수 없다. ICJ도 Preah Vihear사원 사건(1962)에서, 착오를 주장하는 당사자가 i) 스스로의 행위에 의해 착오의 발생에 기여했거나, ii) 이를 피할 수 있었을 경우, 당해 착오는 무효사유를 구성하지 않고, 이는 확립된 법규칙이라 본다. 일방 당사국이 조약문을 제대로 읽지 않아 발생한 착오만을 이유로 무효를 주장할 수는 없다.
　③ 조약문의 문언에 관한 착오
　　조약문에 대한 착오는 문언을 정정할 수 있을 뿐이지(제79조), 조약의 효력에 영향을 미치지 않는다. 번역본상의 오역이나 기타 착오는 조약법의 문제가 아니라, 단지 당해 국가의 국내법의 문제일 뿐이다.

3-7. 기만(제49조) ⇨ 상대적 무효사유
　① 성립요건
　　이는 i) 기만행위의 존재, ii) 기만에 의한 조약체결에의 유인의 존재를 요한다.
　② 기만행위의 의미
　　이는 그것이 없었다면 부여되지 않았을 동의를 얻기 위해 제시된 i) 허위발언, ii) 거짓증거의 제시, iii) 기타 사기적 행동 등을 포함하는 상대방의 위법행위를 의미한다.
　③ 제48조 착오와의 경합
　　기만당한 국가는 제48조 착오와 제49조 기만사유를 모두 원용할 수 있지만, 무효원용국이 과실이 있는 경우에도 원용이 가능하다는 점에서 제49조를 원용함이 더 유리하다.

3-8. 국가대표의 부패(제50조) ⇨ 상대적 무효사유
　① 요건
　　이는 i) 타국에 귀속될 수 있는 부정행위의 존재 및 ii) 부정행위가 기속적 동의를 무효로 할 정도로 국가대표에게 직/간접적으로 상당한 영향을 미칠 것을 요한다. 자식/사위 등에 의한 간접적 방법도 가능
　② '부패'의 의미
　　이는 매수의 의사를 갖는 상당한 행위에 기한 것임을 요하고, 단순한 의례적 선물은 해당하지 않는다.
　③ '간접'의 의미
　　이는 외관상 공적 연계가 없는 자를 통해 부정이 이루어지는 경우를 말한다.

4. 무효의 효과
   ① 일반적 효과(제69조 1항)
   ② 원상회복 의무
      ㉠ 원칙(제69조 제2항 a호)
      ㉡ 예외 : 무효가 원용되기 이전에 성실히 실행된 행위는 조약이 무효라는 이유만으로는 불법한 것이 되지 않는다(제69조 제2항 b호)
      ㉢ 예외의 예외(제69조 제3항) : 사기/매수/강박의 책임이 귀속되는 당사국에 대하여는 이는 적용 되지 아니한다.
   ③ 국가책임과의 관계
      조약체결 과정에서 국제위법행위가 동반되거나 그 후 위법상태가 지속되는 경우, 조약의 무효와 함께 국가책임 문제가 발생할 수 있다.
   ④ 일반국제법상 의무와의 관계

유사 문제

01 1969년 조약법 협약상 조약의 절대적 무효에 대한 설명으로 옳지 <u>않은</u> 것은?

① 전통 국제법에서 인정되어온 원칙은 국가대표 개인에 대하여 강박이 가해진 경우에 그 조약을 무효라는 것이다.
② UN헌장이 무력에 의한 위협 또는 무력행사를 금지함에 따라 국제법상 위법한 무력의 행사나 위협적 수단으로 강박을 가하여 체결한 조약을 무효로 취급된다.
③ 당사국 간에 진정한 합의가 있고 정치상 아떠한 결함도 없는 조약이라 할지라도 그 내용이 인반국제법상의 강행규범에 반하는 경우에는 당연히 무효가 된다.
④ 침략국에 대한 UN헌장에 입각한 조치는 강박에 의한 조약이라면 무효한 것으로 해석된다.

정답 ④

해설 침략국에 대한 UN헌장에 입각한 조치는 강박에 의한 조약이라도 유효한 것으로 해석된다.

02 1969년 조약법 협약상 조약의 무효에 대한 설명으로 틀린 것은?

① 조약에 대한 동의가 조약체결권에 관한 국내법규정에 위반한 경우 국내법의 위반이 명백하며 기본적인 중요성을 갖는 국내법의 규정에 관계되는 경우에 한하여 그 조약은 무효이다.
② 조약에 대한 동의를 표시하는 대표의 권한에 대해 특정의 제한이 가해졌음에도 불구하고 그 제한이 준수되지 않은 경우 그 조약은 무효이다.
③ 조약체결시에 존재한 사실 또는 사태에 관한 착오인데 조약에 대한 동의의 본질적 기초를 이루는 착오이지만 그 착오를 야기한 책임 유무와 상관없이, 이러한 착오의 결과로서 체결된 조약은 무효이다.
④ 조약법협약 48조에 의하면 교섭상대국의 사기적 행위에 의해 조약이 체결된 경우 그 조약은 무효이다.

정답 ③

해설 조약체결시에 존재한 사실 또는 사태에 관한 착오인데 조약에 대한 동의의 본질적 기초를 이루는 착오로서 또한 그 착오를 야기한 책임이 자국의 행동에 있지 않고 동시에 일어날 수 있는 착오에 관하여 알 수 있는 상태에 있지 않았던 경우에는 이러한 착오의 결과로서 체결된 조약은 무효이다.

08

국제법상 분리독립에 대한 설명으로 옳은 것은?

① 1914년 제1차 세계대전이 일어날 때까지 분리독립에 의하여 국가가 탄생한 예가 없다.
② 어느 국가의 중앙정부가 그 국가 영역 내 특정 지역을 통제하는 지방 조직을 국가로 승인하는 경우 그 지역에서 국가가 탄생한다.
③ 어느 국가의 영토 일부 및 그 영토상의 주민이 분리독립하는 경우 그 국가의 계속성은 소멸한다.
④ 1945년 제2차 세계대전이 종결된 이후 자결권 행사를 통해서 분리독립이 실현된 예가 없다.

정답 ②

해설
① 1830년 비인체제의 결과로 벨기에가 네덜란드로부터 분리독립한 예가 있다.
③ 기존의 국가에서 분리독립시 기존 국가의 계속성이나 동일성이 소멸하는 것은 아니며 기존국가는 국가로서 존속한다.
④ 1945년 이후 식민지배를 받던 국가들이 UN의 신탁통치를 받았으나, 1960년대 들어 대거 분리독립을 완성하였다.

관련 이론

국제사법재판소(ICJ)의 적용

국제사법재판소(ICJ)가 2010년 "코소보가 2008년 2월17일 세르비아로부터 일방적으로 독립을 선언한 행위는 일반적인 국제법에 위배되지 않는다"는 결정을 내렸다. 재판장 오와다 히사시는 "국제법은 어느 누구의 독립선언도 금지하지 않는다. 코소보의 독립선언은 일반적인 국제법 원칙으로 보아 위법행위를 구성하지 않는다"고 밝혔다. 재판관들의 의견은 결정 지지 10명과 반대 4명으로 나뉘었다.
"코소보의 독립선언 국제법상 위법 아니다"
작년 12월 세르비아가 ICJ에 자문의견을 구하는 형식으로 시작된 이번 재판의 결과는 법적 구속력을 갖지는 않는다. 하지만 ICJ의 결정은 그 파장이 결코 만만치 않다.
코소보의 분리독립 선언은 ICJ 결정으로 사실상 '합법성'을 획득했다. 국제사회의 분쟁을 다루는 최고 사법기관인 ICJ가 이런 의견을 제시했다는 점만으로도 지구상 분리독립 운동단체들에는 '의미 있는 신호'로 받아들여질 가능성이 높다.
네덜란드 클링헨달 안보-분쟁 프로그램의 에드빈 바커 소장은 "이번 결정은 자국에서 분리운동을 상대하는 여러 나라에는 좋지 않은 뉴스"라면서 "ICJ 결정으로 영토보존은 불가침이라는 가정에 심각한 위협이 제기됐다"고 평가했다. 그는 이번 결정이 지구상의 분리주의 운동을 활성화시킬 것이라고 전망했다.
이 같은 잠재적 폭발력 때문에 세계 각국은 조심스럽게 사태의 흐름을 주시하고 있다. 특히 간헐적으로 표출되는 자국 내의 분리독립 운동으로 골머리를 앓고 있는 러시아, 중국, 스페인, 그리스 등은 코소보 독립에 대한 반대입장을 견지하고 있다. 반면 코소보의 독립을 지지해온 미국과 유럽연합(EU)은 ICJ의 결정을 적극 환영하고 나섰다. 미국과 EU는 "향후 코소보와 세르비아 사이의 문제는 대화를 통해 해결해야 한다"고 밝혀 적극 중재에 나설 태세다.
이번 결정으로 코소보 독립 인정국이 늘어날 가능성도 예측된다. 현재까지 코소보 독립을 인정한 나라는 유엔 회원국 192개국 중 69개국이다. 미국, 일본, 독일, 프랑스, 영국, 이탈리아, 터키 등이 독립 인정국 범주에 속하며, 세르비아, 러시아, 중국, 인도, 스페인, 그리스, 루마니아 등이 독립 불인정 나라군에 속한다.
처음부터 코소보의 분리독립을 인정하지 않았던 세르비아는 여전히 ICJ의 결정을 수용할 수 없다는 입장이다. 보리스 타디치 세르비아 대통령은 TV연설을 통해 "ICJ의 결정은 참기 어렵다"면서 "향후 외교적인 투쟁을 계속할 것"이라고 밝혔다.
이에 대해 코소보의 파트미르 세이디우 대통령은 "세르비아는 코소보의 독립을 받아들여야 한다. 우리는 세르비아가 코소보에 대해 다른 방식으로 접근하기를 희망한다"고 말했다. 코소보는 이번 결정을 계기로 독립인정을 위한 외교전을 더욱 활성화할 방침이다. 스켄데르 히세니 코소보 외무장관은 "ICJ의 결정이 나올 때까지 코소보 독립 인정을 보류했던 나라들은 앞으로 속히 인정하기를 희망한다"고 밝혔다.

유사 문제

01 국제법상 국가승계에 대한 내용의 설명으로 틀린 것은?

① 국경선은 당사국 간에 합의가 없는 한 변경되지 않는다는 국경선 신성의 원칙(principle of sanctity of frontiers)에 기초한다.
② 사정의 근본적 변경은 국경선수립조약의 종료 및 탈퇴를 위한 근거로서 원용될 수 있다.
③ 국경선 자동승계 원칙은 영토를 취득하는 국가는 그 영토의 경계도 자동 승계한다는 더 넓은 원칙의 일부이다.
④ 국경획정조약에 대해서는 사정변경원칙의 적용을 인정하지 아닌 것과 맥락을 같이한다.

정답 ②
해설 사정의 근본적 변경은 국경선수립조약의 종료 및 탈퇴를 위한 근거로서 원용될 수 없다.

02 국제법상 국가승계에 대한 내용의 설명으로 틀린 것은?

① 승계 시에 발효 중이던 전임국가의 조약들은 상실한 영토 부분에 대해서도 효력이 있다.
② 신생독립국은 조약승계의 취지를 문제된 조약의 기탁소에 통고함으로써 전임국가가 체결해 놓은 식민지 관련 '다자'조약을 승계할 수 있다.
③ 승계 시에 발효 중이던 승계국의 조약들은 새로이 취득한 영토에까지 연장 적용된다.
④ 조약의 신 영토에 대한 적용이 조약의 객체와 목적으로부터 혹은 다른 방법으로 입증되는 경우에는 그러지 아니한다.

정답 ①
해설 승계 시에 발효 중이던 전임국가의 조약들은 상실한 영토 부분에 대해서는 더 이상 효력이 없다.

09

2001년 국제위법행위에 대한 국가책임 초안의 내용에 대한 설명으로 옳은 것은?

① 국가기관의 행위가 상업적 성격을 가지는 경우에는 국가책임이 발생하지 않는다.
② 정부권한을 행사하도록 위임받은 개인의 월권행위는 위임한 국가에 귀속되지 않는다.
③ 국가책임이 성립하기 위해서는 국가에 귀속되는 행위에 의한 국제의무 위반, 고의 또는 과실 및 손해의 발생이 필요하다.
④ 문제가 된 행위의 위법성이 조각되더라도 그 행위로 인해 야기된 중대한 손실에 대한 보상까지 면제되는 것은 아니다.

정답 ④

해설
① 국가면제와 국가책임의 영역은 다르다. 즉, 국가기관의 행위가 상업적인지 정치적인지는 국가책임에서 국가 귀속성에 영향을 주지 않으며, 다만 국가기관의 직무행위이면 국가로 귀속이 되어 책임이 성립할 수 있다.
② 초안 제7조상의 월권행위의 경우 ILC초안은 모든 월권행위에 대한 국가귀속성을 긍정한다.
③ ILC초안은 국가책임의 성립 요건은 2요소로 국가귀속성과 위법성을 명시하고 있는데, 고의 또는 과실 및 손해 발생은 국가책임 성립요건으로 명시하지 않았다.

관련 이론

국가책임의 의의와 법적 성격

1. 국제책임과 국가책임의 구분 (cf. 국제법주체성)
   국가책임-국가의 국제책임, 국제기구의 국제책임(§57), 개인의 국제책임(§58)
2. 직접침해(direct injury)와 간접침해(외국인의 손해에 대한 책임)의 구분
   ① 국내구제수단완료의 원칙(§44(a))
   ② 이용가능하고 실효적인 수단
   ③ 당사국의 주권 존중 + 보충성의 원리
      * 판례 U.S.(North American Dredging Co. of Texas) v. Mexico (1926) (cf. Calvo clause)
   ④ 청구국적의 원칙(§44(b))
      ㉠ 손해 발생 시부터 공식적인 청구 시까지 동일 국적 유지 (cf. 외교보호규정초안 §5.1)
      ㉡ 자의적인 국적 변경 방지
3. 전통국제법의 국가책임
   ① 국내법의 민사책임과 유사 : 고의 또는 과실, 위법성, 손해 (cf. 민법 제750조)
   ② 손해와 배상의 관계 : 배상 ≤ 손해
4. 국가책임에 관한 규정 잠정 초안(1996)의 특징
   ① 적용범위 : 국가책임(≠국제위법행위)
   ② 국제범죄(international crimes)와 국제불법행위(international delicts)의 구분(§19.3)
      가해국 v. 국제공동체   가해국 v. 피해국
      고의 > 과실   고의 = 과실
      손해 v. 배상   배상 ≤ 손해
   ③ 징벌적 손해배상책임(punitive damages)의 성립 여부
5. 국제위법행위에 대한 국가책임에 관한 규정 초안(2001)
   ① 적용범위의 축소 : 국제위법행위에 국한
   ② 1차 규칙(primary rules)과 2차 규칙(secondary rules)의 구분 (cf. 고의/과실 또는 손해)

③ 위법성 조각사유(열거조항)
④ 강행규범의 중대한 위반
⑤ 대항조치–배상 이행의 유인 수단 (cf. 전통국제법의 복구)
6. 국가책임의 법률관계
① 국가책임 : 가해국과 피해국의 관계 (개인의 행위나 손해–원인행위)
② 간접침해와 외교보호권 : 외교보호권은 국적국의 권리
③ 사인(私人)의 행위와 상당한 주의(due diligence)
7. 관련 국제법문서
① 국제위법행위에 대한 국가책임에 관한 규정 초안 (2001)
② 외교보호에 관한 규정 초안 (2006)
③ 위험한 활동에서 야기되는 국경간 손해의 방지에 관한 규정 초안 (2001)
④ 위험한 활동에서 야기되는 국경간 손해의 경우에 있어 손실의 배분에 관한 원칙 초안 (2006)
⑤ 국제기구의 책임에 관한 규정 초안 (2011)

유사 문제

01 국가책임 초안에 관련된 사항으로 옳지 않은 것은?

① 국가책임은 피해국에 대한 직접적인 손해로부터 발생함은 물론 피해국의 국적을 가진 개인이나 법인 데 대한 손해로부터 간접적으로 발생하기도 한다.
② 국가책임은 작위는 물론 부작위로 부터 발생하기도 한다.
③ 어떠한 국가도 타국의 영토를 타국의 영토, 인민, 재산에 피해를 주는 방향으로 사용할 권리가 없으며 또한 그러한 사용을 허가할 권리가 없다.
④ 국가책임은 불법행위로부터 발생하는 것이지 적법행위로부터 발생할 수는 없다.

정답 ④

해설
① 국가책임은 피해국에 대한 직접적인 손해(외교사절의 특권무시, 타국의 영역에서 국권행사, UN헌장을 위반한 무력사용)로부터 발생함은 물론 피해국의 국적을 가진 개인이나 법인데 대한 손해(자국에 거주하는 외국인으로부터 국제법상 보장된 권리 박탈)로부터 간접적으로 발생하기도 한다.
② 국가책임은 작위는 물론 부작위(캐나다 영역내의 사기업이 미국에 끼친 손해에 관하여 캐나다 자치령정부에 손해배상책임이 인정된 사례가 좋은 예임)로 부터 발생하기도 한다.
④ 국가책임은 불법행위로부터 발생함은 물론 적법행위(적법행위로서 외국인재산의 국유화를 행한 경우에도 이에 대한 보상이 없는 경우에는 국가책임이 발생하는 것이 좋은 예임)로부터 발생하기도 한다.

02 국가책임 초안에 관련된 사항으로 옳지 않은 것은?

① 국가의 국제법위반행위 발생해야 한다.
② 국제법 위반 행위에 대한 책임귀속의 가능성이 국가에 있을 것을 요구한다.
③ 국제법 위반 행위로 인한 직접적인 국가에 대한 손해에 한하여 발생한 사실이 있을 것을 요구한다.
④ 국제위법행위는 전적으로 국제법에 따라 그 성립여부가 결정되는 것이므로 각국에서는 그 국내법을 원용하여 그 면책을 주장할 수 없다.

정답 ③

해설 국제법 위반 행위로 인한 국민에 대한 손해에 의하여 직접 또는 간접으로 국가에 대한 손해가 발생한 사실이 있을 것을 요구한다.

10

국제기구의 법인격에 대한 설명으로 옳지 않은 것은?

① 국제기구가 소재지국과 조약 체결을 통해 국내법상 법인격을 부여받게 되는 경우에는 그 기구에 속한 모든 회원국의 국내법상 법인격을 인정받게 된다.
② UN 헌장에는 UN의 국제법상 법인격을 부여하는 직접적인 명문 규정이 없음에도 UN의 목적, 직무, 권한 등에 따라 UN의 국제법상 법인격이 인정되고 있다.
③ UN 헌장 제43조의 조약체결권과 제105조의 목적달성에 필요한 특권과 면제에 대한 권한 부여는 UN의 국제법상 법인격을 전제로 한 것이다.
④ UN은 다른 국제법주체에 대한 국제청구를 제기하여 자신의 권리를 지킬 능력을 가지고 있다.

[정답] ①

[해설] 국제기구가 소재지국과 조약 체결을 통해 국내법상 법인격을 부여받게 되는 경우, 국제기구가 소재지국과 체결한 조약 역시 '상대적 효력'만 인정됨에 따라서 회원국 전체에 대해 법인격이 인정되는 것은 아니며, 별도로 조약을 체결해야 한다.

관련 이론

국제기구의 법인격

1. 법인격의 개념
   ① 법인격
      국제기구가 국제법상 권리·의무의 능동적·수동적 주체가 될 수 있는 자격 내지 적합성을 말한다.
   ② 법인격 인정
      가. 설립 헌장
         ILO 헌장 제39조, WTO 설립협정 제8조 제1항, 국제해양법재판소 제2조에서 법인격을 규정하고 있다.
      나. 특별조약
         UN의 법인격은 1946. 2. 13 UN의 특권과 면제에 관한 협약 제1조 제1항, 전문기구의 법인격은 1947. 11. 21 전문기구의 특권과 면제에 관한 협약 제1조 제3항에 규정하고 있다. 명시적인 규정이 없어도 당연히 인정된다고 본다.

2. 국내적 법인격
   국제기구가 특정국가내에서 그 국내 법률관계상 누리는 권리·의무능력을 말한다.
   ① 법적 근거
      UN 헌장 제104조, 대부분의 전문기구헌장, OAS 헌장 제139조, EEC 조약 제211조는 회원국의 영토상에서 기능을 행사하고 목적을 달성하기 위하여 법적능력을 향유한다고 규정한다. 국제기구와 그 소재지국가간에 체결되고 국제기구의 소재, 권리, 의무능력, 특권과 면제를 규정하는 조약인 소재지협정(본부협정, headquarters agreement) 및 특별조약으로 규정하는 수도 있다.
   ② 권리의 행사
      법인이기 때문에 그 대표기구에 의해서 권리·의무를 행사하고 법률행위를 수행한다. 대표기관은 Secretary General, Director General이라고 불리는 단독기관이다. U 대표자는 : Commission이다(Rome조약 제211조).

3. 국제적 법인격
   ① 국제적 법인격과 법적 개념
      가. 국제적 법인격
         국제법상 권리의무의 주체가 될 수 있는 자격 내지 지위를 말한다.
      나. 법적 근거
         국제적 법인격을 인정하는데 국가들은 소극적이었고 근래에 와서야 국제법상 확립되었다. 국제적 법인격을 설립헌장에서 인정하는 예는 드물다. 대표적인 예가 WTO 설립협정 제8조 제1항 2항이다. 국제적 법인격을 일반화하고 확립한 것은 국제판례이다. UN총회는 1948. 12. 3 결의 258(Ⅲ) 채택하여 UN이 어떤 정부를 상대로 국제배상청구를 할 수 있는 지에 관하여 권고적 의견을 묻는 1949. 4. 11 UN 봉사중 입은 손해배상사건(Reparation for Injuries Suffered in the Service of the United Nations case, Bernadotte 백작사건)에서 ICJ의 권고적 의견에서 ICJ는 UN의 국제적 법인격을 인정하였다.

② 국제적 법인격의 내용
가. 전문성의 원칙
나. 묵시적 관할권이론
다. 내용
특권과 면제의 혜택, 적극적·수동적 사절권, 국제조약 체결권, 국제공무원에 대한 직무보호권(functional protection), 국제소송의 당사자능력(ICJ에는 권고적 의견만 청구), 입법권

4. 국제기구의 재정적 자율성
그 고유의 수입 내지 자산을 그 내부절차에 따라 확보하고 그 지출을 필요에 따라 자율적으로 시행하는 것을 말한다.
① 수입
국제기구의 일방행위에 따라 의무적으로 부담하는 분담금, 기부금, 공채발행
② 지출
내부 규정에 따라 예산기관에 의해 결정된다.

5. 법인격의 상속(승계)
① 국제기구의 상속의 문제
기존의 국제기구가 소멸하고 동일한 목적과 기능의 새로운 국제기구가 성립하는 경우 국제기구의 상속의 문제가 제기된다.
② 예
League of Nations → UN, 국제위생사무소 → WHO, 지적협력국제회의 → UNESCO, OEEC → OECD, ECSC·EEC·Euratom → EC →EU, GATT → WTO
③ 해결방식
가. 회원국들간의 별개의 조약으로 해결하는 방식
1965년 유럽공동체의 단일이사회 및 단일위원회설립조약이 이에 해당한다.
나. 새로 창설되는 국제기구의 설립 헌장에서 규정하는 방식
1945년 ICJ 규약 제36조 제5항·제37조에서 PCIJ에 관하여 규정한 것, 1950. 12. 14 OECD 설립 헌장에서 OEEC에 관하여 규정한 것이 그 예다.
다. 소멸하는 국제기구의 결의에 의하여 상속관계를 해결하는 방식
국제연맹과 국제항공위원회 소멸하면서 각각 UN과 ICAO에 승계함을 분명히 하였다.

국제기구의 관할권(권한)

1. 관할권 결정의 일반원칙
① 국제기구의 관할권의 의의
국제기구가 그 설립헌장상에 규정된 목적과 기능을 수행할 수 있도록 인정되는 권한이다.
② 전문성의 원칙(principle of specialty)
국제기구의 관할권은 설립헌장상의 목적과 기능을 수행하기 위해서만 인정되는 것이며 그와 상관없는 행위는 권한 밖(ultra vires)의 일이라는 이론이다. 1996. 7 ICJ는 핵무기사용의 합법성을 가려 달라는 WHO의 요청에 대해서 권한 밖이라는 이유를 들어 결정을 거부하였다.
③ 묵시적 권한이론(필요한 추정의 원칙, theory of implied power)
가. 정의
설립헌장의 목적과 기능을 수행하기 위하여 필요하다면 그 권한 내용이 구체적으로 명시되지 않아도 인정되어야 한다는 이론이다.
나. 판례
미국의 대법원판례(Marshall 대법원장), 1926. 7. 23 ILO 권한에 관한 PCIJ 권고적 의견, 1927. 12. 2 Danube 강위원회의 권한에 관한 PCIJ 권고적 의견, 1949. 4. 11 UN봉사중 입은 손해배상에 관한 ICJ의 권고적 의견, 1950. 7. 11 South West Africa사건, 1954. 7. 13 UN 행정법원판결 사건, 1962. 7. 20 UN의 일정한 비용지출사건, 1971. 6. 21 Namibia사건

다. 한계

1954년 UN 행정법원판결 사건에서 Hackworth의 반대의견(dissenting opinion)에서 묵시적 권한이론이란 합리적 한계 내에서 명시적 권한을 효과적으로 적용하도록 하는 것이지 명시적 권한을 대체하거나 수정하는 것은 아니다고 했고, 1971. 1. 26 Namibia사건판결에서 G. Fitzmaurice사 건의 반대의견에서 이들 기관 (총회 및 안전보장이사회)은 헌장에 의하여 창설되었기 때문에 필연적으로 그러한 (헌장상의)제한에 종속되며 이 기초에 근거해서만 유효한 행동을 취할 수 있다. 묵시적 권한이론은 명시적 규정의 흠결이나 부족을 보충하고 분명히 하는 것이지 명시적 규정에 저촉하는 것은 아니다.

2. 관할권 행사의 통제

① 제도적 통제

국제공동체의 조직은 매우 불완전하기 때문에 권한 행사에 대한 제도적 통제가 발달되어 있지 못하다.

② 행정적 통제

국제기구 내에서 설립 헌장상의 기관은 보조기관의 권한 행사를 통제한다.

③ 설립 헌장 해석 권한에 의한 통제권

국제기구의 최고기관은 설립 헌장 해석 권한을 통하여 그 례하기관의 권한행사를 통제하게 된다.

3. 관할권의 내용

① 입법적 권한

입법적 권한이란 국제법규칙을 제정하는 권한으로 국제조약제정을 주관 · 후원하는 것, 규범적인 일방행위를 하는 것 등이다.

② 사법적 권한

사법적 권한이란 국제공동체의 분쟁을 소송절차에 의하여 해결하는 권한 · 중재재판 및 사법재판을 말한다.

③ 통치적 권한(준국가적 행위)

통치적 권한이란 영토관할권 · 인적관할권 · 국제관계관할권에 준하는 권한으로 영토관할권, 인인적관할권, 국제관계관할권(적극적 · 수동적 사절권, 국제공무원에 대한 직무보호권, 국제조약체결권, 국제소송의 당사자능력) 등이 있다.

④ 영토관할권

가. 소재지관계 권한

소재지(headquarters)란 설립 장소이며 주된 사무소가 있는 장소를 말하며 소재지협정(headquarters agreement)은 국제기구와 소재지국가가 체결하는 경우 국제기구의 규율권과 행정관할구역내의 강제조치권을 인정한다 (WTO 설립협정 8조 3항).

나. 조약에 근거한 권한

신탁통치지역 · 비자치영토 · 국제해저

다. 국제기구 자신의 결정에서 나온 영토관할권

1966. 10. 27 UN총회는 Nambia에 관한 결의 2145(X, XI) 채택하여 UN Council for Nambia를 창설하였다.

⑤ 인적 관할권

가. 영토적 권한에 기초한 인적 관할권

1962년 the Netherlands와 Indonesia협정으로 West Irian의 행정 : 여행증명서, 외교보 호권행사

나. 국제공무원에 대한 관할권

1949. 4. 11 UN 봉사 중 입은 손해배상사건에 관한 권고적 의견도 인정하였으며 통행권(국제공무원의 여행신분증)발급, 직무보호권(1964. 1. 11 ILO 행정법원판결 No. 70)

다. 선박 · 항공기 · 기타 우주물체등록과 관할권

유사 문제

01 국제기구에 대한 설명으로 옳지 <u>않은</u> 것은?

① 국제기구는 여러 국가들이 공동의 목적 달성을 위해 일정한 기능을 수행하도록 권한을 부여하는 내용의 조약을 체결함으로써 설립된다.
② PCIJ는 '단순한 조약(해석)적 접근'(simple treaty paradigm)만으로 처리할 수 없는 문제가 국제기구와 관련하여 존재하고 있음을 알게 되고 이로부터 일종의 제도로서 국제기구의 기능과 그 기능 수행을 위한 권한에 주목하는 '제도 개념'(institutional notion)을 발전시켜 나갔다.
③ 국제기구가 하나의 제도적 실체로 인정됨에 따라 국제기구는 설립조약을 통하여 회원국으로부터 부여받은 목적과 권한의 범위 내에서 독자적인 기능을 수행하게 된다는 설명체계가 확립되었다.
④ 명시적으로 권한이 부여되는 범위에 의해서만이 국제기구의 목적이나 관련 조항의 권리능력이나 권한이 인정된다.

정답 ④

해설 명시적으로 권한이 부여되지는 않더라도 국제기구의 목적이나 관련 조항에 비추어 그 권한이 추정되는 범위에서 보다 폭넓게 권리능력이나 권한이 인정된다.

02 국제법상 국제기구에 대한 설명으로 옳지 <u>않은</u> 것은?

① 정부간 국제기구는 국제적 법인격을 갖는 국제법 주체로서 인정되고 있으나 그 범위가 제한적이며, 비정부간국제기구에 대해서도 역시 제한적으로 국제적 법인격이 인정되고 있다.
② 본원적이면서 기본적 국제법주체인 국가를 제외하고는, 국제기구나 개인을 막론하고 여전히 국제사회의 지배적인 행위자인 국가의 의사 및 합의에 근거를 두고 국제적 법인격이나 국제법주체성이 논의되고 있다.
③ 국제기구에 대한 국제적 법인격의 인정근거 및 대외적 효과의 범위는 물론이고 국제기구의 개별적인 권리·의무와 국제법적 권능에 대해서도 국가간의 합의로써 성립된 '설립조약'의 효력은 매우 강력하다.
④ 국제기구의 법인격 인정과 관련하여 국가중심주의적 접근방법이 유지되는 한 정부간국제기구의 객관적 법인격이 확립되고 비정부간국제기구의 국제적 법인격이 인정되는 데는 많은 어려움이 예상된다.

정답 ①

해설 ① 정부간 국제기구는 국제적 법인격을 갖는 국제법주체로서 인정되고는 있으나 그 범위가 제한적이며, 비정부간 국제기구에 대해서는 아직 국제적 법인격이 인정되지 않고 있는 실정이다. 개별적 국제기구의 권리·의무 또는 권능에 있어서도 설립조약의 규정에 의하여 그 내용이 정해진다고 하는 '전문성의 원칙'이 국제기구와 관련된 매우 중요한 원칙으로 확립되고 있다. 다만 오늘날 '묵시적 권한의 원칙'에 따라 설립조약에서 명시적으로 규정되지 않고 있는 경우에도 국제기구의 권리·의무 또는 권능이 인정될 수 있다고 본다.
② 본원적이면서 기본적 국제법주체인 국가를 제외하고는, 국제기구나 개인을 막론하고 여전히 국제사회의 지배적인 행위자인 국가의 의사 및 합의에 근거를 두고 국제적 법인격이나 국제법주체성이 논의되는 현실이 계속되고 있는 것이다.
③ 국제기구에 대한 국제적 법인격의 인정근거 및 대외적 효과의 범위는 물론이고 국제기구의 개별적인 권리·의무와 국제법적 권능에 대해서도 국가간의 합의로써 성립된 '설립조약'의 효력은 매우 강력하다.
④ 국제기구의 법인격 인정과 관련하여 국가중심주의적 접근방법이 유지되는 한 정부간국제기구의 객관적 법인격이 확립되고 비정부간국제기구의 국제적 법인격이 인정되는 데는 많은 어려움이 예상된다. 오늘날 많은 비정부간국제기구들도 사실상 국가 및 정부간국제기구들과 더불어 국제사회의 행위자로서 활발한 활동을 수행하고 있는 현실에서도 이들에 대하여 국제적 법인격을 인정하는 것은 매우 어려운 것이 사실이다.

11

1982년 UN 해양법협약상 무해통항과 통과통항에 대한 설명으로 옳지 않은 것은?

① 모든 국가의 선박은 타국의 영해에서 무해통항권을 향유하며, 통항이 연안국의 평화, 공공질서 또는 안전을 해치지 아니하는 한 무해하다.
② 연안국은 영해통항에 관한 연안국의 법령을 준수하지 않고 연안국의 법령준수 요구를 무시한 외국 군함을 나포할 수 있다.
③ 통과통항은 공해나 배타적경제수역의 일부와 공해나 배타적 경제수역의 다른 부분 사이의 국제항행에 이용되는 해협에 적용된다.
④ 연안국은 통과통항을 방해하거나 정지시킬 수 없으며, 해협 내의 위험을 적절히 공표할 의무를 진다.

정답 ②

해설 연안국은 영해통항에 관한 연안국의 법령을 준수하지 않고 연안국의 법령준수 요구를 무시한 외국군함의 경우, 군함은 외국 영해에서 특권 및 면제, 불가침권을 향유하므로 연안국은 군함을 나포할 수 없고, 퇴거요청은 할 수 있다.

관련 이론

UN에서 1982년 채택된 '해양법에 관한 국제연합 협약 및 1982년 12월 10일자 해양법에 관한 국제연합협약 제11부 이행에 관한 협정('UN 해양법협약', 이하 '협약'이라 한다)'은 오늘날 국제해양법의 기본법과 같은 지위를 가진다. 협약은 비준, 공포 등 절차를 거쳐 우리나라에서 1996년 2월 28일 발효되었다.
협약은 크게 3가지 유형의 항행원칙 내지 선박의 항행권에 관하여 규율하고 있다. 즉 협약은 ① 공해에서의 항행자유(freedom of navigation, 협약 제87조 제1항 a호) ② 타국 영해에서의 무해통항(innocent passage, 협약 제17조) 그리고 ③ 국제해협에서의 통과통항(transit passage, 협약 제38조)을 원칙적으로 모든 선박의 권리로서 보장한다. ① 공해에서의 항행자유 원칙은 널리 '공해의 자유(freedom of the high seas)' 이념에서 유래한 것으로서 공해 자유 이념의 근간을 이룬다. ② 타국 영해에서의 무해통항 원칙은 영해 개념의 발달과 함께 형성된 전통적 원칙이다. 이는 항행의 자유를 최대한 추구하려는 세력과 영토주권을 해양으로 최대한 확장하려는 세력 간의 타협으로부터 유래한 원칙으로 설명된다. 마지막으로 ③ 국제해협에서의 통과통항 원칙은 국제항행에 이용되는 해협을 계속적이고 신속하게(continuous and expeditious) 통과하기 위한 목적만으로 행하는 선박의 항행 자유를 보장하는 원칙이다. 통과통항 원칙은 UN 해양법회의에서 영해의 범위가 종래 3해리에서 12해리로 확대됨에 따라 해협 통항을 보장받고자 하는 전통적인 해양선진국들과 자국의 영토 및 영해에 대한 국가관할권을 보장받고자 하는 해협연안국들 사이 타협의 산물로서 성립하였다. 통과통항 원칙은 타국 영해에서의 무해통항 원칙보다 한층 선박의 통항 자유를 강화한 것이 특색이다.
우리 '영해 및 접속수역법(이하 '영해법'이라 한다)'은 대한민국 영해 내에서 외국선박의 무해통항권을 명시한다(제5조 제1항 본문). 또한 무해통항으로 인정되지 아니하는 행위의 유형을 열거하고(제5조 제2항), 대한민국의 안전보장을 위하여 필요하다고 인정되는 경우에는 일정수역을 정하여 외국선박의 무해통항을 일시적으로 정지시킬 수 있음을 규정한다(제5조 제3항). 외국선박이 무해통항으로 인정되지 아니하는 행위를 하거나 무해통항이 정지된 수역을 항행하는 경우 그 승선자는 처벌될 수 있다(제8조 제1항). 필자가 아는 한 종래 우리나라에서 무해통항에 관한 영해법 규정 위반으로 처벌된 사례는 영해 내에서 어로행위를 한 중국 (꽃게잡이) 어선 사례들로서, 별다른 법리적 문제없이 유죄로 인정된 사례들뿐이었다. 그런데 최근 선고된 대법원 2021. 5. 7. 선고 2017도9982 판결(이하 '대상판결'이라고 한다)은 영해법위반 등 사안에서 무해통항 원칙에 관한 상세한 법리를 최초로 선언하였다.

유사 문제

01 1982년 UN 해양법협약상 무해통항의 요건에 대한 설명으로 옳지 <u>않은</u> 것은?

① 내수로의 진입 또는 내수 밖의 정박지나 항구시설에 기항하면서 영해를 횡단하는 것
② 내수를 향해 또는 내수로부터 항진하거나 또는 이러한 정박지나 항구시설에 기항하는 것
③ 계속적이고 신속한 항행일 것
④ 잠수함의 경우, 부상통항할 것

정답 ①
해설 내수로의 진입 또는 내수 밖의 정박지나 항구시설에 기항하지 않고 영해를 횡단하는 것

02 1982년 UN 해양법협약상 통과통항에 대한 설명으로 옳지 <u>않은</u> 것은?

① 국제해협에는 통과통행(transit passage)이 허용된다.
② 제주해협은 국제해협이지만 해양법 제38조 1항에 따라, 본토와 자국섬 사이에 형성된 해협의 경우, 그 섬밖에 유사편의 항로가 있으면, 무해통항권은 인정되지 않는다.
③ 해협에 관한 법적인 문제는 그 해협이 한 국가내의 내수나 영해에 속하면서도 국제항행에 이용되는 국제해협인 경우에 발생한다.
④ 통과통항권은 어떠한 경우에도 해협연안국에 의하여 방해받거나, 일시정지권이 행사될 수 없다.

정답 ②
해설 제주해협은 국제해협이지만 해양법 제38조 1항에 따라, 본토와 자국섬 사이에 형성된 해협의 경우, 그 섬밖에 유사편의 항로가 있으면, 통과통항권은 인정되지 않는다.

12

UN 헌장상 분쟁해결에 대한 설명으로 옳지 <u>않은</u> 것은?

① 분쟁의 계속이 국제평화와 안전의 유지를 위태롭게 하는 경우, 분쟁의 당사자들은 우선 교섭, 심사, 중개, 조정, 중재재판, 사법적 해결, 지역적 기관 또는 지역적 약정의 이용 또는 당사자가 선택하는 다른 평화적 수단에 의해 해결을 구한다.
② 분쟁의 당사자인 UN 비회원국은 UN 헌장에 규정된 평화적 해결의무를 관련 분쟁에 관하여 미리 수락한 경우에는 안전 보장이사회 및 총회의 주의를 환기할 수 있다.
③ 안전보장이사회는 분쟁의 계속이 국제평화와 안전의 유지를 위태롭게 할 우려가 실제로 있다고 인정하는 경우 적절하다고 인정되는 해결 조건을 권고할 것인지를 결정한다.
④ 총회는 평화에 대한 위협, 평화의 파괴 또는 침략행위의 존재를 결정하고, 그 해결을 위해 권고하거나 비군사적 또는 군사적 제재조치를 취할 수 있다.

정답 ④

해설 평화에 대한 위협, 평화의 파괴 또는 침략행위의 존재를 결정하고, 그 해결을 위해 권고하거나 비군사적 또는 군사적 제재조치를 취할 수 있는 것은 UN안전보장이사회의 권한이다.

관련 이론

유엔 헌장상의 자위권

자위(self-defense)권은 UN 헌장이 유일하게 개별 국가들에 합법적인 무력사용을 허용해주는 규정이다. 자위권이라는 용어가 조금 낯설게 느껴지실 수도 있다. 국내 형법으로 생각하면 정당방위와 유사하다.

합법적 자위권이 성립하기 위한 요건

① 무력공격의 발생
② 필요성, 비례성
③ 즉시 안전보장이사회에 통고
④ 국제인도법에 따를 것
⑤ 안전보장이사회가 필요한 조치를 취할 때까지

위의 다섯까지 요건은 UN 헌장 상에 명시적으로 표시된 것도 있지만, 국제사법재판소(ICJ)의 판례에서 구체화한 요건도 있다. 우선 첫 번째, 어떤 한 국가가 자위권을 행사하기 위해서는 적국의 무력공격이 시작되었거나 진행 중이어야 한다. 그렇기 때문에 무력공격이 예상된다거나, 이미 끝난 무력 공격에 대해서는 자위권을 행사할 수 없다. 필요성 요건은 실제로 무력공격이 발생한 그 즉시 대응을 해야 하며, 이를 격퇴하기 위한 수단이 무력의 사용밖에 없어야 한다는 것을 말한다. 비례성은 그렇게 행사하는 자위권이 딱 가해국의 무력공격을 격퇴할 정도에 비례하여 사용해야 한다는 것이다. 즉, 현재 상황을 저지할 수 있는 정도를 넘어서는 자위권 행사는 허용되지 않는다는 것이다. 예를 들자면 국경에서의 총격전을 이유로 국경을 넘어서 적국의 수도까지 자위권을 행사하는 것은 지나친 것이다.

UN 헌장은 자위권 행사 시 이를 즉시 UN 안전보장이사회에 통고할 것을 명시적으로 규정하고 있다. 자위권 행사 가능 여부를 일차적으로 판단하는 것은 개별 국가이지만 안전보장이사회가 사후적으로 한 번 더 검토를 하게 되어있다는 것이다. 또한, 회원국의 자위권 행사는 안전보장이사회가 적절한 조치를 취하기 전까지라는 시간적인 제약이 있다. 또한 위의 모든 조건을 충족한 자위권이라도 국제인도법을 준수하여 부수적인 피해를 최소화하기 위해 노력해야 한다.

집단적 자위권

그렇다면 집단적(collective) 자위권은 무엇일까? 집단적 자위권이란 한 국가의 피해에 여러 국가가 자위권을 행사하는 것이다. UN 헌장이 허용하는 자위권은 무력공격의 희생국이 개별적으로 무력 대응을 하는 것은 물론 이러한 집단적 자위권도 가능하게 하고 있다. 합법적인 집단적 자위권을 행사하기 위해서는 무력공격의 피해국이 희생국임을 선언하고, 그 피해국(희생국)이 직접적 피해자가 아닌 국가에 집단적 자위권 행사를 명시적으로 요청해야 한다. 이는 사전에 이미 체결된 상호방위조약에 근거한 것일 수도 있고 공동의 이익이나 연대에 근거한 것일 수도 있다.

일본의 경우 UN 회원국으로 국제법상 자위권, 집단적 자위권 모두를 갖고 있지만, 자국의 국내 헌법으로 집단적 자위권을 금지하고 있는 것이다.(제9조) 그러므로 일본의 경우 자국 본토에 대한 직접적 무력공격이 아니라면 설령 동맹국인 미국에 대한 공격이 일어나더라도 군사적인 행동에 나설 수 없다. 하지만 근래에 그 문제의 헌법 해석을 수정하고자 하는 움직임이 있었다. 이는 결국 일본의 국내법 문제이지, 국제법상으로 일본은 원래 자위권을 향유함으로 다시 집단적 자위권을 갖겠다고 해도 국제법적으로는 문제를 제기할 수 없다.

현대 국제사회와 자위권

최근에는 이러한 자위권의 해석에 대해서 더 많은 논란이 있다. 대표적으로 예방적(anticipatory), 선제적(preemptive) 자위권의 행사 가능 여부이다. 위에서는 자위권의 행사 요건으로 무력공격이 이미 발생했거나 진행 중이어야 한다고 했다. 만약 어떤 국가가 우리에게 조만간 무력 공격을 할 것으로 보이는 경우, 그러한 무력공격이 행해질 때까지 가만히 기다리기만 해야 할까? 이에 일부 국가들은 무력공격이 임박(imminent)한 경우 이러한 무력공격에 대한 예방적인 공격은 허용된다고 보자는 주장을 한다. 또한 임박하지 아니한 무력공격이더라도 공격을 방지하기 위한 선제 자위도 인정되어야 한다고 주장하기도 한다. 예방적 자위권, 선제적 자위권 모두 현재는 인정되지 않지만 앞으로 확대될 가능성이 있다는 것을 보여준다.

또한 무력사용금지원칙과 자위권이 처음 만들어진 졌을 당시에는 국가들의 합의로 이뤄진 것으로 국가들 간의 관계에 적용되는 것이니다. 하지만 최근에는 테러단체, 국내 반군세력 등 다양한 주체들이 등장하였고 이러한 새로운 주체들의 무력공격에 대해서도 대응이 필요하다는 주장이 생기고 있다.

1. 국제연합의 신속하고 효과적인 조치를 확보하기 위하여, 국제연합 회원국은 국제평화와 안전의 유지를 위한 일차적 책임을 안전보장이사회에 부여하며, 또한 안전보장이사회가 그 책임하에 의무를 이행함에 있어 회원국을 대신하여 활동하는 것에 동의한다.
2. 이러한 의무를 이행함에 있어 안전보장이사회는 국제연합의 목적과 원칙에 따라 활동한다. 이러한 의무를 이행하기 위하여 안전보장이사회에 부여된 특정한 권한은 제6장, 제7장, 제8장 및 제12장에 규정된다.

UN 헌장 제24조

앞서 살펴봤듯이, 안전보장이사회(UN Security Council, UN SC)는 국제평화 안정 유지의 일차적인 책임을 지닌 UN의 기관이다. 그렇기 때문에 집단안전보장체제를 갖추기 위한 두 번째 요건인 실효적인 제재 수단을 사용할 수 있는 권한 또한 안전보장이사회에 있다. 헌장 제7장의 제목은 "평화에 대한 위협, 평화의 파괴 및 침략행위에 관한 조치"인데요 UN 안전보장이사회는

[절차] 평화에 대한 위협, 평화의 파괴, 또는 침략행위의 존재 여부를 판단하고,
[목적] 국제평화 안전의 유지 혹은 회복을 위해,
[수단] 제41조 제42조에 따른 강제적인 조치를 취할 수 있습니다.

그리고 UN의 회원국이라면 이러한 안전보장이사회의 강제조치 대상이 되는 국가를 원조하지 않을 의무가 있다.

안전보장이사회는 평화에 대한 위협, 평화의 파괴 또는 침략행위의 존재를 결정하고, 국제평화와 안전을 유지하거나 이를 회복하기 위하여 권고하거나, 또는 제41조 및 제42조에 따라 어떠한 조치를 취할 것인지를 결정한다.

UN 헌장 제39조

제41조는 비군사적 조치로 예를 들자면 경제관계의 단절, 철도·우편·통신 등의 단절, 외교관계의 단절 등이 가능하다. 가장 일반적인 비군사적 조치는 무기 금수 혹은 무역제재이다. 경제적인 제재의 경우 국가의 결정권자들보다 무고한 일반인들만 피해를 보게 된다는 비판을 받기도 한다.

만약 평화에 대한 위협, 평화의 파괴, 또는 침략행위가 이러한 제41조의 비군사적 조치만으로는 중단이 불충분하다고 판단되면 제42조의 군사적 조치를 취할 수 있게 된다. 이 조항이 바로 UN의 집단안전보장체제를 위한 무력금지사용원칙의 예외인 것이다.

UN군

애당초 UN 헌장을 체결할 당시 각 국가는 제43조-47조에 따라 부가적으로 '특별협정'을 체결해서 UN군을 창설하려고 했다. 이 특별협정은 각 회원국이 국제평화와 안전의 유지를 위해 UN 안전보장이사회의 처분에 자국의 군사력을 일부 양도하는 내용을 담고 있어야 한다. 그리고 이에 따라 안전보장이사회 상임이사국의 대표자들로 구성되는 군사참모위원회(Military Staff)를 설치해서 이러한 병력을 지휘할 예정이었다. 하지만 UN이 설립된 이후로 그 어떤 회원국도 자신의 군사통제권을 일부 양도해야 하는 특별협정을 체결하지 않았고, 그렇게 안전보장이사회가 지휘하는 UN군은 창설되지 못했다. 그렇기 때문에 현재 UN 헌장 상의 군사적 조치는 UN 자체의 병력이 아닌, 회원국의 자발적이고 임시적인 다국적군의 병력에 의존할 수밖에 없다.

유사 문제

01 국제연합의 안보에 대한 권한으로 옳지 않은 것은?
① 안전보장이사회는 주로 국제평화와 안전유지에 관한 권한을 보유하고 있어, 특히 이 점에 관해서는 총회와 동등한 제일차적 책임을 인정받고 있다.
② 안전보장이사회는 강제조치 결정 등 강력한 권한이 있으나 그 실효성은 결국 상임이사국의 의사와 관계되는 구조로 되어 있다.
③ 안전보장이사회 상임이사국은 기권과 함께 거부권을 행사하기도 하는데 국제평화와 안전유지와 관련 안전보장이사회 결정은 결정적인 구속력을 지닌다.
④ 국제사회의 구조는 강대국 주도의 국제정치에 의해 운영된다.

정답 ①

해설 안전보장이사회는 주로 국제평화와 안전유지에 관한 권한을 보유하고 있어, 특히 이 점에 관해서는 총회보다 우선하는 제일차적 책임을 인정받고 있다.

02 국제연합의 안전보장이사회에 대한 권한으로 옳지 않은 것은?
① 유엔안전보장이사회 결의를 거친 유엔의 군사개입 중요 임무는 정전감시, 외국군 철수감시, 국민투표 실시 등 국가건설 지원 등이 있다.
② 헌장 6장(분쟁의 평화적 해결)과 52조 3항(지역적 협정 또는 기구에 분쟁의 평화적 해결을 의뢰)에 의거한 결정에 대해서는, 비록 상임이사국이라 할지라도 분쟁당사국을 기권을 해야 하며 또한 안보이사회의 실천사항에 대한 상임이사국의 기권은 거부권의 행사로 인정할 수 없다는 관례가 성립되어 있는데 이러한 점에서 거부권의 행사는 다소라도 제한되고 있다고 할 수 있다.
③ 상임이사국의 9개 이사국의 찬성에 의해 행해지나 그 외의 모든 사항에 관한 결정은 상임이사국의 동의투표를 포함한 9개 이사국의 찬성을 필요로 하는데 즉, 후자의 사항에 대해서 1개의 상임이사국이라도 반대하면 다른 이사국 전부가 찬성한다 하더라도, 그 사항은 부결된다.
④ 어떤 문제가 거부권이 적용되지 않는 절차문제인지 아닌지의 결정에는 거부권이 적용되지 아니한다.

정답 ④

해설 어떤 문제가 거부권이 적용되지 않는 절차문제인지 아닌지의 결정에는 거부권이 적용되기 때문에, 상임이사회는 첫 번째의 거부권으로 어떤 문제가 절차사항이라는 결정을 방해할 수 있으며, 두 번째의 거부권으로 그 안건에 관한 안보이사회의 결정을 방해할 수 있다.

13

세계무역기구(WTO) 분쟁해결제도에 대한 설명으로 옳지 않은 것은?

① 1994년도 GATT 제23조 제1항 (b)에 규정된 형태의 비위반제소의 경우 이익의 무효화 또는 침해의 입증책임은 제소국에게 있다.
② 1994년도 GATT 제23조 제1항 (b)에 규정된 형태의 비위반제소의 경우 피제소국은 패소하더라도 GATT/WTO 협정상의 어떤 구체적인 규정을 위반한 것이 아니기 때문에 대상조치를 철회할 의무는 없다.
③ 분쟁당사국 뿐만 아니라, 패널의 사안에 대한 실질적 이익을 갖고 있음을 분쟁해결기구에 통고한 제3국도 상소할 수 있다.
④ 분쟁해결기구의 상소기관에 의한 보고서 채택은 역총의제를 적용하기 때문에 그 보고서는 사실상 자동적으로 채택된다고 할 수 있다.

정답 ③

해설 분쟁을 제기할 상소적격은 제3국은 없으며, 다만 상소절차에 참여할 수 있을 따름이며 이러한 권한은 분쟁당사국에 한정된다.

관련 이론

1. WTO의 분쟁 해결 현황

1995년 1월, 세계 각국의 자유무역 확대와 국제무역의 질서를 바로잡기 위해 세계무역기구(이하 WTO)가 출범했다. WTO는 회원국 간의 무역 분쟁의 원만하고 공정한 해결을 위해 WTO 무역분쟁 해결기구(Dispute Settlement Body, 이하 DSB)를 설치하고 지금까지 운영 중이다. 오랜 기간 WTO는 세계 최고의 공신력을 자랑하는 무역 관련 국제기구로서, 단순 협정에 불과했던 GATT 체제의 한계를 극복하고 공정한 자유주의적 무역 체제의 확립을 위해 행보를 이어왔다. 그 결과, 분쟁 해결 제도가 강화되었고, 세계 무역의 흐름을 자유주의적 질서로 변모시키는 데 기여했다. WTO 체제 구축 이후 DSB가 등장하며 세계 각국의 원활하고 일관된 무역 분쟁 해결이 가능해졌으며 분쟁해결절차의 시간적인 소모도 많이 줄었다. WTO 분쟁해결제도의 최대 장점은 판정 결과에 대해 법적 강제성이 있고 2심제로 운영되기에 공정성이 향상됐기 때문이다. DSB는 2021년 6월, WTO 홈페이지 사건번호(DS) 기준, 총 602건의 무역분쟁 사건을 회부했다.

2. WTO의 분쟁해결절차

① 패널을 통한 분쟁 해결 : WTO 회원국 간 분쟁 당사국이 협의의 과정에서 마땅한 결과를 만들지 못할 때, 패널 설치를 요청할 수 있다. WTO 패널은 WTO 회원국 간 분쟁을 조정해주는 사전 해결 기구다. 패널의 설치, 보고서의 채택, 보복조치의 인정 등은 DSB에서 만장일치로 부결되지 않은 한 채택되는 역총의 방식(Negative Consensus)에 따른다. 사실상 패널 설치 요청이 있다면 자동으로 채택되는 방식이다. 패널은 분쟁 당사국 간 합의로 해당 분야의 전문가 등 3명 혹은 5명으로 구성된다. WTO 패널은 먼저 양 분쟁당사국으로부터 2차례의 서면 보고와 심리를 거친다. 이후 사무국을 통해 잠정보고서를 작성하여 분쟁당사국에게 20일 이내에 제출하고, 분쟁당사국들은 잠정보고서에 이의가 있으면 패널에 1주일 내에 재검토를 요청할 수 있다. 패널은 관련 문제에 대한 검토를 한 뒤 최종보고서를 WTO 회원국에 180일 이내에 배포한다. 패널보고서가 회원국들에게 배포되고 20일 이후에 패널보고서 채택에 대한 논의를 시작한다. 최종 패널 보고서가 발표된 이후 분쟁당사국이 패널이 제시한 해결방안이 마음에 들지 않는다면 상소를 할 수 있는 권한이 있다. 만일 패널보고서가 회원국들에게 회람된 날로부터 60일 이내에 상소 의사를 통보하지 않으면 이는 자동으로 채택된다.

② 상소기구(AB)를 통한 분쟁 해결 : WTO의 상소기구(Appellate Body, 이하 AB)는 분쟁 당사국에게 법적 구속력이 있으며, 3명의 위원으로 구성된다. 상소 위원들은 패널보고서에서 다룬 판결 내용에 관해서만 심리하게 된다. 또한 상소 의사를 나타낸 날로부터 최대 90일 이내에 상소 보고서를 제출해야 한다. 상소 보고서가 배포된 후 30일 이내에 정식적으로 채택 불가 결정이 나지 않는 한, DSB는 상소보고서를 채택해야 한다.

③ 판결 이후 : 패널 또는 상소 보고서가 채택된 후 30일 이내에 패소국이 DSB의 권고안 또는 판정의 이행에 대한 입장을 공표해야 한다. 권고 및 결정의 이행이 부득이하게 불가할 시에는 승소국과 협의의 과정을 거쳐 합리적인 기간을 도출해야 하며, 분쟁 당사국들의 별도의 합의가 없다면 이행 기간은 15개월을 초과해서는 아니 된다. DSB는 패소국이 채택된 권고안 및 판정을 제대로 이행하고 있는지, 취하고 있는 조치가 당사국 간 협정에 위배되지 않는지 감시해야 하며, 조치에 대한 이견이 있을 시 패널에 다시 회부하여 90일 이내에 판정을 내려야 한다. 승소국은 패소국이 기간 내 채택된 권고안 및 판정을 따르지 않을 시 보상 및 양허의 정지를 요구할 수 있는 권리가 있다. 또한 승소국은 DSB가 정한 채택안을 이행해야 하는 합리적 기간의 종료 시점으로부터 분쟁 당사국들이 보상 협의가 20일 이내에 이루어지지 않는다면 보복 조치를 신청할 수 있다.

유사 문제

01 세계무역기구(WTO) 분쟁해결제도에 대한 설명으로 옳지 않은 것은?

① 권고 및 판정의 준수를 위한 조치가 취해지고 있는 지 여부 또는 동 조치가 대상협정에 합치하는 지 여부에 대하여 의견이 일치하지 아니하는 경우, 이러한 분쟁은 가능한 한 원패널에 회부하는 것을 포함하여 이러한 분쟁해결절차의 이용을 통하여 결정된다. 패널은 사안이 회부된 날로부터 90일 이내에 보고서를 배포한다.
② 모든 회원국은 권고 또는 판정이 채택된 후 언제라도 그 이행문제를 분쟁해결기구에 제기할 수 있다.
③ 합리적 이행기간이 확정된 날로부터 6월 이후에 분쟁해결기구 회의의 의제에 상정되며, 동 문제가 해결될 때까지 계속 분쟁해결기구의 의제에 남는다.
④ 관련 회원국이 확정된 합리적인 기간 내에 대상협정위반으로 판정이 난 조치를 동 협정에 합치시키지 아니하거나 달리 권고 및 판정을 이행하지 아니하는 경우, 동 회원국은 협상을 개시할 필요가 없다.

정답 ④
해설 관련 회원국이 확정된 합리적인 기간 내에 대상협정위반으로 판정이 난 조치를 동 협정에 합치시키지 아니하거나 달리 권고 및 판정을 이행하지 아니하는 경우, 동 회원국은 요청을 받는 경우 합리적인 기간이 종료되기 전에 분쟁해결절차에 호소한 분쟁당사자와 상호 수락할 수 있는 보상의 마련을 위하여 협상을 개시한다.

02 세계무역기구(WTO) DSB에 대한 설명으로 옳지 않은 것은?

① 합리적인 기간이 종료된 날로부터 20일 이내에 만족할 만한 보상에 대하여 합의가 이루어지지 아니하는 경우, 분쟁해결절차에 호소한 분쟁당사자는 대상협정에 따른 양허 또는 그 밖의 의무를 관련 회원국에 대해 적용을 정지하기 위한 '승인'을 '분쟁해결기구'에 요청할 수 있다.
② 분쟁해결기구가 컨센서스로 요청을 거부하기로 결정하지 아니하는 한, 합리적 기간의 종료로부터 30일 이내에 양허 또는 그 밖의 의무의 정지를 승인한다.
③ 보복조치의 수준이나 교차보복의 수순에 대해 분쟁이 발생하면 중재에 회부되는데, 이러한 중재는 원패널위원의 소집이 가능한 경우 원패널, 또는 사무총장이 임명하는 중재인에 의하여 수행되며 합리적인 기간의 만료일로부터 90일 이내에 완결된다.
④ 합리적 이행기간 종료 후 패소국은 이행완료조치를 통보해야 하며, 만약 불이행 통보시에는 제22조 상의 보복수권절차를 바로 발동하며, 제21조 5항 상의 이행점검패널은 제소국이 그 설립요청을 한다는 점에는 의견이 모아지고 있다.

정답 ③
해설 보복조치의 수준이나 교차보복의 수순에 대해 분쟁이 발생하면 중재에 회부된다. 이러한 중재는 원패널위원의 소집이 가능한 경우 원패널, 또는 사무총장이 임명하는 중재인에 의하여 수행되며 합리적인 기간의 만료일로부터 60일 이내에 완결된다.

14

1963년 영사관계협약에 대한 설명으로 옳지 않은 것은?

① 외교활동의 수행이 허용되는 영사관원은 외교특권과 면제를 요구할 수 있는 권리를 부여 받는다.
② 외교관계의 단절은 영사관계의 단절을 당연히 포함하는 것은 아니다.
③ 양국간 외교관계의 수립에 부여된 동의는 달리 의사를 표시 하지 아니하는 한 영사관계의 수립에 대한 동의를 포함한다.
④ 영사기관장은 영사인가장 부여 일자에 따라 각 계급 내에서 그 석차가 정하여진다.

정답 ①

해설 영사관계에 관한 빈협약 제17조상 영사는 접수국의 동의를 얻어 외교업무를 수행할 수 있으나, 외교 특권과 면제가 적용되는 것은 아니다.

관련 이론

비엔나영사협약 제도 개요

비엔나영사협약 제36조는 '파견국 국민과의 통신 및 접촉'이라는 제목의 규정으로서, '영사기관에 관한 편의, 특권 및 면제'의 절에 속한 규정 중 하나이다. 비엔나영사협약 제36조 제1항 (b)는 다음의 내용을 규정하고 있다. 파견국의 영사관할구역 내에서 파견국의 국민이 체포, 구금 또는 유치, 그 밖의 방법으로 구속되는 경우 접수국의 권한있는 당국은 ① 위 피구금자로부터 요청을 받으면 지체없이 파견국의 영사기관에 통보하여야 하고, ② 피구금자가 영사기관에 보내는 통신을 영사기관에 전달하여야 하며, ③ 피구금자에게 위 ①, ②의 권리가 있음을 지체없이 통보하여야 한다. 즉, 비엔나영사협약 제36조 제1항 (b)에 의하면, 접수국에서 파견국 국민이 구금되는 경우 접수국 당국은 피구금자의 요청이 있으면 지체없이 파견국의 영사기관에 피구금자의 구금 사실을 통보하여야 하고(영사 통보), 피구금자에게는 위와 같이 영사기관에 대해 통보하도록 요청할 수 있다는 것을 지체없이 고지하여야 한다(권리 고지). 위 제항의 권리는 접수국의 법령에 의거하여 행사되어야 하나, 그 법령은 권리가 의도하는 목적을 충분히 실현할 수 있다는 조건에 따라야 한다. 영사 제도의 가장 기본적인 목표는 접수국 내에서의 파견국 및 파견국 국민의 이익을 보호하기 위한 것이다. 파견국 국민이 체포 또는 구속 등의 구금으로 인하여 접수국 당국으로부터 신체의 자유를 제한받게 되면 파견국 영사는 그의 보호를 위한 조치를 할 의무를 부담한다. 영사가 그 임무를 다하기 위해서는 파견국 국민이 구금된 사실을 알 수 있는 것이 전제되어야 한다. 따라서, 파견국 영사의 영사기능의 수행을 원활하게 하기 위해서는 접수국은 파견국 국민의 구금사실을 통보함으로써 그에 협조할 필요가 있다. 그러한 취지에서 접수국은 영사 통보 의무를 부담한다. 이는 국제관습법상 인정되는 것이어서 비엔나영사협약의 초안에 반영되었다. 권리 고지는 영사 통보의 규정을 성안함에 있어 그 범위를 축소하는 과정에서 도입되었다. 즉, 영사 통보의 의무가 피구금자의 요청에 의해 이행되어야 하는 것으로 비엔나 영사협약이 구성되면서, 그 의무를 실질화하기 위하여 권리 고지 의무도 함께 협약에 도입된 것이다.

유사 문제

01 영사관계에 대한 비엔나협약에 대한 내용으로 옳지 않은 것은?

① 영사관원은 중대한 범죄의 경우에 권한있는 사법당국에 의한 결정에 따르는 것을 '제외'하고, 재판에 회부되기 전에 체포되거나 또는 구속되지 아니한다.
② 본조항에 확정적 효력을 가진 사법상의 결정을 집행하는 경우를 포함하여 영사관원은 구금되지 아니하며 또한 그의 신체의 자유에 대한 기타 어떠한 형태의 제한도 받지 아니한다.
③ 영사관원에 대하여 형사소송절차가 개시된 경우에 그는 권한있는 당국에 출두하여야 한다.
④ 소송절차는 그의 공적 직책상의 이유에서 그가 받아야 할 경의를 표하면서 또한 본조1항에 명시된 경우를 제외하고는 영사직무의 수행에 가능한 최소한의 지장을 주는 방법으로 진행되어야 한다.

정답 ②
해설 본조항에 명시된 경우를 제외하고 영사관원은 구금되지 아니하며 또한 그의 신체의 자유에 대한 기타 어떠한 형태의 제한도 받지 아니한다. 다만, 확정적 효력을 가진 사법상의 결정을 집행하는 경우는 제외된다.

02 영사의 면제 특권에 대한 설명으로 타당하지 않은 것은?

① 영사기관원은 사법 또는 행정소송절차의 과정에서 증인출두의 요청을 받을 수 없으며 사무직원 또는 업무직원은 본조 3항에 언급된 경우를 제외하고 증언을 거부해서는 아니된다.
② 영사기관원은 부임하기 위하여 접수국의 영역에 입국하는 때부터 또는 이미 접수국의 영역내에 있을 경우에는 영사기관에서 그의 직무를 개시하는 때부터 이 협약에 규정된 특권과 면제를 향유한다.
③ 파견국의 영사기관은 접수국이 반대하지 아니하는 한 접수국에 적절히 통고한 후, 제3국을 대표하여 접수국내에서 영사기능을 수행할 수 있다.
④ 영사관원과 사무직원은 영사직무의 수행 중에 행한 행위(acts performed in the exercise of consular functions)에 대하여 접수국의 사법 또는 행정당국의 관할권에 복종할 의무를 지지 아니한다.

정답 ①
해설 영사기관원은 사법 또는 행정소송절차의 과정에서 증인출두의 요청을 받을 수 있으며 사무직원 또는 업무직원은 본조 3항에 언급된 경우를 제외하고 증언을 거부해서는 아니된다.

15
다음 내용에 근거한 국제법상 설명으로 옳은 것은?

- A국, B국 및 C국은 1961년 외교관계협약 및 1951년 난민지위협약의 당사국이다.
- A국과 B국은 1984년 고문방지협약의 당사국이다.
- C국 국민인 갑은 C국에서 인도에 반한 죄를 범하고 살인죄로 기소되었다.
- C국은 범죄수사과정에서 고문을 활용하고 있다.
- 갑은 A국에 주재하는 B국 대사관 내에 피신한 상태에서 B국에 망명을 신청하였다.
- A국의 사법기관은 갑에 대한 체포영장을 적법하게 발부하였다.

① A국 사법경찰이 B국 공관지역에 공관장 동의 없이 진입하여 갑에 대한 체포영장을 집행하는 것은 국제법 위반이 아니다.
② A국 주재 B국 대사관이 체포영장이 발부된 갑을 비호하는 것은 국제법 위반이다.
③ B국이 갑에게 협약상 난민지위를 부여하지 않는 것은 1951년 난민지위협약의 위반이다.
④ A국이 갑의 신병을 확보하고 C국으로 인도하는 것은 국제법 위반이 아니다.

[정답] ②

[해설] ① 외교관계협약상의 공관 불가침 규정의 위반이다.
③ B국은 비록 난민협약의 당사국이나 인도에 대한 죄와 같은 국제범죄인은 난민지위가 부여되지 않으므로 난민협약을 위반하지 않았다.
④ A국은 고문방지협약 당사국이므로 인도하지 않을 의무가 있음에 따라 국제법에 위반된다.

유사 문제

01 국제법상 인권협약상 B규약의 개인통보에 대한 설명이 잘못된 것은?

① 의정서상 "개인"이라 함은 자연인 및 법인이 해당된다.
② 규약이나 선택의정서에 명문의 규정은 없지만, 인권위원회는 피해자의 위임을 받았거나, 긴밀한 관계에 있는 대리인의 통보도 수락하고 있다.
③ 개인은 내국인 및 외국인도 포함한다.
④ 인권위원회는 권리를 침해하는 사건자체는 선택의정서 적용일 이전에 발생하였을지라도, 권리 침해의 결과가 선택의정서 적용일 이후까지 계속되고 있다면, 이에 관해 개인통보제도를 수락하고 있다.

정답 ①

해설 의정서상 "개인"이라 함은 자연인만 해당된다. 법인은 해당되지 않는다.

02 난민협약의 설명으로 옳지 않은 것은?

① 난민협약은 정치적 난민만을 보호대상으로 한다.
② 강제송환금지원칙의 예외로는 국가안보에 위해를 가할 것으로 인정되는 자, 중대한 비정치적 범죄를 저지른 자, 난민자격에서 배제되는 자 등이 있다.
③ UNHCR은 당사국의 동의와 무관하게 구호조치를 취할 수 있다.
④ 난민이 당국에 지체없이 출석하여 불법적인 입국에 대해 상당한 이유를 제시하는 경우에는 불법 입국을 이유로 하여 처벌할 수 없다.

정답 ③

해설 UNHCR은 당사국의 동의가 있어야 구호조치를 취할 수 있다.

16

'마르텐스 조항'(Martens clause)에 대한 설명으로 옳지 않은 것은?

① 어떤 무기 또는 전쟁방식이 구체적 혹은 명시적으로 금지되지 않았더라도 군사필요원칙의 요구가 적용된다는 의미이다.
② 1899년 헤이그 평화회의 러시아측 대표인 마르텐스의 요청으로 헤이그 육전협약에 삽입된 전쟁법의 기본정신에 관한 것이다.
③ 조약 혹은 관습에 의하여 금지되지 않는 것은 합법이라는 전통국제법의 기본사상을 전쟁법에 관한 한 부인하는 것이다.
④ 핵무기 사용 또는 위협의 적법성(Legality of the Threat or Use of Nuclear Weapons) 사건에 관한 국제사법재판소(ICJ)의 권고적 의견에서 언급되었다.

정답 ①

해설 어떤 무기 또는 전쟁방식이 구체적 혹은 명시적으로 금지되지 않았더라도 군사필요원칙의 요구가 적용된다는 의미는 전수이론에 관한 사항이다. 마르텐스조항은 전수이론을 배척하는 원칙을 규정한 조항이다.

관련 이론

헤이그 협약의 '마르텐스 조항'(Martens Clause)이라고 불리는 전문은 "보다 완비된 전쟁법규에 관한 법전이 제정되기에 이르기까지는 체약국은 그 채택된 규정에 포함되지 아니한 경우에 있어서도 주민 및 교전자가 문명국 간에 존재하는 관습, 인도의 법칙 및 공공양심의 요구로부터 오는 국제법 원칙의 보호 및 지배하에 있음을 선언하는 것이 적당하다"고 선언하였다. 이처럼 '마르텐스 조항'에서 언급되고 있는 것과 같이 전시 민간인에 대한 살해 행위나 불필요한 공격 행위가 금지된다는 인도적 원칙은 이미 국제관습법의 지위를 가지고 있었다고 할 수 있다. 이러한 원칙은 '최소한의 인도적 기준'(minimum humanitarian standards)으로 이해되고 있었으며, 1949년 제네바 협약이 채택될 당시 참가국들에 의해 이미 국제인도법의 기본원칙으로 받아들여졌으며, 소위 '축소조약'(Convention in miniature)로 알려져 왔다.

유사 문제

01 다음 중 무력사용 및 위협 금지 원칙에 관한 설명으로 옳지 <u>않은</u> 것은?

① 강행규범에 해당한다.
② 1928년 보전조약은 국가정책수단으로서의 전쟁, 즉 침략전쟁의 포기를 규정하였다.
③ 국가는 타국의 영토를 무력의 위협 또는 사용을 통하여 취득할 수 없지만 침략국의 경우에는 전시점령과 병합이 가능하다.
④ UN헌장에서 제2조 제4항의 예외는 제42조(UN에 의한 군사적 조치), 제51조(자위권), 제53조(지역적 기구에 의한 강제행동), 제107조(구 적국 조항)가 있다.

정답 ③

해설 국가는 어떤 경우에도 타국의 영토를 무력의 위협 또는 사용을 통하여 취득할 수 없게 됨에 따라 침략국의 영토라 하더라도 전시점령은 가능하지만 병합할 수는 없다.

02 다음 중 무력사용에 관한 법에 대한 설명으로 틀린 것은?

① 재정지원은 간접적인 무력사용에는 해당하지 않지만, 그럼에도 불구하고 그것은 타국의 국내문제에 대한 간섭으로서 국제법에 위배된다.
② 정당방위란 무력복구, 긴급피난 또는 필요상황과 구별되는 개념으로서 침략이 발생하는 경우 이에 대한 비례적 무력행사를 의미한다.
③ 안보리는 헌장 제42조에 근거하여 무력충돌시 군사적 강제조치를 취할 수 있다.
④ 무력사용을 수반하는 대항조치는 허용되지 아니한다.

정답 ③

해설 안보리는 헌장 제42조에 근거하여 평화에 대한 위협시 군사적 강제조치를 취할 수 있다.

17

2006년 UN 국제법위원회(ILC)의 외교적 보호 규정 초안의 내용에 대한 설명으로 옳지 않은 것은?

① 외교적 보호를 행사할 수 있는 국적국의 정의에 노테봄(Nottebohm) 사건에서 유래된 '진정한 유대'(genuine link) 기준이 명시되었다.
② 피해 발생시와 외교적 보호의 청구 제기시의 국적이 동일한 경우에는 피해자 국적이 계속되었다고 추정한다.
③ 이중국적자에 대해서는 그 중 어느 국가라도 또는 공동으로 제3국에 대하여 외교적 보호를 청구할 수 있다.
④ 회사가 등록지국법상 더 이상 존속하고 있지 않을 때는 그 회사 주주의 국적국도 외교적 보호를 행사할 수 있다.

정답 ①

해설 2006년 UN 국제법위원회(ILC)의 외교적 보호 규정 초안에서는 '진정한 관련성'에 대해 규정하지 않았다.

관련 이론

외교보호 초안

제1조(정의와 범위) 이 초안규정의 목적을 위하여, 외교적 보호는 한 국가가 다른 국가의 국제위법행위로 인하여 초래된 자국 국적의 자연인 또는 법인에 대한 피해에 대하여 외교적 조치 또는 다른 평화적 해결 수단을 통하여 그 국가의 책임을, 이행의 목적으로 추궁하는 것이다.

제2조(외교적 보호를 행사할 권리) 국가는 이 초안 규정에 따라 외교적 보호를 행사할 권리를 갖는다.

제3조(국적국에 의한 보호)
1. 외교적 보호를 행사할 권리를 갖는 국가는 국적국이다.
2. 제1항에도 불구하고, 초안 규정 제8조에 따라 국가는 자국민이 아닌 사람에 대하여 외교적 보호를 행사할 수 있다. ⇨ 난민, 무국적자에 대하여 외교적 보호권 행사 가능

제4조(자연인의 국적국) 자연인에 대한 외교적 보호의 목적상, 국적국은 그 자연인이 국제법에 불합치하지 않는 방법으로 그 국가의 법에 따라 출생, 혈통, 귀화, 국가승계 또는 다른 방법으로 취득한 국적의 국가를 의미한다. ⇨ 진정한 관련성 규정되지 않았다.

제5조(자연인의 계속적인 국적)
1. 국가는 피해 일자로부터 공식 청구 제기 일자까지 계속하여 그 국가의 국적자인 사람에 대하여 외교적 보호를 행사할 권리를 갖는다. 국적이 양 일자에 모두 존재하는 경우, 계속성은 추정된다.
2. 제1항에도 불구하고, 국가는 피해 일자에는 자국민이 아니었으나, 공식 청구 제기 일자에는 자국민인 개인에 대하여 외교적 보호를 행사할 수 있다. 단, 그 개인이 전임국의 국적을 보유하고 있었거나, 이전 국적을 상실하고 청구 제기와 관련이 없는 이유로 국제법에 불합치하지 않는 방법으로 국적국의 국적을 취득한 경우에 한한다. ⇨ 계속하여 그 국가의 국적자가 아니었더라도, 국가승계 또는 이전 국적국의 국적을 상실하고 국제법에 합치하는 방법으로 자국민이 된 개인에 대하여 외교적 보호권 행사 가능
3. 개인의 현재 국적국은 그 개인이 이전 국적국의 국민이고 현재 국적국의 국민이 아닌 때에 입은 피해에 대하여 이전 국적국에 대하여 외교적 보호권을 행사할 수 없다. ⇨ 피해 당시 이중국적자가 아니었다면 현재 국적국은 이전 국적국이 가한 피해에 대하여 외교적 보호권을 행사할 수 없음
4. 국가는 공식 청구 제기 일자 후에 피청구국의 국적을 취득한 자에 대하여 외교적 보호를 행사할 권리가 더 이상 없다.

제6조(복수국적 및 제3국에 대한 청구)
1. 이중 또는 복수국적자의 국적국은 그 국적자와 관련하여 국적국이 아닌 국가에 대하여 외교적 보호를 행사할 수 있다.
2. 이중 또는 복수국적자와 관련하여 둘 또는 그 이상의 국적국이 공동으로 외교적 보호를 행사할 수 있다.

제7조(복수국적 및 국적국에 대한 청구) 국적국은 자국의 국적이 피해 일자와 공식 청구 제기 일자 양일에 우세하지 않다면 그 개인이 국적자인 다른 국가에 대하여 그 개인과 관련하여 외교적 보호를 행사할 수 없다. ⇨ 지배적 국적국(실효적 국적국) 원칙

* 판례 : Mergé Claim 사건(중재), Canevaro 사건(PCA), 미국-이란 청구재판소 사건

제8조(무국적자와 난민)
1. 국가는 피해 일자와 공식 청구 제기 일자에 그 국가에서 합법적이고 상시적으로 거주 중인 무국적자에 대하여 외교적 보호를 행사할 수 있다.
2. 국가는 국제적으로 승인된 기준에 따라 그 국가에 의하여 난민으로 인정되고, 피해 일자와 공식 청구 제기 일자에 그 국가에서 합법적이고 상시적으로 거주 중인 자에 대하여 외교적 보호를 행사할 수 있다.
3. 난민의 국적국의 국제위법행위로 인한 피해와 관련하여서는 제2항은 적용되지 않는다. ⇨ 난민의 국적국에 대해서는 외교적 보호권 발동 불가능

유사 문제

01 2006년 UN 국제법위원회(ILC)의 외교적 보호 규정 초안의 내용으로 옳지 않은 것은?

① Mavrommatis 사건에서 PCIJ는 '다른 국가의 국제위법행위에 대하여 손해를 입은 자국민이 일반적 경로를 통하여 만족을 구할 수 없는 경우에 국적국이 자국민을 보호할 권한이 있다는 것은 국제법의 기본적인 원칙'이라고 하였다.
② 개인의 경우 국적에 관하여 진정한 관련성(genuine connection)이 요구되나 이는 귀화(naturalization)를 전제로 한 것이고 혈통주의나 출생지주의에 기초하는 경우에는 요구되지 않는다.
③ 이중국적자가 일방 국적국에 있는 경우 타방 국적국은 국적의 실효성을 주장할 수 없으며 그 결과 외교적 보호권을 주장할 수 없고 외교보호 초안에도 이를 허용하는 조문이 명시되어 있지 아니하다.
④ 국가승계로 인한 국적변경의 경우에는 개인의 의사와 전혀 관계없으므로 국적계속의 원칙은 적용되지 않는다.

정답 ③

해설 이중국적자가 일방 국적국에 있는 경우 타방 국적국은 국적의 실효성을 주장할 수 없으며 그 결과 외교적 보호권을 주장할 수 없으나 외교보호초안 제7조에 이를 허용하는 조문이 명시되어 있다.

02 2006년 UN 국제법위원회(ILC)의 외교적 보호 규정 초안의 내용으로 옳지 않은 것은?

① 인터한델 사건에서 국내구제완료 원칙은 '국제관습법'상 확립된 원칙이 아니다.
② ICJ는 Avena사건에서 "국가의 권리와 개인의 권리가 상호의존적인 특별한 사정"(special circumstances of independence)에서는 현지구제절차 완료의 의무는 적용되지 않는다고 판시하였지만, ILC는 외교보호초안 제14조 3항에서 '압도적 우세기준'을 제시하고 있다.
③ 외국인 투자가는 협약에 따른 중재절차를 개시하기 전에 국내구제를 완료해야 하며, 체약국은 중재 동의 시 현지국의 행정적·사법적 구제의 완료를 요구할 수 있다.
④ 국가간 청구가 압도적으로(preponderantly) 사인에 대한 침해에 기초하여 제기되는 경우에는 현지구제절차를 완료해야 한다.

정답 ①

해설 인터한델 사건에서 국내구제완료 원칙은 '국제관습법'상 잘 확립된 원칙이다.

18

2004년 국가 및 그 재산의 관할권 면제에 관한 UN협약의 내용에 대한 설명으로 옳지 않은 것은?

① 국가는 국제협정, 서면상의 계약, 특정 소송 관련 법정에서의 선언 또는 서면 상의 통고를 통하여 타국 법정이 관할권을 행사하는 것을 명시적으로 동의한 경우, 타국 법정에 제기된 소송에서 관할권 면제를 원용할 수 없다.
② 타국 법의 적용에 대한 국가의 동의는 그 타국 법정에 의한 그 국가의 관할권 행사에 대한 동의로 간주된다.
③ 국가간의 상업적 거래와 관련된 분쟁이 타국 법정의 관할권에 속하는 경우, 국가는 그 관할권으로부터 면제를 주장할 수 있다.
④ 국가의 대리인이 타국 법정에 증인으로 출석하는 경우, 이는 전자의 국가가 타국 법정의 관할권 행사에 동의하는 것으로 해석될 수 없다.

정답 ②

해설 타국 법의 적용에 대한 국가의 동의는 그 타국 법정에 의한 그 국가의 관할권 행사에 대한 동의로 간주될 수 없다. 즉, 법의 적용에 대한 동의와 관할권 행사에 대한 동의, 즉 면제의 포기는 구분되어야 한다. 따라서 법의 적용에 대한 동의를 면제의 포기에 대한 동의로 간주될 수 없다.

관련 이론

국제법상의 주권면제는 주권 평등의 원칙에 따라 타국법원의 관할권으로부터 면제를 향유할 수 있다는 것을 의미하며, 국제법 질서의 근본원칙 중 하나이다. 주권면제 이론의 발전 초기 단계에서는 어떠한 예외도 없이 한 국가는 타국 법원의 관할권으로부터 면제된다는 절대적 주권면제론이 다수의 법원에서 지지를 받았지만, 국가 간 교류가 활발해지면서 한 국가가 주권국가의 자격으로 권한을 행사하는 경우에만 면제를 인정하고 상업적 행위에 대해서는 인정하지 않는다는 제한적 주권면제론이 더 받아들여지고 있는 추세이다. 이러한 가운데 중대한 인권침해로 피해자가 국내 법원 통해 가해 국가를 직접 피고로 제소하는 사건들이 빈번해지면서 한 국가가 중대한 국제법 위반행위에 대해서도 주권면제를 향유할 수 있는지 여부가 중요한 국제법 이슈로 등장하고 있다. 2021년 1월과 4월 국내 법원에서도 위안부 사건과 관련하여 국제법상 주권면제의 원칙에 처음 주목하기 시작한 바, 관련 국제동향을 구체적으로 검토하고 한국 외교에도 어떠한 시사점을 줄 수 있는지 알아보고자 한다.

유엔 국제법위원회 (ILC)는 1977년 유엔 총회 요청에 따라 주권면제 이론을 국제법의 일관된 원칙으로 발전시키기 위해 1991년 '국가 및 그 재산의 관할권 면제에 관한 규정 초안(Draft Articles on Jurisdictional Immunities of States and Their Property)'을 채택하였으며, 제10조에서 제17조까지 주권면제가 원용되지 않는 사항도 명시함으로써 절대적 주권면제가 아닌 제한적 주권면제를 적용하고 있는 것을 확인할 수 있다. 그러나 중대한 인권침해와 같은 심각한 국제법 위반행위를 한 경우에도 주권면제를 제한할 수 있는지 여부는 언급하지 않고 있다. 1999년 ILC는 이러한 국제법상의 공백을 채우기 위하여 유엔 제6위원회에서 '강행규범 위반행위에 대해서도 주권면제 원칙의 예외가 허용되는지 여부'에 관한 이슈를 공식 의제로 채택함으로써 관련 논의를 진행하였지만, 결국 성문화 작업을 위해 어떠한 결론을 도출하기에는 시기상조라고 판단하였다. 이에 따라, 강행규범과 주권면제의 관계에 대한 해석이 여러 국내 법원 통해 유동적으로 변하고 있는 상황이다.

2012년 ICJ는 Jurisdictional Immunities 사건 통해 이탈리아와 독일 간 분쟁을 해결하는 과정에서 이 이슈를 다뤘고, 결국 주권면제는 절차에 관한 문제로서 한 국가 법원이 타국에 대하여 재판관할권을 행사할 수 있는지 여부를 결정하는 법칙에 불과하며, 한 국가행위의 위법 여부를 다루는 것은 실체법적인 문제로서 두 문제는 충돌할 수 없다고 판시하였다. 유럽인권재판소에서도 이 이슈를 영국의 Jones (2014)와 Al-Adsani(2014) 사건 통해 다루게 되면서 가해국의 책임 보다 피해자의 사법에 접근할 권리와 재판 받을 권리에 더 주목하기 시작하였지만, 이러한 개인의 권리는 절대적인 것이 아니고 주권면제는 정당한 목적을 추구하고 있기 때문에 주권면제가 적용될 수 있다고 판시하였다.

유사 문제

01 2004년 국가 및 그 재산의 관할권 면제에 관한 UN협약의 내용에 대한 설명으로 틀린 것은?

① 국가면제란 재판권행사에 동의하지 아니하는 외국에 대해서는 국내재판소가 재판관할권을 행사할 수 없음을 의미한다.
② 국내재판권 행사에 복종하겠다는 외국의 동의가 존재하는 경우, 즉 외국정부가 면제를 포기(waiver)하는 경우에는 국내재판소가 재판권을 행사할 수 있다.
③ 국가면제는 일반국제법상의 강행규범이다.
④ 외국이 원고로서 소를 제기하는 경우와 외국이 '당사자'의 자격으로 소송 참가한 경우는 외국정부가 면제를 포기하는 경우이다.

정답 ③
해설 국가면제는 일반국제법상의 강행규범이 아니다.

02 2004년 국가 및 그 재산의 관할권 면제에 관한 UN협약에서 국가에 대한 설명으로 옳지 <u>않은</u> 것은?

① 국가와 여러 정부기관은 당연히 국가면제의 목적상 국가로 간주된다.
② 국가가 되기 위한 요건 중 하나는 "다른 국가들과 관계를 맺을 수 있는 능력", 즉 외교관계 수행능력이다.
③ 일부 국가의 판례 상 자국의 피보호국, 속국, 보호령 등의 반주권국에 대해서는 면제를 부여하고 있지 않다.
④ 국가와 동일시되는 정부기관에는 중앙정부, 중앙정부의 여러 부처가 모두 포함된다.

정답 ③
해설 일부 국가의 판례 상 자국의 피보호국, 속국, 보호령 등의 반주권국에 대해서도 면제를 부여하고 있다.

19

UN 총회와 안전보장이사회의 관계에 대한 설명으로 옳지 <u>않은</u> 것은?

① 안전보장이사회가 어떠한 분쟁 또는 사태에 관하여 헌장에서 부여된 임무를 수행하는 동안에는 총회는 안전보장이사회가 요청하지 않는 한 이에 대하여 어떤 권고도 할 수 없다.
② 총회는 국제평화와 안전을 위태롭게 할 우려가 있는 사태에 대하여 안전보장이사회의 주의를 환기할 수 있다.
③ 안전보장이사회의 요청이 있는 경우 UN 사무총장은 총회의 특별회기를 소집한다.
④ 안전보장이사회가 국제평화와 안전의 유지 또는 회복에 필요한 공군, 해군 또는 육군에 의한 조치를 취하려 할 때는 총회의 사전 동의를 얻어야 한다.

정답 ④

해설 안안전보장이사회가 국제평화와 안전의 유지 또는 회복에 필요한 공군, 해군 또는 육군에 의한 조치를 취하려 할 경우, 이는 안전보장이사회의 단독권한이므로 총회의 사전동의를 요하는 것은 아니다.

관련 이론

유엔 헌장은 안전보장이사회(안보리)와 유엔 총회 간의 관계와 두 기관이 상호 작용하는 방식을 규정하고 있다. 헌장은 유엔 총회가 국제 평화와 안보를 위협할 수 있는 분쟁이나 상황을 다루는 권한을 제한하고 있으며, 한편 총회는 헌장의 범위 내에서 논의되는 모든 문제나 안건에 대해 논의할 수 있고 안보리 또는 회원국들에게 권고할 수 있는 권한을 가지고 있다. 다만 안보리가 현재 다루고 있는 분쟁이나 상황에 대해서는 원칙적으로 권고할 수 없다(헌장 제12조).

제12조 제1항 안전보장이사회가 어떠한 분쟁 또는 사태와 관련하여 이 헌장에서 부여된 임무를 수행하고 있는 동안에는 총회는 이 분쟁 또는 사태에 관하여 안전보장이사회가 요청하지 아니하는 한 어떠한 권고도 하지 아니한다.
제12조 제2항 사무총장은 안전보장이사회가 다루고 있는 국제평화와 안전의 유지에 관한 어떠한 사항도 안전보장이사회의 동의를 얻어 매 회기 중 총회에 통고하며, 또한 사무총장은, 안전보장이사회가 그러한 사항을 다루는 것을 중지한 경우, 즉시 총회 또는 총회가 회기 중이 아닐 경우에는 국제연합회원국에 마찬가지로 통고한다.

총회의 권한과 제한

다시 말해 총회는 국제 평화와 안보에 관한 문제를 논의하고 권고할 수 있으며(헌장 제11조 제3항), 국제 평화와 안보의 유지를 위한 협력의 일반 원칙에 관해 안전보장이사회나 회원국 또는 둘 모두에게 권고를 할 수 있다(헌장 제11조 제1항). 그러나 안보리가 이미 다루고 있는 문제에 대해서는 권고할 수 없다(헌장 제12조 제1항).

제11조 제1항 총회는 국제평화와 안전의 유지에 있어서의 협력의 일반원칙을, 군비축소 및 군비규제를 규율하는 원칙을 포함하여 심의하고, 그러한 원칙과 관련하여 회원국이나 안전보장이사회 또는 이 양자에 대하여 권고할 수 있다.
제11조 제2항 총회는 국제연합회원국이나 안전보장이사회 또는 제35조 제2항에 따라 국제연합회원국이 아닌 국가에 의하여 총회에 회부된 국제평화와 안전의 유지에 관한 어떠한 문제도 토의할 수 있으며, 제12조에 규정된 경우를 제외하고는 그러한 문제와 관련하여 1 또는 그 이상의 관계국이나 안전보장이사회 또는 이 양자에 대하여 권고할 수 있다. 그러한 문제로서 조치를 필요로 하는 것은 토의의 전 또는 후에 총회에 의하여 안전보장 이사회에 회부된다.
제11조 제3항 총회는 국제평화와 안전을 위태롭게 할 우려가 있는 사태에 대하여 안전보장이사회의 주의를 환기할 수 있다.
제11조 제4항 이 조에 규정된 총회의 권한은 제10조의 일반적 범위를 제한하지 아니한다.

제12조의 해석 진화

초기에는 총회가 안보리의 의제에 올라 있는 국제 평화와 안보에 관한 사안에 대해 권고를 할 수 없다고 이해되었다. 하지만 시간이 지나면서 이 해석은 진화했으며, 1968년 유엔 법률고문의 의견에 따라 실제로 총회는 "is exercising"을 "현재 행사하고 있는"으로 해석하여 안보리가 고려 중인 사안에 대해 권고할 수 있게 되었다. 국제사법재판소(ICJ)는 2004년과 2010년의 자문의견에서 이러한 관행이 헌장 제12조 제1항과 일치한다고 결론지었다.

총회와 안보리 간 상호 작용

총회는 안전보장이사회가 다루고 있는 사안에 대해 권고를 할 수 있으며, 이는 아프가니스탄, 보스니아 헤르체고비나, 키프로스, 중동, 미얀마, 시리아, 서사하라 등 다양한 지역의 이슈에 대해 적용되었다. 예를 들어, 총회는 북한 인권 상황에 대한 인권이사회 조사위원회의 보고서를 제출하는 결의안을 채택하고 안보리가 해당 보고서의 결론과 권고사항을 고려하도록 권장했다. 이 결의안은 또한 안보리에게 책임을 확보하기 위한 적절한 조치를 취하도록 권장했다.

"Uniting for Peace" 결의안(General Assembly resolution 337(V))은 1950년 11월 3일 채택되었으며, 이는 한국전쟁 동안 소련의 안보리 행동 방해에 대응하여 제안되었다. 이 결의안은 안보리가 상임 이사국의 만장일치 부족으로 인해 국제 평화와 안보를 유지하는 주요 책임을 수행하지 못할 경우, 유엔 총회가 즉시 문제를 고려하여 회원국들에게 집단적 조치를 권고하도록 규정할 수 있다. 이러한 조치에는 평화 위반 또는 침략 행위의 경우 필요에 따라 무장력을 사용하여 국제 평화와 안보를 유지하거나 복구하는 조치가 포함될 수 있다. 만약 총회가 회기 중이 아닐 경우, 총회는 비상 특별 회기의 메커니즘을 사용하여 소집될 수 있다. 비상 특별 회기는 안보리의 9개 회원국의 투표 또는 총회의 과반수 투표를 통해 요청될 수 있으며, 이는 상임 이사국의 거부권이 적용되지 않는 절차적 투표이다.

이 결의안은 당시 중요한 역할을 했지만, 현재 조직적 관행을 고려할 때 두 가지 주요 혁신은 이제 필요하지 않게 되었다. 결의 337(V)호가 채택되었을 때, 총회는 일반적으로 9월 중순부터 12월 말까지만 회의를 열었다. 현재 총회는 연중 계속 회의를 열고 있어, 비상 특별 회기를 소집할 필요가 없어졌다. 비상 특별 회기를 소집하는 것이 정치적 목적을 위한 경우가 아니라면, 필요성이 감소하였다. 실제로 총회는 현재 안보리가 활발히 다루고 있는 상황을 포함하여 헌장 제11조 제3항과 12조 제1항에 따라 강제력을 동원하지 않는 집단적 조치에 대한 권고를 정기적으로 내놓고 있다.

유엔 안전보장이사회 이사국 선거 과정은 유엔 총회에서 이루어지며, 이는 유엔 헌장과 총회 의사 규칙에 따라 정해진 절차를 따른다. 총회는 매년 안보리의 비상임 이사국 5개국을 2년 임기로 선출하며, 이는 총회 의사 규칙 제142조에 명시되어 있다. 안보리 비상임 이사국의 선출 기준은 헌장 제23조 제1항에 따라 세 가지(국가의 국제 평화와 안보 유지에 대한 기여도, 유엔의 목적에 대한 기여도, 지리적 균형의 공정성)를 고려한다.

1963.12.17.에 유엔 총회는 결의 1991 (XVIII)호를 채택하여 비상임 이사국의 수를 6개에서 10개로 증가시켰으며, 지리적 분포의 공정성을 위한 체계를 확립하였다. 하여 지리적 분포는 다음과 같이 배정되었다.

- 아프리카 및 아시아 국가 : 5석 (실제로는 아프리카 그룹 3석, 아시아-태평양 그룹 2석으로 나뉨)
- 라틴 아메리카 및 카리브해 국가 : 2석
- 서유럽 및 기타 국가 : 2석
- 동유럽 국가 : 1석

유엔 회원국들은 유엔 안보 이사국 후보로서의 의사를 해당 지역 그룹의 월별 회전 의장에게 서면으로 공식적으로 표명하며, 이 정보는 각 지역 그룹의 후보 명단에 포함된다. 후보자들은 선거일까지 지속적으로 다른 회원국들로부터 지지를 확보하기 위해 캠페인을 펼치며, 이 과정에는 상당한 시간과 자원이 소요된다.

유엔 안보리 이사국 선출 과정은 유엔 총회의 의사 규칙과 절차에 따라 이루어지며, 이는 유엔 헌장과 관련 결의에 근거를 두고 있다. 2014년에 채택된 총회 결의 68/307호에 따라, 안보리 선거는 기존 10월에서 6월로 변경되었다. 이는 신임 회원국들이 안보리 활동을 준비할 수 있는 시간을 늘리기 위한 조치이다.

선거 절차는 총회의 의사 규칙에 따라 진행되며, 비공개 투표 방식으로 실시된다. 선출을 위해서는 참석하고 투표하는 회원국의 3분의 2 이상의 지지를 얻어야 한다. 이는 모든 193개 회원국이 참여할 경우 최소 129표를 얻어야 함을 의미하며, 회비(분담금) 체납으로 인해 투표권이 정지된 회원국은 투표에 참여할 수 없다(헌장 제19조).

첫 번째 투표에서 어떤 후보도 필요한 표를 확보하지 못하면, 가장 많은 표를 받은 후보들만을 대상으로 하는 제한된 투표가 실시된다. 이 과정은 후보자 수가 공석 수의 두 배를 넘지 않도록 제한된다. 만약 세 번의 제한된 투표 후에도 3분의 2의 지지를 얻는 후보가 나오지 않으면, 제한 없는 투표가 실시되는데, 이 과정은 필요한 표를 확보할 때까지 계속된다.

선출된 비상임 이사국은 임기가 시작되는 1월 1일에 앞서 10월 1일부터 안보리 회의에 옵서버로 참석하는 것을 포함한 적응 과정에 참여하게 된다. 이 과정은 총회 의사 규칙 제88조와 연관되어 투표 진행 중 중단은 투표 절차와 관련된 질서 문제 제기 시에만 가능하다.

우리는 유엔 사무총장을 선출한다는 것은 알지만 그 과정을 아는 이들은 극히 드물다. 사무총장 선출 과정은 1946년 총회 결의 11(I)호에 의해 정해진 절차에 따라 이루어진다. 이 결의는 사무총장 추천 및 임명에 있어서 안전보장이사회와 총회 양 기관의 역할을 명시하고 있으며, 두 기관 모두에서 과반수의 표결이 필요하다고 규정하고 있다. 또한, 추천 및 임명 과정은 비공개회의에서 논의되며, 표결이 이루어질 경우 비밀투표로 진행된다.

안전보장이사회의 실제 관행에 따르면, 여러 후보자들 사이에서 선호도를 평가하기 위해 사전 투표(스트로 폴)를 사용하여 공식적인 투표에 앞서 후보자들의 지지 가능성을 측정한다. 이 사전 투표는 비공식적이며 안보리 회의실에서 공식 회의를 열지 않고도 행해질 수 있다. 선출 과정의 마지막 단계는 사무총장 후보에 대한 안보리의 추천 결의안을 총회에 제출하는 것이다. 이 결의는 반드시 만장일치로 채택될 필요는 없으나, 실질적인 사안으로 간주되어 상임이사국이 반대표를 던질 경우 채택될 수 없다.

최종적으로 사무총장 임명은 전통적으로 유엔 안보리에서 추천하고, 유엔 총회에서 결의를 통해 이루어진다.

유사 문제

01 국제연합의 안보리의 권한으로 옳지 <u>않은</u> 것은?

① 어떤 분쟁의 계속이 평화에 대한 위협, 평화의 파괴 또는 침략행위가 존재할 때 적용된다.
② 안보리는 권고를 하거나 조치를 결정하기 전에 잠정조치에 따르도록 관련 당사자들에게 요청할 수 있다.
③ 안보리가 헌장 제41조에 의해 비군사적 강제조치를 취하기로 결정한 경우 이는 분쟁 회원국들에 한하여 법적 구속력을 가진다.
④ 회원국들은 제43조에 의거하여 특별협정을 체결하지 않은 한 제42조 하의 군사적 의무에 참여할 법적 의무가 없다.

정답 ③

해설 안보리가 헌장 제41조에 의해 비군사적 강제조치를 취하기로 결정한 경우 이는 모든 회원국들에 대하여 법적 구속력을 가진다.

02 국제연합의 총회의 권한으로 옳지 <u>않은</u> 것은?

① 기타 문제에 대한 총회의 의결은 '출석하여 투표하는 회원국의 과반수'로 하는 것이 원칙이다.
② 분담금을 3년분 이상 연체한 회원국은 총회에서 투표권을 가지지 못한다.
③ 총회의 의결은 원칙적으로 회원국에 대하여 법적 구속력이 없는데, 단, 가입승인, 권리와 특권의 정지, 제명 등은 예외적으로 법적 구속력이 있다.
④ 국제평화와 안전의 유지에 관한 권고, 안보리 비상임이사국의 선거 등 중요 문제는 '출석하여 투표하는 회원국 3분의 2 다수결'로 정한다.

정답 ②

해설 분담금을 2년분 이상 연체한 회원국은 총회에서 투표권을 가지지 못한다.

20

항공테러 억제 관련 주요 국제협약에 대한 설명으로 옳지 않은 것은?

① 1963년 항공기내 범죄 및 기타 행위에 관한 협약(일명 1963년 동경협약)은 범죄인 인도 의무를 규정하고 있다.
② 1970년 항공기의 불법납치 억제를 위한 협약(일명 1970년 헤이그협약)은 범죄인의 인도 또는 소추를 명시하고 있다.
③ 1971년 민간항공의 안전에 대한 불법적 행위의 억제를 위한 협약(일명 1971년 몬트리올협약)은 비행 중인 항공기 및 운항 중인 항공기와 그 탑승자의 안전에 대한 불법적 행위의 억제를 목적으로 한다.
④ 2010년 국제민간항공에 관련된 불법행위 억제에 관한 협약(일명 2010년 북경협약)은 적용 대상 범죄들을 정치범죄로 간주하지 않는다고 명시하고 있다.

정답 ①

해설 1963년 항공기내 범죄 및 기타 행위에 관한 협약(일명 1963년 동경협약)은 범죄인 인도의무에 대한 규정은 없다.

관련 이론

1. 동경협약(1963년 항공기 내에서 범한 범죄와 기타 행위에 관한 협약)
    ① 항공기 운항 중 항공기 안전을 위태롭게 하는 행위 및 형사법을 위반하는 범죄에 대한 조약
    ② 항공기 등록국은 국가 외에 모든 지역에서 범해지는 항공기내 범죄행위에 대하여 재판관할권을 행사
    ③ 기장에게 특정한 권한 부여
2. 헤이그협약(1970년 항공기의 불법납치 억제를 위한 협약)
    ① 항공기 납치(하이재킹)를 응징하기 위하여 조약서명 국가들의 엄한 형벌(처벌) 마련
    ② 국내선 항공기 납치에는 적용하지 않음
    ③ 범죄인 인도
    ④ 각 체약국은 승객 또는 승무원에 대하여 범죄 협의자가 행한 폭력행위에 대하여 재판관할권을 행사
    ⑤ 각 체약국은 그 국내법에 의거 ICAO 이사회에 관련사항을 가능한 조속히 보고
3. 몬트리올 협약(1971년 국제항공안전에 대한 불법적 행위의 억제를 위한 협약)
    ① 항공기 안전을 위태롭게 하여 항공기 탑승객에게 직접 영향을 주는 모든 행위에 대한 조약
    ② 불법적행위를 응징하기 위하여 조약서명 국가들의 엄한 형벌(처벌) 요구
4. 몬트리올 협약 의정서(1988년 국제민간항공의 공항에서 불법적 행위억제에 관한 의정서)
    ① 몬트리올협약(1971년)에 대한 보충판
    ② 어떠한 기구, 물품 또는 무기를 사용하여 불법적으로, 고의적으로 아래의 행위를 할 경우
        ㉠ 범죄행위국제공항에 근무 중인 자에 대하여 폭력을 행하고 그 행위가 인명의 부상이나 사망의 결과를 가져오거나 그러한 가능성이 있는 경우의 행위
        ㉡ 국제공항 또는 국제공항에 주기해 있는 항공기에 대한 파괴 또는 공항 업무 방해 행위 (만약 그러한 행위가 해당 공항의 안전을 위협하거나 위협할 가능성이 있을 경우)
5. 몬트리올 회의(1991년 가소성폭약의 탐지를 위한 식별조치에 관한 협약)
    ① 플라스틱 폭발물에 한정하여 적용
    ② 표시되지 않은 플라스틱 폭발물 제조 및 유통방지 (폭발물을 탐지할 수 있도록 폭발물 탐지 약품을 폭발물에 주입하는 것

6. 베이징 협약(2010년 국제민간항행 관련 불법행위 억제를 위한 협약)
   ① 1971년 몬트리올 협약을 대체
   ② 민간 항공기 자체의 무기화, 민간 항공기에 대한 공격 행위 억제 : 민간 항공기를 납치하여 무기로 사용하는 행위, 민간 항공기내에서 무기를 사용하는 행위, 민간 항공기에 대해 무기 공격 행위를 신규 항공 범죄로 규정하여, 해당 국가들이 이를 처벌할 의무를 부여
   ③ 운송 범죄(transport offence) 조항 추가 : 민간 항공기를 활용하여 무기 및 관련 물자를 불법 운송하는 행위를 신규 항공 범죄로 규정하여, 상기와 마찬가지로 해당 국가들이 이를 처벌할 의무를 부여
   ④ 군사적 활동 적용 배제 : 무력 충돌시 군대의 활동에 대해서는 동 협약이 적용되지 않고, 국제인도법이 적용
   ⑤ 국가 관할권의 확대 : 범죄가 발생한 영토의 국가 또는 항공기의 등록 국가, 범인이 발견된 영토의 국가 뿐만 아니라 범죄자 국적 국가, 피해자의 국적 국가 및 무국적 자가 주소지를 둔 국가도 관할권 행사 가능
   ⑥ 협약의 적용범위 확대 : 협약의 적용범위를 비행 시에서 서비스 범위 내로 확대
   ⑦ '항공기의 불법납치 억제를 위한 협약 추가 의정서' (일명 '2010년 베이징 의정서') 채택 – 1970년 헤이그협약(항공기의 불법납치 억제를 위한 협약)을 일부 개정한 것

유사 문제

01 항공테러 억제 관련 주요 국제협약에 대한 설명으로 옳지 않은 것은?

① 동경협약은 항공기 운항 중 항공기 안전을 위태롭게 하는 행위 및 형사법을 위반하는 범죄에 대한 조약으로 항공기 등록국은 국가 외에 모든 지역에서 범해지는 항공기내 범죄행위에 대하여 재판관할권을 행사한다.
② 베이징 협약(2010년 국제민간항행 관련 불법행위 억제를 위한 협약)은 항공기 납치(하이재킹)를 응징하기 위하여 조약서명 국가들의 엄한 형벌(처벌) 마련하고 다만, 국내선 항공기 납치에는 적용하지 아니한다.
③ 몬트리올 협약(971년 국제항공안전에 대한 불법적 행위의 억제를 위한 협약)은 항공기 안전을 위태롭게 하여 항공기 탑승객에게 직접 영향을 주는 모든 행위에 대한 조약으로 불법적행위를 응징하기 위하여 조약과 서명하며 국가들의 엄한 형벌(처벌)을 요구한다.
④ 몬트리올 협약 의정서(1988년 국제민간항공의 공항에서 불법적 행위억제에 관한 의정서)는 몬트리올협약(1971년)에 대한 보충협약으로 어떠한 기구, 물품 또는 무기를 사용하여 불법적으로, 고의적으로 할 경우 처벌하기 위한 협약이다.

정답 ②

해설 헤이그협약(1970년 항공기의 불법납치 억제를 위한 협약)은 항공기 납치(하이재킹)를 응징하기 위하여 조약서명 국가들의 엄한 형벌(처벌) 마련하고 다만, 국내선 항공기 납치에는 적용하지 아니한다.

02 항공테러 억제 관련 주요 국제협약 중 베이징 협약(2010년 국제민간항행 관련 불법행위 억제를 위한 협약)에 대한 설명으로 틀린 것은?

① 민간 항공기 자체의 무기화, 민간 항공기에 대한 공격 행위 억제로 민간 항공기를 납치하여 무기로 사용하는 행위, 민간 항공기내에서 무기를 사용하는 행위, 민간 항공기에 대해 무기 공격 행위를 신규 항공 범죄로 규정하여, 해당 국가들이 이를 처벌할 의무를 부여하고 있다.
② 운송 범죄(transport offence) 조항 추가했는데 민간 항공기를 활용하여 무기 및 관련 물자를 불법 운송하는 행위를 신규 항공 범죄로 규정하여, 상기와 마찬가지로 해당 국가들이 이를 처벌할 의무를 부여하고 있다.
③ 군사적 활동 적용 배제하는데 그 내용은 무력 충돌시 군대의 활동에 대해서는 동 협약이 적용되지 않고, 국제인도법이 적용한다.
④ 국가관할권의 확대했는데, 범죄가 발생한 영토의 국가 또는 항공기의 등록 국가, 범인이 발견된 영토의 국가에 한하여 관할권 행사가 가능하다.

정답 ④

해설 국가관할권의 확대했는데, 범죄가 발생한 영토의 국가 또는 항공기의 등록 국가, 범인이 발견된 영토의 국가뿐만 아니라 범죄자 국적 국가, 피해자의 국적 국가 및 무국적자가 주소지를 둔 국가도 관할권 행사 가능하다.

2016년도 기출문제

01

국가승인에 대한 설명으로 옳지 않은 것은?

① 국가는 영사특권을 부여하겠다는 구상서로써 미승인국을 승인할 수 있다.
② 국제연합(UN) 회원국으로서의 가입이 그 국가에 대한 기존 UN회원국의 집단적 승인으로 해석되지 않는다.
③ 국가승인제도는 1930년의 에스트라다주의(Estrada Doctrine)로 점차 대체되었다.
④ 선언적 효과설에 따르면 국가성(statehood)을 갖춘 국가는 타국의 승인여부와 무관하게 국제법 주체로 인정된다.

정답 ③

해설 에스트라다주의는 국가승인이 아닌 정부승인에 있어서의 '사실주의'를 말한다. 즉, 국가승인에 관한 원칙이 아니다.

관련 이론

국가승인을 위한 요건

1. 어떤 영토적 실체가 국가로서 승인받기 위해서는 3가지 객관적 구성요소 즉 영토·국민·정부를 구비하여야 함
   1933년의 "국가의 권리와 의무에 관한 몬테비데오 협약(Montevideo Convention on the Rights and Duties of States) 제1조에 의하면, 국가는 ① 항구적 인민, ② 한정된 영토, ③ 정부, ④ 다른 국가와 관계를 맺을 수 있는 능력을 구비하여야 함

2. 승인은 외교정책수단의 하나로 기능하기 때문에 국가에 따라서는 상기 객관적 요건 이외에 특정한 요건을 추가로 구비할 것을 요구하기도 함
   ① 1976년 미국무성이 제시한 국가승인의 요건에는 상기 객관적 요건 이외에 "외교관계를 수행하고 국제의무를 이행하기 위해 실효적으로 행동할 능력"을 들고 있음
   ② 유럽공동체의 1991년 "Guidelines on the Recognition of new States in Eastern Europe and in the Soviet Union" 및 "EC Declaration on Yugoslavia"는 상기 객관적 요건이외에 민주주의·국제의무 수락·소수민족 보호·국경의 불가침성 존중·국가상속 문제 및 지역분쟁의 합의에 의한 해결 등의 요건을 들고 있음
   ③ 그러나, 이러한 요건들은 법적 요건이라기 보다 국가승인을 위한 정치적인 조건으로 간주되며, 실제에 있어서도 국가승인을 위한 법적 요건 충족 여부보다는 국가승인 또는 비승인시 초래될 정치적 결과가 국가승인 부여 결정에 있어서의 핵심적 역할을 하고 있음

유사 문제

01 국가승인에 관한 설명으로 타당하지 않은 것은?

① 국가승인은 승인한 국가와 승인받는 국가 사이에만 효력이 있다.
② 다자조약에의 가입, 국제기구의 가입은 승인으로 인정되지 않는다.
③ 외교사절의 교환, 포괄적 양자조약의 체결 등은 묵시적 승인이라 인정된다.
④ 반드시 승인에 의해 법률관계가 성립된다.

정답 ④
해설 승인 여부와 무관하게 법률관계는 성립할 수 있다.

02 정부승인에 대한 설명으로 틀린 것은?

① 실효적 통제력의 장악은 국제적 관계에서 현실적으로 지배권을 행사하고 질서를 유지할 능력이 있어야 한다.
② 자주성 내지 독립성의 유지에서 타국의 원조에 의존하여 지배권을 유지하고 있으면 안되는데, 특히 구정부가 타국의 원조없이 지배권을 회복할 가능성이 있으면 신정부가 지배권을 확립한 것으로 볼 수 없다.
③ 국가를 대표할 의사와 능력 및 국제법 준수의 의사와 능력을 요구한다.
④ 일부 강대국에 의해 추가로 요구되어 왔으나 미국은 단지 실효적 통제력만을 요구하고 있다.

정답 ①
해설 실효적 통제력의 장악은 국내에서 현실적으로 지배권을 행사하고 질서를 유지할 능력이 있어야 한다.

02

조약의 유보(reservation)에 대한 설명으로 옳지 않은 것은?

① 조약이 달리 규정하지 아니하는 한 유보의 통고를 받은 국가가 그 유보에 대하여 이의를 제기하지 아니한 경우에는 유보를 수락한 것으로 간주되지 않는다.
② 조약이 달리 규정하지 아니하는 한 유보는 언제든지 철회될 수 있고 유보수락국의 동의를 필요로 하지 않는다.
③ 첨부된 유보 내용이 조약의 '대상 및 목적'과 양립가능하다면 일부 국가의 반대가 있어도 유보국은 조약의 당사국이 될 수 있다.
④ 유보는 일방적인 선언이지만 그 효과는 상호주의적이므로 유보국과 유보수락국 간에는 유보의 범위 내에서 관련 조약 규정을 변경한다.

정답 ①

해설 유보의 통고를 받은 국가가 그 유보에 대하여 이의를 제기하지 아니한 경우에는 일정한 기한 내에 유보에 대해 이의를 제기하지 않는 것은 유보를 '수락'한 것으로 간주된다.

관련 이론

조약의 유보 개념

1. 조약의 유보란 명칭이나 표현에 관계 없이 조약에 대한 서명, 비준 수락 인준 또는 가입시에 특정 조항의 효력을 배제 또는 변경할 목적으로 이루어지는 일방적 선언이다. (1969년 조약법에관한 비엔나협약 제2조1항d) 유보는 특정 조항의 효력이 자국에 대해서 배제 또는 변경될 것을 조건으로 조약에 구속적 동의를 표시하는 것이다. 따라서 유보는 구속적 동의와 불가분의 관계를 가진다.
2. 유보는 일방적 의사 표시로서 합의의 결과물인 조항의 효력을 배제할 것을 의도한다. 그러므로 그 형성에 제한이 있고, 유보를 하면서 조약의 당사자가 되기 위해서는 상대방의 수락이 필요하다. 유보는 자국에 대한 특정 조항의 의무를 면제하거나 의무의 범위를 축소시키는 것이지만, 국제의무는 일반적으로 상대적이기 대문에 유보의 효과는 상대국에 대해서도 발생한다.(external effect) 따라서 유보의 상대국도 유보국에 대해 해당의무에 대한 유보를 원용할 수 있다. (상호주의)
3. 조약의 유보와 비교되는 개념으로 해석선언이 있다. 해석선언은 유보와 유사하게 조약에 대한 동의표시를 할 때 이루어지는 국가의 일방행위라는 점에서 유사하다. 다만 해석선언의 목적은 해당 조약의 의무를 축소하거나 배제하는 것이 아니라 조약규정의 의미를 명확히 하는 것이다. 또한 유보와 달리, 조약 규정에 대한 일방적 해석이기 때문에 타방 당사국에 대하여 그 해석의 효력이 미칠 수 없다. 즉, 해석선언의 효력은 선언국 자신에 대해서만 발생한다. (internal effect)

    * 해석선언은 본래적 의미인 해석선언과 제한적 해석선언(qualified interpretative declaration)으로 구분된다. 제한적 해석선언이란 조약에 의해 구속을 받겠다는 의사표시를 할 때, 조약 규정이 자국이 제시하는 특별한 방법으로 해석되는 것을 조건으로 하는 것이다. 이러한 의미에서 제한적 해석 선언은 선언국에 관한 한 그 의도대로 조약규정의 효력을 배제하거나 변경할 수 있다는 점에서 유보로 볼 수 있다. 다만, 유보와 해석선언을 구분하는 것이 어려울 수 있다. 두 개념의 명칭이 혼용되고 있고, 해석을 통해 의무의 범위를 변경하거나 제한할 수 있기 때문이다. 이러한 점을 이용하여, 국가들은 실질적으로 유보를 하면서도 (유보 형성의 제한을 우회하기 위해) 해석선언이라는 명칭을 사용하기도 한다.(위장된 유보의 문제). 따라서 유보와 해석선언을 구분하는 것 자체가 하나의 쟁점이 되기도 한다. 유보와 해석선언을 구분하기 위해서는 '의사표시의 목적'을 고려할 수 있다. 왜냐하면 유보와 해석선언은 의사표시의 목적이 다르기 때문이다. 의도는 객관적으오 확인할 수 있는 것이어야 한다. ILC는 '조약에 대한 유보' 작업을 통해 일방적 선언국의 주관적 의도가 아닌 '그 선언의 객관적 효과' 즉, 선언의 실행이 가져오게 될 실질적 결과를 통해 확인하여야 한다고 하였다.

4. 허용될 수 없는 유보

유보의 형성은 앞서 설명하였듯 언제나 가능한 것은 아니다. 69년 VCLT(조약법에관한 비엔나 협약) 제19조는 유보 형성에 관한 제한사유를 세가지로 규정하고 있다. 그렇다면, 유보 형성에 대한 위 3가지 제한사유 중 어느 하나를 위반하였다면, 그 국가는 해당 조약의 당사국일까?

허용될 수 없는 유보를 부가한 채, 당사자의 지위를 유지할 수 있는가에 관해, 유보가 허용될 수 없는 것인 경우, 1) 그러한 유보를 철회하지 않는한 당사자가 될 수 없다는 견해(허용성이론), 2) 상대방 국가의 의사를 존중하는 입장에서 양립성 여부는 유보에 대하여 수락 또는 반대하기 위한 고려요소일 뿐이고, 상대방이 수락하면 문제의 유보를 부가하면서 당사국이 된다는 견해(대항성이론), 3) 허용될 수 없는 유보만 떼어내서 무효로 하고 당사자 지위는 계속 유지한다는 견해(분리이론)이 존재한다.

이와 관련한 통설은 69년 VCLT 제19조 및 제20조~21조의 문맥상 조약의 대상과 목적에 양립하지 않으면 유보는 처음부터 할 수 없는 것이고, 따라서 상대국은 수락이나 반대도 할 수 없다는 것이다. 상대방의 묵시적 수락에 의해 허용될 수 없는 유보를 부가한 채, 일단 조약의 당사자가 된 경우일지라도, 그 유보는 법적으로 무효이며, 따라서 그 불가분의 일부인 구속적 동의표시 역시 법적으로 무효가 되기때문에 당사자 지위도 무효가 된다. ICJ는 51년 집단살해금지협약 유보에 관한 권고적 의견사건에서 '양립여부는 유보에 대한 제한 사유일 뿐만 아니라 수락이나 반대에 대한 제한 사유이기도 하다'고 하면서 양립하지 않는 유보에 대해서는 수락은 물론 반대도 할 수 없다고 분명히 하였고, 무효인 유보를 철회하지 않는 한 유보국은 조약의 당사자가 되지 아니한다고 보았다.

인권 및 환경조약에서의 유보 - 비상호주의 특수성과 분리이론

조약법상 유보제도는 개별 국가의 의사의 존중과 상호주의에 바탕을 둔 전통적 조약을 대상으로 하는 것이다. 반면, 인권조약과 환경조약은 국제공동체의 보편적 가치인 인권과 환경의 보호를 목적으로 하며 이는 비상호주의에 바탕을 두고 있다. 일반적 조약의 경우, 유보의 수락이나 반대의 효과는 유보국과 상대국 간 상호주의적인 효과를 발생시킨다. 하지만 인권이나 환경조약의 경우에는 유보가 확정적으로 반대되어 유보국과 유보 반대국간에 조약의 발효가 부정된다고 하더라도, 그 조약의 효과가 국내에만 미치게 되고 상대국에게는 미치지 않게되어 그 결과가 비상호주의적이다. 따라서, 상호주의에 기초하고 있는 69년 VCLT의 제19조 및 20조~21조를 비상호주의를 특징으로 하는 인권조약이나 환경조약의 유보에 그대로 적용하기에는 타당하지 않다는 주장이 제기된다.

이러한 주장은 인권조약과 환경조약의 경우에는 허용될 수 없는 유보를 구속적 동의표시로부터 분리하여, 유보만 무효로 하고, 조약의 당사자 지위는 계속 유지해야한다는 견해로서 분리이론으로 대표된다. 이와관련해 유럽인권재판소는 1988년 Belilos case에서 스위스의 유보를 무효로하였지만 당사자지위는 유진된다고 판결하였고, 국제인권B규약 위원회는 1994년 General Comment 24를 통해 동 관점을 채택하였으며, 실제로 1999년 R. Kennedy vs. Trinidad and Togo 사건에서 Trinidad and Togo의 ICCPR 제1선택의정서에 대한 유보만 무효로하고 동 선택의정서의 당사자 지위를 계속 인정하여 인권위원회가 개인통보를 수락할 권한이 있다고 보았다.

분리이론은 인권의 보편성과 비상호주의를 고려한 것이라는 점에서 타당성을 갖지만 조약법의 기본원칙인 동의의 원칙에 반한다는 비판이 제기된다. 이와 관련해 ILC는 97년 '국제인권조약을 포함하여 다자조약에 대한 유보에 관한 국제법위원회 잠정결론'에서 허용될 수 없는 유보는 무효로하고, 유보국에게 조약의 당사자로서 계속 남을 것인지 여부를 선택하게 함으로써, 국가주권-인권의 보편적 보호와 비상호주의를 조화시키는 방안을 제안하기도 하였다.

유사 문제

01 국제 비엔나 조약법협약상 유보에 대한 설명으로 틀린 것은?

① "유보"라 함은 자구 또는 명칭과 관계 없이 조약의 서명, 비준, 수락, 승인 또는 가입 시에 국가가 그 조약의 일부 규정을 자국에 적용함에 있어 그 조약의 일부 규정의 법적 효과를 배제하거나 또는 변경시키고자 의도하는 경우에 그 국가가 행하는 일방적 설명을 의미한다.
② 양자조약 체결시(서명, 비준, 가입, 승인 또는 수락) 행하는 일방적 선언으로, 그 조약의 특정 조항의 법적 효과를 자국에 대하여 배제하거나 제한·변경하기 위한 조치이다.
③ 조약법에 관한 비엔나협약은 당해 조약에 명시적으로 유보를 금지한 조항이 없을 경우, 그 조약의 대상 및 목적과 양립하는 유보사항은 일반적으로 인정한다.
④ 유보국과 다른 당사국과의 관계에 있어서는 유보에 관련되는 조약규정을 그 유보의 범위내에서 변경하며, 유보국 이외의 타당사국 상호간에는 그 조약규정을 변경하지 아니하며, 유보에 대하여 이의를 제기하는 국가와 유보국간에는 유보가 적용되지 아니한다.

정답 ②
해설 다자조약 체결시(서명, 비준, 가입, 승인 또는 수락) 행하는 일방적 선언으로, 그 조약의 특정 조항의 법적 효과를 자국에 대하여 배제하거나 제한·변경하기 위한 조치이다.

02 다음 중 비엔나조약법협약상의 유보에 대한 설명으로 틀린 것은?

① 유보가 효력을 발생시키기 위해서는 타방당사국의 수락을 요하며, 명시적이어야 한다.
② 서명 전이나 서명 시에 하는 것이 보통이나 비준할 때 할 수도 있다.
③ 유보는 유보국과 유보에 동의한 타방당사국 사이에서만 효력이 있는데, 유보국은 타방 당사국에 대하여 유보를 원용할 수 있으며, 동시에 타방당사국도 유보국에 대하여 유보를 원용할 수 있다.
④ 조약에 유보를 명시적으로 허용하는 경우 타체약국의 별도의 동의를 요하지 않고 유보국이 유보하는 경우 유보를 수락한 것으로 간주된다.

정답 ①
해설 유보가 효력을 발생시키기 위해서는 타방당사국의 수락을 요하지만 반드시 명시적일 필요는 없다.

03

국제환경법의 일반원칙에 대한 설명으로 옳지 않은 것은?

① 환경보호에 관하여 모든 국가가 공동의 책임을 지나, 각국은 경제적·기술적 상황을 고려하여 차별화된 책임을 부담한다.
② 심각한 환경피해의 우려가 있는 경우 과학적 확실성이 다소 부족해도 환경 훼손에 관한 방지조치를 우선 취해야 한다.
③ 환경오염을 유발한 책임이 있는 자와 오염발생지역을 관할하는 국가기관이 공동으로 오염처리비용을 부담한다.
④ 어느 국가도 자신의 관할권 내에서의 활동으로 다른 국가 또는 자국 관할권 바깥 지역에 환경피해를 야기하지 말아야 한다.

> **정답** ③
>
> **해설** 환경오염을 유발한 책임이 있는 자와 오염발생지역을 관할하는 국가기관이 공동으로 오염처리비용을 부담하는 것이 아닌 오염자부담원칙은 오염을 유발한 책임이 있는 자가 오염의 결과 제거 비용을 전부 부담해야 한다는 원칙이다.

관련 이론

국제 환경법

1. 모든 국가는 관습국제법인 예방원칙에 따라 상당한 초국경 환경 피해를 예방하기 위해 필요한 모든 적절한 조치를 상당한 주의를 다하여 취할 의무가 있다. 초국경 환경 피해예방조치는 국내 환경영향평가 절차에서 초국경 영향 고려를 할 의무 그리고 해당 평가 결과 초국경 영향이 예상되는 경우 피해가 예상되는 국가에게 해당 위험을 통지하고 그 위험을 최소화하기 위해 협의할 의무로 구성된다. 이 논문은 이러한 절차를 총칭하여 예방원칙을 이행하는 예방조치로서 초국경영향평가라 지칭하였다.
2. ICJ는 Pulp Mills 사건에서 예방원칙의 이행은 단순히 적절한 법규와 조치를 채택할 의무 뿐 아니라 해당 법규와 조치들을 상당한 주의를 다하여 이행할 것을 요구하고 있다. 따라서 상기의 초국경영향평가를 구성하는 각각의 의무 역시 상당한 주의로서 이행되어야 한다. 상당한 주의는 예방원칙 및 예방원칙에서 파생되는 예방조치를 취할 의무에 내재되어 있으며, 예방조치 이행 시 요구되는 행위 기준이다. 따라서 상당한 주의를 해태하는 것은 해당 의무의 불이행이자 나아가 예방원칙의 불이행을 초래하게 된다.
3. 예방원칙의 일환인 환경영향평가를 구체적으로 검토하여 해당 기준들이 반영되지 않는 경우 환경영향평가 등 예방원칙의 취지가 달성되지 못할 수준의 내용들을 추출하여 상당한 주의라는 행위기준으로서 제시하고 해당 내용들을 초국경 환경영향평가절차에서 초국경영향 고려, 누적적 영향 고려, 공공참여에서 무차별대우 그리고 통지 및 협의 과정에서 충분한 정보의 제공 등으로 제시하였다. 이 논문에서 제시된 상기의 사항들은 일본의 후쿠시마 원전 오염수 해양 배출 및 중국의 미세먼지 등 우리나라가 당면한 국제환경 현안에도 반드시 적용되어야 하는 국가의 행위기준이라는 점에서 중국, 일본과의 외교적 협의에서 적극적으로 요청할 수 있는 사항이다.

유사 문제

01 다음 중 환경법의 기본원칙인 1972년 스톡홀롬 선언의 내용으로 잘못된 것은?

① 자연적이든 인위적이든 인간의 환경에 대한 양 측면은 인간의 안녕과 기본권의 향유, 생존권을 위해 없어서는 안 되는 것이다.
② 인간환경의 보호와 개선은 인류의 행복과 범세계적인 경제발전을 위한 중요한 문제이다.
③ 생활 환경은 국가관할권 영역이라 이를 제외한 산업 환경에서 인간의 신체, 정신, 사회 건강에 해를 끼치는 부분적인 결핍과 같이 인류가 만들어낸 피해 현상이 증가하는 것을 볼 수 있다.
④ 산업화 국가들은 개발도상국들과의 차이를 줄이도록 노력해야 하며, 산업화된 국가에서 환경문제들은 일반적으로 산업화와 기술발달과 연관되어 있다.

정답 ③
해설 생활과 작업 환경에서 인간의 신체, 정신, 사회 건강에 해를 끼치는 총체적인 결핍과 같이 인류가 만들어낸 피해현상이 증가하는 것을 볼 수 있다.

02 다음 중 환경법 인간환경회의에 대한 설명으로 잘못된 것은?

① '오직 하나뿐인 지구'를 표어로 환경파괴로부터 지구 보호, 천연자원 고갈의 방지를 위한 국제연합체제를 구축하기 위해 114개국의 각국 대표들이 참가했다.
② 국제연합 인간환경회의는 1972년 6월 유엔인간환경회의에서 채택된 인간환경선언 결의에 따라 제27차 유엔총회 결의로 발족한 국제연합 산하의 여러 전문기구의 하나이다.
③ 1968년 5월 유엔 경제사회이사회에서 스웨덴이 제안하였고, 동년 말의 유엔총회에서 개최를 결정하였으며, 이후 이 취지에 따라 1970년 유엔 인간환경회의 제1차 준비회의에서 '유엔인간환경선언'이 채택되었으며, 1972년 유엔 인간환경회의에서 공식 선언되었다.
④ 원칙 중에서 "인간은 그 생활의 존엄과 복지를 보유할 수 있는 환경에서 자유·평등·적절한 수준의 생활을 영위할 권리를 갖는다."라는 사회권을 선언하였다.

정답 ④
해설 원칙 중에서 "인간은 그 생활의 존엄과 복지를 보유할 수 있는 환경에서 자유·평등·적절한 수준의 생활을 영위할 권리를 갖는다."라는 환경권을 선언하였다.

04

UN 안전보장이사회의 군사적 강제조치에 대한 설명으로 옳지 않은 것은?

① UN 안전보장이사회는 평화에 대한 위협, 평화의 파괴 또는 침략행위의 존재를 먼저 결정하여야 한다.
② 비군사적 강제조치가 불충분할 것으로 인정하거나 또는 불충분한 것으로 판명되었다고 인정하는 경우에 사용된다.
③ UN 회원국과의 특별협정에서 병력의 수 및 종류를 규율한다.
④ 한국전쟁 당시 UN군은 군사참모위원회(Military Staff Committee)의 지휘를 받았다.

정답 ④

해설 군사참모위원회(Military Staff Committee)는 실질적으로 운영된 적이 없기 때문에 한국전쟁시 참전한 16개국은 '다국적군'으로 본다. 즉, 다국적군은 파견국의 통제를 받는 것이 원칙이며, 당시 16개국은 별도의 'UN군 사령부'를 설치하여 통합적으로 군대를 운용하였다.

관련 이론

유엔 헌장 제42조

유엔헌장 7장 중 42조는 '공군, 해군 또는 육군에 의한 조치를 취할 수 있다. 그러한 조치는 국제연합회원국의 공군, 해군 또는 육군에 의한 시위, 봉쇄 및 다른 작전을 포함할 수 있다'고 명시하고 있다.

하지만 비교적 덜 알려진 43조에서는 42조의 실행을 위해 유엔 회원국의 병력 이용과 원조 및 통과권을 포함한 편의를 안보리가 이용하려면 '하나 또는 그 이상의 특별협정'에 따라야 한다고 규정하고 있다.

이 별도의 특별협정은 안보리의 발의에 의해 가능한 한 신속히 교섭돼야 하고 안보리와 각 회원국 간에 체결되며, 서명국 각 국별로 헌법 상 절차에 따라 비준을 거쳐야 한다.

이처럼 특별협정이라는 또 하나의 단계를 밟아야 하고 각국 이해관계가 상이하기 때문에 실제로 유엔 창설 이후 특별 협정에 따라 군이 창설된 적은 한 차례도 없다. 사실상 42조는 사문화된 상징적 조치인 셈이다.

1990년 걸프전 당시 유엔은 미국을 비롯한 다국적군의 무력 사용을 '승인'해 준 바는 있지만 42조를 원용한 유엔 군 차원의 제재는 아니었다. 이는 당시 안보리 결의안의 '모든 수단(all measures)을 사용할 수 있다'는 표현을 넓게 해석함으로써 이뤄진 것이다. 이는 42조 외에 군사 행동을 할 수 있는 근거를 따로 마련했다는 점에서 42조의 원용이 그만큼 현실적으로 어려운 것임을 방증하는 사례로 볼 수 있다.

따라서 유엔헌장 7장이 원용된 과거 사례를 보면 비군사적 제재 조치를 담고 있는 41조에 의한 제재가 대부분이다. 41조는 '경제관계 및 철도, 항해, 항공, 우편, 전신, 무선통신 및 다른 교통통신수단의 전부 또는 일부의 중단과 외교관계의 단절을 포함할 수 있다'고 규정하고 있다.

유엔헌장 7장은 아프가니스탄, 이라크, 리비아, 르완다, 시에라리온 등 국가를 대상으로 원용된 바 있으며, 이 국가들은 무기 수출입 금지와 제재 대상자 여행 금지 및 자산 동결 등의 제재를 받았다.

유사 문제

01 국제연합의 안전조치에 대한 설명으로 틀린 것은?

① 유엔 헌장의 전문(前文)은 유엔 회원국들이 제1, 2차세계대전 참화에서 다음 세대를 구하기 위해, 공동이익을 위한 경우 외에는 '무력을 사용하지 않는다(armed force shall not be used)'고 규정하였다.
② 헌장 6장은 분쟁 발생 시 33조에 따라 당사국들은 교섭(negotiation), 중개(mediation), 중재(arbitration), 사법적 해결(judicial settlement) 등을 통해 평화적 해결을 추구하도록 되어 있다.
③ 해결을 하지 못하는 경우, 37조에 따라 이를 총회에 회부할 수 있다.
④ 안보리는 헌장 7장의 제39조에 따라 우선 분쟁에 대해 평화에 대한 위협(threat to the peace), 평화의 파괴(breach of the peace), 침략행위(act of aggression)의 존재를 판단(determine)하고, 그 다음 국제평화와 안전을 유지하기 위해 41조(비군사적 조치) 및 42조(군사적 조치)에 따라 어떠한 조치를 취할 것인지를 결정(decide)하게 되어있다.

정답 ③
해설 해결을 하지 못하는 경우, 37조에 따라 이를 안보리에 회부할 수 있다.

02 국제연합의 군사적 조치에 대한 설명으로 틀린 것은?

① 41조에 규정된 안보리의 조치가 불충분할 경우 국제 평화와 안전 유지에 필요한 공군, 해군, 또는 육군(air, sea, or land forces)에 의한 행동(action)을 취할 수 있으며, 그러한 행동에는 회원국들의 공군, 해군 또는 육군의 시위(demonstration), 봉쇄(blockade)와 다른 작전들을 포함할 수 있다.
② 42조에 따르면, 논리적으로 비군사적인 41조의 조치가 불충분하다고 판명이 되는 경우 42조에 의한 군사적인 조치를 취하게 되어 있는데, 유엔 헌장은 반드시 비군사적인 제재 조치를 소진한 후에 불가피한 상황에서 군사적인 수단을 강구할 수 있다는 순차적인 방법(sequential way)을 제시하고 있다.
③ 헌장 7장의 43조부터 49조까지는 42조에 의거한 안보리의 군사적 조치 결정에 따라 회원국들의 병력, 원조 및 통과권 제공과 병력 사용 계획 및 운영을 위한 군사참모위원회 구성 등에 대해 상세히 설명하고 있다.
④ 51조는 회원국에 대한 무력공격(armed attack)이 발생하는 경우, 안보리가 필요한 조치를 취할 때까지 개별적 또는 집단적 자위의 고유한 권리(inherent right of individual or collective self-defense)를 침해하지 않는다고 되어 있다.

정답 ②
해설 42조에 따르면, 논리적으로 비군사적인 41조의 조치가 불충분하다고 판명이 되는 경우 42조에 의한 군사적인 조치를 취하게 되어 있는데, 유엔 헌장은 비군사적인 제재 조치를 소진한 후에 불가피한 상황에서 군사적인 수단을 강구할 수 있다는 순차적인 방법(sequential way)을 제시하고 있다.

05

외국인 재산의 수용에 대한 설명으로 옳지 않은 것은?

① 2001년 UN 국제법위원회(ILC)가 채택한 국제위법행위에 대한 국가책임 규정초안에 따르면 외국인 재산의 위법한 수용에 대한 구제방법은 1차적으로 금전배상이다.
② 1973년 천연자원에 대한 영구주권결의는 "각국은 가능한 보상금액과 지급방법을 결정할 권리가 있다."라고 규정하였다.
③ 1962년 천연자원에 대한 영구주권결의는 각국의 국유화 또는 수용의 권리를 인정하며 소유주는 "국제법에 따라 적절한 보상을 지급받아야 한다."고 규정하였다.
④ 국제법상 국가는 자국영토 내 외국인의 재산을 수용하거나 국유화할 수 있는 주권적 권한을 가지나, 수용 시에는 공익의 원칙, 비차별의 원칙, 보상의 원칙 등이 충족되어야 한다.

정답 ①

해설 2001년 UN 국제법위원회(ILC)가 채택한 국제위법행위에 대한 국가책임 규정초안에 따르면 ILC초안에서 수용 시 배상원칙을 직접 규정한 것은 아니지만, 동 초안에 의하면 손해배상의 원칙은 '원상회복'이다.

관련 이론

외국인의 지위와 실정법

외국인에 대하여는 자국민에 비하여 여러가지 불리한 처우를 하는 것이 일반적인 현상이나 관광진흥 기타의 목표를 위하여 외국인에 대하여 도리어 유리한 지위를 인정하는 경우가 있으며 우리나라도 외자유치, 관광진흥등을 위하여 외국인에게 특별한 혜택을 부여하고 있다.

1. 조세감면

외국인이 고도기술을 수반하는 사업을 영위하거나 수출자유지역에 입주하는 경우에는 법인세·소득세·취득세·재산세 및 종합토지세를 감면받을 수 있으며, 외국인전용판매장에 판매되는 물품에 대한 특별소비세의 면세등도 외국인에 대한 특혜이다.

2. 지주회사의 설립허용

경제력이 집중되는 것을 방지하기 위하여 다른 회사의 사업내용을 지배하는 것을 주된 사업으로 하는 회사의 설립은 금지되어 있으나 외국인투자사업을 위하여 공정거래위원회의 승인을 얻은 경우에는 예외로 인정할 수 있도록 하여 소위 지주회사의 설립이 허용되어 있다(주석9).

3. 사회보험의 선택적 가입

복지국가에서는 근로자와 저소득자를 위하여 그들에게 발생하는 사고인 질병·재해·노쇠 등에 대비하여 그 또는 가족에게 구제의 방안을 마련하는 사회보험을 마련하고 있다. 또 이 제도는 대상자에게 가입이 강제되는 강제보험의 성격을 가지는 바 이는 당해 제도에 의하여 이익이 기대되는 자만 가입하고 이 제도에 의하여 손실이 기대되는 자는 가입하지 않는다면 이 제도의 목적을 달성하기 곤란하기 때문이다. 우리나라도 국민연금·의료보험 등 각종 복지제도를 정착시키기 위하여 강제보험을 실시하고 있으나 외국인에 대하여는 가입여부를 당사자의 자유의사에 맡기도록 하고 있다. 이에 따라 외국인은 당해 제도가 자신에게 유리하다고 기대되면 가입할 수 있고 반대로 불리하다고 예상되면 가입하지 아니할 수 있는 선택권을 가진다. 이러한 제도는 의료보험·국민연금에서 채택되고 있다.

4. 국방의무의 면제

병역·민방위·향토방위등 병역의무는 국가에 대한 충성심을 보장할 수 있는 국민에게만 부여한다는 점에서 국적여부와 관계없이 부과하는 납세의무와는 그 성질이 다르다 할 수 있다. 그러나 현실적으로 2차대전후 일부국가에서 외국인에 대하여 국방의무를 부과한 사례가 있어 이의 타당성여부에 관하여 논란이 있는 것도 사실이다. 어쨌든 우리나라의 각종 실정법에서는 대한민국국민에 대하여만 병역·민방위·향토방위·전시근로등의 의무를 부과하고 있다는 점에서 외국인은 이를 면제받고 있다고 할 수 있다.

5. 정치 분야의 제한

　세계각국이 서로 자국민에 대한 차별에 대하여 관심을 가지고 점차 이러한 차별이 비난받고 있는 것은 사실이나 정치분야의 차별에 대하여는 상대적으로 거부감이 적은 것도 사실이며 현실적으로 세계각국은 외국인에 대하여는 정치적인 권리를 대단히 제한하고 있다. 그러나 일부국가에서는 일정한 요건을 구비한 외국인에 대하여는 그들이 지역사회에 갖는 이해관계가 자국민에 못지 않다는 이유로 지방선거에 외국인이 참여할 수 있도록 하고 있으며, 1975년에 개정된 스웨덴 선거법은 3년이상 자국내에 거주한 외국인에 대하여 지방선거에서의 선거권을 인정하고 있다. 우리나라에서도 외국인으로부터 충성심을 기대할 수 없다는 점에서 각종 선거에서의 피선거권과 선거권, 국민투표권, 정당가입권, 정치자금의 제공 및 정치적 활동이 규제되어 있다.

6. 공공직무취임의 제한

　국가에 대한 충성심을 기대할 수 없는 외국인에 대하여는 선거에 의하여 선출되는 직외에도 다른 공무원이나 기타 공공단체의 임원으로 취임하는 것이 금지되어 있다. 이에 따라 정부투자기관·농업협동조합·법률구조공단·새마을금고·신용관리기금·에너기관리공단·한국마사회등 공공기관의 임원등으로의 취임이 제한되어 있다.

7. 자격의 제한

　우리나라의 실정법 중에는 특정의 자격을 국민에게만 인정할 수 있도록 하고 있는 바, 이에 따라 외국인은 당해자격을 취득할 수 없고 따라서 특정영역의 사무를 행사할 수 없게 된다. 이에 따라 공증인·변리사·세무사·도선사의 자격을 외국인이 취득할 수 없게 되어 있는바, 이에는 주의할 점이 있다. 즉 우리나라의 실정법중 대부분의 자격관련 법령에서는 외국인의 취득을 제한하지 않고 있다는 것이다. 따라서 내국인과 똑같이 시험에 응시하고 자격을 취득하는 것은 대부분 허용되어 있다. 뿐만 아니라 외국에서 인정한 자격을 우리나라가 인정하는 경우도 있으며, 외국의 자격을 취득한 자에 대하여는 시험의 전부 또는 면제할 수 있도록 하는 경우도 있다.

8. 특정사업영위의 제한

　우리 실정법은 외국인에 대하여 특정 사업을 영위할 수 없도록 규제하고 있는바, 이는 주로 문화·통신분야의 사업과 광업·수산업 등 물권적인 권리를 취득하고 영위하는 사업의 성격을 가지는 것이 많다. 문화분야의 사업의 경우 제2장에서 살펴본 바와 같이 국민의 문화적 전통성을 지키기 위하여 외국인의 행위에 대한 규제가 심한 분야이고, 통신분야는 국가의 신경조직을 관리하는 사업이라는 점에서, 물권적 권리를 취득하고 영위하는 사업은 외국인에 대하여 인정하는 경우 자국민의 접근이 제한된다는 점에서 규제가 이루어진다고 할 수 있을 것이다.

9. 기타의 규제

　앞에서 살펴본 여러 외국인에 관한 규제외에도 실정법에서는 외국인에 대하여 ① 토지취득의 규제 ② 주식취득의 규제 ③ 외자도입의 규제 ④ 지적재산권설정의 상호주의원칙 ⑤ 청구권의 제한등을 규정하고 있다.

① 토지취득규제

　토지소유권을 외국인에게 인정하는 것에 대하여 세계각국은 나름대로의 명분을 갖고 이를 제한하는 경향이 있다. 특히 농경문화의 영향으로 땅에 대한 집착력이 강하고 인구밀도가 높으며 안보상황도 문제되고 있다는 점에서 우리나라도 외국인의 토지의 취득을 규제하고 있다. 특히 1994년 1월 7일 공포된 외국인의토지취득 및 관리에 관한 법률은 외국인의 토지취득 및 그 사후관리에 관하여 필요한 사항을 치밀하게 규정하고 있다.

② 주식취득의 제한

　외국인이 유가증권을 취득하는 경우에는 증권관리위원회가 정하는 범위안에서 행하여야 한다. 유가증권의 취득을 통하여 특정회사의 의결권을 통제할 수 있다는 점에서 제한한다고 보아야 한다. 전기통신공사법 제4조의2에 의하여 공사의 주식취득도 제한된다.

③ 외자도입의 규제

　대부분의 경제활동은 이에 자금이 소요되는 바, 외자도입의 경우에는 외자도입법등의 규제를 받도록 되어 있다.

④ 지적재산권의 설정

　외국인에 대한 특허권, 의장권, 상표권, 실용신안권, 저작권, 반도체집적회로배치설계권 및 컴퓨터프로그램저작권은 당해외국인의 본국에서 대한민국국민에게 같은 권리를 인정하는 경우에 한하여 인정하는 상호주의를 채택하고 있다.

⑤ 청구권의 제한

　국가배상청구권, 범죄피해자구조청구권도 상호주의의 원칙에 따라 외국인에 대하여 인정된다. 물론 이러한 원칙이 외국으로부터 비난의 대상이 될 수는 없다. 우리나라는 상대방 국가가 우리 국민에게 일정한 권리를 인정하는 한 우리나라도 해당 국가 국민에게 권리를 인정하기 때문이다. 그러나 해당 국가가 우리국민에게 권리를 인정하지 않는 경우 해당 외국인은 우리나라에서 보호를 받지 못하여 불이익을 받게 되는 것은 틀림없다.

유사 문제

01 외국인 재산의 수용에 대한 설명으로 옳지 않은 것은?

① LIAMCO case에서 공익목적의 개념은 국내법적인 것이므로 개별 국가에 그 판단을 맡겨야 한다는 주장하고 있다.
② Anglo-Iranian Oil Co. case에서 특정한 외국기업의 활동을 중단시킴으로써 공익목적을 달성하고자 하는 경우에는 비차별적 원칙을 엄격히 적용 할 수 없다.
③ 적절한 보상은 정당한 보상, 형평에 맞는 보상과 같은 표현으로 구체적 특징 사례의 관련 사항을 고려한 보상을 의미한다.
④ Aminoil case와 Topco/Libya case는 완전한 보상기준을 채택했다.

정답 ④
해설 Aminoil case와 Topco/Libya case는 적절한 보상기준을 채택했다.

02 외국인 재산의 수용에 대한 설명으로 옳지 않은 것은?

① 천연자원의 영구주권에 관한 선언에서 국내적 구제절차를 따른 후 일방 당사국의 신청에 의해 국제중재나 사법적 해결을 취할것을 규정하고 있다.
② 국가의 경제적 권리의무 헌장에서 당사국간 평화적 해결방법이 모색되지 못할 경우 국유화국의 법원에서 국내법에 따라 해결 할 것을 제시하고 있다.
③ 수용된 자산가치의 즉각적인 지불을 요구하게 되면 경제를 재구성하고 사회적 개혁을 취하려는 국유화국의 권리를 박탈하게 되므로 보상의무는 인정하면서 보상은 국내법과 국유화국의 지불능력에 따르는 것을 의미한다.
④ 라우터팩트는 사회적 개혁의 일부로 행하여 지는 국유화는 부분적인 보상만으로 충분하다고 보는 이론이다.

정답 ①
해설 천연자원의 영구주권에 관한 선언에서 국내적 구제절차를 따른 후 당사국의 합의에 의해 국제중재나 사법적 해결을 취할것을 규정하고 있다.

06

국제법상의 특수지역에 대한 설명으로 옳지 않은 것은?

① 1979년 달조약에 따르면 달과 달의 천연자원은 인류의 공동유산이다.
② 1959년 남극조약에 따라 남극에 대한 각국의 영유권 주장은 동결되었다.
③ 1982년 UN 해양법협약 체제하에서 심해저 개발은 심해저공사(Enterprise)의 배타적 개발체제에 따른다.
④ 1982년 UN 해양법협약 제11부의 이행에 관한 협정이 체결된 것은 인류의 공동유산 개념의 현실화가 어렵다는 점을 보여준다.

정답 ③

해설 1982년 UN 해양법협약 체제하에서 심해저 개발은 개발에 있어서 '병행개발체제'를 채택하고 있다. 즉, 심해저공사(기업)와 함께 심해저기구의 승인을 받은 당사국, 법인, 자연인 등도 개발에 참여할 수 있다.

관련 이론

국제해저기구

1. 국제해저기구는 공해상 심해저 활동을 주관·관리하는 국제기구로 우리나라를 비롯해 UN 해양법협약 당사국인 168개국이 회원국으로 가입하고 있다.
2. 회원국들은 심해저광물 소비국(A그룹), 주요 투자국(B그룹), 심해저광물 수출국(C그룹), 개도국(D그룹), 지역안배(E그룹)에 입후보하여 이사국으로 선출되며 총 36개국으로 이루어진 이사회가 국제해저기구의 주요 정책결정을 담당하게 된다.
3. 현재 우리나라를 포함해 17개국이 주요 투자국 그룹(B그룹)에 속해있으며, B그룹에 할당된 이사국 수는 총 4석이다. 우리나라는 023년부터 오는 2026년까지 4년간 함께 선출된 독일, 프랑스, 기존 이사국인 인도와 함께 B그룹을 대표하는 이사국 역할을 수행하게 된다. 이를 통해 국제해저기구의 주요 정책수립 과정에 주도적인 역할을 담당할 것으로 기대된다.

유사 문제

01 유엔 해양법협약상의 해저기구에 대한 설명으로 타당하지 않은 것은?

① 심해저와 그 자원을 '인류공동유산'으로 규정하고, '국제해저기구'를 설비하여 심해저 자원의 개발을 관리·규제하였다.
② 해양법협약 관련 규정에 따르면 해저 광물자원의 상업적 개발을 개시할 때 해양법 당사국총회의 논의를 거쳐야 한다.
③ 심해저활동은 이 부에 특별히 규정된 바와 같이 연안국이나 내륙국등 국가의 지리적 위치에 관계없이 인류전체의 이익을 위하여 수행한다.
④ 국가관할권 한계에 걸쳐 존재하는 심해저 자원의 광상에 대한 심해저활동은 이러한 광상이 그 관할권에 걸쳐 존재하는 모든 연안국의 권리와 정당한 이익을 적절히 고려하여 수행한다.

정답 ②

해설 ② 해양법협약 관련 규정에 따르면 해저 광물자원의 상업적 개발을 개시할 때 ISA의 논의를 거쳐야 한다. 해저활동이 국가관할권 내에 있는 자원의 개발을 초래할 경우에는 관련 연안국의 사전동의를 필요로 한다.
③ 심해저활동은 이 부에 특별히 규정된 바와 같이 연안국이나 내륙국등 국가의 지리적 위치에 관계없이 인류전체의 이익을 위하여 수행하며, 개발도상국의 이익과 필요 및 국제연합총회 결의 제1514(XV)호와 그 밖의 국제연합총회의 관련 결의에 따라 국제연합에 의하여 승인된 완전독립 또는 그 밖의 자치적 지위를 획득하지 못한 주민의 이익과 필요를 특별히 고려한다.
④ 국가관할권 한계에 걸쳐 존재하는 심해저 자원의 광상에 대한 심해저활동은 이러한 광상이 그 관할권에 걸쳐 존재하는 모든 연안국의 권리와 정당한 이익을 적절히 고려하여 수행되는데, 이러한 권리와 이익의 침해를 방지하기 위하여 관련국 사이에 사전통고제도를 포함한 협의를 유지한다.

02 남극조약의 체결배경에 대한 설명으로 타당하지 않은 것은?

① 일부 국가들은 남극에 대하여 발견, 선점, 본토와의 지리적 인접성, 그리고 선형이론 등을 근거로 자국이 국제법상 남극의 영유권을 갖는다고 주장하고 있다.
② 남극에 대한 영유권 주장은 현재 남극조약에 의하여 동결되어 있는 상태이며, 남극에 대하여 이를 UN해양법협약상의 심해저와 같이 「인류공동의 유산」(Common Heritage of Mankind)으로 규정하여 UN을 통한 국제관리 하에 두자는 주장도 있다.
③ 현재 남극조약 체제하에서 모든 인류는 남극에서 활동할 수 있고 남극에서는 속지주의 관할권이 적용되고 있다.
④ 남극의 해양, 광물, 그리고 환경에 관련된 조약들은 "남극조약협의당사국(Antarctic Treaty Consultative Party)"에 의하여 논의되었으며, 이들 조약들은 남극조약의 제 원칙을 확인한다는 규정을 삽입하여 남극조약에 따라 다른 조약들이 성립되었음을 나타내고 있다.

정답 ③

해설 현재 남극조약 체제하에서 모든 인류는 남극에서 활동할 수 있고 남극에서는 속인주의 관할권이 적용되고 있다.

07

1982년 UN 해양법협약의 해석이나 적용에 관한 분쟁(해양분쟁)의 해결에 대한 설명으로 옳지 않은 것은?

① 해양분쟁의 해결을 위한 기본원칙은 분쟁을 UN 헌장 제33조 제1항에 의해 평화적으로 해결한다는 것이다.
② 해양분쟁과 도서 영토에 관한 분쟁이 함께 검토되어야 하는 경우 의무적 조정절차로부터 면제된다.
③ 당사국은 가입 시 또는 그 이후 어느 때라도 국제사법재판소(ICJ) 및 1982년 UN 해양법협약 부속서에 규정된 해양분쟁의 해결 방법 중 하나 이상을 선택할 수 있다.
④ 당사국은 가입 시 또는 그 이후 어느 때라도 해양분쟁의 해결 방법을 선택하지 않은 경우 국제해양법재판소(ITLOS)를 선택한 것으로 간주한다.

정답 ④

해설 당사국은 가입 시 또는 그 이후 어느 때라도 해양분쟁의 해결 방법을 선택하지 않은 경우, 중재를 선택한 것으로 간주된다.

관련 이론

UN 해양법 협약상 분쟁 해결 제도

가. 일반적 원칙

UN 해양법 협약은 대부분의 해양 문제를 규율하는 광범위하고 체계적인 규정을 두었을 뿐만 아니라, 국제해양법재판소의 설립과 함께 강제 절차를 포함하는 혁신적인 해양 분쟁 해결 제도를 도입함

해양 질서가 '좁은 영해, 넓은 공해'라는 패러다임으로부터 공해는 축소되고 연안국의 관할권은 넓게 인정되는 구조로 바뀌면서, 해양을 둘러싼 국가 간 갈등이 증가함에 따라 포괄적이고 체계적인 해양 분쟁 해결 제도에 대한 기대와 필요성이 증가함

1982년 제3차 UN 해양법 회의는 협상 과정에서 소위 '일괄타결방식'의 원칙을 적용하였고, 그 결과 채택된 해양법 협약은 일체의 유보를 허용하지 않았음. 이러한 배경하에서 동 협약의 일체성과 해석의 일관성을 확보함으로써 동 협약의 효과적 이행을 추진하기 위하여, 포괄적이고 강제적인 분쟁 해결 절차의 도입이 요구되었음. 한편, 강제 절차를 모든 경우에 예외 없이 적용시킬 경우 당사국에 과도한 부담을 지울 수 있다는 현실을 고려하여, 새로운 분쟁 해결 제도는 전통적인 국제 분쟁 해결 절차와의 조화를 모색하였고 나아가 강제 절차를 보편화하면서도 이에 대한 폭넓은 예외를 인정하였음

해양법 협약의 분쟁 해결 제도는 협약 제15부에서 복잡하지만 자세히 규정하고 있음. 그 제1절은 총칙으로 평화적 분쟁 해결 의무와 강제 절차 적용을 위한 조건에 관하여 규정하고 있고, 제2절은 구속력 있는 결정을 수반하는 강제 절차에 관한 것으로 절차의 선택과 관할권 및 잠정조치에 관하여 규정하고 있으며, 마지막 제3절에서는 강제 절차 적용의 제한과 선택적 예외에 관하여 규정하고 있음

해양법 협약 제15부 '분쟁의 해결' 제1절 총칙에는 분쟁의 평화적 해결 의무와 함께 강제 절차 이전에 검토해야 할 조건 및 사항이 규정되어 있음. 특히 분쟁 당사자들이 선택한 다른 분쟁 해결 수단의 존재에 대한 검토, 의견 교환 의무 및 조정에 대해 언급하고 있음

분쟁 해결에 관한 제15부의 첫 번째 조문인 제279조는 협약의 해석과 적용에 관한 분쟁은 UN 헌장에 규정된 평화적 수단에 의하여 해결하여야 한다고 하면서, 특히 헌장 제33조 제1항에 제시된 수단에 의한 해결을 추구한다고 규정함. 이어서 협약은 제280조에서 협약의 어떤 규정도 당사국들이 협약의 해석과 적용에 관한 분쟁을 스스로 선택하는 평화적 수단에 의하여 해결하기로 합의할 수 있는 권리를 침해하지 아니한다고 하였으며, 제281조에서는 제15부의 분쟁 해결 제도는 분쟁 당사국이 스스로 선택한 수단에 의한 분쟁 해결 노력이 소기의 성과를 거두지 못하고 당사자 간 합의로 다른 절차를 배제하지 아니한 경우에 적용된다고 함

아울러 분쟁 당사국들이 유사한 분쟁의 구속력 있는 해결을 규정한 다른 국제 협약의 당사국이 될 수 있는 점을 고려하여, 제282조는 협약의 적용과 해석을 둘러싼 분쟁의 당사국들이 일반협정·지역협정·양자협정을 통하여 또는 기타 방법으로 구속력 있는

결정을 초래하는 다른 절차에 그 분쟁을 회부하기로 합의한 경우에는 달리 합의하지 아니하는 한 그 절차가 우선적으로 적용된다고 규정함

협약 제283조는 분쟁 당사국들에게 다음 단계를 위한 예비적인 조치로서 분쟁 해결에 관한 신속한 의견 교환 의무를 부과하고 있는데, 분쟁 해결에 관한 합의의 가능성이 없을 때에는 더 이상의 의견 교환은 필요하지 않으며, 장기간의 의견 교환을 필수적인 요건으로 요구하고 있지는 않음

분쟁 당사국들이 합의된 절차에 따른 분쟁 해결에 실패하면, 분쟁 당사국 일방은 다른 당사국에 분쟁을 해양법 협약 제284조와 제5부속서에 나타나 있는 조정 절차에 회부할 것을 요청할 수 있으며, 타방 당사국이 이를 수락하면 조정 절차가 진행됨. 한편, 협약 제5부속서는 조정(conciliation)에 대해 언급하고 있는데, 하나는 동 협약 제15부 제1절에 따른 조정 절차이며, 다른 하나는 동 협약 제15부 3절에 따른 조정 절차임. 제15부 제1절에 따른 조정 절차는 분쟁의 평화적 해결 수단으로서 분쟁 당사국들이 선택할 수 있는 수단 가운데 하나로서의 의미를 갖는데 반하여, 제15부 제3절에 따른 조정 절차는 동 협약 제297조의 예외 조건에 해당할 경우 강제적으로 조정에 회부되는 것이라는 차이가 있음. 그런데 조정은 일반 국제법상의 조정 제도와 마찬가지로 법적인 구속력을 가지지 못한다는 한계를 향유함

나. 강제 절차 및 예외

협약 당사국들이 분쟁을 평화적으로 해결하지 못하고 분쟁 해결을 위한 여타 절차에도 서로 합의하지 못하는 경우, 해양법 협약에서는 일방 당사국의 요청에 의하여 동 분쟁을 재판소에 회부하는 강제 절차에 돌입할 수 있게 하였음. 해양법 협약 당사국들은 협약에 서명, 비준, 가입할 때 또는 그 이후 언제라도 협약의 해석 및 적용에 관한 분쟁을 해결하기 위한 수단으로 국제해양법재판소, 국제사법재판소, 중재재판소, 특별중재재판소 중에서 하나 이상을 서면으로 선택해야 함. 이러한 선택선언 제도는 국제 재판에서 국가 간 분쟁이 발생하기 전에 재판소의 의무적 관할권을 인정하는 방법으로, 동일한 선언을 한 타국과의 관계에 있어서 재판소의 관할권을 수락하는 제도임. 어떤 단일의 법정에 일반적인 강제 관할권을 부여하기로 합의할 수는 없었던 현실적인 제약에 따라, 결국 해양법 협약은 제15부에서 해양 분쟁의 강제적 해결을 규정하면서도 회원국들로 하여금 상기 4개의 재판소 중에서 하나 이상을 선택하게 하는 소위 '몬트로 방식(Montreux formula)'을 수용하였음

다만, 협약 당사국들은 예외 없이 이들 재판소 중 하나 이상을 선택해야 하므로, 네 가지 재판소 중 하나 이상을 선택하는 선언이 없으면 협약 제287조 3항에 따라 제7부속서에 의거한 중재재판을 선택한 것으로 간주함

분쟁 당사국이 동일한 분쟁 해결 절차를 선택한 경우 당사국 간의 분쟁은 그 절차에만 회부될 수 있으며, 분쟁 당사국이 서로 다른 분쟁 해결 절차를 선택한 경우 당사국 간의 분쟁은 제7부속서에 따른 중재절차에 회부됨. 해양법 협약의 분쟁 해결 제도에서 중요하고 복잡한 문제 중의 하나는 해양 분쟁을 구속력이 있는 강제 절차에 의하여 해결되어야 할 분쟁과 그렇지 아니한 분쟁으로 나누는 것임. 협약 제15부 3절에서는 강제 절차의 적용이 자동적으로 제한되는 분쟁에 대하여 규정하고 있는데, 이는 전통적인 국가 주권 절대의 개념과의 조화를 위한 신중한 배려라 할 수 있음

연안국의 주권적 권리 및 관할권 행사와 관련된 분쟁은 원칙적으로 해양법 협약상 강제 절차가 적용되지 않음. 다만, 연안국이 항행·상공비행 및 해저전선·해저관선 부설의 자유와 권리 또는 그 밖의 국제적으로 적법한 해양 이용권에 관해 해양법 협약 규정에 위반되는 행위를 했다고 주장되는 경우에는 강제 절차에 따르도록 함. 또한, 그러한 관할권의 행사가 해양법 협약이나 연안국의 법령에 위반하여 행사되었거나 해양 환경의 보호와 보전을 위한 특정의 규칙과 기준을 위반했다고 주장되는 경우에도 강제 절차에 따르도록 규정함. 한편, 해양 과학조사와 관련한 이 협약의 규정의 해석이나 적용에 관한 분쟁은 원칙적으로 강제 절차에 의해 해결되나, 배타적 경제수역과 대륙붕에서의 해양 과학조사에 따르는 연안국의 권리나 재량권의 행사로부터 발생하는 분쟁 및 해양 과학조사의 정지나 중지를 명령하는 연안국의 결정으로부터 발생하는 분쟁은 강제 절차에 회부할 의무가 없음

또한, 어업과 관련된 분쟁도 원칙적으로 강제 절차에 의해 해결되나, 연안국은 배타적 경제수역의 생물 자원에 대한 자국의 주권적 권리 및 행사(허용 어획량, 자국의 어획 능력, 다른 국가에 대한 잉여량 할당 및 자국의 보존 관리법에서 정하는 조건을 결정할 재량권 포함)에 관련된 분쟁은 강제 절차에 회부할 의무가 없음. 나아가 협약 제15부 3절에서는 당사국이 선택적으로 강제 절차 적용을 배제할 수 있는 분쟁에 대하여도 규정하고 있음. 즉, 당사국은 협약에 서명, 비준, 가입할 때 또는 그 이후 어느 때라도 일부 분쟁과 관련하여 강제 절차 중 하나 또는 그 이상을 수락하지 아니한다는 것을 서면으로 선언할 수 있도록 하였음

선택적 예외가 인정되는 범주는 세 가지인데 첫째, 해양 경계획정 및 역사적 만 및 권원에 관련된 분쟁, 둘째, 군사 활동과 주권적 권리나 관할권 행사와 관련된 법집행 활동에 관한 분쟁으로서 제297조 제2항 또는 제3항에 따라 재판소의 관할권으로부터 제외된 분쟁, 셋째, 국제연합 안전보장이사회가 국제연합 헌장에 따라 부여받은 권한을 수행하고 있는 분쟁의 경우임

유사 문제

01 1982년 UN 해양법협약의 해석이나 적용에 관한 분쟁(해양분쟁)에 대한 설명으로 틀린 것은?

① 해양법협약은 강제관할제도에 회의적인 국가들의 입장과 분권화되어있는 국제사회의 현실을 감안하더라도, 강제절차 적용을 배제할 수 없게 하였다.
② ITLOS와 제7부속서 중재재판소 등은 강제절차의 전제조건, 강제절차의 관할권, 관할권 적용의 제한과 예외에 관한 관련 규정의 해석·적용 및 실행을 통하여 강제절차의 적용범위를 확보해 가고 있다.
③ 해양법협약은 ITLOS 등 재판소는 재판소에 회부되는 해양법협약 해석과 적용에 관한 분쟁에 대하여 관할권을 갖는다고 하였다.
④ 해양법협약은 제297조에서 강제절차에서 자동적으로 배제되는 분쟁에 대해 규정하였으며, 제298조에서는 국가들로 하여금 해양경계 획정과 역사적 만에 관한 분쟁 등을 강제절차에서 배제할 수 있게 하였다.

정답 ①
해설 해양법협약은 강제절차를 중심으로 분쟁해결제도를 수립하였지만, 강제관할제도에 회의적인 국가들의 입장과 분권화되어있는 국제사회의 현실을 감안하여, 국가들에게 재판소의 선택권을 부여하고 각종 제한과 예외를 인정하여 일부 사항에 대해서는 강제절차의 적용을 배제할 수 있게 하였다.

02 1982년 UN 해양법협약의 해석이나 적용에 관한 분쟁(해양분쟁)에 대한 설명으로 틀린 것은?

① 본 협약의 분쟁해결절차는 강제적인 성질을 가진다는 점에서 특이점을 지니는데, 이로써 UNCLOS는 분쟁해결에 있어 강제적 관할권(compulsory jurisdiction)을 규정한 매우 극소수의 지구적 차원의 조약 중 하나가 되었다.
② '혼합청구'의 경우 문제가 발생하는 경우, 제287조에 언급된 법원이나 재판소가 원고의 청구를 처리하기 위해 관할권을 가질 수 있는지 또는 관할권 행사를 연기해야 하는지 여부에 관계없이 협약에서 벗어난 문제를 조사해야 한다.
③ '혼합청구'의 경우, 제287조에 언급된 법원이나 재판소가 협약의 해석이나 적용과 관련되는 문제에 대해 관할권을 가질 수 있다고 이해하면 그 관할권의 범위가 더 커질 수 있다는 문제가 있다.
④ 국제해양법재판소 설립 이전에도 해양 분쟁은 국제재판의 단골 메뉴로 1969년의 북해대륙붕사건 이후 40년 동안 국제사법재판소가 다룬 사건의 절반 이상이 해양 분쟁이었다.

정답 ③
해설 '혼합 청구'의 경우, 제287조에 언급된 법원이나 재판소가 협약의 해석이나 적용과 관련되지 않은 문제에 대해 관할권을 가질 수 있다고 이해하면 그 관할권의 범위가 더 커질 수 있다는 문제가 있다.

08

국제기구의 법인격에 대한 설명으로 옳지 않은 것은?

① 국제기구는 법인격 보유 여부에 관계없이 그 회원국과 별개의 법적 실체로 인정된다.
② 국제기구의 법인격은 기구의 목적과 기능, 실행 등을 통해 묵시적으로 인정되기도 한다.
③ 국제기구는 특정 국가 내에서 법인격을 인정받기 위해 많은 경우 설립헌장에 그 근거를 두고 있다.
④ 국가의 포괄적 법인격에 비해 국제기구의 법인격은 상대적으로 그 범위가 제한적이다.

정답 ①

해설 국제기구는 법인격 보유 여하는 원칙적으로 국제기구는 법인격을 전제로 독립된 법적 실체로 인정된다. 국제기구의 법인격은 설립헌장에 명시되어 있다. 다만 법인격이 명시되지 않았다고 하더라도 묵시적 권한 이론 등에 의해 법인격이 인정된다.

관련 이론

국제기구 법인격의 인정 근거

국제기구에 대한 국제적 법인격의 인정근거 및 대외적 효과의 범위는 물론이고 국제기구의 개별적인 권리·의무와 국제법적 권능에 대해서도 국가간의 합의로써 성립된 '설립조약'의 효력은 매우 강력하다. 개별적 국제기구의 권리·의무 또는 권능에 있어서도 설립조약의 규정에 의하여 그 내용이 정해진다고 하는 '전문성의 원칙'이 국제기구와 관련된 매우 중요한 원칙으로 확립되고 있다. 다만 오늘날 '묵시적 권한의 원칙'에 따라 설립조약에서 명시적으로 규정되지 않고 있는 경우에도 국제기구의 권리·의무 또는 권능이 인정될 수 있다고 본다.

국제기구의 법인격 인정과 관련하여 국가중심주의적 접근방법이 유지되는 한 정부간국제기구의 객관적 법인격이 확립되고 비정부간국제기구의 국제적 법인격이 인정되는 데는 많은 어려움이 예상된다. 오늘날 많은 비정부간국제기구들도 사실상 국가 및 정부간국제기구들과 더불어 국제사회의 행위자로서 활발한 활동을 수행하고 있는 현실에서도 이들에 대하여 국제적 법인격을 인정하는 것은 매우 어려운 것이 사실이다.

따라서 국제적 법인격에 관하여 역동적인 현실사회의 변화를 수용할 수 있도록 보다 개방적인 태도를 취함으로써 국제법의 정립·적용·집행과 관련된 비정부간국제기구를 포함한 국제기구의 역할을 증대하고 국제사회의 문제 해결과 관련하여 보다 책임 있는 행위자로 참여할 수 있도록 시도할 필요가 있다.

유사 문제

01 국제기구의 법인격에 대한 설명으로 옳지 <u>않은</u> 것은?

① 국제기구는 volonté distinct라는 표현에서 알 수 있듯이 회원국과는 별개로 별도의 법적 책임을 진다.
② 국제기구의 법인격의 사상은 국제기구의 행위로 인한 피해에 대한 회원국의 책임을 포괄하는 결과를 가져왔고, 이에 따라 회원국 책임 원칙이 확립되었다.
③ 국제기구의 국제적 책임 문제와 관련하여 국제기구(IDI)는 1995년 국제기구가 제3자에 대한 의무를 이행하지 않은 회원국에 대한 법적 결과에 관한 결의안을 채택했다.
④ 2004년 국제기구의 책임에 관한 규칙 및 관행, 그리고 마침내 국제법위원회(ILC)는 2011년 국제적으로 잘못된 행위에 대한 국제기구의 책임(DARIO)에 관한 초안 조항을 채택했다.

정답 ②
해설 국제기구의 법인격이 분리된다는 사상은 국제기구의 행위로 인한 피해에 대한 회원국의 책임을 배제하는 결과를 가져왔고, 이에 따라 회원국 무책임 원칙이 확립되었다.

02 국제기구의 법인격에 대한 설명으로 옳지 <u>않은</u> 것은?

① 유럽연합조약(TEU) 제47조는, "(유럽)연합은 법인격을 가진다"고 규정하고 있는데, 이 조항을 통해 EC와 EU와의 법적 관계의 명확히 정리되었다.
② 1954년 UN 행정법원판결 사건에서 Hackworth의 반대의견(dissenting opinion)에서 묵시적 권한이론이란 합리적 한계 내에서 명시적 권한을 효과적으로 적용하도록 하는 것이지 명시적 권한을 대체하거나 수정하는 것은 아니다고 했다.
③ 묵시적 권한이론은 명시적 규정의 흠결이나 부족을 보충하고 때로는 명시적 규정에 저촉하는 것을 포함한다.
④ 국제기구의 관할권은 설립헌장상의 목적과 기능을 수행하기 위해서만 인정되는 것이며 그와 상관없는 행위는 권한 밖(ultra vires)의 일이라는 이론이다.

정답 ③
해설 묵시적 권한이론은 명시적 규정의 흠결이나 부족을 보충하고 분명히 하는 것이지 명시적 규정에 저촉하는 것은 아니다.

09

대한민국에서 국제법과 국내법의 관계에 대한 설명으로 옳지 않은 것은?

① 국제형사재판소(ICC)에 관한 로마규정은 자기집행조약인 바 국회의 비준동의 없이도 국내법과 동일한 효력을 갖는다.
② 관습국제법과 국내법률 간의 충돌이 있을 경우, 이들 간에는 특별법우선원칙이나 신법우선원칙에 의하여 해결한다.
③ 대법원은 지방자치단체의 조례가 세계무역기구(WTO) 정부조달에 관한 협정(AGP)에 위반되는 경우 그 효력이 없다고 판단하였다.
④ 헌법재판소는 마라케쉬 협정에 의하여 관세법위반자의 처벌이 가중된다고 하더라도 이는 법률에 의한 형사처벌이라고 판단하였다.

[정답] ①

[해설] 대한민국 헌법 제60조 1항에 열거된 국회의 비준동의를 요하는 조약에 '중요한 국제기구 가입'이 있다. 국제형사 재판소(ICC) 로마규정은 이에 해당된다고 볼 수 있어 국회의 비준동의 대상이라고 볼 수 있다.

유사 문제

01 대한민국의 조약에 대한 국내법의 태도에 대한 특징으로 옳지 않은 것은?

① 대한민국 헌법 제6조 1항은 "헌법에 의하여 체결 공포된 조약과 일반적으로 승인된 국제법규는 국내법과 같은 효력을 가진다"고 규정하고 있는데, 이 규정은 국제법을 국내적으로 자동수용했다고 해석하는 것이 타당할 것이고 대체로 학설과 판례는 일원론의 입장을 채택했다고 보여진다.
② 대한민국 헌법은 국내법과 같은 효력을 갖는다고 추상적으로 규정할 뿐 구체적인 효력의 순위 문제에 대해서는 명시하고 있지 않기 때문이 결국 순위의 문제는 법률에 의해 결정할 수밖에 없다.
③ 조약과 법률의 효력관계에 대해 동위설과 조약상위설이 있을 수 있는데, 동위설의 경우 조약체결에 대한 대한민국 국회의 동의가 법률제정의 의결방식과 동일하다는 점과 많은 국가들이 조약의 효력을 법률의 하위에 두는 예가 별로 없고, 또한 조약을 법률보다 상위에 둔다는 적극적인 규정을 둔 국가도 상대적으로 드물다는 비교법적인 점을 내세운다.
④ 대한민국 헌법의 제6조 1항이 조약에 대한 국내법률의 우위를 인정한 것이라는 주장은 대한민국 헌법의 전문에서 국제평화주의와 국제협력을 강조하고 있고, 그리고 국회의 의결정족수가 조약과 국내법률의 우선순위를 결정하는 기준이 아니라는 점을 논거로 내세운다.

정답 ②
해설 대한민국 헌법은 국내법과 같은 효력을 갖는다고 추상적으로 규정할 뿐 구체적인 효력의 순위 문제에 대해서는 명시하고 있지 않기 때문이 결국 순위의 문제는 해석에 의해 결정할 수밖에 없다.

02 대한민국의 조약에 대한 국내법의 태도에 대한 특징으로 옳지 않은 것은?

① 대한민국 헌법 제60조 1항은 상호원조 또는 안전보장에 대한 조약, 중요한 국제조직에 관한 조약, 우호통상항해조약, 주권에 제약에 관한 조약, 강화조약, 국가와 국민에게 중대한 재정적 부담을 지우는 조약 또는 입법사항에 관한 조약의 체결, 비준에 대하여 국회의 동의를 요하는 것으로 규정하고 있기 때문이다.
② 헌법규정의 의미에 대해 다수의 헌법학자들은 국회의 동의를 받아야 하는 조약과 그렇지 아니한 조약은 그 법적 지위가 동일하다고 이해하고 있다.
③ 조약 중 국회의 동의를 얻은 조약은 법률과 같은 효력을 가지나, 행정협정과 같은 것은 법률이 아닌 명령 혹은 규칙과 같은 효력을 갖는다는 것이다.
④ 헌법 제60조 1항에 열거되지 않은 조약은 그 체결 비준에 국회의 동의를 요하지 않는다는 것이다.

정답 ②
해설 헌법규정의 의미에 대해 다수의 헌법학자들은 국회의 동의를 받아야 하는 조약과 그렇지 아니한 조약은 그 법적 지위가 다르다고 이해하고 있다.

10

UN에 대한 설명으로 옳은 것은?

① 최초의 평화유지군이었던 UNEF(United Nations Emergency Force)는 UN 안전보장이사회의 결의로 설치되었다.
② 스위스는 영세중립국의 지위와 UN 회원국의 지위가 조화되지 않는다는 이유로 지금도 UN에 가입하고 있지 않다.
③ ICJ는 UN 헌장에 따라 채택된 UN 안전보장이사회의 결의에 따른 의무가 UN 회원국들이 체결한 조약상의 의무에 우선한다고 판단하였다.
④ UN 안전보장이사회는 유고슬라비아와 소말리아 사태에서 평화유지군 설치를 위한 결의를 채택하였지만, 개별국가의 무력사용은 허용하지 않았다.

정답 ③

해설
① 최초의 평화유지군이었던 UNEF(United Nations Emergency Force)는 UN총회 결의에 따라 설치되었다.
② 스위스는 2002년 9월 10일 가입하였다. 당초 영세중립국 지위와 UN헌장 제7장이 모순된다는 이유로 UN가입이 불가능하였으나, 이후 변경으로 가입할 수 있었다.
④ UN 안전보장이사회는 유고슬라비아와 소말리아 사태에서 파견된 군대는 다국적군의 성격과 PKF의 성격이 혼재되어 있음에 따라서 파견된 군대의 무력사용도 허가되었다.

관련 이론

국제연합 주요기구

국제연합을 구성하는 주요기관으로는 총회, 안전보장이사회, 경제사회이사회, 신탁통치이사회, 국제사법재판소 및 사무국 등 6개의 기관이 있다. 각 기관은 흔히 보조기구라고도 불리는 기구를 산하에 두고 있으며, 대표적인 곳으로는 유엔개발계획(UNDP), 유엔환경계획(UNEP), 유엔인구기금(UNFPA), 유엔인간정주계획(UN-Habitat), 유엔아동기금(UNICEF), 유엔세계식량계획(WFP), 유엔난민기구(UNHCR), 유엔여성기구(UN Women) 등이 있다. 이 밖에도 국제연합의 경제사회이사회와 협정을 맺고 활동하는 독자적 국제기구들이 있으며 흔히 전문기구로 알려져 있다. 국제연합의 전문기구로는 유엔식량농업기구(FAO), 국제민간항공기구(ICAO), 국제농업개발기금(IFAD), 국제노동기구(ILO), 국제통화기금(IMF), 국제해사기구(IMO), 국제전기통신연합(ITU), 유엔교육과학문화기구(UNESCO), 유엔공업개발기구(UNIDO), 세계관광기구(UNWTO), 만국우편연합(UPU), 세계보건기구(WHO), 세계지적소유권기구(WIPO), 세계기상기구(WMO), 세계은행(World Bank) 등 15개가 있다. 이 밖에도 국제연합과는 완전히 별개의 기관으로서 국제연합과 협력하는 외부 기관인 국제기구가 있는데, 이러한 국제기구로는 국제원자력기구(IAEA), 세계무역기구(WTO), 국제형사재판소(ICC), 국제해양법재판소(ITLOS) 등이 있다.

법령체계

유엔의 주요 문서는 다음과 같다.
1. 국제연합헌장(Charter of the United Nations)
2. 세계인권선언(Universal Declaration of Human Rights)
3. 조약(Treaty) : 국제연합 사무총장에 기탁된 조약만 550개 보다 많고(출처 : 국제연합 2012 조약편람), 그 밖에도 다른 곳(정부나 타 기구)에 기탁된 조약도 다수 있다. 조약의 명칭은 조약(treaty), 협정(agreement), 협약(convention) 등으로 다양하며, 각 조약의 내용을 수정하는 때에는 개정(amendment)이나 의정서(protocol)의 명칭을 사용하기도 한다.
4. 안전보장이사회 결의(Security Council Resolution)
5. 총회 결의 (General Assembly Resolution)

유사 문제

01 국제연합에 대한 설명으로 타당하지 않은 것은?

① 1948년 '세계인권선언'이 있었던 이후로 인권 문제는 국제법의 주요 영역이 되었고, 국제연합은 "UNHCR"라는 별도의 국제기구를 설립하며 세계인권선언문에 명시된 내용을 실천하려 노력한다.
② 국제연합은 전 세계적인 재난과 재앙에 대처하기 위해 "유엔인도지원조정국(OCHA)"을 설립했으며, 이를 통해 지진이나 홍수, 화산 폭발 등 한 국가의 힘만으로는 해결할 수 없는 문제들에 대해 국제 사회가 연대하여 지원할 수 있도록 해 준다.
③ UN은 저발전 국가의 경제 개발을 지원하는 한편, 자연환경을 크게 훼손하지 않는 방법을 제안함으로써 '지속가능한 개발'을 추구하고 있다.
④ 일반적인 안건에 대해서는 과반수의 찬성으로 의결하지만, 중요 사안에 대해서는 2/3 이상의 찬성이 있어야 의결된다.

정답 ①

해설 1948년 '세계인권선언'이 있었던 이후로 인권 문제는 국제법의 주요 영역이 되었고, 국제연합은 "유엔인권최고대표사무소(OHCHR)"라는 별도의 국제기구를 설립하며 세계인권선언문에 명시된 내용을 실천하려 노력한다.
총회는 국제연합 산하의 모든 기구들에 대해 심의·권고할 수 있는 권한이 있으며, 신규 회원국의 가입 여부를 결정하고 각종 이사국을 선출할 수 있다.

02 국제연합에 대한 설명으로 타당하지 않은 것은?

① 경제사회이사회는 경제·사회·문화·인권 등의 다양한 문제를 다루는 곳으로 총회에서 선출된 54개의 이사국으로 구성되었다.
② 신탁통치이사회는 국제연합의 감독 아래에 있는 신탁통치에 관한 문제를 다루기 위해 설치되었다.
③ 사무국은 국제연합의 전반적인 행정 업무 및 국제연합 산하에 설치된 각 기구들로부터 위임받은 임무를 수행하는데, 사무국을 대표하는 사무총장이 있고, 그 직속으로 정치, 안전보장, 평화유지활동, 군축, 경제·사회, 총회 운영을 담당하는 기구들이 있고 사무총장의 임기는 5년이며 중임할 수 있다.
④ 국제사법재판소는 세계의 법원이라고 불리는 국제연합의 사법 기관으로 재판관은 모두 15명이며, 임기는 6년이고 연임할 수 있다.

정답 ④

해설 ① 경제사회이사회는 경제·사회·문화·인권 등의 다양한 문제를 다루는 곳으로 총회에서 선출된 54개의 이사국으로 구성되며, 임기는 3년, 경제사회이사회는 경제 및 사회적 분야와 관련된 위원회 및 이사회의 임무 수행에 필요한 다른 위원회를 설치할 수 있다.
② 신탁통치이사회는 국제연합의 감독 아래에 있는 신탁통치에 관한 문제를 다루기 위해 설치되었고, 신탁통치 구역의 행정을 감독하고, 그 지역의 자치와 독립을 위하여 정치·경제·사회 등 각 분야의 발전을 촉진하는데 그 목적이 있으며, 1994년 마지막 신탁통치의 대상이었던 팔라우가 미국으로부터 독립함에 따라 신탁통치 이사회는 해산하였다.
③ 사무국은 국제연합의 전반적인 행정 업무 및 국제연합 산하에 설치된 각 기구들로부터 위임받은 임무를 수행하는데, 사무국을 대표하는 사무총장이 있고, 그 직속으로 정치, 안전보장, 평화유지활동, 군축, 경제·사회, 총회 운영을 담당하는 기구들이 있고 사무총장의 임기는 5년이며 중임할 수 있다.
④ 국제사법재판소는 세계의 법원이라고 불리는 국제연합의 사법 기관으로 재판관은 모두 15명이며, 임기는 9년이고 연임할 수 없는데, 국제연합의 총회·안전보장이사회·경제사회이사회 등으로부터 독립성을 보장받는 것과 동시에 강제적 관할권과 더불어 당사자국 모두의 동의가 있어야 비로소 재판이 개시된다.

11

다음 중 WTO 분쟁해결제도의 '대상이 되는 협정'에 해당되지 않은 것은?

① 농산물협정
② 관세평가협정
③ 선적전 검사협정
④ 포괄적 경제동반자협정

정답 ④

해설 포괄적 경제 동반자협정은 FTA협정이다. 그러므로 FTA협정은 WTO분쟁해결의 대상협정이 아니다. 대상협정은 WTO설립 협정과 부속서 1, 2, 4이다. 다만 부속서 3의 무역정책검토제도는 대상협정이 아니다.

관련 이론

WTO가 발족하기 전에는 국가간 무역분쟁은 소위 '무역 마찰'이라고 표현되듯 신경전에 가까운 협상에 의해 결말을 보아왔으며, 특히 협상의 결과는 무엇보다도 국력의 차이에 따라 결정되어 왔다고 해도 과언이 아니었다. 그러나 WTO 설립 이후 주요 무역분쟁은 규정에 기초한 객관적 국제재판에 의해 해결되고 있어서, 우리나라와 같은 중소 규모의 국가에게는 '억울한 일'을 당할 가능성이 크게 줄었다고 할 수 있다.

그간 많은 국제협약이 분쟁해결 절차를 도입한 바 있으나, 짧은 역사에도 불구하고 WTO만큼 확고한 분쟁해결 수단으로 자리 잡은 국제재판은 없다고 할 수 있다. 그 이유는 WTO가 지니고 있는 여러 가지 특징에 기인한다.

아래에서는 WTO 분쟁해결 절차가 여타 국제재판 제도에 비해 어떻게 다르며 어떠한 특징이 있는가를 간략히 소개한 후, WTO 분쟁해결절차를 개선하기 위해 우리나라 등 주요 분쟁 당사국들이 추진 중인 WTO 분쟁해결 절차(DSU) 개정에서 논의의 핵심이 되는 분야를 가급적 간단히 알기 쉽게 살펴보고자 한다.

이행 강제력

WTO 분쟁해결 제도의 가장 큰 장점은 무엇보다도 판정 결과에 대해 강제력을 부여한다는 것이다. 그간 인류는 의미있는 협약을 꽤 많이 성안한 바 있다. 그러나 적지 않은 경우 그 원대한 목표에 비하여는 말할 것도 없고 조약 문면의 의미에 비하여도 극히 미미한 정도의 이행 담보력조차 지니지 못하고 있다. WTO 협약들은 이와 다르다. 모든 회원국이 가입한 다자 조약(multilateral agreements)이든 일부 회원국간 체결된 복수 조약(plurilateral agreements)이든 WTO 협약들은 모두 분쟁해결 제도의 대상이 되며, 판정 이행은 승소국의 보복권한을 통해 담보된다.

상소심 제도(상소 기구)

WTO 분쟁해결 제도의 혁명적 특징은 상소심 제도가 있다는 것이다. 사실상 고유한 의미의 상소심을 둔 유일한 국제재판 절차라고 볼 수 있다. 일반적으로 판결에 대한 불확실성으로 실제로 가입국이 국제재판을 이용하는 경우는 극히 예외적인 것이 보통 국제재판 제도의 현실이다. 그런데 WTO는 사실심을 다루는 하급심으로서 패널 제도와 법률심을 다루는 상급심으로서 상소기구를 지니고 있다. 패널은 양 분쟁 당사국이 합의해 선정한 인사 또는 회원국간 합의가 불가능한 경우 사무총장이 지명한 분쟁의 사안이 되는 이슈에 대해 깊은 이해력이 있으며 국제통상 분야에 폭 넓은 경험과 식견이 있는 3인의 패널 위원으로 구성된다. 현재 우리나라의 조태열 외교통상부 통상교섭조정관(EC-호르몬 분쟁 패널 의장)과 안호영 외교부 본부 대사(미국-면화 분쟁 패널 위원)가 초대형 통상 분쟁의 패널직을 수행하고 있다. 한편 상소기구는 국제법 및 통상법 분야의 저명한 인사 7인으로 구성되어 상설 제도 형식으로 운영되고 있다. 이들은 패널의 결정 중 법률심(matter of law)만을 검토해 필요한 경우 패널의 협정 적용을 수정할 수 있는 권한을 지니고 있다. 이러한 상급심 제도는 WTO 판정의 권위를 높여 현재는 많은 회원국이 대부분의 통상 분쟁을 분쟁해결 절차를 통해 해결해 가고 있다.

유사 문제

01 다음 중 WTO 분쟁해결제도에 대한 설명으로 타당하지 <u>않은</u> 것은?

① WTO 분쟁해결 제도는 성문법주의를 그 확고한 원칙으로 해, 적용 범위를 우루과이 라운드 결과로 채택된 일련의 WTO 협정과 1947년 GATT 협정으로 국한하고 있다.
② 통상과 관련된 국제법에 관한 한 회원국간 명시적인 합의에 기초한 성문조약 이외의 법원(法源)을 인정치 않겠다는 WTO의 기본 철학에 기초하고 있다.
③ WTO 분쟁해결 판정은 당해 사건에만 적용되며 선례 구속을 구성하지 않는다.
④ 위반 판정을 받은 국가가 판정을 이행하지 않았을 경우에도 제소국은 보복 조치를 취할 수 없도록 되어 있다.

정답 ④
해설 위반 판정을 받은 국가가 판정을 이행하지 않았을 경우 제소국은 보복 조치를 취할 수 있도록 되어 있다.

02 다음 중 WTO 분쟁해결제도에 대한 설명으로 타당하지 <u>않은</u> 것은?

① WTO 분쟁해결절차를 통한 모든 절차가 완료되는 데에는 실제로 3년 이상의 시간이 소요된다.
② WTO 법원에서는 상급심이 필요하다고 판단하는 경우 하급심에 심리를 다시 하도록 환송하는 것이 보통이다.
③ 상급심으로서 패널이 어떤 조치에 대해 a라는 사실의 존재를 확인하고 이를 A라는 협정 규정의 위반으로 판단해 동 조치가 WTO 위반이라고 판정할 경우, 제소국이 아울러 제기한 b, c, d라는 혐의가 B, C, D 협정 규정에도 위반된다는 주장에 대하여는 이미 해당 조치가 위반 판정을 받았으므로 굳이 심리하지 않으며 위반 여부도 가리지 않는다.
④ WTO 분쟁해결 제도는 기업간 분쟁이 아니라 회원국 국가간 분쟁을 다루는 마당이며, 판정에 의한 해결보다는 양자합의에 의한 해결을 보다 중시하고 있다.

정답 ②
해설 국내 법원에서는 상급심이 필요하다고 판단하는 경우 하급심에 심리를 다시 하도록 환송하는 것이 일반적이지만 WTO의 경우는 불가능하다.

12

주권면제에 대한 설명으로 옳지 않은 것은?

① 비교적 일찍부터 법정지국에 소재하는 부동산에 관한 소송에서 외국은 주권면제를 누릴 수 없었다.
② 제한적 주권면제론에 따르면 재판관할권이 성립할 경우에 그에 따른 강제집행관할권도 성립한다.
③ 국가의 주권적 행위와 상업적 행위를 구분할 경우 목적 개념을 기준으로 하면 제한적 주권면제론의 취지를 살리기 어렵다.
④ 대한민국 법원은 대한민국 영토 내에서 외국의 사법(私法)적 행위에 대하여 법원이 재판권을 행사할 수 있다고 판단하였다.

> **정답** ②
>
> **해설** 재판관할권의 성립과 강제집행관할권 문제는 독립된 문제이다. 따라서 재판관할권이 성립된다고 해도 피고국이 패소한 경우 그 재산에 대해 강제집행을 할 수 있는 것은 아니다. ① 절대적 주권면제론 하에서도 부동산 관련 소송은 면제의 대상이 아니었다. ③ 권력적 행위와 비권력적 행위를 구별하는 기준은 성질설, 목적설, 상업활동설 등이 있다. 목적설의 경우 국가 행위의 목적을 고려하는 것으로서 성질설에 비해 면제의 인정 범위가 넓다. 따라서 제한면제론의 취지를 살리기 어렵다는 단점이 있다. 오늘날에는 기능설이 통설로 평가된다. ④ 우리나라도 '대림기업사건'이나 '주한미군 고용계약사건'에서 제한면제론을 도입하였다.

관련 이론

국제법상의 주권면제는 주권 평등의 원칙에 따라 타국법원의 관할권으로부터 면제를 향유할 수 있다는 것을 의미하며, 국제법 질서의 근본원칙 중 하나이다. 주권면제 이론의 발전 초기 단계에서는 어떠한 예외도 없이 한 국가는 타국 법원의 관할권으로부터 면제된다는 절대적 주권면제론이 다수의 법원에서 지지를 받았지만, 국가 간 교류가 활발해지면서 한 국가가 주권국가의 자격으로 권한을 행사하는 경우에만 면제를 인정하고 상업적 행위에 대해서는 인정하지 않는다는 제한적 주권면제론이 더 받아들여지고 있는 추세이다. 이러한 가운데 중대한 인권침해로 피해자가 국내 법원 통해 가해 국가를 직접 피고로 제소하는 사건들이 빈번해지면서 한 국가가 중대한 국제법 위반행위에 대해서도 주권면제를 향유할 수 있는지 여부가 중요한 국제법 이슈로 등장하고 있다. 2021년 1월과 4월 국내 법원에서도 위안부 사건과 관련하여 국제법상 주권면제의 원칙에 처음 주목하기 시작한 바, 관련 국제동향을 구체적으로 검토하고 한국 외교에도 어떠한 시사점을 줄 수 있는지 알아보고자 한다.

유엔 국제법위원회 (ILC)는 1977년 유엔 총회 요청에 따라 주권면제 이론을 국제법의 일관된 원칙으로 발전시키기 위해 1991년 '국가 및 그 재산의 관할권 면제에 관한 규정 초안(Draft Articles on Jurisdictional Immunities of States and Their Property)'을 채택하였으며, 제10조에서 제17조까지 주권면제가 원용되지 않는 사항도 명시함으로써 절대적 주권면제가 아닌 제한적 주권면제를 적용하고 있는 것을 확인할 수 있다. 그러나 중대한 인권침해와 같은 심각한 국제법 위반행위를 한 경우에도 주권면제를 제한할 수 있는지 여부는 언급하지 않고 있다. 1999년 ILC는 이러한 국제법상의 공백을 채우기 위하여 유엔 제6위원회에서 '강행규범 위반행위에 대해서도 주권면제 원칙의 예외가 허용되는지 여부'에 관한 이슈를 공식 의제로 채택함으로써 관련 논의를 진행하였지만, 결국 성문화 작업을 위해 어떠한 결론을 도출하기에는 시기상조라고 판단하였다. 이에 따라, 강행규범과 주권면제의 관계에 대한 해석이 여러 국내 법원 통해 유동적으로 변하고 있는 상황이다.

2012년 ICJ는 Jurisdictional Immunities 사건 통해 이탈리아와 독일 간 분쟁을 해결하는 과정에서 이 이슈를 다뤘고, 결국 주권면제는 절차에 관한 문제로서 한 국가 법원이 타국에 대하여 재판관할권을 행사할 수 있는지 여부를 결정하는 법칙에 불과하며, 한 국가행위의 위법 여부를 다루는 것은 실체법적인 문제로서 두 문제는 충돌할 수 없다고 판시하였다. 유럽인권재판소에서도 이 이슈를 영국의 Jones (2014)와 Al-Adsani(2014) 사건 통해 다루게 되면서 가해국의 책임 보다 피해자의 사법에 접근할 권리와 재판 받을 권리에 더 주목하기 시작하였지만, 이러한 개인의 권리는 절대적인 것이 아니고 주권면제는 정당한 목적을 추구하고 있기 때문에 주권면제가 적용될 수 있다고 판시하였다.

위안부에 관한 사법부의 판결은 한일관계에도 상당한 영향을 미칠 수 있다는 점을 고려하여 관련 국제동향을 바탕으로 한일관계에 엮인 문제들을 해결해 나아갈 수 있는 방법을 모색해야 하며, 국내 주권면제 관련 논의 활성화를 통해 주권면제에 대한 국내 공감대를 형성해 나가고 주권면제에 관한 국제관습법 형성과 국제법 성문화 작업에 기여하는 외교정책도 고려할 수 있을 것이다.

유사 문제

01 국가면제에 관한 설명으로 타당하지 않은 것은?

① 국가는 절대적으로 재판을 면제받는다는 종래의 '절대적 국가면제론' 보다는 국가는 원칙적으로 재판을 면제받지만, 사인과 마찬가지로 행위하여 사법(private law)의 적용을 받는 경우에는 재판을 면제받지 않는다는 제한적 국가면제론이 등장하게 되었다.
② 국가면제에 관한 대표적인 국제협약으로는 1972년의 "국가면제에 관한 유럽협약"과 2004년의 "국가 및 국가재산의 재판권면제에 관한 유엔협약"이 있다.
③ 한국 정부는 '위안부' 피해자들이 한국 법원에 제기한 소송 자체가 '주권 면제'를 불문하고 성립할 수 있다고 주장하면서, 4월 재판부(제15민사부)는 '주권면제'를 이유로 '일본군 위안부'에 대한 일본 정부의 법적 책임을 심리하기 위한 '재판'이 가능하다고 봤다.
④ 국제법상의 범죄를 범한 자는 주권면제의 항변을 제기할 수 없다는 점에 대해서도 국제공동체는 인식을 같이 하고 있다.

정답 ③
해설 실제 판례 설명으로 일본 정부는 '위안부' 피해자들이 한국 법원에 제기한 소송 자체가 '주권 면제'를 이유로 성립할 수 없다고 주장하는데, 4월 재판부(제15민사부)는 '주권 면제'를 이유로 '일본군 위안부'에 대한 일본 정부의 법적 책임을 심리하기 위한 '재판 자체'를 열 수 없다고 봤다.

02 국가면제에 관한 설명으로 타당하지 않은 것은?

① 국가원수가 행하는 공무가 적법성을 갖추지 못한 경우, 문제가 된 국가원수는 주권면제의 항변을 제기할 수 없다는 점에 대하여 뉘른베르크 원칙과 이를 재확인하는 UN총회의 결의, 인류의 평화와 안전에 반하는 범죄에 관한 ILC초안 제7조, ICTY규정 제7조, ICTR규정 제6조 및 ICC규정 제27조가 명확히 규정하고 있다.
② 공무의 적법성이 국가원수가 향유하는 주권면제의 유효성 여부를 결정하는 데 결정적 역할을 한다는 점에 관하여 국제공동체의 의사가 확립되어 있다는 증거에 해당한다.
③ ICC 규정은 기존의 관습국제법을 재확인하였다고 평가받고 있는데, 이러한 증거들은 결국 주권면제를 향유하기 위해서는 공무의 적법성이 요구된다는 점이 관습국제법상 확립되어 있음을 나타내고 있다.
④ 국제연합(UN)은 2004년 '국가면제협약(Convention on Immunity of Jurisdiction of States and Their Property)'을 채택하였으며, 미국·캐나다·영국·호주 등 일부 국가들은 이미 해당 관습에 기초한 국내법을 제정하였다.

정답 ③
해설 **ICTY 규정 및 ICTR 규정**은 기존의 관습국제법을 재확인하였다고 평가받고 있는데, 이러한 증거들은 결국 주권면제를 향유하기 위해서는 공무의 적법성이 요구된다는 점이 관습국제법상 확립되어 있음을 나타내고 있다.

13

1961년 외교관계협약에 따른 외교관의 특권과 면제에 대한 설명으로 옳지 않은 것은?

① 외교관의 신체는 불가침이며 어떠한 형태의 체포 또는 구금도 당하지 아니한다.
② 외교관은 접수국의 형사재판관할권으로부터의 면제를 향유한다.
③ 외교관은 민사재판의 경우 증인으로서 증언할 의무를 부담한다.
④ 외교관의 개인주거는 공관지역과 동일한 불가침과 보호를 향유한다.

[정답] ③
[해설] 1961년 외교관계협약에 따른 외교관은 증언의무를 부담하지 않는다.

관련 이론

외교관계에 관한 비엔나협약 제31조

1. 외교관은 접수국의 형사재판관할권으로부터의 면제를 향유한다. 외교관은 또한, 다음 경우를 제외하고는 접수국의 민사 및 행정재판관할권으로부터의 면제를 향유한다.
    (a) 접수국의 영역내에 있는 개인부동산에 관한 부동산 소송. 단, 외교관이 공관의 목적을 위하여 파견국을 대신하여 소유하는 경우는 예외이다.
    (b) 외교관이 파견국을 대신하지 아니하고 개인으로서 유언집행인, 유산관리인, 상속인 또는 유산수취인으로서 관련된 상속에 관한 소송
    (c) 접수국에서 외교관이 그의 공적직무 이외로 행한 직업적 또는 상업적 활동에 관한 소송
2. 외교관은 증인으로서 증언을 행할 의무를 지지 아니한다.
3. 본조 제1항 (a), (b) 및 (c)에 해당되는 경우를 제외하고는, 외교관에 대하여 여하한 강제 집행조치도 취할 수 없다. 전기의 강제 집행조치는 외교관의 신체나 주거의 불가침을 침해하지 않는 경우에 취할 수 있다.
4. 접수국의 재판관할권으로부터 외교관을 면제하는 것은 파견국의 재판관할권으로부터 외교관을 면제하는 것은 아니다.

유사 문제

01 외교관계에 관한 비엔나협약에 대한 내용으로 틀린 것은?

① 사무 및 기술직의 재판권의 면제는 공적인 행위에만 적용된다.
② 사절 자신의 자발적 증언이나 당사자로서의 증언도 면제가 된다.
③ 관세의 면제상으로 사절단의 공용물품, 외교관과 그 가족의 개인적 물품, 사무기술직원과 그 가족이 부임할 때의 물품이 면세된다.
④ 외교사절의 주소는 본국 주소와 동일한 것으로 간주되고 자녀의 출생도 본국에서 출생한 것으로 간주된다.

정답 ②
해설 사절 자신의 자발적 증언이나 당사자로서의 증언은 면제가 안된다.

02 외교관계에 관한 비엔나협약에 대한 내용으로 틀린 것은?

① 사무 및 기술직원의 가족도 접수국의 국민이 아니거나 접수국에 영구히 거주하지 않는 한 같은 특권이 인정된다.
② 접수국을 떠나는데 필요한 상당한 기간내에는 특권과 면제가 인정된다.
③ 무력분쟁이 발생했을 경우라도 조속한 퇴거를 위한 편의 제공과 퇴거시까지의 특권, 면제, 파견국 이익보호 등의 특권을 인정된다.
④ 외교관은 부임, 귀임, 귀국 중 제3국은 불가침과 확실한 귀환을 위한 면제가 부여되지만 외교관 가족은 조건없이 외교관과 동일한 특권과 면제된다.

정답 ④
해설 외교관은 부임, 귀임, 귀국 중 제3국은 불가침과 확실한 귀환을 위한 면제가 부여되지만 외교관 가족은 외교관을 찾아가는 경우와 외교관 동행시 외교관과 동일한 특권과 면제된다.

14

K국은 소주에 대해서는 30%의 세율을, 위스키에 대해서는 100%의 세율을 부과하고 있다. K국 내에서 소주는 K국 업체들에 의해 전량 제조되고, 위스키는 A국과 B국 업체들로부터 전량 수입되고 있다. K국, A국 및 B국은 모두 WTO 회원이다. A국과 B국이 K국을 WTO에 제소할 경우, WTO 협정상 의무 위반의 근거 규정으로 옳은 것은? (다툼이 있는 경우 WTO 패널 판정에 의함)

① GATT 제1조상 최혜국대우
② GATT 제2조상 관세양허약속
③ GATT 제3조상 내국민대우
④ GATT 제12조상 국제수지의 보호를 위한 제한

정답 ③

해설 K국은 소주에 대해서는 30%의 세율을, 위스키에 대해서는 100%의 세율을 부과하고 있다. K국 내에서 소주는 K국 업체들에 의해 전량 제조되고, 위스키는 A국과 B국 업체들로부터 전량 수입되고 있는데 K국의 조치는 내국민대우에 위반될 수 있다. WTO회원국은 동종상품에 대해서는 자국상품에 비해 외국상품에 대해 초과과세 해서는 안 되며, 직접경쟁 또는 대체 가능상품에 비해 자국 상품과 유사하지 아니한 과세를 해서는 안 된다.

관련 이론

최혜국대우(Most Favored Nation Treatment) 원칙

GATT 제1조 제1항에 명시되어 있다. 상품이 어느 나라로부터 수입되든지 간에 동일한 제품(like products)이라면 서로 차별하지 않아야 한다는 규정이다. 예를 들면 A라는 나라가 B국으로부터 TV를 수입할 때 10%의 관세를 부과하고 있다면, C국으로부터 수입되는 TV에 대해서도 똑같이 10%의 관세를 부과해야 하며 그 이상의 관세를 부과해서는 안 된다는 것이다. 관세 외에도 통관이나 수출입 절차 등 무역을 하는데 있어서도 특정 국가에만 특별한 대우를 해서는 안 된다는 것이다. 이는 A라는 나라에 수출을 하는 국가들(B국, C국 등)에 대해서 동일한 기회를 보장하고 불리한 대우를 받지 않도록 하기 위한 핵심 원칙이다.

그러나, 특별한 경우에 한해서 최혜국대우에 대한 예외를 허용하고 있다. 예를 들면 공중도덕, 인간 및 동식물의 생명, 건강, 천연자원의 보호를 위해 필요한 경우에는 최혜국대우 원칙에 대한 예외를 인정한다. 또한 GATT 출범 이전부터 역사적으로 존재해 오던 특혜관세제도도 예외적으로 인정해 주고 있다. 예를 들면 영연방국가 간 특혜, 미국과 필리핀 간 특혜 등이 이에 해당한다. 그 밖에도 개도국에 대한 특혜 관세제도를 예외로 인정해 준다. 자유무역협정(FTA)이나 관세동맹(CU)을 체결한 국가들도 최혜국대우 원칙의 예외를 인정받을 수 있다. 예를 들면 냉장고를 수입하는데 모든 무역상대국들에 대해 동일하게 10%의 관세를 적용하나, FTA를 체결한 국가에 대해서는 무관세 혜택이나 더 낮은 관세율을 부여하는 것이 가능하다.

내국민대우(National Treatment) 원칙

최혜국대우와 더불어 GATT의 중요한 핵심원칙으로 내국민대우(National Treatment) 원칙이 있다. GATT 제3조에 규정되어 있는 이 원칙은 수입품이 국내 시장에 들어온 이후 국산품과 수입품을 차별대우해서는 안 된다는 내용이다. 예를 들면 국산품을 보호하기 위한 목적으로 수입품에는 10%의 부가가치세를 적용하고 국산품에는 3%의 세율을 적용해서 수입품에 불리한 대우를 해서는 안 된다는 것이다.

또한 표면적으로는 비차별적으로 보일지라도 수입품의 판매조건이 국산품과 비교해서 사실상(de facto) 또는 위장된(disguised) 차별을 당하는 경우도 금지하고 있다. 전반적으로 내국민대우 원칙은 국산품에 대한 보호주의적 목적을 가진 정책이나 법, 각종 제도를 금지하는데 목적이 있다. 따라서 내국민대우의 적용범위는 상당히 광범위하다. 일반적으로 무역과 관련이 없는 국내 정책이나 제도까지도 포함될 수 있다. 이 때문에 내국민대우 적용 범위와 관련해서 국가 간 분쟁이 더러 발생하기도 한다.

내국민대우 원칙에 대한 예외로 GATT 제20조에 의한 예외(공중도덕, 인간 및 동식물의 생명, 건강 등의 보호를 위한 일반예외조항) 외에도 스크린쿼터제 등이 있다. 영화산업은 경제적인 측면 외에도 국내문화정책을 고려해야 한다는 점에서 내국민대우에 대한 예외를 인정하고 있다. GATT 제4조를 보면, 영화필름에 대한 규제는 스크린쿼터제의 형태를 띠어야 하며 이 제도를 운영하는데 있어서 최혜국대우 원칙은 준수되어야 한다는 점이 명시되어 있다.

한 마디로 요약하면, 최혜국대우 원칙이 여러 수입품들을 차별하지 않고 동등하게 대우해야 한다는 원칙이라면, 내국민대우 원칙은 국산품과 수입품 간에 공정한 경쟁을 보장해야 한다는 원칙이다. 최혜국대우와 내국민대우 원칙 덕분에 세계 무역이 비교우위원칙(comparative advantage)에 따라 공정하게 이루어질 수 있다. 가장 경쟁력 있는 제품이 국제 시장에서 팔릴 수 있는 환경을 보장함으로써 자원의 효율적인 분배가 가능해진다.

또한 특정 국가에 대해 관세를 낮추면 다른 국가에 대해서도 동일하게 관세를 낮추고, 수입품에 대해서 국산품과 동일한 대우를 해야 하기 때문에 무역자유화를 촉진시키는 기능도 하게 된다. 국제무역에 있어서 '차별'과 '불공정'이라는 요소를 없앰으로써 국가 간 분쟁의 소지를 줄일 수도 있다. 수입국 입장에서는 정책이나 규정의 적용이 투명하고 단순해져 행정비용을 최소화할 수 있다는 장점도 있다. 이는 WTO가 최혜국대우와 내국민대우 원칙을 국제무역 시스템의 가장 근간이 되는 원칙으로 내세우고 있는 이유이기도 하다.

유사 문제

01 WTO 내국민대우 원칙에 대한 설명으로 틀린 것은?

① 내국민대우는 최혜국대우나 관세양허 등과는 달리 WTO회원국의 국내정책이 보호무역주의적인 정책으로 변질되는 것을 차단하는 것이다.

② 보호무역주의와는 직접적인 관련성이 적은 환경, 조세, 기술규정 등과 결부되어 나타나는 경우에는 그 진의를 파악하기가 어렵다는 점에서 통상분쟁의 소지가 많다.

③ 내국민대우는 국내의 모든 대외정책들에 영향을 미치며, 이를 어떻게 해석하고 적용하느냐에 따라 상대방 국가의 통상정책에도 영향을 미친다.

④ 일반적인 국내 기관이 국내 상품만을 구매하거나, 다른 회원국의 상품에는 적용하지 않는 가격우대정책을 국내산품에 적용하는 등의 행위는 내국민대우원칙 위반이 된다.

정답 ④

해설 정부조달협정(GPA)의 적용을 받는 기관이 국내 상품만을 구매하거나, 다른 회원국의 상품에는 적용하지 않는 가격우대정책을 국내산품에 적용하는 등의 행위는 내국민대우원칙 위반이 된다.

02 WTO 최혜국대우원칙에 대한 설명으로 틀린 것은?

① 최혜국대우는 기본적으로 여러 다른 나라로부터 수입하는 상품에 대하여 원산지 국가가 다르다는 이유로 취하는 차별을 인정하는 원칙이라는 점에서 수입물품들 간에 발생하는 차별을 금지하지 않는 원칙이다.

② 1981년 스페인은 커피를 수입함에 있어 마일드 커피는 0%의 관세를, 아라비카/로버스타 커피는 7%의 관세를 부과하였다.

③ 최혜국대우가 다른 국가에 대한 비차별을 의미하는데 반해, FTA는 당사국간에 대하여 비당사국보다 낮은 관세율을 적용한다.

④ GATT 제24조에서 관세동맹이나 자유무역협정에 대해서는 비록 제한된 특정국가간 특혜를 부여하는 것이지만 결국은 무역의 장벽을 철폐하거나 완화하는 것이기 때문에 자유무역을 확대한다는 측면이 있으므로 이에 대한 예외로써 인정되고 있다.

정답 ①

해설 최혜국대우는 여러 다른 나라로부터 수입하는 상품에 대하여 원산지 국가가 다르다는 이유로 취하는 차별을 불인정하는 원칙이라는 점에서 수입물품들 간에 발생하는 차별을 금지하는 원칙이다.

15

시민적 및 정치적 권리에 관한 국제규약과 경제적·사회적 및 문화적 권리에 관한 국제규약(선택의정서 포함)에 공통된 설명으로 옳지 않은 것은?

① 재산권에 관하여 규정하고 있지 않다.
② 국가의 비상사태 시 당사국의 의무 위반 조치가 허용되는 인권과 허용되지 않은 인권을 구분하고 있다.
③ 국가 간 통보제도와 개인통보제도를 도입하여 조약의 이행감독장치를 강화하였다.
④ 민족자결권에 관하여 규정하고 있다.

| 정답 | ② |

해설 당사국의 의무 위반 조치가 허용되는 인권과 허용되지 않은 인권을 구분하고 있는 등은 인권 서열은 시민적 및 정치적 권리에 관한 국제규약(B규약)에서 인정된다. 비상사태 시에도 제한할 수 없는 인권을 '훼손할 수 없는 인권'이라고 하며 제한 가능한 인권을 '표준적 인권'이라고 한다.

관련 이론

1948년 세계인권선언 채택 이후, 도덕적 선언에만 그칠 것이 아니라 실질적인 효력을 갖는 국제인권법을 마련하기 위한 노력이 계속되었다. 오랜 준비를 거쳐, 여러가지 논란 속에서도 1966년 국제연합 총회에서 법적 구속력을 갖는 조약으로서 두 개의 국제인권규약이 채택되고 1976년 발효되었다. 경제적 사회적 문화적 권리에 관한 국제규약 (A규약)과 시민적 정치적 권리에 관한 국제규약 (B규약)이다. 애초에 단일한 규약을 목표로 했던 국제인권규약이 결국 두 개로 나뉜 것은 각 규약에 담긴 권리의 성격이 달라서가 아니라 그 권리를 보장하기 위한 조치의 속성이 다르기 때문이었다. 대한민국은 1990년 이 두 조약에 가입하여 국내에 효력이 발생하였습니다. 헌법에 따라 국제법은 국내법과 동일한 효력을 갖는다.

경제적 사회적 문화적 권리에 관한 국제규약은 일명 사회권 규약이라고 불린다. 국가가 점진적으로 보장해야 하는 의무를 규정하지만, 각국의 상황에 따라 즉각적 자동적으로 보장되는 것은 아닐 수도 있다. 그러나 각 국의 조건이 다르다고 해도 규약의 이행을 위한 최선의 조치를 해야할 의무가 있다는 점은 분명하다.

전문
이 규약의 당사국은, 국제연합헌장에 선언된 원칙에 따라 인류사회의 모든 구성원의 고유의 존엄성 및 평등하고 양도할 수 없는 권리를 인정하는 것이 세계의 자유, 정의 및 평화의 기초가 됨을 고려하고, 이러한 권리는 인간의 고유한 존엄성으로부터 유래함을 인정하며, 세계인권선언에 따라 공포와 결핍으로부터의 자유를 향유하는 자유 인간의 이상은 모든 사람이 자신의 시민적, 정치적 권리 뿐만 아니라 경제적, 사회적 및 문화적 권리를 향유할 수 있는 여건이 조성되는 경우에만 성취될 수 있음을 인정하며, 인권과 자유에 대한 보편적 존중과 준수를 촉진시킬 국제연합헌장상의 국가의 의무를 고려하며, 타 개인과 자기가 속한 사회에 대한 의무를 지고 있는 개인은, 이 규약에서 인정된 권리의 증진과 준수를 위하여 노력하여야할 책임이 있음을 인식하여, 다음 조문들에 합의한다.

유사 문제

01 시민적 및 정치적 권리에 관한 국제규약에 대한 설명으로 타당하지 <u>않은</u> 것은?

① 대한민국 정부는 동 규약을 심의한 후, 동 규약의 제14조 5항, 제14조 7항, 제22조 및 제23조 4항의 규정이 대한민국 헌법을 포함한 관련 국내법 규정에 일치되도록 적용될 것임과 동 규약 제41조상의 인권이사회회의 권한을 인정함을 선언하며, 이에 동규약에 가입한다.
② 대한민국의 B규약상의 유보선언에 대해 대한민국은 동 규약 제23조 제4항을 1991년 3월 15일 유보하였으며, 제14조 제7항에 대해 1993년 1월 21일 유보하였다.
③ 이 규약의 당사국은 이 규약에서 규정된 모든 시민적 및 정치적 권리를 향유함에 있어서 남녀에게 동등한 권리를 확보할 것을 약속한다.
④ 국민의 생존을 위협하는 공공의 비상사태의 경우에 있어서 그러한 비상사태의 존재가 공식으로 선포되어 있을 때에는 이 규약의 당사국은 당해 사태의 긴급성에 의하여 엄격히 요구되는 한도내에서 이 규약상의 의무를 위반하는 조치를 취할 수 있다.

정답 ②
해설 대한민국의 B규약상의 유보선언에 대해 대한민국은 동 규약 제23조 제4항을 1991년 3월 15일 유보철회하였으며(조약 제1042호), 제14조 제7항에 대해 1993년 1월 21일 유보철회 하였다(조약 제1122호).

02 A규약의 이행제도에 대한 설명으로 틀린 것은?

① 보고제도(정기적 보고제도)는 UN사무총장에게 보고 후, 경사리 검토와 점진적 적용을 의미한다.
② 국가간고발 제도와 개인의 국가고발 제도는 선언국가만 발동할 수 있다.
③ 사실심사절차는 직권으로 영토방문조사가 가능하다.
④ 국가간고발 제도와 개인의 국가고발 제도는 언제든 철회 가능, 언제든 선언 가능, 2008년 선택의정서를 통해 도입한다.

정답 ③
해설 사실심사절차는 동의 후 영토방문조사가 가능하다.

16

1982년 UN 해양법협약상 대향국들이 달리 합의하지 않는 경우 이들 간의 해양경계획정에 대한 설명으로 옳지 않은 것은?

① 대륙붕과 배타적 경제수역은 별개의 제도인 바, 대륙붕과 배타적 경제수역의 경계획정에 적용되는 원칙은 동일하지 않다.
② 영해의 경계획정은 역사적 권원이나 특별한 사정이 존재하지 않는 한 중간선에 의한다.
③ 대륙붕 경계획정은 공평한 해결에 이르기 위하여, ICJ 규정 제38조에 언급된 국제법을 기초로 하는 합의에 의하여 이루어진다.
④ ICJ는 배타적 경제수역의 경계획정에 관한 UN 해양법협약 규정이 관습국제법을 반영하는 것으로 판단하였다.

정답 ①

해설 영해의 경계획적과 달리 대륙붕과 배타적 경제수역 경계획정원칙은 '형평의 원칙'으로 동일하다.

관련 이론

포괄적인 해양헌장

- 영해, 접속수역, 배타적경제수역, 대륙붕, 공해, 심해저 등 해양의 모든 영역과 해양환경, 해양과학조사, 해양기술이전, 분쟁해결제도 등을 대상
- 국가 관할수역에 관한 전통 국제법 보완·발전
- 12해리 영해제도 및 국제해협 통과통항제도 확립
- 영해폭 종전 3해리에서 12해리로 확대
- 국제해협 통과통항제도 확립
- 연안국의 자원관할권 확대
- 200해리 배타적경제수역(EEZ)제도 확립(※ 협약채택이후 약 110여 개국이 200해리 배타적경제수역, 어업수역 또는 영해선포)
- 대륙붕제도 확립(※ 연안국의 육지영토의 자연적 연장에 따른 대륙변계의 바깥 끝까지로 하되, 대륙변계의 바깥 끝이 영해기선으로부터 200해리에 미치지 못할 경우 그 200해리까지를 대륙붕으로 정함
- 국가관할권 바깥수역에 관한 새로운 법제도(심해저개발제도) 확립
- 심해저와 그 자원을 "인류공동유산"으로 규정
- "국제해저기구"를 설립, 심해저자원 개발을 관리·규제
- 국제해저기구 산하 "심해저기업"에 의한 직접개발과 민간기업, 선행투자가를 통한 간접개발 등 병행개발체제 및 광구유보제도 채택
- 해양환경보호, 해양과학조사 분야 등에 있어서 기본법규 확립
- 해양분쟁해결제도 수립
- 포괄적인 해양분쟁해결을 위한 "국제해양법재판소" 설립('96.10.1)

유사 문제

01 1982년 UN 해양법협약상 공해에서의 해적행위에 대한 설명으로 타당하지 <u>않은</u> 것은?

① 사유의 선박 또는 항공기의 승무원 또는 승객에 의하여 사적 목적인 행위를 말한다.
② 범행된 불법적 폭력행위, 억류 또는 약탈행위. 공해상 다른 선박, 항공기 또는 동 선박, 항공기상의 사람이나 재산, 어느 국가의 관할권 밖의 장소에 있는 선박, 항공기, 사람 또는 재산 등이 대상이 된다.
③ 당해 선박 또는 항공기가 해적선박 또는 항공기라는 사실을 알고 그 활동에 자발적으로 참가하는 모든 행위를 의미한다.
④ 규정된 행위를 선동하거나 고의적으로 조장하는 행위는 해적행위에 포함되지 아니한다.

정답 ④

해설 규정된 행위를 선동하거나 고의적으로 조장하는 행위도 포함한다.

02 1982년 UN 해양법협약의 공해에서의 추적권에 대한 설명으로 타당하지 <u>않은</u> 것은?

① 이러한 추적은 외국 선박 또는 그 일부가 추적하는 국가의 내수, 군도수역, 영해 또는 접속수역 내에 있을 때 시작되어야 하며, 만일 중단되지 아니하는 경우에만 영해나 접속수역 밖에서 계속될 수 있다.
② 추적권은 군함이나 군용항공기 또는 기타 정부역무에 종사함이 명백히 표시되고 식별되며 이에 대한 권한이 부여된 선박이나 항공기에 의해서만 행사되어질 수 있다고 명시하고 있으므로, 군용항공기에 의한 추적의 경우에도 추적권이 적용되어야 할 것이다.
③ 추적권은 피추적선이 자국이나 제3국의 영해로 들어감과 동시에 중단된다.
④ 추적권은 외국선박이 연안국의 배타적 경제수역 내에서 불법적으로 어업행위를 한 경우에 그 배타적 경제수역 내에서 시작될 수는 없다.

정답 ④

해설 추적권은 외국선박이 연안국의 배타적 경제수역 내에서 불법적으로 어업행위를 한 경우에도 그 배타적 경제수역 내에서 시작될 수 있다. UN해양법협약 제111조 2항은 이러한 배타적 경제수역 내에서 행하여지는 추적권을 위한 일정한 규정을 두고 있다.
1952년 2월 두 대의 소련 전투기가 쿠릴제도 쪽으로 진입하여 비행하다가 일본 홋카이도 섬 상공에서 미국의 썬더제트기(Thunderjets)에 의해서 요격된 바 있는데, 미국 전투기는 소련영공을 침범하는 것을 피하기 위해 이들 전투기들에 대한 추적권을 포기한 바 있다.

17

1963년 영사관계협약에 따른 영사관원의 외교활동 수행에 대한 설명으로 옳은 것은?

① 파견국의 영사관원은 자국의 외교공관이 없고 제3국의 외교공관에 의하여 대표되지 않는 국가 내에서 그 국가에 통고한 후, 외교관으로서 외교활동을 수행할 수 있다.
② 접수국에서 파견국 영사관원의 외교활동 수행이 허용된 경우, 영사관원이 중대한 범죄를 범하게 되면 접수국 사법부의 결정에 따라 체포될 수 있다.
③ 파견국의 영사관원이 접수국 내에서 외교활동을 수행하는 경우, 영사관원은 접수국 내에서 외교특권과 면제를 향유한다.
④ 접수국 내에서 파견국 영사관원이 정부간 국제기구에 대한 파견국의 대표로서 활동하기 위해서는 접수국의 동의를 받아야 한다.

정답 ②

해설
① 접수국에 대한 통고가 아니라 접수국의 '동의'를 받아야 한다.
③ 영사관계협약 제17조에 의하면 외교특권과 면제를 향유하지 않는다.
④ 접수국에 '통고'를 요하므로 접수국의 '동의'를 요하는 것은 아니며 "영사관원은 접수국에 통고한 후, 정부간 국제기구에 대한 파견국의 대표로서 활동할 수 있다."

관련 이론

영사의 신체 불가침

접수국과의 관계에서 파견국을 대표하여 외교적, 정치적 직무를 수행하는 외교사절과는 달리 영사는 비정치적 또는 상업적 임무를 수행한다. 이러한 이유에서 영사기관의 구성원 모두는, 영사협약들과 기타 국제법에 의하여 면제되는 경우를 제외하고는, 일반 사인과 동일하게 그들의 사적 행위와 관련하여 접수국의 관할권에 복종하여야 한다. 즉 영사에게는 인적 면제가 부여되지 않는다. 그런데 1769년 프랑스와 스페인 간에 체결된 Convention of Pardo 이래 국가들은 양자 간 영사협약을 체결하여 영사의 사적 행위에 대하여 신체의 불가침을 인정하고 있다. 그 이유는 영사가 수행하는 직무(consular functioning) 때문이다. 경미한 범죄(some minor crime) 임에도 불구하고 영사를 체포 경우 영사기관의 기능과 비자발급, 여권, 여행서류의 발급 등 지연을 허용하지 않는 영사의 일상적인 직무 수행을 방해하게 된다. 이것은 파견국의 이익 뿐만 아니라 접수국의 이익도 해치며, 더 나아가 양국 간의 영사관계에 심각한 영향을 미치게 된다. 1963년 영사관계협약 제41조 1항은 '영사관원(consular official)은 중대한 범죄(grave crome)의 경우에 권한 있는 사법당국에 의한 결정에 따르는 것을 제외하고, 체포되거나(arrest) 또는 미결구금(detention peding trial)되지 않는다.'라고 규정한다. 동 조에 따르면 첫째, 영사는 재판관할권의 면제가 인정되지 않는 자신의 사적행위에 대해서는 신체의 불가침을 향유한다. 둘째, 영사에 의해 수행된 범죄가 중대한 범죄이고 그리고 권한 있는 사법당국에 의한 결정이 있으면 신체의 불가침이 제한되어 체포 또는 미결 구금 할 수 있다. 다른 영사협약들과는 달리 1963년 영사관계협약 제41조 1항에서는 권한 있는 사법당국에 의한 결정을 추가적으로 요구하고 있다. 셋째, 신체의 불가침이 제한되는 범위는 체포 및 '모든 형태의 구금이나 수감'이 아니라 체포 또는 '미결 구금'으로 한정한다. 넷째, 신체 불가침을 향유하는 인적범위는 영사기관 구성원 중에서 영사관원(consular officieal)으로 한정된다. 영사관원이란 영사기관장을 포함하여 영사직무의 수행을 위임받은 직원을 의미한다.(제1조 d) 따라서 영사기관의 행정 또는 기술 업무에 종사하기 위해 고용된 사무직원(consular employee)은 신체의 불가침을 향유하지 못한다. 또한 영사관원이 접수국 국민인 경우(제69조)와 영사가 영리적 사적 직업에 종사하는 경우에는 (57조) 불가침을 향유하지 못한다. 다섯째, 제41조 1항에 따른 신체 불가침이 접수국의 영사에 대한 형사소치 개시를 배제하지 않는다. 그렇다면, 영사의 신체 불가침을 제한할 수 있는 경우인 '중대한 범죄'의 해석은 어떻게 할까? 1963년 영사관계 협약은 '중대한(grave) 범죄'를 정의하고 있지 않기 때문에 결국 조약 해석의 문제로 귀착된다. 조약은 용어에 부여된 통상적 의미를 문맥속에서 조약의 대상과 목적에 비추어 성실하게 해석하여야 한다. 문맥과 함께 조약 체결 이후의 국가들의 합의, 추후 관행 및 관련 국제법규칙을 고려하여야 한다. 또한 교섭기록을 포함하여 보충적 수단을 이용할 수 있다. 'grave'의 통상적 의미는 'very serious'이다. 이를 영사직무의 효율적 수행을 위하여 접수국의 개입을 규제하기 위해 영사에게 신체불가침을 인정하는 목적 및 중대한 범죄 사유가 신체 불가침에 대한 제한 사유라는 점에서 볼 때, 중대한 범죄는 제한적으로 해석하여야 할 것이다. 또한 UN국제법위원회가 1960년 초안에서 제시한 두 가지 대안, 즉 '5년 이상의 징역' 또는 '중대한(grave) 범죄인'의 경우를 지지하였다는 사실도 고려하여야 할 것이다. 이러한 경우에도 범죄의 중대성(seriousness)을 누가 판단할 것인가, 무엇을 기준으로 판단할 것인가의 문제가 남아있다. 1963년 영사관계 협약 이전의 국가관행은 다양하지만, 대다수 영사협약들은 접수국 국내법에 규정된 형기(the length of sentence), 특히 5년 이상의 범죄를 기준으로 체포 또는 구금의 면제를 인정하지 않았다. 이 외에도 다수의 영사협약에서는 접수국 국내법상 중죄(미국, 영국 과 같이 보통법 국가에서 징역 1년 이상 또는 사형을 선고할 수 있는 매우 심각한 범죄로 규정하고 있는 범죄, felony)로 규정되어 처벌되는 범죄에 대해서는 면제를 인정하지 않았다. 이것이 오늘날에도 실행으로 유지되고 있는지는 분명하지 않다. 국가 실행을 살펴보면, 영국의 1968년 영사관계법은 5년 이상의 죄를 중대한 범죄로 정의하고 있고, 미국은 2013년 12월 뉴욕주재 인도 총영사관 소속 영사인을 Visa Fraud를 이유로 체포하여 기소하였는데 미국 국내법상 공문서 위조죄가 징역 10년 이하의 중죄(felony)였음을 고려해 볼 수는 있다.

영사의 재판관할권 면제

1963년 영사관계협약 제43조 1항은 '영사직원과 영사 고용인은 영사직무를 수행함에 있어 행해진 행위와 관련하여 접수국 재판 또는 행정 관할권에 복종하지 않는다.'면서 영사의 물적면제를 규정하고 있다. 영사의 사적 행위에 대해서는 재판관할권 면제가 인정되지 않는다는 것이다. 한편, 영사의 물적 면제 범위는 영사의 공적행위, 그것도 1963년 영사관계협약 제5조 상의 영사직무를 수행함에 있어 행해진 행위와 관련되는 것으로 한정된다. 이 협약 제5조는 1961년 외교관계 협약 제3조가 외교직무를 예시하고 있는 것과 달리 영사직무를 망라하고 있다. 영사가 수행한 영사직무 외의 공적 행위에 대해서는 사안에 따라 국가면제를 원용할 수는 있을 것이다.

유사 문제

01 1963년 영사관계협약에 대한 설명으로 틀린 것은?

① 영사관계는 외교관계를 전제하고 있으며 그 법적 근거로 외교관계협약에 규정되어 있다.
② 외교공관은 1국에 1개 설치되는데 반해, 영사기관은 지역별로 설치되어 하나의 접수국에도 여럿 있는 경우가 많은데, 이에 기인한 관할구역에 관한 규정들이 영사협약에만 있다.
③ 영사기관장의 임명과 위임장, 통고, 영사인가장의 부여 등 파견국에서의 임명에서부터 접수국에서의 승인까지의 과정이 외교관계 협약보다 자세히 규정되어 있다.
④ 인가장 부여 전 잠정적 인정에 관한 내용은 외교공관장에 대해서는 없는 규정이다.

정답 ①
해설 영사관계는 외교관계를 전제하고 있으나, 외교관계는 영사관계에 대해서는 무관심함에 따라서 이 내용은 영사관계협약에만 규정되어 있다.

02 1963년 영사관계협약에 대한 설명으로 틀린 것은?

① "본 협약의 어떠한 규정도 외교공관에 의한 영사업무의 수행을 방해하는 것으로 해석되지 아니한다."라고 한 문장만 존재하는 외교협약보다 자세한 내용을 기술하고 있다.
② 외교관은 형사관할권으로부터 절대 면제이지만 소추시 통고 조항이 있다.
③ 영사기관 폐쇄시 인근 관할구역 영사기관에의 기능 위임한다.
④ 영사관할구역의 변경, 다른 지방에 하위기관의 설치한다.

정답 ②
해설 외교관은 형사관할권으로부터 절대 면제이므로 소추시 통고 조항이 없다.

18

국제형사재판소(ICC)에 대한 설명으로 옳지 않은 것은?

① ICC의 재판관은 18명이며, 선출의 방식은 ICJ의 재판관을 선출하는 방식과 같다.
② UN 안전보장이사회가 ICC에 관한 로마규정 비당사국 국적의 범인을 ICC에 회부하는 경우, 비당사국의 ICC 재판권 수락 선언은 필요 없다.
③ ICC는 집단살해죄, 인도에 반한 죄, 전쟁범죄, 침략범죄에 대하여 관할권을 가진다.
④ ICC의 관할범죄에 대하여는 어떠한 시효도 적용되지 아니한다.

정답 ①

해설 ICJ의 경우 UN총회와 안전보장이사회에서 각각 투표를 진행하여 절대다수를 얻은 자를 선출한다. 반면, ICC재판관 선출은 당사국총회에서 3분의 2이상 출석과 출석한 당사국 3분의 2 이상의 동의를 얻은 자를 선출한다.

관련 이론

국제형사재판소는 집단살해죄(genocide), 전쟁범죄(war crimes), 반인도적 범죄(crimes against humanity)를 저지른 개인을 형사처벌하기 위해 설립된 국제법원이다. 1998년에 마련된 로마조약에 근거해 창설된 국제형사재판소는 해당 국가가 전쟁범죄 등에 대한 재판을 거부하거나 재판할 능력이 없다고 판단될 때 재판절차에 들어간다.

원칙적으로 국제형사재판소의 범죄에 대한 관할권은 범죄가 국제형사재판소 당사국 영토 내에서 발생하거나, 피의자가 당사국 국적자인 경우에 적용된다. 그러나 관련 국가가 국제형사 재판소 당사국이 아닌 경우에도 유엔 안전보장이사회는 해당국 상황을 국제형사재판소에 회부하여 조사하도록 요청할 수 있다.

국제형사재판소의 관할권은 2002년 이후 발생한 범죄에 대해서만 적용된다. 7월 이전에 발생한 행위는 다룰 수 없도록 '불소급 원칙'이 적용되기 때문이다. 즉, ICC의 재판권은 규정이 발효(2002. 7. 1.)된 뒤의 범죄에 대해서만 행사할 수 있다. 재판소는 징역을 선고할 수 있고, 이에 추가해 벌금 또는 범죄로부터 직간접적으로 발생한 수익과 재산을 몰수할 수 있다.

유사 문제

01 국제형사재판소(ICC)에 대한 설명으로 옳지 않은 것은?

① 네덜란드 헤이그의 국제형사재판소(ICC) 산하 시에라리온특별법정(SCSL)에서 찰스 테일러 전 라이베리아 대통령은 시에라리온 내전에 개입해 민간인 학살을 교사하고 방조한 혐의로 유죄 판결을 받았다.
② 국제사법재판소(ICJ)는 국제형사재판소와 다르게 유엔 산하의 사법기관이다.
③ 미국은 2000년 빌 클린턴 행정부 시절, 조약에 서명했지만 2002년 조지 W. 부시 행정부가 이를 철회했다.
④ 러시아는 2000년 조약에 서명하고 ICC의 당사국이다.

정답 ④
해설 러시아도 2000년 조약에 서명했지만, 러시아 역시 2016년 서명을 철회하고 ICC에서 탈퇴했다.

02 국제형사재판소(ICC)에 대한 설명으로 옳지 않은 것은?

① 소추부는 독립적인 권한을 갖고 있는데, 소추부는 재판소에 회부되는 범죄에 관해 구체적인 정보를 수집하고 이를 조사해 재판소에 기소하는 역할을 한다.
② 로마 규정이 발효된 1996년 7월 1일 이후 범죄행위에 대해서만 재판권을 행사할 수 있다.
③ 국제형사범죄가 발생하였을 경우에 ICC는 국내법원에 대하여 보충적인 역할을 수행하여야 한다.
④ 전범의 경우, 예전에는 제2차 세계대전의 독일군은 뉘른베르크 재판, 태평양 전쟁의 일본군은 극동 국제 군사 재판 등의 "임시" 재판소를 세워서 형사처벌했으나, 앞으로는 "상설" 재판소인 ICC가 모든 전범을 형사처벌하게 된다.

정답 ②
해설 로마 규정이 발효된 2002년 7월 1일 이후 범죄행위에 대해서만 재판권을 행사할 수 있다.

19

국제사법재판소(ICJ)의 재판절차상 소송참가에 대한 설명으로 옳지 않은 것은?

① 소송참가를 하고자 하는 제3국은 소송참가의 필요성을 입증해야 하며 서면으로 신청해야 한다.
② 협약의 해석이 문제가 되는 소송에서 기존 소송 당사국이 아닌 그 협약의 당사국이 소송에 참가할 경우, 그 국가는 판결에 구속되지 않는다.
③ 사건의 결정에 의하여 영향을 받을 수 있는 법률적 성질의 이해관계가 있다고 인정되는 제3국에 대하여 ICJ는 소송참가를 허용할 수 있다.
④ 국제공기구(public international organizations)가 당사자인 조약의 해석이 문제되는 ICJ 소송에서 그 국제공기구는 소송참가를 할 수 없고 단지 의견제출만 가능하다.

정답 ②

해설 협약의 해석이 문제가 되는 소송에서 기존 소송 당사국이 아닌 그 협약의 당사국이 소송에 참가할 경우, 해석적 참가에 있어서 참가국은 '판결에서 부여된 조약 해석'에는 구속을 받는다.

관련 이론

국제사법재판소(ICJ) 재판절차

- 공소의 제기는 ICJ 사무처장(Registrar)에 대하여 특별합의 통고(Notification of the Special Agreement) 또는 서면신청(Written Application)을 행함으로써 이루어짐
- 재판소 사무처장은 공소제기가 ICJ 규정에 따라 적법하게 제출되었음을 확인한 후, 이를 유엔사무총장, 회원국 및 재판소에서 재판을 받을 수 있는 국가에 통고
- 모든 문제는 9명 이상의 판사가 출석하여 과반수 찬성으로 결정하며 가부동수인 경우에는 재판장이 결정권을 가짐
- 사건의 당사국은 자국적 판사가 재판부에 없을 경우 동 사건에 한하여 특별 또는 자국의 판사를 선임할 권한이 있으며 이렇게 선임된 판사는 다른 판사들과 평등한 조건에서 판결에 참여함. 이를 국적판사(Judge Ad Hoc)라고 함
- 분쟁의 타방당사국이 판결상 의무를 이행하지 않을 경우 분쟁의 일방당사국은 동 판결의 집행을 위한 조치를 취하여 주도록 안전보장이사회의 소집을 요청할 수 있음

유사 문제

01 국제사법재판소(ICJ)에 대한 설명으로 틀린 것은?

① 재판소는 총회, 안보리 또는 기타 유엔기관 및 전문기관의 요청에 의해 그 활동범위 내에서 발생하는 법률적 문제에 대해 권고적 의견을 제시할 수 있다.
② 권고적 의견은 법적 구속력이 있다는 점에서 판결과 같기 때문에 판결에 상응하는 법적 정치적 권위를 보유한다.
③ 재판소의 관할은 당사자가 재판소에 부탁하는 모든 사건 및 특히 헌장 또는 현행 조약 및 협약에 규정된 모든 사항을 포함한다.
④ 개인은 그 소속 국가를 통하여 국가의 권리로서 재판소에 제소 가능하다.

정답 ②

해설 권고적 의견은 법적 구속력이 없다는 점에서 판결과 다르나 판결에 상응하는 법적 정치적 권위 보유한다.

02 국제사법재판소(ICJ)에 대한 설명으로 틀린 것은?

① 판결의 구속력은 당사국에게만 미치며, 사건은 일심으로 종결되고 상소는 인정되지 아니한다.
② ICJ 규정상의 조건에 합치하는 경우에 판결의 해석 또는 재심의 요청은 가능하다.
③ 일방 당사국이 판결을 이행하지 않는 경우, 타방 당사국은 안보리에 제소할 수 있으며 안보리는 판결의 이행 권고 또는 필요한 조치에 관한 권고를 내릴 수 있다.
④ ICJ 판결은 당사국과 당해사건에 대해서만 구속력을 가지며 ICJ는 선례에 따를 법적 의무가 없으나, 예측가능성 및 법적 안정성의 측면과 관련하여, 실제 재판에 있어서 ICJ는 과거의 판례를 존중하는 경향이 있다.

정답 ③

해설 일방당사국이 판결을 이행하지 않는 경우, 타방당사국은 안보리에 제소할 수 있으며 안보리는 판결의 이행 권고 또는 필요한 조치에 관한 결정을 내릴 수 있다.

20

국제사법재판소(ICJ)가 판단한 국제법의 연원에 대한 설명으로 옳은 것은?

① ICJ는 2개국 간의 관습국제법이 성립될 수 없다고 판단하였다.
② ICJ는 분쟁 당사국간 회의의사록이 ICJ 관할권 성립에 기초가 되는 국제협정으로 판단하였다.
③ ICJ는 회부된 분쟁에 적용되는 국제법규를 해석할 때 형평(equity)을 고려하여 판단한 적이 없다.
④ ICJ는 조약이나 관습국제법에 우선하여 법의 일반원칙을 적용할 수 있다고 판단하였다.

> **정답** ②
>
> **해설** ① '인도령 통행권 사건'에서 2개국 간 관습국제법 성립 가능성을 인정하였다.
> ③ ICJ는 회부된 분쟁에 적용되는 국제법규를 해석할 때 형평(equity)을 고려하여 판단한 것은 해양경계획정에 관한 사건에서는 형평을 고려하여 판단한다.
> ④ 법의 일반원칙은 보충적 연원이므로 조약이나 관습에 우선하여 적용될 수 없다.

관련 이론

국제법의 연원

ICJ 규정 제38조

1. 재판소는 재판소에 회부된 분쟁을 국제법에 따라 재판하는 것을 임무로 하며, 다음을 적용한다.
   가. 분쟁국에 의하여 명백히 인정된 규칙을 확립하고 있는 일반적인 또는 특별한 국제협약
   나. 법으로 수락된 일반관행의 증거로서의 국제관습
   다. 문명국에 의하여 인정된 법의 일반원칙
   라. 법칙결정의 보조수단으로서의 사법판결 및 제국의 가장 우수한 국제법 학자의 학설
   다만, 제59조의 규정을 따를 것을 조건으로 한다.
2. 이 규정은 당사자가 합의하는 경우에 재판소가 형평과 선에 따라 재판하는 권한을 해하지 아니한다.
   가. 재판준칙에 관한 예시규정 : 그러나 일반적으로 국제법의 법원을 열거하고 있는 것으로 평가된다.
   나. 의사주의와 보편주의의 절충
   다. 법원 사이의 효력순위와는 무관

관습

Ⅰ. 개념
　1. 의의 법으로서 수락된 일반 관행의 증거
　2. 구속력의 근거
　　① 의사주의 : 묵시적 합의
　　② 객관주의 : 관행과 법적확신

Ⅱ. 관습의 성립요건
　1. 객관적 요소
　　① 통일되고 일관된 관행의 존재
　　　㉠ 관행이 존재할 것 : 속성, 야생관습법 부인, 니카라과 사건
　　　㉡ 관행이 상당기간 지속 : 북해대륙붕 사건
　　　㉢ 일반적인 관행일 것 : 인도령 통행권 사건/Asylum 사건
　　　㉣ 관행이 통일성과 일관성이 있을 것 : Asylum 사건
　　② 국가관행의 증거 국가들의 실제적 행위, 국가의 언어적 행위, 나아가 1986년 니카라과 사건에서 ICJ는 국제기구 또는 국제회의의 결의나 선언을 국가관행의 일부로 받아들인 바 있다.

2. 주관적 요소 : 법적 확신
① 일반 국제관습법 : 주장하는 측이 관행을 입증하면 법적 확신은 추정
② 특별, 지역관습법 : 주장하는 측이 관행과 법적 확신을 입증
Ⅲ. 국제 관습법의 효력
1. 원칙 : 보편적인 효력
2. 예외 : 집요한 불복이론
Ⅳ. 지역 또는 지방관습
1. 의의
2. 성립 요건
① 문제 국가들의 보편적 관행
② 법적 확신 : 성립을 주장하는 국가에게 증명책임
3. 법적 지위
① 특별관습의 지위
② 강행규범과의 관계
ICJ는 조약이 재판규범이고 국제법의 법원인 것까지는 기술하였으나 조약의 정의에 대하여는 밝히지 않고 있다.

1969년 조약법에 관한 비엔나 협약

비엔나 협약이 조약에 관하여 협의하였지만 이를 특정한 협약을 뛰어넘은 일반국제법상의 일반적 정의라고는 할 수 없다. 비엔나 협약 역시 계약법에서 유추하여 당사국만을 구속할 뿐 비당사국은 구속할 수 없는 조약의 하나이기 때문이다. 따라서 법원으로서의 조약과 비엔나협약에서의 조약이 차이가 있을 수 있다. 그럼에도 불구하고 우리는 조약에 관한 일반적 정의에 대한 직접규정을 가진 것이 없으므로 비엔나협약 상의 정의를 보며 법원으로서의 조약에 대하여 생각해 보아야 한다.

1. 조약법에 관한 비엔나 협약에서의 조약에 관한 정의
단일의 문서 또는 그 이상의 문서에 구현되었는가에 관계없다.
2. 명칭에 관계없다.
헌장, 규정, 협약(최근 다자조약에) 협정(양자조약), 비망록 조약, 규약 등. 구시대 신사협정은 법적 성격을 갖지 않는 국가적 합의, 정치적 합의
3. 서면형식
구두를 배제하였다. 이 점에서 일반국제법 상의 조약과 비엔나협약 상의 조약이 차이가 발생한다. 즉, 일반국제법(국제법 전체개념)에 있어서는 구두형식으로 이루어진 것도 조약이다. 편의성에 따른 전화회담 같은 것이 구두합의/조약의 주요사례가 될 수 있다. 그러나 이러한 전화회담 등은 비밀외교 이면합의 등의 가능성 때문에 민주주의와 긴장관계에 있다. 이에 대해 미국에서는 통화공개법을 통해 녹취를 국민들에게 제공한다. 그러나 통화공개법을 따르더라도 이 경우는 문서는 인정될 수 있으나 쌍방에 의한 것이 아니라는 문제가 있다. 따라서 구두합의 조약에 어떤 규칙이 있는지 찾아보아야 한다. 그러나 구두에 대하여서 별도의 규칙이나 조약이 존재하지 않는다. 그러므로 같은 것은 같게 다른 것은 다르게라는 정의관념에 맞추어 구두에 있어서도 서면 합의에 관한 규칙을 유추할 수 있을 것이다.
4. 국가 간의 체결
국제법에 따라 규율된다. 국내법이 적용되는 합의를 배제하기 위하여 비엔나 협약에서 국제법이 적용된다고 규율하였으나, 현실에서는 국가 간 의사에 따라 특칙으로 국내법이 적용되는 경우도 있을 수 있다. (통상적으로 국제법)
5. 국가간 합의
서면으로 된 국가간의 합의가 비엔나협약에서 정의하는 조약이지만 이는 일반국제법상의 조약과 모두 일치하는 것은 아니다.
6. 성립 요건
어떤 특정의 실행이 확립된 국제법규로서의 여러 국가 간의 일반적 승인을 얻은 것이라야 한다. 따라서 그것의 성립 요건은 일반적 관행과 법적 확신이다. 동일한 형태의 실행이 반복, 계속되어 일반성을 갖게 된 것을 말한다. 일반적 관행의 증거로서 추정되는 관행에는 국가 행동과 국제조직의 결의나 실행도 포함된다. 이러한 관행은 어느 정도 항구적, 균일적 관행으로서 반복될 필요가 있는데 그 구체적 인정은 국제재판소가 개개의 관계사항을 참조하여야 한다. 그리고 오늘날과 같이 빠른 국제사회에 있어서는 새로운 관습법이 단시일에 성립될 수도 있다. 이를 속성관습법이라 하며 관습법의 규칙이라고 주장되는 것에 반대하는 증거가 없는 경우에는 극히 약소한 관행이라 하며 관습법의 규칙이라고 주장되는 것에 반대하는 증거가 없는 경우에는 극히 약소한 관행이라도 극히 소수의 국가만의 관행일지라도 극히 단기간 계속된 것일지라도 관습법 성립에 충분하다는 학설이 있다.

유사 문제

01 국제법상의 권원에 대한 설명으로 옳지 않은 것은?

① 1978년 조약에 대한 국가승계에 관한 비엔나 협약에서 '객관적 체제를 창설하는 조약'의 존재를 인정하지 아니하였다.
② 관습국제법의 관행은 일정기간 동안 지속적으로 반복됨으로써 그 내용이 명확해지고 특히 특별한 이해관계국이 반응할 기회가 제공되지만, 단 오랜 기간 동안 아무 반응을 하지 않으면 최소한 묵인의 의사로 해석될 수 있다.
③ 국제재판소는 일반국제법을 알고 있다고 간주되므로 잘 알려진 '일반'관습법의 경우 이를 부정하는 당사국이 불성립의 입증 책임을 지나, '지역적' 국제관습법의 경우 이를 주장하는 분쟁당사국에게 입증책임이 있다.
④ 개인간의 민사관계에 외국적 요소가 개입되어 있는 상황에서 적용할 실체적 사법이 둘 이상 있는 경우 어느 사법을 적용해야 하는가를 결정하는 법은 국내법이다.

정답 ①
해설 1978년 조약에 대한 국가승계에 관한 비엔나 협약에서 '객관적 체제를 창설하는 조약'의 존재(국경선 획정 조약과 지역권 설정 조약)를 인정하였다.

02 국제법 연원 중 임의규범 내 서열에 대한 설명이 잘못된 것은?

① 일반조약은 개별조약보다 우위이다.
② 특별조약은 일반조약과의 관계에 있어서 일반조약과 양립 가능한 범위에서 동등하다.
③ 일반조약에 참여하고 있는 몇몇 당사국간에 지역적인 관습법이 존재하며 이 두 개의 규범이 양립할 수 없는 원칙을 포함하고 있는 경우, 이들 둘 다 간에도 일반조약이 개별관습법에 우선하여 적용된다.
④ 지역관습법이 일반관습법과 다른 원칙을 포함한다고 했을 경우, 이들 간에 지역관습법의 존재가 확인되는 시점부터 일반관습법에 대신하여 그 지역 관습법이 적용된다.

정답 ②
해설 특별조약은 일반조약과의 관계있어서 일반조약과 양립 가능한 범위에서 우위이다.

2017년도 기출문제

01

A국의 국적을 가진 민간인 갑(甲)이 B국에서 C국 국적의 여행객들을 상대로 절도행위를 한 경우, C국이 갑(甲)에 대하여 형사관할권의 행사를 주장할 수 있는 근거는?

① 능동적 속인주의(Active Personality Principle)
② 수동적 속인주의(Passive Personality Principle)
③ 보편주의(Universality Principle)
④ 속지주의(Territorial Principle)

정답 ②

해설 A국의 관할권은 속인주의, B국은 속지주의, C국은 수동적 속인주의이다.

관련 이론

보편관할권

보편관할권은 역외관할권의 한 형태이다. 가해자가 해당국 국적자가 아니며 범죄가 다른 국가에서 발생했음에도 불구하고 일부 범죄의 경우 그 중대성으로 인해 모든 국가가 가해자를 처벌할 의무가 있다는 발상에 근거를 둔다. 제2차 세계대전이 끝나고 뉘른베르크에서 나치 독일지도자를 상대로, 도쿄에서 일본 군 지도자를 상대로 진행된 재판 이후 보편관할권의 개념은 더욱 발달했다. 이 재판소들은 과거 소추한 전례가 없었던 평화에 반한 범죄, 전쟁범죄, 반인도범죄를 죄명으로 소추하였다. 당시 이 재판소들의 관할권에 대한 근거는 보편관할권이 아니었으나, 사실상 오늘날의 보편관할권의 한 형태를 적용하고 있었다는 점은 널리 인정받고 있다. 제2차 세계대전 이후 1949년 제네바 협약이 채택되어 전쟁법과 전쟁범죄의 정의를 명시하였다. 제네바 협약은 모든 협약 당사국이 자국 법원에서 전쟁범죄 가해자를 소추하거나, 소추 의지가 있는 다른 국가에 인도해야 한다고 적시하고 있다. 제네바 협약 이후 뒤따라 여러 인권조약이 국가로 하여금 침해 행위를 불법화하고 소추하도록 했다. 예를 들어, 1984년 채택된 고문방지협약은 고문을 자행한 혐의가 있는 자를 소추하거나 인도할 의무가 당사국에 있다고 명시하고 있다. 오늘날 많은 국가는 자국 영토 내 가해자가 특정되면 국내 법원이 전쟁범죄, 반인도범죄, 고문, 집단살해죄 등 국제 범죄를 소추할 수 있도록 하는 법을 채택하고 있다. 예를 들어 2022년 독일 법원은 시리아에서 자행한 고문을 비롯한 반인도범죄 혐의로 시리아 국적자에게 유죄 판결을 내렸다. 이 판결을 받은 가해자는 시리아 다마스쿠스의 한 구금시설에서 고문, 살해, 강간, 성폭행이 자행될 당시 해당 시설을 총괄한 혐의가 있는 전직 정보 관료였다. 이후 그는 시리아에서 독일로 이동하여 망명을 허가 받았는데, 결국 항소 가능한 무기징역 선고를 받았다.

유사 문제

01 국제법상 관할권에 대한 설명으로 타당하지 않은 것은?

① 영미법계 국가는 속지주의가 원칙이며 속인주의는 보충적으로 채택하고 있다.
② 적어도 중대범죄(반역, 살인, 중혼(重婚), 조세범죄, 마약거래, 해외 아동 매춘, 군대에 의한 또는 군대를 대상으로 한 범죄)는 영국법 및 미국법에서 속인주의를 적용한다.
③ 진정 보편관할권은 해적 행위, 노예무역, 집단살해죄, 인도에 반하는 죄, 전쟁범죄 등이 있다.
④ 강행규범상의 의무가 국제공동체의 현 단계에서 개인에게 부여되는 것이지 국가에게 직접 부과되는 것은 아니다.

정답 ④
해설 강행규범상의 의무가 국제공동체의 현 단계에서 국가에게 부여되는 것이지 개인에게 직접 부과되는 것은 아니다.

02 국제법상 관할권에 대한 설명이 잘못된 것은?

① 행위자의 국적과 상관 없이 국가는 자국 영토 내에서 발생한 사건에 대해 관할권을 행사할 수 있다는 원칙이 속지주의(Territorial principle)이며, 이에 입각한 관할권을 영토관할권이라고 한다.
② 국가는 자국민이 국내외 어디에 소재하든 그의 행동에 대해 관할권을 행사할 수 있다는 원칙이 속인주의(Nationality principle)이며, 이에 근거한 관할권을 국적관할권이라고도 한다.
③ 외국에서 발생한 외국인의 행위라 할지라도 그로 인해 국가적 이익을 침해당한 국가가 관할권을 행사할 수 있는 원칙을 보호주의(Protective principle)라 하며, 이에 근거한 관할권을 보호관할권이라 한다.
④ 외국인이 자국민을 대상으로 외국에서 행한 범죄에 대하여 국가가 관할권을 행사할 수 있는 원칙을 피해자 국적주의(Passive nationality principle)라 하며, 능동적 속인주의라고도 한다.

정답 ④
해설 외국인이 자국민을 대상으로 외국에서 행한 범죄에 대하여 국가가 관할권을 행사할 수 있는 원칙을 피해자 국적주의(Passive nationality principle)라 하며, 수동적 속인주의라고도 한다.

02

1982년 UN해양법협약상 배타적 경제수역제도에 대한 설명으로 옳지 않은 것은?

① 연안국은 자국의 배타적 경제수역에서 천연자원의 탐사, 개발, 보존 및 관리를 목적으로 하는 주권적 권리를 갖는다.
② 연안국은 자국의 배타적 경제수역에서 타국 항공기의 비행을 허가할 권리를 갖는다.
③ 인간이 거주할 수 없거나 독자적인 경제활동을 유지할 수 없는 암석(rocks)은 배타적 경제수역을 가질 수 없다.
④ 연안국은 자국의 배타적 경제수역에 인공섬이나 구조물을 설치할 수 있고, 그 인공섬 및 구조물의 안전을 보장하기 위하여 안전수역을 설정할 수 있다.

정답 ②

해설 배타적 경제수역(EEZ)의 상공은 공공(公空)이기 때문에 연안국이 허가권을 갖지 않는다.

관련 이론

배타적 경제수역 개요

1. '73~'82 : 제3차 유엔해양법회의 개최
2. '82. 4. 30 : 유엔해양법협약 채택
3. 구성 : 전문, 본문 17부 320개조, 9개 부속서, 6개 특별부속서, 4개 특별결의
4. 서명
   ① 우리나라, 일본, 중국, 러시아 및 대부분의 개도국 포함 157개국 서명
   ② 미국 등 일부 선진국은 심해저개발제도에 불만, 협약서명 기피
   ③ '94. 11. 16 협약 발효(60개국 비준서 기탁 후 12개월 경과)
   ④ 2009. 10월 현재 160개국 비준(※ 미국은 미가입)
   ⑤ 해양법재판소(독일 함부르크) : '96. 10. 1. 업무개시
   ⑥ '82년 협약 채택 후 변화된 국제정치·경제 질서와 선진국의 입장을 반영
   ⑦ '94.7.28 유엔총회, "심해저이행협정" 채택, '96. 7. 28 발효(※ '09. 10월 현재 138개국 비준, 우리나라는 '96.1.29 비준서 기탁)
   ⑧ '95.9.8 "공해 상 어족보호에 관한 이행협정" 채택('01.12.11 발효, '08.2.1 비준서 기탁)
5. 우리나라 비준 현황
   ① '95. 12. 1 국회 비준 동의
   ② '96. 1. 29 UN에 비준서 기탁
   ③ '96. 2. 28 발효(※ '95. 12. 6. 영해법 개정하여 접속수역 신설, '96. 8. 8. 배타적 경제수역법 제정)
6. 주요 내용
   ① 포괄적인 해양헌장
   ② 영해, 접속수역, 배타적경제수역, 대륙붕, 공해, 심해저 등 해양의 모든 영역과 해양환경, 해양과학조사, 해양기술이전, 분쟁해결제도 등을 대상
   ③ 국가 관할수역에 관한 전통 국제법 보완·발전
   ④ 12해리 영해제도 및 국제해협 통과통항제도 확립
   ⑤ 영해폭 종전 3해리에서 12해리로 확대
   ⑥ 국제해협 통과통항제도 확립
   ⑦ 연안국의 자원관할권 확대
   ⑧ 200해리 배타적경제수역(EEZ)제도 확립※ 협약채택이후 약 110여 개국이 200해리 배타적경제수역, 어업수역 또는 영해선포)

⑨ 대륙붕제도 확립(※ 연안국의 육지영토의 자연적 연장에 따른 대륙변계의 바깥 끝까지로 하되, 대륙변계의 바깥 끝이 영해기선으로부터 200해리에 미치지 못할 경우 그 200해리까지를 대륙붕으로 정함)
⑩ 국가관할권 바깥수역에 관한 새로운 법제도(심해저개발제도) 확립
⑪ 심해저와 그 자원을 "인류공동유산"으로 규정
⑫ "국제해저기구"를 설립, 심해저자원 개발을 관리·규제
⑬ 국제해저기구 산하 "심해저기업"에 의한 직접개발과 민간기업, 선행투자가를 통한 간접개발 등 병행개발체제 및 광구유보제도 채택
⑭ 해양환경보호, 해양과학조사 분야 등에 있어서 기본법규 확립
⑮ 해양분쟁해결제도 수립
⑯ 포괄적인 해양분쟁해결을 위한 "국제해양법재판소" 설립('96.10.1)
  ㉠ 9년 임기의 재판관 21명으로 구성
  ㉡ 故박춘호 재판관 재임('96.8~'08.11), 현재 백진현 재판관 재임중('09.3~'14.9)
  ㉢ 심해저분쟁재판소 : 3년 임기의 재판관 11명으로 구성

유사 문제

01 유엔 해양법협약상 배타적 경제수역에 대한 설명으로 타당하지 않은 것은?

① 연안국은 생물·비생물 자원의 탐사·개발·보존 및 관리에 관한 주권적 권리를 가진다.
② 에너지 생산과 같은 동수역의 경제적 개발 및 탐사에 관한 주권적 권리를 가지는데 이 권리는 장래의 해양에 대한 경제적 이용 양태를 포괄하는 권리이다.
③ 연안국은 인공도·시설물·구조물의 설치와 사용에 관한 주권적 권리를 가지며 이 권리는 현대 과학기술의 발달에 따른 해양이용의 적극화 추세를 반영한 것이다.
④ 해양의 과학적 조사에 대한 관할권을 가지는데, 이는 해양선진국과 연안국간에 이해관계의 충돌이 심한 문제로서 관할권 행사의 해석에 따라 연악국의 동의 필요 여부가 결정된다.

정답 ③
해설 인공도·시설물·구조물의 설치와 사용에 관한 관할권을 가지며 이 권리는 현대 과학기술의 발달에 따른 해양이용의 적극화 추세를 반영한 것이다.

02 유엔 해양법협약상 EEZ에 대한 설명으로 타당하지 않은 것은?

① EEZ의 생물자원의 이용에 있어 연안국은 보존조치를 고려하여 "총허용어획량"에 관한 배타적 조업권을 갖는다.
② 연안국은 총허용어획량 중 자국 조업능력분을 초과하는 잉여량에 대해서 외국선박에 조업을 허가할 수 있다.
③ 연안국은 국내 입법을 통하여 외국선박의 입어에 대하여 포괄적 규제를 할 수 있다.
④ 연안국은 자국법령의 이행을 보장하기 위하여 검색·사법절차 등의 집행절차를 취할 수 있으나 연안국의 집행조치에는 일정한 제한이 있는데, 나포·체포된 승무원은 보석금 예치시 즉시 석방해야 하고, 체형을 부과할 수 없으며, 기국에게 관련사항을 신속히 통보해 줄 의무가 있다.

정답 ②
해설 연안국은 총허용어획량 중 자국조업능력분을 초과하는 잉여량에 대해서 외국선박에 조업을 허가한다. 의무 규정이다.

03

국적에 대한 설명으로 옳지 않은 것은?

① 국제사법재판소(ICJ)는 1955년 노테봄(Nottebohm) 사건에서 외교적 보호권의 행사가 유효하기 위해서는 국적국과 그 국민 사이에 진정한(genuine) 유대(link/connection)가 있어야 한다고 판시하였다.
② 1930년 국적법 저촉에 관한 헤이그협약에 따르면 누가 자국의 국민인가는 각국의 국내법에 의하여 결정된다.
③ 1930년 국적법 저촉에 관한 헤이그협약에 따르면 둘 이상의 국적을 가진 개인은 그 각각의 국적국에 의하여 자국민으로 간주될 수 있다.
④ 우리나라 「국적법」은 부계혈통주의를 원칙으로 하고 있다.

정답 ④

해설 우리나라 국적법은 부모양계혈통주의를 원칙으로 한다.

관련 이론

복수국적(複數國籍)은 한 사람이 합법적인 국적을 2개 이상 가진 경우를 의미한다. 과거에는 이중국적이라는 표현을 사용하였으나 3개 이상의 국적을 가지고 있는 경우를 포함할 수 없고, 부정적인 뉘앙스가 있기 때문에 복수국적이라는 용어를 사용하도록 개정되었다.
속지주의 국가에서 출생하거나 국제결혼으로 태어난 아이가 복수국적을 갖게 된다. 이를 다중국적(多衆國籍)이라고도 한다.
대한민국은 부모 양계혈통주의 국적법으로 개정되었기 때문에 1998년 6월 14일부터 출생 당시 부모 중 1명이 한국 국적이면 출생국가와 상관없이 한국 국적을 부여한다.
그러나 과거에는 '부계주의 국적법'이 적용되어서 출생 당시 아버지가 한국 국적인 경우에만 출생 국가와 상관없이 한국 국적이 부여되었다. 과거 출생자는 일시적인 특례법에 의해 아버지가 외국인, 어머니만 한국인이면 일시적으로 2004년 12월 31일까지 모친의 호적에 신고[2]하면 한국 국적을 부여하는 특례법이 있어서 한국 국적을 포함한 복수국적을 가질 수 있었다. 이 경우에는 선천적 복수국적이 아니기 때문에 국적선택기한 이전까지 하나의 국적만을 선택해야 한다.
2010년 5월부터 "선천적인 복수국적자"와 출생 후 "만 20세 이전에 부모의 귀화에 의해 외국 시민권을 자동 취득하고 6개월 이내 국적보유신고한 자"는 한국 내 외국 국적 불행사 서약을 하고, 남성은 병역 의무를 이행하는 조건 하에 복수국적을 허용하도록 대한민국 국적법이 개정되었다. 여성은 만 22세 전까지 외국국적 불행사 서약을 할 수 있으며, 남성은 만 22세가 지났어도 군복무 후 2년 내에 외국국적 불행사서약을 할 수 있는 기회가 추가로 주어진다.
선천적인 복수국적에 한하여 2010년 5월 4일자 개정공포일 즉시 시행되었다. 이에 따라 한국에서 선천적인 복수국적을 허용받을 수 있는 나이는 1988년 5월 4일 출생자부터 해당된다. 또한 남성의 경우는 해외 거주하는 자에 한하여 병역 여부와 관계없이 만 18세가 되는 해의 3월 31일까지 한국 국적을 포기할 수 있다. 해당 기한이 지났을 경우에는 병역 의무를 해소하기 전까지 한국 국적을 포기할 수 없다.
그러나 국적법 제12조 3항에 의해 원정 출산으로 태어난 자, 현역 또는 보충역으로 병역 의무를 이행하지 않은 자는 복수국적을 허용받을 수 없고 하나의 국적만을 선택해야 한다.
또한 복수국적자는 한국에서 출국, 한국으로 입국할 시에는 한국 여권을 사용해야 하며, 해외에서는 하나의 여권을 선택하여 사용할 수 있다. 해외 출생자들 중 부모 중 1명이 한국 국적자인 경우 출생신고 여부와 관련 없이 한국 국적자로 취급되며, 원칙적으로 법무부는 이들의 외국 여권에 대한민국 사증을 발급해주지 않는다. 한국 방문시에는 재외공관을 통해 한국 여권을 신청해야 하며, 만약 한국 사증 발급을 원할 경우 국적이탈신고를 해야 한다.

유사 문제

01 국제법상 국적에 대한 설명으로 적절하지 않은 것은?

① 국적을 얻을 수 있는 자격은 각 국가의 법률에 정해져 있는데, 영토 안에서 그 국가의 국적을 가진 부부 사이에 태어난 아기는 어느 국가든 간에 자동적으로 국적이 부여되도록 규정되어 있다
② 속지주의를 택하는 국가는 다른 국가의 국적을 가진 부부 사이에서 태어난 아기라도 국적을 부여하며, 또는 대한민국과 같은 속인주의 국가에서는 모국과 부국의 국적이 다르면 이중국적을 부여할 수도 있다.
③ 이미 국적을 가진 자 혹은 무국적자는 귀화를 통해 국적을 취득할 수 있다.
④ 재외자국민 보호를 위해서는 자국민이 외국에 의해 불법적 취급을 받거나 손해를 입은 경우, 피해 당시로부터 외교적 보호가 이루어질 때까지 피해자가 국적을 계속 유지할 필요는 없다.

정답 ④
해설 재외자국민 보호를 위해서는 자국민(특히 시정하에 있는 주민)이 외국에 의해 불법적 취급을 받거나 손해를 입은 경우, 피해자가 가해국의 재판소 등을 이용하여 국내적 구제절차를 통해서는 구제를 받지 못하였거나 구제받을 전망이 없는 경우, 피해 당시로부터 외교적 보호가 이루어질 때까지 피해자가 본국 국적을 **계속 유지하였을 것을 조건으로** 하고 있다.

02 대한민국의 국적법상 국적에 대한 설명으로 적절하지 않은 것은?

① 2011년, 복수국적을 허용하는 국적법이 새로 개정되어 복수국적자를 법에서 제한적으로 수용하게 되었다.
② 국적법은 남성 복수국적자가 18세가 돼 제1국민역으로 편입된 때로부터 3개월 내에는 자유롭게 국적을 선택할 수 있도록 하되 그 이후부터는 병역 문제를 해소하지 않는 한 국적 이탈을 할 수 없도록 하고 있다.
③ 대한민국은 부모 양계혈통주의 국적법으로 개정되었기 때문에 1998년 6월 14일부터 출생 당시 부모 중 1명이 한국 국적이면 출생국가와의 관계를 고려해 한국 국적을 부여한다.
④ 2010년 5월부터 "선천적인 복수국적자"와 출생 후 "만 20세 이전에 부모의 귀화에 의해 외국 시민권을 자동 취득하고 6개월 이내 국적보유신고한 자"는 한국 내 외국 국적 불행사 서약을 하고, 남성은 병역 의무를 이행하는 조건 하에 복수국적을 허용하도록 대한민국 국적법이 개정되었다.

정답 ③
해설 대한민국은 부모 양계혈통주의 국적법으로 개정되었기 때문에 1998년 6월 14일부터 출생 당시 부모 중 1명이 한국 국적이면 출생국가와 상관없이 한국 국적을 부여한다.

04

국제사법재판소(ICJ)의 관할권에 대한 설명으로 옳지 않은 것은?

① 관할권에 대한 선결적 항변(preliminary objection)이 ICJ에 의해 거절되면, ICJ는 추가 소송절차를 위한 기한(time-limits)을 정한다.
② UN회원국은 ICJ규정 제36조 제2항의 선택조항(optional clause)을 수락하는 경우 유보를 첨부할 수 있다.
③ ICJ규정 제36조 제2항의 선택조항에 따른 ICJ관할권은 분쟁당사국들이 공통적으로 수락한 범위 내에서만 성립되므로, 분쟁의 피소국은 자신이 첨부한 유보뿐만 아니라 제소국이 첨부한 유보를 근거로도 ICJ관할권의 성립을 부인할 수 있다.
④ 모든 UN회원국은 자동적으로 ICJ규정의 당사국이 되므로, ICJ는 UN회원국 간의 분쟁에 대하여 강제관할권을 갖는다.

정답 ④

해설 ICJ규정의 당사국이라고 하더라도 강제관할권이 창설되기 위해서는 별도로 선택조항을 수락해야 한다.

관련 이론

국제사법재판소의 확대관할권

독도 분쟁 관련 일본의 ICJ 제소 검토 사실이 알려지면서 ICJ 제38조 5항에 따른 확대관할권 문제가 다시 주목을 받고 있다. 확대관할권 형성을 위해서는 어떠한 방식으로든 피제소국의 명확한 동의가 전제되어야 한다는 점에 대해서는 예나 지금이나 법리가 명확하다. 따라서 피제소국이 어떠한 방식으로든 관할권 형성에 반대한다는 입장을 명확히 밝히거나 또는 이에 대하여 아무런 대응을 하지 않게 되면 ICJ에서는 이 사건에 관하여 아무런 절차 진행이 일어나지 않게 된다. 최근 진행된 ICJ 분쟁에서의 확대관할권 문제를 검토하면 피제소국이 확대관할권을 수락하는 것은 지극히 예외적인 경우임을 알 수 있다. 즉, 피제소국이 확대관할권을 인정하여 ICJ 소송에 참여하는 것은 결국 자신이 성공적으로 방어할 수 있다는 확실한 자신이 있거나 또는 제소국의 주장사항의 법적 근거가 상당히 희박한 경우에 국한된다는 점이다. 그리고 피제소국이 일단 동의를 부여하는 경우에도 그러한 동의의 구체적 범위가 어떠한 지에 대해서는 당사국간 여전히 논란이 있을 수 있다는 점 역시 최근 분쟁에서 발견되는 부분이다. 또한 피제소국이 제출한 수락 서한을 해석하는 데 있어서도 해당 서한이 독자적으로만 해석되는 것이 아니라 제소신청서의 관련 내용과 연관되어 유기적으로 해석된다는 측면 역시 최근 판결에서 ICJ가 채택한 입장이다. 국제분쟁의 평화적 해결을 위한 ICJ의 역할과 국제사회에서 Rule of law의 중요성은 아무리 강조하여도 지나치지 않다. 그러나 그러한 원론적 입장이 구체적 사안에서 ICJ 관할권을 수락하도록 요구하는 것은 아니며, 그러한 기본적 원칙이 피제소국으로 하여금 확대관할권을 가급적 인정하도록 조장하고 있는 것은 더욱 아니다. 그간의 ICJ에서의 국가관행은 확대관할권은 지극히 예외적인 경우에 발생하는 상황이며, 일반적인 국가분쟁이나 ICJ 소송절차에서는 상정하기 힘들다는 사실을 잘 보여주고 있다.

유사 문제

01 국제사법재판소의 관할권에 대한 설명으로 옳지 않은 것은?
① 관할권 성립에는 원칙적으로 어떠한 형태로든 주권국가 동의 필요하다.
② 강행규범 위반이나 대세적 권리 침해를 주장하는 경우에는 피소국의 동의는 필요하지 아니하다.
③ 동의를 표하는 방법은 특별협정의 체결 즉, 당사국들이 분쟁 회부하기로 합의하거나 조약의 규정 결국 장래 발생할 분쟁을 ICJ 회부하기로 미리 조약에 규정하는 경우로 구분할 수 있다.
④ 동일한 의무를 수락한 국가와의 관계에서 재판소의 관할권을 미리 수락해 놓을 수도 있는데, 이를 선택조항 수락이라 한다.

정답 ②
해설 강행규범 위반이나 대세적 권리 침해를 주장하는 경우에도 피소국 동의 필요하다.

02 국제사법재판소의 관할권에 대한 설명으로 옳지 않은 것은?
① 피소국의 사후 동의에 의한 관할권 성립을 통상 확대관할권이라 하는데, 명시적 동의는 물론 관할권 성립에 동의한 것으로 해석되는 행동을 통해 의사 표시되기도 한다.
② 과거 PCIJ 관할권 수락 의사는 ICJ에서도 계속 인정된다.
③ 제소 시점에서 관할권 성립하면 이후 관할권 존속 여부 영향을 받는다.
④ 제3국의 법익이 판결의 주제에 해당된다면 그 국가의 동의 없이 ICJ가 사건을 심리할 수 없는데, 이를 Monetary Gold 원칙이라 부른다.

정답 ③
해설 제소 시점에서 관할권 성립하면 이후 관할권 존속 여부 영향이 없다.
④ 단순히 제3국의 법익이 영향을 받는다는 이유만으로 ICJ가 관할권 행사 거부하지 않음, 제3국의 법적 책임에 관한 결정이 재판을 진행하기 위한 전제조건인 경우에만 Monetary Gold 원칙 적용

05

UN안전보장이사회에 대한 설명으로 옳지 않은 것은?

① 안전보장이사회는 UN의 주요 기관 중 하나로서 5개의 상임이사국과 10개의 비상임이사국으로 구성된다.
② 안전보장이사회는 국제평화와 안전의 유지를 위한 일차적 책임을 부여받고 있다.
③ 안전보장이사회가 UN헌장 제6장에 의한 결정을 하는 경우 분쟁 당사자인 이사국은 기권을 해야 한다.
④ 안전보장이사회의 모든 결정은 상임이사국의 동의투표를 포함한 9개 이사국의 찬성투표로써 결정된다.

정답 ④

해설 국제연합의 안전보장이사회의 의사결정은 절차사항과 비절차사항으로 나뉘며, 전자는 단순 9개국 이상 찬성으로, 후자는 상임이사국 전부를 포함한 9개국 이상 찬성으로 요한다.

유사 문제

01 국제연합 안보리에 대한 설명으로 옳지 않은 것은?

① 안보리가 다루고 있는 사태에 대하여 총회는 ICJ에 권고적 의견을 요청할 수 있다고 해석되는데, 코소보의 일방적 독립선언에 대한 국제법의 합치성에 관한 권고적 의견에서 그렇게 판시했다.
② UN가입시 신회원국은 유보를 첨부할 수 있다.
③ 헌장은 안보리가 회원국을 "대신하여" 활동한다고 명시하고 있지만, 안보리가 개별사건에 있어서 회원국의 권한 위임에 근거하여 행동하는 것은 아니다.
④ 안보리의 결의는 대부분 권고이며, 이는 당사국을 법적으로 구속하는 효력은 없으나 권고를 수락하지 않은 경우 그 자체가 평화에 대한 위협, 평화의 파괴, 침략행위로 인정되어 제7장상의 강제조치의 대상으로 인정될 가능성은 있다.

정답 ②

해설 UN가입시 신회원국은 유보를 첨부할 수 없다.

02 UN(국제연합) 안보리에 대한 설명으로 틀린 것은?

① 안보리는 회원국들의 동의없이는 군사조치를 담은 안보리 결의를 실행에 옮기도록 구속할 수는 없는데 헌장 42조 해석에 의하지만 제25조로 인해 구속력이 생긴다.
② 안보리의 군사적 강제조치 결정은 표적국가를 포함한 모든 회원국에게 법적 의무를 부과한다.
③ 제7장만으로는 모든 회원국에게 법적 의무 부과 아니며 25장까지 동원되어야 모든 회원국에게 법적 의무가 부과된다.
④ 안보리 결정은 그 표적이 된 국가(target state)에 대해서도 구속력이 있기 때문에 그 결과, 동 국가는 자위권 원용, 무력사용에 이르지 않는 복구 호소, 안보리 수권에 의거한 무력사용국에 대한 배상청구는 허용된다.

정답 ④

해설 안보리 결정은 그 표적이 된 국가(target state)에 대해서도 구속력이 있기 때문에 그 결과, 동 국가는 자위권 원용, 무력사용에 이르지 않는 복구 호소, 안보리 수권에 의거한 무력사용국에 대한 배상청구가 금지된다.

06

1951년 난민의 지위에 관한 협약(난민협약)과 1966년 시민적 및 정치적 권리에 관한 국제규약(B규약)에 따른 외국인의 출입국에 대한 설명으로 옳은 것은?

① 국가는 국가안보, 공공질서 또는 경제 상황을 이유로 합법적으로 그 영역에 있는 난민을 추방할 수 있다.
② 모든 사람은 자국을 포함하여 어떠한 나라로부터도 자유로이 퇴거할 수 없음이 원칙이다.
③ 국가는 생명이 위협되는 영역으로부터 직접 온 난민에게 즉시 합법적 입국을 허용하여야 한다.
④ 전쟁범죄(war crime) 또는 인도에 반한 죄(crime against humanity)를 범한 사람은 난민협약 규정의 적용을 받지 못한다.

정답 ④

해설
① 국가안보, 공공질서 외의 사유인 경제상황을 이유로 추방할 수 없다. 즉, 협약상 추방 사유는 열거적이며 국가안보, 공공질서에 한정된다.
② 자국을 포함하여 어떠한 나라로부터도 자유로이 퇴거할 수 있는 것이 원칙이다.
③ 입국을 허용할 의무가 없지만, 일정한 조건하에 불법입국 및 체류 난민에 대한 처벌이 제한된다.

관련 이론

외국인의 입국 및 상륙

제1절 외국인의 입국 〈개정 2010. 5. 14.〉

제7조(외국인의 입국) ① 외국인이 입국할 때에는 유효한 여권과 법무부장관이 발급한 사증(査證)을 가지고 있어야 한다.
② 다음 각 호의 어느 하나에 해당하는 외국인은 제1항에도 불구하고 사증 없이 입국할 수 있다.
1. 재입국허가를 받은 사람 또는 재입국허가가 면제된 사람으로서 그 허가 또는 면제받은 기간이 끝나기 전에 입국하는 사람
2. 대한민국과 사증면제협정을 체결한 국가의 국민으로서 그 협정에 따라 면제대상이 되는 사람
3. 국제친선, 관광 또는 대한민국의 이익 등을 위하여 입국하는 사람으로서 대통령령으로 정하는 바에 따라 따로 입국허가를 받은 사람
4. 난민여행증명서를 발급받고 출국한 후 그 유효기간이 끝나기 전에 입국하는 사람
③ 법무부장관은 공공질서의 유지나 국가이익에 필요하다고 인정하면 제2항제2호에 해당하는 사람에 대하여 사증면제협정의 적용을 일시 정지할 수 있다.
④ 대한민국과 수교(修交)하지 아니한 국가나 법무부장관이 외교부장관과 협의하여 지정한 국가의 국민은 제1항에도 불구하고 대통령령으로 정하는 바에 따라 재외공관의 장이나 지방출입국·외국인관서의 장이 발급한 외국인입국허가서를 가지고 입국할 수 있다. 〈개정 2013. 3. 23., 2014. 3. 18.〉 [전문개정 2010. 5. 14.]

제7조의2(허위초청 등의 금지) 누구든지 외국인을 입국시키기 위한 다음 각 호의 어느 하나의 행위를 하여서는 아니 된다.
1. 거짓된 사실의 기재나 거짓된 신원보증 등 부정한 방법으로 외국인을 초청하거나 그러한 초청을 알선하는 행위
2. 거짓으로 사증 또는 사증발급인정서를 신청하거나 그러한 신청을 알선하는 행위 [전문개정 2010. 5. 14.]

유사 문제

01 우리나라의 난민의 출입에 대한 설명으로 타당하지 <u>않은</u> 것은?

① 우리나라 공항만에 도착하여 입국심사를 받는 때에 난민인정 신청을 하는 경우 신청자에 대한 면담조사를 통해 출입국·외국인 청장 또는 출입국·외국인 사무소장이 난민인정심사에 회부할 상당한 사유가 있는지 여부를 결정한다.
② 난민인정 심사에 회부하기로 결정되면 입국이 허가되고 회부결정일에 난민인정 신청을 한 것으로 보아 난민인정심사 절차가 진행되고, 불회부하기로 결정되면 별도의 입국심사를 통해 입국허가 여부가 결정한다.
③ 1차 난민신청에 대해서는 출입국·외국인청장 또는 출입국·외국인사무소장이, 1차 심사결정에 불복 시 이의신청에 대해서는 난민위원회의 심의를 거쳐 외교부장관이 결정하고 있다.
④ 난민인정 결정이 거짓 서류의 제출이나 거짓 진술 또는 사실의 은폐에 따른 것으로 밝혀진 경우 난민인정을 취소할 수 있으며, 더 이상 국제적 보호가 필요 없는 난민인정자에 대하여 난민인정을 철회할 수 있다.

정답 ③
해설 1차 난민신청에 대해서는 출입국·외국인청장 또는 출입국·외국인사무소장이, 1차 심사결정에 불복 시 이의신청에 대해서는 법무부 난민위원회의 심의를 거쳐 법무부장관이 결정하고 있다.

02 대한민국의 난민의 출입에 대한 설명으로 타당하지 <u>않은</u> 것은?

① 출입국관리법 제76조의 2 제2항은 상륙 또는 입국한 날(대한민국에 있는 동안에 난민의 사유가 발생한 때에는 그 사실을 안 날)부터 1년 이내에 난민인정 신청을 하도록 규정하고 있다.
② 법무부 역시 상륙 또는 입국한지 1년이 지난 후에 난민인정을 신청하더라도 접수를 거부할 수 있는 규정이 현행법상 있지 아니하므로 난민인정 신청 접수를 받고 있다
③ 전국출입국관리사무소, 출장소 또는 외국인보호소장을 상대로 난민인정 신청을 한다.
④ 불법입국 또는 불법체류 하였다면 난민인정 신청하는 외국인을 구금할 수 있다.

정답 ④
해설 불법입국 또는 불법체류 하였다고 하더라도 난민인정 신청하는 외국인을 구금하지는 않는다. 그러나 예외적으로 구금된 상태에서 난민인정절차가 진행되는 경우가 있다. 이 경우에는 보호일시해제를 신청할 수 있다.

07

국제형사재판소(ICC)에 대한 설명으로 옳지 않은 것은?

① ICC는 자연인에 대하여만 관할권을 가진다.
② UN안전보장이사회가 UN헌장 제7장에 따라 채택하는 결의로 ICC에 수사 또는 기소의 연기를 요청하는 경우 12개월의 기간 동안은 ICC규정에 따른 어떠한 수사나 기소도 개시되거나 진행되지 아니한다.
③ ICC는 범행 당시 만 20세 미만자에 대하여 관할권을 가지지 아니한다.
④ ICC의 관할범죄 중 침략범죄에 대해서 현재에는 ICC가 관할권을 행사할 수 없다.

정답 ③

해설 ICC는 범행 당시 만 18세 미만자를 처벌할 수 없다.

관련 이론

국제형사재판소 설립 배경

전통적으로 국제법 의무위반에 대한 책임은 국가에 한정되었으며 개인은 형사책임을 부담하지 않았다. 그러나 제1, 2차 세계대전의 참상을 거치면서 심각하고 중대한 국제범죄를 저지른 개인의 형사책임을 물을 상설 국제형사재판소 설립의 필요성이 증대되었다. 1998년 7월 17일 국제형사재판소(ICC : International Criminal Court) 설립을 위한 로마규정(Rome Statute)이 채택되었고, 2002년 7월 1일 로마규정이 발효함에 따라 ICC가 출범하였다. 재판소는 네덜란드 헤이그에 소재하고 있다.

관할권 행사

ICC가 관할하는 범죄는 집단살해죄(crime of genocide), 반인도범죄(crimes against humanity), 전쟁범죄(war crimes), 침략범죄(crime of aggression) 등 총 네 가지 이다. 이 가운데 집단살해죄, 반인도범죄, 전쟁범죄는 1998년 로마규정 채택 당시 범죄에 대한 정의와 관할권 행사조건이 로 마규정에 명시되었지만 침략범죄의 경우 정의와 관할권 행사조건에 대한 합의에 도달하지 못했다. 결국 2010년 6월 11일 로마규정 재검토회의에서 침략 범죄의 정의와 관할권 행사조건이 최종적으로 합의되었다. ICC는 로마규정이 발효한 2002년 7월 1일 이후 발생한 범죄에 대해 범행 당시 18세 이상의 자연인에 대해서만 관할권 행사가 가능하다. 다시 말해 법인이나 단체, 국가에 대하여는 관할권 행사가 불가능하다. 또한 국내 재판소가 관할권을 행사하여 재판을 진행하면 ICC는 관할권 행사가 원칙적으로 불가능한 데 이를 일반적으로 '보충성의 원칙'이라고 한다.

회부 절차

ICC는 당해 행위가 발생한 영역국(만약 범죄가 선박이나 항공기에서 발생한 경우에는 그 선박이나 항공기의 등록국), 범죄 혐의자의 국적국 중 1개국 이상의 로마규정 당사국 또는 ICC의 관할권을 수락한 국가가 소추관에게 관련 상황을 회부하거나 소추관이 독자적으로 수사를 개시하는 경우에 관할권 행사가 가능하다. 그러나 로마규정의 당사국이거나 ICC의 관할권을 수락한 국가가 아니라고 하더라도 유엔 안전보장이사회가 관련 상황을 소추관에게 회부한 경우에는 관 할권 행사가 가능하다. 다만, 유엔 안전보장이사회의 ICC 회부는 5개 상임이사국을 포함한 9개 이사국의 찬성이 필요하며, 상임이사국이 거부권을 행사하는 경우에는 회부를 할 수 없다.

유사 문제

01 국제형사재판소(ICC)에 대한 설명으로 옳지 않은 것은?

① 국제인도법의 중대한 위반이란 구체적으로 1949년 제네바 협정의 중대한 위반(제2조), 전쟁법 위반(제3조), 제노사이드(제4조), 인도에 반하는 죄(제5조)를 의미한다.
② 국제재판소는 국내법원에 비하여 우월한 지위를 가진다.
③ ICTY, ICTR 양 재판소는 서로 분리된 상소심이며, 검사 역시 분리된 인물이 각 재판소에 대한 검찰 역할을 수행한다.
④ 안보리는 또한 당사국에 의한 상황회부이든 소추관의 독자적인 수사개시이든 12개월 동안 ICC가 '사태'에 대하여 행하는 수사와 기소를 연기시킬 수 있는 권한을 가지고 있다.

정답 ③
해설 ICTY, ICTR 양 재판소는 서로 동일한 상소심을 공유하며, 검사도 동일한 인물이 양 재판소에 대한 검찰 역할을 수행한다.

02 국제형사재판소(ICC)에 대한 설명으로 옳지 않은 것은?

① 재판관 선거 후 가능한 한 신속히, 재판소는 제34조 나호에 명시된 담당부를 구성한다.
② 상소심부는 재판소장과 4인의 다른 재판관으로, 1심부는 6인 이상의 재판관으로, 그리고 전심부는 6인 이상의 재판관으로 구성된다.
③ 살해 등 제노사이드 범죄를 구성하는 행위를 범하려는 '의도'에 더하여 보호집단의 전부 또는 일부를 파괴하려는 "특별한 의도"가 (쉽지 않겠지만) 입증되어야 하는데, 결국 "특별한 의도"는 자백이 없으면 여러 사실로 추론할 수밖에 없다.
④ 제노사이드는 그 법적 요소로서 폭넓거나 체계적인 관행의 존재를 요구하지 않는데 이는 인도에 반하는 죄와 구분되는 점으로 1회적 실행만으로는 성립하지 않는다.

정답 ④
해설 제노사이드는 그 법적 요소로서 폭넓거나 체계적인 관행의 존재를 요구하지 않는데 이는 인도에 반하는 죄와 구분되는 점으로 1회적 실행만으로도 성립함을 의미한다.

08

국제법상 범죄인 인도제도에 대한 설명으로 옳은 것은?

① 우리나라 「범죄인 인도법」은 우리나라 또는 청구국의 법률에 따라 인도범죄에 관한 공소시효가 완성된 경우를 임의적 인도거절 사유로 규정하고 있다.
② 우리나라 「범죄인 인도법」은 범죄인이 대한민국 국민인 경우를 절대적 인도거절 사유로서 규정하고 있다.
③ 서울고등법원은 중국 국적의 리우치앙(劉强)을 정치범으로 인정하여 그를 일본으로 인도하는 것을 허용하지 않았다.
④ 우리나라가 체결한 범죄인 인도조약은 인도청구국의 법률상 범죄로 성립되기만 하면 그 행위를 인도대상범죄로 규정하고 있다.

정답 ③

해설
① 우리나라 또는 청구국의 법률에 따라 인도범죄에 관한 공소시효가 완성된 경우를 임의적 인도거절 사유는 절대적 인도거절사유이다.
② '자국민불인도원칙'으로서 이는 임의적 인도거절사유이다.
④ 인도청구국의 법률상 범죄로 성립되기만 하면 그 행위를 인도대상범죄로 규정하는 것은 쌍방가벌성이 적용됨에 따라서 청구국과 우리나라가 공히 범죄로 규정한 경우에 한해 인도대상범죄로 한다.

관련 이론

범죄인 인도제도 일반 원칙

1. 쌍방가벌성(double criminality)의 원칙
   인도의 대상이 되는 범죄는 대체로 인도청구시 청구국과 피청구국 쌍방에서 범죄를 구성할 것을 전제로 하여 일정한 기준 이상의 중대한 범죄에 국한되고 있다.
   예 한국인이 태국에서 합법인 대마초를 판매하고 돌아온 경우, 한국에선 불법이라 체포될 수는 있다. 하지만 한국인이 국내에서 대마초를 판매하고 태국으로 도피한 경우, 태국에서는 불법이 아니니 한국에 그를 인도할 수는 없다.
   甲은 한국에서 과실치사죄를 저지르고 일본으로 도망쳤는데, 대한민국 형법에서는 2년 이하의 금고 또는 700만원 이하의 벌금에 처한다고 되어 있지만 일본 형법에서는 50만엔 이하의 벌금에 처한다고 되어 있기 때문에 인도받을 수 없다.

2. 범죄특정(principle of speciality)의 원칙
   범죄인을 인도받아 인도 이전의 범죄에 대하여 재판할 때, 인도 청구시의 범죄에 대해서만 처벌할 수 있다는 원칙을 말한다. 이는 범죄인의 인권을 위해서이다.

3. 정치범 불인도의 원칙
   정치범의 경우 대부분의 국가에서 용의자 인도를 거부한다. 다만 국가원수 암살같은 범죄는 그 목적과 동기가 정치적일지라도 살인죄 등의 일반 범죄를 구성하기 때문에 예외가 되는데, 이를 가해조항, 또는 벨기에 조항이라고 한다.

유사 문제

01 범죄인인도에 대한 설명으로 타당하지 <u>않은</u> 것은?

① 대한민국은 미국에 대한 인도를 포함해서 자국민은 원칙적으로 속지주의에 의거하여 외국으로 넘기지 아니한다.
② 영미법계는 속지주의 기본 원칙만을 채택하고 있으며, 속인주의의 예외를 규정하고 있기 때문에 자국민도 인도 대상이 된다.
③ 영미법계는 인도의 대상이 되는 해외로 도피한 범죄인의 국적에 대해서 자국민과 외국인 사이에 특별한 차이를 인정하지 않고 있다.
④ 대륙법계와 샤리아에서는 자국민은 인도 대상이 아님을 원칙으로 한다.

정답 ①
해설 대한민국은 미국에 대한 인도를 제외하고는 자국민은 원칙적으로 속인주의에 의거하여 외국으로 넘기지 아니한다.

02 범죄인인도에 대한 설명으로 옳지 <u>않은</u> 것은?

① 상대국에서 국외 도피사범의 인도를 구하는 청구가 있는 경우 외교부에서 서울고등검찰청을 거쳐 대법원에서 심리한다.
② 수사 또는 재판이나 형 집행을 담당하는 검사가 검찰총장을 경유하여 법무부장관에게 범죄인인도를 신청하면 인도청구서는 '법무부 이어 외교부, 피청구국' 등으로 외교 경로를 통하여 전달된다.
③ 한국이 외국에서 범죄인을 인도받은 최초의 사례는 2002년 10월 22일 이태원 금성장 살인사건의 용의자 켄지 스나이더를 미국으로부터 인도받은 것이다.
④ 범죄인인도법에 의하면 인도조약이 체결되어 있지 아니한 경우에도 범죄인의 인도를 청구하는 국가가 같은 종류 또는 유사한 인도범죄에 대한 대한민국의 범죄인 인도청구에 응한다는 보증을 하는 경우에는 해당 법을 적용하여 범죄인을 인도받을 수 있다고 되어 있다.

정답 ①
해설 상대국에서 국외 도피사범의 인도를 구하는 청구가 있는 경우 외교부에서 서울고등검찰청을 거쳐 서울고등법원에서 심리한다.

09

1982년 UN해양법협약상 공해에서의 관할권 행사에 대한 설명으로 옳지 않은 것은?

① 모든 국가는 해적선·해적항공기 또는 해적행위에 의하여 탈취되어 해적의 지배하에 있는 선박·항공기를 나포하고, 그 안의 해적들을 체포하며, 재산을 압수할 수 있다.
② 군함은 일정한 범죄혐의가 있는 외국선박(군함 및 비상업용 정부선박을 제외한다)을 임검할 수 있다.
③ 추적권의 행사는 추적선과 피추적선 및 그 보조선이 모두 연안국의 관할수역 내에 있을 때 개시되어야 한다.
④ 선박은 한 국가의 국기만을 게양하고 항행하며 공해에서 그 국가의 배타적 관할권에 속한다.

정답 ③

해설 추적권의 행사에서 '추정적 존재이론' 또는 '해석학적 현장성이론'에 의하면 보조선박이 관할수역 내에서 위법행위를 한 경우, 공해상의 모선박을 추적할 수 있다.

관련 이론

공해의 자유와 관할권

중세기 때 발상된 '공해의 자유'는 오늘날까지도 국제관습법상의 원칙으로 간주되고 있다. 하지만 수세기간 인정되어온 '공해자유의 원칙'은 과학기술의 발달로 인하여 해양의 이용이 다양화되고, 자원의 확보가 용이해져 가는 현실을 반영하여 해양법이 변화해나감에 따라 21세기 현재 공해의 자유의 내용과 형태는 많은 부분 변화를 나타내고 있다. 특히 이러한 공해자유원칙의 근본적인 변화는 안보 환경과 환경에 대한 인식의 변화로부터 기인하는데 이러한 변화들은 동 원칙의 핵심이라고 할 수 있는 배타적 기국주의 관할권으로는 도저히 해결할 수 없는 성질로 인하여 국가들은 전통적인 배타적 기국주의에 의한 집행의 실패를 인정하고 다른 방안을 모색하게 되었다. 이러한 공해자유의 원칙의 변화 양상은 양적인 측면과 질적인 측면으로 나누어 볼 수 있다. 우선 양적 측면에서의 변화는 공해의 공간적·지리적 범위에서의 축소이다. 이러한 공해의 양적인 변화는 연안국의 관할권의 확장 현상인데, 그 대부분이 '1982년 UN해양법협약'의 채택 및 발효와 함께 발생하였다. 첫째, 3해리로 인정되던 영해의 범위가 최대 12해리로 확장되었으며, 접속수역 역시 영해기준선으로부터 최대 24해리 또는 영해외측한계선으로부터 최대 12해리로 확장되었다. 둘째, 대륙붕 역시 '1958년 대륙붕협약'에 의해 인정되던 대륙붕의 범위보다 확장할 수 있는 가능성이 열렸는데, 기본적으로 200해리까지는 모든 국가가 대륙붕을 선포할 수 있게 하고, 200해리를 넘은 경우 자연연장론에 입각하여 대륙붕의 범위를 대폭 확대하였다. 셋째, 연안국의 관할권이 행사될 수 있는 새로운 수역이 등장하였는데, 영해기준선으로부터 200해리 이내의 그 해저·지하·상부수역의 자원개발 및 보존, 그리고 공해방지에 관한 연안국의 배타적 권한을 인정하는 수역인, 배타적 경제수역(EEZ)이다. 마지막으로, 기존에 공해로 인정되던 공해부분의 해저부분인 심해저는 '인류공동의 유산'이란 개념으로 인정되어 국가들의 관할권 이원의 범위가 되었다. 공해 자유의 질적인 변화는, 앞서 언급했던 주로 환경과 안보의 상화의 변화로부터 기인한다. 우선 항해의 자유는 2001년 9.11 테러 이후 인식할 수 없는 대상과 형태로 행해지는 새로운 양상의 테러리즘에 대해 국제사회는 큰 위협을 느끼게 되었고, 대량살상무기가 이러한 테러리스트에 의하여 테러의 수단으로 이용될 경우의 치명적인 결과를 불러올 수 있다는데 합의를 이루게 되었다. 그리고 대량살상무기에 의한 테러를 방지하기 위해서는 기존의 협약들이 가지고 있던 테러범죄 이후의 테러리스트에 대한 형사처벌의 법리에서 나아가 대량살상무기의 확산 자체를 차단하여야 한다는 공감대가 형성되었다. 이에 따라 국가들은 조약의 신설 및 개정 그리고 국가간 협력체계를 구축하여 공해 상 테러행위 혹은 불법적 대량살상무기 확산의 혐의가 있는 선박에 대하여 해상차단 혹은 임검권을 행사하려는 노력을 강화하고 있어 공해 상 항해의 자유는 그 제한이 불가피한 상황이다. 또한 환경에 대한 국제사회의 보존 노력이 가속화되면서 환경오염의 원인들에 대한 다양한 규제가 시도되었고, 그 중 항해 중 선박으로 인한 대기 오염에 대한 규제도 포함된다. IMO에서는 1997년 '1997년 대기오염방지에 관한 의정서'가 채택되었고 2005년 5월 19일 발효되었는데, 동 의정서는 선박의 엔진에서 발생하는 황산화물과 질소산화물 농도를 감소시키게 하고 온실 가스의 사용을 금지하는 등의 의무를 규정하고 있어 항해의 자유에 대한 제한으로 작용할 수 있다. 어업의 자유도 항해의 자유와 마찬가지로 국제사회의 지구환경 보호 노력의 강화와 밀접한 관련이 있다. 그간 국가들의 무분별한 개발로 환경오염과 자원들은 고갈의 위험에 노출되자 자원의 장기적 이용가능성의 확보와 생태계 및 지구자연환경의 보존을 위한 활동을 강화하기 시작하였다. 이에 따라 국가들은 전통적으로 향유하던 어업의 자유를 상당부분 양보하면서 해양에서의 어업자원과 해양생태계를 보존하고 관리하기 위한 노력들에 동참하고 있다. 이러한 노력은 공해어업을 규율하는 다양한 내용과 방법들을 구현하고 있는 규범들로 탄생되었으며, 공해 상 어업의 자유는 일정 요건과 제한 하에 인정 되어지는 대폭 제한된 어업의 권리로서 변화되었다. 공해 상 상공비행의 자유와 관련하여서는 역시 안보상황의 변화와 관련이 있다. 국가들은 1950년대 이래 일방적으로 방공식별구역이라는 명칭 하에 자국으로 향하는 항공기에 대해 관할권을 행사하고 있는데, 이 구역의 범위가 공해 상공까지 확대되고 있어 그 국제법적 근거를 두고 논쟁의 대상이 되고 있다. 하지만 방공식별구역이 그 국제법적 근거를 두고 논쟁의 대상이 되고 있다. 하지만 방공식별구역이 합법성에 관한 논쟁에도 불구하고 국가들은 자국안보를 이유로 방공식별구역을 운용하고 있으며 설정한 확인 및 통제 규칙을 국가들에게 준수할 것을 요구하고 있어 상공비행의 자유는 제약 되어지고 있다. 전통적으로 기국이 아닌 타국에 의한 공해 상 관할권 행사는 극히 예외적인 경우에 한하여 국한되어 왔다. 하지만 국제사회의 변화된 환경들로부터 기인하는 안보 및 환경의 문제는 국제적 협력 없이는 어느 한 국가의 노력만으로는 불가능한 것이 특징이다. 그래서 국가들은 절대적으로 향유해왔던 자신들의 기국주의에 대한 일정부분의 제한을 감수하면서 그러한 문제들에 대처해나가고 있으며, 공해자유의 구체적 내용과 형식은 그에 따라 점차 변경되고 제한되고 있다. 이렇게 공해의 자유의 구체적인 내용들은 국제적 합의 내지는 규범의 형성으로 인하여 예전보다 많은 제한을 받는 것이 사실이고, 공해의 공간적 범위 역시도 국가의 관할권이 미치는 수역의 확장과 새로운 수역 및 제도들의 등장을 통하여 실질적으로 많이 감소되었다. 공해 자유의 원칙은 과학기술의 발전, 국제공동체의 이익 혹은 가치의 변화에 따라 공해의 자유의 구체적인 예와 그 제한사항 등을 수정하고 추가하며 변화하여왔다. 하지만 공해자유원칙의 근간은 국제사회의 원칙적인 규범으로써 그 지위를 유지되고 있는 것을 볼 때, 이는 국제사회와 국가들은 여전히 그 필요성을 인정하고 있다는 것을 반증한다고 볼 수 있다.

유사 문제

01 국제연합 해양법 협약중 공해에 대한 설명으로 옳지 않은 것은?

① 배타적경제수역에서 연안국은 공섬, 제56조에 규정된 목적과 그 밖의 경제적 목적을 위한 시설과 구조물, EEZ에서 연안국의 권리행사를 방해할 수 있는 시설과 구조물 건설하고, 이에 관한 건설·운용 및 사용을 허가하고 규제하는 배타적 권리를 가진다.
② 연안국은 이러한 인공섬, 시설 및 구조물에 대하여 관세·재정·위생·안전 및 출입국관리 법령에 관한 관할권을 포함한 배타적 관할권을 가진다.
③ 어느 국기를 게양할 자격이 있는 선박은 그 국가의 국적을 가지는데 그 국가와 선박 간에는 진정한 관련이 있어야 한다.
④ 공해는 공공재의 성격을 가진다.

정답 ④
해설 공해는 공공재가 아닌 공공물의 성격을 가진다.

02 국제연합 해양법 협약중 공해상 추적권에 대한 설명으로 옳지 않은 것은?

① 추적권은 추적당하는 외국선박이 그 기국 또는 제3국의 영해에 들어감과 동시에 소멸한다.
② 추적권과 관련된 사건으로는 '아임 얼론(I'm Alone)호 사건'과 '베링해 해구중재 사건'을 들 수 있다.
③ 추적권은 피추적선이 배타적 경제수역 또는 대륙붕상에 있어서 그 곳에 적용되는 연안국의 법령을 위반한 경우에 적용된다.
④ 무전에 의한 통고만으로는 정선명령이 되기에 충분하지 않으며, 추적은 정선명령을 내린 후가 아니라도 개시할 수 있다.

정답 ④
해설 무전에 의한 통고만으로는 정선명령이 되기에 충분하지 않으며, 추적은 정선명령을 내린 후가 아니면 개시할 수 없다.

10

포로의 대우에 관한 1949년 8월 12일자 제네바협약과 1949년 8월 12일자 제네바협약에 대한 추가 및 국제적 무력충돌의 희생자 보호에 관한 의정서의 내용으로 옳지 <u>않은</u> 것은?

① 특정한 군사목표물을 표적으로 하지 아니하는 공격은 금지된다.
② 민간주민 사이에 테러를 만연시킴을 주목적으로 하는 폭력행위 및 위협은 금지된다.
③ 민간인인지의 여부가 의심스러운 경우에는 민간인으로 간주한다.
④ 민간인은 전투원이 아니기 때문에 군용항공기의 민간인 승무원은 포로가 될 수 없다.

정답 ④

해설 민간인은 전투원이 아니나 군용항공기의 민간인 승무원은 포로대우를 받을 수 있다.

관련 이론

포로의 대우에 관한 제네바 협약

〈전문〉

포로의 대우에 관한 1929년 7월 12일자의 제네바 협약을 개정하기 위하여 1949년 4월 21일부터 8월 12일까지 제네바에서 개최한 외교회의에 대표를 파견한 정부의 아래에 서명한 전권위원은 다음과 같이 협정하였다.

〈조문〉

제1편 총칙

제1조 체약국은 모든 경우에 있어서 본 협약을 존중할 것과 본 협약의 존중을 보장할 것을 약속한다.

제2조 본 협약은 평시에 실시될 규정외에도, 둘 또는 그 이상의 체약국간에 발생할 수 있는 모든 선언된 전쟁 또는 기타 무력충돌의 모든 경우에 대하여 당해 체약국의 하나가 전쟁상태를 승인하거나 아니하거나를 불문하고 적용된다. 본 협약은, 또한 일 체약국 영토의 일부 또는 전부가 점령된 모든 경우에 대하여 비록 그러한 점령이 무력 저항을 받지 아니한다 하더라도 적용된다. 충돌 당사국의 하나가 본 협약의 당사국이 아닌 경우에도, 본 협약의 당사국은 그들 상호간의 관계에 있어서 본 협약의 구속을 받는다. 또한 체약국은 본 협약체약국이 아닌 충돌 당사국이 본 협약의 규정을 수락하고 또한 적용할때에는 그 국가와의 관계에 있어서 본 협약의 구속을 받는다.

제3조 체약국의 영토내에서 발생하는 국제적 성격을 띄지 아니한 무력충돌의 경우에 있어서 당해 충돌의 각 당사국은 적어도 다음 규정의 적용을 받아야 한다.

1. 무기를 버린 전투원 및 질병, 부상, 억류, 기타의 사유로 전투력을 상실한 자를 포함하여 적대행위에 능동적으로 참가하지 아니하는 자는 모든 경우에 있어서 인종, 색, 종교 또는 신앙, 성별, 문벌이 나 빈부 또는 기타의 유사한 기준에 근거한 불리한 차별없이 인도적으로 대우하여야 한다. 이 목적을 위하여, 상기의 자에 대한 다음의 행위는 때와 장소를 불문하고 이를 금지한다.
   가. 생명 및 신체에 대한 폭행, 특히 모든 종류의 살인, 상해, 학대 및 고문
   나. 인질로 잡는 일
   다. 인간의 존엄성에 대한 침해, 특히 모욕적이고 치욕적인 대우
   라. 문명국인이 불가결 하다고 인정하는 모든 법적 보장을 부여하는 정상적으로 구성된 법원의 사전 재판에 의하지 아니하는 판결의 언도 및 형의 집행.

2. 부상자 및 병자는 수용하여 간호하여야 한다. 국제 적십자 위원회와 같은 공정한 인도적 단체는 그 용역을 충돌 당사국에 제공할 수 있다. 충돌 당사국은 특별한 협정에 의하여, 본 협약의 다른 규정의 전부 또는 일부를 실시하도록 더욱 노력하여야 한다. 전기의 규정의 적용은 충돌 당사국의 법적 지위에 영향을 미치지 아니한다.

제4조
1. 본 협약에서 포로라 함은 다음 부류의 하나에 속하는 자로서 적의 수중에 들어간 자를 말한다.
    가. 충돌 당사국의 군대의 구성원 및 그러한 군대의 일부를 구성하는 민병대 또는 의용대의 구성원.
    나. 충돌 당사국에 속하며 그들 자신의 영토(동 영토가 점령되고 있는지의 여부를 불문한다.) 내외에서 활동하는 기타의 민병대의 구성원 및 기타의 의용대의 구성원(이에는 조직적인 저항운동의 구성원을 포함한다.). 단, 그러한 조직적 저항 운동을 포함하는 그러한 민병대 또는 의용대는 다음의 조건을 충족시켜야 한다.
        (1) 그 부하에 대하여 책임을 지는 자에 의하여 지휘될 것
        (2) 멀리서 인식할 수 있는 고정된 식별표지를 가질 것
        (3) 공공연하게 무기를 휴대할 것
        (4) 전쟁에 관한 법규 및 관행에 따라 그들의 작전을 행할 것
    다. 억류국이 승인하지 아니하는 정부 또는 당국에 충성을 서약한 정규 군대의 구성원.
    라. 실제로 군대의 구성원은 아니나 군대에 수행하는 자. 즉, 군용기의 민간인, 승무원, 종군기자, 납품업자, 노무대원, 또는 군대의 복지를 담당하는 부대의 구성원. 단, 이들은 이들이 수행하는 군대로부터 인가를 받고 있는 경우에 한하며, 이를 위하여 당해 군대는 이들에게 부속서의 양식과 유사한 신분 증명서를 발급하여야 한다.
    마. 선장, 수로 안내인 및 견습선원을 포함하는 충돌 당사국의 상선의 승무원 및 민간 항공기의 승무원으로서, 국제법의 다른 어떠한 규정에 의하여서도 더 유리한 대우의 혜택을 향유하지 아니하는 자
    바. 점령되어 있지 아니하는 영토의 주민으로서, 적이 접근하여 올 때, 정규군 부대에 편입될 시간이 없이, 침입하는 군대에 대항하기 위하여 자발적으로 무기를 든 자.
    단, 이들이 공공연하게 무기를 휴대하고 또한 전쟁 법규 및 관행을 존중하는 경우에 한한다.
2. 다음의 자들도 또한 본 협약에 의하여 포로로 대우되어야 한다.
    가. 피 점령국의 군대에 소속하는 또는 소속하고 있던 자로서, 특히 그러한 자가 그들이 소속하는 교전중에 있는 군대에 복귀하려다가 실패한 경우, 또는 억류의 목적으로 행하여진 소환에 불응한 경우에, 전기의 소속을 이유로 하여 점령국이 그들을 억류함을 필요하다고 인정하는 자. 단, 동 점령국이 본래 그가 점령하는 영토외에서 적대 행위가 행하여 지고 있는 동안에 그들을 해방하였다 하드라도 이를 불문한다.
    나. 본조에 열거한 부류의 하나에 속하는 자로서, 중립국 또는 비 교전국이 자국의 영토내에 접수하고 있고, 또한 그러한 국가가 국제법에 의하여 억류함을 요하는 자. 단, 이들 국가가 부여하기를 원하는 더욱 유리한 대우를 행하지 못하며, 또한 제8조, 제10조, 제15조, 제30조 제5항, 제58조 내지 제67조, 제92조 및 제126조와 충돌 당사국과 관계중립국 또는 비 교전국과의 사이에 외교관계가 존재하는 때에는, 이익보호국에 관한 조항은 예외로 한다. 전기의 외교관계가 존재하는 경우에는, 이들이 속하는 충돌 당사국은 이들에 대하여 본 협약에서 규정하는 이익 보호국의 임무를 행함이 허용된다. 단, 이들 충돌 당사국이 외교상 및 영사 업무상의 관행 및 조약에 따라 통상 행하는 임무를 행하지 않는다.
3. 본 조는 본 협약의 제33조에 규정하는 의무직 및 군목의 지위에 하등의 영향도 미치지 아니 한다.

유사 문제

01 제3협약인 포로의 대우에 관한 협약에서 의용대가 포로로 이정받기 위한 조건이 아닌 것은?

① 그 부하에 대하여 책임을 지는 자에 의하여 지휘될 것
② 멀리서 인식할 수 있는 고정된 식별표지를 가질 것
③ 공공연하게 무기를 휴대할 것
④ 전쟁에 관한 법규 및 관습법에 따라 그들의 작전을 행할 것

정답 ④
해설 전쟁에 관한 법규 및 관행에 따라 그들의 작전을 행할 것

02 제4 협약인 민간인 대우에 관한 협약에 대한 설명중 보기에 대한 내용으로 옳지 않은 것은?

> 무기를 버린 전투원, 및 질병, 부상, 억류 기타 사유로 전투력을 상실한자를 포함하여, 적대행위에 능동적으로 참가하지 아니하는자는 모든 경우에 있어서 인종, 색, 종교 또는 신앙, 성별, 문벌이나 빈부, 또는 기타의 유사한 기준에 근거한 불리한 차별없이 인도적으로 대우하여야 한다. 이 목적을 위하여 상기의 자에 대한 다음의 행위는 때와 장소를 분문하고 이를 금지한다.

① 생명, 및 신체에 대한 폭행, 특히 모든 종류의 살인, 상해, 학대 및 고문
② 식량을 배급으로 제한하는 일
③ 인간의 존엄성에 대한 침해, 특히 모욕적이고, 치욕적인 대우
④ 문명국인이 불가결하다고 인정하는 모든 법적 보장을 부여하는 정상적으로 구성된 법원의 사전의 재판에 의하지 아니하는 판결의 언도 및 형의 집행

정답 ②
해설 인질로 잡는 일

11

1994년 세계무역기구(WTO) 설립협정상 WTO의 기능이 아닌 것은?

① WTO 설립협정과 다자간 무역협정의 이행, 관리 및 운영의 촉진
② 다자간 무역관계에 관한 협상의 장 제공
③ 보호무역의 달성
④ 무역정책검토제도 시행

정답 ③
해설 보호무역을 극복하는 의미인 WTO는 자유무역을 목적으로 설립된 기구이다.

유사 문제

01 다음 중 WTO의 기능이 아닌 것은?

① GATT는 8차례의 정부간 '라운드'(Round)교섭을 통해 점진적 관세인하를 도모하였는데, 제6차 케네디라운드와 제7차 도쿄라운드는 종래의 관세인하 교섭과는 달리 비관세장벽에 대처하였다.
② WTO는 UR의 결과를 구체화한 것이며, GATT의 계승자이다.
③ 일괄채택방식(single undertaking)을 채택하여 UR 협상의 결과를 전부 수락하든지 아니면 전부를 거부하든지 두 가지 중 한 방법만을 취하여야 한다.
④ GATT '잠정적용의정서'에는 국내법 충돌시 기존의 국내강행법률(existing mandatory domestic laws)이 내국민 대우, 통관절차, 보조금 등등의 많은 중요한 의무사항을 담고 있는 GATT 제2부의 의무에 "우선"할 것을 규정한 중대한 제한이 들어가 있었다.

정답 ②
해설 WTO는 UR의 결과를 구체화한 것이지, GATT의 계승자로 등장한 것은 아니다.

02 다음 중 WTO의 기능이 아닌 것은?

① GATT에서 인정되던 잠정적용에 관한 의정서는 1994 GATT에 포함되지 않음으로써 이른바 "조부조항"을 인정한다.
② WTO는 엄밀히 말해 자유무역을 위한 기구가 아니라 '공정한 무역'을 위한 기관에 지나지 않는다.
③ 회원국이 세계무역기구, 이 기구의 관리 및 이 기구 회원국 대표에게 부여하는 특권과 면제는 1947년 11월 21일 국제연합 총회에서 승인된 전문기구의 특권과 면제에 관한 협약에 규정된 특권과 면제와 유사하여야 한다.
④ 분쟁해결기구는 패널과 상설항소기구로 구성되는 데 이들이 발행한 보고서는 분쟁해결기구가 채택해야만 분쟁당사국에게 법적 구속력을 갖게 된다.

정답 ①
해설 GATT에서 인정되던 [잠정적용에 관한 의정서]는 1994 GATT에 포함되지 않음으로써 이른바 "조부조항"은 인정되지 않게 되었다.

12

국제법과 국내법의 관계에 대한 설명으로 옳지 않은 것은?

① 현대 국제법질서 하에서는 국제법에 위반되는 국내법의 경우 국내적으로 당연히 무효가 되는 것이 관례이다.
② 이원론(dualism)은 국제법과 국내법을 서로 독립된 별개의 법체계로 보는 이론이다.
③ 미국에서는 조약을 자기집행조약과 비자기집행조약으로 나누어 조약의 국내적 효력발생 절차를 달리하고 있다.
④ 국제법 우위론에 따르면 국내법의 유효성 및 타당성의 근거는 국제법에 있다.

정답 ①

해설 현대 국제법질서 하에서는 국제법에 위반되는 국내법의 경우 국내적으로 당연히 무효가 되는 것이 관례는 없다. 즉, 국제법을 위반한 국내법을 직접 무효화하는 국제법체제는 현재 존재하지 않는다. 국내법의 개정여부는 국가의 재량에 속한다.

유사 문제

01 국제법과 국내법의 관계에 대한 설명으로 타당하지 않은 것은?

① 대한민국 헌법은 헌법에 의하여 체결, 공포된 조약과 일반적으로 승인된 국제법규에 대해 국내법과 같은 효력을 부여하고 있다.
② 국제법이 국내법보다 우위에 있으나, 국제법에 위반되는 국내법이 바로 무효가 되는 것은 아니다.
③ 관습법을 변형할 것인지 또는 수용할 것인지 여부는 국가의 재량사항이 아니며 따라서 반드시 변형되는 것이다.
④ 국가는 조약의 불이행을 정당화하기 위하여 자국의 국내법의 존재 또는 입법의 불비(不備)를 원용할 수 없다.

정답 ③

해설 관습법을 변형할 것인지 또는 수용할 것인지 여부는 국가의 재량사항임에 따라서 반드시 변형되는 것은 아니고, 독일, 영국, 미국 등은 관습법을 수용하는 국가들이다.

02 국제법과 국내법의 관계에 대한 설명으로 타당하지 않은 것은?

① 미국의 경우, 원칙적으로 '수용'방식에 의해 조약을 도입하며, 다만 관행상 자기집행조약은 별도 입법조치 없이 도입되나 비자기집행조약은 별도의 입법조치를 요한다.
② 이원론은 국제법과 국내법을 서로 독립된 별개의 법체계로 본다.
③ 한스 켈젠(Hans Kelsen)은 국제법우위론을 주장하였다.
④ 남북간의 이른바 4대 경제협력 합의서(투자보장, 이중과세, 상사분쟁해결, 청산결제 관련 합의서)는 국회의 동의를 거치지 않았다.

정답 ④

해설 남북간의 이른바 4대 경제협력 합의서(투자보장, 이중과세, 상사분쟁해결, 청산결제 관련 합의서)는 국회의 동의를 거친 바 있다.

13

2006년 국제법위원회(ILC)의 외교적 보호에 관한 규정 초안을 따를 때, 외교적 보호권에 대한 설명으로 옳지 않은 것은?

① 피해를 입은 자국민이 외교적 보호를 요청하지 않는 한 국가는 외교적 보호권을 행사할 수 없다.
② 법인의 국적국도 외교적 보호권의 행사가 가능하다.
③ 피해자는 피해의 발생 시부터 외교적 보호권의 공식 청구 시까지 청구국의 국적을 계속 유지하고 있어야 한다.
④ 피해자가 가해국의 국내적 구제절차로부터 명백히 배제되어 있는 경우에는 그 국내적 구제절차를 완료하지 않더라도 외교적 보호권을 행사할 수 있다.

[정답] ①

[해설] 외교적 보호권은 개인이 아닌 국가의 권리이다. 따라서 피해 자국민의 요구와 무관하게 행사할 수 있다.

관련 이론

외교보호권

1. 외교보호권의 본질

전통국제법은 국민을 국가의 소유물로 취급하였으며, ILC외교보호초안 제2조도 이러한 관념에 따라 "국가는 … 외교보호를 행사할 (의무가 아닌)'권리'를 가지고 있다."라고 규정하고 있다. 다만, ILC외교보호초안은 제19조에서 외교보호를 행사할 권리가 있는 국가에게 3가지를 권고하고 있는데, 이 세 가지 관행의 권고는 이들 규칙이 아직 관습법규로 응고된 것은 아님을 시사하고 있다. 한편, ILC외교보호초안 제1조에 대한 주석은 오늘날 개인의 지위가 근본적으로 변화했음을 시사한다. 개인에 대한 침해가 국제법상 그의 소속국가에 대한 침해에 불과한 것으로 보던 시각은 하나의 허구에 지나지 않는다는 것이다. 그러나 외교보호가 여전히 중요한 구제수단으로 남아있는 것 또한 사실이다. 따라서 ILC는 외교보호가 그 자체로서 국가 자신의 권리인지, 국가가 국민의 권리를 단지 행사할 권리를 갖는 것인지, 아니면 양자 모두인지에 대한 해답은 고의적으로 회피되고 있다. 이는 ILC외교보호초안 제1조에 반영되어 있으며, 외교보호의 본질에 접근하는 대신에 '본 초안의 목적상' 외교보호를 단지 국가책임법의 차원에서 절차적으로 정의하고 있을 따름이다. ICJ는 Abmadou Sadio Diallo 사건에서 ILC외교보호초안 제1조는 "국제관습법을 반영하고" 있다고 언급하고 있다.

2. 국적에 관한 규정들

① 자연인의 국적 : ILC외교보호초안 제4조는 다음의 몇 가지를 시사하고 있다. 첫째, 누가 자국민인가를 결정하는 것은 각국이 자신의 법에 따라 결정할 문제이다. 둘째, 국적은 그러나 국제법에 부합되는 방법으로 부여/획득하여야 한다. 셋째, 국가는 국적 부여를 결정함에 있어 "판단의 여지(margin of appreciation)"를 부여받아야 하며, 그 결과 국가의 국적부여는 유효한 것으로 추정된다. 넷째, 제4조에 언급된 국적부여를 위한 연결요소들은 단지 예시적인 것이다. 그러나 이들 중 '출생, 혈통, 귀화'는 국적부여의 가장 흔한 방법이기도 하다. 다섯째, 제4조에는 Nottebohm 사건에서 언급된 '진정한 관련성'에 대한 언급이 없다. 끝으로, ILC는 그의 주석에서, 개인이 국제법에 부합되지 않는 비자발적인 방법으로 국적을 취득하는 경우, 그런 사람은 원칙적으로 그의 구국적국가의 외교보호를 받는 것이 허락되어야 한다고 언급하고 있다. 그러나 만약 이런 상황에서의 국적취득이 구국적의 상실을 초래한다면, 형평한 고려의 관점에서 볼 때 신국적국가가 외교보호를 행사할 권리가 있어야 한다고 언급하고 있다.

② 회사 내지 법인의 청구국적 : ILC외교보호초안 제9조는 일차적으로 설립지국가가 회사의 국적국가가 되나 설립지국가 이외의 타국가가 외교보호의 목적상 회사의 국적국가로 간주되기 위해서는, "회사가 타국가의 국민에 의하여 지배될 것", "설립지국가에서는 실질적인 영업활동이 없을 것", "회사의 본점소재지와 재무지배소재지 양자 모두 그 타국가에 위치할 것"등의 세 요건을 누적적으로 충족하여야 한다. 만약 회사의 본점소재지와 재무지배소재지가 각기 다른 국가에 위치하고 있다면 설립지국가는 여전히 외교보호를 행사할 권리가 있다.

③ 국적계속의 원칙 : ILC외교보호초안 제5조 제1항과 제10조 제1항은 청구국적이 계속되어야 하는 기간을 피해일자로부터 "공식청구를 제기하는 일자"까지로 명시하고 있다. 어쨌든 청구국적이 이 두 일자 모두에 존재했으면 국적은 이 두 기간 중 계속된 것으로 추정된다. 한편, 국적의 변경이 "국제청구의 제기와는 관련이 없는 이유로" 발생한 경우에는 청구국적계속의 원칙은 적용되

지 아니한다. 다만, '개인'의 현국적국가는 그가 구국적국가의 국민인 때에 입은 피해와 관련하여 그 구국적국가를 상대로 외교보호를 행사할 수 없다. 그러나, 다른 한편, 국가는 침해시에 자국민이었고 그리고 그 침해의 결과로 설립지국가의 법에 따라 소멸한 '회사'에 대해 외교보호를 행사할 권리를 갖는다.

④ 회사의 주주의 보호 : ICJ의 Barcelona Traction Co. 사건 판결에 대해 비판이 제기되었다. 이 사건에서처럼 회사의 국적국가와 가해국이 같은 경우라면 전자가 후자를 상대로 국제청구를 제기한다는 일은 발생할 수 없으므로 이런 상황에서는 주주의 국적국가가 회사의 국적국가를 상대로 국제청구를 제기할 수 있어야 한다는 것이다. ICJ는 이 문제를 검토하기는 하였으나, 미해결 문제로 남겨두었다. ILC외교보호초안 제11조에 의하면, 회사가 침해를 입은 경우 주주의 국적국가는 2가지 예외를 제외하고는 자국민 주주를 위해 외교보호를 행사할 권리가 없다. 제11조의 첫 번째 예외는 회사가 회사에 대한 침해와 관련 없는 이유로 '설립지의 법에 따라' '없어진(소멸된)' 경우이다. 여기서 소멸은 법적소멸(legal demise)을 지칭한다. 법적소멸기준도 설립지의 법에 따라 판단한다. 제11조 (b)의 두 번째 예외는 설립지국가 자신이 회사에 침해를 가한 경우로서, 이런 경우 주주의 국적국가는 그들을 위해 외교보호를 행사하는 것이 허용된다. 그러나 이 예외는 침해국에서의 회사설립이 그 곳에서 영업을 하기 위한 전제조건의 하나로 그 국가에 의해 요구된 경우들에 국한되어있다. 또한 회사는 '침해'시에 가해국가의 국적을 가졌어야 한다. ILC외교보호초안 제12조는 국가가 회사와는 별개로 주주 자체의 권리에 직접적인 침해를 가하는 경우에 관한 규정으로서, 이런 경우에는 물론 주주의 국적국가들은 자국민 주주를 위해 외교보호를 행사할 권리가 있다. ILC는 어떤 권리들이 회사와는 별개로 주주에게 속하는지를 결정짓는 법체계로서 설립지국가의 국내법을 언급하면서, 회사가 가해국에서 설립된 경우, 외국주주의 권리가 차별대우를 받지 않도록 하기 위해 '회사법의 일반원칙'을 원용해야 할 경우도 있음을 언급했다. 한편, ICJ는 Barcelona Traction Co. 사건 이후 2007년 Abmadou Sadio Diallo 사건에서 '회사의 외교보호권이 국적국가에 속한다'는 일반원칙에 '관습법'상 예외가 있는지에 대해 의견을 밝혔다. ICJ에 따르면, 첫째, 적어도 현시점에서는 외교보호권의 대리행사를 허용하는 국제관습법상의 예외가 존재한다고 생각하지 않는다. 둘째, ILC외교보호초안 제11조(b)의 제한적인 규정은 본 사건의 사실관계에는 해당되지 않으며, 따라서 초안의 이 규정이 국제관습법을 반영하는지의 문제는 이 사건에서는 발생하지 않는다.

⑤ 이중국적자의 청구국적 : 이중국적자가 제3국으로부터 침해를 입은 경우에 대해서는, 1930년 〈국적법 충돌의 일정 문제에 관한 헤이그협약〉 제5조에 의하면, 제3국은 이중국적자의 국적 중에서 "실제상황에 부합하는 국적" 내지는 "진정하고 실효적인 국적(real and effective nationality)"을 승인해야 한다. ILC외교보호초안 제6조 제1항은 이와 달리 그러한 관련성이 요구되지 않는다는 입장을 채택했다. ILC외교보호초안 제7조에 의하면 이중국적자의 두 국적국 상호간에 국제청구 제기를 예외적인 것으로 간주하고, 이때 청구국은 자신의 국적이 '우세한' 것임을 입증해야 한다. 우세한 국적을 결정짓는 시점은 '침해시에 그리고 공식청구 제기시에 모두'로 규정하고 있다.

⑥ 청구국적원칙의 예외 : 청구국적원칙은 절대적인 것이 아니며, 예외적으로 국가가 자국민이 아닌 자를 위해 외교보호권을 행사하는 것이 허용될 수 있으나, 그 가능 범위는 분명하지 않다. 예외로 언급되는 '선박 승무원'의 보호에 관해서 ILC외교보호초안 제18조에서 제시하고 있다. 첫째, '승무원'의 국적국가는 국적을 매개로 당연히 '외교보호'를 행사할 권리를 갖는다. 둘째, '선박'의 국적국가는 외국인 승무원을 위해 '외교보호'가 아닌 '배상/구제를 구할 권리'를 갖는다. 셋째, 승무원의 국적국가가 행사할 수 있는 외교보호권과 선박의 국적국가가 외국인 승무원을 위하여 행사할 수 있는 '배상/구제를 구할 권리' 양자 모두 인정되어야 하며, 또한 이들 사이에 우열관계는 없다. 한편 전통국제법은 무국적자는 무주물과 같아서 외교보호를 행사할 수 있는 국가는 없다고 보았다. 그러나 ILC외교보호초안 제8조에서는 무국적자, 난민에 대해서 '피해시에 또한 공식적인 청구제기시에 그 국가에서 합법적이고 상습적으로 거주하고 있는' 경우에 '외교보호'를 행사할 수 있다고 규정하고 있다.

3. 국내구제수단 완료의 원칙

① 혼합청구 : 국내구제수단 완료의 원칙은 간접침해에 대해서만 적용되며, 직접침해에 대해서는 적용되지 아니한다. 혼합청구인 경우에는 ILC외교보호초안 제14조 제3항이 채택한 '압도적 우세'기준(preponderance test)을 제시하고 있다. 즉, 국가간 청구가 압도적으로 사인에 대한 침해에 기초하여 제기된 경우에는 국내적 구제를 완료하여야 한다. 또한 국가가 타국의 국제위법행위에 의해 피해를 입은 자국민을 위하여 손해배상을 청구하는 것이 아니라 개인을 위법하게 대우하는 과정에서 혹은 그에 수반하여 피고국가가 위반한 것으로 주장되는 조약의 해석과 적용에 관한 결정만을 구하는 경우에도 국내적 구제를 완료할 필요가 있는지가 문제된다. 이에 대해서 ICJ는 ELSI 사건에서 국내구제 완료의 원칙이 적용된다고 하였고, ILC외교보호초안 제14조 제3항도 이 경우 국내구제 완료의 원칙이 적용됨을 명백히 하고 있다.

② 자발적 관련성 : ILC외교보호초안 제15조 (c)호에서 자발적 관련성(voluntary link) 요건을 대신 '적절한 관련성(relevant connection)'이란 다소 객관적인 술어를 사용하고 있으며, 또한 적절한 관련성이 존재해야 하는 시점은 '침해시'(at the date of injury)임을 분명히 하고 있다.

③ 국내구제수단의 정의 : Ambatielos 중재판결은 피해자가 가해국 내에서 거쳐야 할 국내구제수단을 "국내법이 제공하는 법적 보호의 전 체계"로 정의한 바 있고, ILC외교보호초안 제14조 제2항도 이를 그대로 반영하고 있다. 국내구제는 국가마다 모두 다르

다. 한편, 국내구제가 지연되는 경우에 대해서는 ILC외교보호초안 제15조 (b)호에서 언급하고 있고, ILC외교보호초안 제15조 (a)항은 "가해국의 국내구제수단이 '명백히(manifestly)' 쓸모없거나 '명백히' 실효성이 없어야 한다"는 기준이 너무 높아서 "합리적으로(상당히)" 정도로 완화하고 있다.

④ 국내구제수단완료 요건의 포기 : 국내구제수단완료 요건은 국가가 스스로 포기할 수 있으며, 이는 판례도 인정하고 있다. ILC외교보호초안 제15조도 그 (e)호에서 허용하고 있다. 1972년 "우주물체에 의하여 야기된 손해에 대한 국제책임에 관한 협약"제11조 제1항에서 이 요건의 포기를 규정하고 있으며, 1981년 이란-미국청구재판소를 설치할 때도 두 국가는 이 요건 포기를 합의했다. 이 밖에 BITs, WTO/DSU 등에서도 찾아볼 수 있다. 포기는 시점이 문제되지 않지만, 마음대로 취소/철회할 수 없다. 반드시 명시적일 필요는 없으며 피고국가의 행동에서 추론될 수 있다. 다만, ICJ는 ELSI 사건에서 국내구제수단완료는 "국제관습법의 중요한 원칙"이기 때문에 그것의 포기가 쉽게 추정/묵시되어서는 안 된다는 점을 지적한 바 있다.

⑤ 칼보조항 : 칼보조항에 관련해서는 ILC는 "만약 외교보호의 테두리 내에서 보호받는 권리가 보호받는 개인의 것이지 보호하는 국가의 그것이 아니라는 것을 수락한다면 일반국제법에 대한 칼보조항의 유효성에 대한 반대는 확실히 설득력이 떨어진다."라고 언급하고 있다.

유사 문제

01 다음 중 외교보호 초안에 대한 내용으로 틀린 것은?

① Mavrommatis 사건에서 PCIJ는 '다른 국가의 국제위법행위에 대하여 손해를 입은 자국민이 일반적 경로를 통하여 만족을 구할 수 없는 경우에 국적국이 자국민을 보호할 권한이 있다는 것은 아직 국제법의 기본적인 원칙'은 아니라고 하였다.

② 개인의 경우 국적에 관하여 진정한 관련성(genuine connection)이 요구되나 이는 [귀화](naturalization)를 전제로 한 것이고 혈통주의나 출생지주의에 기초하는 경우에는 요구되지 않는다.

③ 전통국제법에서 이중국적자가 일방 국적국에 있는 경우 타방 국적국은 국적의 실효성을 주장할 수 없으며 그 결과 외교적 보호권을 주장할 수 없다.

④ 국가승계로 인한 국적변경의 경우에는 개인의 의사와 전혀 관계없으므로 국적계속의 원칙은 적용되지 않는다.

정답 ①

해설 Mavrommatis 사건에서 PCIJ는 '다른 국가의 국제위법행위에 대하여 손해를 입은 자국민이 일반적 경로를 통하여 만족을 구할 수 없는 경우에 국적국이 자국민을 보호할 권한이 있다는 것은 국제법의 기본적인 원칙'이라고 하였다.

02 다음 중 외교보호 초안에 대한 내용으로 틀린 것은?

① 국내적 구제 수단의 범위는 국내법이 제공하는 법적 보호의 전 체계(Ambatielos 중재 판결). 통상적인 재판소, 행정기관, 행정 심판소, 헌법재판소 등이다.

② 피해자가 '권리'로서 활용가능 해야 하며 단지 재량적으로 부여되거나 사면과 같은 재량적 조치나 은혜적인 조치를 베푸는 기관은 포함되지 않는다.

③ 국내적 구제절차완료가 적용되기 위해서는 피해를 입은 개인이 당해 가해국에 대해 의식적이고 의도적인 '자발적 관련성'을 갖는 것이 필요하다.

④ 외국인 투자가는 협약에 따른 중재절차를 개시하기 전에 국내구제를 완료할 필요는 없고, 체약국은 중재 동의 시 현지국의 행정적·사법적 구제의 완료를 요구할 수 있다.

정답 ④

해설 외국인 투자가는 협약에 따른 중재절차를 개시하기 전에 국내구제를 완료해야 하며, 체약국은 중재 동의 시 현지국의 행정적·사법적 구제의 완료를 요구할 수 있는데, 국내구제완료의 원칙은 포기될 수 있다.

14

조약의 유보에 대한 설명으로 옳지 않은 것은?

① 1969년 조약법에 관한 비엔나협약에 의하면 유보의 통지를 받은 후 12개월이 경과하거나 또는 그 조약에 대한 자국의 기속적 동의를 표시한 일자까지 중 더 뒤늦은 시점까지 이의를 제기하지 않으면 그 유보는 수락되었다고 간주되는 것이 원칙이다.
② 국제형사재판소(ICC)규정은 동 규정에 대한 유보를 금지하고 있다.
③ 1969년 조약법에 관한 비엔나협약에 의하면 조약이 국제기구의 설립문서인 경우로서 그 조약이 달리 규정하지 아니하는 한 유보는 그 기구의 권한 있는 기관에 의한 수락을 필요로 한다.
④ 1969년 조약법에 관한 비엔나협약에 의하면 조약에 대한 유보는 서면으로 하여야 하나, 예외적으로 구두로도 행할 수 있다.

정답 ④

해설 예외적으로 구두로도 행할 수 있는 등의 예외규정이 없다. 즉, 반드시 서면의 형식을 필요로 한다.

관련 이론

인권 보호

과거 전통국제법에서 인권의 보호는 주권국가의 국내문제(국내 관할사항)로 취급되어 왔다. 하지만 제1차 세계대전과 제2차 세계 대전에서 발생한 반인권의 역사적 경험을 통해 인권 일반을 국제 적 규율사항으로 인식하기 시작하였다. 그러나 인권의 보편성 적용이 아닌 각 국가의 정치적 · 경제적 · 문화적 특성 따라 인권의 특수성 또는 상대성을 주장하는 국가 들은 인권조약의 유보를 통해 인권규약의 보편적 적용을 회피하고 있다. 이러한 개별 국가들의 인권조약 유보는 국제인권 규범의 보편화와 개별 주권국가 중심의 질서간의 갈등과 충돌을 잘 보여 주는 문제라 볼 수 있다. 비엔나협약 제53조는 조약이 체결 당시에 일반국제법의 강행규 범과 충돌하는 경우 조약의 무효를 규정하고 있다. 집단살해 금지, 인도에 반한 죄 금지, 전쟁범죄 금지, 고문 금지, 침략행위 금지, 해적행위 금지, 노예제 금지 등의 강행규범은 국제공동체를 구성 하고 있는 어떠한 국가도 이를 위반할 수 없고 그것으로부터 벗어 날 수 없다는 관습법으로서 원칙을 가지고 있다. 유엔인권위원회는 국제관습법 등을 반영하는 인권 조항에 대해 서는 유보가 허용될 수 없으며, 문제의 유보가 비준서나 가입서에 첨부되지 않았던 것처럼 법적 효력이 없고, 유보국은 계속해서 조 약 전체의 구속을 받게 된다는 '분리이론'을 채택하였다. 인권조약 이 비록 국가간에 체결되었다 하더라도 인권조약의 유보의 효과는 당사국의 관할권내에 있는 개인에게 직접적인 영향을 미치게 되므 로 일반국제법상 유보의 효력과는 별도의 적용이 필요하다. 결국 유보국의 당사국 지위는 계속해서 유지시키면서 허용되지 않는 유 보의 효력은 무효로 판단하는 '분리이론'의 채택이 적합하다. 더불어 이러한 인권조약의 유보 허용성을 판단하는 주체로 독 립적인 전문가들로 구성된 조약의 이행기관인 인권위원회가 담당 해야 한다. 인권위원회와 같은 조약의 이행기관이 부재하여 재판 단계에서 문제를 해결하게 되는 경우, 지역인권재판소 또는 ICJ가 인권조약 유보 허용성을 판단하는 주체로서 역할을 수행할 수 있 다. 이제는 인권조약의 유보의 유효성에 대한 통제는 주권국가의 손을 떠나 국제사회에 의해서 직접 행사되어 가고 있다. 앞으로 인권협약의 도입에 따른 실질적인 인권 보호 · 증진을 도모하기 위해서라도 향후 국제인권재판소 설립과 현재 비엔나협 약에 조약의 유보 허용성을 판단하는 주체에 관한 내용을 추가 개 정하는 작업의 국제적 노력이 필요하다 하겠다.

유사 문제

01 조약법협약 중 유보에 대한 설명으로 잘못된 것은?

① 유보반대는 유보의 허용 가능성(permissibility)에 관계없이 가능하다.
② 다른 체약국에 의한 유보의 수락은 그 조약이 유보국과 다른 유보 수락국에 대하여 유효한 경우에 또한 유효한 기간 동안 유보국이 그 다른 유보 수락국과의 관계에 있어서 조약의 당사국이 되도록 한다.
③ 유보에 다른 체약국의 이의는 이의 제기국이 확정적으로 반대의사를 표시하지 아니하는 한, 이의 제기국과 유보국 간에 있어서의 조약의 발효를 배제한다.
④ 조약에 대한 국가의 기속적 동의를 표시하며 또한 유보를 포함하는 행위는 적어도 하나의 다른 체약국이 그 유보를 수락한 경우에 유효하다.

정답 ③
해설 유보에 다른 체약국의 이의는 이의 제기국이 확정적으로 반대의사를 표시하지 아니하는 한, 이의 제기국과 유보국 간에 있어서의 조약의 발효를 배제하지 아니한다.

02 조약법협약에 대한 설명으로 잘못된 것은?

① 미등록조약의 일방당사국이 UN기관에서 그 조약의 원용에 반대하는 경우에만 적용되며, UN기관들이 직권으로(ex officio) 문제를 제기하지 않는다.
② 미등록된 조약의 당사국들에게만 적용되므로 제3국은 그 조약을 언제든지 원용할 수 없지만 당사국들이 UN기관에서 조약을 언급한 것을 원용(invoke)이라고 한다.
③ 1946년 UN총회 결의 97인 [조약등록과 공포에 관한 규칙(Regulation)]에서 등록의무는 제1항상의 '체결하는' 이라는 규정과는 달리 조약이 "발효해야" 발생한다.
④ 이전에 등록된 조약이 당사자, 조건, 범위 혹은 적용의 변화를 초래하는 추후의 행위들(개정 또는 종료 포함)은 등록될 수 있고, 모협정을 변경하는 '새' 문서는 등록되어야 한다.

정답 ②
해설 미등록된 조약의 당사국들에게만 적용되므로 제3국은 그 조약을 언제든지 원용할 수 있지만 단 당사국들이 UN기관에서 조약을 단순히 언급한 것을 원용(invoke)이라고 하지는 않는다.

15

핵연료의 재처리문제로 인하여 발생한 국제사건은?

① 2010년 펄프공장(Pulp Mills on the River Uruguay) 사건
② 2001년 MOX 제조공장(The MOX Plant) 사건
③ 1974년 호주와 프랑스 간 핵실험(Nuclear Test) 사건
④ 1941년 트레일 제련소(Trail Smelter) 사건

정답   ②

해설
② 2001년 MOX 제조공장(The MOX Plant) 사건은 영국 당국이 영국에 새로운 Mox 공장시설의 설립을 허가함으로써 시작되었다. 동 시설은 이미 사용된 핵연료를 Mox라는 새로운 연료로 재처리하기 위해 설립된 것이다. 아일랜드 정부는 공장의 가동이 Irish Sea를 오염시키며, 방사능물질의 공장으로의 수송과 관련하여 잠재적 위험이 있다고 주장하였다. 이에 아일랜드는 영국을 상대로 중재법원의 구성을 요청하였으며, 이에 따른 잠정조치의 명령을 국제해양법법원에 요청하였다. 해양법법원은 관할권에 대한 영국측 항변을 기각하고, 잠정조치를 명령하였다.

① 이 사건은 우루과이강의 우루과이쪽 연안에 건설예정이거나 건설된 펄프공장에 관한 아르헨티나와 우루과이 사이의 분쟁에 관한 것이다. 문제가 된 펄프공장은 두 개로서 아르헨티나는 우루과이가 이 공장들의 건설프로젝트를 추진함에 있어서 1975년 우루과이강조약상의 절차적 의무와 실체적 의무를 위반하였다고 주장하였다. 그리고 나아가 아르헨티나는 우루과이의 위법행위에 대한 구제를 구하였다. 이 사건은 기본적으로 국제환경법 분쟁으로서, 초국경적 오염 위험이 있는 프로젝트를 수행하는 국가가 국제환경법상 부담하는 실체적 및 절차적 의무의 내용과 상호관계가 주된 이슈이다. 결론적으로 우루과이는 절차적 의무만을 위반하였으며, 이에 대한 구제수단으로 ICJ는 위법행위확인이 만족을 구성한다고 보며 다른 형태의 구제수단은 부정하였다. 이 사건은 이전의 중요한 국제환경법 사건인 Gabcikovo-Nagymaros Project 사건에 더하여 이 분야에서의 국제법 발전에 기여하였다. 특히 환경영향평가의무가 국제관습법상 의무라고 선언한 점은 중요하다.

③ 이 사건은 본안판단은 진행되지 못한 사건이다. 프랑스 대통령의 일방행위의 효력이 주요 쟁점이었으며, ICJ는 이를 인정하였다. 공해상에서 핵실험이 허용되는지 여부가 다투어질 예정인 사건이었다.

④ 이 사건은 캐나다에서 발원한 매연이 미국의 산림에 피해를 야기한 사건이다. 초국경적 환경오염 피해에 대한 책임이 인정된 사건이다.

16

국제사법재판소(ICJ) 재판관에 대한 설명으로 옳지 않은 것은?

① ICJ 재판관은 자국이 재판당사국인 재판에 참여할 수 있으며, 재판소의 업무에 종사하는 동안 외교특권 및 면제를 향유한다.
② 자국 국적의 ICJ 재판관이 없는 재판당사국은 임시재판관(judge ad hoc)을 선정할 수 있다.
③ ICJ는 재판관 중에서 3년 임기로 재판소장 및 재판소부소장을 선출하며, 그들은 재선될 수 없다.
④ ICJ 재판관은 동일한 국가의 국민이 2인 이상이 될 수 없으며, 재판관단의 구성은 세계 주요 문명 형태 및 주요 법체계를 대표하여 안배되도록 한다.

정답 ③
해설 재판관 중에서 3년 임기로 재판소장 및 재판소부소장을 선출하는데 재선될 수 있다.

관련 이론

ICJ 규정 제2조는 '재판소는 덕망이 높은 자로서 각 국가에서 최고법관으로 임명되는데 필요한 자격을 가진 자 또는 국제법에 정통하다고 인정된 법률가 중에서 국적에 관계없이 선출되는 독립적 재판관'으로 구성된다고 말하고 있다. 이러한 자격을 갖춘 15인의 다국적 재판관들은 UN 총회와 안전보장이사회의 투표로 선출되며, 9년간의 임기(재선 가능) 동안 국제법에 근거하여 국제분쟁을 해결하는 활동을 합니다. 재판관들의 독립성을 보장하기 위해서 ICJ 재판관들은 신분이 보장되며(해고 불가) 외교 면제권도 향유한다.

특이하게도 ICJ 재판관들은 만약 자신의 국적국이 분쟁국으로 ICJ 소송당사자가 된다면 재판을 회피하기보다 오히려 재판에 참여할 권리를 보장받고 있다. 예를 들면, 우리나라가 A라는 국가와 ICJ에서 재판하게 되었는데, 만약 ICJ에 A국 출신 재판관이 있다면 그가 재판에 참여할 수 있다는 것이다. 15인의 정규재판관 외에도 사건에 따라서 임시재판관이 선출되기도 한다. 임시재판관은 자국 재판관이 없는 일방 혹은 쌍방이 당해 사건에 한해서만 임시로 자국을 위해 선임한 재판관을 말한다.

유사 문제

01 국제사법재판관에 대한 설명으로 옳지 않은 것은?
① 총회와 안전보장이사회는 각각 독자적으로 재판관 선출절차를 진행한다.
② 재판관 선출과정에서 안전보장이사회 상임이사국의 거부권은 인정된다.
③ 국가만이 ICJ에 제기되는 사건의 당사자가 될 수 있다.
④ ICJ규정 제36조 제2항의 선택조항 수락선언은 UN사무총장에게 기탁된다.

정답 ②
해설 재판관 선출 과정에서 안전보장이사회 상임이사국의 거부권은 인정되지 아니한다.

02 국제사법재판관에 대한 설명으로 옳지 않은 것은?
① ICJ재판관은 총회와 안보리에 의해 선출되며, 각각 독립하여 재판관을 선출한다.
② ICJ재판관은 전문적 성질을 가지는 다른 어떠한 직업에도 종사할 수 없다.
③ ICJ재판관은 재판소업무에 종사하는 동안 외교특권과 면제를 향유한다.
④ 선택조항 수락은 조건 또는 기한을 정하여 할 수 없다.

정답 ④
해설 선택조항 수락은 조건 또는 기한을 정하여 할 수 있다.
ICJ재판관은 그 직무를 독립적으로 수행할 수 있도록 보호받아야 할 필요가 있기 때문에, ICJ규정 제18조에서는 "재판관은 다른 재판관의 전원일치의 의견에 의하여 그가 필요한 조건을 결여한다고 인정될 때를 제외하고는 해임되지 아니한다."라고 규정하고 있다.
- UN회원국은 당연히 ICJ규정의 당사국이 됨
- ICJ는 '특정한 부류의 사건(particular categories of cases)'을 다루기 위한 소재판부(chamber)를 설치할 수 있음
- 재판소의 심리에 참여할 권리를 보장받고 있음
- 선택조항 수락은 조건 또는 기한을 정하여 할 수 있음

17

1969년 조약법에 관한 비엔나협약상 조약의 무효와 종료에 대한 설명으로 옳지 않은 것은?

① 강박(coercion)에 의한 조약은 그 내용의 일부만 분리하여 무효화할 수 있다.
② 일반국제법의 새 강행규범이 출현하는 경우에 그 규범과 충돌하는 현행 조약은 무효로 되어 종료한다.
③ 외교관계나 영사관계의 단절은 외교 또는 영사 관계의 존재가 조약의 적용에 불가결한 경우를 제외하고 그 조약의 당사국간의 확립된 법적 관계에 영향을 주지 않는다.
④ 사정의 근본적 변경은 원칙적으로 조약의 종료사유에 해당하기는 하나, 국경획정조약에는 적용되지 않는다.

정답 ①
해설 그 내용의 일부만 분리하여 무효화할 수 있는 것은 가분성에 대한 문제이다. 다만 절대적 무효의 경우 가분성이 인정되지 않는다.

유사 문제

01 다음 중 비엔나 조약법협약상의 부적합화에 대한 설명으로 타당하지 않은 것은?

① 조약의 구속을 받겠다는 국가의 동의가 국가대표에 대한 위협 등의 강제에 의하여 표시된 경우, 그 조약은 법적 효력을 갖지 아니한다.
② 조약은 그 체결 당시에 일반국제법의 강행규범과 충돌하는 경우 무효이다.
③ '착오'는 '상대적 무효사유'에 해당함에 따라서 무효사유로서 원용할 수 있으나 착오가 존재한다는 사실만으로 곧바로 조약이 무효가 되는 것은 아니다.
④ 어떤 국가가 다른 교섭국의 기만적 행위로 조약을 체결하게 된 경우, 그 어떤 국가는 이를 조약의 무효나 종료사유로 원용할 수 있다.

정답 ④
해설 어떤 국가가 다른 교섭국의 기만적 행위로 조약을 체결하게 된 경우, 그 어떤 국가는 이를 조약의 무효사유로 원용할 수 있다.

02 다음 중 비엔나 조약법협약상의 부적합화에 대한 설명으로 타당하지 않은 것은?

① 조약의 구속을 받겠다는 국가의 동의가 조약체결권에 관한 국내법 규정을 위반하여 표시되었다는 사실은 그 국가동의를 무효화하기 위하여 원칙적으로는 원용할 수 없고 이는 예외적으로도 원용할 수 없다.
② 국가가 조약을 체결할 당시 존재하는 것으로 생각한 사실상의 착오가 있었고, 이 착오가 구속을 받겠다는 동의의 본질적 기초가 되었다면 그 동의를 무효로 하기 위해 이 착오를 원용할 수 있다.
③ 이미 성립된 강행규범에 반하면 무효이나 신강행규범에 반하는 기존조약은 무효로 되어 종료가 될 따름이다.
④ 조약무효를 주장하는 국가는 우선 다른 당사자에게 통보해야 한다.

정답 ①
해설 조약의 구속을 받겠다는 국가의 동의가 조약체결권에 관한 국내법 규정을 위반하여 표시되었다는 사실은 그 국가동의를 무효화하기 위하여 원칙적으로는 원용할 수 없고 예외적으로만 원용할 수 있을 따름이다.

18

1992년 환경과 개발에 관한 리우 데자네이로선언(리우선언)에 대한 설명으로 옳지 않은 것은?

① 리우선언은 기본적으로 스톡홀름선언의 정신을 계승하고 있으며, 국가가 자원을 개발할 때 자원 개발이 지속 가능하게 수행되어야 함을 선언하고 있다.
② 리우선언의 시행을 위해 법적 구속력을 갖춘 구체적 행동지침으로서 의제 21(Agenda 21)과 기후변화협약, 생물다양성협약이 함께 채택되었다.
③ 선진국과 개발도상국의 '공동의 그러나 차별적인(common but differentiated)' 책임을 인정하고 있다.
④ 환경목적을 위한 무역정책조치가 국제무역상 자의적 또는 부당한 차별조치나 위장된 규제수단이 되어서는 안 된다는 점을 선언하였다.

정답 ②

해설 Agenda21의 경우 리우선언을 이행하기 위한 행동지침이나, 법적 구속력은 갖지 않는다.

관련 이론

UN인간환경회의(스톡홀름 회의)
① 인간환경 선언(스톡홀름 선언)
  ㉠ 기본골격과 방향 제시, 법적 구속력 없음
  ㉡ 인간환경을 중시하고 특정 환경분야에 대한 원칙을 열거
② 인간환경행동계획
③ UN환경계획(UNEP)

UN환경개발회의
① 리우선언(법적 구속력은 없다.)
  ㉠ 환경과 개발을 조화시키고 지속적 개발을 추진해 나가는데 필요한 정치적·철학적 지침을 제공
  ㉡ 사전예방원칙, 공동의 차별책임원칙과 선진국의 주도적 역할, 환경과 무역의 조화, 사전주의원칙, 오염자부담원칙, 환경영향평가, 사전통고 등을 규정
② 의제21(아젠다21) : 리우선언의 시행을 위해 행동지침을 담은 실천강령
③ 산림원칙 : 법적 구속력이 없다.

유사 문제

01 2015 파리협약의 설명으로 옳지 않은 것은?

① 최소 55개국의 비준과 이들의 배출량이 전체의 55% 이상이어야 한다는 발효기준을 2016년 10월 4일 충족되어 2016년 11월 4일 발효하였다.
② 최초의 법적 구속력있는 목표 온도 규정하였다.
③ 감축, 적응, 재원, 기술, 역량배양, 투명성의 '6개 기둥'으로 구성되어 있다.
④ 하향식 감축 의무는 정량적 목표치 감축에 의한다.

정답 ④
해설 상향식 감축 의무는 국가적 결정 기여(nationally determined contributions; NDC)에 의한다.

02 환경법에 대한 설명으로 틀린 것은?

① 국제환경법이란 자연자원의 보존을 포함한 환경보호와 관련된 국제법규를 말한다.
② 국제환경법은 국제법과 별개의 법체계로서 존재하며, 조약, 국제관습법 등으로 이루어진 국제법 중에서 그 법규의 주요 규율대상과 목적이 환경문제에 관련한 것을 의미한다.
③ 국제환경법중 UNEP가 환경문제에 관한 조약을 체결하는 경우 추상적인 골격조약과 구체적인 의정서가 체결되어 이원적 법형식을 이루는 것이 보통이다.
④ 국제환경법에는 사전주의원칙, 오염자비용부담원칙 등이 일반원칙으로 거론된다.

정답 ②
해설 국제환경법은 국제법과 별개의 법체계로서 존재하는 것이 아니라, 조약, 국제관습법 등으로 이루어진 국제법 중에서 그 법규의 주요 규율대상과 목적이 환경문제에 관련한 것을 의미한다.

19

2001년 국제법위원회(ILC)가 채택한 국제위법행위에 대한 국가책임 규정 초안을 따를 때, 국가의 국제책임에 대한 설명으로 옳지 않은 것은?

① 한 국가의 신정부를 구성하게 되는 반란단체의 행위는 국제법상 그 국가의 행위로 간주되지 않는다.
② 국제의무의 연원에는 조약과 국제관습법이 모두 포함된다.
③ 국가기관의 자격으로 한 행위는 그것이 행위자의 권한을 넘는 행위인 경우에도 국제법상 그 국가의 행위로 간주된다.
④ 국가책임의 성립요소로 손해의 발생을 열거하지 않고 있다.

정답 ①

해설 한 국가의 신정부를 구성하게 되는 반란단체의 행위는 국가의 행위로 간주된다. 즉 귀속성이 인정된다.

관련 이론

2001년 유엔 국제법위원회(UN International Law Commission, 이하 'ILC')는 46년간 작업 끝에 2001년 채택한 국제위법행위로 인한 국가책임 초안(Draft Articles on Responsibility of States for Internationally Wrongful Act)을 채택하며, 초안에 대한 유엔 총회의 주목과 결의에의 첨부를 권고하고, 더 나아가 추후 초안에 기초한 협약(convention) 체결을 위한 국제회의 개최 가능성을 고려할 것을 권고하였다. 2001년 12월 12일 유엔 총회는 ILC의 국제위법행위에 대한 국가책임 주제의 완성과 조항 초안 및 주석의 채택을 환영하고, ILC가 제시하고, 동 결의에 첨부된 국제위법행위로 인한 국가책임조항(Articles on Responsibility of States for Internationally Wrongful Acts)에 주목하며, 장래의 채택이나 기타 적절한 조치와 관계없이 이들 조항에 대한 정부들의 주의를 권한다는 결의 제56/83호를 채택하였다.

국가책임은 ILC가 다룬 가장 중요하고 큰 주제 중 하나이다. 그러나 2001년 ILC가 채택한 국가책임 초안은 20년이 다 되어가는 현재 시점까지도 아직 유엔 총회가 주목하고 결의에 첨부한 문서로만 남아 있다. 유엔 총회는 국가책임조항에 대한 국가 논평과 관련 관행, 국제재판소 및 기타 기구에서의 인용에 관해 지속적으로 자료를 수집하며, '국가책임협약 또는 다른 적절한 조치 문제'에 관한 논의의 장을 3년마다 열고 있지만, 적절한 형식으로의 발전에 관한 결정은 지연되고 있다. 그럼에도 불구하고 국가책임조항은 이미 다수의 국제재판소 및 기타 기구에서 구체적 사안에 직간접적으로 인용되고 있으며, 관련 문제에 대한 법리 발전 뿐 아니라 국가관행에도 지대한 영향을 미치고 있다. 모든 국제법 기본서는 ILC 국가책임 초안 및 주석의 내용을 중심으로 국제법상 국가책임을 설명하고 있으며, 실제 각국 정부 부처나 외교 관련 실무에 있어서도 동 문서는 지속적으로 활용되고 있다. 그렇다면 국가책임조항의 권위의 근거는 무엇이고, 현재 규범적 지위 내지 의의는 무엇인가?

이 글은 국가책임조항의 실체적 내용을 분석하는 것이 아닌, 유엔 총회 결의를 통해 주목을 받고, 동 결의에 첨부된 국가책임조항의 권위의 근거와 규범적 의의를 규명하고, 조약으로의 발전에 관한 국제사회의 논의를 살펴보는 것을 목적으로 한다. 이를 위해 먼저 국가책임조항 전문의 최종 채택 형식에 관한 논의를 초안에 대한 ILC의 권고 및 유엔총회의 토의 과정을 통해 살펴보았다. 그 다음으로 국가책임조항의 규범적 지위와 국제법상 의의를 판단하기 위해 ILC 최종결과물의 권위 및 지위에 관한 일반론을 고찰한 뒤, 유엔 총회의 주목과 결의에의 첨부의 의미를 살펴보았다. 이러한 논의를 바탕으로 국가책임조항의 조약으로의 발전 가능성을 검토하였다.

실제 대다수의 국가들은 국가책임조항이 법적 구속력 있는 조약으로 발전하는 것에 대해 원칙적으로 찬성하는 입장이다. 그러나 어느 시점에 '국가책임협약'이 만들어지는 것이 적절한 것인가에 대해서는 명확한 답을 내리기 어렵다. 국가관행의 발전과 선례의 축적도 중요하지만 현실적으로 국가들이 이 방대한 작업에 매진할 수 있는 시점이 언제이며, 그에 대한 결정을 언제 하는가가 더욱 중요할 것이다. 국가책임조항에 대한 ILC의 역할은 최종 채택 형식에 대한 두 개의 선택지를 유엔 총회에 넘겨주며 끝났다. 이후의 선택은 국가책임에 대한 2차 규범을 보다 명확히 함으로써 국제법공동체를 발전시키고자 하는 국가들의 의지와 결단이 좌우한다. 국가책임조항을 기초로 한 국가책임협약 또는 다른 적절한 조치에 관한 2022년의 논의를 기대한다.

유사 문제

01 국가책임 초안에 대한 내용으로 옳지 <u>않은</u> 것은?

① 대세적 의무 관련, 피해국 이외의 다른 국가는 대응조치가 아닌 '합법적 조치'를 취할 수 있다.
② UN의 실행 및 국가관행에서는 그동안 PKO의 행위 귀속의 판단 기준이 '전반적(overall) 통제' 및 '최종적(ultimate) 통제' 기준이 지배적이었다.
③ '최종 지휘 및 통제'(ultimate authority and control) 기준이 갖는 한계를 보완하고 PKO군의 이중적 지위를 반영할 수 있는 통제 기준이 된다. 이는 PKO 군의 행위로 인한 접수국 내에서 피해가 발생한 경우, 그에 대한 배상책임의 주체를 명확히 판단할 수 있다.
④ 대응조치를 취하는 국가는 그 국가와 책임국간의 분쟁해결절차상의 의무, 외교관 또는 영사관 그리고 그 관저, 공문서 및 서류의 불가침 존중의 의무의 이행을 면제받는다.

정답 ④
해설 대응조치를 취하는 국가는 그 국가와 책임국간의 분쟁해결절차상의 의무, 외교관 또는 영사관 그리고 그 관저, 공문서 및 서류의 불가침 존중의 의무의 이행을 면제받지 않는다.

02 국가책임 초안중 위법성 조각사유에 대한 내용으로 옳지 <u>않은</u> 것은?

① UN헌장에 부합하는 합법적인 자위조치는 위법성이 조각된다.
② 불가항력의 상황이 이를 원용하는 국가의 행위에 기인한 경우 위법성이 조각되지 아니한다.
③ 대항조치가 위법성 조각사유로 원용되기 위해서는 사전에 위반국에서 의무의 이행을 요청하지 아니한다.
④ 무력사용에 의한 대항조치는 위법성을 조각하지 아니한다.

정답 ③
해설 대항조치가 위법성 조각사유로 원용되기 위해서는 사전에 위반국에서 의무의 이행을 요청하여야 한다.

20

국제환경규범체제에 대한 설명으로 옳지 않은 것은?

① 물새의 서식지로서 국제적 중요성이 있는 습지에 관한 협약(Ramsar Convention)은 생태계보존을 위한 습지의 중요성을 인식한 국제사회가 1975년 이라크의 람사르에서 채택하였다.
② 멸종위기에 처한 야생 동식물종의 국제거래에 관한 협약(CITES)은 3개의 부속서(Appendix)에 열거된 종의 표본에 대한 국제거래를 규제하고 있다.
③ 녹색기후기금(Green Climate Fund)은 기후변화에 대처하기 위해 국제사회가 정한 목표를 달성하려는 지구적 노력에 기여하기 위하여 설립되었다.
④ 생물다양성협약(Convention on Biological Diversity)의 목적은 생물다양성의 보존, 그 구성요소의 지속 가능한 이용, 유전자원의 공정하고 공평한 이익의 공유이다.

정답 ①
해설 이라크가 아닌 이란의 람사르에서 채택된 조약이다.

관련 이론

람사르협약

1. 개요
   람사르습지는 람사르협약에 따라 독특한 생물지리학적 특성을 가지거나, 희귀동물 서식지 및 물새 서식지로서의 중요성을 가진 습지를 보호하기 위해 지정된 습지를 말한다. 람사르협약('물새 서식지로서 특히 국제적으로 중요한 습지에 관한 협약') 1971년 2월 2일 이란의 람사르(ramsar)에서 채택되었고, 물새 서식 습지대를 국제적으로 보호하기 위한 것으로 1975년 12월에 발효되었다. 우리나라는 1997년 3월 28일 대암산 용늪을 람사르습지로 등록하며 101번째 람사르협약 가입국이 되었다.
2. 목적
   ① 습지는 경제적, 문화적, 과학적 및 여가적으로 큰 가치를 가진 자원이며 이의 손실은 회복될 수 없다는 인식 하에 현재와 미래에 있어서 습지의 점진적인 침식과 손실을 막는 것
   ② 가입국 현황 : 172개국(2,524개소 / 257,489,188 ha / '25년 1월 7일 기준)
3. 의무
   ① 자국 영역 내에 1곳 이상의 적절한 습지를 지정하여 '국제적으로 중요한 습지 목록'에 의무적으로 등
   ② 지정된 습지의 동식물을 보전하고 생태적 특성을 유지
   ③ 지정된 습지의 현명한 이용을 위한 계획을 수립하고 이행
   ④ 습지 자연보호구역을 지정하여 적절한 관리를 통해 습지를 보전
   ⑤ 람사르 습지 등록 기준
4. 국제적으로 중요한 습지를 식별하는 공식기준은 제1차 람사르협약 당사국총회에서 채택된 이후 레지나 개정안(캐나다, 1987), 캄팔라(우간다, 2005) 등 총 9차례 총회를 걸쳐 습지의 '대표성 및 고유성'과 '생물다양성'에 근거한 두 개의 그룹에 따라 총 9개의 등록 기준이 마련되었다.

유사 문제

01 다음 중 환경협약 중 1992년 국제하천 및 국제호수의 보호와 이용에 관한 협약에 대한 설명으로 틀린 것은?

① 이 협약의 일반원칙에 따르면 각 국가는 국제적인 영향을 미칠 수 있는 하천오염을 예방, 감소, 통제하기 위해 필요한 조치를 취하고, 하천환경보호를 위한 정책, 프로그램 및 전략개발을 수행하도록 되어 있다.
② 생태적으로 건전하고 합리적인 하천관리와 수자원 보존 및 환경보호를 위한 하천이용을 보장하는 조치를 취하도록 되어 있다.
③ 각 국가는 이러한 조치를 취할 때 자국의 영토를 통해 타국의 월경 침해 금지의 원칙, 오염자 부담원칙, 현세대 및 미래세대를 위한 수자원이용의 원칙에 따라야 한다.
④ 국제하천과 호수에 오염물질을 방출할 때는 반드시 저폐기물 및 무폐기물기술(low and non-waste technology)을 이용해야 하고, 국내 관계기관의 사전허가를 얻되, 유해물질 방출기술에 의한 제한규정을 준수해야 한다.

정답 ③
해설 각 국가는 이러한 조치를 취할 때 예방의 원칙, 오염자 부담원칙, 현세대 및 미래세대를 위한 수자원이용의 원칙에 따라야 한다.

02 다음 중 환경협약 중 1987년 몬트리올 의정서 체제에 대한 설명으로 틀린 것은?

① 1987년 몬트리올 의정서는 기본협약인 1985년 비엔나 협약을 보완하는 내용을 담고 있다.
② 오존파괴 물질을 금지하고 대체물질의 개발을 추구한다는 점에서 비엔나 협약보다 더 중요한 것으로 평가되고 있다.
③ 몬트리올 의정서는 4개의 개정안과 6개의 조정안에 의해 부분적으로 개정되었다.
④ 몬트리올 의정서 체제는 무엇보다도 오존층 보호를 위한 구체적인 규제조치를 확립하고 있다는 점에서 큰 의의가 있다.

정답 ②
해설 오존파괴 물질을 **감축하고** 대체물질의 개발을 추구한다는 점에서 비엔나 협약보다 더 중요한 것으로 평가되고 있다. 몬트리올 의정서는 1990년 런던 개정안, 1992년 코펜하겐 개정안, 1997년 몬트리올 개정안, 1999년 베이징 개정안 등 4개의 개정안과, 1990년 런던 조정안, 1992년 코펜하겐 조정안, 1995년 비엔나 조정안, 1997년 몬트리올 조정안, 1999년 베이징 조정안, 2007년 몬트리올 조정안 등 6개의 조정안에 의해 부분적으로 개정되었다. 이들 개정안과 조정안을 모두 합하여 몬트리올 의정서 체제라고 한다. 몬트리올 의정서 체제는 무엇보다도 오존층 보호를 위한 구체적인 규제조치를 확립하고 있다는 점에서 큰 의의가 있다.

2018년도 기출문제

01

국제법과 국내법의 관계에 대한 설명으로 옳지 않은 것은?

① 미국은 자기집행적 조약규정에 대해서는 수용이론을 적용한다.
② 영국은 이원론에 의거하여 의회의 이행법률 제정을 통해 조약을 적용한다.
③ 우리나라는 일원론에 의거하여 모든 조약을 변형 없이 직접 적용한다.
④ 독일은 연방 의회의 동의법률 제정을 통해 조약에 국내법적 효력을 부여한다.

정답 ③

해설 조약 자체에 국내법의 제정을 요구한 경우, 만약 국내법이 제정되지 않으면 조약이 이행되기 힘들다는 것을 이유로, 모든 조약을 직접 적용하기 어렵다고 볼 수 있다.

관련 이론

1. 영국
   ① 헌법＞제정법＞국제관습법 = 보통법(Common law)
   ② 국제관습법 : 수용이론
   ③ 조약 : 변형이론
   ④ 조약이 의회를 통한 사후적인 입법이 없는 한 국내법 질서에 효력이 발생하지 않는다.
   ⑤ 영국 의회는 이행입법을 통해 국내법 질서에 효력을 미치는 조약의 내용을 수정할 수 있다.
   ⑥ 조약은 의회 제정법을 통해 국내적으로 시행되는 것이기 때문에, 법원으로서 조약의 해석에 관해서는 국내법률의 문언이 명백하다면 국내법률에 의해서만 판단한다. 다만, 그 문언이 명확하지 않으면 국내이행법률에 첨부된 조약문을 조약법 협약의 해석원칙에 따라 해석한다.
   ⑦ 영국은 조약·국제관습법을 불문하고 제정법우위의 원칙을 견지하고 있으나 실제로는 '합치의 추정'이라는 해석이론과 통치행위이론 등에 의해 국내법에 대한 국제법의 우위가 확보되고 있다.
   ⑧ Constitutional Reform and Governance Act : 최소 비준 21일 이전 의회에 조약안 제출 → 하원의 반대가 없으면 통과 → 하원의 반대가 있으면 정부는 왜 조약을 체결해야 하는지 하원에 재차 의견 제출 → 또 다시 21일 하원의 반대가 없어야.
   ⑨ 정부가 위와 같은 의회심사절차를 거칠 필요가 없다고 판단하는 경우, 정부는 그 이유를 의회에 통지하고 바로 조약을 비준할 수도 있다. 다만, 이러한 절차를 거친 조약도 영국 내에서는 직접적인 효력을 갖지 못한다.
2. 미국
   ① 연방헌법＞조약 = 연방법률＞판례＞국제관습법＞주헌법·법률
   ② 국제관습법 : 수용이론
   ③ 조약 : 수용이론
   ④ 차밍 베시 원칙(Charming Betsy) : 조화로운 해석의 가능성이 남아 있는 한 의회입법을 국제법에 반하는 방식으로 해석해서는 안 된다.
   ⑤ 별도의 대내적 입법조치 없이 곧바로 국내적으로 적용될 수 있는 자기집행조약.
   ⑥ 별도의 대내적 입법조치를 추가로 필요로 하는 비자기집행조약.
   ⑦ 자기집행성 문제는 조약에 대한 수용이론 국가에서 발생한다.

⑧ 조약의 자기집행성 여부는 1차적으로 당사자의 의도에 달려 있다. 예를 들어, 미국상원은 고문방지협약이나 인종차별철폐협약 등 국제인권조약에 비준동의를 하면서 해당 조약은 비자기집행적 조약임을 첨부하기도 하였다.
⑨ 조약의 자기집행성 여부는 조약 동의의 조건으로서 법원을 구속한다.
⑩ 자기집행성 여부는 개별조약을 단위로 하지 않으며, 하나의 조약 내에서도 자기집행적 조항과 비자기집행적 조항으로 나뉠 수 있다.
⑪ (예시) 미국 대법원은 범죄인 인도, 영사의 권리, 최혜국대우 조항, UN헌장 105조(특권과 면제) 등을 자기집행조약규정으로 보았다.
⑫ 비자기집행적 조약은 최소한 국내법의 해석기준으로 작동하게 된다.
⑬ 비자기집행적 조약은 의회입법을 촉진하는 계기가 된다.

3. 독일
① 연방헌법＞국제관습법＞연방법률 ＝ 동의법률[조약법률 · 변형법률]
② 국제관습법 : 수용이론
③ 조약 : 변형이론
④ 연방 입법사항에 관련되는 조약은 연방법률의 형식으로 당해 문제에 관한 연방입법을 다룰 권한이 있는 기관의 동의나 참여를 필요로 한다. 결국 연방 의회가 연방법률을 채택하는 방식으로 동의나 참여해야 한다.
⑤ 독일의회는 조약의 원문에 변형을 가할 수 없고 가부의 투표만 한다.
⑥ 동의법률에 기초하여 국제적으로 조약이 체결되면 즉시 국내법 질서의 일부가 된다.

유사 문제

01 국제법과 국내법의 관계에 대한 설명으로 옳지 않은 것은?

① 영국은 합치의 추정(presumption)이란 국내법규는 국제법규에 저촉되지 않도록 '해석'되어야 하며, 의회는 국제법 위반의 의사가 없는 것으로 재판소에 의해 추정되는데, 이는 의회 제정법이 모호한 경우에 적용된다.
② 프랑스는 국내법상 효력순위로 비준 조약은 국내입법보다 우월하다고 정의한다.
③ 미국은 예산의 지출을 필요로 하는 조약, 형법규정과 관련된 조약, 미국의 영토나 재산의 처분에 관한 조약, 기타 의회가 종전부터 규제해오던 주제에 관한 조약은 비자기집행적 조약으로 판단된다.
④ 영국은 Mortensen v. Peters 사건은 의회제정법보다 국제관습법이 우월함을 주장했다.

정답 ④
해설 영국은 Mortensen v. Peters 사건은 의회제정법이 국제관습법보다 우월함을 주장했다.

02 국제법과 국내법의 관계에 대한 설명으로 옳지 않은 것은?

① 유엔본부협정 해석에 관한 분쟁(ICJ 권고적 의견)에서 국제관계에 있어서 국내법은 국제법에 우선할 수 없다고 판시했다.
② 국가는 국제의무를 면할 목적으로 국내법을 원용하여 국제법상의 면책 혹은 국제의무 범위의 제한을 주장할 수 있다는 것은 단치히주재 폴란드국민의 대우에 관한 사건과 상부 사보이 자유지대 사건에서 판시한 내용이다.
③ 국제재판소의 입장에서 볼 때 국내법은 '국가의지'를 표현하는 단순한 사실, 즉 비법(non-law)에 지나지 않는다고 본 사건은 폴란드 상부 실레지아에서의 일정 독일인 권익에 관한 사건이다.
④ 단치히법원의 관할권에 관한 사건에서 조약의 규정을 미처 국내법에 편입하지 못했다는 구실로 국가는 그 국제의무의 불이행을 변명할 수 없다고 판시했다.

정답 ②
해설 국가는 국제의무를 면할 목적으로 국내법을 원용하여 국제법상의 면책 혹은 국제의무 범위의 제한을 주장할 수 없음은 단치히주재 폴란드국민의 대우에 관한 사건/상부 사보이 자유지대 사건에서 판시된 내용이다.

02

「조약법에 관한 비엔나협약」상 조약의 무효사유에 해당하는 것만을 모두 고르면?

ㄱ. 국가의 동의표시권한에 대한 특정한 제한	ㄴ. 사정의 근본적 변경
ㄷ. 타방 교섭국의 기만	ㄹ. 타방 당사국의 조약의 중대한 위반
ㅁ. 후발적 이행불능	ㅂ. 국가대표의 부정

① ㄱ, ㄴ, ㄷ
② ㄱ, ㄷ, ㅂ
③ ㄴ, ㄹ, ㅁ
④ ㄷ, ㅁ, ㅂ

정답 ②

해설 ㄴ, ㄹ, ㅁ은 조약의 정지 또는 종료 사유에 해당된다. 무효사유는 그 밖에도 중요한 국내법규정 위반, 착오, 사기, 국가대표에 대한 강박, 국가에 대한 강박, 강행규범 위반이 있다.

관련 이론

조약의 부적법화

조약의 이행 과정에서 핵심은 조약 당사자들에 의해 조약의 진정한 이행 여부이다. 원래 조약의 결함은 조약의 진위 여부와 관련이 있고 중대한 결함이 있을 경우 당사자들이 조약에 구속되는 것을 막을 수 있다. 따라서 이러한 '결함'을 원인으로 조약의 무효를 주장할 수 있다. 예를 들어 조약 당사자 국가들 중 하나가 헌법적 한계로 인하여 '국제항공기에 조약'의 유효성을 결정한다고 주장하다고 하더라도 국제법상 적절하게 승인된 대리인에 의해 동의가 이루어 졌을 경우 국가는 내부적 한계와 관계없이 구속된다는 것이 국제법의 확립된 원칙이었다. '국제법 우월주의'의 한 측면이다. 비엔나 협약은 제46조 제a항은 "국가가 조약에 구속되는 것을 명시적으로 동의하는 경우 조약의 근본적 문제가 없는 한 조약의 부적법화, 종료, 탈퇴 또는 시행정지의 사유를 원용할 수 없다.

비엔나 협약

제26조(약속은 지켜져야 한다) 발효 중인 모든 조약은 당사자를 구속하며, 당사자에 의하여 신의에 좇아 성실하게 이행되어야 한다.

* 협약의 원칙을 다루면서 비엔나 협약은 그것의 한계를 정의하는 과제에 직면했다. 그 내용은 사정 변경의 원칙과 같은 예외를 인정하기 때문에 조약자체가 강행 법규로는 인정되지 않는다. 유엔헌장 2조 2항과 조약의 합의는 계속되어야 한다고 규정하고 있고 제26조에서 "유효한"이라는 단어의 선택은 오직 유효한 조약만을 언급하는 것으로 이해된다. 즉, 당사자의 동의와 합법적인 목적을 가진 조약에 근거한 것이다.

제45조(조약의 무효, 종료, 탈퇴 또는 시행정지의 사유를 원용할 수 있는 권리의 상실) 국가는 제46조부터 제50조 또는 제60조 및 제62조까지에 따른 조약의 무효, 종료, 탈퇴 또는 시행정지의 사유에 해당되는 사실을 알게 된 후, 다음의 경우에는 그 사유를 더 이상 원용할 수 없다.

가. 그 조약이 유효하다거나, 계속 효력이 있다거나, 계속 시행된다는 것에 국가가 명시적으로 동의한 경우, 또는

나. 국가의 행동으로 보아 조약의 유효성 또는 그 효력이나 시행의 존속을 묵인하였다고 간주되어야 하는 경우

제46조(조약 체결권에 관한 국내법 규정)

1. 조약 체결권에 관한 국내법 규정의 위반이 명백하며 본질적으로 중요한 국내법 규칙에 관련된 경우가 아니면, 국가는 조약에 대한 자국의 기속적 동의가 그 국내법 규정에 위반하여 표시되었다는 사실을 그 동의를 무효로 하는 근거로 원용할 수 없다.

2. 통상의 관행에 따라 신의에 좇아 성실하게 행동하는 어떠한 국가에 대해서도 위반이 객관적으로 분명한 경우에는 명백한 것이 된다.

제47조(국가의 동의 표시 권한에 대한 특별한 제한) 특정 조약에 대한 국가의 기속적 동의를 표시하는 대표의 권한이 특별한 제한을 따른다는 조건으로 부여된 경우, 대표가 그러한 동의를 표시하기 전에 그 제한이 다른 교섭국에 통보되지 않았다면, 대표가 제한을 준수하지 않은 사실은 그가 표시한 동의를 무효로 하는 근거로 원용될 수 없다.

제48조(착오)
1. 국가가 조약의 체결 당시 존재한다고 상정했던 사실 또는 상황으로서, 그 조약에 대한 국가의 기속적 동의의 필수적 기초를 형성했던 것과 관련된 착오일 경우, 국가는 그 조약상의 착오를 해당 조약에 대한 기속적 동의를 무효로 하는 근거로 원용할 수 있다.
2. 해당 국가가 자국의 행동을 통해 착오에 기여했거나 착오의 가능성을 알 수 있는 상황이었다면, 제1항은 적용되지 않는다.
3. 조약문의 자구에만 관련된 착오는 조약의 유효성에 영향을 미치지 않는다. 그 경우에는 제79조가 적용된다.

제49조(기만) 국가가 다른 교섭국의 기만행위에 의하여 조약을 체결하도록 유인된 경우, 국가는 그 기만을 조약에 대한 자신의 기속적 동의를 무효로 하는 근거로 원용할 수 있다.

* 비엔나 협약 제48조와 제49조에 따를 경우 조약 당사자의 착오와 기만을 이유로 조약의 무효화 할 수 있다. 먼저 착오를 이유로 무효를 주장하기 위해서는 몇가지 제한이 있다. 착오는 조약이 체결되었을 당시에 존재해야 하고 계약 당시 가정된 상황에 관한 사실이어야 한다. 착오가 조약의 내용으로 구속된 것으로 추정되기 때문이다. 또한 "자신의 행위가 착오에 영향을 준 경우" 또는 그 '국가가 있을 수 있는 착오를 감지할 수 있는 경우'에는 착오를 이유로 무효를 주장할 수 없다. 제48조는 일방적 또는 상호간의 실수는 구별되지 않는다. 조약문의 자구에 관한 착오는 영향이 없고 조약 자구의 착오는 제79조가 적용된다. "기만적 행위에 의하여 중요한 사실을 왜곡한 사기"도 제49조에서 다루고 있다. 다른 형태의 사기 행위에 대해서는 별도의 조문에서 다루려고 했다. 그러나 다양한 사기 개념을 조화시키는 데 어려움이 있었기 때문에 비엔나 협약은 조약의 맥락에서 그것을 실행하도록 남겨두었다. 제49조의 효력은 조약을 무조건 무효로 만드는 것이 아니라 기만을 당한 당사자의 선택에 의해서 조약의 무효를 주장할 수 있다.

제50조(국가 대표의 부정) 조약에 대한 국가의 기속적 동의 표시가 직접적 또는 간접적으로 다른 교섭국이 그 대표로 하여금 부정을 저지르도록 하여 얻어진 경우, 국가는 그 부정을 조약에 대한 자신의 기속적 동의를 무효로 하는 근거로 원용할 수 있다.

* 조약을 협의할 때 국가 대표의 부정을 무효의 근거로 사기에 관한 일반적인 조항에 의해 적절히 다뤄질 것이라는 주장이 있었지만 비엔나 협약은 국제법 위원회의 보고서에 따라 그러한 상황을 다루기 위해 별도의 조항으로 포함시켰다. 제50조는 다른 협상 당사자들에 의해 대표권이 부패한 국가가 조약의 무효의 근거로 이 부패를 주장할 수 있도록 허용한다. "부정"은 조항에 사용된 바와 같이 조약 체결을 위한 대표자의 처분에 실질적인 영향을 미치기 위해 계산된 행위만을 포함한다.

제51조(국가 대표에 대한 강박) 국가 대표에 대한 행동 또는 위협을 통하여 그 대표를 강박하여 얻어진 조약에 대한 국가의 기속적 동의 표시는 어떠한 법적 효력도 없다.

제52조(무력의 위협 또는 사용에 의한 국가에 대한 강박) 조약이 「국제연합헌장」에 구현된 국제법 원칙을 위반하는 무력의 위협 또는 사용에 의하여 체결된 경우, 그 조약은 무효이다.

제53조(일반국제법의 절대규범(강행규범)과 상충되는 조약) 조약이 체결 당시 일반국제법의 절대규범과 상충되는 경우 무효이다. 이 협약의 목적상 일반국제법의 절대규범이란 어떠한 이탈도 허용되지 않으며, 동일한 성질을 가진 일반국제법의 후속 규범에 의해서만 변경될 수 있는 규범으로 국제공동체 전체가 수락하고 인정하는 규범이다.

* 비엔나 협약 채택자의 두 가지 조항 : 51조는 개인의 자격으로 대리인에 의해 강압으로 이뤄진 경우, 52조는 국가 자체의 무력 사용에 의한 강압을 다루고 있다. 51조는 신체적, 심리적, 그리고 대표의 무분별한 행동들에 대한 도덕적 압력 등의 위협들을 포함하는데 그것은 파괴적일 수 있다. 52조는 만약 그 결론이 연합국 헌장에 구현된 국제법의 원칙을 위반하는 무력 사용의 위협에 의해 체결되었다면 그 조약은 무효이다라고 규정한다. 비록 "경제적 또는 정치적 압력" 역시도 힘의 위협으로 포함될 수 있으나 그 해석이 너무 모호하다는 이유로 기각되었다. 협약 제53조의 절대규범이라는 개념은 비엔나 협약에서 인정하고 있다. 그러나 개념과 관련하여 논란은 존재한다. 협약 제53조는 "국가 전체의 국제 사회에 의해 받아들여지고 인정된 규범에 관한 일반 국제법의 절대적인 규범"을 정의한다. 규제 철폐는 허용되지 않으며 그것은 동일한 성격을 가진 일반 통합법의 후속 규범에 의해서만 수정될 수 있다. 만약 일반적인 것이 아니라 세계 공동체의 구성원들에 의한 수용을 요구한다면 이 합의 범주에 속하는 국제규범 더 나아가 요구를 국가 관행의 발전과 국제 재판소의 결정에 맡기는 것이 더 낫다고 생각되었다. 그럼에도 불구하고 무력의 원리와 관련된 처방과 같은 극심하게 요구된 처방들 중 일부는 자기 결정의 원리, 그리고 국제 인권의 핵심 집중은 현대 사회의 관습의 영역 안에서 널리 여겨진다. 만약 국제 협정이 결론의 절대적인 규범과 충돌한다면 그것은 무효이다. 게다가 비엔나 협약 제64조에 따르면 새로운 전제규범이 출현하면 그 규범과 충돌하는 기존의 모든 협정은 무효가 되고 종료된다.

제64조(일반국제법상 새로운 절대규범(강행규범)의 출현) 일반국제법상 새로운 절대규범이 출현하는 경우, 그 규범과 충돌하는 기존 조약은 무효로 되어 종료한다.

* 불평등 조약의 개념에 따른 무효화 조치 관련 논란이 있다. 불평등 조약의 개념 자체를 정의할 수 없고 그것의 효용성에 대해 심각하게 의문이 제기될 수 있다. 이 개념을 지지하는 사람들은 조약은 계약 당사자들의 힘의 상대적인 기반하여 국가의 주권의 기본 원칙을 반할 때에는 불평등하다고 말한다. 공산주의 국가를 중심으로 계약당사자, 조약의 대상, 사용된 전략과 강도와 조약 이

행의 결과를 통해 불평등 조약의 개념을 지지했고 많은 독립적인 국가들에 반향을 일으켰다. 다만 서구 법학자들은 그 개념이 모호하고 이해하기 어렵다고 거부한다. 강요와 같은 요소가 협약의 다른 조항을 다루기 때문에 비엔나 협약은 불평등 조약을 따로 정의하지는 않고 있다.

* 조약의 이행 과정

조약은 합의된 내용을 이행하는 과정이 필요하다. 선의의 기본 원칙에서부터 해석의 임무를 거쳐 계약 당사자에 의한 실제 수행과 제3자에 대한 영향에 이르기까지 가장 중요한 관심사는 양 당사자들이 합의한 조약이 수행되는 것에 있다.

* 합의는 계속되어야 한다.

조약법의 전체 운영의 중심은 조약의 신성성인 '조약의 원칙'이다. 이 교리는 그레코로만형 기독교 전통과 다른 종교적 문화적 전통에 뿌리를 두고 있다. 비엔나 협약 제26조는 다음과 같은 말로 표현한다. "실효 중인 모든 조약은 당사자들에게 구속력이 있으며 그들이 선의로 이행해야 한다. 합의는 계속되어야 한다는 원칙은 모든 당사자들의 기대의 안정성을 확립하고 유지하는 데 있어서 공동의 이익에 필수적이다. 안정된 국제 관계는 조약 약속을 이행하려는 서로의 표현된 의도를 신뢰하는 국가들의 능력에 달려 있다.

유사 문제

01 다음 중 비엔나조약법협약 상 조약의 부적합에 대한 설명으로 타당하지 않은 것은?

① 협약 65조에 의하면 무효화 절차를 위해서는 피해당사자가 무효를 서면으로 다른 당사자에게 통보하도록 되어있다.
② 비엔나 협약 51조, 52조가 규정하는데, 즉 국가대표자에 대한 강박과 국가에 대한 강박으로 체결한 조약에 대해서는 무효의 제재를 가하고 있다.
③ 절대적 무효의 당연한 귀결로서 제3자를 포함하여 누구나 무효를 주장할 수 있다.
④ 강행법규 위반 무효의 경우 당사자들이 합의하더라도 분쟁을 중재위원회에 제기할 수 없고, 그렇지 않으면 당사자 일방의 청구로 국제사법법원의 강제 관할권이 성립한다.

정답 ④

해설 강행법규 위반 무효의 경우 당사자들이 합의하면 분쟁을 중재위원회에 제기할 수 있고, 그렇지 않으면 당사자 일방의 청구로 국제사법법원의 강제 관할권이 성립한다.
③ 절대적 무효의 당연한 귀결로서 제3자를 포함하여 누구나 무효를 주장할 수 있는지 여부는 협약 상 51, 53조의 규정은 비인칭이어서 누구나 주장할 수 있는 것으로 되어 있는데, 절차규정인 65조, 66조에서는 당사자만을 언급하고 있어 당사자에게 주장의 권한을 국한시키는 결과가 되고 말았다.

02 1969년 비엔나조약법협약 상 조약의 무효의 효력에 대한 설명으로 타당하지 않은 것은?

① 본 협약 이전에는 무효시기에 관하여 절대적 무효와 상대적 무효의 구별을 하기도 하였으나, 협약은 '그 조약 체결시'로 소급하여 무효가 된다는 것을 명백히 하여 논란을 종식시켰다.
② 무효의 효과가 처음부터 적용되는 결과, 무효선언 전에 이 조약의 이행으로 행한 행위가 있더라도 원상회복을 요구할 수는 없다.
③ 협약 44조는 의무적 분리와 임의적 분리의 경우를 규정하고 있는데, 즉, 일정한 요건을 충족하면 이러한 분리가 가능하게 되어 일정 조항만이 무효으로 처리되는 것이다.
④ 다자조약의 여러 당사자 중 일정한 당사자에게만 의사표시의 흠이 있어서 문제가 되는 경우, 이로 인한 무효는 문제의 당사자에게만 적용된다.

정답 ②

해설 무효의 효과가 처음부터 적용되는 결과, 무효선언 전에 이 조약의 이행으로 행한 행위가 있으면 원상회복시켜야 할 것이다.

03

「외교관계에 관한 비엔나협약」상 외교사절에 대한 설명으로 옳지 않은 것은?

① 외교공관의 모든 공관원은 협약상 외교관에 해당한다.
② 외교공관의 공관장 계급은 파견국과 접수국의 합의에 따른다.
③ 공관장은 서열과 의례에 관계되는 것을 제외하고 계급에 따른 차별을 받지 아니한다.
④ 공관장의 해당 계급 내 서열은 직무를 개시한 일자와 시간의 순서에 따라 정해진다.

> **정답** ①
> **해설** 외교관계에 관한 비엔나 협약상 외교관은 외교공관장과 외교직원을 말한다. 공관원에는 행정직원, 노무직원, 개인적 사용인이 포함된다.

관련 이론

1. 외교공관의 불가침

    외교관계에 관한 빈협약에 의하면 외교사절의 공관은 불가침으로 사절의 요구, 동의 없는 공관에 들어갈 수 없으며(22조 2항) 접수국은 공관을 특별히 보호해야 하며(동조 2항) 공관내에 있는 재산은 수색, 징발, 압수, 강제집행으로부터 면제된다.(동조2항) 사절의 관저도 또한 같다.(30조) 그러나 공안상 긴급한 필요가 있는 경우에는 국제관습법상 예외가 인정된다.

2. 근거

    이러한 외교공관의 불가침이 인정되는 것은 공관이 파견국의 영토의 일부분이라는 뜻이 아니라 외교대표에 대한 예우의 관념과 사절의 직무수행을 용이하게 할 필요에서 비롯된다고 보는 것이 오늘날의 지배적인 입장이다.

3. 범죄인의 비호권

    조약, 국제법, 국제예양 등에 의해 일반적으로 국가는 외국에서 죄를 범한 범죄인이 자국의 영역내에 도망해올 경우 이를 인도해야 할 의무를 부담한다. 그런데 이에 대한 대한으로서 그 번죄인이 자국민인 경우에는 조약, 국내법상의 자국민불인도의 원칙에 의애 이를 인도하지 않고 비호할 수 있으며 특히 정치범인 경우에는 일반 구제관습법상의 원칙인 정치범불인도의 원칙으로인해 정치범에 대하여 비호권을 행사할 수 있다. 이와 같이 범죄인 특히 정치범에 대하여 비호권을 행사하는 것은 영역주권의 배타성으로 인하여 국가에 부여되는 국가의 당연한 권리라고 할 수 있다.

4. 외교공관의 불가침과 범죄인의 비호권의 관계

    공관의 불가침과 관련하여 문제가 되는 것은 사절단의 공관에 범죄인의 비호권이 인정되느냐이다. 즉, 국가가 자국영역내에서 외국인에게 부여하는 비호(영토적 비호)와 구별하여 외교공관이 범죄인 특히 정치범에 대하여 비호권(영토외적 비호)을 갖는가 하는 문제이다.

    종래 비호권의 문제는 정치범 등이 공관으로 도피한 경우 그 범죄인의 인도와 관련 접수국과 파견국이 대립한 경우였다. 과거에는 이를 인정한 예가 많았으나 현재에는 학설, 일반국제법상 공관의 비호권을 인정하지 않고 있다. 그 이유는 전술한 바와 같이 공관의 불가침은 외교사적에 대한 예우의 관념과 사절의 직무수행을 용이하게 할 필요에서 인정된 것이지 공관이 파견국의 영토의 일부분이라는 뜻은 아니기 때문이다. 또한 자국민인 범죄인, 정치범 등을 본국에 송환, 유치할 목적으로 공관내에 감금하는 것도 인정되지 않는다. 이와 관련하여 국제사법재판소는 국제법상 공관의 외교적 비호권을 인정하지 않으나 공관내 범죄인의 접수국에 대한 인도 여부를 당사국간의 교섭으로 결정하여야 한다고 판시한바 있다. 오늘날 외교공관의 비호는 라틴아메리카 국가들간에 있어 조약에 의해 인정될 뿐 일반국제법상 인정되고 있지 않다고 할 수 있다. 다만 외교공관은 불가침이기 때문데 도망해 들어온 범인의 인도를 거부하고 비호가 부여된 경우라도 영역국의 관헌은 들어갈 수 없으며 공관의 불가침을 침해하지 않는 한도 내에서 인도를 강제하거나 외교관원의 국외퇴거를 요구하는 등의 대항조치를 취할 수 있을 뿐이다.

유사 문제

01 1961년 외교관계에 대한 비엔나협약상의 설명으로 옳지 않은 것은?

① 2개국 또는 그 이상의 국가는 접수국의 반대가 없는 한, 동일한 자를 공관장으로 타국에 파견할 수 있다.
② 2개 이상의 국가는 접수국의 동의 없이도 동일인을 동 접수국내의 영사관원으로 임명할 수 없다.
③ 영사관원은 접수국에 통고한 후 정부간 국제기구에 대한 파견국의 대표로서 활동할 수 있는데, 영사관원이 그러한 활동을 수행하는 경우에 동 영사관원은 국제관습법 또는 국제협정에 의하여 그러한 대표에게 부여되는 특권과 면제를 향유할 수 있는 권리가 부여된다.
④ persona non grata에 의해 출국 후 다시 재입국 여부는 당사국의 재량이다.

정답 ②
해설 2개 이상의 국가는 접수국의 동의를 받아 동일인을 동 접수국내의 영사관원으로 임명할 수 있다.

02 1961년 외교관계에 대한 비엔나협약 상의 설명으로 옳지 않은 것은?

① 공관에 각종 송장을 송달(service of process by mail)하는 것은 공관의 불가침으로 보지 아니한다.
② 구금, 처벌, 무기 저장 등 남용의 명백한 증거가 있는 경우, 접수국은 국제법, 국내법령의 존중의무에 대한 중대한 위반으로 간주하여 강제수색 등의 개입이 가능하며 사태가 빈번한 경우 사절단의 책임자에 대해 즉시 출국을 요구할 수도 있다.
③ 군함의 비호권, 군항공기의 비호권은 일반적으로 인정된다.
④ 외교관의 개인수하물(personal baggage)은 검열(inspection)에서 면제되나 단, 본조 제1항에서 언급한 면제에 포함되지 아니하는 물품이 있거나, 또는 접수국의 법률로서 수출입이 금지되어 있거나, 접수국의 검역규정에 의하여 통제된 물품을 포함하고 있다고 추정할만한 중대한 이유가 있는 경우에는 그러하지 아니하다.

정답 ①
해설 ① 공관에 각종 송장을 송달(service of process by mail)하는 것은 공관의 불가침으로 보아 허용될 수 없으나, 우연히 접수된 경우에는 전달된 것으로 간주한다. 전기의 검열은 외교관이나 또는 그가 권한을 위임한 대리인의 입회하에서만 행하여야 한다. 즉, 절대적 불가침이 아니다.
④ 외교관의 개인수하물(personal baggage)은 검열(inspection)에서 면제되나 단, 본조 제1항에서 언급한 면제에 포함되지 아니하는 물품이 있거나, 또는 접수국의 법률로서 수출입이 금지되어 있거나, 접수국의 검역규정에 의하여 통제된 물품을 포함하고 있다고 추정할만한 중대한 이유가 있는 경우에는 그러하지 아니하다.

04

세계무역기구(WTO) 체제하에서 자유무역지역 및 관세동맹 협정에 대한 설명으로 옳지 않은 것은?

① 최혜국대우원칙의 예외로 인정되기 위해서는 제3국을 협정 체결 이전보다 불리하게 대우해서는 아니 된다.
② 자유무역지역으로 인정되기 위해서는 일정 기간 내에 역내 관세가 실질적으로 철폐되어야 한다.
③ 제3국에 대해, 자유무역지역 회원국은 단일한 관세를 부과해야 하지만 관세동맹 회원국은 상이한 관세를 유지할 수 있다.
④ 최혜국대우원칙에 대한 예외로 인정된다.

정답 ③

해설 관세동맹이 역외국에 단일한 관세를 부과하고, 자유무역지역은 상이한 관세를 유지할 수 있다.

관련 이론

자유무역협정(FTA : Free Trade Agreement)

자유무역협정(FTA)이란 가맹국 간에 상품의 자유무역을 위해 관세 및 비관세장벽을 완화 내지 철폐하는 특혜무역협정으로 가장 느슨한 경제통합 형태이다(경제통합은 가맹국 간의 밀착 정도에 따라 4단계로 구분한다.'그 동안 유럽연합(EU)이나 북미자유무역협정(NAFTA) 등과 같이 대개 인접국가나 일정 지역을 중심으로 이루어졌기 때문에 흔히 지역무역협정(RTA : Regional Trade Agreement)으로 부르기도 한다. 그러나 최근에는 원거리 FTA 체결도 늘어나고 있다. 2010년 8월 현재 FTA를 비롯해 전세계에 발효중인 지역무역협정은 총 285개이다.

자유무역협정은 크게 두 가지 형태가 있는데, 하나는 FTA의 모든 회원국이 자국의 고유한 관세 및 수출입제도를 완전히 철폐하고 역내의 단일관세 및 수출입제도를 공동으로 유지해 가는 방식으로 EU가 좋은 사례이다. 다른 하나는 NAFTA에서 볼 수 있는 것과 같이 FTA의 각 회원국이 역내의 단일관세 및 수출입제도를 공동으로 유지하지 않고 자국의 고유 관세 및 수출입제도를 계속 유지하면서 무역장벽을 완화하거나 철폐해 가는 방식이다. 한편, FTA는 자유무역지대(Free Trade Area)를 지칭하기도 하는데, 이는 당사국간 무역에 영향을 미치는 관세 및 거의 모든 비관세장벽(non-tariff measures)을 철폐한 둘 이상의 국가를 말한다.

세계무역기구(WTO : World Trade Organization)

1995년에 출범한 범세계적인 자유무역기구이다. 과거 GATT체제에는 없었던 세계무역분쟁 조정, 관세인하 요구, 반덤핑 규제 등 준사법적 권한과 구속력을 행사하며, 지적재산권 등 새로운 교역과제를 포괄해 회원국의 무역관련법·제도·관행 등을 제고를 통해 세계 교역을 증진하는 데 역점을 두고 있다. 즉 WTO의 출범 목적은 산업·무역의 세계화와 함께 국경 없는 무한경쟁시대로 돌입하는 새로운 국제무역환경 기반의 조성이라 할 수 있다. 과거 GATT체제가 공산품에 대한 개방에 주요 관심을 기울였다면, WTO 체제는 농산물, 서비스 시장까지 포괄하는 개방을 강조하고 있다. 동시에 WTO는 다자간 무역협상을 전제로 한다는 점에서 지역 간 FTA와는 차이가 있다. 다자간 협상이란 국가 간의 통상 협상 방식의 하나로 통상 문제를 양자 간 해결하는 쌍무 협상과 달리 우루과이라운드 협상처럼 여러 국가들이 동시에 협상을 진행하는 방식을 말한다.

유사 문제

01 WTO체제 중 기본원칙에 대한 설명으로 타당하지 <u>않은</u> 것은?

① 내국민대우는 거래량에 대한 기대보다는 경쟁조건에 대한 기대를 보호하기 위한 원칙이므로 법령이나 규칙으로 인하여 내국 시장에서 수입상품에 불리한 효과를 '실제로' 발생하였는지 여부는 내국민대우원칙을 결정하는 요건이 아니라고 판단하고 있다.
② 실제 수입이 없더라도 잠정적인 수입가능성이 있으면 족하고 실질적 및 구체적 효과의 발생이 GATT 제3조 위반여부 판단에 요건이 된다.
③ 협정상 3조 2항 1문의 "초과하여" 구절은 융통성을 허용하지 않는 절대적 평등을 요구하는 것으로 해석되어 왔다.
④ NT는 연방국가/단일국가를 불문하고 주·지방정부에게도 적용되며, 또한 국영무역기업도 그 의무를 부담한다.

정답 ②
해설 실제 수입이 없더라도 잠정적인 수입가능성이 있으면 족하고 실질적 및 구체적 효과의 발생이 GATT 제3조 위반여부 판단에 요건이 되는 것은 아니다.

02 WTO 체제 중 수량제한의 예외가 아닌 것은?

① 식량 등 중요상품의 긴급한 부족 상태 해소 및 방지를 위한 일시적인 수출 제한은 허용한다.
② 상품의 분류, 등급 또는 판매에 관한 기준 또는 규칙의 적용상 필요한 수입 및 수출의 금지 또는 제한은 허용된다.
③ 수입독점이나 국영무역상 가해지는 수입제한은 예외로 인정된다.
④ 정부조치의 실시에 필요한 농수산물의 수입은 제한이 인정된다.

정답 ③
해설 1. 수량제한 원칙
① 최저수입가격제도
② 수입독점이나 국영무역상 가해지는 수입제한
③ 재량에 따라(discretionary) 부여되거나 자동적(automatic)이지 않은 수입면허제도
④ 낮은 가격으로 반도체 수출을 제한하는 정부의 비강제적 조치(행정지도)
⑤ 무역을 실질적으로 방해하지 않는 수량제한조치도 제11조 1항상 의미의 수입제한에 해당한다고 결정
⑥ 사실상의 제한조치도 금지된다.
2. 수량제한의 예외
① 식량 등 중요상품의 긴급한 부족 상태 해소 및 방지를 위한 일시적인 수출 제한
② 상품의 분류, 등급 또는 판매에 관한 기준 또는 규칙의 적용상 필요한 수입 및 수출의 금지 또는 제한
③ 정부조치의 실시에 필요한 농수산물의 수입 제한
④ 일정 조건 하에 국제수지보호를 위한 제한
⑤ 개도국이 행하는 수입제한
⑥ 수입급증으로 인해 관련 국내산업이 심각한 피해를 받거나 받을 우려가 있을 경우 일시적으로 취해지는 긴급수입제한조치
⑦ 일반적 예외, 안전보장을 위한 예외, 대응조치로서의 수

05
1972년 채택된 유엔 인간환경선언에 명시된 내용에 해당하는 것은?

① 월경성 환경피해를 야기하지 아니할 책임 원칙
② 공동의 그러나 차별적 책임 원칙
③ 사전주의 원칙
④ 지속가능한 발전 원칙

> [정답] ①
> [해설] ②, ③, ④는 리우선언(1992)에는 규정되어 있으나, 1972년 채택된 인간환경선언에는 명시되지 않았다.

관련 이론

인간환경선언(스톡홀롬 선언)의 원칙

다음과 같은 공통의 신념을 성명한다.

원칙 1 인간은 인간의 삶에 행복과 존엄을 주는 환경 안에서 자유, 평등 그리고 합당한 삶의 지위를 영위할 기본권을 갖고 있고 동시에 현재와 미래세대를 위해 환경을 개선하고 보호해야 할 엄중한 책임을 갖는다. 따라서 남아공 인종차별, 식민주의, 기타 다른 형태의 압박과 다른 나라의 식민 지배를 조장하고 지속시키는 정책은 비난 받고 없어져야 한다.

원칙 2 자연 생태계를 대표하는 공기, 물, 토양, 동식물과 같이 이 지구상의 천연자원은 적절하고 주의 깊게 계획 또는 준비되어서 현재와 미래세대를 위하여 보호되어야 한다.

원칙 3 필수적인 재생 가능한 자원을 생산하는 지구의 능력은 반드시 유지되어야 하고 어디서든지 사용할 수 있게 복구되거나 향상되어야 한다.

원칙 4 인간은 불리한 요인들로 인해 크게 위협받고 있는 야생동물들의 생득권과 서식지를 지혜롭게 관리하고 보호해야 할 특별한 책임이 있다. 그러므로 야생동물보호와 같은 자연보호는 경제개발계획 시 중요하게 다루어져야 한다.

원칙 5 재생 불가능한 지구의 자원은 앞으로의 고갈위험에 대비하는 방식으로 사용되어야 하고 그로 인한 이득은 모든 인류가 공유해야 한다.

원칙 6 자연의 정화능력을 넘는 정도의 양 혹은 농도의 유독성 물질이나 기타 다른 물질의 방출과 열의 배출은 생태계에 심각하고 회복할 수 없는 피해가 생기기 전에 중단되어야 한다. 오염된 국가의 국민들이 행하는 오염에 대한 정당한 저항은 반드시 지원되어야 한다.

원칙 7 국가는 바다에서 얻는 유익함을 해치거나 바다의 다른 법률적 사용에 방해되고, 해양 생물과 생물자원에 해를 입히며 인간의 건강에 유해한 물질에 의한 바다 오염을 막기 위한 모든 가능한 방법을 취해야 한다.

원칙 8 경제사회발전은 삶의 질을 향상시키기 위해 필요한 지구의 상태를 조성하고, 인간을 위한 편리한 생활, 작업환경을 보장하기 위해 필수적이다.

원칙 9 저개발 상태와 자연재해로 인한 환경결핍은 막대한 문제를 일으키고, 이는 개발도상국들의 국내노력과 필요 시 적시에 지원하기 위한 보조로서 충분한 양의 재정적, 기술적 지원의 전환을 통한 개발이 가속화될 때 가장 확실히 치유될 수 있다.

원칙 10 개발도상국들에게는 생태학적 과정뿐만 아니라 경제적 요인들이 고려되어야 하므로 환경관리를 위해서 가격의 안정과 기초 일용품과 원료구입을 위한 적당한 수입이 필수적이다.

원칙 11 모든 국가의 환경정책은 개발도상국들의 현재와 미래의 발전 잠재력을 높이고 그에 불리한 영향을 주어서는 안되며 모두를 위한 더 나은 환경조성달성에 방해가 되어서도 안 된다. 그리고 환경조치의 적용으로 인해 앞으로 일어날 국내, 국제 경제적 결과에 동의하는 국제기구와 국가들에 의해, 적절한 조치가 채택되어야 한다.

원칙 12 개발도상국들의 특수한 요구사항과 상황, 개발계획에 환경보존장치를 포함시키면서 생기는 비용, 이를 위한 추가적인 국제적 기술, 재정지원의 필요성 모두를 고려하여 환경을 보존, 개선할 수 있는 자원이 마련되어야 한다.

원칙 13 좀 더 합리적인 자원관리로 환경을 개선하기 위해서 국가는 그들의 개발계획이 전체의 이익을 위한 환경보존과 개선의 필요성에의 조화를 보장하는 통합되고 조정된 경제개발 접근을 해야 한다.

원칙 14 합리적인 계획은 환경의 보전, 개선의 필요성과 개발의 필요성 사이에서 야기될 수 있는 마찰을 조정하기 위한 필수도구 이다.

원칙 15 계획은 모두에게 사회적, 경제적, 환경적으로 최대로 이익이 되고, 환경에 부정적인 영향을 주지 않도록 인간의 거주지와 도시화에 적용되어야 한다. 이러한 관점에서 식민, 인종지배를 목적으로 하는 계획은 금지되어야만 한다.

원칙 16 기본인권에 대한 편견이 없고 정부에게 인정받은 인구 정책은 인구성장과 과잉인구집중도가 인간환경에 부정적인 영향을 미치고 개발에 방해가 될 것 같은 지역에 적용되어야 한다.

원칙 17 환경질의 개선을 목적으로 국가의 9개 자원에 대한 계획, 관리 또는 조절의 임무는 적절한 국가 기관 에게 위임되어야 한다.

원칙 18 경제사회발전에 기여하는 과학과 기술은 환경위험에 대한 인식, 기피, 조절과 환경문제의 해결 그리고 인류공통의 이익을 위하여 사용되어야 한다.

원칙 19 혜택 받지 못하는 이 들에게 당연한 관심을 줌으로써 성인뿐만 아니라 젊은 세대들에 대한 환경문제 교육은 전체인간의 범위에서 환경보존과 개발 시 개인, 기업, 집단의 책임 있는 역할 그리고 열린 의견의 근간을 넓히기 위하여 필수적 이다. 언론이 환경악화에 기여하지 않고, 모든 점에서 긍정적인 환경 개발보호 필요성의 교육적인 자연정보를 전하는 것 또한 필수적이다.

원칙 20 국내적이고 다국적인 환경문제에 관한 과학연구와 개발은 반드시 모든 국가, 특히 개발도상국에서 추진되어야만 한다. 이러한 관계로 최신 과학 정보의 자유로운 소통과 경험의 이전은 환경문제해결을 용이하게 하도록 지원되어야 한다. 즉, 환경 기술은 개발도상국에 경제적인 부담 없이 광범위한 보급에 기여하도록 이용되어야 한다.

원칙 21 유엔 헌장과 국제법에 따라 국가는 그들의 환경정책에 따라 자국의 자원을 개발할 주권적 권리를 갖고 자국의 법령과 통제 내에서의 활동이 다른 국가 또는 국가 관할권의 범위를 벗어난 지역에 환경피해를 주지 않도록 할 책임을 갖는다.

원칙 22 국가는 오염피해자들과 법령 또는 이를 넘는 지역의 국가 통제 안에서의 활동으로 야기된 기타 환경피해에 대한 보상과 책임에 관한 국제법을 발전시키기 위해 협력한다.

원칙 23 앞으로 국제사회에서 이루어질 합의나 개별 국가에서 확립될 표준에 대한 편견이 없이 어떠한 경우에라도 각 국의 우세한 가치 시스템을 배려하며 개발도상국들에게 적절치 못하고 부당한 사회적 비용이 발생할 수 있는 최선진국의 표준적용범위를 고려해야 한다.

원칙 24 환경의 보호와 개선에 관한 국제적 문제들은 크든 작든 대등한 입장에서 모든 국가의 협력정신에 의해 협조되어야 한다. 모든 국가의 이익과 주권보호를 위한 행위에서 야기되는 환경에 대한 부정적인 영향을 효과적으로 제거, 감소, 보호, 통제하기 위하여 다국가간 혹은 양국간의 협력과 또는 다른 적절한 수단들이 필수적이다.

원칙 25 국가는 환경의 보호와 개선을 위한 협력적, 효율적, 그리고 역동적인 국제기구의 역할을 보장한다.

원칙 26 인간과 환경은 핵무기와 다른 대량살상무기의 영향 없이 살아야 하며, 국가는 관련된 국제 조직에서 그러한 무기들의 완전 파괴와 제거의 즉각적인 합의에 도달하도록 노력해야 한다.

유사 문제

01 다음 중 스톡홀름 회의(UNCHE)에 대한 설명으로 옳지 않은 것은?

① 1972년 6월 유엔인간환경회의에서 채택된 인간환경선언 결의에 따라 제27차 유엔총회 결의로 발족한 국제연합 산하의 여러 전문기구의 하나이다.
② 1968년 5월 유엔 총회에서 스웨덴이 제안하였고, 동년 말의 총회에서 개최를 결정하였다.
③ 회의 이후 이 취지에 따라 1970년 유엔 인간환경회의 제1차 준비회의에서 '유엔인간환경선언'이 채택되었으며, 1972년 유엔 인간환경회의에서 공식 선언되었다.
④ 유엔 경제사회이사회 산하조직으로 환경이사회가 설치되었고 이와 관련 환경기금이 설립되었다.

정답 ②
해설 1968년 5월 유엔 경제사회이사회에서 스웨덴이 제안하였고, 동년 말의 유엔총회에서 개최를 결정하였다.

02 1992년 리우선언의 내용이 아닌 것은?

① 개발 도상국, 특히 극빈 개도국과 환경적으로 침해받기 쉬운 개도국의 특수 상황과 환경 보전의 필요성은 특별히 우선적으로 고려의 대상이 되어야 한다.
② 환경질의 개선을 목적으로 국가의 9개 자원에 대한 계획, 관리 또는 조절의 임무는 적절한 국가 기관에게 위임되어야 한다.
③ 개발의 권리는 개발과 환경에 대한 현세대와 차세대의 요구를 공평하게 충족할 수 있도록 실현되어야 한다.
④ 지속 가능한 개발과 모든 사람의 보다 나은 생활의 질을 추구하기 위하여, 각 국가는 지속 불가능한 생산과 소비 패턴을 줄이고 제거해야 하며 적절한 인구 정책을 촉진해야 한다.

정답 ②
해설 ②는 스톡홀름 선언에 해당한다.
① 리우선언 원칙6
③ 리우선언 원칙3
④ 리우선언 원칙8

06

「국가와 타방국가 국민간의 투자분쟁의 해결에 관한 협약」(ICSID 협약) 및 이에 의해 설립된 '투자분쟁 해결을 위한 국제본부'(ICSID)에 대한 설명으로 옳지 <u>않은</u> 것은?

① 분쟁당사자들은 상호 합의하에 ICSID 내에서 알선, 조정, 중재 및 재정절차를 활용할 수 있다.
② 분쟁당사자들은 ICSID에 분쟁을 회부하기로 서면으로 부여한 동의를 일방적으로 철회할 수 없다.
③ 중재재판 준거법의 미합의시에 중재재판부는 분쟁당사국의 국내법과 국제법 모두를 적용하여야 한다.
④ 분쟁당사국들은 ICSID 협약에 따라 내려진 판정의 구속력을 승인하고 이를 집행하여야 한다.

정답 ①

해설 투자분쟁 해결을 위한 국제본부(ICSID)의 분쟁해결 방식은 조정과 중재 2가지만 있다.

관련 이론

ICSID(International Centre for the Settlement of Investment Disputes; 국제투자분쟁해결센터)

국제투자로부터 발생하는 분쟁을 해결할 목적으로 1966년 세계은행(IBRD) 산하에 설립된 중재기관이다.

외국인투자자와 투자유치국 정부간에 발생하는 국제투자분쟁은 기존의 국제법 체제하에서의 분쟁해결방법으로는 투자자를 보호하는 데 한계가 있었다. 또한 분쟁 발생 시 투자유치국 국내법원에 제소하는 경우 공정한 재판의 보장이 없고, 주권면제나 판결집행의 문제 때문에 역시 적절한 분쟁해결방법이 되기 어려웠다. 이러한 한계를 극복하기 위해 IBRD의 주도와 후원 아래 1965년 "국가와 다른 국가 국민간의 투자분쟁해결에 관한 협약(Convention on the Settlement of Investment Disputes between States and Nationals of other States; 이하 ICSID 협약)이 제정되었고 동 협약에 따라 ICSID가 설립되었다.

ICSID는 설립 후 초기에는 사건처리 실적이 미비하였고 BIT 등 투자협정에 근거하여 제기, 접수된 사건은 1987년 영국의 Asian Agriculture Products Ltd. 라는 회사가 영국-스리랑카간 BIT에 근거하여 스리랑카 정부를 상대로 중재신청한 것이 처음이다. 그 후 전 세계적으로 투자협정이 급증하고 이에 따라 투자협정 위반에 근거한 투자분쟁도 증가하면서 2019년 7월말 현재 983건의 투자분쟁이 제기되었고 이 가운데 615건(62%)이 ICSID에 접수되었다.

ICSID는 그 설립취지에서 알 수 있듯이 외국투자자와 투자유치국 간의 당해 투자로부터 발생한 법률상의 분쟁을 또는 중재로 처리하는 기관이다. 그러나 분쟁당사자들이 중재 신청하는 모든 사건을 처리하는 것이 아니고, 그 관할 요건을 충족하는 사건에 한하여 이를 접수하고 처리한다. 최근 몇 년을 제외하고 설립된지 40여 년동안 사건 처리 실적이 지극히 미비했던 것도 이러한 이유 때문이다. 또한 대부분의 투자협정에서 ICSID 중재를 규정하고 있다 하더라도 당해 분쟁이 ICSID 협약상의 관할 요건에 부합되지 않는 경우에는 중재 신청 자체가 거부되기 때문에 모든 투자협정상의 분쟁이 ICSID에서 해결 가능한 것도 아니다. 그럼에도 불구하고 투자분쟁과 관련한 ISDS제도 에 있어서 ICSID가 가장 주목을 받는 이유는 투자분쟁 해결기관으로써 가장 공신력이 있고 전문성을 갖춘 중재기관이기 때문이다.

유사 문제

01 「국가와 타방국가 국민간의 투자분쟁의 해결에 관한 협약」에 대한 설명이 틀린 것은?

① 국가는 ICSID 협약을 비준함으로써 체약국이 된다.
② 협약 제68조에 따라 협약 비준서를 ICSID에 기탁한 날로부터 30일이 경과하면 체약국 지위를 얻게 되며, 또한 협약 제71조에 따라 ICSID에 서면 고지를 통해 협약에서 탈퇴할 수 있다.
③ 협약의 체약국이 경우에 국가는 ICSID 중재에 동의를 할 수 있으나 추후 협약의 체약국이 되기 위한 요건을 충족하는 경우에 한하여 중재동의가 효력을 갖게 되며, 그렇지 않은 경우 ICSID는 사건에 대해 관할권이 없다.
④ 국가는 중앙정부 기관이나 별도의 단체(entity)를 통해 외국인 투자를 유치하거나 사업을 실시할 수 있다.

정답 ③
해설 협약의 체약국이 아닌 경우에도 국가는 ICSID 중재에 동의를 할 수 있으나 추후 협약의 체약국이 되기 위한 요건을 충족하는 경우에 한하여 중재동의가 효력을 갖게 되며, 그렇지 않은 경우 ICSID는 사건에 대해 관할권이 없다.

02 WTO 체제 상 분쟁해결 절차에 대한 설명으로 옳지 <u>않은</u> 것은?

① DSU의 제3 조를 포함한 어떤 규정도 패널설치 요청의 전제조건으로 당사국이 '법적 이해'를 가져야 한다는 명시적 요건을 포함하고 아니한다.
② DSU 절차에 제3당사국으로 예외 없이 참여할 수 없다.
③ WTO분쟁해결절차는 국가 대 국가의 분쟁을 다루기 때문에 사인 그 자체는 설령 분쟁의 원인이 되고 있어도 WTO절차에는 직접 관여하지 않는다.
④ 대상협정에 따라 부담해야 하는 의무에 대한 위반이 있는 경우, 이러한 행위는 일견(prima facie) 명백한 무효화 또는 침해 사례를 구성하는 것으로 간주된다.

정답 ②
해설 DSU절차에 제3당사국으로 참여하려면 당 분쟁에 '실질적인 무역이해'를 가져야 한다.
① DSU의 제3조를 포함한 어떤 규정도 패널설치 요청의 전제조건으로 당사국이 '법적 이해'를 가져야 한다는 명시적 요건을 포함하고 있지 않으므로 이는 결국 작위 또는 부작위에 의한 대상협정상의 의무위반에 대해 모든 WTO 회원국이 이해를 가질 수 있기 때문에 '공중소송'을 인정한 것이라 할 수 있다.

07

국제사법재판소에 대한 설명으로 옳지 않은 것은?

① 재판소는 권고적 관할권을 행사하는 경우에도 임시재판관을 임명할 수 있다.
② 피소국이 관할권 부인만을 목적으로 소송에 참여하는 경우에는 확대관할권이 성립되지 아니한다.
③ 재판소는 선결적 항변 절차상 관련 당사자들이 제기하지 아니한 선결적 쟁점을 자발적으로 검토할 수 없다.
④ 권고적 의견 제도는 계쟁관할권 미수락 국가의 사건을 재판소에 맡기기 위한 우회방법으로 이용될 수 있다.

> **정답** ③
> **해설** 국제사법재판소에서의 선결적 쟁점은 관할권이나 재판적격성 문제를 말하는데, 직권에 의해 자발적으로 검토할 수 있다.

관련 이론

ICJ의 관할권

1. 당사국에 대한 관할
    ① 재판소에 제소되는 사건의 당사자는 국가에 한하고 국제기구나 개인은 당사자가 될 수 없음
    ② 개인은 그 소속 국가를 통하여 국가의 권리로서 재판소에 제소 가능
2. 분쟁에 대한 관할
    ① 국제사법재판소에 분쟁을 제소할 수 있는 것은 분쟁 당사국간에 합의가 있는 경우에 한함
    ② 재판소의 관할은 당사자가 재판소에 부탁하는 모든 사건 및 특히 헌장 또는 현행 조약 및 협약에 규정된 모든 사항을 포함
    ③ 재판소에 제소는 원칙상 임의적이나 재판소 규정 제36조 2항의 의무적 관할조항을 수락한 경우, 아래사항에 관한 모든 법률적 분쟁에 대한 재판소의 관할은 동일한 의무를 수락하는 다른 국가에 대한 관계에 있어서, 당연히 또 특별한 합의 없이도, 의무적인 것이 됨
        ㉠ 조약의 해석
        ㉡ 국제법상의 문제
        ㉢ 확인된 경우 국제의무의 위반이 되는 사실의 존재 여부
        ㉣ 국제의무 위반에 대한 배상의 성질 및 범위
3. 권고적 의견(Advisory Opinion)
    ① 재판소는 총회, 안보리 또는 기타 유엔기관 및 전문기관의 요청에 의해 그 활동범위 내에서 발생하는 법률적 문제에 대해 권고적 의견을 제시할 수 있음
    ② 권고적 의견은 법적 구속력이 없다는 점에서 판결과 다르나 판결에 상응하는 법적 정치적 권위 보유
4. 재판준칙
    규정 제38조에 따라 재판소는 ① 국제협약, ② 국제관습, ③ 문명국에 의하여 일반적으로 인정된 법의 일반원칙, ④ 판례 및 국제법학자의 학설을 적용함. 또한 분쟁당사국이 합의한 경우에는 재판소는 형평의 원칙에 따라 사건을 판결할 수 있음
5. 재판절차
    ① 공소의 제기는 ICJ 사무처장(Registrar)에 대하여 특별합의 통고(Notification of the Special Agreement) 또는 서면신청(Written Application)을 행함으로써 이루어짐
    ② 재판소 사무처장은 공소제기가 ICJ 규정에 따라 적법하게 제출되었음을 확인한 후, 이를 유엔사무총장, 회원국 및 재판소에서 재판을 받을 수 있는 국가에 통고
    ③ 모든 문제는 9명 이상의 판사가 출석하여 과반수 찬성으로 결정하며 가부동수인 경우에는 재판장이 결정권을 가짐

④ 사건의 당사국은 자국적 판사가 재판부에 없을 경우 동 사건에 한하여 특별 또는 자국의 판사를 선임할 권한이 있으며 이렇게 선임된 판사는 다른 판사들과 평등한 조건에서 판결에 참여함. 이를 국적판사(Judge Ad Hoc)라고 함
⑤ 분쟁의 타방당사국이 판결상 의무를 이행하지 않을 경우 분쟁의 일방당사국은 동 판결의 집행을 위한 조치를 취하여 주도록 안전보장이사회의 소집을 요청할 수 있음

유사 문제

01 ICJ에 대한 재판소 규정에 대한 설명으로 틀린 것은?

① 재판소규정의 당사국이지만 국제연합의 비회원국인 국가가 재판소의 재판관 선거에 참가할 수 있는 조건은, 특별한 협정이 없는 경우에는, 안전보장 이사회의 권고에 따라 총회가 정한다.
② 국별재판관단도 4인을 초과하여 후보자를 지명할 수 없으며, 그중 3인 이상이 자국국적의 소유자이어서도 아니되며, 어떠한 경우에도 하나의 국별재판관단이 지명하는 후보자의 수는 충원할 재판관석 수의 2배를 초과하여서는 아니된다.
③ 총회 및 안전보장이사회에서 '절대다수표(absolute majority)'를 얻은 후보자는 당선된 것으로 본다.
④ 재판관간의 투표가 동수인 경우에는 재투표를 한다.

정답 ④
해설 재판관 간의 투표가 동수인 경우에는 최연장 재판관이 결정투표권을 가진다.

02 ICJ의 재판관에 대한 설명으로 틀린 것은?

① 재판소는 특정한 '부류'의 사건, 예컨대 노동사건과 통과 및 운수 통신에 관한 사건을 처리하기 위하여 재판소가 결정하는 바에 따라 3인 또는 그 이상의 재판관으로 구성되는 1 또는 그 이상의 소재판부를 수시로 설치할 수 있다.
② 1993년 ICJ는 비밀투표로 5명으로 구성된 '환경문제' 소재판부를 창설하였으며 지금도 활동 중이다.
③ 재판소는 특정사건을 처리하기 위한 소재판부를 언제든지 설치할 수 있다. 그러한 소재판부를 구성하는 재판관의 수는 당사자의 "승인"을 얻어 재판소가 결정한다.
④ 업무의 신속한 처리를 위하여 재판소는, 당사자의 요청이 있는 경우 간이소송절차로 사건을 심리하고 결정할 수 있다.

정답 ②
해설 1993년 ICJ는 비밀투표로 7명으로 구성된 '환경문제' 소재판부를 창설하였으나 실제 이용이 없자 2007년 이후 현재까지 설치하지 않고 있다.
④ 업무의 신속한 처리를 위하여 재판소는, 당사자의 요청이 있는 경우 간이소송절차로 사건을 심리하고 결정할 수 있는, 5인의 재판관으로 구성되는 소재판부를 매년 설치하며, 또한 출석할 수 없는 재판관을 교체하기 위하여 2인의 재판관을 선정한다.

08

「영사관계에 관한 비엔나협약」상 영사관계에 대한 설명으로 옳지 않은 것은?

① 외교관계 수립에 대한 동의는 원칙적으로 영사관계 수립에 대한 동의를 포함한다.
② 외교관계 단절은 영사관계 단절을 당연히 포함하지 아니한다.
③ 영사기능은 외교공관에 의해서도 수행될 수 있다.
④ 영사기관의 소재지와 등급은 파견국이 결정하여 접수국에 통보한 후 확정된다.

정답 ④

해설 파견국이 결정하되 접수국이 동의해야 확정된다.

관련 이론

「영사관계에 관한 비엔나협약」 개요

영사관계를 규율하는 가장 기본적인 다자간 조약으로서, 영사기관의 특권 및 면제 등을 규정하고 있다. 이는 각국을 대표하는 영사기관의 기능의 효과적 수행을 확보하기 위한 것이다. 「영사관계에 관한 비엔나협약」에는 국제연합 회원국의 대부분이 당사국으로 되어 있으며, 우리나라도 위 협약에 가입한 상태이다. 「영사관계에 관한 비엔나협약」 중 영사기관 등에 관한 편의, 특권 및 면제에 관한 조항 중 하나인 제36조는 파견국 국민과 영사의 통신 및 접촉에 관한 내용을 규정하고 있다. 제36조 제1항 (b)에 의하면, 파견국의 영사관할 구역 내에서 파견국의 국민이 체포·구금·유치 또는 그 밖의 방법으로 구속되는 경우 그 사람이 본국 영사기관에 통보할 것을 요청하면 접수국의 권한있는 당국은 파견국의 영사기관에게 위 사람의 체포 등에 관하여 지체 없이 통보하여야 한다. 또한 접수국의 권한 있는 당국은 위 사람에게 위 내용에 관한 권리를 지체없이 고지하여야 한다. 영사는 파견국 및 파견국 국민의 이익을 보호하는 역할을 담당하므로, 파견국 국민이 접수국에서 신체의 자유를 제한당하는 경우 영사가 자국민 보호 역할을 수행하여야 한다. 이러한 영사기능의 원활한 수행을 위하여, 접수국은 파견국영사에게 그 국민의 인신구속 사실을 통보함으로써 그에 협조할 필요가 있다. 이와 관련하여 「영사관계에 관한 비엔나협약」은 인신이 구속된 파견국 국민이 요청하는 경우에 영사통보를 하도록 규정하면서, 접수국의 권한있는 당국으로 하여금 파견국 국민에게 영사 통보에 관한 권리를 고지하도록 하는 규정을 두고 있다. 「영사관계에 관한 비엔나협약」에 의한 영사 통보와 권리 고지는 외국에서 인신이 구속되는 사람의 보호를 위한 중요한 제도임에도 불구하고, 그간 우리나라 법원에서는 이에 대한 충분한 관심을 기울이지 못하였다. 따라서 본 연구에서는 영사 통보 및 권리 고지에 있어서 우리 법원이 어떠한 역할을 하여야 하는지에 관하여 시사점을 얻기 위한 목적으로, 「영사관계에 관한 비엔나협약」 및 그 밖의 양자조약 등에 의한 영사 통보 및 권리 고지에 관한 주요 외국의 입법례를 살펴본다. 외국인을 구금하였을 때 영사 통보 또는 권리고지를 이행하지 않은 것이 쟁점이 된 주요 외국의 판결례들 및 국제사법재판소의 라그랜드, 아베나 판결도 살펴본다. 이는 영사 통보 또는 권리 고지가 제대로 이행되지 않았을 때의 구제수단 내지는 법원의 대처방법에 관하여 시사점을 얻기 위한 것이다. 영사 통보 및 권리 고지에 관한 미국, 영국, 일본, 중국, 독일, 프랑스의 입법례를 살펴본바, 위 각 국가들은 영사 통보 및 권리 고지에 관하여 법률에서부터 기관 내부의 매뉴얼에 이르기까지 다양한 형태로 규정을 두고 있음을 알 수 있다. 그 중 대부분의 국가들은 형사상 체포·구속 외에 그 밖의 신체의 자유 제한에 관하여서도 영사 통보 또는 권리 고지가 필요하다는 규정을 두고 있을 뿐만 아니라, 법원이 영사 통보 또는 권리 고지의 의무를 부담하는 규정을 두고 있기도 하다. 영사 통보 또는 권리 고지가 불이행된 경우 국제사법재판소는 이를 피구금자 개인의 권리 침해에도 해당하는 것으로 보았고 그 구제수단으로 사법적 재심사 및 재검토가 허용되어야 한다고 보았다. 미국 연방대법원은 영사 통보 또는 권리 고지 위반에 대한 구제수단은 국내법에 따라 부여되어야 한다는 입장을 취하고 있는 결과, 국제사법재판소 판결을 근거로 하여 사법적 재심사 및 재검토를 허용할 수는 없다고 보았다. 반면 영국의 하급심 법원은 영사 통보의 권리를 고지받지 못한 채 한 진술의 증거능력을 배제한 판결을 한 바 있다. 독일 연방헌법재판소는 영사 통보에 관한 권리고지의 불이행이 상소 이유가 된다고 보았다. 위와 같은 비교법적 연구 결과에 비추어 볼 때, 우리나라에서는 영사 통보 및 권리 고지에 관한 법령 또는 기관 내부 규칙 등이 비교적 적을 뿐만 아니라 관련 논의도 충분하지 않은 것으로 보인다. 따라서 우리 법원은 영사 통보 및 권리 고지에 관하여 관심을 가지고 그 충분한 이행을 위하여 노력하여야 할 것이다. 그러한 노력에는 영사 통보 및 권리 고지에 관하여 법원이 담당하여야 할 역할을 발굴하여 이를 제도화하는 것과, 영사 통보 및 권리 고지가 불이행된 경우의 사법적 구제에 관하여 연구하는 것이 있을 수 있다. 영사 통보 및 권리 고지의 의무를 이행하는 것은 단순히 우리나라 내에서 구금되는 외국인의 권리를 보장하는 것에 그치는 것이 아니라, 외국에서 구금되는 우리나라 국민의 권리도 보장받도록 할 수 있는 유효적절한 방법이 된다.

유사 문제

01 「영사관계에 관한 비엔나협약」의 영사특권에 대한 설명으로 타당하지 않은 것은?

① 본조1항에 명시된 경우를 제외하고 영사관원은 구금되지 아니한다.
② 영사관원에 대하여 형사소송절차가 개시된 경우에 그는 권한있는 당국에 출두하여야 하나 그 소송절차는 그의 공적 직책상의 이유에서 그가 받아야 할 경의를 표해야 한다.
③ 영사관원과 사무직원은 영사직무의 수행 중에 행한 행위(acts performed in the exercise of consular functions)에 대하여 접수국의 사법 또는 행정당국의 관할권에 복종할 의무를 지지 아니한다.
④ 영사기관원은 사법 또는 행정소송절차의 과정에서 증인출두의 요청을 받을 수 있고 사무직원 또는 업무직원은 본조 3항에 언급된 경우를 제외하고 증언을 거부해서는 아니되지만 영사관원이 증언을 거부하는 경우에 그에 대하여 강제적 조치 또는 형벌이 적용될 수 있다.

정답 ④
해설 영사기관원은 사법 또는 행정소송절차의 과정에서 증인출두의 요청을 받을 수 있고 사무직원 또는 업무직원은 본조 3항에 언급된 경우를 제외하고 증언을 거부해서는 아니되지만 영사관원이 증언을 거부하는 경우에 그에 대하여 강제적 조치 또는 형벌이 적용되어서는 아니된다.
  ① 본조1항에 명시된 경우를 제외하고 영사관원은 구금되지 아니하며 또한 그의 신체의 자유에 대한 기타 어떠한 형태의 제한도 받지 아니하지만, 확정적 효력을 가진 사법상의 결정을 집행하는 경우는 제외된다.
  ② 영사관원에 대하여 형사소송절차가 개시된 경우에 그는 권한있는 당국에 출두하여야 하나 그 소송절차는 그의 공적 직책상의 이유에서 그가 받아야 할 경의를 표하면서 또한 본조1항에 명시된 경우를 제외하고는 영사직무의 수행에 가능한 최소한의 지장을 주는 방법으로 진행되어야 한다.
  ③ 영사관원과 사무직원은 영사직무의 수행 중에 행한 행위(acts performed in the exercise of consular functions)에 대하여 접수국의 사법 또는 행정당국의 관할권에 복종할 의무를 지지 아니한다.

02 「영사관계에 관한 비엔나협약」의 영사특권에 대한 설명으로 타당하지 않은 것은?

① ZM v. Permanent Delegation of the League of Arab States to the UN(스위스 노동재판소)에서 "국제관습법은 국제기구가 절대적인 관할권 면제를 향유한다는 것을 인정하였다."
② 국가면제에서 출현한 주권적 행위(acta jure imperii)와 사법적 행위(acta jure gestionis)의 구분은 국제기구의 면제 범위를 결정함에 있어서 직접적인 관련성이 거의 없음을 뜻한다.
③ 본조 1항의 규정은 영사관원 또는 사무직원이 체결한 계약으로서 민사소송과 접수국내의 차량, 선박 또는 항공기에 의한 사고로부터 발생하는 손해에 대하여 제3자가 제기하는 민사소송에 관하여 적용되지 아니한다.
④ 외교관계협약에 상응하는 조항이 영사관계비엔나 협약에도 있으므로 영사의 주거와 개인적 서류에 대해서는 불가침성이 인정된다.

정답 ④
해설 외교관계협약 제30조(외교관의 개인주거(1항) 및 개인서류, 통신문 및 해당 재산(2항)의 불가침권)에 상응하는 조항이 영사관계비엔나 협약에는 없으므로 영사의 주거와 개인적 서류에 대해서는 불가침성이 인정되지 않는다.
  ③ 본조1항의 규정은 영사관원 또는 사무직원이 체결한 계약으로서 그가 파견국의 대리인으로서 명시적으로 또는 묵시적으로 체결하지 아니한 계약으로부터 제기되는 민사소송과 접수국내의 차량, 선박 또는 항공기에 의한 사고로부터 발생하는 손해에 대하여 제3자가 제기하는 민사소송에 관하여 적용되지 아니한다.

09

국외에서 이루어진 외국기업의 담합행위에 의한 자국 경쟁법위반행위에 대해 각국이 관할권을 행사하는 방식에 대한 설명으로 옳은 것만을 모두 고르면?

> ㄱ. 미국의 경우, 효과이론에 의거하여 규제할 수 있다.
> ㄴ. 독일의 경우, 효과이론을 채용한 경쟁제한방지법에 근거하여 규제할 수 있다.
> ㄷ. 유럽연합의 경우, 이행이론에 의거하여 규제할 수 있다.
> ㄹ. 우리나라의 경우, 효과이론을 채용한 공정거래법에 근거하여 규제할 수 있다.

① ㄱ, ㄷ
② ㄱ, ㄴ, ㄷ
③ ㄴ, ㄷ, ㄹ
④ ㄱ, ㄴ, ㄷ, ㄹ

정답 ④

해설 모든 선지가 국내법의 역외적용을 위한 이론들이다. 먼저 효과이론은 역외에서 발생한 행위가 역내에 영향을 미치는 경우 역외의 행위에 대해서도 관할권을 행사할 수 있다는 이론이다. 이행이론 혹은 집행이론은 역외에서 모의된 행위가 실제로는 역내에서 실행되었으므로 역내국이 역외행위에 대해 관할권을 행사할 수 있다는 이론이다. 그 밖에도 단일경제실체이론이 있다. 이는 역내 자기업의 행위에 대해 역외에 소재하는 모기업에 대해서도 관할권을 행사할 수 있다는 이론이다.

관련 이론

보편 관할권

국제법상 형사관할권은 다섯 가지 유형으로 나눌 수 있다. 범죄가 수행된 장소에 기초한 영토적 관할권 (속지주의), 범죄자의 국적에 기초한 속인주의, 범죄 희생자의 국적에 기초한 수동적 속인주의, 역외적 행위가 국가의 안전 또는 정부기능을 위협하는 경우에 적용할 수 있는 보호주의 그리고 보편관할권이다. 보편관할권의 진정한 의미는 범죄발생장소, 범죄자 또는 희생자의 국적에 관계없이 모든 국가에 대해 국제범죄자에 대한 관할권을 부여하는 것을 말한다. 이와 같은 의미의 보편관할권이 이론의 여지없이 인정되는 국제범죄는 해적행위이다. 해적행위에 대한 보편관할권은 수 세기 동안 관습으로 인정되어 왔다. 전통적인 국가관할권의 행사의 근거는 소추국가와 범죄 사이에 일정한 관련성에 의존하고 있는 반면에 보편관할권은 보편적으로 유죄로 인정되고 있는 범죄에 대하여 모든 국가가 관할권을 행사하는 이익을 가지고 있다고 추정한다. 그래서 각국은 기소국가로서 범죄장소, 범죄자 또는 희생자의 국적 등과 관련한 전통적인 관할권의 근거가 결여되어 있는 경우에도 특정한 범죄의 행위자에 대해서 보편관할권을 행사할 수 있는 것이다. 보편관할권이 조약에 의해 국제범죄에 대한 원칙으로 확인된 것은 제2차 세계대전 이후 체결된 다수의 국제조약들을 통해서이다. 이러한 조약들과 국내법을 통해 형성된 보편관할권의 구체적 내용은 '진정'한 보편관할권과 '인도 아니면 소추'(aut dedere aut judicare)공식에 의한 보편관할권으로 구분할 수 있다. 오늘날 진정한 의미의 보편관할권은 해적행위 이외에서 발견하는 것은 용이하지 않다. 그 대신에 '인도 아니면 소추'공식이라고 표현되는 관할권이 다수의 조약들에서 발견된다. '인도 아니면 소추'공식은 그 어떤 조약당사국도 범죄자가 자국 영토 내에 현재하고 있는 경우 소추하든지 아니면 관할권을 갖는 다른 국가에게 인도하여야 할 의무가 있다는 것이다. 그러나 '인도 아니면 소추'공식은 관할권을 행사하는 국가와 범죄자 사이에 일정한 관련성, 즉 '범죄자가 관할권을 행사하는 국가의 영토 내에 존재'하는 것을 전제로 하기 때문에 '진정한 의미에서의 보편관할권이라고는 할 수 없다 그럼에도 불구하고 '인도 아니면 소추'공식 역시 보편관할권의 한 범주로서 이해하는 것이 일반적이라고 할 수 있다. 오늘날 보편관할권은 어떠한 범죄가 '모든 인류의 적'이라는 관념에 합치할 수 있을 만큼 국제사회 전체 대한 중대한 위협 또는 국제법하의 범죄에 대해 국제관습법 및 조약에 의해 그리고 이에 근거한 국내법에 의해 국가들에게 부여된다는 것이 일반적인 의견이며, 국가들의 관행 또한 이러하다고 할 수 있다. 일반적으로 해적행위는 異論 없이 국제관습법을 연원으로 보편관할권이 인정되고 있다. 즉 해적행위에 대하여 보편관할권을 인정하는 조약의 유무와 관계없이 국제관습법에 따라 보편관할권을 행사할 수 있는 범죄이다. 노예매매, 집단살해, 전쟁범죄, 인도에 반하는 죄 및 고문 등이 보편관할권에 속하는 범죄라는 데에는 대부분 의견을 같이 하나 이의 연원이 국제관습법인지 또는 국제조약인지에 대해서는 견해가 갈리고 있다. 보편관할권을 실효적으로 창설하고 있는 대부분의 조약은 제2차 세계대전 이후에 체결되었다. 국제조약에 근거하여 보편관할권을 행사할 수 있는 국제범죄에 대해서는 異論의 여지가 있지만 1949년 Geneva협약과 1977년 제1추가의정서의 중대한 위반행위 1984년 고문방지협약 제7조의 고문행위, 1970년 '항공기불법납치억제를 위한 헤이그협약' 제7조의 항공기불법납치, 1971년 '민간항공의 안전에 대한 불법행위 억제를 위한 몬트리올협약' 제7조의 항공기테러행위, 1988년 '해상항행안전에 대한 불법행위억제에 관한 로마협약' 제7조의 해상테러 등이 제시되고 있다. 이러한 조약들은 기소국가와 속인적 및 속지적 관련성이 없는 범죄를 처벌할 수 있는 내용을 포함하고 있다. 보편관할권을 행사함에 있어서 이를 제약하는 몇 가지 사항을 검토할 필요가 있는데, 그 중에 하나는, 하이잭킹, 테러리즘, 고문 및 아파르트헤이트 등과 같이 그 定義가 명확하게 합의되지 않은 범죄에 대해서 개인을 기소하고자 하는 국가가 그러한 범죄에 대하여 보편관할권을 인정하고 있는 조약의 비당사국인 경우 무엇을 언제 할 수 있는지의 문제이다. 또 하나의 문제는 보편관할권의 행사가 영토주권과 충돌되거나 범죄자의 국적국과 긴장이 발생할 수 있다. 해적행위에 대해서는 타국가의 관할권 밖에서 또는 공해상에서 이루어진 행위에 대해서만 보편관할권이 확장되기 때문에 타국가의 영토적 통일성을 침해하는 것이 아니다. 그러나 범죄지 국의 관할권하에서 이루어지는 전쟁범죄, 인도에 반하는 죄 등에 대해 타국가가 진정한 보편관할권에 기초하여 범죄자에 대한 소추 등을 행하는 경우에는 관할권 의 충돌이 발생할 수 있다. 보편관할권원칙과 영토주권의 충돌에 관한 대표적 국제 판례가 ICJ의 2002년 Arrest Warrant Case이다. 국제공동체의 평화와 안전을 유지하기 위해서는 국제범죄자를 체포하고 처벌하는 일이 필요하다. 보편관할권은 관할권행사의 근거를 찾기 어려운 경우에 관할권을 행사할 수 있는 기초를 제공한다.

유사 문제

01 국제법상 관할권에 대한 설명으로 옳지 <u>않은</u> 것은?

① 중대범죄 즉, 반역, 살인, 중혼, 조세범죄, 마약거래, 해외 아동 매춘, 군대에 의한 또는 군대를 대상으로 한 범죄는 영국법 및 미국법에서 속인주의를 적용한다.
② 중대범죄가 범죄발생지의 공공질서를 훼손할 뿐만 아니라 동시에 국적국이 이해관계를 가지는 범죄자의 특성을 보여주는 경우에 속인주의를 적용하는 국가는 영미법 계열의 국가이다.
③ 한국은 2013년 형법개정으로 약취, 유인, 및 인신매매에 관한 죄는 외국에서 외국인이 범한 경우에도 처벌할 수 있도록 보호주의를 신설하였다.
④ 한국에서는 특별법에만 보편주의에 입각한 조항이 있었다.

정답 ③
해설 한국은 2013년 형법개정으로 약취, 유인, 및 인신매매에 관한 죄는 외국에서 외국인이 범한 경우에도 처벌할 수 있도록 세계주의(즉 보편주의)를 신설하였다.
④ 국제형사재판소 관할범죄의 처벌 등에 관한 법률 제3조 5항상의 집단살해죄에 대해, 선박 및 해상구조물에 대한 위해행위의 처벌 등에 관한 법률 제3조상의 해적행위에 대해, 그리고 공중 등 협박목적을 위한 자금조달행위의 금지에 관한 법률 제3조 2항상 테러자금의 모집, 운반 등에 관련된 행위에 대해 보편주의에 입각한 관할권 행사를 규정하고 있었다.

02 국제법상 범죄인 인도에 대한 설명으로 옳지 <u>않은</u> 것은?

① 범죄인인도조약 : 지역별 다자조약이 없는 것은 아니지만 1933 미주국간의 범죄인인도에 관한 몬테비데오 협약, 1996 EU 회원국간의 범죄인인도협약 등 주로 양자조약의 형태가 많다
② H. Grotius는 범죄인을 그의 영역에 갖고 있는 국가는 그를 처벌하든지 또는 그의 인도를 요구하는 국가에 인도해 줄 의무가 있다고 주장하였다.
③ E. de Vattel은 적어도 중범죄인은 인도할 의무가 있다고 하였으나 S. Puendorf는 국가 간에 합의가 없는 한 인도할 의무가 없는 것이라고 하였다.
④ 범죄인의 국적은 주로 인도 '청구시'의 국적으로 결정한다.

정답 ④
해설 범죄인의 국적은 주로 인도 '결정시'의 국적으로 결정한다.

10

「조약의 국가승계에 관한 비엔나협약」상 조약의 승계에 대한 설명으로 옳지 않은 것은?

① 국가승계란 영토의 국제관계 관련 책임이 한 국가로부터 다른 국가로 이전되는 것을 말한다.
② 국가의 일부 분리에 있어서 선행국 영토 전체에 유효한 조약은 각 승계국의 승계통고에 의해 효력을 가진다.
③ 새로 독립한 국가는 승계통고에 의해 기존 다자조약의 당사자로 될 수 있다.
④ 조약에 의해 수립된 국경은 국가승계의 영향을 받지 않는다.

> 정답 ②
> 해설 당연 해당되는 영토취득에는 승계의무가 있다. 국가의 일부 분리(분리독립)의 경우 협약상 '계속주의'가 적용되며 따라서 승계통고를 조건으로 효력을 갖는 것이 아니다.

관련 이론

국가승계에 관한 빈 협약

1978년 체결되었고 1996년부터 발효되었지만 아직 소수의 국가들만이 이에 가입하였다. 대한민국도 이에 가입하지 않았다. 동 협약은 그동안의 국제관행을 성문화한 것이라고 하지만 실제 국제관행과 일치하지 않는 부분이 많고 논리적으로 모순되는 부분도 있다. 그래서 국가들은 조약의 국가승계 사유가 발생되었을 때 이해관계국과 끊임없이 새로운 협약을 체결하는 방법 등으로 새로운 국가관행을 창조하고 있는 실정이다. 이 분야에서는 그래서 더욱더 국가관행을 연구할 필요가 있다. 영토주권의 변경에 따른 조약의 국가승계에 대한 입장은 크게 '백지출발의 원칙'과 '조약자동존속'의 원칙이 대립된다.

국가관행에서는 백지출발의 원칙이 19세기 중순까지 주류를 이루었다. 다만 근래에 '자동존속의 원칙'이 학설로 새롭게 다시 등장하고 있다. 그러나 국가관행은 이를 별로 뒷받침하고 있지 못하다. 국가관행을 분석해 보면 조약의 국가승계는 영토주권변경의 유형과 승계에 직접적인 관련이 있는 조약의 유형에 따라 달라진다는 것을 알 수 있다. 군대주둔협정, 동맹조약, 중립조약 등과 같은 고도의 정치적 사항을 내포하고 있는 조약들은 영토승계국의 재량에 속하고 자동승계의 원칙은 적용되지 않는다. 정치적 조약은 아니지만 영토승계국의 공적 이익이 우선적으로 고려되어야 하는 영사 협정 및 외국인 관련 조약들도 자동승계 되지 않는다.

국가관행을 분석한 결과 신생국이 영토선행국이 체결한 다자간 조약을 승계한 예가 많지만 자동승계원칙이 확립되었다고 보기는 어렵다. 다자간 조약은 조약의 성격 등을 면밀히 검토해야 한다. 그러나 국경조약처럼 새로 취득한 영역과 밀접한 관련이 있는 처분적 조약의 경우에는 영토주권변경의 유형과 무관하게 영토승계국으로 승계 되는 경향을 보인다. 기타 애매한 경우에는 당해 조약의 해석을 통하여 변경된 상황에서 동 조약을 승계 하는 것이 적절한지를 검토해 보아야 한다. 특히 비처분적 조약의 경우에는 조약승계의 발생원인에 따라 많은 차이를 보이고 있다. 일반적으로 할양의 경우에는 조약불승계의 원칙 내지 조약경계가변의 원칙이 적용된다. 조약승계에 관한 빈 협약은 국가의 분리독립을 식민지역에서의 분리독립과 기타지역에서의 분리독립을 구별하여 다루고 있으나 이는 국가관행과 일치하지 않는다.

국가의 분리독립의 경우에 국가관행은 일반적으로 백지출발의 원칙에 따르는 경향이 있다. 그러나 특히 1950, 60년대에는 특히 다자간 조약의 경우에 조약 승계의 예도 많이 나타나고 있다. 그러나 이러한 승계의 예를 자동승계의 원칙에 따른 것이라고 보기보다는 신생국의 선택권을 인정해 주는 관행으로 보아야 할 것이다. 국가분역의 경우에는 선행국의 조약에 대한 승계의 철저한 부정에서부터 자동승계에 이르기까지 다양한 관행을 보이고 있다. 다만 영토승계국이 선행국내에서 어느 정도 독자적 위치에 있었을 경우 자신의 영역과 관련된 조약의 경우 승계 하는 경향이 많았다. 국가결합의 경우에도 영토선행국이 통합 후 영토승계국내에서 어떠한 위치에 있느냐에 따라 국가관행은 다르다. 영토선행국이 새로운 영토승계국내에서 어느 정도 독자적인 위치에 있고 지리적으로도 분명히 구별되는 영역을 갖고 있는 경우에는 선행국이 체결한 조약을 자신의 영역 내에서 존속시키는 것이 일반적인 국가관행이다.

유사 문제

01 조약승계에 관한 비엔나 협약의 설명으로 타당하지 않은 것은?

① 기존 국가간 영토의 일부 이전의 경우 선행국의 조약은 해당 지역에 대해 적용이 종료되고 대신 승계국의 조약이 새로이 확장 적용된다.
② 백지출발주의(CLEAN STATE PRINICIPLE)은 종속관계로부터 독립한 신생국의 경우 과거 자국 영역에 종속되던 조약을 계속 따를 의무가 없다.
③ 복수의 국가가 통합되는 경우에는 기존 적용되던 조약은 전체 지역에서 그대로 적용된다.
④ 기존 국가 영역의 일부가 분리해서 별도의 승계국을 형성하는 국가분리의 경우 계속성의 원리를 적용해 선행국 전역에 적용되던 조약은 승계국 모두에게 적용되며, 일부에만 적용되던 조약은 해당지역에만 적용된다.

정답 ③

해설 복수의 국가가 통합되는 경우에는 기존 적용되던 조약은 해당 지역에서 그대로 적용된다.

02 국경조약 및 영토제도의 승계에 대한 설명으로 옳지 않은 것은?

① 국가 승계시 기존 조약의 효력에 대해서는 승계국의 태도에 따라 다양한 법원칙이 적용될 수 있으나 국경조약과 국경제도에 대해서만은 기존 조약의 내용이 계속되어야 한다는 원칙이 인정된다.
② 인권조약의 자동승계 여부는 20세기 말 이후 최근의 국가승계과정에서 자동승계로 처리되고 있다.
③ 〈리비아/차드〉 사건에서 ICJ는 국경획정조약은 영구한 효력을 갖는다고 말하며 차드의 편을 들어주었다.
④ 원칙적으로 조약국경이동원칙을 적용하여 서독이 체결한 조약의 적용범위에 동독을 포함시켰다.

정답 ②

해설 인권조약의 자동승계 여부는 20세기 말 이후 최근의 국가승계과정에서 자동승계보다는 해당 국가의 개별 결정에 따라 처리되었다.
③ 〈리비아/차드〉 사건에서 리비아는 차드 북부 AOUZOU 지역을 역사적으로 자국령이라고 주장하며 침범했는데, 그러나 차드는 프랑스로부터 자국이 독립할 당시 체결된 우호선린협정에 국경조항이 포함되어 있으며 그 내용이 계속 구속력을 갖는다고 주장한 반면 리비아는 이 조약이 해당 지역의 국경을 획정하는 내용의 조항이 포함되지 않는다고 주장했으나, ICJ는 국경획정조약은 영구한 효력을 갖는다고 말하며 차드의 편을 들어주었다.

11

「난민의 지위에 관한 협약」의 내용에 대한 설명으로 옳지 <u>않은</u> 것은?

① 체약국은 인종, 종교 또는 출신국에 의거하여 난민을 차별해서는 아니 된다.
② 체약국은 난민의 귀화를 장려하는 정책을 실시하여서는 아니 된다.
③ 체약국은 국가안보를 이유로 합법적으로 체류하는 난민을 추방할 수 있다.
④ 체약국은 생명이 위협받을 우려가 있는 국가로 난민을 추방하여서는 아니 된다.

정답 ②

해설 난민의 지위에 관한 협약 제34조는 체약국은 난민의 동화 및 귀화를 가능한 한 장려한다. 체약국은 특히 귀화 절차를 신속히 행하기 위하여 또한 이러한 절차에 따른 수수료 및 비용을 가능한 한 경감시키기 위하여 모든 노력을 다한다고 규정되어 있다.

관련 이론

난민지위에 관한 의정서

제1조(총칙)
1. 이 의정서의 당사국은 이하에서 정의된 난민에 대하여 협약의 제2조에서 제34조까지를 적용할 것을 약속한다.
2. 이 의정서의 적용상, "난민"이라는 용어는, 이 조 제3항의 적용에 관한 것을 제외하고, 협약 제1조 A(2)에서 "1951년 1월 1일 전에 발생한 사건의 결과로서 또한…"이라는 표현과 "… 그러한 사건의 결과로서"라는 표현이 생략되어 있는 것으로 볼 경우 협약 제1조의 정의에 해당하는 모든 자를 말한다.
3. 이 의정서는 이 의정서의 당사국에 의하여 어떠한 지리적 제한도 없이 적용된다. 다만, 이미 협약의 당사국이 된 국가로서 협약 제1조 B(1) (a)를 적용한다는 선언을 행하고 있는 경우에 그 선언은 동 조 B(2)에 따라 그 국가의 의무가 확대되지 아니하는 한, 이 의정서 하에서도 적용된다.

제2조(국내 당국과 국제연합과의 협력)
1. 이 의정서의 당사국은 국제연합 난민고등판무관 사무국 또는 이를 승계하는 국제연합의 다른 기관의 임무 수행에 있어서 이들 기관과 협력할 것을 약속하고, 특히 이들 기관이 이 의정서 규정의 적용을 감독하는 책무의 수행에 있어서 이들 기관에 편의를 제공한다.
2. 이 의정서의 당사국은 국제연합 난민고등판무관 사무국 또는 이를 승계하는 국제연합의 다른 기관이 국제연합의 관할기관에 보고하는 것을 용이하게 하기 위하여 요청에 따라 다음 사항에 관한 정보와 통계자료를 적당한 양식으로 제공할 것을 약속한다.
    (a) 난민의 상태
    (b) 이 의정서의 실시상황
    (c) 난민에 관한 현행법령 및 장래 시행될 법령

제3조(국내 법령에 관한 정보) 이 의정서의 당사국은 국제연합 사무총장에게 이 의정서의 적용을 확보하기 위하여 제정하는 법령을 송부한다.

제4조(분쟁의 해결) 이 의정서의 해석 또는 적용에 관한 이 의정서 당사국간의 분쟁으로서 다른 방법에 의하여 해결될 수 없는 것은 분쟁당사국 중 어느 일 당사국의 요청에 의하여 국제사법재판소에 부탁된다.

제5조(가입) 이 의정서는 협약의 모든 당사국과 이들 당사국 이외의 국가로서 국제연합 또는 국제연합 전문기구의 회원국 또는 국제연합 총회에 의하여 이 의정서에 가입하도록 초청받은 국가에 의한 가입을 위하여 개방된다. 가입은 가입서를 국제연합 사무총장에게 기탁함으로써 이루어진다.

제6조(연방조항) 연방제 또는 비단일제 국가인 경우에는 다음 규정을 적용한다.
  (a) 이 의정서의 제1조 제1항에 따라 적용되는 협약의 규정으로서 이들 규정의 실시가 연방의 입법기관의 입법권의 범위 내에 속하는 것에 관하여서는, 연방 정부의 의무는 연방제를 취하고 있지 아니하고 있는 이 의정서의 당사국의 의무와 동일한 것으로 한다.
  (b) 이 의정서의 제1조 제1항에 따라 적용되는 협약의 규정으로서 이들 규정의 실시가 구성국, 주 또는 현의 입법권의 범위 내에 속하고 또한 연방의 헌법제도상 구성국, 주 또는 현이 입법조치를 취할 의무가 없는 것에 관하여, 연방정부는 구성국, 주 또는 현의 적당한 기관에 대하여 가능한 한 빠른 시기에 호의적인 권고와 함께 그 규정을 통보한다.
  (c) 이 의정서의 당사국인 연방제 국가는, 이 의정서의 기타 당사국으로부터 국제연합 사무총장을 통한 요청이 있는 경우, 제1조 제1항에 따라 적용되는 협약 규정의 실시에 관한 연방과 그 구성단위의 법령 및 관행에 관한 설명을 제공하고, 입법 기타의 조치에 의하여 이들 규정이 실시되고 있는 정도를 제시한다.

제7조(유보와 선언)
  1. 어떠한 국가도 이 의정서에 가입시 이 의정서 제4조에 관하여, 또한 협약의 제1조, 제3조, 제4조, 제16조 제1항 및 제33조 규정을 제외하고 이 의정서의 제1조에 따른 협약 규정의 적용에 관하여 유보할 수 있다. 다만, 협약의 당사국이 이 조에 따라 행한 유보는 협약의 적용을 받는 난민에게는 미치지 아니한다.
  2. 협약 제42조에 따라 협약의 당사국이 협약에 대하여 행한 유보는 철회되지 아니하는 한 이 의정서에 따른 의무에 관하여서도 적용된다.
  3. 이 조 제1항에 따라 유보를 행한 국가는 국제연합 사무총장에 대한 통고로써 당해 유보를 언제든지 철회할 수 있다.
  4. 협약의 당사국으로서 이 의정서에 가입한 국가가 협약 제40조 제1항 또는 제2항에 따라 행한 선언은, 가입시 당해 당사국이 국제연합 사무총장에게 반대의 통고를 하지 아니하는 한, 이 의정서에 관하여도 적용되는 것으로 간주된다. 협약 제40조 제2항과 제3항 및 제44조 제3항의 규정은 이 의정서에 준용된다.

제8조(발효)
  1. 이 의정서는 여섯 번째의 가입서가 기탁된 날에 발효한다.
  2. 이 의정서는 여섯 번째의 가입서가 기탁된 후 가입하는 국가에 대하여는 그 가입서가 기탁된 날에 발효한다.

제9조(폐기)
  1. 이 의정서의 어떠한 당사국도 국제연합 사무총장에 대한 통고로써 이 의정서를 언제든지 폐기할 수 있다.
  2. 폐기는 국제연합 사무총장이 통고를 접수한 날로부터 1년 후에 관계당사국에 대하여 효력을 발생한다.

제10조(국제연합 사무총장에 의한 통보) 국제연합 사무총장은 상기 제5조에 규정하는 국가에 대하여 이 의정서의 발효일자, 가입, 유보, 유보의 철회, 폐기 및 이에 관계된 선언 및 통고를 통보한다.

제11조(국제연합 사무국 문서보존소에의 기탁) 중국어, 영어, 불란서어, 러시아어 및 서반아어본이 동등히 정본인 이 의정서의 본서는, 국제연합 총회 의장과 사무총장이 서명한 후 국제연합 사무국 문서보존소에 기탁된다. 사무총장은 그 인증등본을 국제연합의 모든 회원국과 상기 제5조에 규정하는 기타 국가들에게 송부한다.

유사 문제

01 난민협약에 대한 설명으로 타당하지 <u>않은</u> 것은?

① 난민협약에서는 조약이 적용되는 시간적 범위가 제한되어 있었다.
② 한국은 1992년 11월 11일 국회가 비준에 동의하여 1992년 12월 3일 유엔 사무총장에게 가입서를 기탁하였으며, 1993년 3월 3일에 조약 제1166호로 국내적으로 시행하였다.
③ 한국은 난민협약 가입시 "대한민국은 체약국의 영역에서 3년 거주요건을 충족한 난민에 입법상의 상호주의를 면제한다고 규정한 제7조에 기속되지 아니함을 이 협약 제42조에 따라 선언한다."라고 유보하였다.
④ 한국은 난민협약 가입시 유보는 출입국관리법 개정으로 변경되었다.

정답 ④
해설 한국은 난민협약 가입시 유보는 출입국관리법 개정으로 폐지되었다.

02 국제법상 난민에 대한 설명으로 타당하지 <u>않은</u> 것은?

① 난민의 개념을 살펴본다면 1967년 난민의 지위에 관한 의정서(Protocol Relating to the Status of Refugees)와 아프리카와 라틴 아메리카의 지역 협약들에서 확대되어, 전쟁이나 기타 폭력에 의해 원래 살던 땅을 떠나게 된 사람들을 지칭하게 되었다.
② 난민 보호 업무를 맡는 주요 국제 기구로는 국제 연합 난민 고등 판무관 사무소(UNHCR)이 있다.
③ 난민의 정의 규정에 따르면, "인종, 종교, 국적 또는 민족의 구성원 신분 또는 정치적 의견을 이유로 박해를 받을 우려가 있다는 충분한 이유가 있는 공포로 인하여 국적국 밖에 있는 자로서 그 국적국의 보호를 받을 수 없거나 또는 그러한 공포로 인하여 그 국적국의 보호를 받는 것을 원하지 않는자"를 난민이라고 한다.
④ UNHCR은 난민협약상의 난민에 대한 정의 보다 더 넓은 범위로 난민을 정의하고 있다.

정답 ③
해설 난민의 정의 규정에 따르면, "**인종, 종교, 국적 또는 특정 사회 집단의 구성원 신분 또는 정치적 의견**을 이유로 박해를 받을 우려가 있다는 충분한 이유가 있는 공포로 인하여 국적국 밖에 있는 자로서 그 국적국의 보호를 받을 수 없거나 또는 그러한 공포로 인하여 그 국적국의 보호를 받는 것을 원하지 않는자"를 난민이라고 한다.

12

국제연합 안전보장이사회에 대한 설명으로 옳지 <u>않은</u> 것은?

① 안전보장이사회는 자체 의사규칙을 채택한다.
② 안전보장이사회는 회원국에 대해 구속력이 있는 결정을 할 수 있다.
③ 안전보장이사회 이사국은 국제연합 소재지에 대표를 항상 두어야 한다.
④ 회원국은 자국 관련 안전보장이사회 토의에 참석하여 투표할 수 있다.

정답 ④
해설 회원국은 자국 관련 안전보장이사회 토의에 참석할 수 있으나 투표는 할 수 없다.

관련 이론

유엔 총회

유엔 총회(United Nations General Assembly)는 5개의 중요한 유엔 기구 가운데 하나이다. 모든 유엔 회원국으로 구성되고, 매년 정기적인 회기를 통해 모이게 된다. 5곳의 핵심적인 유엔 기구는 유엔 안전 보장 이사회, 유엔 경제 사회 이사회, 유엔 신탁 통치 이사회, 국제 사법 재판소, 유엔 사무국으로 구분된다.

총회에는 매년 수많은 결의안이 제출되고 결의로 채택된다. 가장 유명한 유엔 총회 결의는 세계인권선언이다. 결의는 권고적 효력만 있을 뿐 법적 구속력은 없는 것이 원칙이나, 압도적 찬성 또는 만장일치로 결의된 것은 국제관습법이 성립한 것으로 보아 비회원국을 포함한 전 세계 모든 국가에 대해 법적 구속력이 있다고 본다.

UN 특별 총회

유엔 안전 보장 이사회의 요청이나 유엔 회원국의 과반수가 요구하면 UN 특별 회의를 소집 할 수 있다.

2016년 UN 총회에서는 마약에 관한 전쟁과 약물 치료, 재활 및 관련 문제를 다루는 방법에 대한 단일 마약 협약과 같은 국제 마약 조약을 재검토하라는 제안에 대해 2016년에 특별 세션이 개최되었다.

기타 특별 총회

1947년에 개최된 유엔 총회 특별 세션에서 당시 특별 세션의 회장이었던 오스발도 아란 하 (Osvaldo Aranha)는 오늘날까지 계속 된 UN 특별 총회 전통에 따라서 국제 포럼의 첫 번째 연사는 항상 브라질 인 발표하였다. 유엔 안전 보장 이사회가 상임 이사국 간의 의견 불일치로 국제 평화와 안전을 유지하는 방안에 합의를 못하면, 총회는 긴급 특별 회기를 소집하고 유엔 총회 결의 377호 에 따라, 기타 특별 총회를 개최하여 UN 차원에서 평화와 안보를 보장 할 권한을 가진다.

유사 문제

01 UN의 주요기관인 총회에 대한 설명으로 옳지 <u>않은</u> 것은?

① 모든 가맹국들로 이루어진 유엔 총회에서 각 나라들은 5명의 대표와 5명의 양자 택일의 대표들은 물론 많은 조언자들을 보낸다.
② 유엔 총회는 해마다 열리는 회의가 시작될 때마다 새 의장과 부의장을 선출한다.
③ 총회는 각 해마다 정규적 회의를 열며, 9월의 세 번째 화요일에 시작하여 대략 3개월간 지속되며, 특별 회의는 안보리 상임이사국이 요구할 때만이 열 수 있다.
④ 총회는 6개의 위원회와 특별 정치 위원회를 두고 있는데 모든 가맹국들은 이 모든 위원회에 대표를 두고 있다.

정답 ③
해설 총회는 각 해마다 정규적 회의를 열며, 9월의 세 번째 화요일에 시작하여 대략 3개월간 지속되며, 특별 회의는 안전 보장 이사회나 다수 가맹국의 의문이 있을 때 열고 있다.

02 UN의 안전보장이사회에 대한 설명으로 옳지 <u>않은</u> 것은?

① 유엔 안보리는 예전 제2차 세계 대전 연합국 50개국 중 5개국의 상임이사국과 10개국의 비상임이사국으로 구성되어 있었다.
② 비상임이사국의 임기는 2년이며 중임은 가능하나 연임은 불가능하고, 유엔 총회에서 지리적 균형을 감안해 선출된다.
③ 안전 보장 이사회의 안건은 중요사항과 절차사항으로 나뉘는데, 절차사항인 안건은 단순 9개국 중요사항인 안건은 상임이사국 5개국을 모두 포함한 9개국 이상의 찬성표가 있을 경우 안건이 통과된다.
④ 어떠한 안건이 중요사항인지 절차사항인지 결정하는 안건은 절차사항으로 처리한다.

정답 ④
해설 어떠한 안건이 중요사항인지 절차사항인지 결정하는 안건은 중요사항으로 처리한다.

13

「해양법에 관한 국제연합협약」상 배타적경제수역 내 연안국의 관할권 행사 대상으로 옳은 것만을 모두 고르면?

> ㄱ. 천연자원의 탐사, 개발, 보존 및 관리 목적의 활동
> ㄴ. 해양환경의 보호와 보전 활동
> ㄷ. 해양과학조사
> ㄹ. 인공섬, 시설 및 구조물의 설치와 사용
> ㅁ. 해풍을 이용한 경제적 개발과 탐사를 위한 활동

① ㄱ, ㄴ, ㄷ
② ㄱ, ㄹ, ㅁ
③ ㄴ, ㄷ, ㄹ
④ ㄷ, ㄹ, ㅁ

정답 ③

해설 해양법에 관한 국제연합협약은 배타적 경제수역(EEZ)에 있어서 국가의 권리를 주권적 권리와 관할권으로 구분하는데, 해양환경보호, 해양과학조사, 인공섬 설치에 대해서는 관할권을 갖는다. 반면에 천연자원의 탐사, 수력·조력·풍력의 활용에 대해서는 주권적 권리를 갖는다.

관련 이론

제5부 : 배타적 경제수역(EEZ)

흔히 EEZ는 영해와 공해의 성격이 상존하는 '혼성적 성격의 수역'으로 여겨진다. 5부에서는 EEZ의 범위, EEZ에서 연안국의 권리와 의무, 외국의 권리와 의무를 규정한다. 여기서 56조의 연안국의 권리는 생물, 무생물 자원의 탐사, 개발, 관리, 보존을 위한 주권적 권리, 경제적 개발과 탐사를 위한 주권적 권리, 그리고 인공섬, 해양과학조사, 해양환경의 보호 및 보전에 대한 관할권으로 구성된다. 문언을 볼 때 '주권'이 아니라 '주권적 권리'로 표현되었다는 점 그리고 '관할권'은 동 협약의 관련 규정에 종속된다는 점에서 EEZ의 혼혈적 성격이 드러난다. 그 외에도 58조의 외국의 권리 및 의무는 전체적으로 협약 7부의 공해에 대한 규정을 준용한다는 점도 그러한 성격을 나타낸다. 그리고 5부에서는 말 그대로 '수역'에서의 권리 및 의무 만을 규정하며 56조 3항에 따라 해저, 하층토에 대한 권리는 6부의 대륙붕 규정에 따라 행사된다.

제6부 : 대륙붕

이 장에서는 대륙붕의 '법적 정의'와 그 범위, 경계 획정 방식 등을 규정한다. 대륙붕은 협약 76조에서 연안국 육지 영토의 자연적 연장 또는 그에 미치지 못하는 경우 영해기선으로부터 200해리 까지의 해저와 하층토로 정의되어 모든 국가가 200해리라는 거리 기준으로 대륙붕을 가질 수 있게 되었다. 대륙붕에 대한 권리는 배타적인 것으로서 EEZ와는 달리 별도의 선포 등의 절차가 요구되지 않는다는 차이가 있다.

유사 문제

01 UN해양법협약 상 EEZ에 대한 설명으로 옳지 않은 것은?

① 접속수역과 마찬가지로 사법 처리를 위한 통제가 일부 인정된다.
② 1998년 대한민국은 신한일 어업협정을 체결하여 '한일 중간 수역'을 설정하였다.
③ 2017년 11월에 대한민국은 '제17차 한·중 어업공동위원회'와 '고위급 회담'을 통해 '2018년도 한·중 어업협상'을 타결했다.
④ 연안국은 유엔 해양법 조약에 근거한 국내법을 제정하는 것으로 자국의 연안으로부터 200해리(약 370km)의 범위 내의 수산자원 및 광물자원 등의 비생물자원의 탐사와 개발에 관한 권리를 얻을 수 있는 대신 자원의 관리나 해양 오염 방지의 의무를 진다.

정답 ①

해설 접속수역과 달리 사법 처리를 위한 통제는 인정되지 않는다.

02 UN해양법협약 상 대륙붕에 대한 설명으로 옳지 않은 것은?

① 1957년 미국 대통령 아이젠하워의 '미국 주위의 대륙붕의 자원은 미국에 속한다'는 트루먼 선언 이후 각국은 잇달아 이 같은 선언을 발표하였다.
② 영해 밖으로 육지영토의 자연적 연장에 따라 대륙변계의 바깥끝까지 또는 대륙변계의 바깥끝이 200해리에 미치지 않는 경우 200해리까지의 해저지역의 해저와 하층토를 의미한다.
③ 탐사 및 천연자원의 이용 및 처분권은 주권적 권리이고 타국은 연안국의 동의 없이 이용 불가는 배타적 권리이다.
④ 한일 대륙붕 협정은 1974년 1월 30일 한국과 일본 두 나라가 대륙붕 협정을 맺었다.

정답 ①

해설 1945년 미국 대통령 해리 S. 트루먼의 '미국 주위의 대륙붕의 자원은 미국에 속한다'는 트루먼 선언 이후 각국은 잇달아 이 같은 선언을 발표하였다.
② 영해 밖으로 육지영토의 자연적 연장에 따라 대륙변계의 바깥끝까지 또는 대륙변계의 바깥끝이 200해리에 미치지 않는 경우 200해리까지의 해저지역의 해저와 하층토. 단, 대륙변계의 바깥끝이 200해리를 넘더라도 영해 기선으로부터 350해리를 초과할 수 없다.

14
세계무역기구 분쟁해결기구(WTO DSB)가 다룬 환경 관련 분쟁사례에 해당하지 않는 것은?

① 2006년 유럽공동체(EC) 유전자변형식품(GMO) 사건
② 2007년 브라질 타이어 사건
③ 2013년 유럽연합(EU) 물개 사건
④ 2014년 일본 포경 사건

정답 ④

해설 분쟁해결기구(WTO DSB)가 아닌 국제사법재판소(ICJ) 판례이다. 즉, 이 사건은 일본이 고래보호관련 조약상의 예외조항을 남용하여 고래를 포획한 것이 협약에 위반된다고 본 판례이다.

관련 이론

분쟁해결기구(WTO DSB)
WTO가 발족하기 전에는 국가간 무역분쟁은 소위 '무역 마찰'이라고 표현되듯 신경전에 가까운 협상에 의해 결말을 보아왔으며, 특히 협상의 결과는 무엇보다도 국력의 차이에 따라 결정되어 왔다고 해도 과언이 아니었다. 그러나 WTO 설립 이후 주요 무역분쟁은 규정에 기초한 객관적 국제재판에 의해 해결되고 있다.

그간 많은 국제협약이 분쟁해결 절차를 도입한 바 있으나, 짧은 역사에도 불구하고 WTO만큼 확고한 분쟁해결 수단으로 자리 잡은 국제재판은 없다고 할 수 있다. 그 이유는 WTO가 지니고 있는 여러 가지 특징에 기인한다.

이행 강제력
WTO 분쟁해결 제도의 가장 큰 장점은 무엇보다도 판정 결과에 대해 강제력을 부여한다는 것이다. 그간 인류는 의미있는 협약을 꽤 많이 성안한 바 있다. 그러나 적지 않은 경우 그 원대한 목표에 비하여는 말할 것도 없고 조약 문면의 의미에 비하여도 극히 미미한 정도의 이행 담보력조차 지니지 못하고 있다. WTO 협약들은 이와 다르다. 모든 회원국이 가입한 다자 조약(multilateral agreements)이든 일부 회원국간 체결된 복수 조약(plurilateral agreements)이든 WTO 협약들은 모두 분쟁해결 제도의 대상이 되며, 판정 이행은 승소국의 보복권한을 통해 담보된다.

상소심 제도(상소 기구)
WTO 분쟁해결 제도의 혁명적 특징은 상소심 제도가 있다는 것이다. 사실상 고유한 의미의 상소심을 둔 유일한 국제재판 절차라고 볼 수 있다. 일반적으로 판결에 대한 불확실성으로 실제로 가입국이 국제재판을 이용하는 경우는 극히 예외적인 것이 보통 국제재판 제도의 현실이다. 그런데 WTO는 사실심을 다루는 하급심으로서 패널 제도와 법률심을 다루는 상급심으로서 상소기구를 지니고 있다. 패널은 양 분쟁 당사국이 합의해 선정한 인사 또는 회원국간 합의가 불가능한 경우 사무총장이 지명한 분쟁의 사안이 되는 이슈에 대해 깊은 이해력이 있으며 국제통상 분야에 폭 넓은 경험과 식견이 있는 3인의 패널 위원으로 구성된다(필자 註 : 양 분쟁 당사국이 희망할 경우 5인으로 패널을 구성할 수도 있다). 현재 우리나라의 조태열 외교통상부 통상교섭조정관(EC-호르몬 분쟁 패널 의장)과 안호영 외교부 본부 대사(미국-면화 분쟁 패널 위원)가 초대형 통상 분쟁의 패널직을 수행하고 있다.

한편 상소기구는 국제법 및 통상법 분야의 저명한 인사 7인으로 구성되어 상설 제도 형식으로 운영되고 있다. 이들은 패널의 결정 중 법률심(matter of law)만을 검토해 필요한 경우 패널의 협정 적용을 수정할 수 있는 권한을 지니고 있다. 이러한 상급심 제도는 WTO 판정의 권위를 높여 현재는 많은 회원국이 대부분의 통상 분쟁을 분쟁해결 절차를 통해 해결해 가고 있다.

회원국 통제 : 선례 비구속성 및 성문법주의
일반적으로 국제 법원의 경우 판례를 통해 국제법 발전에 기여하고 있다. 특히 관습 국제법은 국제 법원의 판례를 통해 확인되게 된다. 그런데 WTO 분쟁해결 제도는 성문법 주의를 그 확고한 원칙으로 해, 적용 범위를 우루과이 라운드 결과로 채택된 일련의 WTO 협정과 1947년 GATT 협정으로 국한하고 있다. 다시 말해 통상과 관련된 국제법에 관한 한 회원국간 명시적인 합의에 기초한 성문조약 이외의 법원(法源)을 인정치 않겠다는 WTO의 기본 철학에 기초하고 있는 것이다. 또한 WTO 분쟁해결 판정은 당해 사건에만 적용되

며 선례 구속을 구성하지 않는다. 보통 국제재판이 영미법(common law)에 가까운 반면, WTO 분쟁해결 절차는 법철학적으로 대륙법계에 가깝게 설계되어 있다(필자 註 : 그러나 실제 심리 운영이 주로 영어로 진행되고 영미법 교육을 받은 법률가의 심리 참여로 인해 최근에는 영미법적 요소가 많이 가미되는 경향을 보이고 있다). 이러한 원칙은 개도국과 신규 가입국을 포함해 전 회원국이 WTO 규범의 보편성을 향유할 수 있도록 해 WTO가 현대 통상규범의 발전 방향을 이끌고 있을 뿐만 아니라 통상 관련 중심으로 자리 잡게 만들고 있다.

유사 문제

01 WTO 분쟁에 대한 설명으로 타당하지 않은 것은?

① 협의요청접수일로부터 60일 이내에 주선, 조정 또는 중개절차가 개시되는 경우, 제소국은 협의요청접수일로부터 60일의 기간을 허용한 후에 패널의 설치를 요청할 수 있다.
② 자기나라 정부가 분쟁당사자인 회원국의 국민 또는 제10조 제2항에 규정된 제3자의 국민은 분쟁당사자가 달리 합의하지 아니하는 한 그 분쟁을 담당하는 패널의 위원이 될 수 있다.
③ 패널위원은 정부대표나 기구대표가 아닌 개인 자격으로 임무를 수행한다.
④ 만일 제3자가 이미 패널과정의 대상이 되는 조치로 인하여 대상협정에 따라 자기나라에 발생하는 이익이 무효화 또는 침해됐다고 간주하는 경우, 그 회원국은 이 양해에 따른 정상적인 분쟁해결절차에 호소할 수 있다.

정답 ②
해설 자기나라 정부가 분쟁당사자인 회원국의 국민 또는 제10조 제2항에 규정된 제3자의 국민은 분쟁당사자가 달리 합의하지 아니하는 한 그 분쟁을 담당하는 패널의 위원이 되지 아니한다.

02 WTO의 DSB에 대한 설명으로 타당하지 않은 것은?

① 각 분쟁당사자는 패널과 그 밖의 분쟁당사자에게 즉시 전달되도록 자기나라의 서면 입장을 사무국에 제출한다.
② 패널의 구성 및 위임사항에 대하여 합의가 이루어진 날로부터 최종보고서가 분쟁당사자에게 제시되는 날까지의 패널이 자신의 검토를 수행하는 기간은 일반적인 규칙으로서 "6월"을 초과하지 아니한다.
③ 부패성 상품에 관한 분쟁을 포함하여 긴급한 경우, 패널은 3월 이내에 패널보고서를 분쟁당사자에게 제시하는 것을 목표로 한다.
④ 패널설치로부터 회원국에게 보고서를 배포할 때까지의 기간이 "6월"을 초과하여서는 아니된다.

정답 ④
해설 패널설치로부터 회원국에게 보고서를 배포할 때까지의 기간이 "9월"을 초과하여서는 아니된다.

15
국제법상 자위권에 대한 설명으로 옳지 않은 것은?

① 「국제연합헌장」 제51조는 개별적 자위권뿐만 아니라 집단적 자위권도 국가의 고유한 권리로 인정하고 있다.
② 국제사법재판소는 니카라과 사건에서 「국제연합헌장」 제51조의 자위권이 기존의 국제관습법상 자위권 개념을 모두 포섭하고 있다고 보았다.
③ 국제사법재판소는 Oil Platforms 사건에서 자위권을 행사하기 위한 무력공격의 존재 여부에 대한 입증책임이 피침국에 있다고 확인하였다.
④ 국제사법재판소는 Oil Platforms 사건에서 사망자가 없는 함정 피격에 대응하여 순양함을 포함한 여러 척의 해군 함정과 비행기를 공격한 행위가 자위권 행사의 비례성 요건을 위반하였다고 판단하였다.

정답 ②

해설 ICJ는 니카라과 사건에서 국제연합 헌장 제51조는 기존 관습법상 자위권 개념을 모두 포섭하고 있지 않다고 보았고, 따라서 관습법과 헌장을 모두 적용해야 한다고 보았다. 이는 필요성이나 비례성과 같은 자위권 요건이 헌장에 명시되지 않았어도 관습법상 요건에 해당되므로 자위권을 주장하는 국가는 이들 요건도 준수해야 한다고 하였다.

관련 이론

유엔의 자위권

유엔 차원에서 사이버공간에 기존 국제법을 적용할 수 있다는 합의가 이루어진 이후, 그 적용 방식과 범위를 보다 구체화하려는 노력이 이어지고 있다. 특히 자위권의 적용 문제는 국가들 간 입장 차가 분명했던 주제로서, 제4차 UNGGE 보고서에 우회적 용어로 반영되었다.

개별 국가에 의한 무력사용이 광범위하게 금지되는 현 국제법 체제 하에서 자위권은 그 예외적 사유라는 점에서 상당한 의미를 갖는 개념이라고 할 수 있다. 특히 특정 국가를 겨냥한 사이버 조작의 위험성이 점점 증대되고, 비국가 행위자에 의한 사이버 조작이 빈번히 일어나고 있는 현실을 감안할 때 사이버에 초점을 맞춘 자위권 논의가 필요하다고 생각된다. 따라서 이 논문은 사이버공간에 기존 국제법상 자위권이 적용가능한지를 검토하였다. 이는 사이버 조작이 자위권 발동 조건인 무력공격에 해당할 수 있는지의 논의와 무력공격에 대해 사이버 조작으로써 대응하는 측면의 논의를 모두 포함한다.

유엔 헌장 제51조는 무력공격을 행하는 데 사용된 수단이나 무기와는 무관하게 적용이 가능하므로 사이버 조작 역시 일정 기준을 만족할 경우 무력공격을 구성할 수 있다. 또한 이를 판단함에 있어 기존 관습국제법상 '규모와 효과' 기준이 적용 가능하다. 전통적으로 무력공격의 행위 주체는 국가로 이해되어 왔지만, 비국가 행위자들의 역량과 영향력이 증대됨에 따라 무력공격의 행위자로서 비국가 행위자도 포함되어야 한다는 목소리가 설득력을 얻고 있다. 특히 사이버공간의 개방성, 상호연결성 등을 고려할 때 비국가 행위자들의 행위에 국가들이 무력으로 대응할 수 있어야 한다는 점이 강조된다. 기존 국제법상 자위권 요건들 역시 사이버공간에서 유효하다. 관습국제법상 확립된 실체적 요건들인 필요성, 비례성, 즉각성과 유엔 헌장 제51조 상의 절차적 요건들이 모두 요구된다. 이는 선행하는 무력공격이 사이버 수단을 사용하는지 여부와 무관하게, 또 이에 대해 자위권 발동 시 사이버 수단으로 대응하는지 여부와는 무관하게, 자위권 원용국은 이들 요건들을 만족시켜야 한다.

집단적 자위권은 유엔 헌장 제51조 및 다수의 조약들에서 확인되는 확립된 개념이다. 집단적 자위권의 원용이 유효하기 위해서는 피해국의 요청이 있어야 한다. 북대서양조약기구와 유럽연합은 사이버 조작에 대한 집단적 자위권의 발동 가능성을 확인한 바 있다. 예방적 자위권은 유엔 헌장에서 확인되는 개념은 아니며, 그 인정 가능성에 대한 의견도 다양하다. 그러나 사이버 조작의 발현 속도가 빠르고 피해 규모의 예측가능성이 낮다는 점 등을 고려했을 때 그 적용의 필요성이 요구된다.

유사 문제

01 국제법상 자위권에 대한 설명이 틀린 것은?

① 헌장의 어떠한 규정도 국제연합회원국에 대하여 무력공격이 발생한 경우, 안전보장이사회가 국제평화와 안전을 유지하기 위하여 필요한 조치를 취할 때까지 개별적 또는 집단적 자위의 고유한 권리를 침해하지 아니한다.
② 자위권을 행사함에 있어 회원국이 취한 조치는 6월까지 안전보장이사회에 보고된다.
③ 이 조치는, 안전보장이사회가 국제평화와 안전의 유지 또는 회복을 위하여 필요하다고 인정하는조치를 언제든지 취한다는, 이 헌장에 의한 안전보장이사회의 권한과 책임에 어떠한 영향도 미치지 아니한다.
④ 콩고령 군사활동(DRC v. 우간다)는 무력공격이 존재하지 않았다면 자위권 행사를 위한 필요성과 비례성이라는 두 요건이 충족되었는지를 심사할 필요는 없다고 밝혔다.

정답 ②
해설 자위권을 행사함에 있어 회원국이 취한 조치는 즉시 안전보장이사회에 보고된다.

02 국제법상 자위권에 대한 설명이 틀린 것은?

① 점령된 팔레스타인 영토에서의 장벽 건설 사건에서 장벽건설은 사실상의 합병(de facto annexation)에 상응하는 것이 될 것이다.
② 1926년 Naulilaa사건(독일/포르투갈)에서 평시 무력복구의 요건에는 위반이지만, 당시에 평시 무력복구 자체는 합법이었다고 판시하였다.
③ UN헌장 제51조 집단적 자위권은 헌장에 의해 창설된 권리이고 이미 관습법화된 권리로 최근 견해가 바뀌어 있다.
④ 민주적 간섭은 국제법상 허용되지 아니한다.

정답 ①
해설 점령된 팔레스타인 영토에서의 장벽 건설 사건에서 장벽건설은 사실상의 병합(de facto annexation)에 상응하는 것이 될 것이다.

16

국제형사재판소 재판관할 범죄 중 인도에 반하는 죄에 대한 설명으로 옳은 것은?

① 인도에 반하는 죄를 구성하는 체계적인 공격은 반드시 국가의 공식적인 정책일 필요는 없다.
② 인도에 반하는 죄는 무력분쟁 상황 등 전시에 이루어지는 것을 전제로 한다.
③ 인도에 반하는 죄를 구성하는 공격은 폭력적 형태로 자행된 행위만을 포함한다.
④ 인도에 반하는 죄가 성립하기 위해서는 공격에 대한 인식이 존재할 필요가 없다.

[정답] ①

[해설]
② 인도에 반하는 죄는 반드시 전시를 전제로 하는 것은 아니다.
③ 신체 또는 정신적·육체적 건강에 대하여 중대한 고통이나 심각한 피해를 고의적으로 야기하는 유사한 성격의 다른 비인도적 행위 등도 인도에 반하는 죄에 포함된다. 즉, 폭력적 형태로 자행된 행위만을 포함하는 것이 아니다.
④ 국제형사재판소 협약 제7조 1항. "인도에 반한 죄라 함은 민간인 주민에 대한 광범위하거나 체계적인 공격의 일부로서 그 공격에 대한 인식을 가지고 범하여진 다음의 행위를 말한다." 공격에 대한 인식이 반드시 존재해야 한다.

관련 이론

인도에 반한 죄(crime against humanity)는 로마규정 제7조에 정의된 국제범죄를 말한다. 인도적 범죄, 반인도적 범죄, 반인륜 범죄라고도 부른다. 강행규범으로서, 위반국에 대한 외국의 무력 침공이 국제법상 정당화된다. 국제형사재판소의 관할권이 인정되는 범죄이다. 국제형사재판소의 관할범죄는 집단살해죄, 인도에 반한 죄, 전쟁범죄, 침략범죄에 한정되며,(5조 1항) 개인을 처벌하며 국가책임은 묻지 않는다.(25조) 국제형사재판소의 관할범죄에 대하여는 어떠한 시효도 적용되지 아니하며,(29조) 로마규정이 발효하기 전의 행위에 대하여 이 규정에 따른 형사책임을 지지 아니한다.(24조 1항) 극동국제군사재판에서 일본의 전범은 A급 전범(평화에 반한 죄), B급 전범(전쟁 범죄), C급 전범(인도에 반한 죄)으로 분류되어 처벌되었다.

유사 문제

01 국제형사재판소의 관할권에 대한 설명으로 옳지 않은 것은?

① '인도에 반하는 죄'란 민간인 주민에 대해 직접적으로 향하여 "광범위하거나 체계적인 공격의 일부"로서 행해지는 것을 의미한다.
② 비인도적 행위가 국가나 조직의 정책에 따라 정부정책 혹은 정부 혹은 사실상의 당국으로 용인되는 것 "광범위하거나 체계적인 공격의 일부"(part of a widespread or systematic attack)로 저질러진 행위만이 이에 해당된다.
③ 인도에 반하는 죄는 반드시 무력분쟁과 연관되어 저질러지는 것은 아니다.
④ 전체적 또는 부분적으로 육체적 파괴를 초래할 목적으로 의도된 생활조건을 집단에게 고의로 부과하는 것을 의미한다.

정답 ④
해설 제노사이드
공격에 대한 "인식"을 갖고 살해, 절멸, 노예화, 주민 추방, 고문 등 다양한 행동을 통하여 신체 또는 정신적·육체적 건강에 대하여 중대한 고통이나 심각한 피해를 고의적으로 야기시키는 각종 비인도적 행위를 가리킨다.

02 국제형사재판소의 관할권에 대한 설명으로 옳지 않은 것은?

① 안보리는 또한 당사국에 의한 상황회부이든 소추관의 독자적인 수사개시이든 12개월 동안 ICC가 '사태'에 대하여 행하는 수사와 기소를 연기시킬 수 있는 권한을 가지고 있다. (제16조)
② 재판적격성 문제는 보충적 관할권, 일사부재리, 범죄의 중대성에 따라 판단한다.
③ 재판관 선거 후 가능한 한 신속히, 재판소는 제34조 나호에 명시된 담당부를 구성하는데, 상소심부는 재판소장과 4인의 다른 재판관으로, 1심부는 6인 이상의 재판관으로, 그리고 전심부는 6인 이상의 재판관으로 구성된다.
④ 소추관은 당사국총회 회원국의 비밀투표에 의하여 절대다수결로 선출되는데, 9년의 임기 동안 재직하며 재선될 수 없다.

정답 ④
해설 소추관은 당사국총회 회원국의 비밀투표에 의하여 절대다수결로 선출된다. 9년의 임기동안 재직하며 재선될 수 없다.

17

2001년 국제위법행위에 대한 국가책임 초안의 내용에 대한 설명으로 옳은 것은?

① 국가의 행위가 상업적 성격을 지닌 경우에는 국가책임이 성립하지 않는다.
② 국가의 행위가 2001년 초안 규정상 국제범죄에 해당하는 경우에는 국가책임이 가중된다.
③ 대응조치를 취하는 국가는 책임국과 관계에서 적용되는 분쟁해결절차상의 의무로부터 면제된다.
④ 국제위법행위의 법적 결과에는 의무 위반 중지 및 재발방지, 계속적 의무 이행, 만족이 포함된다.

정답 ④

해설
① 국가의 행위가 상업적 성격이더라도 국가귀속성이 인정된다. 국가책임에서는 직무행위인가가 중요한 기준이다.
② 2001년 초안에는 국제범죄 규정은 없다. 1980년 잠정초안에서는 국제범죄에 대해 비피해국에 의한 책임추궁을 인정하였다.
③ 분쟁해결절차상의 의무로부터 면제되지 않는다. 즉, 분쟁해결조항에 대해서는 대항조치를 취할 수 없다.

관련 이론

국제법상 국가책임(state responsibility)이라 함은 국가의 국제법상 책임을 의미하나 일반적으로 국가가 스스로의 국제위법행위(internationally wrongful act)에 대해 부담하는 국제법상의 책임을 말한다. 국가책임의 유형으로는 책임추구 주체와 책임형태에 따라 민사책임과 형사책임으로 구분하며, 민사책임에 있어서 책임추구 주체에 관한 분류로 개별적 책임과 집단적 책임으로 나눈다. 피해자를 기준으로는 간접책임과 직접책임으로 구분한다. 또한 전통국제법은 대체로 위법행위책임을 중심으로 발전해 왔으나 오늘날 대규모 심각한 피해가 발생할 가능성이 높아짐에 따라 결과책임 법리가 도입되었다.

2010년 기준으로 국가책임협약은 다자조약은 체결되지는 않고 있지만, 초안으로 계속 유엔에서 논의를 하고 있다. 2001년 ILC에서 초안을 작성했다.

국제사법재판소나 상설중재재판소에서 민사소송을 하여 패소한 경우, 또는 양국간의 회담을 통해서, 가해국은 피해국에게 손해배상을 해야 한다.

국가책임은 국제관습법으로 인정되어 오던 것이다. 국가책임협약은 그것을 성문화하여 다자조약으로 체결하려는 것이지만, 아직 체결이 안 되어 있으므로, 현재에도 국제관습법상 국가책임이 인정되고 있다.

유사 문제

01 2001년 국제위법행위에 대한 국가책임 초안에 대한 설명으로 틀린 것은?

① 국가의 모든 국제위법행위는 국가기관의 고의 또는 과실에 기인하며, 고의 또는 과실이 있음으로써 위법행위가 성립한다. 위법성 조각사유들도 결과적으로 행위의 위법성을 조각하나, 이는 원천적으로는 고의 · 과실의 부존재를 인정하는 것이다.
② 혼합청구(직접침해와 간접침해)의 경우 외교보호 초안 14조3항 현지구제절차는 국제청구, 혹은 청구와 관련된 선언적 판결을 요구하는 것이 국민이나 초안 규정 제8조에 언급된 다른 사람(타국민)의 피해에 기초하여 압도적으로 제기된 경우에는 완료되어야 한다.
③ 국가책임은 국가의 행위가 상업적인 것으로 혹은 비권력적 행위(acta jure gestionis)가 될 수 있는 것과 관계한다.
④ 일부 연방국의 헌법상 그 구성국들에게 독자 조약체결권이 부여된 경우(스위스 연방헌법 제56조 3항), 협정 위반의 책임을 당 구성국에게만 묻기로 합의하였다면 연방의 책임은 없다.

정답 ③
해설 국가책임은 국가의 행위가 상업적인 것으로 혹은 비권력적 행위(acta jure gestionis)가 될 수 있는 것과는 상관없다. 어떠한 의무위반의 주관적 측면이 고의 · 과실이라면 그 객관적 측면이 위법성이라 할 수 있다. 즉 고의 · 과실과 위법성은 [의무위반]이라고 하는 동전의 양면이라 할 수 있다. 이와 같이 국제의무의 불이행에 있어서 국가기관의 고의 · 과실이 국가행위의 위법성과 본질적으로 동일한 것이라면 국가책임의 성립요건으로서 일단 위법성이 요구되는 이상(즉 이미 확인되었다면), 이와 별도로(추가적으로) 국가기관의 고의 · 과실의 존재를 요구할 필요가 없는 것이다. 이런 이유로 국가책임법 ILC 최종 초안 제2조에서는 작위 · 부작위를 구성하는 행위가 한 국가에 귀속되며, 그것이 국제의무위반을 구성할 것을 요구한다. 고의 · 과실에 대해서는 어떠한 언급조차 없는 것이다

02 외교보호 초안에 대한 설명으로 틀린 것은?

① 국내적 구제절차완료가 적용되기 위해서는 피해를 입은 개인이 당해 가해국에 대해 의식적이고 의도적인 '자발적 관련성'을 갖는 것이 필요하다.
② 외국의 우주 물체에 의한 피해, 공해상 외국군함의 공격인 경우 등은 국내구제완료를 필요로 한다.
③ ILC 외교보호초안 제15조 (c)는 자발적 관련성 대신 [적절한 연관성](relevant connection)이란 용어로 표현하고 있고, 특히 침해 시(at the date of injury)에 요구됨을 규정하고 있다.
④ ICJ는 Avena사건에서 "국가의 권리와 개인의 권리가 상호의존적인 특별한 사정"(special circum-stances of independence)에서는 현지구제절차완료의 의무는 적용되지 않는다고 판시하였지만, ILC는 외교보호초안 제14조 3항에서 '압도적 우세기준'을 제시하고 있다.

정답 ②
해설 외국의 우주 물체에 의한 피해, 공해상 외국군함의 공격인 경우 등은 국내구제완료 절차로부터 면제된다.

18

우주물체에 의해 발생한 손해에 대한 국제책임의 내용으로 옳은 것은?

① 타국의 지구 표면이나 비행 중인 항공기에 손해를 입히는 경우에는 과실이 있을 때에만 책임이 발생한다.
② 지구 표면 외의 장소에서 타국의 우주물체에 손해를 입히는 경우에는 절대책임이 발생한다.
③ 국제책임은 우주물체의 발사를 의뢰한 국가가 부담하고 그 발사를 실시한 국가는 면책이 된다.
④ 비정부주체가 우주물체를 소유하고 발사한 경우에 대해서도 소속국이 국제책임을 져야 한다.

정답 ④

해설
① 가해자의 과실이 없더라도 책임이 성립하는 무과실책임 또는 절대책임이 인정된다.
② 과실책임이 성립한다.
③ 발사를 의뢰한 국가 뿐 아니라 발사를 실시한 국가도 협약상 '발사국'에 해당된다.

관련 이론

우주물체에 의해 발생한 손해에 대한 국제책임

우주개발은 막대한 개발 비용이 소요되고, 사고가 발생하는 경우 피해 규모가 매우 클 수가 있다. 세계 각국은 우주개발을 위한 각종 사업을 활발히 진행해오고 있으며, 인공위성을 활용하는 민간 사업자도 등장함에 따라 우주 사고에 대비할 필요성이 제기되었다. 우주개발 과정에서 사고가 발생할 경우 피해 보상을 신속히 처리하여 우주개발의 지속적인 발전을 보장하기 위해 대부분의 우주 선진국들은 우주 사고시의 손해 배상에 대해 별도의 규정을 제정하여 운용하고 있었다.

우리나라에서도 위성체 및 발사체의 자력 발사 등 본격적인 우주개발 시대가 다가옴에 따라 이를 위한 법적 장치를 마련할 필요성이 제기되었다. 우주기술이 항공우주, 전기전자, 통신, 재료 등 첨단 과학기술이 집합된 전문영역이라는 점에서 우주 사고에 따른 손해배상에 민법상의 과실책임주의를 적용하기는 적절하지 않고, 엄청난 규모의 손해액 전부를 배상하게 하는 것은 민간의 우주개발사업 참여를 어렵게 한다는 점에서 별도의 배상 체계를 마련할 필요성이 제기되었다.

이에 따라 우주 물체 발사, 인공위성 운용 등의 우주개발에 관련된 우주 사고에 대한 손해 배상의 범위와 책임 한계 등에 관한 구체적인 기준과 절차에 대한 근거를 마련하게 되었다.

유사 문제

01 우주조약에 대한 국제책임의 설명으로 틀린 것은?

① 조약상 우주정거장이나 달기지 건설은 그 전유 대상이다.
② 우주조약은 동 조약이전의 국제관습법상 외기권을 국제공역으로 보고 천체를 무주지의 상태로 보아 왔던 입장을 천체 전부를 국제공역화하는 데 기여하였다.
③ "모든 대세적 의무가 일반 국제법상의 강행규범에 의해 수립되는 것은 아니다"라고 하면서 강행규범에 의해 수립된 것이 아닌 대세적 의무의 예로써(심해저와 그 자원은 인류공동유산이라고 규정한 UNCLOS 제136조와 더불어) 우주조약 제1조를 들고 있다.
④ 손해가 피해국의 중대한 과실에서 발생하였거나 피해국이나 그 국민의 고의적인 작위 또는 부작위에 의하여 발생한 것을 발사국이 증명한 때에는 절대책임이 면제된다.

정답 ①
해설 우주 정거장이나 달기지 건설은 전유행위가 아니다.

02 우주물체에 의해 발생한 손해에 대한 국제책임의 설명으로 틀린 것은?

① 손해가 발사국의 국민에게 발생한 경우나 그 우주활동에 참가한 외국인에게 발생한 경우에는 발사국의 국내법이 적용될 뿐 이 조약이 적용되지 않는다.
② 손해가 UN헌장이나 1967년 우주조약 위반행위에 의하여 발생한 경우, 손해가 피해국의 과실때문이라면 책임의 면제가 생긴다.
③ 배상청구 주체는 손해를 입은 국가 또는 손해를 입은 자연인 또는 법인의 국적국이다.
④ 국적국과 손해발생지국 그 어느 쪽도 배상청구에 나서지 않으면 손해를 입은 개인이 상주하는 타국가에서 (영주권자를 위해) 손해배상을 청구할 수 있다.

정답 ②
해설 손해가 UN헌장이나 1967년 우주조약 위반행위에 의하여 발생한 경우에는, 설사 손해가 피해국의 과실때문이라고 하더라도 어떠한 책임의 면제도 생기지 않는다.

19

「해양법에 관한 국제연합협약」상 공해로부터의 무허가방송에 대한 설명으로 옳은 것만을 모두 고르면?

> ㄱ. 선박의 기국은 무허가방송 종사자를 자국 법원에 기소할 수 있다.
> ㄴ. 모든 국가의 군함은 무허가방송에 종사하는 선박에 대해 임검권을 갖는다.
> ㄷ. 무허가방송 종사자의 국적국은 그 종사자를 자국 법원에 기소할 수 있다.
> ㄹ. 해적방송이 수신되지만 허가된 무선통신이 방해받지 않는 국가는 무허가방송 종사자를 자국 법원에 기소할 수 없다.
> ㅁ. 시설의 등록국은 무허가방송 종사자를 자국 법원에 기소할 수 있다.

① ㄱ, ㄴ, ㄹ
② ㄱ, ㄷ, ㄹ
③ ㄱ, ㄷ, ㅁ
④ ㄴ, ㄷ, ㅁ

정답 ③

해설 ㄴ. 보편주의가 적용되는 것은 아니다.
ㄹ. 해적방송이 수신되는 국가도 관할권을 행사할 수 있다.

관련 이론

1982년 유엔 해양법협약 상 공해

중세기 때 발상된 '공해의 자유'는 오늘날까지도 국제관습법상의 원칙으로 간주되고 있다. 하지만 수세기간 인정되어온 '공해자유의 원칙'은 과학기술의 발달로 인하여 해양의 이용이 다양화되고, 자원의 확보가 용이해져 가는 현실을 반영하여 해양법이 변화해나감에 따라 21세기 현재 공해의 자유의 내용과 형태는 많은 부분 변화를 나타내고 있다.

특히 이러한 공해자유원칙의 근본적인 변화는 안보 환경과 환경에 대한 인식의 변화로부터 기인하는데 이러한 변화들은 동 원칙의 핵심이라고 할 수 있는 배타적 기국주의 관할권으로는 도저히 해결할 수 없는 성질로 인하여 국가들은 전통적인 배타적 기국주의에 의한 집행의 실패를 인정하고 다른 방안을 모색하게 되었다.

이러한 공해자유의 원칙의 변화 양상은 양적인 측면과 질적인 측면으로 나누어 볼 수 있다. 우선 양적 측면에서의 변화는 공해의 공간적 · 지리적 범위에서의 축소이다. 이러한 공해의 양적인 변화는 연안국의 관할권의 확장 현상인데, 그 대부분이 '1982년 UN해양법협약'의 채택 및 발효와 함께 발생하였다. 첫째, 3해리로 인정되던 영해의 범위가 최대 12해리로 확장되었으며, 접속수역 역시 영해기준선으로부터 최대 24해리 또는 영해외측한계선으로부터 최대 12해리로 확장되었다. 둘째, 대륙붕 역시 '1958년 대륙붕협약'에 의해 인정되던 대륙붕의 범위보다 확장할 수 있는 가능성이 열렸는데, 기본적으로 200해리까지는 모든 국가가 대륙붕을 선포할 수 있게 하고, 200해리를 넘은 경우 자연연장론에 입각하여 대륙붕의 범위를 대폭 확대하였다. 셋째, 연안국의 관할권이 행사될 수 있는 새로운 수역이 등장하였는데, 영해기준선으로부터 200해리 이내의 그 해저 · 지하 · 상부수역의 자원개발 및 보존, 그리고 공해방지에 관한 연안국의 배타적 권한을 인정하는 수역인, 배타적 경제수역(EEZ)이다. 마지막으로, 기존에 공해로 인정되던 공해부분의 해저부분인 심해저는 '인류공동의 유산'이란 개념으로 인정되어 국가들의 관할권 이원의 범위가 되었다.

공해 자유의 질적인 변화는, 앞서 언급했던 주로 환경과 안보의 상화의 변화로부터 기인한다. 우선 항해의 자유는 2001년 9.11 테러 이후 인식할 수 없는 대상과 형태로 행해지는 새로운 양상의 테러리즘에 대해 국제사회는 큰 위협을 느끼게 되었고, 대량살상무기가 이러한 테러리스트에 의하여 테러의 수단으로 이용될 경우의 치명적인 결과를 불러올 수 있다는데 합의를 이루게 되었다. 그리고 대량살상무기에 의한 테러를 방지하기 위해서는 기존의 협약들이 가지고 있던 테러범죄 이후의 테러리스트에 대한 형사처벌의 법리에서 나아가 대량살상무기의 확산 자체를 차단하여야 한다는 공감대가 형성되었다. 이에 따라 국가들은 조약의 신설 및 개정 그리고 국가간 협력체계를 구축하여 공해 상 테러행위 혹은 불법적 대량살상무기 확산의 혐의가 있는 선박에 대하여 해상차단 혹은 임검권을 행사하려는 노력을 강화하고 있어 공해 상 항해의 자유는 그 제한이 불가피한 상황이다.

또한 환경에 대한 국제사회의 보존의 노력이 가속화되면서 환경오염의 원인들에 대한 다양한 규제가 시도되었고, 그 중 항해 중 선박으로 인한 대기 오염에 대한 규제도 포함된다. IMO에서는 1997년 '1997년 대기오염방지에 관한 의정서'가 채택되었고 2005년 5월 19일 발효되었는데, 동 의정서는 선박의 엔진에서 발생하는 황산화물과 질소산화물 농도를 감소시키게 하고 온실 가스의 사용을 금지하는 등의 의무를 규정하고 있어 항해의 자유에 대한 제한으로 작용할 수 있다.

어업의 자유도 항해의 자유와 마찬가지로 국제사회의 지구환경 보호 노력의 강화와 밀접한 관련이 있다. 그간 국가들의 무분별한 개발로 환경오염과 자원들은 고갈의 위험에 노출되자 자원의 장기적 이용가능성의 확보와 생태계 및 지구자연환경의 보존을 위한 활동을 강화하기 시작하였다. 이에 따라 국가들은 전통적으로 향유하던 어업의 자유를 상당부분 양보하면서 해양에서의 어업자원과 해양생태계를 보존하고 관리하기 위한 노력들에 동참하고 있다. 이러한 노력은 공해어업을 규율하는 다양한 내용과 방법들을 구현하고 있는 규범들로 탄생되었으며, 공해 상 어업의 자유는 일정 요건과 제한 하에 인정 되어지는 대폭 제한된 어업의 권리로서 변화되었다.

공해 상 상공비행의 자유와 관련하여서는 역시 안보상황의 변화와 관련이 있다. 국가들은 1950년대 이래 일방적으로 방공식별구역이라는 명칭 하에 자국으로 향하는 항공기에 대해 관할권을 행사하고 있는데, 이 구역의 범위가 공해 상공까지 확대되고 있어 그 국제법적 근거를 두고 논쟁의 대상이 되고 있다. 하지만 방공식별구역이 그 국제법적 근거를 두고 논쟁의 대상이 되고 있다. 하지만 방공식별구역이 합법성에 관한 논쟁에도 불구하고 국가들은 자국안보를 이유로 방공식별구역을 운용하고 있으며 설정한 확인 및 통제 규칙을 국가들에게 준수할 것을 요구하고 있어 상공비행의 자유는 제약 되어지고 있다.

전통적으로 기국이 아닌 타국에 의한 공해 상 관할권 행사는 극히 예외적인 경우에 한하여 국한되어 왔다. 하지만 국제사회의 변화된 환경들로부터 기인하는 안보 및 환경의 문제는 국제적 협력 없이는 어느 한 국가의 노력만으로는 불가능한 것이 특징이다. 그래서 국가들은 절대적으로 향유해왔던 자신들의 기국주의에 대한 일정부분의 제한을 감수하면서 그러한 문제들에 대처해나가고 있으며, 공해 자유의 구체적 내용과 형식은 그에 따라 점차 변경되고 제한되고 있다.

이렇게 공해의 자유의 구체적인 내용들은 국제적 합의 내지는 규범의 형성들로 인하여 예전보다 많은 제한을 받는 것이 사실이고, 공해의 공간적 범위 역시도 국가의 관할권이 미치는 수역의 확장과 새로운 수역 및 제도들의 등장을 통하여 실질적으로 많이 감소되었다. 공해 자유의 원칙은 과학기술의 발전, 국제공동체의 이익 혹은 가치의 변화에 따라 공해의 자유의 구체적인 예와 그 제한사항 등을 수정하고 추가하며 변화하여왔다. 하지만 공해자유원칙의 근간은 국제사회의 원칙적인 규범으로써 그 지위를 유지되고 있는 것을 볼 때, 이는 국제사회와 국가들은 여전히 그 필요성을 인정하고 있다는 것을 반증한다고 볼 수 있다.

유사 문제

01 「해양법에 관한 국제연합협약」상 공해에서의 설명으로 틀린 것은?

① 내수, 군도수역, 영해, 접속수역, 배타적 경제수역, 또는 대륙붕상에서 연안국의 법령을 위반하였다고 믿을 만한 외국 선박을 대상으로 한다.
② 외국선박이 연안국의 관할권 밖에 있고, 사전 약속에 따라 연안에서 출발한 소형 선박이 이를 방문하여 위법행위를 한 경우에도 추적권을 행사할 수 있다.
③ 영국 선박인 the Henry L. Marshall호는 1921년 미국 연안 약 10마일 거리의 해상에 머물며 미국에서 나온 소형 선박에 주류를 인계했는데, 이 사건에서 미국 법원은 이 선박의 추적 몰수를 인정했다.
④ I'm Alone호 사건에서 추적권은 연안국이 피추적선을 고의적으로 침몰시킬 수 있는 권리를 포함하지 않으며, 나포과정에서 우발적인 침몰도 합법적일 수 없다고 판정하였다.

정답 ④
해설 I'm Alone호 사건에서 추적권은 연안국이 피추적선을 고의적으로 침몰시킬 수 있는 권리를 포함하지 않으며, 다만 나포과정에서 우발적인 침몰은 합법적일 수 있다고 판정하였다.

02 「해양법에 관한 국제연합협약」상 공해에서의 설명으로 틀린 것은?

① 제3차 해양법 협약에 공해상 선박 충돌시 민사재판관할권에 대한 규정은 없다.
② 해적행위는 국가관할권 밖의 장소는 무주지, 미점유된 영토의 인접해안 또는 협약기초자들 의도상 EEZ에서는 불가능하다고 해석한다.
③ M/V Saiga호 사건에서 제111조의 추적권에 관한 제조건은 [누적적]인 것이기 때문에 이들 조건을 모두 충족하지 않은 추적은 정당화되지 않으며 또한 기니 순시선이 문제의 선박을 나포할 때 사용한 무력도 과도한 것이었다.
④ 선상반란 자체는 '다른 선박'을 대상으로 한 것이 아니므로 국제법상 해적 행위는 아니다.

정답 ②
해설 해적행위는 국가관할권 밖의 장소는 무주지, 미점유된 영토의 인접해안 또는 협약기초자들 의도상 EEZ에서도 가능하다고 해석한다.

20

국제법상 주권면제에 대한 설명으로 옳지 않은 것은?

① 우리나라는 주권면제에 관한 국내법의 제정 없이 국제관습법의 형태로 주권면제론을 수용하고 있다.
② 제한적 주권면제론에서는 주권면제 대상이 국가의 주권적 행위로 한정되고 상업적 행위는 배제된다.
③ 「국가 및 그 재산의 관할권면제에 관한 국제연합협약」에 따른 국가면제는 국제법에 따라 주어지는 국가원수의 면제와 특권을 저해하지 않는다.
④ 국제사법재판소는 2012년 페리니(Ferrini) 사건에서 국제법상 강행규범을 위반하는 국가행위에 대해 주권면제가 적용되지 않는다고 밝혔다.

> **정답** ④
>
> **해설** '국가면제 사건'은 2012년 ICJ 판례는 독일이 이탈리아를 상대로 제소한 사건이다. 이 사건에서 이탈리아는 법정지국 밖에서 발생한 불법행위가 강행규범을 위반한 것이면, 전통적인 국가면제법과 달리 면제가 제한된다고 하였다. 그러나, ICJ는 전통적인 국가면제법을 수정하는 새로운 관습이 형성되지 않았으므로 기존 관습대로 법정지영토 밖에서 발생한 행위라면 그것이 강행규범 위반이라 할지라도 국가면제를 인정해야 한다고 판시하였다.

관련 이론

주권 면제

주권면제에 관한 국가실행은 해당 국가의 국내 법원이 외국이 피고인 민사소송에서 어떠한 기준으로 재판권면제를 인정하는가 살펴보면 된다. 한국 법원은 절대적 면제설을 취하다가 대법원 97다39216 전원합의체 판결에서 제한적 면제설로 입장을 변경하였다. 법원은 문제된 외국의 행위의 성질과 주권적 활동과의 관련성을 검토하여 주권면제 인정여부를 결정하여야 한다는 입장을 취하고 있다. 주권면제가 문제되는 사안 중에는 주한미군 피고용자들이 미합중국을 상대로 해고무효확인소송을 하는 사례가 다수를 점하고 있다. 한미행정협정에 따라 고용계약, 물품공급계약, 공사계약 등 '계약에 의한 청구권'의 실현을 위한 소송은 예외적으로 계약 당사자인 미합중국을 상대로 소를 제기할 수 있고, 이 경우 주권면제의 인정 여부는 앞의 기준에 따라 판단하고 있다.

유사 문제

01 국가 및 그 재산의 관할권 면제에 관한 국제연합 협약상 제한적 면제에 대한 설명으로 옳지 않은 것은?

① 관계국들간에 별도의 합의가 없는 한, 국가는 타국의 권한 있는 법정에서 자국에게 귀속되는 것으로 주장되는 작위 또는 부작위로 인한 사망 기타 인적 피해 또는 무형의 재산상의 피해에 대한 금전적 배상에 관한 소송에 있어서 관할권 면제를 원용할 수 없다.
② 법정지국 내에서 잠정적이라 하더라도 법적 보호 조치를 향유하는 특허, 공업의장, 상품 또는 기업의 명칭, 상표, 저작권 또는 기타 형태의 지적 또는 산업소유권에 대한 그 국가의 여하한 권리의 결정, 관할권 면제를 원용할 수 없다.
③ 관계국 간에 별도의 합의가 없는 한, 국가는 자국에 의해 소유되거나 운영되는 선박에 의한 화물운송과 관련된 소송에 있어 그 소송원인의 발생시 그 선박이 비상업적 공무 목적 이외의 용도로 사용된 경우, 타국의 권한있는 법정에서 관할권 면제를 원용할 수 없다.
④ 국가는 관계국들간에 특별한 합의가 있거나 또는 분쟁당사자들이 서면상으로 별도의 합의를 하는 경우 또는 그 법인의 설립문서 또는 규칙이 그같은 규정을 포함하고 있는 경우, 상기의 소송에서 관할권면제를 원용할 수 있다.

정답 ①
해설 관계국들간에 별도의 합의가 없는 한, 국가는 타국의 권한 있는 법정에서 자국에게 귀속되는 것으로 주장되는 작위 또는 부작위로 인한 사망 기타 인적 피해 또는 유형의 재산상의 피해에 대한 금전적 배상에 관한 소송에 있어서 관할권 면제를 원용할 수 없다.

02 국가 및 그 재산의 관할권 면제에 관한 국제연합 협약상 제한적 면제에서 면제를 원용할 수 없는 사유가 아닌 것은?

> 국가가 외국의 자연인 또는 법인과 상업적 거래에 관한 분쟁을 중재재판에 부탁하기로 명시적 합의를 하는 경우

① 중재합의의 유효성
② 중재 대체수단의 동의
③ 중재절차
④ 중재결정의 확인 또는 파기

정답 ②
해설 국가가 상업적 거래에 관련된 중재에 부탁하기로 외국의 자연인 또는 법인과 서면으로 합의한 경우, 그 국가는 ① 중재합의의 유효성, ③ 중재절차, ④ 중재결정의 확인 또는 파기에 관련한 소송에서 권한 있는 타국재판소 관할권으로부터의 면제를 원용할 수 없다.

2019년도 기출문제

01

국제법상 주권면제에 대한 설명으로 옳은 것은?

① 주권면제는 국제법상 강행규범이므로 침해할 수 없다.
② 국가는 법정지국에 소재하는 부동산과 관련된 소송에서 주권면제를 원용할 수 없다.
③ 본소에서 피고가 된 외국이 반소를 제기하더라도 본소에서는 주권면제를 향유한다.
④ 국가가 타국법의 적용에 동의하면 그 국가 법원의 관할권을 수락한 것으로 간주된다.

> **정답** ②
>
> **해설**
> ① 주권면제는 국제법상 강행규범이 아니며, 따라서 합의에 의해 배제할 수 있다.
> ③ 본소에서 피고가 된 외국이 반소를 제기하는 경우, 면제의 묵시적 포기에 해당됨에 따라서 본소에 대해서도 면제를 향유하지 못한다.
> ④ 국가가 타국법의 적용에 동의는 면제의 묵시적 포기가 아니므로 법원의 관할권을 수락한 것으로 간주되지 않는다.

관련 이론

주권면제 사례 연구

1. 사실 및 쟁점

   피고는 몽골 공화국이다. 피고는 1998년경 서울 용산구에 있는 토지 1필지와 지상 건물을 매수해 소유권이전등기를 마치고 그 무렵부터 줄곧 주한몽골대사관으로 사용해 왔다. 원고는 2015년경 이후 피고 건물이 원고 소유 토지 중 약 11㎡를 침범한 상태로 건축되어 있고 원고 소유 토지 중 약 19.9㎡가 피고 건물의 창고 부지 등 부속토지로 사용되어 왔다는 사실을 이유로 피고에 대해 피고 건물 중 원고 소유 토지 침범 부분의 철거 및 해당 토지부분의 인도 및 해당 토지 부분에 관한 차임 상당의 부당이득반환을 청구했다. 법원은 원고의 외국공관에 대한 이 사건 청구에 대해 민사재판권을 행사할 수 있는가.

2. 대법원판결이유의 요지

   ① 국제관습법에 의하면 국가의 주권적 행위는 다른 국가의 재판권으로부터 면제되는 것이 원칙이다. 그러나 우리나라의 영토 내에서 행해진 외국의 사법적(私法的) 행위에 대해서는 그것이 주권적 활동에 속하는 것이거나 이와 밀접한 관련이 있어서 이에 대한 재판권의 행사가 외국의 주권적 활동에 대한 부당한 간섭이 될 우려가 있다는 등의 특별한 사정이 없는 한 해당 국가를 피고로 해 우리나라 법원이 재판권을 행사할 수 있다.

   ② 외교공관은 한 국가가 자국을 대표해 외교 활동을 하고 자국민을 보호하며 영사 사무 등을 처리하기 위해 다른 국가에 설치한 기관이므로, 외국이 부동산을 공관지역으로 점유하는 것은 그 성질과 목적에 비추어 주권적 활동과 밀접한 관련이 있다고 볼 수 있고, 국제법상 외국의 공관지역은 원칙적으로 불가침이며 접수국은 이를 보호할 의무가 있다. 따라서 외국이 부동산을 공관지역으로 점유하는 것과 관련해 해당 국가를 피고로 해 제기된 소송이 외교공관의 직무 수행을 방해할 우려가 있는 때에는 그에 대한 우리나라 법원의 재판권 행사가 제한되고, 이때 그 소송이 외교공관의 직무 수행을 방해할 우려가 있는지 여부는 원고가 주장하는 청구 권원과 내용, 그에 근거한 승소판결의 효력, 그 청구나 판결과 외교공관 또는 공관직무의 관련성 정도 등을 종합적으로 고려해 판단해야 한다.

   ③ 피고가 토지의 경계를 침범해 인접한 원고 소유 토지 일부를 피고의 주한대사관 건물의 부지 또는 그 부속토지로 사용하고 있는 피고 건물의 일부 철거 및 이 사건 계쟁토지의 인도 청구 부분에 대한 원심의 주권면제 판단은 정당한 것으로 수긍할 수 있으나,

외국의 공관지역 점유로 부동산에 관한 사적 권리나 이익이 침해되었음을 이유로 해당 국가를 상대로 차임 상당의 부당이득반환을 구하는 판결절차는 그 자체로 외국의 공관지역 점유에 영향을 미치지 아니하고, 그 청구나 그에 근거한 판결이 외교공관의 직무 수행과 직접적인 관련성이 있다고 보기도 어려우므로 이러한 금전지급을 청구하는 판결절차는 특별한 사정이 없는 한 외교공관의 직무 수행을 방해할 우려가 있다고 할 수 없어 주권면제를 인정할 수 없다.

3. 재판권과 주권면제의 개념
   ① 재판권은 재판에 의해 법적 쟁송사건을 해결할 수 있는 국가권력 또는 법질서 실현을 위한 국가의 권능으로서 사법권이라고도 한다. 재판권은 그 대상에 따라 민사, 형사 및 헌법재판권 등으로 분류할 수 있는바 여기에서는 민사재판권을 대상으로 하므로 이를 판결절차상의 것과 민사집행절차상의 것으로 구별한다.
   ② 대전판 1998.12.17. 97다39216은 "국제관습법에 의하면 국가의 주권적 행위는 다른 국가의 재판권으로부터 면제되는 것이 원칙이라 할 것이나, … 외국의 사법적 행위에 대해서는 당해 국가를 피고로 해 우리나라 법원이 재판권을 행사할 수 있다고 할 것이다"라고 판시해 주권(적 행위) 면제는 재판권 면제라고 선언함으로써 재판권의 유무를 판단하기 위한 전제, 즉 주권면제를 인정하기 위한 전제로서 법정지국인 우리나라에 당해 사건에서 국제재판관할권을 요구하지 않는다.

4. 주권면제론의 범위
   ① 절대적 주권면제론과 제한적 주권면제론
   국가는 일반적으로 자국의 영토에 관한 한 배타적 재판권을 가지므로 다른 국가의 재판권에 복종하지 않는다는 원칙이 인정된다. 이를 절대적 주권면제론(absolute theory of sovereign immunity)라고 한다. 그 근거는 주권평등 및 독립의 원칙에 있다. 그러나 19세기 이래 국가도 국제적 상업 활동에 적극적으로 참여하면서부터 절대적 주권면제론을 고수하다보면 외국과 거래하는 과정에서 분쟁이 발생할 경우 법정지(法定地)국의 법원에 제소해 이를 해결할 수 없는 결과가 발생했다. 이를 해결하기 위해 국가의 행위를 일정한 기준에 따라 주권적 행위와 비주권적 행위로 구분하고 뒤의 행위에 대해서는 주권면제를 부인함으로써 제소와 응소의 길을 터놓았다. 이를 제한적 주권면제론(restrictive theory of sovereign immunity)이라고 한다. 우리나라는 위 대전판 97다39216호에 의해 종전의 절대적 주권면제론을 취했던 대결 1975.5.23. 74마281을 변경함으로써 이제는 주권면제에 관해서는 제한적 주권면제의 입장에 있다.
   ② 제한적 주권면제의 범위(절대적 주권면제와의 구별)
      ㉠ 의의
         제한적 주권면제론에서는 주권면제가 인정되는 행위를 'acta jure imperti'라고 하고 주권적 행위, 고권적 행위 또는 권력행위라고 번역한다. 주권면제가 인정되지 않는 상업적 활동 기타 행위는 'acta jure gestonis'라고 하며 비주권적 행위, 비고권적 행위, 사법적 행위라고 번역한다.
      ㉡ 주권적 행위와 사법적 행위의 구별에 관한 학설
         • 행위 성질 기준설(객관적 기준설)
            외국의 활동이나 목적을 고려하지 아니하고 외국이 행한 행위 또는 그로부터 발생하는 법률관계의 성질을 기준으로 해 국가가 개인처럼 사법적 행위를 한 것인지 아니면 주권을 행사한 것인지에 따라 구별한다는 견해이다(정동윤 외2 122면, 김홍엽 37면). 이 견해는 주관적 목적을 배제한다는 점에서 객관적 기준설이라고도 한다.
         • 목적기준설(주관적 기준설)
            외국이 주권자로서 국방, 재해구제, 외교 등과 관련된 행위 등 공적인 목적을 가지고 활동이나 거래를 한 경우에 주권적 행위로 보고, 해운업의 경영과 같이 개인으로 행동한 경우 이를 사법적 행위로 본다는 견해이다. 이 견해는 목적이나 동기의 주관성을 중시한다는 점에서 주관적 기준설이라고도 한다.

유사 문제

01 제한적 국가면제론에 관한 설명으로 틀린 것은?

① 국가는 하나의 정치권력이면서 동시에 하나의 법인이라는 점에서 '이중인격자'임을 인정하는데서 출발한다.
② 국가와 거래하는 사인의 보호는 제한적 면제이론의 목적 대상이 아니다.
③ 대한민국 대법원은 1994년 대림기업 對 미국 사건에서 최초로 제한적 면제이론에 기초하여 판결하였다.
④ 2004년 UN협약은 공적, 권력적 행위와 사적, 비권력적 행위의 구분에 대하여 성질설과 목적설을 절충하였다.

정답 ②
해설 국가와 거래하는 사인의 보호를 강화시키는 것을 목적으로 한다.

02 국제법상 국가면제에 관한 설명으로 옳지 않은 것은?

① 국가면제에는 재판(사법)관할권과 함께 집행(행정)관할권으로부터의 면제도 포함된다.
② 초기에는 절대적 면제를 인정하였으나 오늘날에는 제한적 면제를 인정하는 방향으로 전환되었다.
③ 제한적 면제를 부여하기 위하여 국가행위를 상업적 행위와 권력적 행위로 구분하고 있다.
④ 1972년 '유럽국가면제협약'은 절대적 면제의 입장에서 면제가 인정되지 않는 경우를 명시하고 있다.

정답 ④
해설 1972년 '유럽국가면제협약'은 제한적 면제의 입장에서 면제가 인정되지 않는 경우를 명시하고 있다.

02

국제분쟁의 사법적 해결에 대한 설명으로 옳은 것은?

① 중재는 그 결과가 분쟁당사국에 대해 구속력을 지닌다는 점에서 조정과 다르고 중개와 같다.
② 중재는 오로지 국가 간 혹은 사인 간에 행해지고, 일방의 국가와 타방의 비국가적 실체 사이에는 행해지지 않는다.
③ 중재에서 재판준칙은 당사국이 합의하여 결정하지만, 특정 국가의 국내법을 재판준칙으로 삼을 수 없다.
④ 국제사법재판소의 판결에 대해서는 재심절차가 있지만 권고적 의견에는 재심절차가 없다.

정답 ④

해설
① 중재는 법적 구속력이 있으나, 중개는 법적 구속력이 없다.
② 국제사법재판소와는 달리 중재는 국가와 비국가적 실체 간에도 행해질 수 있다.
③ 중재에서 재판준칙은 당사국이 합의하여 결정하는데 타국 국내법을 재판준칙으로 삼을 수 있다는 것은 재판준칙 설정에 특별한 제한은 없다는 의미이다.

관련 이론

국제상설중재재판소(PCA)

평화적인 문제해결을 추구하는 만큼, 네덜란드 헤이그 평화궁에 위치해있다. 본 재판소의 영어 명칭은 Permanent Court of Arbitration 로, 그 약자를 따 PCA라고 불린다. PCA는 1899년 '제1회 헤이그 평화 회의'에서 체결된 '국제 분쟁의 특정한 처리 방법을 위한 조약'에 의거해 1899년 설립되었고, 이는 국가 간 분쟁 해결을 위한 재판소 중 가장 오래된 국제기구이다.

또한, 이 재판소는 전통적인 의미의 헌법 재판소라기보다는, 특별한 국가 간 분쟁을 해결하기 위해 분쟁 해결의 장을 제공하는 동시에, 국제법에 기초한 현대적이고 다면적인 중재기관으로 운영되고 있다. 그렇기 때문에, 국제사법재판소 (International Court of Justice)와 같이 고정된 법관이 있는 것이 아니라, 사건이 없는 경우에는 법관 명단만 존재하다가, 신청하는 국가들의 동의와 중재 재판의 허가가 나면 헤이그 평화궁 (Peace Palace, Vredespaleis)에서 재판을 시작한다.

하지만 PCA가 오직 국가 간의 분쟁 해결을 하는 기구는 아니다. 국가 간의 분쟁뿐만 아니라, 범정부적 기구 간의 분쟁이나 국제 조약에 따른 개인 정당 간의 분쟁을 해결하기도 합니다. PCA가 재판을 다루는 범위는 영토분쟁, EEZ (Exclusive Economic Zone, 배타적 경제 수역)과 같은 해양 경계선, 주권 (Sovereignty), 인권, 국제 투자, 그리고 국제 및 지역 간 무역까지 다루는 만큼 다양하다. 또한 PCA는 비정부기구 (Non-governmental organization)가 아니기 때문에, PCA에서 일하는 위원들도 사건마다 봉급을 받는다. 또한 국제사법재판소 (International Court of Justice)와는 다르게, PCA는 UN산하 기구가 아니기 때문에 UN에서 따로 지급되는 운영비는 없다. 그렇기에 PCA의 운영을 위해서 PCA 같은 경우는 사건마다 받는 금액을 정하고 중재 재판을 시작한다고 한다.

국제상설중재 재판의 사례

1. 1928년, 국제상설중재재판소는 팔마스 섬 (Palmas / Miangas)을 놓고 분쟁을 하던 미국과 네덜란드의 사건을 두고 네덜란드의 영토로 인정해주었다. 물론, 당시에는 식민지 시대여서 그랬던 것이고, 지금은 인도네시아 영토이다.
2. 1998년, 예멘과 에리트레아가 하니쉬 섬(Hanish Islands)의 실효적 지배를 두고 분쟁할 때, 국제상설중재재판소는 예멘의 손을 들어줬다. 하니쉬 섬은 홍해에 위치한 섬입니다. 이 분쟁에선 실제로 총격전도 오고 갔는데, 이는 약 1995년 12월 15일부터 17일까지 3일간 일어난 사건이었다.
3. 2006년에는 바베이도스와 트리니다드 토바고 간의 해양 경계를 정하는데 있어서 분쟁이 있었다. 두 국가는 모두 카리브해에 위치한 섬 국가들이기 때문에 그만큼 해양 경계선이라는 것이 중요했는데, 이 문제는 UNCLOS (United Nations Convention on the Law of the Sea)의 지원으로 PCA에서 해결되었다.
4. 남중국해에 있어서 중국이 아닌 필리핀의 영유권을 인정해줬다. 필리핀이 먼저 UNCLOS의 권유 아래, PCA에 문제 해결을 요청하였지만, 중국은 남중국해 문제가 주권과 관련되어있기 때문에, PCA의 결정은 효력이 없다고 주장하였다.

유사 문제

01 국제사법재판소의 재판절차에 대한 설명이 틀린 것은?

① 판결이 전부 또는 부분적으로 재판관 전원일치의 의견을 나타내지 아니한 때에는 어떠한 재판관도 개별의견을 제시할 권리를 가진다.
② 재판소의 결정은 당사자사이와 그 특정사건에 관하여서만 구속력을 가진다.
③ 판결은 종국적이며 상소할 수 없다.
④ 판결의 의미 또는 범위에 관하여 분쟁이 있는 경우에는 재판소는 직권으로 이를 해석한다.

정답 ④
해설 판결의 의미 또는 범위에 관하여 분쟁이 있는 경우에는 재판소는 당사자의 요청에 의하여 이를 해석한다.

02 국제사법재판소에 대한 설명이 틀린 것은?

① 판결의 재심청구는 재판소 및 재심을 청구하는 당사자가 판결이 선고되었을 당시에는 알지 못하였던 결정적 요소로 될 성질을 가진 어떤 사실의 발견에 근거하는 때에 한하지만 과실 여하는 중요하지 않다.
② 재심의 소송절차는 새로운 사실이 존재함을 명기하고, 그 새로운 사실이 사건을 재심할 성질의 것임을 인정하고, 또한 재심청구가 이러한 이유로 허용될 수 있음을 선언하고 있는 재판소의 판결에 의하여 개시된다.
③ 재심청구는 새로운 사실을 발견한 때부터 늦어도 6월 이내에 이루어져야 한다.
④ 판결일부터 10년이 지난 후에는 재심청구를 할 수 없다.

정답 ①
해설 판결의 재심청구는 재판소 및 재심을 청구하는 당사자가 판결이 선고되었을 당시에는 알지 못하였던 결정적 요소로 될 성질을 가진 어떤 사실의 발견에 근거하는 때에 한하여 할 수 있지만, 그러한 사실을 알지 못한 것이 과실에 의한 것이 아니어야 한다.

03

영사제도에 대한 설명으로 옳은 것은?

① 영사는 파견국에 등록된 항공기에 대하여 파견국의 법령에 따른 감독권을 행사할 수 있다.
② 영사는 어떠한 경우에도 본국을 외교적으로 대표할 수 없다.
③ 영사 면제 및 특권은 파견국의 국적을 가진 영사만이 향유한다.
④ 영사인가장 부여를 거절한 접수국은 그 이유를 서면으로 설명해야 한다.

> **정답** ①
>
> **해설** ② 영사는 접수국의 동의가 있다면 외교업무를 수행할 수 있다. 즉, 본국을 외교적으로 대표할 수 있다.
> ③ 접수국의 국적을 가진 자도 접수국의 동의하에 파견국의 영사가 될 수 있고, 이 경우 그 직무에 관한 면제와 특권은 향유한다.
> ④ 외교사절과 마찬가지로 영사인가장 거절 이유를 제시할 의무는 없다.

관련 이론

영사의 신체자유·신체불가침을 형사 사법 문제를 전제로 하여 사건의 시간적 흐름에 따라 묘사하는 방법으로 조문을 축조·해설하면 다음과 같다.
① 사건 현장에서는 인적불가침이 관철된다.
② 영사가 인적불가침의 특권면제가 성립되었음에도 불구하고 (현장이후 시간이 경과하면서) 나중에 예외적으로 체포·구금되는 요건·효과가 정해져 있다. 수사에서 기소단계 중대한 범죄이기 때문에 체포·구금 영장 등 권한 있는 사법당국에 의한 결정이 있을 것 영사의 경우 현장에서 신체의 자유·불가침 내지 현장 이탈 등 신체 이동의 자유는 그때뿐이며, 시간의 흐름에 따라 나중에 다른 장소에서 체포·구속 영장의 요건·효과로서 사법 관할권이 적용될 수 있다.

영사의 인적불가침 특권면제는 공무수행 중에만 적용되는 바, 비엔나영사협약 상 기능설(직무설)로 설명이 가능할 것이다. 365일 24시간 어디서나 관철·적용되는 외교관의 인적불가침과 대조적으로 영사의 인적불가침은 공무수행 중으로 증명·설득할 수 없는 상황에서는 기능·직무 설명이 한계에 봉착할 것이다. 퇴근 후 자택, 외부에서 회식내지 식사, 나이트클럽 등에서는 공무수행 "밖"으로 사법경찰이 추정할 것이다. 총영사 배우자는 인적불가침이 전혀 부여·적용되지 않는다.

영사 인적불가침의 특권면제도 그 정확한 내용 파악을 위해서는 파견국과 접수국 간의 관계라는 큰 틀 속에서 살펴보아야 할 것이라 생각된다. 파견국은 영사의 인적불가침이 문제로 거론되는 형사절차 상황을 접수국과의 외교관계 전반에 비추어 보고 특권면제를 포기할 수도 있다(비엔나 영사협약 제45조). 접수·주재국으로서도 외교적 등의 고려에서 해당 영사의 주재국 퇴거(departure) 추방(PNG)을 희망하는 경우도 있을 수 있다고 보인다.

접수·주재국은 해당 영사를 언제든지 이유를 밝힐 필요도 없이 불만스러운 인물 (페르소나 농 그라타, persona non grata, PNG)로 선언하고 파견국에 통보할 수 있으며, 통보받은 파견국은 영사를 소환하여야만 한다(비엔나영사협약 제23조). 양국관계에서는 PNG 선언 때 "이유를 밝힐 필요 없다"는 요건이 중요하다. 영사 개인으로서는 PNG는 대단히 가혹한 조치인바, 법적으로 제3자의 유권적·객관적인 사법판단을 받을 기회와 "이유"가 상실될 뿐 아니라 시간적으로 주택 정리, 자녀 학교 전학, 차량 매각 등 신변 정리를 직접은 못하고 "즉각 퇴거·추방"되기 때문이다.

국외 여행·파견·체류 중인 재외국민을 돕는 사람 중에 법적으로 조력 권한을 부여한 자격자는 왜 영사일까? 왜 영사뿐일까? 국제법은 그러한 고유 본연의 기능·직무를 가진 영사의 지위와 직무 수행 중 처우에 관하여 어떻게 어느 정도로 규정하고 있을까?
재외국민 보호를 위한 영사 조력(영사적 보호)이라는 특징적 측면에 착안하여 영사의 역할(기능직무)과 영사의 지위(특권면제)를 살펴보면, 영사 제도라는 어떤 국제법상 제도의 처음 출발점에 있어서와 그 이후 제도의 진행발전 과정이 현재의 영사 기능과 특권면제를 묘사·설명하는데 장점이 있다고 본다.

영토고권이라는 대전제 하에서 주재국에서 공권력 없이 재외국민 보호를 위한 영사 조력 노력 (영사 접견 등 영사적 보호권)을 수행하는 영사는 비권영사 조력과 영사 인적불가침 간의 국제법적 관계 검토력적 설득력과 인적불가침 등 특권면제를 보유·활용할 것이다.

국민 입장에서는 재외국민보호 측면이 영사신변보호·특례 측면에 비해 관심사항일 것은 당연지사일 것으로 사료된다.

영사 조력(영사적 보호)을 영사의 기능·직무상 권한·권리로서 규율하는 국제법과 방향을 달리하여, 대한민국은 영사 조력을 영사의 직무상 의무 측면에서도 규율하는 국내법 법률을 보유하고 있다.

국민을 안심시키는 입법 취지에는 공감한다. 다만, 결과적으로 몇몇 애로사항 내지 차이점을 초래할 수는 있다. 영사 입장에서는 요건·효과의 법조문 구조상 의무위반이라는 요건에는 행정적·사법적·형사적 책임이라는 효과가 법리상 결과라고 생각할 수도 있다.

유사 문제

01 1963년 영사관계에 대한 비엔나협약상의 영사에 대한 내용으로 틀린 것은?

① 영사기관의 특권면제와 영사관의 특권면제를 구분하여 규정하고 있다.
② 영사의 직무수행은 상대국의 인가에 의하며 외교관계 개설의 동의는 영사관계 개설을 포함하나 별도의 의사표시가 있는 때에는 그러하지 아니한다.
③ 영사에게 신임장을 교부하여 파견한다.
④ 위임장의 제출에 대해 접수국은 인가장을 교부하거나 위임장에 그 뜻을 기입한다.

정답 ③
해설 영사에게 위임장을 교부하여 파견한다.

02 영사에 대한 설명으로 타당하지 않은 것은?

① 영사기관의 장의 임명절차는 파견국에, 승인절차는 접수국에 맡기고 있어 이에 관한 국제법규가 존재하지 아니한다.
② 영사는 원칙적으로 신체의 불가침을 향유하나 중죄를 범하고 접수국 사법부의 결정이 있는 경우 미결 구금할 수 있다.
③ 영사는 접수국의 비정치적 기관과 접촉하나, 외교사절은 정치적 기관과 접촉한다.
④ 영사는 외국인의 영사취임은 불가능하다.

정답 ④
해설 영사는 외국인의 영사취임도 가능한다.

04

「해양법에 관한 국제연합협약」상 영해기선에 대한 설명으로 옳은 것은?

① 영해의 직선기선을 설정할 때 특정 지역의 경제적 이익은 고려 사항이 아니다.
② 간조노출지의 저조선은 영해 측정 기선으로 사용될 수 없다.
③ 국가는 어떠한 경우라도 타국의 영해를 공해로부터 격리시키는 방법으로 직선기선제도를 적용할 수 없다.
④ 만의 입구를 직선으로 연결하여 기선으로 삼을 경우, 만 폐쇄선 안쪽의 수역은 영해로 본다.

정답 ③

해설
① 영해의 직선기선을 설정할 때 경제적 이익이 있고 그 중요성이 관행에 의해 명백히 증명된 경우 경제적 이익을 고려할 수 있다.
② 원칙적으로 간조노출지의 저조선은 영해 측정 기선으로 사용될 수 없지만 예외적으로 기선이 될 수 있다. 간출지의 전부나 일부가 본토나 섬으로부터 영해 폭을 넘지 않는 거리에 있을 것을 조건으로 한다.
④ 만 폐쇄선의 안쪽 수역은 내수이다.

관련 이론

유엔 해양법협약상 영해기선

해양관할권에서 가장 기준이 되는 출발선은 바로 '기선'이다. 영해, 접속수역, EEZ, 대륙붕 등 관할해역에 대한 기준이 모두 기선에서 일정 거리까지로 정의되어있기 때문이다. 우리나라에는 '영해 및 접속수역법'에서 기선을 정의하고 있는데, 법 제2조 제1항에 '영해의 폭을 측정하기 위한 통상의 기선은 대한민국이 공식적으로 인정한 대축척 해도에 표시된 해안의 저조선으로 한다.'라고 명시되어 있다. 우리나라 해도에는 조석에 따른 물의 높낮이 변화를 고려하여 가장 만조(약최고고조)시 육지와 만나는 선을 해안선, 물이 가장 많이 빠지는 저조(약최저저조)시 선을 저조선으로 표시해두고 있는데, 이러한 '저조선'이 영해의 기준인 기선이 된다고 하는 것이다. 그런데 여기에 예외로 설정된 부분이 있다. 바로 같은 법 제2조 제2항에 언급된 '지리적 특수사정이 있는 수역의 경우에는 대통령령으로 정하는 기점을 연결하는 직선을 기선으로 할 수 있다.'라는 조항이다. 이는 유엔해양법협약의 '직선기선'을 의미하는 것인데, 유엔해양법협약에 따르면 '해안선이 깊게 굴곡이 지거나 잘려 들어간 지역, 또는 해안을 따라 아주 가까이 섬이 흩어져 있는 지역에서는 영해기선을 설정함에 있어서 적절한 지점을 연결하는 직선기선의 방법이 사용될 수 있다.'라고 명시되어 있다. 우리나라에는 서해안과 남해안이 많은 섬들로 인해 해안선이 복잡하므로 가장 외각의 섬들을 이어서 직선기선을 설정하였으며, '영해 및 접속수역법 시행령' 별표1에 직선기점(영해기점) 23개가 지정되어 있다. 따라서 우리나라의 영해 기준이 되는 선은 이러한 직선기선과 함께 직선기선이 설정되지 않은 지역은 대축척해도의 저조선인 통상기선이 그 기준이 되는 것이다. 직선기선이 설정되지 않은 지역 즉, 통상기선(저조선)이 적용되는 지역은 현재 동해안 대부분과 울릉도, 독도, 제주도, 서해안 일부가 해당된다. 유엔해양법협약에 따르면 영해는 기선에서 12해리 이내에서 설정할 수 있다. 우리나라는 앞에서 언급한 '영해 및 접속수역법'에서 영해의 범위를 기선에서 12해리로 정하고 있다. 즉, 통상기선과 직선기선에서 12해리 바다 쪽으로 나간 선이 영해선이 된다. 이러한 영해는 기본적으로 해당 연안국의 그 해역에 대한 모든 주권행사가 가능하며, 외국 선박은 무해통항이 가능하다. 접속수역은 같은 법에서 '기선으로부터 측정하여 그 바깥쪽 24해리의 선까지 이르는 수역에서 대한민국의 영해를 제외한 수역'으로 정의하고 있다. 다시 말해 영해선에서 바다 쪽으로 12해리 더 넓혔을 때 만들어지는 영역이 접속수역이 되는 것이다. 접속수역에서는 연안국의 관세, 재정, 출입국 관리, 보건·위생에 관한 권한 행사가 가능하지만, 기본적으로 선박들은 항해의 자유를 가진다. 그런데, 우리나라 영해와 접속수역에는 예외사항이 존재하는데 그것은 바로 대마도와 인접한 구역 때문이다. 우리나라와 일본의 대마도는 매우 가까워서 대마도에서 가까운 우리나라 섬까지의 거리는 24해리가 되지 않는다. 또한, 대마도와 우리나라 사이에는 국제적으로 통항로로 이용되는 대한해협이 있으므로 이러한 상황을 고려하여 우리나라는 '영해 및 접속수역법 시행령'에서 대한해협에서 영해의 외측한계를 기선에서 3해리로 정하였다. 일본도 대한해협 쪽은 영해 한계선을 3해리로 설정하여 우리나라와 대마도 사이에 공해대를 남겨두고 있다. 영해와 접속수역과는 달리 우리나라의 배타적경제수역(EEZ)과 대륙붕 영역은 다소 복잡한 상황에 있다. 먼저, 유엔해양법협약에서 배타적경제수역을 찾아보면, 배타적경제수역의 폭은 '영해기선으로부터

200해리를 넘을 수 없다'고 명시되어 있으며, 대륙붕은 대륙변계가 영해기선으로부터 200해리 밖까지 확장되는 곳에서는 영해기선으로부터 350해리까지 설정이 가능한 것으로 나와 있다. 이를 우리나라 법에서 확인해 보면 '배타적 경제수역 및 대륙붕에 관한 법률'에서 유엔해양법협약 내용을 그대로 따르고 있음을 확인할 수 있다. 하지만 우리나라의 기선에서 200해리를 그려보면 일본과 중국의 내륙까지 선이 그려지게 되어 실질적으로 배타적경제수역 범위를 확인하기가 어렵다. 그래서 앞의 우리나라 법에서는 '대한민국과 마주보고 있거나 인접하고 있는 국가 간의 배타적경제수역과 대륙붕의 경계는 국제법을 기초로 관계국과의 합의에 따라 획정한다.'는 조항을 함께 가지고 있다. 그렇다면 우리나라의 배타적 경제수역은 안타깝게도 우리나라는 아직 중국 및 일본과 해양경계에 대한 합의가 제대로 이루어지지 않았다. 다만 제주도 남동쪽 해역에서 대한해협을 가로질러 동해의 일부까지는 '대한민국과 일본국간의 양국에 인접한 대륙붕 북부구역 경계 획정에 관한 협정'이 체결된 바 있다(1978년 발효). 이외의 서해 해역, 제주도 남부해역, 동해 해역 및 독도 부근 해역의 배타적경제수역과 대륙붕은 유엔해양법협약과 우리나라 국내법으로 명문화는 되어 있으나, 한·중, 한·일 국가 간의 해양경계선이 명확하게 합의되지 않았다. 해양수산부는 주변국과의 합의되지 않은 해양경계선을 획정하는데 우위를 선점하기 위해 최외곽 경계도서의 영해기점조사, 시설물 설치 및 해양관측 등을 중점적으로 실시하고 있으며, 우리나라 최대 해양관할권 확보의 가장 기초가 되는 영해 기선을 체계적으로 관리하여 해양영토 확대에 적극적으로 대응하고 있다.

유사 문제

01 1982년 UN해양법협약상 영해(領海)에 대한 설명으로 옳지 않은 것은?

① 해안선이 깊게 굴곡이 지거나 잘려 들어간 지역 또는 해안을 따라 가까이 섬이 흩어져 있는 지역에서는 직선기선을 채택할 수 있다.
② 영해의 폭을 측정하는 방법으로 통상기선을 기준으로 하는 경우 일반적으로는 항행에 편리하다는 실제적 이유 때문에 원호식 방법이 많이 이용된다.
③ 군함의 무해통항권 인정여부 및 방식에 대한 명시적 규정은 없다.
④ 영해의 폭에 관한 12해리의 규정은 영해의 폭이 예외 없이 12해리여야 한다는 것을 의미한다.

정답 ④
해설 영해의 폭에 관한 12해리의 규정은 영해의 폭이 예외 없이 12해리여야 한다는 것을 의미하지는 않다.

02 유엔해양법 협약에서 직선기선에 관한 설명으로 옳지 않은 것은?

① ICJ는 카타르-바레인 해양경계획정 사건(2001)에서 직선기선은 통상기선의 예외로서 제한적으로 적용되어야 한다고 하였다.
② 직선기선은 간출지까지 그리고 간출지로부터는 설정할 수 있으나, 간출지에 등대나 영구적으로 해면 위에 있는 유사 시설이 세워진 경우에는 그러하지 아니한다.
③ ICJ는 영국과 노르웨이 어업사건(1951)에서 합법성을 인정하였다.
④ 해안선이 깊게 굴곡이 지고 잘려 들어간 지역, 혹은 해안을 따라 아주 가까이에 섬이 섬이 산재하고 있는 지역에서는 채택할 수 있다.

정답 ②
해설 직선기선은 간출지까지 그리고 간출지로부터는 설정할 수 없으나, 간출지에 등대나 영구적으로 해면 위에 있는 유사 시설이 세워진 경우에는 그러하지 아니한다.

05

상공 및 외기권 우주에 대한 국제법의 설명으로 옳은 것은?

① 「해양법에 관한 국제연합협약」상 국제해협의 통과통행이 적용되는 상부 공간에 대해서는 연안국이 완전하고 배타적인 주권을 행사할 수 없다.
② 1967년 「달과 기타 천체를 포함한 외기권의 탐색과 이용에서의 국가 활동을 규율하는 원칙에 관한 조약」은 달을 인류 공동의 유산으로 규정하고 있다.
③ 방공식별구역(Air Defense Identification Zone)은 연안국의 주권이 인정되는 공역(空域)이다.
④ 비행정보구역(Flight Information Region)은 항공교통관제서비스를 제공하는 구역으로 국제법상 주권적 성격을 가지는 영공으로 간주된다.

정답 ①

해설
② 1979년 '달 및 기타 천체에서의 국가활동에 관한 협약'에 규정된 것으로 달은 인류의 공동유산에 해당된다.
③ 방공식별구역(Air Defense Identification Zone)은 접속수역에 해당되는 상공을 말한다. 연안국의 주권은 인정되지 않고 관행에 의해 형성되고 있는 공역이다.
④ 비행정보구역은 국제민간항공기구(ICAO)에서의 합의를 바탕으로 할당되어 비행정보와 경보 등의 서비스가 제공되는 일정 구간의 공역으로 ICAO는 전 세계 공역을 세분하여 각 구역마다 책임 당국을 지정하고, 항공기 운항에 필요한 정보를 통신으로 제공하게 한다.

관련 이론

1967년 만들어져 현재까지 유효한 우주 관련 조약으로, 정식 명칭은 '달과 기타 천체를 포함한 외기권(외우주)의 탐색과 이용에 있어서의 국가활동을 규율하는 원칙에 관한 조약(Treaty on Principles Governing the Activities of States in the Exploration and Use of Outer Space, including the Moon and the Other Celestial Bodies)'이다. 이는 지구 밖 영역을 상정한 조약으로는 최초로 대규모로 조인한 것이며 무려 107개 나라가 참여하고 있다. 1967년 1월 27일 미영소 3국의 주도로 워싱턴 D.C.·런던·모스크바에서 조약문을 작성하였으며, 그 해 10월 10일 발효되었다. 대한민국은 3일 뒤인 10월 13일 서명하면서 조약에 참여하게 되었다.

유사 문제

01 다음 중 우주조약에 대한 설명이 타당하지 않은 것은?

① 우주물체가 '지구표면의 사람이나 재산에 또는 비행 중의 항공기에' 끼친 손해에 대해서는 고의·과실 여부를 묻지 않고 발사국이 절대책임을 진다.
② 피해를 입은 국가 또는 개인의 중대한 과실로 손해가 발생했다고 입증할 수 있는 범위까지는 절대책임이 면제된다.
③ '지구표면의 영역에서' 한 발사국의 우주물체가 다른 발사국의 우주물체에 대해 손해를 끼친 경우에는, 전자는 자신에게 과실이 있거나 또는 자신이 책임져야 할 사람에게 과실이 있는 경우에만 배상책임을 진다.
④ 발사국의 개념을 넓게 해석하여 우주물체의 발사를 실시 혹은 조직하는 국가와 우주물체가 발사되는 영토 또는 시설의 소속국으로 정의하고 있다.

정답 ③
해설 '지구표면 이외의 영역에서' 한 발사국의 우주물체가 다른 발사국의 우주물체에 대해 손해를 끼친 경우에는, 전자는 자신에게 과실이 있거나 또는 자신이 책임져야 할 사람에게 과실이 있는 경우에만 배상책임을 진다.

02 우주조약에 대한 설명이 타당하지 않은 것은?

① 둘 이상의 국가가 '공동으로' 우주 물체를 발사할 때에는 그들은 발생한 손해에 대하여 '공동으로 그리고 개별적으로', 즉 '연대하여' 책임을 지도록 규정되어 있다.
② 완전 배상을 지불한 국가는 타 공동 발사국에 대해 구상권을 보유한다.
③ 책임협약은 우주활동에 종사하는 정부 간 국제기구들에게도 적용되는데, 즉, 우주활동에 종사하는 국제기구의 회원국이면서 동시에 책임협약의 당사국인 국가들은 당해 국제기구가 그 같은 선언을 하도록 적절한 모든 조치를 취해야 한다.
④ 국제기구가 책임협약에 의거하여 책임을 지게 될 경우, '당해 국제기구'와 '그 국제기구의 회원국이면서 동시에 책임협약의 당사국인 국가들'은 '공동으로'만 책임을 진다.

정답 ④
해설 국제기구가 책임협약에 의거하여 책임을 지게 될 경우, '당해 국제기구'와 '그 국제기구의 회원국이면서 동시에 책임협약의 당사국인 국가들'은 연대하여, 즉 '공동으로 그리고 개별적으로' 책임을 진다.

06

「관세와 무역에 관한 일반협정(GATT)」상 금지되는 수량제한조치에 해당하는 것만을 모두 고르면?

> ㄱ. 수출입할당
> ㄴ. 수출입허가
> ㄷ. 최저수입가격제도
> ㄹ. 매년 자동 갱신되는 수입면허제도
> ㅁ. 국내 판매에 영향을 주는 법령
> ㅂ. 국내 농수산물 시장을 안정시키기 위한 조치

① ㄱ, ㄴ, ㄷ
② ㄱ, ㄴ, ㄹ
③ ㄷ, ㄹ, ㅁ
④ ㄷ, ㄹ, ㅂ

정답 ①

해설
ㄹ. 매년 자동 갱신되는 수입 면허제도는 수량제한조치에 해당되지 않는다.
ㅁ. 국내 판매에 영향을 주는 법령은 수량제한조치와는 관련이 없으며, 이는 내국민대우와는 관련이 있다.
ㅂ. 국내 농수산물 시장을 안정화 조치는 수량제한금지 의무의 예외조치이다.

관련 이론

수입제한 조치

한 국가의 수입을 제한하는 방법으로는 관세에 의한 간접적인 제한과 수입량을 직접 제한하는 방법으로 나눌 수 있는데, 이중에서 수량적 수입제한은 인위적으로 수입비용을 올리는(관세의 경우와 같이) 방법으로 수입을 억제하는 것이 아니라 가격과는 상관없이 수입품의 수량(또는 가액)을 직접적으로 제한하는 조치이다.

관세 및 관세유사조치(예컨대, 수입품에 대하여 추가적인 세금을 부과하는 수입과징금 또는 수입대금을 변제하는 경우에는 정상적인 경우에 비하여 높은 환율을 차별적으로 적용하는 복수환율 등)와는 달리 수량제한은 국내가격과 국제시장가격 사이의 연계성을 완전히 끊어버리는 것이다.

수입에 대한 수량제한의 방법으로는 4가지 형태가 있다. 즉 총체적 쿼터(global quota), 쌍무적 쿼터(bilateral quota), 임의허가제도(discretionary licensing), 그리고 국가수입독점(state import monopoly)이 그것이다.

각국에서는 특정 기간 동안 자국 영역으로 수입될 수 있는 특정상품의 수량을 절대량으로 제한하거나 또는 낮은 관세수준으로 통관이 허용되는 상품의 수량을 제한하는 이른바, 관세율 쿼터를 부과한다.

절대적 쿼터는 일정 기간 동안의 소비를 위하여 한정된 양의 수입만을 허용하게 되는데, 이러한 쿼터는 국가별, 상품별로 행해지거나 국가와는 무관하게 특정상품의 총량에 기초하여 행해지기도 한다. 관세율쿼터는 일정 기간 동안 특정량의 상품만이 인하된 관세율로 수입된다.

이 방식은 쿼터를 초과하는 상품의 통관을 금지하는 절대적 쿼터 방식과는 달리 쿼터를 초과하는 상품의 통관시 통상의 관세율 보다 높은 관세율을 적용함으로써 간접적으로 수입을 억제하게 된다. 쿼터와 수입허가요건을 결합하는 조치는 국제 무역에 대하여 심각한 장벽을 야기할 수 있으며 이러한 관행은 매우 광범위하게 사용되어 왔다.

WTO의 GATT1994는 수량제한을 금지하고 있다. 이는 관세 양허를 약속한 회원국에 대하여 뿐만 아니라 관세양허약속을 하지 않은 다른 모든 회원국들과의 모든 무역에 대하여 적용된다. 그러나 수량제한을 없애야 하는 일반적 의무에 관한 예외는 많다.

예를 들면 수량제한은 WTO체제하에서 관세양허와 무역자유화 조치의 결과로 특정 제품에 있어서 수입의 급증으로 당해산업이 심각한 피해를 입을 경우 긴급수입제한 조치로서 동종상품의 수입에 대하여 수량적 제한이 부과될 수 있다.

수량제한은 또한 일국의 외환보유고를 지키기 위해 필요한 때에도 허용된다. 무역수지를 이유로 부과되는 무역제한은 다른 WTO회원국들에게 불필요한 손실을 끼치지 않도록 행해져야 한다. 또한 제한을 가하는 국가는 그 무역규제와 관계 있는 다른 회원국들과의 협의를 하여야 할 의무가 있다.

기타의 예외로서는 식량 등의 부족상태를 해소하기 위한 수출제한, 상품의 분류 또는 규격과 관련한 제한 개발도상국의 수입제한, 다른회원국의 WTO협정 불이행에 대하여 취해지는 대응조치로서의 수입제한, 안전보장을 위한 조치, 공중도덕의 보호, 인간, 동식물의 생명과 건강의 보호, 재소자 노동상품에 대한 제한조치, 한정된 자원의 보존을 위한 조치 등이다.

유사 문제

01 1994 GATT의 내국민대우원칙에 관한 설명으로 틀린 것은?

① 수입상품에 대하여 동종의 국산상품보다 불리한 대우를 하면 내국민대우원칙 위반이다.
② 내국민대우원칙은 최혜국대우원칙과 함께 1994 GATT의 양대 비차별원칙으로 여겨진다.
③ 정부조달은 1994 GATT 제3조에서 내국민대우원칙의 예외로 인정되고 있다.
④ 내국민대우조항의 개정은 모든 회원국의 수락을 요한다.

정답 ④
해설 내국민대우조항의 개정은 모든 회원국의 수락을 요하지 아니한다.

02 내국민대우원칙에 관한 설명으로 틀린 것은?

① 정부기관이 정부용으로 구매하는 상품의 조달을 규제하는 법률, 규칙 또는 요건에도 적용된다.
② 수입품과 국내제품 간의 조세부과 문제에 있어서 동종상품 뿐만 아니라 직접경쟁 또는 대체상품(directly competitive or substitutable product : DCSP)에까지 내국민대우원칙이 적용된다.
③ 내국민대우원칙은 '동종상품' 및 '직접 경쟁 또는 대체상품'에 대해 적용된다.
④ 국내생산업자에 한하여 보조금을 지급한다면 내국민대우원칙 위반이 아닌데, 단, 현금지원과 같은 적극적 방식으로만 가능하다.

정답 ①
해설 정부기관이 정부용으로 구매하는 상품의 조달을 규제하는 법률, 규칙 또는 요건에는 적용되지 아니한다.

07

「전시에 있어서 민간인의 보호에 관한 1949년 제네바협약(제4협약)」에 대한 설명으로 옳지 않은 것은?

① 적대행위에 능동적으로 참여하지 않는 자는 어떠한 경우에도 차별 없이 인도적인 대우를 받아야 한다.
② 전시 점령국은 어떠한 경우에도 점령지의 현행 법령을 존중해야 한다.
③ 피보호자로부터 정보를 얻기 위해 육체적 또는 정신적으로 강제할 수 없다.
④ 피보호자들은 어떠한 경우에도 타국 영역으로 강제 이송하거나 추방되어서는 아니 된다.

> **정답** ②
> **해설** 전시 점령국은 원칙적으로 점령지 현행 법령을 존중해야 하나, 점령을 위해 불가피한 사정이 있는 경우 법령을 위반할 수 있다.

관련 이론

제네바 조약

스위스 제네바에서 열린 협약으로, 제네바 조약이라고도 하며 전쟁에서의 인도적 대우에 관한 기준을 정립한 국제 협약이다.
80년 이상의 시차를 두고 만들어진 4개의 개별 협약과, 최종 협약 탄생 이후 추가된 3개의 의정서로 이루어져 있다. Geneva Conventions이라 표기한다.
제1협약 : 육전에서의 군대의 부상자 및 병자의 상태 개선에 관한 협약 (1864년)
제2협약 : 해상에서의 군대의 부상자, 병자 및 조난자의 상태개선에 관한 협약 (1906년)
제3협약 : 포로의 대우에 관한 협약 (1929년)
제4협약 : 전시에서의 민간인의 보호에 관한 협약 (1949년)

추가적인 의정서(Protocol)

제1의정서 (1977) : 국제적 무력충돌의 희생자 보호에 관한 의정서
제2의정서 (1977) : 비국제적 무력충돌의 희생자 보호에 관한 의정서
제3의정서 (2005) : 기존의 "적십자" 및 "적신월" 외에 추가적인 식별표장인 "적수정"의 도입에 관한 의정서
협의는 1949년에 만들어진 4번째 협약만을 가리키기도 한다. 이 4번째 협약은 제2차 세계 대전의 전후 처리 과정에서 협의된 것인데, 앞서 만들어졌던 3개의 협약들(1864년, 1906년, 1929년)을 갱신하며, 민간인 보호 등에 관한 조항을 새로이 명시한 협약이다. 즉, 전쟁 지역의 민간인 보호를 명문화 했을 뿐만 아니라, 전쟁 포로의 기본적인 권리를 여러 면에서 규정했으며, 부상자의 보호를 명문화했다.

유사 문제

01 국제법상 자위권에 대한 설명으로 타당하지 않은 것은?

① 외부의 무력공격에 대하여 국가 자신의 영토보전이나 정치적 독립을 보존하기 위해 필요한 대응조치를 취할 수 있는 복구 수단이다.
② 헌장 51조상 회원국에 대해 무력공격이 발생한 경우, 안보리가 국제평화와 안전을 유지하기 위해 필요한 조치를 취할 때까지 개별적 또는 집단적 자위의 고유한 권리를 침해하지 않는다.
③ 무력공격을 받은 타국을 지원하여 무력을 사용할 수 있는 집단적 자위권도 관습법상 인정한다.
④ 영토보전이나 정치적 독립 등 국가의 중대한 법익이 침해되거나, 헌장의 목적과 양립하지 않는 무력공격에 대해 발동한다.

정답 ①
해설 외부의 무력공격에 대하여 국가 자신의 영토보전이나 정치적 독립을 보존하기 위해 필요한 대응조치를 취할 수 있는 자력구제 수단이다.

02 무력공격의 주체에 대한 설명으로 타당하지 않은 것은?

① 헌장 제정시에는 무력공격의 주체로 국가 이외에 민족반란단체, 총회의 결의에서도 국가와 그외의 단체에 의한 침략도 개념으로 규정한다.
② 헌장 제51조는 '무력공격이 발생한 경우'라고 규정하여 무력공격의 주체를 국가로 명시하고 있지 않으므로, 비국가 행위자의 무력공격에 대한 자위권 행사를 제한할 이유는 없다.
③ 2001년 안보리 결의 1368호 및 1373호는 9.11 테러를 무력공격으로 규정하고 이에 대한 개별, 집단적 자위권을 인정한 사례이다.
④ 미국은 안보리 결의안을 통해 테러 조직 Al-Qaeda를 비호하고 테러를 조장한 아프가니스탄 탈리반 정부를 축출했다.

정답 ①
해설 헌장 제정시에는 무력공격의 주체로 국가만을 예상. 총회의 결의에서도 국가에 의한 침략만을 규정한다.

08

기후변화에 대응하는 국제환경협약에 대한 설명으로 옳은 것은?

① 「기후변화에 관한 국제연합 기본협약」은 선진국이 배정받은 쿼터보다 적게 배출한 온실가스의 차이분을 다른 국가에 매각할 수 있는 거래 제도를 도입하였다.
② 「기후변화에 관한 국제연합 기본협약에 대한 교토의정서」는 모든 당사국에 온실가스를 감축할 의무를 공통으로 부과하면서도 감축치를 차등적으로 정하였다.
③ 「파리협정」은 기온 상승 폭을 산업화 이전에 비해 섭씨 2도보다 낮은 수준으로 유지하고자 역사적 누적 책임이 있는 선진국에 한정하여 감축의무를 부과하였다.
④ 「파리협정」에 따라 국가별 감축은 개별 국가가 5년 단위로 제출하는 자발적 기여 방안에 따라 이행하기로 하고, 별도의 등록부를 통해 관리하기로 하였다.

정답 ④

해설
① 교토의정서에 드러낸 배출권거래제도에 대한 설명이다.
② 교토의정서는 부속서1국가들에 한해 온실가스 감축의무를 부담시키고 있으며 비부속서1국가들은 감축의 법적 의무가 없다.
③ 교토의정서와 달리 파리협정은 보편적 체제로서 모든 당사국에게 감축의무를 부과하였다.

관련 이론

기후 변화에 관한 유엔 기본 협약(UNFCCC ; United Nations Framework Convention on Climate Change)

1. 개요

   온실 기체에 의해 벌어지는 지구 온난화를 줄이기 위한 국제 협약이다. 1992년 5월 브라질 리우데자네이루에서 열린 INC회의에서 기후변화협약을 채택하였다. 기후변화협약은 선진국들이 이산화탄소를 비롯 각종 온실 기체의 방출을 제한하고 지구 온난화를 막는 게 주요 목적이었다.
   본 협약 자체는 각국의 온실가스 배출에 대한 어떤 제약을 가하거나 강제성을 띄고 있지는 않다는 점에서 법적 구속력은 없다. 대신 협약은 시행령에 해당하는 의정서(protocol)를 통해 의무적인 배출량 제한을 규정하고 있다. 이에 대한 주요 내용을 정의한 것이 교토 의정서인데, 지금은 UNFCCC보다도 널리 알려져 있다.

2. 추진 배경

   지구온난화에 대한 과학적 자료가 증가함에 따라 범 지구 차원의 노력이 필요하다는 인식이 확산됨에 따라, UN이 주관하여 1992년도 브라질 리우데자네이루에서 열린 환경회의에서 기후변화에 관한 국제연합 기본협약(UNFCCC)이 채택되어 1994년 3월에 발효되었다.

3. 추진 경위
   ① 1992년 기후변화협약 채택
   ② 1997년 교토의정서 채택
   ③ 2001년 3월 미국 교토의정서 불참 선언
   ④ 2004년 11월 러시아 교토의정서 비준
   ⑤ 2005년 2월 교토의정서 발효

4. 협약 목적(제2조)

   지구의 기후시스템에 인류의 활동에 의해 발생되는 위험하고 인위적인 영향이 미치지 않도록 대기 중 온실가스의 농도를 안정화시키는데 목적이 있다.

5. 기본원칙(제3조)
   ① 공동의 차별화된 책임 및 부담 (선진국의 선도적 역할)
   ② 개도국의 특수 사정 배려 (기후변화 악영향이 큰 국가 등)
   ③ 기후변화의 예방적 조치 시행 (과학적 불확실성의 극복 필요)
   ④ 모든 국가의 지속 가능한 성장 보장
6. 공통 의무사항
   ① 온실가스 배출량 감축을 위한 국가전략 수립
   ② 온실가스 배출량 및 흡수량에 대한 국가보고서 작성 및 제출
7. 특정 의무사항
   ① Annex I 국가는 1990년 수준으로 온실가스 감축노력 규정 (비구속적)
   ② Annex II 국가는 개발도상국에 대해 재정 및 기술이전의 의무

유사 문제

01 다음 중 1987년 몬트리올 의정서 체제에 대한 설명으로 옳지 <u>않은</u> 것은?

① 몬트리올 의정서를 구성하는 틀은 오존층 파괴물질의 규제조치, 비 당사국에 대한 무역규제조치, 그리고 개도국에 대한 재정적, 기술적 지원제도로 크게 나누어 볼 수 있다.
② 1990년 런던 개정안에서는 대폭적인 감축조치를 취하고 있다.
③ 1997년 몬트리올 조정안에서는 개도국의 경우 메틸브로마이드를 2005년까지 20%를 감축하고 2015년까지 완전히 폐기하며, 선진국은 전면폐기 기한을 2010년에서 2005년으로 앞당기도록 규정하였다.
④ 몬트리올 의정서는 비당사국에 대한 무역규제조치를 취하는 의무는 없다.

정답 ④
해설 몬트리올 의정서는 의정서의 실효성을 높이기 위한 방안으로 비 당사국에 대한 무역규제조치를 취하고 있다.

02 다음 보기의 사항에서 해양투기에 의한 사항이 아닌 것은?

> 해양오염에서 취하여진 조치는 해양환경의 모든 오염원을 취급하여야 하는데, 그 조치는 특히 가능한 한 최소화하도록 강구되어야 한다.

① 지속성 있는 유독성 또는 유해물질의 해상오염원으로부터, 대기와는 관계 없이, 투기에 의한 배출
② 선박으로부터의 오염, 특히 사고방지, 긴급사태의 처리, 해상작업의 안전확보, 고의적 및 비고의적 방기의 방지를 위한 조치, 그리고 선박의 설계, 구조, 장비, 운용 및 인원배치의 규제
③ 해저 및 하층상의 천연자원의 탐사, 또는 개발에 사용되는 설비 및 장비로부터의 오염, 특히 사고방지, 긴급사태의 처리, 해상작업의 안전확보를 위한 조치, 그리고 그 설비 또는 장치의 설계, 구조, 장비, 운용 및 인원배치의 규제
④ 해양환경에서 운용되는 기타 설비 및 장치로부터의 오염, 특히 사고방지, 긴급사태의 처리, 해상작업의 안전 확보를 위한 조치, 그리고 그 설비 또는 장치의 설계, 구조, 장비, 운용 및 인원배치의 규제

정답 ①
해설 특히 지속성 있는 유독성 또는 유해물질의 육상오염원으로부터, 대기를 통하거나 대기로부터, 또는 투기에 의한 배출

09

세계무역기구(WTO)체제에서 인정하는 예외사항으로서 당사국이 일방적으로 실시할 수 있는 것만을 모두 고르면?

> ㄱ. 제12조의 국제수지보호조치
> ㄴ. 제19조의 긴급수입제한조치
> ㄷ. 제20조에 근거한 수입 제한조치
> ㄹ. 제21조에 근거한 수출 제한조치
> ㅁ. 제25조 제5항에 따른 의무면제

① ㄱ, ㄴ
② ㄴ, ㄷ
③ ㄷ, ㄹ
④ ㄹ, ㅁ

정답 ③

해설
ㄱ. GATT 제12조의 국제수지보호조치를 취하기 위해서는 국제통화기금(IMF)와 협의를 조건으로 한다.
ㄴ. GATT 제19조의 긴급수입제한조치의 경우 WTO에 통보하고 수출국들과 사전협의를 거쳐야 한다.

유사 문제

01 생물다양성협약에 대한 설명으로 틀린 것은?

① UNEP의 후원 아래 4년간 교섭을 하여 UNCED, 즉 교토회의에서 서명을 위하여 개방되었다.
② 생물다양성보전과 그 구성요소의 지속가능한 이용을 목적으로 하고 있다.
③ 동 협약에서 강제적인 의무가 표현되어 있는 부분은 기술이전과 재정지원에 관한 조항이며, 정작 생물다양성의 보전과 관련해서는 강제적 의무가 없기 때문에 과연 이 협약이 생물다양성을 보전할 수 있느냐 하는 의문이 제기되고 있다.
④ 생물의 보존을 위한 기타의 국제협약으로는 RAMSAR협약이 있다.

정답 ①

해설 UNEP의 후원 아래 4년간 교섭을 하여 UNCED, 즉 리우회의에서 서명을 위하여 개방되었다.

02 유해 폐기물 바젤협약에 대한 설명으로 옳지 않은 것은?

① 유해 폐기물의 국가 간 이동요건으로서 수입국의 기후 등 조건이 수출국에서의 처리보다 환경상 유리하다고 판단되는 경우를 명시하고 있다.
② 수출국은 수입국에만 통지를 하고 동의를 받아야 한다.
③ 수입국의 동의를 받지 못한 이동일 경우 즉시 수출국에서 이를 재수입하여야 한다.
④ 협약당사국과 비당사국의 유해폐기물 교역을 금지하고 있다.

정답 ②

해설 수출국은 경유국에도 통지를 하고 동의를 받아야 한다.

10

국제연합 국제법위원회가 2001년 채택한 「국제위법행위에 대한 국가책임 초안」상 위법성 조각사유에 대한 설명으로 옳은 것은?

① 국제위법행위에 대한 위법성 조각사유의 존재는 그 행위국의 피해배상(reparation for injury)의무를 완전하게 면제시킨다.
② 국제위법행위에 대한 위법성 조각사유의 존재는 해당 규범의 법적 성질에 관계없이 모든 국제법규범의 위반을 정당화한다.
③ 국제위법행위가 국제공동체의 본질적 이익을 중대하게 침해하더라도 그 행위국의 본질적 이익을 보호하는 유일한 수단일 경우에는 위법성이 조각된다.
④ 조난(distress)은 개인의 생명을 보호하려는 것이고, 긴급피난(necessity)은 국가의 본질적 이익을 중대하고 급박한 위험으로부터 보호하려는 것이다.

정답 ④

해설 ① 위법성 조가사유 중 긴급피난, 조난, 불가항력의 경우 국가책임은 성립하지 않으나 발생한 피해에 대한 배상책임은 면제되지 않는다.
② 위법성 조각 사유라고 하더라도 강행규범 위반의 경우라면 위법성이 조각되지 않는다.
③ 긴급피난은 비례성 원칙을 충족해야 함에 따라서 자국의 이익과 국제공동체 이익을 비교형량했을 때 침해되는 국제공동체 이익이 더 크다면 위법성이 조각되지 않는다.

관련 이론

국가책임 초안상 위법성 조각사유

1. 피해국의 동의 : 강행규범과의 관계
2. 자위권 : 국제연합헌장 제51조 참조
3. 대항조치(대응조치)
   ① 위법성 조각사유이면서 배상 이행의 유인 수단 (후술)
   ② 보복(retortions) v. 복구(reprisals)
   ③ 대항조치(countermeasures) v. 복구(reprisals)
4. 불가항력
   ① 성립요건
      ㉠ 불가항력, 즉 당사국의 통제의 범위를 넘어서는 예상할 수 없었던 사건 또는 저항할 수 없는 힘의 발생
      ㉡ 의무의 이행이 실질적으로 불가능한 경우
      ㉢ 불가항력의 상황이 당사국의 행위로 인한 것이 아닌 경우
   ② 예외 : 불가항력의 발생 위험을 감수한 경우
5. 조난
   ① 성립요건
      ㉠ 조난, 즉 긴급상황에서 자기 또는 자신의 책임 하에 있는 타인의 생명을 구하기 위한 다른 합리적인 대안이 없는 경우 (cf. 보충성의 원리)
      ㉡ 그에 상응하는 또는 그보다 더한 위험을 초래하지 않는 경우 (cf. 균형성의 원리)
      ㉢ 조난의 상황이 당사국의 행위로 인한 것이 아닌 경우
   ② The Rainbow Warrior Arbitration (New Zealand v. France, 1990)

6. 긴급피난
   ① 성립요건
      ㉠ 중대하고 급박한 위험에 처한 국가의 본질적 이익을 보호하기 위해 국가가 취한 유일한 행위에 대해서는 위법성이 조각된다.
      ㉡ 유일한 방법 (cf. 보충성의 원리)
      ㉢ 상대국의 본질적 이익에 대한 심각한 손해가 없는 경우
      ㉣ 당사국의 행위가 기여하지 않은 경우
   ② 예외 : 긴급피난의 원용가능성을 배제하는 경우 (cf. 인권조약)
      ㉠ The Torrey Canyon (1967)
      ㉡ Case concerning Gabcikovo–Nagymaros Project (ICJ, 1997)

유사 문제

01 국가책임에 대한 설명으로 옳지 <u>않은</u> 것은?

① 사인의 행위자체만으로는 원칙적으로 국가책임이 성립하지 않는다.
② 국가는 사인의 행위에 대해 상당한 주의를 기울임으로써 문제의 발생을 사전에 예방해야 한다.
③ 상당한 주의의무는 사전적 예방조치만을 그 내용으로 한다.
④ 집요한 불복국가는 특정 관습법상 의무로부터 이탈할 수 있다.

정답 ③
해설 상당한 주의의무는 사전적 예방과 사후적 구체조치를 내용으로 한다.

02 2001년 국제위법행위에 대한 국가책임 규정초안에 의한 국제위법행위의 위법성 조각사유에 관한 설명으로 옳지 <u>않은</u> 것은?

① UN헌장에 부합하는 합법적인 자위조치는 위법성이 조각된다.
② 불가항력의 상황이 이를 원용하는 국가의 행위에 기인한 경우 위법성이 조각되지 아니한다.
③ 대항조치가 위법성 조각사유로 원용되기 위해서는 사전에 위반국에서 의무의 이행을 요청하여야 한다.
④ 무력사용에 의한 대항조치라도 위법성이 조각된다.

정답 ④
해설 무력사용에 의한 대항조치는 위법성을 조각하지 않는다.

11

국제연합 총회가 단독으로 결정할 수 있는 것만을 모두 고르면?

> ㄱ. 국제연합 사무총장의 임명
> ㄴ. 국제연합 예산안의 심의 및 승인
> ㄷ. 국제연합 안전보장이사회 상임이사국 선출
> ㄹ. 투표권이 정지된 분담금 미납 국제연합 회원국의 투표 허용

① ㄱ, ㄴ ② ㄴ, ㄷ
③ ㄴ, ㄹ ④ ㄷ, ㄹ

정답 ③

해설 ㄱ. UN(국제연합) 사무총장 임명은 안보리 권고에 기초하여 총회가 임명한다.
ㄷ. UN(국제연합) 안전보장이사회 상임이사국은 선출직이 아니며, 비상임이사국 선출은 총회의 단독권한이다.

관련 이론

국제연합의 재정

유엔의 재정은 각 회원국이 경제력에 따라서 부담하는 분담금 (정규분담금, PKO 분담금)과 자발적 기여금에 의해 마련되고 있다. 현재 각국의 주요 분담금은 전체예산 중 미국 22.0%, 일본 16.5%, 독일 8% 등이며, G-8 (서방 8개 선진국)이 전체의 70%, 한국을 포함한 상위 15개국이 80% 이상을 부담하고 있다. 유엔의 예산은 정규예산 약 12억 달러, PKO 분담금 30~40억 달러, 자발적 기여금(사업비) 약 100억 달러 등 연간 150억 달러에 이른다. 유엔은 영어, 불어 2개의 실무언어를 포함하여 6개의 공식 언어를 사용하고 있고, UN의 공식문서는 기본적으로 이 6가지 언어로 번역, 제공되고 있다.

유사 문제

01 국제연합의 주요기관인 총회에 대한 설명으로 옳지 <u>않은</u> 것은?

① 총회는 안전보장이사회로부터 연례보고와 특별보고를 받아 심의한다.
② 총회는 기구의 예산을 심의하고 승인한다.
③ 기구의 경비는 총회에서 배정한 바에 따라 사무국이 부담한다.
④ 총회는 전문기구와의 어떠한 재정약정 및 예산약정도 심의하고 승인하며, 당해 전문기구에 권고할 목적으로 그러한 전문기구의 행정적 예산을 검사한다.

정답 ③
해설 기구의 경비는 총회에서 배정한 바에 따라 회원국이 부담한다.

02 국제연합의 주요기관인 총회의 표결에 대한 설명으로 옳지 <u>않은</u> 것은?

① 총회의 각 구성국은 1개의 투표권을 가진다.
② 중요문제에 관한 총회의 결정은 전체 회원국의 3분의 2의 다수로 한다.
③ 중요문제는 국제평화와 안전의 유지에 관한 권고, 안전보장이사회의 비상임이사국의 선출, 경제사회이사회의 이사국의 선출, 신탁통치이사회의 이사국의 선출, 신회원국의 국제연합 가입의 승인, 회원국으로서의 권리 및 특권의 정지, 회원국의 제명, 신탁통치제도의 운영에 관한 문제 및 예산문제를 포함한다.
④ 기타 문제에 관한 결정은 3분의 2의 다수로 결정될 문제의 추가적 부문의 결정을 포함하여 출석하여 투표하는 구성국의 과반수로 한다.

정답 ②
해설 중요문제에 관한 총회의 결정은 출석하여 투표하는 구성국의 3분의 2의 다수로 한다.

12

국제인권규약에 대한 설명으로 옳지 않은 것은?

① 국제인권규약은 「경제적, 사회적 및 문화적 권리에 관한 국제규약」과 「시민적 및 정치적 권리에 관한 국제규약」을 포함한다.
② 「경제적, 사회적 및 문화적 권리에 관한 국제규약」과 「시민적 및 정치적 권리에 관한 국제규약」 모두 자결권을 명문으로 보장하고 있다.
③ 「시민적 및 정치적 권리에 관한 국제규약」에서 보장하는 권리를 침해받은 개인이 국내적 구제조치를 거치지 않고 국제적으로 통보하는 것이 보장된다.
④ 「경제적, 사회적 및 문화적 권리에 관한 국제규약」에서 보장하는 권리를 침해받은 개인이 국제적으로 통보를 제출할 수 있는 국제진정절차가 수립되어 있다.

정답 ③
해설 개인청원을 제기하기 위해서는 원칙적으로 국내구제를 완료해야 한다.

관련 이론

국제인권규약

1. 국제인권규약의 배경
   세계인권선언(1948)이 배경이 되어 있는 것으로, 세계인권선언에서 제창된 이상을 실현하기 위하여 1966년 12월 16일 제21차 UN 총회에서 국제인권규약이 채택되었고 1976년 3월 23일에 발효되었다. 이 규약은 UN인권위원회가 원안을 만들었고 A·B규약은 모두 제1조에서 민족자결권과 천연의 부와 자원에 대한 영구적 권리에 대해 규정하고 있다.

2. 국제인권규약의 구성
   국제인권규약의 구성은 경제적·사회적·문화적 권리에 관한 규약(A규약), 시민적·정치적 권리에 관한 규약(B규약), B규약의 부속 선택의정서로 구성되었다.
   A규약에서는 생존권적 기본권을 대상으로 '노동기본권', '사회보장권', '생활향상·교육권'에 대한 권리를 명시했다. 가입국은 자국 내의 법에 입법조치 하도록 하고 실시상황을 UN에 보고할 것을 의무화하였다.
   B규약에서는 자유권적 기본권을 대상으로 '비인도적 처우 금지', '소수민족의 권리' 등을 보장받을 권리가 명시되어 있고, 가입국은 이를 존중할 것을 의무화하였다. 이의 실현을 위해 인권심사위원회, 필요하면 특별조정위원회를 설치하고 선택의정서 가입국은 개인이 인권심사위원회에 직접 청원할 수 있도록 했다.
   A규약의 경우 제 권리의 실현은 점진적으로 이뤄져도 좋지만, B규약의 제 권리는 체약국이 되는 순간부터 실현해야할 의무를 지닌다. 1976년 처음 국제인권규약의 발효시에는 3년마다 보고서를 제출하도록 했으나 1988년부터는 5년마다 보고서를 제출하도록 하였다.

3. 국제인권규약의 특징
   세계인권선언은 개인과 국가가 달성해야 할 공통의 기준을 제시해 주어 세계 모든 구성원들에게 인권신장의 획기적인 기여를 했고 지금도 인권에 대한 지침이 되어있다. 그러나 세계인권선언은 선언인 관계로 도의적인 구속력은 지녔으나 법적 구속력이 없었다. 반면에 국제인권규약은 조약으로서, 가입국이 되면 법적 구속력을 가지게 된다는 점이 특징이다. 또 다른 특징은 A·B규약은 모두 제1조에서 민족자결권과 천연의 부와 자원에 대한 영구적 권리에 대해 규정하고 있다는 점도 특징이다.

4. 우리나라의 가입
   우리나라는 1990년에 가입하였다. 헌법 제6조 제1항에 의거 체결·공포된 조약이기 때문에 승인된 국제법규로서 국내법과 동일한 효력을 나타낸다. 우리나라는 1990년 3월 16일에 국회동의를 받았고, 1990년 4월 10일에 가입서를 기탁하였으며, 1990년 7월 10일(조약 제1007호)에 발효되었다.

선언(Declaration)과 협약(Convention)이란, 선언은 방향을 알려주거나 권고를 말하며, 협약은 3개국 이상이 다자 간 조약을 준비하고 서명·비준·가입을 위해 개방함으로써 인권분야에 있어서의 국제적 기준을 형성하는 것이다. 대부분의 협약은 본문 마지막에 발효를 위한 비준국가 수를 규정하고 있다.

예 "본 협약은 30개국의 비준서가 기탁된 날로부터 90일 이후에 효력을 발생한다."(UN Center for Human Rights, 2006 : 60~61)

조약(Treaty)은 국가 또는 국제기구가 맺은 약속이라서 가장 격식을 따지는 정치적, 외교적 기본관계나 지위에 관한 실질적인 합의를 기록한 것이고, 규약(Covenant), 헌장(Charter), 규정(Statute)은 국제기구를 구성하거나 특정제도를 도출하는 국제적 합의를 말한다. 어떤 유형의 약속이냐의 차이에 따라 명칭을 달리 사용하지만 큰 틀에서 보면 규약, 헌장, 규정, 협약 등의 용어들이 모두 조약의 유형들이다.

유사 문제

01 시민적, 정치적 권리에 관한 국제규약(B규약)의 이행감독 장치에 관한 설명으로 옳지 않은 것은?

① 국가간 고발제도, 개인의 국가고발제도, 보고서 검토라는 세 가지 이행감독 장치를 갖고 있다.
② B규약 선택의정서 제41조에 대해 수락선언을 한 국가 간에 적용되지만, 단 동 수락선언은 언제든지 철회될 수 있다.
③ 개인의 국가고발제도를 이용하기 위해서는 B규약에 열거되어 있는 특정 권리를 침해당했다고 주장하는 경우여야 하며, 국내구제수단을 완료는 필수 요소가 아니다.
④ 손종규 사건에서 B규약 인권위원회는 손종규의 행위를 제3자 개입금지조항으로 처벌한 것은 표현의 자유 침해라는 견해를 제시하였다.

정답 ③
해설 개인의 국가고발제도를 이용하기 위해서는 B규약에 열거되어 있는 특정 권리를 침해당했다고 주장하는 경우여야 하며, 국내구제수단을 완료하여야 한다.

02 인권규약에서 개인청원제도에 관한 설명으로 틀린 것은?

① 동일문제가 다른 국제적 조사 또는 해결절차에 따라 심사되고 있지 않아야 하며, 법정에 따라 상이한 결과가 나올 가능성을 배제하고, 각 국제기관 간의 갈등 방지를 목적으로 한다.
② 익명청원은 심리거부 사유가 되며, 본 제도는 궁극적으로 개인이 입은 피해의 구제가 목적이므로 익명청원의 경우 구제대상이 존재하지 않아 심리거부 사유로 보고 있다.
③ 본안심리는 서면심리와 구두심리가 원칙이다.
④ 인권위원회의 권고는 법적 구속력은 없으나, 국가들에 대한 정치적 압박수단으로서 그 실효성이 입증되고 있다.

정답 ③
해설 본안심리는 서면심리가 원칙이다.

13

국제법상 국가승인에 대한 설명으로 옳은 것은?

① 승인을 받지 않은 국가적 실체는 국제법상 권리를 향유하거나 의무를 부담하지 않는다.
② 국제연합 가입과 국제연합 회원국 상호간의 국가승인은 별개 문제이다.
③ 외교관계의 단절은 승인의 철회로 간주된다.
④ 국제연합 회원국은 무력사용으로 수립된 국가를 승인할 수 있다.

정답 ②

해설
① 미승인국도 국제법상 주체성이 인정되므로 권리를 향유하거나 의무를 부담한다.
③ 외교관계가 단절이 바로 승인의 철회로 연계되지 아니한다. 즉, 승인의 효력은 유지된다.
④ 무력으로 수립된 국가에 대해서는 불승인의 의무가 있다.

관련 이론

국가승인의 법적 효과

1. 일반적 효과
   ① 상대성 : 승인으로 성립이 확인된 피승인국은 오직 승인국과의 관계에서만 국제법상 권리, 의무를 향유하게 되어 승인의 효과는 상대적이다.
   ② 소급성 : 승인의 효과는 신국가가 수립된 시기까지 소급한다. 따라서 승인 전에 발생한 당사국간의 관계는 유효한 것으로 인정된다.
   ③ 확정성 : 승인은 철회할 수 없다. 다만, 사실상의 승인은 잠정적이므로 철회할 수 있다.
2. 구체적 효과
   ① 피승인국 국제법적 성립의 확인 : 선언적 효과설에 따르면 피승인국은 승인에 의하여 이미 국제법적으로 성립한 국가로서의 실제가 확인·선언된다.
   ② 국제법상 권리의무관계의 설정 : 승인에 의해서 피승인국은 승인국과의 관계에서 국가로서의 국제법 주체성을 확인받게 된다. 따라서 승인에 의해 피승인국과 승인국 상호간에는 일반국제법상의 권리의무관계가 설정된다.
   ③ 외교관계 수립과의 관계 : 승인은 외교관계의 수립과 필연적 관계는 없다.

유사 문제

01 국가승인제도와 관련한 설명으로 옳지 않은 것은?

① 국제연맹규약 또는 부전조약에 위반하는 방법으로 성립된 모든 사태를 승인하지 않겠다는 주장을 스팀슨(Stimson)주의라고 한다.
② 창설적 효과설에 의한 국가승인의 효과는 새로이 성립된 국가가 국제법 주체성을 확인받는 데 있다.
③ 승인 받기 이전의 국가에 대해서는 국제법 주체성을 전면적으로 부정하는 견해가 창설적 효과설의 입장이다.
④ 신생국과의 외교사절의 교환은 묵시적 승인, 즉, 승인 의사가 추정되는 행위에 의한 간접적 승인으로 인정된다.

정답 ②
해설 국가승인의 효과는 새로이 성립된 국가가 국제법 주체성을 확인받는 데 있는 이론은 선언적 효과설이다.

02 다음 중 정부승인에 대한 설명으로 타당하지 않은 것은?

① 정부승인은 대체로 위헌적 수단에 의해 정부교체가 이루어질 경우에만 문제되지만, 이른바 '분단국가'의 경우에 문제되기도 한다.
② 입헌주의적 정통성을 정부승인의 요건으로 보아 위헌적인 쿠데타 등을 통해 집권한 정부를 승인해서는 안된다는 주장을 토바르주의라 한다.
③ 에스트라다주의는 정부교체수단의 합헌성 여부에 관계없이 신정부를 승인하고 외교관계를 계속해야 한다는 주장을 말한다.
④ 정부승인은 신정부가 사실상 정부를 설립했을 때에는 그 효력을 소급하지 아니한다.

정답 ④
해설 정부승인은 신정부가 사실상 정부를 설립했을 때로 소급하여 효력을 발생한다.

14

「외교관계에 관한 비엔나협약」상 접수국이 아닌 제3국의 의무에 대한 설명으로 옳지 않은 것은?

① 제3국은 외교관의 체류 목적을 불문하고 그 외교관에게 불가침권을 부여해야 한다.
② 제3국은 통과 중인 통신문 및 외교행낭에 대한 불가침성을 접수국에서와 동일하게 부여해야 한다.
③ 제3국은 노무직원의 통과에 대하여 이들의 통행을 방해하지 않을 의무가 있다.
④ 제3국은 불가항력으로 자국 영역에 들어온 외교관 가족의 귀국 보장에 필요한 면제를 부여해야 한다.

정답 ①

해설 제3국은 외교관의 체류 목적을 구분하여 사적인 체류의 경우 불가침권을 부여할 의무가 없다.

관련 이론

외교사절의 특권

외교사절은 종류·계급을 막론하고 일반외국인과는 달리 특권적 지위를 향유하는데, 이러한 외교사절의 특권을 '외교특권'이라고 한다. 그러나 이러한 특권은 접수국의 절차법의 적용을 받지 않는데 그칠 뿐이며 실체법의 적용은 받는 것이라고 보고 있다. 종래에는 치외법권설도 주장된 바 있으나, 비엔나 협약은 특권과 면제의 목적이 개인에게 이익을 부여하는 것이 아니라 국가를 대표하는 외교사절단의 임무의 능률적인 수행을 확보하는 데 있다고 보고 있다.

우선 외교사절의 신체와 명예는 불가침이다. 그러나, 외교사절도 정당방위나 긴급피난의 대상이 될 수 있다. 그리고 외교사절도 접수국의 법령준수의무가 있으므로 국내법 위반의 경우에 일시적으로는 구속할 수 있다. 그러나 결코 처벌은 할 수 없다. 공관의 불가침도 인정되는데 접수국의 관헌도 외교사절의 동의 없이는 공관으로 들어갈 수 없다. 그러나 이도 화재나 전염병의 발생과 같은 공안을 유지하기 위하여 긴급을 요하는 경우에는 외교사절의 동의없이 공관으로 들어갈 수 있다는 것이 국제관습법상 인정되고 있다. 공관의 비호권은 원칙적으로 인정되지 않는다. 다만 극히 예외적으로 폭도의 위해로부터 일시 비호할 수 있을 뿐이다. 외교사절의 문서 또한 공문서 뿐만이 아니라 서류 및 서신까지 불가침이다. 단, 문서가 간첩행위의 증거가 되는 경우 등은 그 문서는 불가침성을 상실한다.

외교사절은 접수국의 형사재판권으로부터는 어떠한 예외도 없이 면제된다. 즉, 살인을 한 경우에도 사정 여하를 불문하고 면제된다. 다만 파견국 관할권으로부터는 면제되지 않는다. 민사 및 행정재판권으로부터도 원칙적으로 면제된다. 또한 증인진술도 거부할 수 있다. 그러나 민사 및 행정 재판권은 외교사절이 원고인 경우, 스스로 응소한 경우, 접수국에서 소유하는 부동산에 관한 소송, 접수국에서 종사하는 영업에 관한 소송, 접수국에서 개시되는 상속에 관계되는 소송의 경우는 면제되지 않는다. 이 경우에도 집행권으로부터는 여전히 면제된다.

외교사절은 통신의 자유를 가지나 사적인 문서는 포함시키지 않는 것이 원칙이다. 외교행낭과 배달인은 불가침권을 갖는다. 무선통신기의 설치 및 사용은 접수국의 동의를 요한다. 외교행낭이 제3국을 통과하는 경우 제3국은 외교행낭의 비밀과 안전을 보호할 책임이 있다. 외교사절은 접수국에서 거주·이전의 자유를 가지나 국가안전상의 이유로 국내법상 제한된 지역은 출입할 수 없다.

외교특권은 외교사절이 접수국의 영역에 입국하였을 때부터 영역으로부터 이탈할 때까지 향유한다. 제3국을 공적으로 여행하는 경우에는 무해통항권만 가진다. 외교직원은 외교사절과 동등한 권리를 가진다. 가족도 동일세대에 속하는 경우에는 접수국의 국민이 아닌 한 동등한 특권을 누린다. 외교사절단의 직원중 사무 및 기술 요원은 민사재판권 면제와 관세면제를 제외하고는 외교관과 동등한 특권을 향유하며, 외교사절단의 가사에 종사하는 자, 즉 역무요원은 기능수행상 필요한 한도 내에서 제한된다. 단 이들이 접수국의 국적을 가졌거나 통상 거주하는 자인 경우 특권의 인정은 접수국의 재량사항이다. 이들의 가족도 이들과 동등한 권리를 갖는다.

유사 문제

01 외교관계에 대한 비엔나협약 상 공관장에 설명으로 틀린 것은?

① 공관장은 3가지 계급으로 구분된다.
② 서열 및 의례에 관계되는 것을 제외하고는 그들의 계급으로 인한 공관장간의 차별이 있어서는 아니된다.
③ 공관장에게 부여되는 계급은 국가간의 합의로 정한다.
④ 계급의 변동에 관련되지 아니한 공관장의 신임장 변경은 그의 서열에 영향을 미치지 아니한다.

정답 ①
해설 공관장은 5가지 계급으로 구분된다.

02 외교관계에 대한 비엔나협약 상 공관에 설명으로 틀린 것은?

① 공관지역은 불가침으로 접수국의 관헌은 공관장의 동의없이 공관지역에 들어가지 못한다.
② 접수국은 어떠한 침입이나 손해에 대하여도 공관지역을 보호하며, 공관의 안녕을 교란시키거나 품위의 손상을 방지하기 위하여 모든 적절한 조치를 취할 특별한 의무를 가진다.
③ 공관 지역과 동 국가 내에 있는 차량 및 기타 재산은 수색, 징발, 차압 또는 강제집행으로부터 면제된다.
④ 파견국 및 공관장은 특정 용역의 제공에 대한 지불의 성격을 가진 것을 제외하고는, 소유 또는 임차 여하를 불문하고 공관 지역에 대한 국가, 지방 또는 지방자치단체의 모든 조세와 부과금으로부터 면제된다.

정답 ③
해설 공관 지역과 동 지역 내에 있는 비품류 및 기타 재산과 공관의 수송수단은 수색, 징발, 차압 또는 강제집행으로부터 면제된다.

15

국제법상 자위권에 대한 설명으로 옳지 않은 것은?

① 자위권 발동 여부는 1차적으로 개별 국가가 판단하며, 무력공격의 존재 여부는 공격을 당한 국가가 증명해야 한다.
② 침략국에 대한 안전보장이사회의 경제제재 중에는 피침략국이 영토 침범 상태하에 놓여 있더라도 개별적 자위권을 행사할 수 없다.
③ 「국제연합 헌장」에서 규정하고 있지 않은 자위권의 내용은 국제관습법에 의해 보완된다는 것이 국제사법재판소의 입장이다.
④ 이미 종료된 공격에 대항한 무력공격은 국제법상 금지된 무력복구에 해당한다.

정답 ②

해설 경제제재조치에 한정되는 조치를 취한다면 실효적 조치라고 볼 수 없으므로 자위권 발동을 중단할 의무가 없다. 즉, 안보리가 개입하는 경우 자위권 발동이 중단되나, 안보리의 개입이 실효적일 것을 전제로 한다.

관련 이론

국제법상 자위권

자위권 행사는 무력공격의 저지 또는 격퇴를 목적으로 하는 것인 만큼, 원칙적으로 무력공격이 진행 중에 있는 경우에 한하여 허용된다. 이는 자위권 행사를 무력공격이 발생하는 경우로 제한하고 있는 UN헌장 제2조 제4항과도 일맥상통한다. 그러나, 무력공격에 대한 대응이 합당한 사유에 의하여 지체되는 경우, 그러한 지체에도 불구하고 그 대응이 자위로서의 성격을 박탈당하지 않는 것이다. 이는 자위로서의 무력반격의 개시의 시간적 조건인 '즉각성'이 탄력적으로 적용되어야 함을 의미한다.

자위권 행사에 있어서의 '즉각성'의 개념을 규명하면서, 아울러, 자위로서의 무력대응의 '즉각성'은 무력공격의 "급박성"과는 개념상의 차이가 있음을 강조한다. 이어서, "즉각성"을 "필요성"과의 관계에서 '즉각성'이 '필요성'과 관련성을 가짐은 인정하나, 양자는 개념상으로 구분된다. 여기에서는 우선 일회성의 단편적 공격에 있어서는 즉각성이 엄격하게 요구되는데, 한편, 방어적 목적의 사후적 무력대응, 계속될 우려가 있는 과거의 일련의 무력공격에 대한 사후적 무력대응, 무력공격에 의하여 점령된 영토를 회복하기 위한 지체된 대응 등 다양한 경우에 있어서 즉각성의 요구가 탄력적으로 적용되고 있음을 강조한다.

유사 문제

01 국제법상 자위권에 대한 설명으로 타당하지 <u>않은</u> 것은?

① 외부의 무력공격에 대하여 국가 자신의 영토보전이나 정치적 독립을 보존하기 위해 필요한 대응조치를 취할 수 있는 복구 수단이다.
② 국제연합 헌장 제51조상 회원국에 대해 무력공격이 발생한 경우, 안보리가 국제평화와 안전을 유지하기 위해 필요한 조치를 취할 때까지 개별적 또는 집단적 자위의 고유한 권리를 침해하지 않는다.
③ 무력공격을 받은 타국을 지원하여 무력을 사용할 수 있는 집단적 자위권도 관습법상 인정한다.
④ 영토보전이나 정치적 독립 등 국가의 중대한 법익이 침해되거나, 헌장의 목적과 양립하지 않는 무력공격에 대해 발동한다.

정답 ①
해설 외부의 무력공격에 대하여 국가 자신의 영토보전이나 정치적 독립을 보존하기 위해 필요한 대응조치를 취할 수 있는 자력구제 수단이다.

02 무력공격의 주체에 대한 설명으로 타당하지 <u>않은</u> 것은?

① 헌장 제정시에는 무력공격의 주체로 국가 이외에 민족반란단체에 의한 침략을 규정한다.
② 헌장 51조는 '무력공격이 발생한 경우'라고 규정하여 무력공격의 주체를 국가로 명시하고 있지 않으므로, 비국가행위자의 무력공격에 대한 자위권 행사를 제한할 이유는 없다.
③ 2001년 안보리 결의는 9.11 테러를 무력공격으로 규정하고 이에 대한 개별, 집단적 자위권을 인정한 사례이다.
④ 미국은 안보리 결의안을 통해 테러 조직 알 카에다(Al-Qaeda)를 비호하고 테러를 조장한 아프가니스탄 탈리반 정부를 축출했다.

정답 ①
해설 헌장 제정시에는 무력공격의 주체로 국가만을 예상, 총회의 결의에서도 국가에 의한 침략만을 규정한다.

16

국제연합 국제법위원회의 「법적 의무를 창출하는 국가의 일방적 선언에 관한 적용원칙」에 대한 설명으로 옳지 않은 것은?

① 구두로 발표된 일방적 선언은 이를 명백히 수락한 제3국에 의무를 부과할 수 있다.
② 국가원수, 정부수반, 외교장관은 법적 구속력 있는 일방적 선언을 발표할 수 있는 권한 있는 자로 인정된다.
③ 법적 구속력을 갖는 일방적 선언은 특정 국가가 아닌 국제공동체 전체에 대해 발표되어야 한다.
④ 법적 구속력 있는 일방적 선언에 포함된 의무의 범위에 의심이 발생하는 경우, 그 범위는 엄격하게 해석되어야 한다.

정답 ③

해설 법적 구속력을 갖는 일방적 선언은 특정 국가를 상대로 발표될 수도 있다. 또는 국가 이외의 다른 실체에 대해서도 발표될 수 있다. Neclear test 사건에서처럼 국제공동체 전체를 향해 발표된 경우 대세적 의무가 창설된다.

관련 이론

ICJ 규정에는 명시되어 있지 않으나, 학설 및 "판례"에 따라 국가의 "일방적 행위(unilateral act)" 역시 국제법상 구속력을 갖는 연원으로 인정될 수 있다. 다만, 현재 연원성이 인정되는 일방행위의 유형과 같은 세부적 쟁점은 논란의 대상이며, 이와 관련해 유엔 국제법위원회(ILC)의 연구가 진행 중인 것으로 알고 있다. 이러한 "일방행위"라 함은 국제법상 한 국가의 단독적 의사표시가 타국의 수락 여부와 관계없이 이들 간에 일정한 법적 효과(권리/의무)를 발생시키는 경우를 말한다.

다만, 이와 같은 구속력을 갖는 일방행위는 단순한 신사협정과 같은 정치적 요식행위 수준의 "선언" 혹은 국제기구의 구속력 없는 결의 또는 선언(문구나 참가구의 의사표시로 보아 동 원칙에 구속력을 부여하기로 하는 의도가 분명히 확인되지 않는 선언) 등과 구별되어야 한다.

"일방행위"를 ILC의 입장에 따라 정의해 보면 일방행위로 취급되기 위해서는 우선 그보다 앞선 법률행위 또는 기존국제법규범에 의존함이 없어야 하며, 아울러 수신자, 즉, 상대국 또는 국제기구의 수락여부와 관계없이 법적 효과를 발생시킬 수 있어야 한다고 보았다. ILC는 기존의 법률의 범위에 "조약"만을 포함시키기로 합의하였다. 때문에 예를 들어, EEZ 선포, 조약에 대한 유보, 국제사법재판소의 관할권 수락 선언 등은 이미 존재하고 있는 조약 상의 권리의 행사이므로 일방적 행위에 포함되지 않는다. 한편, 관습에 기초한 일방행위는 수신자로부터의 독립성만 충족되면 인정이 되겠다.

"일방행위의 유형"을 마찬가지로 ILC의 입장에 따라 정리해보면, ① 행위국이 스스로 일정한 의무를 스스로에게 부여하거나 수락하는 행위(약속 및 승인), ② 권리의 포기(waiver), ③ 자신의 권리 또는 청구를 확인하는 행위.(항의 및 통고)로 분류된다.

여기서 약속은 일방행위의 가장 대표적인 유형으로서, 공개적으로 그리고 구속될 의사에 의해 이루어진 경우 구속력을 가진다는 것이 프랑스의 "핵실험 사건"을 통해 확인된 바 있다. 이러한 약속은 국제법 주체(즉, 국가)가 일정한 행동을 할 혹은 하지 않을 의무를 부담한다는 의사표시이다.

"일방행위의 효력 요건과 효력 근거"는 효력요건에는 1. 당사자 능력(국가), 2. 권한 있는 기관에 의한 의사표시(국가원수, 행정수반, 외무장관 등), 3. 진정한 의사표시, 4. 이행가능성과 적법성, 5.수신자에게 도달 등이 있다.

효력요건을 갖춘 일방행위는 국가가 의도한 바의 법률효과를 발생시킨다. 즉, 의무를 스스로 부담하기도 하고, 타국에게 권리를 부여하기도 한다. 이러한 효력의 근거는 ICJ의 판례를 참고하면 바로 "신의성실의 원칙"이다. "일방적 행위에 개입된 국가의사에 의해 선언국은 이후부터 자신의 선언과 일치하여 행동해야할 법적 의무를 부담한다."는 것이다.

"일방행위의 효력"은 ① 구속력, ② 대세적 의무의 창설, ③ 취소가능성, ④ 위반시 국가책임, ⑤ 국제소송에 있어서 재판부적격사유 등이 있다. 구속력이라 함은 말 그대로 법적 구속력이 귀속되는 일방적 행위에 의해 의사표시를 한 국가(선언국)는 선언내용에 일치하여 행동할 일방적 의무가 발생함을 의미한다. 효력요건을 갖춘 일방행위에 의해 국가가 의무를 부담하는 경우, 그러한 의무는 이른바 [대세적 의무]로 발전될 수 있다. 즉, 수신자가 특정되지 않은, 국제공동체 전체인 경우, 선언국은 국제공동체 전체로부터 자신의 선언과 반대되는 행동을 취하지 않을 법적 의무가 발생하는 것이다.

일방행위를 한 국가는 '근거가 있는 경우' 선언을 [취소]함으로써 의무로부터 면제될 여지가 있다. 그러나 선언에 의해 다른 국가측에 신뢰의 사실이 성립한 경우, 금반언의 원칙(estoppel)에 따라 선언국는 이 국가와의 관계에서는 "취소에도 불구하고" 계속하여 자신의 선언에 구속되게 된다. ILC의 2001년 국가책임최종 초안 제12조에 따르면 국가책임의 성립에 있어 위반한 국제의무의 연원이나 성격이 무엇인가는 관련이 없다. 따라서 국가의 일방행위에 의해 국가가 법적의무를 창설하는 경우, 그 위반시 국가책임을 부담해야 한다. 따라서, 이 경우, 위반행위의 중지, 원상회복 등을 이행할 의무를 지며, 그렇지 못할 경우, 상대국은 대항조치(counter measures)를 취할 수 있다. 한편, 국가의 일방행위에 의해 대세적 의무를 부담한 국가는 이해관계국에 대해서도 국가책임을 이행할 의무를 부담하게 된다.

17

「조약법에 관한 비엔나협약」상 가서명에 대한 설명으로 옳은 것은?

① 조약문의 정본인증 후 발견된 착오의 정정과 가서명은 그 착오를 정정하는 효력을 발생시키지 않는다.
② 조약문의 가서명은 어떠한 경우에도 기속적 동의를 위한 서명에 해당하지 않는다.
③ 조약문의 가서명은 해당 대표의 본국이 확인하는 경우에만 해당 조약의 정식 서명으로 간주된다.
④ 조약문의 가서명은 조약문의 정본인증을 위한 절차에 해당할 수 있다.

정답 ④

해설
① 착오문에 적당한 정정을 가하고 그 정정에 가서명하여 착오를 정정할 수 있다.
② 교섭국간 합의를 조건으로 가서명이 정식 서명으로 인정될 수 있다.
③ 조건부 서명에 대한 설명으로 조건부 서명은 본국의 확인에 의해 정식 서명으로 간주된다.

관련 이론

'조약'이라 함은 "단일의 문서에 또는 둘 또는 그 이상의 관련 문서에 구현되고 있는가에 관계없이 또한 그 특정의 명칭에 관계없이, 서면 형식으로 국가 간에 체결되며, 또한 국제법에 의하여 규율되는 국제적 합의"를 말한다. ("조약법에 관한 비엔나협약" 제2조 참조)

서명과 가서명

1. 서명 (Signature)
   ① 서명권자
   "정부대표 및 특별사절의 임명과 권한에 관한 법률"에 따라 외교부장관은 대통령의 전권위임없이 서명권을 행사할 수 있으며, 기타의 자도 외교부장관의 상신에 따라 대통령에 의하여 조약서명을 위한 정부대표로 임명되면 서명할 수 있음
   ② 서명의 효과
   조약문을 포함한 국제사회의 최종의정서(Final Act)에 서명하는 경우, 그 서명은 통상 조약문의 채택 및 정본인증의 효과만을 가짐. 다음의 경우, 서명은 국가의 그 조약에 대한 기속적 동의의 표시를 의미함. (조약법에 관한 비엔나협약 제12조 1항)
   ㉠ 서명이 그러한 효과를 가지고 있는 것으로 그 조약이 규정하고 있는 경우
   ㉡ 서명이 그러한 효과를 가져야 하는 것으로 교섭국 간에 합의되었음이 달리 확정되는 경우
   ㉢ 서명에 그러한 효과를 부여하고자 하는 국가의 의사가 그 대표의 전권위임장으로부터 나타나거나 또는 교섭중에 표시된 경우
   ㉣ 비준, 수락 또는 승인되어야 하는 조약에 서명하였거나, 또는 조약을 구성하는 문서를 교환한 경우에는, 그 조약의 당사국이 되지 아니하고자 하는 의사를 명백히 표시할 때까지, 그 조약의 대상과 목적(object and purpose)을 침해하는 행위를 삼가야 하는 의무를 가짐. (조약법에 관한 비엔나협약 제18조 (a))

2. 가서명 (Initialing)
   ① 가서명의 효과
   추후 정부에 의한 최종 검토를 유보하면서 원칙적으로 조약문안을 인증하거나 조약문안을 최종적으로 확정하는 효과만을 가짐
   ② 가서명권자
   ㉠ "정부대표 및 특별사절의 임명과 권한에 관한 법률"에 따라 임명된 자가 가서명 이전에 교섭진전사항을 보고한 후 허가를 받아 행함
   ㉡ 가서명은 보통 실무교섭대표가 하며, 가서명과 함께 Record of Discussion 또는 Protocol of Negotiation을 작성

유사 문제

01 1969년 조약법에 관한 비엔나협약에 대한 설명으로 옳지 않은 것은?

① 전권위임장의 문제와 비준 여부는 조약체결절차의 문제이므로 분리해서 생각할 수 없다.
② 비준, 수락 또는 승인되어야 하는 조약에 서명한 국가는 그 조약의 당사국이 되지 아니하고자 하는 의사를 명백히 표시할 때까지 그 조약의 대상과 목적을 저해하게 되는 행위를 삼가야 하는 의무를 진다.
③ 조약은 공식적으로 발효하기 전이라도 일부 당사국 간에 잠정 적용될 수 있다.
④ 비준, 수락 또는 승인되어야 하는 조약을 구성하는 문서를 교환한 국가는 그 조약의 당사국이 되지 아니하고자 하는 의사를 명백히 표시할 때까지 그 조약의 대상과 목적을 저해하게 되는 행위를 삼가야 하는 의무를 진다.

정답 ①
해설 전권위임장 여부는 조약체결권의 문제이고 비준 여부는 조약체결절차의 문제이므로 양자는 분리해서 생각해야 한다.

02 1969년 조약법에 관한 비엔나협약에 대한 설명으로 틀린 것은?

① 조약법협약 제18조(b) "국가가 조약의 구속을 받게 될 자국의 동의를 표시한 경우에는 조약의 효력발생이 부당하게 지연되지 아니할 것을 조건으로 동 조약이 효력을 발생할 때까지" 조약의 객체 및 목적을 훼손하는 행위를 삼갈 의무를 진다.
② '조약의 효력 발생이 부당하게 지연되지 아니할 것'을 조건으로 하므로, 어떠한 경우에도 조약의 대상과 목적을 저해하게 되는 행위를 삼가야 하는 의무를 지는 것은 아니다.
③ 유보란 표현, 명칭 여하를 불문하고 조약의 체결시에 국가가 자국에 대해 조약의 일부 조항의 효력을 배제하기 위해 행하는 일방적 선언을 말한다.
④ 국가 또는 국제기구가 조약의 일부규정의 의미를 구체화, 명확화 하기 위해 행하는 일방적 선언은 '해석선언'이라고 한다.

정답 ③
해설 유보란 표현, 명칭 여하를 불문하고 조약의 서명, 비준, 수락, 승인 또는 가입시에 국가가 자국에 대해 조약의 일부 조항의 효력을 배제하기 위해 행하는 일방적 선언을 말한다.

18

국제법상 국제기구에 대한 설명으로 옳은 것은?

① 복수 국가의 합의로 설립된 모든 기구는 독자적 법인격이 자동적으로 인정된다.
② 국제기구 회원국의 상주대표부 설치는 국제관습법에 따라 해당 기구 및 소재지국의 동의를 받아야 한다.
③ 국제기구는 기구의 목적 및 기능과 충돌하는 권한을 묵시적으로 부여받은 것으로 추론될 수 없다.
④ 국제기구 직원의 면제와 특권은 한시적으로 제한된 임무를 수행하는 전문가에게는 인정되지 않는다.

정답 ③

해설
① 원칙적으로 국제기구는 설립 조약에 의해 독자적 법인격이 인정된다.
② 국제기구 회원국의 상주대표부 설치는 관습법의 지배가 아니라 관련 '조약'의 지배를 받는다.
④ 국제기구의 한시적 업무 수행하는 전문가에게도 그 직무에 관한 면제는 인정된다.

유사 문제

01 UN헌장상의 의무 위반에 대한 제재에 관한 설명으로 틀린 것은?

① 총회는 회원국으로서의 분담금 지불의 불이행이 그 회원국이 제어할 수 없는 사정에 의한 것임이 인정되는 경우 그 회원국의 투표를 허용할 수 있다.
② 회원국이 체결한 조약을 사무국에 등록하지 않은 경우 UN의 어떠한 기관에 대해서도 그 조약을 원용할 수 없다.
③ 총회는 필요하다고 인정하는 경우 국제사법재판소(ICJ)의 판결을 집행하기 위하여 권고하거나 취하여야 할 조치를 결정할 수 있다.
④ 기구에 대한 재정적 분담금의 지불을 연체한 국제연합회원국은 그 연체금액이 그때까지의 만 2년간 그 나라가 지불하였어야 할 분담금의 금액과 같거나 또는 초과하는 경우 총회에서 투표권을 가지지 못한다.

정답 ③

해설 **안전보장이사회**는 필요하다고 인정하는 경우 국제사법재판소(ICJ)의 판결을 집행하기 위하여 권고하거나 취하여야 할 조치를 결정할 수 있다.

02 UN의 주요기관에 관한 설명으로 틀린 것은?

① 총회는 국제평화와 안전을 위태롭게 할 우려가 있는 사태에 대하여 안전보장이사회의 주의를 환기할 수 있다.
② UN에는 총회, 안전보장이사회, 경제사회이사회, 신탁통치이사회, 국제사법재판소, 사무국 등 총 6개의 주요기관이 있다.
③ '국제법의 점진적 발달과 법전화 장려'는 UN 국제사법재판소의 임무로서 그 보조기관인 국제법위원회(ILC)의 보조를 받고 있다.
④ ICJ재판관의 선출은 총회와 안보리가 공동으로 한다.

정답 ③

해설 '국제법의 점진적 발달과 법전화 장려'는 UN총회의 임무로서 그 보조기관인 국제법위원회(ILC)의 보조를 받고 있다.

19

우리나라 「국적법」에 대한 설명으로 옳은 것만을 모두 고르면?

> ㄱ. 국적은 국가의 인적 관할권 행사의 기초가 된다.
> ㄴ. 「국적법」은 부모 양계 혈통주의를 적용하고 있다.
> ㄷ. 국가는 국내법에 따라 자국민의 범위를 결정할 재량권을 갖지 못한다.
> ㄹ. 국가는 개인의 국적을 자의적으로 박탈할 수 없고, 개인은 자신의 국적을 변경할 권리를 갖지 않는다.
> ㅁ. 「국적법」은 후천적 복수 국적자가 국내에서 외국 국적을 행사하지 않겠다는 서약을 하는 경우 외국 국적의 유지를 허용하고 있다.

① ㄱ, ㄴ, ㄹ
② ㄱ, ㄴ, ㅁ
③ ㄴ, ㄷ, ㄹ
④ ㄷ, ㄹ, ㅁ

정답 ②

해설
ㄷ. 국적 결정은 국가의 재량권이다.
ㄹ. 개인은 자신의 국적을 변경할 권리를 갖는다.

관련 이론

국적법

우리나라 국적법의 원칙은 혈통주의 원칙과 단일 국적주의(이중국적 불허)이였다. 2011년 1월 1일 시행되는 계정 국적법에서는 국적선택 기한이 만료되지 아니한 복수국적자의 경우 '외국적불행사 서약' 방식으로 복수국적을 인정하고 있다.
우리국적 변경 원인은 국적취득, 국적상실, 국적이탈, 국적회복 등으로 구분된다. 우리나라 국적을 취득하는 경우는 아래와 같다.

- 출생에 의한 선천적 국적취득 (1998년 6월14일 이후는 남녀평등에 의거 부모 양계 혈통주의)
- 한국인 부 또는 모에 의하여 인지된 외국인은 국적취득
- 귀화허가를 받은 경우
- 국민에게 입양된 외국인은 자동적으로 국적을 취득하지 못하며 별도 귀화 허가를 받아야 함

20

「해양법에 관한 국제연합협약」상 영해 및 접속수역에 대한 설명으로 옳은 것은?

① 연안국의 접속수역은 내수를 포함하며 관세·재정·출입국관리·위생 및 군사적 목적의 관할권을 행사하기 위한 수역이다.
② 연안국은 영해를 통항 중인 외국선박 내에 있는 사람에 대해서 민사관할권을 행사하기 위하여 그 선박을 정지시킬 수 있다.
③ 연안국은 자국의 내수를 떠나 영해를 통과 중인 외국선박에 대하여 범인 체포에 필요한 어떠한 조치도 취할 수 있다.
④ 외국항공기는 연안국의 동의가 없더라도 영해 상공에서 비행의 자유를 향유한다.

> **정답** ③
>
> **해설** ① 연안국의 접속수역은 영해기선으로부터 최대 24해리까지 설정되므로 내수를 포함하지 않으며 접속수역의 목적에 군사적 목적은 포함되지 않는다.
> ② 민사관할권 행사를 위해 선박을 원칙적으로 정지시킬 수 없으며, 단, 선박이 영해에 정박하고 있거나, 내수에서 나와 영해를 항행하고 있는 경우, 그리고 채무 불이행 선박의 경우에는 민사관할권을 행사할 수 있다.
> ④ 영해 상공은 영공이므로 외국 항공기는 원칙적으로 비행의 자유를 향유하지 않는다.

유사 문제

01 1982년 UN해양법협약상 서로 마주보고 있거나 인접한 연안을 가진 국가 간의 배타적 경제수역 및 대륙붕의 경계획정에 관한 규정에 대한 설명으로 옳지 않은 것은?

① 영해 및 EEZ의 경계에 대해 동일한 규정을 두고 있다.
② 형평한 해결에 이르기 위하여, 국제사법재판소규정 제38조에 언급된 국제법을 기초로 하는 합의에 의하여 이루어 진다.
③ 관련국간에 발효 중인 협정이 있는 경우, 배타적 경제수역의 경계획정에 관련된 사항은 그 협정의 규정에 따라 결정된다.
④ 1958년 공해 및 대륙붕에 관한 협약과 달리 1982년 해양법협약상 중첩대륙붕 경계획정 기준으로 중간선이나 등거리선 원칙은 도입되지 않았다.

정답 ①
해설 대륙붕 및 EEZ의 경계에 대해 동일한 규정을 두고 있다.
④ 1958년 공해 및 대륙붕에 관한 협약과 달리 1982년 해양법협약상 중첩대륙붕 경계획정 기준으로 중간선이나 등거리선 원칙은 도입되지 않았으며, 1982년 해양법협약은 배타적 경제수역이 중첩되는 경우에도 국제법에 기초하여 형평한 해결을 위해 상호 합의할 것을 규정하고 있을 뿐, 중간선이나 등거리선 원칙은 도입하지 않았다.

02 대륙붕에 관한 설명으로 옳지 않은 것은?

① 대륙붕은 영해기선으로부터 350해리를 넘거나, 혹은 2,500미터 등심선으로부터 100해리를 넘을 수 없다.
② ICJ는 북해대륙붕 사건(1969)에서 대륙붕은 육지영토의 자연적 연장임을 강조하였다.
③ 연안국은 대륙붕을 탐사하고 그 천연자원을 개발할 주권적 권리를 가짐. 따라서 타국은 연안국의 명시적 동의 없이는 그러한 활동을 할 수 없다.
④ 대륙붕의 범위에 상부수역은 포함한다.

정답 ④
해설 대륙붕의 범위에 상부수역은 포함되지 아니한다.

2020년도 기출문제

01

국제관습법에 대한 설명으로 옳은 것은?

① ICJ는 Military and Paramilitary Activities in and against Nicaragua 사건에서 법적 확신만을 통한 국제관습법의 성립 가능성을 부인하였다.
② ICJ는 Fisheries 사건에서 노르웨이의 집요한 반대자(persistent objector)론에 근거한 주장을 배척하였다.
③ ICJ는 Right of Passage over Indian Territory 사건에서 두 국가 간의 국제관습법은 성립될 수 없다고 판단하였다.
④ ICJ는 North Sea Continental Shelf 사건에서 비교적 단기간에는 국제관습법이 성립될 수 없다고 판단하였다.

정답 ①

해설
② Fisheries 사건은 노르웨이가 주장한 집요한 불복국가를 인정한 판례이다.
③ Right of Passage over Indian Territory 사건에서 양자관습의 성립가능성을 긍정한 판례이다.
④ North Sea Continental Shelf 사건에서 단기간에 관습이 성립될 수 있다고 하였다. 단, 관행이 광범위하게 행해지고 관행으로부터 특별히 영향을 받는 국가가 당해 관행에 동참하고 있어야 한다고 하였다.

관련 이론

국제관습법의 효력

1. 원칙 : 보편적 효력

관습법이 성립하면 그 효력은 원칙적으로 모든 국가에게 미치게 된다. 즉 국가들의 일반 관행이 법으로서 수락되면 모든 국가들에 대해 법적 구속력을 미치게 된다. 모든 국가들이란 관행에 참여하지 않은 국가는 물론, 관습 성립 이후 출현한 신생국가들도 포함된다. 이와 같이 관행에 참여하지 않은 국가에 대해서도 관습의 법적 구속력을 인정하는 이유는 '침묵은 묵인 또는 이해관계의 결여'로 간주하기 때문이다. 이 점에서 관습법은 조약과는 달리 타율규범으로서의 성질을 가지고 있다.
국제사법재판소는 '북해대륙붕사건'에서 "국제관습법은 그 성질상 국제사회 모든 구성원들에게 동일할 효력을 가져야 하며, 특정 국가에 의해 일반적으로 배제될 수 없는 것이 원칙이다"라고 판시한 바 있다.

2. 예외 : 집요한 불복국가 원칙
   ① 의의
   집요한 불복국가원칙(persistent objector principle)이란 관습의 형성 과정 중에 적극적, 명시적, 그리고 일관되게 반대한 국가에 대해서는 예외적으로 관습법의 법적 효력이 미치지 않는다는 원칙이다.
   집요한 불복국가원칙에 대해 반대설이 물론 주장되고 있지만 국제사법재판소와 중재재판의 판례, 국가관행 및 통설은 이 원칙을 인정한다. 국제사법재판소가 1951영국-노르웨이 어업사건(Anglo-Norwegian Fisheries case)에서 이 원칙을 인정하고 있다고 보는 견해가 일반적이며, 이외에도 비호권사건(Asylum case)에서도 이 원칙을 간접적으로 인정하고 있다는 보는 견해가 있다.

2000년 국제법협회(ILA)는 이 원칙이 현대국제법상 일반원칙으로 확립되었다는 보고서를 제출하였다. 이와 같이 집요한 불복국가의 인정은 관습의 타당기초도 궁극적으로는 국가의 동의에 있다는 점을 시사한다.

② 요건

시기적으로 불복은 국제관습법의 형성과정 중에 이루어져야 하며, 성립 이후의 불복, 즉 사후불복(subsequent objector)은 허용되지 않는다.

불복의 의사표시는 명시적, 적극적, 일관되게 행해져야 한다. 관습 형성과정 중의 침묵은 반대가 아니라 묵인 또는 이해관계의 결여로 인정된다. 따라서 그 형성과정 중에 침묵을 지킨 국가, 소극적으로 반대한 국가, 모호한 의사표시를 한 국가 등은 그 법적 효력을 부정할 수 없으며, 집요한 불복국가 역시 일단 이를 수락하게 되면 그 이후에는 그 효력을 부정할 수 없다. 이러한 불복의 결과, 집요한 불복국가의 반대와 관계없이 관습은 성립되지만, 그 효력은 불복국가에 대해서는 미치지 않게 되는 것이다.

유사 문제

01 다음 중 국제관습법에 대한 설명으로 타당하지 <u>않은</u> 것은?

① 관습이 성립하기 위해서는 국가들의 획일되고 일관된 일반 관행이 존재하여야 한다.
② 일반 관행은 법적 확신만 얻으면 관습법이 되기 때문에 잠재관습으로서의 가치를 지닌다.
③ 국제법상 관해 형성에 필요한 시간과 관련하여 시한이 확정되어 있지 않지만 구체적 사정을 고려하여 개별적으로 판단되며, 통상적으로는 상당히 오랜 기간의 경과를 통해 형성된다고 할 수 있다.
④ 국제사법재판소가 1969년 북해대륙붕사건(North Sea Continental Shelf Case)에서 단기간에는 관습이 성립될 수 없음을 판단하였다.

정답 ④
해설 국제사법재판소가 1969년 북해대륙붕사건(North Sea Continental Shelf Case)에서 인정한 것과 같이 단기간에도 관습이 성립될 수 있다.

02 다음 중 국제관습법에 대한 설명으로 타당하지 <u>않은</u> 것은?

① 관습이 성립하기 위해서는 얼마나 많은 수의 국가가 관행에 참여하기 보다 관습의 성립에 영향을 받는 국가가 반드시 그러한 관행에 참여해야 하는지가 문제된다.
② 관습의 성립에 영향을 받는 국가가 반드시 그러한 관행에 참여하는지는 이에 대해서는 1969년 '북해대륙붕사건'의 해석과 관련하여 견해가 대립한다.
③ ICJ 판례는 일반성을 해당지역, 해당국가에서의 일반성으로도 보기 때문에 특별, 지역관습법을 인정하고 있는데, 인도령통행령사건과 비호권사건 등이 그 사례이다.
④ 법적 확신이라고 하는 것은 어떤 실행이 국제법상 필요하다는 신념을 가지고 행동하는 것으로서 국제관습법 성립의 주관적 요건(subjective element)이다.

정답 ①
해설 관습이 성립하기 위해서는 얼마나 많은 수의 국가가 관행에 참여하여야 하는지 또는 관습의 성립에 영향을 받는 국가가 반드시 그러한 관행에 참여해야 하는지가 문제된다.

02

국제법 역사에 대한 설명으로 옳은 것은?

① Bynkershoek는 자연법론에 입각한 국제법관을 주장한 대표적인 학자이다.
② Gentili는 국제법학을 신학이나 윤리학으로부터 분리하고 확립한 학자로 평가된다.
③ Zouche는 국제법을 jus inter gentes 대신 jus gentium으로 호칭하자고 주장하였다.
④ Bentham은 jus gentium을 law of nations로 번역하여 사용한 최초의 학자이다.

> **정답** ②
>
> **해설**
> ① Bynkershoek는 18세기 법실증주의적 국제법관을 확산시킨 대표적인 학자이다. 법실증주의는 자연법론과 달리 국가의 의사에서 국제법이 비롯된다고 보는 입장이다.
> ③ Zouche는 국제법을 jus gentium 대신 jus inter gentes로 호칭하자고 주장했다.
> ④ 벤담(Bentham)은 jus inter gentes를 interational law로 칭하자고 주장했다.

관련 이론

1. 전통국제법

국제법의 역사는 평등한 주권국가의 등장으로부터 시작한다. 근대적인 주권국가의 시작은 웨스트팔리아조약(1648)이다. 이전 중세에는 국가들은 교황의 영향력 아래에 있었다면 이제 국가들은 대외적으로 독립적인 존재로서 인정받고, 국가 상위에는 그 어떠한 존재도 없게 되었다. 이렇게 웨스트팔리아 조약으로 유럽에서 상호 대등한 관계의 국가들이 생겨났고, 평등한 주권 국가들끼리 서로 교류하면서 유럽 국제법이 시작되었다.

유럽만의 법이던 국제법이 전 세계로 확장된 것은 아무래도 유럽의 대항해 시대와 관련이 있다. 유럽국가들은 자신들의 법을 문명국가들 사이의 법으로 둔갑 시켜 제국주의적 식민지 쟁탈을 합리화하기 위한 도구로 사용했다. 유럽의 기준으로 문명국이 아닌 식민지 국가들은 국제법의 주체로 여기지 않았으며 이들의 땅은 무주지(주인이 없는 땅)로 여겨 정복하고 무기 사용과 전쟁을 통해 비유럽 국가들에 불평등한 조약을 강요했다. 당시의 '국가'는 오로지 유럽의 국가를 일컫는 것이었으며 '국제법'은 이들의 영토 팽창을 위한 법적 도구였던 것이다.

2. 현대국제법

이러한 국제법에 큰 변화가 찾아온 것이 두 차례의 세계대전이다. 흔히 1차 세계대전 이전은 '전통 국제법', 그 이후를 '현대 국제법'이라고 나눠서 보기도 하다. 그만큼 두 전쟁은 국제질서에 큰 변화를 야기한 사건이다.

유럽 국가들의 법, 전쟁이 허용되던 전통 국제법에서 현대 국제법은 그 범위가 확산되고 국가들의 주권에 조금씩 제동을 걸기 시작한다. 1차 세계대전은 'The Great War'라고 불릴 만큼 참여한 국가도 많고, 그 피해도 막대한 전쟁이었다. 그래서 이를 종결하기 위한 국제연맹(League of Nations)은 1국 1표제를 도입했고 비로소 법적인 유럽과 비유럽 국가 간의 차별이 끝을 맺었다. 특히 전쟁 이후 독립한 신생독립국가들의 존재, 그리고 새로 부상하는 비유럽 강국들의 존재로 더는 유럽국가들만으로 국제사회를 꾸려나가는 것이 불가능하게 되었다.

또한 전쟁을 막기 위해 국제법적으로 국가들의 전쟁을 수행할 권리에 제한을 가하기도 했다. 국제연맹 설립조약은 전쟁에 호소하기 전에 3개월간의 냉각기를 갖도록 요구했고, 1920년에는 전쟁을 전면적으로 금지하는 1928년 켈로그-브리앙 조약(Kellogg-Briand Pact, 또는 부전조약)이 체결되었다. 그럼에도 불구하고 2차 세계대전이 일어나자 국제연합(United Nations)은 무력행사, 위협을 전면적으로 금지시켰다.

더 나아가 2차 세계대전 이후 국가들은 한 국가의 노력만으로는 해결할 수 없는 문제들에 직면해, 이를 위한 협력을 가속했다. 현대 국제법은 전쟁이 없는 상황, 국가들의 공존이라는 소극적인 의미에서의 평화를 넘어서 인권법, 통상법, 환경법, 형사법과 같은 국제공동체의 협력을 위한 법으로 나아가고 있다. 또한 이러한 국제사회의 문제들을 해결하기 위해서 국가뿐만 아니라 다양한 국제기구, 단체, 개인들이 활동하면서 국제 공동체의 법이 되었다는 것도 현대 국제법의 특징이다.

유사 문제

01 다음 중 국제법의 형성에 대한 설명으로 옳지 않은 것은?

① 로마법, 특히 보편법(jus gentium) 개념은 로마 제국 시대에 국제법을 형성하는 데 중요한 역할을 했으며 이는 로마 시민에게 적용되는 법적 원칙의 초기 사례 중 일부를 제공했다.
② 중세 교회법, 가톨릭 교회는 기독교 국가들 사이의 외교 관행과 법과 질서의 개념에 영향을 미쳤는데, 1648년 베스트팔렌 조약은 국가 주권 원칙과 유럽 강대국 간의 상호 인정 원칙을 강조함으로써 전환점을 이루었다.
③ 국제관습법은 국가의 행동과 관행이 구속력 있는 것으로 널리 받아들여지면서 발전한 국제법으로 이는 국가의 관행과 특정 행위와 규칙이 모든 국가의 관습과 의무가 되었다는 믿음에 기초한다.
④ 현대 국제법의 발전은 위트레흐트 조약(1713) 및 비엔나 회의(1814-1815)와 같은 중요한 조약 및 협약의 서명으로 추진력을 얻었는데 이 합의는 주간 행동 규칙을 성문화하기 위한 토대를 마련했다.

정답 ①
해설 로마법, 특히 보편법(jus gentium) 개념은 로마 제국 시대에 국제법을 형성하는 데 중요한 역할을 했으며 이는 로마 시민과 외국인 모두에게 적용되는 법적 원칙의 초기 사례 중 일부를 제공했다.

02 국제법의 역사에 대한 설명으로 타당하지 않은 것은?

① 19세기 말과 20세기 초에 헤이그 회의가 1899년과 1907년에 소집되었는데, 이 회의는 무력 충돌 중재와 중립국의 권리와 의무를 관리하는 중요한 조약과 협약을 확립했다.
② 국제 연맹(League of Nations)은 제1차 세계 대전 이후 집단 안보와 분쟁의 평화적 해결을 촉진하기 위해 1919년에 설립되었고 성공적으로 평가받았고 연맹은 글로벌 거버넌스에 대한 초기 시도를 대표했다.
③ 유엔(United Nations)은 제2차 세계대전 이후 1945년에 창설되었으며 현대 국제법의 발전에 중요한 이정표를 나타냈는데, 헌장은 국제 협력을 촉진하고 인권을 증진하며 국제 평화 안보를 유지하기 위한 틀을 확립했다.
④ 다양한 공동체, 도시 국가, 이후의 주권 국가가 상호 작용함에 따라 상호 작용을 관리하기 위한 규칙과 합의가 필요했는데, 이러한 규칙은 분쟁을 예방하고 국제 시스템에서 어느 정도 질서를 유지하는 데 도움이 되었다.

정답 ②
해설 국제 연맹(League of Nations)은 제1차 세계 대전 이후 집단 안보와 분쟁의 평화적 해결을 촉진하기 위해 1919년에 설립되었는데 비록 성공은 제한적이었지만 연맹은 글로벌 거버넌스에 대한 초기 시도를 대표했다.

03

국제법상 주권면제에 대한 설명으로 옳지 않은 것은?

① 2004년 채택된 「국가 및 국유재산의 관할권 면제에 관한 UN협약」상 타국 법의 적용에 대한 국가의 동의는 그 타국 법정의 관할권 행사에 대한 동의로 간주될 수 없다.
② ICJ는 Arrest Warrant 사건에서 주권면제의 법리보다 강행규범의 실현이 우선되어야 한다는 다수 의견을 제시하였다.
③ ICJ는 Jurisdictional Immunities of the State 사건에서 주권면제의 법리와 강행규범의 내용은 서로 충돌의 여지가 없다고 판단하였다.
④ 이탈리아 최고법원인 Corte di Cassazione는 Ferrini 사건에서 국제범죄행위에 대하여는 주권면제를 인정할 필요가 없다고 판시하였다.

정답 ②

해설 Arrest Warrant 사건은 외무장관의 인적면제가 인정된 판례이다. 콩고 외무장관이 재직전 '인도에 대한 죄'를 범했음에도 불구하고 인적 면제가 인정되었다. 이에 따라서 강행규범보다 주권면제의 법리를 우선시했다고 볼 수 있다.

관련 이론

주권 면제

오늘날 국제사회에서는 국가는 대외적인 정치·경제적 관계를 수립하는 것 외에도 민사, 상업, 노동 등의 분야에서 외국의 개인 및 법인과의 법적 관계에도 관여하게 되는데, 국가가 이와 같이 외국의 개인 및 법인과 법적 관계에 관여함으로써 소송에 연루되는 경우 국가는 주권을 가진 주체로서 외국의 국내법원에서의 소송에서 국가면제를 향유하는 자격을 지닌다.

국가의 활동이 공적인 부문에 한정되어 있었던 19세기에 전통적인 주권면제는 국제법상의 기본원칙인 주권독립·주권평등의 원칙에 비추어 타국의 명시적 동의가 없는 한, 법정지국은 재판관할권을 행사할 수 없다는 절대적 국가면제론을 확립하였다. 그러나 19세기 말부터 국가의 활동에는 동적인 변화가 일어났다. 국가가 이전에 개인의 사적인 영역에 속하였던 경제적 활동에 직접 참여하게 되었다. 따라서 전통적 절대면제론은 외국 정부와 거래하는 사인을 크게 불리한 위치에 놓아 형평에 어긋난 불합리한 결과를 가져올 뿐만 아니라, 결국에는 국가 간 국제거래관계까지 위축시키는 결과로까지 이어진다는 문제의식이 팽배하게 되었다. 이러한 인식이 확산됨에 따라 많은 국가들은 외국의 활동을 주권적 행위와 비주권적 행위로 분류하였고 만일 외국의 이러한 활동이 여전히 주권적인 것으로 분류된다면 그 외국은 타국의 국내법원에서 국가면제를 향유하는 반면, 국가의 주권적 행위에 대해서는 면제를 부여하지 않는 새로운 경향이 등장하여 이를 '제한적 국가면제론'이라고 불렀다. 일반적으로 이는 절대적 면제론과 비슷하여 제한적 국가면제론 하에서도 법정지국에 소재하는 '부동산'과 관련된 소송이 제기된 경우가 있으며, 다른 하나는 그 외국이 법정지국 법원에서 국가면제를 '포기'한 경우로 외국은 국가면제를 향유하지 못한다. 또한 국가 및 그 재산의 관할권 면제에 관한 UN협약(UN국가면제협약)에 따라 상업적 활동; 고용계약; 비상업적 불법행위; 재산의 소유, 점유 및 사용; 지적재산권 및 산업재산권; 기업 또는 기타 공동체에의 참여; 국가의 의해 소유 또는 운영되는 선박; 중재합의의 효력의 경우에도 국가면제를 제한하게 된다. 대다수 국가들이 제한적 국가면제론을 수용하고 있다. 프랑스, 독일 등 유럽대륙 국가들은 20세기 초반부터 판례를 통하여 제한적 면제론을 받아들이게 되었다. 영국과 미국인 영미법계 국가는 20세기 중반까지 고수하여 오던 절대적 면제론에 대한 오랜 집착을 버리고 1970년대 후반에 들어와 국가면제에 관한 법률의 제정을 통하여 제한적 국가면제이론을 수용하게 되었으며, 이는 캐나다와 호주를 비롯한 영미법계 국가들에게 영향을 미치게 되었다. 각국의 국내입법 이외에 국가면제에 관한 유럽협약 국가 및 UN국가면제협약 등과 같은 몇몇 협약을 통해 제한적 면제이론의 내용과 범위가 조약화되었다. 현재 많은 국가에서 제한적 국가면제론을 채택하고 있는 경향에도 불구하고 베트남은 여전히 절대적 국가면제론을 지지하고 제한적 국가면제론에 반대하고 있다. 따라서 절대적 국가면제 원칙을 주장하는 베트남은 자국 법원에서 외국 국가에 대하여 관할권을 행사하지 않기 때문에, 베트남이 외국 법원에서 국가면제, 즉 재판관할권면제를 주장할 경우, 종종 외국이 채택하고 있는 제한적 국가면제이론에 의해 이러한 국가면제 주장이 거절당하는 경우가 많고 심지어 베트남의 국가재산이 압류되는 상황도 발생하게 된다. 이러한 상황에서도 타국과 민사관계를 맺는 베트남의 개인과 기업은 베트남법원에서 자신의 이익을 효과적으로 보호할 수 없게 된다. 그래서 베트남은 제한적 면제론을 인정해야 할 필요가 있다. 오늘날 국제 무역활동도 나날이 증대되고 있어서 각국은 국가와 재산의 면제에 대한 문제를 피할 수 없다. 따라서 많은 국가들은 잇따라 국가면제에 관련한 입법을 제정하여 제한적 국가면제론 채택에 법적 근거를 제공하고 있다. 베트남의 많은 학자들도 절대적 면제론을 제한적 면제론으로 전환시킬 필요성을 강조해 왔는데, 이러한 학설적 입장과는 달리 베트남 법률에서는 국가면제의 내용 전반, 특히 제한적 면제론의 내용에 대해 직접적으로 별도로 규정하지 않고 있다. 현재 재판관할권면제 및 강제집행면제에 관한 내용은 1993년 '베트남에서의 외교기관, 영사관, 국제 단체의 사무실을 위한 특권 및 면제에 대한 명령', 2015년 민법, 2014년 민사소송법에서 언급하고 있는데, 면제의 범위는 외교적인 분야로 제한되어 있다. 이로 인해 베트남이 외국국가와 이의 재산 면제에 관한 업무들에 직면할 때 의존할 수 있는 국가면제에 관한 법은 없다. 따라서 베트남이 국가면제에 관한 입법을 제정해야 할 것이다. 베트남은 국가면제에 관한 국내법을 제정·시행하는 경우 국내법 역시 타국의 일반적 관행이나 입법사례, 지역적·국제적 다자조약의 일반적 방향에 부합하야 한다. 이를 통해 향후 UN국가면제협약의 채택·가입에도 적절히 대비함은 물론, 제한면제주의에 관한 국제관습법규 형성에도 능동적으로 참여하고 기여할 수 있을 것이다. 다만, 제한면제주의를 입법적으로 수용하는 경우 그 면제의 구체적인 기준과 범위, 내용 등에 있어서는 지금까지 살펴본 바와 같이, 국내법적으로는 미국의 외국주권면제법(FSIA)와 영국의 국가면제법(SIA)이, 국제법적으로는 유럽 국가면제협약과 UN국가면제협약이 대표적인 비교 및 참고 사례가 될 수 있을 것이다. 이는 베트남의 합법적 이익을 보장할 뿐만 아니라 베트남의 법률체계를 국제적 법률표준에 더 가깝게 만드는 데 크게 기여할 것이다.

유사 문제

01 다음 중 제한적 주권면제에 대한 내용으로 틀린 것은?

① 국영기업 또는 국가에 의해 설립되어 독립된 법인격을 가지며 다음의 능력이 있는 주체가 그 스스로 참가하고 있는 상업적 거래에 연루되는 경우, 그 국가가 향유하는 재판관할권의 면제는 영향받지 않는다.
② 관계국들간에 별도의 합의가 없는 경우, 국가는 타국의 영토상에서 전체적으로 또는 부분적으로 수행되었거나 또는 수행될 사업을 위해 그 국가와 개인 간에 체결된 고용계약과 관련된 소송에 있어서 권한 있는 그 타국의 법정에서 관할권 면제를 주장할 수 없다.
③ 그 작위 또는 부작위가 전체적으로 또는 부분적으로 그 타국의 영토상에서 발생하였으며 그 작위 또는 부작위의 주체가 그 작위 또는 부작위의 발생 당시에 그 영토 관련성과 무관하다.
④ 관계국들간에 별도의 합의가 없는 한, 국가는 타국의 권한 있는 법정에서 다음 법정지국에 소재하는 부동산에 대한 국가의 여하한 권리 또는 이익에 관련된 소송에 있어서 관할권 면제를 원용할 수 없다.

정답 ③
해설 그 작위 또는 부작위가 전체적으로 또는 부분적으로 그 타국의 영토상에서 발생하였으며 그 작위 또는 부작위의 주체가 그 작위 또는 부작위의 발생 당시에 그 영토상에 있는 경우에 한한다.

02 주권면제에 대한 판례의 내용으로 틀린 것은?

① Schooner Exchange 선박의 외교사절 면제권(즉, 대사관 건물 내에서만 유효한 면제권)을 인정하며, 미국 내에서 이러한 면제권을 가지고 있지 않은 프랑스 정부의 법적 권한을 인정하지 않았다.
② 1981년 I Congreso호 사건은 영국 법원은 스페인의 대사관 면제권을 인정하지 아니하였고, 제한적 주권면제의 적용(House of Lord, U.K.)을 배제하였다.
③ 대법원 1998년, 97다 39216 판결은 제한적 주권면제의 적용 여부에 대한 대법원 판례 중 하나이다.
④ 2012년 국가관할권면제사건은 독일이 이탈리아 법원에 대한 소송관할권이 없다는 이유로 이탈리아 국가를 상대로 국가관할권면제를 주장하며 제기한 사건이다.

정답 ②
해설 1981년 I Congreso호 사건은 영국 법원은 스페인의 대사관 면제권을 인정하였지만, 이 면제권이 제한적으로 적용될 수 있다는 입장을 취하였고, 제한적 주권면제를 적용하였다.

04

국제법상 승인제도에 대한 설명으로 옳은 것은?

① 국가 및 정부 승인은 합헌성의 원칙에 따라 행해지며 승인은 국가의 일방적 재량행위이다.
② 창설적 효과설에 따르면 국가 승인은 신생국가에 국제적 법인격을 부여하는 행위이다.
③ 1933년 「국가의 권리·의무에 관한 몬테비데오 협약」은 승인의 철회에 대하여 규정하지 않았다.
④ 반란 집단이 소재한 국가의 중앙정부가 아닌 제3국은 교전단체 승인을 할 수 없다.

> **정답** ②
>
> **해설** ① 국가승인은 합헌성과 무관하며, 통설적으로 정부승인의 경우 합헌성이 불필요하다는 사실주의가 타당하다.
> ③ 1933년 「국가의 권리·의무에 관한 몬테비데오 협약」은 승인은 취소 또는 철회할 수 없다고 규정하고 있다.
> ④ 제3국도 자국민보호를 위한 합법적 교섭을 위해 교전단체를 승인할 수 있다.

관련 이론

정부의 승인

1. 의의

   정부의 승인은 국가의 정부에 비합법적인 변경이 있을 때 다른 국가가 새로운 정부를 그 국가의 대외적 대표기관으로서 인정하는 것이다. 정부가 합법적으로 변경되었을 때는 그 정부는 다른 국가로부터 승인을 받을 필요가 없으며, 승인을 받지 않더라도 당연히 그 국가를 대표하게 된다. 그러므로 정부의 승인의 문제는 혁명이나 쿠데타같은 비합법적인 방법에 의한 정권의 교체일 때 생긴다. 그런데 정부의 승인은 국가의 승인과 구별되어야 된다. 따라서 비합법적인 방법으로 정부가 변경된 경우라도 국가 자체의 동일성은 계속되므로 국가는 다른 국가로부터 승인을 받을 필요는 없고 다만 새로운 정부만이 승인을 받을 필요가 있다는 것이다. (국가동일성의 원칙)

2. 승인의 요건

   ① 그 국가의 정부로 확립되어야 한다.

   이는 정부가 그 국내에 있어서 현실적으로 지배권을 행사하고 질서를 유지했을 만한 능력이 있어야 한다는 것을 뜻한다. 따라서 구정부가 아직 존재하여 국민과 영역의 상당한 부분을 지배하고 신정부와 투쟁하고 있다면 그 국가의 정부로 확립된 것이라고 할 수 없다. 구정부가 완전히 소멸하였거나 비록 그 영역을 유지하고 있다 하더라도 중심으로부터 멀리 떨어진 곳에서 보잘 것 없는 영역과 인민을 지배하고 새로이 지배권을 획복할 가능성이 없는 때는 비로소 신정부가 확립된 것이라고 할 수 있다.

   ② 신정부는 그 국가를 대표할 만한 의사와 능력이 있어야 한다.

   그 국가가 부담하고 있던 국제법상의 권리의무를 계승하고 부담할 만한 의사와 능력이 있어야 하며, 만일 이를 계승할 의사와 능력이 없는 경우에는 이 요건을 구비하였다고 볼 수 없다. 이러한 권리의무관계에서 특히 중요한 것은 의무이고 그 중에서도 채무이다. 이상의 두가지 요건을 구비하면 각국가는 신정부를 승인할 수 있다. 이상의 요건을 구비하기 전에 승인을 하게 되면 소위 시기 상조의 승인이며 불법이 되는 것이다.

3. 승인의 방법

   정부의 승인의 방법은 대체로 국가의 승인의 방법과 동일하며 명시적 승인과 묵시적 승인, 개별적 승인과 공동적 승인, 무조건 승인과 조건 승인 등이 있다. 또 정부의 승인도 정식승인을 하기전에 사실상의 승인을 하는 경우가 있으며 이또한 국가의 사실상 승인의 경우와 같다.

   ① 명시적 승인과 묵시적 승인

   명시적 승인은 승인을 하는 국가가 승인의 의사를 직접 표시하는 것이며, 성명·통고 등에 의하는 것이 그 예이다. 묵시적 승인은 승인을 하는 국가가 승인의 의사를 직접 명시하지는 않으나 승인하였다고 추정할 만한 행위를 함으로써 간접적으로 이를 표시하는 것이다.

② 개별적 승인과 공동적 승인

개별적 승인은 각국가가 개별적으로 승인하는 것이고 공동적 승인은 여러 국가가 조약에서의 규정 또는 국제회의에서의 공동선언 등으로써 공동적으로 승인하는것이다.

③ 무조건 승인과 조건승인

승인에 조건을 붙이는 것이므로 조건승인이다. 그러나 이러한 조건의 이행여부는 승인의 효력과는 무관하며 단지 의무위반의 문제만이 발생한다.

④ 사실상의 승인

정부의 승인에 있어서도 정식승인을 하기전에 사실상의 승인을 하는 경우가 있으며, 사실상의 승인을 받은 정부는 국제법상에 있어서 정식으로 그 국가를 대표하는 것이 아니고 다만 비공식협정의 체결 또는 비공식대표자에 의한 교섭을 할 수 있을 뿐이다. 그리고 사실상의 승인은 철회할 수 있다.

4. 승인의 효과

새로운 정부가 승인을 받게되면 승인을 한 국가와의 관계에 있어서 국제법상으로 그 국가의 대표기관이 된다. 그리고 정부가 변경되었더라도 국가의 동일성은 지속되므로 새로운 정부는 그 국가의 국제법상의 권리의무를 계승하여 부담하여야 하며, 따라서 채무도 승계하게 된다. 또 정부의 승인의 효과는 새로운 정부가 사실상으로 성립하였을 때까지 소급하며 따라서 이때부터의 새로운 정부의 행위는 승인을 받은 후에는 국가의 행위로 인정된다.

5. 정부의 승인에 관한 각국의 정책

① 트발주의

트발주의는 합헌주의라고도 하는것이며 1907년 에콰도르의 외상인 트발이 주창한 것으로 혁명이나 쿠데타에 의하여 성립한 정부는 승인하지 않는다는 것이다. 이는 혁명의 발발을 방지하기 위하여 제창된 것으로 중미제국간의 조약에도 채용되었고 또 미국도 한 때 이 주의에 찬동하고 있었다.

② 에스트라파주의

에스트라파주의는 1930년 멕시코 외상인 에스트라파가 주창한 것으로 일국가의 정부가 혁명이나 쿠테다에 의하여 변경되더라도 다른 국가는 이에 대해 간섭할 바가 아니며 다만 새로운 정부를 상대로 외교관계를 계속할 것인가 아닌가를 결정하면 된다고 하는 것이다.

유사 문제

01 다음 중 국가승인의 부재에 대한 설명으로 타당하지 않은 것은?
① 국가승인이 없다면 양국 간에 아무런 법률관계가 존재하지 않는다.
② 미승인국의 선박도 공해상 항해의 자유를 갖는다.
③ 미승인국의 영토는 국제법상 무주지로 간주될 수 없다.
④ 오늘날 사인의 권리·의무에 관한 미승인국의 법률도 준거법으로 수락되는 경향인데, 일례로, 섭외사법관계에서는 일본 법원도 대체로 북한법을 폭넓게 적용하여 왔다.

정답 ①
해설 국가승인이 없다고 해서 양국 간에 아무런 법률관계가 존재하지 않는 것은 아니다. 즉, 동일한 다자조약의 미승인국 당사자에 대하여도 조약상의 의무를 이행해야 한다.

02 다음 중 국가승인에 대한 설명으로 타당하지 않은 것은?
① 1931년 미국은 만주국 성립시 "침략에 의해 초래된 상황을 승인하지 않는다"는 Stimson doctrine을 채택하였으나, 이는 당시 국제법의 일반원칙으로 채택되었다.
② 1945년 유엔 성립이후에는 무력사용의 금지 및 헌장 제7장하의 국제평화와 안전을 위한 안보리 결의의 구속력 부여 등으로 인해, 국제사회에서 국가의 불승인 의무가 종종 발생하고 있다.
③ 1970년 유엔총회에서 컨센서스로 채택된 우호관계선언은 "무력의 위협 또는 사용으로부터 초래된 어떠한 영토취득도 합법적인 것으로 승인되서는 안된다"고 천명하고 있다.
④ 우리나라의 국가승인 방법에 관한 관행은 국가승인 선언을 정식 발표하고, 외무장관 명의 승인 전문이나 공한을 해당국에 송부하는 방식이다.

정답 ①
해설 1931년 미국은 만주국 성립시 "침략에 의해 초래된 상황을 승인 하지 않는다"는 Stimson doctrine을 채택하였으나, 이는 당시 미국의 외교정책이었을 뿐 국제법의 일반원칙으로 채택된 것은 아니다.

05

국제법상 자위(self-defence)에 대한 설명으로 옳지 않은 것은?

① 뉘른베르크 국제군사재판소는 자위권 행사의 합법성 여부는 궁극적으로 조사 및 재판의 대상이 된다고 판결하였다.
② ICJ는 콩고민주공화국과 우간다 간의 Armed Activities on the Territory of the Congo 사건에서 콩고령에 주둔하는 비정규군 조직이 우간다를 공격한 행위에 대하여 우간다는 자위권을 행사할 수 있는 상황은 아니라고 판단하였다.
③ UN국제법위원회의 2001년 「국제위법행위에 대한 국가책임초안」 주해에 따르면 자위권 행사가 「UN헌장」 제2조 제4항 의무 외 다른 국제의무의 불이행을 구성하는 경우, 그러한 불이행의 위법성은 동 항의 위반과 관련되는 한 조각된다.
④ 아직 임박하지 않은 추정적 공격에 대한 자위권 행사는 UN헌장이 아닌 Caroline 공식에 의하면 수락될 가능성이 크다.

정답 ④

해설 Caroline공식은 자위권 발동에 있어서 필요성을 요건으로 제시한 사례이다. 이러한 공식에 의하면 '절박한(imminent)' 무력공격에 대한 선제적 공격은 허용된다고 볼 수 있으나, 아직 임박하지 않은 추정적 공격에 대한 자위권 행사가 허용된다고 보기 어렵다.

관련 이론

자위권의 요건(통제)

1. 국제연합에 있어서의 자위권(통제)
    국제연합은 자위권에 중대한 통제를 가하고 있는데 첫째 자위권의 발동은 무력공격의 발생에 한하고, 둘째 자위권의 발동은 안전보장이사회가 국제평화와 안정의 유지에 필요한 조치를 취할 때까지만 인정된다. 셋째, 자위권의 행사에 있어서 가맹국이 취한 조치는 즉시 안보리에 보고하도록 되어 있는데 이것으로써 자위권의 행사로서 취해진 조치가 국제법상 적당한 것인가의 여부를 심사할 수 있게 되었다. 그러나 이러한 국제연합의 자위권의 통제도 다음과 같은 문제점이 있는데, 첫째 자위권을 통제하는 안보리에 있어서의 상임이사국은 거부권을 가지므로 어느 하나의 상임이사국 또는 그것이 후견하는 국가가 자위권이라는 명목으로 불법적인 무력행사를 하는 경우에 이것에 대한 통제는 사실상 불가능하며, 둘째 위법자에 대한 제재와 피해자에 대한 구제수단이 없으며, 셋째 무력공격이 발생한 경우에 한하여 자위권을 발동할 수 있다고 규정한 헌장 제51조는 원자탄 기타의 핵무기의 사용이 예상되는 현대전에는 적합하지 않은 점이다.

2. 무력공격이 발생한 경우의 의미
    무력공격이 발생한 경우란 피해법익의 현재성을 요한다는 설, 무력공격을 수반하지 않는 피해에 대해서도 국가의 본질적인 특정권리를 방위하기 위한 반격조치는 허용된다는 설, 무력공격만이 자위권 발동의 형식적 요건은 아니고 간접침략이나 경제적 침략에 대해서도 자위권을 행사할 수 있다는 설 등으로 견해가 나뉘나, 무력공격의 발생이라고 하는 것은 자위행위의 시점에 있어서 무력공격이 구체적으로 착수되고 진행되어 무력공격에 의한 법익침해가 절박한 경우이고 무력공격의 완성 내지 피해법익의 현재성을 의미하는 것은 아니라고 보아야 할 것이다. 예방적, 선제적 무력사용은 적어도 국제연합체제하의 현대국제법상의 자위권으로는 인정되지 않는다고 본다.

3. 보호법익의 문제
    상대방의 무력행사로부터 자위권에 의하여 보호할 수 있는 법익의 범위는 국제평화의 관점에서 불가결한 일국의 기본적 법익, 즉 국가의 영토보전, 정치적 독립에 한정된다. 즉 국가의사가 개입되지 않은 우발적인 사건, 어업권의 침해 등과 같이 무력행사의 목적이 명백히 한정적인 경우에는 거기에 침략의 존재를 인정할 수 없고 자위권에 입각한 무력행사도 용인되지 않는다.

집단적 자위권

1. 내용

　집단적 자위권이라고 하면 국제연합의 가맹국에 대하여 무력이 행사되는 경우 자국의 독립과 안정이 그 가맹국의 그것과 동일시될 만큼 밀접한 관계에 있는 경우 그 무력공격에 대하여 자국이 자위의 행동을 취할 수 있는 권리이다. 이러한 집단적 자위권은 첫째, 국제연합 헌장에 의하여 가맹국에게 새로이 인정된 권리이고, 동시에 이것은 무력공격이 현실적으로 자국에 가해지는 것을 요건으로 하지 않으므로 본래의 자위권이 확장된 것이다. 둘째, 집단적 자위권의 행사에 있어서 그 무력공격이 자국에 대한 것과 동일시되는 일정한 연대성의 존재가 필요하나, 현실적으로 지리적 근접성은 문제되지 않는다. 셋째, 이것은 가맹국에 대한 무력공격이라는 조건이 존재하는 한 가맹국이 이 권리를 조약에 규정하지 않았어도 행사가 가능하나 선제적 자위권발동은 할 수 없다. 넷째, 이것은 국제관습법상의 권리로 인정되어 특별한 조약상의 근거 없이 수시로 또는 지역제도에 입각하여(NATO, 미일안전보장조약 등) 행사된다.

2. 집단적 자위권과의 구별개념

　① 지역적 협정

　　국가연합은 안보리의 권능하에 안전보장에 관한 지역적 기관(전미상호원조조약 등)을 두고 있다. 그러나, 이 지역적 기관은 강제조치를 취하기 위해서는 이사회의 허가를 얻어야 하나 이사회의 허가는 거부권으로 인하여 기대할 수 없는 경우가 있으며, 따라서 이사회의 허가를 요하지 않고 강제조치를 취할 수 있는 집단적 자위권과 구별된다. 그러나, 제2차대전 중의 연합국과 싸운 패전국의 침략의 재현에 대비해서 지역적 협정이 작성된 경우 이 지역적 협정에 입각한 강제행동은 안보리의 허가가 필요없다.(제53조 1항) 하지만, 구적국조항이 적용되는 것은 어디까지나 제2차대전의 적에 한정되고 대전 후의 새로운 적에 대해서는 적용되지 않는다.

　② 제한주의론, Johnson주의

　　㉠ 제한주의론

　　　소련은 그 세력범위내에서의 반체제운동을 배제하기 위하여 무력으로 개입하면서(헝가리, 체코의 반정부, 자유화운동을 무력진압) 집단적 자위권을 원용하였다. 즉, 자본주의체제의 활동과 반사회주의, 중립화운동은 사회주의체제의 전체에 대한 위협으로서 급박성에 입각한 무력개입과 군사원조가 가능하다는 것이 제한주의론이다. 그러나 사회주의제국내의 국내반란이 집단적 자위권의 행사를 정당화할만한 타국으로부터의 무력공격에 해당한다고 보기는 어려울 것이다.

　　㉡ Johnson주의

　　　미국은 도미니카 공화국의 혁명시에 인권보장을 이유로 군사개입을 하면서 집단적 자위권을 원용하였지만 공산주의정권의 수립을 배제한다는 대의명분이 집단적 자위권의 요건을 충족시킨다고는 보기 어려울 것이다.

유사 문제

01 국제법상 자위(self-defence)의 유해에 대한 설명으로 옳지 않은 것은?

① 자위권(self-defence in international law)은 외국으로부터의 불법적 침해에 대해서, 자기 나라 또는 자기 나라의 국민을 위하여 혹은 관련된 인접 국가를 위해 국제법상 인정되는 국가간 실력을 행사할 수 있는 권리이다.
② 17세기 네덜란드 휴고 그로티우스는 1625년 전쟁과 평화의 법을 저술, "대부분의 사람들은 방어, 자국 소유물의 탈환, 처벌 등 세 가지의 경우에 전쟁권(jus ad bellum)을 인정한다."고 주장했다
③ 제1차 세계대전 이후 부당한 국가침해에 대한 방위를 목적으로 하는 전쟁의 합법성을 유보하기 위하여 특별히 일반화되었으며, 1928년의 켈로그-브리앙 조약에서도 합법적인 권리로 인정되었고, 유엔헌장에서도 허용되고 있다.
④ 집단적 자위권은 외국으로부터의 불법적 침해를 사후에 처리한다는 이유로 관련된 인접 국가의 분쟁에 개입하여 국가간 실력을 행사할 수 있는 권리이다.

정답 ④
해설 집단적 자위권은 외국으로부터의 불법적 침해를 사전에 예방한다는 이유로 관련된 인접 국가의 분쟁에 개입하여 국가간 실력을 행사할 수 있는 권리이다.

02 국제법상 자위(self-defence)에 대한 설명으로 옳지 않은 것은?

① 캐롤라인 호 사건(중재판결)에서 미국 국무장관인 대니얼 웹스터는 "자위권은 급박하고 압도적이며 다른 대체수단이 없고 숙고할 겨를이 없을 때에 한한다"라고 하여 자위권에 관한 국제법적 원칙을 확립하였다.
② 자위권의 행사의 본질이 무력사용인 관계로 이 역시 국제평화를 위태롭게 할 우려가 있는 만큼 일정한 제한에 따라야 하는바, 그러한 제한과 관련된 중요한 기준이 바로 필요성과 비례성인 것이다.
③ 필요성의 요구는 자위로서의 무력사용의 결과 조건을 구성하며, 비례성은 그러한 무력대응의 방법의 선택을 제한함과 동시에 그 개전 시기를 결정하는 기준으로서 작용한다.
④ 필요성은 jus ad bellum으로서, 그리고 비례성은 jus inbello를 구성한다고 할 수 있다.

정답 ③
해설 필요성의 요구는 자위로서의 무력사용의 개시 조건을 구성하며, 비례성은 그러한 무력대응의 방법의 선택을 제한함과 동시에 그 종료 시기를 결정하는 기준으로서 작용한다.

06

국제기구의 국제위법행위 관련 책임에 대한 설명으로 옳지 않은 것은?

① UN국제법위원회 2011년 「국제기구의 책임에 관한 규정초안」에 규정된 위법성 조각사유에 자위는 포함된다.
② 네덜란드 대법원은 Nuhanović 사건에서 UN PKO 활동과정에서 비롯된 결과라도 문제의 행위에 대해 네덜란드가 실효적 통제를 하고 있었다면 그 책임은 네덜란드에 귀속된다고 판단하였다.
③ 유럽인권재판소는 Behrami 및 Saramati 사건에서 UN KFOR의 행위는 피고 「유럽인권협약」 당사국들에 귀속된다고 판결하였다.
④ UN국제법위원회 2011년 「국제기구의 책임에 관한 규정초안」에 따라 국제기구 행위의 국제위법성은 국제법에 의하여 결정된다.

정답 ③

해설 Behrami 및 Saramati 사건에서 유럽인권재판소는 UNKFOR(UN Kosovo Foces)의 임무에 대한 최종권한과 통제를 국제연합(UN)이 행사하고 있었으므로, 유럽인권협약 당사국들에게 책임이 있는 것이 아니라 UN에 책임이 있다고 판시하였다.

관련 이론

국제기구 개요

국제기구의 탄생은 다자간 국제회의체제로부터 시작되었다. 초창기 국제기구는 국가들의 협력 수단을 위한 객체에 불과하였지만 점차 기관적인 요소를 갖추고 상설적 성격을 갖는 기구로서 발전되어갔다. 이를 바탕으로 국제기구는 독립성과 자율성을 갖게 되었고 그 회원국과 구분되는 독자적인 법인격을 향유하는 독립된 실체로서의 지위를 갖게 되었다.

이를 바탕으로 국제기구의 의무위반으로 발생한 피해에 대한 책임은 오직 국제기구에 귀속되며 회원국의 책임은 원칙적으로 배제된다는 이른바 회원국책임배제원칙이 확립되어왔다. 그 결과 국제법상 국제기구 책임 문제는 일종의 공식과 같이 해당 기구가 독자적인 법인격을 향유하는지의 문제로 간주되어왔다. 국제기구의 책임을 판단함에 있어 해당 기구가 독자적인 법인격을 향유하는지는 거의 유일하고도 절대적인 기준이 되어왔다. 그에 따라 해당 기구의 설립협정 및 내부 규칙에서 달리 규정하지 않는 한 국제기구의 행위에 대한 회원국 책임은 원칙적으로 배제되어왔다.

그러나 이러한 회원국 책임배제 원칙은 국제기구가 갖는 고유한 구조적인 특징을 간과한 채 국제기구의 법인격을 피상적으로 접근하고 있는 문제가 있다. 국제기구는 회원국과 구분되는 독자적인 법인격을 향유하는 국제법상의 주체이지만 동시에 국가들이 공동의 목적을 위해 창설된 수단으로써의 성격을 갖는다. 국제기구의 특징을 살펴보면 국제기구의 창설과 작동, 그리고 해체까지 그 모든 과정에 회원국이 중요한 역할을 하며 회원국 없이 국제기구는 작동할 수가 없다. 이러한 점에서 국제기구가 형식적으로 독자적인 법인격을 향유한다는 사실만으로 국제기구와 회원국을 실질적으로 완전히 분리하기는 어렵다.

국제법상 국제기구의 행위로부터 발생하는 책임은 국제기구 책임 영역과 국가책임 영역이 혼재되어 나타날 수 있다. 예를 들어 외견상 국제기구의 행위라 하더라도 그 행위가 회원국에 귀속되는 경우에는 국가책임이 성립된다. 그러나 문제의 행위가 국제기구 그리고 회원국 모두에 귀속될 경우, 중첩되어 귀속의 명확한 판단이 어려운 경우 역시 존재하며 행위는 국제기구에 귀속되지만 그 책임은 회원국에 귀속되는 경우도 존재할 수 있다.

그 동안 국제기구의 행위에 대하여 회원국이 책임을 부담할 수 있는지에 대하여 학계에서는 의견이 대립되어 왔다. 이를 부정하는 입장에서는 국제기구 행위에 대하여 회원국이 책임을 부담하기 시작한다면 국제기구의 독립성 및 자율성은 약화될 것이며 결과적으로 국제기구의 발전은 퇴보할 것이라고 경고한다. 한편 이를 긍정하는 입장에서는 피해자 구제 측면을 강조한다. 아직까지 국제법상 국제기구를 상대로 제소할 수 있는 장이 마련되어있지 않고 국내외 법원에 실효적 역할을 기대하기 어려운 상황에서 국제기구의 행위로 인해 피해를 입은 제3자의 문제를 해결하고 형평성을 제고하기 위해 회원국 책임이 인정되어야 함을 주장한다.

국제법상 국제기구의 책임과 관련하여 중요하게 거론되는 1995년 IDI의 제3자에 대한 국제기구 불이행이 회원국에 초래하는 법적 결과에 관한 결의, 2004년 ILA의 국제기구책임에 관한 권고 규칙, 2011년 ILC의 국제기구책임초안에서는 회원국책임배제원칙을 견지하면서도 한편으로 국제기구의 행위로부터 발생하는 회원국의 책임에 관한 논의를 반영하고 있다. 비록 2011년 국제기구책임초안 상 규정들은 2001년 국가책임 초안의 내용과 법리를 그대로 가져왔다는 점에서 비판을 받고 있으나, 전통적인 접근에서 벗어나 구체적이고 실질적인 관점에서 국제기구와 회원국의 책임 관계를 이해하고 있다는 점에서 의미가 있다.

특히 2011년 국제기구책임초안 제5부에서는 국제기구의 행위에 관여된 국가책임이라는 표제 하에 국제기구의 행위로부터 발생할 수 있는 회원국의 책임의 경우를 통제적 관련성(제58조(국가의 지원 또는 원조), 제59조(국가의 지시 및 통제), 제60조(국가의 강박))에 따라, 그리고 신의칙 및 조약상의 법리에 따라(제62(책임의 수락 및 피해당사자의 신뢰)에 따라 접근하고 있다. 아울러 제61조는 회원국이 국제기구의 법인격을 남용함으로써 자신의 의무를 면탈하려고 하는 경우에 성립하는 회원국 책임을 규율하고 있다.

국제기구의 행위로부터 발생하는 회원국 책임 문제는 기능적인 관점에서 다양하게 접근할 필요가 있다. 특히 통제적 관련성에 입각하여 회원국이 국제기구의 행위에 특정한 영향력을 행사할 때 발생하는 행위의 귀속과 책임의 귀속을 고려해볼 필요가 있다. 아울러 각국에 공통적으로 인정되는 국내법상의 법원칙을 국제기구와 회원국 간 책임 관계에 투영함으로써 국제기구 행위에 대한 회원국 책임을 살펴보는 것은 중요한 함의가 있다. 국내법상의 법리에 비추어 국제기구와 회원국 간 대리 관계가 성립하였는지를 살펴보는 것은 하나의 지침이 된다. 또한 회원국이 국제기구의 법인격을 남용함으로써 현저하게 불공정한 결과를 초래하는 경우에 상법상의 법인격부인론을 통해 국제기구의 법인격을 투시함으로써 성립하는 회원국 책임을 살펴볼 수 있다.

이를 바탕으로 국제기구의 행위로부터 성립하는 회원국 책임은 다양한 양태로 나타날 수 있다. 국제기구 행위에 회원국이 관여한 자신의 행위에 대하여 개별적으로 책임이 성립할 수도 있으나 경우에 따라 국제기구와 회원국의 간 공동책임이 성립할 수도 있다. 아직까지 국제법상의 국제기구의 책임에 관한 법리들이 확립되지 않고 이에 관한 실행들이 축적되지 않은 상황에서 국제기구의 행위를 둘러싸고 발생하는 회원국 책임 문제는 복잡한 영역으로 남아있다.

외견상 국제기구는 회원국과 독립된 법인격을 향유하는 분리된 실체로 보이나, 내부적으로 국제기구와 회원국은 불가분 관계에 있다. 이러한 복잡한 관계 속에서 국제기구의 행위로부터 발생하는 회원국의 책임 문제를 규율하기 위해서는 외관적인 측면 뿐 아니라 실질적인 측면이 반드시 고려되어야 한다. 그에 따라 국제기구의 책임 문제는 국제기구, 회원국 그리고 피해를 입은 제3자라는 다자적 구조에서 기능적인 관점에서 규율되어야 하며 다양한 상황에서 국제법상 국제기구의 회원국 책임이 성립될 수 있다.

유사 문제

01 국제기구의 책임에 대한 내용으로 적절하지 않은 것은?

① ILC의 국가책임초안 작업이 2001년 성공적으로 마무리됨에 따라 국제기구의 책임은 2002년부터 본격적으로 ILC 작업계획에 포함되게 되었다.
② 국가책임 초안과의 유사성은 책임법에 있어서 국가가 맺는 관계와 국제기구가 맺는 관계가 유사할 것이라는 인식과 국가책임 초안과 통일된 책임법리의 확립이라는 목적에 입각했다.
③ 국가책임초안과 마찬가지로 규정된 조항들은 국제기구에 고유한 특성인 국제기구와 회원 간의 관계, 국제기구규칙의 특수성 및 국제기구의 공익적 기능에 대한 고려를 반영하였다.
④ 풍부한 관행에 근거하여 관습법을 성문화시키고 있다는 평가를 받는 국가책임초안과 달리 국제기구 책임초안은 국가책임초안과 유사한 규정이든 상이한 규정이든 관련 관행이 부족하다는 문제점을 갖고 있다.

정답 ③
해설 국가책임초안과 상이하게 규정된 조항들은 국제기구에 고유한 특성인 국제기구와 회원 간의 관계, 국제기구규칙의 특수성 및 국제기구의 공익적 기능에 대한 고려를 반영하여 국가책임초안의 내용을 수정하거나 새로운 내용을 포함시킨 것이었다. 국제기구의 행위에 대한 사법심사제도의 제한은 곧 관련된 판례가 형성되는 것을 저해하고 있으며, 이는 국제기구책임에 관한 관행의 부족에 있어 구조적인 문제로 작용하고 있다. 또한 관행의 부족은 관행의 편중현상으로 이어지고 있는데, 부족하나마 형성되고 있는 관행들도 유엔 등 보편적 국제기구의 입장 표명이나 유럽연합 등 지역 국제기구의 판례에 국한되어 있다.

02 국제기구의 책임에 대한 내용으로 적절하지 않은 것은?

① 조약 당사국들은 달과 기타 천체를 포함하여 우주에서 국내 활동이 정부기관(governmental agencies) 또는 비정부 기관(non-govern-mental entities)에 의하여 수행되는지 여부에 상관없이, 국가활동에 대하여 그리고 국내 활동이 이 조약의 규정에 따라 수행되도록 국제책임을 부담하여야 한다.
② 달과 기타 천체를 포함하여 우주에서 비정부기관의 활동은 이 조약의 적절한 당사국에 의한 허가(authorization)와 지속적인 감시(continuing supervision)를 필요로 한다
③ 우주에 발사된 물체의 국내 등록부는 적절한 국내 기관에 의하여 유지되어야 한다
④ 비정부 우주활동의 지속적인 감시는 궤도에서 우주물체의 소유권 또는 통제가 이전되는 경우에는 보장되지 아니한다.

정답 ④
해설 비정부 우주활동의 지속적인 감시는 궤도에서 우주물체의 소유권 또는 통제가 이전되는 경우에도 보장되어야 한다.

07

국가책임 관련 위법성 조각사유에 대한 설명으로 옳은 것은?

① 불가항력에 해당하는 상황은 자연적 또는 물리적 상황으로 발생될 수 있으나, 인간의 행위로는 발생될 수 없다.
② 필요성(긴급피난)은 대응조치, 자위 등의 사유와 같이 선행되는 국제의무 위반행위를 전제로 한다.
③ 불가항력과 달리 조난의 경우, 행위 주체의 측면에서 의무의 준수 여부는 선택적이라 할 수 있다.
④ 동의국이 상대국에게 사후 동의를 부여하는 경우, 이는 동의국의 상대국에 대한 책임추궁권을 저해하지 않는다.

정답 ③

해설
① 불가항력에 해당하는 상황은 인간의 행위에 의해서도 발생될 수 있다. 가령, 중앙정부가 통제할 수 없는 대규모 반란이 발생한 경우를 예시할 수 있다.
② 필요성(긴급피난)은 위법행위를 전제하지 않는다.
④ 동의국이 상대국에게 사후 동의를 부여하는 경우, 사전동의가 일반적이나 사후동의도 가능하다. 이 경우 가해국에 대해 책임을 추궁할 수 없다.

관련 이론

위법성 조각사유

1. 피해국의 동의(consent)
   국제위법행위에 대한 국가책임 초안 제20조(동의)
   한 국가가 타국이 일정한 행위를 취함에 대하여 부여한 유효한 동의는 그 행위가 그 동의의 범위 내에서 이루어진 한, 전자의 국가와 관련하여 그 행위의 위법성을 조각한다.
   위법성이 조각되기 위한 피해국의 동의는 '유효한' 동의여야 한다. 따라서 자국내의 특정 인종을 학살하기 위하여 외국군대의 영토 내 진입을 동의하는 경우 등은 강행법규에 위배되는 행위를 하도록 허락하는 경우로서 유효하지 않다.
2. 자위(self-defense)
   국가의 행위는 국제연합헌장에 따라 취해진 자위의 적법한 조치를 구성하는 경우, 그 행위의 위법성이 조각된다.
3. 대항조치(counter measures)
   제22조(국제위법행위에 대한 대항조치)
   국가의 행위로서 타국에 대한 국제의무와 일치하지 않는 행위는 그 행위와 제3부 제2장에 따라 그 타국에 대하여 취해진 대항조치를 구성하는 경우, 그 위법성이 조각된다.
4. 불가항력(force majeure)
   제23조(불가항력)
   ① 국가의 행위로서 그 국제의무와 일치되지 않는 행위는 그 행위가 불가항력에 기인하는 경우 위법성이 조각된다. 불가항력이라 함은 그 국가의 통제밖에 있음으로써 그 국가로 하여금 그 상황에서 문제의 의무를 이행하는 것을 물리적으로 불가능하게 만드는 저항할 수 없는 힘 또는 예측하지 못한 사고의 발생을 말한다.
   ② 제1항은 다음의 경우에는 적용되지 않는다.
      (a) 불가항력의 상황이 원용하는 국가의 행위에 단독적으로 또는 다른 요소들과 결합하여, 기인하는 경우 또는
      (b) 그 국가가 그러한 상황 발생의 위험을 예측하였던 경우

5. 조난(distress)시의 피난

　제24조(조난)

　① 국가의 행위로서 그 국제의무와 일치되지 않는 행위는 그 문제의 행위주체가 조난의 상황에 처하여 그 행위주체의 생명 또는 그 행위주체의 보호에 맡겨진 다른 사람들의 생명의 구조를 위하여 다른 합리적 방법을 확보하지 못하는 경우, 그 위법성이 조각된다.

　② 제1항은 다음의 경우에는 적용되지 않는다.

　　(a) 조난상황이 이를 원용하는 국가의 행위에 단독적으로 또는 다른 요소들과 결합하여, 기인하는 경우, 또는

　　(b) 그 문제의 행위가 그와 대등한 또는 그보다 더 중대한 위험을 여기시킬 우려가 있는 경우

6. 긴급피난(필요성) (state of necessity)

　초안 제25조(필요성)

　① 필요성은 다음의 경우에 한하여, 국가의 국제의무와 일치하지 않는 행위의 위법성을 조각시키기 위한 사유로서 원용될 수 있다.

　　(a) 그 행위가 그 국가에게 있어서 중대하고 급박한 위험으로부터 본질적 이익을 보호하기 위한 유일한 수단인 경우, 그리고

　　(b) 그 행위가 그 위무상대국(들) 또는 국제공동체 전체의 본질적 이익을 중대하게 훼손하지 않는 경우

　② 그러나 필요성은 다음과 같은 경우에는 위법성 조각을 위한 근거로 원용될 수 없다.

　　(a) 문제의 국제의무가 필요성의 원용 가능성을 배제하고 있는 경우, 또는

　　(b) 그 국가가 필요성의 상황 조성에 기여한 경우

유사 문제

01 다음 중 국가책임 초안 중 위법성 조각사유에 대한 설명으로 타당하지 <u>않은</u> 것은?

① 동의는 이를 부여할 권한이 있는 자에 의해 자유롭고 또 유효하게 부여되어야 한다.
② 불가항력의 해당 요건으로 어떤 상황이 국가의 통제 밖에 있을 것, 그로 인해 당해 국가가 의무를 이행함이 물리적으로 불가능할 것, 저항할 수 없는 힘 또는 예측하지 못한 사고의 발생에 기할 것을 요한다.
③ 위법성 조각의 요건으로 불가항력으로 인해 의무의 준수가 불가능할 것, 불가항력 상황이 원용국의 행위로 기인하지 않았을 것, 원용국이 이에 대해 예상할 수 없었을 것을 요한다.
④ 조난의 상황 하에 행동하는 자는 비자발적으로 행동하는 것이 아니라는 점에서, 이는 긴급피난과 구별된다.

정답 ④
해설 조난의 상황 하에 행동하는 자는 비자발적으로 행동하는 것이 아니라는 점에서, 이는 불가항력과 구별된다.

02 다음 중 국가책임 초안 중 위법성 조각사유에 대한 설명으로 타당하지 <u>않은</u> 것은?

① 대응조치는 해당 행위 그 자체만 보면 합법이지만, 유책국의 선행된 위법행위를 중단시키고 피해배상을 받기 위한 범위 내에서의 무력적 대응조치는 위법성 조각사유로 정당화된다.
② 대응조치상 상대국에게 회복 불가능한 손해를 입힐 수 없으며 비례성의 원칙은 지켜져야 한다.
③ 불가항력이 성립하기 위해서는 "국가 입장에서 해당 행위가 저항할 수 없는 힘으로 인해, 혹은 예상하지 못한 사건에 의해 발생하게 된 경우"이며, "해당국의 통제를 벗어난 행위"이며, "그 결과 국제의무의 이행이 실질적으로 불가능한 결과가 초래된 경우"여야 한다.
④ 조난은 이름 그대로 오직 인간을 생명을 구하기 위한 상황에서만 원용할 수 있으며, 행위자가 완전히 비자발적으로 행동하는 상황은 아니다.

정답 ①
해설 대응조치는 해당 행위 그 자체만 보면 위법이지만, 유책국의 선행된 위법행위를 중단시키고 피해배상을 받기 위한 범위 내에서의 비무력적 대응조치는 위법성 조각사유로 정당화된다.

08

「국제형사재판소 관할 범죄의 처벌 등에 관한 법률」에 대한 설명으로 옳지 <u>않은</u> 것은?

① 군대의 지휘관(지휘관의 권한을 사실상 행사하는 사람을 포함한다) 또는 단체·기관의 상급자(상급자의 권한을 사실상 행사하는 사람을 포함한다)가 실효적인 지휘와 통제하에 있는 부하 또는 하급자가 집단살해죄등을 범하고 있거나 범하려는 것을 알고도 이를 방지하기 위하여 필요한 상당한 조치를 하지 아니하였을 때에는 그 집단살해죄등을 범한 사람을 처벌하는 외에 그 지휘관 또는 상급자도 각 해당 조문에서 정한 형으로 처벌한다.

② 집단살해죄등에 대하여는 「형사소송법」 제249조부터 제253조까지 및 「군사법원법」 제291조부터 제295조까지의 규정에 따른 공소시효와 「형법」 제77조부터 제80조까지의 규정에 따른 형의 시효에 관한 규정을 적용하지 아니한다.

③ 집단살해죄등의 피고사건에 관하여 이미 국제형사재판소에서 유죄 또는 무죄의 확정판결이 있은 경우에는 판결로써 면소를 선고하여야 한다.

④ 이 법은 대한민국 영역 밖에서 대한민국 또는 대한민국 국민에 대하여 이 법으로 정한 죄를 범한 외국인에게 적용하나, 대한민국 영역 밖에서 집단살해죄등을 범하고 대한민국 영역 안에 있는 외국인에게 적용하지 아니한다.

정답 ④

해설 이 법은 대한민국 영역 밖에서 집단살해죄 등을 범하고 대한민국 영역 안에 있는 외국인에게도 적용된다(제3조 제5항).

관련 이론

국제형사재판소에 관한 로마규정

1. 정의

인간의 존엄과 가치를 존중하고 국제사회의 정의를 실현하기 위하여 「국제형사재판소에 관한 로마규정」에 따른 국제형사재판소의 관할 범죄를 처벌하고 대한민국과 국제형사재판소 간의 협력에 관한 절차를 정한 법률.

2. 개설

1998년 7월 17일 국제공동체는 인권의 중대한 침해를 포함한 사악한 범죄행위를 국제적 차원에서 처벌하기 위하여 한 개의 상설적인 국제형사재판소를 설치하기 위한 외교전권회의를 로마에서 개최하여 「국제형사재판소 로마규정(Rome Statute of International Criminal Court)」(보통 '로마규정'이라 함)을 채택하였다. 이 로마규정은 2002년 7월 1일 발효하였고, 우리나라는 2002년 11월 13일에 로마규정을 비준 가입함으로써 이에 따르는 국내적 이행입법의 필요성이 대두되었다. 이에 따라 2007년 12월 21일 「국제형사재판소 관할 범죄의 처벌 등에 관한 법률」(법률 제8719호)이 제정되었다.

3. 내용

국제형사재판소의 관할대상범죄는 집단살해죄(crime of genocide), 인도에 반하는 죄(crime against humanity), 전쟁범죄(war crime), 침략범죄(crime of aggression) 등 4개의 범죄이다. 그리고 이러한 범죄에 대한 기소의 주체는 로마규정 당사국, 유엔안전보장이사회, ICC 검사이며, 단, 검사가 기소하려는 경우 국제형사재판소의 전심부(pre·trial chamber)의 사전 심사가 필요하다. 국제형사재판소가 관할권을 행사하기 위해서는 범죄발생지국 또는 피고인 국적국이 로마규정 당사국인 경우 이해관계국의 동의여부에 관계없이 자동적으로 성립된다(Automatic Jurisdiction). 단, 동 범죄에 대해 관할권을 가지는 국가의 국내법원이 우선적으로 관할권을 가지며, 당해 국가가 해당범죄를 처리할 능력 또는 의사가 없는 경우에 한하여 국제형사재판소가 보충적으로 관할권을 행사한다. 「국제형사재판소 관할 범죄의 처벌 등에 관한 법률」은 이러한 국제형사재판소 로마규정을 국내적으로 이행하기 위하여 제정된 법률이다.

4. 의의와 평가

우리 정부는 국제형사재판소설립을 위한 로마규정 채택을 범세계적인 정의구현과 인권보호에 기념비적인 진전으로 평가하고 로마규정의 비준 가입을 통해 반인류적 범죄의 진압을 위한 국제사회의 노력에 동참하고 있다. 우리나라는 로마 전권외교회의에서의 로마규정 채택과정 및 그 후 개최되고 있는 준비위원회 회의 등에 적극 참여하여 왔으며, 2000년 3월 8일 로마규정에 95번째로 서명하였다. 그리고 관련 국내법령 정비 등 비준을 위한 준비작업 추진하여 「범죄인인도법」, 「형사사법공조법 등 관련 법률」을 정비하였으며, 국제형사재판소의 본격적인 활동개시에 즈음하여 당사국으로서 의무를 이행하기 위하여 「국제형사재판소 관할 범죄의 처벌 등에 관한 법률」을 제정한 것이다.

유사 문제

01 국제형사재판소에 대한 설명으로 타당하지 <u>않은</u> 것은?

① ICC의 관할대상범죄는 "국제공동체 전체가 관심을 가지는 가장 중대한 범죄"인 소위 핵심범죄(core crimes)에 한정됨으로써 ICC는 집단살해죄, 인도에 반한 죄, 전쟁범죄 및 침략범죄에 대하여 관할권을 가진다.
② 다른 세 가지 범죄와는 달리, 침략범죄에 대해서는 ICC규정 내에 정의조항과 관할권행사조건을 정한 조항이 마련되어 있지 않다.
③ 재판소는 상설적 기구이며, 국제적 관심사인 가장 중대한 범죄를 범한 자에 대하여 관할권을 행사하는 권한을 가지며, 국가의 형사관할권을 보충한다.
④ "인도에 반한 죄"라 함은 민간인 주민에 대한 광범위하거나 체계적인 공격의 일부로서 그 공격에 대한 인식을 가지고 범하여진 다음의 행위를 말한다.

정답 ②

해설 다른 세 가지 범죄와는 달리, 침략범죄에 대해서는 ICC규정내에 정의조항과 관할권행사조건을 정한 조항이 마련되었다.

02 국제형사재판소에 대한 설명으로 타당하지 <u>않은</u> 것은?

① 재판소는 범행 당시 15세 미만자에 대하여 관할권을 가지지 아니한다.
② 공적 지위에 근거한 어떠한 차별 없이 모든 자에게 평등하게 적용되어야 한다.
③ 재판부(The Chambers)는 체결국 회의(ASP)에서 선출하는 18명의 판사로 구성된다.
④ 검찰국(Office of the Prosecutor)은 국제형사재판소를 구성하는 네 부분 중 하나이지만 다른 부문과는 달리 독립 권한을 가지고 있다.

정답 ①

해설 재판소는 범행 당시 18세 미만자에 대하여 관할권을 가지지 아니한다.

09

UN의 인권 보호에 대한 설명으로 옳지 않은 것은?

① 인권이사회(Human Rights Council)의 보편적 정례 인권 검토제도(UPR)는 모든 회원국에게 적용된다.
② 인권위원회(Commission on Human Rights)는 경제사회이사회의 보조기관이다.
③ 「UN헌장」에 따르면 총회는 인권 및 기본적 자유의 실현을 원조하기 위한 권고를 행한다.
④ 인권고등판무관(High Commissioner for Human Rights)은 사무총장의 동의를 얻어 총회가 임명한다.

정답 ④

해설 인권고등판무관(High Commissioner for Human Rights)은 UN사무총장이 총회의 승인을 받아 임명한다.

관련 이론

인권이사회

유엔에서는 경제사회이사회 소속의 기능위원회 가운데 인권위원회와 여성지위위원회(Committee on the Status of Women, 1946년 창설)에서 인권 특히 여성지위에 관한 사항을 다루게 하였다. 남녀차별의 문제도 1947년 6월 13일 유엔 인권보장위원회의 초청에 의해 런던에서 열린 국제인권 회의의 4개 분과위원회 중 제2분과위원회에서 다루게 되었다. 유엔 인권이사회는 인권을 안보 및 개발과 함께 국제사회의 3대 주요 과제로 격상시키고자 하는 유엔 개혁의 일환으로 구 인권위원회(Commission on Human Rights)를 대체하여 2006.3.15 유엔총회 결의(RES. 60/251)로 설립되었다. 유엔 인권위원회가 경제사회이사회 산하였던 반면, 인권이사회는 총회 산하 보조기구(subsidiary organ)로 격상되었다.

유사 문제

01 다음 중 인권이사회에 대한 설명으로 타당하지 않은 것은?

① 2007년 인권이사회 첫 meeting에서 채택한 메커니즘(Resolution 5/1 on Institution Building)인데, 192개의 UN 가입국들은 4년에 1번씩 인권 보장 의무를 충실히 이행하고 있는지, 인권 향상을 위한 노력을 하고 있는지 평가(assess)받게 된다.
② 특별절차는 인권이사회(HRC) 출범 이전부터 인권위원회(CHR)에 의해 수행되던 기능이다.
③ 유엔 인권 위원회 또는 국제 연합 인권 위원회(United Nations Commission on Human Rights)는 유엔 경제사회이사회 산하의 위원회로 세계의 인권 보호 및 증진을 목표로 하는데 현재까지 활동이 지속되고 있다.
④ 위원회는 53개 참가국으로 구성되어 있다. 각 참가국은 유엔 경제사회이사회 가입국에 의해 선출된다.

정답 ③

해설 유엔 인권 위원회 또는 국제 연합 인권 위원회(United Nations Commission on Human Rights)는 유엔 경제사회이사회 산하의 위원회로 세계의 인권 보호 및 증진을 목표로 하는데 현재는 활동이 종료되었으며, 유엔 인권 이사회(UNHRC)로 개편, 발전되어 2006년 새로 설립되었다.

02 다음 중 인권이사회에 대한 설명으로 타당하지 않은 것은?

① 국제연합인권이사회는 설립 직후부터 국제연합인권이사회 결의의 '특별절차'를 두고 특정 국가의 인권상황 혹은 특정 주제의 인권 문제에 대해 조사, 관찰하고 전 세계에 알리는 활동을 하고 있다.
② 특별절차가 다루고 있는 주제는 아동 매매, 강제 연행과 행방불명, 극빈 문제 등 33개에 달한다. 특히 소말리아, 수단, 팔레스타인, 아이티, 북한, 캄보디아, 미얀마, 브룬디 등 8개 국가의 인권 상황을 관찰하고 있다.
③ 특정 국가에서 일어난 지속적인 형태의 중대한 인권침해가 발생한 경우, 그 피해자인 개인만이 해당 국가를 상대로 비공개적으로 인권이사회에 진정을 제기할 수 있다.
④ 국제연합인권이사회는 주제별 인권문제에 대한 권고와 자문 등의 싱크탱크 역할을 하는 자문위원회를 별도로 두고 있다.

정답 ③

해설 특정국가에서 일어난 지속적인 형태의 중대한 인권침해가 발생한 경우, 그 피해자인 **개인 또는 단체가** 해당국가를 상대로 비공개적으로 인권이사회에 진정을 제기할 수 있다.

10

1982년 「UN해양법협약」에 대한 설명으로 옳은 것은?

① 해양과학조사활동은 해양환경이나 그 자원의 어느 한 부분에 대한 어떠한 권리 주장의 법적 근거도 될 수 없다.
② 국제해저기구 이사회는 중대하고도 계속적으로 제11부의 규정을 위반한 당사국에 대하여는 총회의 권고에 따라 회원국으로서의 권리와 특권의 행사를 정지시킬 수 있다.
③ 특수한 지리적 위치를 이유로 하여 내륙국의 권리와 편의를 설정하고 있는 이 협약의 규정과 해양 출입권의 행사에 관한 특별협정은 최혜국대우조항의 적용에 포함된다.
④ 내륙국의 국기를 게양한 선박은 해항에서 다른 외국선박에 부여된 것과 동등한 대우를 받지 않는다.

정답 ①

해설
② 총회는 중대하고도 계속적으로 이 부의 규정을 위반한 당사국에 대하여는 **이사회의 권고**에 따라 회원국으로서의 권리와 특권의 행사를 정지시킬 수 있다.
③ 특수한 지리적 위치를 이유로 하여 내륙국의 권리와 편의를 설정하고 있는 이 협약의 규정과 해양출입권의 행사에 관한 특별협정은 최혜국대우조항의 적용으로부터 제외된다.
④ 내륙국의 국기를 게양한 선박은 해항에서 다른 외국선박에 부여된 것과 동등한 대우를 받는다.

관련 이론

국제해저기구(ISA) 총회

유엔해양법협약에 따르면 ISA 총회는 협약 발효 후 매 5년마다 국제심해저제도의 실제 운영상황에 대하여 전반적이고 조직적인 정기적 재검토를 수행하도록 규정(협약 제154조)하고 있다. 이러한 근거에 따라 2015년 ISA는 검토위원회 구성, 검토를 위한 전문가 선정, 2016년 제22차 총회 전까지 중간보고서를 작성하고 2017년까지 최종보고서를 완성하기로 한 바 있다. 검토 위원회는 2016년 Seascape Consultants Ltd를 독립전문가로 선정하여 관련 검토를 실시하고 검토를 위한 설문조사를 실시하였다. Seascape는 2016년 5월 25일 잠정보고서를 제출하였고, 이에 대하여 검토위원 회, 법기위, 재정위, 사무국 등이 검토의견서를 제출하였다. 2017년 2월 3일 검토위원회는 사무총장에게 총 19개의 권고사항이 담긴 최종 보고서를 제출하였으며, 2017년 7월 사무총장은 동 보고서에 대한 코멘트를 정리한 보고서를 제출하였다. 2) 동 보고서의 주요 내용은 심해저 활동 제어, 데이터 관리, 심해저 광물자원의 탐사 및 개발에 대한 법적 권리와 책임, 연차보고서 및 사업계획의 검토, 해양환경의 보호 및 보존, 심해저에서의 해양과학조사의 촉진 및 장려, 해양기술의 개발, 이사회 결정의 기록, 이사회 회기의 빈도, 사무국의 자원 및 기교, 심해저공사의 설 및 임시사무국장의 임명, 사무국의 구조 및 조정, 법기위의 작업그룹, 해저기구의 미래회의 일정, 법기위의 역할, 구성 및 작업, 해저기구의 전략계획, 비밀성, 재정규정의 투명성 등이다. 제154조 검토보고서가 채택됨에 따라 ISA를 둘러싼 제도와 심해저 광물자원개발 활동에 대한 또 다른 단계의 국제적 변화가 있을 것으로 판단된다.

유사 문제

01 다음 해양법에 대한 설명 중 옳지 않은 것은?

① 정선명령을 한 항공기는 선박을 직접 나포할 수 있는 경우와 그 항공기가 요청한 연안국의 선박이나 다른 항공기가 도착하여 추적을 인수할 때까지 그 선박을 스스로 적극적으로 추적한다.
② 모든 국가는 대륙붕 밖의 공해 해저에서 해저전선과 관선을 부설할 수 있다.
③ 인간이 거주할 수 없거나 독자적인 경제활동을 유지할 수 없는 암석은 배타적경제수역이나 대륙붕을 가지지 아니한다.
④ 내륙국은 공해의 자유와 인류의 공동유산에 관한 권리를 비롯하여 이 협약에 규정된 권리를 행사하기 위한 해양출입권을 가진다.

정답 ①

해설 정선명령을 한 항공기는 선박을 직접 나포할 수 있는 경우를 제외하고는 그 항공기가 요청한 연안국의 선박이나 다른 항공기가 도착하여 추적을 인수할 때까지 그 선박을 스스로 적극적으로 추적한다.

02 다음 해양법에 대한 설명 중 옳지 않은 것은?

① 심해저와 그 자원은 인류의 공동유산이다.
② 심해저 자원에 대한 모든 권리는 인류 전체에게 부여된 것이며, 해저기구는 인류 전체를 위하여 활동하는데 이러한 자원은 그 어떤 경우라도 예외없이 양도의 대상이 될 수 없다.
③ 당사국은 당사국이나 국영기업에 의하여 수행되거나, 당사국의 국적을 가지거나 당사국 또는 그 국민에 의하여 실효적으로 지배되는 자연인 또는 법인에 의하여 수행되는 심해저활동이 이 부에 따라 수행되도록 보장할 의무를 진다.
④ 심해저에서 발견된 고고학적·역사적 성격을 가진 모든 물건은 인류전체의 이익을 위하여 보존하거나 처분하며, 특히, 기원국, 문화적 기원국 또는 역사적·고고학적 기원국의 우선적 권리를 특별히 고려한다.

정답 ②

해설 심해저 자원에 대한 모든 권리는 인류 전체에게 부여된 것이며, 해저기구는 인류 전체를 위하여 활동하는데 이러한 자원은 양도의 대상이 될 수 없다. 다만, 심해저로부터 채취된 광물은 이 부와 해저기구의 규칙, 규정 및 절차에 의하여서만 양도할 수 있다.

11

국제우주법에 대한 설명으로 옳지 않은 것은?

① 1975년 「외기권에 발사된 물체의 등록에 관한 협약」에 따라 각 등록국은 때때로 등록이 행해진 우주물체에 관련된 추가 정보를 UN사무총장에게 제공할 수 있다.

② 1967년 「달과 기타 천체를 포함한 외기권의 탐색과 이용에 있어서의 국가 활동을 규율하는 원칙에 관한 조약」에 따라 과학적 조사 또는 기타 모든 평화적 목적을 위하여 군인을 이용하는 것은 금지되지 아니한다.

③ 1986년 '외기권으로부터 지구의 원격탐사에 관한 원칙' 제13의 해석상 탐사국은 피탐사국의 사전동의를 의무적으로 구해야 한다.

④ 1967년 「달과 기타 천체를 포함한 외기권의 탐색과 이용에 있어서의 국가 활동을 규율하는 원칙에 관한 조약」에 따라 외기권에 발사된 물체 또는 구성 부분이 그 등록국인 본 조약의 당사국의 영역 밖에서 발견된 것은 동 당사국에 반환되어야 한다.

정답 ③

해설 1986년 '외기권으로부터 지구의 원격탐사에 관한 원칙' 제13의 해석에서 원격탐사에 있어서 탐사국은 피탐사국의 사전동의를 구할 의무는 없고, 다만 피탐사국의 요청이 있는 경우 '협의'에 응할 의무가 있다.

관련 이론

우주법의 주요 내용을 정리해 보면 몇 가지 기본 원칙이 등장한다.

첫째 우주 이용 자유의 원칙이다. 모든 나라는 우주를 자유롭게 탐사하고 이용할 수 있다. 여기에서 파생되는 논리로 어느 국가도 우주에 대한 주권을 주장할 수 없다. 달을 비롯한 천체도 당연히 어느 국가에 속해 있지 않으며, 따라서 각국의 국내법상에서 부여되는 소유권의 대상이 되지 못한다. 외국의 몇몇 회사가 달의 일정지역을 선택하고 소정의 금액을 지급한 이에게 소유권 증서를 발급하고 있지만, 이는 국제적으로 인정되지 못한다. 단순한 자기만족일 뿐이다.

둘째 평화적 이용의 원칙이다. 우주나 천체에서 무력행사나 무기 배치는 금지되어 있다. 핵무기 등 대량파괴무기는 더할 나위 없다. 단 평화적 목적이면 우주활동에서 군의 활용은 문제되지 않는다. 외국에서는 우주인으로 군인들이 선발되는데, 이는 문제가 없다. 모든 우주인은 인류의 사절로 인정되어서, 어느 국가로 추락하든 안전하게 귀환시켜줄 의무가 있다.

셋째 국가 책임의 원칙이다. 민간인의 우주활동이라 하더라도 문제가 야기되었을 때 책임은 국가가 진다. 당연한 귀결로서 국가는 자국민의 우주활동을 감독·관리해야 한다. 이를 위해 관련 조항을 담은 국내 우주활동법을 제정하게 된다. 우리나라도 2005년에 우주개발진흥법을 제정함으로써 국가가 민간의 우주활동을 관리·감독하는 절차와 형식을 마련하였다.

넷째 절대책임 또는 무과실책임의 원칙이다. 우주활동은 고도의 위험을 야기하는 만큼 작은 원인에 의해서도 큰 손해를 부를 수 있다. 지구에서 멀리 있기 때문에 사고 원인을 찾기도 힘들다. 일일이 고의나 과실을 따지면 손해 본 사람이나 국가는 이를 입증하기 위해 '불가능한 고생'을 해야 할 것이다. 따라서 자국의 우주물체로 손해를 야기한 국가는 무조건 책임을 부담하는 것을 원칙으로 한다. 이러한 맥락에서 우주에 떠있는 물체가 어느 국가에 귀속되는지가 중요한데, 유엔은 이를 분명히 하기 위해 등록하도록 하고 있다.

그동안 기존 우주법이 효율적으로 규율하여 왔지만, 최근 들어 우주활동에 참여하는 국가들이 급증하고, 민간의 참여 범위가 확대되면서 다양한 법적 이슈들이 추가로 생겨나고 있다. 지구궤도에서 수명을 다해 떠돌아다니는 위성과 그 파편들이 수십만개에 달하고, 자원 채굴과 관광 등 새로운 패러다임의 우주활동이 등장하고 있다. 국제사회는 새 이슈를 효율적으로 다루기 위해 노력하고 있다. 우리나라도 우주활동을 적극 추진하는 국가로서 새 국제우주법 형성에 기여해야 할 것이다.

유사 문제

01 우주조약에 대한 설명이 타당하지 <u>않은</u> 것은?

① 둘 이상의 국가가 '공동으로' 우주 물체를 발사할 때에는 그들은 발생한 손해에 대하여 '공동으로 그리고 개별적으로', 즉 '연대하여' 책임을 지도록 규정되어 있다.
② 국내법과 달리 완전 배상을 지불한 국가는 타 공동 발사국에 대해 구상권을 행사하지 못한다.
③ 책임협약은 우주활동에 종사하는 정부 간 국제기구들에게도 적용되는데, 즉, 우주활동에 종사하는 국제기구의 회원국이면서 동시에 책임협약의 당사국인 국가들은 당해 국제기구가 그 같은 선언을 하도록 적절한 모든 조치를 취해야 한다.
④ 국제기구가 책임협약에 의거하여 책임을 지게 될 경우, '당해 국제기구'와 '그 국제기구의 회원국이면서 동시에 책임협약의 당사국인 국가들'은 '공동으로' 책임을 진다.

정답 ②
해설 완전 배상을 지불한 국가는 타 공동 발사국에 대해 구상권을 보유한다.

02 우주조약에 대한 설명이 타당하지 <u>않은</u> 것은?

① 책임협약은 우주물체가 발사국의 국민과 발사시 또는 발사 이후 어느 시기로부터 하강할 때까지의 단계에서 그 우주물체의 작동에 참여하는 동안의 외국인, 발사국의 초청을 받아 발사 또는 회수예정 지역의 인접지역에 있는 동안의 외국인에게 끼친 손해에 대해서는 적용되지 아니한다.
② 발사국에 대하여 배상을 청구할 수 있는 주체는 '손해를 입은 국가' 또는 '손해를 입은 자연인 또는 법인의 국적국'이다.
③ 간접침해의 경우에, 국적국이 청구를 제기하지 않으면 자연인 또는 법인이 피해를 입은 장소의 영토국가가 배상을 청구할 수 있다.
④ 국적국과 손해발생지국, 또한 타국이 자국의 영주권자가 입은 손해에 대하여 발사국에 배상을 청구할 수 있고, 배상액은 "국제법 및 정의와 형평의 원칙에 따라" 결정되어야 한다.

정답 ④
해설 국적국과 손해발생지국 그 어느 쪽도 배상청구에 나서지 않으면 타국이 자국의 영주권자가 입은 손해에 대하여 발사국에 배상을 청구할 수 있고, 배상액은 "국제법 및 정의와 형평의 원칙에 따라" 결정되어야 한다.

12

WTO 「분쟁해결규칙 및 절차에 관한 양해」에 대한 설명으로 옳지 않은 것은?

① 회원국에게 패널보고서를 검토할 충분한 시간을 부여하기 위하여 동 보고서는 회원국에게 배포된 날로부터 20일 이내에는 분쟁해결기구(DSB)에서 채택을 위한 심의의 대상이 되지 아니한다.
② 패널의 심의는 공개되지 아니하며, 패널보고서는 제공된 정보 및 행하여진 진술내용에 비추어 분쟁 당사자의 참석없이 작성되고, 개별 패널위원이 패널보고서에서 표명한 의견은 익명으로 한다.
③ 패널 또는 상소기구는 조치가 대상협정에 일치하지 않는다고 결론짓는 경우, 관련 회원국에게 동 조치를 동 대상협정에 합치시키도록 권고하며, 자신의 권고에 추가하여 패널 또는 상소기구는 관련 회원국이 권고를 이행할 수 있는 방법을 제시할 수 있다.
④ DSB는 채택된 권고 또는 판정의 이행상황을 지속적으로 감시하고, 제3국을 제외한 분쟁당사국인 회원국은 권고 또는 판정이 채택된 후 언제라도 그 이행문제를 DSB에 제기할 수 있다.

정답 ④

해설 제3국을 제외한 분쟁당사국인 회원국이 아닌 모든 회원국이 권고 또는 판정이 채택된 이후 언제라도 그 이행문제를 분쟁해결기구에 제기할 수 있다.

관련 이론

WTO 분쟁해결 절차

WTO가 발족하기 전에는 국가간 무역분쟁은 소위 '무역 마찰'이라고 표현되듯 신경전에 가까운 협상에 의해 결말을 보아왔으며, 특히 협상의 결과는 무엇보다도 국력의 차이에 따라 결정되어 왔다고 해도 과언이 아니었다. 그러나 WTO 설립 이후 주요 무역분쟁은 규정에 기초한 객관적 국제재판에 의해 해결되고 있어서, 우리나라와 같은 중소 규모의 국가에게는 '억울한 일'을 당할 가능성이 크게 줄었다고 할 수 있다. 그간 많은 국제협약이 분쟁해결 절차를 도입한 바 있으나, 짧은 역사에도 불구하고 WTO만큼 확고한 분쟁해결 수단으로 자리 잡은 국제재판은 없다고 할 수 있다. 그 이유는 WTO가 지니고 있는 여러 가지 특징에 기인한다. 아래에서는 WTO 분쟁해결 절차가 여타 국제재판 제도에 비해 어떻게 다르며 어떠한 특징이 있는가를 간략히 소개한 후, WTO 분쟁해결 절차를 개선하기 위해 우리나라 등 주요 분쟁 당사국들이 추진 중인 WTO 분쟁해결 절차(DSU) 개정에서 논의의 핵심이 되는 분야를 가급적 간단히 알기 쉽게 살펴보고자 한다.

이행 강제력

WTO 분쟁해결 제도의 가장 큰 장점은 무엇보다도 판정 결과에 대해 강제력을 부여한다는 것이다. 그간 인류는 의미있는 협약을 꽤 많이 성안한 바 있다. 그러나 적지 않은 경우 그 원대한 목표에 비하여는 말할 것도 없고 조약 문면의 의미에 비하여도 극히 미미한 정도의 이행 담보력조차 지니지 못하고 있다. WTO 협약들은 이와 다르다. 모든 회원국이 가입한 다자 조약(multilateral agreements)이든 일부 회원국간 체결된 복수 조약(plurilateral agreements)이든 WTO 협약들은 모두 분쟁해결 제도의 대상이 되며, 판정 이행은 승소국의 보복권한을 통해 담보된다.

상소심 제도(상소 기구)

WTO 분쟁해결 제도의 혁명적 특징은 상소심 제도가 있다는 것이다. 사실상 고유한 의미의 상소심을 둔 유일한 국제재판 절차라고 볼 수 있다. 일반적으로 판결에 대한 불확실성으로 실제로 가입국이 국제재판을 이용하는 경우는 극히 예외적인 것이 보통 국제재판 제도의 현실이다. 그런데 WTO는 사실심을 다루는 하급심으로서 패널 제도와 법률심을 다루는 상급심으로서 상소기구를 지니고 있다. 패널은 양 분쟁 당사국이 합의해 선정한 인사 또는 회원국간 합의가 불가능한 경우 사무총장이 지명한 분쟁의 사안이 되는 이슈에 대해 깊은 이해력이 있으며 국제통상 분야에 폭 넓은 경험과 식견이 있는 3인의 패널 위원으로 구성된다(양 분쟁 당사국이 희망할 경우 5인으로 패널을 구성할 수도 있다). 한편 상소기구는 국제법 및 통상법 분야의 저명한 인사 7인으로 구성되어 상설 제도 형식으로 운영되고 있다. 이들은 패널의 결정 중 법률심(matter of law)만을 검토해 필요한 경우 패널의 협정 적용을 수정할 수 있는 권한을 지니고 있다. 이러한 상급심 제도는 WTO 판정의 권위를 높여 현재는 많은 회원국이 대부분의 통상 분쟁을 분쟁해결 절차를 통해 해결해 가고 있다.

회원국 통제 : 선례 비구속성 및 성문법주의

일반적으로 국제 법원의 경우 판례를 통해 국제법 발전에 기여하고 있다. 특히 관습 국제법은 국제 법원의 판례를 통해 확인되게 된다. 그런데 WTO 분쟁해결 제도는 성문법 주의를 그 확고한 원칙으로 해, 적용 범위를 우루과이 라운드 결과로 채택된 일련의 WTO 협정과 1947년 GATT 협정으로 국한하고 있다. 다시 말해 통상과 관련된 국제법에 관한 한 회원국간 명시적인 합의에 기초한 성문조약 이외의 법원(法源)을 인정치 않겠다는 WTO의 기본 철학에 기초하고 있는 것이다. 또한 WTO 분쟁해결 판정은 당해 사건에만 적용되며 선례 구속을 구성하지 않는다. 보통 국제재판이 영미법(common law)에 가까운 반면, WTO 분쟁해결 절차는 법철학적으로 대륙법계에 가깝게 설계되어 있다(필자 註 : 그러나 실제 심리 운영이 주로 영어로 진행되고 영미법 교육을 받은 법률가의 심리 참여로 인해 최근에는 영미법적 요소가 많이 가미되는 경향을 보이고 있다). 이러한 원칙은 개도국과 신규 가입국을 포함해 전 회원국이 WTO 규범의 보편성을 향유할 수 있도록 해 WTO가 현대 통상규범의 발전 방향을 이끌고 있을 뿐만 아니라 통상 관련 중심으로 자리 잡게 만들고 있다.

유사 문제

01 WTO 상의 분쟁해결절차의 설명이 잘못된 것은?

① DSU의 제3조를 포함한 어떤 규정도 패널설치 요청의 전제조건으로 당사국이 '법적 이해'를 가져야 한다는 명시적 요건을 포함하고 있지 않다.
② WTO분쟁해결절차는 국가 대 국가의 분쟁을 다루기 때문에 사인 그 자체는 설령 분쟁의 원인이 되고 있어도 WTO절차에는 직접 관여하지 않는다.
③ 일반국제법상 일국이 타국을 무력침략하면 침략국에 대해 국제법 위반을 이유로 분쟁해결절차가 개시되지만, GATT/WTO에서는 타국의 조치와 상태가 국가의 무역상 이익에 손실을 끼치거나 협정 목적을 저해하는 경우에 제소가 이루어질 수 있다.
④ 분쟁해결기구의 권고와 판정은 대상협정에 규정된 권리와 의무를 증가시키거나 축소시킬 수 있다.

정답 ④

해설 ① DSU의 제3조를 포함한 어떤 규정도 패널설치 요청의 전제조건으로 당사국이 '법적 이해'를 가져야 한다는 명시적 요건을 포함하고 있지 않으므로 이는 결국 작위 또는 부작위에 의한 대상협정상의 의무위반에 대해 모든 WTO 회원국이 이해를 가질 수 있기 때문에 '공중소송'을 인정한 것이라 할 수 있다. 다만 DSU절차에 제3당사국으로 참여하려면 당 분쟁에 '실질적인 무역이해'를 가져야 한다.
② WTO분쟁해결절차는 국가 대 국가의 분쟁을 다루기 때문에 사인 그 자체는 설령 분쟁의 원인이 되고 있어도 WTO절차에는 직접 관여하지 않는다. 따라서 사인에 의한 피소국에서의 국내적 구제는 WTO절차와는 다른 차원의 문제로서, 국내적 구제절차완료는 WTO절차의 전제요건이 되지 않는다.
③ 일반국제법상 일국이 타국을 무력침략하면 침략국에 대해 국제법위반을 이유로 분쟁해결절차가 개시되지만(원칙 ; 임의관할권), GATT/WTO에서는 타국의 조치와 상태가 국가의 무역상 이익에 손실을 끼치거나 협정 목적을 저해하는 경우에 제소가 이루어질 수 있다(원칙 ; 강제관할권).
④ 분쟁해결기구의 권고와 판정은 대상협정에 규정된 권리와 의무를 증가시키거나 축소시킬 수 없다.

02 WTO 상의 분쟁해결절차의 설명이 잘못된 것은?

① 긍정적인 해결책으로 상호 수락가능한 해결책이 최우선 선호된다.
② 대상협정에 따라 부담해야 하는 의무에 대한 위반이 있는 경우, 이러한 행위는 일견(prima facie) 명백한 무효화 또는 침해 사례를 구성하는 것으로 간주된다.
③ 일반적으로 WTO분쟁해결 절차가 개시되었다는 것은 제소국이 피제소국을 상대로 제4조에 따라 협의를 요청하였다는 것을 의미한다.
④ 일단 주선, 조정 또는 중개절차가 종료되면 제소국은 패널의 설치를 요청할 수 없다.

정답 ④

해설 ① 긍정적인 해결책 : 상호 수락가능한 해결책 최우선 선호 → 위반조치의 철회 → 잠정적인 보상 → DSB승인 하 "차별적인" 양허나 의무정지(보복조치)
② 대상협정에 따라 부담해야 하는 의무에 대한 위반이 있는 경우, 이러한 행위는 일견(prima facie) 명백한 무효화 또는 침해 사례를 구성하는 것으로 간주된다.
③ 일반적으로 WTO분쟁해결절차가 개시되었다는 것은 제소국이 피제소국을 상대로 제4조에 따라 협의를 요청하였다는 것을 의미한다.
④ 일단 주선, 조정 또는 중개절차가 종료되면 제소국은 패널의 설치를 요청할 수 있다. 협의요청접수일로부터 60일 이내에 주선, 조정 또는 중개절차가 개시되는 경우, 제소국은 협의요청접수일로부터 60일의 기간을 허용한 후에 패널의 설치를 요청할 수 있다. 분쟁당사자가 공동으로 주선, 조정 또는 중개과정이 분쟁을 해결하는데 실패하였다고 판단하는 경우, 제소국은 위의 60일의 기간 중에 패널의 설치를 요청할 수 있다.

13

국제법상 국제기구에 대한 설명으로 옳지 않은 것은?

① 국제기구가 국제법상의 법인격을 갖는 것과 특정 국가 내에서 법인격을 인정받는 것은 별개의 문제이다.
② 국제적십자위원회(ICRC)는 민간단체로 출발했으나, 오늘날 정부 간 국제기구에 준하는 국제법 주체성을 인정받는 독특한 존재이다.
③ UN국제법위원회 2011년 「국제기구의 책임에 관한 규정초안」에 따라 국제기구의 행위는 그 행위 발생 시에 그 국제기구가 문제의 의무에 구속되지 않는 한, 국제의무의 위반을 구성하지 않는다.
④ 1986년 「국가와 국제기구간 또는 국제기구 상호간의 조약법에 관한 비엔나협약」 제6조에 따라 국제기구의 조약 체결능력은 그 기구의 규칙에 따르는바, 국제기구는 설립 조약상의 명문 규정 이상으로 조약체결권을 행사할 수 없다.

> **정답** ④
> **해설** 국제사법재판소(ICJ) 판례에 의하면, 목적 달성을 위해 필요한 한도 내에서는 설립조약에 규정되지 않은 경우에도 조약체결권을 행사할 수 있다.

14

극지에 대한 설명으로 옳지 않은 것은?

① 1959년 「남극조약」의 당사국이 아닌 1980년 「남극해양생물자원보존에 관한 협약」의 체약당사국은 남극조약지역의 환경보호 및 보존을 위한 남극조약 협의당사국의 특별한 의무와 책임을 인정한다.
② 북극지역의 원주민을 대표하는 일부 민간단체는 오타와선언으로 설립된 북극이사회에 영구참여자의 자격으로 참여하며, 북극이사회의 의사결정은 절대 다수결에 의한다.
③ 1991년 「남극조약 환경보호의정서」는 남극환경보호를 위해 상호협력하는 것을 주요 내용으로 하며, 남극조약지역에서 과학적 연구를 제외하고는 광물자원과 관련된 어떠한 활동도 금지한다.
④ 비북극국가들, 세계적 및 지역적 차원의 정부 간 및 의회 간 기구, 그리고 비정부기구는 북극이사회로부터 옵서버 지위를 부여받을 수 있다.

정답 ②

해설 1996년 오타와선언을 통해 설립된 북극이사회 의사결정은 회원국들의 컨센서스에 의하여 이루어지며 영구참여자들은 투표권이 없다.

관련 이론

북극이사회

북극이사회는 공통의 북극 문제들, 특히 북극의 지속 가능한 개발과 환경보호 문제에 대해 북극해 연안국가, 북극지역 원주민 공동체 기타 북극지역 주민들 간의 협력, 조정 및 상호 교류의 증진을 위한 고위급 정부 간 포럼으로 1996년 오타와 선언을 통해 설립되었다. 북극이사회의 역할과 기능이 점차 확대되어 오늘날에는 북극해와 관련한 제반 사항을 다루고 있으며, 2013년 노르웨이 트롬소에 상설사무국을 설치하는 등 단순한 협의체를 넘어 국제기구화 하고 있다.

북극이사회 회원국

북극이사회는 캐나다, 덴마크, 핀란드, 아이슬란드, 노르웨이, 러시아, 스웨덴, 미국의 8개 회원국으로 구성된다. 이사회 의장은 국가들이 순번으로 2년씩 하는데, 2019년 5월 개최된 북극이사회 각료회의에서 아이슬란드가 핀란드로부터 의장국을 이어받았으며, 차기 각료회의에서 러시아가 의장국을 맡게될 예정이다. 의장국이 실질적인 결정권은 없지만 의사결정기구라 할 수 있는 각료회의와 고위실무회의(Senior Arctic Officials : SAO)를 주최하고 회원국들 상호 간 의사를 조정하는 중요한 역할을 담당한다.

유사 문제

01 다음 중 극지에 대한 설명으로 타당하지 않은 것은?

① 남극환경을 위한 극지 협력체(AEPS)는 오늘날의 남극이사회의 전신이 되었으며, 1996년 남극권 8개국이 오타와에 이사회를 구성한다.
② 남극의 경우 북극과는 다르게 영유권이나 특정 국가의 영토 개념이 없기때문에 '남극조약'이라는 국제법을 통해 남극에서의 활동이 이루어 진다.
③ 남극 조약 가입 47개 나라 중 28개 나라(처음 조약을 가입한 12개 나라 이외에 남극에서 과학 활동을 벌이고 있는 16개 나라, 자문 회원국)가 이 회의에 참석할 수 있는 권한을 가지고 있다.
④ 북극권은 국제정치적으로 매우 중요한 지역으로 제2차 세계대전 이후 군사적 이유로 전혀 개방되지 않고 있었으나, 1987년 10월 소련 대통령 고르바초프의 북극권 개방과 북극 평화지역 설립을 제안하는 무르만스크 선언을 계기로 본격적인 과학 조사가 실시되었다.

정답 ①
해설 북극환경을 위한 극지 협력체(AEPS)는 오늘날의 북극이사회의 전신이 되었으며, 1996년 북극권 8개국이 오타와에 이사회를 구성한다.

02 다음 중 극지에 대한 설명으로 타당하지 않은 것은?

① 29개국인 남극조약협의 당사국(ATCP)들 간에 격년 협의회의(Antarctic Treaty Consultative Meetings, ATCMs)를 개최, 의사결정권을 행사한다.
② 북극이사회(Arctic Council)은 1987년 북극권 개방을 표방한 고르바초프의 무르만스크 선언 냉전시기 군사안보 차원에서 통행을 금지하였던 북동항로를 개방하자는 내용을 골자로 하는 선언이다.
③ 북극이사회에서는 '북극원주민'을 위한 독특한 지위가 있는데, 이사회의 '영구참여자' 형태임. 이 원주민은 '북극 이누이트 이사회(ICC)', '러시아 원주민 협회', 그리고 '북극과 사미족을 위한 위원회' 등으로 구성되어 있다.
④ 1972년 영국 런던에서 개최된 회의에서 남극물개보존협약(Convention for the Conservation of Antarctic Seals)이 채택되었고 1978년에 발효되었다.

정답 ①
해설 29개국인 남극조약협의 당사국(ATCP)들 간에 매년 협의회의(Antarctic Treaty Consultative Meetings, ATCMs)를 개최, 의사결정권을 행사한다.

15

1969년 「조약법에 관한 비엔나협약」에 대한 설명으로 옳지 않은 것은?

① 조약에 대한 국가의 기속적 동의가 그 조약이 발효한 후의 일자에 확정되는 경우에는 그 조약이 달리 규정하지 아니하는 한 그 동의가 확정되는 일자에 그 조약은 그 국가에 대하여 발효한다.
② 조약의 당사국이 될 수 있는 권리를 가진 모든 국가는 개정되는 조약의 당사국이 될 수 있는 권리를 또한 가지며, 개정하는 합의는 개정하는 합의의 당사국이 되지 아니하는 조약의 기존 당사국인 어느 국가도 구속하지 아니한다.
③ 조약의 불소급에 따라 이 협약과는 별도로 국제법에 따라 조약이 복종해야 하는 이 협약상의 규칙의 적용을 침해함이 없이, 이 협약은 그 발효 후에 국가에 의하여 체결되는 조약에 대해서만 그 국가에 대하여 적용된다.
④ 전조약을 시행 정지시킨 것만이 당사국의 의사이었음이 후조약으로부터 나타나거나 또는 달리 확정되는 경우에 전조약은 그 시행이 정지된 것으로만 간주된다.

> **정답** ③
> **해설** 1969년 「조약법에 관한 비엔나협약」 제4조는 '협약의 불소급'이므로 "조약의 불소급에 따라"를 "협약의 불소급에 따라"로 고쳐야 한다.

관련 이론

조약 및 국제협정

1. 제2항은 미등록조약의 일방당사국이 UN기관에서 그 조약의 원용에 반대하는 경우에만 적용되며, UN기관들이 직권으로(ex officio) 문제를 제기하지 않는다.
2. 제2항은 미등록된 조약의 당사국들에게만 적용되므로 제3국은 그 조약을 언제든지 원용할 수 있다. 단 당사국들이 UN기관에서 조약을 단순히 언급한 것을 원용(invoke)이라고 하지는 않는다.
3. 1946년 UN총회 결의 97인 [조약등록과 공포에 관한 규칙(Regulation)]에서 등록의무는 제1항상의 '체결하는' 이라는 규정과는 달리 조약이 "발효해야" 발생한다.
4. 이전에 등록된 조약이 당사자, 조건, 범위 혹은 적용의 변화를 초래하는 추후의 행위들(개정 또는 종료 포함)은 등록될 수 있고, 모 협정을 변경하는 '새' 문서는 등록되어야 한다.
5. 추후 조약이 등록되기 위해서는 관련 '전' 조약은 이미 등록되어야 한다.
6. 이미 종료된 조약도 등록될 수 있다. 등록을 위한 시한은 없다.
7. 조약이 아닌 국제적 의무의 수락선언(ICJ규정 36-2) 내지 타국에 (묵시적으로도) 수락된 국제적인 일방적 약속도 등록되고 있다. 국가간 양자합의를 창설하는 효과가 있기 때문이다.
8. 등록되었다고 조약이 아닌 문서가 조약이 되는 것은 아니다.
9. 조약여부에 논란이 있는 경우, 일방의 등록에 대한 타방의 항의부재가 문서의 조약적 성격에 대한 묵시적 수락으로 해석되지 않는다.
10. UN이 당사자인 조약은 UN직권으로 등록되고 있다.

유사 문제

01 조약에 대한 국가의 기속적 동의를 확정에 대한 설명으로 잘못된 것은?

① 체약국간의 그 교환
② 수탁자에의 그 기탁
③ 합의되는 경우 체약국 또는 수탁자에의 그 통고
④ 당사국간의 합의

정답 ④

해설 비준서 · 수락서 · 승인서 또는 가입서의 교환 또는 기탁
조약이 달리 규정하지 아니하는 한 비준서 · 수락서 · 승인서 또는 가입서는 다음의 경우에 조약에 대한 국가의 기속적 동의를 확정한다.
(a) 체약국간의 그 교환
(b) 수탁자에의 그 기탁
(c) 합의되는 경우 체약국 또는 수탁자에의 그 통고

02 조약의 효력에 관한 설명으로 타당하지 않은 것은?

① 조약의 일부에 대한 국가의 기속적 동의는 그 조약이 이를 인정하는 경우에만 유효하다.
② 상이한 제 규정의 선택을 허용하는 조약에 대한 국가의 기속적 동의는 그 동의가 어느 규정에 관련되는 것인가에 관하여 명백해지는 경우에만 유효하다.
③ 다른 체약국이 이에 동의하는 경우에만 유효하다.
④ 조약의 일부에 대한 기속적 동의는 당사국가의 과반수가 찬성하지 아니하는 한 허용되지 아니한다.

정답 ④

해설 조약의 일부에 대한 기속적 동의 및 상이한 제 규정의 선택
1. 제19조 내지 제23조를 침해함이 없이 조약의 일부에 대한 국가의 기속적 동의는 그 조약이 이를 인정하거나 또는 다른 체약국이 이에 동의하는 경우에만 유효하다.
2. 상이한 제 규정의 선택을 허용하는 조약에 대한 국가의 기속적 동의는 그 동의가 어느 규정에 관련되는 것인가에 관하여 명백해지는 경우에만 유효하다.

16

1963년 「영사관계에 관한 비엔나협약」의 설명으로 옳은 것은?

① 영사기관은 접수국과 파견국의 상호 합의에 의하여만 접수국의 영역 내에 설치될 수 있다.
② 영사관원은 특별한 사정 하에서 접수국의 허가를 받아 그의 영사관할구역 외에서 그의 직무를 수행할 수 있다.
③ 영사기관장은 총영사, 영사 및 부영사의 세 가지 계급으로 구분된다.
④ 명예영사관을 장으로 하는 상이한 국가내의 2개의 영사기관간의 영사행낭의 교환은 당해 2개 접수국의 동의 없이 허용되지 아니한다.

> **정답** ④
>
> **해설**
> ① 영사기관은 접수국의 동의를 받는 경우에만 접수국의 영역 내에 설치될 수 있다.
> ② 영사관원은 특별한 사정하에서 접수국의 동의를 받아 그의 영사관할구역 외에서 그의 직무를 수행할 수 있다.
> ③ 영사기관장 계급에는 영사대리도 있다.

관련 이론

대한민국의 영사관계

대한민국은 미국, 네팔, 러시아, 중국과 양자 간 영사협약을 체결한 바 있고, 북한은 구소련, 헝가리, 루마니아, 중국, 구체코슬로바키아와 양자 간 영사협약을 체결한 것으로 알려져 있다. 이들 양자 간 영사협약을 보면, 우리나라의 경우 체약상대방이 누구인가에 따라 영사협약의 모델이 다소 달라짐을 알 수 있다.

예를 들어, 우리나라가 러시아와 체결한 협약의 경우에는 영사기관장의 임명과 관련한 동의 절차가 있는 점, 영사관사의 불가침권에 대한 규정이 비엔나협약상의 그것보다 일부 강화되어 있다는 점 및 자국민에 대한 영사보호 규정이 비엔나협약상의 규정과는 다른 점 등이 확인된다. 이렇게 우리가 체결한 양자 간 영사협약은 러시아와 체결한 영사협약에 일부 소비에트형 영사협약 내용이 반영되어 있다는 점을 제외하고는 비엔나협약의 내용과 대부분 대동소이함을 알 수 있다.

한편, 북한이 체결한 초기 양자 간 영사협약에는 소비에트형 영사협약의 특징이 그대로 나타난다. 영사기관장 임명과 관련하여 외교적 경로를 통한 동의 절차가 진행되는 점; 파견국 국민에 대한 영사지원 절차를 진행함에 있어서 피구금자 등의 의사와는 무관하게 자동통보를 원칙으로 하고 있는 점; 영사관사의 불가침권을 외교공관에 대한 불가침권에 준하는 방법으로 강화하고 있는 점; 영사기관장 나아가 구체코슬로바키아와의 협약에서는 영사관원의 주택과 같은 주거시설에 대하여서까지 불가침권을 인정하는 점; 영사관원 등의 신체 불가침을 강화하고 있는 점; 관할권 면제와 관련한 규정을 강화하고 있는 점; 명예영사제도를 인정하고 있지 않는 점 등이 그것들이다. 또한 북한이 1957년 체결한 구소련과의 영사협약에서부터 1988년 구체코슬로바키아와 체결한 영사협약을 모두 살펴보면, 북한이 체결한 협약들은 북한이 1984년 영사관계에 관한 비엔나협약에 가입한 이후에 비엔나협약의 내용을 새롭게 반영하여 내용을 수정하여 규정하고 있는 부분도 확인된다. 구소련과의 협약에서는 사용되는 용어의 의미가 불명확 점이 많았고, 그러한 용어 사용의 방식이 헝가리, 루마니아와의 협약을 거쳐 일부 체계화되기는 하지만 1988년 중국, 구체코슬로바키아와의 협약이 체결되면서 비엔나협약상의 용어를 그대로 받아들이는 입장에 이르게 됨을 확인할 수 있다. 또한 비엔나협약상의 영사제도에 입각하여 중국과의 협약에서는 영사기관장 임명과 관련한 동의 절차를 규정하고 있지 않다든지, 영사기관장 혹은 영사관원의 개인 주거에 대한 불가침권을 규정하고 있지 않은 점 등도 눈에 띈다. 하지만 이러한 입장들이 비엔나협약 가입 이후에 수미일관되게 나타나고 있지 않기 때문에 북한의 관련 태도가 확정적으로 어떠한지 명확하게 말하기는 곤란하다.

유사 문제

01 영사관계에 대한 비엔나협약에 대한 내용으로 틀린 것은?

① 외교관계 수립에 대한 동의는 다른 의사표시가 없는 한 영사관계 수립에 대한 동의를 포함한다.
② 외교관이 영사직무를 수행하는 경우에도 외교특권과 면제는 유지된다.
③ 외교관으로서 영사 직무를 수행하는 자의 명단은 접수국의 외교부에 통고되어야 한다.
④ 국가 간 영사관계의 수립은 통고에 의하여 이루어진다.

정답 ④
해설 국가 간 영사관계의 수립은 상호동의에 의하여 이루어진다.

02 영사관계에 대한 비엔나협약에 대한 내용으로 틀린 것은?

① 영사관원의 사저에 대하여 불가침권은 인정된다.
② 영사기관의 소재지, 그 등급 및 영사관할구역은 파견국에 의하여 결정되며, 접수국의 승인을 받아야 한다.
③ 영사기능은 영사기관에 의하여 수행된다. 영사기능은 또한 이 협약의 규정에 따라 외교공관에 의하여 수행된다.
④ 외교관이나 영사와 달리 명예영사는 가족에 대한 특권과 면제가 인정되지 않는다.

정답 ①
해설 영사관원의 사저에 대하여 불가침권은 인정되지 않는다.

17

국제인도법상 무기의 제한에 대한 설명으로 옳지 않은 것은?

① 1868년 St. Petersburg 선언에 따라 400 g 이하의 폭발탄(explosive projectiles) 사용은 금지되었다.
② 교전조리 또는 전수이론은 공공양심의 요구를 강조하는 입장으로 국제인도법상 무기의 제한에 크게 공헌하였다.
③ 1899년 확장탄환(expanding bullets)에 관한 Hague 선언에 따라 덤덤탄의 사용은 금지되었다.
④ 2008년 「집속탄에 관한 협약」은 금지대상인 무기의 객관적 특징을 구체적으로 적시하는 조약의 대표적인 예이다.

정답 ②

해설 공공양심의 요구를 강조하는 입장으로 국제인도법상 무기의 제한에 크게 공헌한 것은 마르텐스조항에 대한 설명이다. 전수이론은 국가적 필요에 의해 전시인도법 등 전쟁법의 규정을 배제할 수 있다는 이론으로서 무기의 제한을 해제하는 효과를 갖는다. 현행 국제인도법에서는 인정되지 않는다.

관련 이론

무기제한 규정
무기제한 규정은 제1추가의정서 제35조, 제36조, 제55조에 규정되어 있다.

제1추가의정서 제35조 기본규칙
1. 어떤 무력충돌에 있어서도 전투수단 및 방법을 선택할 충돌당사국의 권리는 무제한한 것이 아니다.
2. 과도한 상해 및 불필요한 고통을 초래할 성질의 무기, 투사물, 물자, 전투수단을 사용하는 것은 금지된다.
3. 자연환경에 광범위하고 장기간의 심대한 손해를 야기할 의도를 가지거나 또는 그러한 것으로 예상되는 전투수단이나 방법을 사용하는 것은 금지된다.

제36조 신무기 신무기, 전투수단 또는 방법의 연구·개발·획득 및 채택에 있어서 체약당사국은 동 무기 및 전투수단의 사용이 본 의정서 및 체약당사국에 적용 가능한 국제법의 다른 규칙에 의하여 금지되는지의 여부를 결정할 의무가 있다.

제55조 자연환경의 보호
1. 광범위하고 장기적인 심각한 손상으로부터 자연환경을 보호하기 위하여 전투 중에 주의조치가 취하여져야 한다. 이러한 보호는 자연환경에 대하여 그러한 손상을 끼치고 그로 인하여 주민의 건강 또는 생존을 침해할 의도를 갖고 있거나 또는 침해할 것으로 예상되는 전투방법 또는 수단의 사용금지를 포함한다.
2. 보복의 수단으로서의 자연환경에 대한 공격은 금지된다.

무기에 관한 많은 국제인도법의 규정들이 위의 일반 원칙 및 생화학무기의 사용, 개발, 보관 금지와 같은 구체적인 조약으로 이어졌습니다. 핵무기에 관한 전면적인 금지는 정부들 간에 협상되지 않았지만, 국가들은 일부 국가들의 핵무기 보유를 허용하면서 다른 국가들이 핵무기를 개발, 생산하는 것은 금지하는 형태로 더 이상의 핵무기 확산을 금지하는 내용의 합의를 도출하였다. 국제사법재판소의 '핵무기 위협 및 사용의 합법성'에 관한 권고적 의견에서는, 일반적으로 핵무기의 사용 및 위협은 국제인도법 위반이나 국가의 자위권 발동을 위해 극도로 긴박한 경우에는 사용이 가능하다고 언급함으로써 명확히 어떤 경우에 합법적이고, 불법적인지에 대해서는 결론 내리지 못하였다.

1980년 특정재래식무기 금지협약은 실명 레이저 무기와 X-ray로 탐지가 불가능한 파편으로 상해를 야기하는 무기, 소이성 무기, 지뢰, 부비트랩의 사용을 금지했다. 2001년 이 협약은 비국제적 무력충돌에도 적용가능토록 개정되었으며, 2003년 11월 28일 충돌당사국들에게 전쟁 종료 후 불발탄 제거 의무를 부과하는 잔류폭발물에 관한 협약이 채택되었다.

* 덤덤탄(Dumdaum bullets)

19세기말 소총의 탄약으로 처음 사용되었다. 이것이 발명된 인도 캘커타 교외지역의 이름을 따 붙여진 덤덤탄은 몸 속에 들어가면 속도가 줄고 재래식 총탄과는 달리 신체 조직과 골격을 파멸시킨다. 무력충돌에서의 덤덤탄 사용은 그 잔인함과 비인도성으로 인하여 헤이그에서 열린 제1차 만국평화회의(1899)에서 금지되었다.

* 생물무기(Biological weapons)

세균병기라고도 알려져 있다. 이는 질병과 사망을 유발하기 위해서 고안된 것인데요. 생물무기는 인간과 동식물에 해로운 독성물질을 재생산하고 방출하는 살아있는 유기체를 담고 있다. 생물무기는 건강을 위협할 뿐 아니라, 환경에도 피해를 준다. 생물무기의 사용은 이미 1925년부터 금지되고 있다. 1972년 생물무기협약에 의해 미생물학적·세균학적 매개물이나 독성물질 그리고 이들의 운반 수단이 되는 무기의 개발, 생산, 비축을 금지하고 있다. 이 협약의 당사국들은 그 같은 무기를 폐기시키거나 평화적 목적으로 전환하여 사용하기로 합의했다.

* 지뢰(Minse)

사람(또는 동물) 또는 차량과의 직접적 혹은 간접적 접촉을 통해 폭발하는 무기이다. 지뢰는 지상, 지하 지표 근처 또는 다른 형태의 표면에 배치될 수 있다. 1980년 특정 재래식 무기 금지협약의 제2추가의정서는 모든 종류의 육상지뢰의 배치와 이전을 규제한다. 1997년 '오타와협약'은 대인지뢰의 사용, 비축, 제조, 생산 및 이전을 금지한다. 또한 이 협약은 지뢰 제거와 파괴는 물론 지뢰 피해자의 지원 조치와 같은 문제들도 다룬다. 그러나 오타와협약은 아직 가장 중요한 군사 강국들의 비준을 얻지 못하고 있다.

* 집속탄(Cluster munitions)

베트남 전쟁이나 그 밖의 무력충돌에서 정규적으로, 대규모로 사용되었다. 집속탄은 십여 개에서 수백 개에 이르는 소형 폭탄(자탄)을 외피가 감싼 구조로서, 넓은 지역으로 퍼지게 된다. 집속탄은 무차별적으로 충격을 주기 때문에 심각한 인도적 영향을 미칠 수 있다. 더욱이 많은 자탄들이 불발탄인 상태로 땅에 남아있기 때문에 민간인 주민에게 장기적인 위협이 된다. 2008년 5월 더블린에서 집속탄의 제조, 비축, 이전 및 배치를 금지하는 국제협약이 채택되었으며 이 협약은 비축물의 파괴와 제거 및 희생자 지원도 의무로 하고 있다. 스위스는 2012년 7월 17일 이 협약을 비준했다.

* 화학무기(Chemical weapons)

건강을 위협하고, 인간과 동물을 죽음에 이르게 할 수 있으며, 일시적으로 저항을 불가능하게 만들거나 영구적인 손상을 초래하는 화학물질을 포함하고 있다. 이러한 화학무기의 사용은 1925년 금지되었고 이에 더해 1993년 국제협약이 화학무기의 개발, 생산, 비축 또는 사용을 금지하고 이의 폐기를 권고하기에 이르렀다.

유사 문제

01 국제법상 자위권에 대한 설명으로 타당하지 않은 것은?

① 외부의 무력공격에 대하여 국가 자신의 영토보전이나 정치적 독립을 보존하기 위해 필요한 대응조치를 취할 수 있는 복구 수단이다.
② 헌장 51조상 회원국에 대해 무력공격이 발생한 경우, 안보리가 국제평화와 안전을 유지하기 위해 필요한 조치를 취할 때까지 개별적 또는 집단적 자위의 고유한 권리를 침해하지 않는다.
③ 무력공격을 받은 타국을 지원하여 무력을 사용할 수 있는 집단적 자위권도 관습법상 인정한다.
④ 영토보전이나 정치적 독립 등 국가의 중대한 법익이 침해되거나, 헌장의 목적과 양립하지 않는 무력공격에 대해 발동한다.

정답 ①
해설 외부의 무력공격에 대하여 국가 자신의 영토보전이나 정치적 독립을 보존하기 위해 필요한 대응조치를 취할 수 있는 자력구제 수단이다.

02 무력공격의 주체에 대한 설명으로 타당하지 않은 것은?

① 헌장 제정시에는 무력공격의 주체로 국가 이외에 민족반란단체, 총회의 결의에서도 국가이외의 단체에 의한 침략을 규정한다.
② 헌장 51조는 '무력공격이 발생한 경우'라고 규정하여 무력공격의 주체를 국가로 명시하고 있지 않으므로, 비국가행위자의 무력공격에 대한 자위권 행사를 제한할 이유는 없다.
③ 2001년 안보리 결의 1368호 및 1373호는 9.11 테러를 무력공격으로 규정하고 이에 대한 개별, 집단적 자위권을 인정한 사례이다.
④ 미국은 안보리 결의안을 통해 테러 조직 Al-Qaeda를 비호하고 테러를 조장한 아프가니스탄 탈리반 정부를 축출했다.

정답 ①
해설 헌장 제정시에는 무력공격의 주체로 국가만을 예상, 총회의 결의에서도 국가에 의한 침략만을 규정한다.

18

「국제사법재판소(ICJ)규정」 제36조 제2항에 대한 설명으로 옳은 것은?

① 선택조항 수락선언은 UN사무총장에게 기탁되어야 하고 기탁을 받은 UN사무총장은 그 사본을 ICJ 규정 당사국들과 ICJ행정처장에게 송부하여야 하며, ICJ는 Right of Passage over Indian Territory 사건에서 기탁의 법적 효력은 UN사무총장의 송부 행위에 의존한다고 판단하였다.
② ICJ는 Certain Norwegian Loans 사건에서, 원고국이 일정한 유보를 첨부하여 선택조항을 수락한 경우 피고국은 수락선언의 성격에 따라 원고국의 유보를 원용할 수 없다고 하였다.
③ ICJ는 Military and Paramilitary Activities in and against Nicaragua 사건에서, 선택조항에 따른 상호주의는 동 조항하에서 부담한 약속의 범위와 실질에 적용되는 것이지 약속의 종료를 위한 조건과 같은 형식적 조건에는 적용되지 않는다고 하였다.
④ ICJ는 Anglo-Iranian Oil Co. 사건에서, 피고국의 선택조항 수락범위가 원고국의 선택조항 수락범위보다 제한적인 경우라 할지라도, ICJ의 관할권은 수락선언의 상호 원용 가능성에 따라 원고국의 선택조항 수락범위에 기초할 수 있다고 하였다.

정답 ③

해설
① 국제연합 사무총장의 송부행위에 의존하지 않는다. 즉, UN사무총장에게 도달한 경우 선택조항 수락선언의 효력이 발생하는 것이지, 타 당사국에게 송부되어야 효력을 발생시키는 것은 아니다.
② Certain Norwegian Loans 사건에서, 원고국의 유보를 피고국이 원용할 수 있다고 본 판례이다. 노르웨이는 프랑스의 이른바 '자동유보'를 원용했다.
④ Anglo-Iranian Oil Co. 사건에서, 피고국의 수락범위가 더 제한적이라면 피고국의 선택조항 수락선언을 기초로 강제관할권 성립여부를 판단해야 한다고 보았다.

관련 이론

ICJ 관할권

우선 누가 ICJ를 이용할 수 있는지의 문제는 ICJ라는 재판소의 설립에 동의했느냐의 문제이다. ICJ는 소위 세계재판소(World Court)라고 불리긴 하지만 사실 UN이란 이름의 국제기구에 소속된 한 개의 사법기관에 불과하다. 그렇기 때문에 국제사회의 모든 주체가 ICJ를 이용할 수 있는 것은 아니다. 일단, 오로지 '국가'만이 ICJ 사건의 당사자가 될 수 있다. 국제사회가 발전하면서 현대 국제법에서는 국제기구나 개인, 초국적기업 등 다양한 비국가행위자들이 등장한 것이 사실이다. 하지만 여전히 ICJ는 국가를 제외한 비국가행위자들이 ICJ가 담당하는 국제법 분쟁의 당사자가 될 수 없다는 것을 규정에서 명시하고 있다. 그렇다고 모든 국가가 ICJ를 이용할 수 있는 것은 아니다. 동의한 국가들, 즉 UN의 회원국이자 ICJ 규정의 당사국인 국가만 ICJ를 이용할 수 있다. 다만, ICJ 규정에 동의하지 않은 국가, 즉 UN의 비회원국이라도 UN 안전보장이사회가 동의하면 일정 조건에 따라서 ICJ에서 소송능력을 가질 수 있다.

유사 문제

01 국제사법재판소(ICJ)의 재판관할권 행사와 관련된 설명으로 틀린 것은?

① 특정의 분쟁에 대하여 ICJ가 관할권을 가지는지의 여부에 대해서는 ICJ가 스스로 결정할 수 없다.
② ICJ는 사정에 의하여 필요하다고 인정하는 때에는 각 당사자의 권리를 보전하기 위하여 잠정조치를 제시할 수 있다.
③ ICJ에 제소할 수 있는 것은 국가뿐이다.
④ 형평과 선은 당사자들이 합의할 때 적용된다.

정답 ①
해설 특정의 분쟁에 대하여 ICJ가 관할권을 가지는지의 여부에 대해서는 ICJ가 스스로 결정한다.

02 국제사법법원의 관할권에 관한 설명으로 옳지 않은 것은?

① 국가만이 당사자 능력을 갖고 개인은 당사자 능력이 인정되지 아니한다.
② 권고적 의견을 제시할 수 있는 것은 모든 문제에 해당한다.
③ UN 비회원국이라도 안전보장이사회와 총회가 제시하는 조건을 지키면 ICJ규약당사자가 될 수 있고, ICJ규약 제35조 제2항에 의하면 규약당사자가 아니라도 안전보장이사회가 정한 조건에 따라 법원에 소송을 제기할 수 있다.
④ 임의조항을 수락한 국가 간에는 그 내용에 따라 일정한 문제에 관하여 강제관할권이 인정될 수 있다.

정답 ②
해설 권고적 의견을 제시할 수 있는 것은 법률적 문제에 한한다.

19

국제환경법의 주요 원칙에 대한 설명으로 옳은 것은?

① 1996년 「런던덤핑의정서」는 해양환경에 유입되는 폐기물 또는 그 밖의 물질이 그 영향과의 인과관계를 증명하는 단정적인 증거가 없더라도 피해를 발생시킨다고 믿을 만한 이유가 있으면 동 물질을 해양에 투기하여서는 아니된다고 규정함으로써 사전배려의 원칙을 채택하였다.
② 1969년 「유류오염에 대한 민사책임에 관한 국제협약」의 규정은 군함 또는 국가에 의하여 소유되거나 운영되는 선박으로서 당분간 정부의 비상업적 역무에 사용되는 것에 대하여 적용된다.
③ 중재법원은 Lanoux호 사건에서 국가는 자국의 관할권 내 국제하천을 이용하기 위하여 타국의 동의를 얻어야 한다는 국제관습법상 협의의무를 확인하였다.
④ 상설국제사법재판소(PCIJ)는 Meuse강 사건에서 국가는 월경피해금지의무를 부담하며 이는 사전배려의 원칙에 의거한 피해예방의무로 발전하였다고 인정하였다.

정답 ①

해설
② 1969년 「유류오염에 대한 민사책임에 관한 국제협약」 제11조 제1항에 의하면 군함이나 비상업용 정부선박은 동 협약의 적용범위에서 배제된다.
③ 중재법원은 Lanoux호 사건에서 국제하천의 이용에 있어서 형평의 원칙을 관습으로 확인하였다. 그러나 하류국의 동의를 얻어야 하는 것은 아니다.
④ 뮤즈강 사건은 사전배려원칙과는 관련이 없는데, 사전배려원칙(사전주의원칙)은 대체로 1980년대 국제법에 도입된 것으로 평가된다.

관련 이론

국제환경법의 기본원칙

1. 환경손해를 야기하지 않을 책임
   국가가 자국의 관할권 또는 통제하에 있는 활동으로 인해 다른 국가 또는 국가관할권 밖에 있는 지역의 환경에 손해를 가하지 않도록 보장해야 할 책임
   ① 관련 판례
      ㉠ 트레일제련소사건(최초)
      ㉡ 코르푸해협사건
      ㉢ 라누호 중재사건 (제한적 영역주권설)
      ㉣ 핵실험사건
      ㉤ 핵무기 사용 및 위협의 적법성에 대한 권고적 의견 사건 (코트라핵핵)
   ② 관련 국제규범
      ㉠ 1951년 국제식물보호협약
      ㉡ 1963년 부분적 핵실험금지조약(PTBT)
      ㉢ 스톡홀름 환경선언 원칙 21(환경정책에 따른 자원개발권)
   ③ 특징
      ㉠ 공해, 우주공간, 천체 및 심해저 등에 대해서까지 환경침해방지책임을 부과한 점
      ㉡ 오염방지의 책임과 국토이용에 대한 주권적 권한을 대응시켜 무제한적 주권행사를 제한하고 있는 점
      ㉢ 해양법협약 제194조, 1992년 리우선언 원칙 2에 반영

2. 환경보호와 증진을 위한 협력 원칙
   ① 일반협력의무
   ② 국제법 발전을 위한 협력
   ③ 긴급상황에서의 협력 : 고지의무, 지원의무
3. 지속가능한 개발의 원칙
   ① 세대간 형평의 원칙
      미래세대의 이익을 위한 자연자원의 보존
   ② 지속가능한 사용의 원칙
      합리적인 방법으로 자연자원을 이용
   ③ 형평한 이용의 원칙 또는 세대 내 형평의 원칙
      다른 국가의 필요를 고려하여 자연자원을 형평하게 이용하는 것
   ④ 통합의 원칙
      경제개발 및 기타 개발 계획에 반드시 환경적인 고려를 하도록 보장하는 것

유사 문제

01 생물다양성협약에 대한 설명으로 틀린 것은?

① UNEP의 후원 아래 4년간 교섭을 하여 UNCED, 즉 교토회의에서 서명을 위하여 개방되었다.
② 생물다양성보전과 그 구성요소의 지속가능한 이용을 목적으로 하고 있다.
③ 동 협약에서 강제적인 의무가 표현되어 있는 부분은 기술이전과 재정지원에 관한 조항과 더불어 생물다양성의 보전과 관련해서는 강제적 의무가 있다.
④ 생물의 보존을 위한 기타의 국제협약으로는 RAMSAR협약이 있다.

정답 ③

해설 동 협약에서 강제적인 의무가 표현되어 있는 부분은 기술이전과 재정지원에 관한 조항이며, 정작 생물다양성의 보전과 관련해서는 강제적 의무가 없기 때문에 과연 이 협약이 생물다양성을 보전할 수 있느냐 하는 의문이 제기되고 있다.

02 바젤협약에 대한 설명으로 옳지 않은 것은?

① 유해폐기물의 국가 간 이동요건으로서 수입국의 기후 등 조건이 수출국에서의 처리보다 환경상 유리하다고 판단되는 경우를 명시하고 있다.
② 수출국은 경유국에도 통지를 하고 동의를 받아야 한다.
③ 수입국의 동의를 받지 못한 이동일 경우 즉시 수출국에서 이를 수입국 내에서 처리하여야 한다.
④ 협약당사국과 비당사국의 유해폐기물 교역을 금지하고 있다.

정답 ③

해설 수입국의 동의를 받지 못한 이동일 경우 즉시 수출국에서 이를 재수입하여야 한다.

20

WTO「무역에 대한 기술장벽에 관한 협정(TBT협정)」에 대한 설명으로 옳지 않은 것은?

① 기술규정은 사소한 성격의 개정 또는 추가뿐만 아니라 그에 대한 개정 및 그 규칙 또는 대상품목의 범위에 대하여 추가하는 것을 포함한다.
② 기술규정은 그 채택을 야기한 상황 또는 목적이 더 이상 존재하지 아니하거나, 변화된 상황 또는 목적이 무역에 덜 제한적인 방법으로 처리될 수 있는 경우에는 유지되지 아니하여야 한다.
③ 기술규정이 요구되고 관련 국제표준이 존재하거나 그 완성이 임박한 경우, 회원국은 예를 들어 근본적인 기후적 또는 지리적 요소나 근본적인 기술문제 때문에 그러한 국제표준 또는 국제표준의 관련부분이 추구된 정당한 목적을 달성하는데 비효과적이거나 부적절한 수단일 경우를 제외하고는 이러한 국제표준 또는 관련부분을 자기나라의 기술규정의 기초로서 사용한다.
④ 회원국은 비록 그밖의 회원국의 기술규정이 자기나라의 기술규정과 다를지라도 자기나라의 기술규정의 목적을 충분히 달성한다고 납득하는 경우 이러한 기술규정을 자기나라의 기술규정과 동등한 것으로 수용하는 것을 적극 고려한다.

정답 ①

해설 WTO「무역에 대한 기술장벽에 관한 협정(TBT협정)」제1조 제6항에서 기술규정, 표준 및 적합판정 절차에 대한 이 협정에서의 모든 언급은 사소한 성격의 개정 또는 추가를 제외하고는 그에 대한 개정 및 그 규칙 또는 대상품목의 범위에 대한 모든 추가를 포함하는 것으로 해석된다고 규정하고 있다.

유사 문제

01 무역에 대한 기술장벽에 관한 협정의 설명으로 틀린 것은?

① 대부분 복잡한 기술과 연관되어 있기때문에 무역장벽 여부의 판단이 모호할 뿐만 아니라(불명확성), 상대국에게도 잘 노출되지 않아서(불가시성), 각국에 의해 효과적인 수입규제수단으로 남용되어 왔다.

② 케네디라운드 이후 1980년대에 와서 기술장벽 관련 국제무역분쟁은 급격히 증가하였는데, UR 기술무역장벽협상은 기존의 기술무역장벽 제거를 위한 개 별국가의 의무를 강화하기 위하여 진행되었다.

③ TBT협정은 적용 및 관할범위를 명확히 한바, 공정 및 생산방법 개념을 도입, 최종제품 뿐만 아니라 생산과정도 적용대상으로 포함시켰다.

④ 각국은 국제무역에 불필요한 장애를 초래할 목적으로 기술규정을 제정·운용하지 못하나, 국가안보상 요건, 기만적 관행의 방지, 인간의 건강이나 안전, 동·식물의 생명이나 건강 또는 환경의 보호 등과 같은 정당한 목적을 달성하는데 필요한 경우에는 통상규제가 예외적으로 인정된다.

정답 ②

해설
① 대부분 복잡한 기술과 연관되어 있기때문에 무역장벽 여부의 판단이 모호할 뿐만 아니라(불명확성), 상대국에게도 잘 노출되지 않아서(불가시성), 각국에 의해 효과적인 수입규제수단으로 남용되어 왔다.

② **동경라운드 이후** 1980년대에 와서 기술장벽 관련 국제무역분쟁은 급격히 증가하였는데, UR 기술무역장벽협상은 기존의 기술무역장벽 제거를 위한 개 별국가의 의무를 강화하기 위하여 진행되었다.

③ TBT협정은 적용 및 관할범위를 명확히 한바, 공정 및 생산방법 개념을 도입, 최종제품 뿐만 아니라 생산과정도 적용대상으로 포함시켰고, 지방정부 및 비정부기관의 협정이행 의무규정 대상으로 하였다. 다만, 생산물의 특성을 고려, 농산물 관련 표준 및 기술규정은 위생 및 식물위생 조치에 관한 협정이 관할토록 하였다.

④ 각국은 국제무역에 불필요한 장애를 초래할 목적으로 기술규정을 제정·운용하지 못하나, 국가안보상 요건, 기만적 관행(deceptivepractices)의 방지, 인간의 건강이나 안전, 동·식물의 생명이나 건강 또는 환경의 보호 등과 같은 정당한 목적(legitimateobjectives)을 달성하는데 필요한 경우에는 통상규제가 예외적으로 인정된다.

02 반덤핑협정에 대한 설명으로 타당하지 않은 것은?

① GATT규정은 덤핑방지관세의 발동요건 등에 관한 기본원칙만을 규정하고 있다.
② GATT 규정상의 문제점을 해결하기 위하여 케네디라운드에서 GATT 제6조를 보완하기 위한 반덤핑관세협정이 채택되고, 이어 동경라운드 에서 개정되고 보완되었다.
③ 덤핑의 판정과 관련 정상가격의 인정기준을 구체화하였다.
④ 반덤핑관세가 부과되기 위해서는 덤핑의 존재와 함께 덤핑수입이 동종제품 및 경쟁상품을 생산하는 국내산업에 실질적 피해를 미치거나 또는 실질적 피해의 위협(threat)을 초래하거나, 국내산업의 확립에 실질적 지연을 초래하여야 한다.

정답 ④

해설
① GATT규정은 덤핑방지관세의 발동요건 등에 관한 기본원칙만을 규정하고 있을 뿐, 그 구체적인 해석 및 절차규범이 없기 때문에 덤핑행위 조사나 반덤핑관세 부과에 있어서 개별국가의 자의적인 운용을 가능케 함으로써 오히려 국제무역을 왜곡하는 등 부작용이 만연하였다.
② GATT 규정상의 문제점을 해결하기 위하여 케네디라운드에서 GATT제6조를 보완하기 위한 반덤핑관세협정이 채택되고, 이어 동경라운드 에서 개정되고 보완되었다.
③ 덤핑의 판정과 관련 정상가격의 인정기준을 구체화 하였다. 즉 수출국내 동종상품의 판매가 이루어지지 않거나, 특수시장 여건 혹은 소량판매로 말미 암아 수출가격과 정상가격 간의 적절한 비교가 불가능할 경우, 덤핑마진은 수 출가격을 제3국내의 비교가능 가격 또는 수출국 내의 제조원가에 합리적인 관리, 판매 및 일반 비용과 이윤을 가산한 가격과 비교하여 결정하고 수출국 내에서의 소비를 위한 판매량이 수입국내 동종상품 판매량의 5% 또는 그 이상일 경우 정상가격으로 인정하였다(제2조).
④ 반덤핑관세가 부과되기 위해서는 덤핑의 존재와 함께 덤핑수입이 동종제품 (likeproducts)을 생산하는 국내산업에 실질적 피해(materialinjury)를 미치거나 또는 실질적 피해의 위협(threat)을 초래하거나, 국내산업의 확립에 실질적 지연(materialretardation)을 초래하여야 한다(GATT제6조 제1항).

2021년도 기출문제

01
국가관할권에 대한 설명으로 옳은 것은?

① 상설국제사법재판소(PCIJ)는 Lotus호 사건에서 국가가 영역 밖으로 관할권을 행사하려면 명시적인 국제법적 근거가 필요하다고 보았다.
② 해외 테러단체가 해외에서 한국인을 상대로 저지른 범죄에 대하여 대한민국이 관할권을 행사할 수 있는 근거는 보호주의이다.
③ 외국인이 외국에서 외국인을 상대로 저지른 범죄에 대하여 대한민국이 관할권을 행사할 수 있는 근거는 보편주의이다.
④ 입법관할권은 국가의 영역 내로 제한된다.

[정답] ③

[해설]
① 명시적인 국제법적 근거는 의미가 없는 입법관할권에 대한 설명으로 입법관할권은 국가의 재량사항이므로 영역밖으로 행사에 있어서 국제법적 근거를 필요로 하지 않는다.
② 해외 테러단체가 해외에서 한국인을 상대로 저지른 범죄에 대하여 대한민국이 관할권을 행사할 수 있는 근거는 수동적 속인주의이다.
④ 입법관할권은 영토적 한계가 없다.

관련 이론

1. 관할권 행사
   ① 속지주의 · 속인주의 · 피해자국적주의 · 효과이론 · 보호주의 · 보편주의
   ② 각국이 어떤 내용의 관할권을 행사할지는 국내법에 의해 결정되며, 국제법의 역할은 각구의 관할권 행사에 대한 한계를 제시하는 것이다.
2. 입법관할권 행사
   국가의 입법관할권은 그 효력이 합법적으로 해외로 미치기도 한다.
3. 집행관할권 행사
   주권의 독립성에 비추어 볼 때, 국가의 집행관할권 행사는 역내관할이 원칙이며 국가가 타국 영역에서 집행관할권을 행사하려면 그 국가의 동의가 필요하다.
4. 속지주의
   ① 행위자의 국적과 상관없이 한 국가의 영토 내에서 발생한 사건에 대한 관할권 행사.
   ② 공해상의 자국 선박과 항공기도 '영토'에 포함. ex)1927년 Lotus호 사건에서도 재판소는 터키 선박에 대해 발생한 사고를 터키 영토에서 발생한 사고로 간주한 바 있다.
   ③ 시작이 자국 내면 주관적 속지주의, 결과가 자국 내면 객관적 속지주의

5. 속인주의
    ① 자국민이 국내외 어디에 소재하든 그의 행동에 대해 관할권 행사
    ② 속인주의가 속지주의보다 먼저 확립되었다.
    ③ 대륙법계 국가는 영미법계 국가보다 상대적으로 속인주의 관할권 행사에 적극적이다.
    ④ 테러범죄와 관련해서는 자국 상주 외국인에 대해서도 본국적자와 동일한 기준에서 판단하는 속인주의에 입각하여 역외관할권을 행사하는 입법이 등장하고 있다.
6. 보호주의
    ① 외국에서 발생하는 외국인의 행위에 대해 관할권 행사.
    ② 국가안보에 대한 위해, 통화위조 등 경제범죄로 국가적 이익이 침해받은 경우.
7. 피해자국적주의(수동적 속인주의)
    자국민 보호정책의 일환이나 실제 재판은 가해자인 외국인이 자국 내로 들어와야만 가능하다는 것이 문제이다.
8. 보편주의
    ① 어디서 누가 저질렀느냐와 관계없이 오직 범죄행위의 성격만을 근거로 관할권 행사.
    ② 해적행위, 제노사이드, 반인도죄, 전쟁범죄, 침략범죄 등
    ③ 한국 테러방지법은 '약취, 유인 및 인신매매에 관한 죄'는 외국에서 외국인이 범한 경우라도 처벌할 수 있도록 하고 있다.
    ④ (판례) 고문금지는 국제법상 강행규범이며, 보편적 관할권의 대상범죄이다.(1999년 피노체트 사건)
9. 효과이론
    ① 외국인이 자국 밖에서 행한 행위로 인해 그 행위가 역외국가 법에 부합한다고 하더라도, 그 행위의 결과가 자국에 실질적 영향을 미치는 경우 효과이론에 입각하여 자국 국내법을 역외적용.
    ② 미국의 슈퍼301조, 독일의 경쟁제한금지법 등
    ③ 대한민국 독점규제공정거래법 또한 효과이론 적용. "이 법은 국외에서 이루어진 행위라도 국내시장에 영향을 미치는 경우 적용한다. 여기서 '국내시장에 영향을 미치는 경우'는 문제된 국외행위로 인해 국내시장에 직접적이고 상당하며 합리적으로 예측가능한 영향을 미치는 경우로 제한하여야 한다. 한편, 한국 시장을 직접적인 대상으로 하는 국외카르텔의 경우 특별한 사정이 없는 한 영향을 미친다 할 것이다."
10. 일사부재리원칙
    ① 자유권규약이 규정한 이중처벌금지원칙은 '동일 관할권' 내에서의 이중처벌을 금지하는 것
    ② ICC 규정에서와 같이 자신과 다른 재판소가 거듭 처벌할 수 없다고 규정하지 않는 한, 관할권이 다른 경우 이중처벌을 받을 수도 있다.
11. 관할권의 불법행사와 그 인정 여부
    ① 1961년 아이히만 사건 ⇨ 납치해왔지만 이스라엘 법원은 보호주의와 보편주의에 따른 관할권 성립 인정.
    ② 1992년 Alvarez-Machain 사건 ⇨ 미국연방대법원 "미국-멕시코 범죄인인도조약상 납치를 금지하는 명시적 규정이 없으므로 납치가 국제위법행위라 하더라도 이는 미국 법원의 관할권 행사에 영향을 미치지 않는다."
    ③ 1991년 South Africa v. Ebrahim 사건 ⇨ 피고인 불법 납치로 인한 재판소의 각하 판결
    ④ 1994년 Bennet 사건 ⇨ 영국 상원 "범죄인인도절차는 국내법인 '범죄인인도법'을 준수해야 한다. 절차를 무시하고 강제 이송된 범죄인에 대해서는 재판관할권을 행사할 수 없다."

유사 문제

01 다음 중 효과이론에 대한 설명으로 타당하지 않은 것은?

① 주로 독점금지법의 역외적용과 관련하여 문제가 되었다.
② 객관적 속지주의에 기초하고 있다.
③ 관할권 발생에 있어 영토 내에서의 실제적 행위가 전혀 없이도 단지 영토 내에서의 '효과'에만 의존하고 있다.
④ 효과이론은 EU 밖에서 설립된 모회사가 EU 역내에 설립된 자회사 또는 대리점을 갖고 있거나, 혹은 EU 밖에서 설립된 자회사가 EU 역내에서 영업활동을 수행하는 경우 모회사는 자신의 자회사 또는 대리점과 마찬가지로 역내의 사람으로 간주된다는 것이다.

정답 ④
해설 단일경제실체이론을 설명하는 내용으로 이는 EU 밖에서 설립된 모회사가 EU 역내에 설립된 자회사 또는 대리점을 갖고 있거나, 혹은 EU 밖에서 설립된 자회사가 EU 역내에서 영업활동을 수행하는 경우 모회사는 자신의 자회사 또는 대리점과 마찬가지로 역내의 사람으로 간주된다는 것이다.

02 국가관할권에 관한 설명으로 타당하지 않은 것은?

① 입법관할권은 원칙적으로 영토적 한계를 갖지 아니한다.
② 집행관할권은 입법관할권과는 달리 영토적 한계를 가지나, 예외적으로 공해에서 외국상선을 임검하는 것을 의미한다.
③ 집행관할권은 군대지위협정에 의해 해외 주둔지 국가에서 형사재판을 하는 것 등은 집행관할권이 영토적 한계를 벗어난 예에 해당한다.
④ Eichmann 사건(1960)에서 이스라엘은 속지관할권을 주장하였다.

정답 ④
해설 Eichmann 사건(1960)에서 이스라엘은 보편관할권을 주장하였다.

02

승인제도에 대한 설명으로 옳지 않은 것은?

① 신생국에 대한 독립 축하 메시지 부여, 외교관계의 수립, 영사인가장의 부여, 우호통상항해조약의 체결 등으로는 묵시적 국가승인의 효과가 있다고 볼 수 없다.
② 다자조약의 동시 가입, 통상대표부의 설치 허가, 장기간의 양국 회담은 묵시적 국가승인으로 보기 어렵다.
③ 정부승인의 필요성은 정부가 혁명이나 쿠데타와 같이 비합헌적인 방법으로 변경되는 경우에 제기된다.
④ 국가는 원칙적으로 승인을 받아야 승인국에서 주권면제를 향유한다.

정답 ①

해설 독립을 획득한 신국가에게 축하 메시지를 보내는 것, 정식 외교 관계의 수립, 양자 조약의 체결, UN가입 신청에 대한 지지는 대표적인 묵시적 승인의 사례이다.

관련 이론

국가승인

1. 국가승인 부재의 의미
    ① 국가승인이 없다고 해서 양국 간에 아무런 법률관계가 존재하지 않는 것은 아니다.
    ② 미승인국의 선박도 공해상 항해의 자유를 갖는다.
    ③ 미승인국의 영토는 국제법상 무주지로 간주될 수 없다.
    ④ 동일한 다자조약의 미승인국 당사자에 대하여도 조약상의 의무를 이행해야 한다.
    ⑤ 오늘날 사인의 권리·의무에 관한 미승인국의 법률도 준거법으로 수락되는 경향이다. 일례로, 섭외사법관계에서는 일본 법원도 대체로 북한법을 폭넓게 적용하여 왔다.
2. 창설적 효과설
    ① 새로운 국가는 기존 국가의 승인을 받아야만 법적으로 존재하게 된다.
    ② 라우터팍트(Lauterpacht)는 (창설적 효과설 입장에서) 신국가가 국제법 위반으로 생겨난 것이 아닌 한 국가들은 당해 신국가가 사실상의 요건을 구비하였다면 이에 대해 승인할 의무가 있다고 주장한다.
3. 선언적 효과설
    ① 승인은 그 이전까지 불확실하던 독립국가로서의 존재를 객관적 사실로서 확인하는 의미를 지닌다.
    ② 기존 개별국가의 의지와는 무관하게 국제법 질서가 존재함을 인정하며, 신국가를 국제법 제도 속의 존재로 인식한다.
    ③ 1933년 몬테비데오 협약도 "국가로서의 정치적 존재는 타국의 승인과 무관하며, 국가는 승인을 받기 전에도 자신의 영토보전과 독립을 방위할 권리를 가진다."라고 규정하였다.

유사 문제

01 국가승인에 대한 설명으로 타당하지 않은 것은?
① 승인은 쌍방적 법률행위이므로 승인대상 국가(또는 정부)의 동의를 필요로 한다.
② 신생독립국, 합병, 분리독립, 분열 등의 국제법적 사건에 의하여 새로 출현한 국가에 대해 국가승인이 행해질 수 있다.
③ 승인에 대한 창설적 효과설은 주권평등원칙과 모순된다.
④ 승인에 대한 창설적 효과설은 실효성의 원칙과 모순된다.

정답 ①
해설 승인은 일방적 재량행위이므로 승인대상 국가(또는 정부)의 동의를 요하지 않는다.

02 국가승인에 대한 설명으로 타당하지 않은 것은?
① 스팀슨 독트린은 국제연맹 구성원들은 1928년 부전조약에 위배되는 방법으로 일본에 의해 1931년 만주에 건설된 만주국을 승인하지 않을 의무가 있다는 것이었다.
② 라우터팩트 독트린은 신국가 또는 신정부가 국제법 위반의 결과로 생겨난 경우는 제외하되, 사실상의 요건을 구비하였다면 이를 승인할 의무가 있다고 하였다.
③ 에스트라다 독트린은 정부승인과 관련하여 신정부를 명시적, 공식적 승인의 대상으로 하여서는 안 된다는 것이었다.
④ 스팀슨 독트린은 국제법상의 원칙이다.

정답 ④
해설 스팀슨 독트린은 미국의 외교정책에서 비롯된 것이었을 뿐 국제법상의 원칙은 아니었다.

03

국제법위원회(ILC) 2001년 「국제위법행위에 관한 국가책임초안」의 해석상 국가책임에 대한 설명으로 옳지 않은 것은?

① 국가가 종교단체에 교도소의 운영을 위탁한 경우, 그 종교단체의 행위로 국가책임이 성립할 수 있다.
② 시민들이 외국인을 공격하는 것을 국가가 방치하고 부추기는 경우, 그 시민들의 행위는 국가에 귀속될 수 있다.
③ 국가가 외국의 반란단체에 무기를 판매한 경우에 원칙적으로 반란단체의 행위는 그 국가에 귀속되지 않는다.
④ 범죄를 수사하는 공무원이 고문을 금지하는 법령을 위반하여 외국인을 고문한 경우에 이는 국가의 행위로 귀속되지 않는다.

정답 ④

해설 범죄를 수사하는 공무원이 고문을 금지하는 법령을 위반하여 외국인을 고문한 경우도 공무원의 직무상 행위는 국가귀속성이 인정된다. 즉, 모든 국가기관의 직무상 행위는 국제법에 의하여 국가의 행위로 간주됨. ILC초안에 의하면 국가기관이 자신의 권한을 벗어나거나 상부지시를 위반하여 어떤 행위를 하였다할지라도 국제법상 국가의 행위로 간주된다. 대세적 의무의 도입으로 손해가 발생하지 않아도 국가책임을 원용할 수 있다는 견해가 유력하며, 따라서 국가책임의 성립요건으로 볼 수 없다는 견해가 지배적임. 국가의 명령, 지시, 통제에 의한 행위(ILC초안 제8조), 공공당국의 부재 또는 마비로 인해 공권력 행사가 요구되는 상황에서의 사인에 의한 행위(ILC초안 제9조)의 경우 그 행위는 국가로 귀속되어 국가행위로 간주된다.

관련 이론

국가책임 초안 개요

1. 국가책임의 성립요건

    국가책임이 성립하기 위해서는 다음의 세 가지 요건이 필요하다. ① 국가의 국제법위반행위 발생(객관적 요건으로서 위법성), ② 국제법위반행위에 대한 책임귀속의 가능성이 국가에 있을 것(주관적 요건으로서 책임성). ③ 국제법위반행위로 인한 국민에 대한 손해에 의하여 직접 또는 간접으로 국가에 대한 손해가 발생한 사실이 있을 것의 요건이다.

    세 가지 요건 중 ③의 요건은 근대국제법상 국민에 대한 손해에 의하여 국가가 손해를 입은 것으로 추정되므로 문제가 없다. 여기에서는 ①의 요건과 관련하여 누구의 행위에 의해 국제위법행위가 발생하고 국가책임이 성립하는가(중심적 귀책의 가능성) 그리고 ②의 요건과 관련하여 국가책임이 성립하기 위해서는 국제위법행위라는 객관적 사실의 존재만으로 족한 것인가 아니면 고의나 과실이라는 책임성의 요건을 필요로 하는 것인가(주변적 귀책의 가능성)를 살펴 보겠다.

2. 중심적 귀책의 가능성(누구의 행위에 의해 국가책임이 성립하는가의 문제)

    ① 국가기관의 행위(객관적 성립원인)

    국가는 그 기관을 통하여 행동할 수밖에 없으며 이러한 국가기관은 또한 그 기관의 지위에 있는 자연인을 통하여 행동할 수밖에 없다. 따라서 국가기관의 행위란 그 기관의 자연인의 행위로 귀착되는 것이다. 이와 같이 국가기관의 지위에 있는 자연인의 권한 내의 행위가 국가에 귀속된다는 것이 국가책임에 관한 근본적 전제가 되는 것이다. 국제위법행위는 전적으로 국제법에 따라고 성립여부가 결정되는 것이므로 각국에서는 그 국내법을 원용하여 그 면책을 주장할 수 없다. 국가기관은 통치주체로서의 국가기관을 의미할뿐 기업주체로서의 국가기관을 의미하는 것은 아니다. 국가가 전부 또는 일부를 소유하고 있더라도 보통 상업적인 것으로 간주되며, 그 국가의 법 밑에서는 별개의 법인이고, 그것에 대하여 국가가 면제를 부여하고 있지 않으며, 외국재판소에서 면제를 주장하지 않는 기업의 기관은 국가기관과 구별되며 달리 취급된다. 전범자의 재판, 집단살해죄의 처벌에 있어 국가기관의 지위에 있는 개인이 그 권한 내에서 행한 행위라 할지라도 직접 개인에게 국가책임의 귀속된다. 이와 같이 개인의 개인책임이 추구되는 경우에는 개인의 행위자체의 희하여 직접 국가책임은 발생하지 않는다. 그러나 이러한 개인의 직접적인 국제책임에는 특별한 조약상의 근거가 필요하다. 국가기관은 중앙의 입법기관이든, 사법기관이든, 행정기관이든 상관없으며 지방자치단체이든, 연방의 지방이든 구별이 없다. 그리고 헌법상 특정의 기관에 독립적인 지위를 부여한 사실(주로 사법부의 독립)을 이유로 그 기관의 행위에 대한 책임을 회피할 수는 없다. 즉, 국가의 내부사정을 이유로 대외적인 국가책임을 거부하는 것을 허용되지 않는다는 것이다. 국가는 하급기관의 국제위법행위에 대하여 책임을 지는가에 대하여 학설과 선례는 반드시 일치하지는 않고 있으나 하급공무원이라 할지라도 그 권한내의 행위에 대해서는 국가책임이 발생한다고 할 것이다.

㉠ 입법기관의 의한 국제위법행위

입법기관이 국제법에 위반된 법률을 제정하거나, 국제법상 의무이행에 필요한 법률을 제정하지 않음으로써 외국인에게 손해를 준 경우에 발생한다. 그러나 이 경우 유의할 것은 입법기관의 작위 또는 부작위에 의해 '직접' 손해를 입은 국가만이 손해배상을 추구할 수 있다는 것이다.

㉡ 행정기관에 의한 국제위법행위

행정기관을 구성하는 공무원이 직무상 권한 내의 행위로 국제위법행위를 행한 경우 발생한다. 예를 들면 외국 또는 외국인에 대한 공채의 지불을 거절한 경우, 외국인을 불법적으로 체포 구속 살상하는 경우, 외국인을 부당히 차별대우하는 경우, 외국인을 부당하게 국외로 추방하는 경우, 조약을 이행하지 않는 경우, 컨세션의 파기와 외국자산의 강제수용의 경우 등이 있다. 이 경우 문제가 되는 것은 행정기관의 권한외의 행위로서 외견상 행정기관의 권한내의 행위로 인식되는 국제위법행위가 발생한 경우이다. 이론상 행정기관의 권한외행위는 국가의 행위가 아니고 개인의 행위에 지나지 않는다. 그러나 실제에 있어서 행정기관의 자격을 가지고 행한 행동은 국가의 행동으로 인식되기 쉬우며 과연 그 행동이 월권적 행도인가하는 것은 외부에서 식별하기는 사실상 곤란하다. 따라서 다수설은 이 경우 국가책임을 인정하고, 선례로서도 이러한 경우에 국가책임을 인정하는 것이 보통이다. 한편 국가의 무과실책임을 인정할 수 없다는 반대설도 유력하므로 이러한 경우 국가책임이 성립한다는 것은 아직 일반국제법상으로 확립된 원칙이라고 할 수는 없을 것이다. 그러나 국가의 무과실책임을 주로 전시법규에서는 인정되고 있다. 예를 들어 1907년의 '육전의 법규, 관례에 관한 조약' 3조는 교전당사자가 군대구성원의 일체의 행위에 대하여 책임을 진다고 규정하였는데 이는 권한외의 행위까지도 책임진다는 의미이다.

㉢ 사법기관에 의한 국제위법행위

사법기관이 외국인에 대하여 적정한 사법상의 보호를 부여하기를 거부하는 경우에 국가책임이 발생한다는데 대하여는 이론이 없다.(재판의 거부) 그러나 과연 무엇이 재판의 거부인가하는 것은 명백하지 않다. 재판의 거부에는 일반적으로 다음과 같은 것이 포함된다. 외국인의 소송의 수리를 거부하는 경우(협의의 재판거부), 심리나 판결의 부당한 지연과 재판상 보호절차의 거부(변호인선임권, 변론권, 증거제출권의 거부)를 포함한 재판절차가 불공정한 경우, 명백히 불공정한 판결을 내린 경우(국내적 구제 완료의 원칙에 의해 최고법원의 판결 후에 판단할 문제임.), 일부의 국제판례에서는 피고에 대한 유죄판결을 집행하지 않은 경우나 집행의 부당한 지연, 집행유예, 특별사면 등도 재판의 거부로 인정한 경우가 있다.

미국은 오판이나 관할권결정의 오판에 대하여는 국가책임을 인정하지 않으며, 남미제국은 소송의 불수리 이외에는 어떠한 것도 재판의 거부로 인정하지 않는다. 이는 사법적 보호에 관한 국제표준주의를 배제하는 것이다. 61년 제2차 하버드초안의 8조에서는 재판의 거부의 경우로서 ① 당해 국가의 법의 병백한 또는 차별적인 위반이 있는 경우, ② 세계의 주요한 법체계에 의하여 승인된 정의의 제원칙을 부당하게 위반한 경우, ③ 국가에 의한 조약의 위반이 있는 경우 등을 들고 있다.

② 사인의 행위에 의한 국가책임

사인이 외국이나 외국인의 법익을 침해한 경우에는 그것만으로 국가책임이 성립하지는 않는다. 이 경우 국가책임이 성립하는 것은 사전에 사인의 행위를 상당한 주의로써 방지하지 않았다거나 사후에 침해된 법익에 대하여 적절한 국내적 구제를 부여하지 않은 경우라야 한다.

㉠ 상당한 주의의 기준에 대한 국제, 국내표준주의

상당한 기준이라는 것이 과연 어떠한 기준에 의해 결정되는 것인가 하는데 대하여 국제표준주의와 국내표준주의가 주장되고 있다. 국제표준주의는 문명국 즉, 서구의 근대국가의 국내경비체제를 기준으로 여기에서 기대할 수 있는 주의정도를 요구하는 것으로 오늘날 국제사외에서 일체의 국가가 국제적 표준의 문명에 도달하고 있는 것으로 인정되므로 국제표준주의를 채용하여 국제교통의 안전 및 외국인 보호를 확보해야 한다는 것을 근거로 한다. 국내표준주의는 당해 국가의 국내에서 보통 자국민에게 부여되고 있는 정도의 주의를 요한다는 것으로 내외국인 평등의 원칙에 입각하고 있다. 국내표준주의는 일반적으로 인정되고 국제표준주의는 그렇지 못것이 현실이며 현재의 국제사회의 조건상 국내표준주의가 타당한 것으로 여겨진다.

㉡ 폭도에 의하여 외국인이 손해를 입은 경우

이 경우 개인의 행위에 의해 손해가 발생한 경우의 같은 원칙이 적용된다. 즉, 사전에 상당한 주의의 방지와, 사후에 적당한 구제의 조치가 없는 경우에 국가책임이 성립한다. 다만 이 경우에는 피해방지를 위한 국가의 책임이 보통의 경우보다는 더 크게 요구된다. 절차면에 있어서도 폭도의 경우에는 고의, 과실의 부존재를 증명하는 입증책임이 국가측에 있다. 그러나 반도의 경우에는 정부가 그 진압에 태만할 리가 없으므로 국가는 입증책임이 없다. 국가는 외국이 반란단체를 승인한 후에는 반란단체의 의해 야기된 외국인의 손해에 대해 책임을 지지 않는다. 그리고 일단 반란이 성공한 경우에는 반란단체가 반란중에 저지른 불법적 행위에 대해 책임질 뿐 아니라 전정부의 불법행위에 대해서도 책임을 지게 된다.

3. 주변적 귀책의 가능성(국가책임의 성립에 고의, 과실을 요하는가의 문제)

과실책임설은 종래의 통설이지만 국내법상 무과실책임이론의 영향을 받아 과실의 요소를 배제해 가고 있다. 무과실책임설은 국가의 과실이란 하나의 유추로부터 발생하는 불명료한 개념에 지나지 않으므로 국가기관의 과실을 아무리 추구하여 보아도 구제법상으로 포착될 성질의 것이 아니라고 하면서 국제법상 의무의 불이행에 의하여 곧바로 국가책임이 성립한다고 한다. 절충설은 작위에는 무과실책임을 부작위에는 과실책임을 인정하려는 견해이다. 그러나 위의 어떤 주장도 일반국제법상 수락된 것은 없다. 다만 고의, 과실의 정도를 손해배상의 산정에 참고하는 정도일 뿐이다.

그러나 최근 공업화와 더불어 무과실책임이 인정되는 것이 국내법상의 추세인지라 국제법분야에서도 원자력 이용, 우주개발 등에서 무과실책임이 인정되는 움직임이 일고 있다.

유사 문제

01 국가책임에 대한 설명으로 타당하지 않은 것은?
① 국가의 행위로 귀속되는 여하한 국제법 위반행위에 대해서도 국가는 책임을 진다.
② 외국인이 제기한 소송의 수리를 부당하게 거부하는 것은 소위 '재판의 거부'에 해당된다.
③ 피해의 발생이 사인의 행위로 인한 것이라도 국가가 그러한 행위를 방지하기 위하여 상당한 주의의무를 다하지 않은 경우 국제책임이 발생할 수 있다.
④ 국제의무의 위반은 작위에 의해서만 야기될 수 있다.

정답 ④
해설 국제의무의 위반은 작위뿐만 아니라 부작위에 의해서도 야기될 수 있다.

02 국가책임에 대한 설명이 옳지 않은 것은?
① 하위직 행정공무원의 행위일지라도 그 직무 범위내의 행위인 경우에는 그 직무 범위내의 행위인 경우에는 그 효과는 국가에 귀속된다.
② 사인의 행위와 관련하여, 국가가 사전에 위법행위를 상당한 주의로 방지하지 않았거나 사후에 침해된 법익에 대하여 적절한 국내적 구제를 다하지 않은 경우에 국가책임이 발생할 수 있다.
③ 손해의 발생이라는 요건은 물질적인 손해의 발생에 한하여 요구된다.
④ 국제사법재판소(ICJ)는 코르푸(Corfu)해협 사건에서 국가의 부작위에 의한 책임을 인정하였다.

정답 ③
해설 손해의 발생이라는 요건은 반드시 물질적인 손해의 발생을 요구하는 것이 아니고 비물질적, 정신적 손해만 발생한 경우에도 이 요건을 충족한다.

04

외교 및 영사 면제·특권에 대한 설명으로 옳지 않은 것은?

① 영사문서와 서류는 언제 어디서나 불가침이다.
② 외교관이나 영사와 달리 명예영사는 가족에 대한 특권과 면제가 인정되지 않는다.
③ 영사는 신체적 불가침성이 제한되어 중죄의 경우 체포가 가능하다.
④ 외교행낭과 영사행낭의 불가침성의 내용과 범위는 모두 동일하다.

정답 ④

해설 외교행낭은 영사행낭과 달리 절대적 불가침을 향유하여 개봉을 요구할 수 없다. 반면에 영사행낭의 경우 의심이 있는 경우 당국의 입회하에 개봉을 요구할 수 있다. 양자의 불가침성의 내용과 범위가 다르다.

관련 이론

외교관계에 대한 비엔나협약 상의 외교행낭

1. 외교행낭은 개봉하거나 유치할 수 없지만, 영사행낭은 접수국은 중대한 이유가 있는 경우 영사행낭을 개봉하든지 아니면 발송지로 반송할 것을 요구할 수 있다. 대한민국 재외공관 설치법 제7조(명예총영사 등) 외교부장관은 필요하다고 인정하면 총영사관 또는 영사관을 두지 아니한 곳에 명예총영사나 명예영사를 둘 수 있다. 직무영사(career consul)와는 달리 영사직을 전임(專任)하지 않고, 다른 직업을 가질 수 있다. 임명국(任命國)으로부터 봉급은 받지 않고 수수료의 성질을 가진 보수만을 받는다. 보통은 상대국에 거주하는 유력한 상공업자를 선임하며, 상대국 국민일 경우가 많다.
2. 직업영사 이외에 명예영사를 둘 경우, 비교적 중요하지 않은 지역에 배치한다. 양자의 지위에 국제법상의 차이는 없다. '영사관계에 관한 비엔나 협약'에 의해 특권과 면제를 보장받고, 업무상 행위에 대해 보호를 받을 권리가 있다. 단 명예영사는 직무영사에 비해 특권과 면제의 범위가 다소 좁다. 재판권, 체포권, 증언의 면제 등의 경우는 직업영사와 동일한 특권을 인정하고 있으나 그 밖의 경우 제한을 받는다.
3. 명예영사가 영사의 원형에 가까운 면도 있다. 중세에 영사와 비슷한 관리가 있었는데, 상업상의 이득을 얻으려는 무역도시나 상인들에 의하여 파견되었다. 전문 관리라기 보다는 유력한 상인을 영사로 임명하는 형태에 가까웠고 사비를 지출해야하는 명예직의 형태였다.
4. 명예직이라 특권과 면제가 없을 것 같지만, 실제로 본무영사에 비해 적을 뿐이지 상당한 특권과 면제를 누릴 수 있다. 단, 영사업무에 관할 때에는 조건이 붙지만 이는 외교관과 다르게 영사가 누릴 수 있는 특권과 면제의 한계로서 본무 영사도 공유하는 점이다. 영사와 외교사절의 특권과 면제 자체가 차이가 나기 때문에, 당연 명예영사의 특권은 외교사절에 비해 범위가 좁다.

유사 문제

01 외교관의 면책과 특권에 대한 설명으로 틀린 것은?

① 국제사법재판소는 테헤란 영사 사건에서 외교공관의 불가침은 절대적이지만, 공관장의 동의 없이도 특별한 경우에는 외교공관에 진입할 수 있다고 판시하였다.
② 무선송신기는 접수국의 동의를 얻어야 설치, 사용할 수 있다.
③ 접수국의 관리는 공관장의 동의 없이는 공관지역에 들어갈 수 없다.
④ 접수국은 공관지역을 보호하기 위해 모든 적절한 조치를 취할 특별한 의무가 있다.

정답 ①
해설 국제사법재판소는 테헤란 영사 사건에서 외교공관의 불가침은 절대적이므로 공관장의 동의 없이는 외교공관에 진입할 수 없다고 판시하였다.

02 외교관의 면책과 특권에 대한 설명으로 틀린 것은?

① 공관지역, 공관내의 설비 및 기타 재산과 공관의 수송수단은 수색, 징발, 차압 또는 강제집행으로부터 면제된다.
② 외교공관의 비호권은 일반적으로 인정되지 아니한다.
③ 파견국은 특정인을 공관장으로 파견하고자 할 경우, 파견국의 동의를 얻어야 한다.
④ 외교관은 접수국의 형사재판관할권으로부터 면제를 향유한다.

정답 ③
해설 파견국은 특정인을 공관장으로 파견하고자 할 경우, 접수국의 동의를 얻어야 한다.

05

1982년 「UN해양법협약」상 추적권에 대한 설명으로 옳지 않은 것은?

① 국제해양법재판소는 M/V Saiga호 사건(1999)에서 기니 정부의 추적권 행사가 위법하다고 판단하였다.
② 추적은 시각이나 음향 정선신호가 외국선박이 보거나 들을 수 있는 거리에서 발신된 후 비로소 이를 시작할 수 있다.
③ 피추적선이 타국의 배타적 경제수역(EEZ)으로 들어가면 추적은 종료되어야 한다.
④ 추적권은 군함·군용항공기 또는 정부업무에 사용 중인 것으로 명백히 표시되어 식별이 가능하며, 그러한 권한이 부여된 그 밖의 선박이나 항공기에 의해서만 행사될 수 있다.

| 정답 | ③ |
| 해설 | 공해상의 추적권은 피추적선이 영해로 들어가면 종료되어야 한다. EEZ의 경우 추적권 종료 여부에 대한 학설 차이는 있다. |

관련 이론

공해상의 추적권

추적권은 연안국의 관할수역인 내수, 군도수역, 영해, 배타적 경제수역 또는 대륙붕 상부수역에서 인정된다. 추적권은 공해에서 행사할 수 있으며 피추적선이 피추적국 또는 제3국의 영해 내에 들어가면 추적권을 행사할 수 없다. 그러나, 피추적국 또는 제3국의 배타적 경제수역에 들어간 경우 계속 추적권을 행사할 수 있다고 본다.

M/V Saiga호 사건

이 사건은 배타적 경제 수역에서 해상 주유(注油) 사업 중 나포된 선박의 즉시 석방(1차 사건) 및 나포의 적법성(2차 사건)에 관한 사건이다. M/V 1 Saiga 호는 카리브해의 도서 국가인 세인트 빈센트 그레나딘에 치적된 유조선으로 소유자는 사이프러스 회사이며 사건 당시 스위스 Lemania 해운 회사에 용선되어 아프리카 기니아 만 일대에서 조업 중인 어선들에게 해상에서 주유하는 사업(bunkering)을 수행하고 있었다. 1997년 10월 27일 08:00부터 14:00경까지 기니아의 배타적 경제 수역 내에서 조업 허가를 받고 조업 중이던 3척의 어선에게 기니아 접속수역내 한 지점에서 주유한 후 남쪽으로 항해하여 10월 28일 09:00경 기니아의 배타적 경제 수역 남단에서 주유 선박을 대기하던 중 기니아 해안 경비대에의해 나포되었다. 기니아 해안 경비대는 정선 및 승선 후 제압 과정 시 발포하여 2명의 선원에게 부상을 입혔다. Saiga호는 기니아의 수도 코나크리(Conakry)로 압송되어 적재되어 있던 5,000톤가량의 디젤유는 압류되었고 선장 및 선원은 밀수, 탈세 등의 혐의로 재판에 회부되었다. 기니아 배타적 경제 수역 내에서의 주유 행위는 석유 수입, 배분 등을 통제하고 있는 기니아 국내법 위반이며 밀수 등에 해당한다는 것이었다. 세인트 빈센트 그레나딘은 1997년 11월 13일 Saiga 호의 즉시 석방을 청구하는 소를 해양법재판소에 제기하였다(1차 사건). 기니아는 Saiga 선장 등을 밀수 등의 혐의로 기소하였고 1997년 12월 17일 기니아 1심 법원은 유죄를 선고하였으며 1998년 2월 3일 2심에서도 유죄가 확정되었다. 한편 1997년 12월 4일 Saiga호와 선원을 적정 보석금 또는 보증이 예치되는 대로 석방하라는 해양법재판소의 1차 판결이 있은 후 세인트 빈센트 그레나딘과 기니아는 Saiga호 나포의 합법성 등 본안 사안을 가리기 위해 1998년 2월 20일 해양법재판소에 재판을 청구하기로 합의하였다(2차 사건). 세인트 빈센트 그레나딘은 Saiga호 나포, 역류 및 화물 압류 행위는 해양법 협약 56(2)조와 58조에 규정된 항행의 자유를 위반한 것이며 선장 등을 밀수 혐의로 기소한 기니아의 관세법 등 국내법은 배타적 경제수역에서는 적용될 수 없다고 주장하였다. 기니아가 주장하는 추적권의 행사도 해양법협약 111조상의 요건을 충족하지 못했으므로 이 사건에 적용될 수 없으며 1997년 12월 10일 보석금을 예치했음에도 불구하고 선박 및 선원이 1998년 2월 20일에야 석방된 것은 즉시 석방을 규정한 협약 292(4)조, 296조 위반이라고 항변하였다.

* 판결 요지
  − M/V Saiga호 체포의 적격성 : 적법하지 않다.
  − 추적권의 적법한 행사 여부 : 적법하지 않다.
  − 무력 사용 여부 : 적법하지 않다. (비례성 원칙 위반)

유사 문제

01 추적권에 대한 설명으로 옳지 <u>않은</u> 것은?
① 추적권은 추적당하는 외국선박이 그 기국 또는 제3국의 영해에 들어감과 동시에 소멸한다.
② 추적권과 관련된 사건으로는 '아임 얼론(I'm Alone)호 사건'과 '베링해 해구중재 사건'을 들 수 있다.
③ 추적권은 피추적선이 배타적 경제수역 또는 대륙붕상에 있어서 그 곳에 적용되는 연안국의 법령을 위반한 경우에 적용된다.
④ 무전에 의한 통고만으로는 정선명령이 되기에 충분하며, 추적은 정선명령을 내린 후가 아니라도 개시할 수 있다.

정답 ④
해설 무전에 의한 통고만으로는 정선명령이 되기에 충분하지 않으며, 추적은 정선명령을 내린 후가 아니면 개시할 수 없다.

02 추적권(right of hot pursuit)에 대한 설명으로 옳지 <u>않은</u> 것은?
① 추적권이 인정되는 선박 또는 항공기는 군함, 군용항공기 또는 특히 추적권이 부여된 공선이나 공항 공기에 한한다.
② 자선이 관할수역 내에서 추적을 받기 시작한다면 추적개시 당시 관할수역 외부에 있던 모선을 추적하는 것도 가능하는데, 이를 '추정적 존재이론'이라고 한다.
③ 추적은 중단되어서는 안 되며 계속적 추적이어야 하며, 추적이 중단되지 않는 한 공해에까지 계속 추적할 수 있다.
④ 추적권은 공해에서만 행사할 수 있고, 피추적선이 기국 또는 제3국의 배타적 경제수역 내에 들어가면 소멸된다.

정답 ④
해설 추적권은 공해에서만 행사할 수 있으며, 피추적선이 기국 또는 제3국의 영해 내에 들어가면 소멸된다.

06

국제법의 역사에 대한 설명으로 옳은 것만을 모두 고르면?

> ㄱ. 그로티우스(Grotius)는 주로 자연법에 기초한 국제법론을 주장하였다.
> ㄴ. 강대국의 외교적 보호권을 제한하기 위하여 칼보(Calvo)조항이 등장하였다.
> ㄷ. 19세기 국제법은 탈식민지를 위한 이론적 도구가 되었다.
> ㄹ. 강대국의 힘의 사용을 정당화하는 주장으로 드라고(Drago)주의가 등장하였다.

① ㄱ, ㄴ
② ㄱ, ㄹ
③ ㄴ, ㄷ
④ ㄷ, ㄹ

정답 ①

해설
ㄷ. 제국주의 시대인 19세기 국제법은 주로 식민지를 위한 이론적 도구가 되었다.
ㄹ. 드라고주의는 채무불이행국에 대한 전쟁을 제한하자는 주장으로 강대국의 힘의 사용을 제한하려는 취지를 반영한 것이다. 1902년의 독일·영국·이탈리아에 의한 베네수엘라의 여러 항구 봉쇄사건을 계기로 하여, 국가계약에 의한 금전채무의 회수를 위하여 외국인의 본국이 병력을 동원한다는 것은 금지되어야 한다는 주장(드라고주의 : Drago Doctrine)이 제기되었다.

관련 이론

국제법의 역사 중 자연법

모든 인간에게 자연적으로 주어져 있는 보편적인 법. 자연에 주어진 법.
1. 보편타당성 : 자연법은 모든 사람을 똑같은 입장에서 보기 때문에 모든 사람에게 자연법을 지킬 의무를 지운다.
2. 항구 불변성 : 실정법은 주어진 상황에 의존하므로 변화하지 않을 수 없으며 경우에 따라서는 폐지될 수도 있지만, 자연법은 인간 본질의 항존성에 근거하므로 항구 불변이다.
3. 인식 가능성 : 인간은 가족 공동체가 사회의 근본임을 이해할 때, 자연법을 쉽게 인식할 수 있다. 다시 말해서 자연법의 근본 원리는 자연법의 본질이 제시되고 있는 사랑의 공동체인 가정에서, 어릴 때부터 구체적으로 체험되고 습득되는 것이다.

자연법은 실정법(實定法)에 대비되는 법개념이다. 실정법이 민족이나 사회에 따라 내용이 달라지는 것에 비해, 자연법은 불변의 보편 타당성을 지니는 것이 특징이다.

유사 문제

01 다음 중 국제법의 역사를 설명한 것으로 옳지 않은 것은?

① 주이치(Richard Zouche)는 실정법학파(positivist school)의 시조로 국제법의 제2의 건설자로 불린다.
② 푸펜도르프(Samuel von Pufendorf)는 조약이나 관습을 기초로 한 법칙의 유효성을 전면적으로 부정하고 자연법만이 국가간의 행위기준을 이룬다고 주장하여 이성으로서의 자연법을 제창한 Grotius의 학설을 지양하였다.
③ 바인케르훅스(Cornelius van Bynkershoek)는 국제법의 원천으로서 이성을 중요시하는 자연법학파다.
④ 울프(Christian Wolff)는 자연법학파와 실증법학파를 조화한 절충적 학파였다.

정답 ③

해설 바인케르훅스(Cornelius van Bynkershoek)는 국제법의 원천으로서 이성을 중요시했으나 조약과 국제관행에서 볼 수 있는 관습에 의존한 실정법학파다.

02 다음 중 국제법의 역사를 설명한 것으로 옳지 않은 것은?

① international law 계통은 16세기 Francisco de Vitoria가 라틴어 jus inter gentes를 사용한데서 유래했고 영국의 Richard Zouche가 다시 사용했다.
② 1780년 영국의 벤담이 「도덕과 입법원리의 입문에서 국내법과 구별되는 law of nations라는 표현을 사용한 이후 보편화되었다.
③ law of nations 계통은 로마법의 jus gentium에서 유래되었다.
④ international law와 law of nations은 의미상의 차이는 없으며 다만 영미계통은 international law를 보통 사용하고, 독일은 Völkerrecht를 더 즐겨 쓰는 경향이 있다.

정답 ②

해설 1780년 영국의 벤담이 「도덕과 입법원리의 입문에서 국내법과 구별되는 international law라는 표현을 사용한 이후 보편화되었다.

07

국제인권조약에 대한 설명으로 옳지 않은 것은?

① 세계인권선언은 「경제적·사회적 및 문화적 권리에 관한 국제규약」과 「시민적 및 정치적 권리에 관한 국제규약」의 기초가 되었다.
② Human Rights Committee는 국가가 「시민적 및 정치적 권리에 관한 국제규약」에 가입한 이후에 자유롭게 탈퇴할 수 있다고 해석하고 있다.
③ 국제인권조약상 국가보고제도는 인권조약의 당사국이 정기적으로 자국의 인권상황을 보고하는 것을 의미한다.
④ 「시민적 및 정치적 권리에 관한 국제규약」상 Human Rights Committee의 최종 견해는 당사국에게 구속력이 인정되지 않는다.

정답 ②

해설 A, B 규약 모두 유보와 탈퇴 규정은 없는데, 자유권 규약인 B규약은 당해 조약의 성질상 탈퇴가 불가능하다. 다만 규약과 달리 동 규약 선택의정서의 경우 6개월 전에 통고한 이후 탈퇴할 수 있음이 명시되었다.

관련 이론

유엔헌장

인권법 측면에서 유엔헌장(1945년)은 "기본적 인권, 인간의 존엄과 가치, 여성과 남성의 평등한 권리에 대한 신념을 재확인"(전문)하고, 유엔의 목적 중 하나로 "인종, 성별, 언어, 종교와 관계없이 모든 인간의 인권과 기본적 자유의 존중을 증진하기 위한 국제협력 달성"(제1조 3항)을 규정함으로써 유엔을 중심으로 한 국제사회에서의 인권 논의의 확고한 토대를 마련하였다.

세계인권선언

세계인권선언은 제2차 세계대전 중 인류의 야만적인 범죄에 대한 성찰을 계기로 개인의 자유와 권리를 진술한 문서로서 모든 인간의 기본적 권리를 존중해야 한다는 유엔헌장의 취지를 반영하여 유엔 인권위원회에서 작성되었고, 1948년 12월 10일 제3차 유엔총회에서 채택되었다. 동 선언은 다양한 정치·법적 체제, 종교·문화·철학적 전통에 내재한 공통의 가치 결집을 위한 노력의 산물로서 인권과 기본적 자유의 보편성을 강조하고 있으며, 이후 60개 이상의 국제인권 관련 규범 탄생의 기념비적 역할을 하였다. (단, 동 선언은 법적 구속력은 부재하며, 권리보장을 위한 국가의 의무가 제시되지 않았고, 경제·사회·문화적 권리 분야에 대한 관심은 부족한 것이 주요 한계로 지적되고 있다.)

비엔나 인권선언 및 행동계획

1993년 비엔나 세계인권회의는 냉전 종식 이후의 국제사회가 인권의 중요성을 재확인하는 계기를 마련하였다. 동 회의 결과로 채택된 비엔나 인권선언 및 행동계획(Vienna Declaration and Programme of Action)은 인권의 보편성과 불가분성(indivisibility) 및 상호연관성을 재확인하였으며, 인권증진과 보호가 국제사회의 정당한 관심사(legitimate concern)임과 여성인권이 인권의 불가양적인 일부라는 점을 명시하고, 이 외에도 유엔 인권최고대표(High Commissioner for Human Rights) 설치 검토를 권고하였다.

국제인권협약

도덕적 구속력만을 가진 세계인권선언을 바탕으로 하여 법적 구속력을 가진 기본적이고 보편적인 국제인권법으로 마련된 것이 각각 1966년에 채택되고 1976년에 발효된 '시민적·정치적 권리규약(자유권규약)' 및 '경제적·사회적·문화적 권리규약(사회권규약)'이다. 이들 규약은 세계인권선언과 함께 일반적으로 국제인권장전(International Bill of Human Rights)으로 불리고 있다.

자유권규약과 사회권규약이 인권에 대해 포괄적인 내용을 담고 있는 것과 달리 특정한 주제 또는 집단(group)에 초점을 맞추어 채택된 국제인권협약으로는 인종차별철폐협약, 여성차별철폐협약, 고문방지협약, 아동권리협약이 있다. 이들 4개 협약은 2개 규약과 함께 전통적으로 주요(core) 인권협약으로 지칭되고 있다.

또한, 이들 협약을 보완하는 차원에서 협약 이행 강화를 위한 절차적 성격을 규정하는 5개 선택의정서(시민적·정치적 권리규약 제1선택의정서, 경제적·사회적·문화적 권리규약 선택의정서, 고문방지협약 선택의정서, 여성차별철폐협약 선택의정서, 아동권리협약 제3선택의정서)와 실질적인 내용을 구체적으로 다루고 있는 3개 선택의정서(시민적·정치적 권리규약 제2선택의정서(사형제 폐지), 아동권리협약 2개 선택의정서(아동의 무력충돌 참여, 아동매매·성매매·음란물))가 마련되었다.

아울러, 기존의 주요인권협약 이외에 이주노동자권리협약, 장애인권리협약, 강제실종협약이 채택되어, 여성과 아동 이외에도 이주노동자, 강제실종자, 장애인과 같은 사회적 취약계층의 권리 보호를 위한 국제적 규범이 새로 마련되었다.

유사 문제

01 시민적, 정치적 권리에 관한 국제규약(B규약)의 이행감독 장치에 관한 설명으로 옳지 않은 것은?

① 국가간 고발제도, 개인의 국가고발제도, 보고서 검토라는 세 가지 이행감독 장치를 갖고 있다.
② B규약 선택의정서 제41조에 대해 수락선언을 한 국가 간에 적용되지만, 단 동 수락선언은 언제든지 철회될 수 있다.
③ 개인의 국가고발제도를 이용하기 위해서는 B규약에 열거되어 있는 특정 권리를 침해당했다고 주장하는 경우여야 하며, 국내구제수단을 완료는 필수 요소가 아니다.
④ 손종규 사건에서 B규약 인권위원회는 손종규의 행위를 제3자 개입금지조항으로 처벌한 것은 표현의 자유 침해라는 견해를 제시하였다.

정답 ③

해설 개인의 국가고발제도를 이용하기 위해서는 B규약에 열거되어 있는 특정 권리를 침해당했다고 주장하는 경우여야 하며, 국내구제수단을 완료하여야 한다.

02 사회권 규약에 대한 설명으로 타당하지 않은 것은?

① 개발도상국들은 외국인에 대하여는 규약상의 권리보장을 유예할 수 있도록 하였다.
② 인권에 대해 포괄적인 내용을 담고 있다.
③ 국가가 점진적으로 보장해야 하는 의무를 규정하지만, 각 국의 상황에 따라 즉각적 자동적으로 보장되는 것은 아닐 수도 있다.
④ 각국의 조건이 다르다는 전제하에 규약의 이행을 위한 최선의 조치를 해야할 의무를 명시하지는 않았다.

정답 ④

해설 각 국의 조건이 다르다고 해도 규약의 이행을 위한 최선의 조치를 해야할 의무가 있다는 점은 분명하다.

08

1969년 「조약법에 관한 비엔나협약」상 조약의 유보에 대한 설명으로 옳은 것만을 모두 고르면?

> ㄱ. 조약이 명시적으로 유보를 허용한 경우 원칙적으로 타국의 수락을 필요로 하지 않는다.
> ㄴ. 국가는 조약에 서명 또는 비준할 때에 유보를 할 수 있으나, 수락, 승인 또는 가입 시에는 유보를 할 수 없다.
> ㄷ. 유보국이 유보를 철회하기 위해서는 원칙적으로 수락국의 동의가 필요하다.
> ㄹ. 조약이 국제기구의 성립문서인 경우, 유보는 원칙적으로 그 기구의 권한 있는 기관에 의한 수락을 필요로 한다.

① ㄱ, ㄴ
② ㄱ, ㄹ
③ ㄴ, ㄷ
④ ㄷ, ㄹ

정답 ②

해설
ㄴ. 유보는 기속적 동의표시인 서면, 비준, 수락, 승인, 가입시에 한다.
ㄷ. 유보철회는 일방적 행위로서 유보 수락국의 동의를 요하지 않는다.

관련 이론

조약의 유보(reservation)

1. 의의 : 표현, 명칭 여하를 불문하고 조약의 서명, 비준, 수락, 승인, 가입시에 국가가 자국에 대하여 조약의 일부조항의 효력을 배제 또는 변경하기 위하여 행하는 일방적 선언을 말함
2. 연혁 및 취지
    ① 연혁 : 유보의 관행은 19세기 후반에 시작되었으며, 오늘날 다자조약의 발달과 국제관계의 복잡성에 수반하여 널리 행해지고 있음
    ② 취지 : 유보제도는 법공동체를 확장하기 위한 것인데, 당해 조약의 통일성을 저해하는 부정적인 측면도 있음
3. 유보의 분류
    ① 조항의 유보(협의의 유보)는 특정조항의 적용을 배제하는 것
    ② 해석의 유보는 특정조항이 일정한 의미로만 해석하는 것
    ③ 적용영역의 유보는 일정한 영역에 그 적용이 배제되는 것
    ④ 시간적 유보는 적용시기에 제한을 두는 것
4. 유보와 양자조약
    ① 원칙적으로 유보제도는 다자조약의 범위확대를 위한 제도로 보아야 하며, 양자 조약에서 유보를 붙이는 것은 사실상 새로운 조약내용의 제안으로 보아야 할 것
    ② 1977년 미국과 파나마 간에 서명된 파나마운하조약은 미국 상원이 붙인 유보를 파나마정부가 수락함으로써 양자조약에도 유보가 붙은 예외적인 사례가 되었음
5. 유보의 제한
    ① 채택된 조약의 완전성을 중시하는 견해 : 이 견해에 따르면 어느 국가가 조약의 서명, 비준 또는 가입시 유보를 선언하는 경우 다른 모든 당사국의 묵시적 또는 명시적 동의가 있어야 비로소 그 유보가 인정되고 유보선언국이 그 조약의 당사국으로 인정받을 수 있음
    ② 조약의 보편적 적용을 중시하는 견해 : 이 견해는 조약이 최대한 보편성을 가지고 널리 적용되어야 하기 때문에 어느 국가가 선언한 유보에 대해 일부국가들의 반대가 있더라도 유보선언국은 반대하지 않은 국가와의 관계에서 그 조약의 당사국으로 인정될 수 있다고 보며, 반대한 국가는 유보선언국을 그 조약의 당사자로 간주하지 않을 수 있음

③ 이와 관련하여 ICJ는 1951년 제노사이드협약의 유보에 관한 권고적 의견에서 '양립성의 원칙'을 적용하여 조약의 보편적 적용을 중시하는 입장을 채택하였음
④ 조약법 협약상의 유보의 제한 : 1969년 조약법 협약은 제노사이드협약유보에 관한 ICJ의 권고적 의견을 반영하여 다음과 같이 유보를 제한하고 있음
  ㉠ 조약규정에 의한 제한(협약 제19조(a), (b)항) : 조약규정에 의하여 유보를 제한하는 것으로 유보가 조약에 의해 금지된 경우와 일정한 유보만을 조약에서 허용하는데 문제의 유보가 거기에 해당하지 않는 경우에 유보를 할 수 없음
  ㉡ 조약의 대상 및 목적과의 양립성(협약 제19조(c)항) : 조약상 제한규정이 없는 경우에도 당해 유보가 조약의 대상 및 목적과 양립하지 않는 경우에는 유보할 수 없음
  ㉢ 강행규범에 해당하는 내용은 유보할 수 없는데, 조약법협약에는 이런 규정이 없으나 강행규범 자체의 성질에 기인한 것이라 볼 수 있음

6. 유보의 효과
① 제한적 효력 : 유보는 그 내용에 따라 조약의 효력을 제한함
② 상대적 효력 : 일반적으로 유보는 유보국과 유보에 동의한 타방 당사국과의 사이에서만 효력을 가지며, 상호원용이 가능함
③ 유보를 반대하는 국가가 유보국과의 조약발효를 반대하지 않는 경우, 그 반대국과 유보국 사이에 유보가 효력을 가짐
④ 유보반대국이 유보를 진정으로 반대하기 위해서는 유보국과의 조약발효 자체를 반대해야 함

7. 해석선언
① 의미 : 해석선언이란 채택된 조약의 특정규정, 문언 또는 사항의 적용에 대하여 복수의 해석이 허용되고 있는 경우에 자국의 해석론을 보이거나 그 중 하나의 해석에 한하여 구속받는다고 하는 의사를 표시하기 위하여 행하는 일방적 선언을 말함
② 유보와의 구별 : 해석선언은 자국의 입장을 명확히 하기 위한 것일뿐 채택된 조약의 문언의 적용을 변경하거나, 배제하기 위한 것은 아니기 때문에 유보와 구별됨

유사 문제

01 유보의 수락 및 유보에 대한 이의에 대한 설명으로 타당하지 않은 것은?

① 조약에 의하여 명시적·묵시적으로 인정된 유보는 다른 체약국에 의한 추후의 수락이 필요한 것으로 그 조약이 규정하지 아니하는 한 그러한 추후의 수락을 필요로 하지 아니한다.
② 교섭국의 한정된 수로 보아 그 조약의 전체를 모든 당사국간에 적용하는 것이 조약에 대한 각 당사국의 기속적 동의의 필수적 조건으로 보이는 경우에 유보는 모든 당사국에 의한 수락을 필요로 한다.
③ 조약이 국제기구의 성립문서인 경우로서 그 조약이 달리 규정하지 아니하는 한 유보는 그 기구의 권한있는 기관에 의한 수락을 필요로 한다.
④ 조약의 대상과 목적으로 보아 그 조약의 전체를 모든 당사국간에 적용하는 것이 조약에 대한 각 당사국의 기속적 동의의 필수적 조건으로 보이는 경우에 유보는 모든 당사국에 의한 수락을 필요로 한다.

정답 ①
해설 조약에 의하여 명시적으로 인정된 유보는 다른 체약국에 의한 추후의 수락이 필요한 것으로 그 조약이 규정하지 아니하는 한 그러한 추후의 수락을 필요로 하지 아니한다.

02 유보의 수락에 대한 설명으로 타당하지 않은 것은?

① 다른 체약국에 의한 유보의 수락은 그 조약이 유보국과 다른 유보 수락국에 대하여 유효한 경우에 또한 유효한 기간 동안 유보국이 그 다른 유보 수락국과의 관계에 있어서 조약의 당사국이 되도록 한다.
② 유보에 다른 체약국의 이의는 이의 제기국이 확정적으로 반대의사를 표시하지 아니하는 한 이의 제기국과 유보국간에 있어서의 조약의 발효를 배제하지 아니한다.
③ 조약에 대한 국가의 기속적 동의를 표시하며 또한 유보를 포함하는 행위는 다른 체약국 전부가 그 유보를 수락한 경우에 유효하다.
④ 한 국가가 유보의 통고를 받은 후 12개월의 기간이 끝날 때까지나 또는 그 조약에 대한 그 국가의 기속적 동의를 표시한 일자까지 중 어느 것이든 나중의 시기까지 그 유보에 대하여 이의를 제기하지 아니한 경우에는 유보가 그 국가에 의하여 수락된 것으로 간주된다.

정답 ③
해설 조약에 대한 국가의 기속적 동의를 표시하며 또한 유보를 포함하는 행위는 적어도 하나의 다른 체약국이 그 유보를 수락한 경우에 유효하다.

09

「관세 및 무역에 관한 일반협정(GATT)」 제20조(일반적 예외)에 대한 설명으로 옳지 않은 것은?

① 미국-새우 사건에서 상소기구는 GATT 제20조 (g)호에 규정되어 있는 유한천연자원에 생물자원이 포함되지 않는다고 판단하였다.
② 특정의 무역규제조치가 GATT 제20조 각 호의 예외에 해당하는 경우라도 자의적이거나 부당한 차별금지원칙과 위장된 무역제한금지 원칙이 준수되어야 한다.
③ 미국-가솔린 사건에서 상소기구가 2단계분석법을 해석기준으로 제시한 이후, 2단계 분석법은 WTO 패널 및 상소기구 보고서의 관행으로 확립되었다.
④ GATT 제20조를 원용하는 국가는 그에 대한 입증책임을 부담한다.

정답 ①

해설 미국-새우 사건에서 상소기구는 돌고래, 바다거북 등 생물자원이 유한천연자원에 포함된다고 보았다.

관련 이론

동종 상품 개요

동종 상품 여부를 판정하는 기준이 매우 중요하며 이에는 2단계 분석법, 통합 분석법, 목적효과 분석법 등 여러 주장이 있다. 2단계 분석법이란 우선 제품의 물리적 특성, 최종 사용 용도, 구성 성분, 소비자의 기호 및 습관, 그리고 일반적으로 통일된 관세 품목 분류 기준 등을 고려하여 수입품과 국내 상품이 동종 상품인지를 판단하고 만일 그렇다면 2차적으로 수입품에 차별적인 불리한 조세가 부과되었는지 결정하는 방법이다. 2단계 분석법에서는 수입품과 국내 상품이 동종 상품인 것으로 결정되면 거의 GATT III조2항 첫 문장 위반으로 결론 내려진다. 제품의 물리적 특성, 최종 사용 용도 등 판정 기준을 처음 제시한 것은 1970년 GATT 국경과세조정 working party가 제출한 보고서(the Border Tax Adjustment Report)이다. 이를 따서 이 분석법을 BTA 방식이라고도 한다. EC-Asbestos 사건에서도 이러한 방식을 토대로 동종 상품 여부를 분석하였으며 지금까지 GATT/WTO 패널에서 광범위하게 사용된 방식이기도 하다.

유사 문제

01 WTO의 가입과 탈퇴에 관한 설명으로 틀린 것은?

① WTO협정으로부터의 탈퇴는 다자간무역협정에 자동적으로 적용된다.
② 복수국 간 무역협정에의 가입과 탈퇴는 동 협정의 규정에 따른다.
③ '국가'와 '독자적 관세영역'은 WTO에 가입할 수 있다.
④ 각료회의는 WTO회원국 4분의 3 찬성에 의하여 새로운 회원국의 가입조건에 관한 합의를 승인한다.

정답 ④
해설 각료회의는 WTO회원국 3분의 2 찬성에 의하여 새로운 회원국의 가입조건에 관한 합의를 승인한다.

02 세계무역기구(WTO) 설립협정에 관한 설명으로 옳지 않은 것은?

① 회원국의 탈퇴는 서면으로 탈퇴통고가 WTO사무총장에게 접수된 날로부터 12개월이 경과된 날로부터 효력이 발생한다.
② WTO설립협정의 조항과 다자간무역협정의 조항이 상충하는 경우 상충의 범위 내에서 전자가 우선한다.
③ 각료회의는 예외적인 상황에서 회원국 3/4 이상의 다수결에 따라 특정 회원국에 대하여 협정 상의 의무를 면제할 수 있다.
④ 가입은 각료회의에서 WTO회원국 2/3 이상의 찬성으로 결정한다.

정답 ①
해설 회원국의 탈퇴는 서면으로 탈퇴통고가 WTO사무총장에게 접수된 날로부터 6개월이 경과된 날로부터 효력이 발생한다.

10

2004년 「UN 국가 및 그 재산의 관할권 면제에 관한 협약」에 따른 주권면제에 대한 설명으로 옳은 것만을 모두 고르면? (단, 관계국들 간에 별도의 합의는 없다고 가정한다)

> ㄱ. 소송의 내용이 고용계약에 관한 것으로 복직을 요구하는 경우, 주권면제는 부인된다.
> ㄴ. 원고가 법정지국 밖에서 고문의 피해를 받아 손해배상을 청구하는 경우, 주권면제는 인정된다.
> ㄷ. 원고가 법정지국에서 발생한 교통사고에 대하여 손해배상을 청구하는 경우, 주권면제는 부인된다.
> ㄹ. 원고가 외국 정부의 명예훼손으로 인한 손해배상을 청구하는 경우, 주권면제는 부인된다.

① ㄱ, ㄴ
② ㄱ, ㄹ
③ ㄴ, ㄷ
④ ㄷ, ㄹ

정답 ③

해설
ㄱ. 2004년 「UN 국가 및 그 재산의 관할권 면제에 관한 협약」에 의하면 채용, 고용갱신, 복직에 대한 소송에서는 면제가 인정된다. 고용계약과 관련 소송, 즉, 국가와 개인간 고용계약 관련 소송에서는 주권면제를 주장할 수 없지만, 피고용인이 특정 공권력 행사를 위해 채용되었거나, 피고용인이 외교사절로서 면제를 향유하는 자이거나 소송 내용이 개인의 채용, 고용갱신, 복직에 관한 경우, 국가안보에 관련된 경우, 또는 피고용인이 고용국 국민인 경우 등에는 주권면제가 부인되지 않는다.
ㄹ. 원고가 외국 정부의 명예훼손소송의 경우는 면제가 인정된다.

관련 이론

제한적 면제이론

외교적 면제는 19세기에 법정지국 법원에서 처음으로 국가면제가 존재하는지 여부에 대해 결정해야 했을 때 유추의 방식으로 국가면제 허용에 유용하게 활용됨으로써 그 기원에 있어서는 유사성이 있기도 하다. 그러나 기본적으로 국가면제와 외교적 면제는 인정의 근거, 그 발전의 역사, 규칙의 내용 및 예외의 측면에 있어 별개의 제도로서 존재해 왔다. 이 양자는 그 적용법규와 법리가 다르다. 외교공관과 외교관등은 국가를 대표하는 기능을 수행하고 있기 때문에, 그러한 의미에서는 국가면제론에서 말하는 '국가'의 범주에 포섭된다. 따라서 국가의 외교적 기능을 수행하는 실체(예컨대, 외교공관)와 그러한 실체와 관련된 자(예컨대, 외교관)들은 법정지국 법원에서 외교적 면제뿐 아니라 국가면제를 동시에 향유한다. 특히 국가면제가 절대적인 시절에는, 국가면제는 외교적 면제와 큰 차이가 없기 때문에 어느 규칙을 적용하더라도 재판권 면제의 향유라는 결과는 같아서 이 양자는 서로 중복되어 나타났다.

그러나 절대적 국가면제원칙이 제한적 국가면제론으로 대체되어 가고 있는 오늘날에는 '국가면제는 외교적 면제를 저해하지 않는다'는 원칙이 적용되므로, 외교적 기능을 수행하는 '실체'와 그러한 실체와 관련된 '자'들의 행위가 국가면제를 부인하는 사유에 해당하는 경우, 그러한 행위를 한 실체 또는 사람은 외교적 면제를 계속 향유할 수 있지만, 그를 파견한 외국의 국가면제는 면제되지 않는다. 따라서 국가면제가 제한되는 상황, 즉 국가가 타국 법원의 재판권에 복종해야 하는 상황에서도 외교적 면제는 우선적으로 적용될 수 있다. '외교사절단' 또는 '외교공관'과 같은 실체인 경우, '외교관계에 관한 비엔나협약'에는 이러한 외국기관의 불가침권만 규정되어 있을 뿐, 이러한 실체가 접수국 법원의 재판권으로부터 면제를 향유하는지에 대해서는 아무런 규정을 두고 있지 않다. 이와 같이 관련규정의 부존재에 기초한 일반적인 해석과 각국의 사법판례에 따르면, 외교공관은 일반적으로 접수국의 재판권으로부터 면제되지 않는다. 다만, 많은 국가는 이러한 재판권 행사의 요건으로서 '외교공관의 직무수행에 방해가 되지 않는 한'이라는 단서를 달고 있다. 부동산의 소유권, 임대차, 용역권 등과 관련된 소송 및 토지등기부의 수정과 같이 이러한 사항과 유사하거나 이와 관련된 문제를 해결하기 위한 소송 등은 기본적으로 외국의 비주권적 행위에 기초한 소송으로 간주되어 '외교공관의 직무수행'과 관련이 없는 것으로 평가를 받고 있다. 피해를 입은 청구인은 외국의 외교공관을 상대로(즉, 그 외국을 상대로) 이러한 부류의 소송을 제기할 수 있고 이러한 경우 그 외국은 법정지국 법원의 재판권으로부터 면제되지 않는다는 것이 일반적인 추세이다. 대부분의 국가에서는 외국의 국가면제가 인정되지 않는 부동산관련 소송에서 청구인은 외국에 대하여 특정한 이행을 요구하거나, 건물 또는 담의 철거, 토지 또는 재산의 반환 등을 명하는 판결을 구할 수 없고, 부동산에 대한 청구인의 권리, 이익, 점유, 사용을 확인 또는 선언하거나 침해된 권리나 이익의 회복을 위한 손해배상을 구하는 판결을 구할 수 있다. 외교공관의 부동산과 관련한 소송에서 청구인이 승소판결을 받았다 하더라도, 외교재산은 불가침이어서 이에 대한 강제집행은 불가능하다.

유사 문제

01 국가면제에 관한 설명으로 옳지 않은 것은?
① 국가면제 포기의 효력은 최종심까지 유지한다.
② 본소를 제기한 국가는 반소에 대해 면제를 주장할 수 없다.
③ 재판권 면제에 대해 포기하면 재산에 대한 면제는 별도의 포기를 요구하지 아니한다.
④ 국제체포영장사건(2000)은 현직 외무부 장관의 인적면제가 적용된 사례임. 다만 현직 대통령의 인적면제에 대한 근거로 원용될 수 있는 판례이다.

정답 ③
해설 재판권 면제에 대해 포기했다고 하더라도 재산에 대한 면제는 별도의 포기를 요한다.

02 2004년 「UN 국가 및 그 재산의 관할권 면제에 관한 협약」에 관한 설명으로 옳지 않은 것은?
① 피노체트 사건(1999)에서 영국대법원은 전직 국가원수의 사적 행위에 대한 형사관할권 면제를 제한하였다.
② Mighell v. Sultan of Johore 사건에서 영국법원은 민사재판에서 현직 국가원수의 사적행위에 대한 국가면제 적용을 인정하지 아니한 판례이다.
③ Al-adsani사건에서 영국법원은 UN국가면제 협약 제12조에 근거하여 법정지국 영토 외에서 발생한 사건에 대해서는 국가면제가 제한되지 아니한다고 판시하였다.
④ 우리나라 대법원은 미합중국을 상대로 제기된 고용계약관련 사건에서 제한적면제론에 기초하여 관할권을 행사한 바 있다.

정답 ②
해설 Mighell v. Sultan of Johore 사건에서 영국법원은 민사재판에서 현직 국가원수의 사적행위에 대한 국가면제 적용을 인정하였다.

11

국제연합(UN) 총회 및 안전보장이사회에 대한 설명으로 옳지 않은 것은?

① UN헌장에 의하면 안전보장이사회가 분쟁이나 사태에 대해 임무를 수행하는 동안에 총회는 안전보장이사회가 요청하지 않는 한 어떤 권고도 할 수 없다.
② UN총회는 회부된 국제평화와 안전의 유지에 관한 문제를 토의할 수 있다.
③ 최근에 안전보장이사회는 포괄적 제재조치보다는 특정한 개인이나 단체를 대상으로 하는 이른바 '표적제재(smart sanctions)'를 채택하는 경향이 있다.
④ 회원국의 다른 조약상의 의무는 안전보장이사회의 결의보다 우선한다.

> 정답 ④
> 해설 국제연합의 안전보장이사회의 결의는 회원국의 다른 조약이나 관습법상의 의무보다 우선한다. 즉, 유엔헌장 제103조에서 유엔회원국의 헌장상의 의무와 다른 국제협정상의 의무가 상충되는 경우에는 이 헌장상의 의무가 우선한다고 규정하고 있다.

관련 이론

안보리의 기능 및 권한

1. 안보리는 국제평화 및 안전유지에 대한 일차적 책임을 지며, 유엔회원국에 대해 구속력을 갖는 결정을 할 수 있는 유일한 기관
2. 주요기능 및 권한은 다음과 같음
   ① 국제적 마찰을 야기시킬 수 있는 분쟁 또는 사태에 관한 조사 및 분쟁의 조정방법 또는 해결조건 권고
   ② 평화에 대한 위협, 평화의 파괴 또는 침략행위의 존재여부를 결정하고, 국제평화와 안전의 유지 및 회복을 위하여 권고 또는 강제조치 집행
      ㉠ 회원국에 대해 경제제재 조치를 포함한 군사적 강제조치의 실시를 요청
      ㉡ 군사적 강제조치 집행(이와 관련, 모든 회원국은 안보리와 특별협정을 체결하여 동 협정에 따라 병력지원과 시설 등을 안보리에 제공하게 되어 있으나, 아직까지 동 협정은 체결된 사례가 없음.)
   ③ 군비 통제안의 수립
   ④ 전략지역(Strategic Area)에 신탁통치 기능 수행
   ⑤ 신회원국의 가입 권고
   ⑥ 사무총장의 임명 권고 및 총회와 함께 국제사법재판소 판사 선출

유사 문제

01 UN에 대한 설명으로 틀린 것은?
① 국제연맹(LN)과 동일하게 UN에는 탈퇴에 관한 명문규정이 없다.
② 헌장은 제6조에 "이 헌장에 규정된 원칙을 끈질기게 위반하는 UN회원국은 안보리의 권고에 따라 총회가 제명할 수 있다."는 규정을 두고 있다.
③ UN에는 오로지 국가만이 가입할 수 있다.
④ UN헌장 개정의 효력은 개정에 동의한 국가만이 아닌 전 회원국에 대해 개정의 효력이 미친다.

정답 ①
해설 LN과 달리 UN에는 탈퇴에 관한 명문규정이 없다.

02 다음 중 국제연합에 대한 설명으로 타당하지 않은 것은?
① 회원국으로서의 권리나 특권의 정지, 회복은 안보리와 총회의 공동결정 사안이다.
② 국제연합의 행동을 요하는 문제에 대해 총회는 원칙적으로 권고할 수 없으나, 토의는 자유롭게 할 수 있다.
③ UN가입은 UN안보리의 권고에 기초하여 UN총회에서 결정한다.
④ 국제연맹규약과 마찬가지로 UN헌장에는 제명에 대한 명문규정을 두고 있다.

정답 ①
해설 회원국으로서의 권리나 특권의 정지는 안보리와 총회의 공동결정사안이나 그 회복은 안보리의 단독권한이다.

12

국제법상 자위권에 대한 설명으로 옳지 않은 것은?

① 무력공격을 받은 국가는 자위권을 즉시 행사하여야 하며, 그 내용은 안전보장이사회에 보고되어야 한다.
② 자위권은 무력공격에 비례하고 필요한 범위 내에서만 정당화된다.
③ 국제사법재판소(ICJ)는 「Legal Consequences of the Construction of a Wall in the Occupied Palestinian Territory」 사건에서 비국가행위자에 대한 자위권의 발동을 명시적으로 인정하였다.
④ UN헌장 제51조에 의하면 집단적 자위권은 국가의 고유한 권리로 해석된다.

정답 ③

해설 국제사법재판소(ICJ)는 본 사건에서 비국가적 행위자에 대해 자위권을 발동할 수 없고, 자위권은 국가 대 국가 관계로 한정해야 한다고 하였다.

관련 이론

자위권의 요건(통제)

1. 국제연합에 있어서의 자위권(통제)
   국제연합은 자위권에 중대한 통제를 가하고 있는데 첫째 자위권의 발동은 무력공격의 발생에 한하고, 둘째 자위권의 발동은 안전보장이사회가 국제평화와 안정의 유지에 필요한 조치를 취할 때까지만 인정된다. 셋째, 자위권의 행사에 있어서 가맹국이 취한 조치는 즉시 안보리에 보고하도록 되어 있는데 이것으로써 자위권의 행사로서 취해진 조치가 국제법상 적당한 것인가의 여부를 심사할 수 있게 되었다. 그러나 이러한 국제연합의 자위권의 통제도 다음과 같은 문제점이 있는데, 첫째 자위권을 통제하는 안보리에 있어서의 상임이사국은 거부권을 가지므로 어느 하나의 상임이사국 또는 그것이 후견하는 국가가 자위권이라는 명목으로 불법적인 무력행사를 하는 경우에 이것에 대한 통제는 사실상 불가능하며, 둘째 위법자에 대한 제재와 피해자에 대한 구제수단이 없으며, 셋째 무력공격이 발생한 경우에 한하여 자위권을 발동할 수 있다고 규정한 헌장 제51조는 원자탄 기타의 핵무기의 사용이 예상되는 현대전에는 적합하지 않은 점이다.

2. 무력공격이 발생한 경우의 의미
   무력공격이 발생한 경우란 피해법익의 현재성을 요한다는 설, 무력공격을 수반하지 않는 피해에 대해서도 국가의 본질적인 특정권리를 방위하기 위한 반격조치는 허용된다는 설, 무력공격만이 자위권 발동의 형식적 요건은 아니고 간접침략이나 경제적 침략에 대해서도 자위권을 행사할 수 있다는 설 등으로 견해가 나뉘나, 무력공격의 발생이라고 하는 것은 자위행위의 시점에 있어서 무력공격이 구체적으로 착수되고 진행되어 무력공격에 의한 법익침해가 절박한 경우이고 무력공격의 완성 내지 피해법익의 현재성을 의미하는 것은 아니라고 보아야 할 것이다. 예방적, 선제적 무력사용은 적어도 국제연합체제하의 현대국제법상의 자위권으로는 인정되지 않는다고 본다.

3. 보호법익의 문제
   상대방의 무력행사로부터 자위권에 의하여 보호할 수 있는 법익의 범위는 국제평화의 관점에서 불가결한 일국의 기본적 법익, 즉 국가의 영토보전, 정치적 독립에 한정된다. 즉 국가의사가 개입되지 않은 우발적인 사건, 어업권의 침해 등과 같이 무력행사의 목적이 명백히 한정적인 경우에는 거기에 침략의 존재를 인정할 수 없고 자위권에 입각한 무력행사도 용인되지 않는다.

집단적 자위권

1. 내용
   집단적 자위권이라고 하면 국제연합의 가맹국에 대하여 무력이 행사되는 경우 자국의 독립과 안정이 그 가맹국의 그것과 동일시될 만큼 밀접한 관계에 있는 경우 그 무력공격에 대하여 자국이 자위의 행동을 취할 수 있는 권리이다. 이러한 집단적 자위권은 첫째, 국제연합 헌장에 의하여 가맹국에게 새로이 인정된 권리이고, 동시에 이것은 무력공격이 현실적으로 자국에 가해지는 것을 요건으로 하지 않으므로 본래의 자위권이 확장된 것이다. 둘째, 집단적 자위권의 행사에 있어서 그 무력공격이 자국에 대한 것과 동일시되는 일정한 연대성의 존재가 필요하나, 현실적으로 지리적 근접성은 문제되지 않는다. 셋째, 이것은 가맹국에 대한 무력공격이라는 조건이 존재하는 한 가맹국이 이 권리를 조약에 규정하지 않았어도 행사가 가능하나 선제적 자위권발동은 할 수 없다. 넷째, 이것은 국제관습법상의 권리로 인정되어 특별한 조약상의 근거 없이 수시로 또는 지역제도에 입각하여(NATO, 미일안전보장조약 등) 행사된다.

2. 집단적 자위권과의 구별개념
   ① 지역적 협정
   국가연합은 안보리의 권능하에 안전보장에 관한 지역적 기관(전미상호원조조약 등)을 두고 있다. 그러나, 이 지역적 기관은 강제조치를 취하기 위해서는 이사회의 허가를 얻어야 하나 이사회의 허가는 거부권으로 인하여 기대할 수 없는 경우가 있으며, 따라서 이사회의 허가를 요하지 않고 강제조치를 취할 수 있는 집단적 자위권과 구별된다. 그러나, 제2차대전 중의 연합국과 싸운 패전국의 침략의 재현에 대비해서 지역적 협정이 작성된 경우 이 지역적 협정에 입각한 강제행동은 안보리의 허가가 필요없다.(제53조 1항) 하지만, 구적국조항이 적용되는 것은 어디까지나 제2차대전의 적에 한정되고 대전 후의 새로운 적에 대해서는 적용되지 않는다.

   ② 제한주의론, Johnson주의
      ㉠ 제한주의론
      소련은 그 세력범위내에서의 반체제운동을 배제하기 위하여 무력으로 개입하면서(헝가리, 체코의 반정부, 자유화운동을 무력진압) 집단적 자위권을 원용하였다. 즉, 자본주의체제의 활동과 반사회주의, 중립화운동은 사회주의체제의 전체에 대한 위협으로서 급박성에 입각한 무력개입과 군사원조가 가능하다는 것이 제한주의론이다. 그러나 사회주의제국내의 국내반란이 집단적 자위권의 행사를 정당화할만한 타국으로부터의 무력공격에 해당한다고 보기는 어려울 것이다.

      ㉡ Johnson주의
      미국은 도미니카 공화국의 혁명시에 인권보장을 이유로 군사개입을 하면서 집단적 자위권을 원용하였지만 공산주의정권의 수립을 배제한다는 대의명분이 집단적 자위권의 요건을 충족시킨다고는 보기 어려울 것이다.

유사 문제

01 무력사용 및 위협 금지원칙에 관한 설명으로 옳지 않은 것은?

① 무력사용 및 위협 금지원칙은 강행규범에 해당된다.
② 1928년 부전조약은 국가정책수단으로서의 전쟁, 즉 침략전쟁의 포기를 규정하였다.
③ 국가는 침략국의 영토에 대해 전시점령은 불가능하지만 병합은 가능하다.
④ UN헌장에서 제2조 제4항의 예외는 제42조(UN에 의한 군사적 조치), 제51조(자위권), 제53조(지역적 기구에 의한 강제행동), 제107조(구 적국 조항)가 있다.

정답 ③

해설 국가는 어떤 경우에도 타국의 영토를 무력의 위협 또는 사용을 통하여 취득할 수 없게 됨에 따라 침략국의 영토라 하더라도 전시점령은 가능하지만 병합할 수는 없다.

02 무력사용에 관한 설명으로 틀린 것은?

① 재정지원은 간접적인 무력사용에는 해당하지 아니한다.
② 재정지원은 타국의 국내문제에 대한 간섭이지만 국제법의 위반은 아니다.
③ 국제연맹규약 제12조는 전쟁을 전면금지한 것이 아니라 일정 절차 종료 후 3개월의 냉각기간의 제약을 받는데 불과하였다.
④ 자위는 자국에 대해 발생하고 있는 타국의 무력공격에 대응하여 취하는 무력조치로서 무력적 복구가 국제법상 요인되지 않는 점과 대조된다.

정답 ②

해설 재정지원은 타국의 국내문제에 대한 간섭으로서 국제법에 위배된다.

13

1982년 「UN해양법협약」상 EEZ에 대한 설명으로 옳지 않은 것은?

① 연안국은 EEZ에서 생물 및 무생물 등 천연자원의 탐사, 개발, 보존·관리를 목적으로 하는 주권적 권리를 갖는다.
② 연안국은 EEZ에서 인공섬, 시설 및 구조물의 설치와 사용, 해양과학조사, 해양환경의 보호와 보전에 관한 관할권을 갖는다.
③ ICJ는 우크라이나와 루마니아 간 흑해해양경계획정 사건에서 섬의 존재를 반영하여 EEZ 경계를 획정하였다.
④ 관련국 간에 발효 중인 협정이 있는 경우, EEZ의 경계획정에 관련된 사항은 그 협정의 규정에 따라 결정된다.

정답 ③

해설 크라이나와 루마니아 간 흑해해양경계획정 사건에서 뱀섬에 대해 효과를 인정하지 아니하였다. 즉, 뱀섬의 존재를 반영하지 않고 무시한 채 EEZ경계를 획정하였다.

관련 이론

크라이나와 루마니아 간 흑해해양경계획정 사건

2009년 루마니아와 우크라이나 간의 흑해(黑海) 해양경계 사건에서 국제사법재판소(ICJ)가 적용한 해양경계획정의 소위 '3단계 접근법'은 그 이후 2012년 국제해양법재판소(ITLOS)의 방글라데시와 미얀마 간의 벵갈만의 해양경계획정 사건과 2012년 국제사법재판소(ICJ)의 니카라과와 콜롬비아 사이의 경계획정 사건 등 후속 판결들을 통해 일반적으로 해양경계획정에 있어서 실행가능한 통상적인 방식으로 인식되고 있다. 3단계 접근법은 첫째, 잠정적인 등거리선/중간선 설정, 둘째, 형평한 결과를 도출하기 위해 등거리선/중간선에 조정을 요구하는 어떠한 요소들이 있는지의 여부 고려, 그리고 셋째, 조정된 경계선이 각국의 해안선 길이 비율과 각 당사국에 속하게 될 관련 해양 면적의 비율 간에 심각한 불균형으로 인해 형평하지 않은 결과를 도출하지 않도록 점검하는 방식을 의미한다. 3단계 접근법의 이론적 완결성에 대한 여러 비판이 제기되고 있음에도 불구하고 현재 시점에서 이 3단계 접근법을 배제하고는 현존하는 해양경계 미획정 지역에 있어 결과를 예측하여 협상에 대비하기가 쉽지 않다는 점에서 그 이론적인 적용 가치가 증대되고 있다. 즉, 해양경계획정 과정에 있어 예측가능성의 제고가 해양경계획정에 적용되는 동 3단계 접근법의 객관성을 보장한다는 인식 때문이다.

우크라이나와 루마니아의 국경 지대 해안 연안에 우크라이나령인 작은 섬(Serpents' Island)이 위치하고 있었다. 양국은 이 섬이 폭 12해리의 별도의 영해를 갖는다고 예전에 합의하였다. 우크라이나는 Serpents 섬은 독자적인 대륙붕과 배타적 경제 수역을 보유할 수 있는 섬이므로 잠정적인 등거리선 조정 요소로 고려해야 한다고 주장하였으나 루마니아는 동 섬은 섬이 아니라 바위로서 별도의 대륙붕 등을 보유하지 못한다고 반박하였다. 재판부는 동 섬의 섬 여부에 대해서는 심리하지 않고 설사 동 섬이 자신의 대륙붕과 배타적 경제 수역을 보유한다고 인정하더라도 일부는 재판부가 획정한 대상 해역 남측 경계를 초과하므로 의미가 없으며 나머지는 우크라이나 본토 해안선에 근거한 대륙붕과 배타적 경제 수역과 중첩이 된다고 언급하고 우크라이나의 주장을 수용하지 않았다.

유사 문제

01 1982년 '해양법협약'상 배타적 경제수역에 관한 설명으로 옳지 않은 것은?

① 배타적 경제수역은 영해기선으로부터 200해리를 초과할 수 없다.
② 연안국은 배타적 경제수역에서 해상, 하층토, 상부수역, 상공에 대해서는 주권을 행사할 수 있다.
③ 인간이 거주할 수 없거나 독자적인 경제활동을 유지할 수 없는 바위섬은 배타적 경제수역을 가지지 아니한다.
④ 모든 국가는 일정한 제한에 따를 것을 조건으로 항행, 상공 비행의 자유 등을 향유한다.

정답 ②
해설 연안국은 배타적 경제수역에서 해상, 하층토, 상부수역에 대해서는 주권을 행사할 수 있지만 상공에 대해서는 주권을 행사할 수 없다.

02 1982년 UN해양법협약상 서로 마주보고 있거나 인접한 연안을 가진 국가 간의 배타적 경제수역 및 대륙붕의 경계획정에 관한 규정에 대한 설명으로 옳지 않은 것은?

① 경계획정에 관한 규정은 영해 및 EEZ의 경계에 대해 동일한 규정을 두고 있다.
② 형평한 해결에 이르기 위하여, 국제사법재판소규정 제38조에 언급된 국제법을 기초로 하는 합의에 의하여 이루어 진다.
③ 관련국간에 발효 중인 협정이 있는 경우, 배타적 경제수역의 경계획정에 관련된 사항은 그 협정의 규정에 따라 결정된다.
④ 1958년 공해 및 대륙붕에 관한 협약과 달리 1982년 해양법협약상 중첩대륙붕 경계획정 기준으로 중간선이나 등거리선 원칙은 도입되지 않았으며, 1982년 해양법협약은 배타적 경제수역이 중첩되는 경우에도 국제법에 기초하여 형평한 해결을 위해 상호 합의할 것을 규정하고 있을 뿐, 중간선이나 등거리선 원칙은 도입하지 않았다.

정답 ①
해설 대륙붕 및 EEZ의 경계에 대해 동일한 규정을 두고 있다.

14

국제인도법상 전쟁포로의 지위에 대한 설명으로 옳지 않은 것은?

① 비정규군이나 조직적인 저항단체의 구성원은 일정한 경우, 적의 수중에 들어가면 포로의 지위를 갖는다.
② 교전행위를 행하여 적의 수중에 들어간 자가 포로의 지위가 명확하지 않은 경우, 관할 재판소가 결정을 내릴 때까지 포로의 지위를 갖는다.
③ 무력충돌 당사국의 상선 승무원이나 민간 항공기 승무원은 일정한 경우, 적의 수중에 들어가면 포로의 지위를 갖는다.
④ 간첩행위에 종사하는 동안 적대당사국의 권력 내에 들어간 충돌당사국 군대의 구성원은 포로의 지위를 갖는다.

정답 ④

해설 간첩행위에 종사하는 동안 적대당사국의 권력 내에 들어간 충돌당사국 군대의 구성원은 포로대우를 받을 수 없다.

관련 이론

국제전쟁법상 전쟁 포로의 대우

1949년 제네바 제3협약은 전쟁 포로 보호를 위한 상세한 법적 지침을 마련하고 있다. 현시점에서 모든 유엔 회원국들이 이 협약에 가입했기 때문에 오늘날 그 내용은 포로 대우에 관한 국제사회의 보편규범이라고 할 수 있다.

전쟁이 발발했을 때 군인은 합법적인 교전자로서 적국의 교전자에 대해 적대행위를 수행할 권리를 갖는다. 일반적인 경우라면 이와 같은 행위는 다른 나라의 국민을 살상하고 물자를 파괴하는 범법행위로서 해당 국가의 국내법 위반으로 형사 처벌을 받는 것이 당연하겠지만, 전시에는 군인의 교전 행위 자체가 합법이므로 이들이 전쟁 중에 생포된다고 해서 국내법 위반으로 처벌받지는 않는다.

오히려 전쟁 중에 생포된 군인은 1949년 제네바 제3협약에 따른 전쟁 포로로 보호받을 권리가 있으므로 이와 같은 지위를 '전투원의 특권'이라고 부르기도 한다.

일반적으로는 항복이나 부상으로 전투 능력을 상실하는 등 교전자가 적국의 수중에 놓이게 되는 즉시 포로 지위가 부여된다. 포로를 생포한 국가는 이들의 무장을 해제하고 소지품을 수색할 수 있으며 무기나 군 장비를 압수할 수 있다. 그러나 방탄모나 방독면 같이 포로의 안전과 관련된 장비 또는 계급과 국적을 표시하는 기장, 훈장, 특히 가족사진과 같은 포로의 개인적이거나 정서적 가치를 갖는 물품은 압수할 수 없다. 금전을 비롯한 귀중품의 압류 역시 안보상의 이유가 있는 경우로 한정되는데, 이때에도 특별장부에 기록하고 영수증을 발급하는 등 일정한 절차를 거쳐야 한다(제18조).

전쟁 중에 적 전투원을 포로로 사로잡는 것은 이들을 처벌하기 위한 목적이 아니라 더 이상 적대행위에 가담하지 못하도록 강요하기 위한 것이다. 즉 포로는 범죄자가 아니라 단순히 안보상의 이유로 일정 기간 억류되는 자일 뿐이므로 수용 조건 역시 죄수들과는 구별되어야 한다. 따라서 포로가 범죄를 저질러 수감되는 특별한 경우가 아니라면 일반적으로는 수용소의 일정한 공간에서 어느 정도 이동의 자유가 부여돼야 한다. 같은 이유에서 특별한 사유 없이 이들을 수용소 내에서 포박하는 것도 허용되지 않는다.

1949년 제네바 제3협약의 핵심 원칙은 '포로는 항상 인도적으로 대우돼야 한다'는 것이다(제13조). 협약에서는 제2차 세계대전 당시의 해석상의 문제를 고려하여 구체적으로 포로를 사망하게 하거나 건강에 중대한 위해를 가하는 행위를 언급하면서, 특히 신체 절단 또는 의학실험을 명시적으로 금지했다. 또한 포로는 폭력과 협박, 모욕, 대중의 호기심으로부터 항상 보호받아야 한다.

따라서 제2차 세계대전 당시 프랑스 포로들을 독일 시내에서 행진하게 한 것이나 걸프전 때 연합군 조종사들을 바그다드 거리에 세워 대중이 공개적으로 관람하게 한 것은 국제인도법 위반이다. 오늘날에는 포로들의 사진을 촬영해 보도하거나 생포 직후의 인터뷰를 방송하는 행위 역시 불법으로 평가된다.

포로에 대한 심문은 금지되지 않지만, 포로는 자신의 '성명, 계급, 출생 연월일 및 소속군, 연대, 군번'을 제외하고는 진술할 의무가 없다. 설령 포로가 진술을 거부하는 경우에도 협박이나 모욕, 기타 불쾌하거나 불리한 대우는 허용되지 않는다. 정보 입수를 위한 육체적·정신적 고문이나 기타 모든 형태의 강제 역시 금지된다(제17조). 6·25전쟁 당시에는 심문 과정에서 거짓말 탐지기를 사용하기도 했는데, 이는 국제인도법상 금지되는 '강제'로 평가된다. 다만 억류국이 자발적 협력을 얻기 위해 적극적인 인센티브를 제공하는 것은 문제 되지 않는다.

한편 억류국은 군사적 성질을 갖지 않는 업무에 한해 신체적으로 적합한 포로에게 노동을 강제할 수 있다. 물론 지뢰 제거와 같이 건강에 해롭거나 위험한 성질의 노동을 강요할 수는 없다(제52조). 이뿐만 아니라 억류국은 노동에 대한 임금을 지급하거나 일정한 노동 조건을 제공하는 등 협약에 따라 부과된 다양한 조건들을 준수해야 한다. 특히 부사관에게는 감독업무만 강요할 수 있을 뿐이며, 장교는 강제노동이 허용되지 않는다(제49조).

억류국은 포로에게 무기를 사용할 수도 있다. 그러나 포로에 대한 무기 사용은 폭동이 발생하거나 포로가 도주하려고 하는 경우와 같이 극히 예외적인 경우에 한해 최후의 수단으로만 인정되므로, 무기 사용에 앞서 시의적절한 경고가 선행되어야 한다(제42조). 따라서 일정한 경계를 넘으면 경고 없이 즉각 사살하는 개념의 사선(death line)을 설정하는 것은 허용되지 않는다.

적대행위가 종료되면 포로는 지체 없이 석방, 본국으로 송환돼야 한다(제118조). 그런데 6·25전쟁 당시에는 송환을 거부하는 포로들이 대거 발생하는 특수한 상황이 연출되었다. 공산 측은 포로는 어떠한 경우에도 제3협약에 따라 보장된 권리를 포기할 수 없다고 명시한 제7조를 내세우면서 무조건 전원송환을 고집했다. 반면 유엔사 측은 개인의 의사와 무관한 강제송환은 인도주의 원칙에 부합하지 않는다고 맞서며 비강제 송환을 주장했다. 결국 이 문제는 정전협정 제3조 51항에 따라 포로의 의사를 존중하는 방식으로 처리됐는데, 이는 제118조의 해석에 관한 중요한 선례라 할 수 있다.

15

국제사법재판소(ICJ)에 대한 설명으로 옳은 것만을 모두 고르면?

ㄱ. 분쟁이 소재판부에 회부되는 경우에는 국적재판관(judge ad hoc)제도가 적용되지 않는다.
ㄴ. 분쟁당사국이 선결적 항변을 제기하지 않더라도 ICJ가 스스로의 판단에 따라 관할권 없음을 결정할 수 있다.
ㄷ. 패소국이 판결을 이행하지 않는 경우, 승소국은 UN안전보장이사회에 사안을 제기할 수 있다.
ㄹ. 선택조항의 수락은 다른 당사국과의 합의에 의해 이루어져야 한다.

① ㄱ, ㄴ
② ㄴ, ㄷ
③ ㄴ, ㄹ
④ ㄷ, ㄹ

정답 ②

해설
ㄱ. 소재판부에도 국적재판관(judge ad hoc)제도가 적용된다.
ㄹ. 선택조항 수락은 일방행위로서 당사국과의 합의를 필요하지 않는다.

관련 이론

중재재판과 사법재판의 차이

1. 개요

국제분쟁의 해결수단중 사법적 해결수단으로 중재재판과 사법재판이 있다. 양자간의 가장 커다란 특징적 차이는 중재재판이 분쟁이 발생할 때마다 당사자의 합의에 따라 선임된 재판부에 의한 재판인데 비해 사법재판은 ICJ와 같이 미리부터 구성되어 있는 재판부가 사전에 정하여 있는 재판의 준칙에 따라 판결을 내리는 상설성을 지니고 있다는 점이다. 이러한 특징과 관련 양자의 차이를 설명하고자 한다.

2. 재판기관

사법재판의 경우 재판의 기관이 미리 존재하고 있는데 반해 중재재판의 경우 재판부는 당사자간의 합의를 통해서 구성된다. 재판관의 선임에 있어 중재재판은 당사자의 합의에 의하고 보통은 양국 동수의 중재재판관과 홀수의 제3국인으로 재판부를 구성하나 사법재판은 ICJ규정 당사국에 의하여 15명의 판사를 선출하고 각 판사는 각각 다른 나라 사람으로 구성된다.

3. 재판의 대상

어떠한 분쟁이 중재재판에 회부되느냐는 원칙적으로 당사국의 합의에 의하여 정하여 진다. 이 합의는 분쟁 발생후 특별협정에 의하거나 아니면 미리 조약등을 통하여 재판의무를 규정하여 놓을 수도 있다. 사법재판의 경우는 재판대상은 크게 재판사건과 권고적 의견의 두가지로 나누어져 후자의 경우 중재재판에는 찾아볼 수 없는 제도이다. 재판사건에 있어서 사법재판에 회부되느냐는 중재재판과 마찬가지로 당사국의 특이한 것으로 〈선택조항의 수락〉이라는 것이 있다.

* 선택조항의 수락이란 ICJ규정 36조2항에 따라 〈재판소 규정의 당사국이 일정한 사항의 모든 법률적 분쟁에 대하여 재판소의 관할을 동일한 의무를 수락하는 모든 다른 국가와의 관계에 있어서 당연히 또한 특별한 합의 없이도 강제적인 것으로 인정한다는 것〉을 선언하는 것이다. 이에 의해 그 국가는 동일한 의무를 수락한 다른 국가와의 사이에서 발생한 분쟁에 관하여는 ICJ의 관할권을 사전에 수락하는 것이 된다.

* 재판사건에는 국가만이 당사자로 될 수 있기때문에, 국제기구는 소송을 제기할 수 없다. 이는 중재재판도 동일하다. 그러나 사법재판에 있어서는 국제기구도 '권고적의견'이란 제도를 통해 ICJ의 법적 판단을 받을 수 있다.

4. 재판의 준칙

중재재판의 준칙은 원칙적으로 당사국의 합의에 의하여 정하여진다. 개별적 중재재판의 경우 재판준칙을 중재협정에 규정함이 보통이다. 그러나 사법재판의 경우 재판의 준칙이 미리 마련되어 있다. ICJ규정 제38조 1항은 〈회부된 분쟁을 국제법에 따라 재판하는 것〉이 ICJ의 역할이라 하고 동 규정은 ICJ에 의하여 적용될 국제법에 따라 재판하는 것〉이 ICJ의 역할이라하고 동규정은 ICJ에 의하여 적용될 국제법을 조약, 국제관습법, 법의 일반원칙, 법칙결정의 보조수단으로서의 사법판결이나 저명한 국제법학자의 학설이라고 규정하고 있다.

5. 재판의 절차

중재재판의 절차는 당사자의 합의인 중재합의에 의하여 정하여 지는 것이 원칙이다. 이에 반하여 사법재판의 경우 미리 마련된 '재판절차에 의하여 재판이 진행된다. 이 경우 특별협정의 통고와 일방적 재판신청에 의해 재판이 개시되고, 서면 제출단계와 구두변론단계를 거쳐 판결을 하게 된다.

6. 중재재판의 효력

중재재판의 판결은 당사국에 대하여 법적 구속력을 갖는다. 또한 원칙적으로 분쟁을 최종적으로 해결한다. 이는 사법재판의 경우도 동일하다. 그러나 중재재판의 경우 다른 기관에 상소할 수 있는 권한이 명시적으로 부여되어 있으면 상소가 가능함에 비해 사법재판은 상소가 허용되지 않는다. 그러나 중재재판의 목적은 분쟁을 종식시키는데 있으므로 상소조항을 두는 경우는 비교적 드물다. 그리고 사법재판의 경우 ICJ라는 재판기구의 계속성이 보장되어 선례에 이은 일관된 법원칙의 계속성을 확보하여 국제판례의 일관된 집적이 가능하며, 이에 의하여 국제법의 발전에 많은 기여를 하게 된다.

유사 문제

01 국제사법재판소(ICJ)의 설립에 대한 설명으로 잘못된 것은?

① 국제연합의 주요한 사법기관으로서 국제연합헌장에 의하여 설립되었다
② 재판관은 법률가 중에서 국적에 따라 선출되는 독립적 재판관의 일단으로 구성된다.
③ 재판소는 15인의 재판관으로 구성된다.
④ 2인 이상이 동일국의 국민이어서는 아니된다.

정답 ②
해설 재판관은 법률가 중에서 국적에 관계없이 선출되는 독립적 재판관의 일단으로 구성된다.

02 ICJ의 재판관에 대한 설명으로 타당하지 않은 것은?

① 재판소에서 재판관의 자격을 정할 때 2 이상의 국가의 국민으로 인정될 수 있는 자는 그가 선택하는 국가의 국민으로 본다.
② 재판소의 재판관은 총회 및 안전보장이사회가 선출한다.
③ 재판소규정의 당사국이지만 국제연합의 비회원국인 국가가 재판소의 재판관 선거에 참가할 수 있는 조건은 안전보장 이사회의 권고에 따라 총회가 정한다.
④ 어떠한 국별 재판관단도 4인을 초과하여 후보자를 지명할 수 없으며, 그중 3인 이상이 자국국적의 소유자이어서도 아니된다.

정답 ①
해설 재판소에서 재판관의 자격을 정할 때 2 이상의 국가의 국민으로 인정될 수 있는 자는 그가 통상적으로 시민적 및 정치적 권리를 행사하는 국가의 국민으로 본다.

16

국제법과 국내법의 관계에 대한 설명으로 옳지 않은 것은?

① 한국 대법원은 자기집행적 조약과 비자기집행적 조약의 기준을 제시하고 있다.
② 영국에서 조약은 의회 제정법을 통하여 국내법적 효력을 가질 수 있다.
③ 미국에서 대부분의 인권조약은 재판규범으로 인정받기 어렵다.
④ 한국 법원은 특별한 입법조치 없이 관습국제법을 적용할 수 있다.

정답 ①

해설 한국은 자기집행성과 비자기집행성의 이론과 관련이 없다. 이는 미국에서 원용되는 법리이다.

관련 이론

1. 영국
① 헌법＞제정법＞국제관습법 = 보통법(Common law)
② 국제관습법 : 수용이론
③ 조약 : 변형이론
④ 조약이 의회를 통한 사후적인 입법이 없는 한 국내법 질서에 효력이 발생하지 않는다.
⑤ 영국 의회는 이행입법을 통해 국내법 질서에 효력을 미치는 조약의 내용을 수정할 수 있다.
⑥ 조약은 의회 제정법을 통해 국내적으로 시행되는 것이기 때문에, 법원으로서 조약의 해석에 관해서는 국내법률의 문언이 명백하다면 국내법률에 의해서만 판단한다. 다만, 그 문언이 명확하지 않으면 국내이행법률에 첨부된 조약문을 조약법 협약의 해석원칙에 따라 해석한다.
⑦ 영국은 조약·국제관습법을 불문하고 제정법우위의 원칙을 견지하고 있으나 실제로는 '합치의 추정'이라는 해석이론과 통치행위이론 등에 의해 국내법에 대한 국제법의 우위가 확보되고 있다.
⑧ Constitutional Reform and Governance Act : 최소 비준 21일 이전 의회에 조약안 제출 → 하원의 반대가 없으면 통과 → 하원의 반대가 있으면 정부는 왜 조약을 체결해야 하는지 하원에 재차 의견 제출 → 또 다시 21일 하원의 반대가 없어야.
⑨ 정부가 위와 같은 의회심사절차를 거칠 필요가 없다고 판단하는 경우, 정부는 그 이유를 의회에 통지하고 바로 조약을 비준할 수도 있다. 다만, 이러한 절차를 거친 조약도 영국 내에서는 직접적인 효력을 갖지 못한다.

2. 미국
① 연방헌법＞조약 = 연방법률＞판례＞국제관습법＞주헌법·법률
② 국제관습법 : 수용이론
③ 조약 : 수용이론
④ 차밍 베시 원칙(Charming Betsy) : 조화로운 해석의 가능성이 남아 있는 한 의회입법을 국제법에 반하는 방식으로 해석해서는 안 된다.
⑤ 별도의 대내적 입법조치 없이 곧바로 국내적으로 적용될 수 있는 자기집행조약.
⑥ 별도의 대내적 입법조치를 추가로 필요로 하는 비자기집행조약.
⑦ 자기집행성 문제는 조약에 대한 수용이론 국가에서 발생한다.
⑧ 조약의 자기집행성 여부는 1차적으로 당사자의 의도에 달려 있다. 예를 들어, 미국상원은 고문방지협약이나 인종차별철폐협약 등 국제인권조약에 비준동의를 하면서 해당 조약은 비자기집행적 조약임을 첨부하기도 하였다.
⑨ 조약의 자기집행성 여부는 조약 동의의 조건으로서 법원을 구속한다.
⑩ 자기집행성 여부는 개별조약을 단위로 하지 않으며, 하나의 조약 내에서도 자기집행적 조항과 비자기집행적 조항으로 나뉠 수 있다.
⑪ (예시) 미국 대법원은 범죄인 인도, 영사의 권리, 최혜국대우 조항, UN헌장 105조(특권과 면제) 등을 자기집행조약규정으로 보았다.

⑫ 비자기집행적 조약은 최소한 국내법의 해석기준으로 작동하게 된다.
⑬ 비자기집행적 조약은 의회입법을 촉진하는 계기가 된다.

3. 독일
   ① 연방헌법＞국제관습법＞연방법률 = 동의법률[조약법률·변형법률]
   ② 국제관습법 : 수용이론
   ③ 조약 : 변형이론
   ④ 연방 입법사항에 관련되는 조약은 연방법률의 형식으로 당해 문제에 관한 연방입법을 다룰 권한이 있는 기관의 동의나 참여를 필요로 한다. 결국 연방 의회가 연방법률을 채택하는 방식으로 동의나 참여해야 한다.
   ⑤ 독일의회는 조약의 원문에 변형을 가할 수 없고 가부의 투표만 한다.
   ⑥ 동의법률에 기초하여 국제적으로 조약이 체결되면 즉시 국내법 질서의 일부가 된다.

4. 프랑스
   의회의 동의를 받아 공포된 조약은 법률보다 우위의 효력을 갖는다.

5. 네덜란드
   ① 조약은 국내법률보다 우월한 효력을 갖는다.
   ② 조약이 헌법과 모순되는 경우, 그것이 의회의 개헌정족수를 넘는 승인을 받은 조약의 경우라면 당해 조약이 헌법보다 우월한 효력을 갖는다 할 것이다.

6. 대한민국
   ① 국제관습법 : 수용이론
   ② 조약 : 수용이론(헌법 제60조)
   ③ 입법부의 관여 없이 행정부 단독으로 체결한 조약은 법규명령의 효력만을 가진다고 본다.
   ④ (판례) 사인이 직접 WTO 협정을 근거로 우리 국내법원에 소를 제기할 수 없다.
   ⑤ (판례) 대법원은 국제항공운송인에 대해 그 항공운송 중 생긴 화물훼손으로 인한 손해배상청구에 대해 일반법인 민법에 대한 특별법으로서 바르샤바협약이 우선 적용되어야 한다고 판시하였다.

유사 문제

01 조약 및 국제관습법에 대한 미국의 태도로 옳지 않은 것은?

① 미 연방헌법 제6조 제2항은 '조약'이 헌법 및 법률과 함께 미국의 최고법임을 명시하고 있다.
② 조약을 자기집행적 조약과 비자기집행적 조약으로 나누어, 전자는 국내입법조치 없이 미국법의 일부로 간주되나 후자는 국내입법조치가 필요하다는 입장이다.
③ 판례법상 연방헌법은 조약의 상위에 있으며, 연방법률과 조약은 양자가 동위에 있으므로 신법우선의 원칙과 특별법우선의 원칙이 적용된다.
④ 상하 양원의 단순 과반수 승인에 의해 체결되는 의회-행정부 협정은 헌법에서 언급된 정식조약과 달리 연방법률보다 하위에 있다.

정답 ④
해설 상하 양원의 단순과반수 승인에 의해 체결되는 의회-행정부 협정도 헌법에서 언급된 정식조약과 마찬가지로 연방법률과 동위에 있다.

02 각국가에 있어서 국제법과 국내법의 관계에 관한 설명으로 옳지 않은 것은?

① 영국은 조약에 대해 원칙적으로 변형(transformation)원칙을 유지한다.
② 유럽사법법원에 의하면 유럽공동체법은 회원국 국내에 직접 적용된다.
③ 유럽사법법원은 코스타-에넬(Costa v. ENEL)사건 판결에서 유럽공동체법은 국내적 차원에서도 회원국의 헌법보다도 우월하다는 '공동체법 우위의 원칙'을 확립하였다.
④ 유럽공동체 회원국 국민이라도 유럽공동체법을 직접 원용하여 자신의 권리를 주장할 수는 없다.

정답 ④
해설 유럽공동체 회원국 국민은 유럽공동체법을 직접 원용하여 자신의 권리를 주장할 수 있다.

17

UN헌장 제7장의 강제조치에 대한 설명으로 옳지 <u>않은</u> 것은?

① 냉전이 종식된 이후에 안전보장이사회는 '평화의 파괴' 개념을 확대하여 헌장 제7장을 발동하고 있다.
② 안전보장이사회는 국제평화와 안전을 유지하기 위하여 헌장 제7장을 발동할 수 있다.
③ 안전보장이사회는 국제인도법과 국제인권법의 중대한 위반이 평화에 대한 위협이 될 수 있다고 해석한다.
④ 일반적으로 군사적 조치는 회원국에게 무력의 사용을 허가하는 방식이 이용된다.

정답 ①

해설 '평화의 파괴'가 아닌 '평화에 대한 위협' 개념을 확대하고 있다. 예컨대, 안보리 결의안에서 순수 내란시 일 국가 영토 내에서 발생한 심각한 인권침해도 국제평화에 대한 위협으로 보고, 무력사용을 허가하였다.

관련 이론

유엔 헌장 제42조
안전보장이사회는 제41조에 규정된 조치가 불충분할 것으로 인정하거나 또는 불충분한 것으로 판명되었다고 인정하는 경우에는, 국제평화와 안전의 유지 또는 회복에 필요한 공군, 해군 또는 육군에 의한 조치를 취할 수 있다. 그러한 조치는 국제연합회원국의 공군, 해군 또는 육군에 의한 시위, 봉쇄 및 다른 작전을 포함할 수 있다.

유사 문제

01 UN헌장 제1조 상의 UN의 목적에 대한 설명으로 옳지 않은 것은?

① 사람들의 평등권 및 자결의 원칙에 대한 존중을 기초로 하여 국가 간 우호관계를 발전시킨다.
② 인종, 성별, 언어, 종교에 따른 차별 없이 모든 사람의 인권 및 기본적 자유에 대한 존중을 촉진한다.
③ 평화의 파괴로 이어질 우려가 있는 국제적 분쟁이나 사태의 조정 및 해결을 위하여 노력한다.
④ 경제적, 사회적, 문화적 또는 정치적 성격의 국제문제를 해결하기 위하여 국제적 협력을 달성한다.

정답 ④
해설 경제적, 사회적, 문화적 또는 인도적 성격의 국제문제를 해결하기 위하여 국제적 협력을 달성한다.

02 UN헌장상의 의무 위반에 대한 제재에 관한 설명으로 틀린 것은?

① 총회는 회원국으로서의 분담금 지불의 불이행이 그 회원국이 제어할 수 없는 사정에 의한 것임이 인정되는 경우 그 회원국의 투표를 허용할 수 있다.
② 회원국이 체결한 조약을 사무국에 등록하지 않은 경우 UN의 어떠한 기관에 대해서도 그 조약을 원용할 수 없다.
③ 안전보장이사회는 필요하다고 인정하는 경우 국제사법재판소(ICJ)의 판결을 집행하기 위하여 권고하거나 취하여야 할 조치를 결정할 수 있다.
④ 기구에 대한 재정적 분담금의 지불을 연체한 국제연합회원국은 그 연체금액이 그때까지의 만 3년간 그 나라가 지불하였어야 할 분담금의 금액과 같거나 또는 초과하는 경우 총회에서 투표권을 가지지 못한다.

정답 ④
해설 기구에 대한 재정적 분담금의 지불을 연체한 국제연합회원국은 그 연체금액이 그때까지의 만 2년간 그 나라가 지불하였어야 할 분담금의 금액과 같거나 또는 초과하는 경우 총회에서 투표권을 가지지 못한다.

18

1982년 「UN해양법협약」상 대륙붕에 대한 설명으로 옳지 않은 것은?

① 대륙변계의 바깥 끝이 영해기선으로부터 200해리에 미치지 못하면, 연안국의 대륙붕은 영해기선으로부터 200해리까지로 한다.
② 모든 국가는 연안국의 동의 없이 연안국의 대륙붕에서 정착성 어종을 수확할 수 있다.
③ 연안국은 대륙붕에서 모든 목적의 시추를 허가하고 규제할 배타적 권리를 가진다.
④ 연안국은 측지자료를 비롯하여 항구적으로 자국 대륙붕의 바깥한계를 표시하는 해도와 관련 정보를 UN사무총장에게 기탁한다.

정답 ②

해설 1982년 「UN해양법협약」상 대륙붕에서 정착성어종은 연안국의 주권적·배타적 권리에 속한다. 따라서 타국이 정착성어종을 동의 없이 수확할 수 없다. 천연자원을 개발하지 아니하더라도 다른 국가는 연안국의 명시적인 동의없이는 이러한 활동을 할 수 없다는 의미에서 배타적 권리이다.

관련 이론

1. 연안국의 대륙붕은 영해 밖으로 영토의 자연적 연장에 따라 대륙변계의 바깥 끝까지, 또는 대륙변계의 바깥끝이 200해리에 미치지 아니하는 경우, 영해기선으로부터 200해리까지의 해저지역의 해저와 하층토로 이루어진다.
2. 연안국의 대륙붕은 제4항부터 제6항까지 규정한 한계 밖으로 확장될 수 없다.
3. 대륙변계는 연안국 육지의 해면 아래쪽 연장으로서, 대륙붕·대륙사면·대륙융기의 해저와 하층토로 이루어진다. 대륙변계는 해양산맥을 포함한 심해대양저나 그 하층토를 포함하지 아니한다.
4. (a) 이 협약의 목적상 연안국은 대륙변계가 영해기선으로부터 200해리 밖까지 확장되는 곳에서는 아래 선중 어느 하나로 대륙변계의 바깥끝을 정한다.
    (ⅰ) 퇴적암의 두께가 그 가장 바깥 고정점으로부터 대륙사면의 끝까지를 연결한 가장 가까운 거리의 최소한 1퍼센트인 가장 바깥 고정점을 제7항에 따라 연결한 선
    (ⅱ) 대륙사면의 끝으로부터 60해리를 넘지 아니하는 고정점을 제7항에 따라 연결한 선
   (b) 반대의 증거가 없는 경우, 대륙사면의 끝은 그 기저에서 경사도의 최대변경점으로 결정된다.
5. 제4항 (a) (ⅰ)과 (ⅱ)의 규정에 따라 그은 해저에 있는 대륙붕의 바깥 한계선을 이루는 고정점은 영해기선으로부터 350해리를 넘거나 2500미터 수심을 연결하는 선인 2500미터 등심선으로부터 100해리를 넘을 수 없다.
6. 제5항의 규정에도 불구하고 해저산맥에서는 대륙붕의 바깥 한계는 영해기선으로부터 350해리를 넘을 수 없다. 이 항은 해양고원·융기·캡·해퇴 및 해저돌출부와 같은 대륙변계의 자연적 구성요소인 해저고지에는 적용하지 아니한다.

유사 문제

01 1982년 UN해양법협약상 대륙붕에 대한 설명으로 옳지 <u>않은</u> 것은?

① 매우 작은 섬의 존재로 인해 EEZ나 대륙붕 등의 경계획정시에 관할수역의 범위가 크게 영향을 받는다면 그 섬은 아예 고려에 넣지 않거나 제한적 효과만을 인정하는 경향이 현저하다.
② ITLOS는 2012년 Delimitation of the Maritime Boundary between Bangladesh and Myanmar in the Bay of Begal 사건에서 제76조 하의 200마일 바깥의 대륙붕 외측한계설정(delineation) 문제는 연안국에 관련 권고를 행하는 대륙붕한계위원회의 기능이라고 판시했다.
③ ICJ는 니카라과 v. 콜롬비아 사건에서 200마일 이원 대륙붕의 경계획정은 대륙붕한계위원회의 권고와는 별개로 할 수 있음에 따라서 대륙붕한계위원회의 권고는 UN해양법협약 당사국이 경계획정과 관련하여 제소하기 전에 충족해야 할 선결조건이라고 판결하였다.
④ 대륙붕경계획정(delimitation)문제는 재판소를 포함한 분쟁해결절차를 따라야 한다고 하면서 양자는 명백히 구분되어야 한다.

정답 ③
해설 ICJ는 니카라과 v. 콜롬비아 사건에서 UN해양법협약 제75조와 제83조를 구분하면서, "200마일 이원 대륙붕의 경계획정은 대륙붕한계위원회의 권고와는 별개로 할 수 있으며" 따라서 "대륙붕한계위원회의 권고는 UN해양법협약 당사국이 경계획정과 관련하여 제소하기 전에 충족해야 할 선결조건이 아니다"라고 판결하였다.

02 대륙붕에 관한 설명으로 옳지 <u>않은</u> 것은?

① 대륙붕은 영해기선으로부터 350해리를 넘거나, 혹은 2500미터 등심선으로부터 150해리를 넘을 수 없다.
② ICJ는 북해대륙붕 사건(1969)에서 대륙붕은 육지영토의 자연적 연장임을 강조하였다.
③ 연안국은 대륙붕을 탐사하고 그 천연자원을 개발할 주권적 권리를 가짐. 따라서 타국은 연안국의 명시적 동의 없이는 그러한 활동을 할 수 없다.
④ 대륙붕의 범위에 상부수역은 포함되지 아니한다.

정답 ①
해설 대륙붕은 영해기선으로부터 350해리를 넘거나, 혹은 2500미터 등심선으로부터 100해리를 넘을 수 없다.

19

항공기범죄의 방지와 억제를 위한 국제법에 대한 설명으로 옳지 않은 것은?

① 1971년 「민간항공의 안전에 대한 불법적 행위의 억제를 위한 협약(몬트리올협약)」은 인도 아니면 소추의 원칙(aut dedere aut judicare)을 규정하고 있지 않다.

② 1963년 「항공기내에서 행한 범죄 및 기타 행위에 관한 협약(동경협약)」에 따르면 각 체약국은 자국에 등록된 항공기 내에서 범하여진 범죄에 대하여 재판관할권을 확립하기 위하여 필요한 조치를 취하여야 한다.

③ 1970년 「항공기의 불법납치 억제를 위한 협약(헤이그협약)」은 인도 아니면 소추의 원칙을 규정하고 있다.

④ 1971년 「민간항공의 안전에 대한 불법적 행위의 억제를 위한 협약(몬트리올협약)」은 군사, 세관, 경찰 업무에 이용되는 항공기에는 적용되지 아니한다.

정답 ①

해설 1971년 「민간항공의 안전에 대한 불법적 행위의 억제를 위한 협약(몬트리올협약)」은 인도 아니면 소추원칙 규정되어 있으며 이는 강제적 보편관할권이라고 한다.

관련 이론

항공범죄에 관한 조약(동경협약, 헤이그협약, 몬트리올 협약)

항공교통은 그 성격상 국제성이 강하기 때문에, 안전을 위배하는 범죄에 관한 규제 및 처벌도 국제적 협조나 합의를 바탕으로 해야 한다. 항공범죄에 관한 국제협약은 대부분 ICAO에서 준비되고 채택된 국제협약으로서, 여기에서는 세계 대부분의 국가들이 가입하여 효력을 발생하고 있는 동경협약(1963), 헤이그협약(1970), 몬트리올 협약(1971)에 대하여 차례로 그 내용과 의미를 자세히 살펴보기로 한다.

1. 동경협약(1963) : 항공기 내에서 범한 범죄 및 기타행위에 관한 협약
   ① 요약
      항공기내 범죄행위, 재판관할권, 기장의 권한을 명시한 내용으로 '항공보안법'의 모체가 된 협약이다.
   ② 관할권
      ㉠ 항공기의 등록국은 동항공기에서 행하여진 범죄나 행위에 대한 재판 관할권을 행사할 권한을 갖는다. 그러나 본 협약은 국내법에 따라 행사하는 어떠한 형사재판 관할권도 배제하지 아니한다고 하여, 본 협약상 관할권 행사 규정이 보충적 성격임을 뜻한다.
      ㉡ 협약의 각 체약국은 자국에 등록된 항공기 내에서 행해진 범죄에 대해, 등록 국으로서의 재판 관할권을 확보하고 이를 위해 필요한 조치를 취해야 한다. 그러나 다음의 경우에는 항공기의 등록국이 아닐 때 관여할 수 있는 예외조항을 두었다.
         • 범죄가 그 국가의 국민이나 영주자에 의해, 또한 이들에 대하여 범죄가 행하여진 경우
         • 범죄가 그 국가의 영역에 영향을 미칠 경우
         • 범죄가 그 국가의 안전에 반하는 경우
         • 그 국가에서 효력을 발생하고 있는 비행 및 항공기 조종에 관한 규칙이나, 법률을 위반한 범죄가 범하여진 경우
         • 그 국가가 다변적인 국제협정에 의거, 부담하고 있는 의무의 이행을 위해 재판 관할권의 행사가 요구되고 있는 경우
      ㉢ 그러나 이상과 같은 규정에도 불구하고 항공기와 기내의 인명 및 재산의 안전을 요청되는 경우를 제외하고는, 협약의 어떤 규정도 형법에 위반하는 정치적 성격의 범죄나 또는 인종 및 종교적 차별에 기인하는 범죄에 관해서는, 어떠한 조치를 허용하거나 요구하는 것으로 해석되지 않는다.

③ 비행 중(in flight) 의 정의
  ㉠ '항공기는 이륙의 목적을 위하여 시동이 된 순간부터 착륙활주가 끝난 순간까지를 비행중인 것'으로 간주한다.
  ㉡ 다만, 아래 기장의 권한과 관련해서 '비행 중의 정의'는 '항공기는 승객의 탑승 이후 외부의 문이 폐쇄된 순간부터 승객이 내리기 위하여 상기 문들이 개방된 순간까지의 어떠한 시간도 비행 중인 것'으로 간주한다.
④ 기장의 권한
  ㉠ 항공기 기장은 항공기 내에 어떤 자가 범죄나 행위를 범하거나 범하려고 한다는 것을 믿을 만한 상당한 이유가 있을 경우에는, 그 자에 대하여 다음 사항을 위해 요구되는 감금을 포함한 조치를 부과할 수 있다.
    • 항공기와 기내의 인명 및 재산의 안전보호
    • 기내의 질서와 규율의 유지
    • 규정에 따라 상기 자를 관계 당국에 인도하거나, 또는 항공기에서 하기 조치를 취할 수 있는 기장의 권한 확보
  ㉡ 항공기 기장은 자기가 감금할 권한이 있는 자를 감금하기 위하여 다른 승무원의 지원을 요구하거나 권한을 부여할 수 있으며, 또한 승객의 지원도 요청할 수 있다. 승무원이나 승객은 누구를 막론하고 항공기와 기내의 인명 및 재산의 안전을 보호하기 위해, 합리적인 예방조치가 필요하다고 믿을 만한 상당한 이유가 있는 경우에는 기장의 권한부여가 없어도 즉각적으로 상기 조치를 취할 수 있다.
  ㉢ 항공기 기장은 기내에서 특정인을 감금한 채로 착륙하는 경우, 가급적 조속히 그리고 가능하면 착륙이전에 기내에서 특정인이 감금되어 있다는 사실과, 그 사유를 당해국의 당국에 통보해야 한다.

2. 헤이그협약(1970) : 항공기 불법납치 억제를 위한 협약
  ① 요약
    항공기의 불법납치 억제를 위한 협약으로, 일명 Hijacking Convention 으로 항공기 납치 시 엄중 처벌 의무를 명시한 협약이다.
  ② 내용
    ㉠ 범죄는 비행중인 항공기상에서 행해져야 하며, 동 행위가 불법이어야 하며, 무력의 사용이나 위협이 있어야 하며, 동 행위는 항공기를 조치 또는 점검하거나 그와 같은 행위를 시도하는 것을 포함하고 있다.
    ㉡ 각 체약국이 범죄를 엄중한 처벌로 처벌할 수 있도록 의무를 진다.
  ③ 비행 중(in flight) 의 정의
    동경협약에서 비행 중(in flight)의 정의와는 달리, 탑승(embarkation)한 후 모든 외부의 문이 닫힌 순간부터 하기(disembarkation)을 위하여 그와 같은 문이 열리는 순간까지의 어떠한 시간도 비행 중에 있는 것으로 간주한다.

3. 몬트리올협약(1971) : 민간항공의 안전에 대한 불법적 행위의 억제를 위한 협약
  ① 요약
    국제 항공안전에 대한 불법적 행위의 억제를 위한 협약으로 일명 Sabotage Convention 으로, 항공기 위해 행위에 대한 엄중 처벌 의무를 명시했다(※ 동경협약과 헤이그협약은 '기내에서 행한 범죄의 억제'에 관한 내용이나, 몬트리올 협약에서는 '민간항공에 대한 여타 불법행위'를 규제하고 있다).
  ② 내용
    어떠한 자도 불법적이며 고의적으로 다음의 6가지 등의 행위를 할 경우는 범죄를 범한 것으로 본다. 더 나아가 이러한 행위를 시도하거나 공범자의 경우도 범죄를 범한 것으로 본다.
    ㉠ 비행 중인 항공기에 탑승한 자에 대하여 폭력행위를 행하고, 또 동 행위가 그 항공기의 안전에 위해를 가할 가능성이 있는 경우.
    ㉡ 운항 중인 항공기를 파괴하는 경우, 또는 그러한 항공기를 훼손하여 비행을 불가능하게 하거나 비행의 안전에 위해를 줄 가능성이 있는 경우.
    ㉢ 어떠한 방법에 의해서라도 운항 중인 항공기상에서 항공기를 파괴하거나 비행을 불가능하게 하고, 비행 중의 안전을 위태롭게 할 물건이나 장치를 어떤 방식으로든지 설치하는 행위.
    ㉣ 항공시설을 파괴 혹은 손상시키거나, 또는 운용을 방해하여 그러한 행위가 비행 중인 항공기의 안전에 위해를 줄 가능성이 있는 경우.
    ㉤ 허위정보를 교신해서 그로 인하여 비행 중인 항공기의 안전에 위해를 줄 가능성이 있는 장치나, 물질을 설치 또는 설치되도록 하는 경우.
    ㉥ 허위정보를 교신해서 그로 인하여 비행 중인 항공기의 안전에 위해를 주는 경우.

유사 문제

01 헤이그 협약 상 형사관할권에 대한 설명으로 옳지 않은 것은?
① 형사재판관할권은 항공기의 등록국, 항공기의 착륙국, 임차인이 주된 영업활동을 하고 있는 국가에게만 한정적으로 인정된다.
② 영토 내에서 범죄혐의자가 발견된 체약국은 만약 그를 인도하지 않은 경우에는 권한있는 당국에 동 사건을 회부해야 한다.
③ 당사국간 범죄인인도조약이 체결되어 있는 경우 동 조약을 그 법적 근거로 간주한다.
④ 규제대상범죄는 정치범불인도원칙의 적용을 배제한다.

정답 ③
해설 당사국간 범죄인인도조약이 체결되어 있지 않은 경우 동 조약을 그 법적 근거로 간주한다.

02 몬트리올협약에 대한 설명으로 옳지 않은 것은?
① 불법적이며 고의적인 비행중인 항공기에 탑승한 자에 대해 폭력을 행사하고 그 행위가 항공기의 안전에 위해를 가할 가능성이 있는 경우에 해당한다.
② 정지 중인 항공기를 파괴하는 경우에 해당한다.
③ 항공시설을 파괴 혹은 손상하거나 그 운영을 방해하고 그러한 행위가 비행중인 항공기의 안전에 위해를 줄 가능성이 있는 경우에 해당한다.
④ 협약상 형사 원칙은 인도 아니면 소추 공식으로 의무적 보편관할권에 해당한다.

정답 ②
해설 운항중인 항공기를 파괴하는 경우에 해당한다.

20

2001년 「국제위법행위에 관한 국가책임초안」에 대한 설명으로 옳지 않은 것은?

① 불가항력(force majeure)과 조난(distress)에 책임이 있는 국가는 이를 원용할 수 없다.
② 유책국은 1차적으로 금전배상 의무를 부담하며, 전보되지 않은 손해에 대하여 원상회복 의무를 부담한다.
③ 어떠한 국가도 일반국제법의 강행규범 위반에 의해 창설된 상황을 승인하거나 지원 또는 원조해서는 아니 된다.
④ 국가의 국제위법행위에 의하여 야기된 피해에 대한 배상의 범위에는 물질적 손해뿐만 아니라 정신적 손해도 포함된다.

정답 ②

해설 유책국은 부여되는 1차적 의무는 원상회복의무이다. 다만 원상회복이 물리적으로 또는 법률적으로 불가능한 경우 금전배상을 한다.

관련 이론

국가책임의 해제방법

국가책임이 확정된 국가는 피해국에 대하여 그 위법을 시정하며 그 결과를 제거할 의무를 진다. 이러한 사후 구제의 의무는 국제법상 실체법규를 준수해야하는 의무의 위반이 있는 경우 당연히 수반되는 것이다. 그러나 사후구제는 국가책임 또는 위험책임이 없는 경우에도 전적으로 정치적, 은혜적 배려에서 행해지는 경우도 있다.

국가책임의 해제방법은 원상회복, 금전배상과 같은 민사적인 것과 형사제재적인 것 등 양면을 갖는다. 예를 들어 조약상의 의무 불이행이 있는 경우 위반국은 또다시 그 이행을 확보하는 조치를 위해야 하며 손해의 배상을 해야할 뿐아니라 상대국이 행하는 대항조치를 감수해야 하는 겨우도 있다.

1. 피해국의 대항조치

   국제법위원회의 국가책임에 관한 조약안은 책임해제에 관한 규정 이외에 위법행위 이전의 상태를 회복할 것을 목적으로 피해국이 위법행위국에 대하여 취할 수 있는 대항조치에 관한 규정을 두고 있다. 이에 의하면 일방의 국가가 웝버하게 조약상의 권리를 침해할 경우 피해국은 원칙적으로 위법행위에 대하여 동태의 조치를 즉시 취할 수가 있다. 나아가 국제청구에 의하여 발생한 분쟁이 평화적 수단을 다해도 해결되지 않을 경우에는 피해국은 일정한 조건하에 위법행위국에 대하여 복구에 호소할 수 있다고 한다.

   그러나 이러한 대항조치는 남용의 위험이 큰 것이므로 ICJ의 판결은 신중한 태도를 취하고 있다. 예를 들면 ① 무력공격에 이르지 않는 간섭은 무력의 행사를 포함한 집단적 대항조치를 위하는 권리를 발생시킬 수 없다. ② 외교관계법의 제규칙은 사절단의 구성원에 의하여 있을 수 있는 임무위반에 대항하기 위하여 'persona non garta'의 통고 내지는 사절단의 즉각폐쇄의 효구 등 접수국이 자유로이 사용할 수 있는 수단을 명확하게 규정하고 있으므로 이러한 수단을 이용하지 않고 대사관과 그 직원에 대하여 강제행동에 호소하는 것은 위법이다. ③ 위법행위의 증거보전이나 자력구제를 이유로 하여 상대국의 동의없이 그 영해를 ?해하는 행위는 주권침해이다.

2. 원상회복

   원상회복이란 국가의 국제책임을 성립케 한 국제위법행위가 행해지가 전의 산태를 재현하는 방법이다.(불법점유된 영역의 반환, 불법체포, 감금된 외국인의 석방, 불법몰수된 재산의 반환) 그러나 실질상, 법률상 원상회복이 불가능한 경우에는 손해배상으로 만족해야 한다.(국제재판상 원상회복에 있어 균형을 잃을 정도로 경비를 요하는 경우에는 형평에 입각하여 금전배상의 방법으로 대신할 수 있다고 하여 가해국의 선택권을 인정한 경우도 있다. 그러나 여기에는 부정적인 견해가 적지 않다.) 가해국은 국내법을 이유로 원상회복의 불능을 주장할 수 없고 또한 피해국도 무리한 원상회복을 요구하는 것은 권력남용이 된다.

   국제법위반의 법령, 판결, 또는 행정행위에 의하여 국제법위반행위가 성립한 경우에는 국가는 원칙적으로 이러한 국가행위를 개폐한다든가 기타의 시정조치를 위할 의무를 지며 국제법위반의 국내재판소 판결은 그 판결을 취소할 의무를 진다.

3. 금전배상
　① 의의
　　원상회복이 사실사아 불능이거나 불충분한 경우에 금전배상이 행해진다. 〈배상의 의의〉 금전배상의 대상이 되는 것은 주로 물질적 손해이겠으나 정신적 손해에 대해서도 금전배상을 하는 경우가 적지 않다. 〈배상의 대상〉
　② 성질
　　이 경우 배상의 성질은 사인의 손해에 대한 배상이 아니고 국가자신에 대한 배상이며 사인이 받은 손해를 그 계산의 수단으로 함으로써 배상의 성질이 변경되지 않는다.
　③ 범위
　　배상의 범위에 관하여 확립된 기준은 없으나 일반적으로 결과가 크면 책임도 크다는 비례의 원칙이 적용된다. 일반적으로 금전배상의 범위내에는 다음의 사항이 포함된다. ㉠ 불법행위 자체에 의하여 발행한 직접손해. ㉡ 불법행위와 상당인과관계에 있는 간접손해. ㉢ 보통 기대할 수 있는 상실이익(간접손해의 일종으로 상당인과관계가 있는 범위 내에서 포함된다.)이 포함된다.
　　손해의 발생에 있어 피해자에게도 과실이 있는 경우에는 과실상계의 원칙이 적용된다.
　　이 경우 이자를 청구할 수 있는가하는 문제가 발생하는데 여기에 관하여 확립된 규칙은 없으나 법의 일반원칙상 청구할 수 있다고 해석된다.
　　배상의 범위에서 특히 문제가 되는 것이 간접손해이다. 그러나 간접손해와 직접손해를 구별하는 것은 실제상 곤란하거나 부정확한 경우가 많다. 학설은 거의 간접손해라는 표현을 배격하나 실질적으로는 합리적 인과관계에 입각한 책임을 긍정함으로써 간접손해의 개념을 도입하고 있다.
　　상실이익(기대이익) 중에 자연인, 법인의 소득에 귀착하는 것은 사회주의국가를 바롯한 일부국가에서는 인정하지 않는 경우도 있다.
4. 사죄
　사죄는 정신적 손해에 대한 구제방법으로 어떠한 불법행위에 있어서도 최소한 필요한 방법이다. 일반적으로 위신, 명예에 대한 손해의 구제방법으로 이용된다.
　사죄의 방법으로는 공식적인 사죄의사의표시, 피해국의 국기에 대한 경례와 같은 상징적 행위, 사죄사절의 파견을 들 수 있다. 또한 광의의 사죄에는 책임자의 처벌, 상급관청에 의한 하급관청의 위법행위 부인, 장래에 대한 보장 등도 포함된다.
　학설, 판례상으로는 위법행위의 실행자 특히 하급공무원, 사인, 시위집단 등에 대한 국내법사아 제재도 사죄의 방법에 포함시킨다.
　인행위의 위법성에 관한 국제재판소의 선언판결이나 도는 국제기관의 비난결의도 금일에는 국가책임의 해제 방법으로 인정되고 있다.

유사 문제

01 국가책임법 상 손해배상에 관한 설명으로 옳지 <u>않은</u> 것은?

① 국제위법행위로 인한 피해에 대한 완전한 배상은 본 장의 규정에 따라 원상회복, 금전배상, 만족의 형식을 단독적으로 또는 복합적으로 취한다.
② 국제위법행위에 책임이 있는 국가는 원상회복, 즉 그 위법행위가 실행되기 전에 존재하던 상황을 복구할 의무를 부담한다.
③ 금전배상은 원상회복이 실질적으로 불가능하지 않은 경우에 한한다.
④ 만족 대신 원상회복에 따른 이익에 비하여 원상회복이 현저히 불균형한 부담을 수반하지 않는 경우에 한한다.

정답 ④
해설 금전배상 대신 원상회복에 따른 이익에 비하여 원상회복이 현저히 불균형한 부담을 수반하지 않는 경우에 한한다.

02 국가책임법 상 손해배상에 관한 설명으로 옳지 <u>않은</u> 것은?

① 국제위법행위에 책임이 있는 국가는 그로 인한 손해가 원상회복에 의하여 전보되지 않는 범위 내에서는, 금전배상을 해야 할 의무를 부담한다.
② 금전배상은 확정될 수 있는 범위 내의 상실이익을 포함하여 금전적으로 산정될 수 있는 모든 손해를 포괄한다.
③ 국제위법행위에 책임이 있는 국가는 그 행위로 인한 피해가 금전배상으로 전보될 수 없는 경우, 이에 대하여 사죄를 제공할 의무를 진다.
④ 사죄는 위반의 인정, 유감의 표시, 공식사과 또는 기타 적절한 방식으로 행해질 수 있다.

정답 ③
해설 국제위법행위에 책임이 있는 국가는 그 행위로 인한 피해가 원상회복 또는 금전배상으로 전보될 수 없는 경우, 이에 대하여 사죄를 제공할 의무를 진다. 사죄는 피해와 불균형을 이루어서는 아니되며, 책임 있는 국가에게 모욕이 되는 형태를 취해서는 아니된다.

21

2006년 「외교적 보호에 관한 규정 초안」에 따른 외교적 보호에 대한 설명으로 옳은 것만을 모두 고르면?

> ㄱ. 이중국적국 상호 간에는 우세한 국적국이 외교적 보호를 할 수 있다.
> ㄴ. 국가는 피해자의 피해가 특별히 중대한 경우, 외교적 보호를 할 의무가 있다.
> ㄷ. 국적국의 기준에 노테봄(Nottebohm) 사건의 '진정한 유대(genuine link)'가 규정되었다.
> ㄹ. 위법행위가 주주의 이익을 직접적으로 침해한 경우에 주주의 국적국이 외교적 보호를 할 수 있다.

① ㄱ, ㄴ ② ㄱ, ㄹ
③ ㄴ, ㄷ ④ ㄷ, ㄹ

정답 ②

해설
ㄴ. 피해자의 피해가 특별히 중대한 경우라도 외교적 보호 의무는 없다. 외교적 보호는 국가의 권리이다.
ㄷ. 외교보호 초안은 ICJ의 노테봄사건에서처럼 '진정한 관련성' 기준은 인정되지 아니하였다. 진정한 관련성을 요건으로 하는 경우 귀화로 국적을 취득한 자에 대해 외교적 보호의 사각지대가 존재할 수 있다는 비판이 제기되었기 때문이다.

관련 이론

외교적 보호

사인이 타국의 국제위법행위례 의해 손해를 입은 경우 그가 속하는본국은 이것을 보호할 국제법상의 권리가 있다. 이것이 국가의 외교적 보호권이다. 외교적 보호권의 행사에는 다음의 두 가지 요건이 필요하다.

1. 국내적 구제완료의 원칙

　피해자 개인은 재류국에서 이용가능한 모든 구내적 구제를 완료하여야 본국이 외교적 보호권을 발동할 수 있다. 이 원칙은 보조적 절차가 아닌 별도의 규정이 없는 경우 국제관습법상 불가결한 요건이다. 이러한 원칙이 인정되는 이유는 i 관계국가의 주체적 입장을 존중하고 사인간의 문제가 국제문제로 전화되는 것을 방지키 위한 실제적, 정치적 고려와, ii 피해사실, 손해액의 산정은 현지의 구제기관에 의해 확인되는 것이 가장 정확하다는 고려에 있는 것이다.
　이 원칙을 결한 경우에는 외교적 보호권에 입각한 국제청구의 제출이 불가능하고 국제재판에서 상대국의 선결적 항변의 대상이 된다. 즉, 외교적 보호권과 국제소송행위에 대한 정지적 효과를 가진 것이다. 그러나 국내적 구제가 실효성(이용가능성, 실현가능성, 유효성)이 없는 경우에는 이 원칙이 적용되지 않는다. 예를들어 상급심에서 사실심리를 하지 않는 경우, 원판결의 파기를 기대할 수 없는 경우, 재판관의 편견으로 재판의 거절이 예견되는 경우 등에는 이 원칙이 적용되지 않는다. 그리고 국가자신이 손해를 입은 경우나 국가자체의 법익이 직접 침해된 경우에는 적용되지 않는다. 예를들어 국가원수나 외교사절에 대한 손해가 발생한 경우에는 적용되지 않는다.

2. 국적 계속의 원칙

　피해자는 손해를 받았을 때부터 외교적 보호를 받을 때까지 계속적으로 동일국가의 구적을 보유하여야 한다는 원칙이다. 외교적 보호를 받을 때란 원래 최종적 해결이 있는 시기(국제재판의 경우 확정판결시)를 의미했으나 1차대전 이후에는 그 의미를 완화하여 국제청구제출시까지를 의미하게 되었다. 이 원칙이 인정되는 이유는 피해자가 국적을 강대국으로 변경하여 강대국의 권력적 개입을 기도하는 것을 방지하려는데 있다. 그러나 다음과 같은 경우에는 이 원칙이 적용되지 않는다. ① 자국선박의 외국국적 선원이 손해를 입은 경우, ② 자국적의 피해자가 사망하여 타국적의 상속인이 상속한 경우, ③ 영역변경에 의해 피해자의 의사와 관계없이 국적변경이 일어난 경우.

3. 칼보조항

　국가가 외국인과 계약을 체결하면서 외국인은 계약에 관한 모든 사항에서 재류국의 국민으로 간주되며, 여하한 경우에도 본국의 외교적 보호를 욕하지 않는다고 하는 조항을 삽입하는 겨우가 있는데 이를 칼보조항이라고 한다. 이러한 칼보조항은 우너래 라틴아메리카제국이 체결하는 계약에 삽입되는 것이 보통이었으나 지금은 개발도상국가가 체결하는 컨세션에 삽입되는 예가 늘고 있다. 칼보조항의 국제법상 효력에 관하여 국제판례는 일치하고 있지 않으나 동 조항이 국내적 구제를 이용하려는 약속인 한에서는 유효한 것이 될 수 있다. 그러나 본국의 외교적 보호권을 배제하려는 의도라면 무효가 될 것이다. 왜냐하면 외교적 보호권이란 국가의 권리이지 개인의 권리는 아니므로 개인은 자시에 속하지 않고 국가에 속한 권리를 스스로 포기할 수 없기 때문이다. 요컨데 동조항은 국내적 구제의 원칙을 확인한 것에 불과하며 그 이상으로 외교적 보호권의 포기를 의미한 것이라면 그러한 한에서 국제법상 무효라고 해석된다.

유사 문제

01 외교보호에 대한 설명으로 옳지 않은 것은?

① 외교적 보호를 행사할 권리를 갖는 국가는 국적국이다.
② 국가는 피해일자와 공식청구 제기일자에 그 국가에서 합법적이고 상시적으로 거주중인 무국적자에 대하여 외교적 보호를 행사할 수 있다.
③ 국가는 국제적으로 승인된 기준에 따라 그 국가에 의하여 난민으로 인정되고, 피해일자와 공식청구 제기일자에 그 국가에서 합법적이고 상시적으로 거주 중인 자에 대하여 외교적 보호를 행사할 수 있다.
④ 난민의 상주국의 국제위법행위로 인한 피해와 관련하여서는 외교보호에 적용되지 않는다.

정답 ④
해설 난민의 국적국의 국제위법행위로 인한 피해와 관련하여서는 외교보호에 적용되지 않는다.

02 외교보호의 설명으로 틀린 것은?

① 국가는 피해 일자로부터 공식 청구 제기일자까지 계속하여 그 국가의 국적자인 사람에 대하여 외교적 보호를 행사할 권리를 갖는다. 국적이 양 일자에 모두 존재하는 경우, 계속성은 추정된다.
② 국가는 피해 일자에는 자국민이 아니었으나, 공식 청구 제기일자에는 자국민인 개인에 대하여 외교적 보호를 행사할 수 있다.
③ 개인의 현재 국적국은 그 개인이 이전 국적국의 국민이고 현재 국적국의 국민이 아닌 때에 입은 피해에 대해서도 이전 국적국에 대하여 외교적 보호권을 행사할 수 있다.
④ 국가는 공식 청구 제기일자 후에 피청구국의 국적을 취득한 자에 대하여 외교적 보호를 행사할 권리가 더 이상 없다.

정답 ③
해설 개인의 현재 국적국은 그 개인이 이전 국적국의 국민이고 현재 국적국의 국민이 아닌 때에 입은 피해에 대하여 이전 국적국에 대하여 외교적 보호권을 행사할 수 없다.
② 국가는 피해 일자에는 자국민이 아니었으나, 공식 청구 제기일자에는 자국민인 개인에 대하여 외교적 보호를 행사할 수 있다. 단, 그 개인이 전임국의 국적을 보유하고 있었거나, 이전 국적을 상실하고 청구 제기와 관련이 없는 이유로 국제법에 불합치하지 않는 방법으로 국적국의 국적을 취득한 경우에 한한다.

22

1951년 「난민의 지위에 관한 협약」 및 「난민법」에 대한 설명으로 옳은 것만을 모두 고르면?

> ㄱ. 환경난민은 협약에 의하여 보호된다.
> ㄴ. 강제송환금지 원칙은 불법입국자에게도 적용된다.
> ㄷ. 난민은 비호를 신청할 국가에 입국한 시점에 난민 요건을 충족해야 한다.
> ㄹ. 한국 법원은 성적 지향으로 인한 박해의 피해자를 특정 사회집단의 구성원 신분에 해당하는 난민으로 본다.

① ㄱ, ㄴ
② ㄱ, ㄷ
③ ㄴ, ㄹ
④ ㄷ, ㄹ

정답 ③

해설 ㄱ. 협약은 정치적 난민만을 보호대상으로 하므로 환경난민은 대상이 아니다.
ㄷ. 협약 해석상 현장 난민도 난민으로 인정될 수 있다. 현장 난민은 입국시에는 난민의 요건을 충족하지 못하였으나, 체류하는 동안 난민이 될 요건을 갖춘 난민을 말한다. 따라서 입국 시점에 난민 요건을 충족해야 하는 것은 아니다.

동성자에 대한 대법원 2017. 7. 11. 선고 2016두56080 판결[난민의 지위에 관한 협약 제1조, 제2조 제1호]

제1조, 「난민의 지위에 관한 1967년 의정서」 제1조의 규정을 종합하여 보면, 법무부 장관은 인종, 종교, 국적, 특정 사회집단의 구성원 신분 또는 정치적 의견을 이유로 박해를 받을 충분한 근거 있는 공포로 인해 국적국의 보호를 받을 수 없거나 국적국의 보호를 원하지 않는 외국인 또는 그러한 공포로 인하여 대한민국에 입국하기 전에 거주한 국가로 돌아갈 수 없거나 돌아가기를 원하지 아니하는 무국적자인 외국인에 대하여 신청이 있는 경우 난민협약이 정하는 난민으로 인정하여야 한다. 이때 '특정 사회집단'이란 한 집단의 구성원들이 선천적 특성, 바뀔 수 없는 공통적인 역사, 개인의 정체성 및 양심의 핵심을 구성하는 특성 또는 신앙으로서 이를 포기하도록 요구해서는 아니 될 부분을 공유하고 있고, 이들이 사회환경 속에서 다른 집단과 다르다고 인식되고 있는 것을 말하며, 동성애라는 성적 지향이 난민신청자의 출신국 사회의 도덕규범이나 법규범에 어긋나 그것이 외부로 드러날 경우 그로 인해 박해에 노출되기 쉬우며, 이에 대해 출신국 정부에서 보호를 거부하거나 보호가 불가능한 경우에는 특정 사회집단에 해당한다고 볼 수 있다.

그리고 그 외국인이 받을 '박해'란 '생명, 신체 또는 자유에 대한 위협을 비롯하여 인간의 본질적 존엄성에 대한 중대한 침해나 차별을 야기하는 행위'를 말한다. 동성애라는 성적 지향 내지 성정체성이 외부로 공개될 경우 출신국 사회의 도덕규범에 어긋나 가족이나 이웃, 대중으로부터의 반감과 비난에 직면할 수 있어, 이러한 사회적 비난, 불명예, 수치를 피하기 위해서 스스로 자신의 성적 지향을 숨기기로 결심하는 것은 부당한 사회적 제약일 수 있으나, 그것이 난민협약에서 말하는 박해, 즉 난민신청인에 대한 국제적인 보호를 필요로 하는 박해에 해당하지는 아니한다. 그러나 난민신청인의 성적 지향을 이유로 통상적인 사회적 비난의 정도를 넘어 생명, 신체 또는 자유에 대한 위협을 비롯하여 인간의 본질적 존엄성에 대한 중대한 침해나 차별이 발생하는 경우에는 난민협약에서 말하는 박해에 해당한다. 따라서 동성애자들이 난민으로 인정받기 위해서는, 출신국에서 이미 자신의 성적 지향이 공개되고 그로 인하여 출신국에서 구체적인 박해를 받아 대한민국에 입국한 사람으로서 출신국으로 돌아갈 경우 그 사회의 특정 세력이나 정부 등으로부터 박해를 받을 우려가 있다는 충분한 근거 있는 공포를 가진 사람에 해당하여야 하고, 박해를 받을 '충분한 근거 있는 공포'가 있음은 난민 인정 신청을 하는 외국인이 증명하여야 한다.

관련 이론

난민의 보호

1. 정치적 난민의 보호에 관하여 세계인권선언에서는 [누구든지 박해로부터의 보호를 타국에 구하고 이를 향유할 권리를 갖는다]고 하였고 이는 국제연합총회에서 채택한 [비호권에 관한 선언]에서 재확인되었다.
2. 일반조약으로는 [난민의 지위에 관한 협약]과 국제연합총회에서 채택한 [난민의 지위에 관한 의정서]등이 있다.
3. [난민의 지위에 관한 협약]에 의해 난민을 받아들인 조약당사국은 그 국내외 여러 생활영역에 있어서 일정한 대우를 부여할 의무를 지고 있을 뿐 아니라 불법입국한 난민에 대해서도 그것을 이유로 형벌을 과해서는 안된다.(31조 1항) 또 그 생명이나 자유가 위협받는 영역의 국경에 난민을 추방, 송환해서는 안된다(32조 1항) 다만 조약당사국 난민을 입국시킬 의무는 지지 않고 제휴국의 안전에 위험하다고 생각하기에 충분한 이유가 있는 난민등은 이 원칙의 적용을 요구할 수 없다(33조 2항)
4. 이 [추방·송환 금지의 원칙]은 조약규정을 떠나서 국제관습법상 확립된 원칙이라고 할 수 없으나 그 후 각국의 국내재판,국내법에 의해 수용되거나 [영역내 비호선언]에서 확인되는 등 차츰 국제관습화 되어가는 경향을 보이고 있다.

유사 문제

01 국제난민법에 관한 설명으로 옳지 않은 것은?

① 1967년 난민 지위에 관한 의정서는 1951년 난민협약에 비해 난민의 개념을 더 넓게 정의하고 있다.
② UNHCR규정의 목적을 위한 난민지위 결정은 UN총회와 경제사회이사회의 지침을 따르는 UN난민고등판무관의 특권이며, 난민협약의 목적을 위한 특정 집단과 인원의 난민자격의 결정은 체약당사국의 특권이다.
③ 난민협약은 정치적 난민과 경제적 난민을 보호대상으로 한다.
④ 강제송환금지원칙의 예외로는 국가안보에 위해를 가할 것으로 인정되는 자, 중대한 비정치적 범죄를 저지른 자, 난민자격에서 배제되는 자 등이 있다.

정답 ③
해설 난민협약은 정치적 난민만을 보호대상으로 한다.

02 다음 중 난민에 대한 설명으로 타당하지 않은 것은?

① UNHCR은 당사국의 동의가 있어야 구호조치를 취할 수 있다.
② 난민이 당국에 지체없이 출석하여 불법적인 입국에 대해 상당한 이유를 제시하는 경우에는 불법 입국을 이유로 하여 처벌할 수 없다.
③ 외교공관의 비호는 국제관습법으로 인정되지 아니한다.
④ 외교공관의 비호는 일반국제법이나 지역관습법으로 인정된다.

정답 ④
해설 외교공관의 비호는 일반국제법이나 지역관습법으로 인정되지 않는다.

23

국제환경법의 일반원칙에 대한 설명으로 옳지 않은 것은?

① 리우선언에서는 환경에 심각한 악영향을 초래할 가능성이 있고 관할 국가당국의 결정을 필요로 하는 사업계획에 대하여는 환경영향평가가 국가적 제도로서 실시되어야 한다고 천명하고 있다.
② 국제사법재판소(ICJ)는 우루과이와 아르헨티나 간 Pulp Mills 사건에서 환경영향평가는 사업시행 전에 수행되어야 한다고 판시하였다.
③ ICJ는 Construction of a Road in Costa Rica along the San Juan River 사건에서 심각한 월경 침해의 위험이 존재하는 경우에는 환경영향평가를 실시할 것이 요구된다는 취지의 판결을 하였다.
④ ICJ는 Gabčikovo-Nagymaros Project 사건에서 환경영향평가의무를 관습국제법의 하나로 인정하였다.

> **정답** ④
>
> **해설** Gabcikovo-Nagymaros Project 사건은 환경영향평가의무를 관습국제법의 하나로 인정하였던 사건이 아니라 쟁점은 조약의 종료, 조약 승계 등이다. 환경영향평가의무의 관습법성은 Pulp Mills 사건이나 Construction of a Road in Costa Rica along the San Juan River 사건에서 인정되었다.

유사 문제

01 국제환경법에 대한 설명으로 옳지 않은 것은?

① 국제환경법이란 자연자원의 보존을 포함한 환경보호와 관련된 국제법규를 말한다.
② 국제환경법은 국제법과 별개의 법체계로서 존재한다.
③ 국제환경법 중 UNEP가 환경문제에 관한 조약을 체결하는 경우 추상적인 골격조약과 구체적인 의정서가 체결되어 이원적 법형식을 이루는 것이 보통이다.
④ 국제환경법에는 사전주의원칙, 오염자비용부담원칙 등이 일반원칙으로 거론된다.

정답 ②
해설 국제환경법은 국제법과 별개의 법체계로서 존재하는 것이 아니라, 조약, 국제관습법 등으로 이루어진 국제법 중에서 그 법규의 주요 규율대상과 목적이 환경문제에 관련한 것을 의미한다.

02 다음 중 국제환경법 상 영역사용의 관리책임원칙으로 옳지 않은 것은?

① 무과실책임의 원칙은 자국의 관할 또는 통제 하의 활동이 타국 또는 자국 관할권이나 통제 이원의 영역에 위해를 가하지 않도록 주의해야 한다는 원칙을 의미한다.
② ICJ의 UN총회 요청에 대한 권고적 의견(Legality of the Threat or Use of Nuclear Weapon)에서 자국관할권 및 통제 하에 있는 활동이 다른 국가 또는 국가관할권 범위 밖의 환경을 존중하도록 보장할 국가의 의무가 환경에 관한 국제법의 일부가 되었다고 최초로 공식 확인하였다.
③ 1949년 코르푸해협(Corfu Channel) 사건에서 ICJ는 타국의 권리에 반하는 행위를 위해 자국영역이 사용되는 것을 고의로 허용해서는 안된다는 국제의무에 입각하였다.
④ 하몬주의(Harmon Doctrine)이란 하천이용의 무제한성을 주장하는 이론이다.

정답 ①
해설 사전예방원칙(preventive principle)은 자국의 관할 또는 통제 하의 활동이 타국 또는 자국 관할권이나 통제 이원의 영역에 위해를 가하지 않도록 주의해야 한다는 원칙을 의미한다.
③ 1949년 코르푸해협(Corfu Channel) 사건에서 ICJ는 타국의 권리에 반하는 행위를 위해 자국영역이 사용되는 것을 고의로 허용해서는 안된다는 국제의무에 입각하여, 영국 군함이 알바니아 영해에 속하는 코르푸(Corfu)해협 통과시 기뢰에 부딪혀 손상을 입은 것에 대한 알바니아의 국가책임을 인정하였다.
④ 하몬주의(Harmon Doctrine)이란 하천이용의 무제한성을 주장하는 것으로 1895년 미국이 리오그란데강의 상류에 댐을 건설하려 하자 멕시코가 강 하류에 거주하는 멕시코주민의 기득권을 주장하며 댐 건설에 반대한 사건에서, 1905년 미법무장관 J.Harmon은 미국이 자국영토 내에서 주권을 행사하고 있는 이상 국제법상 미국과 멕시코가 리오그란데강의 하천수를 함께 사용해야 할 의무는 없으며, 유로변경으로 인해 멕시코에 피해가 발생하더라도 배상할 필요가 없다고 선언하였다.

24

「관세 및 무역에 관한 일반협정(GATT)」의 주요원칙에 대한 설명으로 옳은 것만을 모두 고르면?

ㄱ. 조세조치의 경우 '동종제품관계'뿐만 아니라 '직접 경쟁 또는 대체상품관계'에까지 내국민대우가 적용된다.
ㄴ. 내국민대우는 동종의 국내제품에 부여하고 있는 대우를 동일하게 수입제품에 부여하는 것을 의미하므로 동종의 국내제품보다 수입제품에 대한 유리한 대우는 내국민대우 위반이 된다.
ㄷ. 최혜국대우는 동종제품에 대한 법률상의 차별뿐만 아니라, 사실상의 차별도 금지한다.
ㄹ. WTO 패널 및 상소기구는 원칙적으로 시장기반설(Market-based Approach)을, 보완적으로 목적효과설(Aim and Effect Approach)을 고려하여 제품의 동종성 여부를 판정하였다.

① ㄱ, ㄴ
② ㄱ, ㄷ
③ ㄴ, ㄹ
④ ㄷ, ㄹ

정답 ②

해설
ㄴ. 내국민대우는 수입상품에 대해 동종의 국내상품보다 '불리하지 아니한 대우'를 요구하는 것으로, 이에 따라 수입상품에 보다 유리한 대우를 하는 것은 허용되는 조치이다.
ㄹ. 동종상품 판단방식에는 BTA방식, 목적효과설(또는 조치목적설), 시장기반설 등이 있다. BTA방식은 상품의 물리적 특성, 소비자의 기호나 인식, 최종용도 등을 고려하는 방식이다. 목적효과설은 차별조치의 목적을 고려하여 동종성을 확정짓는 방식이며, 시장기반설은 동종성 여부는 당해 상품이 거래되는 시장을 기준으로 판단해야 한다는 입장이다. WTO 패널이나 상소기구는 대체로 BTA방식을 적용하고 있는 것으로 평가된다.

유사 문제

01 WTO법 체제에 관한 설명으로 적절하지 않은 것은?

① 각 회원국은 자국의 법률, 규정 및 행정절차가 WTO부속협정의 규정에 합치되도록 해야한다.
② 회원국은 WTO협정상의 의무를 면할 목적으로 국내법을 원용할 수 없다.
③ 직접 무효화 되지는 않지만 분쟁해결절차에 회부되어 결국 폐지될 수는 있다.
④ WTO 설립협정은 유보할 수 가능하다.

정답 ④
해설 WTO 설립협정인 어느 조항도 유보를 할 수 없다.

02 WTO의 조직에 관한 설명으로 틀린 것은?

① 회원국의 대표들로 구성되는 각료회의는 WTO의 기능을 수행하며, 이를 위하여 필요한 조치를 취할 수 있다.
② 각료회의는 2년에 최소한 1회 개최되어야 한다.
③ 각료회의 비회기 중에 각료회의의 기능을 수행하기 위하여 일반이사회를 설치하고 있다.
④ WTO체제에서는 TPRB와 SDB는 별도로 설치된 기구이다.

정답 ④
해설 TPRB와 SDB는 별도로 설치된 기구가 아니고, 일반이사회가 그 기능을 담당할 따름이다.

25

국제형사재판소(ICC) 규정에 대한 설명으로 옳지 않은 것은?

① 국민적·민족적·인종적·종교적 집단의 전부 또는 일부를 파괴할 의도로 집단의 아동을 타 집단으로 강제로 이주시키는 것은 집단살해죄에 해당한다.
② 민간인 주민에 대한 광범위하거나 체계적인 공격의 일부로 그 공격에 대한 인식을 가지고 고문을 하는 것은 인도에 반한 죄에 해당한다.
③ 개별 국가는 ICC의 관할범죄에 대하여 보충적 관할권을 갖는다.
④ 전쟁범죄는 무력충돌에 관한 국제법을 중대하게 위반한 행위를 의미한다.

정답 ③

해설 국제형사재판소(ICC)는 국내절차에 의한 처벌이 불가능하거나 처벌 의사가 없는 경우 ICC가 처벌권을 발동하는 것을 보충성 원칙이라 한다. 즉, 국내법원이 일차적 관할권을 가지며, ICC가 보충적 관할권을 갖는다.

관련 이론

로마규정에 따른 보충성 원칙

2002년 7월 1일 발효한 '로마 규정'에 근거하여 설립된 국제형사재판소(International Criminal Court, ICC)는 집단살해죄, 인도에반한죄, 전쟁범죄, 침략범죄를 대상 범죄로 하여 국가가 아닌 개인을 상대로 관할권을 행사하는 독립적인 국제사법기구이다.
현재 ICC에서는 콩고민주공화국 사태, 중앙아프리카공화국 사태, 우간다 사태, 수단 사태, 케냐 사태 등 5개의 사태(situation)가 관할권 행사의 대상이 되어 수사, 재판이 진행되고 있다.
ICC가 관할권을 행사하게 되는 유형으로는 당사국에 의한 회부, 유엔 안전보장이사회에 의한 회부, 검사에 의한 독자적 수사 등 세 가지 경우가 있으며 각 경우에 따라 요구되는 요건과 절차, 효과 등에 있어 차이가 있다.
당사국에 의한 회부의 경우 self-referral과 보충성 원칙의 관계가 쟁점이 되며, 유엔 안전보장이사회에 의한 회부의 경우에는 범죄자의 체포, 인도 및 증거수집 등을 거부하는 해당국 및 관련국의 비협조가 현실적으로 가장 문제가 되고있다. 그리고 ICC 검사에 의한 독자적 수사는 규정이 정하고 있는 요건의 해석에따라 입증의 기준과 정도를 어느 수준으로 책정하여 평가할 것인지가 주요한 논의의 대상이 되었다. 이와 같은 관할권 행사의 세 가지 유형이 5개 사태를 통해 모두 현실화되었음에 주목 한다.
로마규정에 따른 보충성 원칙을 통해 ICC 관할권 내 범죄에 대한 국가의 일차 관할권 행사를 인정할 수 있지만, 그러한 행사에는 분명히 일정한 한계가 있다는 점을 인정하지 않을 수 없다.
보충성 원칙의 이러한 양면적인 특성은 ICC 관할권 내 범죄의 수사 또는 기소와 관련하여 국가와 ICC 간에 심각한 긴장이나 대립으로 이어질 수 있다. 더 나아가, 로마규정에 반영된 상보성 원칙의 해석 및 적용과 관련하여 여전히 많은 논란의 여지가 있다고 말하는 것이 타당하다. 더 구체적으로는 ① 수용 가능성 평가 주제, ② 동일 인물, 동일 행위를 해당 사건이 동일 사건인지 여부를 판단하는 기준으로 해석 및 적용하는 문제, ③ 소위 2단계 테스트에서 전심재판부, 재판부, 항소심부 간에 서로 다른 기준을 적용하는 문제, ④ 국내 적법절차 원칙 위반과 관련된 수용 가능성 평가 및 '무능력' 개념 적용 문제, ⑤ '자기 회부'의 법률상 및 사실상의 의미, ⑥ 사면 및 비형사적 책임 등을 둘러싼 논쟁 등이 있다. 이러한 문제는 로마 규정에 반영된 상보성 원칙을 ICC 절차에서 어떻게 해석하고 적용해야 하는지에 대한 의문을 제기한다.

유사 문제

01 국제형사재판소의 관할권에 대한 설명으로 옳지 않은 것은?

① ICC는 로마 조약에 가입한 국가에서 발생한 범죄에 대해서만 관할한다.
② ICC는 집단살해, 반인도적 범죄, 전쟁범죄 등 중대한 국제인도법 위반 범죄를 저지른 개인을 처벌한다.
③ ICC는 국가나 정부를 대상으로 처벌하지 아니한다.
④ ICC의 관할권은 로마 조약에 가입한 국가에서 발생한 범죄에 대해서만 적용됨에 따라서 로마 조약에 가입하지 않은 국가에서 발생한 범죄에 대해서는 ICC는 처리할 수 없다.

정답 ④
해설 ICC의 관할권은 로마 조약에 가입한 국가에서 발생한 범죄에 대해서만 적용됨에 따라서 로마 조약에 가입하지 않은 국가에서 발생한 범죄에 대해서는 ICC는 처리할 수 있는데, 이는 안보리에 의하여 검사에 회부되는 경우에는 ICC가 재판권을 행사함에 있어 범죄발생국 또는 범인의 국적국이 로마규정의 당사국이거나, 또는 비당사국이 특별히 당해 범죄에 대해 ICC의 재판권을 수락하는 선언을 했을 필요가 없다.

02 국제형사재판소의 관할권에 대한 설명으로 옳지 않은 것은?

① 유엔과는 별개로 설립된 국제 상설 재판소이다.
② ICC는 집단살해, 반인도적 범죄, 전쟁범죄 등 중대한 국제인도법 위반 범죄를 저지른 개인을 처벌하기 위해 상설화한 재판소이다.
③ 상설 국제형사법원으로서, '국제공동체 전체의 관심사인 가장 중대한 범죄'를 저지른 개인을 처벌함을 목적으로 한다.
④ 2002년 7월 17일에 개최된 외교전권대표회의에서 국제형사재판소 로마규정이 채택되었다.

정답 ④
해설 1998년 7월 17일에 개최된 외교전권대표회의에서 국제형사재판소 로마규정이 채택되었다.

2022년도 기출문제

01

국제관습법과 조약의 관계에 대한 설명으로 옳지 <u>않은</u> 것은?

① 국제법의 연원으로 간주되는 「국제사법재판소(ICJ) 규정」 제38조 제1항에 규정된 순서는 조약과 국제관습법 사이의 상하 위계를 의미하지 않는다.
② 기존 국제관습법이 일반국제법의 강행규범으로 구체화되는 경우 이에 위배되는 조약은 당연무효이며, 신강행규범이 국제관습법의 형태로 출현하는 경우 이에 위배되는 조약은 무효로 되어 종료한다.
③ 「조약법에 관한 비엔나협약」은 조약의 해석 시 당사국 간에 적용될 수 있는 국제법규를 고려해야 한다고 명시하고 있으며, 이러한 법규에 국제관습법은 포함되지 않는다.
④ 조약과 국제관습법은 서로 별개의 연원으로서 양자의 규칙 사이에 충돌이 있을 시에는 특별법 또는 후법 우선의 원칙이 적용된다.

정답   ③

해설   「조약법에 관한 비엔나협약」은 조약의 해석 시 당사국 간에 적용될 수 있는 국제법규를 고려해야 한다고 명시한 내용에는 조약뿐 아니라 관습도 포함된다.

관련 이론

국제사법재판소 규정 제38조

1. 재판소는 재판소에 회부된 분쟁을 국제법에 따라 재판하는 것을 임무로 하며, 다음을 적용한다.
   ① 분쟁국에 의하여 명백히 인정된 규칙을 확립하고 있는 일반적인 또는 특별한 국제협약
   ② 법으로 수락된 일반관행의 증거로서의 국제관습
   ③ 문명국에 의하여 인정된 법의 일반원칙
   ④ 법칙결정의 보조수단으로서의 사법판결 및 제국의 가장 우수한 국제법 학자의 학설. 다만 제59조의 규정에 따를 것을 조건으로 한다.
2. 이 규정은 당사자가 합의하는 경우에 재판소가 형평과 선에 따라 재판하는 권한을 해하지 아니한다.

이 규정은 '법원'이라는 용어를 사용하고 있지는 않으나, 일반적인 견해에 의하면 국제법의 법원을 열거하고 있는 것으로 인식되고 있다. 왜냐하면 이 규정에 의하여 각국은 자국이 분쟁의 당사국이 되어 재판을 의뢰하였을 때, 위의 원칙에 의한 법원의 재판에 찬성한다고 약속한 것이기 때문이다. 이런 의미에서 국제법이 무엇인지 혹은 국제법의 정의가 무엇인지에 대해 견해의 차이가 존재한다고 하더라도 국제사법재판소의 재판 준칙이 제38조라는 것은 널리 인정되고 있다. 또 이것이 현 국제사회에서 근 200개에 달하는 국가들의 합의임을 생각해볼 때, 제38조가 바로 국제법의 법원이요 또 국제법이라 해도 과언은 아니다. 단 진정한 의미에 있어서의 법원은 동 조항 중 조약, 관습 및 법의 일반원칙만을 가리키며, 학설과 판례는 법원이 아니라 국제법 규범의 확인을 위한 보조 수단에 불과한 것이다.

위의 국제사법 재판소 규정 제38조상의 법원과 관련하여 의문이 제기되기도 하는데, 여기서는 두 가지 점에 대해 살펴보기로 하겠다. 첫째는 제38조가 국제법의 모든 법원을 열거한 것인가 하는 것이고, 둘째는 제38조가 법원들 간의 우선 순위도 규율하고 있는가 하는 것이다. 우선 첫 번째 의문에 대해서는 ICJ규정 제38조의 규정이 국제법 법원의 전부가 아니라는 견해가 점차적으로 강하게 주장되고

있다. 이 견해에 의하면 전통적으로 이해되고 있는 국제법의 법원으로서 흔히 국제사법재판소 규정 제38조 1항을 지적하고 있으나, 현존하는 국제사회는 '상호공존'의 세상에서 '상호협조'의 세상으로 변화하고 있으며 심지어는 '상호통합'의 세상으로 변천해가는 추세이고, 이런 변화된 근래의 국제사회에 있어서는 제38조 1항의 법원 외에 국제강행규범(jus cogens)의 일면으로 논의되고 있는 국제기구들에 의하여 채택된 결의나 선언문, UN에서 채택된 여러 형태의 '준입법성 작위(quasi-legislative acts)', 심지어는 법적구속력은 결여되었다고 해도, (묵시적으로 국제사회의 모든 능동적 주체들의)행동지침(code of conduct)으로서 주요 다국적기업들이 채택한 설득력있고 바람직한 '지침'등도 국제법의 법원으로 간주해야 된다고 주장하고 있다. 그러나 이들의 법원성 여부에 대한 판단기준은 여전히 규정 제38조라는 사실은 부인할 수 없는 것 같다. 다음으로 규정 제38조상의 규정상, 법원 간의 우선순위에 대하여 검토하기로 한다. 위에서 지적한 바와 같이, 동 조항은 (1) 조약 (2) 관습 (3) 법의 일반원칙을 법원으로서 규율하고, 학설과 판례는 법원이 아니라 국제법 규범의 확인을 위한 보조수단에 불과하다고 규율하고 있다. 비록 동 조항이 법원 간의 순위를 명시적으로 규율하고 있는 것은 아니지만, ICJ규정 초안자들은 묵시적으로 법원 간의 중요성에 대한 순위를 나타낸 것으로 보여진다. 이는 막연한 이론보다는 현존하는 국제사회에서 일어날 수 있는 현실을 감안하여 살펴보는 것이 해답을 얻는데 더 효율적인 접근 방법일 것이다. 예를 들면 A국과 B국 간에 분쟁이 발생하였을 경우 法院은 분쟁의 해결을 위한 재판 과정에서 우선 양국 간에 당해 분쟁에 관련되는 조약의 존재 여부와 이에 대한 위반 여부를 살펴보아야 한다. 만약에 당해 분쟁에 적용가능한 조약이 존재하지 않는 경우에는 그러한 분쟁의 해결과 관련되는 관습의 존재 여부를 살펴야 되며, 그러한 관습조차 발견되지 않는 경우에는 국제법의 일반원칙에 의하여 판단해도 무방하다는 의미를 가지는 것으로 해석된다. 그런데 그러한 관련 조약이나 관습, 그리고 법의 일반원칙을 국가들의 관행에서 명확히 찾아볼 수 없을 경우에는, 법원의 판결이나 저명한 학자들의 학설을 재판의 보조적 지침(수단)으로 적용할 수 있다는 뜻으로 이해할 수 있다. 결국, 반드시 규정 제38조상 법원의 순위를 해명해야 한다면 (1)조약 (2)관습 (3)법의 일반원칙의 순으로 정할 수 있을 것 같고, 학자들의 학설이나 재판소의 판결 등은 앞에서 계속 지적한 대로, 단지 '보조수단'으로 적용할 수 있되, 이들에 기인한 판결은 원칙적으로 허용되지 않는 것으로 해석된다. 단 그러한 학설이나 판결이 그 내용상, 예를 들어 국제강행규범이나 혹은 관습을 입증하는 경우 등에는 간접적으로 재판의 준칙(그러므로 국제법의 법원)으로 간주될 수 있을 것으로 보인다.

유사 문제

01 다음 중 국제법의 연원으로서의 조약에 대한 설명 중 옳지 않은 것은?

① 조약의 명칭은 조약, 협약, 협정, 교환각서 등으로 다양하게 표현되며, 이들은 법적 구속력을 갖는다.
② 국제사회를 국가 간의 사회로 생각하던 과거에는 국가만이 국제법 주체로 주장되었으나, 오늘 날은 국제법 주체의 인정범위가 확대되면서 국제기구도 조약의 당사자로 인정되는 경향이다.
③ ICJ규정상 문명국에 의하여 인정된 법의 일반원칙은 조약 및 국제관습의 흠결을 보충하기 위한 법칙결정의 보조수단이다.
④ 조약은 국제사회의 법규범으로 그 체결, 이행, 변경 등이 국제법의 적용대상이 된다.

정답 ③

해설 ICJ규정상 문명국에 의하여 인정된 법의 일반원칙은 조약 및 국제관습의 흠결을 보충하기 위한 법칙결정의 보조수단이 아니다. 법칙결정의 보조적 수단은 학설과 판례이다.

02 신사협정에 관한 설명으로 옳지 않은 것은?

① 법적 구속력이 없는 단순한 정치적, 도덕적 문서이다.
② 법적 구속력의 유무가 불분명한 경우 국제연합 기탁성 여부를 판단의 기준으로 판단한다.
③ 당사자와 무관하게 국제법적 효력을 지니지 않는다.
④ 남북사이의 화해와 불가침 및 교류, 협력에 관한 문서(1991), 헬싱키 의정서(1975) 등이 이에 속한다.

정답 ②

해설 법적 구속력의 유무가 불분명한 경우 '당사국의 의도'를 기준으로 판단한다.

02

국가관할권 행사의 근거와 관련된 대한민국 국내법의 내용으로 옳은 것은?

① 외국인이 대한민국 영역 밖에 있는 대한민국의 선박 내에서 범죄를 저지른 경우 속지주의에 따라 형사관할권을 행사한다.
② 외국인이 대한민국 영역 밖에서 대한민국 국민에 대하여 저지른 모든 범죄에 대하여 수동적 속인주의에 따라 형사관할권을 행사한다.
③ 외국인이 대한민국 영역 밖에서 통화에 관한 죄를 저지른 경우 보편주의에 따라 형사관할권을 행사할 수 있다.
④ 외국인이 대한민국 영역 밖에서 집단살해죄를 저지르고 대한민국 영역 안에 있는 경우 보호주의에 따라 형사관할권을 행사할 수 있다.

[정답] ①

[해설]
② 외국인이 대한민국 영역 밖에서 대한민국 국민에 대하여 저지른 '모든' 범죄에 대해 수동적 속인주의를 적용하는 것은 아니다. 범죄행위지국에서 범죄로 규정하지 아니한 경우 수동적 속인주의를 적용하지 않는다.
③ 국가적 이익의 침해에 대한 관할권은 '보호주의'를 적용한다.
④ 집단살해죄와 같은 국제범죄에 대한 관할권은 '보편주의'를 적용한다.

관련 이론

국제법상 관할권

1. 개요
   여기서 외국군대라는 것은 전시점령과는 달리 관계국가들간의 공동방위조약, 기타 군사기본협정에 따라 우호적 합의에 의하여 평시에 다른 나라의 영토에 장기 주둔하는 것을 말한다. 이러한 외국군대의 법적지위는 당사국들간의 조약으로 규정되고, 규정내용은 출입국관리체제, 조세 및 관세면제, 형사관할권, 민사관할권등을 규정하고 있다.

2. 외국군대 지위의 일반원칙
   ① 접수국가 법령준수 의무
      외국군대나 그 구성원은 영토국인 접수국의 법률질서를 준수해야 한다. 다만, 외국군대이 수행하는 특수한 임무의 효율적 수행을 위하여, 또한 그 군대가 파견국의 특수기관임을 고려하여 협정의 범위내에서 여러가지 편의를 제공하고 관할권경합시에 일정한 배려를 하는 것 뿐이다.
   ② 출입국 관리
      외국군대의 출입국 관리 절차는 간소화되어 있는데, 우선 이들은 여권·비자에 관한 규칙의 적용을 받지 않는다. 그러나 그 구성원, 군속, 가족들은 최소한의 사진이 첨부된 파견국 발행신분증을 소지해야 하며, 협정에 따른 절차규칙을 준수하여야 한다. 한미행정협정도 이같은 내용을 담고 있다.
   ③ 통관 및 관세
      외국군대의 구성원은 원칙적으로 접수국의 관세법의 적용을 받는다. 다만 그들이 공용 사용으로 직접 사용하기 위하여 외국군대 당국의 공인된 기관을 통하여 수입하는 물건에는 관세를 면제한다. 이러한 물건의 수입에는 외국군대 당국이 위사실을 증명하는 문서를 제출해야 한다. 한미 행정협정 9조도 이에 관하여 상세히 규정하고 있다. 그러다 동조는 군인 아닌 그의 가족의 사용을 위한 물건에 대하여도 통관절차를 거치지 않고 면세하고 있다. 합의의사록에 의하면 미군의 구성원, 군속, 가족은 도착후 6개월 내에는 합리적 분량의 각종 물품을 면세로 자유롭게 통관할 수 있게 되어 있다.
   ④ 조세
      접수국은 외국군대이 사용하는 재산에 대하여 조세를 면제하고 있고, 외국군대 구성원, 군속, 가족이 외국군대 및 그 기관에서 근무하여 얻은 소득에 대하여도 면세한다. 한미행정협정 14조도 이를 규정하고 있다.

3. 형사관할권
    ① 형사관할권의 귀속과 행사
        국제법 원칙상 어느나라에 주둔하는 외국군대의 구성원은 국가 면제를 누리지 못하며 영토국인 접수국의 관할권에 속하게 된다. 다만 파견국과 접수국간의 협정에서 형사관할권의 일정한 배분과 협력을 규정하고 있다.
        ㉠ 형사관할권의 성립원칙
            파견국 군대 당국은 파견국 군법에 종속되는 모든 사람이 범한 범죄에 대하여 파견국 법령에 따라 접수국가 안에서 형사관할권을 갖고 접수국가은 접수국 영토상에서 외국인, 군속, 그 가족이 범한 범죄로 접수국 법령상 처벌되는 범죄에 대하여 형사관할권을 갖는다.
            그런데 한미협정 22조1항에서 미군군속이나 가족 등 민간인을 미군 형사관할권의 대상으로 포함시켜 놓은 것은 비록 합의의 사록에 평화시에 적용되지 않는다는 규정이 있음에도 석연치 않다. 또한 1966 한미 행정협정 합의의사를 제1항 (나)의 1에는 계엄선포시에 미군당국이 형사관할권을 행사하도록 되어있다.
        ㉡ 전속적 형사관할권과 그 포기문제
            양국가의 어느 한 국가의 법령만으로 처벌되는 범죄를 범한 경우 그 국가의 전속적형사관할권에 속하게 된다. 한미행정협정 제22조2항 합의의사록에 의하면 한국의 전속관할권 행사와 관련, 미국의 행정벌, 징계가 효과적이므로 미군이 요청하면 한국은 포기할 수 있다. 그러나 외국의 일반적 예는 "호의적으로 고려한다."고 되어 있다.
        ㉢ 형사관할권의 경합과 일차적 행사권
            형사관할권이 경합하는 경우 파견국이 파견국군대구성원에 대한 형사관할권의 일차적 행사권을 갖는 경우는 오로지 파견국의 재산이나 안전을 침해하는 범죄 또는 오직 파견국의 다른 구성원, 군속 그 가족의 신체나 재산을 침해한 범죄 파견국 군대 구성원의 공무수행중 작위 또는 부작위에 의한 범죄의 2가지 경우이다 이중 '공무수행'이냐의 판단이 중요한데 이는 파견국 당국이 발행하는 증명서에 의하여 해결한다. 한미행정협정 22조3항도 같은 규정을 두고 있다. 단 한국측은 이의를 제기할 수 있다.
        ㉣ 일차적 행사권의 포기와 협조
            일차적 행사권을 갖는 국가가 행사하지 않고 포기하면 다른 국가가 이를 행사할 수 있다. 한국과 미군의 형사관할권 경합에도 한국이 1차적 행사권을 갖는 것이 당연하다. 그런데 한미행정협정 22조3항 및 합의의사록에는 미군이 그 구성원에 관하여 질서와 규율을 유지함이 미군당국의 주된 책임임을 인정하여 미군이 요청하면 한국이 재판권을 행사함이 특히 중요하다고 일정하는 경우를 제외하고는 1차적 행사권을 포기하도록 되어 있다. 이는 과거에 비해 많이 발전된 것이나 london협정이나 미일협정이 포기를 요청하면 호의적 고려를 하도록만 되어 있는 것과는 상당한 차이가 있다.
        ㉤ 범죄혐의자의 수사및 구속
            London협정이나 미일협정에 따르면 피의자를 형사관할권을 행사하는 국가에 넘겨주도록 되어있다. 피의자가 파견국 군대의 관할권 내에 있는 경우에도 일단 접수국이 기소하고 나면 원칙적으로 접수국가에 넘겨주도록 되어있다. 그러나 한미행정협정 22조 5항 본문은 피의자가 미군관할하에 있으면 재판절차가 끝날때까지 미군당국이 구금하도록 되어있고 한국이 구금한 경우에도 미군당국의 요청에 의해 재판이 끝날때까지 미군이 구금하도록 되어있다.
        ㉥ 징역형 복역
            파견국군대 구성원이 접수국에서 징역형을 선고받고 복역을 하는 경우 London협정 22조7항은 한국법원에서 징역형을 받고 한국에서 복역중인 미군구성원의 신병인도를 미군측에서 요청하면 한국은 호의적으로 고려하도록 되어 있다. 또한 미군 군속이나 가족 등 민간인에 대하여도 동일한 규정을 둔 것도 문제가 된다.

유사 문제

01 다음 중 국제법상 관할권에 대한 설명으로 타당하지 <u>않은</u> 것은?

① 보편주의는 범죄의 성격에 전적으로 의존한다.
② 일부 테러행위에 대한 조약에서는 인도 아니면 소추의무를 규정하고 있다.
③ 강제관할권은 항공기불법납치행위와 인질억류행위가 그 대표적 사례이다.
④ 항공기불법납치 행위는 정치범죄로 인정되지만, 정치범 불인도의 대상이 되지도 아니한다.

정답 ④
해설 항공기불법납치 행위는 정치범죄로 인정되지 않으며, 따라서 정치범 불인도의 대상이 되지도 아니한다.

02 국가관할권에 관한 설명으로 타당하지 <u>않은</u> 것은?

① 입법관할권은 원칙적으로 영토적 한계를 갖지 아니한다.
② 집행관할권은 입법관할권과는 달리 영토적 한계를 가지나, 예외적으로 공해에서 외국상선을 임검하는 것을 의미한다.
③ 집행관할권은 군대지위협정에 의해 해외 주둔지 국가에서 형사재판을 하는 것 등은 집행관할권이 영토적 한계를 벗어난 예에 해당한다.
④ Eichmann 사건(1960)에서 이스라엘은 속지관할권을 주장하였다.

정답 ④
해설 Eichmann 사건(1960)에서 이스라엘은 보편관할권을 주장하였다.

03

「국가 및 그 재산의 관할권 면제에 관한 국제연합 협약」에 대한 설명으로 옳지 않은 것은?

① 국가는 해당 국가간 체결한 국제협정에 의해서만 타국 법원의 재판관할권 행사에 동의를 표시할 수 있다.
② 소송의 주제가 개인의 채용, 고용의 갱신 또는 개인의 복직과 관련된 경우 국가면제를 원용할 수 있다.
③ 국가면제는 국제법에 따라 부여되는 국가 원수의 특권과 면제를 저해하지 않는다.
④ 협약의 목적상 국가의 개념에는 주권적 권한을 부여받아 행사하는 국가의 대표가 포함된다.

정답 ①

해설 국가는 해당 국가간 체결한 국제협정에 의해서만 타국 법원의 재판관할권 행사에서 동의를 재판관할권행사에 대한 동의를 면제의 포기라고 한다. 면제의 포기는 국제협정을 통해서 할 수도 있고, 일방적 선언을 통해서도 할 수 있다.

관련 이론

국제법 상 국가면제(state immunity)

일국의 국내법원이 타국 또는 타국의 재산에 대해서 재판관할권을 행사하지 못하게 함으로써 국가들을 서로의 재판관할권으로부터 보호하기 위한 국제법 규칙이다. 역사적으로 크게 절대면제주의와 제한면제주의로 구분되는 국가면제규칙은 그러나 특히 외국과 거래하는 개인의 입장에서는 본질적으로 차별적이고 불평등한 측면이 있는 것으로 논란의 대상이 되어 왔다. 특히 국가면제규칙 형성 초기부터 상당기간 동안 지배적이었던 고전적·전통적 절대면제주의에 따르면 타국의 사인(私人)과 거래하는 국가는 그 분쟁의 주제나 내용과는 상관없이 언제나 해당 타국의 국내법원의 재판관할권으로부터 면제되며, 국가는 원하는 경우 개인을 제소할 수 있으나 반대로 개인은 국가를 제소할 수 없으므로 제소를 하더라도 재판관할권이 면제되므로 국가와 거래하는 사인은 크게 불리하고 불안정한 지위에 놓일 수밖에 없게 되기 때문이다. 따라서 오늘날 대부분의 국가들은 과거의 고전적·전통적인 절대면제주의를 폐기하고 제한면제주의를 지지하는 관행을 보여주고 있을 뿐만 아니라, 미국, 영국, 캐나다, 호주 등 주요 국가들의 경우 제한면제주의에 입각한 관련 국내법을 제정·시행하고 있으며, 관련 국제협약들 역시 제한면제주의를 기초로 하고 있다.

이처럼 국가면제규칙에 있어서 제한면제주의의 도입 및 적용은 외국과 거래하는 자국민의 보호와 관련해서도 매우 중요한 문제라고 할 수 있으나 다른 주요 국가들과는 달리 우리나라는 현재 이에 관한 국내 근거법률이 부재한 실정이다. 물론 우리나라의 경우도 근래 제한면제주의에 입각한 대법원판례를 통해 제한면제주의에 관한 사법적 관행의 수립 가능성을 보여주고는 있으나, 다수의 주요 국가들이 제한면제주의의 국내적 수용 및 적용 문제를 입법적으로 해결하고 있는 것에 비추어 우리나라도 이에 관한 국내입법 필요성이 제기되고 있다. 국제법 상 국가면제규칙에 있어서 제한면제주의의 수용 및 적용에 관한 문제는 외국과 거래하는 자국민 보호는 물론 주권평등원칙에 입각한 국가주권 보호 문제와도 직결되는 이슈이므로 이에 관한 명확한 입법적 조치가 없는 것은 입법의 불비 또는 자국민 보호의 미비라고도 할 수 있기 때문이다.

유사 문제

01 다음 중 국가면제에 대한 설명으로 타당하지 않은 것은?

① 국가면제는 단지 타국의 집행관할권, 특히 재판관할권으로부터의 면제를 의미한다.
② 주권면제는 입법관할권으로부터 면제를 의미한다.
③ 국가면제는 주권평등 원칙의 논리적 귀결로서 대등한 자는 대등한 자에 대해 지배권을 갖지 못한다는 논리이다.
④ 하급공무원이 국가를 대리하여 공적인 행위를 하였다면 인적면제는 인정되지 않으나 물적면제는 인정된다.

정답 ②
해설 입법관할권 자체로부터 면제되는 것이 아니다.

02 국가면제에 대한 설명으로 옳지 않은 것은?

① 피노체트 사건(1998)에서 피노체트가 더 이상 외국의 국가원수가 아니기 때문에 당연히 인적면제는 인정되지 않았다.
② 피노체트 사건(1998)에서 고문행위 등은 공적 행위라 볼 수 없다고 하여 물적면제는 인정되지 않았다.
③ 외교관은 어떤 형태의 체포나 구금도 당하지 않는다.
④ 외교관은 정당방위나 긴급피난의 대상이 될 수 없다.

정답 ④
해설 외교관도 정당방위나 긴급피난의 대상이 될 수는 있다.

04

국제법상 국제기구에 대한 설명으로 옳지 않은 것은?

① 국제법위원회(ILC) 국제기구의 책임에 관한 규정 초안에 의하면, 국제기구는 회원으로서 국가 이외에 다른 실체를 포함할 수 있다.
② ICJ는 Certain Expenses of the United Nations 사례에서 UN의 목적을 달성하는 데 필요한 권한에 묵시적 권한의 이론을 인정하지 않았다.
③ ILC 국제기구의 책임에 관한 규정 초안은 국제기구가 자신의 위법행위에 대해 배상책임을 지는 방법으로 국가의 위법행위의 경우와 같이 원상회복, 금전보상, 만족 등을 규정하고 있다.
④ 「UN헌장」에 따르면, UN은 목적 달성에 필요한 특권과 면제를 각 회원국의 영역 안에서 향유한다.

정답 ②

해설 ICJ는 Certain Expenses of the United Nations 사례에서 평화유지활동을 UN의 활동으로 인정하면서 '묵시적 권한이론'을 인정하였는데, 평화유지활동(PKO)은 UN의 목적 달성을 위한 조치이므로 UN회원국에 의해 묵시적으로 권한이 부여되었다고 해석한 것이다.

관련 이론

국제 기구의 책임

국제기구의 탄생은 다자간 국제회의체제로부터 시작되었다. 초창기 국제기구는 국가들의 협력 수단을 위한 객체에 불과하였지만 점차 기관인적 요소를 갖추고 상설적 성격을 갖는 기구로서 발전되어갔다. 이를 바탕으로 국제기구는 독립성과 자율성을 갖추게 되었고 그 회원국과 구분되는 독자적인 법인격을 향유하는 독립된 실체로서의 지위를 갖게 되었다.

이를 바탕으로 국제기구의 의무위반으로 발생한 피해에 대한 책임은 오직 국제기구에 귀속되며 회원국의 책임은 원칙적으로 배제된다는 이른바 회원국책임배제원칙이 확립되어왔다. 그 결과 국제법상 국제기구 책임 문제는 일종의 공식과 같이 해당 기구가 독자적인 법인격을 향유하는지의 문제로 간주되어왔다. 국제기구의 책임을 판단함에 있어 해당 기구가 독자적인 법인격을 향유하는지는 거의 유일하고도 절대적인 기준이 되어왔다. 그에 따라 해당 기구의 설립협정 및 내부 규칙에서 달리 규정하지 않는 한 국제기구의 행위에 대한 회원국 책임은 원칙적으로 배제되어왔다.

그러나 이러한 회원국책임배제원칙은 국제기구가 갖는 고유한 구조적인 특징을 간과한 채 국제기구의 법인격을 피상적으로 접근하고 있는 문제가 있다. 국제기구는 회원국과 구분되는 독자적인 법인격을 향유하는 국제법상의 주체이지만 동시에 국가들이 공동의 목적을 위해 창설된 수단으로써의 성격을 갖는다. 국제기구의 특징을 살펴보면 국제기구의 창설과 작동, 그리고 해체까지 그 모든 과정에 회원국이 중요한 역할을 하며 회원국 없이 국제기구는 작동할 수가 없다. 이러한 점에서 국제기구가 형식적으로 독자적인 법인격을 향유한다는 사실만으로 국제기구와 회원국을 실질적으로 완전히 분리하기는 어렵다.

국제법상 국제기구의 행위로부터 발생하는 책임은 국제기구책임 영역과 국가책임 영역이 혼재되어 나타날 수 있다. 예를 들어 외견상 국제기구의 행위라 하더라도 그 행위가 회원국에 귀속되는 경우에는 국가책임이 성립된다. 그러나 문제의 행위가 국제기구 그리고 회원국 모두에 귀속될 경우, 중첩되어 귀속의 명확한 판단이 어려운 경우 역시 존재하며 행위는 국제기구에 귀속되지만 그 책임은 회원국에 귀속되는 경우도 존재할 수 있다.

그 동안 국제기구의 행위에 대하여 회원국이 책임을 부담할 수 있는지에 대하여 학계에서는 의견이 대립되어왔다. 이를 부정하는 입장에서는 국제기구 행위에 대하여 회원국이 책임을 부담하기 시작한다면 국제기구의 독립성 및 자율성은 약화될 것이며 결과적으로 국제기구의 발전은 퇴보할 것이라고 경고한다. 한편 이를 긍정하는 입장에서는 피해자 구제 측면을 강조한다. 아직까지 국제법상 국제기구를 상대로 제소할 수 있는 장이 마련되어있지 않고 국내외 법원에 실효적 역할을 기대하기 어려운 상황에서 국제기구의 행위로 인해 피해를 입은 제3자의 문제를 해결하고 형평성을 제고하기 위해 회원국 책임이 인정되어야 함을 주장한다.

국제법상 국제기구의 책임과 관련하여 중요하게 거론되는 1995년 IDI의 제3자에 대한 국제기구 불이행이 회원국에 초래하는 법적 결과에 관한 결의, 2004년 ILA의 국제기구책임에 관한 권고 규칙, 2011년 ILC의 국제기구책임초안에서는 회원국책임배제원칙을 견지하면서도 한편으로 국제기구의 행위로부터 발생하는 회원국의 책임에 관한 논의를 반영하고 있다. 비록 2011년 국제기구책임초안 상 규정들은 2001년 국가책임 초안의 내용과 법리를 그대로 가져왔다는 점에서 비판을 받고 있으나, 전통적인 접근에서 벗어나 구체적이고 실질적인 관점에서 국제기구와 회원국의 책임 관계를 이해하고 있다는 점에서 의미가 있다.

특히 2011년 국제기구책임초안 제5부에서는 국제기구의 행위에 관여된 국가책임이라는 표제 하에 국제기구의 행위로부터 발생할 수 있는 회원국의 책임의 경우를 통제적 관련성(제58조(국가의 지원 또는 원조), 제59조(국가의 지시 및 통제), 제60조(국가의 강박))에 따라, 그리고 신의칙 및 조약상의 법리에 따라(제62(책임의 수락 및 피해당사자의 신뢰)에 따라 접근하고 있다. 아울러 제61조는 회원국이 국제기구의 법인격을 남용함으로써 자신의 의무를 면탈하려고 하는 경우에 성립하는 회원국 책임을 규율하고 있다.

국제기구의 행위로부터 발생하는 회원국 책임 문제는 기능적인 관점에서 다양하게 접근할 필요가 있다. 특히 통제적 관련성에 입각하여 회원국이 국제기구의 행위에 특정한 영향력을 행사할 때 발생하는 행위의 귀속과 책임의 귀속을 고려해볼 필요가 있다. 아울러 각국에 공통적으로 인정되는 국내법상의 법원칙을 국제기구와 회원국 간 책임 관계에 투영함으로써 국제기구 행위에 대한 회원국 책임을 살펴보는 것은 중요한 함의가 있다. 국내법상의 법리에 비추어 국제기구와 회원국 간 대리 관계가 성립하였는지를 살펴보는 것은 하나의 지침이 된다. 또한 회원국이 국제기구의 법인격을 남용함으로써 현저하게 불공정한 결과를 초래하는 경우에 상법상의 법인격 부인론을 통해 국제기구의 법인격을 투시함으로써 성립하는 회원국 책임을 살펴볼 수 있다.

이를 바탕으로 국제기구의 행위로부터 성립하는 회원국 책임은 다양한 양태로 나타날 수 있다. 국제기구 행위에 회원국이 관여한 자신의 행위에 대하여 개별적으로 책임이 성립할 수도 있으나 경우에 따라 국제기구와 회원국의 간 공동책임이 성립할 수도 있다. 아직까지 국제법상의 국제기구의 책임에 관한 법리들이 확립되지 않고 이에 관한 실행들이 축적되지 않은 상황에서 국제기구의 행위를 둘러싸고 발생하는 회원국 책임 문제는 복잡한 영역으로 남아있다.

외견상 국제기구는 회원국과 독립된 법인격을 향유하는 분리된 실체로 보이나, 내부적으로 국제기구와 회원국은 불가분관계에 있다. 이러한 복잡한 관계 속에서 국제기구의 행위로부터 발생하는 회원국의 책임 문제를 규율하기 위해서는 외관적인 측면 뿐 아니라 실질적인 측면이 반드시 고려되어야 한다. 그에 따라 국제기구의 책임 문제는 국제기구, 회원국 그리고 피해를 입은 제3자라는 다자적 구조에서 기능적인 관점에서 규율되어야 하며 다양한 상황에서 국제법상 국제기구의 회원국 책임이 성립될 수 있다.

05

「시민적 및 정치적 권리에 관한 국제규약(B규약)」에 따른 국가 간 고발제도에 대한 설명으로 옳은 것은?

① 통보를 접수한 국가가 최초의 통보를 접수한 후 6개월 이내에 당해문제가 관련당사국 쌍방에게 만족스럽게 조정되지 아니할 경우에는, 양 당사국 중 일방에 의한 인권이사회와 타 당사국에 대한 통고로 당해문제를 인권이사회에 회부할 권리를 가진다.
② 인권이사회에 회부된 문제가 관계당사국들에 만족스럽게 타결되지 못하는 경우, 인권이사회는 특별위원회를 임명하고 특별위원회는 당해문제를 해결하기 위하여 관계당사국에게 구속력있는 중재 결정을 할 권리를 가진다.
③ 인권이사회는 규약의 당사국이 이 규약상의 의무를 이행하지 않는다는 주장을 접수하여 이를 일방 당사국에게 통보한 후 해당 사안을 심리할 권한을 가지는바, 이러한 인권이사회의 권한은 당사국이 규약을 비준하면 자동으로 인정된다.
④ 인권이사회는 통보된 문제의 처리에 있어서 일반적으로 승인된 국제법의 원칙에 따라 고려하여야 하며 인권이사회의 절차가 시작되기에 국내적 구제절차가 완료되었음을 확인할 필요는 없다.

정답 ①

해설
② 인권이사회의 특별위원회는 '조정'절차일뿐이기 때문에 그 결과에 법적 구속력이 인정되지 않는다.
③ 이행제도로서 국가간 고발제도는 규약 제41조를 수락한 국가 상호간에만 적용된다.
④ 개인 청원제도에서 인권이사회 절차가 시작되기 전에 국내구제절차가 완료되어야 한다.

관련 이론

국제인권조약

국제인권조약 대부분은 체약국들이 조약상의 인권기준을 충족시키기 위해 얼마나 노력을 기울이는지를 감시하는 이행감시체제를 마련하고 있다. 이러한 이행감시체제는 국제사법심사와 달리 체약국을 구속하는 것은 아니지만 국가에 정기적으로 인권의 국내적 인권상황을 보고하도록 하고, 이에 대한 의견을 제시하거나 회람시키곤 한다. 국가들은 자국의 이해관계가 결부되지 않는 한 타국의 인권상황에 소극적이라는 점을 고려할 때 비록 법적 구속력은 없지만 이러한 이행감시체제는 국가들의 인권 증진을 위한 노력을 독려하는 역할을 수행한다고 할 수 있다.

국제인권조약의 몇몇은 인권침해를 당한 개인이 국내적 구제 절차를 통해 인권침해를 구제받지 못하는 경우 그러한 조약들이 설립하고 있는 이행감시체제에 이의 구제를 위한 통보(communication)를 할 수 있는 제도를 마련하고 있다. 이를 '개인통보제도'라고 하는데 이를 두고 있는 조약으로는 유엔 자유권규약 제1선택의정서, 유엔 사회권규약 선택의정서, 인종차별철폐협약, 여성차별철폐협약 선택의정서, 고문방지협약, 장애인권리협약 선택의정서 등이 있다. 여기에서는 이들 가운데 가장 오래된 자유권규약(B규약) 선택의정서의 개인통보제도를 중심이다.

자유권규약 제28조에서 이른바 규약인권위원회(Human Rights committee)를 설치하고 체약국에 정치적으로 자유권규약 내용준수 보고서를 유엔 사무총장에게 제출하고 사무총장은 이를 규약인권위원회에 넘겨 이 위원회가 보고서를 심사하고 체약국에 의견을 제시하는 이른바 국가 보고 의무를 정하고 있다. 나아가 자유권규약은 제41조에서 국가 간 고발 제도를 두고 있어 원칙적으로는 규약의 체약당사국 일방이 타방 체약당사국에서의 자유권규약의 위반을 규약인권위원회에 고발할 수 있도록 하고 있다. 하지만 이 국가 간 고발제도는 자유권규약 가입 시 국가들이 선택할 수 있어 고발국과 피고발국 어느 한 국가라도 이를 수락하지 않으면 이용할 수 없고 국가들 사이의 우호관계를 고려해 현재까지 이용된 바가 거의 없다.

자유권규약은 협약에서 정하는 위와 같은 국가의 보고 제도, 국가 간 고발 제도 이외에 자유권규약과 관련성을 가지고 있지만 형식적으로는 별도의 조약인 자유권규약선택의정서를 마련하고 있고 이 선택의정서를 수락한 국가에 의한 인권침해를 받은 개인은 직접 서면으로 규약인권위원회에 이 침해 사건의 논의를 신청하는 '개인통보제도(individual petitions 또는 individual communications)'를 정하고 있다. 이러한 신청이 받아들여지면 규약인권위원회는 그 사건에서의 자유권규약의 위반 여부를 논의하고, 위반이 있는 경우 해결을 위해 위원회의 '견해(views)'를 인권침해국과 피해자에게 송부하게 된다. 그리고 이는 원칙적으로 일반에 공개된다. 이러한 견해는 법적인 구속력이 없는 것이나 개인으로부터 직접 신청된 내용을 객관적으로 판단한 결과로서 국제사회의 주의를 환기하고 여론을 형성한다는 점에서 장기적으로는 점진적인 인권 개선의 효과를 가진다고 할 수 있다.

다만 개인이 자유권규약위원회에 개인통보를 위해서는 (1)침해국이 자유권규약의 선택의정서의 당사국이어야 하고, (2)통보자는 반드시 통보 이전 침해국에서 침해구제를 위한 국내적 수단을 다 강구한 후에, (3)구두가 아닌 서면으로 통보해야 하며, (4)동일한 사건에 대해 다른 국제적인 조사 절차가 진행되고 있지 않아야 한다는 요건을 충족해야 한다. 규약인권위원회는 검토 후 침해국의 주의를 환기하고 침해국은 6개월 이내에 위원회에 설명을 포함하는 견해를 제출할 수 있다.

이러한 개인통보 제도는 비록 선택의정서라는 별도의 조약에 가입한 국가와 관련해서만 인정된다는 것과 규약인권위원회의 견해는 법적 구속력을 갖지 않는다는 점에서 현실적 한계를 가진다고도 할 수 있다. 그럼에도 불구하고 자유권규약인권위원회가 갖는 국제적인 위상과 국제 여론에 미치는 영향력은 국제 인권의 발전에 기여해왔고 이에 그 업무량도 증가하는 추세를 보여왔으며 소수자 인권, 사형, 동성애, 범죄인 인도 등과 같은 논쟁적인 문제를 다루어 왔다.

규약인권위원회에서 다루어진 우리나라 관련 주요사건

- 손종규 사건 (Communications No. 518/1992), 노동쟁의조정법상의 제3자 개입 금지
- 김근태 사건 (Communications No. 574/1994), 국가보안법 제7조 (반국가단체 고무, 찬양)
- 박태훈 사건 (Communications No. 628/1995), 국가보안법 제7조 (반국가단체 고무, 찬양)
- Mohammed Ajaz, Amir Jamil (Communications No. 664/1995)
- 이정은 사건 (Communications No. 1119/2002), 국가보안법 제7조 (반국가단체 고무, 찬양)

규약인권위원회에서 다루어진 중요 사건

- Estrella v. Uruguay (고문)
- Lovelace v. Canada (인종적 소수자 차별)
- Toonen v. Australia (동성애)
- Ng v. Canada (독가스에 의한 사형)
- Judge v. Canada (사형과 추방)

유사 문제

01 시민적,정치적 권리에 관한 국제규약(B규약)의 이행감독장치에 관한 설명으로 틀린 것은?

① 국가간 고발제도, 개인의 국가고발제도, 보고서 검토라는 세 가지 이행감독장치를 갖고 있다.
② B규약 선택의정서 당사국 간에 적용되는 것은 개인의 국가고발제도이다.
③ 개인의 국가고발제도를 이용하기 위해서는 B규약에 열거되어 있는 특정 권리를 침해당했다고 주장하는 경우여야 하며, 국내구제수단을 완료하여야 한다.
④ 손종규 사건에서 B규약 인권위원회는 손종규의 행위를 제3자 개입금지조항으로 처벌한 것은 표현의 자유 침해라는 견해를 제시하였다.

정답 ②
해설 B규약 선택의정서 수락국 간에만 적용되는 것은 개인의 국가고발제도이다.
국가 간 고발제도는 B규약 제41조에 대해 수락선언을 한 국가 간에 적용됨. 단 동 수락선언은 언제든지 철회될 수 있다.

02 사회권 규약에 대한 설명으로 옳지 않은 것은?

① 선택의정서는 이 규약의 이행을 보완하기 위해 만든 별도의 조약을 말한다.
② 선택의정서는 해당국가에 의해 사회권 규약에 보장된 권리를 침해당했다고 주장하는 개인이나 집단, 또는 그들의 권리를 옹호하는 제삼자가 유엔 사회권위원회에 권리침해를 진정할 수 있는 방법과 절차를 담고 있다.
③ 한국 정부는 사회권 규약에 가입하고 난 후 당사국의 의무사항으로서 사회권의 이행여부에 대한 보고서가 유엔사회권위원회에 미제출된 상태이다.
④ 노동관계법을 사회권 규약에 합치되도록 즉각 개정할 것, 노조활동에 대한 과도한 제한을 해제할 것, 근로기준법과 최저임금법의 적용을 확대할 것 등이 사회권 규범 선택의정서의 내용이다.

정답 ③
해설 한국 정부는 사회권 규약에 가입하고 난 후 당사국의 의무사항으로서 사회권을 얼마나 잘 보장하고 있는지에 대한 보고서를 1993년 처음으로 유엔사회권위원회에 제출했다.

06

「해양법에 관한 국제연합 협약」에 규정된 분쟁해결제도에 대한 설명으로 옳지 않은 것은?

① 분쟁당사국은 이 협약과 관계없이 언제라도 이 협약의 해석이나 적용에 관한 당사국간의 분쟁을 스스로 선택하는 평화적 수단에 의하여 해결하기로 합의할 수 있다.
② 분쟁당사자가 그 분쟁에 관하여 동일한 분쟁해결절차를 수락하지 않는 경우, 당사자가 달리 합의하지 않는 한, 그 분쟁은 국제해양법재판소에만 회부될 수 있다.
③ 대향국간 또는 인접국간의 영해의 경계획정 등 해양경계획정과 관련된 분쟁에 대해서는 당사국이 강제절차의 적용배제를 서면선언할 수 있다.
④ 연안국은 배타적 경제수역의 생물자원에 대한 연안국의 주권적 권리와 행사에 관련된 분쟁을 협약상의 강제절차에 회부할 것을 수락할 의무를 지지 않는다.

정답 ②

해설 분쟁당사자가 그 분쟁에 관하여 동일한 분쟁해결절차를 수락하지 않는 경우 '중재'절차에 회부된다.

관련 이론

「해양법에 관한 국제연합 협약」에 규정된 분쟁해결제도

해양사용 방법이 다양해지고 연안국 해양관할권의 확대로 국가 간의 해양분쟁 가능성이 높아져 가는 가운데, 국제사회가 대부분의 해양문제를 규율하는 방대한 실질규정을 담은 유엔해양법협약을 채택한 것은 국제해양법 발달에 중요한 계기였다. 특히 해양법협약이 구속력있는 결정을 수반하는 강제절차를 포함한 분쟁해결제도를 도입한 것은 기존의 국제사회의 현실을 감안하면 참으로 획기적인 일이었다.

해양법협약은 강제절차를 중심으로 분쟁해결제도를 수립하였지만, 강제관할제도에 회의적인 국가들의 입장과 분권화 되어있는 국제사회의 현실을 감안하여, 국가들에게 재판소의 선택권을 부여하고 각종 제한과 예외를 인정하여 일부 사항에 대해서는 강제절차의 적용을 배제할 수 있게 하였다. 하지만 ITLOS와 제7부속서 중재재판소 등은 강제절차의 전제조건, 강제절차의 관할권, 관할권 적용의 제한과 예외에 관한 관련 규정의 해석·적용 및 실행을 통하여 강제절차의 적용범위를 확보해 가고 있다.

해양법협약 제15부 제1절 총칙에는 강제절차 이전에 충족해야 할 조건들이 규정되어 있다. 특히 분쟁당사자들이 선택한 다른 분쟁해결수단의 부존재와 의견교환의무의 이행이 중요한 조건인데, 이 논문은 ITLOS와 제7부속서 중재재판소 등이 이러한 조건을 어떻게 적용하고 있는지 고찰하였다. 각국의 선택의 결과 해양법협약의 강제절차에서 ITLOS와 제7부속서 중재재판소가 중요한 역할을 맡고 있는데, 이 논문에서는 재판소의 구성과 결석재판에 관한 문제를 검토하였다.

해양법협약은 ITLOS 등 재판소는 재판소에 회부되는 해양법협약 해석과 적용에 관한 분쟁에 대하여 관할권을 갖는다고 하였다. 강제절차에서도 해양법협약의 해석과 적용에 관한 분쟁 즉 해양문제 만을 다루는 것이 원칙이지만, 소위 혼합사건에 대한 관할권 문제가 제기되고 있다. 이 논문은 해양문제와 영토문제가 일부 연결되어 있는 혼합분쟁의 관할권에 대한 학설의 대립을 살펴보고 재판소의 관련 실행을 검토하였다.

해양법협약은 제297조에서 강제절차에서 자동적으로 배제되는 분쟁에 대해 규정하였으며, 제298조에서는 국가들로 하여금 해양경계획정과 역사적 만에 관한 분쟁 등을 강제절차에서 배제할 수 있게 하였다. 중요한 것은 우리나라처럼 협약 제298조에 따른 배제선언을 하면 해양경계획정 등 조문에 규정된 사안과 관련하여 진정으로 강제절차로부터 배제되는가 하는 것이다.

유사 문제

01 「해양법에 관한 국제연합 협약」에 대한 설명 중 옳지 않은 것은?

① 해양환경 오염의 방지, 경감 및 통제를 위하여 외국선박의 자국 항구와 내수로의 진입이나 연안정박시설 방문에 대해 특별한 조건을 규정한 국가는 이러한 요건을 적절히 공표하기만 하면 된다.
② 협약의 해석이나 적용에 관한 분쟁당사자인 당사국은 제5부속서 제1절에 규정된 절차나 그 밖의 조정절차에 따라 다른 당사자에게 그 분쟁을 조정에 회부하도록 요청할 수 있다.
③ 당사자가 달리 합의하지 아니하는 한, 분쟁이 조정에 회부된 때에는 조정은 합의된 조정절차에 따라서만 종료될 수 있다.
④ 어떠한 국가도 이 협약의 서명, 비준, 가입시 또는 그 이후 언제라도, 서면 선언에 의하여 규정된 4개의 재판소 중 어느 하나 또는 그 이상을 자유롭게 선택할 수 있다.

정답 ①
해설 해양환경 오염의 방지, 경감 및 통제를 위하여 외국선박의 자국 항구와 내수로의 진입이나 연안정박시설 방문에 대해 특별한 조건을 규정한 국가는 이러한 요건을 적절히 공표하고 권한있는 국제기구에 통보한다.
④ 어떠한 국가도 이 협약의 서명, 비준, 가입시 또는 그 이후 언제라도, 서면 선언에 의하여 이 협약의 해석이나 적용에 관한 분쟁의 해결을 위하여 제6부속서에 따라 설립된 국제해양법재판소, 국제사법재판소, 제7부속서에 따라 구성된 중재재판소, 제8부속서에 규정된 하나 또는 그 이상의 종류의 분쟁해결을 위하여 그 부속서에 따라 구성된 특별중재재판소의 어느 하나 또는 그 이상을 자유롭게 선택할 수 있다.

02 다음 해양법에 대한 설명 중 옳지 않은 것은?

① 분쟁당사자가 그 분쟁에 관하여 동일한 분쟁해결절차를 수락하지 아니한 경우, 당사자간 달리 합의하지 아니하는 한, 그 분쟁은 제7부속서에 따른 국제해양재판소에만 회부될 수 있다.
② 새로운 선언, 선언의 취소 또는 종료의 통고는 당사자간 달리 합의하지 아니하는 한, 이 조에 따른 관할권을 가지는 재판소에 계류 중인 소송에 어떠한 영향도 미치지 아니한다.
③ 선언은 취소통고가 국제연합사무총장에게 기탁된 후 3개월까지 효력을 가진다.
④ 재판소는 이 협약의 목적과 관련된 국제협정의 해석이나 적용에 관한 분쟁으로서 그 국제협정에 따라 재판소에 회부된 분쟁에 대하여 관할권을 가진다.

정답 ①
해설 분쟁당사자가 그 분쟁에 관하여 동일한 분쟁해결절차를 수락하지 아니한 경우, 당사자간 달리 합의하지 아니하는 한, 그 분쟁은 제7부속서에 따른 중재에만 회부될 수 있다.

07

「국제민간항공협약」에 대한 설명으로 옳은 것은?

① 부정기항공기는 반드시 사전의 허가를 받아 피비행국의 착륙요구권에 따를 것을 조건으로 체약국의 영역 내에서 비행할 권리를 가진다.
② 어떠한 체약국의 국가 항공기도 특별협정 또는 기타방법에 의한 허가를 받고 또한 그 조건에 따르지 아니하고는 타국의 영역의 상공을 비행하거나 또는 그 영역에 착륙하여서는 아니 된다.
③ 체약국은 민간항공기가 조난으로 영공을 침범한 경우 이 항공기에 대해 구호조치를 취할 의무를 부담하지 않는다.
④ 협약 및 부속서의 해석 또는 적용에 관하여 체약국간 의견이 일치하지 않는 경우 관계국은 1차적으로 조정위원회에서 사안을 해결해야 한다.

정답 ②

해설
① 시카고 협약상 부정기 민간항공기는 사전허가 없이도 비행할 권리가 있다.
③ 조난항공기에 대해서는 구호조치를 취할 것을 의무로 규정하고 있다.
④ 분쟁이 교섭에 의해 해결되지 않은 경우 일차적으로는 이사회가 해결하는데, 이사회 결정에 대해서는 상호합의에 의해 중재재판이나 상설국제사법재판소에 제소할 수 있다.

관련 이론

국제민간항공조약(협약) Convention on International Civil Aviation)

1. 1944년 시카고 국제회의에서 채택된 민간항공운영을 위한 기본 조약이다.
2. 목적
   국제 민간항공이 발달하면서 각국과 국민간에 있어서의 마찰을 피하고 협력을 촉진하기 위해 체결된 것으로 국제 민간항공이 안전하고 정연하게 발달하고, 국제항공운송업체가 기회를 균등하게 보장받아 건전하고 경제적으로 운영되도록 하기 위한 일정 원칙과 기준을 제시했다.
3. 주요 내용
   총 4부로 구성되어 있으며 제1부는 체약국의 영공에 대한 배타적 주권 인정을 비롯해 출입국 규제, 항공기 등록, 세관, 출입국 수속, 사고조사 등을, 제2부는 ICAO(국제민간항공기구)의 조직과 임무를, 제3부는 국제항공운송의 원활을 위한 조치를, 제4부는 해당 조약이 1919년 파리조약과 1928년 아바나조약을 보완 대체하는 것을 규정했다.
   시카고 회의에서는 하늘의 자유 권리, 형태에 대해 국제민간항공조약(시카고조약) 중에 규정하려고 노력했지만 하늘의 자유를 전면적으로 인정하자는 미국의 개방주의(자유주의) 견해와 보호주의적 견해를 가진 영국의 대립을 둘러싸고 참가국의 의견이 분분하였다. 그 결과 시카고조약에서는 부정기(不定期) 비행에 관해서만 하늘의 자유를 확정하는 데 일치하고, 정기국제항공업무에 관하여는 따로 국제항공운송협정(5개의 자유의 협정) 및 국제항공업무통과협정(2개의 자유의 협정)을 작성하여 각국이 임의로 하나를 선택할 수 있도록 하였다.
   이 시카고 회의를 통해 유엔 산하 국제민간항공기구(ICAO) 발족을 위한 초석을 마련하게 되었다.

유사 문제

01 항공 보안에 관한 동경협약에 대한 특징으로 옳지 <u>않은</u> 것은?

① 동경협약은 형법에 위반하는 범죄, 범죄의 성립 여부를 불문하고 항공기와 기내의 인명 및 재산의 안전을 위태롭게 할 수 있거나 위태롭게 하는 행위 또는 기내의 질서 및 규율을 위협하는 행위에 대해 적용된다.
② 항공기상의 일반형사범죄행위를 규율하는 점과, '항공기의 불법탈취행위'를 대상으로 하지 않는 점
③ 원칙적으로 '항공기의 소유국'이 관할권을 행사하는데, 항공기의 소유국은 동 항공기 내에서 행해진 범죄나 행위에 대한 재판관할권을 행사할 권한을 갖는다.
④ 관할권의 경합이 발생할 수 있으나, 동 협약은 어떤 국가가 우선적인 관할권을 갖는지에 대해서는 규정하지 않고 있다.

정답 ③
해설 원칙적으로 '항공기의 등록국'이 관할권을 행사하는데, 항공기의 등록국은 동 항공기 내에서 행해진 범죄나 행위에 대한 재판관할권을 행사할 권한을 갖는다.

02 항공 안전에 관한 헤이그협약에 대한 내용으로 옳지 <u>않은</u> 것은?

① 비행중 기내의 모든 범죄가 아니라 항공기의 불법탈취행위에 한해 적용된다.
② 항공기에 탑승하지 않은 자에 의한 항공기의 불법탈취행위는 동 협약의 적용범위에 속하지 않는다.
③ 규제대상범죄는 정치범불인도 원칙의 적용을 배제한다.
④ 항공기에 탑승한 자에 의한 항공기에 대한 공격이나 항공시설을 파괴하는 행위는 동 협약의 적용범위에 속하지 않는다.

정답 ④
해설 항공기에 탑승하지 않은 자에 의한 항공기에 대한 공격이나 항공시설을 파괴하는 행위는 동 협약의 적용범위에 속하지 않는다.

08

국제법상 형사관할권에 대한 설명으로 옳지 않은 것은?

① 범죄 용의자에 대하여 기소 또는 인도 의무를 규정하고 있는 조약들은 일종의 준보편관할권(quasi-universal jurisdiction)을 성립시키는 효과를 가져온다.
② Attorney-General of the Government of Israel v. Eichmann 사례에서 재판부는 Eichmann의 범죄행위 중 유태인 피해에 대하여 보호주의적 관할권이 인정된다고 판단하였다.
③ Banković et al. v. Belgium et al. 사례에서 재판부는 속지주의 관할권과 속인주의 관할권이 충돌하는 경우 속인주의가 국가의 1차적 관할권이라고 판단하였다.
④ 「시민적 및 정치적 권리에 관한 국제규약(B규약)」 제14조 제7항의 일사부재리원칙은 이중처벌을 금지하나 다른 관할권에서의 중복 처벌을 금지하는 취지는 아니다.

정답 ③

해설 Banković et al. v. Belgium et al. 사건에서 1차적 관할권은 속지주의 국가가 갖는다고 본 판례이다.

관련 이론

보편관할권

보편관할권은 역외관할권의 한 형태이다. 가해자가 해당국 국적자가 아니며 범죄가 다른 국가에서 발생했음에도 불구하고 일부 범죄의 경우 그 중대성으로 인해 모든 국가가 가해자를 처벌할 의무가 있다는 발상에 근거를 둔다. 제2차 세계대전이 끝나고 뉘른베르크에서 나치 독일 지도자를 상대로, 도쿄에서 일본 군 지도자를 상대로 진행된 재판 이후 보편관할권의 개념은 더욱 발달했다. 이 재판소들은 과거 소추한 전례가 없었던 평화에 반한 범죄, 전쟁범죄, 반인도범죄를 죄명으로 소추하였습니다. 당시 이 재판소들의 관할권에 대한 근거는 보편관할권이 아니었으나, 사실상 오늘날의 보편관할권의 한 형태를 적용하고 있었다는 점은 널리 인정받고 있다.

제2차 세계대전 이후 1949년 제네바 협약이 채택되어 전쟁법과 전쟁범죄의 정의를 명시하였다. 제네바 협약은 모든 협약 당사국이 자국 법원에서 전쟁범죄 가해자를 소추하거나, 소추 의지가 있는 다른 국가에 인도해야 한다고 적시하고 있다. 제네바 협약 이후 뒤따라 여러 인권 조약이 국가로 하여금 침해 행위를 불법화하고 소추하도록 했다. 예를 들어, 1984년 채택된 고문방지협약은 고문을 자행한 혐의가 있는 자를 소추하거나 인도할 의무가 당사국에 있다고 명시하고 있다.

오늘날 많은 국가는 자국 영토 내 가해자가 특정되면 국내 법원이 전쟁범죄, 반인도범죄, 고문, 집단살해죄 등 국제 범죄를 소추할 수 있도록 하는 법을 채택하고 있다. 예를 들어 2022년 독일 법원은 시리아에서 자행한 고문을 비롯한 반인도범죄 혐의로 시리아 국적자에게 유죄 판결을 내렸다. 이 판결을 받은 가해자는 시리아 다마스쿠스의 한 구금시설에서 고문, 살해, 강간, 성폭행이 자행될 당시 해당 시설을 총괄한 혐의가 있는 전직 정보 관료였다. 이후 그는 시리아에서 독일로 이동하여 망명을 허가받았는데, 결국 항소 가능한 무기징역 선고를 받았다.

보편관할권을 활용하여 반인도범죄를 비롯한 중대한 인권 침해를 소추할 때의 가장 큰 장점은 책임 규명이 부재할 수 있는 상황에서도 책임 규명을 증진할 수 있다는 점이다. 관련국이 국제형사재판소 로마규정 당사국이 아니고 안전보장이사회가 관련 상황을 국제형사재판소에 회부할 가능성이 낮은 경우, 또는 범죄 발생국 내 특별재판소 설립이나 국내 사법절차 개시의 가능성이 낮은 경우를 예로 들 수 있다. 국가가 중대한 인권 침해를 조사하고 소추할 정치적 의지가 없거나, 불안정한 상황, 자원 부족, 법치주의를 수호하는 독립적 사법부의 부재 등을 이유로 범죄를 소추할 수 없는 경우에도 정의 실현을 위해 보편관할권을 활용할 수 있다. 인권최고대표사무소 및 여타 인권 주체들은 반인도범죄를 비롯한 중대한 인권 침해 가해자를 심판할 수 있도록 널리 인정받는 역외관할권 또는 보편관할권 원칙을 적용하여 유엔 회원국들이 관할권을 행사할 것을 재차 촉구한다.

유사 문제

01 국제형사재판소(ICC)에 관한 로마규정 중 관할권에 대한 설명으로 타당하지 않은 것은?

① 시간적 관할권에서 로마규정 발효(2002.7.1) 이후 발생한 범죄에 대해서만 관할권을 가진다.
② 4대 국제범죄는 공소시효가 없다.
③ 인적 관할권에서 자연인 및 법인에 대해서 관할권을 가진다.
④ 18세 미만자에 대해서는 관할권을 행사할 수 없다.

정답 ③
해설 인적 관할권에서 자연인에 대해서만 관할권을 가진다.

02 국제형사재판소(ICC)에 관한 로마규정 중 물적 관할권에 대한 설명으로 타당하지 않은 것은?

① 국제사회가 우려하는 가장 심각한 범죄에서 Genocide, 인도에 반한 죄, 전쟁범죄, 침략범죄를 4대 핵심국제범죄라 한다.
② 테러, 해적, 고문, 마약 등의 국제범죄는 ICC 관할 대상에서 제외된다.
③ 동일한 살해행위라도, 어떠한 상황하에서 개별적 행위가 자행되었느냐에 따라 범죄가 달라진다.
④ 2001년에 미국에서 발생한 9.11 테러행위는 ICC가 테러범죄로서 처벌할 수는 없다.

정답 ④
해설 2001년에 미국에서 발생한 9.11 테러행위는 ICC가 테러범죄로서 처벌할 수는 없지만 인도에 반한 죄의 구성요건을 충족할 수 있을 것으로 보이므로 인도에 반한 죄로 처벌할 수 있는 가능성이 있다.

09

외교보호에 대한 설명으로 옳은 것은?

① ILC 외교보호초안은 복수국적자의 국적국 상호 간에는 외교보호권의 행사를 배제한다고 규정하였다.
② ICJ는 Elettronica Sicula S.p.A.(ELSI) (U.S. v. Italy) 사례에서 국적계속의 원칙은 국제관습법의 중요한 원칙이라고 인정하였다.
③ ICJ는 Avena and Other Mexican Nationals (Mexico v. U.S.A.) 사례에서 국가의 권리와 개인의 권리가 상호 의존적인 특별한 사정에서는 국내구제 완료의 의무는 적용되지 않는다고 판시하였다.
④ ILC 외교보호초안은 무국적자의 경우 외교보호권을 행사할 수 있는 국가가 없다고 규정하였다.

정답 ③

해설
① 전통적 국제법에서는 복수국적자 국적 상호간 원칙적으로 보호권을 배제하나, 일방에 타방에 대해 지배적 국적국인 경우 외교적 보호권을 발동할 수 있다고 규정하고 있다.
② Elettronica Sicula S.p.A(ELSI) (U.S. v. Italy)사건에서 '국내구제 완료원칙'에 관한 것이다. 동 사건에서 국내구제 완료의 원칙이 포기될 수 있는지는 포기될 수 있으나, 포기 의사가 명확하게 드러나야 한다고 판시하였다.
④ 외교보호 초안에서는 무국적자의 경우 무국적자의 상주국이 보호권을 발동할 수 있다.

관련 이론

외교보호 초안

제1조(정의와 범위) 이 초안 규정의 목적을 위하여, 외교적 보호는 한 국가가 다른 국가의 국제위법행위로 인하여 초래된 자국 국적의 자연인 또는 법인에 대한 피해에 대하여 외교적 조치 또는 다른 평화적 해결 수단을 통하여 그 국가의 책임을, 이행의 목적으로 추궁하는 것이다.

제2조(외교적 보호를 행사할 권리) 국가는 이 초안 규정에 따라 외교적 보호를 행사할 권리를 갖는다.

제3조(국적국에 의한 보호)
1. 외교적 보호를 행사할 권리를 갖는 국가는 국적국이다.
2. 제1항에도 불구하고, 초안 규정 제8조에 따라 국가는 자국민이 아닌 사람에 대하여 외교적 보호를 행사할 수 있다. ⇨ 난민, 무국적자에 대하여 외교적 보호권 행사 가능

제4조(자연인의 국적국) 자연인에 대한 외교적 보호의 목적상, 국적국은 그 자연인이 국제법에 불합치하지 않는 방법으로 그 국가의 법에 따라 출생, 혈통, 귀화, 국가승계 또는 다른 방법으로 취득한 국적의 국가를 의미한다. ⇨ 진정한 관련성 규정은 없다.

제5조(자연인의 계속적인 국적)
1. 국가는 피해 일자로부터 공식 청구 제기 일자까지 계속하여 그 국가의 국적자인 사람에 대하여 외교적 보호를 행사할 권리를 갖는다. 국적이 양 일자에 모두 존재하는 경우, 계속성은 추정된다.
2. 제1항에도 불구하고, 국가는 피해 일자에는 자국민이 아니었으나, 공식 청구 제기 일자에는 자국민인 개인에 대하여 외교적 보호를 행사할 수 있다. 단, 그 개인이 전임국의 국적을 보유하고 있었거나, 이전 국적을 상실하고 청구 제기와 관련이 없는 이유로 국제법에 불합치하지 않는 방법으로 국적국의 국적을 취득한 경우에 한한다. ⇨ 계속하여 그 국가의 국적자가 아니었더라도, 국가승계 또는 이전 국적국의 국적을 상실하고 국제법에 합치하는 방법으로 자국민이 된 개인에 대하여 외교적 보호권 행사 가능
3. 개인의 현재 국적국은 그 개인이 이전 국적국의 국민이고 현재 국적국의 국민이 아닌 때에 입은 피해에 대하여 이전 국적국에 대하여 외교적 보호권을 행사할 수 없다. ⇨ 피해 당시 이중국적자가 아니었다면 현재 국적국은 이전 국적국이 가한 피해에 대하여 외교적 보호권을 행사할 수 없음
4. 국가는 공식 청구 제기 일자 후에 피청구국의 국적을 취득한 자에 대하여 외교적 보호를 행사할 권리가 더 이상 없다.

제6조(복수국적 및 제3국에 대한 청구)
1. 이중 또는 복수국적자의 국적국은 그 국적자와 관련하여 국적국이 아닌 국가에 대하여 외교적 보호를 행사할 수 있다.
2. 이중 또는 복수국적자와 관련하여 둘 또는 그 이상의 국적국이 공동으로 외교적 보호를 행사할 수 있다.

제7조(복수국적 및 국적국에 대한 청구) 국적국은 자국의 국적이 피해 일자와 공식 청구 제기 일자 양일에 우세하지 않다면 그 개인이 국적자인 다른 국가에 대하여 그 개인과 관련하여 외교적 보호를 행사할 수 없다. ⇨ 지배적 국적국(실효적 국적국) 원칙
  * 관련 판례 : Mergé Claim 사건 (중재), Canevaro 사건 (PCA), 미국-이란 청구재판소 사건

제8조(무국적자와 난민)
1. 국가는 피해 일자와 공식 청구 제기 일자에 그 국가에서 합법적이고 상시적으로 거주 중인 무국적자에 대하여 외교적 보호를 행사할 수 있다.
2. 국가는 국제적으로 승인된 기준에 따라 그 국가에 의하여 난민으로 인정되고, 피해 일자와 공식 청구 제기 일자에 그 국가에서 합법적이고 상시적으로 거주 중인 자에 대하여 외교적 보호를 행사할 수 있다.
3. 난민의 국적국의 국제위법행위로 인한 피해와 관련하여서는 제2항은 적용되지 않는다. ⇨ 난민의 국적국에 대해서는 외교적 보호권 발동 불가능

유사 문제

01 외교적 보호권의 행사요건에 대한 설명으로 타당하지 않은 것은?

① 개인 또는 회사는 피해를 입을 당시 청구국의 국적을 가지고 있었어야 하고, 개인 또는 회사는 피해 시점으로부터 이 청구에 관한 판결시점까지 청구국의 국적을 그대로 유지하여야 한다.
② 피해자의 국적국이 외교적 보호권을 행사하기 위해서는 가해국의 국내구제절차를 모두 그리고 성실하게 마쳐야 한다는 국제관습법상 원칙이다.
③ ILC 외교보호초안 제5조와 제10조는 "구제수단 완료를 하는 일자"까지로 명시하고 있다.
④ 가해국의 주권과 재판관할권을 존중하고, 외교적 보호를 가장하여 가해국의 국내문제에 시기상조적 외교적 개입이 이루어짐을 방지함에 그 취지가 있다.

정답 ③
해설 ILC 외교보호초안 제5조와 제10조는 "공식청구를 제기하는 일자"까지로 명시하고 있다.
가해국의 주권과 재판관할권을 존중하고, 2)외교적 보호권을 가장하여 가해국의 국내문제에 시기상조적 외교적 개입이 이루어짐을 방지함에 그 취지가 있다. (국제재판소의 관할권 흠결을 주장하여 사건심리를 봉쇄할 수 있는 선결적 항변의 수단)

02 외교적 보호권의 행사요건에 대한 설명으로 타당하지 않은 것은?

① 국가기관이 직접 입은 피해는 국내구제를 완료할 필요가 없다.
② 간접침해요소와 직접침해요소가 혼합되어 청구가 제기되는 경우, 외교보호초안 제14조 3항은 '압도적 우세' 기준 제시. 즉 국가간 청구가 압도적으로 사인에 대한 침해에 기초하여 제기되는 경우에는 국내적 구제를 완료해야 한다.
③ 외교보호초안 제14조 3항에서 조약의 해석과 적용에 관한 결정만을 구하는 경우에도 국내구제완료의 원칙이 적용됨을 명백히 해야 한다.
④ 1989년 Ellectronica Sicula 사건에서 미국이 이탈리아의 조약위반을 이유로 ICJ에 제소하며, 이는 직접침해에 해당한다고 항변했으며 이에 ICJ는 수용했다.

정답 ④
해설 1989년 Ellectronica Sicula 사건에서 미국이 이탈리아의 조약위반을 이유로 ICJ에 제소하며 직접침해에 해당한다고 주장했으나 ICJ는 배척했다.

10

자위권에 대한 설명으로 옳지 않은 것은?

① UN안전보장이사회가 침략국에 대해 경제제재와 같은 조치를 취했더라도, 침략국의 영토점령이 지속되고 있다면 개별국가의 자위권 행사는 계속될 수 있다.
② 「UN헌장」 제51조의 집단적 자위권은 국가 고유의 권리인바, 피침국의 명시적 요청이나 상호방위조약과 같은 사전합의가 없어도 제3국은 독자적 판단만으로 집단적 자위권을 행사할 수 있다.
③ 자위권 행사에 요구되는 비례성 원칙은 최초공격의 방식과 대응방식 간 대칭을 의미하는 것은 아니다.
④ ICJ는 Military and Paramilitary Activities in and against Nicaragua 사례에서 자위권에 관해 「UN헌장」 제51조가 규정하고 있지 않은 나머지 부분은 여전히 국제관습법에 의해 보완되어야 한다고 하였다.

정답 ②

해설 ICJ에 의하면 집단자위권은 피침국의 사전적 또는 사후적 요청에 의해서만 발동할 수 있다.

유사 문제

01 ICC 범죄인 인도에 대한 설명으로 옳지 않은 것은?

① 쌍방 가벌성의 원칙이 적용되고, 정치범 불인도 적용되지 아니한다.
② 국가면제와 외교면제 준수는 규정 제98조 제1항은 ICC는 국가에 대하여 제3국 국민 또는 재산에 대한 국가면제 또는 외교면제 등에 관한 국제법상 의무를 위반하면서 범죄인인도 또는 공조를 하여 줄 것을 요구할 수 없다.
③ 특정성 원칙으로 ICC규정에 따라 ICC로 인도된 사람은 인도되게 된 범죄의 기초를 이루는 행위 또는 행위의 과정이 아닌, 인도 전에 범한 행위에 대하여 절차가 취해지거나 처벌 또는 구금되지 않는다.
④ 인도 요청 불응시 당사국이 규정에 위반하여 협력요청에 불응하고 이로 인하여 재판소가 이 규정에 의한 기능과 권한을 행사할 수 없게 한 경우, 재판소는 같은 취지의 확인결정을 하고 동 문제를 안보리에 한하여 회부할 수 있다.

정답 ④
해설 인도요청 불응시 당사국이 규정에 위반하여 협력요청에 불응하고 이로 인하여 재판소가 이 규정에 의한 기능과 권한을 행사할 수 없게 한 경우, 재판소는 같은 취지의 확인결정을 하고 동 문제를 당사국 총회 또는 안보리에 회부할 수 있다.

02 국제법상 자위권에 대한 설명으로 타당하지 않은 것은?

① 외부의 무력공격에 대하여 국가 자신의 영토보전이나 정치적 독립을 보존하기 위해 필요한 대응조치를 취할 수 있는 복구 수단이다.
② 헌장 51조상 회원국에 대해 무력공격이 발생한 경우, 안보리가 국제평화와 안전을 유지하기 위해 필요한 조치를 취할 때까지 개별적 또는 집단적 자위의 고유한 권리를 침해하지 않는다.
③ 무력공격을 받은 타국을 지원하여 무력을 사용할 수 있는 집단적 자위권도 관습법상 인정한다.
④ 영토보전이나 정치적 독립 등 국가의 중대한 법익이 침해되거나, 헌장의 목적과 양립하지 않는 무력공격에 대해 발동한다.

정답 ①
해설 외부의 무력공격에 대하여 국가 자신의 영토보전이나 정치적 독립을 보존하기 위해 필요한 대응조치를 취할 수 있는 자력구제 수단이다.

11

「조약법에 관한 비엔나협약」상 조약의 종료에 대한 설명으로 옳지 않은 것은?

① 조약에 탈퇴나 폐기에 관한 명문의 조항이 없어도 동맹조약, 국제기구 설립조약, 분쟁해결에 관한 조약 등은 성격상 당사국의 폐기나 탈퇴의 권한이 묵시적으로 인정된다고 평가된다.
② 양자조약에서 일방 당사국의 중대한 조약 위반이 있는 경우 타방 당사국은 조약의 종료를 주장할 수 없으며 조약은 자동적으로 종료된다.
③ 사정의 근본적 변경으로 인해 조약의 이행의무 범위가 급격히 변화하는 경우 조약은 종료될 수 있으나 국경설정조약에 대해서는 사정변경원칙을 적용할 수 없다.
④ 조약 시행에 불가결한 대상이 영구적으로 소멸되었거나 파괴된 경우 당사국은 그 조약을 종료시킬 수 있다.

정답 ②

해설 「조약법에 관한 비엔나협약」상 조약의 중대한 위반은 조약의 상대적 종료사유이다. 즉, 위반의 상대국이 조약 종료를 위한 당해 위반을 '원용'할 권리를 주는 것이다.

관련 이론

비엔나 조약법협약

1. 개요

협약 이전에는 법률행위의 효력요건을 결여한 조약의 경우 그에 대한 관습법 내용과 선례가 미비하여 조약의 무효문제에 관한 국제법체제가 매우 불완전하였다. 협약은 이러한 제도상의 흠결을 보충하고 분명하게 하기 위해 세심한 배려를 한다. 무효의 체제는 무효원인, 무효종류, 무효화절차, 무효효과 등으로 구분하여 자세하고 명확하게 규정하고 있다.

2. 무효의 형태

① 절대적 무효와 상대적 무효

일반 국내 사법상의 무효체제를 살펴보면 절대적 무효와 상대적 무효의 두가지로 볼 수 있는데, 절대적 무효는 무효의 주장이 누구나 가능하며, 따라서 제3자도 주장할 수 있고 법관도 원용이 가능하고, 나중에 추인할 수 없고, 시효에 의해서도 치유될 수 없는 데 반해, 상대적 무효는 무효주장은 당사자만이 가능하고, 추인 가능하며, 시효에 의해 치유될 수 있다.

과거 국제법이론은 국제법질서상 양자의 구분을 부정하고 상대적 무효만을 인정하였으나, 국제사회가 긴밀해져 국제공공질서의 개념이 등장하자 절대적 무효라는 엄격한 제재를 인정, 1969년 비엔나 협약에 이러한 입장을 반영하였다.

② 상대적 무효

1969년 및 1986년 협약에 의하면 '강박'이외의 모든 의사표시 흠결, 즉 국내 헌법상 절차, 형식 위반, 착오, 사기, 국가 대표자의 부패는 모두 상대적 무효의 제재를 받아 피해 당사자만이 이러한 흠결의 주장이 가능하도록 하였다. 또한 비엔나 협약 45조에 의하면 피해자가 이러한 사실을 알고나서 조약이 유효한 것으로 승인하거나, 그처럼 보이는 행동을 한 경우 무효주장을 할 수 없도록 하고 있다. 그리고 착오의 경우 한층 완화하여 이런 불완전 조약에 기초하여 무효가 주장되기 전에 신의성실의 원칙에 어긋나지 않게 행한 행위는 조약이 무효가 되었다는 사실만으로 불법한 것이 되지 않는다고 소급효과를 더욱 제한하고 있다.

③ 절대적 무효

협약 51조, 52조가 이에 대해 규정하는데, 즉 국가대표자에 대한 강박과 국가에 대한 강박으로 체결한 조약에 대해서는 무효의 제재를 가하고 있다. 또한 동협약 53조는 강행규칙과 충돌하는 조약에 관하여도 국제공동체의 공공질서 수호는 똑같은 이유에서 절대무효의 제재를 가하고 있다. 그러면 절대적 무효의 당연한 귀결로서 제3자를 포함하여 누구나 무효를 주장할 수 있는 가. 협약 51-53조의 규정은 비인칭이어서 누구나 주장할 수 있는 것으로 되어 있는데, 절차규정인 65조, 66조에서는 당사자만을 언급하고 있어 당사자에게 주장의 권한을 국한시키는 결과가 되고 말았다.

3. 무효의 절차

협약 이전에는 피해를 입은 국가가 국제기구의 개입을 기다리지 않고 일방적으로 무효를 선언하고 나서, 반대당사자 입장에서는 조약의 이행거부로 보아서 분쟁의 불씨가 되었다. 이러한 문제점을 해결하기 위해 vienna협약에서는 국제기관에 의한 해결을 추구하도록 규정하였다.

4. 무효의 선언

협약 65조에 의하면 무효화 절차를 위해서는 피해당사자가 무효를 서면으로 다른 당사자에게 통보하도록 되어있다. 이 규정상으로는 제3자는 무효를 주장할 수 없어 문제점이 있다. 그리고 통고할 수 있는 기간은 협약은 정해놓지 않아 아무때나 가능하다고 할 수 있다. 그리고 통고후 3개월동안 상대방의 이의 제기가 없을 경우 통고한 국가가 조약의 무효를 선언할 수 있다. 이 3개월의 유예기간 중에는 조약의 효력은 유지된다.

5. 분쟁의 해결

분쟁이 발생하게 되면 먼저 그 분쟁을 평화적으로 해결하도록 노력하고, 그럼에도 불구하고 이의제기 후 12개월이 지나도록 해결을 하지 못하면 협약 66조에 따라 해결해야 한다. 협약은 이런 경우 강행법규 위반의 무효와 기타원인의 무효를 분쟁 해결절차에 있어서 구분하고 있다. 강행법규 위반 무효의 경우 당사자들이 합의하면 분쟁을 중재위원회에 제기할 수 있고, 그렇지 않으면 당사자 일방의 청구로 국제사법법원의 강제 관할권이 성립한다. 기타 원인에 의한 무효의 경우 vienna협약 부속서에 규저된 강제적 조정절차에 따른다.

6. 무효의 효과

① 소급효과

협약 이전에는 무효시기에 관하여 절대적 무효와 상대적 무효의 구별을 하기도 하였으나, 협약은 '그 조약 체결시'로 소급하여 무효가 된다는 것을 명백히 하여 논난을 종식시켰다. 무효의 효과가 처음부터 적용되는 결과, 무효선언 전에 이 조약의 이행으로 행한 행위가 있으면 원상회복시켜야 할 것이다.

② 소급효과의 완화

무효의 경우 소급효가 인정이 되지만, 이러한 경우 그 조약을 믿고 이루어진 법률행위의 전체가 무효가 되어 원상회복이 된다면 법률생활에 많은 혼란이 초래될 것이다. 이점을 고려하여 협약은 '무효가 주장되기 전에 선의로 완성한 행위는 조약의 무효라는 사실만으로 불법이 되지 않는다'고 하여 소급효를 일정한 경우에 제한하였다. 그러나 이규정은 사기(49조),부패(50조),강박(51-52조)의 경우 책임있는(악의)의 당사자에게는 적용되지 않는다.

③ 조약의 가분성 문제

조약이 무효가 되면 그 규정 전체가 무효가 되는 것이 원칙이나, 모든 조약이 반드시 그 내용요소가 서로 불가분의 관계에 있는 것은 아니어서 경우에 따라서는 분리가 가능한 경우도 있다. 이와 같은 현상을 받아들여 협약 44조는 의무적 분리와 임의적 분리의 경우를 규정하고 있다. 즉, 일정한 요건을 충족하면 이러한 분리가 가능하게 되어 일정조항만이 무효으로 처리되는 것이다.

④ 다자조약의 경우

다자조약의 여러 당사자 중 일정한 당사자에게만 의사표시의 흠이 있어서 문제가 되는 경우, 이로 인한 무효는 문제의 당사자에게만 적용된다.

유사 문제

01 조약의 무효조항에 대한 설명으로 타당하지 않은 것은?

① 경우에 따라 그 조약이 적법하다는 것 또는 계속 유효하다는 것 또는 계속 시행된다는 것에 그 국가가 명시적으로 동의한 경우는 조약의 부적법화·종료·탈퇴 또는 그 시행정지의 사유를 원용하는 권리를 상실한다.
② 그 국가의 행동으로 보아 조약의 적법성 또는 그 효력이나 시행의 존속을 묵인한 것으로 간주되어야 하는 경우에 조약의 부적법화·종료·탈퇴 또는 그 시행정지의 사유를 원용하는 권리를 상실한다.
③ 조약 체결권에 관한 국내법 규정의 위반이 명백하며 또한 근본적으로 중요한 국내법 규칙에 관련되지 아니하는 한 국가는 조약에 대한 그 기속적 동의를 부적법화하기 위한 것으로 그 동의가 그 국내법 규정에 위반하여 표시되었다는 사실을 원용할 수 없다.
④ 어느 조약에 대한 국가의 기속적 동의를 표시하는 대표의 권한이 특정의 제한에 따를 것으로 하여 부여된 경우에 그 대표가 그 제한을 준수하지 아니한 것은 그러한 동의를 표시한 후에 그 제한을 다른 교섭국에 통고하는 한 그 대표가 표시한 동의를 부적법화하는 것으로 원용될 수 없다.

정답 ④
해설 어느 조약에 대한 국가의 기속적 동의를 표시하는 대표의 권한이 특정의 제한에 따를 것으로 하여 부여된 경우에 그 대표가 그 제한을 준수하지 아니한 것은 그러한 동의를 표시하기 전에 그 제한을 다른 교섭국에 통고하지 아니한 한 그 대표가 표시한 동의를 부적법화하는 것으로 원용될 수 없다.

02 조약의 무효조항에 대한 설명으로 타당하지 않은 것은?

① 조약상의 착오는 그 조약이 체결된 당시에 존재한 것으로 국가가 추정한 사실 또는 사태로서, 그 조약에 대한 국가의 기속적 동의의 본질적 기초를 구성한 것에 관한 경우에 국가는 그 조약에 대한 그 기속적 동의를 부적법화하는 것으로 그 착오를 원용할 수 있다.
② 조약문의 자구에만 관련되는 착오는 조약의 적법성에 영향을 주지 아니한다. 그 경우에는 조약문 또는 인증등본상의 착오 정정이 적용된다.
③ 문제의 국가가 자신의 행동에 의하여 착오를 유발하였거나 또는 그 국가가 있을 수 있는 착오를 감지할 수 있는 등의 사정하에 있는 경우에는 원용이 적용되지 아니한다.
④ 국가가 다른 교섭국의 기만적 행위에 의하여 조약을 체결하도록 유인된 경우에 그 국가는 조약에 대한 자신의 기속적 동의를 부적법화하는 것으로 그 기만을 원용할 수 없다.

정답 ④
해설 국가가 다른 교섭국의 기만적 행위에 의하여 조약을 체결하도록 유인된 경우에 그 국가는 조약에 대한 자신의 기속적 동의를 부적법화하는 것으로 그 기만을 원용할 수 있다.

12

「1994년 관세 및 무역에 관한 일반협정(GATT)」에 대한 설명으로 옳은 것은?

① 체약국이 수입품에 대해 자국의 양허세율보다 낮은 세율을 부과하는 경우 관세양허의무에 위반된다.
② 반덤핑관세 및 상계관세는 관세양허의무의 범위에 포함된다.
③ 수입쿼터의 설정은 금지되지만 수출쿼터를 통한 수량제한 조치는 허용된다.
④ 동종 국내상품의 일시적인 과잉상태를 제거하기 위한 정부조치의 시행이 필요한 경우 농수산품의 수입제한은 허용된다.

정답 ④

해설
① 양허세율 이하로 관세를 부과하는 것은 관세양허의무의 위반이 아니다.
② 반덤핑관세나 상계관세는 관세양허의무에 포함되지 않는데, 즉, 양허세율 이외에 추가로 부과할 수 있다.
③ 수입쿼터뿐 아니라 수출쿼터도 허용되지 않는다.

관련 이론

GATT의 교섭

1. 라운드

① 제1~4차 교섭 : 1948년 1월 GATT체제가 정식으로 출범하였다. 이후 2, 3, 4차 교섭에서도 품목별 관세인하 협상이 상당한 성과를 거두었다.

② 제5차 교섭 : 23개국이 참가하여 약 4,400품목에 대한 신규 관세양허가 성립되었으며 EEC 6개국이 하나의 공동체로서 참가하여 EEC공동관세의 양허를 인정받았다.

③ 제6차 교섭 〈케네디라운드〉 : 1964년 5월부터 1967년 5월까지 약 3년간에 걸쳐 총 46개국 참여하여 과거 5차례의 일반교섭과는 달리 교섭방식이 품목교섭에서 일괄교섭으로 바뀌었으며, 관세인하방식도 일괄인하방식이 채택되는 등 GATT 역사상에 획기적 실적을 이룬 교섭이다. 이 협상결과 약 400억 달러규모의 상품에 대해 35%의 관세인하가 이루어져 주요 선진국의 공산품 평균 관세율이 10% 수준으로 인하되었고 각국의 보호 관세는 거의 자취를 감추었다.

④ 제7차 교섭 〈동경라운드〉 : 신보호무역주의의 대두와 세계경제의 블록화현상의 심화로 GATT최혜국대우 원칙이 유명무실하게 되었으며, 남북문제 심화와 종래 무역협상의 주요의제였던 관세 이외에비관세장벽이 중요한 무역저해요인으로 대두되었다. 케네디 라운드에 따른 관세인하가 1968년부터 5년동안 연차적으로 실시되어 1972년 막을 내림으로써 시기적으로 새로운 무역협상 이필요성이 제기되었다. 동경라운드라 불리는 이 협상은 99개국이 참가하였으며, 관세양허품목수 28,000품목, 평균관세율 33%, 양허총액은 1,200억 달러에 이르렀다. 그러나 동경라운드는 각국간의 이해상충으로 몇가지 주요 사항에 합의를 보지 못해 기대했던 만큼 세계무역환경을 개선하지 못하여 새로운다자간 무역 협상의 필요성이 제기되었다.

2. 근거

「제네바 관세협정」 1947년

3. 배경

1929년의 세계적인 대공황을 계기로 세계각국이 최우선의 경제목표를 국내경제의 안정에 두고 경쟁적으로 관세장벽을 높이고 수량제한을 강화하는 등 보호무역주의가 심화되면서 전세계는 이른바 무역전쟁에 휘말리게 되었다. 이와 아울러 미국이 1933년 금본위제도에서 이탈하게 되자 각국의 통화불안과 국제결제상의 문제점이 노정되면서 국제경제질서는 혼란을 면치 못하고 세계무역은 극도로 위축되어 이것이 제2차 세계대전의 발발의 한 원인이 되기도 하였다. 이와 같은 무역전쟁을 종식시키기 위한 국제적인 노력은 제2차 세계대전 전에도 아주 없었던 것은 아니었으나, 당시는 무역자유화의 필요성에 대한 원칙만 되풀이 논의되었을 뿐 문제해결을 위한 구체적인 방안은 제시되지 못하였다. 그러나 제2차 세계대전에서 서서히 연합국측의 승리가 굳어져 감에따라 이들은 국제경제질서의 회복을 위한 협의를 거듭하였는바, 자유무역의 확대와 세계의 고용·생산 및 소비를 증대시킨다는 기본원칙에 합의하고 전쟁이 끝남과 때를 같이하여 새로운 국제무역질서와 국제통화제도를 이끌어 나갈 국제경제기구의 설립을 위한 작업에 착수하였다.

이러한 노력이 최초로 결실을 맺은 것이 바로 국제통화·금융 측면에서 IMF·IBRD의 창설이었고 이들은 1945년부터 활동을 개시하게 되었다. 그러나 국제무역 측면에서는 미국을 비롯한 주요 강대국들을 중심으로 국제무역기구를 설립하려던 움직임이 순조로운 진전을 보지 못했다. 그 이유는 1948년 〈아바나회의〉에서 채택된 'ITO 헌장'이 관세 및 비관세무역 제한에 대해 너무 엄격한 규칙을 적용하여 너무 이상에 치우쳤다는 각국의 비난과 함께 각국의 정치·경제적 이해가 대립되어 제안국인 미국에서조차 의회의 비준을 얻지못해 결국 발효되지 못한데서도 찾을 수 있다. 그러나 'ITO 헌장'의 초안을 검토하고 있던 각국정부는 헌장과는 별도로 세계교역의 확대를 위해 관세 및 비관세장벽의 경감을 위한 협상을 진행하기로 합의하여, 1947년 제네바에서 관세인하협상을 계기로 'ITO 헌장'의 통상정책 부분을 반영하여, 1948년 및을 보게 된 것이 바로 GATT(General Agreement on Tariffs and Trade), 즉 「관세 및 무역에 관한 일반협정」이다. GATT는 하나의 경제기구라기보다는 일반적인 협정에 불과하지만, 사무국을 비롯하여 총회, 이사회, 각종 위원회 등을 그 밑에 두고있어 사실상의 국제무역기구로서 IMF와 함께 세계경제질서를 주도하여왔다.

4. 내용
① GATT의 설립목적
GATT의 설립목적은 무역장벽의 완화와 차별대우의 폐지를 통해 세계무역을 확대함으로써 생활수준의 향상과 고용증대, 실질소득과 유효수요의 증가 그리고 세계자원의 효율적 이용 및 상품생산과 교역의 지속적인 확대를 도모하는 데 있다.

② 무차별대우의 원칙
GATT의 기본원칙은 한마디로 '무차별대우의 원칙'에 입각하고 있다. 즉 GATT가맹국은 '최혜국조항'에 의거하여 가맹국 중 특정국에 대해서 타국보다 특혜를 베풀지 않는다는 것을 기본원칙으로 하고 있다. 이를 '최혜국대우'라고 한다. 또한 이렇게 해서 일단 수입된 물품에 대해서는 조세나 기타 정책수단의 적용에 있어서 국내상품과 차별대우하는 것을 금하고 있는데 이를 '자국민대우'라고 한다.

③ 관세인하
GATT체제의 무역자유화를 추진하기 위한 관세의 인하방식은 2국간 내지 다국간 협상에 의하여 이루어졌다. 2국간 교섭의 경우에는 가맹국 중 어느 두 나라가 개별적으로 관세인하 협상을 하고 그 결과 인하된 관세율을 전 가맹국에 적용하는 것으로 다국간협상과 마찬가지의 결과를 가져온다.

④ 수량제한의 철폐
GATT는 국내산업의 보호수단으로 관세를 유일하게 합법적인 것으로 인정하고 수입 및 수출에 대한 수량제한은 원칙적으로 전혀 인정하지 않고 있다. 이는 수량제한이 더 직접적인 무역의 장애요인으로서 차별적으로 운용될 가능성이 많기 때문이다. GATT는 다만 국방과 공중도덕, 생명, 건강의 보호를 위해 불가피한 경우에는 예외적인 것으로 수량제한을 인정하고 있다.

⑤ 저개발국의 무역과 개발
제2차 세계대전이 끝난 이후 저개발국들은 주요 수출품목이던 1차산품의 가격하락과 함께 그에 따른 수출수입의 감소로 국제수지의 적자를 면할 길이 없게 되었다. 이에 대해 1958년의 GATT총회에서 저개발국의 수출에 대한 분석과 그 대책을 주요내용으로 하는 '하벌러 보고서'가 제출되었다. 여기서는 1차산품의 수요 및 가격안정을 목적으로 한 국제상품협정, 국제유동성의 증가, 선진국에 의한 원조확대, 1차산품에 대한 관세인하 등이 제안되었다.
* 한국은 1967년 4월 1일부터 정회원국이 되었다.

유사 문제

01 WTO의 의사결정에 관한 설명이 잘못된 것은?

① WTO는 1947 GATT에서 지켜졌던 총의에 의한 결정의 관행을 계속 유지한다.
② 일반이사회가 투표에 의해 의무면제에 관하여 결정을 내릴 때 회원국 전체 2/3 찬성을 요한다.
③ 의사결정에 참여한 어느 한 회원국의 공시적인 반대에 의하여 총의가 형성되지 않는 점에서 총의는 모든 회원국들의 적극적인 찬성을 요구하는 만장일치와 구별된다.
④ EU는 표결시 WTO의 회원국인 EU의 개별 회원국 수에 해당하는 표결수는 행사한다.

정답 ②
해설 일반이사회가 투표에 의해 의무면제에 관하여 결정을 내릴 때 회원국 전체 3/4 찬성을 요한다.

02 WTO의 의사결정에 관한 설명이 옳지 않은 것은?

① 각료회의와 일반이사회의 의사결정은 원칙적으로 투표 과반수에 의하여 이루어진다.
② 총의에 의해 의사결정이 이루어지지 않을 경우 표결에 의한다.
③ 각료회의와 일반이사회 의사결정은 가중다수결이다.
④ 모든 회원국이 수락하여야만 효력이 발생하는 경우는 의사결정에 관한 9조, 개정에 관한 10조, 최혜국대우규정에 대한 개정이다.

정답 ①
해설 각료회의와 일반이사회 의사결정은 단수다수결이다.

13

「해양법에 관한 국제연합 협약」상 군도국가에 대한 설명으로 옳지 않은 것은?

① 군도국가의 영해, 접속수역, 배타적 경제수역과 대륙붕의 폭은 군도기선으로부터 측정된다.
② 군도국가의 주권은 군도수역의 상공·해저와 하층토 및 이에 포함된 자원에까지 미친다.
③ 군도국가가 정지조치를 적절히 공표하지 않은 경우 군도수역의 특정수역에서 외국선박의 무해통항을 일시적으로 정지시킬 수 없다.
④ 군도국가가 항로대를 지정하는 경우 그러한 항로대 안의 좁은 수로에서 선박의 안전통항을 위하여 통항분리방식을 설정할 수 없다.

정답 ④

해설 「해양법에 관한 국제연합 협약」상 군도국가는 군도항로대 내에 통항분리방식(분리통항방식)을 설정할 수 있다.

관련 이론

공해의 자유 개념

중세기 때 발상된 '공해의 자유'는 오늘날까지도 국제관습법상의 원칙으로 간주되고 있다. 하지만 수세기간 인정되어온 '공해자유의 원칙'은 과학기술의 발달로 인하여 해양의 이용이 다양화되고, 자원의 확보가 용이해져 가는 현실을 반영하여 해양법이 변화해나감에 따라 21세기 현재 공해의 자유의 내용과 형태는 많은 부분 변화를 나타내고 있다.

특히 이러한 공해자유원칙의 근본적인 변화는 안보 환경과 환경에 대한 인식의 변화로부터 기인하는데 이러한 변화들은 동 원칙의 핵심이라고 할 수 있는 배타적 기국주의 관할권으로는 도저히 해결할 수 없는 성질로 인하여 국가들은 전통적인 배타적 기국주의에 의한 집행의 실패를 인정하고 다른 방안을 모색하게 되었다.

이러한 공해자유의 원칙의 변화 양상은 양적인 측면과 질적인 측면으로 나누어 볼 수 있다. 우선 양적 측면에서의 변화는 공해의 공간적·지리적 범위에서의 축소이다. 이러한 공해의 양적인 변화는 연안국의 관할권의 확장 현상인데, 그 대부분이 '1982년 UN해양법협약'의 채택 및 발효와 함께 발생하였다. 첫째, 3해리로 인정되던 영해의 범위가 최대 12해리로 확장되었으며, 접속수역 역시 영해기준선으로부터 최대 24해리 또는 영해외측한계선으로부터 최대 12해리로 확장되었다. 둘째, 대륙붕 역시 '1958년 대륙붕협약'에 의해 인정되던 대륙붕의 범위보다 확장할 수 있는 가능성이 열렸는데, 기본적으로 200해리까지는 모든 국가가 대륙붕을 선포할 수 있게 하고, 200해리를 넘은 경우 자연연장론에 입각하여 대륙붕의 범위를 대폭 확대하였다. 셋째, 연안국의 관할권이 행사될 수 있는 새로운 수역이 등장하였는데, 영해기준선으로부터 200해리 이내의 그 해저·지하·상부수역의 자원개발 및 보존, 그리고 공해방지에 관한 연안국의 배타적 권한을 인정하는 수역인, 배타적 경제수역(EEZ)이다. 마지막으로, 기존에 공해로 인정되던 공해부분의 해저부분인 심해저는 '인류공동의 유산'이란 개념으로 인정되어 국가들의 관할권 이원의 범위가 되었다.

공해 자유의 질적인 변화는, 앞서 언급했던 주로 환경과 안보의 상화의 변화로부터 기인한다. 우선 항해의 자유는 2001년 9.11 테러 이후 인식할 수 없는 대상과 형태로 행해지는 새로운 양상의 테러리즘에 대해 국제사회는 큰 위협을 느끼게 되었고, 대량살상무기가 이러한 테러리스트에 의하여 테러의 수단으로 이용될 경우의 치명적인 결과를 불러올 수 있다는데 합의를 이루게 되었다. 그리고 대량살상무기에 의한 테러를 방지하기 위해서는 기존의 협약들이 가지고 있던 테러범죄 이후의 테러리스트에 대한 형사처벌의 법리에서 나아가 대량살상무기의 확산 자체를 차단하여야 한다는 공감대가 형성되었다. 이에 따라 국가들은 조약의 신설 및 개정 그리고 국가 간 협력체계를 구축하여 공해 상 테러행위 혹은 불법적 대량살상무기 확산의 혐의가 있는 선박에 대하여 해상차단 혹은 임검권을 행사하려는 노력을 강화하고 있어 공해 상 항해의 자유는 그 제한이 불가피한 상황이다.

또한 환경에 대한 국제사회의 보존의 노력이 가속화되면서 환경오염의 원인들에 대한 다양한 규제가 시도되었고, 그 중 항해 중 선박으로 인한 대기 오염에 대한 규제도 포함된다. IMO에서는 1997년 '1997년 대기오염방지에 관한 의정서'가 채택되었고 2005년 5월 19일 발효되었는데, 동 의정서는 선박의 엔진에서 발생하는 황산화물과 질소산화물 농도를 감소시키게 하고 온실 가스의 사용을 금지하는 등의 의무를 규정하고 있어 항해의 자유에 대한 제한으로 작용할 수 있다.

어업의 자유도 항해의 자유와 마찬가지로 국제사회의 지구환경 보호 노력의 강화와 밀접한 관련이 있다. 그간 국가들의 무분별한 개발로 환경오염과 자원들은 고갈의 위험에 노출되자 자원의 장기적 이용가능성의 확보와 생태계 및 지구자연환경의 보존을 위한 활동을 강화하기 시작하였다. 이에 따라 국가들은 전통적으로 향유하던 어업의 자유를 상당부분 양보하면서 해양에서의 어업자원과 해양생태계를 보존하고 관리하기 위한 노력들에 동참하고 있다. 이러한 노력은 공해어업을 규율하는 다양한 내용과 방법들을 구현하고 있는 규범들로 탄생되었으며, 공해 상 어업의 자유는 일정 요건과 제한 하에 인정 되어지는 대폭 제한된 어업의 권리로서 변화되었다.

공해 상 상공비행의 자유와 관련하여서는 역시 안보상황의 변화와 관련이 있다. 국가들은 1950년대 이래 일방적으로 방공식별구역이라는 명칭 하에 자국으로 향하는 항공기에 대해 관할권을 행사하고 있는데, 이 구역의 범위가 공해 상공까지 확대되고 있어 그 국제법적 근거를 두고 논쟁의 대상이 되고 있다. 하지만 방공식별구역이 그 국제법적 근거를 두고 논쟁의 대상이 되고 있다. 하지만 방공식별구역이 합법성에 관한 논쟁에도 불구하고 국가들은 자국안보를 이유로 방공식별구역을 운용하고 있으며 설정한 확인 및 통제 규칙을 국가들에게 준수할 것을 요구하고 있어 상공비행의 자유는 제약 되어지고 있다.

전통적으로 기국이 아닌 타국에 의한 공해 상 관할권 행사는 극히 예외적인 경우에 한하여 국한되어 왔다. 하지만 국제사회의 변화된 환경들로부터 기인하는 안보 및 환경의 문제는 국제적 협력 없이는 어느 한 국가의 노력만으로는 불가능한 것이 특징이다. 그래서 국가들은 절대적으로 향유해왔던 자신들의 기국주의에 대한 일정부분의 제한을 감수하면서 그러한 문제들에 대처해나가고 있으며, 공해자유의 구체적 내용과 형식은 그에 따라 점차 변경되고 제한되고 있다.

이렇게 공해의 자유의 구체적인 내용들은 국제적 합의 내지 규범의 형성들로 인하여 예전보다 많은 제한을 받는 것이 사실이고, 공해의 공간적 범위 역시도 국가의 관할권이 미치는 수역의 확장과 새로운 수역 및 제도들의 등장을 통하여 실질적으로 많이 감소되었다. 공해 자유의 원칙은 과학기술의 발전, 국제공동체의 이익 혹은 가치의 변화에 따라 공해의 자유의 구체적인 예와 그 제한사항 등을 수정하고 추가하며 변화하여왔다. 하지만 공해자유원칙의 근간은 국제사회의 원칙적인 규범으로써 그 지위를 유지되고 있는 것을 볼 때, 이는 국제사회와 국가들은 여전히 그 필요성을 인정하고 있다는 것을 반증한다고 볼 수 있다.

유사 문제

01 군도수역에 대한 설명으로 타당하지 않은 것은?

① 군도항로대에 있어서 국가항공기의 상공비행의 자유가 인정되지 않는다.
② 군도수역이란 군도기선 내측의 수역을 의미한다.
③ 하나의 길이는 100해리를 초과할 수 없으며 총 기선수의 3% 이내에서 최대 125해리까지 확장될 수 있다.
④ 군도국가는 군도직선기선을 설정할 수 있으며, 이러한 기선의 길이는 100해리를 초과할 수 없다.

정답 ①
해설 군도항로대에 있어서 국가항공기의 상공비행의 자유가 인정된다.

02 「해양법에 관한 국제연합 협약」상 군도국가의 군도기선에 대한 설명으로 옳지 않은 것은?

① 군도국가의 최외곽도서 및 암초의 최외곽점을 연결하는 선을 의미한다.
② 군도기선으로부터 영해, EEZ 및 대륙붕의 폭이 획정된다.
③ 군도기선의 내측 수역을 군도수역이라 한다.
④ 군도국가의 조건은 바다와 육지의 면적 비율은 1 : 1에서 1 : 9 사이여야 한다.

정답 ④
해설 육지와 바다의 면적 비율은 1 : 1에서 1 : 9 사이여야 한다.

14

ICJ에 대한 설명으로 옳지 않은 것은?

① UN안전보장 이사회가 어떤 분쟁 또는 사태와 관련하여 임무를 수행하는 중일지라도 UN총회는 ICJ의 권고적 의견을 구할 수 있다.
② 재판소는 노동사건과 통과 및 운수 통신에 관한 사건을 처리하기 위하여 재판소가 결정하는 바에 따라 소재판부를 수시로 설치할 수 있다.
③ 중재판정의 부존재 내지는 무효를 구하는 소송이 제기되는 경우 ICJ는 중재판정의 법적 구속력을 인정하여 이러한 사안에 대해 판단할 수 없다.
④ ICJ 재판관 선출과정에서 UN회원국은 아니지만 「ICJ규정」의 당사국인 국가도 UN총회에서 투표권을 가질 수 있으며, UN안전보장이사회 상임이사국의 거부권은 인정되지 않는다.

정답 ③

해설 중재판정의 부존재 내지는 무효를 구하는 소송이 제기되는 경우 ICJ는 중재판정의 법적 구속력을 인정하여 이러한 사안에 대해 판단할 수 있으며, 이는 ICJ의 물적 관할범위 포함되는 분쟁이다.

관련 이론

국제사법재판소 (Int'l Court of Justice)

1. 연혁
   ① 1944.10 덤바튼 오크스 회담에서는 상설사법기관 설치의 필요성을 강조
   ② 1945.4. 44개국 대표가 참여한 법률가위원회(Committee of Jurists)에서 상설국제사법재판소(Permanent Court of International Justice) 규정을 기초로 하여 새로운 법원 설립방안에 관하여 논의
   ③ 1945.4 샌프란시스코 회의에서 총회, 안보리, 경사리, 신탁통치이사회 및 사무국과 더불어 유엔의 주요 기관으로 새로운 사법기관 설치를 최종 결정
2. 구성
   ① 재판소는 총회와 안전보장이사회에 의하여 선출된 각기 다른 국적 15명의 판사로 구성
   ② 재판소 판사로 선출되기 위해서는 각국에서 최고위 법관직에 임명될 수 있는 자격 구비 필요
      ㉠ 판사의 임기는 9년이며, 재선 가능
      ㉡ 3년마다 15명의 판사 중 5명을 개선
      ㉢ 재판소는 법관 중에서 3년 임기의 재판소장 및 부소장을 선출
3. 당사국
   ① 유엔회원국은 당연히 국제사법재판소 규정 당사국
   ② 유엔비회원국 : 안전보장이사회의 권고에 입각하여 총회가 개별적으로 정하는 아래 조건에 따라 규정당사국이 될 수 있음
      ㉠ ICJ 규정을 수락할 것
      ㉡ 헌장 제94조에 따른 의무를 수락할 것
      ㉢ 재판소 경비 분담금을 납부할 것
   ③ 재판소는 1946.10.15 안전보장이사회 결의에 따라 규정당사국이 아닌 국가들에게도 개방
4. 관할권
   ① 당사국에 대한 관할
      ㉠ 재판소에 제소되는 사건의 당사자는 국가에 한하고 국제기구나 개인은 당사자가 될 수 없음
      ㉡ 개인은 그 소속 국가를 통하여 국가의 권리로서 재판소에 제소 가능

② 분쟁에 대한 관할
  ㉠ 국제사법재판소에 분쟁을 제소할 수 있는 것은 분쟁 당사국간에 합의가 있는 경우에 한함
  ㉡ 재판소의 관할은 당사자가 재판소에 부탁하는 모든 사건 및 특히 헌장 또는 현행 조약 및 협약에 규정된 모든 사항을 포함
  ㉢ 재판소에 제소는 원칙상 임의적이나 재판소 규정 제36조 2항의 의무적 관할조항을 수락한 경우, 아래사항에 관한 모든 법률적 분쟁에 대한 재판소의 관할은 동일한 의무를 수락하는 다른 국가에 대한 관계에 있어서, 당연히 또 특별한 합의 없이도, 의무적인 것이 됨
    • 조약의 해석
    • 국제법상의 문제
    • 확인된 경우 국제의무의 위반이 되는 사실의 존재 여부
    • 국제의무 위반에 대한 배상의 성질 및 범위

5. 권고적 의견(Advisory Opinion)
  ① 재판소는 총회, 안보리 또는 기타 유엔기관 및 전문기관의 요청에 의해 그 활동범위 내에서 발생하는 법률적 문제에 대해 권고적 의견을 제시할 수 있음
  ② 권고적 의견은 법적 구속력이 없다는 점에서 판결과 다르나 판결에 상응하는 법적 정치적 권위 보유

6. 재판준칙
  규정 제38조에 따라 재판소는 ① 국제협약, ② 국제관습, ③ 문명국에 의하여 일반적으로 인정된 법의 일반원칙, ④ 판례 및 국제법학자의 학설을 적용함. 또한 분쟁당사국이 합의한 경우에는 재판소는 형평의 원칙에 따라 사건을 판결할 수 있음

7. 재판절차
  ① 공소의 제기는 ICJ 사무처장(Registrar)에 대하여 특별합의 통고(Notification of the Special Agreement) 또는 서면신청(Written Application)을 행함으로써 이루어짐.
  ② 재판소 사무장장은 공소제기가 ICJ 규정에 따라 적법하게 제출되었음을 확인한 후, 이를 유엔사무총장, 회원국 및 재판소에서 재판을 받을 수 있는 국가에 통고
  ③ 모든 문제는 9명 이상의 판사가 출석하여 과반수 찬성으로 결정하며 가부동수인 경우에는 재판장이 결정권을 가짐.
  ④ 사건의 당사국은 자국적 판사가 재판부에 없을 경우 동 사건에 한하여 특별 또는 자국의 판사를 선임할 권한이 있으며 이렇게 선임된 판사는 다른 판사들과 평등한 조건에서 판결에 참여함. 이를 국적판사(Judge Ad Hoc)라고 함
  ⑤ 분쟁의 타방당사국이 판결상 의무를 이행하지 않을 경우 분쟁의 일방당사국은 동 판결의 집행을 위한 조치를 취하여 주도록 안전보장이사회의 소집을 요청할 수 있음

유사 문제

01 국제사법재판소의 기능에 대한 설명이 틀린 것은?

① 사건의 결정에 의하여 영향을 받을 수 있는 법률적 성질의 이해관계가 있다고 인정하는 국가는 제판의 적격성이 없기 때문에 재판소에 그 소송에 참가하는 것을 허락하여 주도록 요청할 수 없다.
② 사건에 관련된 국가 이외의 다른 국가가 당사국으로 있는 협약의 해석이 문제가 된 경우에는 재판소 서기는 즉시 그러한 모든 국가에게 통고한다.
③ 통고를 받은 모든 국가는 그 소송절차에 참가할 권리를 가진다.
④ 권리를 행사한 경우에는 판결에 의하여 부여된 해석은 그 국가에 대하여도 동일한 구속력을 가진다.

정답 ①
해설 사건의 결정에 의하여 영향을 받을 수 있는 법률적 성질의 이해관계가 있다고 인정하는 국가는 재판소에 그 소송에 참가하는 것을 허락하여 주도록 요청할 수 있다.

02 국제사법재판소에 대한 설명이 잘못된 것은?

① 재판소는 국제연합헌장에 의하여 또는 이 헌장에 따라 권고적 의견을 요청하는 것을 허가받은 기관이 그러한 요청을 하는 경우에 어떠한 법률문제에 관하여도 권고적 의견을 부여할 수 있다.
② 재판소서기는 권고적 의견이 요청된 사실을 재판소에 출석할 자격이 있는 모든 국가에게 즉시 통지한다.
③ 재판소는 사무총장 및 직접 관계가 있는 국제연합회원국·다른 국가 및 국제기구의 대표에게 통지한 후 공개된 법정에서 그 권고적 의견을 발표한다.
④ 권고적 임무를 수행함에 있어서 재판소는 별도의 규정들을 따른다.

정답 ④
해설 권고적 임무를 수행함에 있어서 재판소는 재판소가 적용할 수 있다고 인정하는 범위 안에서 쟁송사건에 적용되는 재판소 규정에 따른다.

15

「조약법에 관한 비엔나협약」상 조약규정의 가분성에 대한 설명으로 옳은 것은?

① 조약규정의 가분성은 조약종료 시에는 적용되지 않으며 조약무효 시에만 문제된다.
② 국가대표에 대한 강제를 원용할 권리가 있는 국가는 조약 전체의 무효원용 또는 특정조항에 대한 무효원용 중 선택할 수 있다.
③ 일반국제법의 강행규범과 충돌하는 조약의 경우, 어떠한 경우에도 조약규정의 분리는 허용되지 않는다.
④ 기만에 의해 체결된 조약의 무효를 원용할 권리가 있는 국가는 오직 특정 조항에 대해서만 무효원용을 주장할 수 있다.

> **정답** ③
>
> **해설**
> ① 조약 종료인 경우 비엔나 협약에 명문규정은 없지만 해석상 종료일 경우에도 가분성이 인정된다.
> ② 조약의 절대적 무효는 가분성이 인정되지 않기 때문에 국가대표에 대한 강제로 인한 조약 무효는 절대적 무효에 해당됨에 따라서 가분성이 인정되지 않는다.
> ④ 기만이나 부패의 경우 가분성과 관련하여 임의적 분리원칙이 적용된다. 즉, 가분성 조건을 충족했다고 해서 반드시 분리해야 하는 것은 아니며, 조약 전체에 대한 무효를 주장할 수 있다.

관련 이론

조약의 가분성

1. 조약의 완전성
   조약 규정에 의한 종료/탈퇴, 또는 종료/폐기/탈퇴에 관한 규정을 포함하지 않는 조약의 폐기/탈퇴는, 원칙적으로 조약 전체에 관하여만 행사된다(제44조 1항). 또한 절대적/상대적 무효사유 모두 조약 전체가 무효로 됨이 원칙이다(제44조 2항 전단). 다만 조약위반의 결과로서 조약을 종료/시행정지 시키는 경우인 제60조의 경우, 일부도 가능하다(제44조 2항 후단)

2. 가분적으로 무효/종료할 수 있는 경우(제44조 3항)
   ① 성립요건
      이는 ㉠ 무효/종료사유가 특정 조항에만 관련되고, ㉡ 그 조항이 다른 조항과 분리 가능하며, ㉢ 본질적 기초사항이 아니고, ㉣ 그 조약의 잔여부분의 계속적 이행이 부당하지 않을 것을 요한다.
   ② 무효사유가 존재하는 경우 가분성
      ㉠ 절대적 무효사유 존재시(제44조 5항)
         조약 전체가 무효가 되어, 가분성의 법칙이 적용될 수 없다.
      ㉡ 상대적 무효사유 존재시(제44조 4항)
         • 제46조(절차위반), 제47조(권한유월), 제48조(착오)의 경우, 의무적으로 분리해 나머지 조항은 유효하게 해야 한다.
         • 제49조(사기), 제50조(부패)의 경우, 임의적으로 분리할 수 있다.

유사 문제

01 조약의 가분성에 대한 설명으로 옳지 않은 것은?

① 조약에 규정되어 있거나 또는 제56조에 따라 발생하는 조약의 폐기·탈퇴 또는 시행 정지시킬 수 있는 당사국의 권리는 조약이 달리 규정하지 아니하거나 또는 당사국이 달리 합의하지 아니하는 한 조약 전체에 관해서만 행사될 수 있다.
② 이 협약에서 인정되는 조약의 부적법화·종료·탈퇴 또는 시행정지의 사유는 해당 조약 조항에 관해서만 원용될 수 있다.
③ 사유가 특정의 조항에만 관련되는 경우에는 당해 조항이 그 적용에 관련하여 그 조약의 잔여 부분으로부터 분리될 수 있으면 그러한 조항에 관해서만 원용될 수 있다.
④ 사유가 특정의 조항에만 관련되는 경우에는 당해 조항의 수락이 전체로서의 조약에 대한 1 또는 그 이상의 다른 당사국의 기속적 동의의 필수적 기초가 아니었던 것이 그 조약으로부터 나타나거나 또는 달리 확정되면 그러한 조항에 관해서만 원용될 수 있다.

정답 ②
해설 이 협약에서 인정되는 조약의 부적법화·종료·탈퇴 또는 시행정지의 사유는 조약 전체에 관해서만 원용될 수 있다.

02 조약의 가분성에 대한 설명으로 옳지 않은 것은?

① 사유가 특정의 조항에만 관련되는 경우에 그 조약의 잔여부분의 계속적 이행이 부당하지 아니한 경우에는 그러한 조항에 관해서만 원용될 수 있다.
② 착오인 경우에는 이를 원용하는 권리를 가진 국가는 조약 전체에 관하여 또는 그 사유가 특정의 조항에만 관련되는 경우에 따를 것으로 하여 특정의 조항에 관해서만 그렇게 원용할 수 있다.
③ 부정인 경우에는 이를 원용하는 권리를 가진 국가는 조약 전체에 관하여 또는 그 사유가 특정의 조항에만 관련되는 경우에 따를 것으로 하여 특정의 조항에 관해서만 그렇게 원용할 수 있다.
④ 조약의 절대적 무효 사유에는 조약규정의 분리가 허용되지 아니한다.

정답 ②
해설 기만인 경우에는 이를 원용하는 권리를 가진 국가는 조약 전체에 관하여 또는 그 사유가 특정의 조항에만 관련되는 경우에 따를 것으로 하여 특정의 조항에 관해서만 그렇게 원용할 수 있다. 착오는 그 조항에 대해서만 원용할 수 있다.

16

「1994년 관세 및 무역에 관한 일반협정(GATT)」상 내국민대우원칙의 예외에 해당하지 않는 것은?

① 정부기관이 오직 정부 용도로 구입하는 제품을 국산품 우선으로 구입하는 행위
② 정부가 국내생산자에 한하여 현금 지급을 통해 보조금을 지급하는 행위
③ 정부가 국내에서 시행할 목적으로 인증 제도를 국산품에 유리하게 설정하는 행위
④ 정부가 국내에서 제작된 국산영화의 연간 의무상영 일수를 영화 필름에 관한 GATT의 특별규정에 따라 규정하는 행위

정답 ③

해설 정부가 국내에서 시행할 목적으로 인증 제도를 국산품에 유리하게 설정하는 행위는 내국민대우에 위반되는 조치이다.

관련 이론

내국민 대우의 원칙

내국민대우는 최혜국대우와 함께 WTO체제를 유지하는 무차별의 기본원칙으로 되어 있다. 즉내국민대우는 수입제품에 대하여 적용되는 내국세나 국내규제와 관련하여 동종의 국내제품에 부여하는 대우보다 불리하지 않은 대우를 해주어야 한다는 원칙을 말한다. 따라서 내국민대우는국내제품과 수입제품에 대하여 평등한 경쟁조건을 제공하고 자유무역을 촉진하는 역할을 하게된다. 또한 위법적이지 않은 범위내에서 회원국이 자유롭게 국내규제조치를 제정할 수 있도록하고 있다. 내국민대우는 최혜국대우나 관세양허 등과는 달리 WTO회원국의 국내정책이 보호무역주의적인 정책으로 변질되는 것을 차단하는 것으로서, 보호무역주의와는 직접적인 관련성이 적은 환경, 조세, 기술규정 등과 결부되어 나타나는 경우에는 그 진의를 파악하기가 어렵다는 점에서 통상분쟁의 소지가 많다. 그리고 내국민대우는 국내의 모든 대외정책들에 영향을 미치며, 이를 어떻게 해석하고 적용하느냐에 따라 상대방 국가의 통상정책에도 영향을 미친다. 따라서 내국민대우에 관한 해석과 관련 사례의 분석은 국제통상관계에서 중요한 의의를 가지며 통상분쟁의 예방과 해결에도 기여한다.

유사 문제

01 다음의 설명으로 옳지 않은 것은?

> WTO설립협정 제9조 제3항과 제4항은 예외적인 상황이 발생하는 경우에 회원국이 의무면제를 받을 수 있도록 규정하였다.

① 상기의 조항에 의한 면제의 대상이 될 수 있는 의무는 GATT 및 WTO협정이 규정하고 있는 모든 의무이다.
② 면제부여의 기간은 최대 1년이며 각료회의의 검토에 따라 연장될 수 있다.
③ 면제부여는 각료회의에서 3/4 다수결로 결정한다.
④ 연장회수에 대한 제한은 없으며, 각료회의는 연례검토를 기초로 면제를 연장, 수정 또는 종료할 수 있다.

정답 ③
해설 면제부여는 각료회의에서 컨센서스에 의해 결정되지 않으면 3/4 다수결로 결정한다.

02 WTO의 의사결정방법에 관한 설명으로 틀린 것은?

① 의사결정에 관한 일반원칙은 총의에 의한다.
② EU가 투표권을 행사할 때는, WTO의 회원국이 구주공동체 회원국 수와 동일한 수의 투표권을 가진다.
③ 총의에 의할 수 없을 때 표결에 의하며, 예외없이 각료회의와 일반이사회의 결정은 투표과반수에 의한다.
④ 분쟁해결양해에서 역총의제를 도입하였는데, 패널설치, 패널보고서 채택, 상소기구보고서 채택, 양허 또는 의무 정지의 승인 등에서 적용된다.

정답 ③
해설 총의에 의할 수 없을 때 표결에 의하며, 설립협정 또는 다자간무역협정에 달리 규정되어 있는 경우를 제외하고는, 각료회의와 일반이사회의 결정은 투표과반수에 의한다.

17

「국제형사재판소(ICC)에 관한 로마규정」상 ICC의 관할범죄에 대하여 개인이 형사책임을 지는 경우가 아닌 것은?

① 공동의 목적을 가지고 활동하는 집단이 범죄를 범하려는 의도를 인식하고 범죄실행의 착수에 고의적으로 기여한 경우
② 실질적인 조치에 의하여 범죄의 실행에 착수하였지만 범죄의 목적을 완전히 그리고 자발적으로 포기하여 범죄 미수에 그친 경우
③ 개인적으로 또는 다른 사람이 형사책임이 있는지 여부와는 관계없이 다른 사람과 공동으로 또는 다른 사람을 통하여 범죄를 범한 경우
④ 범죄의 실행을 용이하게 할 목적으로 범행 수단의 제공을 포함하여 범죄실행의 착수를 방조, 교사 또는 조력한 경우

정답 ②

해설 로마규정에 의하면, 단서조항에 의해 실질적인 조치에 의하여 범죄의 실행에 착수하였지만 범죄의 목적을 완전히 그리고 자발적으로 포기하여 범죄 미수에 그친 경우에는 처벌이 면제된다.

관련 이론

로마규정

1. 정의

   인간의 존엄과 가치를 존중하고 국제사회의 정의를 실현하기 위하여 「국제형사재판소에 관한 로마규정」에 따른 국제형사재판소의 관할 범죄를 처벌하고 대한민국과 국제형사재판소 간의 협력에 관한 절차를 정한 법률이다.

2. 개설

   1998년 7월 17일 국제공동체는 인권의 중대한 침해를 포함한 사악한 범죄행위를 국제적 차원에서 처벌하기 위하여 한 개의 상설적인 국제형사재판소를 설치하기 위한 외교전권회의를 로마에서 개최하여 「국제형사재판소 로마규정(Rome Statute of International Criminal Court)」(보통 '로마규정'이라 함)을 채택하였다. 이 로마규정은 2002년 7월 1일 발효하였고, 우리나라는 2002년 11월 13일에 로마규정을 비준 가입함으로써 이에 따르는 국내적 이행입법의 필요성이 대두되었다. 이에 따라 2007년 12월 21일 「국제형사재판소 관할 범죄의 처벌 등에 관한 법률」(법률 제8719호)이 제정되었다.

3. 내용

   국제형사재판소의 관할대상범죄는 집단살해죄(crime of genocide), 인도에 반하는 죄(crime against humanity), 전쟁범죄(war crime), 침략범죄(crime of aggression) 등 4개의 범죄이다. 그리고 이러한 범죄에 대한 기소의 주체는 로마규정 당사국, 유엔안전보장이사회, ICC 검사이며, 단, 검사가 기소하려는 경우 국제형사재판소의 전심부(pre·trial chamber)의 사전 심사가 필요하다.

   국제형사재판소가 관할권을 행사하기 위해서는 범죄발생지국 또는 피고인 국적국이 로마규정 당사국인 경우 이해관계국의 동의여부에 관계없이 자동적으로 성립된다(Automatic Jurisdiction). 단, 동 범죄에 대해 관할권을 가지는 국가의 국내법원이 우선적으로 관할권을 가지며, 당해 국가가 해당범죄를 처리할 능력 또는 의사가 없는 경우에 한하여 국제형사재판소가 보충적으로 관할권을 행사한다. 「국제형사재판소 관할 범죄의 처벌 등에 관한 법률」은 이러한 국제형사재판소 로마규정을 국내적으로 이행하기 위하여 제정된 법률이다.

4. 의의와 평가

   우리 정부는 국제형사재판소설립을 위한 로마규정 채택을 범세계적인 정의구현과 인권보호에 기념비적인 진전으로 평가하고 로마규정의 비준 가입을 통해 반인류적 범죄의 진압을 위한 국제사회의 노력에 동참하고 있다. 우리나라는 로마 전권외교회의에서의 로마규정 채택과정 및 그 후 개최되고 있는 준비위원회 회의 등에 적극 참여하여 왔으며, 2000년 3월 8일 로마규정에 95번째로 서명

하였다. 그리고 관련 국내법령 정비 등 비준을 위한 준비작업 추진하여 「범죄인인도법」, 「형사사법공조법 등 관련 법률」을 정비하였으며, 국제형사재판소의 본격적인 활동개시에 즈음하여 당사국으로서 의무를 이행하기 위하여 「국제형사재판소 관할 범죄의 처벌 등에 관한 법률」을 제정한 것이다.

유사 문제

01 국제형사재판소(ICC)에 관한 로마규정 중 물적 관할권의 행사에 대한 설명으로 타당하지 않은 것은?

① ICC 당사국은 관할범죄에 대한 재판소의 관할권 수락하는 것을 자동적 관할권이라는 의미를 가지고 있다.
② ICJ는 특별합의나 선택조항 수락 등 합의에 의해서만 재판회부 가능하다.
③ 재판소가 관할권을 행사하기 위해서는 당해 범죄의 발생지국이나 범죄 혐의자의 국적국 중 어느 한 국가가 당사국일 필요는 없다.
④ 비당사국이라도 당해 범죄에 대해 관할권 행사를 수락하면 관할권 행사 가능하다.

정답 ③
해설 재판소가 관할권을 행사하기 위해서는 당해 범죄의 발생지국이나 범죄 혐의자의 국적국 중 어느 한 국가가 당사국이어야 한다.

02 국제형사재판소(ICC)에 관한 로마규정 중 물적 관할권의 행사에 대한 설명으로 타당하지 않은 것은?

① 당사국이 관할범죄가 범해진 것으로 보이는 사태를 소추관에게 회부한 경우에 가능하다.
② 소추관이 직권으로 관할범죄에 관한 수사를 개시한 경우 즉, 소추관은 독자적으로 수사 착수 가능하다.
③ 안보리가 제7장에 따라 관할범죄가 범해진 것으로 보이는 사태를 소추관에게 회부한 경우에 가능하다.
④ 분쟁 당사국 간의 합의에 의해 소추관에 기소를 의뢰할 수 있다.

정답 ④
해설 ①, ② 당해 범죄의 발생지국이나 범죄 혐의자의 국적국 중 하나라도 당사국이어야 함, 비당사국의 경우, 재판소의 관할권을 수락해야 함
③ 안보리는 국제평화와 안전에 1차적 책임이 있으므로 비당사국 또한 소추관에게 회부가능

18

인권조약의 역외적용성에 대한 설명으로 옳지 않은 것은?

① ICJ는 Legal Consequences of the Construction of a Wall in the Occupied Palestinian Territory 사례에서 국가는 실효적으로 관할권을 행사하는 점령지에 자국이 당사국인 인권조약을 적용할 의무가 있다고 판시하였다.
② 시민적·정치적 권리규약 인권위원회는 당사국이 책임져야 할 상황에서 당사국의 권한이나 실효적 통제 하에 있는 사람이 당사국 영토 밖에 있는 경우에도 규약상의 권리를 보장받아야 한다고 해석하였다.
③ 일반국제법상 국가는 자국 영토와 해외에서 권한을 행사할 때 인권을 존중할 의무를 부담하며, 그러한 국가의 권한 하에 있는 개인의 국적여부는 문제 되지 않는다.
④ ICJ는 Application of the Convention on the Prevention and Punishment of the Crime of Genocide (Bosnia and Herzegovina v. Serbia and Montenegro) 사례에서 제노사이드로 기소된 자의 재판은 해당범죄의 본질상 모든 국가에서 재판이 가능하다고 언급하였다.

정답 ④

해설 ICJ는 Application of the Convention on the Prevention and Punishment of the Crime of Genocide (Bosnia and Herzegovina v. Serbia and Montenegro) 사례에서 당해 범죄가 행해진 국가에서 재판이 가능하다고 하였다. 모든 국가에서 재판이 가능한 것이 아니라고 보았다.

관련 이론

국제 인권 조약의 성격

1969년 「조약법에 관한 비엔나협약」은 조약을 국가 간에 문서로 체결되는 법적 구속력 있는 합의로서 국제법에 의해 규율되는 것으로 정의하고 있다. 따라서 보통의 경우 일방 국가의 조약 위반은 타방 국가의 문제 제기와 그 위반에 대해 국제 책임을 묻는 것이 보통이다. 즉 국제조약 대부분은 국가들 사이에 합의된 '국가 상호 간의 권리와 의무'에 대한 것이라고 할 수 있다. 국제인권조약도 다른 조약과 마찬가지로 최소한의 인권기준을 준수하자는 국가 사이의 약속이며 조약이 정한 권리와 의무의 주체가 국가라는 점에서는 여느 조약과 다름없다. 그러나 다른 조약 대부분이 실질적으로 단지 국가의 권리 및 의무와 관련되어 있을 뿐이지만 인권조약은 실질적으로 개인이 향유하는 인권에 대한 내용을 다루고 있다는 점에 큰 차이가 있다. 그래서 국가들은 자국민의 인권이 타국에 의해 침해된 경우를 제외하고는 타국의 인권조약 준수에 대해 다른 여타의 국제조약 위반과 달리 직접적 피해가 발생하지 않기에 소극적 입장을 취하는 경우가 많다. 또한 국제인권조약은 인권에 대한 국제적인 최소 기준을 규정하고 있고 그 기준의 현실적 구현을 위한 상세한 방법을 특정하고 있지 않다. 그리고 국가들은 국제인권기준을 자국 사회에서 어떻게 구현할지를 결정할 일정 범위의 재량권(margin of discretion)을 가지고 있다. 이러한 상황에서 국제 공동체는 국가들이 인권조약이 정한 내용을 잘 준수하고 있는지, 국제인권기준에 부합하는 정책과 제도를 마련하고 있는지를 검토할 수 있는 방법으로 이른바 '이행감시체제'라는 특유한 체제를 마련하게 되었다. 이행감시체제는 각 인권조약을 근거로 설립된 위원회 및 유엔과 같은 국제기구들이 각국의 인권 상황을 정기적 및 비정기적으로 검토하는 것을 주요한 내용으로 하고 있다. 다만 이 이행감시체제는 법적 구속력이 없는 권고적인 성격의 보고서를 공개적으로 회람함으로써 국제 여론의 형성을 통한 유연한 이행 촉구를 강구한다는 점에 그 특징이 있다.

그렇다면 이러한 특징을 가지는 국제인권조약은 대한민국의 국내법 체제에서 어떠한 효과를 가질까? 대한민국 헌법 제6조 제1항은 "헌법에 의해 체결, 공포된 조약과 일반적으로 승인된 국제법규는 국내법과 같은 효력을 가진다"고 규정하고 있다. 따라서 원칙적으로 국제인권조약은 국회가 입법한 국내 법률과 동일한 효력을 발휘한다고 할 수 있다. 그럼에도 불구하고 보통 국제인권조약은 큰 원칙을 천명하고 있고 이의 구현 방법은 각국의 재량에 맡겨져 있다.

그래서 국제인권조약의 가입 과정에서는 외교통상부, 법제처, 법무부 등의 유관기관이 기존의 국내 법률과의 합치성과 개정 필요성을 검토하게 된다. 그리고 사법부 차원에서는 과거 재판에 견주어 좀 더 구체적이고 명확한 실정 규범을 선호해 국제인권조약을 원용하는 사례가 많지 않았지만 최근에는 대법원 산하의 국제인권법연구회 등의 단체가 구성되고 사법부도 국제인권규범에 관심을 가지게 되었다. 이에 2010년부터 2013년까지 약 1950건이 넘는 민사, 형사, 행정사건 전반의 판결에서 국제인권조약이 원용되었다. 아울러 정부와 공권력의 행사와 관련해서는 국가인권위원회 및 사회 각층의 비정부기구들이 그 감시와 관련 논의를 활발하게 진행하고 있다.

즉 대한민국 사회에서 국제인권조약에 근거한 논의는 더 이상 원론적인 차원에 머물지 않고 실생활에 생각보다 가까이 다가와 있다고 할 수 있다. 앞으로 대한민국 사회에서 국제인권조약의 적용과 이행에 대한 논의는 더욱 활발해 질 것으로 보인다. 다만 이를 위해서는 정부뿐 아니라 일반 시민의 국제인권에 대한 지속적인 관심과 노력이 필요하겠다.

유사 문제

01 다음의 설명으로 틀린 것은?

> 경제적, 사회적, 문화적 권리에 관한 국제규약(ICESCR)과 시민적, 정치적 권리에 관한 국제규약(ICCPR)에 동일한 내용으로 규정된 사항

① 모든 민족은 자결권을 가진다.
② 당사국은 규약상의 권리의 실현을 위한 조치 및 상태 등에 대한 보고서를 UN사무총장에게 보고한다.
③ ICESCR은 당사국들의 능력 내에서 점진적인 보호를 위해 노력할 것을 규정하고 있고, ICCPR은 원칙상 즉시 적용할 것을 정하고 있다.
④ 양규약 모두 내외국인 상호간 차별이 허용된다.

정답 ④
해설 ICESCR에서만 내외국인 상호간 차별이 허용된다.

02 1966년 '시민적, 정치적 제권리에 관한 국제규약'에 관한 설명으로 틀린 것은?

① 인권위원회를 설치하고 있다.
② 인권이사회 위원의 임기는 4년이며 재선될 수 있다.
③ 인권이사회는 동일 국가의 국민을 2인 이상 포함할 수 없다.
④ B규약 제41조를 수락한 국가 상호간에만 국가 간 통보제도가 적용된다.

정답 ①
해설 인권이사회를 설치하고 있다.

19

외교 특권·면제를 향유하는 자의 인적 범위에 대한 설명으로 옳지 않은 것은?

① 외교관 가족은 접수국 국민이 아닌 한 외교관과 동일한 특권과 면제를 인정받으며, 외교관 가족의 범위는 「외교관계에 관한 비엔나협약」상 가족의 정의 규정이 우선적으로 적용된다.
② 일부다처제 국가 출신 외교관의 1명 초과의 부인에 대하여 가족의 지위가 부인되어도 국제법 위반이라고 할 수 없다.
③ 외교관이 사망하는 경우, 외교관의 가족은 접수국을 퇴거하는데 요하는 상당한 기간이 만료할 때까지 특권과 면제를 계속 향유한다.
④ 외교관의 배우자가 접수국에서 직업 또는 상업활동을 하는 경우 접수국은 이에 대해 재판관할권을 행사할 수도 있다.

정답 ①

해설 외교관 가족의 범위는 「외교관계에 관한 비엔나협약」에서 구체적 정의규정이 있는 것은 아니다.

관련 이론

외교관계에 관한 비엔나협약

1. 불가침권
   ① 신체의 불가침
      사절이 국내질서를 교란하거나 불법행위를 감행하는 경우에는 자위적 조치를 위하여 일시적으로 구속할수 있음
   ② 공관과 주거의 불가침
      ㉠ 공관은 불가침이므로 공무일지라도 접수국 관헌은 사절의 동의 없이 그곳에 들어갈수 없음
      ㉡ 접수국은 공관의 안녕방해나 위엄침해를 방지하기 위해 모든 특별한 조치를 취할 특별의무가 있음
      ㉢ 공관이나 공관내에 있는 용구 기타 재산 및 수송수단은 수색, 징발, 차압 또는 강제집행의 대상이 될수 없음
      ㉣ 공관과 사절단장의 운송수단에는 파견국의 국기와 국장을 게양할 권리를 보유
      ㉤ 외교관 개인의 주거도 불가침
   ③ 문서의 불가침
      간첩행위에 관련된 경우에는 예외

2. 치외법권 : 사절의 위엄유지와 직무수행상의 필요를 고려하여 인정한 권리
   ① 재판권 면제
      ㉠ 형사재판권의 면제 : 형법위반시 소추나 처벌을 할수 없고 소환을 요구하거나 퇴거를 명할수 있음
      ㉡ 민사재판권과 행정재판권의 면제
      ㉢ 사절 자신이 원고로서 제소하거나 피고로 응소하는 경우
      ㉣ 사인자격으로 소유하는부동산, 영업재산
      ㉤ 접수국에서 개시된 상속에 의해 취득한 상속재산 등에 관한 경우에는 재판가능
   ② 증언의무의 면제
      사절 자신의 자발적 증언이나 당사자로서의 증언은 면제가 안됨
   ③ 재판권 면제의 포기
      ㉠ 파견국의 명시적 표시에 의해 재판권 면제 포기가능
      ㉡ 외교관이 소송을 제기했을 때 본소에 직접 관련되는 반소에는 재판권 면제의 특권을 원용 못함
      ㉢ 소송이 심급만 달리하는 경우 면제를 주장할수 없음
      ㉣ 민사소송과 행정소송에 관한 재판권 면제의 포기는 판결집행으로부터의 면제의 포기로 간주되지 않음

④ 행정권으로부터의 면제
- ㉠ 접수국의 강제처분면제
- ㉡ 국세와 지방세 등의 부과금과 과세면제
- ㉢ 관세의 면제
  - 사절단의 공용물품, 외교관과 그 가족의 개인적 물품, 사무기술직원과 그 가족이 부임할 때의 물품 면세
  - 면세적용을 받지 않는 물건이나 수입금지물품 또는 검역규칙에 규제된 물품이 있다고 추정할 만한 중대한 이유가 있을때에는 그 외교관이나 또는 권한있는 대리인 입회하에 검사가능
    - 역무의 면제
    - 사회보장규정의 면제

3. 통신의 자유
   ① 무선통신기의 설치는 접수국의 동의필요
   ② 외교행랑은 개봉 또는 유치불가
   ③ 여행의 자유
   ④ 종교의 자유
   ⑤ 국기, 국장의 사용
   ⑥ 외교사절의 주소는 본국주소와 동일한 것으로 간주되고 자녀의 출생도 본국에서 출생한 것으로 간주

4. 특권과 면제의 인적범위
   ① 사무 및 기술직
      - ㉠ 재판권의 면제는 공적인 행위에만 적용
      - ㉡ 관세는 부임시의 물품에만 면제
      - ㉢ 사무 및 기술직원의 가족도 접수국의 국민이 아니거나 접수국에 영구히 거주하지 않는 한 같은 특권이 인정
   ② 역무직원
      - ㉠ 공무수행중의 행위에 대한 재판권의 면제
      - ㉡ 보수에 대한 조세면제
      - ㉢ 사회보장규정으로부터의 면제
   ③ 사절단 구성원의 가족
      외교관의 세대에 속하는 가족은 접수국의 국민이 아닌 한 외교관과 같은 특권인정
   ④ 사절단 구성원의 개인적인 사용인
      - ㉠ 접수국국민이거나 그곳에 상주하지 않는 한 보수에 대한 조세면제
      - ㉡ 접수국이 인정하는 한도 내에서 특권과 면제인정
   ⑤ 접수국 국민인 직원
      - ㉠ 외교관일 경우 공적행위인 경우에만 불가침권과 재판권면제가 인정
      - ㉡ 외교관 이외에는 접수국이 인정하는 범위 내에서만 특권향유

5. 특권과 면제의 시간적 범위
   ① 특권, 면제의 향유시기
      부임을 위하여 접수국에 들어갔을때부터 이미 접수국 내에 있을때에는 임명사실이 접수국 외무당국에 통고된 때부터
   ② 직무종료와 특권, 면제의 종료
      - ㉠ 접수국을 떠나는데 필요한 상당한 기간내에는 특권과 면제가 인정
      - ㉡ 무력분쟁이 발생했을 경우라도 조속한 퇴거를 위한 편의 제공과 퇴거시 까지의 특권, 면제, 파견국 이익보호 등의 특권을 인정
      - ㉢ 직무수행상 행한 행위는 특권과 면제의 종료후에도 계속 재판관할권에서 면제

6. 특권과 면제의 장소적 범위(제3국에서의 특권과 면제)
   ① 외교관 : 부임, 귀임, 귀국 중 제3국은 불가침과 확실한 귀환을 위한 면제부여
   ② 외교관 가족 : 외교관을 찾아가는 경우와 외교관 동행시 외교관과 동일한 특권과 면제
   ③ 사무기술직원, 역무직원과 그들의 가족 : 외교관과 동일
   ④ 외교전서사와 외교행낭 : 접수국에서와 동일
   ⑤ 불가항력으로 제3국에 들어갔을 때 : 정식 절차에 따라 입국한 때와 동일

유사 문제

01 다음 중 접수국에서의 외교관의 면책과 특권에 대한 설명으로 옳지 <u>않은</u> 것은?

① 1961년 외교관계에 관한 비엔나협약은 비상사태 시 접수국 관헌이 강제로 외교공관에 출입할 수 있는지에 대해 명문규정을 두고 있다.
② 외교공관의 불가침권은 외교업무를 원활히 수행하기 위한 것이다.
③ 일반국제법상 외교공관은 정치적 망명처로 이용될 수 없다.
④ 불가침의 대상이 되는 공관지역은 공관 및 관저의 부속대지와 건물, 그리고 그 구성물 및 공관이 보유한 교통수단, 임차한 경우를 포함한다.

정답 ①
해설 1961년 외교관계에 관한 비엔나협약은 비상사태 시 접수국 관헌이 강제로 외교공관에 출입할 수 있는지에 대해 명문규정을 두지 않았다.

02 외교관의 면책과 특권에 대한 설명으로 옳지 <u>않은</u> 것은?

① 외교공관은 파견국 영토의 연장이 아니며, 접수국의 치외법권지역이 아니다.
② 외교 임무에 관련된 기록문서와 재산들도 불가침성을 누린다.
③ 접수국은 공용을 위한 공관의 자유로운 통신을 허용하며 보호하여야 한다.
④ 비호권 사건에서 국제사법재판소는 외교공관의 비호권이 일반관습법상 존재한다고 판시하였다.

정답 ④
해설 비호권 사건에서 국제사법재판소는 외교공관의 비호권이 일반관습법상 존재하는지 명확하지 아니하다고 판시하였다.

20

UN경제사회이사회의 임무와 권한에 대한 설명으로 옳지 않은 것은?

① 모든 사람을 위한 인권 및 기본적 자유의 존중과 준수를 촉진하는 권고를 할 수 있으며, 이사회의 권한에 속하는 사항에 관하여 국제회의를 소집할 수 있다.
② UN과 각종 전문기구의 제휴관계를 설정하는 조건을 정하는 협정의 경우, 총회의 승인을 얻어 전문기구와 협정을 체결할 수 있다.
③ 특정 UN회원국과 특별한 관계가 있는 사항에 관하여 심의하는 경우, 해당 회원국을 투표권 없이 참여하도록 초청한다.
④ 총회의 권고를 이행하기 위해 이사회의 권한에 속하는 임무를 수행해야 하며, UN회원국의 요청이 있는 경우에 한하여 총회의 승인을 얻어 용역을 제공할 수 있다.

정답 ④

해설 총회의 권고를 이행하기 위해 이사회의 권한에 속하는 임무를 수행해야 하며, UN회원국의 요청이 있는 경우 요청뿐 아니라 전문기구의 요청이 있을 때에도 총회의 승인을 얻어 용역을 제공할 수 있다.

관련 이론

경제사회이사회 (Economic and Social Council : ECOSOC)

1. 설치 경과
   45년 유엔 창설 당시 유엔 전문기구들이 수행하는 경제적 · 사회적 · 인도적 · 문화적 활동을 지휘 · 조정할 목적으로 설치
2. 기능
   ① 국제경제, 사회, 문화, 교육, 보건 및 관련사항에 대한 연구, 보고 및 권고 또는 발의
   ② 인권 및 만인의 기본적인 자유 존중 및 준수 장려
   ③ 권한 내의 사항과 관련 국제회의 소집, 전문기구와의 협의, 비정부간 기구와 협의
3. 구성
   ① 이사국은 당초 18개국에서 '63년 27개국, '73년 54개국으로 증가
   ② 이사국의 지역적 배분(아시아 11, 아프리카 14, 중남미 10, 동구 6, 서구 및 기타 13개국)
   ③ 이사회는 통상 연1~2회의 조직회의, 연1회의 정기회의를 개최, 기타 특별회의 개최
   ④ 이사회는 매년 의장과 부의장 4명을 선출하며, 조직회의에서 통상 의장단 선출, 산하기구 회원국 선거를 실시
   ⑤ 정기회의는 고위급 심의, 유엔기구활동조정 토의, 유엔기구개발활동 토의 및 일반 경제사회문제 토의 등의 방식으로 운영
4. 산하기구
   ① 기능 위원회
      ㉠ 통계, 인구 · 개발, 여성지위, 마약, 지속가능발전, 개발을 위한 과학기술, 사회개발, 범죄예방 · 형사사법 등 8개 분야의 소속 위원회로 구성
      ㉡ 각국 통계의 발전 촉진(통계위원회), 인구의 규모 및 구조와 변동 조사(인구 · 개발위원회), 환경과 개발 문제에 관한 점검 및 협약체결, 이행사항 평가(지속가능발전위원회) 등 8개 위원회별 기능 및 임무 수행
   ② 지역 위원회
      ㉠ 아프리카경제위원회, 아시아 · 태평양경제사회위원회, 유럽경제위원회, 중남미경제위원회, 서아시아경제사회위원회 등 5개의 위원회로 구성
      ㉡ 각 지역별 경제개발 및 협력, 교류증진 방안 등 모색

③ 상설 위원회 및 전문가 기구
  ㉠ 비정부간 기구위원회, 사업·조정위원회, 조세문제 국제협력 전문가위원회, 개발정책위원회, 유엔공공행정계획 전문가회의 등으로 구성
  ㉡ 비정부간 기구 위원회–비정부간 기구(NGO)의 포괄적 협의지위 및 특정분야 협의지위 부여 – 신청심사, 활동보고 심사, 비정부간 기구와의 합의 등의 임무 수행
  ㉢ 유엔지명전문가그룹–지명표준화를 위한 국제협력 및 로마자 표기 통일 연구
  ㉣ 유엔공공행정계획 전문가 회의–개도국의 개발행정 및 재정문제 검토, 기술협력방안 제시 등

유사 문제

01 경제사회이사회에 대한 설명으로 옳지 않은 것은?

① 권한내의 사항과 관련 국제회의 소집, 전문기구와의 협의, 비정부간 기구와 협의한다.
② 이사국의 지역적 배분을 토대로 아시아에 가장 많은 이사국을 배치한다.
③ 이사회는 매년 의장과 부의장 4명을 선출하며, 조직회의에서 통상 의장단 선출, 산하기구 회원국 선거를 실시한다.
④ 이사회에는 54개의 회원국이 있다.

정답 ②
해설 이사국의 지역적 배분을 토대로 아시아 11국, 아프리카 14국, 중남미 10국, 동구 6국, 서구 및 기타 13개국으로 배치한다.

02 UN(국제연합) 경제사회이사회에 대한 설명으로 옳지 않은 것은?

① 이사회는 가맹국들과 전문기구들과 논의를 할 수 있도록 하며 문제에 대한 투표는 전체 회원국들이 한다.
② 아프리카, 아시아, 유럽과 라틴아메리카 같은 세계의 경제와 사회 문제를 다루고 또한 치안, 마약과 여성참정권 같은 문제를 다룬다.
③ 국제적인 경제 사회 협력과 개발을 촉진하기 위해 설립된 유엔 총회를 보조하는 기구이다.
④ UN총회의 권능 하에 유엔 및 유엔기구의 경제, 사회분야 업무를 조정하며 개발, 세계무역, 산업화, 자연자원, 인권, 여성지위, 인구, 사회복지, 과학기술, 범죄예방과 기타 경제·사회적 문제에 관해 권고하고 사업을 발의하는 역할을 하는 국제기구이다.

정답 ①
해설 이사회는 가맹국들과 전문기구들과 논의를 할 수 있도록 하지만 이사회의 회원국들만이 투표할 수 있다.

21

ICJ 판결에 대한 설명으로 옳은 것은?

① ICJ는 Request for Interpretation of the Judgment in the Case concerning the Land and Maritime Boundary between Cameroon and Nigeria 사례에서 선결적 항변에 대한 판결은 해석 신청의 대상이 될 수 있다고 하였다.
② ICJ가 사건을 심리하는 동안 UN안전보장이사회는 당해 사태의 해결을 모색할 수 없다.
③ ICJ는 LaGrand 사례에서 「UN헌장」 제94조 제1항에 규정된 ICJ결정은 재판소에 의해 내려진 최종 판결만을 지칭한다고 판단하였다.
④ 미국 연방대법원은 Medellin v. Texas 사례에서 ICJ 판결의 법적 구속력을 인정하였다.

> **정답** ①
>
> **해설**
> ② 국제연합의 두 주요 기관은 독립적이기 때문에 ICJ가 사건을 심리하는 동안 안보리 역시 당해 사태의 해결을 모색할 수 있다.
> ③ ICJ는 LaGrand 사례에서 잠정조치는 최종 판결만을 지칭하는 것은 아니라고 하였다. LaGrand사건에서 잠정조치의 구속력을 인정하면서 특히 '묵시적 권한 이론'을 원용하였다.
> ④ 미국 연방대법원은 Medellin v. Texas 사례에서 ICJ 판결의 효력을 반드시 인정해야 하는 것은 아니라고 본 판례이다.

관련 이론

국제사법재판소 잠정조치

1. 개요

국제사법재판소 규정 제41조 제1항은 재판소가 필요하다고 인정할 때에는 당사자의 권리를 보전하기 위하여 필요한 잠정조치를 제시할 권한이 있다고 규정한다. 재판소가 잠정조치를 하기 위해서는 ① 일응(prima facie) 본안을 판단할 관할권을 가지고, ② 권리의 존재에 관한 남아프리카공화국 주장이 어느 정도 타당해야 하며(plausible), ③ 회복할 수 없는 손해가 발생할 위험과 긴급성이 인정되어야 한다. ② 요건과 관련하여 이스라엘이 팔레스타인 집단 구성원을 그 집단이라는 이유로 살해할 의도를 가졌는지가 중요하게 다루어졌다.

2. 가자전쟁 사례

재판소는 요건이 모두 충족되었다고 보아 6개 항목의 잠정조치를 내렸다. 즉, 재판소는 이스라엘에 ① 집단 구성원 살해, 중대한 신체적 또는 정신적 위해 등을 방지하기 위한 조치, ② 군대로 하여금 그러한 행위를 하지 않도록 하는 조치, ③ 가자 지역 팔레스타인 집단 구성원에 대한 집단살해 선동 방지 및 처벌, ④ 가자 지역 팔레스타인 집단에 대한 인도적 지원이 가능하도록 하는 조치, ⑤ 관련 증거의 보전, ⑥ 잠정조치 명령 후 1개월 내 보고 등의 잠정조치를 내렸다. 다만, 재판소는 전투의 즉시 중단을 구하는 잠정조치 신청은 받아들이지 않았다(이는 러시아에 대해서는 우크라이나에서의 무력사용을 모두 중단하라는 잠정조치를 한 경우와 비교된다). 이스라엘 입장에서 충격적일 수 있는 것은 이스라엘 법무장관과 대법원장 출신이자 홀로코스트 생존자인 바라크(Barak) 판사 역시 위 ③과 ④에 찬성표를 던진 것이다.

재판소는 여기에 그치지 않고, 가자 지구의 모든 이해관계자들이 국제인도법을 준수해야 하고 특히 하마스가 억류하고 있는 포로들을 즉시 석방해야 한다고 강조하였다. 재판소의 이 부분 설시에 법적 구속력은 없지만, 피신청국뿐만 아니라 하마스 등 다른 이해관계자의 국제인도법 준수를 강조하였다는 점에서 의미가 적지 않다.

유사 문제

01 다음 중 판례에 대한 설명으로 잘못된 것은?

① Mortensen v. Peters 사건은 국제법에 위반되는 국내법에 대한 법원의 기속을 인정한다.
② Paquete Habana호 사건은 미국법원은 국제관습법을 인정하였지만, 법원으로서의 학설은 부정하였다.
③ Sei Fujii 사건은 자기집행적 조약, 비자기집행적 조약을 구분하였다.
④ 알리바마호 중재 사건의 쟁점은 국제법과 국내법의 관계를 다룬 사건이다.

정답 ②
해설 Paquete Habana호 사건은 미국법원은 국제관습법을 적용해야 하는지를 인정하였다.

02 다음 중 니카라과 사건에 대한 설명으로 잘못된 것은?

① 선결적 항변으로 미 국무장관 슐츠선언은 무효로 그 근거는 신의성실원칙 위반이다.
② 미국의 니카라과에 대한 경제적 지원의 중단은 위법이므로 국가책임이 성립한다.
③ 미국의 콘트라 반군 지원이 사실상 미국의 국가기관인지에 대한 부분은 니카라과가 입증을 실패하였다.
④ 미국의 콘트라 반군에 대한 무기지원, 선전 동원은 니카라과 정부의 간섭과 무력사용금지원칙 위반을 위반하였다고 판시하였다.

정답 ②
해설 미국의 국가책임에서 경제적 지원의 중단은 위법이 아니므로 국가책임이 성립되지 아니한다.

22

「조약법에 관한 비엔나협약」에 대한 설명으로 옳지 않은 것은?

① 조약의 발효에 대한 규정 또는 달리 합의가 없는 경우 조약의 구속을 받겠다는 동의가 모든 교섭국에 대하여 확정되는 대로 조약이 발효한다.
② 조약의 발효 이전에 당사국과 관련하여 발생한 행위나 사실은 어떠한 경우에도 당사국을 구속하지 않는다.
③ 조약이 달리 규정하지 않는 한, 조약 발효 이후 일부 국가의 탈퇴로 당사국 수가 발효에 필요한 숫자 이하로 감소할지라도 조약은 종료되지 않는다.
④ 교섭국이 합의하는 경우 조약은 발효 전이라도 잠정적으로 적용될 수 있으며 잠정적용국 간에는 조약을 적용할 법적 의무가 발생한다.

정답 ②

해설 조약의 발효 이전에 당사국과 관련하여 발생한 행위나 사실은 조약이 관습법을 성문화한 경우 발효 전 사항에 대해서 적용될 수 있으며, 또한, 당사국들이 발효 전 사항에 대해 조약을 적용하기로 합의할 수도 있다.

관련 이론

비엔나 조약의 서명과 가서명

'조약'이라 함은 "단일의 문서에 또는 둘 또는 그 이상의 관련 문서에 구현되고 있는가에 관계없이 또한 그 특정의 명칭에 관계없이, 서면 형식으로 국가 간에 체결되며, 또한 국제법에 의하여 규율되는 국제적 합의"를 말한다. ("조약법에 관한 비엔나협약" 제2조)

1. 서명 (Signature)
   ① 서명권자
      "정부대표 및 특별사절의 임명과 권한에 관한 법률"에 따라 외교부장관은 대통령의 전권위임없이 서명권을 행사할 수 있으며, 기타의 자도 외교부장관의 상신에 따라 대통령에 의하여 조약서명을 위한 정부대표로 임명되면 서명할 수 있음
   ② 서명의 효과
      조약문을 포함한 국제사회의 최종의정서(Final Act)에 서명하는 경우, 그 서명은 통상 조약문의 채택 및 정본인증의 효과만을 가짐. 다음의 경우, 서명은 국가의 그 조약에 대한 기속적 동의의 표시를 의미함. (조약법에 관한 비엔나협약 제12조 1항)
      ㉠ 서명이 그러한 효과를 가지고 있는 것으로 그 조약이 규정하고 있는 경우
      ㉡ 서명이 그러한 효과를 가져야 하는 것으로 교섭국 간에 합의되었음이 달리 확정되는 경우
      ㉢ 서명에 그러한 효과를 부여하고자 하는 국가의 의사가 그 대표의 전권위임장으로부터 나타나거나 또는 교섭중에 표시된 경우
      ㉣ 비준, 수락 또는 승인되어야 하는 조약에 서명하였거나, 또는 조약을 구성하는 문서를 교환한 경우에는, 그 조약의 당사국이 되지 아니하고자 하는 의사를 명백히 표시할 때까지, 그 조약의 대상과 목적(object and purpose)을 침해하는 행위를 삼가야 하는 의무를 가짐. (조약법에 관한 비엔나협약 제18조 (a))

2. 가서명 (Initialing)
   ① 가서명의 효과
      추후 정부에 의한 최종 검토를 유보하면서 원칙적으로 조약문안을 인증하거나 조약문안을 최종적으로 확정하는 효과만을 가짐
   ② 가서명권자
      ㉠ "정부대표 및 특별사절의 임명과 권한에 관한 법률"에 따라 임명된 자가 가서명 이전에 교섭진전사항을 보고한 후 허가를 받아 행함
      ㉡ 가서명은 보통 실무교섭대표가 하며, 가서명과 함께 Record of Discussion 또는 Protocol of Negotiation을 작성

3. 조약의 비준 (Ratification)
    ① 정의
        ㉠ 정부대표가 서명한 조약을 조약체결권자 또는 조약체결권자로부터 비준의 권한을 위임받은 자가 확인함으로써 국가의 기속적 동의를 최종적으로 표시하는 행위
        ㉡ 우리나라의 경우 헌법상의 비준권자는 대통령으로서 조약이 서명되고 국회동의를 받은 후(헌법 제60조 1항에 따라 국회동의를 받아야 하는 조약의 경우) 행해지는 최종적인 절차
    ② 비준의사의 표시 방식
        ㉠ 양자조약의 경우에는 비준서의 교환이 가장 보편적인 방법이며, 우리나라는 비준서의 교환을 양측이 국내절차를 완료한 후 별도로 합의하는 시기를 비준서 교환의정서(Protocol of Exchange of Instruments of Ratification)에 명시한 후 행하고 있음
        ㉡ 최근에는 조약의 규정에 따라 비준서의 교환보다 더 간편한 방법으로서 외교공한을 통하여 상호 각자의 국내절차를 완료하였음을 상호 통고하는 방식이 많이 이용되고 있음. 다자조약의 경우에는 비준서, 수락서, 승인서 또는 가입서를 기탁하는 방식이 당해 조약에 규정되어 있는 것이 상례임.
    ③ 조약의 가입,수락 및 승인 (다자조약의 경우)
        ㉠ 가입 (Accession)
            가입은 다자조약의 원서명국이 아닌 국가 등의 추후에 당사자가 되기 위한 절차로서 일반적으로 조약상에 명시된 규정(가입조항)에 따라 행해지고 있으나, 명시적 규정이 없는 경우에는 기존 당사자의 합의에 따라 이루어지기도 함
        ㉡ 수락 (Acceptance)
            서명절차를 거치지 않고 기속적 동의를 표시하게 되는 조약의 경우에는 가입과 유사하며, 기속적 동의 표시를 수반하지 않는 서명후에 별도로 최종적인 동의를 표명하는 방법으로 이용되는 경우에는 비준과 유사함
        ㉢ 승인 (Approval)
            • 수락의 경우와 마찬가지로 국제관행상 다음의 두 가지 의미를 가짐.
            • "승인을 조건으로 하는 서명"에 사용된 경우에는 비준과 유사
            • 서명 또는 승인이 개방되어 있는 조약에 사용되는 경우에는 가입과 동일
4. 조약의 유보 (Reservation) (다자조약의 경우)
    ① 유보의 개념 및 유보절차
        ㉠ 다자조약 체결시(서명, 비준, 가입, 승인 또는 수락) 행하는 일방적 선언으로, 그 조약의 특정 조항의 법적 효과를 자국에 대하여 배제하거나 제한·변경하기 위한 조치
        ㉡ 조약법에 관한 비엔나협약은 당해 조약에 명시적으로 유보를 금지한 조항이 없을 경우, 그 조약의 대상 및 목적과 양립하는 유보사항은 일반적으로 인정함
    ② 유보의 효과
        ㉠ 조약법에 관한 비엔나협약 제21조에 의하면 유보는 아래와 같은 법적 효과를 가짐.
        ㉡ 유보국과 다른 당사국과의 관계에 있어서는 유보에 관련되는 조약규정을 그 유보의 범위내에서 변경하며, 유보국 이외의 타 당사국 상호간에는 그 조약규정을 변경하지 아니하며, 유보에 대하여 이의를 제기하는 국가와 유보국간에는 유보가 적용되지 아니함
5. 조약의 개정(수정), 폐기(탈퇴), 종료 등
    ① 폐기 및 탈퇴(Denunciation and Withdrawal)
        ㉠ 대다수의 조약은 그 유효기간의 종료, 폐기, 탈퇴 등에 관한 규정을 포함하고 있으며, 그러한 규정이 없는 경우에도 모든 조약 당사국의 합의에 의하여 또는 국제관습법에 의하여 조약의 종료나 탈퇴가 확정될 수 있음
        ㉡ 국제관례상 일방적인 폐기(양자조약) 또는 탈퇴(다자조약)가 인정되는 경우
            • 타방당사국에 의한 조약의 중대한 위반
            • 조약실시에 불가결한 대상물의 소멸에 의한 조약의 이행불능
            • 조약체결시에 당사국이 예견할 수 없었던 사정의 근본적인 변경 등
    ② 종료 (Termination)
        국제법상 인정된 방법에 의한 조약의 소멸을 말하는 것으로 위법한 행위를 전제로 하는 조약의 무효, 취소와는 구별됨. 당사국 간에 동일내용에 대하여 새로운 조약을 체결한 경우 구조약은 종료함

7. 조약의 등록 (Registration)

유엔헌장 제102조는 유엔회원국이 당사자인 모든 조약은 유엔사무국에 등록토록 하고 등록되지 않은 조약은 유엔의 어떤 기구에서도 원용할 수 없음을 규정하고 있음

유사 문제

01 그의 직무상 또한 전권위임장을 제시하지 않아도 자국을 대표하는 것으로 간주되지 <u>않는</u> 직위는?

① 조약의 체결에 관련된 모든 행위를 수행할 목적으로서는 국가원수 · 정부수반 및 외무부장관
② 파견국과 접수국간의 조약문을 채택할 목적으로서는 외교공관장
③ 파견국과 접수국간의 조약문을 채택할 목적으로서는 국가에 의하여 그 국제회의, 그 국제기구 또는 그 기구의 그 기관에 파견된 대표
④ 그 국가에 의하여 추후 확인되는 조약체결의 목적으로 국가를 대표하기 위하여 권한을 부여받은 것으로 간주될 수 없는 자

정답 ③
해설 국제회의 · 국제기구 또는 그 국제기구의 어느 한 기관내에서 조약문을 채택할 목적으로서는 국가에 의하여 그 국제회의, 그 국제기구 또는 그 기구의 그 기관에 파견된 대표

02 조약문의 체결절차에 대한 설명으로 틀린 것은?

① 조약문에 규정되어 있거나 또는 조약문의 작성에 참가한 국가가 합의하는 절차시 정본으로 또한 최종적으로 확정된다.
② 조약문에 규정되어 있거나 또는 조약문의 작성에 참가한 국가가 합의하는 절차가 없는 경우에는 조약문의 작성에 참가한 국가의 대표에 의한 조약문 또는 조약문을 포함하는 회의의 최종의정서에의 서명에 의해서만 최종적으로 확정된다.
③ 조약에 대한 국가의 기속적 동의는 서명, 조약을 구성하는 문서의 교환, 비준 · 수락 · 승인 또는 가입에 의하여 또는 기타의 방법에 관하여 합의하는 경우에 그러한 기타의 방법으로 표시된다.
④ 조약의 채택은 그 작성에 참가한 모든 국가의 동의에 의하여 이루어진다.

정답 ②
해설 조약문에 규정되어 있거나 또는 조약문의 작성에 참가한 국가가 합의하는 절차가 없는 경우에는 조약문의 작성에 참가한 국가의 대표에 의한 조약문 또는 조약문을 포함하는 회의의 최종의정서에의 서명, 조건부서명 또는 가서명에 의해 최종적으로 확정된다.

23

「해양법에 관한 국제연합 협약」상 영해에 대한 설명으로 옳지 않은 것은?

① 연안국은 해양생물자원의 보존을 위해 영해에서의 무해통항에 관한 법령을 제정할 수 있다.
② 외국선박의 연안국 영해에서의 어로활동은 연안국의 평화, 공공질서 또는 안전을 해치는 행위에 해당한다.
③ 핵물질 또는 유독한 물질을 운반 중인 외국선박은 연안국의 영해에서 무해통항권을 행사하는 경우, 국제협정에 의한 특별예방조치를 준수한다.
④ 연안국이 무기를 사용하는 훈련을 하는 경우, 연안국은 영해의 지정된 수역에서 외국선박을 일시적으로 정지시킬 수 있으며 이러한 조치는 즉시 효력을 가진다.

정답 ④

해설 연안국이 무기를 사용하는 훈련을 하는 경우, 연안국은 영해의 지정된 수역에서 외국선박을 일시적으로 정지시킬 수 있으며 다만 즉시 효력을 갖는 것이 아니다. 그러한 조치는 사전에 공시되어야 한다.

관련 이론

유엔 해양법협약상 영해 및 어업수역의 의의

영해라함은 해안의 기선(base line)으로부터 일정의 폭을 갖는 대상(帶狀)의 해역으로서, 연안국의 영역의 일부를 구성하며, 이에 대한 연안국의 주권행사는 국제법상 일정의 제한(예컨대 외국선박의 무해통항권등)을 받지만, 원칙상 연안국의 배타적 지배에 속하는 해역을 말한다. 한편 어업수역은 어업에 관한 한, 이에 대한 연안국의 권능은 영해에 있어서의 그것과 동일하므로 말하자면 어업영해라고 할 수 있는 해역을 말한다.

이와 같은 어업수역의 법적 개념을 1960년의 제2차국제연합해양법회의에 각각 제의된 미국안과 「카나다」안으로서의 12해리어업수역과 관련하여 살펴보면 다음과 같다.

첫째로, 어업수역내에 있어서는 연안국은 어업에 관하여 국내법령을 제정·시행할 수 있고 국내법령에 의하여 외국선박의 위반행위에 대하여 경찰권을 행사할 수 있으며, 또한 국내법상의 제재조치도 취할 수 있다. 국내법령이 제정되어 있지 아니한 경우에도 어업수역에 있어서의 외국선의 어업행위는 연안국의 법익침해가 되며 영해침범의 경우와 마찬가지로 연안국은 이를 저지하고 경우에 따라서는 나포할 수 있다. 다만 국내법령이 없기 때문에 재판을 행할 수는 없고 본국에 송환할 수밖에 없을 것이다.

둘째로, 어업수역에 있어서의 외국선박의 항행의 자유는 보장되어야 하므로 연안국은 이를 방해할 수는 없으며, 어업목적을 위한 경우에도 외국선박의 항행금지수역의 설정은 인정될 수 없다.

셋째로, 어업수역과 접속수역과의 관계이다. 12해리어업수역의 경우에는 양자는 지리적으로 일치하지만 기능적으로는 별개의 것이기 때문에 양자는 서로 법적으로 영향을 미치지 아니한다.

유사 문제

01 1982년 UN해양법협약상 영해(領海)에 대한 설명으로 옳지 않은 것은?

① 통상기선은 연안국이 공인하는 대축척해도에 기재되어 있는 해안의 저조선을 말하는데, 저조선이라 함은 간조시 육지와 해수아 접하는 선을 말한다.
② 대향국이나 인접국간 영해경계획정에서 '등거리(중간선)'가 '일반규칙이다.
③ 인공섬을 그 자체의 영해를 가지지 아니한다.
④ 불가항력 등의 합리적 사유없이 영해에 "정박 중인" 외국 상선 내에서 범죄가 발생한 경우에도 협약상 명시적 규정이 없지만, 연안국은 형사관할권을 행사할 수 없다.

정답 ④
해설 불가항력 등의 합리적 사유없이 영해에 "정박 중인" 외국 상선 내에서 범죄가 발생한 경우에는 협약상 명시적 규정이 없지만, 연안국은 형사관할권을 행사할 수 있다.

02 직선기선에 관한 설명으로 옳지 않은 것은?

① ICJ는 카타르-바레인 해양경계획정 사건(2001)에서 직선기선은 통상기선의 예외로서 제한적으로 적용되어야 한다고 하였다.
② 직선기선은 간출지까지 그리고 간출지로부터는 설정할 수 있으나, 간출지에 등대나 영구적으로 해면 위에 있는 유사 시설이 세워진 경우에는 그러하지 아니한다.
③ ICJ는 영국과 노르웨이 어업사건(1951)에서 합법성을 인정하였다.
④ 해안선이 깊게 굴곡이 지고 잘려 들어간 지역, 혹은 해안을 따라 아주 가까이에 섬이 산재하고 있는 지역에서는 채택할 수 있다.

정답 ②
해설 직선기선은 간출지까지 그리고 간출지로부터는 설정할 수 없으나, 간출지에 등대나 영구적으로 해면 위에 있는 유사 시설이 세워진 경우에는 그러하지 아니한다.

24

세계무역기구(WTO)의 「위생 및 식물위생검역 조치의 적용에 관한 협정(SPS협정)」에 대한 설명으로 옳지 않은 것은?

① 위생 및 식물위생조치는 모든 관련 법률, 법령, 규정, 요건 및 절차뿐만 아니라 최종제품 기준, 가공 및 생산방법, 시험, 조사 증명 및 승인절차 등도 포함한다.
② SPS협정과 「무역에 대한 기술장벽에 관한 협정(TBT협정)」이 충돌하는 경우에는 상호 배타적으로 적용된다.
③ 수출회원국이 자국이 취한 SPS조치가 수입회원국의 위생 및 식물위생 보호의 적정수준을 달성한다는 것을 동 수입회원국에게 객관적으로 증명하는 경우, 수입회원국은 자국의 위생 또는 식물위생 조치가 수출회원국의 조치와 다르더라도 이를 동등한 것으로 인정한다.
④ 과학적인 증거가 불충분한 경우에는 WTO 회원국은 건강상의 위험을 차단하기 위한 어떠한 잠정조치도 취할 수 없다.

정답 ④

해설 「위생 및 식물위생검역 조치의 적용에 관한 협정(SPS협정)」상 과학적 증거가 불충분한 경우에도 잠정조치를 취할 수 있다. 이는 사전주의 원칙이 반영된 것으로 평가된다.

관련 이론

「위생 및 식품위생조치에 적용에 관한 협정」(SPS협정)

1. 배경
1947년에 출범한 GATT 체제에서는 인간, 동물 또는 식물의 생명이나 건강을 보호하기 위한 위생 및 검역조치, 즉 SPS(Sanitary and PhytoSanitary measures)조치가 국제적으로 제대로 통제되지 못하였다. 따라서 각국은 SPS조치를 자의적으로 운영하여 사실상 수입을 규제하는 수단의 하나로 종종 이용하였고, 이로 인해 국가간 분쟁 및 마찰이 빈번히 발생하였다. 때문에 SPS조치가 국제교역을 왜곡시키는 무역장벽으로 이용되지 못하도록 하기 위한 국제규범이 필요하다는 인식이 미국을 중심으로 형성되어 결국 WTO협정에서 별도로 「위생 및 식품위생조치에 적용에 관한 협정」(위생·검역협정, SPS협정이라고 약칭)이 체결되어 1995년 1월 1일부터 발효되었다.

2. 내용
서문을 포함하여 본문 14개조와 3개의 부속서로 구성된 SPS협정의 주요 내용은 다음과 같다.

① 회원국의 기본적인 권리 및 의무
회원국은 인간, 동물 또는 식물의 생명이나 건강을 보호하기 위해 필요한 SPS조치를 취할 수 있는 권리를 갖는데, SPS조치는 필요한 범위 내에서만 적용되고 과학적 원리에 근거하며, 충분한 과학적 증거 없이 유지되지 않도록 해야 한다. 또 회원국간에 자의적이거나 부당하게 차별하지 않고 국제무역에 대한 위장된 제한을 구성하는 방식으로 적용되지 않도록 해야 한다.

② 국제적 조화
SPS조치를 가능한 한 광범위하게 조화시키기 위해 회원국은 자기나라의 SPS조치를 국제기준, 지침 또는 권고가 있는 경우 이에 기초하도록 한다. 그러나 과학적 정당성이 있거나 위험평가에 기초해 적절하다고 판단할 경우 국제기준 보다 높은 보호수준의 SPS조치를 적용할 수 있다.

③ 동등성의 원칙
수출국이 자국의 SPS조치가 수입국의 위생 및 식물위생의 보호 수준을 달성하고 있다는 사실을 수입국에게 객관적으로 입증해 보이면, 수출국의 이 조치가 수입국 또는 동일 품목을 거래하는 다른 회원국의 조치와 다를지라도 이것을 동일한 SPS조치로서 수락하여야 한다. 이 목적을 위해 수입국에게 조사, 시험, 기타 필요한 절차를 수행하기 위한 합리적인 접근이 보장되어야 한다.

④ 위험평가와 위생 및 식물위생 보호의 적정수준 결정

SPS조치는 국제기구에 의해 개발된 위험평가기술을 고려한 인간과 동물 및 식물의 생명이나 건강에 대한 위험평가를 기초로 취해져야 한다. 위험평가에 있어 회원국은 ㉠ 이용가능한 과학적 증거, ㉡ 관련 가공 및 생산 방법, ㉢ 관련검사, ㉣ 표본추출 및 시험방법, ㉤ 특정 병해충의 발생율, ㉥ 병해충 안전지역의 존재, ㉦ 관련 생태학적 및 환경조건, ㉧ 검역 또는 다른 조치를 고려하여야 한다. 그리고 동물 또는 식물의 생명이나 건강에 대한 위험을 평가하고 이런 위험으로부터 적절한 보호수준을 달성하기 위해 적용할 조치를 결정할 때에는 ㉠ 병충해 유입, 정착, 또는 확산으로 입게 될 생산이나 판매상의 손실로 측정된 잠재적 피해, ㉡ 수입국 영토에서 방제나 박멸에 드는 비용, ㉢ 위험을 관리하는 대안적 조치들의 상대적인 비용 및 효과를 고려해야 한다. 적절한 위생 및 식물위생 보호의 적정수준을 결정할 때에는 무역에 미치는 부정적 영향을 최소화하는 목표를 고려하여야 한다.

⑤ 지역적 조건에의 적응

SPS조치는 상품의 원산지 및 목적지의 동·식물 위생상의 지역적 특성에 맞도록 취해져야 한다. 이런 지역적 특성을 평가할 때에는 특히 특정 병해충 발생율, 박멸 또는 방제계획의 존재, 그리고 관련 국제기구에 의해 개발될 수 있는 적절한 기준 또는 지침을 고려해야 한다. 자국영토 내의 지역이 병해충 안전지역이나 저발생지역이라고 주장하는 수출회원국은 이를 객관적으로 입증하기 위해 필요한 증거를 수입회원국에게 제시하여야 한다.

⑥ 투명성

회원국은 부속서 2의 규정에 따라 자기나라의 SPS조치를 제정하거나 변경할 경우 자기나라의 SPS조치에 관한 정보를 제공해야 한다.

⑦ 특별 및 차등대우

㉠ SPS조치를 준비 및 적용할 때 회원국은 개발도상회원국, 특히 최빈개도회원국의 특별한 요구를 고려하여야 한다.

㉡ SPS조치가 국제교역을 왜곡시키는 무역 장벽으로 이용되는 것을 방지하기 위해 이와 같은 내용의 SPS 협정이 체결되었는데 매년 정기적으로 개최되는 SPS 위원회 회의에서는 여전히 농축산물 수입국과 수출국이 서로 유리한 방향으로 이행 논의의 주도권을 확보하기 위해 첨예하게 대립하는 양상을 보이고 있다.

유사 문제

01 세계무역기구(WTO) 기본원칙에 관한 설명으로 옳지 않은 것은?

① 최혜국대우원칙과 내국민대우원칙은 모두 비차별원칙에 속한다.
② 공정무역원칙을 저해하는 예로는 덤핑행위를 들 수 있다.
③ 수량제한금지원칙에는 예외가 인정되지 아니한다.
④ 다자주의를 원칙으로 하나 일정한 요건 하에서 지역주의를 허용하고 있다.

정답 ③

해설 수량제한금지원칙에는 세이프가드조치 등 다양한 예외가 인정된다.

02 1994 GATT에 규정된 동종상품(Like product)에 대한 설명으로 틀린 것은?

① 일반적으로 최혜국대우는 동종상품에 대해 적용된다.
② 1981년의 볶지 않은 커피(Unroasted Coffee)사건에서 GATT패널은 브라질산 볶지 않은 커피에 대하여 순한 커피(Mild coffee)보다 고율관세를 부과한 스페인의 조치가 동종상품에 대한 최혜국대우 위반이라 하였다.
③ 협정상 명문규정이 제시되고 있다.
④ 동종상품은 '직접경쟁 또는 대체가능 상품'과 그 의미가 다르다는 것이 GATT패널의 입장이다.

정답 ③

해설 협정상 명문규정이 없으므로 패널이나 항소기구의 해석 관행에 의존하고 있다.

25

국제환경법에 대한 설명으로 옳지 않은 것은?

① ICJ는 Gabčíkovo-Nagymaros Project 사례에서 지속가능한 개발의 개념에 경제개발과 환경보호를 조화시킬 필요성이 포함된다고 언급하였다.
② ICJ는 Certain Activities carried out by Nicaragua in the Border Area 사례에서 심각한 월경침해의 위험이 존재하지 않는 경우에도 사업을 실시하려고 계획하는 국가는 환경영향평가를 실시할 것이 요구된다고 하였다.
③ Iron Rhine Railway (Belgium/Netherlands) 사례에서 중재재판부는 예방(방지)의무는 일반국제법의 한 원칙이 되었다고 하였다.
④ Trail Smelter Arbitration (U.S.A. v. Canada) 사례에서 중재재판부는 어느 국가도 타국에게 피해를 주는 방식으로 자국의 영토를 사용할 수 없다고 하였다.

정답 ②

해설 ICJ는 Certain Activities carried out by Nicaragua in the Border Area 사례에서 심각한 월경침해 위험이 존재하지 않는 경우 환경영향평가 의무가 없다고 판시하였다.

관련 이론

환경법의 기본원칙

환경법의 기본원칙을 어떻게 파악할 것인지에 대해서는 학자마다 조금씩 다르지만, 일반적으로 1976년 독일정부가 제출한 환경보고서의 편제에 따라 사전배려의 원칙, 원인자책임의 원칙, 협동의 원칙을 환경보호의 3대원리로 드는 것이 지배적이며, 최근에는 여기에 지속가능한 발전의 원칙을 추가하여 검토하는 것이 일반적이다.

환경정책의 기본원칙은 헌법의 환경권 규정과 환경보호에 관한 기본법인 환경정책기본법, 기타 개별 환경법의 규정들로 도출될 수 있다. 이러한 기본원칙은 법률에 규정되어 구속적으로 적용될 수 있는 법원칙으로 기능하게 된다. 이러한 원칙들은 행정법 등에서 일반적으로 인정되고 있는 신뢰보호의 원칙, 과잉금지의 원칙, 비례의 원칙 등과 같이 법적 원리로서 인정되기 힘들고, 그 결과 이 원칙을 위반하더라도 위법이 된다는 등의 직접적·구체적 효력이 발생한다고 할 수 없다. 말하자면 독립적이고 확고한 구속력이 없고, 구체적 효력을 갖지 아니 하는 선언적·프로그램적 성격을 갖는다고 할 것이나, 환경정책기본법을 비롯한 환경법의 개별법령에서 도출된다는 점을 고려할 때 입법을 통한 구체화가 필요할지라도 법적 구속력을 가진 법원칙으로 보는 것이 타당하다는 견해도 있다. 다만 개별 환경법에 명시적으로 규정되어 구체화되면 비로소 법적 책임으로 작용하기 시작한다. 법적 구속력을 갖지 않음에도 불구하고 환경법 원칙이 중요한 의미를 갖는 것은 환경정책 및 입법의 큰 방향을 제시하고, 애매한 환경관계법의 해석 기준을, 관계법간의 충돌 시 해석의 지침을 제공한다는 점에 있다. 기존 논의는 실체적 원칙에 초점을 맞추고 있는데, 최근에는 환경영향평가, 공중참여, 정보공개, 사법(司法)에의 접근과 같은 절차적 원칙에 대한 중요성과 관심이 커지고 있다.

환경법의 기본원칙은 국가환경정책 및 환경입법의 큰 방향타 역할을 한다는 점에서 중요한 개념이 되고 있다. 그러나 환경법 기본원칙 중 원인자 책임원칙, 사전예방의 원칙을 제외하고는 「환경정책기본법」에서조차 명시적·구체적으로 규정하고 있지 않다. 기본이념을 선언하고 있는 동법 제2조에서 "국가·지방자치단체·사업자 및 국민은 … 노력하고, … 공동의 노력을 강구함으로써"라는 문언은 '협력의 원칙'을, "… 환경상 위해를 예방하기 위한 …"이라는 문언은 '사전예방의 원칙' 혹은 '사전배려의 원칙'을, "현재의 국민으로 하여금 그 혜택을 널리 향유할 수 있게 함과 동시에 미래의 세대에게 계승될 수 있도록 함"이라는 문언은 '지속가능한 발전의 원칙'을 규정한 것으로 해석할 수 있으나 이러한 원칙을 정면에서 구체적으로 규정하고 있지 않다.

이러한 원칙은 법률에 명시적 규정을 두고 있지 않는 한 구체적 효력을 갖기 어렵다. 물론 환경정책과 입법·사법·행정을 통한 국가의 작용에서 지도원리로서 작용할 수 있으나, 이러한 원칙들이 보다 충실하게 기능하기 위해서는 「환경정책기본법」에 이를 분명히 밝히고 개별 환경법에서 이를 구체화하는 노력이 필요하다.

유사 문제

01 사전주의 원칙에 대한 설명으로 옳지 <u>않은</u> 것은?

① 몬트리올 의정서는 사전주의 원칙을 최초로 도입한 국제합의로 인정되고 있고, 1985년 오존층 보존을 위한 비엔나협약과 동 조약상의 의무를 구체화한 몬트리올 의정서는 사전주의 원칙을 최초로 도입한 국제합의로 인정되며, 그 이후 리우선언, 기후변화 협약, 생명공학안정의정서 등의 문서에도 규정하고 있다.
② 사전주의 원칙은 과학적 확실성이 없는 경우에는 예방적 조치에 의무가 존재하지 않는다는 원칙이다.
③ '가브치코보-나기마로스댐 사건'이나 '핵실험 사건'에서 ICJ는 사전주의원칙의 존재를 확인하였으며, 또한 'EC-호르몬 사건'에서도 패널이 사전주의 원칙을 확인하고 적용기준을 제시하였다고 평가받았다.
④ 1992년 리우선언 제15원칙은 과학적 확실성이 없다는 이유로 환경악화를 방지하는 비용대비 효과적 조치를 지연시켜서는 안된다고 밝히고 있다.

정답 ②

해설 사전주의 원칙은 과학적 확실성이 없는 경우에도 예방적 조치를 취하지 않으면 대재앙적 환경손해를 초래할 수 있는 경우에 해당하는 원칙이다.

02 국제환경법의 원칙에 대한 설명으로 틀린 것은?

① 지속가능한개발원칙은 세대간 형평의 원칙, 지속 가능한 사용의 원칙, 세대 내 형평의 원칙, 환경과 개발의 통합원칙을 포함하는 개념이다.
② 사전주의 원칙은 적절한 규제조치를 취하는데 요구되는 필요하고도 충분한 과학적 인과관계의 증명이 기술적으로 매우 어려운 경우 적용되는 원칙이다.
③ 사전예방원칙은 일반국제법상 확립되지 아니한 법규로서 연성법규성을 강하게 가진다.
④ 오염자부담원칙은 오염방지 책임에 관한 원칙인 측면 보다는 오염통제비용의 배분을 위한 경제정책적인 측면이 강하다.

정답 ③

해설 사전 예방원칙은 일반국제법상 확립된 법규로서 관습법에 해당하나 사전주의 원칙은 연성법규성을 강하게 가진다.

2023년도 기출문제

01
국제법의 연원에 대한 설명으로 옳은 것만을 모두 고르면?

> ㄱ. 조약과 국제관습법은 법적 효력에서 동등하고, 각각 독자성을 가지며 별도의 형성절차가 있다.
> ㄴ. 국제관습법은 법으로 수락된 일반관행이 범세계성을 가져야 하므로 일부 지역의 국가들 사이에서는 형성될 수 없다.
> ㄷ. 국제연합 총회 결의는 비회원국에도 구속력이 있는 국제법의 연원이다.
> ㄹ. 신의성실, 권리남용 금지, 금반언은 국제재판과정에서 인정된 법의 일반원칙이다.

① ㄱ, ㄴ   ② ㄱ, ㄹ
③ ㄴ, ㄷ   ④ ㄷ, ㄹ

정답 ②

해설
ㄴ. ICJ에 의하면 지역관습이나 양자관습도 형성될 수 있다.
ㄷ. 총회 결의는 회원국은 물론 비회원국에게도 구속력이 있다고 할 수 없다.

관련 이론

국제관습법(Customary International Law)

1. 정의(Definition)

ICJ규정에 의하면 국제관습법을 '법으로서 인정된 일반관행의 증거'(evidence of a general practice accepted as law)라고 명시하고 있다. '관습'(慣習, custom)과 '관행'(慣行, usage)이 종종 상호 교체될 수 있는 동의어처럼 쓰일 때도 있지만 서로 다른 의미를 가지고 있다. 관행은 관습의 희미하고 불명확한 상황이며, 관행이 끝나는 곳에서 관습이 시작된다. 관행은 완전한 법적 증명을 받지 못한 국제적인 행위이며 상충되지만, 관습은 통일적이며 모순되지 않는다. 필자가 판단하건대 국제법상 관습(custom)과 관습법(customary law)은 같은 의미로 쓰이고 있다. 따라서 국제법에서 언급되는 관습 및 관습법은 국제관습법을 가리킨다. 영국의 브라운리(Ian Brownlie) 교수도 국제법에서 말하는 관습법은 국내법에서의 오래된 관습(ancient custom)과 다르다고 지적하고 있다. 이와 같이 관행은 법적 의무감을 수반하지 않는 일반적인 '관례'(practice)이다. 예를 들면 바다에서의 의례적 경례행위라든가 외교관의 차량은 주차금지가 면제되는 행위 등이다.

브라운리(Ian Brownlie) 교수는 관습법의 결정적 증거는 매우 많은데 다음과 같은 것들을 제시하고 있다. 예를 들면 외교서한(外交書翰), 정책성명, 언론기사, 정부법률자문의 견해, 군법의 교범, 행정부의 결정이나 관행, 해군의 명령 등과 같은 법적 문제에 관한 공식교범(manual), 국제법위원회(International Law Commission; ILC)에 의해서 작성된 안에 대한 국가들의 논평, 국가의 법률, 국내 또는 국제재판소의 판결, 조약이나 다른 국제문서에 대한 기술, 같은 형식을 갖춘 조약의 유형, 국제기관의 관행, UN총회에서 법적 문제에 관한 결의 등이 여기에 속한다.

2. 관행의 반복(Repetition of usage)

단지 한 번의 관행에 의해서 관습법규가 형성되는 것은 아니고 '일정한 기간에 걸쳐 어느 정도의 반복'(a degree of repetition over a period of time)이 존재할 것이 요구된다. ICJ의 1950년 페루와 콜롬비아 간 "망명권 사건"(Asylum Case)에서도 국제관습법은 '끊임없고 한결같은 관행'(constant and uniform usage)에 기초해야 한다고 판시하고 있다.

이와 같은 관행의 계속성(consistency)과 일반성(generality)이 입증이 된다면 특정한 기간은 요구되지 않는다. 그 이유는 시간의 경과는 당연히 관행의 계속성과 일반성의 일부분이기 때문이다. 영공과 대륙붕에 관한 관습법은 비교적 빠르게 형성되었으며 국제재판소도 관습법의 시간적 요소를 강조하지 않고 있다.

3. 국가의 주장과 행위(What states say and what states do)

혹자는 국가의 관행을 이루는 요소로서 국가의 직접적인 행위만이 이에 해당될 뿐 국가의 단순한 주장은 포함되지 아니한다고 주장한다. 예를 들어서 ICJ 판사였던 리드(Read)는 1951년 영국과 노르웨이 간 "어업 사건(Fisheries Case)"에 관한 그의 반대의견 (dissenting opinion)에서 한 나라의 일정 해역에 관한 관할권주장은 그 나라가 직접 외국 선박에 대해 강제하지 않는 한 관습법을 창출할 수 없다고 밝혔다. 그러나 20년 후 영국과 아이슬란드 간 "어업관할권 사건(Fisheries Jurisdiction Case)"에서는 ICJ의 14명 판사 중 10명이 관련 국가의 주장이 실제로 강제되었는가의 여부를 고려함이 없이도 그러한 주장 자체로부터 관습법의 존재를 추론하였다. 이와 비슷한 예로 제2차 세계대전 후 전범재판을 행하였던 뉘른베르크(Nürnberg 또는 Nuremberg)재판소는 국제연맹총회와 범미주회의(Pan-American Conference)에서 채택되었던 결의들이 침략전쟁을 '관습법과 국가들의 관행'에 의거하여 범죄행위라고 간주되는데 근거가 되는 문서로서 인용한 바 있다. 따라서 국가관행은 비단 국가가 직접 행위를 한 사항뿐만 아니라 국가가 주장한 내용도 다 같이 포함시키는 입장이라고 보여 진다. 한편 국가의 관행에는 부작위(不作爲, omissions)도 포함된다. 많은 국제법규는 국가들로 하여금 일정한 행위를 하는 것을 금지하고 있고, 따라서 관련 관습법을 증명하는 데는 국가가 적극적으로 행위를 하였는지 뿐만 아니라 소극적으로 어떤 행위를 하지 않았는가를 살펴보는 것도 중요하다.

4. 법적 확신(또는 법적 신념, opinio juris)

관행이 국제관습법이 되기 위해서는 그것을 인정하는 국가들에 의하여 구속력 있는 법이 되었다고 인정받아야 한다. 부담을 부과하는 관행은 국가들이 더 이상 그 관행과 다르게 행동할 수 없다는 것을 느끼거나 그 관행을 반드시 법으로서 지켜야겠다는 확신을 가질 때 관습법이 되는 것이다. 이때 그와 같은 부담이 법적 의무감이 되는 것이다. 국가관행은 작위(作爲, commission)뿐 아니라 부작위에 의해서도 나타난다. 그와 같은 소극성에 관한 법적 의미는 그것의 동기에 의해서만 판단될 수 있다.

국제관습법은 특히 그 문제에 관심 있는 국가들에 의하여 청구(claim), 항의의 부재(absence of protest)나 다른 국가들의 묵인 (acquiescence)에 의하여 형성되므로 국가의 행위에 대하여 다른 국가들이 항의하지 않고 묵인하는 행위는 그와 같은 행위가 적법하다고 추정할 수 있다. 어떤 학자들은 묵인은 국제관습법에 동의하는 것이며 항의의 부재는 곧 승낙이나 마찬가지라고 주장한다. 다시 말해서 어떠한 국가가 그들의 행위가 법적인 것이라고 선언할 때 다른 국가들의 침묵은 법적 확신(opinio juris)으로 또는 새로운 법규칙에 대한 동의라고 간주될 수 있는 것이다. 이와 같은 합법화과정에 제동을 걸기 위해서는 국가들의 실제적 항의가 요구된다. 1951년 ICJ의 영국과 노르웨이 간 "어업 사건(Fisheries Case)"의 판결에서도 기존의 관습법규칙에 반대하는 행위를 하는 국가에 대하여 다른 국가들이 이를 묵인했을 경우에는 그 국가는 원래의 규칙에 구속받지 않는다고 간주하였다.

유사 문제

01 국제법의 연원에 대한 설명으로 옳은 것은?

① ICJ 규정은 조약에 관하여 "이를 제기하는 국가에 의해 명백히 인정된 법규범을 갖는 보편적 또는 특별한 국제협약"(international conventions, whether general or particular, establishing rules expressly recognized by the contesting states)이라고 명시하고 있다.
② 국제관습법은 단지 한 번의 관행에 의해서 관습법규가 형성되는 것은 아니고 '일정한 기간에 걸쳐 어느 정도의 반복'(a degree of repetition over a period of time)이 존재할 것이 요구된다.
③ 법의 일반원칙은 근본적인 법의 제안이므로 모든 법 체제에서 발견할 수 있다는 것이다.
④ 국내법원에서 내린 판결은 ICJ규정 제38조 1항 d)에 포함될 수 없다.

정답 ④
해설 국내법원에서 내린 판결도 ICJ규정 제38조 1항 d)에 포함되는데, 특히 외교관의 면책특권 등에 관한 국제법규는 국내법원의 판사들의 판결에 의해서 발전되었다.

02 국제법의 연원 중 국제관습법에 대한 설명으로 옳은 것은?

① ICJ의 1950년 페루와 콜롬비아 간 "망명권 사건"(Asylum Case)에서도 국제관습법은 '끊임없고 한결같은 관행'(constant and uniform usage)에 기초해야 한다고 판시하고 있다.
② 관행의 계속성(consistency)과 일반성(generality)이 입증이 된다면 특정한 기간은 요구되지 않는다.
③ 국가관행은 작위(作爲, commission)에 의해서만 나타난다.
④ 1951 ICJ의 영국과 노르웨이 간 "어업 사건(Fisheries Case)"의 판결에서도 기존의 관습법규칙에 반대하는 행위를 하는 국가에 대하여 다른 국가들이 이를 묵인했을 경우에는 그 국가는 원래의 규칙에 구속받지 않는다고 간주하였다.

정답 ③
해설 국가관행은 작위(作爲, commission)뿐 아니라 부작위에 의해서도 나타난다.

02

국제법과 국내법의 관계에 대한 설명으로 옳지 않은 것은?

① 국가는 국제법에 따른 의무의 불이행을 국제관계에서 자국의 국내법을 원용하여 정당화할 수 없다.
② 「대한민국헌법」은 국제기구의 구속력 있는 결의의 국내법적 효력을 명시하고 있지 않다.
③ 대한민국 국회는 국가나 국민에게 중대한 재정적 부담을 지우는 조약의 체결·비준에 관한 동의권을 가진다.
④ 네덜란드는 자국이 당사국인 조약에 대해 의회 제정 법률과 동등한 효력을 부여한다.

정답 ④

해설 네덜란드에서 원칙적으로 조약은 헌법보다 상위법으로 인정된다. 헌법상 직접 효력이 인정되는 조약규정에 대해서만 자동적인 수용이 허용된다. 또한 헌법상 직접 효력 있는 조약 규정만이 시간적 선후를 불문하고 모든 국내입법에 우선함을 천명하고 있다. 직접 효력 있는 조약규정과 충돌하는 국내법령을 취소하거나 폐지할 수는 없으며 단지 그것을 적용하지 않을 수 있을 따름이다. 의회는 헌법과 충돌하는 조약에 대해서는 헌법 개정에 필요한 다수결로 그 비준에 동의해야 한다.

관련 이론

한국의 국제법과 국내법 관계

국제조약의 체결은 각국의 헌법에 근거하여 권한있는 자에 의해 절차를 거쳐 이루어지며, 체결된 조약은 국제법상 당사국들을 구속할 뿐 아니라 각국 헌법 규정에 따른 국내법적 효력을 갖게 된다. 우리 헌법 제73조는 조약의 체결·비준은 대통령의 권한으로 규정하고 있고, 제60조 제1항에서 일정한 유형의 조약은 그 체결·비준시 국회의 동의를 받도록 하고 있다. 그리고 제6조 1항은 헌법에 의하여 체결 공포된 조약은 국내법과 같은 효력을 가지는 것으로 명시하고 있다. 이와 같이 한국 헌법은 조약체결절차와 조약의 국내적 효력에 관한 규정을 두고 있다. 그러나 헌법은 조약의 체결·비준이 무엇을 의미하는지 명백히 할 필요가 있다. 또한 일정한 유형의 조약을 체결 비준할 경우 국회의 동의를 조건으로 하고 있으나, 국회의 동의가 사전적 동의만을 의미하는지도 검토하여야 한다. 특히 헌법 제6조 1항은 조약의 효력을 국내법과 같다고만 언급하여, 국내법의 의미가 무엇인지, 국내법과 저촉될 경우의 해법이 무엇인지 명확히 제시하고 있지 않다. 조약의 효력과 관련하여 법원이나 헌법재판소의 결정이 이어지고 있어 조약의 국내법적 효력에 대한 사법적 판단이 축적되고 있다. 원칙적으로 조약의 국내법적 지위는 법률과 같은 것으로 이해되고 있다. 그러나 병역법위반에 대한 대법원 판결에서 '조약합치적 해석'을 언급한 것과, 지방공무원법 제58조 제1항 등의 위헌소송에서 '국제적 협력의 정신을 존중하여 될 수 있는 한 국제법규의 취지를 살릴 수 있도록 노력할 것이 요청됨은 당연'하다고 한 것은 조약과 국내법이 충돌할 경우, 국제법 존중의 취지를 반영하여 되도록 조약의 효력을 이어갈 수 있도록 할 것을 요청한 것으로 해석된다. 최근의 헌법재판소 결정을 계기로 국내 헌법 학계도 자기집행성에 대한 논의를 인식하고 있다. 다만 자기집행성의 문제가 국내 대법원의 판결이나 헌법재판소의 결정에 포함될 경우 일관된 용어와 동일한 의미로 사용될 필요가 있다. 이와 같이 헌법 규정의 적용과 해석시 국제법을 고려하지 않고 국내법적 해석이나 판단만으로 접근하는 것은 국제법과 국내법의 교차로에 있는 조약에 대하여 정당한 결론에 이른다고 볼 수 없으므로, 국제법과의 통합적 관점에서 해석하고 검토하는 것이 필요하다.

유사 문제

01 국제법과 국내법의 관계에 대한 설명으로 옳지 않은 것은?

① 미국 헌법 제6조 2항은 미국법상 조약이 연방의 제정법률과 동일한 최고법으로서의 지위를 가지며, 주의 헌법과 법률은 이에 구속된다고 밝히고 있다
② 1895년 Gray 판사는 Hilton v. Guyot 사건에서 "국제법은 … 미국법의 일부이며 개인들 간의 소송에서 쟁점화될 경우 적절하게 부탁을 받은 법원에 의하여 확인되고 집행되어야만 한다"고 판시하였다.
③ 조약이 국내적으로 적용되기 위해서는 의회가 조약상의 규칙을 명시적으로 채택하여야 하며, 그렇게 국내법으로 의도적인 변형이 있기 전까지는 국내 법원은 조약규칙을 적용할 수 없다고 보는 영국의 입장은 변형이론에 해당된다.
④ 국제관습법의 국내 적용에 관한 영국의 입장은 원칙적으로 변형이론이다.

정답 ④
해설 국제관습법의 국내 적용에 관한 영국의 입장은 원칙적으로 수용이론이다.

02 국제법과 국내법의 관계에 대한 설명으로 옳지 않은 것은?

① 프랑스에서 국제법의 효력에 관해서는 헌법에서 직접적으로 규정하고 있다.
② EU법은 회원국에서 직접 적용되며, 또한 국내법과 저촉하는 경우에 EU법은 우위에 선다고 하는 것이다.
③ 우리나라에서 조약의 성질상 국내에서 바로 집행될 수 없는 조약, 이른바 비자기 집행적(non-self-executing) 조약이 있을 수 있다는 점은 부인되지 않는다.
④ 국내 다수설이 국회 비동의 조약은 법률과 대등한 효력을 인정하고 있다.

정답 ④
해설 국내 다수설이 국회 비동의 조약에 법률보다 하위의 효력만을 인정하고 있다.

03

우리나라 「범죄인 인도법」에 따른 범죄인인도에 대한 설명으로 옳지 않은 것은?

① 범죄인의 인도심사 및 그 청구와 관련된 사건은 서울고등법원과 서울고등검찰청의 전속관할로 한다.
② 상호주의 원칙에 따라 인도조약이 체결되어 있지 않은 국가의 범죄인 인도청구에는 응할 수 없다.
③ 인도범죄의 전부 또는 일부가 대한민국 영역에서 범한 것인 경우에는 임의적 인도거절 사유에 해당한다.
④ 인도범죄가 정치적 성격을 지닌 범죄이거나 그와 관련된 범죄인 경우에는 원칙적으로 범죄인을 인도하여서는 아니 된다.

> **정답** ②
> **해설** 상호주의 원칙에 따른다는게 원칙이지만, 인도조약을 체결하지 않은 청구국이 향후 한국의 청구에 응한다는 보증을 하는 경우 동 법을 적용하여 인도할 수 있다.

관련 이론

한국의 인도거절사유

1. 절대적 인도 거절사유
    ① 대한민국 또는 청구국의 법률에 의하여 인도범죄에 관한 공소시효 또는 형의 시효가 완성된 경우
    ② 인도범죄에 관하여 대한민국 법원에서 재판이 계속(係屬) 중이거나 재판이 확정된 경우
    ③ 범죄인이 인도범죄를 범하였다고 의심할 만한 상당한 이유가 없는 경우. 다만, 인도범죄에 관하여 청구국에서 유죄의 재판이 있는 경우는 제외한다.
    ④ 범죄인이 인종, 종교, 국적, 성별, 정치적 신념 또는 특정 사회단체에 속한 것 등을 이유로 처벌되거나 그 밖의 불리한 처분을 받을 염려가 있다고 인정되는 경우 [전문개정 2010.3.31.]

2. 임의적 인도거절 사유
    다음 각 호의 어느 하나에 해당하는 경우에는 범죄인을 인도하지 아니할 수 있다.
    ① 범죄인이 대한민국 국민인 경우
    ② 인도범죄의 전부 또는 일부가 대한민국 영역에서 범한 것인 경우
    ③ 범죄인의 인도범죄 외의 범죄에 관하여 대한민국 법원에 재판이 계속 중인 경우 또는 범죄인이 형을 선고받고 그 집행이 끝나지 아니하거나 면제되지 아니한 경우
    ④ 범죄인이 인도범죄에 관하여 제3국(청구국이 아닌 외국을 말한다. 이하 같다)에서 재판을 받고 처벌되었거나 처벌받지 아니하기로 확정된 경우
    ⑤ 인도범죄의 성격과 범죄인이 처한 환경 등에 비추어 범죄인을 인도하는 것이 비인도적(非人道的)이라고 인정되는 경우 [전문개정 2010.3.31.]

유사 문제

01 우리나라 「범죄인 인도법」에 따른 범죄인인도에 대한 설명으로 옳지 <u>않은</u> 것은?
① 범죄인 인도조약(犯罪人引渡條約)은 외국으로 도망친 용의자의 신병을 인도하는 데 관한 조약이다.
② 범죄인 인도조약을 체결하지 않았다면 범죄인을 인도할/인도받을 수 없다.
③ 범죄인인도법에 의하면 인도조약이 체결되어 있지 아니한 경우에도 범죄인의 인도를 청구하는 국가가 같은 종류 또는 유사한 인도범죄에 대한 대한민국의 범죄인 인도청구에 응한다는 보증을 하는 경우에는 해당 법을 적용하여 범죄인을 인도받을 수 있다고 되어 있다.
④ 범죄특정의 원칙(principle of speciality)은 범죄인을 인도받아 인도 이전의 범죄에 대하여 재판할 때, 인도 청구시의 범죄에 대해서만 처벌할 수 있다는 원칙을 말한다.

정답 ②
해설 범죄인 인도조약을 체결하지 않았다고 해서 범죄인을 인도할/인도받을 수 없는 건 아니다.

02 범죄인인도에 대한 설명으로 옳지 <u>않은</u> 것은?
① 상대국에서 국외 도피사범의 인도를 구하는 청구가 있는 경우 법무부에서 서울고등검찰청을 거쳐 서울고등법원에서 심리한다.
② 범인이 대한민국 국적인 경우는 미국에 대한 인도만 인정되며, 그것도 양국에서 동일하게 인정되는 범죄이자 한국 법률로 처벌할 수 없는 미국 법률 위반 사례에 한정하는 경우를 제외하고는 넘기지 않도록 되어 있으며, 정치범의 경우 예외를 제외하고는 원칙적으로 넘기지 않는 것으로 되어 있다.
③ 수사 또는 재판이나 형 집행을 담당하는 검사가 검찰총장을 경유하여 법무부장관에게 범죄인인도를 신청하면 인도청구서는 '법무부 → 외교부 → 피청구국' 등으로 외교 경로를 통하여 전달된다.
④ 영미법계는 속지주의 기본 원칙만 채택하고 있지만, 범죄인 인도에 한해서는 속인주의 예외를 규정하기 때문에 미국 등 해당 국가의 시민권을 가진 자국민도 외국으로의 범죄인 인도 대상이 된다.

정답 ①
해설 상대국에서 국외 도피사범의 인도를 구하는 청구가 있는 경우 외교부에서 서울고등검찰청을 거쳐 서울고등법원에서 심리한다.

04

국가승인에 대한 설명으로 옳지 않은 것은?

① 묵시적 승인을 의미하는 행위 유형은 비교적 명확하며 통상대표부의 설치 허가나 신생국을 포함하는 국제회담의 제안 및 개최가 이에 해당한다.
② 개별국가에 의한 승인의 효과는 승인국과 피승인국 사이에서만 발생한다.
③ 타국에 대한 외교관계의 단절 선언은 이미 행하여진 법률상 승인의 철회를 의미하지 아니한다.
④ 신생국에 대한 국가승인은 일방적 행위이고 기존 국가들은 신생국에 대한 국가승인의 국제법상 의무를 지지 아니한다.

정답 ①

해설 통상대표부설치허가나 신생국을 포함하는 국제회담의 제안이나 개최되는 통상 묵시적 승인으로 인정되지 아니한다.

관련 이론

국가승인의 개요

1. 명시적 승인
   선언·통고·조약규정·국제회의 결의 등에 의하여 승인의 의사를 명백히 표명하는 경우이다.
2. 묵시적 승인
   ① 승인의 의사를 직접적으로 표시하지 않지만 사실상 승인으로 간주되는 행위를 함으로써 간접적으로 승인의 의사를 나타내는 경우이다.
   ② 독립을 획득한 신국가에게 축하 메시지를 보내는 것, 정식 외교 관계의 수립, 양자 조약의 체결, UN가입 신청에 대한 지지가 그 대표적 사례이다.
3. 묵시적 승인이 아닌 경우
   다자조약의 공동당사자가 되는 것, 불승인의 의사를 명백히 한 상태에서 양자조약의 체결, 범죄인 인도, 반란단체와의 교섭, 국제적 청구의 제기와 보상금지급, 통상대표부의 설치허용, 신국가의 국민에 대한 비자발급 등 여러 가지 일상적이거나 긴급한 문제에 관하여 공식 또는 비공식 접촉의 유지 또는 특정 문제에 대해 의사 교환 등은 묵시적 승인으로 인정되지 아니한다.
4. 국가승인의 의의
   ① 국가승인이란 신생 국가가 분리독립·합병·분열 등으로 인하여 탄생하였을 때, 동 국가의 존재를 공식적으로 인정하는 기존 여타 국가의 자유재량적인 일방행위임.
   ② 또한 국가승인은 신생국가를 국제법적 주체로 인정하고 동 국가와 모든 의미에서 국가로서의 관계를 맺고자 하는 의사의 표명인 바, 승인행위 자체는 정치적인 주권행위지만 그 승인의 결과는 국제법적인 의미를 수반하고 있다는 측면에서, 국가승인은 국제법과 국제정치관계가 긴밀히 상호작용하는 접점에 위치한 제도라고 볼 수 있음
5. 국가승인(recognition of states)과 정부승인의 차이
   ① 국가성립의 구성요건 중 하나로 정부가 포함되므로, 신생국가에 대한 승인은 통상 국가승인과 정부승인의 이중적 성격을 지님.
   ② 그러나, 정부승인이란 한 국가의 정부가 쿠테타 등 비헌법적인 수단으로 변경되는 경우, 동 신정부를 그 국가의 대외적 대표기관으로 인정하는 타국의 일방적 행위로서, 동 신정부를 승인하지 않더라도 그 국가 자체에 대한 승인행위는 여전히 유효함
6. 국가승인을 위한 요건
   ① 어떤 영토적 실체가 국가로서 승인받기 위해서는 3가지 객관적 구성요소 즉 영토·국민·정부를 구비하여야 함
   ② 1933년의 "국가의 권리와 의무에 관한 몬테비데오 협약(Montevideo Convention on the Rights and Duties of States) 제1조에 의하면, 국가는 ㉠ 항구적 인민, ㉡ 한정된 영토, ㉢ 정부, ㉣ 다른 국가와 관계를 맺을 수 있는 능력을 구비하여야 함
   ③ 승인은 외교정책수단의 하나로 가능하기 때문에 국가에 따라서는 상기 객관적 요건 이외에 특정 요건을 추가로 구비할 것을 요구하기도 함

④ 1976년 미국무성이 제시한 국가승인의 요건에는 상기 객관적 요건 이외에 "외교관계를 수행하고 국제의무를 이행하기 위해 실효적으로 행동할 능력"을 들고 있음
⑤ 유럽공동체의 1991년 "Guidelines on the Recognition of new States in Eastern Europe and in the Soviet Union" 및 "EC Declaration on Yugoslavia"는 상기 객관적 요건이외에 민주주의·국제의무 수락·소수민족 보호·국경의 불가침성 존중·국가상속 문제 및 지역분쟁의 합의에 의한 해결 등의요건을 들고 있음
⑥ 그러나, 이러한 요건들은 법적요건이라기 보다 국가승인을 위한 정치적인 조건으로 간주되며, 실제에 있어서도 국가승인을 위한 법적요건 충족 여부보다는 국가승인 또는 비승인시 초래될 정치적 결과가 국가승인 부여 결정에 있어서의 핵심적 역할을 하고 있음

7. 국가의 불승인 의무
① 1931년 미국은 만주국 성립시 "침략에 의해 초래된 상황을 승인 하지 않는다"는 Stimson doctrine을 채택하였으나, 이는 당시 미국의 외교정책이었을 뿐 국제법의 일반원칙으로 채택된 것은 아니었음
② 그러나, 1945년 유엔 성립이후에는 무력사용의 금지 및 헌장 제7장하의 국제평화와 안전을 위한 안보리 결의의 구속력 부여 등으로 인해, 국제사회에서 국가의 불승인 의무가 종종 발생하고 있음
③ 1970년 유엔총회에서 컨센서스로 채택된 우호관계선언은 "무력의 위협 또는 사용으로부터 초래된 어떠한 영토취득도 합법적인 것으로 승인되서는 안된다"고 천명
④ 1965년 로디지아 독립선언시, 1976년 Transkei 독립선언시, 1983년 the Turkish Cyprus 탄생시, 1990년 이라크 쿠웨이트 병합시 유엔은 동 국가들에 대한 불승인 결의안을 채택함

8. 사실상의 승인과 법률상의 승인
국가승인에 있어서는 정부승인과 달리 사실상의 승인과 법률상의 승인 문제가 자주 발생하지는 않으나, 인도네시아는 1945-49년에 네덜란드와의 독립투쟁 당시 몇몇 나라들로부터 사실상의 승인을 먼저 받은 경우가 있으며, 영국은 1940년 소련의 에스토니아·라트비아·리투아니아 3국병합에 대해 사실상의 승인만을 부여한 적이 있음

9. 국가승인의 방식
① 국가승인의 방식은 다양한 바, 승인의 의사를 직접적으로 표명하는 경우도 있고, 사실상 승인으로 간주되는 행위를 함으로써 간접적으로 승인의 의사를 나타내는 경우도 있음
② 명시적 승인의 방법으로는 국가승인 의사를 명시적으로 통보하거나 선언하는 방법을 들 수 있음
③ 국가는 통상 아래와 같은 행위를 함으로써 묵시적인 승인행위를 한 것으로 인정되나, 승인에 있어서는 승인하는 국가의 의도가 가장 중요하므로 묵시적 승인으로 간주되기 애매한 행위인 경우 성급히 승인의도를 추정하여서는 아니될 것임.
④ 신생국가와 정치적 성격을 띠거나 양국관계를 포괄적으로 규율하는 양자조약 체결
⑤ 신생국가에 대한 외교사절 접수 및 파견 등 외교관계의 수립
⑥ 신생국가가 파견한 영사에 대한 영사인가장 발급 및 신정부에 자국 영사에 대한 인가장 요구
⑦ 신생국가 독립에 대한 축전발송
⑧ 공식예방이나 접견 등 공식행사에의 정부대표로서의 참석
⑨ 공식적인 정부간 업무관계 유지
※ 그러나, 사안을 해결하기 위해 이루어지는 필수적인 교신이나, 비공식적인 행사(종교문화학술행사)에의 참석, 비공식 예방(비공식 예방임을 명백히 한 경우), 국제회의에서의 동시 참가, 국제기구에의 가입, 동일한 다자조약에의 가입 등은 묵시적 승인으로 간주되지 않음

10. 우리나라의 국가승인 방법에 관한 관행
① 국가승인 선언을 정식 발표하고, 외무장관 명의 승인 전문이나 공한을 해당국에 송부
② 대통령 명의의 독립 축하전문을 발송
③ 대통령 명의 공식 승인 전문 또는 외무장관 명의 승인 전문 발송

11. 국가승인의 법적 효과(legal consequences)
① 피승인 국가는 승인국과 외교관계 수립 및 조약 체결 가능
② 국가승인과 외교관계 수립이 반드시 동시에 이루어 질 필요는 없음
③ 국가간의 외교관계의 수립 및 상설 외교공관의 설치는 상호합의에 의하여 이루어지는(1961년 외교관계에 관한 비엔나협약 제2조) 바, 일방적 행위의 성격을 띤 국가승인과는 구별됨. 그러나, 통상적으로 외교관계를 수립하면 국가승인을 묵시적으로 부여한 것으로 인정됨
④ 승인국은 피승인국가에 대해 재판 청구권 및 주권면제 등 인정

유사 문제

01 국가승인에 대한 설명으로 옳지 않은 것은?

① 신국가가 성립한 경우 기존국가에 의하여 국제법 주체로서 인정되는 것을 말한다.
② 국가로서 승인되기 위해서는 국가로서의 실질(영토·국민·정부)을 갖추는 동시에 국제법을 지킬 의사·능력을 요하는데 그것이 구비되어 있지 않음에도 불구하고 승인을 부여하는 것은 '시기상조의 승인'이지만 법상 문제는 없다.
③ 승인의 성질에 관하여는 승인에 의하여 비로소 신국가가 국제법 주체로 된다고 하는 창설적 효과설(創設的 效果說)과 승인은 이미 국제법 주체성을 가지게 된 것을 확인하는데 지나지 않는다고 하는 선언적 효과설(宣言的 效果說)이 있다.
④ 선언·통고 등에 의한 명시의 승인 이외에 외교사절의 파견·접수, 영사인가장의 청구·부여, 조약 체결 사실이 있으면 묵시의 승인이 있은 것으로 인정된다.

정답 ②

해설 국가로서 승인되기 위해서는 국가로서의 실질(영토·국민·정부)을 갖추는 동시에 국제법을 지킬 의사·능력을 요하는데 그것이 구비되어 있지 않음에도 불구하고 승인을 부여하는 것은 '시기상조의 승인'으로서 불법이 된다.

02 국가승인에 대한 설명으로 옳지 않은 것은?

① 기존국가의 정부가 혁명 등의 비합법적인 수단에 의하여 교체된 경우 신정부를 기존국가의 정통정부로서 외국이 인정하는 것을 정부승인이라고 한다.
② 영국은 유럽 연합 및 예외의 국제사회가 소수 크림반도의 주민 투표와 그 결과를 소수라고 인정할 수 없다.
③ 정부승인이란 한 국가의 정부가 쿠테타 등 비헌법적인 수단으로 변경되는 경우, 동 신정부를 그 국가의 대외적 대표기관으로 인정하는 타국의 일방적 행위로서, 동 신정부를 승인하지 않으면 그 국가 자체에 대한 승인행위는 무효가 된다.
④ 국가승인의 방식은 다양한 바, 승인의 의사를 직접적으로 표명하는 경우도 있고, 사실상 승인으로 간주되는 행위를 함으로써 간접적으로 승인의 의사를 나타내는 경우도 있다.

정답 ③

해설 정부승인이란 한 국가의 정부가 쿠테타 등 비헌법적인 수단으로 변경되는 경우, 동 신정부를 그 국가의 대외적 대표기관으로 인정하는 타국의 일방적 행위로서, 동 신정부를 승인하지 않더라도 그 국가 자체에 대한 승인행위는 여전히 유효하다.

05

주권면제에 대한 설명으로 옳은 것은?

① 미국 연방대법원의 스쿠너 익스체인지(The Schooner Exchange v. McFaddon) 사건 판결은 절대적 주권면제를 지지하는 판례이다.
② 제한적 주권면제론은 국가의 행동을 주권적 행위와 상업적 행위로 구분하고, 후자에 대해서만 주권면제를 인정한다.
③ 제한적 주권면제론에 따라 재판관할권이 행사되는 경우, 강제집행 관할권의 행사까지 인정된다.
④ 주권면제는 국가에 대해 부여되는 권리로, 여기서 국가란 중앙정부만을 의미한다.

정답 ①

해설
② 제한적 주권면제론은 국가의 주권적 행위에 대해서만 면제를 인정하는 이론이다.
③ 재판관할권과 강제집행 관할권은 별개의 문제이다. 따라서 재판 관할권이 행사되더라도 강제집행권으로부터 원칙적으로 면제된다.
④ 주권면제는 지방정부나 주정부에 대해서도 인정된다.

관련 이론

1. 국제법상의 주권면제

주권 평등의 원칙에 따라 타국법원의 관할권으로부터 면제를 향유할 수 있다는 것을 의미하며, 국제법 질서의 근본원칙 중 하나이다. 주권면제 이론의 발전 초기 단계에서는 어떠한 예외도 없이 한 국가는 타국 법원의 관할권으로부터 면제된다는 절대적 주권면제론이 다수의 법원에서 지지를 받았지만, 국가 간 교류가 활발해지면서 한 국가가 주권국가의 자격으로 권한을 행사하는 경우에만 면제를 인정하고 상업적 행위에 대해서는 인정하지 않는다는 제한적 주권면제론이 더 받아들여지고 있는 추세이다. 이러한 가운데 중대한 인권침해로 피해자가 국내 법원 통해 가해 국가를 직접 피고로 제소하는 사건들이 빈번해지면서 한 국가가 중대한 국제법 위반행위에 대해서도 주권면제를 향유할 수 있는지 여부가 중요한 국제법 이슈로 등장하고 있다. 2021년 1월과 4월 국내법원에서도 위안부 사건과 관련하여 국제법상 주권면제의 원칙에 처음 주목하기 시작했다.

2. 진행과정

유엔 국제법위원회(ILC)는 1977년 유엔 총회 요청에 따라 주권면제 이론을 국제법의 일관된 원칙으로 발전시키기 위해 1991년 '국가 및 그 재산의 관할권 면제에 관한 규정 초안(Draft Articles on Jurisdictional Immunities of States and Their Property)'을 채택하였으며, 제10조에서 제17조까지 주권면제가 원용되지 않는 사항도 명시함으로써 절대적 주권면제가 아닌 제한적 주권면제를 적용하고 있는 것을 확인할 수 있다. 그러나 중대한 인권침해와 같은 심각한 국제법 위반행위를 한 경우에도 주권면제를 제한할 수 있는지 여부는 언급하지 않고 있다. 1999년 ILC는 이러한 국제법상의 공백을 채우기 위하여 유엔 제6위원회에서 '강행규범 위반행위에 대해서도 주권면제 원칙의 예외가 허용되는지 여부'에 관한 이슈를 공식 의제로 채택함으로써 관련 논의를 진행하였지만, 결국 성문화 작업을 위해 어떠한 결론을 도출하기에는 시기상조라고 판단하였다. 이에 따라, 강행규범과 주권면제의 관계에 대한 해석이 여러 국내 법원 통해 유동적으로 변하고 있는 상황이다.

2012년 ICJ는 Jurisdictional Immunities 사건 통해 이탈리아와 독일 간 분쟁을 해결하는 과정에서 이 이슈를 다뤘고, 결국 주권면제는 절차에 관한 문제로서 한 국가 법원이 타국에 대하여 재판관할권을 행사할 수 있는지 여부를 결정하는 법칙에 불과하며, 한 국가행위의 위법 여부를 다루는 것은 실체법적인 문제로서 두 문제는 충돌할 수 없다고 판시하였다. 유럽인권재판소에서도 이 이슈를 영국의 Jones (2014)와 Al-Adsani(2014) 사건 통해 다루게 되면서 가해국의 책임 보다 피해자의 사법에 접근할 권리와 재판 받을 권리에 더 주목하기 시작하였지만, 이러한 개인의 권리는 절대적인 것이 아니고 주권면제는 정당한 목적을 추구하고 있기 때문에 주권면제가 적용될 수 있다고 판시하였다.

3. 현황

위안부에 관한 사법부의 판결은 한일관계에도 상당한 영향을 미칠 수 있다는 점을 고려하여 관련 국제동향을 바탕으로 한일관계에 얽힌 문제들을 해결해 나아갈 수 있는 방법을 모색해야 하며, 국내 주권면제 관련 논의 활성화를 통해 주권면제에 대한 국내 공감대를 형성해 나가고 주권면제에 관한 국제관습법 형성과 국제법 성문화 작업에 기여하는 외교정책도 고려할 수 있을 것이다.

4. 유럽의 전후보상 재판과 국가면제 : 디스토모 사건 소송(그리스 대법원 판결)

독일이 그리스를 점령했던 1944년, 파르티잔 부대에 의한 공격에 대한 보복으로 독일군이 무고한 민간인 214명을 학살한 디스토모 사건이 일어났다. 이 사건 피해자 유족들이 독일에 배상을 요구하여 1995년에 1심법원에 제소했다. 독일은 소장 수령을 거부하고 출두하지 않았지만, 1심법원은 국가면제를 부정하고 소송절차를 진행하여, 1997.9.25에 원고들의 청구를 인용했다. 이 단계에 이르러 독일은 응소했는데, 2000.5.4. 그리스 대법원은 법정지국(法廷地國) 영역 내에서의 불법행위에는 국가면제를 적용할 필요가 없다는 불법행위예외(tort exception)를 관습국제법으로 인정하여, 이 사건과 같은 살육행위는 무력분쟁의 범주에 포함되지 않으며, 강행규범에 위반한 독일은 국가면제를 묵시적으로 포기했다고 하여 독일의 상고를 기각했다.

한편, 그리스에서 승소한 디스토모 사건 원고들은 법무장관의 부동의(不同意)에 의해 그리스 국내에서 집행을 하지 못했고, 독일에서의 집행이나 유럽인권법원에서 제소를 시도했으나 성사되지 못했다. 그래서 2005년에 이탈리아에서의 집행 승인을 청구하여 제소하고, 2007년에 피렌체 항소법원은 이를 받아들여, 원고들은 독일이 이탈리아 국내에 소유하는 문화시설 Villa Vigoni에 재판상의 저당권을 설정했다.

유사 문제

01 다음 중 국가면제에 대한 설명으로 타당하지 않은 것은?

① 국가면제는 단지 타국의 집행관할권, 특히 재판관할권으로부터의 면제를 의미한다.
② 입법관할권으로부터 면제를 의미한다.
③ 국가면제는 주권평등 원칙의 논리적 귀결로서 대등한 자는 대등한 자에 대해 지배권을 갖지 못한다는 논리이다.
④ 하급공무원이 국가를 대리하여 공적인 행위를 하였다면 인적면제는 인정되지 않으나 물적면제는 인정된다.

정답 ②
해설 입법관할권 자체로부터 면제되는 것이 아니다.

02 국가면제에 대한 설명으로 옳지 않은 것은?

① 피노체트 사건(1998)에서 피노체트가 더 이상 외국의 국가원수가 아니기 때문에 당연히 인적면제는 인정되지 않았다.
② 피노체트 사건(1998)에서 고문행위 등은 공적 행위라 볼 수 없다고 하여 물적면제도 인정되지 않았다.
③ 외교관은 어떤 형태의 체포나 구금도 당하지 않는다.
④ 외교관은 정당방위나 긴급피난의 대상이 될 수 없다.

정답 ④
해설 외교관도 정당방위나 긴급피난의 대상이 될 수는 있다.

06

국제사법재판소가 밝힌 국제기구에 대한 설명으로 옳지 않은 것은?

① 국제연합 행정재판소 판정의 효력에 관한 권고적 의견에서는 정치적 기관인 총회가 사법기관인 행정재판소를 설립할 권한이 있는지가 헌장에 명시되어 있지 않지만 이른바 묵시적 권한에 따라 설립할 수 있다고 하였다.
② 국제연합 근무 중 입은 손해의 배상에 관한 권고적 의견에서는 국제연합이 국제적 법인격을 갖는지에 관한 규정이 헌장에 없으나 국제연합이 헌장의 목적 달성을 위해 국제적 법인격을 묵시적으로 가질 수 있다고 하였다.
③ 국제연합 근무 중 입은 손해의 배상에 관한 권고적 의견에서는 실질적으로 헌장이 정하는 목적이 추상적이고 일반적인 만큼 범세계적 국제기구인 국제연합이 주권국가와 같거나 유사한 정도의 포괄적 법인격을 갖는다고 하였다.
④ 국제연합의 일정 경비(헌장 제17조 제2항)에 관한 권고적 의견에서는 평화유지활동(peace-keeping operation)이 헌장 제7장에 따른 강제조치가 아니라고 하였다.

정답 ③

해설 ICJ는 국제연합 근무 중 입은 손해의 배상에 관한 권고적 의견에서는 UN의 국제법인격이 인정되더라도 UN의 목적 달성을 위해 필요한 한계를 벗어날 수는 없다고 하여 UN의 법인격의 범위를 제한적으로 인정하였다.

관련 이론

국제사법재판소의 관할권

특정 사건이 ICJ에 맡겨질지에 대해서는 분쟁 당사국들의 동의를 따로 받아야 한다. 이를 임의관할(facultative jurisdiction)이라고 한다 아무리 UN 회원국끼리의 분쟁이더라도 분쟁 당사국들의 동의를 받은 후에야 ICJ가 사건을 맡을 수 있다. 분쟁의 당사국들이 동의를 표시하는 방법은 크게 네 가지로 나누어 볼 수 있다.

1. 분쟁 발생 이후 사후 동의

ICJ 홈페이지에서 판례들을 살펴보다 보면 사건의 제목이 ['사건 제목'(분쟁당사국)] 이런 식으로 정리되어 있는 것을 볼 수 있을 것이다. 그중에서도 분쟁당사국이 (A국/B국) 형태로 작성되어 있는 경우, 이 사건은 분쟁당사국들이 분쟁이 발생한 후에 합의에 따라 사건을 ICJ에 맡긴 것이다. 예 Sovereignty over Pulau Ligitan and Pulau Sipadan (Indonesia/Malaysia)

분쟁이 발생한 후에 분쟁 당사국들이 해당 분쟁을 ICJ라는 재판소에 부탁하기로 양자 간에 합의를 할 수 있다. 보통 이렇게 합의를 하는 경우 분쟁국들 간에 특별협정(Special Agreement)을 체결해서 ICJ에 사건을 맡긴다는 것을 분명히 하고 구체적으로 무엇을 판단해주기를 바라는지를 명확히 한다.

2. 분쟁 발생 이전 사전 동의 – 재판 조항, 재판 조약 등

혹은 이미 국가 간에 분쟁이 발생하는 경우 ICJ(혹은 다른 국제재판소)에 맡겨서 해결하자는 약속이 되어 있을 수도 있다. 국가들 간에 별도의 재판조약에 체결되어 있을 수도 있고, 혹은 분쟁국들이 가입된 조약에 재판으로 분쟁을 해결해야 한다는 재판조항이 담겨있을 수 있다. 실제로 다자조약 자체에 조약에 대해 분쟁이 발생하는 경우 ICJ에 문제를 맡기자는 식의 재판조항은 상당히 흔하다. 이런 경우 분쟁이 발생한 후에 분쟁 당사국들 모두가 별도로 동의를 표시하지 않아도 저절로 ICJ 재판으로 회부된다. 예 1982년 UN 해양법협약(UNCLOS)은 협약의 해석, 적용에 대한 분쟁이 발생하면 합의로 해결하려고 노력하되, 그렇지 못한 경우 분쟁국 일방의 요청만으로도 국제사법재판소(ICJ), 국제해양법재판소(ITLOS), 중재재판 중의 법적 해결절차 밟을 수 있도록 하고 있다.

3. 일방적 선언에 의한 강제관할권

ICJ의 강제관할권은 상당히 특이한 규정이다. ICJ규정 제36조 2항~5항은 일방적 선언에 의한 ICJ의 강제관할권을 다루고 있다. 쉽게 말하자면 어떤 국가가 우리는 ICJ의 강제관할권을 수락하한다라는 선언을 했다면, 강제관할권을 수락하는 선언을 한 국가들 끼리 분쟁이 발생한다면, 그 분쟁은 무조건적으로 ICJ의 재판을 받게 된다는 것이다. 모든 ICJ의 회원국이 아닌 일부 국가들만이 이러한 수락 선언을 하고 있으며 선언을 한 국가들 끼리에서만 이러한 강제관할권이 작동된다.

분쟁 발생 이후에 분쟁당사국 간 합의를 한 경우가 아니라면 대부분의 ICJ 분쟁은 (A국가 v. B국가) 형태로 표시된다. 이러한 경우 A국가가 원고가 되며 B국가가 피고이다. 억울한 국가인 A국가가 사전에 동의된 재판조약/재판조항 혹은 강제관할권 수락선언을 근거로 B국가를 ICJ에 제소한 것이다. **예** Fisheries Jurisdiction (Spain v. Canada)

공해상 캐나다 북대서양수산기구의 규제 공해에서 어업 중인 스페인 선박을 캐나다가 나포하여 국내 법원에 기소. 이에 스페인이 캐나다가 국제법을 위반하였다고 ICJ에 제소한 사건. 캐나다는 ICJ의 강제재판관할권을 받아들이는 선언을 했지만 연안어업보호법령 문제에 대해서는 강제관할권을 수락하지 않겠다는 조건을 걸었기 때문에 해당 사건에 대해서 ICJ는 관할권이 없다고 판단해 사건을 다루지 않았다.

4. 확대관할권

확대관할권이란 분쟁당사국의 동의가 동시에, 혹은 명시적으로 부여되지 않은 경우이다. 판례에 따르면 분쟁당사국 중 한 쪽이 일방적으로 상대각을 제소했더라도 만약 피소를 당한 타방 국가가 ICJ의 재판관할권에 대해 동의한 것처럼 행동했다면 이는 ICJ가 관할권이 있다고 볼 수 있다고 한다. 단 피고국가의 태도는 '자발적이고 반박의 여지가 없는 방식'으로 재판소의 관할권을 수락한다는 욕구를 '모호하지 않게 표기'한 것으로 간주될 수 있는 정도여야 한다. **예** ICJ는 Corfu Channel (UK of Great Britain and Northern Ireland v. Albania) 사건에서 알바니아는 영국의 일방적 제소가 있은 후 이에 대한 수락을 암시하는 편지들을 보내왔기 때문에 ICJ 관할권에 동의한 것으로 보고 재판을 진행했다.

이러한 네 가지 관할권의 근거로 분쟁국들의 동의를 확인하더라도 일단 그 사건 자체가 법적 분쟁인지를 확인해야 한다. ICJ가 맡을 수 있는 사건은 '법적' 분쟁이다. ICJ 규정 제38조 1항을 살펴보면 이 조항은 ICJ의 재판에 사용되는 법규칙을 다루고 있다. ICJ는 부탁되어 오는 분쟁을 '국제법'에 따라 재판하는 기관이다. 그렇기 때문에 ICJ에 맡겨지는 분쟁 역시 '법적' 분쟁이어야만 한다. 이에 더해서, 애초에 '분쟁'이 존재해야만 ICJ가 재판할 수 있다. ICJ는 여러 사건을 통해서 '분쟁'이 존재한다는 것을 확인할 수 있는 방안들을 제시했는데, 일방 국가의 문제 제기에 대해 상대방 국가가 적극적으로 반대를 표시해 왔다던가, 문제제기에 대해 반응을 보여야 할 때 반응을 보이지 않는 것 등으로 추론할 수 있다고 말한다.

유사 문제

01 국제연합의 목적에 대한 설명으로 타당하지 <u>않은</u> 것은?

① 국제평화와 안전을 유지하고, 이를 위하여 평화에 대한 위협의 방지, 제거 그리고 침략행위 또는 기타 평화의 파괴를 진압하기 위한 유효한 집단적 조치를 취하고 평화의 파괴로 이를 우려가 있는 국제적 분쟁이나 국내적 사태의 조정·해결을 평화적 수단에 의하여 또한 정의와 국제법의 원칙에 따라 실현한다.
② 사람들의 평등권 및 자결의 원칙의 존중에 기초하여 국가간의 우호관계를 발전시키며, 세계 평화를 강화하기 위한 기타 적절한 조치를 취한다.
③ 경제적·사회적·문화적 또는 인도적 성격의 국제문제를 해결하고 또한 인종·성별·언어 또는 종교에 따른 차별없이 모든 사람의 인권 및 기본적 자유에 대한 존중을 촉진하고 장려함에 있어 국제적 협력을 달성한다.
④ 공동의 목적을 달성함에 있어서 각국의 활동을 조화시키는 중심이 된다.

정답 ①
해설 국제평화와 안전을 유지하고, 이를 위하여 평화에 대한 위협의 방지, 제거 그리고 침략행위 또는 기타 평화의 파괴를 진압하기 위한 유효한 집단적 조치를 취하고 평화의 파괴로 이를 우려가 있는 국제적 분쟁이나 사태의 조정·해결을 평화적 수단에 의하여 또한 정의와 국제법의 원칙에 따라 실현한다.

02 국제연합의 주요 원칙에 대한 설명이 잘못 된 것은?

① 기구는 모든 국가의 주권평등 원칙에 기초한다.
② 모든 회원국은 회원국의 지위에서 발생하는 권리와 이익을 그들 모두에 보장하기 위하여, 이 헌장에 따라 부과되는 의무를 성실히 이행한다.
③ 모든 회원국은 그들의 국제분쟁을 국제평화와 안전 그리고 정의를 위태롭게 하지 아니하는 방식으로 평화적 수단에 의하여 해결한다.
④ 모든 회원국은 그 국제관계에 있어서 다른 국가의 영토보전이나 정치적 독립에 대하여 또는 국제연합의 목적과 양립하지 아니하는 어떠한 기타 방식으로도 무력의 위협이나 무력행사를 삼간다.

정답 ①
해설 기구는 모든 회원국의 주권평등 원칙에 기초한다.

07

「국제연합의 특권과 면제에 관한 협약」의 내용으로 옳은 것은?

① 국제연합의 사무총장은 본인과 사무국 직원에 부여된 면제를 포기할 수 있다.
② 국제연합의 재산과 자산에 대한 사법절차로부터의 면제 포기는 강제집행절차로부터의 면제 포기를 포함한다.
③ 국제연합의 사무총장과 사무차장보 본인, 이들의 배우자 및 미성년 자녀에 대해서는 국제법에 따라 외교사절에 부여되는 특권과 면제가 부여된다.
④ 국제연합의 자산과 소득에 대해서는 조세가 부과되고 공적 사용을 위한 수출입 물품에 대해서는 관세가 부과되지 않는다.

정답 ③

해설
① 국제연합의 사무총장에게 부여된 면제를 포기할 때 주체는 UN안전보장이사회이다.
② 강제집행절차로부터의 면제의 포기는 별도로 행해져야 한다.
④ 국제연합에 대해서는 일체의 조세나 관세부과가 면제된다.

관련 이론

1946년 「국제연합의 특권과 면제에 관한 협약」 관련 조항

제2절 국제연합, 그 재산 및 자산은 소재지 및 보유주체에 관계없이 모든 형태의 법적 절차로부터의 면제를 누린다. 다만, 국제연합이 명시적으로 그 면제를 포기한 특정한 경우는 예외로 한다. 그러나 어떤 면제의 포기도 강제집행조치에까지 적용되지는 아니하는 것으로 양해된다.

제7절 국제연합, 그 자산·소득 및 그 밖의 재산은,
  가. 모든 직접세로부터 면제된다. 다만, 국제연합은 사실상 공공요금에 불과한 조세로부터의 면제는 주장하지 아니할 것으로 양해된다.
  나. 국제연합이 그 공적 사용을 위하여 수입 또는 수출하는 물품의 경우 관세 및 수출입상의 금지와 제한으로부터 면제된다. 다만, 그러한 면제를 받아 수입된 물품은 수입한 국가의 정부와 합의한 조건에 따른 경우를 제외하고는 그 국가에서 판매되지 아니할 것으로 양해된다.
  다. 국제연합의 출판물의 경우 관세 및 수출입상의 금지와 제한으로부터 면제된다.

제19절 제18절에 명시된 면제와 특권에 추가하여 사무총장과 모든 사무차장보 본인, 이들의 배우자 및 미성년 자녀에 대해서는 국제법에 따라 외교 사절에게 부여되는 특권과 면제, 면책 및 편의가 부여된다.

제20절 특권과 면제는 국제연합의 이익을 위하여 직원에게 부여되며, 그들 개인의 사적 이익을 위하여 부여되지 아니한다. 사무총장은 직원에 대한 면제가 사법절차를 방해하고, 국제연합의 이익을 저해함이 없이 포기될 수 있다고 판단하는 경우 그 면제를 포기할 권리와 의무가 있다. 사무총장의 경우에는 안전보장이사회가 면제를 포기할 권리를 가진다.

유사 문제

01 다음 중 국제연합의 회원국의 지위에 대한 설명이 잘못된 것은?

① 국제연합의 회원국 지위는 이 헌장에 규정된 의무를 수락하고, 이러한 의무를 이행할 능력과 의사가 있다고 기구가 판단하는 그 밖의 평화애호국 모두에 개방된다.
② 그러한 국가의 국제연합회원국으로의 승인은 안전보장이사회의 권고에 따라 총회의 결정에 의하여 이루어진다.
③ 안전보장이사회에 의하여 취하여지는 방지조치 또는 강제조치의 대상이 되는 국제연합회원국에 대하여는 총회가 안전보장이사회의 권고에 따라 회원국으로서의 권리와 특권의 행사를 정지시킬 수 있다.
④ 권리와 특권의 행사는 안전보장이사회와 총회에 의하여 회복될 수 있다.

정답 ④
해설 권리와 특권의 행사는 안전보장이사회에 의하여 회복될 수 있다.

02 국제연합의 회원국 지위에 대한 설명이 옳지 <u>않은</u> 것은?

① 이 헌장에 규정된 원칙을 끈질기게 위반하는 국제연합회원국은 총회가 안전보장이사회의 권고에 따라 기구로부터 제명할 수 있다.
② 회원국의 신규가입문제는 안전보장이사회의 상임이사국들이 거부권(veto)을 행사할 수 있는 실질문제였기 때문에 유엔가입을 희망해온 여러 국가들은 오래도록 많은 시련을 겪게 되었다.
③ 제10차 총회에서는 캐나다 등 29개 회원국들에 의하여 일괄타결방식이 제안되었는데, 이 제안은 약간의 수정을 거친 다음 안전보장이사회의 승인을 얻어냈고 그 결과 16개국의 신규가입이 일시에 이루어졌다.
④ 1971년 미국은 자유중국 정부가 총회 의석을 유지하는 조건으로 안전보장이사회에서의 중국의 대표성을 묵인하려 했고 이에 의결이 이루어졌다.

정답 ④
해설 1971년 미국은 자유중국 정부가 총회 의석을 유지하는 조건으로 안전보장이사회에서의 중국의 대표성을 묵인하려 했지만 이 절충안 역시 부결되고 말았다.

08

외국인의 법적 지위에 대한 설명으로 옳은 것은?

① 국내 표준주의는 외국인의 대우가 다루어지는 영역을 정치적 및 공적 권리 보장으로 한정하고 그 보장이 내국인과 같은 수준이면 충분하다고 본다.
② 국제 표준주의는 국제사회에서 정해진 보호 수준의 처우를 자국민도 받지 못한다는 것을 내세워 국가책임을 회피하는 것을 정당화할 수 없다고 본다.
③ 국제법상으로 국가는 외국인을 입국시킬 일반적 의무가 없고 합법적으로 입국한 외국인을 국가가 선택한 방법과 절차에 따라 자유롭게 추방할 수 있다.
④ 1962년 「천연자원에 관한 영구주권」 선언은 1974년 「국가의 경제적 권리·의무 헌장」과는 달리 국유화 보상 기준으로 '신속하고 충분하고 효과적인 보상'을 명시하고 있다.

정답 ②

해설 ① 외국인에게 참정권이나 공무담임권 등은 주어지지 않는 것이 일반적이다.
③ 외국인을 추방할 경우 국제법에 따른 절차에 따라 이뤄져야 하며 이에 따라서 국가가 선택한 방법과 절차에 따라 자유롭게 추방할 수 있는 것이 아니고, 국제법의 지배를 받는다.
④ 1974년 국가의 경제적 권리의무 헌장에도 국유화국이 보상방법과 절차를 선택할 수 있음을 규정하고 있다.

관련 이론

외국인 대우
일반 문명국 수준으로 자국 내의 외국인을 보호해야 한다는 주의를 말한다. 국제법상 각국은 자국민의 취급에 대한 자유를 갖지만, 자국 관할 내에서 외국인의 생명, 신체 또는 재산이 제삼자에 의하여 침해된 경우에는 피해 방지책과 구제책을 충분히 제공해야 하며, 해당 구제책이 국제적 표준에 미치지 못하면 해당 국가가 국제적 책임을 진다는 입장이다.
외국인의 추방은 합법적으로 거주하고 있는 외국인이 국가안보, 공공질서 또는 공중도덕을 해치는 경우에만 가능한가, 아니면 외국인의 본국 정부에 대한 보복이나 복구의 수단으로서도 사용될 수 있는가에 대한 것 역시 국제법 상으로는 모호하다.

국제법이 요구하는 일정기준
- 국제최소기준
  - 국가가 자국민이야 어떻든 외국인만은 최소한의 문명된 기준을 가지고 대해야 한다.
  - 19세기 제국주의 시대에 발전하였으며 중재판례에서 광범위한 지지를 받았다.
  - 강대국의 약소국들에 대한 간섭의 수단으로 원용되는 경향
- 내국민대우기준(내외국인 평등주의)
  - 국제최소기준에 대항하기 위해 라틴 아메리카들에 의해 고안
  - 칼보독트린
- 한국헌법 제6조 2항
  "외국인은 국제법과 조약이 정하는 바에 의하여 그 지위가 보장된다."

일정 권리·의무에 관해서는 내외국인 사이에 차이가 있어야 함은 인정된다. 즉, 내란과 전시와 같은 상황에서는 보장된 국제최소기준을 적용할 여지는 없고 내외국민 평등원칙이 적용된다는 점이 판례에 의해 확인되고 있다.
1962년 「천연자원에 관한 영구주권 선언」은 국가의 수용 권리를 인정하면서도 소유주는 보상을 지급받을 수 없다고 규정하였다. 수용의 대상이 될 수 있는 재산의 개념에는 동산, 부동산, 무체재산 등이 모두 포함된다.

유사 문제

01 국제법상 외국인 재산의 수용에 관한 설명으로 옳지 <u>않은</u> 것은?

① 수용의 대상이 되는 재산은 동산, 부동산은 포함되나, 무체재산 등은 제외된다.
② 내외국인 간 및 외국인 상호간의 비차별은 합법적 수용요건으로 간주되고 있다.
③ 제3세계 국가들은 수용과 관련된 분쟁은 수용국의 국내법에 따라 해결되어야 한다고 주장하고 있다.
④ 일반국제법상 국유화의 요건은 공익, 비차별, 보상임. 보상금액에 대해서는 국제관습법상 확립되어 있지 않으나, 보상 자체는 국제법상 확립된 요건이다.

정답 ①
해설 수용의 대상이 되는 재산은 동산, 부동산, 무체재산 등이 모두 포함된다.

02 외국인 재산의 수용(收用)에 관한 설명으로 옳지 <u>않은</u> 것은?

① 외국인 재산에 대한 수용은 국가가 사회적,경제적 동기에서 취하는 것으로, 일정한 공공목적을 달성하기 위하여 외국인의 재산 및 재산권을 직접 탈취하거나 국가 및 공공기관의 관리,통제하에 두는 것을 목적으로 한다.
② 일반적으로 수용과 국유화는 개념 차이가 없으며, 양자는 혼용되어 사용되고 있다.
③ 1938년 멕시코가 미국의 석유산업을 국유화하자 당시 미국의 헐(Hull) 국무장관은 "외국인 자산의 수용시에는 국내법상 신속하고, 충분하며, 완전한 보상이 요구된다"고 주장하였는데, 이를 흔히 'Hull 공식' 또는 'PAE 공식'이라고 한다.
④ 수용의 대상이 될 수 있는 '재산'의 개념에는 동산, 부동산, 특허, 저작권 등의 무체재산이 포함한다.

정답 ③
해설 1938년 멕시코가 미국의 석유산업을 국유화하자 당시 미국의 헐(Hull) 국무장관은 "외국인 자산의 수용시에는 국제법상 신속하고, 충분하며, 효과적인 보상이 요구된다"고 주장하였는데, 이를 흔히 'Hull 공식' 또는 'PAE 공식'이라고 한다.

09

비호와 난민의 보호에 대한 설명으로 옳지 않은 것은?

① 비호를 구하는 난민은 비호를 구하려는 국가의 국내법에 따른 입국허가를 받아야 하며 난민에게 국제법에 따라 입국할 수 있는 권리 자체가 보장되는 것은 아니다.
② 콜롬비아-페루 비호 사건에서 국제사법재판소는 영토적 비호와 외교적 비호 모두 국제관습법으로 확립된 원칙임을 확인하고 외교적 비호가 중남미 지역에서 국제법적으로 인정된다고 밝혔다.
③ 「난민의 지위에 관한 협약」에 따라 국제연합 난민고등판무관은 난민의 국제적 보호와 난민협약체제의 이행감시 권한을 가지며 이에 근거해 체약국들의 난민 지위 결정 과정에 여러 형태로 관여한다.
④ 「난민의 지위에 관한 협약」 체약국은 난민에게 동산 및 부동산의 소유권과 기타 관련 권리의 취득 및 부동산의 임대차 등에서 가능한 한 유리한 대우를 부여하며 외국인에게 부여되는 일반적인 대우보다 불리하게 해서는 아니 된다.

정답 ②

해설 콜롬비아-페루 비호 사건에서 영토적 비호의 관습법성은 인정하였으나, 외교적 비호는 국제관습법이나 중남미 지역의 관습은 아니라고 하였다.

관련 이론

영토비호
영토비호는 국가가 해당 외국정부의 반대에도 불구하고 특정 외국인에게 입국과 체류를 허락하는 것을 지칭한다. 국가의 영토주권 원칙에 근거한다. 이를 제공하거나 거절하는 것은 일반국제법상의 국가의 권리에 속한다.

외교비호
외교비호는 외교사절단이 공관 내로 들어온 자에게 피난처를 제공하는 것을 지칭한다. 때로는 접수국의 영토주권과 양립하기 어려운 '인도적 관행'의 문제로 다루고 있다.
국가가 자국영역내에서 외국인에게 부여하는 비호(영토적 비호)와 구별하여 외교공관이 범죄인 특히 정치범에 대하여 비호권(영토외적 비호)을 갖는가 하는 문제이다.
종래 비호권의 문제는 정치범 등이 공관으로 도피한 경우 그 범죄인의 인도와 관련 접수국과 파견국이 대립한 경우였다. 과거에는 이를 인정한 예가 많았으나 현재에는 학설, 일반국제법상 공관의 비호권을 인정하지 않고 있다. 그 이유는 전술한 바와 같이 공관의 불가침은 외교사절에 대한 예우의 관념과 사절의 직무수행을 용이하게 할 필요에서 인정된 것이지 공관이 파견국의 영토의 일부분이라는 뜻은 아니기 때문이다. 또한 자국민인 범죄인, 정치범 등을 본국에 송환, 유치할 목적으로 공관내에 감금하는 것도 인정되지 않는다.
이와 관련하여 국제사법재판소는 국제법상 공관의 외교적 비호권을 인정하지 않으나 공관내 범죄인의 접수국에 대한 인도 여부를 당사국간의 교섭으로 결정하여야 한다고 판시한바 있다.
요컨데 오늘날 외교공관의 비호는 라틴아메리카 국가들간에 있어 조약에 의해 인정될 뿐 일반국제법상 인정되고 있지 않다고 할 수 있다. 다만 외교공관은 불가침이기 때문데 도망해 들어온 범인의 인도를 거부하고 비호가 부여된 경우라도 영역국의 관헌은 들어갈 수 없으며 공관의 불가침을 침해하지 않는 한도 내에서 인도를 강제하거나 외교관원의 국외퇴거를 요구하는 등의 대항조치를 취할 수 있을 뿐이다.

유사 문제

01 다음 중 난민법에 대한 설명으로 옳지 않은 것은?

① 난민을 인도주의적 견지에서 보호하려는 노력은 국제연맹에서 최초로 시도되었다.
② 1951년에 '난민지위에 관한 협약'과 1967년 '난민지위에 관한 의정서'가 채택되었다.
③ 1951년 제네바 조약은 협약난민으로 주로 정치적 박해에 한하며, 시간적, 장소적 적용범위제한하고 있다.
④ UNHCR은 위임난민의 보호에 제한을 두고 있다.

정답 ④
해설 UNHCR은 위임난민으로 제한을 두지 않는다.

02 난민의 정의에 대한 설명으로 틀린 것은?

① 광의의 난민은 '난민지위협약'에 의해 보호되는 협약상 난민, 난민 신청자, 무국적자, 자연재해나 개발계획 등으로 인한 국내 피난민을 의미한다.
② 국가는 외국인의 영토국 영역 내 입경 여부에 대한 결정권을 가진다.
③ 비호권은 국제법 상 확립되었으며, 성문화 되어 있다.
④ 협약상 난민은 인종, 종교, 국적 또는 특정 사회집단의 구성원 신분 또는 정치적 의견 때문에 충분한 근거가 있는 박해 받을 공포로 인하여, 그 국적국의 보호를 받는 것을 원하지 아니하는 자를 의미한다.

정답 ③
해설 비호권은 국제법 상 확립되지 않았으며, 성문화되지 않다.
④ 협약상 난민은 인종,종교, 국적 또는 특정 사회집단의 구성원 신분 또는 정치적 의견 때문에 충분한 근거가 있는 박해 받을 공포로 인하여, 국적국 밖에 있는 (국적보유)자로서, 국적국의 보호를 받을 수 없거나 또는 그러한 공포로 인하여 그 국적국의 보호를 받는 것을 원하지 아니하는 자를 의미한다.

10

「국제형사재판소에 관한 로마규정」에 대한 설명으로 옳지 않은 것은?

① 국제형사재판소는 국제적 법인격을 가지며 그 기능의 행사와 목적 달성에 필요한 법적 능력을 가진다.
② 국제형사재판소 소추관은 「국제형사재판소에 관한 로마규정」상의 범죄구성요건에 대한 개정을 제안할 수 있다.
③ 국제형사재판소 소추관이 독자적으로 개시한 수사를 진행하기 위해서는 전심재판부로부터 허가받아야 한다.
④ 국제형사재판소는 국제연합 안전보장이사회가 기소의 연기를 요청한 경우 6개월이 지나야 기소할 수 있다.

정답 ④

해설 안보리가 기소 연기를 요청한 경우 12개월 동안 기소가 수사가 중단된다.

로마규정 제9조(범죄구성요건)
1. 범죄구성요건은 재판소가 제6조, 제7조 및 제8조를 해석하고 적용하는 것을 보조한다. 이는 당사국총회 회원국의 3분의 2의 다수결에 의하여 채택된다.
2. 범죄구성요건에 대한 개정은 다음에 의하여 제안될 수 있다.
   가. 당사국
   나. 절대과반수의 재판관
   다. 소추관
   그러한 개정은 당사국총회 회원국의 3분의 2의 다수결에 의하여 채택된다.
3. 범죄구성요건과 그 개정은 이 규정에 부합되어야 한다.

제16조(수사 또는 기소의 연기) 안전보장이사회가 국제연합헌장 제7장에 따라 채택하는 결의로 재판소에 수사 또는 기소의 연기를 요청하는 경우 12개월의 기간 동안은 이 규정에 따른 어떠한 수사나 기소도 개시되거나 진행되지 아니한다. 그러한 요청은 동일한 조건하에서 안전보장이사회에 의하여 갱신될 수 있다.

관련 이론

로마규정

1998년 7월 17일에 로마에서 채택되고 2002년 7월 1일자로 발효된 국제형사재판소에 관한 로마규정(이하 '로마규정'으로 약함)의 탄생으로 국제적 핵심범죄로 간주되는 집단살해죄, 반인도범죄, 전쟁범죄에 대하여 상설의 국제형사재판소가 관할권을 행사할 수 있게 되었고, 로마규정에 명시된 국제범죄에 적용될 공통의 귀속기준도 창설되었다.

이와 관련하여 로마규정 제3부는 "형법의 일반원칙"이라는 표제 하에 제22조 내지 제33조에서 상설의 국제형사재판소의 설치에 따른 원칙적, 일반적 귀속기준을 명시해두고 있다. 로마규정의 창설로 인하여 이른바 국제법을 통한 "개인"의 형사책임을 "직접적으로" 근거지우는 것을 내용으로 하는 실질적 의미의 국제형법(international criminal law, Vlkerstrafrecht)이 탄생하게 된 것이다.

우리나라는 이미 2002년 11월 13일에 로마규정에 비준하였기 때문에 로마규정은 국내법과 동일한 효력을 가지고 있다. 즉, 로마규정에 따라서 국제형사재판소는 집단살해죄(제6조), 반인도범죄(제7조), 전쟁범죄(제8조)에 대하여 직접적인 관할권을 행사할 수 있다. 다만, 로마규정에 따른 국제형사법원의 관할은 국내형사관할권을 보충하는 차원에서 작동되는 구조를 가지고 있으므로 당사국은 국제형사법원의 관할대상범죄를 효과적으로 기소할 수 있는 국내장치를 갖추어야 하고, 이를 위하여 정부는 정부는 로마규정의 국내이행법률로 간주되는 "국제형사재판소 관할 범죄의 처벌 등에 관한 법률안"을 2006. 12. 29.자로 국회에 제출하였으며, 2007. 11. 23. 동 법률안은 국회에서 의결되었다.

유사 문제

01 국제형법상의 역사에 대한 설명으로 옳지 않은 것은?

① 전통 국제법상으로 개인의 형사책임은 의무 부과나 처벌대상이 되어 있다.
② 제1차 세계대전의 결과 1919년 6월 '베르사유 조약'은 최초로 독일 황제 빌헬름 2세에 대한 재판소 설치를 규정하였지만, 피신한 네덜란드가 정치범이라는 이유로 인도를 거절, 재판 무산되었다.
③ 1945년 8월 연합국은 독일 뉘른베르크에 독일국제군사재판소를 설치하여 전승국은 독일의 정치, 군사 지도자들 개인에 대해 형사책임을 묻고, 나치 지도부, 나치친위대 등을 범죄 조직으로 규정하였다.
④ 뉘른베르크에서 침략행위는 제2차 세계대전 이전부터 '부전조약'에 의해 금지된 것으로 소급입법이 아니고, 평화에 반하는 죄, 인도에 반하는 죄, 전쟁범죄에 대한 개인의 국제법상 형사책임이 관습법화된 것이다.

정답 ①

해설 전통 국제법상 개인의 형사책임은 의무 부과나 처벌대상이 아니다.
④ 뉘른베르크에서 침략행위는 제2차 세계대전 이전부터 '부전조약'에 의해 금지된 것으로 소급입법이 아니고, 평화에 반하는 죄, 인도에 반하는 죄, 전쟁범죄에 대한 개인의 국제법상 형사책임이 관습법화된 것으로, 전쟁을 실행하고 개시하는 국가기관인 개인은 국제법상 의무를 준수해야 한다는 점을 근거로 나치 독일의 핵심 인사 24명 처벌하였다.

02 국제형법과 개인의 국제형사책임에 대한 설명으로 타당하지 않은 것은?

① 독일국제군사재판소 판결 이후, 침략범죄, 평화에 관한 죄, 인도에 반하는 죄, 전쟁범죄에 대한 개인의 형사책임을 확인하였다.
② 1998년 7월 '국제형사재판소에 관한 로마규정'에서 국제사회 전체가 우려하는 가장 심각한 국제형사범죄를 저지른 자는 개인적으로 책임을 지며 처벌을 받는다고 규정하였다.
③ 아이히만 사건에서 반인도적 범죄행위가 나치독일에 의한 국가행위지만 피고 자신의 개인적 책임도 면제되는 것은 아니라는 이유로 사형을 판결하였는데, 이와 관련된 로마규정 25조 4항은 개인의 국제형사책임은 국가책임에 영향을 미치지 않는다는 조항을 적용할 수 있다.
④ 개인의 국제범죄 행위가 국가로 귀속될 때에는 개인의 형사책임은 부과되지만 국가의 책임은 면제된다.

정답 ④

해설 개인의 국제범죄 행위가 국가로 귀속될 때에는 개인의 형사책임과 별도로 국가도 책임 부담하는데, 개인은 주관적 의도를 판단기준으로 하고, 국가는 국제법 위반에 대한 객관적 결과를 판단기준으로 삼는다.

11

「외교관계에 관한 비엔나협약」상 외교 특권 및 면제에 대한 설명으로 옳지 않은 것은?

① 외교 면제의 포기는 언제나 명시적이어야 한다.
② 외교공관의 수송수단은 수색, 징발, 차압 또는 강제집행으로부터 면제된다.
③ 외교관은 접수국의 형사재판 관할권으로부터의 면제를 향유하며 외교직무와 관련이 없는 범죄에 대해서도 형사재판 관할권이 면제된다.
④ 외교사절은 신임장을 접수국 국가원수에게 제정한 때로부터 직무가 개시되며 외교 특권 및 면제를 향유한다.

정답 ④

해설 특권과 면제는 접수국 영역에 입국시부터 향유하는 것과 달리 외교사절의 직무개시는 신임장 제정시부터이다. 외교관은 부임 차 접수국의 영역에 '들어가는 순간'부터, 또는 임명 당시에 이미 접수국의 영토에 있는 경우에는 그의 임명이 '외무부에 통고된 때'로부터 면제와 특권을 향유한다. 이미 형·소나 민·소를 제기당한 자가 외교관으로 임명되면, 그는 외교면제를 내세워 소를 중단시킬 수 있다.

관련 이론

외교 면제에 대한 서례

1. 최근 미대사관직원의 아들이 밴승용차를 운전하고 가다가 교통사고를 내어 피해자에게 중상을 입히고 도주하다가 검거된 사건이 발생하였다. 당시 이 사건은 피의자가 미대사관 직원의 아들이라는 점에서 외교관 및 공관의 행정, 기능직등에 대하여 형사관할권으로부터의 면책특권을 인정하고 있는 「외교관에 관한 비엔나협약」의 적용과 관련하여 문제가 된 바 있다. 피의자는 현재 28세의 미국인이며 미대사관 행정기능직으로 근무하는 직원의 아들로서 매릴랜드대학 서울분교에 재학중인 학생인데 1995년 7월 11일 01시 30분경 자동차운전면허없이 서울용산구 한남2동 앞길에서 밴승용차를 운전하고 가던중 피해자 김ㅇㅇ(남,49세)가 주차하여 둔 승용차를 들이받고 도망하려 하는 것을 피해자가 저지하자 동인을 차량전면 부분으로 치고 차밑으로 들어간 피해자를 매달고 약 40미터 가량을 진행하여 동인에게 전치 3개월의 늑골골절상 등을 입히고 차량 3대를 계속 들이받으면서 도주한 사안이다. 이 사건과 관련하여 크게 2가지의 쟁점이 제기되었는바 즉 ① 국제법상 피의자에게 외교관계에 관한 비엔나협약소정의 면책특권이 인정되는지 여부, ② 국내법상 피의자의 행위가 과실범인 교통사고에 불과한 것인지 아니면 과실의 차원을 넘어 살인에 대한 미필적 고의까지 인정될 수 있는지 문제가 제기되었는데 이글에서는 지면의 제약상 국제법상 문제되고 있는 첫 번째의 쟁점에 관하여만 살펴보고자 한다(두 번째의 쟁점에 대하여 결론만 말한다면 피의자의 행위는 피해자와 목격자를 상대로 당시의 상황을 조사한 결과 살인에 대한 미필적 고의까지 인정된다고 판단하여 이 사건은 현재 살인미수로기소된 상태이다).

2. 외교관계에 관한 비엔나협약의 인적 범위 국제법상 외교관 및 외교사절단 등이 파견국 대표로서 그 맡은 기능을 독립적, 효율적으로 수행할 수 있도록 접수국 내에서 외교관에게 일정한 특별한 국제법상 지위를 부여하고 있는 바 이를 외교특권및 면제(diplomatic privileges and immunities)라 한다. 현재 외교관의 특권 및 면제를 규정하고 있는 성문법은 국제법상 외교관계법의 모체라고 할 수 있는 「외교관계에 관한 비엔나협약」이다. 이 협약은 1961년4월18일 채택되어 1964년4월24일 발효되었는데 우리나라는 1971년1월27일 가입하였다. 이 협약의 주요내용은 외교관 등에 대하여 신체의 불가침, 형사·민사사법관할권의 면제, 조세면제, 관세면제 등을 규정하고 있다. 비엔나협약이 적용되는 인적 범위와 관련하여 외교관뿐만 아니라 공관의 행정직원및 기능직원이 위 협약의 적용 대상이 된다는 점에 대하여는 명문상, 국제관습법상으로 인정되고 있다(협약 제31조). 또한 국제법상 외교관등의 가족구성원에 대하여도 협약상의 특권이 인정되어야 한다는 점에 대하여도 이의가 없다. 다만 여기서 가족을 어떠한 범위까지 가족의 범주로 인정하여야 하는 점에 대하여는 협약에 명문규정이 없을 뿐만 아니라 국제법적으로도 통일된 관습법이 없어 문제가 되고 있다. 즉 비엔나협약에는 「외교관의 세대를 구성하는(forming part of his household)그의 가족은 접수국의 국민이 아닌 경우 제29조에서 제36조까지 명시된 특권 및 면제를 향유하고」(제37조1항)「공관의 행정및 기능직원은 그들의 각 세대를 구성하는 가족과 더불어 접수국의 국민이나 영주자가 아닌 경우 제29조에서 제35조까지 명시된 특권 및 면제를 향유한다」(제37조 2항 전단)고 단순히 규정하고 있을 뿐 가족의 범위에 대하여 구체적 언급이 없어 가족의 범위를 둘러싸고 국가간에 논란의 소지를 남겨 놓고 있다. 결국 국제사회에서는 가족의 범위에 대하여 접수국의 해석에 맡길 수밖에 없다는 것이 인정되고 있으며 이에 따라서 각국은 가족의 범위와 관련하여 일정한 기준을 정하여 운영하고

있다. 가족의 범위와 관련하여 미국과 우리나라의 지침을 살펴본다면 우선 미국은 1991년6월 국무부에서 「미국에서의 외교관및영사직 원위한 지침(Handbook for foreign Diplomatic and Career Consular Personnel in the United States)」을 발간, 시행하고 있는데 동 지침에 따르면 가족의 범위를 「배우자, 만21세미만의 미혼동거자녀, 만21세~23세의 정규교육기관에 교육중인 동거자녀, 지체부자유자녀, 그 밖에 동거하고 있는 사람으로서 미국무부가 명시적으로 인정한 자」에 한하여 동반 가족으로서 인정하여 협약상의 면책특권을 부여하고 있다. 한편 우리나라에서는 1969년 6월 17일「한국주재 외국외교관등의 신분증발급규정」(69년 6월 17일 외무부령 제55호 제정, 75년 11월3일 외무부령 제94호 개정)을 제정하고 이에 근거하여 「주한외교관등에 관한 신분증발급업무지침」(89년11월1일자 시행)을 제정, 시행하고 있는데 이에 의하면 동반가족의 범위를 「부모의 부양이 직접적으로 요구되는 만 14세이상 21세이하의 미혼 동거자녀, 만 22세 이상의 미혼 동거자녀로 별도의 생계유지가 불가능한 신체장애자, 만 26세 이하의 한국내 정규교육기관에 재학중인 미혼 동거자녀, 본인및 배우자의 만 61세이상의 부모, 본인및 배우자의 만 60세 이하의 부모로서 체재중 소득이 있는 활동에 종사하지 않는 조건으로 입국한 자」등을 가족의 범위로 보고 있다. 피의자는 28세의 미혼인 대학생이기 때문에 양국 어느 나라의 국내법에 따르더라도 협약이 적용되는 가족으로 볼 수 없어 협약상의 면책특권을 인정받을 수 없으므로 우리나라에서 재판권을 행사할 수 있다. 이에 따라서 서울 지검은 1995년 7월 11일 피의자를 특정범죄가중처벌 등에 관한 법률위반(도주차량)등으로 구속하여 1995년 7월 28일 동인을 살인미수 등으로 구속기소한 바 있다. 3. 맺는말 이 사건은 외교관 가족의 면책특권과 관련하여 국내에서 발생한 최초의 사건으로서 피의자가 위에서 보는 바와 같이 양국 어느나라의 법에 의하더라도 협약의 적용을 받는 가족의 개념에 해당하지 않았기 때문에 양국간에 아무런 외교적 분쟁 없이 우리나라에서 동인에 대한 형사재판권을 행사 할 수 있었다. 그러나 만약 양국간에 법 관습이 다른 경우에는 국가간에 외교적 분쟁이 발생할 소지가 있을 것이다. 예컨데 일부다처제가 허용되고 있는 국가의 외교관의 처중 한 사람이 일부다처제를 허용하지 않는 우리나라에서 위와 같은 사고를 낸 경우 그 처를 협약상의 가족으로 볼 수 있을 것인지 여부 등이 문제로 제기될 수 있을 것이다. 앞으로 세계화의 진전에 따라 외국과의 물적·인적교류가 증가됨에 따라 이 사건에서 보는 바와 같이 우리나라의 형사관할권이 국제법내지 국제협약에 의하여 제한을 받게 될 수 있는 사건이 증가될 것으로 전망된다. 따라서 학계 및 실무계를 중심으로 국내형사관계법뿐만 아니라 국제형사법에 대한 지속적인 연구가 필요하다고 할 것이다.

유사 문제

01 다음 중 접수국에서의 외교면제에 관한 설명으로 옳지 않은 것은?

① 외교사절의 파견절차에서 아그레망을 거부하려면 정당한 사유가 있어야 하며, 파견국에 대해 거부이유를 제시해야 한다.
② 모든 외교직원은 사절단의 직원으로서 외교관 신분을 가진 자를 뜻한다.
③ 모든 외교사절은 원칙적으로 접수국의 형사처벌을 받지 않는다.
④ 외교공관의 비호권은 인정되지 않는다.

정답 ①

해설 외교사절의 파견절차에서 아그레망을 거부하려면 정당한 사유가 있어야 하나, 파견국에 대해 거부이유를 제시할 필요는 없다.

02 외교면제에 관한 설명으로 옳지 않은 것은?

① 신임장이란 접수국가의 원수에게 파견국 원수가 보내는 사절 개인에 대한 문서이다.
② 외교사절은 접수국에 도착하여 신임장 부본을 접수국의 외교통상부에 제출한 다음 신임장 정본은, 대사, 공사의 경우는 접수국의 국가원수에게, 대리대사의 경우는 접수국의 외교통상부장관에게 각각 제출한다.
③ 신임장을 제정 때부터 외교관의 기능을 시작할 수 있다.
④ 특별외교사절은 아그레망과 신임장 제정을 필요로 한다.

정답 ④

해설 특별외교사절은 아그레망도 신임장 제정도 필요하지 아니한다.

12

국가책임과 관련된 국제재판소의 판결에 대한 설명으로 옳지 않은 것은?

① 호르죠 공장(Chorzów Factory) 사건에서는 조약위반 등 국제법 위반행위가 배상의무를 야기한다고 판결하였다.
② 코르푸 해협(Corfu Channel) 사건에서는 국제법 위반행위가 작위, 부작위 모두를 통해 가능하다고 판결하였다.
③ 라그랑(LaGrand) 사건에서는 주정부 행위가 연방정부 행위로 귀속되지 않는다고 판결하였다.
④ 1974년 핵실험(Nuclear Tests) 사건에서는 국가의 일방적 행위를 통해서도 국제의무가 창설될 수 있다고 판결하였다.

정답 ③

해설 ICJ는 주정부행위가 연방정부에 귀속되어 연방정부가 책임을 진다고 라그랑(LaGrand) 사건에서 하였다.

관련 이론

국가책임 초안 개요

2001년 유엔 국제법위원회(UN International Law Commission, 이하 'ILC')는 46년간 작업 끝에 2001년 채택한 국제위법행위로 인한 국가책임 초안(Draft Articles on Responsibility of States for Internationally Wrongful Act)을 채택하며, 초안에 대한 유엔 총회의 주목과 결의에의 첨부를 권고하고, 더 나아가 추후 초안에 기초한 협약(convention) 체결을 위한 국제회의 개최 가능성을 고려할 것을 권고하였다. 2001년 12월 12일 유엔 총회는 ILC의 국제위법행위에 대한 국가책임 주제의 완성과 조항 초안 및 주석의 채택을 환영하고, ILC가 제시하고, 동 결의에 첨부된 국제위법행위로 인한 국가책임조항(Articles on Responsibility of States for Internationally Wrongful Acts)에 주목하며, 장래의 채택이나 기타 적절한 조치와 관계없이 이들 조항에 대한 정부들의 주의를 권한다는 결의 제56/83호를 채택하였다. 국가책임은 ILC가 다룬 가장 중요하고 큰 주제 중 하나이다. 그러나 2001년 ILC가 채택한 국가책임 초안은 20년이 다 되어가는 현재 시점까지도 아직 유엔 총회가 주목하고 결의에 첨부한 문서로만 남아 있다. 유엔 총회는 국가책임조항에 대한 국가 논평과 관련 관행, 국제재판소 및 기타 기구에서의 인용에 관해 지속적으로 자료를 수집하며, '국가책임협약 또는 다른 적절한 조치 문제'에 관한 논의의 장을 3년마다 열고 있지만, 적절한 형식으로의 발전에 관한 결정은 지연되고 있다. 그럼에도 불구하고 국가책임조항은 이미 다수의 국제재판소 및 기타 기구에서 구체적 사안에 직간접적으로 인용되고 있으며, 관련 문제에 대한 법리 발전 뿐 아니라 국가관행에도 지대한 영향을 미치고 있다. 모든 국제법 기본서는 ILC 국가책임 초안 및 주석의 내용을 중심으로 국제법상 국가책임을 설명하고 있으며, 실제 각국 정부 부처나 외교 관련 실무에 있어서도 동 문서는 지속적으로 활용되고 있다. 그렇다면 국가책임조항의 권위의 근거는 무엇이고, 현재 규범적 지위 내지 의의는 무엇인가? 실제 대다수의 국가들은 국가책임조항이 법적 구속력 있는 조약으로 발전하는 것에 대해 원칙적으로 찬성하는 입장이다. 그러나 어느 시점에 '국가책임협약'이 만들어지는 것이 적절한 것인가에 대해서는 명확한 답을 내리기 어렵다. 국가관행의 발전과 선례의 축적도 중요하지만 현실적으로 국가들이 이 방대한 작업에 매진할 수 있는 시점이 언제이며, 그에 대한 결정을 언제 하는가가 더욱 중요할 것이다. 국가책임조항에 대한 ILC의 역할은 최종 채택 형식에 대한 두 개의 선택지를 유엔 총회에 넘겨주며 끝났다. 이후의 선택은 국가책임에 대한 2차 규범을 보다 명확히 함으로써 국제법공동체를 발전시키고자 하는 국가들의 의지와 결단이 좌우한다. 국가책임조항을 기초로 한 국가책임협약 또는 다른 적절한 조치에 관한 2022년의 논의를 기대한다.

국가책임의 성립요건

국내법상의 민법상 불법행위책임의 요건이 준용된다. 따라서 주관적 요건으로 국가의 고의 과실, 책임능력과 객관적 요건으로 국가행위의 위법성 국가행위로 인한 손해발생이 있어야 한다.

1. 국가기관의 행위

국가행위는 국가기관의 작위, 부작위로 말한다. 그리고 국가기관은 그에 소속한 자연인에 의하여 구성되므로 국가기관의 행위란 이 기관의 자연인의 행위이다. 문제는 국가기관중 어느 기관의 국제위법행위에 국가책임이 발생하는가이다. 여기서 말하는 국가기관이라고 하는 것은 통치주체로서의 국가기관의 의미이고 기업주체로서의 국가기관의 의미는 아니다. 〈국가의 일부를 소유하고 있더라도 보통 상업적인 것으로 간주되며 또한 그 국가의 법 밑에서는 별개의 법인이고 그 것에 대하여 국가가 면제를 부여하고 있지 않으며 또한 외교 재판소에서 면제를 주장하지 않는 기업의 기관)은 국가기관과 구별되며 취급을 달리한다. 또한 전범자의 처벌 및 〈집단살해〉죄의 처벌에 있어서는 국가기관의 지위에 있는 개인이 그 권한내에서 행한 행위라 할 지라도 개인에게 국가책임이 귀속됨을 명백히 하고 있다.

* 국가에게 국제 위법행위의 효과를 귀속시키는 국가기관은 입법, 행정, 사법기관 어떠한 것이나 것이거나 상관없고, 동시에 지방자치단체이든 연방의 지방(주)이든 구별을 두지 않는다.
* 국가의 하급기관, 하급공무원의 행위에 의한 국가책임은 이를 긍정함이 다수설이다.
* 행정기관의 권한외의 행위로서 외견상 권한내 행위로 인식되는 행위에 대하여는 국가가 국제책임을 진다는 것이 다수설이다.
* 국가기관의 지위에 있지 않는 일반 사인이 외국의 법익을 침해하였을 경우 국가가 사인의 행위를 〈상당한 주의〉로써 방지하지 안하였든가, 사후에 있어 침해된 법익에 대하여 적절한 〈국내적 구제〉를 부여하지 않았든가 하는 경우에 국가책임이 발생한다. 이때 〈상당한 주의〉의 의미가 문제된다. 이에는 전통적으로 국제표준주의와 국내표준주의가 대립하고 있는데 현존하는 모든 조건하에서 정부에 기대할 수 있는 실제적 가능성을 실제적 표준으로 삼는 국제표준주의가 타당한 것으로 보인다.

2. 고의·과실

국가기관의 국제불법행위에 고의 과실을 요하는가에는 학설 및 관행은 일치한 바 없어 과실책임설, 무과실책임설, 절충설이 대립한다. 그러나 실제에 있어 과실책임이 인정되는 경우도 있고 무과실책임이 인정되는 경우도 있을 수 있다.

3. 위법성

국제법상의 위법행위에 의해서만 국가책임은 발생한다. 따라서 국제외에 대한 위법에는 책임이 발생하지 않는다.

4. 손해발생

피해국에 대한 직접적 손해는 물론 그 국적을 가진 개인, 법인에 대한 손해으로부터 간접적으로도 책임이 발생한다.

유사 문제

01 위법행위책임에 대한 설명으로 타당하지 <u>않은</u> 것은?

① 국가의 모든 일방행위는 자국에 대한 국제의무를 형성한다.
② 작위적 행위를 전제해서만 국제의무 위반이 있는 경우, 위법성 조각사유가 없다면 국가책임이 성립한다.
③ 긴급피난은 위법성 조각사유의 하나에 해당한다.
④ 국가는 '기속의사'가 있는 일방행위에 대해 구속된다.

정답 ②

해설 작위, 부작위를 떠나 국제의무 위반이 있는 경우 위법성 조각사유가 없다면 국가책임이 성립한다.

02 국가책임에 대한 설명으로 옳지 <u>않은</u> 것은?

① ILC초안은 국가책임의 성립요건으로 작위 또는 부작위 행위의 국가로의 귀속, 국제의무 위반이라는 두 가지 요건만을 규정하고 있다.
② 모든 국가기관의 직무상 행위는 국제법에 의하여 국가의 행위로 간주된다.
③ ILC초안에 의하면 국가기관이 자신의 권한을 벗어나거나 상부지시를 위반하여 어떤 행위를 하였다면 국제법상 국가의 행위로 간주되지 않는다.
④ 대세적 의무의 도입으로 손해가 발생하지 않아도 국가책임을 원용할 수 있다는 견해가 유력하며, 따라서 국가책임의 성립요건으로 볼 수 없다는 견해가 지배적이다.

정답 ③

해설 ILC초안에 의하면 국가기관이 자신의 권한을 벗어나거나 상부지시를 위반하여 어떤 행위를 하였다할지라도 국제법상 국가의 행위로 간주된다.

13

국제사법재판소가 권고적 의견의 제시를 거절한 것은?

① 국제연합 총회가 요청한, 국제연합의 법적 지위 및 권한과 관련된 법적 문제
② 국제연합 경제사회이사회가 요청한, 인권위원회 특별보고관과 관련된 「국제연합의 특권과 면제에 관한 협약」의 해석과 적용 문제
③ 국제연합 총회가 요청한, 회원국인 이스라엘의 팔레스타인 점령지 내 장벽 건설과 관련된 법적 문제
④ 국제연합의 전문기구인 세계보건기구가 요청한, 국가의 핵무기 사용의 합법성과 관련된 법적 문제

정답 ④

해설 WHO(세계보건기구)가 권한범위 밖의 법적 문제에 대해 권고적 의견을 요청했다고 보고, 의견제시를 거절하였다. 이는 최초의 거절한 사례이다.

관련 이론

국제사법재판소(ICJ)의 권고적 의견

국제사법재판소(ICJ)는 권고적 의견을 요청받는 경우, 그 요청된 법적 문제에 대한 의견을 제공할 권한(관할권)이 있는지를 우선 확인하고, 만일 관할권이 존재한다고 결론 내리면 그러한 관할권의 존재에도 불구하고 이 관할권 행사를 재량적으로 거부해야 할 사유가 있는지를 살펴본다. ICJ는 총회나 안보리 등이 요청한 권고적 의견을 반드시 제공해야할 의무가 있는 것은 아니며 ICJ의 재량권이 인정되기 때문이다. ICJ는 유엔의 주요 사법기관으로서 본연의 역할에 비추어 적절하지 않은 권고적 의견 부여는 재량적으로 거부해야 한다는 입장을 정립해왔다. 단, ICJ는 오직 "강력한(긴요한) 사유"가 있는 경우에만 권고적 의견을 거부할 수 있다고 보고 있다. ICJ는 아직 재량권에 근거하여 권고적 의견요청을 거부한 적이 없으나, 국가들은 그간 여러 권고적 의견 사건의 심리과정에서 다양한 종류의 강력한 사유를 제시해왔다. 그중 특히 분쟁의 사법적 해결에 대한 동의의 원칙을 회피하고자 하는 경우에 권고적 의견 부여가 부적절하다는 점이 지속 제기되어왔다. 현재 ICJ는 현재 유엔총회의 요청에 따라 차고스(Chagos) 군도를 둘러싼 영국과 모리셔스 간 영토분쟁을 배경으로 1965년에 차고스 군도를 모리셔스로부터 분리한 것의 법적 결과에 대한 권고적 의견을 심리하고 있다. 차고스 군도 권고적 의견 요청에서 가장 문제가 되는 선결적 쟁점도 바로 이 동의 원칙의 문제라고 할 수 있다. ICJ는 권고적 의견 부여가 분쟁을 사법적으로 해결하는 실질적 결과를 가져오는 경우에는 이를 거부해야 함을 인정하면서, 권고적 의견 부여가 동의관할권 원칙을 회피해서는 아니 된다고 판시해왔다. 다만, ICJ는 이 원칙의 실제 적용에 있어서는 극히 소극적인 입장을 보이고 있다. 해당 사안이 유엔에 있어서 직접적이고 첨예한 관심사라면 단지 이 문제가 양자간 분쟁 사안이라는 사유만으로 권고적 의견 부여를 거부할 수 없다고 보기 때문이다.

차고스 군도 권고적 의견 심리과정에서 영국은 차고스 군도를 둘러싼 영국과 모리셔스간 영토주권 분쟁이 존재하며 영국이 이 분쟁의 재판회부에 동의하지 않고 있다는 점이 권고적 의견 요청을 거부해야할 강력한 사유가 된다고 주장한다. 이에 반해 모리셔스는 유엔총회의 직접적 관심사인 탈식민 문제를 다루는 데 필요한 법적 지침 제공이 목적이며, 단지 양국간 분쟁 사안이라는 이유만으로 권고적 의견 요청을 거부할 수는 없다고 지적하면서 동의 원칙이 우회되었다고 볼 수 없다는 논리를 제시한다. 한국 정부가 제출한 서면의견은 동의 원칙과 관련하여 권고적 의견 요청을 거부해야할 강력한 사유가 존재한다고 볼 수 있는 세 가지의 예시적 기준을 제안하고 있다. 첫째는 권고적 의견의 목적(object), 둘째는 핵심쟁점 또는 핵심사안(subject matter), 셋째는 배타적 권리 문제에 대한 법원 고유의 사법적 기능(inherent judicial function)에 대한 것이다. 한국 서면의견이 제시한 예시적 기준은 유엔 활동에 대한 법적 자문 제공이라는 권고적 의견 제도의 본래 목적과 사법기관으로서 ICJ의 고유 기능 간에 적절한 균형을 찾기 위한 현실적 고려에 근거하여, 국제사법체제의 신뢰 제고에 도움을 줄 수 있는 실용적 가이드로서 제시되었다. 이 서면 의견은 한국 정부가 ICJ의 절차에 참여하여 제출한 사상 최초의 법적 의견서라는 점에서 의미가 있다. 향후 ICJ가 차고스 군도 권고적 의견 요청에 대해 어떤 식으로든 최종적 결론을 내리게 된다면 이는 현대 국제법의 발전에 다양한 함의를 갖게 될 것으로 예상되는바, 이 사건에 계속 관심을 갖고 다양한 후속 연구를 통해 토의해 보아야 할 것으로 생각된다.

유사 문제

01 국제사법재판소의 설립에 대한 설명으로 잘못된 것은?

① 국제연합의 주요한 사법기관으로서 국제연합헌장에 의하여 설립되었다
② 재판관은 법률가 중에서 국적에 따라 선출되는 독립적 재판관의 일단으로 구성된다.
③ 재판소는 15인의 재판관으로 구성된다.
④ 2인 이상이 동일국의 국민이어서는 아니된다.

정답 ②
해설 재판관은 법률가 중에서 국적에 관계없이 선출되는 독립적 재판관의 일단으로 구성된다.

02 ICJ의 재판관에 대한 설명으로 타당하지 않은 것은?

① 재판소에서 재판관의 자격을 정할 때 2 이상의 국가의 국민으로 인정될 수 있는 자는 그가 선택하는 국가의 국민으로 본다.
② 재판소의 재판관은 총회 및 안전보장이사회가 선출한다.
③ 재판소규정의 당사국이지만 국제연합의 비회원국인 국가가 재판소의 재판관 선거에 참가할 수 있는 조건은 안전보장 이사회의 권고에 따라 총회가 정한다.
④ 어떠한 국별 재판관단도 4인을 초과하여 후보자를 지명할 수 없으며, 그중 3인 이상이 자국국적의 소유자이어서도 아니된다.

정답 ①
해설 재판소에서 재판관의 자격을 정할 때 2 이상의 국가의 국민으로 인정될 수 있는 자는 그가 통상적으로 시민적 및 정치적 권리를 행사하는 국가의 국민으로 본다.

14

세계무역기구 분쟁해결절차에 대한 설명으로 옳지 <u>않은</u> 것은?

① 세계무역기구 회원국은 다른 회원국의 세계무역기구 협정 위반에 해당하지 않는 조치의 적용에 대해서는 제소할 수 없다.
② 패널은 보고서의 최종 채택 전에 잠정보고서를 분쟁당사국에 회람하고 최종보고서 단계에서 당사국의 의견을 참작한다.
③ 패널 설치일로부터 20일 이내에 패널위원 구성에 대한 합의가 이루어지지 않는 경우, 일방 당사국의 요청에 의해 세계무역기구 사무총장이 분쟁해결기구 의장 등과 협의를 거쳐 임명한다.
④ 분쟁해결기구가 보고서를 채택한 뒤에 패소국은 판정을 즉각적으로 이행하지 않고 이행유예를 받을 수도 있다.

정답 ①

해설 세계무역기구 회원국은 다른 회원국의 세계무역기구 협정 위반에 해당하지 않는 조치의 적용에 대해서 비위반제소를 제기할 수 있다.
DSU 제26조는 GATT 제23조(79)제1항b호의 비위반제소(non-violation complaints)와 제23조 제1항c호의 상황제소(situation complaints)와 관련 발동요건을 구체화 하고 있다. 제26조 제1항은 패널 또는 상소기구는 일방 분쟁당사자가 특정 회원국의 조치의 결과로 인하여 자기나라에 발생하는 이익이 무효화 또는 침해되고 있다고 간주하거나, 동 대상협정의 목적달성이 저해되고 있다고 간주하는 경우에는 해당 조치의 협정위배 여부에 관계없이 GATT 제23조 제1항b호에 의해 판정 및 권고를 내릴 수 있다고 규정하고 있다.

관련 이론

WTO 분쟁해결규칙 및 절차에 관한 양해

Ⅰ. 협상배경
1. 현행 GATT상에서 제22조 및 제23조 등 분쟁해결 절차가 규정되어 있으나, 일부 경제대국의 경우, GATT 규정에 따르기 보다는 강한 경제력 행사를 통해 GATT 밖에서 해결책을 모색하는 사례가 빈발
2. GATT 규정에 의한 분쟁해결 절차를 취하는 경우에도 분쟁처리 기간의 지연, 패널보고서의 채택 및 동 보고서의 효과적 집행의 어려움등으로 GATT의 분쟁해결 기능이 약화
3. 따라서 세계무역의 다자간 원칙을 준수하고 국가간 각종 비관세 조치에 따른 무역분쟁의 증가에 대처하기 위해 분쟁해결 절차의 전반적 개선이 필요하다는 인식에서 "보다 효과적이고 실시가능한 GATT 규칙과 규율의 제정을 위하여 분쟁해결 규칙과 절차의 개선 강화"를 위한 협상에 착수

Ⅱ. 주요 내용
1. 협정문의 구성 : 총 27개조 및 4개의 부록으로 구성
2. 적용범위 (제1조 및 부록 1, 2)
   ① WTO 설립 협정 및 이에 부속된 다자간 무역협정상의 모든 분쟁해결에 적용
   ② 반덤핑, TBT, 보조금 및 상계조치 협정등에 별도로 규정된 분쟁해결 절차는 본 분쟁해결 양해에 의한 분쟁해결 절차의 특별규정적 성격
   ③ 복수국간 무역협정의 경우 동 협정회원국들이 분쟁해결절차를 결정
   ④ 동 결정에 의하여 WTO 분쟁해결절차의 적용도 가능

3. 분쟁해결기구(Dispute Settlement Body)의 설치 (제2조)
   ① DSB는 패널설치, 패널 및 상소기구 보고서의 채택, 판정 및 권고의 이행 상황 감독, 보복조치에 대한 허가등의 권한을 보유 (* 실질적으로는 WTO 일반이사회가 DSB로 기능)
   ② 의사결정은 컨센서스에 의함
4. 일반규정 (제3조)
   ① 분쟁해결 제도의 목표는 분쟁에 대한 긍정적 해결책의 확보, 따라서 상호 수락할 수 있는 해결책이 선호되어야 함
   ② 상호 합의된 해결책이 없을 경우 협정에 부합하지 않는 조치의 철회가 분쟁해결제도의 첫번째 목표, 그러한 조치의 즉각적인 철회가 어려울 경우 잠정조치로서 보상을 제공, 관련 협정상의 양허나 기타의무의 정지는 최후의 구제수단
   ③ 본 양해는 세계무역기구의 발효일 이후에 이루어진 새로운 협의 요청에 대해서만 적용
   ④ 세계무역기구 발효일 이전에 협의요청이 이루어진 분쟁의 경우 과거의 분쟁해결절차 적용
5. 협의 (제4조)
   ① 협의 요청이 있을때는 10일이내에 동 요청에 답변하고 30일이내에 협의 개시
   ② 타방의 협의거부 또는 60일이내 분쟁해결 실패시 패널 설치 요구가능
   ③ 제3국이 협의참여 희망시 10일이내에 동 의사를 협의당사국 및 DSB에 통고
6. 주선, 조정 및 중개 (good offices, conciliation and mediation) (제5조)
   주선, 조정 및 중개는 분쟁당사국이 합의할 경우 시간에 구애됨이 없이 분쟁해결절차의 전기간에 걸쳐 자발적으로 개시 · 종료 가능
7. 패널 (제6조~제16조)
   ① 패널의 설치
   ② DSB에 패널 설치요청이 상정되면 패널설치가 consensus에 의해 부결되지 않는 한 패널설치
   ③ 패널은 5인으로 구성키로 합의되지 않는한 3인으로 구성
      ㉠ 사무국이 패널위원의 지명을 제안하며, 분쟁 당사국은 불가피한 사유(compelling reasons)가 없는 한 동 지명 수락의무
      ㉡ 선진국과 개도국간 분쟁시 개도국이 요청하는 경우 패널위원중 적어도 1인은 개도국 인사를 포함
   ④ 패널 설치후 20일이내에 패널 위임사항(terms of reference) 설정
   ⑤ 이해관계가 있는 제3국은 패널에 참여, 의견을 제시할 기회를 보유
   ⑥ 제소국이 다수일 경우에도 단일패널 설치 가능
   ⑦ 패널절차
      ㉠ 분쟁당사자가 상호 만족할만한 해결책을 강구하는 데 실패하는 경우, 패널은 조사결과를 서면보고서로 분쟁해결기구에 제출
      ㉡ 패널조사는 패널 구성 및 위임 사항등에 관한 합의시점으로부터 최종보고서가 분쟁당사국에 제시되는 시점까지 원칙적으로 6개월 초과 불가
      ㉢ 긴급한 경우 3개월내에 완료되어야 하며, 불가피하게 연기되는 경우에도 9개월 초과 불가
      ㉣ 패널조사 과정에서 과학적.기술적 사안에 관한 검토를 위해 전문가 검토 그룹의 보고 청취
      ㉤ 패널심의는 비공개로 함
      ㉥ 패널은 최종보고서 제출이전 분쟁당사국에 잠정 보고서를 제시, 일정기간내 견해 표명기회를 부여 (잠정 검토단계 설정)
   ⑧ 패널 보고서의 채택
      ㉠ DSB는 회원국에 패널 최종보고서를 배부하고 20일이상 검토기간 부여
      ㉡ 일방 당사국이 DBS에 공식적으로 상소의사를 통보하거나 DSB가 consensus에 의해 패널 보고서를 채택하지 않기로 결정하지 않는 한, 동 보고서는 배부일로부터 60일이내에 자동 채택
8. 상소심의 (제17~19조)
   ① 상소 업무를 관장하는 상설 상소기구(Appellate Body)를 설치
      7인으로 구성하며, 그중 3인이 특정사안을 심의
   ② 제3국이 아닌 분쟁당사국 일방만이 패널의 결정에 대해 상소 가능
   ③ 상소는 패널보고서상의 법률문제 및 패널에서 제기된 법률 해석에만 국한
   ④ 일반 당사국에 의한 상소의사의 공식 통보일로부터 상소기구에 의한 판정일까지는 원칙적으로 60일을 초과할 수 없으며, 어떠한 경우에도 90일 초과 불가
   ⑤ 상소기구 보고서는 DSB가 채택하지 않을 것을 consensus에 의해 결정하지 않는 한 회원국들에게 배포된 후 30일이내에 자동 채택(분쟁당사국은 동 보고서를 무조건 수락해야 함

9. 분쟁해결기구의 결정시한 (제20조)

    원칙적으로 패널설치일로부터 패널 또는 상소보고서의 채택을 심의하기 까지는 상소하지 않는 경우 9개월, 상소하는 경우에는 12개월 초과 불가

10. 권고 및 판정의 이행 (제21조)

    ① DSB의 패널·상소기구 보고서 채택후 30일이내에 분쟁당사국은 권고 및 결정의 이행의사를 통보, 필요시 합리적 이행기간의 제시는 가능하나 패널 설치일로 부터 이행기간 종결까지 원칙적으로 15개월 초과 불가

    ② DSB는 채택된 권고나 결정의 이행을 계속해서 감시할 의무 부담

11. 보복조치 (보상 및 양허의 정지) (제22조)

    ① 보상 및 양허나 기타 의무의 정지는 권고 및 결정사항이 이행되지 않을 경우 DSB의 승인을 받아 취할 수 있는 임시조치

    ② DSB는 제소국의 요청을 기각할 것을 consensus에 의해 결정하지 않는 한 합리적 이행기간의 종료후 30일이내에 이를 승인할 의무 부담

    ③ 보복은 동일한 분야에 우선적으로 적용하고 침해수준과 동등한 수준으로 적용, 동일분야 적용이 비현실적이거나 효과적이지 못한 경우 여타 분야에도 적용 가능 (cross retaliation 허용)

12. 다자간체제의 강화 (제23조)

    회원국이 관련 협정상의 의무위반이나 이익침해등의 행위를 시정하고자 할때 본 양해상의 분쟁해결 규칙과 절차를 따를 것을 의무화(회원국의 일방적 조치의 억제)

13. 중재(Arbitration) (제25조)

    분쟁당사국의 상호 합의하에 중재의뢰 허용

14. 협정상의 규정을 위반하지 않은 사안에 대한 분쟁 (제26조)

    협정상의 규정을 위배하지 않은 특정조치로 인한 분쟁의 경우 패널이나 상소 기구는 관련 회원국에게 상호만족할 만한 조정 (mutually satisfactory adjustment)을 하도록 권고

15. 최빈 개도국에 대한 특별절차 (제24조)

    분쟁해결 절차의 모든 단계에서 최빈 개도국의 특수상황을 특별히 고려하고 제소국은 보상, 양허의 정지, 기타 의무적용의 정지요청을 자제

Ⅲ. 평가

1. WTO 협정의 실질적인 이행을 보장할 수 있는 준사법적 분쟁해결 절차가 도입됨으로써 신속하고 효율적인 법적 구제수단 확보 가능. UR 협상의 가장 중요한 성과중의 하나임. 특히 아래 사항이 긍정적인 협상 결과로 평가

    ① WTO/다자간 무역협정하에서 발생하는 모든 분쟁을 관할

    ② 분쟁해결 절차의 단계별 시한을 설정함으로써 신속하고 효율적인 패널진행 및 판정에 따른 권고의 신속한 이행 확보

    ③ 패널보고서의 자동 채택으로 절차진행 방해를 목적으로 하는 지연 행위를 봉쇄하되, 상소제도를 도입하여 패널보고서의 자동 채택으로 인한 패소국의 권익 보호

    ④ 일방적 조치가 억제됨으로써 주요강대국의 일방적 보복수단을 쌍무간 협상 압력수단으로 활용할 여지를 축소

2. 기존 GATT 협정상 산재되어 있는 분쟁해결 절차 규정이 통일되어 통합분쟁해결절차가 마련됨으로써 패널 관할권 결정문제로 발생되는 forum shopping (해당 패널 선정을 위한 불필요한 노력) 폐해를 방지하게 되었으며, 상설적인 분쟁해결기구가 신설됨으로써 분쟁 해결의 모든 절차를 원활히 수행하고 패널보고서를 효과적으로 집행 가능

유사 문제

01 GATT 1947년 체제의 특징으로 적절하지 <u>않은</u> 것은?

① 협정의 가입은 국가의 선택으로 결과적으로 소수국가만 가입했다.
② 상품무역, 특히 공산품 무역 분야에 한정되어 있었다.
③ 법인격의 성격이 부여되었다.
④ 패널보고서의 채택이 Positive consensus 방식이라 비효율적이다.

정답 ③
해설 법인격이 아니다.

02 WTO(법적 기구)가 GATT(잠정적 기구)와의 비교로 적절하지 <u>않은</u> 것은?

① 단일화된 법적 체제 면에서 WTO는 설립협정에 근거하여 만들어진 기구이다.
② 시장접근에 있어서 법적 구조의 단일화되어 있다.
③ 협정의 직접적용이 허용되어 있다.
④ 분쟁해결 상설 기구가 설립되지 않았다.

정답 ④
해설 1995년 1월 세계무역기구(WTO) 출범과 함께 설치된 분쟁해결 상설 기구. GATT 체제 하에서 미국의 슈퍼 301조 등 강대국의 일방적 보복수단 때문에 불공정 무역행위를 당했던 국가들에게 분쟁의 원활한 해결을 돕도록 설치됐다. 3~5인으로 구성된 패널을 설치, 회원국의 제소시 DSB는 분쟁 당사자들에게 우선 화해 중지를 요청할 수 있다. 또 분쟁의 해결절차가 지연되는 것을 막기 위해 단계별 종료시한을 명확히 규정하고 패널 보고서를 자동 채택토록 했다. 특히 DSB는 기구내에 상소제도를 도입, 패소국에 항변기회를 제공한 것이 특징이다. 이와 함께 분쟁 발생분야가 아닌 다른 부문에서의 보복도 가능토록 했다.
① 분쟁해결기구를 통해 준사법적 기능을 갖는다는 점, ② 단순한 협정이 아닌 정식 국제기구로 많은 하위기구를 두어 지속적으로 국제규범을 관장한다는 점, ③ 의사결정방식으로 GATT의 만장일치방식이 아닌 다수결 원칙이 도입되어 신속한 합의도출이 가능하게 된 점이다.

15

「관세와 무역에 관한 일반협정(GATT)」의 비차별원칙에 대한 설명으로 옳지 않은 것은?

① 내국민대우원칙에 따르면, 동종상품 이외에도 국내 상품과 직접적인 경쟁 관계에 있거나 대체가능한 상품과의 차별도 금지된다.
② 세계무역기구 회원국이 다른 회원국 중 어느 한 회원국에만 동종상품에 대해 특혜를 부여한 경우에는 GATT 제1조 최혜국대우 의무 위반이 성립되지 않는다.
③ 내국민대우원칙에 따르면, 수입품에 유리한 대우를 부여하는 것은 허용된다.
④ 내국민대우원칙은 국내적 보호조치를 국경에서의 통제로 한정함으로써 수입품에 대해 효과적인 경쟁기회를 부여한다.

정답 ②

해설 어느 한 회원국에게 대해서만 특혜를 부여한다면 GATT 제1조 최혜국대우의무에 위반된다.
"WTO 회원국의 상품이 다른 회원국에 수입될 경우 수입국내의 동종상품(likeproducts)에 부여된 대우 보다 덜 유리한 대우(less favourabletreatment)를 받아서는 아니 되며, 이러한 의무는 수입품의 국내판매, 판매를 위한 제공, 구매, 운송, 소비를 위한 분배 또는 사용에 영향을 미치는 모든 법규 및 요건(alllaw, regulationsandrequirements)에 관하여 적용된다"고 규정하고 있다.

관련 이론

1. 차별 없는 교역
   ① 모든 국가를 동등하게 대우하는 최혜국대우(MFN)
      ㉠ WTO협정하에서는 국가들이 일반적으로 교역상대국들을 차별할 수 없음. 특정국가에 대해 특혜(예를 들어, 특정국가의 상품에 대해 낮은 관세를 부과하는 것 등)를 부여한다면, 다른 모든 WTO회원국에게도 그와 동등하게 대우해야 하는데, 이것이 최혜국대우(MFN : Most-Favored Nation)원칙임. 최혜국대우 원칙은 서비스교역에 관한 일반협정(GATS)(제2조) 및 무역관련 지적재산권협정(TRIPs)(제4조)에서도 중요한 원칙임.
      ㉡ 최혜국대우 원칙에는 몇 가지 예외가 허용되고 있는데, 예를 들어 특정 지역내에 있는 국가들은 자유무역협정을 체결하여 그 지역 밖에서 수입되는 상품에는 최혜국대우 원칙을 적용하지 않을 수도 있음. 또한 불공정하게 교역되고 있다고 판단되는 특정국가로부터 수입 상품에 대해서 무역장벽을 높일 수도 있음.
      ㉢ 서비스 분야에서도 제한된 상황에서 차별이 허용되지만, WTO 협정문에서는 그와 같은 예외를 엄격한 조건하에서만 허용하고 있음.
      ㉣ 일반적으로, 최혜국대우는 어느 국가가 무역장벽을 낮추거나 시장을 개방할 때에는 부국이거나 빈국이거나 또는 약소국이거나 강대국이거나에 관계없이 항상 모든 교역상대국으로부터 수입되는 동일한 상품이나 서비스에 대해 같은 대우를 한다는 것을 의미함
   ② 내국민대우
      ㉠ 최소한 외국상품이 국내시장에 수입된 이상 수입품과 국내생산품은 동등하게 취급되어야 함. 이와 같은 원칙은 외국과 국내의 서비스, 상표, 저작권 및 특허권에 대해서도 똑같이 적용됨. 내국민대우원칙(외국의 것을 국내의 것과 동등하게 취급한다는 원칙)도 역시 협정마다 약간씩의 차이는 있지만 WTO협정(GATT 제3조, GATS 제17조, TRIPs 제3조)에 각각 규정되어 있음
      ㉡ 내국민대우는 상품, 서비스 혹은 지적재산권 항목이 국내시장에 진입했을 경우에만 부여됨. 따라서 수입품에 대해 관세를 부과하는 것이 비록 국내생산품에 대해 동등한 조세가 적용되지 않더라도 내국민 대우원칙에 위배되는 것은 아님

2. 보다 자유로운 교역 : 협상을 통한 점진적 자유화
① 교역장벽을 낮추는 것은 국제교역을 증대시키는 가장 확실한 수단임. 국제교역의 장벽으로는 관세(또는 통관부과금) 및 선별적으로 수량을 제한하는 수입금지나 쿼터와 같은 조치가 해당됨.
② GATT 창설이래 8차의 다자간 협상이 있었는데, 초기에는 수입품에 대한 관세인하에 초점이 맞추어졌음. 이러한 협상결과 1980년대 후반까지 공산품에 대한 선진국의 관세율은 약 6.3%까지 지속적으로 인하되었음
③ 1980년대에는 상품에 대한 비관세장벽뿐만 아니라 농산물, 서비스 및 지적재산권 같은 새로운 분야까지 협상의 대상이 되었음

유사 문제

01 WTO의 성과로 옳지 않은 것은?
① 분쟁해결제도가 정착되어 있어 WTO체제는 더욱 발전된 세계무역규범을 구성한다.
② 공업상품의 관세 인하, IT 상품에 대해 주요국간 관세 인하, 세계적인 자유화의 촉진에 기여했다.
③ 매년, 개최되는 각료회의를 통해 미결사항과 새로운 과제에 대응해 오고 있다.
④ 도하각료회의인 2001년 11월에 중국의 가입을 승인하였고 러시아 2011년에 가입하게 되었다.

정답 ③
해설 격년으로 개최된 각료회의를 통해 미결사항과 새로운 과제에 대응해 오고 있다.

02 WTO의 법적 지위로 옳지 않은 설명은?
① 설립 초기, 1991년 1월 제시된 둔켈 초안에서 다자간 무역기구(MTO)의 설립안이 포함되었다.
② WTO의 기능 수행에 필요한 범위에서 특권과 면제 인정받는다.
③ 전문기구의 특권과 면제에 관한 협약보다 그 기능이 강화되어 있다.
④ WTO는 UN의 전문기구가 아니다.

정답 ③
해설 전문기구의 특권과 면제에 관한 협약과 유사해야 한다.
GATT 체제는 당초 잠정적으로 채택된 데다, 많은 예외규정을 두고 있어 국제협정으로서의 법적 구속력이 제한됨에 따라, 경제강대국의 불공정한 무역행위를 효율적으로 규제하는 데에는 한계를 보였다. 따라서 1986년에 시작된 우루과이라운드(UR) 협상은 GATT 체제의 제반 문제점을 해결하고, 이 체제를 다자간 무역기구로 발전시키는 작업을 UR의 교섭과제로 채택한 이후, 수년간의 토의를 거쳐 1991년 1월 제시된 둔켈 초안에서 다자간 무역기구(MTO)의 설립안이 포함되었다.
당초 미국은 자국의 통상분야에서의 주권침해 가능성을 우려하여 MTO 설립을 반대했으나, 유럽연합(EU)과의 최종협의 과정에서 이 기구의 설립에 합의했으며, 같은해 12월 15일 최종 무역협상위원회(TNC)에서 미국이 이 기구의 명칭을 세계무역기구로 변경할 것을 수정 제안하여 채택된 이후, 1995년 1월에 공식 출범했다.

16

「해양법에 관한 국제연합협약」의 공해에 관한 규정으로서 배타적 경제수역에 적용되지 <u>않는</u> 것은?

① 공해상 군함의 면제
② 공해상 과학조사의 자유
③ 해적행위 진압을 위한 협력의무
④ 평화적 목적을 위한 공해의 보존

정답 ②

해설 공해상 과학조사의 자유는 배타적 경제수역(EEZ)에서는 원칙적으로 허용되지 아니하므로 연안국의 동의를 받아야 한다.
- EEZ에 대한 연안국의 권리는 연안국이 실제로 EEZ를 주장 혹은 선포했을 때에만 존재한다. 이에 반해 대륙붕에 대한 연안국의 권리는 "점유 또는 선포에 의존함이 없이" 단지 법의 작용에 의하여 갖는다. 이를 '타고난/고유의 권리'라 한다.
- EEZ는 사실상 배타적 어업수역과 대륙붕을 포함하는 넓은 개념으로 연안국은
  - 해저의 상부수역, 해저 및 그 하층토의 생물이나 무생물 등 천연자원의 탐사, 개발, 보존 및 관리를 목적으로 하는 '주권적' 권리와 해수·해류 및 해풍을 이용한 에너지 생산과 같은 이 수역의 경제적 개발과 탐사를 위한 그 밖의 활동에 관한 '주권적 권리'를 가지고
  - 인공섬·시설 및 구조물의 설치와 사용, 해양과학조사 그리고 해양환경의 보호와 보존에 관하여 '관할권'을 가지며
  - 협약에 규정된 '기타의 권리와 의무'를 갖는다.
- 다른 국가들에 관한 한 EEZ는 부분적으로 공해로서의 성격도 갖는다. 즉, 모든 국가는 EEZ에서 "항행·상공비행의 자유, 해저전선 및 관선 부설의 자유, 이들 자유와 관련된 기타 국제적으로 합법적인 바다의 사용"을 향유한다.

관련 이론

유엔해양법협약 제58조(배타적경제수역에서의 다른 국가의 권리와 의무)
1. 연안국이거나 내륙국이거나 관계없이, 모든 국가는, 이 협약의 관련규정에 따를 것을 조건으로, 배타적경제수역에서 제87조에 규정된 항행·상공비행의 자유, 해저전선·관선부설의 자유 및 선박·항공기·해저전선·관선의 운용 등과 같이 이러한 자유와 관련되는 것으로서 이 협약의 다른 규정과 양립하는 그 밖의 국제적으로 적법한 해양 이용의 자유를 향유한다.
2. 제88조부터 제115조까지의 규정과 그 밖의 국제법의 적절한 규칙은 이 부에 배치되지 아니하는 한 배타적경제수역에 적용된다.
3. 이 협약상 배타적경제수역에서 권리행사와 의무를 이행함에 있어서, 각국은 연안국의 권리와 의무를 적절하게 고려하고, 이 부의 규정과 배치되지 아니하는 한 이 협약의 규정과 그 밖의 국제법규칙에 따라 연안국이 채택한 법령을 준수한다.

제73조(연안국법령의 시행)
1. 연안국은 배타적경제수역의 생물자원을 탐사·개발·보존 및 관리하는 주권적 권리를 행사함에 있어서, 이 협약에 부합되게 채택한 자국법령을 준수하도록 보장하기 위하여 승선, 검색, 나포 및 사법절차를 포함하여 필요한 조치를 취할 수 있다.
2. 나포된 선박과 승무원은 적절한 보석금이나 그 밖의 보증금을 예치한 뒤에는 즉시 석방된다.
3. 배타적경제수역에서 어업법령 위반에 대한 연안국의 처벌에는, 관련국간 달리 합의하지 아니하는 한, 금고 또는 다른 형태의 체형이 포함되지 아니한다.

자국법인 「EEZ에서의 외국인 어업에 관한 법률」에서 주장되는 위반행위에 대해 징역형을 부과하는 것은 "유엔해양법협약"을 위반한 것이다. 가네울이 EEZ가 아닌 공해에서의 조업을 이유로 선장에게 징역형을 부과한 것은 가네울에 관할권이 없는 행위에 대한 것으로, 그 자체로 위법할 뿐 아니라 가네울이 공해상의 행위를 자국법에 따른 EEZ에서 행해진 것으로 취급한다 하더라도, 「유엔해양법협약」 제73조 제3항의 '금고 또는 다른 형태의 체형이 포함되지 아니한다.' 규정을 위반한 것이다.

제87조(공해의 자유)
1. 공해는 연안국이거나 내륙국이거나 관계없이 모든 국가에 개방된다. 공해의 자유는 이 협약과 그 밖의 국제법규칙이 정하는 조건에 따라 행사된다. 연안국과 내륙국이 향유하는 공해의 자유는 특히 다음의 자유를 포함한다.
   (a) 항행의 자유
   (b) 상공비행의 자유

(c) 제6부에 따른 해저전선과 관선 부설의 자유
(d) 제6부에 따라 국제법상 허용되는 인공섬과 그 밖의 시설 건설의 자유
(e) 제2절에 정하여진 조건에 따른 어로의 자유
(f) 제6부와 제13부에 따른 과학조사의 자유

2. 모든 국가는 이러한 자유를 행사함에 있어서 공해의 자유의 행사에 관한 다른 국가의 이익 및 심해저활동과 관련된 이 협약상의 다른 국가의 권리를 적절히 고려한다.

「유엔해양법협약」과 「공해어업협정」의 가입국으로 동 협약과 협정에 따라 지역수산기구의 보존 및 관리조치에 협력하여야 하고, 지역수산기구는 해당 보존 및 관리조치를 비회원국에도 적용할 수 있다. 그런데 인근 공해는 "A국의 지역수산기구"의 관할이고, "B 지역수산기구"는 오직 회원국에 처벌 및 단속권한을 부여하고 있어, 비회원국은 처벌 및 단속권한을 가지지 않는다고 봐야 할 것이다. EEZ에 진입한 어선을 정선시켜 승선·검색을 시도한 행위는 「유엔해양법협약」 상의 항행의 자유를 침해한 행위이다.

제111조(추적권)

1. 외국선박에 대한 추적은 연안국의 권한있는 당국이 그 선박이 자국의 법령을 위반한 것으로 믿을 만한 충분한 이유가 있을 때 행사할 수 있다. 이러한 추적은 외국선박이나 그 선박의 보조선이 추적국의 내수·군도수역·영해 또는 접속수역에 있을 때 시작되고 또한 추적이 중단되지 아니한 경우에 한하여 영해나 접속수역 밖으로 계속될 수 있다. 영해나 접속수역에 있는 외국선박이 정선명령을 받았을 때 정선명령을 한 선박은 반드시 영해나 접속수역에 있어야 할 필요는 없다. 외국선박이 제33조에 정의된 접속수역에 있을 경우 추적은 그 수역을 설정함으로써 보호하려는 권리가 침해되는 경우에 한하여 행할 수 있다.
2. 추적권은 배타적경제수역이나 대륙붕(대륙붕시설 주변의 안전수역 포함)에서 이 협약에 따라 배타적경제수역이나 대륙붕(이러한 안전수역 포함)에 적용될 수 있는 연안국의 법령을 위반한 경우에 준용한다.
3. 추적권은 추적당하는 선박이 그 국적국 또는 제3국의 영해에 들어감과 동시에 소멸한다.

유사 문제

01 1982년 UN해양법협약의 특징으로 옳지 않은 것은?

① 미국 등 선진국의 반대로 개발이 추진되지 못하였으며, 선진국들은 이행협정을 제정하는 데 성공함으로써 인류의 공동유산적 성격을 약화시키고 상업적 성격을 강화시켰다.
② 영해의 폭을 12해리까지 확대할 수 있다.
③ 대륙붕 수역을 설정하여 여러 가지 자원관할을 통합하였다.
④ 군도수역을 설정하여 군도국가의 이익을 도모하였다.

정답 ③
해설 배타적 경제수역을 설정하여 여러 가지 자원관할을 통합하였다.

02 1958년 제네바(Geneva)해양법회의에서 채택된 협약에 포함되지 않은 것은?

① 영해 및 접속수역
② 공해
③ 공해상의 어업 및 생물자원의 보존
④ 심해저

정답 ④
해설 1958년 대륙붕협약이 체결되었다.

17

섬과 관련한 국제 판결 및 판정에 대한 설명으로 옳지 않은 것은?

① 멩끼에와 에크레오(Minquiers and Ecrehos) 사건 판결에서는 영유권 문제를 지리적 근접성이 아니라 각종 증거로부터 뒷받침되는 실효적 지배를 기준으로 다루었다.
② 페드라 브랑카(Pedra Branca) 사건 판결에서는 섬이 말레이시아에 지리적으로 가깝지만, 싱가포르가 등대와 해상사고, 방문자 등을 관리한 것을 실효적 지배의 증거로 보고 싱가포르에 영유권이 있다고 밝혔다.
③ 리기탄과 시파단(Ligitan & Sipadan) 사건 판결에서는 영유권 확인의 결정적 요소인 실효적 지배의 증거로 정부의 공무 행위와 함께 사인의 행위가 동등하게 인정될 수 있다고 밝혔다.
④ 남중국해(South China Sea) 사건 중재판정에서는 배타적 경제수역을 가질 수 있는 섬인지를 판단할 수 있는 일정한 구체적 기준을 명시적으로 밝혔다.

정답 ③

해설 리기탄과 시파단(Ligitan & Sipadan) 사건 판결에서 공무적 행위는 인정되나 사인의 행위는 실효적 지배의 증거로 인정될 수 없다고 하였다. 즉, 인도네시아 어부들이 동 섬 인근에서 조업을 한 것을 동 섬에 대한 지배의 증거로 인정할 수 없다고 하였다.

* **판례 : Sovereignty over Pedra Branca/Pulau Batu Puteh, Middle Rocks and South Ledge 사건**
  ICJ는 19세기 초반에는 말레이시아가 분명히 시원적 권원을 가지고 있었으나 싱가포르 당국이 1953년 조호르 정부로부터 "Pedra Branca에 대한 소유권을 주장하지 않는다."는 답신을 받은 후 주권자의 자격으로 행한 행위들에 대해 반응을 보이지 않음으로 인하여 분쟁이 구체화된 1980년에 이르러서는 이 섬은 "이미 싱가포르로 넘어간 뒤였다."고 판시한 바 있다.

* **판례 : Sovereignty over Pulau Ligitan and Pulau Sipadan 사건(2002년)**
  두 개의 작은 섬에 대한 인도네시아와 말레이시아간의 분쟁으로 ICJ는 말레이시아의 거북보존포고령과 조류보호지구로 지정된 사실에 주목 "이름이 명시된 영토에 대한 권한의 규제적·행정적 주장으로 보아야 한다."고 판시하였다.

관련 이론

해양법 협약상 섬의 지위

1958년 해양법 체제에 따르면 바위섬도 섬에 해당되며 섬은 대륙붕을 가지기 때문에 바위섬은 그 자체의 대륙붕을 갖는다 이런 해석은 1958년대 륙붕협약에 규정된 대륙붕의 법적 정의를 감안할 때 큰 문제가 되지는 않았다. 대륙붕협약 제1조에서 대륙붕은 영해 수역의 외측으로 해안에 연접한 해저 해상과 하층토로서 수심 200m에 이르는 지역과 이러한 수심을 초과하더라도 이 지역의 천연자원의 개발이 가능한 수심까지의 해저지역의 해상과 하층토를 포함한다 고 규정하고 있으므로 대륙붕은 수심 및 개발가능성을 기준으로 외측한계가 측정된다. 예를 들어 태평양의 경우 평균수심이 4,000m를 넘는 것을 감안하면 대양 가운데 위치한 소도나 바위섬의 경우 그 당시 널리 인정되던 해리 영해를 기준으로 할 때 그 너머의 바다가 수심
200m. 기준을 충족하기는 어려울 것이다 따라서 현실적으로 대륙붕 창설능력을 가진 섬의 종류를 제한할 필요성이 크지 않았다. 하지만 제3차 해양법회의에서는 기선으로부터 200해리까지 대륙붕이 인정되고 새로이 도입된 개념인 배타적경제수역도 기선으로부터 해리를 기준으로 하므로 섬의 유형에 따라 배타적경제수역과 대륙붕 창설능력에 차등을 둘 필요성에 대한 논의가 현실적인 문제가 되었다 왜냐하면 대양의 소도나 바위섬이 광범위한 해양수역을 가지는 경우가 생길 수 있기 때문이다. 소도나 바위섬이 영해와 접속수역 이외의 해양수역을 가질 수 있는지 여부에 대해 싱가포르 덴마크 트리니다드 토바고 루마니아 아프리카 국가들은 인류 전체를 위해서는 국가 관할권 밖의 해양공역을 최대한 보존해야 한다고 주장하였고, 사이프러스 그리스 태평양의 섬국가들은 연안국의 국가관할권을 최대한 인정하자는 입장을 표명하였다. 논의 끝에 해양법협약 제 UN 121조 제3항은 인간이 거주할 수 없거나 독자적인 경제생활을 유

지할 수 없는 바위섬은 배타적경제수역이나 대륙붕을 가지지 아니한다고 규정하게 되었다 결과적으로 1958년 해양법 체제와는 달리 해양법협약은 섬의 해양수역 창설능력에 대해 바위섬의 경우에는 부분적으로 예외를 인정하게 되었다. 해양법에서 섬의 지위가 문제되는 것은 일부 바위섬이 배타적경제수역이나 대륙붕을 가질 수 없기 때문이다 해양법협약 제121조 제3항에서는 인간의 거주 및 독자적인 경제생활 요건을 기준으로 바위섬이 배타적경제수역이나 대륙붕을 가질 수 있는지 여부를 결정하고 있다 따라서 일반적인 섬과 구별되는 바위섬이 무엇이고 인간이 거주할 수 없거나 독자적인 경제생활을 유지할 수 없다는 것이 무엇을 의미하는가라는 문제가 생긴다. 또한 섬의 지위에 대한 깊이 있는 국제법적 검토가 요구되는 이유는 독도가 섬의 지위를 갖는지 여부가 한 일간 해양경계획정시 중요한 고려 요소가 되기 때문이다.

유사 문제

01 국제법 상 해역에 대한 설명으로 옳지 않은 것은?

① 군도수역을 규정함으로써 군도국가의 이익을 도모하였다.
② 배타적 경제수역과 심해저제도를 규정하였다.
③ 접속수역의 외측한계를 영해기선으로부터 24해리까지로 확대하였다.
④ 심해저개발은 국제적으로 관리되므로 자유개발이 허용되지 아니한다.

정답 ④
해설 심해저개발은 국내법상으로 관리되므로 자유개발이 허용된다.

02 국제법상 섬에 대한 설명으로 타당하지 않은 것은?

① 국제해협에서의 통과통항권은 항공기의 통항도 포함된다.
② 암석(Rocks)은 배타적 경제역과 대륙붕은 갖으나, 영해와 접속수역은 가지지 아니한다.
③ 군함이 영해의 통항에 관한 연안국의 법령을 준수하지 않고, 연안국의 준수요청도 무시하는 경우에 연안국은 그 군함을 영해로부터 즉각 퇴거하도록 요구할 수 있다.
④ 원칙적으로 연안국은 내수에서 외국선박에 대해 무해통항권을 보장할 의무가 없다.

정답 ②
해설 암석(Rocks)은 배타적 경제역과 대륙붕은 갖지 않으나, 영해와 접속수역은 가진다.

18

「달과 기타 천체를 포함한 외기권의 탐색과 이용에 있어서의 국가 활동을 규율하는 원칙에 관한 조약」에 따른 우주 활동에 대한 설명으로 옳은 것은?

① 외기권에서 채굴하여 지구로 반입된 희토류는 채굴 국가가 조약에 근거하여 전용할 수 있다.
② 우주 사업자의 우주 활동은 조약의 관련 당사국의 인증과 계속적 감독을 받는다.
③ 조약 당사국은 우주의 평화적 이용을 위하여 지구 주변 궤도에 핵무기를 비롯한 모든 종류의 무기를 배치할 수 없다.
④ 외기권에 발사한 민간회사의 물체로 인해 발생한 손해에 대한 책임은 민간회사가 지고 발사가 이루어진 영역의 국가가 지지 않는다.

정답 ②

해설
① '달과 기타 천체를 포함한 외기권은 주권의 주장에 의하여 또는 이용과 점유에 의하여 또는 기타 모든 수단에 의한 국가 전용의 대상이 되지 아니한다.'는 조문의 근거로 이용상 전용의 대상이 아니다.
③ 조약 당사국은 우주의 평화적 이용을 위하여 모든 무기가 아니라 대량살상무기를 배치할 수 없다.
④ 외기권에 발사한 민간회사의 물체로 인해 발생한 손해에 대한 책임은 민간회사의 책임에 대해서 그 회사의 국적국이 책임을 부담한다.

관련 이론

1967년 우주조약

우주법의 '마그나 카르타'(Magna Carta)라고 할 수 있는 1967년 우주조약 제7조에 의하면 우주물체의 발사국이나 발사의뢰국 또는 발사영토국이나 발사설비관할국은 그 우주물체로 인하여 다른 당사국이나 그 국민에 끼친 손해에 대하여 국제책임을 진다. 또한 우주조약 제6조에 의하면 당사국들은 모든 우주활동에 대하여 국제책임을 진다. 이러한 우주활동을 우주 공간에서 수행하든 천체(celestial bodies)에서 수행하든 또한 국가기관에 의하여 수행하든 비국가기관에서 수행하든 상관없이 관계국가가 국제책임을 부담한다. 비국가기관이 우주활동을 수행하려면 관계국가의 허가를 받아 그 감독하에서 수행하여야 한다. 이러한 우주활동을 국제기구에서 수행하는 경우에는 국제기구와 회원국들이 다같이 국제책임을 진다. 우주조약 제8조에 의하면 우주 우주에 발사된 물체 및 그 안에 있는 사람에 대하여는 등록국가가 관할권과 통제권을 갖는다. 또한 우주에 발사된 우주물체의 소유권은 그것이 우주에 있건, 천체에 있건 지구로 돌아오건 영향을 받지 않는다. 이러한 물체 또는 구성부분이 그 등록국인 본 조약 당사국의 영역밖에서 발견된 것은 당사국에 반환되며 당사국은 요청이 있는 경우 그 물체 및 구성부분의 반환에 앞서 동일물체라는 자료를 제공하여야 한다. 여기서 우주폐기물과 관련하여 권리와 의무의 균형상 등록국이 우주폐기물에 따른 손해발생에 대한 책임, 감축에 대한 상당한 조치의무를 갖는다고 해석할 수 있을 것이다. 우주조약 제9조는 우주활동으로 인한 환경피해의 방지규정도 두고 있다. 즉, 달과 기타 천체를 포함한 우주의 탐색과 이용에 있어서 당사국은 협조와 상호 원조의 원칙에 따라야 하며, 다른 당사국의 상응한 이익을 충분히 고려하면서 달과 기타 천체를 포함한 우주에 있어서의 그들의 활동을 수행하여야 한다. 당사국은 '유해한 오염'(harmful contamination)을 회피하고 또한 물질의 도입으로부터 야기되는 지구 주변에 불리한 변화를 가져오는 것을 회피하는 방법으로 달과 천체를 포함한 우주의 연구를 수행하고, 이들의 탐색을 행하며 필요한 경우에는 이 목적을 위하여 적절한 조치를 취하여야 한다. 만약 달과 기타 천체를 포함한 우주에서 국가 또는 그 국민이 계획한 활동 또는 실험이 달과 기타 천체를 포함한 우주의 평화적 탐색과 이용에 있어서 다른 당사국의 활동에 잠재적으로 '유해한 방해'(harmful interference)를 가져올 것이라고 믿을 만한 이유를 가지고 있는 당사국은 이러한 활동과 실험을 행하기 전에 적절한 국제적 협의를 가져야 한다. 우주폐기물이 위 제9조의 "유해한 오염" 또는 "유해한 방해"에 해당하므로 우주조약의 체약국들에게 우주폐기물 감축의무가 있는지 여부와 관련하여, 목적론적으로 적극적으로 해석하면 "폐기물"을 오염물로 보는 것이 현재 사용되는 통상적 의미이며, "적절한 조치"에 일반적인 폐기물감축의무가 포함된다는 해석을 도출할 수도 있다.

유사 문제

01 달과 기타 천체를 포함한 외기권을 탐사하고 이용하는 국가의 활동에 적용되는 원칙에 관한 조약에 대한 설명으로 타당하지 않은 것은?

① 달과 기타 천체를 포함한 외기권은 주권의 주장에 의하여 또는 이용과 점유에 의하여 또는 기타 모든 수단에 의한 국가 전용의 대상이 되지 아니한다.
② 본 조약의 당사국은 지구 주변의 궤도에 핵무기 또는 기타 모든 종류의 대량파괴 무기를 설치하지 않으며, 천체에 이러한 무기를 장치하거나 기타 어떠한 방법으로든지 이러한 무기를 외기권에 배치하지 아니할 것을 약속한다.
③ 달과 천체는 본 조약의 모든 당사국에 오직 평화적 목적을 위하여서만 이용되어야 하며, 천체에 있어서의 군사기지, 군사시설 및 군사요새의 설치, 모든 형태의 무기의 실험 그리고 군사연습의 실시는 금지되어야 한다.
④ 과학적 조사 또는 기타 모든 평화적 목적을 위하여 군인을 이용하는 것은 금지되며, 다만, 달과 기타 천체의 평화적 탐색에 필요한 어떠한 장비 또는 시설의 사용도 금지되지 아니한다.

정답 ④
해설 과학적 조사 또는 기타 모든 평화적 목적을 위하여 군인을 이용하는 것은 금지되지 아니하며, 달과 기타 천체의 평화적 탐색에 필요한 어떠한 장비 또는 시설의 사용도 금지되지 아니한다.

02 우주조약에 대한 설명으로 옳지 않은 것은?

① 본 조약의 당사국은 우주인을 외기권에 있어서의 인류의 사절로 간주하며 사고나 조난의 경우 또는 다른 당사국의 영역이나 공해상에 비상착륙한 경우에는 그들에게 모든 가능한 원조를 제공하여야 한다.
② 외기권과 천체에서의 활동을 수행함에 있어서 한 당사국의 우주인은 다른 당사국의 우주인에 대하여 모든 가능한 원조를 제공하여야 한다.
③ 본 조약의 당사국은 본 조약의 다른 당사국 또는 국제연합에 대하여 그들이 달과 기타 천체를 포함한 외기권에서 발견한 우주인의 생명과 건강에 위험을 조성할 수 있는 모든 현상에 관하여 즉시 보고하여야 한다.
④ 우주인이 다른 당사국의 영역이나 공해상에 비상착륙을 한 경우에는, 그들은 그들의 우주선의 등록국에 안전하고도 신속하게 송환되어야 한다.

정답 ③
해설 본 조약의 당사국은 본 조약의 다른 당사국 또는 국제연합 사무총장에 대하여 그들이 달과 기타 천체를 포함한 외기권에서 발견한 우주인의 생명과 건강에 위험을 조성할 수 있는 모든 현상에 관하여 즉시 보고하여야 한다.

19

국제법상 유해폐기물의 국가 간 이동에 대한 설명으로 옳지 않은 것은?

① 「유해폐기물의 국가 간 이동 및 그 처리에 기인한 손해에 대한 책임과 배상에 관한 바젤의정서」는 과실책임과 엄격책임을 모두 도입하고 있다.
② 「유해폐기물의 국가 간 이동 및 그 처리의 통제에 관한 바젤협약」이 발효한 후 한 차례 수정을 거친 Basel Convention Ban Amendment를 통해 재활용 유해폐기물 이동의 통제를 강화하였다.
③ 「유해폐기물의 국가 간 이동 및 그 처리의 통제에 관한 바젤협약」은 유해폐기물과 그 밖의 폐기물의 국가 간 이동에 대한 통제를 강화하기 위하여 폐기물의 수출국, 수입국, 경유국에 대한 의무를 부과하고 있다.
④ 「해양법에 관한 국제연합협약」은 영해에서 위험하거나 유독한 물질의 운반이 연안국의 안전을 해치는 것으로 명시하고 그러한 물질을 운반하는 외국 선박의 무해통항권 행사를 허용하지 않을 권리를 명시적으로 연안국에 부여하고 있다.

정답 ④

해설 「해양법에 관한 국제연합협약」은 위험하거나 유독한 물질의 운반 선박에 대해서도 무해통항권이 부인되지 않는다. 다만, 유독물질 운반선박에 대해 항로대를 분리하되 무해통항은 인정하도록 규정하고 있다.
연안국은 항행의 안전을 위하여 필요한 경우 자국의 영해에서 무해통항권을 행사하는 외국선박에 대하여, 선박통항을 규제하기 위하여 지정된 항로대와 규정된 통항분리방식을 이용하도록 요구할 수 있다. 대상은 유조선, 핵추진선박 그리고 핵물질 또는 본래 위험하거나 유독한 그 밖의 물질이나 재료를 운반 중인 선박에 대해서는 이러한 항로대만을 통항하도록 요구할 수 있다.
영해에서 무해통항권을 행사하는 '핵추진' 선박이나 '핵물질 또는 본래 위험하거나 유독한 그 밖의 물질을 운반 중인 선박'은, 국제협정이 이러한 선박에 대하여 정한 서류를 휴대하고 또한 국제협정에 의하여 확립된 특별사전주의조치를 준수하여야 한다. 이는 이들 위험한 선박에 대해서도 무해통항 자체가 거부되지 않는다.

관련 이론

유해 폐기물 관련 협약

1. 일반현황
   ① 유해폐기물의 국가간이동 및 그 처리의 통제에 관한 바젤협약(Basel Convention on the Control of Transboundary Movements of Hazardous Wastes and their Disposal)
   ② 협약 채택 배경
   선진국에서 유해폐기물을 중남미 및 아프리카 등 후진국에 밀수출하거나 매각함으로서 유해폐기물의 부적정 처리로 인한 환경오염이 국제문제화됨에 따라 이를 통제하기 위한 국제협력의 필요성 대두
   ③ 협약채택 경위 및 발효
   ㉠ '87. 6 : 유엔환경계획(UNEP) 제14차 집행이사회에서 협약마련 결의(카이로선언)
   ㉡ '87.12 : 유엔총회에서 협약마련을 재결의
   ㉢ '88~'89. 3 : 제1차~제5차 실무회의 개최
   ㉣ '89. 3. 20 : 스위스 바젤에서 개최된 전권대표회의에서 협약체결
   ㉤ '92. 5. 5 : 협약 발효
   ※ 2001. 7. 4일 현재 146개 국가 및 유럽연합 가입

④ 우리나라의 협약가입 및 국내법 제정
  ㉠ '92. 12. 8 : 폐기물의국가간이동및그처리에관한법률 제정
  ㉡ '94. 2. 28 : 협약가입
  ㉢ '94. 5. 29 : 협약의 국내 발효(가입서 기탁후 90일후 효력발생) 및 폐기물의국가간이동그처리에관한법률 시행
2. 협약의 주요 내용
  ① 협약구성 : 전문, 본문 29조 및 9개 부속서로 구성
  ② 주요내용
    유해폐기물의 교역 최소화 및 수출입국간의 협조체계 구축으로 유해폐기물로 인한 환경오염을 유지할 것을 규정
    ㉠ 협약의 범위(제1조)
      • 국가간이동 통제대상 폐기물
        – 유해폐기물(Hazardous Wastes)
          ◇ 의료폐기물 · 폐광물유 등 18개 범주의 폐기물과 구리화합물 · 유기용제류 등 27종의 성분을 함유한 폐기물 등 45개 범주의 폐기물(부속서 Ⅰ)
          ◇ 제4차 당사국총회에서 채택한 폐기물 품목 59종(부속서 Ⅷ)
        – 기타 폐기물(Other Wastes) : 가정폐기물 및 그 소각잔재물 등 2종(부속서 Ⅱ)
      • 통제대상이 아닌 비유해폐기물
        제4차 당사국총회에서 채택한 비유해폐기물 품목 53종(부속서 Ⅸ)
        ※ 방사성폐기물, 선박운용과정에서 배출되는 폐기물 등 다른 국제적 규제체계의 적용을 받는 폐기물은 동 협약의 적용을 받지 않음
        ※ 우리나라는 현재 폐유 · 폐유기용제 · PCB 함유폐기물 · 하수슬러지 등 99종의 폐기물을 통제대상으로 고시
    ㉡ 협약국의 일반적 의무사항(제4조)
      • 폐기물의 수입을 금지하는 당사자는 수입금지 폐기물의 품목을 다른 당사자에게 통보함
      • 폐기물의 수입을 금지한 당사자에 대하여는 해당 폐기물의 수출을 허가하지 아니하거나 금지함
      • 수입국이 상기 폐기물의 수입을 금지하지 아니한 경우에도 수입국으로부터 특정 수입에 대한 서면동의가 없으면 수출을 허가하지 아니하거나 금지함
      • 폐기물의 불법거래를 범죄로 간주하며 이에 대한 처벌 등 법적 · 행정적 조치를 취함
      • 비당사국과의 폐기물 수출입을 허가하지 아니함
      • 남위 60도 이남 지역에서의 폐기물 처리를 위한 수출은 허가하지 아니함
    ㉢ 협약국간 폐기물의 이동절차에 관한 사항(제6조)
      • 수출국이 직접 또는 수출국의 생산자 또는 수출자가 주무관청을 통하여 수입국의 주무관청에 서면으로 폐기물의 국가간 이동계획을 관련정보와 함께 통지함
      • 수입국은 통지자에게 무조건 또는 조건부로 이동에 동의하거나 이동불허 또는 추가정보를 요구하는 서면회신을 함
      • 수출국은 수입국의 서면동의 및 처분자와 수출자간의 계약서에 대한 수입국의 확인서 없이는 수출이 불가능함
      • 경유국은 수출국의 경유통지를 접수하는 즉시 통지의 접수사실을 알리고 그 후 60일 이내에 무조건 또는 조건부동의, 이동불허 또는 추가정보를 서면요청할 수 있음
      • 60일 이내에 경유국의 회신이 없는 경우 수출국은 당해 경유국을 통하여 수출되는 것을 승인할 수 있음
      • 당사자는 폐기물의 국가간이동을 담당하는 자로 하여금 폐기물의 인도 또는 수령시에 이동서류에 서명하도록 함
      • 당사자는 처리자가 통지에 명시된 대로 처리를 완료하였음을 수출자와 수출국의 주무관청에 통보하도록 함
    ㉣ 불법거래(제9조)
      • 다음과 같은 방식으로 이루어지는 폐기물의 국가간 이동은 불법거래로 간주됨
        – 모든 관계국에 협약의 규정에 따른 통지가 없는 경우
        – 협약의 규정에 따른 관계국의 동의가 없는 경우
        – 관계국의 동의가 위조 · 허위표시 또는 사기에 의하여 취득된 경우
        – 관련서류와 중대한 불일치가 있는 경우
        – 이 협약과 국제법의 일반원칙을 위배하여 폐기물의 고의적 처리(예 투기)를 야기하는 경우
      • 불법거래로 간주되는 경우 수출자 또는 생산자, 또는 필요하다면 수출국이 스스로 문제의 폐기물을 수출국으로 회수

ⓒ 양자 · 다자 및 지역협정의 체결(제11조)
- 협약국은 협약에 의하여 규정된 것보다 환경적으로 덜 안전한 규정이 되지 않는다는 조건으로 다른 협약국 또는 비협약국과 폐기물의 국가간이동에 관한 양자 · 다자 또는 지역협정 또는 약정을 체결할 수 있으며 이 경우 이를 사무국에 통보함
- 협약에 미가입하는 경우에도 협약국과 비협약국이 협정 또는 약정을 체결한 경우에는 예외적으로 협약국 폐기물의 수출입이 가능함

유사 문제

01 바젤협약에 대한 설명으로 옳지 않은 것은?
① 유해폐기물의 국가 간 이동요건으로서 수입국의 기후 등 조건이 수출국에서의 처리보다 환경상 유리하다고 판단되는 경우를 명시하고 있다.
② 수출국은 수입국에만 통지를 하고 동의를 받아야 한다.
③ 수입국의 동의를 받지 못한 이동일 경우 즉시 수출국에서 이를 재수입하여야 한다.
④ 협약당사국과 비당사국의 유해폐기물 교역을 금지하고 있다.

정답 ②
해설 수출국은 경유국에도 통지를 하고 동의를 받아야 한다.

02 환경오염으로 국가책임의 성립요건에 대한 설명으로 틀린 것은?
① 국가가 국제의무위반으로 인해 인접국에게 환경상의 침해를 발생시킨 경우 전통국제법상의 불법행위책임이 성립한다.
② 사인의 행위에 의해서는 인접국에 대한 국제책임이 성립할 수 없다.
③ 사인의 행위로 인한 국가책임은 국가가 스스로의 영토상에서 발생하는 사인들의 행위를 '통제하고 방지할 수 있었음에도 불구하고' 이러한 의무를 이행하지 않았음이 요구된다.
④ 트레일 제련소 사건이 초국경적 환경오염피해에 대한 책임을 최초로 인정한 판례에 해당되며, 이 판례는 ICJ가 아니라 미국과 캐나다 간 중재재판 사건이다.

정답 ②
해설 사인의 행위에 의해서도 인접국에 대한 국제책임이 성립할 수 있다.

20

국가승계에 대한 설명으로 옳지 않은 것은?

① 국가승계는 사법상 상속과 유사한 개념이지만, 상속인의 사망을 전제로 하는 사법상 상속과는 달리 선행국의 소멸을 반드시 전제하지 않는다.
② 국가승계 시 자연인의 국적 처리에 관한 문제를 취급하기 위하여 국제연합 총회의 결의 등이 있었으나 일반적으로 적용되는 조약은 아직 체결되지 않았다.
③ 「국가재산·문서 및 부채에 관한 국가승계 협약」에 따르면, 국가승계로 인한 국유재산의 이전에는 선행국과 승계국 간 보상이 요구되며 승계지역 내 제3국 재산은 승계로 영향받지 않는다.
④ 「조약승계에 관한 비엔나 협약」은 국가승계의 유형에 따라 기존 조약의 효력을 달리 규정하였다.

정답 ③

해설 「국가재산·문서 및 부채에 관한 국가승계 협약」에 따르면, 국유재산의 경우 승계국에 대해 승계되며 보상을 조건으로 하지 아니한다.
- 국제관습법상 국가재산은 동산·부동산 가릴 것 없이 승계국으로 이전되는 것이 원칙이다. 그러나 전임국가의 영토 내에 있던 제3국의 국가재산은 국가승계의 적용을 받지 아니한다.
- 관련 국가들이 달리 합의하거나 혹은 적절한 국제기구가 달리 결정하지 않는 한, 전임국가의 국가재산은 '보상 없이' 승계국으로 이전된다.
  - 근거 : 1961년 "무국적감소에 관한 협약"
    영토 이전의 결과 무국적자가 발생하지 않도록 할 의무를 체약국들에게 지우고 있다.
  - 근거 : 1999년 ILC 최종 초안
    국가승계 일자 당시 전임국가의 국적을 가졌던 사람이 국가승계의 결과로 무국적이 되어서는 안 된다.

관련 이론

국가 승계

국가 승계 문제는 영토의 국제 관계에 대한 책임을 한 국가가 다른 국가로 대체하는 것으로 정의된다. 영토의 획득 또는 상실로 인해 영토의 전부 또는 일부가 다른 국가로 이전되는 경우, 국가 승계의 법적 효력은 이전된 영토와 관련하여 이전 국가가 부담했던 권리와 의무의 이전 범위에 관한 것이다. 최근까지 국가승계에 관한 연구는 일반적으로 국가승계의 유형이나 범주, 그리고 이미 성문화가 완료된 여러 주제, 즉 조약의 승계, 채무 및 자산, 국적 등을 중심으로 이루어졌다.

그러나 기존 국가승계 문서에서 다루지 않았던 국가 책임승계는 2015년 국제법연구소가 국가의 국제적 책임승계에 관한 결의안을 채택하고, 유엔 국제법위원회가 성문화 작업에 착수하면서 관심을 끌고 있다. 전통적으로 책임 승계 여부에 대해서는 부정적인 시각이 대부분이었다. 이러한 소극적 승계 규칙은 사기 행위 책임이 상속인에게서 상속인에게 이전되지 않는다는 로마법의 개념과 밀접한 관련이 있는 maxim actio personalis moritur cum persona에 기반을 두고 있다. 이는 또한 국가는 자국의 국제 위법 행위에 대해서만 책임을 지며, 다른 국제법적 인격을 가진 이전 국가가 저지른 위법 행위에 대해서는 책임을 지지 않는다는 생각에 기초를 두고 있다. 그러나 2001년 ILC 국가책임조항이 채택되면서 불법행위의 개인적 성격에 기초한 불승계원칙에 대한 의문이 제기되었다. 의무와 국가책임의 확립으로부터 분리되었다. 또한, 인권이나 피해자 구제의 필요성을 근거로 책임 승계를 인정해야 하는 사건이 있다는 의견도 나왔다. ILC에 따르면, 이제는 국가 책임 승계와 관련된 국가 관행 및 법학의 새로운 발전을 평가할 때입니다. 더욱이 ILC는 특정 부차적 의무가 승계 국가에 이전될 수 있다는 생각을 바탕으로 책임 승계에 관한 일반 규칙을 채택하려고 노력하고 있습니다. 이는 ILC가 2001년 ILC 국가책임조항을 승계논의의 출발점으로 삼아 권리와 의무의 성격에 대한 구분 없이 국가승계의 유형이나 범주에 초점을 맞춰 성문화 과정을 진행하고 있음을 의미한다. 그럼에도 불구하고 침해된 권리와 의무의 성격을 고려하지 않고 성문화 작업이 성공적으로 완료될 수 있을지 의문이다. 국제위법행위는 다양한 국제의무 분야와 연관되어 있고, 책임이전가능성은 위반한 의무와 밀접하게 연관되어 있기 때문이다. 계약상 책임 승계와 불법적 책임을 다루는 데 차이가 없다고 말할 수 있다.

국가 관행에 대한 분석에 따르면 대부분의 국가는 국가 승계 이전에 발생한 책임 문제를 협상을 통해 해결하며, 전통적인 비승계 원칙과 달리 대부분의 승계 국가가 책임을 맡는 경향이 있다. 이런 점에서 책임 승계가 존재한다는 ILC의 결론은 옳다. 그러나 그러한 승계는 후임 국가의 자발적 채택에 의해 이전되었다. 그리고 가정된 책임은 대부분 국유화나 몰수로 인한 재정적, 경제적 피해와 관련이 있었다. 개인 상해와 관련된 사례는 극히 적고, 오랫동안 법적 범죄라기보다는 정치적 범죄로 여겨져 왔던 국제 범죄에서 발생한 책임 승계 사례를 찾아보기 어렵다. 이는 다양한 권리와 의무에 대한 국가책임이 발달한 역사적 배경의 차이에 따른 결과인 것으로 보인다. 그러므로 책임 승계에 관한 연구에서는 양도 가능한 국가 책임과 양도 불가능한 국가 책임을 명확히 구분할 필요가 있다. 승계의 형태에 따라 책임의 승계가 요구되는 경우에도 침해된 권리와 의무의 성격에 따라 재심이 필요할 수 있다. 이전 가능한 국가 책임의 전형적인 예는 국제법을 위반하는 국가 행위로 인해 개인의 권리가 침해된 경우이다. 국제법 영역 내에서 개인 권리의 중요성이 커지고 있음을 고려할 때, 이전에 부여된 개인의 권리가 승계의 결과로 보장되지 않도록 허용하는 것은 허용되지 않는다. 후임 국가는 전임 국가의 국제 불법 행위로 인해 발생한 개인 상해가 자국 헌법에서 보장하는 권리 범위 내에서 구제되도록 보장해야 한다.

그러나 집단살해, 반인도적 범죄, 전쟁범죄, 공격범죄 등 이른바 국제범죄에 따른 책임이 과연 존재하는지에 대해서는 회의적이다. 양도 가능한 책임으로 분류될 수 있다. 국제 범죄에서 파생되는 국가 책임은 국가 책임에 관한 2001년 ILC 조항에서 다르게 다뤄지는 강행규범의 심각한 위반의 대표적인 예이다. 그럼에도 불구하고 강행규범 위반의 범위와 이를 규제하는 방법에 대해서는 추가적인 개발이 필요하다. 더욱이, '과실'이 국제 범죄에 대한 국가 책임을 묻는 요건 중 하나라는 사실은 위법이라는 주관적 특성 때문에 확립된 책임이 후임 국가에게 이전되는 것을 방해합니다. 따라서 국제범죄로 인한 국가책임을 양도할 수 있는 것으로 분류하는 것은 어려울 것이다.

유사 문제

01 1978년에 체결된 '조약승계에 관한 비엔나협약'의 내용으로 틀린 것은?

① 국가분리를 분리독립과 분열로 나누어 놓았으며 병합에 대해서는 특별한 규정을 두지 않고 있다.
② 영토의 일부이전 시 조약국경이동 원칙이 적용된다.
③ 신생독립국의 의사에 의해 조약을 승계할 수 있다.
④ 분리독립에 대해서도 계속주의를 적용하는 것은 국제관행과 일치하지 아니한다.

정답 ①
해설 국가승계가 발생할 수 있는 상황은 영토 일부의 이전, 신생독립국, 국가통합, 국가분리 등 네 가지로 나눌 수 있다.

02 국가승계에 대한 설명으로 옳지 않은 것은?

① 일정한 영토가 종국적 변경에 따라 그 영토에 부착된 권리, 의무가 전임국가에서 신국가로 계승되는 것이다.
② 어느 영토의 국제관계의 책임이 한 국가에서 타국가로 대체되는 것이다.
③ 국가승계는 할양, 신생독립국과 같이 전임국이 소멸되지 아니하는 경우에도 문제될 수 있다.
④ 무주지 선점과 마찬가지로 일정한 권리, 의무의 승계가 인정된다.

정답 ④
해설 무주지 선점과 달리 일정한 권리, 의무의 승계가 인정된다.

21

국제사법재판소의 관할권에 대한 설명으로 옳은 것만을 모두 고르면?

> ㄱ. 국제기구는 국제사법재판소 절차에서 국가를 상대로 제기하는 사건의 당사자가 될 수 있다.
> ㄴ. 국제사법재판소가 특정 분쟁에 대한 관할권을 갖는지는 국제사법재판소가 결정한다.
> ㄷ. 상설국제사법재판소 당시 행한 선택조항의 수락 선언은 원칙적으로 국제사법재판소에 대해서도 계속 유효하다.
> ㄹ. 국제사법재판소는 회부된 분쟁에 대한 재판 거절을 회피할 목적으로 당사자 의사와 관계없이 '형평과 선'을 적용할 수 있다.

① ㄱ, ㄴ
② ㄱ, ㄷ
③ ㄴ, ㄷ
④ ㄷ, ㄹ

정답 ③

해설 ㄱ. 국제기구은 국제사법재판소 절차에서 쟁송사건의 당사자가 될 수 없다.
ㄹ. 형평과 선의 적용을 위해서는 분쟁당사국의 동의가 필요하다.

관련 이론

ICJ의 규정에 의하면 재판소의 임무는 법적 '분쟁'을 재판하는 것이다. 이는 소송당사국간에 '분쟁'이 없다면 청구의 허용성이 성립되지 않음을 의미한다.

가. 분쟁이란 일련의 사건에서 "분쟁의 존재를 입증하기 위해서는 일방당사자의 청구에 대하여 타방 당사자가 적극적으로 반대하고 있음이 증명되어야 하며", "국제분쟁이 존재하는가의 여부는 객관적으로 결정지을 문제"이다. 또한 분쟁은 원칙적으로 신청서가 재판소에 제출되는 그 시점에 존재해야 한다."고 판시하고 있다.

나. 분쟁의 존재는 청구에 대해 반응을 보일 것이 요구되는 상황에서 반응을 보이지 않는 것으로부터 추론될 수 있다.

ICJ규정 제38조 2항은 "제38조 1항의 모든 연원은 당사자가 합의하는 경우 형평과 선에 따라(ex aequo et bono) 사건을 결정할 본 재판소의 권한을 침해하지 않는다."라고 규정하고 있다. 이는 ICJ 재판관들은 소송당사자들로부터 이 같은 권한을 명시적으로 부여받는 경우에만 그 같은 재판을 할 수 있다. 제38조 2항이 ICJ에서 발동된 사례는 없지만 국제중재재판에서 허용 받은 경우는 있다. 이러한 권한은 당사자들이 명백한 동의에 의해서만 재판이 가능하다.

유사 문제

01 국제사법재판소의 재판관에 대한 설명으로 타당하지 않은 것은?

① 어떠한 경우에도 하나의 국별재판관단이 지명하는 후보자의 수는 충원할 재판관석 수의 2배를 초과하여서는 아니된다.
② 총회 및 안전보장이사회는 각각 독자적으로 재판소의 재판관을 선출한다.
③ 총회 및 안전보장이사회에서 절대 다수표를 얻은 후보자는 당선된 것으로 본다.
④ 안전보장이사회의 투표는 안전보장 이사회의 상임이사국에 의해 이루어진다.

정답 ④
해설 안전보장이사회의 투표는 안전보장 이사회의 상임이사국과 비상임이사국 간에 구별없이 이루어진다.

02 국제사법재판소의 재판관에 대한 설명으로 타당하지 않은 것은?

① 2인 이상의 동일국가 국민이 총회 및 안전보장이사회의 투표에서 모두 절대다수표를 얻은 경우에는 그중 최연장자만이 당선된 것으로 본다.
② 재판관간의 투표가 동수인 경우에는 재투표하여 결정투표권을 가진다.
③ 재판소의 재판관은 9년의 임기로 선출되며 재선될 수 있다.
④ 재판소의 재판관은 정치적 또는 행정적인 어떠한 임무도 수행할 수 없으며, 또는 전문적 성질을 가지는 다른 어떠한 직업에도 종사할 수 없다.

정답 ②
해설 재판관간의 투표가 동수인 경우에는 최연장재판관이 결정투표권을 가진다.

22

「조약법에 관한 비엔나협약」상 조약의 무효에 대한 설명으로 옳지 <u>않은</u> 것은?

① 국가 및 국가대표에 대한 강박을 통해 체결된 조약은 피해국의 묵인을 통해 하자가 치유될 수 있다.
② 전권대표가 대표 권한을 제한하는 국내 훈령을 무시하고 조약을 체결하는 경우 그 제한이 상대국에 미리 통보된 경우에 조약의 무효사유로 원용될 수 있다.
③ 국가대표의 가족을 해치겠다고 위협하는 것은 국가대표에 대한 강박에 해당한다.
④ 카메룬과 나이지리아 간 육상 및 해상경계(Land and Maritime Boundary between Cameroon and Nigeria) 사건에서 국제사법재판소는 조약체결권에 관한 나이지리아의 국내법상 제한이 Maroua 선언의 효력에 영향을 미치지 않는다고 판단하였다.

정답 ①

해설 국가 및 국가대표에 대한 강박을 통해 체결된 조약은 피해국의 묵인을 통해 하자가 치유될 수 없는 것은 강박을 통해 체결된 조약은 절대적 무효사유이다.

관련 이론

카메룬-나이지리아 간 영토 및 해양경계 사건(Land and Maritime Boundary between Cameroon and Nigeria)

1. 사건 개요
   ① 나이지리아와 카메룬 간 국경 및 해양경계 분쟁이 발생하자 카메룬은 양국 정상이 서명한 1975년 Maroua 선언에 의하여 일부 수역의 경계는 이미 확정되었다고 주장
   ② 나이지리아는 Maroua 선언은 법적 구속력이 없는 합의에 불과하며 자국 헌법상 요구되는 최고군사위원회의 승인을 받지 못하여 조약으로 발효되지 못했다고 반박하면서 각국은 조약체결권의 제한 같은 국제관계에 영향을 미치는 인접국의 법제도를 알고 있어야 한다고 주장
   ③ ICJ는 Maroua 선언을 비준절차 없이 서명만으로 발효되는 형태로 판단하고, 조약체결권한에 관한 나이지리아 국내법상의 제한은 Maroua 선언의 효력에 영향을 미치지 않는다고 판단

2. 주요 사항
   Land and Maritime Boundary between Cameroon and Nigeria 사건에서 나이지리아는 (재판소에 의해 조약으로 인정된) 나이지리아와 카메룬 간의 한 선언(1975년 "Maroua Declaration")에 자국의 국가원수가 직접 서명은 하였으나 국내헌법에 따라 비준절차를 거치지 않았기 때문에 이 선언은 무효라고 주장하였으나, ICJ는 "문제의 선언은 서명과 함께 즉시 발효하였다."고 판시하였다.

유사 문제

01 조약의 무효조항에 대한 설명으로 타당하지 않은 것은?

① 경우에 따라 그 조약이 적법하다는 것 또는 계속 유효하다는 것 또는 계속 시행된다는 것에 그 국가가 명시적으로 동의한 경우는 조약의 부적법화·종료·탈퇴 또는 그 시행정지의 사유를 원용하는 권리를 상실한다.

② 그 국가의 행동으로 보아 조약의 적법성 또는 그 효력이나 시행의 존속을 묵인한 것으로 간주되어야 하는 경우에 조약의 부적법화·종료·탈퇴 또는 그 시행정지의 사유를 원용하는 권리를 상실한다.

③ 조약 체결권에 관한 국내법 규정의 위반이 명백하며 또한 근본적으로 중요한 국내법 규칙에 관련되지 아니하는 한 국가는 조약에 대한 그 기속적 동의를 부적법화하기 위한 것으로 그 동의가 그 국내법 규정에 위반하여 표시되었다는 사실을 원용할 수 없다.

④ 어느 조약에 대한 국가의 기속적 동의를 표시하는 대표의 권한이 특정의 제한에 따를 것으로 하여 부여된 경우에 그 대표가 그 제한을 준수하지 아니한 것은 그러한 동의를 표시한 후에 그 제한을 다른 교섭국에 통고하는 한 그 대표가 표시한 동의를 부적법화하는 것으로 원용될 수 없다.

정답 ④

해설 어느 조약에 대한 국가의 기속적 동의를 표시하는 대표의 권한이 특정의 제한에 따를 것으로 하여 부여된 경우에 그 대표가 그 제한을 준수하지 아니한 것은 그러한 동의를 표시하기 전에 그 제한을 다른 교섭국에 통고하지 아니한 한 그 대표가 표시한 동의를 부적법화하는 것으로 원용될 수 없다.

02 조약의 무효조항에 대한 설명으로 타당하지 않은 것은?

① 조약상의 착오는 그 조약이 체결된 당시에 존재한 것으로 국가가 추정한 사실 또는 사태로서, 그 조약에 대한 국가의 기속적 동의의 본질적 기초를 구성한 것에 관한 경우에 국가는 그 조약에 대한 그 기속적 동의를 부적법화하는 것으로 그 착오를 원용할 수 있다.

② 조약문의 자구에만 관련되는 착오는 조약의 적법성에 영향을 주지 아니한다. 그 경우에는 조약문 또는 인증등본상의 착오 정정이 적용된다.

③ 문제의 국가가 자신의 행동에 의하여 착오를 유발하였거나 또는 그 국가가 있을 수 있는 착오를 감지할 수 있는 등의 사정하에 있는 경우에는 원용이 적용되지 아니한다.

④ 국가가 다른 교섭국의 기만적 행위에 의하여 조약을 체결하도록 유인된 경우에 그 국가는 조약에 대한 자신의 기속적 동의를 부적법화하는 것으로 그 기만을 원용할 수 없다.

정답 ④

해설 국가가 다른 교섭국의 기만적 행위에 의하여 조약을 체결하도록 유인된 경우에 그 국가는 조약에 대한 자신의 기속적 동의를 부적법화하는 것으로 그 기만을 원용할 수 있다.

23

「국제위법행위에 대한 국가책임 초안」에 규정된 위법성 조각사유에 대한 설명으로 옳은 것은?

① 긴급피난(필요성)은 대응조치와 달리 반드시 위법행위의 선행을 전제로 하지 않는다.
② 위법성 조각사유는 책임 있는 국가의 국제의무 불이행을 정당화하며 피해국에 대한 손실보상 의무를 면제시켜 준다.
③ 불가항력에서 요구되는 의무 이행의 어려움 정도는 「조약법에 관한 비엔나협약」상 조약의 종료사유인 후발적 이행불능에 요구되는 어려움보다 높은 수준이다.
④ 타국의 행위에 대한 국가의 동의는 반드시 사전에 명시적으로 부여되어야 한다.

정답 ①

해설 ② 위법성 조각사유는 책임 있는 국가의 국제의무 불이행을 정당화시 손실보상의무까지 면제되는 것은 아니다.
③ 국제법위원회(ILC)에 따르면, 후발적 이행불능에 요구되는 어려움이 불가항력에서 요구되는 이행의 어려움보다 더 높은 수준이다.
④ 반타국의 행위에 대한 국가의 동의는 반드시 사전동의를 요구하는 것은 아니며 위법행위 도중의 동의에 의해서도 위법성이 조각된다.

타국의 위법 행위에 대응해 취한 조치에 대해서는 불법적이라 할지라도 위법성이 조각된다. (제22조 및 제49조) 대응조치는 해당 행위 그 자체만 보면 위법이지만, 유책국의 선행된 위법행위를 중단시키고 피해배상을 받기 위한 범위 내에서의 비무력적 대응조치는 위법성 조각사유로 정당화된다.

긴급피난/필요성은 상대국의 유효한 동의나 자위권과 달리 선행되는 위법행위에 근거하지 않는다. 또한 불가항력과 달리 비자발적 혹은 강제된 행위에서 기인하지도 않으며, 조난과 달리 개인의 생명이 아닌 국가의 본질적 이익을 중대하고 급박한 위험에서 보호하는 데 그 목적을 두고 있다.

평화 유지 활동을 위한 대부분의 자금은 일반 예산과 유사하게 할당되지만 안보리 상임 이사국은 더 많은 분담금을 지불해야 하며 모든 국가는 선택한 임무에 추가됩니다. 2021년 7월 1일부터 2022년 6월 30일까지 회계연도의 현재 UN 평화유지 예산은 63억 8천만 달러입니다.

관련 이론

위법성 조각사유

1. 의의
   위법한 행위의 위법성을 조각해 정당화하는 외부 사정을 의미한다. 초안에는 여섯 개의 위법성 조각사유를 열거하고 있고, 아무 제한적 수식어를 사용하지 않는 것을 보아, 이 여섯 가지로 한정되는 것으로 보인다.
2. 피해국의 동의(consent)(제20조)
   ① 행위발생 이전 또는 최소한 동시에 이루어질 것, ② 피해국의 '유효한 동의', ③ 행위가 동의의 '범위' 내에서 이루어질 것을 요한다. ⇨ 행위가 발생한 이후의 동의는 위법성 조각사유에 해당하지 않고, 단지 피해국으로 하여금 그 행위에 대해 책임을 추궁할 권리를 상실시킬 뿐이다(제45조 b호).
3. 자위권(self-defense)(제21조)
4. 대항조치(counter measures)(제22조)
5. 불가항력(force majeure)[18 6모, 17 8모]
   ① 의의(제23조)
      이는 국가책임의 기본원칙인 자기책임원칙에 비추어 볼 때 국가 자신이 통제할 수 없는 상황이다.

- ② 불가항력의 해당요건
    - ㉠ 어떤 상황이 국가의 통제 밖에 있을 것, 그로 인해 당해 국가가 의무를 이행함이 물리적으로 불가능할 것, 저항할 수 없는 힘 또는 예측하지 못한 사고의 발생에 기할 것을 요한다.
    - ㉡ Rainbow Warriors 사건(1990)의 재판정은 섬에 유배 중이던 프랑스 요원을 뉴질랜드 정부에 알리지도 않고 본국으로 송환한 것은, 질병/임신/임종을 위한 것이라 하여도 불가항력으로 보지 않았다.
- ③ 위법성 조각의 요건
    - ㉠ 불가항력으로 인해 의무의 준수가 불가능할 것, ㉡ 불가항력상황이 원용국의 행위로 기인하지 않았을 것, ㉢ 원용국이 이에 대해 예상할 수 없었을 것을 요한다.

6. 조난(distress)(제24조)
    - ① 의의
        - ㉠ 자신이나 자신의 보호에 맡겨진 다른 사람의 생명을 구하기 위한 다른 합리적 방법이 없는 상황이다.
        - ㉡ 조난의 상황 하에 행동하는 자는 비자발적으로 행동하는 것이 아니라는 점에서, 이는 불가항력과 구별된다.
    - ② 위법성 조각의 요건
        - ㉠ 생명 구조를 위한 행위일 것, 다른 합리적 방법이 없을 것, 조난 상황이 이를 원용하는 국가의 행위에 기인하지 않았을 것, 비례성을 갖출 것을 요한다.
        - ㉡ Rainbow Warriors 사건(1990)의 재판정은 섬에 유배 중이던 프랑스 요원을 뉴질랜드 정부에 알리지도 않고 본국으로 송환한 것은, 질병/임신/임종을 위한 경우 조난으로 봤지만, 이 경우에도 섬으로 복귀해야 한다.

7. 긴급피난(necessity)(제25조)
    - ① 의의
        - ㉠ 중대/급박한 위험으로부터 자신의 이익을 보호하기 위해 행위할 경우, 그 위법성을 조각시키는 것이다.
        - ㉡ ICJ는 Gabcikovo-Nagymaros 사건(1997)에서 이는 예외적으로만 인정되어야 하고, 그 성립요건 충족 여부는 원용하는 국가의 배타적 판단사항이 아니라 봤다.
    - ② 성립요건
        - ㉠ 중대/급박한 위험으로부터 본질적 이익을 보호하기 위한 행위일 것, ㉡ 당해 행위가 이익 보호를 위한 유일한 수단일 것, ㉢ 이를 원용하는 국가가 그 상황 조성에 '기여'하지 않았을 것, ㉣ 해당 의무가 긴급피난의 원용 가능성을 배제하지 않을 것, ㉤ 비례성을 갖출 것을 요한다.
    - ③ 다른 수단이 있었을 경우
        ICJ는 Gabcikovo-Nagymaros 사건(1997)에서 i) 이미 교섭이 진행 중이었으며, ii) 이를 통해 시한을 연장하는 등 문제 해결을 위한 다른 수단이 있었을 경우, 일방적 공사중지는 그 상황에서 유일한 수단이라고 인정될 수 없다 봤다.
    - ④ 국가가 그 상황 조성에 기여한 경우
        ICJ는 Gabcikovo-Nagymaros 사건(1997)에서 긴급피난 원용국이 자신의 작위/부작위를 통해 스스로 주장하는 긴급피난 상황의 발생을 도운 경우, 그 원용국은 긴급피난을 원용할 수 없다고 봤다. ⇨ 만약 성립한다 해도 이는 조약의 종료사유에 포함되지 않으므로 이를 이유로 조약을 종료시킬 수는 없고, 당사자들의 상호합의가 없는 한 조약은 존속한다 봄!

8. 효과
    - ① 이행의무 관련 효과
        위법성 조각사유는 위반된 의무를 종료시키지 않고, 일시적으로 그 위반을 정당화할 뿐이므로, 그 위법성 조각사유가 더 이상 존재하지 않는다면, 원용국은 그 의무를 준수해야 한다(제27조 a호)
    - ② 손해배상에 관한 효과
        문제의 행위에 의해 야기된 중대한 손해에 대한 보상의무는 위법성 조각사유로 인해 소멸하지 않는다(제27조 b호)
    - ③ 강행규범의 이행의무(제26조)

유사 문제

01 2001년 국제위법행위에 대한 국가책임 규정초안에 의한 국제위법행위의 위법성 조각사유에 관한 설명으로 옳지 않은 것은?

① UN헌장에 부합하는 합법적인 자위조치는 위법성이 조각된다.
② 불가항력의 상황이 이를 원용하는 국가의 행위에 기인한 경우 위법성이 조각되지 아니한다.
③ 대항조치가 위법성 조각사유로 원용되기 위해서는 사전에 위반국에서 의무의 이행을 요청하여야 한다.
④ 무력사용에 의한 대항조치라도 위법성이 조각된다.

정답 ④
해설 무력사용에 의한 대항조치는 위법성을 조각하지 않는다.

02 국가책임에 대한 설명으로 타당하지 않은 것은?

① 국제의무의 위반은 작위뿐만 아니라 부작위에 의해서도 발생한다.
② 국가책임은 다른 국가에 대한 직접침해에 의해서만이 발생한다.
③ 사인의 행위라 할지라도 국가가 상당한 주의의무를 다하지 않은 경우 국가책임이 발생할 수 있다.
④ 외국인의 소송을 거부하는 경우, 재판절차가 불공정하거나 부당하게 지연될 경우, 명백히 불공정한 판결의 경우, 피고에 대한 유죄판결을 집행하지 않을 경우, 국가책임이 성립한다.

정답 ②
해설 국가책임은 다른 국가에 대한 간접침해에 의해서도 발생할 수 있다.

24

대한민국의 국가 관할권 행사에 대한 설명으로 옳지 않은 것은?

① 「형법」이 국외에 있는 내국 선박 등에서 외국인이 범한 죄를 처벌하는 것은 속지주의에 따른 것이다.
② 「형법」은 외국인이 외국에서 한 행위라도 일정한 범죄에 대해 적용될 수 있다.
③ 「형법」은 외국에서 형이 집행된 사람을 국내에서 중복 처벌하지 않는다고 명시하고 있다.
④ 「공정거래법」은 국외행위가 국내시장에 영향을 미치는 경우에 적용될 수 있다.

정답 ③

해설 대한민국 형법상 중복(이중) 처벌 금지가 규정된 것은 아니다. 한국의 형법 제7조(외국에서 집행된 형의 산입)는 죄를 지어 외국에서 형의 전부 또는 일부가 집행된 사람에 대해서는 그 집행된 형의 전부 또는 일부를 선고하는 형에 산입한다고 규정하고 있다.

헌법 제13조 1항 후단에 의하면 동일한 범죄에 대하여 거듭 처벌받지 아니한다고 규정하여 일사부재리 원칙을 선언하고 있다.

형법 제7조는 "죄를 지어 외국에서 형의 전부 또는 일부가 집행된 사람에 대해서는 그 집행된 형의 전부 또는 일부를 선고하는 형에 산입한다."라고 규정하고 있다. 이 규정의 취지는, 형사판결은 국가주권의 일부분인 형벌권 행사에 기초한 것이어서 피고인이 외국에서 형사처벌을 과하는 확정판결을 받았더라도 그 외국 판결은 우리나라 법원을 기속할 수 없고 우리나라에서는 기판력도 없어 일사부재리의 원칙이 적용되지 않으므로, 피고인이 동일한 행위에 관하여 우리나라 형벌법규에 따라 다시 처벌받는 경우에 생길 수 있는 실질적인 불이익을 완화하려는 것이다. 그런데 여기서 '외국에서 형의 전부 또는 일부가 집행된 사람'이란 문언과 취지에 비추어 '외국 법원의 유죄판결에 의하여 자유형이나 벌금형 등 형의 전부 또는 일부가 실제로 집행된 사람'을 말한다고 해석하여야 한다.

25

국제인도법상 적십자표장에 대한 설명으로 옳지 않은 것은?

① 각 충돌당사국은 의무 및 종교 요원과 의무부대 및 수송수단이 식별될 수 있도록 보장하기 위해 노력하여야 한다.

② 적십자 국제기관 및 정당히 권한이 부여된 직원은 전시에만 흰 바탕의 적십자표장을 사용할 것이 허용된다.

③ 공사를 불문하고 개인, 단체, 상사 또는 회사에서「육전에 있어서의 군대의 부상자 및 병자의 상태 개선에 관한 제네바협약」에 의하여 사용할 권리가 부여되지 않은 자가 '적십자' 또는 '제네바십자'의 표장, 명칭 또는 그것을 모방한 기장이나 명칭을 사용하는 것은 항상 금지된다.

④ 무력 충돌 시 적대행위를 수행하는 과정에서 적십자 표장 등의 부적절한 사용으로 사망이나 심각한 부상을 초래하였을 경우에는 전쟁범죄에 해당되는 것으로「국제형사재판소에 관한 로마규정」에 명시되어 있다.

정답 ②

해설 적십자 국제기관 및 정당히 권한이 부여된 직원은 전시 평시 불문하고 흰 바탕의 적십자표장을 사용할 수 있다.

2005년 12월 외교회의에서 제네바협약 체결당사국들은 제네바 협약 제3추가의정서를 채택하였다. 본 추가의정서는 적십자(Red Crescent) 및 적신월(Red Crescent)과 함께 "적수정(Red Crystal)"을 추가 표장으로 사용할 수 있도록 하고 있다. 대한민국은 비준하지 않은 상태이며, 주요 내용은 적십자의 십자 마크와 적신월의 초승달 외에도 수정(적수정)문양 또한 적십자라는것을 명시한 것이다. 이로 인해 기독교와 이슬람교의 상징인 십자와 초승달 모두를 거부하고 붉은 다윗의 별을 사용하는 이스라엘의 마겐다비드아둠(MDA) 또한 적수정의 깃발아래 적십자연맹의 일원이 되는 길이 열렸고 2006년 6월 22일 마침내 적십자에 가입하게 되었다.

관련 이론

국제인도법은 크게 두 가지 법으로 구분된다.
- 제네바법 : 전투에 더 이상 가담하지 않는 군인을 보호하거나 적대행위에 직접 연관되지 않은 사람 즉, 민간인을 보호
- 헤이그법 : 군사 작전을 수행함에 있어 교전자의 권리와 의무를 확립하고 적에게 해를 가하는 수단을 제한

이 두 갈래의 국제인도법은 최초에 그 법이 제정된 도시의 이름을 따서 명명되었으며 1977년 두 분파를 하나로 묶은 추가 의정서가 채택됨으로써. 현재로써는 그 구분은 단지 역사적 또는 교훈적 가치만 있다.

유사 문제

01 국제법상 보복 또는 복구에 대한 설명으로 틀린 것은?

① 보복은 상대국의 부당한 행위에 대한 적법한 행위이지만 복구는 위법행위에 대한 대항조치로서 보통 위법행이다.
② 복구는 전쟁의사가 없고, 선전포고에 의한다는 점에서 전쟁과 유사하다.
③ 복구는 평시복구와 전시복구로 구분되는데, 보통 복구라 하면 평시복구를 말함. 평시복구는 평시 상태를 파괴하지 않음. 전시복구는 어느 교전국이 전쟁법규를 위반할 시 다른 당사자도 이를 위반하는 것을 말한다.
④ 자위는 자국에 대해 발생하고 있는 타국의 무력공격에 대응하여 취하는 무력조치로서 무력적 복구가 국제법상 요인되지 않는 점과 대조되었다.

정답 ②
해설 복구는 전쟁의사가 없으며 따라서 선전포고도 없는 점에서 전쟁과 구별되었다.

02 무력사용금지원칙의 예외에 대한 설명으로 옳지 않은 것은?

① 정당방위란 무력복구, 긴급피난 또는 필요상황과 구별되는 개념으로서 침략이 발생하는 경우 이에 대한 비례적 무력행사를 의미한다.
② 안보리는 헌장 제42조에 근거하여 평화에 대한 위협시 군사적 강제조치를 취할 수 있다.
③ 무력사용을 수반하는 대항조치는 허용되지 않는다.
④ 동의에 기초한 무력사용은 강행규범은 인정된다.

정답 ④
해설 동의에 기초한 무력사용은 강행규범의 도입으로 더 이상 인정되지 않는다.

2024년도 기출문제

01

국제법상 국가승인으로 인정되는 행위 유형에 해당하는 것만을 모두 고르면?

> ㄱ. 통상대표부의 설치
> ㄴ. 영사인가장 부여
> ㄷ. 동일 국제기구에 대한 동시 가입
> ㄹ. 신생 독립국에 대한 축하 메시지 발표와 전달

① ㄱ, ㄷ
② ㄴ, ㄹ
③ ㄱ, ㄴ, ㄹ
④ ㄴ, ㄷ, ㄹ

정답 ②

해설 ㄱ. 상주사절이 아닌 통상대표부의 설치는 묵시적 승인에 해당하지 아니한다.
ㄷ. 동일 국제기구에 대한 동시 가입은 묵시적 승인에 해당하지 아니한다.

관련 이론

국가승인의 방식

1. 국가승인의 방식은 다양한 바, 승인의 의사를 직접적으로 표명하는 경우도 있고, 사실상 승인으로 간주되는 행위를 함으로써 간접적으로 승인의 의사를 나타내는 경우도 있다.
   ① 명시적 승인의 방법으로는 국가승인 의사를 명시적으로 통보하거나 선언하는 방법을 들 수 있다.
   ② 국가는 통상 아래와 같은 행위를 함으로써 묵시적인 승인행위를 한 것으로 인정되나, 승인에 있어서는 승인하는 국가의 의도가 가장 중요하므로 묵시적 승인으로 간주되기 애매한 행위인 경우 성급히 승인의도를 추정하여서는 아니된다.
      ㉠ 신생국가와 정치적 성격을 띠거나 양국관계를 포괄적으로 규율하는 양자조약 체결
      ㉡ 신생국가에 대한 외교사절 접수 및 파견 등 외교관계의 수립
      ㉢ 신생국가가 파견한 영사에 대한 영사인가장 발급 및 신정부에 자국 영사에 대한 인가장 요구
      ㉣ 신생국가 독립에 대한 축전발송
      ㉤ 공식예방이나 접견 등 공식행사에의 정부대표로서의 참석
      ㉥ 공식적인 정부간 업무관계 유지
2. 묵시적 승인으로 인정되지 아니한 사례
   사안을 해결하기 위해 이루어지는 필수적인 교신이나, 비공식적인 행사(종교, 문화, 학술행사)에의 참석, 비공식 예방(비공식 예방임을 명백히 한 경우), 국제회의에서의 동시 참가, 국제기구에의 가입, 동일한 다자조약에의 가입 등은 묵시적 승인으로 간주되지 아니한다.
3. 우리나라의 국가승인 방법에 관한 관행
   ① 국가승인 선언을 정식 발표하고, 외무장관 명의 승인 전문이나 공한을 해당국에 송부
   ② 대통령 명의의 독립 축하전문을 발송
   ③ 대통령 명의 공식 승인 전문 또는 외무장관 명의 승인 전문 발송

유사 문제

01 다음 중 국가승인의 설명으로 타당하지 않은 것은?

① 1933년의 "국가의 권리와 의무에 관한 몬테비데오 협약(Montevideo Convention on the Rights and Duties of States) 제1조에 의하면, 국가는 항구적 인민, 한정된 영토, 정부, 다른 국가와 관계를 맺을 수 있는 능력을 구비하여야 한다.
② 승인은 외교정책수단의 하나로 가능하기 때문에 국가에 따라서는 객관적 요건 이외에 특정한 요건을 추가로 구비할 것을 요구하기도 한다.
③ 1976년 미국무성이 제시한 국가승인의 요건에는 객관적 요건 이외에 "외교관계를 수행하고 국제의무를 이행하기 위해 실효적으로 행동할 능력"을 들고 있다.
④ 유럽공동체의 1991년 "Guidelines on the Recognition of new States in Eastern Europe and in the Soviet Union" 및 "EC Declaration on Yugoslavia"는 객관적 요건이외에 민주주의 · 국제의무 수락 · 소수민족 보호 · 국경의 불가침성 존중 · 국가상속 문제 및 지역분쟁의 합의에 의한 해결 등의 요건을 들고 있다.

정답 ④
해설 유럽공동체의 1991년 "Guidelines on the Recognition of new States in Eastern Europe and in the Soviet Union" 및 "EC Declaration on Yugoslavia"는 객관적 요건을 국가의 요건으로 제시했다.

02 다음 중 국가승인의 설명으로 타당하지 않은 것은?

① 1945년 유엔 성립이후에는 무력사용의 금지 및 헌장 제7장하의 국제평화와 안전을 위한 안보리 결의의 구속력 부여 등으로 인해, 국제사회에서 국가의 불승인 의무가 종종 발생하고 있다.
② 1970년 유엔총회에서 컨센서스로 채택된 우호관계선언은 "무력의 위협 또는 사용으로부터 초래된 어떠한 영토취득도 합법적인 것으로 승인되서는 안된다"고 천명하고 있다.
③ 1965년 로디지아 독립선언시와 1990년 이라크 쿠웨이트 병합시 국제연합(UN)은 동 국가들에 대한 불승인 결의안을 채택했다.
④ 국가승인과 외교관계 수립이 반드시 동시에 이루어져야 한다.

정답 ④
해설 국가승인과 외교관계 수립이 반드시 동시에 이루어 질 필요는 없다.

02

국제기구의 법인격에 대한 설명으로 옳은 것은?

① 국제기구의 국제법상 권리와 의무는 설립헌장에 명시적으로 규정되어 있는 내용과 범위에 한정된다.
② 국제연합과 같은 국제기구는 그 기관 및 소속 직원이 임무 수행 중 입은 손해 및 피해에 대한 배상 청구를 회원국뿐만 아니라 비회원국에 대해서도 행사할 수 있다.
③ 국제기구의 국제법상 어떠한 위법행위에 대해서도 그 회원국은 기구와 함께 공동으로 책임을 진다.
④ 국제법적 법인격을 가진 국제기구는 그 회원국과 동일 내용의 국제법상 법인격을 갖는다.

정답 ②

해설
① 국제기구의 국제법상 권리와 의무에서 묵시적 권한에 따르면 국제기구의 권리와 의무는 헌장에 명시되지 않아도 당해 기구의 목적 달성을 위해 필요한 한도 내에서 추가적인 권리나 의무가 허용된다.
③ 국제기구의 국제법상 위법행위에 대해서 독자적 법인격을 가진 국제기구의 경우 국제기구의 위법행위에 대해서는 국제기구가 책임을 지지만, 별도의 규정에 의해서 회원국이 공동으로 책임을 질 수는 있다.
④ 국제법적 법인격을 가진 국제기구는 회원국의 국제법인격은 다르며 통상적으로 국제기구는 당해 기구 설립조약에 의해 법인격을 가지나, 국가는 고유의 원천적인 국제법인격을 갖는다.

관련 이론

국제기구의 법인격

근대 이후 전통적으로 국제사회는 주권국가들만을 구성원으로 하여 성립되어 왔으며, 오랫동안 국가만이 유일한 국제법주체로서 인정되어 왔던 것이 사실이다. 그러나 오늘날 국제사회는 많은 변화를 겪고 있으며, 많은 '비국가적 실체들' 국제사회의 구성원으로 참여하고 있다. 특히 국제기구는 국가에 못지않은 중요한 국제사회의 행위자로 활동하고 있다. '정부간국제기구'는 물론이고 '비정부간국제기구'의 활동도 점차 증가하고 있다.

그러나 정부간국제기구는 국제적 법인격을 갖는 국제법주체로서 인정되고는 있으나 그 범위가 제한적이며, 비정부간국제기구에 대해서는 아직 국제적 법인격이 인정되지 않고 있는 실정이다. 본원적이면서 기본적 국제법주체인 국가를 제외하고는, 국제기구나 개인을 막론하고 여전히 국제사회의 지배적인 행위자인 국가의 의사 및 합의에 근거를 두고 국제적 법인격이나 국제법주체성이 논의되는 현실이 계속되고 있는 것이다.

국제기구에 대한 국제적 법인격의 인정근거 및 대외적 효과의 범위는 물론이고 국제기구의 개별적인 권리·의무와 국제법적 권능에 대해서도 국가간의 합의로써 성립된 '설립조약'의 효력은 매우 강력하다. 개별적 국제기구의 권리·의무 또는 권능에 있어서도 설립조약의 규정에 의하여 그 내용이 정해진다고 하는 '전문성의 원칙'이 국제기구와 관련된 매우 중요한 원칙으로 확립되고 있다. 다만 오늘날 '묵시적 권한의 원칙'에 따라 설립조약에서 명시적으로 규정되지 않고 있는 경우에도 국제기구의 권리·의무 또는 권능이 인정될 수 있다고 본다.

국제기구의 법인격 인정과 관련하여 국가중심주의적 접근방법이 유지되는 한 정부간국제기구의 객관적 법인격이 확립되고 비정부간국제기구의 국제적 법인격이 인정되는 데는 많은 어려움이 예상된다. 오늘날 많은 비정부간국제기구들도 사실상 국가 및 정부간국제기구들과 더불어 국제사회의 행위자로서 활발한 활동을 수행하고 있는 현실에서도 이들에 대하여 국제적 법인격을 인정하는 것은 매우 어려운 것이 사실이다.

유사 문제

01 다음 중 국제기구의 법인격에 대한 설명으로 타당하지 <u>않은</u> 것은?

① 판시에서 유엔이 국가를 상대로 국제적 차원에서 손해배상을 청구할 수 있는가 하는 문제는 곧 유엔이 국제적 법인격(international personality)을 갖는가 하는 문제였는데, 국제사법재판소는 만장일치로 이를 인정하였다.
② 국제기구는 국가가 아닐뿐더러 국가와 동등한 권리·의무를 가지지 아니하며 초국가도 아니기 때문에, 국제기구는 국제적인 권리와 의무 또는 국제적인 청구를 할 수 있는 능력을 가질 수 없다고 하였다.
③ 유엔봉사 중 피해를 입은 희생자에 대한 손해배상을 유엔이 청구할 수 있는가 하는 것이었는데, 국제사법재판소는 이에 대하여 인정하였다.
④ 유엔이란 단순히 국가가들의 조치를 조정하는 곳이 아니라 매우 다양한 분야에서 중요한 결정을 이끌어내는 조직이며 유엔은 국제적 법인격과 국제사회에서 행위능력 없이는 수행할 수 없는 막중한 기능과 권한을 가지므로 국제적 법인 이어야 한다고 판시하였다.

정답 ②
해설 국제기구는 국가가 아닐뿐더러 국가와 동등한 권리·의무를 가지지 아니하며 초국가도 아니지만, 회원국들이 유엔에게 맡긴 기능과 권리는 국제적 법인격과 국제적 행위능력을 필요로 하며 그러기 위해 국제기구는 국제적인 권리와 의무를 가지며 국제적인 청구를 할 수 있는 능력을 가져야 된다고 하였다.

02 국제기구의 법인격에 대한 설명으로 옳지 <u>않은</u> 것은?

① 국제기구의 법인격이 국제기구 자체에 내재해 있는 것인지 아니면, 국제기구의 설립헌장에 근거해 있는지는 학설의 대립이 있다.
② 국제기구의 법인격은 헌장 규정과 관계없이 국제기구가 국가 간의 합의를 통해 창설되는 순간 생성되므로 설립헌장이 법인격을 명시적으로 규정하고 있다면 그것은 이미 존재하는 것을 선언하는 규정일 뿐이라고 한다.
③ 모든 국제기구는 명시적또는 묵시적인 국제적 합의에 결과이며 국제기구의 기능과 권한은 설립헌장에 의해 일차적으로 결정되므로 이러한 논리가 오늘날 보다 보편적으로 타당성을 인정받는다.
④ 유엔헌장은 기구는 그 임무의 수행과 그 목적의 달성을 위하여 필요한 법적 능력을 각 회원국의 영역 안에서 향유한다 라고 하여 회원국들에게 유엔의 법인격을 인정하도록 한다.

정답 ③
해설 모든 국제기구는 **명시적인 국제적 합의**에 결과이며 국제기구의 기능과 권한은 설립헌장에 의해 일차적으로 결정되므로 이러한 논리가 오늘날 보다 보편적으로 타당성을 인정받는다.

03

2006년 국제법위원회의 「외교적 보호에 관한 규정 초안」상 외교적 보호에 대한 설명으로 옳지 않은 것은?

① 자연인뿐만 아니라 법인에 대해서도 외교적 보호가 가능하다.
② 이중국적자의 경우에는 두 국적국가 중 어느 국가도 제3국에 대하여 외교적 보호권을 행사할 수 있다.
③ 국가는 타국의 국제위법행위로 피해를 입은 자국민을 위하여 외교적 보호를 하여야 할 의무가 있다.
④ 무국적자의 경우에는, 그가 피해를 입고 또한 공식적인 청구를 제기한 때에 합법적으로 상주하고 있는 국가가 외교적 보호를 행사할 수 있다.

[정답] ③

[해설] 외교보호 상 국가의 의무는 아니다. 즉, 국가는 타국의 국제위법행위로 피해를 입은 자국민을 위하여 외교적 보호를 행사하는 것은 국가의 '권리'이므로 자국민을 위해 외교적 보호를 행사할 의무가 없다.

관련 이론

외교보호 초안

1. 외교보호권의 본질

   전통국제법은 국민을 국가의 소유물로 취급하였으며, ILC외교보호초안 제2조도 이러한 관념에 따라 "국가는 … 외교보호를 행사할 (의무가 아닌) 권리'를 가지고 있다."라고 규정하고 있다. 다만, ILC외교보호초안은 제19조에서 외교보호를 행사할 권리가 있는 국가에게 3가지를 권고하고 있는데, 이 세 가지 관행의 권고는 이들 규칙이 아직 관습법규로 응고된 것은 아님을 시사하고 있다. 한편, ILC외교보호초안 제1조에 대한 주석은 오늘날 개인의 지위가 근본적으로 변화했음을 시사한다. 개인에 대한 침해가 국제법상 그의 소속국가에 대한 침해에 불과한 것으로 보던 시각은 하나의 허구에 지나지 않는다는 것이다. 그러나 외교보호가 여전히 중요한 구제수단으로 남아있는 것 또한 사실이다. 따라서 ILC는 외교보호가 그 자체로서 국가 자신의 권리인지, 국가가 국민의 권리를 단지 행사할 권리를 갖는 것인지, 아니면 양자 모두인지에 대한 해답은 고의적으로 회피되고 있다. 이는 ILC외교보호초안 제1조에 반영되어 있으며, 외교보호의 본질에 접근하는 대신에 '본 초안의 목적상' 외교보호를 단지 국가책임법의 차원에서 절차적으로 정의하고 있을 따름이다. ICJ는 Abmadou Sadio Diallo 사건에서 ILC외교보호초안 제1조는 "국제관습법을 반영하고" 있다고 언급하고 있다.

2. 국적에 관한 규정들

   ① 자연인의 국적

   ILC외교보호초안 제4조는 다음의 몇 가지를 시사하고 있다. 첫째, 누가 자국민인가를 결정하는 것은 각국이 자신의 법에 따라 결정할 문제이다. 둘째, 국적은 그러나 국제법에 부합되는 방법으로 부여/획득하여야 한다. 셋째, 국가는 국적 부여를 결정함에 있어 "판단의 여지(margin of appreciation)"를 부여받아야 하며, 그 결과 국가의 국적부여는 유효한 것으로 추정된다. 넷째, 제4조에 언급된 국적부여를 위한 연결요소들은 단지 예시적인 것이다. 그러나 이들 중 '출생, 혈통, 귀화'는 국적부여의 가장 흔한 방법이기도 하다. 다섯째, 제4조에는 Nottebohm 사건에서 언급된 '진정한 관련성'에 대한 언급이 없다. 끝으로, ILC는 그의 주석에서, 개인이 국제법에 부합되지 않는 비자발적인 방법으로 국적을 취득하는 경우, 그런 사람은 원칙적으로 그의 구국적국가의 외교보호를 받는 것이 허락되어야 한다고 언급하고 있다. 그러나 만약 이런 상황에서의 국적취득이 구국적의 상실을 초래한다면, 형평한 고려의 관점에서 볼 때 신국적국가가 외교보호를 행사할 권리가 있어야 한다고 언급하고 있다.

   ② 회사 내지 법인의 청구국적

   ILC외교보호초안 제9조는 일차적으로 설립지국가가 회사의 국적국가가 되나 설립지국가 이외의 타국가가 외교보호의 목적상 회사의 국적국가로 간주되기 위해서는, "회사가 타국가의 국민에 의하여 지배될 것", "설립지국가에서는 실질적인 영업활동이 없을 것", "회사의 본점소재지와 재무지배소재지 양자 모두 그 타국가에 위치할 것" 등의 세 요건을 누적적으로 충족하여야 한다. 만약 회사의 본점소재지와 재무지배소재지가 각기 다른 국가에 위치하고 있다면 설립지국가는 여전히 외교보호를 행사할 권리가 있다.

③ 국적계속의 원칙

ILC외교보호초안 제5조 제1항과 제10조 제1항은 청구국적이 계속되어야 하는 기간을 피해일자로부터 "공식청구를 제기하는 일자"까지로 명시하고 있다. 어쨌든 청구국적이 이 두 일자 모두에 존재했으면 국적은 이 두 기간 중 계속된 것으로 추정된다. 한편, 국적의 변경이 "국제청구의 제기와는 관련이 없는 이유로" 발생한 경우에는 청구국적계속의 원칙은 적용되지 아니한다. 다만, '개인'의 현국적국가는 그가 구국적국가의 국민인 때에 입은 피해와 관련하여 그 구국적국가를 상대로 외교보호를 행사할 수 없다. 그러나, 다른 한편, 국가는 침해시에 자국민이었고 그리고 그 침해의 결과로 설립지국가의 법에 따라 소멸한 '회사'에 대해 외교보호를 행사할 권리를 갖는다.

④ 회사의 주주의 보호

ICJ의 Barcelona Traction Co. 사건 판결에 대해 비판이 제기되었다. 이 사건에서처럼 회사의 국적국가와 가해국이 같은 경우라면 전자가 후자를 상대로 국제청구를 제기한다는 일은 발생할 수 없으므로 이런 상황에서는 주주의 국적국가가 회사의 국적국가를 상대로 국제청구를 제기할 수 있어야 한다는 것이다. ICJ는 이 문제를 검토하기는 하였으나, 미해결 문제로 남겨두었다. ILC 외교보호초안 제11조에 의하면, 회사가 침해를 입은 경우 주주의 국적국가는 2가지 예외를 제외하고는 자국민 주주를 위해 외교보호를 행사할 권리가 없다. 제11조의 첫 번째 예외는 회사가 회사에 대한 침해와 관련 없는 이유로 '설립지의 법에 따라' '없어진(소멸된)' 경우이다. 여기서 소멸은 법적소멸(legal demise)을 지칭한다. 법적소멸기준도 설립지의 법에 따라 판단한다. 제11조 (b)의 두 번째 예외는 설립지국가 자신이 회사에 침해를 가한 경우로서, 이런 경우 주주의 국적국가는 그들을 위해 외교보호를 행사하는 것이 허용된다. 그러나 이 예외는 침해국에서의 회사설립이 그 곳에서 영업을 하기 위한 전제조건의 하나로 그 국가에 의해 요구된 경우들에 국한되어있다. 또한 회사는 '침해'시에 가해국가의 국적을 가졌어야 한다. ILC외교보호초안 제12조는 국가가 회사와는 별개로 주주 자체의 권리에 직접적인 침해를 가하는 경우에 관한 규정으로서, 이런 경우에는 물론 주주의 국적국가들은 자국민 주주를 위해 외교보호를 행사할 권리가 있다. ILC는 어떤 권리들이 회사와는 별개로 주주에게 속하는지를 결정짓는 법체계로서 설립지국가의 국내법을 언급하면서, 회사가 가해국에서 설립된 경우, 외국주주의 권리가 차별대우를 받지 않도록 하기 위해 '회사법의 일반원칙'을 원용해야 할 경우도 있음을 언급했다. 한편, ICJ는 Barcelona Traction Co. 사건 이후 2007년 Ahmadou Sadio Diallo 사건에서 '회사의 외교보호권이 국적국가에 속한다'는 일반원칙에 '관습법'상 예외가 있는지에 대해 의견을 밝혔다. ICJ에 따르면, 첫째, 적어도 현시점에서는 외교보호권의 대리행사를 허용하는 국제관습법상의 예외가 존재한다고 생각하지 않는다. 둘째, ILC외교보호초안 제11조(b)의 제한적인 규정은 본 사건의 사실관계에는 해당되지 않으며, 따라서 초안의 이 규정이 국제관습법을 반영하는지의 문제는 이 사건에서는 발생하지 않는다.

⑤ 이중국적자의 청구국적

이중국적자가 제3국으로부터 침해를 입은 경우에 대해서는, 1930년 〈국적법 충돌의 일정 문제에 관한 헤이그협약〉 제5조에 의하면, 제3국은 이중국적자의 국적 중에서 "실제상황에 부합하는 국적"내지는 "진정하고 실효적인 국적(real and effective nationality)"을 승인해야 한다. ILC외교보호초안 제6조 제1항은 이와 달리 그러한 관련성이 요구되지 않는다는 입장을 채택했다. ILC외교보호초안 제7조에 의하면 이중국적자의 두 국적국 상호간에 국제청구 제기를 예외적인 것으로 간주하고, 이때 청구국은 자신의 국적이 '우세한' 것임을 입증해야 한다. 우세한 국적을 결정짓는 시점은 '침해시에 그리고 공식청구 제기시에 모두'로 규정하고 있다.

⑥ 청구국적원칙의 예외

청구국적원칙은 절대적인 것이 아니며, 예외적으로 국가가 자국민이 아닌 자를 위해 외교보호권을 행사하는 것이 허용될 수 있으나, 그 가능 범위는 분명하지 않다. 예외로 언급되는 '선박 승무원'의 보호에 관해서 ILC외교보호초안 제18조에서 제시하고 있다. 첫째, '승무원'의 국적국가는 국적을 매개로 당연히 '외교보호'를 행사할 권리를 갖는다. 둘째, '선박'의 국적국가는 외국인 승무원을 위해 '외교보호'가 아닌 '배상/구제를 구할 권리'를 갖는다. 셋째, 승무원의 국적국가가 행사할 수 있는 외교보호권과 선박의 국적국가가 외국인 승무원을 위하여 행사할 수 있는 '배상/구제를 구할 권리' 양자 모두 인정되어야 하며, 또한 이들 사이에 우열관계는 없다. 한편 전통국제법은 무국적자는 무주물과 같아서 외교보호를 행사할 수 있는 국가는 없다고 보았다. 그러나 ILC외교보호초안 제8조에서는 무국적자, 난민에 대해서 '피해시에 또한 공식적인 청구제기시에 그 국가에서 합법적이고 상습적으로 거주하고 있는' 경우에 '외교보호'를 행사할 수 있다고 규정하고 있다.

3. 국내구제수단 완료의 원칙

① 혼합청구

국내구제수단 완료의 원칙은 간접침해에 대해서만 적용되며, 직접침해에 대해서는 적용되지 아니한다. 혼합청구인 경우에는 ILC외교보호초안 제14조 제3항이 채택한 '압도적 우세'기준(preponderance test)을 제시하고 있다. 즉, 국가간 청구가 압도적으로 사인에 대한 침해에 기초하여 제기된 경우에는 국내적 구제를 완료하여야 한다. 또한 국가가 타국의 국제위법행위에 의해 피해를 입은 자국민을 위하여 손해배상을 청구하는 것이 아니라 개인을 위법하게 대우하는 과정에서 혹은 그에 수반하여 피고국가가 위반한 것으로 주장되는 조약의 해석과 적용에 관한 결정만을 구하는 경우에도 국내적 구제를 완료할 필요가 있는지가 문제된다. 이에 대해서 ICJ는 ELSI 사건에서 국내구제 완료의 원칙이 적용된다고 하였고, ILC외교보호초안 제14조 제3항도 이 경우 국내구제 완료의 원칙이 적용됨을 명백히 하고 있다.

② 자발적 관련성

ILC외교보호초안 제15조 (c)호에서 자발적 관련성(voluntary link) 요건을 대신 '적절한 관련성(relevant connection)'이란 다소 객관적인 술어를 사용하고 있으며, 또한 적절한 관련성이 존재해야 하는 시점은 '침해시'(at the date of injury)임을 분명히 하고 있다.

③ 국내구제수단의 정의

Ambatielos 중재판결은 피해자가 가해국 내에서 거쳐야 할 국내구제수단을 "국내법이 제공하는 법적 보호의 전 체계"로 정의한 바 있고, ILC외교보호초안 제14조 제2항도 이를 그대로 반영하고 있다. 국내구제는 국가마다 모두 다르다. 한편, 국내구제가 지연되는 경우에 대해서는 ILC외교보호초안 제15조 (b)호에서 언급하고 있고, ILC외교보호초안 제15조 (a)항은 "가해국의 국내구제수단이 '명백히(manifestly)' 쓸모없거나 '명백히' 실효성이 없어야 한다"는 기준이 너무 높아서 "합리적으로(상당히)" 정도로 완화하고 있다.

④ 국내구제수단완료 요건의 포기

국내구제수단완료 요건은 국가가 스스로 포기할 수 있으며, 이는 판례도 인정하고 있다. ILC외교보호초안 제15조도 그 (e)호에서 허용하고 있다. 1972년 "우주물체에 의하여 야기된 손해에 대한 국제책임에 관한 협약" 제11조 제1항에서 이 요건의 포기를 규정하고 있으며, 1981년 이란-미국청구재판소를 설치할 때도 두 국가는 이 요건 포기를 합의했다. 이 밖에 BITs, WTO/DSU 등에서도 찾아볼 수 있다. 포기는 시점이 문제되지 않지만, 마음대로 취소/철회할 수 없다. 반드시 명시적일 필요는 없으며 피고국가의 행동에서 추론될 수 있다. 다만, ICJ는 ELSI 사건에서 국내구제수단완료는 "국제관습법의 중요한 원칙"이기 때문에 그것의 포기가 쉽게 추정/묵시되어서는 안 된다는 점을 지적한 바 있다.

⑤ 칼보조항

칼보조항에 관련해서는 ILC는 "만약 외교보호의 테두리 내에서 보호받는 권리가 보호받는 개인의 것이지 보호하는 국가의 그것이 아니라는 것을 수락한다면 일반국제법에 대한 칼보조항의 유효성에 대한 반대는 확실히 설득력이 떨어진다."라고 언급하고 있다.

유사 문제

01 외교보호 초안에 대한 내용으로 옳지 <u>않은</u> 것은?
① 일국의 국민이나 기업이 향유하는 일정한 권리를 침해받은 경우로서, 간접손해는 외교적 보호권을 통하여 국가책임을 추구한다.
② 전통적으로 국제의무위반 행위는 국내사법상의 불법행위와 유사한 것으로 그 책임은 민사책임의 성질을 가지며, 원상회복 또는 손해배상에 의해 해제되었다.
③ 1980년 '국가책임협약의 잠정초안'은 국가의 국제위법행위를 '국제범죄'와 '국제불법행위'로 구별하여 2001년 최종초안에는 수용되었다.
④ 국가의 국제위법행작위 또는 부작위를 구성하는 행위가 국제법상 국가에 귀속되며, 국가의 국제의무의 위반을 구성하는 경우 국가의 국제위법행위가 존재한다.

정답 ③
해설 1980년 '국가책임협약의 잠정초안' 제19조는 국가의 국제위법행위를 '국제범죄'와 '국제불법행위'로 구별하여 국가의 국제형사책임의 도입을 시도하였으나, 국가들의 반대로 2001년 최종초안에는 배제되어 현재에 있어서도 민사책임의 성질을 유지하고 있다.

02 외교보호 초안 중 국가의 귀속성에 대한 내용으로 잘못된 것은?
① 국가원수나 행정기관의 행위가 이에 해당하며 그 기관의 성격이 중앙정부기관이든 지방정부기관이든 상관없다.
② 입법기관의 행위가 국가에 귀속되는가 견해가 대립하나, 입법기관이 필요한 입법조치를 불이행하거나 국제법위반의 국내법을 제정한 경우에는 국가책임이 성립한다.
③ 사법기관의 재판거부의 경우와 전시 간첩에 대한 즉결처분은 국가책임에 포함되지 않는다.
④ 국가기관의 월권행위에 대해서도 외국 또는 외국인이 국가기관의 권한의 범위를 알고 있을 것을 기대하기 곤란하므로 행위의 국가귀속성이 인정된다.

정답 ③
해설 사법기관의 재판거부의 경우, 즉 외국인의 소송수리를 거부하거나, 절차보장이 미비한 경우, 명백히 부당한 판결의 경우, 집행의 거부에 해당할 때에는 국가책임이 성립하나, 단순히 증거채택을 거부한 경우나 오판의 경우, 전시 간첩에 대한 즉결처분은 포함되지 않는다.

04

우리나라 「범죄인 인도법」상 범죄인 인도에 대한 설명으로 옳지 않은 것은?

① 인도범죄의 성격과 범죄인이 처한 환경 등에 비추어 범죄인을 인도하는 것이 비인도적이라고 인정되는 경우는 임의적 인도거절 사유에 해당한다.
② 대한민국이 당사국인 범죄인 인도조약이 「범죄인 인도법」과 다르게 규정하는 경우 범죄인 인도조약의 내용을 따른다.
③ 정부수반 가족의 신체를 위협하는 범죄는 정치적 성격을 지닌 범죄라도 범죄인 인도 거절 대상에서 제외된다.
④ 인도범죄의 전부 또는 일부가 대한민국 영역에서 범해진 경우는 절대적 인도거절 사유에 해당한다.

정답 ④

해설 인도범죄의 전부 또는 일부가 대한민국 영역에서 범해진 경우는 임의적 인도거절사유에 해당한다.

관련 이론

범죄인 인도법 제1절 인도의 사유와 인도의 제한 〈개정 2010.3.31〉

제5조(인도에 관한 원칙) 대한민국 영역에 있는 범죄인은 이 법에서 정하는 바에 따라 청구국의 인도청구에 의하여 소추(訴追), 재판 또는 형의 집행을 위하여 청구국에 인도할 수 있다. [전문개정 2010.3.31.]

제6조(인도범죄) 대한민국과 청구국의 법률에 따라 인도범죄가 사형, 무기징역, 무기금고, 장기(長期) 1년 이상의 징역 또는 금고에 해당하는 경우에만 범죄인을 인도할 수 있다. [전문개정 2010.3.31]

제7조(절대적 인도거절 사유) 다음 각 호의 어느 하나에 해당하는 경우에는 범죄인을 인도하여서는 아니 된다.
　1. 대한민국 또는 청구국의 법률에 따라 인도범죄에 관한 공소시효 또는 형의 시효가 완성된 경우
　2. 인도범죄에 관하여 대한민국 법원에서 재판이 계속(係屬) 중이거나 재판이 확정된 경우
　3. 범죄인이 인도범죄를 범하였다고 의심할 만한 상당한 이유가 없는 경우. 다만, 인도범죄에 관하여 청구국에서 유죄의 재판이 있는 경우는 제외한다.
　4. 범죄인이 인종, 종교, 국적, 성별, 정치적 신념 또는 특정 사회단체에 속한 것 등을 이유로 처벌되거나 그 밖의 불리한 처분을 받을 염려가 있다고 인정되는 경우 [전문개정 2010.3.31]

제8조(정치적 성격을 지닌 범죄 등의 인도거절)
　1. 인도범죄가 정치적 성격을 지닌 범죄이거나 그와 관련된 범죄인 경우에는 범죄인을 인도하여서는 아니 된다. 다만, 인도범죄가 다음 각 호의 어느 하나에 해당하는 경우에는 그러하지 아니하다.
　　① 국가원수(國家元首)·정부수반(政府首班) 또는 그 가족의 생명·신체를 침해하거나 위협하는 범죄
　　② 다자간 조약에 따라 대한민국이 범죄인에 대하여 재판권을 행사하거나 범죄인을 인도할 의무를 부담하고 있는 범죄
　　③ 여러 사람의 생명·신체를 침해·위협하거나 이에 대한 위험을 발생시키는 범죄
　2. 인도청구가 범죄인이 범한 정치적 성격을 지닌 다른 범죄에 대하여 재판을 하거나 그러한 범죄에 대하여 이미 확정된 형을 집행할 목적으로 행하여진 것이라고 인정되는 경우에는 범죄인을 인도하여서는 아니 된다. [전문개정 2010.3.31]

제9조(임의적 인도거절 사유) 다음 각 호의 어느 하나에 해당하는 경우에는 범죄인을 인도하지 아니할 수 있다.
　1. 범죄인이 대한민국 국민인 경우
　2. 인도범죄의 전부 또는 일부가 대한민국 영역에서 범한 것인 경우
　3. 범죄인의 인도범죄 외의 범죄에 관하여 대한민국 법원에 재판이 계속 중인 경우 또는 범죄인이 형을 선고받고 그 집행이 끝나지 아니하거나 면제되지 아니한 경우

4. 범죄인이 인도범죄에 관하여 제3국(청구국이 아닌 외국을 말한다. 이하 같다)에서 재판을 받고 처벌되었거나 처벌받지 아니하기로 확정된 경우
5. 인도범죄의 성격과 범죄인이 처한 환경 등에 비추어 범죄인을 인도하는 것이 비인도적(非人道的)이라고 인정되는 경우 [전문개정 2010.3.31]

제10조(인도가 허용된 범죄 외의 범죄에 대한 처벌 금지에 관한 보증) 인도된 범죄인이 다음 각 호의 어느 하나에 해당하는 경우를 제외하고는 인도가 허용된 범죄 외의 범죄로 처벌받지 아니하고 제3국에 인도되지 아니한다는 청구국의 보증이 없는 경우에는 범죄인을 인도하여서는 아니 된다.
1. 인도가 허용된 범죄사실의 범위에서 유죄로 인정될 수 있는 범죄 또는 인도된 후에 범한 범죄로 범죄인을 처벌하는 경우
2. 범죄인이 인도된 후 청구국의 영역을 떠났다가 자발적으로 청구국에 재입국한 경우
3. 범죄인이 자유롭게 청구국을 떠날 수 있게 된 후 45일 이내에 청구국의 영역을 떠나지 아니한 경우
4. 대한민국이 동의하는 경우 [전문개정 2010.3.31]

제10조의2(동의 요청에 대한 법무부장관의 조치) 법무부장관은 범죄인을 인도받은 청구국으로부터 인도가 허용된 범죄 외의 범죄로 처벌하거나 범죄인을 제3국으로 다시 인도하는 것에 관한 동의 요청을 받은 경우 그 요청에 타당한 이유가 있다고 인정될 때에는 이를 승인할 수 있다. 다만, 청구국이나 제3국에서 처벌하려는 범죄가 제7조 각 호 또는 제8조에 해당되는 경우에는 그 요청을 승인하여서는 아니 된다. [전문개정 2010.3.31]

유사 문제

01 대한민국의 범죄인 인도법 중 임의적 인도사유에 해당하지 <u>않은</u> 것은?

① 범죄인이 대한민국 국민인 경우
② 대한민국 또는 청구국의 법률에 따라 인도범죄에 관한 공소시효 또는 형의 시효가 완성된 경우
③ 범죄인의 인도범죄 외의 범죄에 관하여 대한민국 법원에 재판이 계속 중인 경우 또는 범죄인이 형을 선고받고 그 집행이 끝나지 아니하거나 면제되지 아니한 경우
④ 범죄인이 인도범죄에 관하여 제3국(청구국이 아닌 외국을 말한다. 이하 같다)에서 재판을 받고 처벌되었거나 처벌받지 아니하기로 확정된 경우

정답 ②
해설 절대적 인도거절 사유이며 이에 임의적 인도사유 중 하나는 인도범죄의 전부 또는 일부가 대한민국 영역에서 범한 것인 경우이다.

02 대한민국의 범죄인 인도법상 인도가 허용된 범죄 외의 범죄에 대한 처벌 금지에 관한 보증에 해당하지 <u>않은</u> 것은?

① 인도가 허용된 범죄사실의 범위에서 유죄로 인정될 수 있는 범죄 또는 인도된 후에 범한 범죄로 범죄인을 처벌하는 경우
② 범죄인이 인도된 후 청구국의 영역을 떠났다가 자발적으로 청구국에 재입국한 경우
③ 범죄인이 자유롭게 청구국을 떠날 수 있게 된 후 60일 이내에 청구국의 영역을 떠나지 아니한 경우
④ 대한민국이 동의하는 경우

정답 ③
해설 범죄인이 자유롭게 청구국을 떠날 수 있게 된 후 45일 이내에 청구국의 영역을 떠나지 아니한 경우

05

「국제형사재판소에 관한 로마규정」에 따른 국제형사재판소의 관할 범죄에 대한 설명으로 옳지 <u>않은</u> 것은?

① 한 집단의 아동을 타 집단으로 강제 이주는 집단살해죄를 구성하는 행위 유형이다.
② 인도에 반한 죄가 성립되기 위해서는 행위자가 광범위하거나 체계적인 공격의 일부로서 그 공격에 대한 인식을 갖고 행위하여야 한다.
③ 전쟁범죄는 국제적 무력충돌에 적용되는 법과 관습에 위반되는 행위에 한하고 비국제적 무력충돌에 적용되는 법과 관습에 위반되는 행위를 포함하지 않는다.
④ 국제범죄로서의 침략범죄로 처벌되는 대상에서 침략행위에 동원된 단순 참가자들은 제외된다.

정답 ③

해설 전쟁범죄는 국제적 무력충돌에 적용되는 법과 관습에 위반되는 행위에 한하고 비국제적 무력충돌에 적용되는 법과 관습에 위반되는 행위까지 포함한다. 즉, 국제형사재판소에 관한 로마규정 비국제적 무력충돌에 적용되는 법과 관습에 위반되는 행위를 포함한다.

관련 이론

국제형사재판소 관할 범죄

국제형사재판소의 관할대상범죄는 집단살해죄(crime of genocide), 인도에 반하는 죄(crime against humanity), 전쟁범죄(war crime), 침략범죄(crime of aggression) 등 4개의 범죄이다. 그리고 이러한 범죄에 대한 기소의 주체는 로마규정 당사국, 유엔안전보장이사회, ICC 검사이며, 단, 검사가 기소하려는 경우 국제형사재판소의 전심부(pre·trial chamber)의 사전 심사가 필요하다.
국제형사재판소가 관할권을 행사하기 위해서는 범죄발생국 또는 피고인 국적국이 로마규정 당사국인 경우 이해관계국의 동의여부에 관계없이 자동적으로 성립된다(Automatic Jurisdiction). 단, 동 범죄에 대해 관할권을 가지는 국가의 국내법원이 우선적으로 관할권을 가지며, 당해 국가가 해당범죄를 처리할 능력 또는 의사가 없는 경우에 한하여 국제형사재판소가 보충적으로 관할권을 행사한다. 「국제형사재판소 관할 범죄의 처벌 등에 관한 법률」은 이러한 국제형사재판소 로마규정을 국내적으로 이행하기 위하여 제정된 법률이다.

의의와 평가

우리 정부는 국제형사재판소설립을 위한 로마규정 채택을 범세계적인 정의구현과 인권보호에 기념비적인 진전으로 평가하고 로마규정의 비준 가입을 통해 반인류적 범죄의 진압을 위한 국제사회의 노력에 동참하고 있다. 우리나라는 로마 전권외교회의에서의 로마규정 채택과정 및 그 후 개최되고 있는 준비위원회 회의 등에 적극 참여하여 왔으며, 2000년 3월 8일 로마규정에 95번째로 서명하였다. 그리고 관련 국내법령 정비 등 비준을 위한 준비작업 추진하여 「범죄인인도법」, 「형사사법공조법 등 관련 법률」을 정비하였으며, 국제형사재판소의 본격적인 활동개시에 즈음하여 당사국으로서 의무를 이행하기 위하여 「국제형사재판소 관할 범죄의 처벌 등에 관한 법률」을 제정한 것이다.

유사 문제

01 국제형사재판소의 관할범죄에 대한 설명으로 타당하지 <u>않은</u> 것은?

① "집단살해죄"라 함은 국민적, 민족적, 인종적 또는 종교적 집단의 전부 또는 일부를 그 자체로서 파괴할 의도를 가지고 범하여진 행위를 말한다.
② "인도에 반한 죄"라 함은 민간인 주민에 대한 광범위하거나 체계적인 공격의 일부로서 그 공격에 대한 인식을 가지고 범하여진 행위를 말한다.
③ "전쟁범죄"라 함은 1949년 8월 12일자 제네바협약의 중대한 위반, 즉 관련 제네바협약의 규정하에서 보호되는 사람 또는 재산에 대한 다음의 행위 중 어느 하나를 말한다.
④ 비국제적 성격의 무력충돌에 적용되며, 따라서 폭동이나 국지적이고 산발적인 폭력행위 또는 이와 유사한 성격의 다른 행위와 같은 국내적 소요나 긴장사태에도 적용된다.

정답 ④

해설 비국제적 성격의 무력충돌에 적용되며, 따라서 폭동이나 국지적이고 산발적인 폭력행위 또는 이와 유사한 성격의 다른 행위와 같은 국내적 소요나 긴장사태에는 적용되지 아니한다.

02 ICC에 대한 로마규정의 내용으로 틀린 것은?

① 범죄구성요건에 대한 개정은 당사국, 절대과반수의 재판관, 소추관에 의하여 제안될 수 있다.
② 개정은 당사국총회 회원국의 3분의 2의 다수결에 의하여 채택된다.
③ 재판소는 이 규정의 발효 후에 범하여진 범죄에 대하여만 관할권을 가진다.
④ 소추관은 재판소 관할범죄에 관한 정보에 근거하여 독자적으로 수사를 개시할 수 없다.

정답 ④

해설 소추관은 재판소 관할범죄에 관한 정보에 근거하여 독자적으로 수사를 개시할 수 있다.

06

관습국제법의 성립에 대한 국제사법재판소(ICJ) 판례에 대한 설명으로 옳지 않은 것은?

① Legality of the Threat or Use of Nuclear Weapons에 관한 권고적 의견에서는 총회의 결의를 통해 핵무기의 불법성에 관한 법적 확신이 확립되지 못한 근거의 하나로 관련 결의가 상당수의 반대 또는 기권에도 불구하고 채택되었다는 점을 언급하였다.

② Legal Consequences of the Construction of a Wall in the Occupied Palestinian Territory에 관한 권고적 의견에서는 국제사회에서 널리 지지받는 국제조약을 관습국제법의 형성과 존재를 확인하는 증거로 보았다.

③ Asylum(Colombia v. Peru) 사건에서는 중남미 국가에 특유한 지역관습법이 성립될 수 있는 가능성 자체를 인정하였으나, 해당 사건에서 콜롬비아가 주장하는 내용의 지역관습법 존재를 인정하지 않았다.

④ North Sea Continental Shelf(Germany/Netherlands) 사건에서는 관습국제법은 오랜 시간을 거치면서 확립되는 일반관행에 기초하므로 단기간에는 성립할 수 없다고 밝혔다.

정답 ④

해설 국제사법 재판소는 North Sea Continental Shelf(Germany/Netherlands) 사건에서 ICJ는 빠른 시간 내에도 국제관습법이 형성될 수 있음을 인정하였고 다만 당해 관습 형성으로 특별히 영향받는 국가의 참여 등을 요한다고 하였고, 또한, 법적 확신이 존재해야 한다고 부여하였다.

관련 이론

국제관습법상 법적 확신

국가간에 묵시적으로 수락된 일반적 관행으로 법적 확신을 받은 법규범이나 국제관습법은 국제법과 관련하여 그 법원 또는 보편타당한 일반국제법으로서 중요한 구실을 한다. 이러한 국제관습법은 합리적인 고려에 의해 제정되는 조약보다도 역사적으로 앞서 존재하였으며, 오늘날 국제법의 많은 부분이 아직도 관습법의 형식으로 존재하고 있는 점에서 국제법상 중요한 지위를 차지하고 있다. 현재 조약의 중요성이 날로 증대하고 있지만, 국제관습법이 국제법에서 차지하는 중요성은 국내법상 관습법의 중요성보다 훨씬 높은 것이다.

국제관습법은 적용범위를 표준으로 하여 모든 국가간에 보편적 관행으로 행해져 모든 국가를 규율대상으로 하는 보편 국제관습법, 특히 주요 국가를 포함한 다수의 국가 간에 행해지는 일반국제관습법과 소수 국가간에 행하여지는 특별국제관습법으로 구분할 수 있다. 국제관습법은 보편적으로 타당한 일반 국제법으로서 중요한 지위를 차지하고 있으나, 반면에 그 성립은 여러 국가의 관행을 기초로 하고 있기 때문에 내용의 불명확성을 면하기 어렵다. 따라서 관습법을 성문화하여 그 내용을 명확하게 하는 것이 필요하다. 국제관습법의 법전화는 먼저 전쟁법의 영역에서 시작되었는데, 1888년과 1907년의 두 번에 걸친 헤이그평화회의는 전쟁법의 법전화에 상당한 성과를 올렸다. 평시법의 법전화에 관하여 1930년의 '헤이그 국제법편찬회의'는 획기적인 행사였으며, 그 뒤 유엔총회는 국제법의 점진적 발달과 법전화를 장려하기 위하여 1947년 국제법위원회를 설치하고 국제법의 법전화를 위한 준비작업을 담당하게 하였다. 국제관습법이 성립하기 위해서는 다음과 같은 요건이 구비되어야 한다. 즉, 관행의 존재와 법적 확신이 있어야 한다. 여기서 관행이라 함은 같은 행위가 반복되어 성립하는 것이다. 국제관습법으로 성립하려면 그 관행은 국제사회에서 보편적·일반적·특수적으로 행해져야 한다. 특히, 중요한 일반적 국제관습법은 반드시 모든 국가에 의한 관행이 존재해야 성립하는 것이 아니라, 주요 국가를 포함한 다수 국가에 광범위하고 통일적인 관행이 존재하며, 그 관행의 성립에 반대하는 행위가 적극적으로 반복되지 않는 한 성립한다.

다음으로 그와 같은 관행을 준수하는 것이 의무적이라는 법적 확신이 확립되어야 하는데, 법적 확신의 유무에 따라 단순한 자연적 사실인 국제관행과 법으로서의 국제관습법이 구별될 수 있다. 국제관습법은 이미 성립된 국제관행이 반복되면서 점차로 법적 확신이 형성되어 그것이 다수 국가의 실행에 의해 확인되면 성립한다. 국제관습법은 모든 국가를 당연히 구속하지는 않으며, 다만 그것을 묵시적 방법에 의해 법규범으로 수락한 국가에만 효력을 미친다.

그 결과 국제관습법의 형성과정중 또는 형성 후에 국제관습법을 거부한 국가에게는 주권평등의 원칙상 적용되지 않는다. 대개의 경우 국제관습법은 그 지지국의 실력과 필요에 의해서 효력범위가 결정되는 경향이 있다. 효력범위는 종류에 따라 보편적인 것, 일반적인 것, 특수적·지역적인 것으로 나눌 수 있다.

유사 문제

01 국제법의 연원인 국제관습법에 대한 설명으로 타당하지 않은 것은?

① 관습의 성립요건으로 관습법을 형성하는 행위는 규칙적이고 반복적이어야 하기에 국제관습법의 성립에는 여러국가의 동일한 행위가 요구된다.
② 법적 확신이 시작했을때 그 관행은 바로 관습이 된다.
③ 관습에 있어서의심리적 요소는 국제사법재판소(icj)도 〈비호권사건〉에서 강조한바 있다.
④ 재판소에 의하면 비록 불변적 획일적이라 할 지라도 권리로서 적용되고 의무로서 준수되지 않는 한 관행은 되지 않는다고 한다.

정답 ②
해설 법적 확신에 도달하였을때 그 관행은 바로 관습이 된다.

02 국제관습법의 내용에 대한 설명으로 옳지 않은 것은?

① 전통적 이론은 하나의 관습법이 일반규칙으로서 확립된 경우에는 국가자신이 그 형성에 적극적으로 참가했든 안했든간에 그것을 반영하지 않는 모든 국가를 구속한다고 한다.
② 신생국들은 조약에 관해서 백지로 돌아가 재출발하고 있으며 관습법에 관해서는 무조건 이것을 수락하지는 않는다.
③ 관습법이 여러국가의 관행을 기초로 성립하기에 그 내용의 불확실성을 면하기 어렵기에 이의 법전화가 시도된다.
④ 관습은 묵시적 조약의 한 형태이다.

정답 ④
해설 관습은 묵시적 조약의 한 형태가 아니라 하나의 독립된 법형식인 것으로 이러한 관습으로부터 발생한 법규범의 하나가 국제관습법이다.

07

국제법상 강행규범(jus cogens)에 대한 설명으로 옳지 않은 것은?

① 「국제위법행위에 대한 국가책임 최종 초안」에 따르면, 국가들은 일반국제법의 강행규범상 의무의 중대한 위반을 합법적으로 종식시키기 위하여 협력하여야 한다.
② 「조약법에 관한 비엔나 협약」에 따르면, 일반국제법의 강행규범은 국제공동체 전체가 수락하고 인정하는 경우 성립할 수 있는 규범이다.
③ 국제사법재판소(ICJ)는 Armed Activities on the Territory of the Congo(Democratic Republic of the Congo v. Rwanda) 사건에서 강행규범을 직접 언급하였다.
④ ICJ는 Arrest Warrant(Democratic Republic of the Congo v. Belgium) 사건에서 강행규범 위반 행위에 대해서도 국가면제가 부여될 수 있다고 밝혔다.

정답 ④

해설 Arrest Warrant(Democratic Republic of the Congo v. Belgium) 사건의 쟁점은 국가면제로 판단이 아닌 '외교면제'에 관한 것이다.

관련 이론

강행규범의 내용

1. 국제법위원회(ILC)의 보고서의 강행규범의 예
   ① 1969년 조약법에 관한 비엔나협약에서는 강행규범의 구체적인 범위에 대하여 규정 하지 않았으나, 국제법위원회는 이와 관련한 보고서에서 강행규범의 예를 들고 있음
   ② ILC 보고서의 강행규범의 예 : UN헌장의 원칙에 위반한 노예매매 금지, 무력사용의 금지(침략행위 금지), 해적행위 금지, 집단살해(gencide) 금지, 국제법상 범죄의 금 지, 인권존중, 주권평등, 민족자결권 등
2. 바르셀로나 트랙션 사건(1970, ICJ)
   ① 대세적 의무'(obligations erga omnes) : 국제사법재판소는 이 사건에서 외교적 보 호의 범주내에서 개별 타국에 대한 의무와 국제공동체 전체에 대한 의무가 존재함 을 확인하고 이를 '대세적 의무'(obligations erga omnes)라 함
   ② 대세적 의무에 대한 예시
      ㉠ 침략행위 금지(무력행사 금지), 집단살해 금지, 노예매매 금지, 인종차별 금지와 같은 인권 존중 의무 등을 국제공동체 전체에 대한 의무, 즉 대세적 의무로 예시함
      ㉡ 이러한 대세적 의무에 대해서 강행규범과 동일한 의미로 파악하는 견해도 있으며, 엄격한 의미에서 구분된다고 하는 견해도 있으나, 동일한 의미로 파악하지는 않더 라도 최소한 강행규범의 예로서 들 수는 있음
3. 1980년 '국가책임에 관한 협약 초안'
   ① 1980년 UN국제법위원회가 잠정채택한 국가책임법 협약 초안은 제1부 제19조 제2항에서 국가의 국제위법행위를 국제범죄와 국제불법행위로 구분하고, 국제범죄란 "국제공동체의 근본적 이익의 보호를 위하여 너무나도 중요하여 그 위반이 국제공동 체의 전 구성원에 의해 범죄로서 인정되는 의무의 위반"으로 정의함
   ② 국제법위원회(ILC)는 1980년 '국가책임에 관한 협약 초안'에서 '국제범죄' 개념을 도 입하였으나, 2001년 '국제위법행위에 대한 국가책임 규정 초안'에서는 이를 삭제함
   ③ 1980년 초안상의 환경보존 의무는 일반국제법상 강행규범으로 인정되지는 않음
4. 1998년 국제형사재판소(ICC) 규정
   개인의 국제형사책임에 관해 규정한 국제형사재판소(ICC) 규정 제5조상의 재판소의 관 할범죄에 관한 규정은 국제강행규범 자체를 규정한 것은 아니나, 이러한 범죄의 개념은 국제강행규범을 전제로 한다는 점에서 의미가 있음

5. 2001년 '국제위법행위에 대한 국가책임 규정 초안'
국제법위원회(ILC)는 2001년 '국제위법행위에 대한 국가책임 규정 초안'에서 국제강행규범 자체는 언급하고 있으나, 그 구체적 범위에 대해서는 언급하지 않음

유사 문제

01 국제법상 강행규범에 대한 설명으로 옳지 않은 것은?
① 규범의 서열화를 가져온 것으로 집단적 불승인의 의무이다.
② ICTY의 Furundžija 사건에서 고문과 같은 개인의 강행규범 위반 행위에 대한 보편관할권 행사를 인정했다.
③ 강행규범의 경우, 이를 부정하여 법적 효과를 반대하는 국가가 입증책임을 진다.
④ 모든 강행규범은 대세적 효력을 갖으나 모든 대세적 의무가 강행규범일 수는 없다.

정답 ③
해설 강행규범의 경우, 이를 원용하여 법적 효과를 귀속받고자 하는 국가가 입증책임을 진다.

02 국제법상 강행규범의 내용에 대한 설명으로 타당하지 않은 것은?
① 개별국가나 특정의 국가군이 갖는 대세적 의무는 강행규범이 될 수 없고, 대세적 의무가 국제 공동체 전체의 이익을 보호할 때에만 강행규범이 될 수 있다.
② 강행규범은 일반 국제법상으로만 존재하나, 대세적 의무는 일반 국제법상, 특정국가간 또는 특정국가의 의무로 존재한다.
③ 강행규범과 대세적 의무는 규범의 대상의 문제이다.
④ ILC는 2006년 〈국제법의 파편화에 관한 보고서〉에서 강행규범에 의하여 수립되지 않은 대세적 의무의 예로 인간의 기본적 권리들에 관한 원칙과 규칙(Barcelona Traction Co. 사건), 지구공유지에 관련된 의무(1967년 우주조약 제1조, 1982년 UNCLOS 제136조)를 들고 있다.

정답 ③
해설 강행규범은 규범의 '정도'의 문제이고, 대세적 의무는 규범의 대상의 문제이다.

08

국제법상 조약의 국가승계에 대한 설명으로 옳은 것은?

① 국가승계에서 조약 경계 이동 원칙이란 영토의 일부 이전의 경우에는 승계국의 조약이 새로이 확장 적용된다는 것이다.
② 승계국의 일방적 선언만으로 제3국과의 관계에서 기존 조약상의 권리와 의무가 승계국의 권리와 의무로 유지된다.
③ 조약에 의하여 설정된 국경은 조약의 국가승계에 따른 영향을 받는다.
④ 개인에 대한 직접 적용을 목표로 하는 인권조약의 자동적 국가승계는 관습국제법으로 확립되어 있다.

정답 ①

해설
② 승계문제 발생 유형에 따라 백지출발주의가 인정되기도 하고 계속주의가 적용되기도 한다.
③ 국경선 설정 조약에서 국경은 조약의 국가승계에 따른 영향을 받지 아니한다.
④ 아직 인권조약의 자동승계가 관습법으로 확립되었다고 할 수 없다.

관련 이론

국가승계에 관한 빈 협약

1978년 체결되었고 1996년부터 발효되었지만 아직 소수의 국가들만이 이에 가입하였다. 대한민국도 이에 가입하지 않았다. 동 협약은 그동안의 국제관행을 성문화한 것이라고 하지만 실제 국제관행과 일치하지 않는 부분이 많고 논리적으로 모순되는 부분도 있다. 그래서 국가들은 조약의 국가승계 사유가 발생되었을 때 이해관계국과 끊임없이 새로운 협약을 체결하는 방법 등으로 새로운 국가관행을 창조하고 있는 실정이다. 이 분야에서는 그래서 더욱더 국가관행을 연구할 필요가 있다. 영토주권의 변경에 따른 조약의 국가승계에 대한 입장은 크게 '백지출발의 원칙'과 '조약자동존속'의 원칙이 대립된다.

국가관행에서는 백지출발의 원칙이 19세기 중순까지 주류를 이루었다. 다만 근래에 '자동존속의 원칙'이 학설로 새롭게 다시 등장하고 있다. 그러나 국가관행은 이를 별로 뒷받침하고 있지 못하다. 국가관행을 분석해 보면 조약의 국가승계는 영토주권변경의 유형과 승계에 직접적인 관련이 있는 조약의 유형에 따라 달라진다는 것을 알 수 있다. 군대주둔협정, 동맹조약, 중립조약 등과 같은 고도의 정치적 사항을 내포하고 있는 조약들은 영토승계국의 재량에 속하고 자동승계의 원칙은 적용되지 않는다. 정치적 조약은 아니지만 영토승계국의 공적 이익이 우선적으로 고려되어야 하는 영사 협정 및 외국인 관련 조약들도 자동승계 되지 않는다. 국가관행을 분석한 결과 신생국이 영토선행국이 체결한 다자간 조약을 승계한 예가 많지만 자동승계원칙이 확립되었다고 보기는 어렵다. 다자간 조약은 조약의 성격 등을 면밀히 검토해야 한다.

그러나 국경조약처럼 새로 취득한 영역과 밀접한 관련이 있는 처분적 조약의 경우에는 영토주권변경의 유형과 무관하게 영토승계국으로 승계 되는 경향을 보인다. 기타 애매한 경우에는 당해 조약의 해석을 통하여 변경된 상황에서 동 조약을 승계 하는 것이 적절한지를 검토해 보아야 한다. 특히 비처분적 조약의 경우에는 조약승계의 발생원인에 따라 많은 차이를 보이고 있다. 일반적으로 할양의 경우에는 조약불승계의 원칙 내지 조약경계가변의 원칙이 적용된다. 조약승계에 관한 빈 협약은 국가의 분리독립을 식민지역에서의 분리독립과 기타지역에서의 분리독립을 구별하여 다루고 있으나 이는 국가관행과 일치하지 않는다. 국가의 분리독립의 경우에 국가관행은 일반적으로 백지출발의 원칙에 따르는 경향이 있다. 그러나 특히 1950, 60년대에는 특히 다자간 조약의 경우에 조약 승계의 예도 많이 나타나고 있다. 그러나 이러한 승계의 예를 자동승계의 원칙에 따른 것이라고 보기보다는 신생국의 선택권을 인정해 주는 관행으로 보아야 할 것이다. 국가분역의 경우에는 선행국의 조약에 대한 승계의 철저한 부정에서부터 자동승계에 이르기까지 다양한 관행을 보이고 있다. 다만 영토승계국이 선행국내에서 어느 정도 독자적 위치에 있었을 경우 자신의 영역과 관련된 조약의 경우 승계 하는 경향이 많았다. 국가결합의 경우에도 영토선행국이 통합 후 영토승계국내에서 어떠한 위치에 있느냐에 따라 국가관행은 다르다. 영토선행국이 새로운 영토승계국내에서 어느 정도 독자적인 위치에 있고 지리적으로도 분명히 구별되는 영역을 갖고 있는 경우에는 선행국이 체결한 조약을 자신의 영역 내에서 존속시키는 것이 일반적인 국가관행이다.

유사 문제

01 조약의 국가승계에 대한 설명으로 적절하지 않은 것은?

① 동 조약은 분리독립과 분열을 구분해서 규율하지 않으며 병합에 대해서는 특별한 규정을 두지 않고 있다.
② 영토의 일부이전 시 조약국경이동원칙이 적용된다.
③ 신생독립국은 조약을 승계해야 한다.
④ 분리독립에 대해서도 계속주의를 적용하는 것은 국제관행과 일치하지 아니한다.

정답 ③
해설 신생독립국의 의사에 의해 조약을 승계할 수 있다.

02 조약의 국가승계에 대한 설명으로 적절하지 않은 것은?

① 일정한 영토가 종국적 변경에 따라 그 영토에 부착된 권리, 의무가 전임국가에서 신국가로 계승되는 것이다.
② 어느 영토의 국제관계의 책임이 한 국가에서 타국가로 대체되는 것이다.
③ 국가승계는 할양, 신생독립국과 같이 전임국이 소멸되지 아니하는 경우에도 문제될 수 있다.
④ 무주지 선점과 마찬가지로 일정한 권리, 의무의 승계가 인정된다.

정답 ④
해설 무주지 선점과 달리 일정한 권리, 의무의 승계가 인정된다.

09

국가관할권의 행사에 대한 설명으로 옳지 않은 것은?

① 국가의 입법관할권은 영토에 의한 제한을 받는다.
② The S. S. Lotus 사건에서 상설국제사법재판소(PCIJ)는 공해상 등록국이 서로 다른 두 선박의 충돌 사고에 대한 형사관할권을 두 선박의 등록국 모두 행사할 수 있다고 판단했다.
③ 외국인이 대한민국 영역 밖에서 우리나라 국민을 상대로 범죄를 저지르면 우리나라 법원은 피해자 국적주의에 따라 관할권을 행사할 수 있다.
④ 공해 또는 국가 관할권 밖의 어떠한 곳에서라도 모든 국가가 해적선의 나포를 할 수 있도록 한 「해양법에 관한 국제연합협약」 규정은 해적선에 대한 국가의 보편적 관할권 행사를 허용한 것이다.

정답 ①

해설 원칙적으로 국가의 입법관할권의 문제는 영토에 의한 제한을 받지 아니하는데 즉, 보호주의의 경우 자국 영토 밖에서 자국의 법익을 침해 당한 국가가 관할권을 가질 수 있으나, 집행관할권은 자국 영토 내로 엄격하게 제한되므로 영토에 의한 제한을 받는다고 할 수 있다.

관련 이론

영토관할권

행위자의 국적과 상관없이 국가는 자국 영토 내에서 발생한 사건에 대해 관할권을 행사할 수 있다는 원칙이 속지주의(territorial principle)이다. 속지주의에 입각한 관할권을 영토관할권이라고 한다. 이 권한은 국가의 영토주권에서 비롯되며, 국가관할권 행사의 출발점을 이룬다.

국가는 자국민이 국내외 어디에 소재하든 그의 행동에 대해 관할권을 행사할 수 있다는 원칙이 속인주의(nationality principle)이다.

외국에서 발생한 외국인의 행위라 할지라도 그로 인해 국가적 이익을 침해당한 국가가 관할권을 행사할 수 있는 원칙을 보호주의(protective principle)라고 한다.

외국인이 자국민을 대상으로 외국에서 행한 범죄에 대해 국가가 관할권을 행사할 수 있는 원칙을 피해자 국적주의(passive nationality principle)라고 한다. 직역하여 수동적(소극적) 속인주의라고도 한다.

보편주의란 어디서 발생하였는가, 누가 저질렀느냐와 관계없이 오직 범죄행위의 성격만을 근거로 관할권을 행사할 수 있다는 원칙을 말한다.

유사 문제

01 국제법상 관할권에 대한 내용을 설명한 것으로 틀린 것은?
① 입법관할권은 원칙적으로 영토적 한계를 갖지 아니한다.
② 집행관할권은 입법관할권과는 달리 영토적 한계를 가지나, 공해에서 외국상선을 임검하는 것, 군대지위협정에 의해 해외 주둔지 국가에서 형사재판을 하는 것 등은 집행관할권이 영토적 한계를 벗어난 예에 해당한다.
③ Eichmann 사건(1960)에서 이스라엘은 보편관할권을 주장하였다.
④ 국제관습법상 해적행위는 영해를 제외한 해역과 '공해'에서 발생하는 약탈행위만을 의미한다.

정답 ④
해설 국제관습법상 해적행위는 '공해'에서 발생하는 약탈행위만을 의미한다.

02 국제법상 관할권에 대한 내용을 설명한 것으로 틀린 것은?
① ICC 로마규정에는 쌍방 가벌성 원칙, 자국민 불인도 원칙, 정치범 불인도 원칙에 대한 규정이 없다.
② EU 밖에서 설립된 모회사가 EU 역내에 설립된 자회사 또는 대리점을 갖고 있거나, 혹은 EU 밖에서 설립된 자회사가 EU 역내에서 영업활동을 수행하는 경우 모회사는 자신의 자회사 또는 대리점과 마찬가지로 역내의 사람으로 간주된다는 것이다.
③ 범죄인인도시에 발견되지 않았으나 인도 후에 발견된 범죄일 경우, 인도국의 동의 없이 처벌되는 것은 금지되지 아니한다.
④ 국가의 역외입법관할권을 정당화하기 위한 도구로서, 특히 형사법 분야에 관련하여 사용되고 있는 것이다.

정답 ③
해설 범죄인인도시에 발견되지 않았으나 인도 후에 발견된 범죄일지라도 인도국의 동의 없이 처벌되는 것은 금지된다.

10

「국제연합헌장」에 대한 설명으로 옳은 것만을 모두 고르면?

> ㄱ. 국제연합에 대한 자국의 재정 분담금 지불을 연체한 회원국은 그 연체금액이 직전 만 2년간 그 나라가 지불하였어야 할 분담금액과 같거나 초과하는 경우, 총회에서 투표권을 갖지 못한다.
> ㄴ. 「국제연합헌장」에는 탈퇴에 관한 명시적인 조항이 있고, 실제로 1965년 인도네시아는 이를 근거로 국제연합에서 탈퇴한 바 있다.
> ㄷ. 안전보장이사회 표결에서 국제연합 관행은 상임이사국의 기권을 거부권의 행사로 간주하지 않는다.
> ㄹ. 안전보장이사회가 「국제연합헌장」 제6장에 따른 결정을 할 때 상임이사국이 분쟁 당사국일 경우 그 상임이사국은 기권해야 한다.

① ㄱ, ㄷ
② ㄴ, ㄹ
③ ㄱ, ㄷ, ㄹ
④ ㄴ, ㄷ, ㄹ

정답 ③

해설 ㄴ. 유엔헌장에는 탈퇴에 관한 명문 규정은 없으나, 묵시적으로 탈퇴는 인정되는데, 1965년 인도네시아는 탈퇴를 선언하였다.

관련 이론

국제연합의 주요기관

1. 총회(General Assembly)
   ① 기능 및 구성 : 유엔의 최고기관으로서 전 유엔회원국으로 구성
   ② 회기 : 매년 9월 셋째주 화요일에 개회하여 12월 셋째주까지 정기회의 개최(필요시 속개회의, 특별총회 및 긴급 특별총회 등 개최)
   ③ 의장단 : 매 회기마다 의장, 부의장 21명 선출
   ④ 산하위원회 : 6개 주요위원회, 2개 절차위원회, 상설위원회 등
2. 안전보장이사회(Security Council)
   ① 기능 및 권한 : 국제평화와 안전유지에 대해 일차적 책임을 지며, 유엔회원국에 대해 법적 구속력을 갖는 결정(제재조치 포함)을 할 수 있는 유일한 기관
   ② 구성 : 15개 이사국
      ㉠ 상임이사국(5개) : 미국, 영국, 프랑스, 중국, 러시아 ※ 상임이사국은 거부권(veto) 보유
      ㉡ 비상임이사국(10개) : 2년 임기(연임 불가), 매년 5개국씩 개선 ※ 우리나라는 '96–'97년간 비상임이사국 활동
   ③ 회기 : 사안별로 수시 개최
   ④ 의장 : 이사국 국명의 알파벳 순서에 따라 매월 윤번제로 수임
3. 경제사회이사회(ECOSOC)
   ① 기능 및 권한
      ㉠ 국제경제, 사회, 문화, 교육, 보건 및 관련사항에 대한 연구, 보고 및 권고
      ㉡ 인권 및 기본적 자유를 존중하고 준수하도록 장려
      ㉢ 전문기구와의 협정을 통해 이들 전문기구와 유엔과의 관계를 규정하고, 전문기구와의 협의, 권고 및 총회, 회원국에 대한 권고를 통해 전문기구 활동을 조정
   ② 구성 : 54개 이사국
      이사국 임기는 3년, 총회에서 매년 18개국씩 개선(연임 가능)
   ③ 회기 : 연 1–2회의 조직회의 및 연 1회의 정기회의 개최

4. 신탁통치이사회(Trusteeship Council)
   ① 목적 : 신탁통치 지역의 정치, 경제, 사회 발전을 통해 동 지역 주민들의 자치능력 배양
   ② 현황 : 전 세계 모든 신탁통치지역의 독립으로 94.11.1부터 활동 정지
5. 국제사법재판소(ICJ)
   ① 구성
      총회와 안보리에 의해 선출된 각기 다른 국적의 판사 15명
      ㉠ 각국에서 최고위 법관직에 임명될 자격 구비 필요
      ㉡ 임기 9년(재선 가능), 3년마다 5명씩 개선 (법관중 3년 임기의 재판소장 및 부소장 선출)
   ② 당사국 : 유엔회원국 (비회원국도 일정조건하에 가능)
   ③ 관할권
      ㉠ 당사국에 대한 관할 : 당사자는 국가로 한정
      ㉡ 분쟁에 대한 관할 : 분쟁당사국간의 합의가 있는 경우로 한정
   ④ 권고적 의견
      총회, 안보리, 기타 유엔기관 및 전문기관의 요청에 의해 그 활동범위내에서 발생하는 법률적 문제에 대해 권고적 의견 제시 가능
6. 유엔사무국(Secretariat)
   ① 기능 : 유엔의 전반적인 행정업무 및 유엔체제내 각 기구로부터 위임된 임무수행
   ② 구성
      ㉠ 본부(뉴욕), 지역사무소(제네바, 비엔나 및 나이로비), 지역위원회 사무국 등
      ㉡ 직원수 : 약 36,579명
   ③ 사무총장
      ㉠ 안보리의 추천에 의거 총회에서 임명
      ㉡ 임기에 관하여 헌장상 별도규정은 없으나, 1946년 제1차 총회 결의에 따라 5년 임기로 임명(1회 연임 가능)
7. 그밖의 유엔체제내 기구
   ① 독립적인 예산과 조직 유지
      ㉠ 유엔교육과학문화기구(UNESCO) 등 13개 전문기구
      ㉡ 국제원자력기구(IAEA) 등 2개 독립기구
      ㉢ 유엔총회 결의로 설치된 ECOSOC 관련 기구 : 유엔아동기금(UNICEF), 유엔개발계획(UNDP), 유엔난민고등판무관실(UNHCR) 등 11개 기구
      ㉣ ECOSOC 결의로 설치된 ECOSOC 관련기구 : 행정조정위(ACC) 등 3개
      ㉤ 유엔총회 결의로 설치된 기타기구 : 유엔봉사단(UNV), UN대학(UNU) 등 5개

유사 문제

01 「국제연합」 주요기관인 총회에 대한 설명으로 옳지 않은 것은?

① 총회는 국제연합의 최고의결기관으로서 각국의 주권평등의 원칙하에 표결시에는 1국1표주의를 채택하고 있다.
② 안전보장이사회의 일차적인 책임인 국제평화와 안전에 관한 사항을 포함하여, 국제연합의 활동범위에 속하는 어떠한 문제라도 토의, 권고하는 권능을 지닌다.
③ 주요 문제는 출석하여 투표하는 국가의 3분의 2 이상의 찬성으로, 일반문제는 과반수로 의결한다.
④ 특별총회는 안전보장이사회의 요구가 있거나 총회에서 과반수 이상의 회원국들의 요구가 있을 때 15일 이내에 개최한다.

정답 ②
해설 안전보장이사회의 일차적인 책임인 국제평화와 안전에 관한 사항 이외에는, 국제연합의 활동범위에 속하는 어떠한 문제라도 토의, 권고하는 권능을 지닌다.

02 「국제연합헌장」에 대한 설명으로 틀린 것은?

① 중요문제에 관한 총회의 결정은 출석하여 투표하는 구성국의 3분의 2의 다수로 한다. 이러한 문제는 국제평화와 안전의 유지에 관한 권고, 안전보장이사회의 비상임이사국의 선출, 경제사회이사회의 이사국의 선출, 제86조 제1항다호에 의한 신탁통치이사회의 이사국의 선출, 신회원국의 국제연합 가입의 승인, 회원국으로서의 권리 및 특권의 정지, 회원국의 제명, 신탁통치제도의 운영에 관한 문제 및 예산문제를 포함한다.
② 안전보장이사회는 어떠한 분쟁에 관하여도, 또는 국제적 마찰이 되거나 분쟁을 발생하게 할 우려가 있는 어떠한 사태에 관하여도, 그 분쟁 또는 사태의 계속이 국제평화와 안전의 유지를 위태롭게 할 우려가 있는지 여부를 결정하기 위하여 조사할 수 있다.
③ 안전보장이사회는, 이 조에 의하여 권고를 함에 있어서, 일반적으로 법률적 분쟁이 국제사법재판소 규정의 규정에 따라 당사자에 의하여 동 재판소에 회부되어야 한다는 점 또한 고려하여야 한다.
④ 안전보장이사회는 무력을 사용하기로 결정한 경우 이사회에서 대표되지 아니하는 회원국에게 제43조에 따라 부과된 의무의 이행으로서 병력의 제공을 요청하기 전에 그 회원국이 희망한다면 그 회원국 병력 중 파견부대의 사용에 관한 총회의 결정에 참여하도록 그 회원국을 초청한다.

정답 ④
해설 안전보장이사회는 무력을 사용하기로 결정한 경우 이사회에서 대표되지 아니하는 회원국에게 제43조에 따라 부과된 의무의 이행으로서 병력의 제공을 요청하기 전에 그 회원국이 희망한다면 그 회원국 병력중 파견부대의 사용에 관한 **안전보장이사회의 결정**에 참여하도록 그 회원국을 초청한다.

11

「경제적, 사회적 및 문화적 권리에 관한 국제규약(A규약)」과 「시민적 및 정치적 권리에 관한 국제규약(B규약)」으로 이루어진 국제인권규약에 대한 설명으로 옳지 않은 것은?

① A규약과 B규약은 자결권(self-determination)에 관한 내용을 동일하게 규정하고 있다.
② A규약과 B규약은 각 규약이 규율 대상으로 삼는 권리에 대한 남녀동등권 확보에 관한 당사국의 의무를 명시하고 있다.
③ A규약은 국가보고에 관한 제도만을 정하고 있으나 B규약은 선택의정서를 통해 국가보고, 개인통보 그리고 특별선언을 요건으로 한 국가 간 고발에 관한 제도를 마련하고 있다.
④ A규약은 국가의 공공 비상사태에 관한 어떠한 명시적 규정도 없으나 B규약은 국가의 공공 비상사태 시 당사국의 의무로부터 이탈할 수 있는 조치를 허용하는 규정을 두고 있다.

정답 ③

해설 A규약은 국가보고제도를 규정하고 있고 B규약도 이행제도로 국가보고제도와 국가간고발제도를 규정하고 있다. 다만, 개인통보제도는 B규약 선택의정서에서 규정하고 있다.

관련 이론

국제인권 조약

국제인권조약의 몇몇은 인권침해를 당한 개인이 국내적 구제 절차를 통해 인권침해를 구제받지 못하는 경우 그러한 조약들이 설립하고 있는 이행감시체제에 이의 구제를 위한 통보(communication)를 할 수 있는 제도를 마련하고 있다. 이를 '개인통보제도'라고 하는데 이를 두고 있는 조약으로는 유엔 자유권규약 제1선택의정서, 유엔 사회권규약 선택의정서, 인종차별철폐협약, 여성차별철폐협약 선택의정서, 고문방지협약, 장애인권리협약 선택의정서 등이 있다. 특히, 자유권규약 제28조에서 이른바 규약인권위원회(Human Rights committee)를 설치하고 체약국에 정치적으로 자유권규약 내용준수 보고서를 유엔 사무총장에게 제출하고 사무총장은 이를 규약인권위원회에 넘겨 이 위원회가 보고서를 심사하고 체약국에 의견을 제시하는 이른바 국가 보고 의무를 정하고 있다. 나아가 자유권규약은 제41조에서 국가 간 고발 제도를 두고 있어 원칙적으로는 규약의 체약당사국 일방이 타방 체약당사국에서의 자유권규약의 위반을 규약인권위원회에 고발할 수 있도록 하고 있다. 하지만 이 국가 간 고발제도는 자유권규약 가입 시 국가들이 선택할 수 있어 고발국과 피고발국 어느 한 국가라도 이를 수락하지 않으면 이용할 수 없고 국가들 사이의 우호관계를 고려해 현재까지 이용된 바가 거의 없다. 자유권규약은 협약에서 정하는 위와 같은 국가의 보고 제도, 국가 간 고발 제도 이외에 자유권규약과 관련성을 가지고 있지만 형식적으로는 별도의 조약인 자유권규약선택의정서를 마련하고 있고 이 선택의정서를 수락한 국가에 의한 인권침해를 받은 개인은 직접 서면으로 규약인권위원회에 이 침해 사건의 논의를 신청하는 '개인통보제도(individual petitions 또는 individual communications)'를 정하고 있다. 이러한 신청이 받아들여지면 규약인권위원회는 그 사건에서의 자유권규약의 위반 여부를 논의하고, 위반이 있는 경우 해결을 위해 위원회의 '견해(views)'를 인권침해국과 피해자에게 송부하게 된다. 그리고 이는 원칙적으로 일반에 공개된다. 이러한 견해는 법적인 구속력이 없는 것이나 개인으로부터 직접 신청된 내용을 객관적으로 판단한 결과로서 국제사회의 주의를 환기하고 여론을 형성한다는 점에서 장기적으로는 점진적인 인권 개선의 효과를 가진다고 할 수 있다. 다만 개인이 자유권규약위원회에 개인통보를 위해서는 ① 침해국이 자유권규약의 선택의정서의 당사국이어야 하고, ② 통보자는 반드시 통보 이전 침해국에서 침해구제를 위한 국내적 수단을 다 강구한 후에, ③ 구두가 아닌 서면으로 통보해야 하며, ④ 동일한 사건에 대해 다른 국제적인 조사 절차가 진행되고 있지 않아야 한다는 요건을 충족해야 한다. 규약인권위원회는 검토 후 침해국의 주의를 환기하고 침해국은 6개월 이내에 위원회에 설명을 포함하는 견해를 제출할 수 있다. 이러한 개인통보 제도는 비록 선택의정서라는 별도의 조약에 가입한 국가와 관련해서만 인정된다는 것과 규약인권위원회의 견해는 법적 구속력을 갖지 않는다는 점에서 현실적 한계를 가진다고도 할 수 있다. 그럼에도 불구하고 자유권규약인권위원회가 갖는 국제적인 위상과 국제 여론에 미치는 영향력은 국제 인권의 발전에 기여해왔고 이에 그 업무량도 증가하는 추세를 보여왔으며 소수자 인권, 사형, 동성애, 범죄인 인도 등과 같은 논쟁적인 문제를 다루어왔다.

유사 문제

01 「경제적, 사회적 및 문화적 권리에 관한 국제규약(A규약)」에 대한 설명으로 옳지 않은 것은?

① '노동기본권', '사회보장권', '생활향상·교육권'에 대한 권리를 명시했다.
② 가입국은 자국 내의 법에 입법조치 하도록 하고 실시상황을 UN에 보고할 것을 의무화하였다.
③ 인권규약에 가입하려는 나라는 모든 규약이나 조항에 일괄적으로 가입할 의무가 있다.
④ 모든 인민은 자결권을 가지는데, 이 권리에 기초하여 모든 인민은 그들의 정치적 지위를 자유로이 결정하고, 또한 그들의 경제적, 사회적 및 문화적 발전을 자유로이 추구한다.

정답 ③
해설 인권 규약에 가입하려는 나라는 모든 규약이나 조항에 일괄적으로 가입할 의무는 없고 선택적으로 가입할 수 있다.

02 「시민적 및 정치적 권리에 관한 국제규약(B규약)」에 대한 설명으로 옳지 않은 것은?

① B규약 41조는 특정 국가의 인권 규약 위반 사실에 대해 다른 국가가 유엔 인권위원회에 제소할 수 있고 인권위는 제소를 받아들여 심의·조사한 뒤 시정 권고 등을 할 수 있게 돼 있다.
② 인권위의 조사관은 제소된 국가에 들어가 증언 청취나 현장 조사를 하고 그 국가는 조사에 협조하도록 되어 있다.
③ 선택 의정서 (14개조)는 B규약이 정한 여러 권리의 침해를 받은 개인이나 단체가 인권 규약 위반 국가를 상대로 유엔 인권위에 탄원할 경우 인권위는 권고하는 것으로 권한이 국한된다.
④ 규약 가입국의 인권 침해에 대해 앰네스티 등 세계 1백 50여 인권 단체가 제소할 수 있는 셈이다.

정답 ③
해설 선택 의정서 (14개조)는 B규약이 정한 여러 권리의 침해를 받은 개인이나 단체가 인권 규약 위반 국가를 상대로 유엔 인권위에 탄원할 경우 인권위는 인권 침해 및 규약 위반 사실을 조사할 권한을 가지며 규약 가입국은 이에 응해야할 의무가 발생한다.

12

「해양법에 관한 국제연합협약」상 국제해협에서의 통항질서에 대한 설명으로 옳은 것만을 모두 고르면?

> ㄱ. 공해나 배타적 경제수역의 일부와 공해나 배타적 경제수역의 다른 부분 사이의 국제항행에는 통과통항이 인정된다.
> ㄴ. 통과통항이 적용되는 해협에서 항공기는 상공비행의 자유가 인정되고 잠수함은 해면 위로 항행해야 한다.
> ㄷ. 연안국은 통과통항을 방해하거나 정지시킬 수 없으며, 해협 내의 위험을 적절히 공표할 의무를 진다.
> ㄹ. 무해통항이 적용되는 해협에서 연안국은 외국 선박에 대한 형사관할권을 행사하기 위해 선박을 정지시킬 수 있다.

① ㄱ, ㄷ
② ㄱ, ㄹ
③ ㄴ, ㄷ
④ ㄴ, ㄹ

정답 ①

해설
ㄴ. 국제해협에서 통과통항이 인정되는 경우 잠수함의 잠수항행도 인정된다.
ㄹ. 영해에서 무해통항이 적용되는 해협에서 연안국은 외국선박의 무해통항을 정지시킬 수 없다.

관련 이론

유엔 해양법협약상 통과통항권

1. 정의
   ① 통과통항권은 공해(또는 경제수역)의 한쪽 부분과 다른 공해 (또는 경제수역)를 연결하는 해협에서 항행의 자유 또는 상공비행의 자유 행사 권리
   ② 항행의 자유 및 상공비행의 자유는 해협을 계속적으로 신속하게 통과할 목적만으로 가능
2. 통과통항권의 의무
   ① 해협에서 통과통항권을 행사하는 선박이나 항공기의 지체없는해협 통과 의무
   ② 연안국의 주권, 영토적 보전.정치적 독립을 위협하는 행위나무력의 사용을 삼가해야 하는 의무
   ③ 재난이나 불가항력의 경우 이외에는 계속되고 신속한 통항의"정상적인 형태"에 부수되지 아니하는 어떠한 다른 행위의금지 의무
3. 통과통항권과 무해통항권의 차이
   ① 무해통항권에서는 상공비행의 자유가 허용되지 않고 있는데 비하여 통과통항권에서는 상공비행의 자유 인정
   ② 영해내의 무해통항제도에 있어서 잠수함은 부상하여 자국의 국기를 게양하고 항해해야 하지만, 통과통항제도에서는 안전에문제가 없는 한 잠항통행이 가능한 것으로 인정됨
   ③ 통과통항이 무해통항과 구별되는 또 다른 특징은 어떠한경우에도 연안국의 안전 등을 이유로 한 일시적인 정지요구가 불가능

유사 문제

01 「해양법에 관한 국제연합협약」상 국제해협에서의 통과통항의 설명으로 틀린 것은?

① 국제해협에서만 인정되는 것으로 선박의 항행 및 항공기의 상공비행의 자유가 계속적이고 신속한 통과를 위한 경우 인정되는 권리이다.
② 잠수함에 대해서 통과통항권에서는 별도 규정된 사항이 없으며, 해석에 따라 안전상 문제가 없으면 잠항이 가능하다.
③ 통과통항권에서는 항공기의 상공비행이 제한된다.
④ 통과통항권에서는 어떠한 경우에도 통과통항을 중지시킬 수 없다.

정답 ③
해설 통과통항권에서는 항공기의 상공비행이 인정된다.

02 「해양법에 관한 국제연합협약」상 국제해협에서의 통과통항의 설명으로 틀린 것은?

① 우리나라의 무해통항권 인정 범위는 다소 좁은 편인데, 현재 정전 상태에 있는 북한에 대해서도 우리나라는 무해통항권을 인정하지 않고 있다.
② 국제항행용 해협이라도 통항로 입구의 일방이 외국 영해로 연결된 경우 무해통항권만 인정된다.
③ 해협의 중간수역에 존재하는 공해 또는 배타적 경제수역을 통항로로 갖는 국제항행해협으로서 당해 통항로가 항행 및 수로학적 특성상 유사한 편의의 통항로(a route of similar convenience)인 경우에도 당해 해협에는 통과통항제도가 적용된다.
④ 해협국의 본토와 도서 사이에 형성되어 있는 국제항행해협으로서 당해 도서 외측으로 유사한 편의의 통로가 존재하는 경우에는 당해 해협에서는 통과통항권은 인정되지 않는다.

정답 ③
해설 해협의 중간수역에 존재하는 공해 또는 배타적 경제수역을 통항로로 갖는 국제항행해협으로서 당해 통항로가 항행 및 수로학적 특성상 유사한 편의의 통항로(a route of similar convenience)인 경우에는 당해 해협에는 통과통항제도가 적용되지 않는다.

13

「달과 기타 천체를 포함한 외기권의 탐색과 이용에 있어서의 국가 활동을 규율하는 원칙에 관한 조약」상 외기권에 발사된 물체의 등록국의 권리에 대한 설명으로 옳은 것만을 모두 고르면?

> ㄱ. 외기권 발사 물체의 소유권은 물체가 외기권에 있느냐 지구에 귀환했느냐에 따라 영향을 받지 아니한다.
> ㄴ. 외기권 발사 물체의 관할권은 물체가 외기권에 있느냐 지구에 귀환했느냐에 따라 영향을 받지 아니한다.
> ㄷ. 외기권 발사 물체에 타고 있는 우주비행사에 대해서는 외기권이나 지구 등 장소와 관계없이 그 비행사 국적국이 관할권과 통제권을 보유한다.
> ㄹ. 외기권 발사 물체가 등록국의 영역 밖에서 발견된 것은 등록국에 반환되어야 한다.

① ㄱ, ㄴ
② ㄱ, ㄹ
③ ㄴ, ㄷ
④ ㄷ, ㄹ

정답 ②

해설
ㄴ. 외기권 발사 물체가 어디에 있는지에 따라 관할권이 영향을 받는다고 해석됨에 따라 외기권에 발사된 물체의 등록국인 본 조약의 당사국은 동 물체가 외기권 또는 천체에 있는 동안, 동 물체 및 동 물체의 인원에 대한 관할권 및 통제권을 보유한다.
ㄷ. 외기권 발사 물체에 타고 있는 우주비행사에 대해서는 외기권에 발사된 물체의 '등록국'이 관할권과 통제권을 보유한다. 따라서 '비행사 국적국'이 관할권과 통제권을 보유하는 것이 아니다.

관련 이론

우주조약 조문

제1조 달과 기타 천체를 포함한 외기권의 탐색과 이용은 그들의 경제적 또는 과학적 발달의 정도에 관계없이 모든 국가의 이익을 위하여 수행되어야 하며 모든 인류의 활동 범위이어야 한다.

달과 기타 천체를 포함한 외기권은 종류의 차별없이 평등의 원칙에 의하여 국제법에 따라 모든 국가가 자유로이 탐색하고 이용하며 천체의 모든 영역에 대한 출입을 개방한다.

달과 기타 천체를 포함한 외기권에 있어서의 과학적 조사의 자유가 있으며 국가는 이러한 조사에 있어서 국제적인 협조를 용이하게 하고 장려한다.

제2조 달과 기타 천체를 포함한 외기권은 주권의 주장에 의하여 또는 이용과 점유에 의하여 또는 기타 모든 수단에 의한 국가 전용의 대상이 되지 아니한다.

제3조 본 조약의 당사국은 외기권의 탐색과 이용에 있어서의 활동을 국제연합헌장을 포함한 국제법에 따라 국제평화와 안전의 유지를 위하여 그리고 국제적 협조와 이해를 증진하기 위하여 수행하여야 한다.

제4조 본 조약의 당사국은 지구주변의 궤도에 핵무기 또는 기타 모든 종류의 대량파괴 무기를 설치하지 않으며, 천체에 이러한 무기를 장치하거나 기타 어떠한 방법으로든지 이러한 무기를 외기권에 배치하지 아니할 것을 약속한다. 달과 천체는 본 조약의 모든 당사국에 오직 평화적 목적을 위하여서만 이용되어야 한다. 천체에 있어서의 군사기지, 군사시설 및 군사요새의 설치, 모든 형태의 무기의 실험 그리고 군사연습의 실시는 금지되어야 한다. 과학적 조사 또는 기타 모든 평화적 목적을 위하여 군인을 이용하는 것은 금지되지 아니한다. 달과 기타 천체의 평화적 탐색에 필요한 어떠한 장비 또는 시설의 사용도 금지되지 아니한다.

제5조 본 조약의 당사국은 우주인을 외기권에 있어서의 인류의 사절로 간주하며 사고나 조난의 경우 또는 다른 당사국의 영역이나 공해상에 비상착륙한 경우에는 그들에게 모든 가능한 원조를 제공하여야 한다. 우주인이 이러한 착륙을 한 경우에는, 그들은 그들의 우주선의 등록국에 안전하고도 신속하게 송환되어야 한다. 외기권과 천체에서의 활동을 수행함에 있어서 한 당사국의 우주인은 다른 당사국의 우주인에 대하여 모든 가능한 원조를 제공하여야 한다.

본 조약의 당사국은 본 조약의 다른 당사국 또는 국제연합 사무총장에 대하여 그들이 달과 기타 천체를 포함한 외기권에서 발견한 우주인의 생명과 건강에 위험을 조성할 수 있는 모든 현상에 관하여 즉시 보고하여야 한다.

제6조 본 조약의 당사국은 달과 기타 천체를 포함한 외기권에 있어서 그 활동을 정부기관이 행한 경우나 비정부 주체가 행한 경우를 막론하고, 국가활동에 관하여 그리고 본 조약에서 규정한 조항에 따라서 국가활동을 수행할 것을 보증함에 관하여 국제적 책임을 져야 한다. 달과 기타 천체를 포함한 외기권에 있어서의 비정부 주체의 활동은 본 조약의 관계 당사국에 의한 인증과 계속적인 감독을 요한다. 달과 기타 천체를 포함한 외기권에 있어서 국제기구가 활동을 행한 경우에는, 본 조약에 의한 책임은 동 국제기구와 이 기구에 가입하고 있는 본 조약의 당사국들이 공동으로 부담한다.

제7조 달과 기타 천체를 포함한 외기권에 물체를 발사하거나 또는 그 물체를 발사하여 궤도에 진입케 한 본 조약의 각 당사국과 그 영역 또는 시설로부터 물체를 발사한 각 당사국은 지상, 공간 또는 달과 기타 천체를 포함한 외기권에 있는 이러한 물체 또는 동 물체의 구성부분에 의하여 본 조약의 다른 당사국 또는 그 자연인 또는 법인에게 가한 손해에 대하여 국제적 책임을 진다.

제8조 외기권에 발사된 물체의 등록국인 본 조약의 당사국은 동 물체가 외기권 또는 천체에 있는 동안, 동 물체 및 동 물체의 인원에 대한 관할권 및 통제권을 보유한다. 천체에 착륙 또는 건설된 물체와 그 물체의 구성부분을 포함한 외기권에 발사된 물체의 소유권은 동 물체가 외기권에 있거나 천체에 있거나 또는 지구에 귀환하였거나에 따라 영향을 받지 아니한다. 이러한 물체 또는 구성부분이 그 등록국인 본 조약 당사국의 영역밖에서 발견된 것은 동 당사국에 반환되며 동 당사국은 요청이 있는 경우 그 물체 및 구성부분의 반환에 앞서 동일물체라는 자료를 제공하여야 한다.

제9조 달과 기타 천체를 포함한 외기권의 탐색과 이용에 있어서 본 조약의 당사국은 협조와 상호 원조의 원칙에 따라야 하며, 본 조약의 다른 당사국의 상응한 이익을 충분히 고려하면서 달과 기타 천체를 포함한 외기권에 있어서의 그들의 활동을 수행하여야 한다. 본 조약의 당사국은 유해한 오염을 회피하고 또한 지구대권외적 물질의 도입으로부터 야기되는 지구 주변에 불리한 변화를 가져오는 것을 회피하는 방법으로 달과 천체를 포함한 외기권의 연구를 수행하고, 이들의 탐색을 행하며필요한 경우에는 이 목적을 위하여 적절한 조치를 채택하여야 한다. 만약, 달과 기타 천체를 포함한 외기권에서 국가 또는 그 국민이 계획한 활동 또는 실험이 달과 기타 천체를 포함한 외기권의 평화적 탐색과 이용에 있어서 다른 당사국의 활동에 잠재적으로 유해한 방해를 가져올 것이라고 믿을 만한 이유를 가지고 있는 본 조약의 당사국은 이러한 활동과 실험을 행하기 전에 적절한 국제적 협의를 가져야 한다. 달과 기타 천체를 포함한 외기권에서 다른 당사국이 계획한 활동 또는 실험이 달과 기타 천체를 포함한 외기권의 평화적 탐색과 이용에 잠재적으로 유해한 방해를 가져올 것이라고 믿을만한 이유를 가지고 있는 본 조약의 당사국은 동 활동 또는 실험에 관하여 협의를 요청할 수 있다.

제10조 달과 기타 천체를 포함한 외기권의 탐색과 이용에 있어서 본 조약의 목적에 합치하는 국제적 협조를 증진하기 위하여 본 조약의 당사국은 이들 국가가 발사한 우주 물체의 비행을 관찰할 기회가 부여되어야 한다는 본 조약의 다른 당사국의 요청을 평등의 원칙하에 고려하여야 한다. 관찰을 위한 이러한 기회의 성질과 기회가 부여될 수 있는 조건은 관계국가간의 합의에 의하여 결정되어야 한다.

제11조 외기권의 평화적 탐색과 이용에 있어서의 국제적 협조를 증진하기 위하여 달과 기타 천체를 포함한 외기권에서 활동을 하는 본 조약의 당사국은 동 활동의 성질, 수행, 위치 및 결과를 실행 가능한 최대한도로 일반 대중 및 국제적 과학단체 뿐만 아니라 국제연합 사무총장에 대하여 통보하는데 동의한다. 동 정보를 접수한 국제연합 사무총장은 이를 즉각적으로 그리고 효과적으로 유포하도록 하여야 한다.

제12조 달과 기타 천체상의 모든 배치소, 시설, 장비 및 우주선은 호혜주의 원칙하에 본 조약의 다른 당사국대표에게 개방되어야 한다. 그러한 대표들에 대하여 안전을 보장하기 위하여 그리고 방문할 설비의 정상적인 운영에 대한 방해를 피하기 위한 적절한 협의를 행할 수 있도록 하고 또한 최대한의 예방수단을 취할 수 있도록 하기 위하여 방문 예정에 관하여, 합리적인 사전통고가 부여되어야 한다.

제13조 본 조약의 규정은 본 조약의 단일 당사국에 의하여 행해진 활동이나 또는 국제적 정부간 기구의 테두리내에서 행해진 경우를 포함한 기타 국가와 공동으로 행해진 활동을 막론하고, 달과 기타 천체를 포함한 외기권의 탐색과 이용에 있어서의 본 조약 당사국의 활동에 적용된다. 달과 기타 천체를 포함한 외기권의 탐색과 이용에 있어서 국제적 정부간 기구가 행한 활동에 관련하여 야기되는 모든 실제적 문제는 본 조약의 당사국이 적절한 국제기구나 또는 본 조약의 당사국인 동 국제기구의 1 또는 2이상의 회원국가와 함께 해결하여야 한다.

제14조
1. 본 조약은 서명을 위하여 모든 국가에 개방된다. 본 조 제3항에 따라 본 조약 발효이전에 본 조약에 서명하지 아니한 국가는 언제든지 본 조약에 가입할 수 있다.
2. 본 조약은 서명국가에 의하여 비준되어야 한다. 비준서와 가입서는 기탁국 정부로 지정된 아메리카합중국 정부, 대영연합왕국 정부 및 쏘피엣 사회주의 연방공화국 정부에 기탁되어야 한다.

3. 본 조약은 본 조약에 의하여 기탁국 정부로 지정된 정부를 포함한 5개국 정부의 비준서 기탁으로써 발효한다.
4. 본 조약의 발효후에 비준서 또는 가입서를 기탁한 국가에 대하여는 그들의 비준서 또는 가입서의 기탁일자에 본 조약이 발효한다.
5. 기탁국 정부는 본 조약의 각 서명일자, 각 비준서 및 가입서의 기탁일자, 본 조약의 발효일자 및 기타 통고를 모든 서명국 및 가입국에 대하여 즉시 통고한다.
6. 본 조약은 국제연합헌장 제102조에 따라 기탁국 정부에 의하여 등록되어야 한다.

제15조 본 조약의 당사국은 본 조약에 대한 개정을 제의할 수 있다. 개정은 본 조약 당사국의 과반수가 수락한 때에 개정을 수락한 본 조약의 각 당사국에 대하여 효력을 발생한다. 그 이후에는 본 조약을 나머지 각 당사국에 대하여 동 당사국의 수락일자에 발효한다.

제16조 본 조약의 모든 당사국은 본 조약 발효 1년후에 기탁국 정부에 대한 서면통고로써 본 조약으로부터의 탈퇴통고를 할 수 있다. 이러한 탈퇴는 탈퇴통고의 접수일자로부터 1년후에 효력을 발생한다.

제17조 영어, 노어, 불어, 서반아어 및 중국어본이 동등히 정본인 본 조약은 기탁국 정부의 보관소에 기탁되어야 한다. 본 조약의 인증등본은 기탁국 정부에 의하여 서명국 정부 및 가입국 정부에 전달되어야 한다.

유사 문제

01 우주조약에 대한 설명으로 옳지 않은 것은?

① 핵무기나 기타 대량 살상무기를 지구 궤도에 배치하거나 어떤 방식으로든 다른 천체에 배치하는 것을 명시적으로 금지한다.
② 군사기지, 군사시설, 요새화는 물론 모든 종류의 무기 실험을 금지한다.
③ 달과 기타 천체를 포함한 우주 공간의 탐사와 이용은 경제 및 과학 발전 수준에 관계없이 모든 국가의 이익을 위해 수행되어야 하며, 이는 모든 국가의 관심사이다. 모든 국가는 국제법에 따라 평등하게 우주를 탐색하고 사용할 수 있다.
④ 천체의 모든 영역에의 접근은 제한된다.

정답 ④
해설 천체의 모든 영역에 무제한으로 접근할 수 있다.

02 국제우주법에 대한 설명으로 옳지 않은 것은?

① 1979년 채택된 '달 기타 천체상에서의 국가활동을 규제하는 협정(달협정)'은 달과 그 천연자원을 인류의 공동유산으로 규정하였다.
② 우주구조반환협정은 당사국 내에서 우주물체가 발견되고 발사당국이 원조를 요청하는 경우 회수 의무가 있는 것은 아니다.
③ 우주물체등록협정은 우주물체에 대한 특수한 정보를 자발적으로 등록하도록 하고 있으며 우주물체에 대한 특수한 정보를 UN사무총장에게 제공할 것을 요구하는 등 종래의 자율적 등록 제도를 강제적 등록제도로 대체하였다.
④ 책임협약 제2조는 "발사국은 자국의 우주물체에 의하여 지표 또는 비행중인 항공기에 발생된 손해에 절대적으로 배상할 책임이 있다"고 규정하고 있다.

정답 ②
해설 우주구조반환협정은 당사국 내에서 우주물체가 발견되고 발사당국이 원조를 요청하는 경우 회수 의무가 있다.

14

「국가 및 그 재산의 관할권 면제에 관한 국제연합협약」에 대한 설명으로 옳은 것만을 모두 고르면?

> ㄱ. 계약이나 거래가 상업적인지 여부를 결정하는 기준으로 우선 계약 또는 거래의 목적을 기준으로 하고, 보충적으로 계약 또는 거래의 성격을 고려한다.
> ㄴ. 국가에 대하여 채용을 요구하는 소송에 대하여는 국가면제가 인정된다.
> ㄷ. 불법행위가 법정지국에서 발생하고 불법행위자가 행위 당시 법정지국에 소재하며, 사망 기타 인적 피해나 유형적 재산 피해에 대하여 금전적 보상을 주장하는 손해배상소송에 대하여는 주권면제가 부인된다.
> ㄹ. 법정지국에 소재하는 부동산에 관한 소송에 대하여는 국가면제가 인정된다.

① ㄱ, ㄴ
② ㄱ, ㄷ
③ ㄴ, ㄷ
④ ㄴ, ㄹ

정답 ③

해설 ㄱ. 계약이나 거래가 상업적인지 여부를 결정하는 기준으로 협약은 거래의 '성질'을 1차적으로 고려하고, '목적'은 2차적 기준으로 규정하고 있다.
ㄹ. 전통국제법의 절대적 면제에서나 제한적 면제에서나 법정지 내에 소재하는 부동산 관련 소송은 면제가 제한된다.

관련 이론

국가면제(State immunity)

국제법상 국가에 인정되는 법적인 면책을 말하며, 이에 따라 국가에게 귀속되는 행위와 국가의 재산은 타국의 재판관할권으로부터 면제를 향유할 권리를 가지고 타국은 면제를 부여할 의무를 진다. 이는 국제법의 기본원칙 중 하나인 주권평등존중의 원칙의 논리적 귀결이다. 대등한 자는 대등한 자에 대해 지배권을 갖지 못하는(par in parem non habet imperum) 것이다. 그리고 예양을 통해 국가간 우호관계를 증진하려는 실질적인 필요 또한 고려된다.

한편 법원의 재판관할권이 부정됨으로써 국가의 행위로 피해를 입은 개인의 권리 구제가 취약해질 수 있고, 국가의 면제는 주권평등에서 나오지 주권의 무제한적 절대성에서 나오는 것은 아니기 때문에 면제를 일정 수준 제한하려는 경향이 나타나고 있다. 따라서 국가면제 여부를 다투기 위해서는 무엇이 '국가의' 행위에 해당하는가, 즉 행위의 국가귀속성 뿐만 아니라 무엇이 면제 대상이 되는 '행위'에 해당하는지 확인할 필요가 있다.

유사 문제

01 국가 및 그 재산의 관할권 면제에 관한 국제연합협약에 대한 설명으로 타당하지 <u>않은</u> 것은?
① 부동산은 특별히 영토주권의 객체이기 때문에 그에 관련한 소송은 그 소재지국 재판소의 배타적 관할 하에 놓인다.
② 제1심에서 면제포기의 효과는 당해 사건의 최종 상소심에까지 미친다.
③ 국가는 직접적 소송이외에 자신의 기관이거나 공무원 등의 실체를 상대로 제기된 소송을 포기하는 등 통제권을 행사할 수 있다.
④ 면제는 국가 자신의 것이긴 하지만, 국가만이 면제를 포기할 수 있는 것은 아니다.

정답 ④
해설 면제는 국가 자신의 것이므로, 국가만이 면제를 포기할 수 있음을 의미하는 것이다.

02 국가 및 그 재산의 관할권 면제에 관한 국제연합협약중 제한적 면제이론에 대한 설명으로 타당하지 <u>않은</u> 것은?
① 절대적 면제이론은 제2차 세계대전 이후 미국의 판례까지 포함하여 국가들의 일반적 관행을 형성하게 되었다.
② 국가의 이중적 성격을 인정하는 것에서 출발하였다.
③ 국가는 외국이든 법정지국이든 불문하고 주권을 부여받은 한 개의 정치권력일뿐이다.
④ 외국의 행위를 주권적·권력적·공법적 행위와 비주권적·비권력적·상업적·사법적 행위로 구분하여 전자에 대해서만 국가면제를 인정하게 된다.

정답 ③
해설 국가는 외국이든 법정지국이든 불문하고 주권을 부여받은 한 개의 정치권력이면서 동시에 사적.재산을 취득·보유하는 즉, 사법적·상업적 활동을 수행하는 하나의 법인이라는 점에서 이중인격자라는 것이다.

15

「해양법에 관한 국제연합협약」상 해양법 제도에 대한 설명으로 옳지 않은 것은?

① 대륙붕에 대한 연안국의 주권적 권리는 명시적 선언이나 점유를 필요로 하지 않는다는 점에서 국가 고유의 권리로서의 성질을 갖는다.
② 국제해협 내 통과통항권은 영해에 대한 연안국의 주권을 더욱 제한하는 제도이다.
③ 타국은 연안국의 배타적 경제수역 내에서 항행의 자유, 상공비행의 자유를 향유한다.
④ 공해에서의 추적권은 피추적선이 그 국적국 또는 제3국의 배타적 경제수역(EEZ)에 들어감과 동시에 소멸한다.

정답 ④

해설 공해에서의 추적권은 피추적선이 그 국적국 또는 제3국의 제3국의 배타적 경제수역(EEZ)이 아닌 '영해'로 들어감과 동시에 소멸한다. 따라서 제3국의 EEZ에서는 추적을 계속할 수 있다.

관련 이론

1982년 UN해양법협약상의 공해

제86조에 의하면 공해는 영해와 내수는 물론이고 접속수역, 배타적 경제수역이 아닌 수역을 의미하므로 기존의 공해였던 부분이 상당히 연안국관할권 하에 놓이게 되었다. 이와 같은 공해의 상공비행과 관련된 국제법에 관한 사항으로 다음과 같은 결론을 얻을 수 있다. 첫째, 항공기의 국적에 관하여 1944년 시카고협약 제17조에 의하면 항공기는 등록한 국가의 국적을 갖는다. 여기서 항공법이 해양법과 구별되는 측면이 있는데, 선박에는 통용되는 '편의치적(便宜置籍 또는 편의기국, flags of convenience)'이 항공기에는 적용되지 않기 때문에 항공기에 대한 실질적 소유와 효과적 통제가 유지된다. 둘째, UN해양법협약 제95조는 공해상 군함의 면제권에 대하여 설명하고 있는데, 공해에 있는 군함은 기국외의 어떠한 국가의 관할권으로부터도 완전히 면제된다고 규정하고 있다. 따라서 군용항공기(또는 군용기)의 경우도 이에 준하는 면책권을 향유한다고 해석할 수 있다. 셋째, UN해양법협약은 해적에 관한 정의를 제101조에 명시하고 있는데, 해적행위가 공해상의 선박에 대하여 행해 질 경우, 공해상의 선박뿐만 아니라 항공기에 의해서도 행해질 수 있음을 분명히 하고 있다. 넷째, UN해양법협약 제111조는 추적권에 관하여 상세하게 규정하고 있는데 이러한 추적권은 군함이나 군용항공기 또는 기타 정부역무에 종사함이 명백히 표시되고 식별되며 이에 대한 권한이 부여된 선박이나 항공기에 의해서만 행사되어질수 있음을 명시하여 선박 뿐 아니라 항공기에 의해서 추적이 행사될 수 있음을 규정하고 있다. 다섯째, UN해양법협약 제110조는 임검권(right of approach)에 관하여 설명하고 있는데, 외국선박을 공해에서 만난 군함은 일정 혐의를 가지고 있다는 합리적 근거가 있는 한 그 선박을 임검하는 것은 정당화되는데, 이러한 규정은 군용항공기에도 준용되고, 이러한 규정은 또한 정부 업무에 사용 중인 것으로 명백히 표시되어 식별이 가능하며 정당하게 권한이 부여된 그 밖의 모든 선박이나 항공기에도 적용된다. 여섯째, 1982년 UN해양법협약은 해양오염과 항공기의 관계를 규정하고 있는데, 제212조는 대기에 의한 또는 대기를 통한 오염을 규정하고, 제222조는 대기에 의한 또는 대기를 통한 오염관련 법령집행을 규정하고 있고, UN해양법협약은 제1항에서 '투기'(dumping)에 의한 오염을 규정하고 있는데 각 조항은 자국기를 게양하고 있는 선박 또는 자국에 등록된 선박뿐만 아니라 항공기에도 적용되는 법령을 채택한다고 규정하고 있다. 일곱 번째, 공해상공에서 발생한 범죄에 관하여 국제민간항공기구(ICAO)의 주관하에 1963년 도쿄에서 개최된 회의에서 이러한 문제를 종합적으로 해결한 협약인 도쿄협약이 제정되었다. 또한 ICAO의 주관 하에 하이재킹문제를 해결하기 위하여 1970년 12월 16일 헤이그협약이 체결되었으며, 사보타지문제를 해결하기 위하여 ICAO에 의해서 1971년 9월 23일 몬트리올협약이 체결되었다. 도쿄협약, 헤이그협약, 몬트리올협약 모두 공해상에서 발생한 범죄에 대하여 항공기의 기국관할권(flag State jurisdiction)을 인정하고 있다. 여덟 번째, 공해상에서 연안국의 영토에 진입하지 않고 실시하는 정찰행위는 국제법 위반행위가 아니다. 이는 관련항공기의 공해상 정찰행위는 연안국 영토를 침범하지 않고 행해지는 것으로 공해상공비행의 자유가 우선적으로 적용되기 때문이다.

유사 문제

01 「해양법에 관한 국제연합협약」상 공해상의 추적권에 대한 설명으로 옳지 않은 것은?

① 추적권(right of hot pursuit)이란 연안국의 권한있는 당국이 연안국의 내수, 군도수역, 영해, 배타적 경제수역 또는 대륙붕상에서 연안국의 법령을 위반하였다고 믿을만한 외국선박을 당해 관할수역으로부터 공해까지 추적하여 나포하거나, 나포 후에 재판을 위하여 연안국에 인치(引致)할 수 있는 권리를 말한다.
② 추적권이 연안국의 관할수역 밖으로 행사될 경우 공해사용의 자유에 대한 제한으로 이해된다.
③ 추적사유는 외국선박이 추적권을 행사하는 국가의 법령을 위반한 것으로 믿을만한 충분한 사유가 있을 경우에 존재한다.
④ 추적선은 추적을 개시할 당시 내수, 군도수역, 영해, 접속수역, 배타적 경제수역 또는 대륙붕의 상부수역에 있어야 한다.

정답 ④
해설 **피추적선**은 추적을 개시할 당시 내수, 군도수역, 영해, 접속수역, 배타적 경제수역 또는 대륙붕의 상부수역에 있어야 한다.

02 「해양법에 관한 국제연합협약」상 공해에 대한 설명으로 옳지 않은 것은?

① 노예매매는 국제법상 금지되는데, 공해상에서의 노예매매는 최초로 1890년 브뤼셀회의의 "노예금지협약일반의정서"에 의해 금지되었다.
② 해양법협약은 모든 국가는 자국기를 게양하는 선박의 노예수송을 방지·처벌할 수 있다.
③ 노예가 다른 선박에 피난한 경우 그 노예는 자유를 회복한다고 규정하고 있다.
④ 노예수송을 위해 자국기가 불법으로 사용되지 않도록 유효한 조치를 취해야 한다.

정답 ②
해설 해양법협약은 모든 국가는 공해상의 모든 선박의 노예수송을 방지·처벌할 수 있다.

16

「해양법에 관한 국제연합협약」상 배타적 경제수역(EEZ)에 대한 설명으로 옳은 것만을 모두 고르면?

> ㄱ. 배타적 경제수역에서 발생한 선박의 충돌이나 항행사고에 대하여 연안국 선박이 피해를 입은 경우에 선박의 기국 또는 연안국이 형사관할권을 행사할 수 있다.
> ㄴ. 국제해양법재판소(ITLOS)는 M/V Saiga 사건에서 연안국은 제3국 선박이 연안국의 배타적 경제수역에서 다른 선박에 연료를 판매한 행위에 대하여 관세법을 적용할 수 없다고 보았다.
> ㄷ. 대향국과 인접국간 배타적 경제수역의 경계를 중간선 원칙과 등거리 원칙에 따라 확정하도록 규정하고 있다.
> ㄹ. ITLOS는 M/V Virginia G 사건에서 연안국의 배타적 경제수역에서 어로활동을 하는 선박에 연료를 공급하는 제3국의 선박을 규제할 수 있다고 보았다.

① ㄱ, ㄴ
② ㄱ, ㄷ
③ ㄴ, ㄷ
④ ㄴ, ㄹ

정답 ④

해설 ㄱ. 배타적 경제수역에서 발생한 선박의 충돌이나 항행사고에 대하여 '가해선의 기국'이 형사관할권을 행사한다.
ㄷ. 배타적 경제수역의 경계획정에 대해 '형평한 해결'을 규정하고 있다.

관련 이론

배타적 경제수역 EEZ(exclusive economic zone)
- 1982년 해양법에 관한 국제연합 협약의 규정에 근거하여, 영해기선으로부터 최대 200해리(370.4km)까지의 해역으로 영해를 제외한 해역을 말한다(협약 제55조, 제57조).
- 1982년 해양법에 관한 국제연합 협약에서 새로이 도입됐고 1994년 11월부터 공식적으로 효력이 발생했으며, 배타적 경제수역에서 연안국은 배타적 경제수역을 이용할 주권적 권리와 관할권을 가진다.

지리적 범위

배타적 경제수역은 영해기선으로부터 최대 200해리까지 영해를 제외한 해역에 대하여 연안국이 선포할 수 있다. 배타적 경제수역은 수괴, 즉 물덩어리만을 지칭하며, 배타적 경제수역 밑 해저(海底, seabed), 해상(海床, ocean floor) 및 하층토(下層土, subsoil)는 포함되지 않는다. 주권국의 연안 해저토지는 대륙붕(大陸棚, Continental Shelf)이라 부르며 EEZ가 아닌 대륙붕에 관한 국제법과 관례를 따른다. 대륙붕의 최대 범위는 EEZ보다 더 넓은 350해리까지다. 대륙붕 조건에 맞는 해저토지가 200해리에 못 미칠 때에는 대륙붕 조건을 못 갖춰도 200해리로 인정해 준다.

연안국의 권리

협약에 따르면 연안국은 배타적 경제수역에서 다음 사항에 대하여 주권적 권리 및 관할권을 가진다(협약 제56조 제1항).
- 주권적 권리
  - 해저의 상부수역, 해저 및 그 하층토의 생물이나 무생물등 천연자원의 탐사, 개발, 보존 및 관리를 목적으로 하는 주권적 권리
  - 해수, 해류 및 해풍을 이용한 에너지생산과 같은 이 수역의 경제적 개발과 탐사를 위한 그 밖의 활동에 관한 주권적 권리
- 관할권
  - 인공섬, 시설 및 구조물의 설치와 사용
  - 해양과학조사
  - 해양환경의 보호와 보전
  - 이 협약에 규정된 그 밖의 권리와 의무

유사 문제

01 「해양법에 관한 국제연합협약」상 배타적 경제수역(EEZ)에 대한 설명으로 타당하지 않은 것은?

① 영해에 접속된 특정수역으로서 연안국이 당해 수역의 상부수역·해저 및 하층토에 있는 천연자원의 탐사·개발 및 보존에 관한 주권적 권리를 가지고 있다.
② 당해 수역에서의 인공도·시설의 설치·사용, 해양환경의 보호·보존 및 과학적 조사의 규제에 대한 주권을 행사하는 수역을 말한다.
③ 1945년 미국의 "공해의 일정한 수역에서의 연안어업에 관한 미국의 정책에 관한 대통령포고"(트루먼 선언)에서 보존수역을 창안한 것을 효시이다.
④ 1972년 UN총회는 압도적 다수로 대륙붕상부수역의 해양자원에 대한 연안국의 주권을 승인하는 결의를 채택하였다.

정답 ②
해설 당해 수역에서의 인공도·시설의 설치·사용, 해양환경의 보호·보존 및 과학적 조사의 규제에 대한 배타적 관할권을 행사하는 수역을 말한다.

02 「해양법에 관한 국제연합협약」상 EEZ와 대륙붕의 차이에 대한 설명으로 타당하지 않은 것은?

① 대륙붕은 해저의 해상(sea bed), 해저지하(subsoil), 상부수역(superadjacent waters)로 구성되며, EEZ 역시 해저의 해상(sea bed), 해저지하 및 상부수역(superadjacent waters)으로 구성된다.
② 대륙붕에 대한 국권은 광물 및 비생물 자원 또는 고착되어 있거나 해상에 밀착하지 아니하고 이동이 불가능한 유기체에 미치나, EEZ의 경우 일체의 생물·비생물자원에 미친다.
③ 대륙붕의 횡적 범위는 200해리 또는 350해리 이내로 결정되나, EEZ는 수심에 관계없이 영해 기선으로부터 200해리를 초과하지 못한다.
④ 대륙붕의 상부수역은 공해로서의 성격을 갖고 있으나, EEZ 상부수역은 공해인지 영해인지 또는 제3의 새로운 수역인지 확립되어 있지 않다. 해양법협약은 제3의 수역으로 본다.

정답 ①
해설 대륙붕은 해저의 해상(sea bed), 해저지하(subsoil)로 구성되나, EEZ는 해저의 해상(sea bed), 해저지하 및 상부수역(superadjacent waters)으로 구성된다.

17

국가책임과 관련된 사건에 대한 설명으로 옳지 않은 것은?

① 국제사법재판소(ICJ)는 Military and Paramilitary Activities in and against Nicaragua 사건에서 미국이 반군의 행위에 대하여 전반적 통제(general control)를 하였으므로 반군의 행위가 미국에 귀속된다고 보았다.
② ICJ는 U.S. Diplomatic and Consular Staff in Tehran 사건에서 이란 정부가 시위대의 행위를 승인하고 채택하였으므로 국가책임이 성립한다고 보았다.
③ ICJ는 LaGrand 사건에서 중앙정부가 지방정부의 행위에 대하여 국제법상 책임을 부담할 수 있음을 선언하였다.
④ ICJ는 Barcelona Traction, Light and Power Company 사건에서 회사에 대하여는 원칙적으로 회사의 국적국만이 외교적 보호를 할 수 있으나 회사가 등록지국에서 소멸하는 경우를 포함하여 주주의 국적국도 외교적 보호를 행사할 수 있는 가능성을 언급하였다.

정답 ①

해설 Military and Paramilitary Activities in and against Nicaragua 사건에서 국제사법재판소(ICJ)는 반군의 행위가 미국에 귀속되기 위해서는 '실효적 통제'가 입증되어야 한다고 하였다. '전반적 통제'는 반군에 대한 무기나 자금 지원을 말하는데, '실효적 통제'(effective control)란 반군의 활동에 대한 지시나 통제를 말한다.

관련 이론

국가책임

1. 의의
    ① 국가책임이란 국가의 국제위법행위에 대한 책임을 말한다. 국가책임은 국제책임의 한 유형으로서 국제책임은 국가이외에도 국제법 주체가 부담할 수 있다. 즉, 국제기구도 국제책임을 질 수 있다. 국가책임이 가장 빈번하므로 국가의 국제책임을 중요하게 다루고 있다.
    ② 국가책임과 개인의 형사책임 : 국가책임과 개인의 국제형사책임은 다르다. 개인의 국제형사책임이란 개인이 국제형법에 위반된 행위를 한 경우의 책임을 말한다. 평화에 대한죄, 인도에 대한죄, 전쟁범죄, 제노사이드 등을 범한 개인은 국제형사책임을 진다. 그리고, 최종적으로는 ICC에 의해 처벌될 수 있다.
2. 특징
    ① 민사책임적 성격 : 국가책임은 민사책임의 성격을 갖는다. 형사책임을 국가책임초안에 도입하려던 시도는 좌절되었다. 형사책임이란 국가가 강행규범을 중대하게 위반한 행위에 대한 책임을 말한다.
    ② 개별적 책임추구적 성격 : 개별적 책임추구원칙이란 다자조약이나 국제관습법을 국가가 위반한 경우 모든 당사자가 책임을 추궁할 수 있는 것이 아니라 그로 인해 '직접피해'를 입은 국가만이 책임을 추궁할 수 있다는 원칙이다.(윔블던호사건) 그러나 ILC초안은 대세적 의무 위반시 직접피해를 입지 않은 국가도 책임을 추궁할 수 있다고 규정하여 집단적 책임추구원칙을 도입하고 있다.

유사 문제

01 국가책임 초안에서 국가귀속성에 대한 설명으로 타당하지 <u>않은</u> 것은?

① 모든 국가기관의 직무상 행위만 책임을 짐. 즉, 사적행위는 책임을 지지 않는다.
② 재판의 거절은 재판상 보장절차의 거부, 심리의 부당한 지연, 명백한 판결의 불공평, 유죄판결의 부집행, 오판 등이다.
③ 하급기관의 행위도 책임을 진다.
④ 순수사인의 행위에 대해서는 국가가 책임을 지지 않는 것이 원칙이지만, 국가가 사인의 피해를 예방하지 못했거나, 사후에 적절한 구제를 해 주지 못했을 경우 '부작위'책임을 진다.

정답 ②
해설 재판의 거절에서 재판상 보장절차의 거부, 심리의 부당한 지연, 명백한 판결의 불공평, 유죄판결의 부집행 단, 오판은 재판의 거절이 아니다.

02 국가책임 초안에서 위법성 조각사유에 대한 설명으로 타당하지 <u>않은</u> 것은?

① 상대국의 국제위법행위에 대항하기 위한 국제의무위반은 위법성이 조각되는데, 대항조치라 하더라도 기존 강행규범을 위반할 수 없다.
② 국가가 대항할 수 없는 힘의 작용시 국제의무를 위반한 경우 위법성이 조각되는데, 그로 인한 상대국의 피해는 보상해야 한다.
③ 국가기관이나 국가기관 관할하의 사인의 생명을 보호하기 위한 불가피한 국제의무위반에 대해서는 위법성을 조각하며, 그로 인해 상대국의 피해는 보상해야 한다.
④ 국가의 중대한 이익을 보호하기 위해 불가피한 국제의무위반에 대해서는 위법성을 조각하는데, 그로 인한 상대국의 피해는 보상은 불필요하다.

정답 ④
해설 국가의 중대한 이익을 보호하기 위해 불가피한 국제의무위반에 대해서는 위법성을 조각하는데, 그로 인한 상대국의 피해는 보상해야 한다.

18

국제위법행위에 대한 국가책임에 대한 설명으로 옳지 않은 것은?

① 유책국은 원상회복의무를 부담하나 금전배상 대신 원상회복의 실시가 그에 따른 이익에 비하여 현저히 불균형적인 부담을 수반하는 경우라면 원상회복이 요구되지 아니한다.
② 유책국은 국제위법행위에 의하여 야기된 손해에 대하여 완전한 배상을 할 의무를 부담하며, 손해는 물질적 또는 정신적 손해를 포함한다.
③ 원상회복이나 금전배상으로 전보될 수 없는 경우, 유책국은 만족(satisfaction)을 제공해야 한다.
④ 국제사법재판소(ICJ)는 Pulp Mills on the River Uruguay 사건에서 국가 간 통고 및 협의 의무의 절차적 위반에 대하여 원상회복으로 손해배상을 명하였다.

정답 ④

해설 Pulp Mills on the River Uruguay 사건에서 국제사법재판소(ICJ)는 절차적 의무 위반에 대해서는 반드시 원상회복이나 금전배상 의무가 없고, ICJ가 위반을 인정하는 것으로 충분하다고 하였다.

관련 이론

1. 국가에 의해 지시 또는 지도 내지 통제된 행위(제8조)
   ① 지도 내지 통제의 정도
      ㉠ 견해대립
         이에 대해 ICJ는 Nicaragua 사건(1986)에서 당사국이 특정 행위를 지도/통제했고, 문제된 행위가 그 특정된 행위의 불가분적 일부인 경우에만 당사국에 책임이 귀속된다고 보았고, ICTY는 Dusko Tadic 사건(1999)에서 통제의 정도는 상황에 따라 달라질 수 있고, 언제나 높은 기준만이 요구될 수 없다고 보아, 전반적 통제만으로 책임이 성립할 수 있다 봤다.
      ㉡ 검토
         생각건대 Dusko Tadic 사건은 국가책임이 아닌 개인의 책임에 관한 사건이고, 전반적 통제만으로 국가책임을 인정하면 국가책임법을 지나치게 넓게 인정하게 되므로, ICJ의 입장에 따라 구체적 통제의 존재를 요한다 봄이 타당하다.
   ② 지시위반의 경우
      이는 그 위법/무권행위가 특정 임무를 수행함에 있어 i) 부수적인지 여부 및 ii) 임무를 명백히 벗어난 것인지 여부에 따라 판단해야 한다.
2. 공권력 부재 또는 흠결 시에 수행된 행위(제9조)
   ① 혁명정부 등장의 경우
      ㉠ Yeager v. Iran 사건(1987)에서 재판부는 혁명정부 등장과 같이 정상적 정부가 기능하지 못하는 경우, 정부 기능을 행사하는 개인/집단의 행위는 국가의 행위로 간주된다 봤다.
      ㉡ 생각건대 이를 인정하지 않으면, 정상적인 정부가 존재하지 않는 많은 경우 국가책임이 성립할 여지가 없어지므로, 위 판례의 입장은 타당하다.
   ② 본 책임의 법적 성질
      ㉠ 자연재해 또는 비상사태 발생시, ㉡ 개인이 사실상 정부의 기능을 수행했기에 인정되는 책임이다.
   ③ 부재/흠결의 의미
      ㉠ 국가기관이 완전히 붕괴한 경우 및 ㉡ 일부 붕괴했거나 ㉢ 그 기능을 완전히 수행할 수 없는 경우를 모두 포괄한다.

3. 반란단체의 행위(제10조)[15 변시, 19 외교관]
   ① 의의
   이는 지휘자의 통제 하에 영토의 일부 지역을 장악해 중앙정부에 대항해 조직적/지속적 무력투쟁을 수행하는 군사집단의 행위이다.
   ② 실패한 반란단체의 행위
   이는 원칙적으로 사인의 행위이고, 국가가 실효적으로 통제할 수 없으므로, 국가에 귀속되지 않는다. 다만 국가는 반란단체의 행위와 관련된 자신의 의무 불이행 또는 의무위반에 대해 책임을 진다(제10조 3항). 한편 반란단체를 중앙정부가 교전단체로 승인한 경우, 교전단체가 실효적으로 점령하고 있는 지역에 대하여는 중앙정부는 반란단체의 행위로부터 외국인을 보호할 의무를 면하게 된다.
   ③ 성공한 반란단체의 행위
   한 국가의 신정부를 구성하게 되는 반도단체의 행위는, 국제법상 그 국가의 행위로 간주된다(제10조 2항). ILC는 반란단체에 의해 국가체계가 근본적으로 변경되어 국가의 동질성이 유지될 수 없는 경우, 구정부의 행위는 신정부의 행위로 귀속될 수 없다 본다.
4. 국가의 추인(제11조)
   ① ICJ는 Diplomatic and Consular Staff in Tehran 사건(1980)에서, 국가의 인정 및 채택행위는 명시적일 수도 있고, 문제된 국가의 행위로부터 추인될 수도 있으며, 그러한 추인은 소급효를 동반한다 봤다.
   ② 호메이니와 이란 정부는 사인들이 미국 대사관을 점령한 것을 유지시키기로 승인한바, 이는 문제의 공격행위를 국가의 행위로 인정/채택한 것이 되어, 국가책임초안 제11조에 따라 이란의 국가책임이 성립.
   ③ 대사관 점령은 VCDR 제31조 3항, 제40조 위배

유사 문제

01 국제위법행위에 대한 국가책임에 대한 설명으로 옳지 않은 것은?

① ICJ는 국가기관이 그 자격으로 취한 모든 행위는, 그 성격 여하에 따라 국가의 행위를 판단했으므로, 상업적 성격의 행위라 해도 국가에 귀속되지 아니한다.
② Massey 사건(1927)에서 피해자가 최말단 공무원직이므로 국가책임이 없다는 멕시코 정부의 주장은 받아들여지지 않았고, Rainbow Warrior 사건(1986)에서 국가테러행위가 정부 내 고위급에서 지시된 것인지 여부에 상관없이 프랑스는 국가책임을 부담했다.
③ ICJ는 Nicaragua 사건(1986)에서 고위직의 발언/진술은, 그가 대표하는 국가에게 불리한 사실이나 행위가 존재함을 인정하는 증거력을 갖는다 봤다.
④ ILC는 국가기관의 행위가 비권력적/상업적 행위로 분류될 수 있다는 것은, 국가책임법의 귀속성의 문제와 무관하다 본다.

정답 ①
해설 ICJ는 국가기관이 그 자격으로 취한 모든 행위는, 그 성격 여하에 관계없이 국가의 행위이므로, 상업적 성격의 행위라 해도 국가에 귀속된다 본다.

02 국제위법행위에 대한 국가책임에 대한 설명으로 옳지 않은 것은?

① 외견상 권한 내에서 행해지는 것으로 보이는 공무원의 월권행위에 대해서만 국가책임이 발생한다는 견해가 있지만, 국가기관의 권한의 범위를 정확히 파악하는 것이 어렵고, 월권행위임을 알면서도 당할 수밖에 없는 강압적 상황이 발생할 수 있으므로, 모든 월권 및 지시위반행위가 이에 포함된다.
② ICJ는 Nicaragua 사건(1986)에서 당사국이 특정 행위를 지도/통제했고, 문제된 행위가 그 특정된 행위의 불가분적 일부인 경우에만 당사국에 책임이 귀속된다고 보았고, ICTY는 Dusko Tadic 사건(1999)에서 통제의 정도는 상황에 따라 달라질 수 있고, 언제나 높은 기준만이 요구될 수 없다고 보아, 전반적 통제만으로 책임이 성립할 수 있다 봤다.
③ Dusko Tadic 사건은 국가책임과 더불어 개인의 책임에 관한 사건이다.
④ 지시위반의 경우, 그 위법/무권행위가 특정 임무를 수행함에 있어 부수적인지 여부 및 임무를 명백히 벗어난 것인지 여부에 따라 판단해야 한다.

정답 ③
해설 Dusko Tadic 사건은 국가책임이 아닌 개인의 책임에 관한 사건이고, 전반적 통제만으로 국가책임을 인정하면 국가책임법을 지나치게 넓게 인정하게 되므로, ICJ의 입장에 따라 구체적 통제의 존재를 요한다.

19

조약의 유보와 해석선언에 대한 설명으로 옳지 않은 것은?

① 국제기구의 설립조약에 대한 유보는 다른 당사국들의 동의를 필요로 함이 원칙이다.
② 「시민적 및 정치적 권리에 관한 국제규약」의 Human Rights Committee 일반논평은 허용될 수 없는 유보를 첨부한 국가는 유보 없이 조약 당사국이 된다고 보았다.
③ 유보를 선언하면 다른 당사국들은 유보국에 대한 관계에서 유보 내용을 원용할 수 있다.
④ 해석선언이 조약상의 권리 및 의무를 제한하는 내용이라면 그 명칭과 관계없이 유보에 해당한다.

정답 ①

해설 1969년 비엔나조약법협약상으로 국제기구 설립조약에 대한 유보는 당해 기구 권한있는 기관의 동의를 필요로 한다.

관련 이론

조약의 유보

조약의 유보는 국제법을 바라보는 두 시각의 대립을 명확히 잘 보여주는 주제이다. 국가들의 의사를 절대적으로 여기는 전통적 시각에서는 조약의 통일성을 보존하기 보다는 각국의 의사에 따라 조약을 변경하여 적용할 수 있도록 최대한으로 유보의 자유를 인정하려고 한다. 유보를 인정하면 할수록 더 많은 국가들이 조약에 참여하게 되어 조약의 보편성을 확보할 수 있게 된다. 그러나 유보가 많이 첨부될 수록 조약의 원래 모습은 훼손되기 마련이다.

전통적인 국제법이론에서 전제로 하고 있던 국가들의 상호적인 의무 및 권리의 교환의 성격을 지닌 조약들과 달리, 객관적, 통합적인 의무들로 구성되어 있는 인권조약과 같은 새로운 유형의 조약이 출현하게 되면서 현대적 시각에서는 국가들의 의사를 제한하면서 조약의 통일성을 보전하고 조약하의 권리 및 의무가 최대한 원래 모습 그대로 적용하기 위해 유보의 자유를 제한하려고 한다.

현재 명시적인 유보조항이 없는 다자조약의 경우 위와 같은 두 입장을 조율하는 준거법으로 가장 중요한 것은 1969년에 채택한 비엔나조약법협약 제19조 (c)로 이 조항에서는 소위 말하는 양립가능성 기준(compatibility test)을 규정하고 있다. 양립가능성 기준은 해당 조약에 유보조항이 없는 경우, 유보를 어떻게 처리할 것인지를 판단하는 기준으로, 유보와 조약의 객체 및 목적과의 양립한다면 문제의 유보는 수락될 수 있다. 양립가능성 기준은 여러 가지 문제점을 안고 있지만, 가장 큰 문제점은 법적 정의가 결여되어 있어서 실제로 양립가능성 기준을 적용하여 유보를 판단하기가 힘들다는 점이다. 많은 국가들이 유보에 대해 양립성 기준을 가지고 반대를 하지 않는다. 양립가능성 기준 자체가 무엇인지를 인식하기 어렵기 때문이다.

유보에 대해서는 많은 연구들이 있지만, 대부분의 연구는 유보의 법적 효력 문제에 집중해있다. 양립가능성 기준을 어떻게 적용할 수 있는지가 분명해야 양립가능성 기준을 가지고 판단을 내린 유보의 법적 효력 문제를 논할 수 있다. 그러므로 양립가능성 기준의 법적 정의와 개념의 규명 문제, 그리고 실제로 국가들의 유보 수락 및 반대의 관행에서 보여진 적용의 양상에 대한 연구는 유보와 관련된 모든 연구의 토대가 되는 작업이라고 할 수 있다. 양립가능성 기준이 비엔나조약법협약에서 삭제되지 않는 한, 양립가능성 기준이 전제로 하고 있는 조약의 객체 및 목적이란 무엇을 의미하며 실제로 유보가 표명된 상황에서 구체적으로 무엇에 근거하여 어떠한 방법으로 해당 조약의 객체 및 목적을 찾고, 이렇게 얻어진 조약의 객체 및 목적과 표명된 유보가 양립하는 지를 판단하는 과정은 그 판단의 주체가 개별국가가 되었건, 아니면 객관적인 제3의 기관이 되었건 누가 판단주체가 되던지 피해갈 수 없는 과정이기도 하다.

유사 문제

01 비엔나조약법 협약상 조약의 유보와 해석선언에 대한 설명으로 옳지 않은 것은?

① 유보는 다자조약에 고유한 문제임. 양자조약에서 유보는 사실상 새로운 조약내용의 제안으로 받아들여진다.
② 유보는 제도적 취지를 설명하고 있다.
③ 유보는 조약의 적용을 제한함으로써 실질적으로 조약 내용을 변경시키기 때문에 당연히 타방체약국의 동의를 얻어야 하나, 이로 인해서 유보가 곧 쌍방행위가 되는 것은 아니다.
④ 유보의 철회는 기소적 동의시에 가능하며 이후의 철회는 효력이 없다.

정답 ④
해설 유보의 철회는 언제든지 가능하며 그 시기에 제한이 없다.

02 비엔나조약법 협약상 조약의 유보와 해석선언에 대한 설명으로 옳지 않은 것은?

① 유보는 당사국의 일방적 선언이지만, 정책선언은 당사국 간의 법률적 행위이다.
② 유보와 유보에 대한 명시적 수락 및 유보에 대한 이의는 모두 서면으로써 행해야 한다.
③ 해석선언(정책선언)의 경우 원칙적으로 조약의 권리, 의무의 변경을 초래하지 않으나, 유보가 수락되는 경우 조약상의 권리, 의무의 변경을 초래한다.
④ 1969년 조약법에 관한 비엔나협약에 의하면 유보 및 유보에 대한 이의는 서면으로 해야 한다.

정답 ①
해설 유보와 정책선언은 모두 당사국의 일방적 선언이다.

20

국제법상 외교사절 및 영사제도에 대한 설명으로 옳지 않은 것

① 외교관의 개인 주거는 공관지역과 동일한 불가침과 보호를 향유한다.
② 외교관은 공무 이외로 수행한 직업적 또는 상업적 활동에 관한 소송을 포함하여 접수국의 민사 및 행정 재판관할권으로부터 면제된다.
③ 영사관은 불가침이지만 화재 또는 신속한 보호조치를 필요로 하는 재난이 발생한 경우에는 영사관 진입에 영사기관장의 동의가 있는 것으로 추정될 수 있다.
④ 영사관원의 신체는 불가침이지만 중대한 범죄의 경우에 접수국 사법부의 결정에 따라 체포 또는 구속될 수 있다.

정답 ②

해설 외교관은 공무 이외로 수행한 직업적 또는 상업적 활동에 관한 소송을 포함하여 이에 관한 소송은 접수국의 민사 또는 행정 재판관할권으로부터 면제되지 아니한다.

관련 이론

1970년 외무부가 작성한 외교관계에 관한 비엔나 협약의 국문 해설서의 주요 내용

1. 법전화 연혁
    ① 고대 이래로 국제관습에 따라 확립, 1815년 비엔나 회의에서 최초로 성문화됨
    ② 다수국 간의 조약은 1928년 하바나 제6차 미주회의에서 채택된 하바나 협약이 최초임.
    ③ 1924년 국제연맹에서 국제법의 법전화 작업의 일환으로 외교관계도 검토되었으나 추진되지 않음
    ④ 유엔은 1957년 잠정초안, 1958년 초안 작성을 거쳐, 1961.4.18. 비엔나 회의에서 외교관계에 관한 비엔나 협약을 채택함
    ⑤ 1964.3.25. 소련의 비준으로 발효되고, 한국은 1962.3.28. 서명함
2. 주요 내용(총 53개 조의 본문 내용, 채택 경위, 주석 포함
    ① 공관장에는 대사, 공사, 대리공사를 포함하며, 외교관에는 외교직원을 포함함
    ② 외교관계의 수립과 상주공관의 설치는 별개의 독립적 행위임.
    ③ 반드시 독립국이 아니라도 그 헌법이 외교관계 설정자격을 인정하면 외교관계를 설정할 수 있음
    ④ 공관장을 임명하는 것은 임명국의 권능이며, 접수국에 파견하는 데 아그레망의 요청이 필요함
    ⑤ 접수국의 과중한 부담을 줄이기 위해 공관의 규모를 합리적이고 정상적인 범위 내에서 유지하도록 파견국에 요구할 수 있음
    ⑥ 공관장의 직무개시 시기는 접수국의 관행에 따라 결정되며, 다만 동 시기는 일률적으로 적용되어야 함
    ⑦ 공관 부지의 수용은 파견국의 동의를 얻어야 함
    ⑧ 공관 직원의 개인 주거는 면세 대상에서 제외됨
    ⑨ 공관의 목적을 위하여 사용하는 외교관 개인 명의의 부동산은 재판 관할권에서 면제됨
    ⑩ 교통사고에 관한 소송은 법적으로는 면제되나, 도의적으로 직무 수행상 지장이 없는 범위 내에서 면제를 포기해야 함
    ⑪ 외교관의 임기 종료 후 퇴거에 요하는 상당기간 동안 특권 면제가 계속됨

유사 문제

01 국제법상 외교사절에 대한 설명으로 틀린 것은?

① 접수국은 사유에 따라 공관장의 동의없이도 외교공관에 들어갈 수 있다.
② 공관 출입에 대해서의 예외에 대해서는 학설대립이 있다.
③ 화재나 전염병 예방을 위해서는 동의없이 들어갈 수 있다고 보는 견해도 있다.
④ ICJ는 테헤란 영사사건에서 '절대적 불가침'을 인정한다.

정답 ①
해설 접수국은 공관장의 동의없이 외교공관에 들어갈 수 없다.

02 외교관의 재판권 면제에 대한 설명으로 옳지 않은 것은?

① 형사관할권으로부터는 중대한 범죄를 제외한 면제가 가능하다.
② 사적범죄행위라도 접수국 재판권으로부터 면제된다.
③ 사적범죄행위는 외교관의 퇴임이후 소추·처벌가능하다.
④ 재직시 사적행위와 관련된 민사재판권 중 면제되지 아니한 게 있는데 부동산소송, 상속에 관한 소송, 상업적 활동에 관한 소송 등이다.

정답 ①
해설 형사관할권으로부터는 절대적 면제, 즉, 예외가 없다.

21

국제인도법에 대한 설명으로 옳지 않은 것은?

① 제네바협약 제2추가의정서는 국제적 무력충돌과 관련하여 보호범위를 확대하였다.
② 교전당사자는 전투원과 군사목표물만을 공격대상으로 삼을 수 있으며, 군사목표물이 아닌 모든 물건은 민간물자에 속한다.
③ 부상이나 질병을 가장하여 무능력한 것처럼 위장하여 적을 살상하는 것은 금지된다.
④ 정전이나 항복의 기치하에 마치 협상할 것처럼 위장하여 적을 살상하는 것은 금지된다.

정답 ①

해설 제네바 협약 제2추가의정서는 '비'국제적 무력충돌에 적용되는데, 국제적 무력충돌에 대해서는 제'1'추가의정서가 적용된다.

관련 이론

국제인도법의 개념

국제인도법(International Humanitarian Law, IHL)은 인도주의적인 이유로 사람과 물건에 대한 무력충돌의 영향력을 제한하기 위한 일련의 규칙들을 말한다. 전쟁법 혹은 무력충돌법이라고도 알려진 국제인도법은 무력충돌 시 전투능력을 상실하였거나 적대행위에 가담하지 아니하는 사람들을 보호하고, 전투의 수단 및 방법을 제한함으로써 무력충돌의 영향력을 최소화하기 위한 국제법이다.

국제인도법은 개별 국가의 실제적 무력사용 여부는 규율하지 않으며, 오직 무력충돌의 상황에서만 적용이 되며 모든 무력충돌 당사자에게 동등하게 적용된다. 국제인도법은 모든 무력충돌 상황에서 보장되어야 하는 희생자들의 기본적 권리, 즉 유보되거나 제한할 수 없는 인권을 규정함으로써 인간의 생명을 보호하고 존엄성을 보장하는 법으로서 반드시 무력충돌이 발생하기 전에 관련 당사자 및 일반인들이 이해하고 있어야 한다. 따라서 평시 국제인도법에 대한 교육은 군대 뿐만 아니라 일반인들에게도 보급되어야 한다.

국제인도법의 여러 조약 중 가장 잘 알려진 제네바협약은 현재 전 세계 194개국에 의해 비준되었으며 다수의 국제인도법의 조항들은 가입 여부없이 모든 국가에 적용될 수 있는 관습법으로도 보편성을 확보하고 있다.

제네바협약 (Geneva Conventions)

1949년 제네바협약과 1977년 두 개의 추가의정서는 국제인도법중에 핵심이라 할 수 있다. 이 협약들은 적대행위에 가담하지 않는 사람들(민간인, 의료요원, 구호요원 등)과 부상병과 조난자 및 포로 등과 같은 전투능력을 상실하여 더 이상 적대행위에 참가하지 않는 사람들을 보호한다. 제2차 세계대전의 경험으로 1949년 4개의 제네바협약이 채택되었고 그 후 다음과 같이 추가의정서들이 추가 채택되었다.

제1협약 : 육전에 있어서의 군대의 부상자 및 병자의 상태개선에 관한 제네바협약
제2협약 : 해상에 있어서의 군대의 부상자, 병자 및 조난자의 개선에 관한 제네바협약
제3협약 : 포로의 대우에 관한 제네바협약
제4협약 : 전시에 민간인 보호에 관한 제네바협약

제1추가의정서 : 국제적 무력충돌의 희생자 보호에 관한 의정서(1977년)
제2추가의정서 : 비국제적 무력충돌의 희생자 보호 의정서(1977년)
제3추가의정서 : 추가 식별표장(적수정) 채택에 관한 의정서(2005년)

유사 문제

01 국제법상 보복 또는 복구에 대한 설명으로 틀린 것은?

① 보복은 상대국의 부당한 행위에 대한 적법한 행위이지만 복구는 위법행위에 대한 대항조치로서 보통 위법행위이다.
② 복구는 전쟁의사가 없으며 따라서 선전포고도 없는 점에서 전쟁과 동일하다.
③ 전시복구는 어느 교전국이 전쟁법규를 위반할 시 다른 당사자도 이를 위반하는 것을 말한다.
④ 자위는 자국에 대해 발생하고 있는 타국의 무력공격에 대응하여 취하는 무력조치로서 무력적 복구가 국제법상 요인되지 않는 점과 대조된다.

정답 ②
해설 복구는 전쟁의사가 없으며 따라서 선전포고도 없는 점에서 전쟁과 구별된다.

02 무력사용금지원칙의 예외에 대한 설명으로 옳지 않은 것은?

① 정당방위란 무력복구, 긴급피난 또는 필요상황과 동일한 개념으로서 침략이 발생하는 경우 이에 대한 필요적 무력행사를 의미한다.
② 안보리는 헌장 제42조에 근거하여 평화에 대한 위협시 군사적 강제조치를 취할 수 있다.
③ 무력사용을 수반하는 대항조치는 허용되지 아니한다.
④ 동의에 기초한 무력사용은 강행규범의 도입으로 더 이상 인정되지 아니한다.

정답 ①
해설 정당방위란 무력복구, 긴급피난 또는 필요상황과 구별되는 개념으로서 침략이 발생하는 경우 이에 대한 비례적 무력행사를 의미한다.

22

국제사법재판소(ICJ) 권고적 의견에 대한 설명으로 옳지 않은 것은?

① 권고적 의견 제도의 목적은 국제기구의 활동을 지원하기 위한 법률자문 제공이다.
② 국제연합의 주요 기관 중 사무국은 권고적 의견을 요청할 권한을 부여받지 못하고 있다.
③ ICJ는 국가와 국제기구 간에 분쟁이 진행 중인 쟁점 사항에 대해서 권고적 의견을 부여하지 않는다.
④ ICJ는 Legality of the Use by a State of Nuclear Weapons in Armed Conflict 사건에서 세계보건기구(WHO)가 요청한 권고적 의견을 거절한 바 있다.

정답 ③

해설 ICJ가 국가와 국제기구 간에 분쟁이 진행 중인 쟁점 사항이라고 해도 권고적 의견 부여를 거부하지 아니한다.

관련 이론

권고적 의견(Advisory Opinion)

제65조
1. 재판소는 국제연합헌장에 의하여 또는 이 헌장에 따라 권고적 의견을 요청하는 것을 허가받은 기관이 그러한 요청을 하는 경우에 어떠한 법률문제에 관하여도 권고적 의견을 부여할 수 있다.
2. 재판소의 권고적 의견을 구하는 문제는, 그 의견을 구하는 문제에 대하여 정확하게 기술하고 있는 요청서에 의하여 재판소에 제기된다. 이 요청서에는 그 문제를 명확하게 할 수 있는 모든 서류를 첨부한다.

제66조
1. 재판소서기는 권고적 의견이 요청된 사실을 재판소에 출석할 자격이 있는 모든 국가에게 즉시 통지한다.
2. 재판소서기는 또한, 재판소에 출석할 자격이 있는 모든 국가에게, 또는 그 문제에 관한 정보를 제공할 수 있다고 재판소 또는 재판소가 개정중이 아닌 때에는 재판소장이 인정하는 국제기구에게, 재판소장이 정하는 기간내에, 재판소가 그 문제에 관한 진술서를 수령하거나 또는 그 목적을 위하여 열리는 공개법정에서 그 문제에 관한 구두진술을 청취할 준비가 되어 있음을 특별하고 직접적인 통신수단에 의하여 통고한다.
3. 재판소에 출석할 자격이 있는 그러한 어떠한 국가도 제2항에 규정된 특별통지를 받지 아니하였을 때에는 진술서를 제출하거나 또는 구두로 진술하기를 희망한다는 것을 표명할 수 있다. 재판소는 이에 관하여 결정한다.
4. 서면 또는 구두진술 또는 양자 모두를 제출한 국가 및 기구는, 재판소 또는 재판소가 개정중이 아닌 때에는 재판소장이 각 특정 사건에 있어서 정하는 형식·범위 및 기간내에 다른 국가 또는 기구가 한 진술에 관하여 의견을 개진하는 것이 허용된다. 따라서 재판소서기는 그러한 진술서를 이와 유사한 진술서를 제출한 국가 및 기구에게 적절한 시기에 송부한다.

제67조 재판소는 사무총장 및 직접 관계가 있는 국제연합회원국·다른 국가 및 국제기구의 대표에게 통지한 후 공개된 법정에서 그 권고적 의견을 발표한다.

제68조 권고적 임무를 수행함에 있어서 재판소는 재판소가 적용할 수 있다고 인정하는 범위안에서 쟁송사건에 적용되는 재판소규정의 규정들에 또한 따른다.

유사 문제

01 국제사법재판소(ICJ) 권고적 의견에 대한 설명으로 옳지 <u>않은</u> 것은?

① 요청에 의하여 ICJ가 권고적 의견을 제시하는 것은 재량적인 것이며 의무적인 것은 아니다.
② '전시 또는 기타 무력충돌시 국가에 의한 핵무기 사용의 적법성'에 관하여 WHO(국제보건기구)가 권고적 의견을 요청하자, ICJ는 제기된 문제는 WHO의 활동범위 내에서 발생하는 것이 아니라고 보아 동 요청을 거절하였다.
③ '국가'에게는 권고적 의견을 요청할 수 있는 권한이 부여되지 아니한다.
④ 총회만이 어떠한 '법적 문제'에 대해서도 권고적 의견을 요청할 수 있다.

정답 ④
해설 총회와 안보리는 어떠한 '법적 문제'에 대해서도 권고적 의견을 요청할 수 있다.

02 국제사법재판소(ICJ) 권고적 의견에 대한 설명으로 틀린 것은?

① ICJ에 권고적 의견을 요청할 수 있는 것은 총회와 안보리, 그리고 총회에 의해 그러한 권리를 부여받은 UN의 기관 및 전문기구임. 현재 UN총회의 승인을 받은 기관은 경제사회이사회, 신탁통치이사회, 총회중간위원회(소총회), UN행정재판소 재심소청 심사위원회이다.
② UN총회의 허가를 받은 세계보건기구(WHO)는 그 활동범위 안에서 발생하는 법률문제에 관하여 ICJ에 권고적 의견을 요청할 수 있다.
③ 국가는 권고적 의견을 요청할 수 없지만 권고적 의견 절차에서 서면 또는 구두진술을 할 수 있다.
④ 권고적 의견이 요청된 경우에, ICJ규정 제31조에 규정된 임시재판관 제도가 적용되지 아니한다.

정답 ④
해설 권고적 의견이 요청된 경우에도 ICJ규정 제31조에 규정된 임시재판관 제도가 적용될 수 있다.

23

국제환경법에 대한 설명으로 옳지 않은 것은?

① Trail Smelter 사건은 어느 국가도 타국의 영토 또는 그 안의 재산이나 사람에게 피해를 주는 방식으로 자국 영토를 사용할 수 없다고 결정하여 국제환경법의 발달에 기여하였다.
② 환경오염을 예방하기 위하여 인간의 활동이 환경에 미칠 영향을 평가하는 환경영향평가는 아직까지 국제법상 국가의 의무로 인정되지는 않는다.
③ 사전주의 원칙(precautionary principle)은 생물다양성협약, 기후변화협약 등 다양한 국제환경조약에 규정되어 있다.
④ 「오존층 파괴물질에 관한 몬트리올 의정서」는 이행확보방안으로 비준수절차를 규정하고 있다.

정답 ②

해설 ICJ(국제사법재판소)는 Pulp Mill사건 등에서 환경영향평가의무가 이미 국제관습법화 되었음을 인정하였다.

관련 이론

환경권

환경권(environmental right)이란 인간이 건강한 생활을 영위할 수 있는 쾌적한 환경에서 생활할 수 있는 권리를 말한다.
인류는 보다 편리하고 풍요로운 생활을 누리기기 위해 여러 가지 인간활동을 추구해 왔으며, 이러한 인간활동은 필연적으로 자연환경의 오염과 파괴를 수반하게 되었다. 이에 따라 대기, 우주, 물, 생물, 폐기물, 토양 등 모든 분야의 자연환경이 극심한 오염현상에 시달리게 되었다.
이같은 환경오염을 초래하게 된 요인은 크게 산업화, 도시화, 그리고 인구증가로 파악되고 있다. 산업혁명 이래 산업화현상과 도시화현상이 가속화되어 수많은 공장과 사업장, 가정에서 매연과 폐수, 폐기물이 쏟아져 나오게 되었고, 급격한 인구증가와 인류의 생활수준 향상 욕구는 경제성장 추진으로 이어져 환경과 생태계 파괴를 더욱 유발시키게 된 것이다.
환경권은 인간이 나날이 심화되어 가는 환경오염으로부터 벗어나 건강하고 쾌적한 생활을 영위할 수 있도록 보장해주는 권리를 의미한다. 인간다운 생활을 영위하기 위해서는 오염되지 않은 자연 속에서 건강한 삶을 누릴 수 있는 권리가 확보되지 않으면 안된다. 생활의 질을 높이는 것은 단순한 물질문명의 발달에 의해서만 가능한 것이 아니라 쾌적한 자연환경 속에서 비로소 가능한 것이다.

1. 각국의 환경권 보장

   세계 각국에서 환경권의 개념이 대두된 것은 1960년대 말 이후의 일이다. 자연환경의 오염에 맞서 인간다운 삶을 추구하기 위한 권리의 일환으로 환경권이 요구된 것이다.
   가장 먼저 환경권이 보장된 나라는 미국이다. 미국은 1969년 국가환경정책법(National Environmental Policy Act)을 제정하여 국민의 환경권리를 확고하게 인정해주고 있으며, 각 주 헌법에서 환경권을 명문화하고 있다.
   독일은 서독의 경우 1972년 개정된 연방헌법에서 쓰레기 제거, 공기의 청정유지, 소음방지를 규정하였으나 구체적인 환경권으로는 연결되지 않았고, 각 지방(支邦)헌법에서 산발적으로 환경권을 규정하는데 그쳤다. 동독은 1968년 헌법에서 자연보호규정을 두고 1970년에 국토문화법을 제정하였으나 실제로는 이행되지 못하였고, 전 국토상의 환경오염이 극심하였다. 1990년 통일독일은 환경기본법(Umweltrahmengesetz)을 제정하여 환경권을 보장하였고, 1994년 개정된 통일독일의 헌법은 자연적 생활환경의 보호(20조a)를 추가하여, 국가가 미래세대의 자손들에게까지 책임지고 자연적 생활환경을 보호할 것을 규정하고 있다.
   일본은 1970년 제64회 임시국회에서 공해와 관련된 14개의 법률을 제정 또는 개정한 이래 환경관련법이 많이 채택되었으며, 공해규제에 관한 법률, 자연보호 환경파괴의 사전방지에 관한 법률과 피해구제에 관한 법률 등이 제정되었다. 1993년에는 환경기본법이 제정되었으나 헌법의 경우 환경권에 관한 명문규정이 없고 생존권에서 이를 포괄적으로 인정하고 있다.

2. 우리나라 헌법상 환경권 보장

   우리나라는 1972년 헌법에서, 국토와 자원이 국가의 보호를 받으며 국가가 그에 대한 균형있는 개발과 이용을 위한 계획을 수립할 것을 규정하고 있다. 또한 국가는 농지, 산지 기타 국토의 효율적인 이용개발과 보전을 위해 필요한 제한과 의무를 가할 수 있도록 규정하고 있다. 이들 규정은 국내의 자연환경과 천연자원에 대한 국가의 보호와 보전을 명문화하고 국가가 이에 따르는 일정한 제한과 의무를 부과하는 것을 주 내용으로 하고 있다.

우리나라의 헌법에서 환경권에 관한 규정을 명시하기 시작한 것은 1980년 헌법 이후의 일이다. 70년대의 헌법에서는 환경권이 생존권의 범주에 포함되는 것으로 보아 별도의 규정을 두지 않았으나, 1980년 헌법에 이르러 환경권을 명문으로 인정하고 국가와 국민이 자연보전의 의무를 부담하도록 규정하였다. 이어서 1987년 개정된 헌법은 환경권 규정을 더욱 보완하고 있다. 이로서 우리나라 헌법에서 환경권은 명문규정으로 확고하게 보장되고 있다.

3. 헌법상 환경권의 내용

① 헌법상 규정

환경권을 명시하고 있는 1987년 헌법 제35조의 규정은 다음과 같다.

㉠ 모든 국민은 건강하고 쾌적한 환경에서 생활할 권리를 가지며, 국가와 국민은 환경보전을 위하여 노력하여야 한다.

㉡ 환경권의 내용과 행사에 관하여는 법률로 정한다.

㉢ 국가는 주택개발정책 등을 통하여 모든 국민의 쾌적한 주거생활을 할 수 있도록 노력하여야 한다.

② 법적 성질

우리나라 헌법에서 환경권을 명문으로 규정하고 있음에도 불구하고 환경권의 법적 성질에 대하여는 여러 학설이 나누어져 있다. 환경권이 ㉠ 인간의 존엄권에 속한다고 보는 설, ㉡ 행복추구권에 속한다고 보는 설, ㉢ 생존권으로 보는 설, ㉣ 존엄권 행복추구권 생존권의 세가지를 모두 포함한다는 설, ㉤ 생존권과 인격권의 성질을 가진다고 보는 설 등이다.

헌법학자 김철수 교수는 환경권이 기본권으로서 인간의 존엄과 가치, 행복추구권에서 파생된 기본권으로서 생존권적 기본권에 포함된다고 본다. 즉 4번째 학설을 지지하는 것이다. 또한 환경권이 자유권적 성격과 생존권적 성격을 모두 갖는 것으로 보고 있다. 자유권적인 성격으로부터 환경침해배제청구권이 인정되고, 생존권적 성격으로부터 환경보호보장청구권이 인정된다는 것이다. 그러므로 환경침해배제청구권은 자유권으로서 구체적인 권리이기 때문에 별도로 입법화되지 않은 경우에도 보장이 되지만, 환경보호를 요구하는 청구권은 추상적인 권리이기 때문에 법률에 명시되는 경우에 한해 구체적인 보장을 받을 수 있다고 한다.

4. 구체적 내용

우리나라 헌법상 환경권의 개념은 넓은 의미(광의)와 좁은 의미(협의)로 나누어 볼 수 있다. 넓은 의미로 볼 경우 환경권에는 모든 국민이 쾌적한 자연환경 속에서 살 권리뿐만 아니라 보다 좋은 사회적 환경 속에서 살 권리가 포함이 된다. 다시 말해서 교육권, 의료권, 도로나 공원이용권 등이 포함되는 것이다. 좁은 의미로 볼 경우 환경권은 쾌적한 자연환경 속에서 살 권리만을 의미한다.

우리나라 환경정책기본법은 환경권을 넓은 의미로 파악하고 있다. 환경이란 자연환경뿐만 아니라 생활환경을 포함한 것이라고 보는 것이다. 여기에서 자연환경은 지하, 지표 및 지상의 모든 물건과 이를 둘러싸고 비물질적인 것을 포함한 자연의 상태를 말하고, 생활환경이라 함은 대기물 폐기물 소음 진동 악취 등 사람의 일상생활과 관계되는 환경을 말한다.

헌법상으로도 환경권은 광의의 개념으로 파악되고 있다. 헌법 10조의 행복추구권, 35조의 건강하고 쾌적한 환경에서 생활할 권리와 쾌적한 주거생활에 관한 권리, 36조 3항의 보건에 관한 권리는 모두 환경권을 내포하고 있는 것이다.

이와 같이 볼 때 우리나라 법제도는 넓은 의미의 환경권을 표방하고 있는 것으로 보아야 할 것이다. 다만 환경권의 내용과 행사는 법률로 정하도록 되어 있다. 헌법상에 규정된 광의의 환경권은 구체적으로 다음과 같다.

① 헌법 제10조 (행복추구권) 모든 국민은 인간으로서의 존엄과 가치를 가지며, 행복을 추구할 권리를 가진다. 국가는 개인이 가지는 불가침의 기본적 인권을 확인하고 이를 보장할 의무를 진다.

② 헌법 제35조 건강하고 쾌적한 환경에서 생활할 권리 & 쾌적한 주거생활에 관한 권리

③ 헌법 제36조 제3항(보건에 관한 권리) 모든 국민은 보건에 관하여 국가의 보호를 받는다.

5. 제한

헌법 제37조 2항은 다음과 같이 국민의 기본권을 제한하는 규정을 두고 있다.

"국민의 모든 자유와 권리는 국가안전보장 질서유지 또는 공공복리를 위하여 필요한 경우에 한하여 법률로써 제한할 수 있으며, 제한하는 경우에도 자유와 권리의 본질적인 내용을 침해할 수 없다."

환경권도 이같은 기본권 제한 규정의 예외가 될 수 없으며, 국가안전보장이나 질서유지, 또는 공공복리에 필요한 경우 본질적인 내용을 침해하지 않는 범위 내에서 법률에 따라 제한 할 수 있다.

유사 문제

01 다음 중 국제환경법 중 1989년 바젤 협약을 설명한 것으로 옳지 않은 것은?

① 협약에 따라 규정된 유해폐기물에 대해 각 회원국은 일반적인 의무를 부담한다.
② 일정한 경우의 유해폐기물에 대해서는 수출 또는 수입을 금지하도록 하고 있다.
③ 유해폐기물의 수입을 금지하는 회원국, 수입금지를 하고 있는 국제기관에 속한 회원국, 그리고 회원국회의에서 정한 기준에 적합하지 않은 이동에 대해서는 수출 또는 수입을 금지한다.
④ 협약상으로는 예외적으로도 수출은 허용되지 아니한다.

정답 ④

해설 예외적으로 수출이 허용되는 경우가 있으며, 수출국이 처분능력을 갖지 않거나, 수입국에서 재생을 위해 필요로 하는 폐기물, 그리고 기타 회원국에서 정한 기준에 합치하는 경우에는 수출이 허용된다.
이동이 허용되는 경우에 회원국은 관계국가에 이동계획을 사전통고할 의무가 있으며, 이에 대해 상대국은 회답을 해야 한다. 이때 수입국은 서면에 의한 동의를 해야 하며, 환경상 건전한 처리를 명시하는 계약서에 의한 서면확인을 하는 등 수출허가요건을 충족시켜야 한다. 또한 관계국가는 유해폐기물 등의 발생을 최소화하거나 적정한 이동, 처리를 하도록 확보해야 한다. 적정한 이동허가를 얻은 경우라도 계약대로 완료되지 않고, 정해진 기간 내에 다른 대체조치에 의한 적정처분도 할 수 없는 경우에는 수출업자에게 그 폐기물을 재수입할 의무를 부과한다.
폐기물의 불법거래는 금지되며, 무통보, 무동의, 위조 등에 의한 동의, 서류와의 중대한 불일치 등에 의해 불법적인 이동이 있는 경우 관련자에 대해서 일정한 의무를 부과한다. 즉 수출자 또는 발생자에 책임이 있는 경우 재인수 의무 또는 적정처분 의무를 부과하며, 수입자 또는 처분자에게 책임이 있는 경우 적정처분 의무를 부과한다. 또한 아무에게도 책임을 부담시킬 수 없는 경우에는 회원국의 협력에 의해 적정처분을 하도록 한다.

02 유엔해양법협약은 모든 종류의 해양오염원을 포괄적으로 규제하고 있으며, 각 오염원을 다음과 같이 분류하고 이를 규제하는 법규를 명시하고 있는데 이에 대한 설명으로 타당하지 않은 것은?

① 육상오염원으로부터의 오염은 강, 하구, 파이프 라인, 배출구 등을 통하여 육지로부터 흘러 들어오는 오염물질이 해양을 오염시키는 것을 말한다.
② 국가관할권에 속하는 해저활동에 의한 오염은 연안국이 그 관할권에 속하는 해저활동이나 인공섬, 설비, 그리고 구조물에서 발생하는 환경오염을 말한다.
③ 심해저 활동으로부터의 해양오염은 영해 상의 심해저로 한정하여 바다밑 3,000~5,000m 깊이의 심해저를 탐사하고 개발하는 활동으로부터 발생하는 환경오염이다.
④ 폐기물 투하에 의한 오염은 이것은 선박이나 항공기에서 폐기물을 해양에 버림으로서 발생하는 오염을 말한다.

정답 ③

해설 심해저 활동으로부터의 해양오염은 바다밑 3,000~5,000m 깊이의 심해저를 탐사하고 개발하는 활동으로부터 발생하는 환경오염이다.
① 육상오염원으로부터의 오염 : 이것은 강, 하구, 파이프 라인, 배출구 등을 통하여 육지로부터 흘러 들어오는 오염물질이 해양을 오염시키는 것을 말하며, 전체 해양오염의 75%를 차지하기 때문에 상당히 비중이 높은 오염원이다. 육지에는 국가의 관할권이 강하게 작용하기 때문에, 육상오염원으로 인한 해양오염에 대해서는 각 국가의 국내법으로 규제하는 것이 일반적이다. 이에 따라 해양법협약은 각 국가에게 육상오염원에 의한 해양환경오염을 예방, 감소, 통제하기 위해 국내법을 제정하고 필요한 조치를 취하도록 의무를 부과하고 있다.
② 국가관할권에 속하는 해저활동에 의한 오염 : 이것은 연안국이 그 관할권에 속하는 해저활동이나 인공섬, 설비, 그리고 구조물에서 발생하는 환경오염을 말한다. 대륙붕, 경제수역 등의 국가관할 수역에는 석유, 천연가스와 같은 자원이 매장되어 있으며, 이를 탐사, 개발하는 해저활동으로부터 석유의 유출 등 해양오염의 가능성이 매우 높다. 이와 같은 해저활동에 의한 환경오염을 예방, 감소, 통제하기 위하여 연안국은 국내법을 제정하고, 필요한 조치를 취하며, 국제규칙과 기준을 채택할 의무가 있다. 이러한 법과 규칙, 그리고 조치는 국제기준과 동등한 효력을 가져야 한다.
③ 심해저 활동으로부터의 해양오염 : 이것은 바다밑 3,000~5,000m 깊이의 심해저를 탐사하고 개발하는 활동으로부터 발생하는 환경오염이다. 1960년대 초까지만 해도 심해저를 탐사, 개발하는 것이 물리적으로 불가능했으나, 근래에 들어 해양과학기술이 급속히 발전함에 따라 국가들에 의한 심해저 개발이 활발하게 추진되고 있다. 해양법협약에 의해 설립된 국제 심해저기구(Authority)는 심해저 자원의 탐사, 개발 및 이용을 총괄하는 국제기구로서, 심해저 활동에서 일어나는 환경오염을 예방, 감소, 통제하기 위한 국제규칙과 규정 및 절차를 규정하도록 되어 있다. 그러나 심해저 활동에 종사하는 선박이나 설비, 구조물로 인한 환경오염에 대해서는 그 국적국가 또는 등록국가가 국내법규를 제정하여 규제하도록 하며, 이때 국내법규는 위의 국제규칙과 동등한 효력을 갖는다.
④ 폐기물 투하에 의한 오염 : 이것은 선박이나 항공기에서 폐기물을 해양에 버림으로서 발생하는 오염을 말한다. 최근에는 선박이나 항공기를 이용한 방사능물질, 산업폐기물, 생활하수의 투기가 점차 늘어나고 있으며, 심지어 우리나라, 중국, 일본 등의 경우는 유기성 오니, 폐산과 폐알칼리, 분뇨까지 바다에 무더기로 방류하고 있는 실정이다.

24

「관세와 무역에 관한 일반협정(GATT)」 제11조의 수량제한의 일반적 철폐에 대한 설명으로 옳지 <u>않은</u> 것은?

① 상품의 수입, 상품의 수출 또는 수출을 위한 판매에 대하여 모두 적용되는 조항이다.
② 쿼터, 수입 또는 수출 허가 또는 그 밖의 조치 어느 것을 통하여 시행되는지 불문한다.
③ 법적 구속력이 없는 행정지도에 의한 정부의 조치는 허용된다.
④ 무역을 제한하는 정부의 사실상의 조치는 금지된다.

정답 ③

해설 일본의 반도체 무역에 관한 사건에서 GATT 패널은 수출을 효과적으로 제한하는 조치라면 국내법적으로 구속이 없는 조치라 할지라도 금지된다고 하였던 사례처럼 「관세와 무역에 관한 일반협정(GATT)」 제11조의 수량제한의 일반적 철폐에 대해서 행정지도 등 법적 구속력인 강제력이 없는 조치도 허용되지 아니한다.

관련 이론

한 국가의 수입을 제한하는 방법으로는 관세에 의한 간접적인 제한과 수입량을 직접 제한하는 방법으로 나눌 수 있는데, 이중에서 수량적 수입제한은 인위적으로 수입비용을 올리는(관세의 경우와 같이) 방법으로 수입을 억제하는 것이 아니라 가격과는 상관없이 수입품의 수량(또는 가액)을 직접적으로 제한하는 조치이다. 관세 및 관세유사조치(예컨대, 수입품에 대하여 추가적인 세금을 부과하는 수입과징금 또는 수입대금을 변제하는 경우에는 정상적인 경우에 비하여 높은 환율을 차별적으로 적용하는 복수환율 등) 와는 달리 수량제한은 국내가격과 국제시장가격 사이의 연계성을 완전히 끊어버리는 것이다. 수입에 대한 수량제한의 방법으로는 4가지 형태가 있다. 즉 총체적 쿼터(global quota), 쌍무적 쿼터(bilateral quota), 임의허가제도(discretionary licensing), 그리고 국가수입독점(state import monopoly)이 그것이다. 각국에서는 특정 기간 동안 자국 영역으로 수입될 수 있는 특정상품의 수량을 절대량으로 제한하거나 또는 낮은 관세수준으로 통관이 허용되는 상품의 수량을 제한하는 이른바, 관세율 쿼터를 부과한다. 절대적 쿼터는 일정 기간 동안의 소비를 위하여 한정된 양의 수입만을 허용하게 되는데, 이러한 쿼터는 국가별, 상품별로 행해지거나 국가와는 무관하게 특정상품의 총량에 기초하여 행해지기도 한다. 관세율쿼터는 일정 기간 동안 특정량의 상품만이 인하된 관세율로 수입된다. 이 방식은 쿼터를 초과하는 상품의 통관을 금지하는 절대적 쿼터 방식과는 달리 쿼터를 초과하는 상품의 통관시 통상의 관세율 보다 높은 관세율을 적용함으로써 간접적으로 수입을 억제하게 된다. 쿼터와 수입허가요건을 결합하는 조치는 국제 무역에 대하여 심각한 장벽을 야기할 수 있으며 이러한 관행은 매우 광범위하게 사용되어 왔다. WTO의 GATT1994는 수량제한을 금지하고 있다. 이는 관세 양허를 약속한 회원국에 대하여 뿐만 아니라 관세양허약속을 하지 않은 다른 모든 회원국들과의 모든 무역에 대하여 적용된다. 그러나 수량제한을 없애야 하는 일반적 의무에 관한 예외는 많다. 예를 들면 수량제한은 WTO체제하에서 관세양허와 무역자유화 조치의 결과로 특정 제품에 있어서 수입의 급증으로 당해산업이 심각한 피해를 입을 경우 긴급수입제한 조치로서 동종상품의 수입에 대하여 수량적 제한이 부과될 수 있다. 수량제한은 또한 일국의 외환보유고를 지키기 위해 필요한 때에도 허용된다. 무역수지를 이유로 부과되는 무역제한은 다른 WTO 회원국들에게 불필요한 손실을 끼치지 않도록 행해져야 한다. 또한 제한을 가하는 국가는 그 무역규제와 관계 있는 다른 회원국들과의 협의를 하여야 할 의무가 있다. 기타의 예외로서는 식량 등의 부족상태를 해소하기 위한 수출제한, 상품의 분류 또는 규격과 관련한 제한 개발도상국의 수입제한, 다른회원국의 WTO협정 불이행에 대하여 취해지는 대응조치로서의 수입제한, 안전보장을 위한 조치, 공중도덕의 보호, 인간. 동식물의 생명과 건강의 보호, 재소자 노동상품에 대한 제한조치, 한정된 자원의 보존을 위한 조치 등이다. 이러한 수량제한의 금지는 WTO 체제 이전의 GATT 체제하에서도 엄격하게 지켜져 왔으며, 예외의 적용은 특별한 경우에만 한정되어 왔다. 각국에서는 수량제한의 요건이 까다로운 상황을 감안하여 이른바 수출자율규제의 방식을 자주 활용하여 왔다. 수출자율규제는 당사국간 쌍무협상을 통하여 수입을 우회적으로 제한하는 수단인데, 이는 주로 합법적인 발동요건이 까다로운 긴급수입제한조치 대신에 편법으로 활용되어 왔다. 수출자율규제의 경우 수출국은 자국에서 스스로 수출량을 조절하기 때문에 자국에 대하여 이의를 제기하지 못할 것이고, 수입국은 그 조치가 자국의 압력이나 위협에 의하여 자국이 원하는 바대로 수입량이 규제되고 있기 때문에 이의를 제기하지 않을 것이다. 따라서 적어도 법 형식상으로는 GATT의 규정을 위반하지 않으면서 수입을 제한할 수 있는 편법이 되어왔다. 이러한 수출자율규제는 과거 선진국들이 주로 한국의 철강제품등에 대하여 적용하였던 것처럼 신흥공업국의 주종수출 품목에 대하여 집중적으로 적용하여 왔다. 이 조치의 대상국에 대한 선별성 또는 차별성은 GATT의 최혜국대우의 정신에 위반한 것으로서 오랫동안 개도국들로부터 비난의 대상으로 되어 왔다. 이러한 과거의 경험을 감안하여 WTO의 세이프가드협정에서는 이러한 수출규제의 적용을 금지하고 있다. 한편 서비스무역에 관한 일반협정문에서는 서비스무역이 다양한 형태로 행해지고 있고 서비스의 수량제한의 범위에 대하여 상이한 해석가능성이 있기 때문에 서비스제공자 수, 거래총액, 외자비율의 제한 등 5가지 유형의 수량제한조치를 금지하고 있다. GATT는 제조에서 모든 분야에 적용되는 일반적인 원칙으로서의 최혜국대우원칙을 천명하고 있음에도 불구하고 다시 제13조에서 쿼터제 실시에 따른 최혜국대우원칙을 따로 두고 있다. 이는 쿼터 자체가 원래 차별적인 성격을 가지고 있는 것으로서 특히 쿼터제 실시에 있어서 최혜국대우원칙을 강조하기 위해서 둔 것이다. 즉, GATT는 예외적으로 수량제한이 인정되는 경우라 하더라도 그 제한조치를 상대국에 따라 차별적으로 적용해서는 아니 된다고 규정하고 있다. 수입할당은 될 수 있는 한 총량을 미리 공표하는 등의 수단을 통하여 이러한 제한이 없었더라면 각국이 수출할 것으로 예상되는 수량에 가능한 한 가까운 수량을 배분할 수 있도록 공평한 방법을 취할 필요가 있으며 이러한 비차별적원칙의 명확한 이행을 보장하기 위하여 이해당사국들에 대한 정보제공, 공고 또는 협의의 의무를 수량제한국에 부과하고 있다.

유사 문제

01 「관세와 무역에 관한 일반협정(GATT)」 제11조의 수량제한의 일반적 철폐에 대한 설명으로 옳지 않은 것은?

① 1994 GATT 제20조에 의해 수량제한 금지의무 위반을 정당화할 수 있다.
② 수량제한의 금지는 수입에 있어서 적용된다.
③ 수입허가제도는 수량제한의 금지에 관한 GATT 제11조의 위반이다.
④ GATT 제11조의 수량제한의 금지대상은 국경조치로서 수입국 내에서 기업이 수입상품보다 국내상품을 구매하도록 요구하는 것은 GATT 제3조의 내국민대우의 위반이 된다.

정답 ②
해설 수량제한의 금지는 수출 및 수입에 있어 모두 적용된다.

02 「관세와 무역에 관한 일반협정(GATT)」 제11조의 수량제한의 일반적 철폐에 대한 설명으로 옳지 않은 것은?

① 수량제한의 금지는 수출 및 수입에 있어 모두 적용된다.
② 상품교역에 있어서 인정되는 수량제한금지의 원칙은 서비스무역에 해당되지 아니한다.
③ 수량제한금지의 원칙의 예외로는 식량부족상태의 해소를 위한 수출제한이 인정된다.
④ 국제수지 옹호를 위한 제한, 개발도상국이 행하는 수입제한, 긴급수입제한조치 등이 예외로 인정된다.

정답 ②
해설 상품교역에 있어서 인정되는 수량제한금지의 원칙은 서비스무역과 비교할 때 무제한적인 시장접근을 허용한다는 의미로 해석될 수 있다.

25

「관세와 무역에 관한 일반협정(GATT)」의 비차별원칙과 일반적 예외에 대한 설명으로 옳지 않은 것은?

① 내국민대우원칙에 따라 국경세 조정은 금지된다.
② 제20조 (g)호의 유한 천연자원에는 생물 또는 무생물 자원이 모두 포함된다.
③ WTO 상소기구는 미국-바다거북/새우 사건에서 제20조의 각호 해당 여부를 검토한 후에 두문 요건의 충족 여부를 검토해야 한다고 보았다.
④ WTO 상소기구는 EC-석면 사건에서 제20조 (b)호를 원용하기 위하여 다수의 과학적 견해를 따를 의무는 없다고 보았다.

[정답] ①

[해설] 국경세 조정이란 수입국이 수입상품에 대해 내국세를 부과하는 것을 말하는데, 내국민대우원칙에 따른 국경세 조정은 허용된다. 이에 따라서 동종상품에 대해서는 자국 상품에 부과한 내국세를 '초과하여' 과세하지 못하며, 직접 경쟁 또는 대체 가능 상품에 대해서는 '유사하지 아니한 조세'를 부과하지 아니할 의무가 있다.

관련 이론

FTA에서의 일반예외 조항

WTO하의 일반예외 조항, 즉 GATT XX조 및 GATS XIV조와 동일하다. 그러나, 일반예외 조항의 어구는 거의 동일하지만, 일반예외의 적용범위에서 차이점이 있다. 특히, GATT XX조의 두문에서 언급된 '…이 협정의 어떤 규정도(nothing in this Agreement)…'에서 '협정'은 GATT 1994를 지칭하는 것으로 이해되어 다른 상품협정들이 배제된 것을 보인다. 그러나 FTA의 일반예외 조항은 FTA 전체에 대하여 적용되거나, 원산지규정, 위생검역, 무역기술장벽 등 특정한 챕터를 명시하기도 한다. WTO 체제에서는 GATT 이외의 협정이더라도, TRIMs 협정 내에 GATT 1994의 예외를 통합한다고 규정하고 있고, SPS 협정은 GATT XX(b)호와의 관계를 명확히 하고 있어 일반예외의 적용여부가 비교적 명확하다. 그러나, 일련의 분쟁사건에서 WTO 패널과 상소기관은 일반예외는 각 대상 협정에서의 유연성과 함께 각각에 알맞은 예외가 규정되어 있다고 보고 있으며, 획일적인 접근을 거부하고 있다. GATS XIV는 일반적으로 FTA 서비스무역 규정으로 포함되어 있으나, 대부분의 경우 주요 조항에 해당하는 (a)~(c)/(d)호를 명시하는 경우가 많다. 흥미롭게도 GATT XX조와 GATS XIV조가 전체 또는 일부가 통합되는 경우 환경이나 자원보존 조치에 대한 양해를 추가하는 경향이 있다. 투자와 관련하여 일반예외 조항이 다소 다양하게 규정되어 있는데, 구체적으로 5가지로 분류해 볼 수 있다 : ① GATS XIV조, ② GATT XX조 및 GATS XIV조, ③ GATS XIV조 일부, ④ GATS XIV조 일부 및 GATT XX조 일부, ⑤ 기타 제한적으로 일부 적용. ⑤의 경우 투자규정 중에서 이행요건 금지 조항의 특정 하부조항에 대하여 한정적으로 GATT XX조 (b), (d), (g)호를 예외로 규정하기도 하는데, 최근 우리나라가 호주와 캐나다와 체결한 FTA는 이행요건으로 한정하지 않고, GATT XX조의 (b), (d), (g)호를 적용하도록 규정하고 있다. FTA하에서의 투자는 일반적으로 상품과 서비스를 모두 포함하기 때문에, 상품으로 한정된 WTO TRIMs 협정과 달리 GATS XIV조가 더 빈번하게 포함되고 있는 것으로 보인다. 또한, 정부조달이 포함된 FTA 경우 대부분 정부조달협정에 포함된 예외조항을 그대로 통합하는 경우가 많다. 정부조달협정에 포함된 예외조항은 GATT XX조와 유사하면서도 단순한 형태로 일부만 포함되어 있다. 다만, 우리나라가 초기에 체결한 칠레, 싱가포르와의 FTA는 정부조달의 상품에 대하여는 GATT XX조를 서비스에 대하여는 GATS XIV조를 분리하여 적용하도록 규정하고 있다. WTO에 아직 미포함된 전자상거래 분야의 경우는 GATT XX조 또는 GATS XIV를 적용하거나 둘다 적용하도록 규정하고 있어 예외가 일관적이지는 않다. GATT와 GATS의 일반예외 조항은 FTA에서 그대로 사용되지만, FTA별로 다른 적용범위를 보면 일견 국제무역규범의 소위 파편화의 일부를 보여주고 있는 것 같다. 즉, GATT 1994와 달리 FTA 일반예외 조항은 위생검역이나 기술무역장벽 분야에도 적용이 되고, 투자 분야는 FTA별로 포함되는 예외가 달라 더 복잡하게 적용될 것으로 보인다. 특히 최근 TPP와 같이 소위 메가 FTA가 논의되는 시점에서 다자간 무역규범과 양자간무역규범간에 조화를 이룰 수 있도록 일관성을 두는 것이 바람직 한 것으로 보여진다. 그렇지 않으면, FTA를 선별하는 포럼쇼핑 뿐만 아니라 FTA별로 좀 더 유리한 조항을 찾아다니는 규범쇼핑(rule shopping)이 발생할 수 있기 때문이다.

유사 문제

01 「관세와 무역에 관한 일반협정(GATT)」의 일반적 예외에 대한 설명으로 옳지 않은 것은?

① GATT판례는 GATT 제20조의 예외를 매우 엄격하게 해석하여 왔다.
② 재소자의 노동상품에 관한 조치에는 허용되지 아니한다.
③ GATT 제20조의 예외가 허용되기 위해서는 개별적인 예외조건의 충족이외에도 해당조치가 제20조의 전문 규정인 자의적이거나 불합리한 차별 등에 해당하지 않아야 한다.
④ GATT 제20조의 전문과 본문을 모두 충족시킨 판례는 'EC0석면사건'이 있는데, EC가 캐나다산 석면 수입을 전면금지한 조치는 GATT 제20조 (b)호에 의해 정당화된다고 하였다.

정답 ②
해설 재소자의 노동상품에 관한 조치도 허용되는데, 이는 Blue Round와 관계가 있다.

02 1994 GATT에 규정된 동종상품(Like product)에 대한 설명으로 옳지 않은 것은?

① 일반적으로 최혜국대우는 동종상품에 대해 적용된다.
② 1981년의 볶지 않은 커피(Unroasted Coffee)사건에서 GATT패널은 브라질산 볶지 않은 커피에 대하여 순한 커피(Mild coffee)보다 고율관세를 부과한 스페인의 조치가 동종상품에 대한 최혜국대우 위반이라 하였다.
③ 협정의 조문에 동종상품(Like product)에 대한 설명을 우선적으로 적용한다.
④ 동종상품은 '직접경쟁 또는 대체가능 상품'과 그 의미가 다르다는 것이 GATT패널의 입장이다.

정답 ③
해설 협정상 명문규정이 없으므로 패널이나 항소기구의 해석 관행에 의존하고 있다.

2025 7급 외무영사직 대비 김중일 국제법 기출문제집

발 행 일	2025년 05월 12일
발 행 처	마이패스북스
주 소	서울시 관악구 대학6길 51 3층
문 의	mypass@mypassjob.com
홈페이지	www.dokgong.com
정 가	35,000원

이 도서의 판권은 마이패스북스에 있으며, 수록된 모든 내용에 대해서는 발행처의 허가 없이 무단으로 사용하거나, 복제 및 변형할 수 없습니다.

Copyright © MYPASSBOOKS Co. All right reserved.